8., vollständig überarbeitete Auflage

Daniel Stables

NEUSEELAND

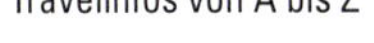

Inhalt

◂ Lupinen, Mackenzie Country, Canterbury

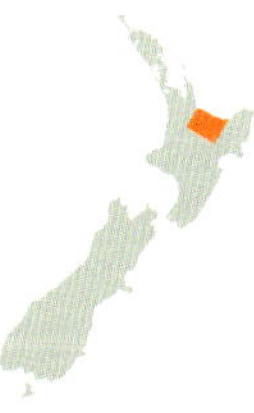

Östliche Nordinsel 408

Wellington und der Süden 448

Marlborough, Nelson und Kaikoura 490

Westküste 560

Themen

NEUSEELAND

Die Highlights

Neuseeland hat so viel zu bieten, dass es unmöglich ist, alles auf einer einzigen Reise zu sehen. Die folgenden Seiten bieten einen Ausblick auf die Highlights der Inseln wie die grandiosen Nationalparks, Naturwunder, Abenteueraktivitäten und die spannendsten Städte.

1

1 AUCKLAND Polynesische Kultur, eine sehr gemächliche Lebensart und eine beständige Meeresbrise prägen die von erloschenen Vulkanen umgebene City of Sails. Die Kultur der Maori und der Pazifikinseln lässt sich im herausragenden Auckland Museum erkunden. S. 137

2 BAY OF ISLANDS Der Fischreichtum in den klaren, blauen Gewässern zieht Taucher und Angler an. S. 227

3 NINETY MILE BEACH UND CAPE REINGA Wer Snowboarden und Schlittenfahren liebt, wird vom Sandboarding begeistert sein. Auf dem Weg zum nördlichsten Punkt des Landes, dem Cape Reinga, erstrecken sich die endlosen Dünen – perfekte Pisten! Nur wieder raufklettern muss man selbst. S. 251

4 WAITOMO In dem von Glühwürmchen beleuchteten Höhlenlabyrinth wird es abenteuerlich: Klettern, Abseilen und Tubing ist angesagt. S. 281

3

4

5

5 **WAI-O-TAPU** Das beste Geothermalfeld in der Umgebung von Rotorua beeindruckt mit schönen, von Mineralien bunt gefärbten Seen, einem pünktlich aufschießenden Geysir und blubbernden Schlammlöchern. S. 334

6 **TONGARIRO ALPINE CROSSING** Die beliebte Tageswanderung durch die Vulkanlandschaft des Tongariro National Park führt am Kegel des Mount Ngauruhoe und am Ufer türkisfarbener Seen entlang. S. 371

7 **WHANGANUI RIVER** Im Kanu oder Kajak zwei bis drei Tage auf dem geschichtsträchtigen Fluss durch sagenhafte Landschaft paddeln – ein Traum! S. 395

8 NAPIER Die geschlossene Ansammlung von Art-déco-Architektur verdankt ihre Existenz dem verheerenden Erdbeben von 1931, nach dem Napier wieder aufgebaut wurde. S. 431

9 WELLINGTON Die kosmopolitische Hauptstadt Neuseelands besticht durch eine lebendige Kulturszene. S. 451

10 ABEL TASMAN NATIONAL PARK Ob zu Fuß oder im Kajak, die Küste des wunderschönen Nationalparks lässt sich hervorragend erkunden. S. 529

11 KAIKOURA Ein echter Besuchermagnet sind die Wale vor der Küste der Kaikoura Peninsula. S. 552

10
11

12

12 GLETSCHERABENTEUER Hinauf zu den eindrucksvollen Gletschern Fox und Franz Josef gelangt man auf einer Gletscherbegehung oder per Hubschrauberflug mit Landung. S. 591

13 CHRISTCHURCH Eine Stadt erfindet sich neu: Der Wiederaufbau nach dem Erdbeben 2011 hat der Hauptstadt der Südinsel ein neues Gesicht verliehen – modern und dynamisch. Das britische Flair ist immer noch da. S. 609

14 AORAKI/MOUNT COOK Der mit 3754 m höchste Gipfel Neuseelands gehört zum Weltnaturerbe der Unesco. S. 668

14

15 DUNEDIN Die historischen Bauwerke der schottisch geprägten Unistadt sind bestens erhalten. S. 691

16 OTAGO PENINSULA Pinguine, Königsalbatrosse und andere Seevögel fühlen sich hier wohl. S. 706

17 QUEENSTOWN Adrenalin-Junkies werden in der selbst ernannten Hauptstadt des Abenteuertourismus jede Menge Spaß haben. S. 711

17
KAWARAU BRIDGE BUNGY 43M

18
19

18 ROUTEBURN TRACK Bewaldete Täler, eine reiche Vogelwelt und eine herrliche Bergkulisse machen den Routeburn Track zu einem der schönsten Wanderwege des Landes. S. 733

19 MILFORD SOUND Der Fjord beeindruckt mit Wasserfällen und senkrechten Felswänden. S. 787

20 STEWART ISLAND Die Wildnis der größtenteils unbewohnten Insel zieht Naturliebhaber an. S. 809

21 CATLINS COAST (Abb. Folgeseite) Robben und Delphine sowie ein entspannter Lebensrhythmus machen die Catlins zu einem tollen Ziel abseits des Touristentrubels. S. 817

21

Reiseziele und Routen

Die „Kiwis" – benannt nach dem liebenswerten, flugunfähigen Vogel, der zum Nationalsymbol wurde – wähnen sich im Paradies, in „Godzone" *(God's own country)*, wie sie ihr Land nennen. Auch im Ausland rangiert das Land Jahr um Jahr unter den zehn Traumzielen – und nur selten trifft man jemanden, der in Neuseeland war und nicht begeistert ist. Was sollte man auch nicht daran mögen? Mit ihren zerklüfteten Küsten, urzeitlichen Wäldern, schneebedeckten Hochgebirgen, gletschergespeisten Seen und eindrucksvollen Geysiren ist die Landschaft schlichtweg atemberaubend. Durch die Wälder streift eine einmalige Vogelwelt, und an den Küsten tummeln sich Pinguine, Wale und Robben. Gerade einmal 5,1 Mio. Menschen leben in Neuseeland, auf einer Fläche größer als Großbritannien. Die Maori besiedelten das Land vor rund 800 Jahren. Und sie pflegen bis heute faszinierende Bräuche.

So ist die schier grenzenlose Vielfalt an Aktivitäten wenig überraschend – vom stimmungsvollen Spaziergang am windgepeitschten Strand über mehrtägige Wanderungen bis zu Adrenalin fördernden Unternehmungen wie Bungy-Jumping, Skifahren und Seekajak- oder Wildwasserfahrten. Einige Besucher betrachten das Land als überdimensionalen Abenteuerspielplatz, auf dem es in möglichst kurzer Zeit so viele Feuerproben wie möglich zu bestehen gilt.

Viele Naturphänomene sind tektonischen oder vulkanischen Kräften geschuldet, woran die Einwohner von Canterbury bei den **Erdbeben von Christchurch** 2010 und 2011 schmerzlich erinnert wurden. Die Erdbeben veränderten das Gesicht der Stadt dauerhaft. Obwohl der Wiederaufbau nach wie vor im Gange ist, hat sich die Stadt aber mittlerweile von den schweren Verwüstungen erholt. Dennoch haben so viele Bewohner Christchurch verlassen, dass Wellington nun die zweitgrößte Stadt des Landes ist – mit großem Abstand zu Auckland.

Andernorts fährt man durch wunderschönes Farmland und begegnet dabei keiner Menschenseele: Einige Gebiete sind so schwer zugänglich, dass sie mit großer Wahrscheinlichkeit noch nie ein Mensch betreten hat.

Die neuseeländische Landmasse spaltete sich schon früh vom Superkontinent Gondwanaland ab. So entwickelte sich ein einzigartiges **Ökosystem**, in dem die Vögel die Lücke der fehlenden Säugetiere füllten und, da sie keine natürlichen Feinde hatten, ihre Flugfähigkeit ein-

Schon gewusst?

- **Wellington** liegt auf dem 41. südlichen Breitengrad und ist damit die am weitesten südlich gelegene Hauptstadt der Welt. Mit dem 2000 km entfernten Canberra teilt es sich zudem den Ruhm, die abgelegenste Hauptstadt zu sein.
- Mit sage und schreibe 85 Buchstaben trägt ein Hügel nahe Porangahau einen der **längsten Namen** der Welt: Taumatawhakatangihangakoauauotamateaturipukakapikimaungahoronukupokaiwhenuakitanatahu.
- Als erstes Land führte Neuseeland 1893 das aktive **Frauenwahlrecht** ein.
- In Neuseeland gibt es **keine Schlangen**, nur ein paar giftige Spinnen, die man aber selten zu Gesicht bekommt.
- Die vielen **Maori-Wörter** in der Alltagssprache können Besucher leicht verwirren: *aroha* heißt „Liebe"; *kia kaha* bedeutet „sei stark"; *kia ora* kann „Hallo" heißen oder Zustimmung bedeuten; und *koha* ist eine Spende oder ein Geschenk.
- **Neuseeländische Aale** können 80 Jahre alt werden, laichen aber nur einmal, am Ende ihres Lebens – und dafür schwimmen sie bis nach Tonga.

Autorentipps

Unsere Autoren sind mit Bus, Auto, zu Fuß und per Boot kreuz und quer durch Neuseeland gereist. Hier stellen sie einige ihrer persönlichen Highlights vor.

Entspannung im Hot Pool Kerosene Creek hat keine Umkleidekabinen, kein Café, keinen Souvenirladen – nur einen natürlich beheizten Bach, der sich über einen kleinen Wasserfall in ein Becken ergießt. Himmlisch! S. 333

Der diebische Kea Es fällt schwer, ihn nicht zu mögen, selbst wenn einer dieser trickreichen Bergpapageien einem gerade die Scheibenwischer zerpflückt hat. S. 68 und 100

Höhlenerkundung auf eigene Faust Es ist ein großes Abenteuer, ganz auf sich allein gestellt den Cave Stream zu erkunden, einen 600 m langen Tunnel, der von einem Bergbach ausgehöhlt wurde. S. 649

Der unterhaltsamste Spaziergang Neuseeland von einer ganz anderen Seite erlebt man auf einem abendlichen Bummel über Aucklands Karangahape Road, eine etwas verrufene, aber lebendige Gegend. In den Cafés und Läden trifft sich eine bunte Mischung aus Anzugträgern in Partylaune, LGBTQ+-Pärchen und zum Dinner verabredeten Vorstädtern. S. 144

Seafood-Paradies Die Moeraki Tavern, eine etwas schräge Kneipe mit holzverkleideten Wänden, bedient sich für ihre *seafood chowder* und den Meeresfrüchte-Teller *(fishermen's basket)* aus dem reichen Angebot, das die neuseeländischen Gewässer bereithalten. S. 690

Die beste Küstenstrecke Auf der Route Picton–Kaikoura locken Sauvignon-Blanc-Weingüter, Ausblicke auf die überwältigenden Kaikoura Ranges und eine zerklüftete Küste, an die azurblaue Wellen krachen. S. 552

Der Sternenhimmel auf der Südhalbkugel Für Sternengucker werden exzellente Touren zum Gipfel des Mt John nahe Lake Tekapo angeboten. Oder man legt sich einfach vors Zelt und schaut in den Nachthimmel. S. 662

Hump Ridge Track Dichter Wald, subalpine Berghöhen, Küstenlandschaften und Zeugnisse aus der Holzfällerzeit machen den Hump Ridge Track zu einer wunderbaren Wanderung. Wer ein bisschen mehr zahlt, bekommt abends eine warme Dusche und kann sein Gepäck auf dem steilsten Anstieg per Hubschrauber transportieren lassen. S. 799

Das sind längst nicht alle **unsere Empfehlungen**. Wir haben unsere Lieblingsorte – herrlich gelegene Unterkünfte, stimmungsvolle Cafés, besondere Restaurants – im gesamten Buch mit dem Loose-Koffer gekennzeichnet.

büßten. Dies änderte sich vor etwa 800 Jahren mit der Ankunft polynesischer Seefahrer, als das Land, das sie **Aotearoa** – „Land der langen weißen Wolke" – nannten, als letzte größere Landmasse der Erde von Menschen besiedelt wurde. Mit der Ankunft der Maori wurde das fragile Ökosystem empfindlich gestört; so starb der straußengroße Laufvogel Moa, der einen wichtigen Teil der Ernährung der Maori bildete, schließlich gänzlich aus. Dann erreichte das Land zwischenzeitlich wieder ein prekäres Gleichgewicht, bis Mitte des 19. Jhs. die vom kolonialen Eifer erfüllten ersten Europäer, vor allem Briten, ankamen – die **Pakeha**. Sie sollten das Land auf ewig verändern.

Die fragile Koexistenz von Maori- und europäischstämmigen Neuseeländern prägt die gegenwärtigen Auseinandersetzungen um kulturelle Identität und die Rechte an Land und natürlichen Ressourcen. Mit dem **Treaty of Waitangi** 1840, dem Gründungsdokument des Landes, traten die Maori Neuseeland im Prinzip an die britische Krone ab, auch wenn ihnen der Besitz ihres Landes und ihre traditionellen Jagd- und Fischereirechte garantiert wurden. Im Laufe der Zeit kamen jedoch immer mehr neue Siedler ins Land und verlangten von den Maori immer mehr Land, was schließlich zu gewalttätigen Auseinandersetzungen führte. Nachdem die Maori unterworfen worden waren, wurde **Maoritanga**, die Kultur und Lebensweise der Maori, durch eine Politik der teilweisen Integration weitgehend zerstört. Doch blieben die Maori von einer wirklichen Teilhabe an der neuen europäischen Ordnung so gut wie ausgeschlossen – die aufkeimende nationale Identität sollte nicht durch zu große Unterschiede gefährdet werden. Dies trifft zum Teil auch heute noch zu, und die alten Werte der Anglikaner und Presbyterianer haben sich oft als sehr hartnäckig erwiesen. Doch hat die Großzügigkeit und Gastfreundschaft der Maori auch auf die Mehrheitsgesellschaft abgefärbt. Die koloniale Erfahrung hat außerdem nicht nur einen gewissen kumpelhaften Umgang unter Neuseeländern gefördert, sondern auch den festen Glauben daran, dass sich alles irgendwie regeln lässt.

Erst in den letzten 40 Jahren ist Neuseeland wirklich den Kinderschuhen entwachsen und hat ein wahres nationales Selbstbewusstsein ausgebildet, u. a. weil Großbritannien die kolonialen Verbindungen weitgehend kappte und die Maori ein neues Bewusstsein für ihre Kultur entwickelten. Den Forderungen der Maori ist durch die Pakeha, die sich mehrheitlich für eine Wiedergutmachung des in den letzten 175 Jahren begangenen Unrechts aussprachen, so weit nachgegeben worden, wie es den hohen Lebensstandard und die Dominanz der Pakeha nicht beeinträchtigte. Dabei ist das Bemühen um Integration durch das nicht ganz unproblematische Konzept des **Bikulturalismus** ersetzt worden, bei dem zwei Kulturen nebeneinander existieren, aber gleichzeitig möglichst viele Berührungspunkte haben. Diese Anschauung ist durch den verstärkten Zuzug von **Einwanderern** aus China, Korea und Südasien in jüngster Zeit jedoch etwas unterhöhlt worden.

Reiseziele

Neuseeland lockt mit viel Sehenswertem auf relativ begrenztem Raum. Für die wichtigsten Stationen braucht man nur wenige Wochen. Wer sich jedoch etwas eingehender umsehen möchte, sollte schon einen, besser zwei Monate einplanen (S. 34).

Die Nordinsel

Das moderne **Auckland** (S. 137) breitet sich zunehmend um den glitzernden Waitemata Harbour aus, einen Meeresarm des mit Inseln gespickten Hauraki-Golfs. Von hier fahren die meisten Touristen nach Süden weiter und verpassen dabei **Northland** (S. 208), die in herrlichen subtropischen Wald mit den größten Kauri-Bäumen Neuseelands gebettete Wiege der Einwanderung von Maori und Pakeha.

Östlich von Auckland ragt die lang gezogene **Coromandel Peninsula** (S. 291) ins Meer, eine grüne, von Sandstränden gesäumte Halbinsel. Südöstlich davon liegen die Strandorte der **Bay of Plenty** (S. 335); unmittelbar südlich erstreckt sich die von ständigem Schwefelgeruch durchzogene Gegend um **Rotorua** (S. 317) mit ihren spuckenden Geysiren und wabernden Schlammtümpeln.

In der vulkanischen Hochebene im Zentrum der Nordinsel breiten sich die reichen Forellenfanggründe um den **Lake Taupo** (S. 357) aus, der im Schatten dreier schneebedeckter Vulkane liegt. Freunde der Unterwelt begeben sich westlich von Taupo zu den unheimlichen Kalksteinhöhlen von **Waitomo** (S. 281). Weiter südlich bietet der **Whanganui River** (S. 395), ein breiter, smaragdgrüner und von undurchdringlicher Wildnis gesäumter Fluss, hervorragende Bedingungen zum Kanufahren. Wer sich die Füße nicht nass machen möchte, fährt nach Westen zum Egmont National Park mit dem beinahe perfekt geformten Vulkankegel des **Mount Taranaki** (S. 387).

Östlich von Taupo erheben sich die Bergketten, die das Rückgrat der Nordinsel bilden, jenseits davon liegt das Weinanbaugebiet von **Hawke's Bay** (S. 439) mit der Art-déco-Stadt Napier als Zentrum. Weiter südlich erstreckt sich die aufstrebende Weinregion **Martinborough** (S. 482). Rund eine Autostunde von hier entfernt ist die neuseeländische Hauptstadt **Wellington** (S. 451). Ihr Zentrum ist auf ein dem Meer abgerungenes Stück Land begrenzt, während die Vororte sich an steile Hänge schmiegen und schöne Ausblicke auf die glitzernden Buchten eröffnen. Politiker und Regierungsangestellte verleihen Wellington einen gewissen urbanen Schick, der durch eine ständig wachsende Café- und Nachtszene weitere Belebung erfährt.

Die Südinsel

Die Südinsel beginnt im Norden mit den weltbekannten Weinkellereien von **Marlborough** (S. 490) und der hübschen Stadt **Nelson** (S. 512) mit reizenden Stränden vor der Haustür. Von hier aus leicht zu erreichen ist das hügelige Land in der Umgebung des **Nelson Lakes National Park** (S. 548) und das fabelhafte Seekajakrevier des **Abel Tasman National Park** (S. 529).

Auf der anderen Seite der Südinsel liegen das Walbeobachtungsrevier um **Kaikoura** (S. 552) und, weiter südlich, die größte Stadt der Südinsel – das puritanische und fest mit den traditionellen Werten von „Good Old England" verbundene **Christchurch** (S. 609). Die alten britischen Bauwerke mögen von Erdbeben zerstört worden sein, doch die Stadt hat sich wieder aufgerappelt und bleibt einer der spannendsten urbanen Räume des Landes. Eine der landschaftlich schönsten Zugfahrten Neuseelands führt von hier durch das Landesinnere über den **Arthur's Pass** (S. 650) bis an die Westküste. Südwestlich von Christchurch breitet sich die wie ein Flickenteppich anmutende Schwemmlandebene Canterbury Plains aus, bevor die Landschaft wieder hügeliger wird und schließlich die 3000 m hoch aufragenden Neuseeländischen Alpen mit dem **Aoraki/Mount Cook** (S. 668) erreicht. Von hier schaffen die fantastischen, wenn auch rasant schrumpfenden **Gletscher Fox und Franz Josef** (S. 596 und S. 592) eine Verbindung zur Küste.

Folgt man von Christchurch dagegen der Ostküste, kommt man durch das Farmland von Canterbury in die von schöner Architektur gekennzeichnete Stadt **Oamaru** (S. 682) und schließlich ins unverkennbar schottisch beeinflusste **Dunedin** (S. 691). Letzteres eignet sich gut als Ausgangspunkt für eine Erkundung der Tierwelt der **Otago Peninsula** (S. 706), die mit einer Albatros-Kolonie, Robben, Seelöwen und Pinguinen aufwartet. Mitte des 19. Jhs. kamen hier die ersten Goldsucher an und machten sich auf den Weg, um im Landesinneren von Otago ihr Glück zu suchen. Dort liegt in atemberaubender Lage die Stadt **Queenstown** (S. 711), die sich inzwischen zu einem geschäftstüchtigen Zentrum für Abenteueraktivitäten entwickelt hat, vor allem Bungy-Jumping, Rafting, Jetboottouren und Skifahren. Nicht weit davon entfernt ist **Glenorchy** (S. 729) ein Paradies für Wanderer. Hier nimmt der **Routeburn Track** (S. 733) ins regenverwöhnte Fiordland seinen Anfang. Bei **Te Anau** (S. 775), dem Tor zum Fiordland, beginnen einige der berühmtesten Wanderwege des Landes wie der Milford Track. Weiter südlich wird der aus der Antarktis blasende Wind beißender. Seine größte Kraft entfaltet er auf der drittgrößten Insel Neuseelands, der abgelegenen **Stewart Island** (S. 809). Hier besteht die

Heiße Quellen, Geysire und blubbernder Schlamm

Eines der sinnlichsten Vergnügen in Neuseeland besteht darin, sich im Busch in einem heißen Naturbecken zu aalen und zu den Sternen hinaufzuschauen. Da Neuseeland am „Feuerring" des Pazifiks liegt, gehören Erdbeben und vulkanische Aktivität zur Normalität. Vielerorts bahnt sich überhitzter Dampf seinen Weg an die Erdoberfläche – in Form von Geysiren (nur in der Umgebung von Rotorua), kochenden Schlammtümpeln (Rotorua und Taupo) oder heißen Quellen. Allein in den nördlichen zwei Dritteln der Nordinsel gibt es etwa 80 heiße Quellen, weitere 15 konzentrieren sich in einem schmalen Streifen an der Westseite der Neuseeländischen Alpen.

Viele kommerzielle Resorts locken mit lauwarmen Schwimmbecken, fast brühheißen Bädern, Schlammpackungen und Verwöhnprogramm. Alle anderen sind natürliche Becken, entweder im Busch, an einem Bach oder sogar am Strand – als blubbernder Tümpel im Sand. Einige sind nicht so leicht zu finden, denn die Neuseeländer behalten die besten Stellen für sich. Vor dem Aufbruch zu einer Tour lohnt ein Besuch auf der Website 🖳 www.nzhotpools.co.nz. Auch empfiehlt es sich, die Hinweise über Amöbenmeningitis auf S. 54 in diesem Buch zu lesen. Als Starthilfe hier eine Auswahl einiger der besten Orte (von Norden nach Süden):

- **Polynesian Spa** Die kommerzielle Anlage in Rotorua bietet für jeden etwas: Mineralbecken, Familienbad, einen Komplex unter freiem Himmel nur für Erwachsene und alle möglichen Packungen und Anwendungen. S. 320
- **Hot Water Beach** Den Strand bei Ebbe aufsuchen, einen Spaten ausleihen und ein heißes Becken neben dem kühlen Meerwasser graben. S. 305
- **Maruia Springs** Das kleine Resort in den Bergen 200 km nördlich von Christchurch ist im Winter besonders zauberhaft. S. 648
- **Welcome Flat Hot Springs** Vier Naturbecken in einer Berglandschaft unmittelbar südlich des Fox-Gletschers. Die Wanderung dorthin dauert 6–7 Stunden, übernachten kann man in der benachbarten DOC-Hütte. S. 600

Sagenhafte Wanderungen

Neun der schönsten Wanderwege Neuseelands – der jüngste kam 2019 hinzu – und eine Flussreise wurden als Great Walks ausgewiesen. Selbst die viel begangenen bestechen durch unverfälschte, herrliche Natur. Weitere Infos dazu und zu andere Wanderrouten gibt's auf 💻 www.tramper.co.nz.

Nordinsel

- Der **Tongariro Northern Circuit** (3–4 Tage, S. 372) führt durch eine fantastische Landschaft aus Vulkanen und Halbwüste.
- Der sanfte **Lake Waikaremoana Track** (3–4 Tage, S. 428) umrundet einen der schönsten Seen des Landes.
- Die **Whanganui River Journey** (2–4 Tage, S. 395) lässt sich am besten in einer Kombination aus Kajaktouren und kurzen, stimmungsvollen Wanderungen genießen.

Südinsel

- Der beliebte **Abel Tasman Coast Track** (2–4 Tage, S. 531) erschließt unberührte Strände und kristallklare Buchten, die sich toll per Seekajak erkunden lassen.
- Der **Heaphy Track** (4–5 Tage, S. 546) durch den Kahurangi-Nationalpark vereinigt subalpine Höhenlagen und von Brandung gepeitschte Strände.
- Der **Kepler Track** (4 Tage, S. 781) ist berühmt für seine Wanderwege über Bergkämme und durch jungfräulichen Buchenwald.
- Der weltberühmte **Milford Track** (4 Tage, S. 791) führt durch eine atemberaubend vergletscherte Bergwelt mit grandiosen Wasserfällen.
- **Paparoa Track and Pike29 Memorial Track** (2–3 Tage, S. 573) Der jüngste Wanderweg in der Liste, eröffnet 2019, führt durch den Paparoa National Park.
- Der **Rakiura Track** (3 Tage, S. 813) auf Stewart Island folgt der von Regenwald gesäumten Küste und bietet Gelegenheit zum Beobachten von Kiwis in freier Wildbahn.
- Der **Routeburn Track** (3 Tage, S. 733) zählt zu den schönsten Wanderwegen des Landes und sorgt für ein fantastisches Naturerlebnis oberhalb der Buschgrenze.

Vegetation größtenteils aus dichtem Küstenregenwald, und die Chance, einen Kiwi in freier Natur zu Gesicht zu bekommen, ist groß.

Die Maori

Die Maori tragen ihre traditionellen Trachten nur bei besonderen Anlässen, Gesichtstätowierungen sind selten, und einen *haka* bekommen Besucher wohl nur bei einem Rugbyspiel oder einer Kulturveranstaltung zu sehen, denn Maori sind längst in der Moderne angekommen. Wer allerdings hinter die Fassade der Musik-, Tanz- und Hangi-Shows blickt, kann eine Parallelwelt entdecken, über die Nicht-Maori kaum etwas wissen.

Die Kenntnis des persönlichen **Stammbaums** *(whakapapa)* ist wichtig, um ein Gefühl für die eigene Identität zu bekommen. Spirituell fühlen Maori sich mit dem Berg oder Fluss ihrer Heimatregion verbunden. **Redekunst** und die Fähigkeit, spontan ein Lied zum Besten zu geben, werden in der Maori-Kultur hoch geschätzt. Alle Neuseeländer wissen, was *mana* ist, eine Mischung aus Prestige, Charisma und Einfluss, die durch mutige oder selbstlose Taten vermehrt wird.

Leider sind soziale Ungleichheit und Diskriminierung weiterhin große Themen, wie sich an zahlreichen Indikatoren zeigt. Hoffnung auf Besserung machen bikulturelle Bemühungen, die Gleichberechtigung und Integration betonen, aber Nicht-Maori und Maori trotzdem ihre unterschiedliche Identität lassen.

Was es bedeutet, ein Maori zu sein, wird im Kapitel „Land und Leute" (S. 94) behandelt.

Reiserouten

Die folgenden Reiserouten führen zu den wichtigsten Attraktionen Neuseelands. Die erste kombiniert Strände, Maori-Kultur, Stadtleben und grandiose Landschaften. Die zweite konzentriert sich auf die Vogelwelt, Thermalquellen und den Sternenhimmel und die dritte auf Abenteueraktivitäten.

Maori-Kultur hautnah

Die unmittelbarste und beliebteste Einführung in die Maori-Kultur ist eine Kombination aus **Konzert und Hangi** (Festschmaus), am besten zu erleben in Rotorua. Konzert und Hangi fanden früher auf einem *marae* statt, einem traditionellen Versammlungsplatz, doch heute gibt's dafür eigene Veranstaltungsorte oder sie finden gar in einem Hotel statt.

Die **Kawa** (Verhaltensregeln) schreiben vor, *manuhiri* (Besucher) zuerst auf die Probe zu stellen, um ihre freundlichen Absichten zu testen, bevor man sie auf den *marae* lässt.

Die Besucher müssen sich einen „Häuptling" wählen, der sie während dieses *wero* genannten Rituals vertritt. Dabei kommt ein furchterregender Krieger, einen *taiaha* (Speer) schwingend, wild züngelnd und mit hervorquellenden Augen auf die Gäste zu. Nach Annahme eines rituellen Geschenks stoßen die Frauen den *karanga* (Willkommensruf) aus und brechen damit das *tapu*, dann folgt der *powhiri* (Begrüßungsgesang). Dies ist der Auftakt zum zeremoniellen „Nasenkuss", **Hongi** genannt, der *manuhiri* (Besucher) und *tangata whenua* (Gastgeber) körperlich und spirituell verbindet.

Dann beginnt das Konzert in traditioneller Tracht. Höhepunkte sind der *haka* der Männer und der *poi*-Tanz der Frauen. Auf das Konzert folgt der Hangi-Festschmaus, der traditionell im Erdofen gedämpft wird oder, in Rotorua, über einer Erdwärmequelle.

Touren

Über die kommerziellen Konzerte und Hangi hinaus bieten die folgenden Tourveranstalter und Unterkünfte die Möglichkeit, tiefer in die Kultur der Maori einzutauchen.

- **Footprints Waipoua**, Northland. S. 258
- **Kapiti Island**, nahe Wellington. S. 479
- **Maori Tours**, Kaikoura. S. 557
- **TIME Unlimited Tours**, Auckland S. 146
- **Maraehako Bay Retreat**, East Cape. S. 415
- **Tipuna Tours**, East Cape. S. 417

Die Highlights

Neuseeland ist nicht besonders groß, aber dafür gibt es erstaunlich viele Sehenswürdigkeiten. Für diese umfassende Route braucht man mindestens **drei Wochen**.

Auckland Breites Kulturangebot, bunte Gastroszene, lebendiges Nachtleben: Das und mehr gibt's in Neuseelands größter Stadt. S. 137

Northland Der winterlose Norden bietet weite Strände, riesige Sanddünen, idyllische kleine Häfen und die hochgradig symbolträchtigen Waitangi Treaty Grounds. S. 208

Rotorua Ein geothermales Wunderland voller Geysire und blubbernder Schlammteiche, wo Haka, Tanz und ein im Erdofen zubereitetes Hangi in die Maori-Kultur einführen. S. 317

Napier Die Art-déco-Architektur ist der passende Rahmen für das gute Essen in der Hawke's Bay und für einige der besten Rotweine des Landes. S. 431

Napier, die Art-déco-Stadt

Wellington Die Hauptstadt ist die attraktivste Stadt Neuseelands, mit einem überschaubaren Zentrum und Museen, Cafés und munteren Bars rund um den malerischen Hafen. S. 451

Nelson und Golden Bay Goldene Sandstrände, alternative Märkte und die Freizeitaktivitäten an der Küste des Abel Tasman National Park machen die Gegend zur reizvollsten Ecke des Landes. S. 512 und S. 537

Die Westküste Entlang der wilden und atemberaubend schönen Küste fallen tiefgrüner, üppiger Urwald und eisige weiße Gletscher schroff zur tosenden Brandung hinab. S. 560

Aoraki/Mount Cook Neuseelands höchster Gipfel thront wie ein schneebedeckter Wächter über den unglaublich blauen Seen und goldenen Gräsern des Mackenzie Country. S. 668

Queenstown Die traumhafte Berglandschaft, die ungeheure Palette an Abenteueraktivitätenund einige der besten Restaurants und Bars der Südinsel sollte man nicht verpassen. S. 711

Fiordland Zwischen mehrtägigen Wanderungen auf dem Kepler oder Milford Track kann man im Milford und Doubtful Sound eine Kreuzfahrt unternehmen, Kajak fahren oder tauchen. S. 775

Neuseeland ganz natürlich

Geysire, Fjorde, Bergpapageien, Pinguine, Wale und mehrere Delphinarten bereichern die atemberaubende neuseeländische Landschaft. Für diese Route sollte man **2 1/2 Wochen** einplanen.

Kiwi-Beobachtung im Kauri-Wald Wer sich nachts im Kauri-Wald ruhig verhält, hört die klagenden Rufe des Kiwis und bekommt die scheuen Vögel – mit viel Glück – auch zu sehen. S. 259

Hot Water Beach Man gräbt sich ein Loch in den Sand und entspannt im heißen Wasser eines Tümpels, das hin und wieder von der Brandung abgekühlt wird. S. 305

Vögel auf Kapiti Island Auf dieser Insel wimmelt es von faszinierenden Vögeln – Waldpapageien, Sittichen, Graufächerschwänzen, Zwergkiwis und sogar ein paar der weltweit noch 250 lebenden Takahe. S. 479

Schwimmen mit Robben Man sollte den Delphinen mal eine Pause gönnen: Robben sind sowieso meist verspielter, besonders in dem klaren Wasser des Abel Tasman National Park. S. 531

Sterne gucken Weil die Nächte hier so klar und dunkel sind, wurde Tekapo zum ersten „Starlight Reserve" (Sternenhimmelschutzgebiet) des Landes erklärt. S. 661

Die Tierwelt der Otago Peninsula Vor den Toren Dunedins wartet eine reiche Tierwelt, darunter zwei Pinguinarten, Robben und eine Kolonie von Albatrossen. S. 706

Stewart Island Nachdem man von Papageienschwärmen begrüßt wurde, geht's zu Sattelstaren, Ziegensittichen und Makomakos auf Ulva Island und zu den Kiwis in der Mason Bay. S. 809

Malerischer geht's kaum: die Church of the Good Shepherd am Lake Tekapo

Neuseeland für Abenteurer

Nirgendwo sonst auf der Welt haben Adrenalinjunkies so viele Abenteueraktivitäten zur Auswahl wie in Neuseeland. Für diese Reiseroute sollte man mindestens **drei Wochen** veranschlagen.

Rafting auf dem Kaituna Der Kaituna bietet eine großartige, üppig grüne Schlucht, steil abfallende Stromschnellen und einen 7 m hohen Wasserfall. S. 328

Verborgene Welt Der Untergrund von Waitomo ist mit Kalksteinhöhlen durchzogen; am besten lassen sie sich erkunden, indem man sich langsam in die Tiefe abseilt und dann durch die Gewölbe klettert. S. 281

Wandern auf dem Tongariro Alpine Crossing Neuseelands schönste Tageswanderung führt durch die karge Vulkanlandschaft des Tongariro National Park. S. 371

Kajakfahren im Abel Tasman National Park Nach einer Paddeltour auf warmen, ruhigen Gewässern campt man an einem goldenen Sandstrand. S. 534

Franz-Josef-Gletscher Mit dem Hubschrauber geht es zunächst auf den Gletscher, wo man anschließend ein paar Stunden mit einem Guide über Schneefelder und durch Eishöhlen wandert. S. 592

Niger Stream Canyoning In den wunderschönen Schluchten von Wanaka kann man in tiefe Becken springen und sich an Wasserfällen abseilen. S. 754

Bungy-Sprung über dem Nevis Wenn schon, denn schon: Acht Sekunden freier Fall von einer 134 m hohen Gondel über einem Fluss. S. 722

Radfahren im Wakatipu Basin Einfache Strecken an Seen entlang, tolle Geländefahrten und die einzigen mit Seilbahn erreichbaren Abfahrten für Mountainbiker in Neuseeland. S. 723

Klima und Reisezeit

Die sonnigen Sommermonate (Oktober bis April) sind die beliebteste Reisezeit für Neuseelandbesucher. Dafür hält der Winter tolle Ski- und Snowboardpisten bereit, und die Tage sind in dieser Zeit oft klar und freundlich, wenn auch kühl. Der hohe Norden wird gern als „winterloser Norden" bezeichnet, obwohl die kältere Jahreszeit selbst in dieser subtropischen Gegend frisch sein kann. Der tiefe Süden ist die kälteste Ecke des Landes – Surfer brauchen hier das ganze Jahr über einen Neoprenanzug.

Angesichts der Lage des Landes mitten im Ozean überrascht es nicht, dass Neuseelands Klima von der See geprägt ist. In den Sommermonaten Dezember bis März ist es warm, und selbst im Winter wird es niemals wirklich kalt.

Das Wetter wird erheblich von den vorherrschenden Westwinden bestimmt. Sie nehmen über der Tasmansee Feuchtigkeit auf, die sich in den westlichen Hälften beider Hauptinseln wieder abregnet. Die Südinsel bekommt dabei den Löwenanteil ab, die Westküste und Fiordland zählen sogar zu den regenreichsten Regionen der Erde. Die ganz Neuseeland der Länge nach durchziehenden Bergketten halten eine Menge Regen von den östlichen Landesteilen ab, die sich deshalb insgesamt trockener präsentieren

Im Süden des Landes ist es im Schnitt ein paar Grad kühler als im übrigen Neuseeland, während das subtropische Auckland und Northland eine deutlich höhere Luftfeuchtigkeit aufzuweisen haben. Auf der Nordinsel geht der feuchtwarme Sommer praktisch unbemerkt in einen nasskalten Winter über. Je weiter man hingegen nach Süden kommt, desto ausgeprägter zeigen sich die vier verschiedenen Jahreszeiten.

Die meisten Leute kommen im Sommer nach Neuseeland, doch man kann das Land das ganze Jahr über bereisen, solange man seine Ziele mit Bedacht wählt. Im **Sommer** von Dezember bis März sind alle touristischen Einrichtungen geöffnet. Die neuseeländische Bevölkerung verreist in Massen zwischen Weihnachten und Mitte Januar, was erhebliche Engpässe bei den Unterkünften zur Folge haben kann. Der Großteil der ausländischen Touristen besucht das Land während der **Übergangszeiten**, d. h. im Oktober, November und April. Dann sind die Sehenswürdigkeiten nicht so überlaufen, und auch eine Unterkunft ist einfacher zu bekommen. Der **Winter** (Mai bis September) ist die

Am nördlichsten Punkt: Cape Reinga

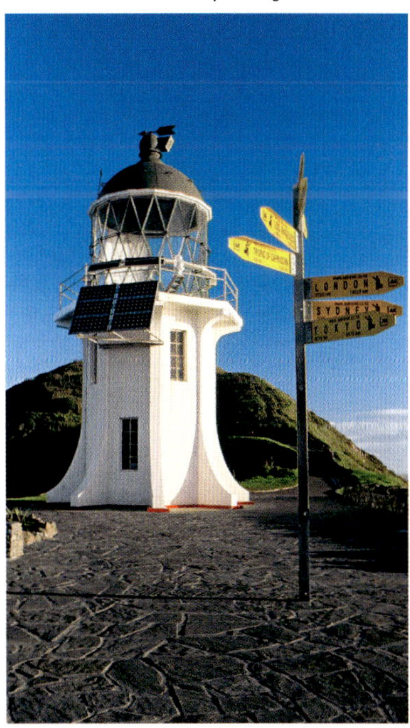

feuchteste, kälteste und folglich am wenigsten beliebte Reisezeit, es sei denn, man ist Wintersportfan. Im Winter gewinnen Südwinde gegenüber den Westwinden die Oberhand und sorgen an der Westküste häufig für kaltes, trockenes und wolkenloses Wetter. Die Neuseeländischen Alpen und die zentrale Nordinsel bekommen starke Schneefälle ab und machen Neuseeland zu einem der abwechslungsreichsten und am wenigsten besuchten Ski- und Snowboardgebiete überhaupt.

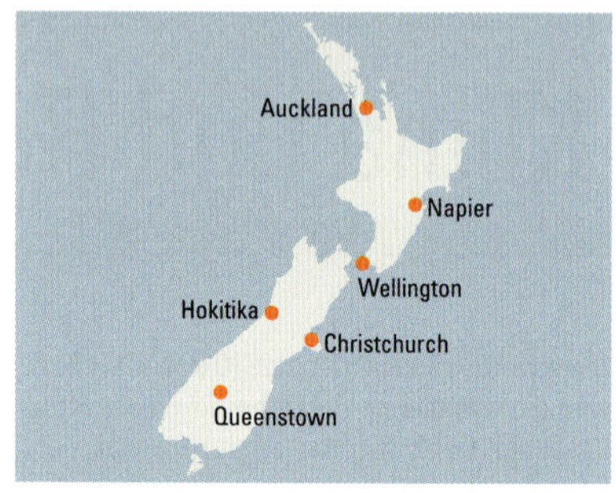

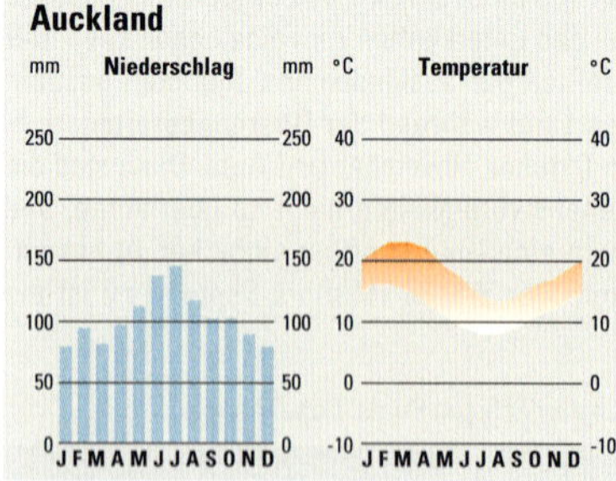

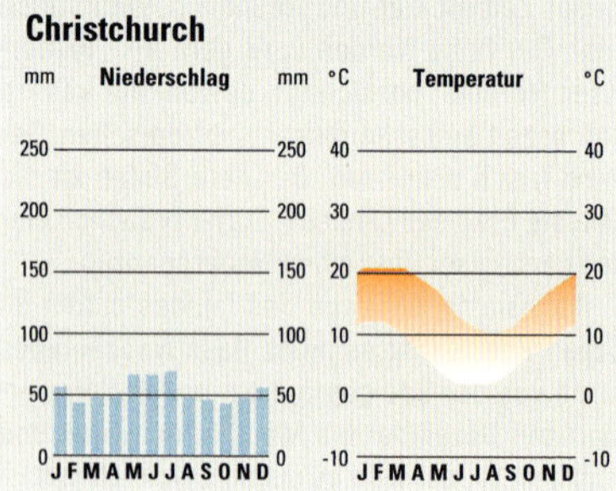

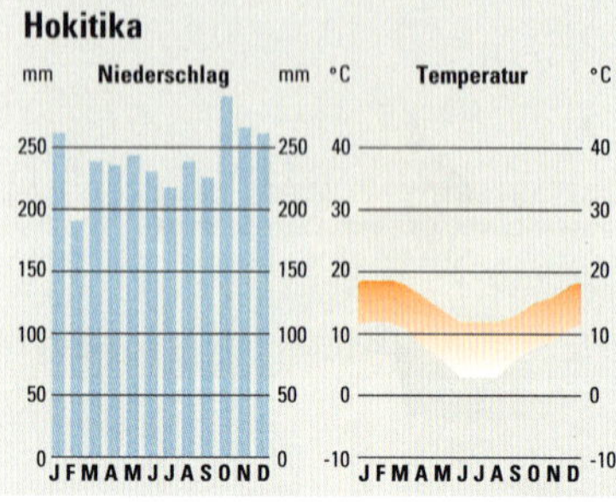

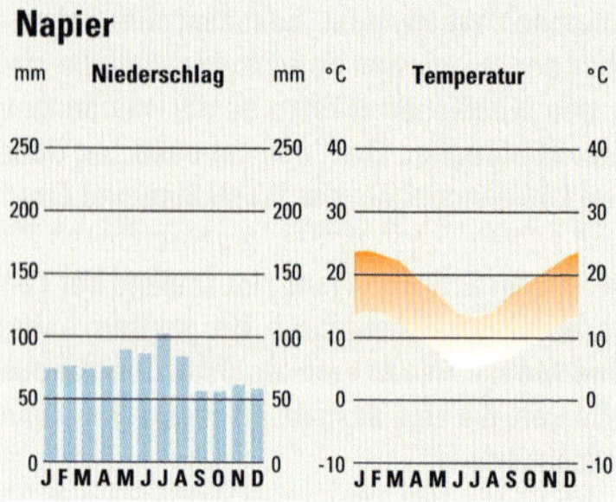

Queenstown
mm Niederschlag mm
°C Temperatur °C
250 200 150 100 50 0
40 30 20 10 0 -10
J F M A M J J A S O N D

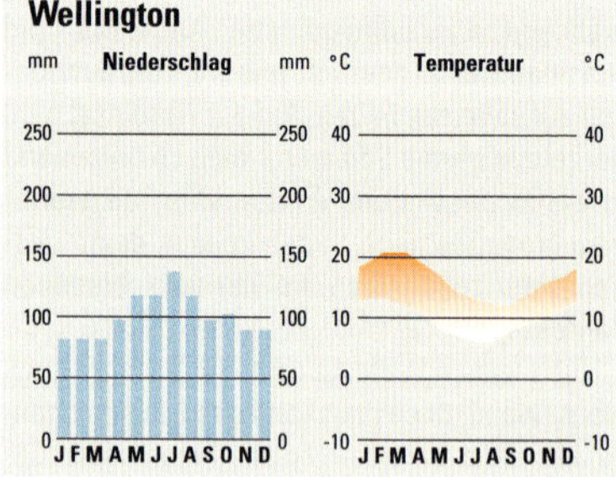

Reisekosten

Aufgrund des starken neuseeländischen Dollars und der anhaltenden Auswirkungen der globalen Finanzkrise und Corona-Pandemie ist Neuseeland kein Billigreiseland. Aber man bekommt viel für sein Geld, die Qualitätsstandards sind hoch.

Die durchschnittlichen **täglichen Ausgaben** können natürlich erheblich variieren; die folgenden Richtwerte gelten pro Person bei zwei zusammen reisenden Personen. Da es viele gute Hostels gibt, können Einzelreisende fast genauso günstig reisen wie Leute, die nicht allein unterwegs sind; wer jedoch ein Einzelzimmer haben möchte, zahlt etwa 30 % mehr.

Leute mit nicht so gut gefüllter Reisekasse können mit $80 pro Tag auskommen, wenn sie mit öffentlichen Verkehrsmitteln reisen, auf Campingplätzen oder in Hostels übernachten und sich ihre Mahlzeiten überwiegend selbst zubereiten. Mit einem Mietwagen, Übernachtung in günstigen Hotels und gelegentlichen Essen in Restaurants liegt man unterm Strich eher bei $200 pro Tag. Und wer gern in komfortablen B&Bs nächtigt, in netteren Restaurants isst und noch ein paar Touren macht, ist schnell mit mindestens $400 dabei.

Es passiert leicht, dass man sein Budget durch Abenteuertrips und Funsportangebote überstrapaziert – beispielsweise durch Bungy-Jumping oder einen Tandem-Fallschirmsprung. Wer also aufs Geld schauen muss, sollte sich vorher genau überlegen, welche Investitionen zur Ankurbelung des Adrenalinhaushalts sich wirklich lohnen.

Der angegebene Preis ist nicht verhandelbar. In der Regel sind die 15 % **Mehrwertsteuer** – Goods and Service Tax (GST) – im Preis inbegriffen, außer in einigen Business-Hotels. Eine GST-Befreiung erfolgt beim Erwerb teurerer Gegenstände, die ausgeführt werden – Kaufbelege aufheben und gekaufte Gegenstände im Handgepäck mitnehmen.

Ermäßigungen für Studenten gibt es selten, aber beim Transport und bei Übernachtungen lässt sich eine Menge Geld sparen, wenn man eine der Backpacker- oder YHA-Karten (S. 88) kauft; **Kinder** und **Senioren** erhalten auf die meisten Zug-, Bus- und Eintrittstickets zu Sehenswürdigkeiten einen Preisnachlass von bis zu 50 %.

Was kostet wie viel?

Verpflegung	
Hauptgericht im Restaurant	ab $35
großes Bier (Pint)	$9–12
Glas Wein	$10–14
Transport	
Busfahrt (Standardpreis)	
Auckland–Rotorua (235 km)	$80
Christchurch–Queenstown (484 km)	$89
Bahn (Standardticket)	
Auckland–Wellington (500 km)	ca. $229
Mietwagen	
Kleinwagen pro Tag, örtlicher Anbieter (bei 2 Wochen Mietdauer im Sommer)	$50–80
Wohnmobil pro Tag (Hochsaison)	$180–500
Fahrradmiete pro Tag	$40–70
Unterkunft	
Bett im Schlafsaal	$25–40
B&B	$140–280
DZ im Motel	$130–250
Home- und Farmstay pro DZ	$130–250
Camping pro Person	$15–35

Travelinfos von A bis Z

Ein Flug um den halben Erdball – um dann festzustellen, dass vieles genauso funktioniert wie zu Hause. Aber nicht alles: Wie nutze ich mein Smartphone clever? Was muss ich beim Schwimmen im Meer beachten? Sind Backpackerbusse etwas für mich? Soll ich ein Wohnmobil mieten oder vielleicht ein Auto kaufen? Und wann ist eigentlich Rugbysaison? Die Travelinfos geben Antworten und Entscheidungshilfen zu all den praktischen Fragen, die sich vor der Reise und unterwegs stellen.

AIR NEW ZEALAND BEDIENT 20 DESTINATIONEN IM LAND

Kurz und knapp

Flugdauer Frankfurt–Auckland 24 Std.

Einreise Aufenthalt bis zu 3 Monaten: Reisepass, der mind. 3 Monate darüber hinaus gültig ist (EU-Bürger und Schweizer)

Geld Neuseeland-Dollar; viele Hostels und Campingplätze akzeptieren nur Bares

Smartphones In abgelegenen Gebieten lückenhafte Netzabdeckung

Zeitverschiebung Im neuseeländischen Sommer MEZ +12 Std., während der europäischen Sommerzeit +10 Std.

Inhalt

Anreise

Um nach Neuseeland zu gelangen, ist man in der Regel auf einen **Linienflug** angewiesen. Der Preis hängt von der Jahreszeit ab: Am teuersten ist der Flug im neuseeländischen Sommer (Dez–Feb). In der Vor- und Nachsaison (Sep–Nov und März–Mai) sinken die Preise, am niedrigsten sind sie im neuseeländischen Winter (Juni–Aug). Zahlreiche Fluggesellschaften bieten dann Flüge für ab 800 € an, was angesichts der zurückgelegten Entfernung relativ preiswert ist. Wählt man den billigsten Flug, muss man jedoch unter Umständen auf einigen Komfort verzichten.

Auch wenn man noch so schnell in Neuseeland ankommen möchte – v. a. unter gesundheitlichem Aspekt ist ein Zwischenstopp sinnvoll. Die meisten Linienflüge erlauben mehrere **Stopover** entweder in Nordamerika und dem Pazifik oder in Dubai, Asien und Australien. Wer nicht von Australien aus anreist, hat bei den Zielflughäfen nur die Wahl zwischen den internationalen Flughäfen **Auckland** und **Christchurch**. In Christchurch landen weniger Direktflüge, aber viele Linienfluggesellschaften haben ein Codesharing-Abkommen für einen Anschlussflug von Auckland ohne Extrakosten.

Am praktischsten ist ein **Gabelflug** (Hinflug von der einen, Rückflug von der anderen Stadt). Er kostet in der Regel nicht mehr als ein gewöhnlicher Flug und hat den Vorteil, dass man nicht wieder an den Ausgangspunkt der Reise zurückmuss. Überlegenswert sind auch attraktive **Fly-&-Drive**-Arrangements, die Flug und Mietwagen bzw. Wohnmobil beinhalten.

Touristen und Personen mit einem zeitlich befristeten **Arbeitsvisum** (S. 56) müssen bei der Einreise nach Neuseeland ein Ticket für die Rück- oder Weiterreise vorweisen. Wer ein Rückflugticket hat und länger bleiben oder nicht auf der geplanten Route weiterfliegen will, kann das Flugdatum bei der Fluggesellschaft oder in einem Reisebüro ändern lassen, je nach Nutzungsbedingungen des Flugtickets; häufig ist dafür eine Gebühr fällig. Die Flugroute lässt sich aber nicht so leicht ändern.

Falls Neuseeland nur ein Zwischenziel auf einer längeren Reise ist, kann der Kauf eines **Round-the-World**-Tickets erwogen werden. Bei diesen Tickets stehen entweder etwa ein halbes Dutzend Stopps fest (oft ist Auckland darunter), oder man stellt sich selbst eine Flugroute zusammen, was allerdings in der Regel um einiges teurer ist.

Der **Star Alliance South Pacific Airpass** von Air New Zealand berechtigt zu Einfachflügen innerhalb von Neuseeland oder in drei Zonen eingeteilte Pazifikrundreisen. Ebenso wie RTW-Tickets unterliegt der Kauf Sonderbestimmungen und die Zahl der Stopover ist begrenzt.

Weitere Informationen sind im Reisebüro oder bei den Fluggesellschaften erhältlich.

Reisen und Klimawandel

Der Klimawandel ist vielleicht das dringlichste Thema, mit dem wir uns in Zukunft befassen müssen. Wer reist, erzeugt auch CO_2: Der Flugverkehr trägt mit einem erheblichen Anteil zur globalen Erwärmung bei. Wir sehen das Reisen dennoch als Bereicherung: Es verbindet Menschen und Kulturen und kann einen wichtigen Beitrag für die wirtschaftliche Entwicklung eines Landes leisten. Reisen bringt aber auch eine Verantwortung mit sich. Dazu gehört darüber nachzudenken, wie oft wir fliegen und was wir tun können, um die Umweltschäden auszugleichen, die wir mit unseren Reisen verursachen. Wir können insgesamt weniger reisen – oder weniger fliegen, länger bleiben und Nachtflüge meiden (da sie mehr Schaden verursachen). Und wir können einen Beitrag an ein Ausgleichsprogramm wie **www.atmosfair.de** leisten.

Dabei ermittelt ein Emissionsrechner, wie viel CO_2 der Flug produziert und was es kostet, eine vergleichbare Menge Klimagase einzusparen. Mit dem Betrag werden Projekte in Entwicklungsländern unterstützt, die den Ausstoß von Klimagasen verringern helfen.

nachdenken • klimabewusst reisen

atmosfair

Eine gute **Suchmaschine** für den Preisvergleich ist 💻 www.swoodoo.com. Spezialtarife und befristete Sonderangebote kann man oft nur in den Büros der Fluggesellschaften oder über ihre Websites buchen; sie sind aber immer auch in auf Flüge spezialisierten Reisebüros erhältlich.

Barrierefreies Reisen

Generell ist Neuseeland auf Reisende mit Handicaps sehr gut vorbereitet. Viele öffentliche Gebäude, Galerien und Museen sind **barrierefrei**, und zahlreiche Reiseveranstalter unternehmen besondere Anstrengungen, um Reisenden mit Behinderungen die Teilnahme an allen Aktivitäten zu ermöglichen, beispielsweise beim Schwimmen mit Delphinen oder Robben.

Unternehmen wie **Making Trax** (💻 www.makingtrax.co.nz) können dabei helfen, inklusive Abenteuerreisen in Neuseeland zu buchen, von Bungy-Jumping bis hin zu Jetboating und Rafting. **Ability Adventures** (💻 www.abilityadventures.co.nz) ist auf barrierefreie Neuseeland-Urlaube spezialisiert und bietet Expertenwissen zu Anbietern von inklusivem Tourismus in ganz Neuseeland. Allerdings machen Restaurants und der öffentliche Nahverkehr in der Regel kaum Zugeständnisse, auch wenn die Mitarbeiter in der Regel gerne helfen, wo sie nur können.

Reiseplanung

Reisende mit Behinderungen sollten Reiseagenturen, **Versicherungen** und Reisebegleiter rechtzeitig über die eigenen Grenzen in Kenntnis setzten.

Das Kleingedruckte im Reisekrankenversicherungsvertrag sorgfältig lesen, um sicherzustellen, dass Menschen mit Behinderung nicht ausgeschlossen sind. Die Reiseagentur kann dafür sorgen, dass die Reise erleichtert wird: Fluggesellschaften und Busunternehmen können mehr tun, wenn sie auf den behinderten Gast vorbereitet sind, z. B. am Flughafen einen Rollstuhl und Extra-Personal bereitstellen. Ein **medizinisches Gutachten** vom Arzt über die eigene Reisetauglichkeit ist äußerst hilfreich; einige Fluggesellschaften und Versicherungen bestehen darauf.

Unterkünfte

Jedes neu errichtete Hotel, Hostel oder Motel muss mindestens ein Zimmer behindertengerecht ausstatten. Auch viele bereits bestehende Unterkünfte haben Zimmer für entsprechende Bedürfnisse umgestaltet, darunter die meisten Jugendherbergen der YHA, einige Motels, Campingplätze und größere Hotels. Bei älteren Gebäuden, Homestays und B&Bs ist am wenigsten mit derartigen Umbauten zu rechnen.

Eine Liste mit behindertenfreundlichen Unterkünften findet man im Internet unter 💻 www.tourism.net.nz/accommodation/accessible-accommodation.

Transport

Nur wenige Fluggesellschaften, Züge, Fähren und Busse gewähren vollständige Unabhängigkeit. Air New Zealand bietet auf Auslands-, jedoch nicht auf Inlandflügen einen Rollstuhl, der schmal genug ist, um damit im **Flugzeug** herumzufahren. Die hinteren Toiletten sind größer als die anderen, um Rollstuhlfahrern den Zugang zu erleichtern. Andere inländische Fluggesellschaften haben schlechtere Einrichtungen für Behinderte.

Die Interislander-**Fähren** über die Cook Strait sind für behinderte Reisende einigermaßen zugänglich; das Personal hilft bei Bedarf beim Einsteigen, und es gibt umgebaute Toiletten.

Bei vorheriger Ankündigung stellt die **Bahn** Mitarbeiter bereit, die Rollstuhlfahrern oder Sehbehinderten in den Zug helfen, es ist jedoch nicht möglich, in einem herkömmlichen Rollstuhl im Zug herumzufahren und Behindertentoiletten sind nicht vorhanden. Bei Reisen in **Fernbussen** gibt es ähnliche Probleme. Am besten überprüft man vor der Reise die Informationen zur Barrierefreiheit auf den jeweiligen Websites der Bus-, Bahn- und Fährunternehmen.

In den Städten stehen einige auf Rollstuhlfahrer ausgerichtete **Taxis** zur Verfügung, die im Voraus gebucht werden müssen. Sonst helfen Taxifahrer dem behinderten Fahrgast auf den Sitz und transportieren den Rollstuhl im Kofferraum. Die beste Möglichkeit, in Neuseeland barrierefrei unterwegs zu sein, bietet das „eigene" Auto. Spezialvermietungen wie **Disability Rentals** (💻 www.disabilityrentals.co.nz) und **Freedom Mobility** (💻 www.freedommobility.co.nz) bieten barrierefreie Fahrzeuge für Fahrer mit Behinderungen an.

Kontakte in Neuseeland

Disability Resource Centre, 14 Erson Ave, Royal Oak, Auckland, 💻 www.drct.co.nz. Allgemeine Hilfestellungen.
DPA, 4. Stock, 173-175 Victoria St, Wellington, 💻 www.dpa.org.nz. Hilfszentrum mit nützlichen Links auf der Website.
Enable New Zealand, 💻 www.enable.co.nz. Hilfsorganisation für Menschen mit Behinderungen, nicht speziell für Reisende.
New Zealand Tourism, 💻 www.newzealand.com/uk/feature/inclusive-tourism/org. Informationen zu barrierefreiem Reisen vom offiziellen neuseeländischen Tourismusverband.

Botschaften und Konsulate

Neuseeländische Vertretungen im Ausland

Kontaktadressen und Websites neuseeländischer Botschaften und Konsulate im Ausland sind zu finden unter 💻 www.mfat.govt.nz/en/embassies.

In Australien

Botschaft
Canberra, ☏ 02 6270 4211
✉ nzhccba@bigpond.net.au
Außerdem Konsulate in Sydney, Brisbane und Melbourne

In Deutschland

Botschaft
Friedrichstr. 60, 10117 Berlin
☏ 030 206 210, 📠 2062 1114
✉ nzembber@infoem.org
🕒 Mo–Fr 9.30–13 und 14–16 Uhr

In Österreich

Botschaft
ICON Vienna, Wiedner Gürtel 13, 1100 Wien
☏ 01 505 3021
✉ vienna@mfat.net, 🕒 Mo–Fr 9–12 und 14–16 Uhr

In der Schweiz

Generalkonsulat
2 Chemin des Fins, 1218 Grand Saconnex, Genf
☏ 022 929 0350, 📠 929 0377
✉ mission.nz@bluewin.ch
🕒 Mo–Fr 8.30–12.30 Uhr.

Ausländische Vertretungen in Neuseeland

Deutschland

Botschaft
90-92 Hobson St, Thorndon, Wellington
☏ 04 473 6063
✉ info@wellington.diplo.de
💻 www.wellington.diplo.de

Honorarkonsulate
Level 13, PWC Tower, 188 Quay St, Auckland
☏ 09 375 8718, 📠 3655 209
Meremere Building, 3. Etage, Raum 319, University Drive
✉ christchurch@hk-diplo.de

Österreich

Honorarkonsulate
116 Lambton Quay, Wellington
☏ 04 473 2713, ✉ wellington@austria.org.nz
33 Westpoint Drive, Hobsonville, Auckland 0618
☏ 09 476 0994, 021 0274-7168 (mobil)

257 Lyttelton St, Spreydon, Christchurch
✉ christchurch@austria.org.nz

Schweiz

Botschaft
Maritime Tower, 10 Customhouse Quay, Level 12, Wellington
✆ 04 472 1593, ℻ 499 6302
✉ wellington@eda.admin.ch
🖳 www.eda.admin.ch/wellington

Konsulat
6 Hawkens Road, Ahuroa, Warkworth 0981
✆ 64 204 006 1778, ✉ auckland@honrep.ch

Einkaufen

Eines der beliebtesten Andenken aus Neuseeland ist ein **Schmuckanhänger** aus *greenstone* (Jade) im Maori-Design. Am besten kauft man sie dort, wo das Rohmaterial herstammt, nämlich in der Gegend von Greymouth und Hokitika an der Westküste der Südinsel. Preiswertere Varianten sind aus chinesischer Jade oder minderwertigen Materialien wie Speckstein gefertigt. Man sollte also auf neuseeländischem, vor Ort verarbeitetem *pounamu* bestehen (S. 131 und 586). Ein ähnliches Reiseandenken sind **Knochenschnitzarbeiten**.

Beliebte Mitbringsel sind auch **Lammfell- und Wollprodukte** sowie **Kleidung**, die zumindest teilweise aus Possumfell besteht. Ein sehr guter Überwurf kostet mehr als $1300, Kissenbezüge gibt es schon erheblich günstiger. Schaffelle kosten ab etwa $150.

Im Bereich **Outdoor-Garderobe** gibt es ein reichhaltiges Angebot, aber interessant sind v. a. die stilvollen Kleidungsstücke aus Merinowolle von Icebreaker, 🖳 www.nz.icebreaker.com, Untouched World, 🖳 www.untouchedworld.co.nz, und Glowing Sky, 🖳 www.glowingsky.co.nz. Sie sind teuer, halten aber warm, fühlen sich gut an und riechen nicht so unangenehm.

Einige neuseeländische **Modedesigner** sind Weltklasse. Modelle von Karen Walker, Kate Sylvester, Trelise Cooper, Alexandra Owen, Zambesi und World sind teuer, aber einzigartig.

Essen und Trinken

Neuseelands kulinarische Szene ist rundum einfach klasse, von der Qualität der Lebensmittel, über die Zubereitung bis zur Präsentation der Speisen.

Das Hangi

Um die traditionelle Küche kennenzulernen, sollte man ein **Hangi** besuchen, bei dem verschiedene Gemüse- und Fleischsorten sowie Fisch stundenlang in einem Erdofen gegart werden. Typischerweise wird dieses Mahl bei Familienfeierlichkeiten zubereitet – als Tourist muss man meist zu einer öffentlichen Veranstaltung in Rotorua oder Christchurch gehen, um in den Genuss dieser Spezialität zu kommen. Dort ist man eher zahlender Kunde und kein Gast, aber die Geschmacksnoten eines Hangi sind i. d. R. authentisch, auch wenn die Veranstalter manchmal moderne Methoden kreativ anwenden. Die Zubereitung gestaltet sich wie folgt: Zunächst entfachen die Männer ein Feuer, in dessen Glut sie große Flusssteine legen. Während sich diese langsam erhitzen, wird eine ausreichend große Grube gebuddelt. Die heißen Steine legt man auf den Boden und bedeckt sie mit feuchtem Sackleinen. Unterdessen schneiden die Frauen Lamm, Schwein, Huhn, Fisch, Schalentiere und Gemüse (v. a. die Süßkartoffel Kumara) und machen kleine Portionen, die sie in Blätter wickeln und anschließend in Körben (ursprünglich aus Flachs, heute größtenteils aus Drahtgeflecht) stapeln. Die Körbe werden in der Grube versenkt und das Hangi anschließend zugedeckt, sodass der Dampf und das Aroma nicht verloren gehen. Ein paar Stunden später holt man die Körbe wieder heraus und das Festmahl kann beginnen: Die halb gegarten und halb geräucherten Zutaten sind überaus zart und haben einen leicht erdigen Geschmack.

Die **gastronomischen Wurzeln** des Landes liegen in der Tradition Großbritanniens – ein unglückseliges Erbe, dem insbesondere von einigen Kiwis der älteren Generation hartnäckig die Treue gehalten wird. Tatsächlich haben die einheimischen Köche erst vor wenigen Jahren die Möglichkeiten entdeckt, die sich ihnen durch lokale, superfrische und qualitativ hochwertige Zutaten bieten. Neben zartem Lamm, saftigem Rindfleisch und Wild sowie köstlichen Meeresfrüchten findet man hier einige der besten Milchprodukte der Welt, dazu Stein- und Kernobst, das zur Erntezeit spottbillig von Ständen am Straßenrand zu haben ist.

All diese Zutaten sind zu einer modernen neuseeländischen Küche verschmolzen, die außerdem Elemente der kalifornischen und zeitgenössischen australischen Küche mit Einflüssen aus dem **Mittelmeerraum**, **Asien** und der **Südsee** kombiniert. Restaurants und Cafés im ganzen Land legen Wert darauf, ihre Speisekarte so vielfältig wie möglich zu gestalten, und so tauchen neben dem üblichen Lamm und der Gourmet-Pizza auch Seafood-Linguini, Couscous, Sushi, Thai-Küche, Fleischbällchen aus Wildbret und *chicken korma* auf.

Essen und Trinken für Genießer

Eiscreme Waffeleis ist ein Klassiker und wird überall verkauft, aber eines der besten Eisangebote gibt es in gut sortierten Supermärkten, die die Marken Kapiti und Kohu Road auf Lager haben. Beide sind in vielen verschiedenen Geschmacksrichtungen erhältlich.

Marmeladen und Eingemachtes aus eigener Herstellung werden auf verschiedenen Wochenmärkten *(farmers' markets)* verkauft, aber die im Supermarkt erhältlichen Marken Anathoth Farm und Te Horo sind ebenfalls ausgesprochen lecker und preiswert.

Cheese Bland Cheddar ist der Nationalkäse, aber abgesehen davon produziert Neuseeland inzwischen eine große Bandbreite an anderen köstlichen Käsesorten. Weit verbreitet ist die Marke Kapiti, deren Kikorangi-Blauschimmelkäse besonders lecker ist. Ausschau halten sollte man auch nach kleineren Herstellern wie Whitestone, Meyer und Puhoi Valley.

Bier Hier sollte man die gängigen Sorten meiden und stattdessen die Erzeugnisse kleiner Brauereien probieren, etwa Aucklands Brothers Beer, Croucher aus Rotorua, McCashin's aus Stoke außerhalb von Nelson, Emerson's aus Dunedin und die Biere der Invercargill Brewery aus dem tiefen Süden. Die meisten werden in *bottle stores* und besseren Supermärkten verkauft.

Fleisch und Fisch

Neuseeländer lieben **Fleisch**, und die Qualität ist meist vorzüglich. Neuseeländisches Lamm rangiert oft ganz oben auf der Speisekarte, doch Reh- und Rindfleisch stehen ihm geschmacklich nicht nach.

Bei Neuseelands langer Küstenlinie verwundert es nicht, dass **Fisch** und andere Meeresfrüchte einen bedeutenden Anteil an der hiesigen Küche haben. Das weiße Fleisch des Schnapper *(snapper)* ist fast überall zu haben (aus Gründen der Nachhaltigkeit sind allerdings Makrele oder Dorsch vorzuziehen), aber man findet auch Thunfisch *(tuna)*, Schwertfisch *(John Dory)*, Zackenbarsch (*groper* oder *hapuku*, wie ihn die Maori nennen), Flundern *(flounder)*, Knurrhahn *(gurnard)*, Sandbarsch (*blue cod*) und den festen und köstlichen Tarakihi. Lachs *(salmon)* steht beinahe auf jeder Speisekarte, aber keine Forellen, die weder ge- noch verkauft werden dürfen. (In den meisten Hotelrestaurants ist es jedoch möglich, den eigenen Fang zubereiten zu lassen.) Diese alte Vorschrift diente ursprünglich zum Schutz des Sportangelns, nachdem Forellen im 19. Jh. in Neuseeland eingeführt worden waren.

Alle diese Fische schmecken geräuchert sehr gut, besonders aber Tarakihi, Hapuku, Blue Cod, Marlin und Aal. Eine viel geliebte Delikatesse ist *whitebait*, ein Sammelbegriff für fünf Arten von winzigen, silbernen Fischen, die zwischen August und November vor allem an der Westküste ins Netz gehen und im Ganzen frittiert serviert werden.

Schalentiere sind eine weitere Spezialität Neuseelands. Gelegentlich stößt man auf *tua-*

tua, die von den Stränden Northlands stammen, aber häufiger sind die leckeren Bluff-Austern (S. 808), Jakobsmuscheln *(scallops)* und die sensationellen Grünlippenmiesmuscheln *(green-lipped mussels)*, die in Geschmack und Konsistenz kaum zu überbieten sind und im kühlen, klaren Gewässer der Marlborough Sounds, insbesondere um Havelock, gezüchtet werden. Lebende Grünlippenmiesmuscheln sind in jedem guten Supermarkt erhältlich.

Nicht minder köstlich und unbedingt empfehlenswert sind die Langusten *(crayfish)*, die es überall an der Küste gibt, besonders in der Gegend von Kaikoura und am East Cape.

Maori- und andere Küchen

In Restaurants stehen selten polynesische oder **Maori-Gerichte** auf der Karte, wenngleich diese Küche in trendbewussten Lokalen durchaus angesagt ist. So kann man dort vielleicht einen *fern salad* (Farnkrautsalat) oder ein mit pfeffrigen *horopito*-Blättern eingeriebenes Steak bekommen. Gerade erlebt die dunkelrote Maori-Kartoffel *(taewa tutaekuri)* ein Comeback, und auch Wildkräuter finden in der Alltagsküche zunehmend Verwendung. Um wirklich typisches Maori-Essen kennenzulernen, muss man aber ein Hangi (s. Kasten S. 44) besuchen, am besten in Rotorua. Ein Grundnahrungsmittel der pazifischen Küche ist *kumara* (Süßkartoffel), die vor allem im Hangi oder in frittierter Form auftaucht.

Dank der vielen Zuwanderer aus Süd- und Ostasien hat sich die neuseeländische Restaurantszene in den letzten Jahrzehnten verändert. Heute gibt es kaum eine Stadt ohne ein **indisches** oder **chinesisches Restaurant**. Auch **Thai-Lokale** sind nicht selten, aber um malaysische, singapurische, japanische oder koreanische Küche zu genießen, ist man auf die Großstädte angewiesen. Hier sind seit Kurzem auch wieder **mexikanische Restaurants** zu finden, nachdem diese für eine längere Zeit von der Bildfläche verschwunden waren.

Essenspreise

Für jedes in diesem Buch beschriebene Restaurant und Café gibt es eine Preiskategorie, die auf den Kosten für ein Zwei-Gänge-Menü (oder Ähnlichem) für eine Person, inkl. einem alkoholischen Getränk, basiert.

$	weniger als $20
$$	$20–35
$$$	$35–60
$$$$	mehr als $60

Vegetarisches und veganes Essen

Seit ein paar Jahren ist es kein Problem mehr, vegetarische Gerichte auf der Speisekarte zu finden, und überall schießen Bio- und Naturkostläden aus dem Boden, besonders in den hipperen Vierteln von Auckland, Wellington und Christchurch. Außerhalb großer Zentren sind rein vegetarische Restaurants allerdings selten und man muss auf die obligatorischen Veggieburger zurückgreifen, die in den meisten Cafés zu haben sind. Eine tolle **Website**, um Vegetarier- und Veganer-freundliche Lokale in der Nähe zu finden, ist 💻 www.happycow.net (allein in Auckland gibt es 176). Wer an einer längeren organisierten Tour teilnimmt, bei der die Verpflegung inklusive ist, sollte die Veranstalter rechtzeitig über seine Essgewohnheiten informieren.

Essen gehen

Die Qualität neuseeländischer **Restaurants** und Cafés ist im Allgemeinen fantastisch, die Portionen sind großzügig bemessen, und meist bekommt der Gast wirklich etwas für sein Geld. Hauptgerichte kosten in den meisten Restaurants ab $35, für drei Gänge ohne Getränke muss man mit $75 rechnen. Trinkgeld wird keines erwartet, aber wer sich gut bedient fühlt, darf sich natürlich gern erkenntlich zeigen (etwa 10 % sind angemessen). An gesetzlichen **Feiertagen** wird meist ein Zuschlag erhoben (normalerweise 15 %), damit die Mitarbeiter für den Verzicht auf die ihnen gesetzlich zustehende Freizeit entschädigt werden.

Das traditionelle neuseeländische Lokal ist der **Tearoom**, größtenteils ein Selbstbedienungslokal mit altmodischer Atmosphäre, billigen Sandwiches, klebrigem Gebäck, ungesunder Kost und mittelmäßigem Kaffee. Man findet solche Tearooms heute noch an bestimmten Stellen auf dem Land, wo Fernbusse manchmal Station machen.

In größeren Städten sind die Tearooms durch **Cafés** ersetzt worden, die von ausgezeichnetem Espresso und Muffins bis zu umfangreichem Frühstück und Mittagessen mit einer Auswahl an Weinen alles verkaufen. Viele schließen bereits um 16 Uhr, andere bleiben geöffnet und verwandeln sich dann in **Restaurants**. Restaurants und Cafés unterscheiden sich kaum – in einem Café bestellt und bezahlt man normalerweise am Tresen vorn und bekommt dann das Essen serviert. In Restaurants ist die Bedienung am Tisch die Regel, aber die Rechnung muss nach dem Essen meist am Tresen bezahlt werden.

Restaurants und viele Cafés besitzen eine Schanklizenz, aber manche pflegen auch noch die **BYO**-Tradition (*bring your own*, d. h. man bringt den Alkohol selbst mit). Das Korkgeld beträgt üblicherweise $10–20 pro Flasche, manche Lokale verlangen es aber auch pro Person.

In den meisten Pubs gibt es einfache **Pub Meals**, oft das billigste Essen weit und breit. Auf der Speisekarte stehen so bodenständige Mahlzeiten wie Steak und Pommes, aber auch Lasagne oder Burger, die allesamt weniger als $25 kosten.

Hervorragend essen kann man auch in den guten, aber oft teuren Restaurants der immer zahlreicheren **Weingüter**, die sich insbesondere um die Hauptanbaugebiete Hawke's Bay und Marlborough konzentrieren. Das Essen ist hier fast ausnahmslos gut, wobei viele Gerichte auf die Weine des Guts abgestimmt sind.

Snacks und Takeaways

Typisch für die Großstädte sind die **Food Courts**, die man meistens in Einkaufszentren findet und in denen billige Gerichte aus aller Welt angeboten werden. In den traditionellen **Burger Bars** bekommt man Hamburger, die in nichts an die schlappen Teile der internationalen Franchise-Unternehmen erinnern: feste Brötchen mit saftigem Hackfleisch, sehr viel Ketchup, einer ganzen Menge Salat und Tomaten sowie der unverzichtbaren Scheibe Rote Bete. Eine andere Spielart der typischen Kiwi-Snacks sind **Meat Pies**, die in Bäckereien und aus Warmhaltetheken in Pubs erhältlich sind. Die traditionellen Varianten mit Rind- und Hackfleisch werden inzwischen ergänzt durch Füllungen wie Speck und Ei, Wild, Steak und Käse, Steak und Austern sowie Räucherfisch und Kumara. Zunehmend sind auch vegetarische und glutenfreie Pies im Angebot.

Fish 'n' Chips sind ebenfalls beliebt. Sehr häufig wird Hai verwendet – euphemistisch als *lemon fish* oder *flake* bezeichnet –, aber für etwas mehr Geld bekommt man auch leckerere Fischsorten. Gewöhnungsbedürftig ist der Geschmack der **Paua Fritters**, wofür Teile der Abalone-Meeresschnecke klein gehackt und in Form flacher „Kuchen" frittiert werden.

Neuseeland für Naschkatzen

Afghans Der Ursprung des Namens ist unklar, aber die Schoko-Cornflakes-Kekse mit Schokoguss sind ein Dauerbrenner.
Anzac biscuit Kokos-Haferkeks.
Carrot Cake Ein Kiwi-Klassiker, der in Cafés und Tearooms im ganzen Land zu haben ist.
Lamington Ein Biskuitkuchen mit rosa Zuckerguss und Kokosraspeln.
Pavlova Die Baisertorte „Pav" mit ordentlich Schlagsahne und Obst ist der Höhepunkt neuseeländischer Backkunst.

Selbstversorger

Proviant ist im örtlichen Supermarkt am preiswertesten. Pak 'n Save ist im Allgemeinen der billigste; New World hat normalerweise die beste Auswahl und Qualität. Im Notfall kann man sich auch in einem der zahlreichen Tante-Emma-Läden versorgen (*dairies* genannt), die

Top 5: Weingüter

- **Poderi Crisci**, Waiheke Island, S. 197
- **Leveret Mills Reef**, nahe Tauranga, S. 344
- **Muirlea Rise**, Martinborough, S. 483
- **Lawson's Dry Hills**, Marlborough, S. 511
- **Amisfield**, nahe Queenstown, S. 744

nur Basisprodukte führen, aber länger geöffnet haben. Sie sind genau wie die Geschäfte auf Campingplätzen und in abgelegenen Gegenden, wo es keine Alternative gibt, meistens überteuert.

Bessere Lebensmittel bieten dagegen die kleinen, unabhängigen Läden, die überwiegend Biowaren und/oder Erzeugnisse der Region in ihrem Sortiment haben. Außerdem scheint inzwischen jeder größere Ort einen Bauernmarkt abzuhalten, meistens am Samstag- oder Sonntagvormittag – wir haben einige im Buch aufgeführt.

Getränke

Im ganzen Land haben Cafés und Restaurants mit Schanklizenz eine große Auswahl an neuseeländischen Weinen und Bieren auf Lager, aber die niedrigsten Preise und die ursprünglichste Atmosphäre findet man in einem **Pub**, wo man sich nach der Arbeit zum Biertrinken trifft und wenig Wert auf Ambiente oder schicke Einrichtung legt. In den großen Städten allerdings putzen sich die Pubs infolge der heftigen Konkurrenz durch Cafés immer mehr heraus. Kaum eine Veränderung dagegen spürt man auf dem Land, wo sich Fremde häufig fehl am Platz fühlen – sobald man jedoch am Tresen ins Gespräch kommt, fallen die Barrieren.

Die meisten Kneipen haben unter der Woche theoretisch mindestens bis Mitternacht, an den Wochenenden sogar bis 4 Uhr morgens oder noch länger geöffnet, aber in der Praxis schließen sie bei wenig Kundschaft oft wesentlich früher. Alkohol darf nur an Personen ab 18-Jahren verkauft werden. Raucher müssen ihrem Laster grundsätzlich draußen vor der Tür frönen.

Bier

Bier wird in Neuseeland gern und viel getrunken. Fast das gesamte Bier des Landes stammt aus zwei großen Brauereien, den Lion und Dominion Breweries (DB), die zahllose Sorten produzieren: Natürlich Lager und Pils sowie schale, tiefbraune Flüssigkeiten, die entweder frisch gezapft oder als *draught* in Flaschen verkauft werden, ein ferner Verwandter des britischen Fassbieres. Ein Dauerbrenner ist Steinlager, das auch in einer Variante „ohne Zusatzstoffe" namens Pure auf dem Markt ist. Insgesamt gibt es keine großen Unterschiede zwischen den Sorten, mit Ausnahme vielleicht des Alkoholgehalts, der üblicherweise um die 4 % liegt und nur beim sogenannten *export* 5 % beträgt.

Der Bierkonsum sinkt zurzeit allgemein, dafür erleben die **Mikrobrauereien** einen Boom. Näheres darüber auf 💻 www.realbeer.co.nz und 💻 www.beertourist.co.nz. Bier vom Fass wird normalerweise in **Pints** ausgeschenkt (etwas mehr als 0,5 l). Ein „Half Pint" kommt immer in einem 0,3-l-Glas daher und kostet deshalb mehr als den halben Preis eines ganzen Pint. In ländlichen Gegenden halten sich Traditionen länger, weshalb man hier noch einen ganzen **Jug** (1 l) bestellen kann, der dann in die erforderliche Anzahl von Gläsern umgefüllt wird – normalerweise ein **Seven** (0,2 l – so genannt wegen der alten Maßeinheit von sieben Unzen), ein **Ten** (ca. 0,3 l) oder sogar ein **Twelve** (0,35 l).

Die **Preise** variieren enorm, aber mit $9–12 für ein Pint muss man rechnen. Billiger ist es, größere Mengen im *bottle shop* zu kaufen (auch *off-licence* oder *liquor store*), der eine recht ordentliche Auswahl an Bieren großer und kleinerer Brauereien hat, normalerweise als Sechserpack mit 330-ml-Flaschen (um $12–18) oder in größeren Packungen.

Wein

Die Neuseeländer halten den einheimischen Winzern zu Recht die Treue – schließlich produzieren sie einige der besten Weine der Welt, vor allem Weißweine. Rasch hat sich Neuseeland auf die Spuren der französischen Loire-Region begeben, welche die Maßstäbe für den Sauvignon Blanc setzt, und der hiesige fruchtige Chardonnay sowie der nach Aprikosen und

Zitrusfrüchten schmeckende Riesling finden immer mehr Anhänger. **Rotweine** stammten lange Zeit aus Australien. Hier hat sich jedoch ein Wandel vollzogen, seitdem verbesserte Techniken und klügere Standortwahl die neuseeländischen Rotweine konkurrenzfähig gemacht haben. Es gibt einige ausgezeichnete Cabernet Sauvignons und Merlots (insbesondere von Waiheke Island und der Hawke's Bay), aber die meistgeschätzten Rotweine sind die Pinot Noirs aus Central Otago, Marlborough und Martinborough sowie der Syrah der Hawke's Bay – im Grunde ein Shiraz, der aber dezenter ist als der australische.

Wer **Champagner** mag, bekommt die im Land nach der *méthode traditionelle* (Flaschengärung) hergestellten Schaumweine bereits ab $16 pro Flasche – zu Recht beliebt und fast überall erhältlich ist beispielsweise Montanas Lindauer Brut. Nicht Wenige runden ihren Restaurantbesuch mit einem **Dessertwein** ab (wegen seiner Konsistenz auch *sticky* genannt), produziert aus Trauben, die durch den Botrytis-Pilz am Rebstock schrumpeln.

In den meisten Bars und lizenzierten Restaurants wird eine gute Weinauswahl angeboten, darunter zahlreiche offene Weine ($10–14 pro Glas und ab $9 für Dessertweine). Im Supermarkt oder Bottle Shop ächzen die Regale unter dem Gewicht der Flaschen. Ab $15 sind hier Weine zu haben, sehr gute für $18–30.

Wer vor dem Kauf eine Weinprobe machen möchte, kann eine ganze Reihe von **Weingütern** besuchen, wo man rund ein halbes Dutzend unterschiedlicher Tropfen testen darf – meist gegen eine kleine Gebühr ($12–16), vor allem wenn es sich um „Reserve Wines" handelt. Möchte man sich mit der neuseeländischen Wein-Szene etwas näher beschäftigen, so findet man unter 💻 www.nzwine.com gute Informationen.

Spirituosen

Der große Renner unter den neuseeländischen Spirituosen ist der **Wodka** namens 42 Below, 💻 www.42below.com. Er hat einige Preise gewonnen und wird nicht nur pur, sondern auch in vielen verschiedenen Geschmacksrichtungen angeboten. Seit ihrer Übernahme durch Bacardi 2008 produziert die Firma auch den ausgezeichneten South Gin, 💻 www.southgin.com. Der Verkaufserfolg dieser Spirituosen hat Nachahmer wie Stolen Rum, 💻 www.thisisstolen.com, Smoke & Oakum's (Rum), 💻 www.gunpowderrum.com, Broken Shed Vodka, 💻 www.brokenshed.com, und andere hervorgebracht.

Vor allem auf der Südinsel werden auch Single Malt **Whiskys** hergestellt, die besten destilliert die New Zealand Malt Whisky Co., 💻 www.thenzwhisky.com, in Oamaru.

Kleinere Firmen haben sich auf spezielle **Fruchtliköre** spezialisiert. Einige sind köstlich, doch für den extrem süßen Likör aus Kiwi- oder

Bedeutende Weinbaugebiete

Die folgenden Weinbaugegenden sind von Nord nach Süd geordnet:

Henderson und **Kumeu**: Die meisten der Weingüter, 15 km westlich von Auckland, beziehen Trauben aus anderen Gegenden und bieten daher die Gelegenheit, Weine aus dem ganzen Land zu kosten. Zu den Highlights gehören der Chardonnay und Merlot.

Hawke's Bay: Erstklassige Weingegend um Napier und Hastings mit etwa 70 Weingütern, die Besuchern offenstehen; manche bieten auch Führungen und Restaurants. Einige der besten Chardonnays, Sauvignon Blancs und Syrahs des Landes.

Martinborough: Die am einfachsten zugängliche Ansammlung von Weingütern, viele davon in Spaziernähe vom Ort. Edle Pinot Noirs und Cabernet-Sauvignon-Verschnitte.

Marlborough: 70 % der neuseeländischen Trauben werden rund um Blenheim und Renwick angebaut. Eine Riesenauswahl an erstklassigen Weingütern, teilweise mit Restaurants. Berühmt für Sauvignon Blanc, aber auch guter Pinot Noir und exzellente andere aromatische Weißweine.

Central Otago: Wein, der in kühlem Klima gedeiht, an der Grenze der Machbarkeit, überwiegend um Bannockburn nahe Queenstown. Vor allem hervorragende Pinot Noirs.

Feijoa-Früchten entwickeln nur wenige Besucher eine Vorliebe. Er wird meist in Souvenirläden verkauft.

Tee und Kaffee

An **Tee** bekommt man meist die normalen indischen Mischungen sowie aromatisierte und Kräutertees. Alles, was mit **Kaffee** zu tun hat, wurde zu einer Kunstform erhoben und besitzt mittlerweile eine eigene Terminologie: Ein Espresso auf italienische Art heißt **Short Black**; ein mit Wasser verlängerter Espresso ist der **Long Black** (manchmal wird dazu ein Krug heißes Wasser auf den Tisch gestellt); der **Flat White** ist ein Espresso mit cremiger heißer Milch. In besseren Cafés sind all diese Varianten auch koffeinfrei und mit Sojamilch oder Nussmilch erhältlich. Glücklicherweise geht der Trend weg vom Einmalbecher für Coffee to go hin zu umweltfreundlicheren Behältern. Meist gibt es Rabatt für Leute, die ihren eigenen Becher mitbringen.

Feste und Feiertage

Auf der Südhalbkugel fällt Weihnachten in die **Sommerferien**, die von Mitte Dezember bis Ende Januar/Anfang Februar gehen. Vom Boxing Day (26. Dez) bis Anfang Februar strömen die Kiwis in wahren Scharen an die Strände, deshalb sind zu dieser Zeit unglaublich viele Menschen unterwegs. Es ist schwerer, eine Unterkunft zu finden, und die Preise für Motels und Campingplätze ziehen an – seltener für B&B- und Hotelzimmer. Um dem enormen Ansturm Herr zu werden, haben nicht nur die i-SITE-Touristenbüros länger geöffnet, sondern auch viele Touristenattraktionen.

Weitere **Schulferien** gibt es von Mitte bis Ende April für zwei Wochen, von Anfang bis Mitte Juli für 14 Tage sowie in den ersten beiden Oktoberwochen, aber die Auswirkungen sind bei Weitem nicht so schlimm wie im Sommer. **Feiertage** werden in Neuseeland ganz groß geschrieben und es scheint, als ob dann alles unterwegs ist – besser, man sucht sich für diese Tage einen ruhigen Fleck zum Entspannen und reist nicht durch die Gegend.

Jede Region feiert darüber hinaus einmal jährlich ihren **Anniversary Day** zur Erinnerung an die Gründung der ursprünglichen Provinzen Neuseelands. Nachstehend die offiziellen Termine. Das Fest findet aber meist am nächstgelegenen Montag (manchmal auch Freitag) statt, um ein langes Wochenende genießen zu können.

Viele der unten aufgelisteten Feste werden in den jeweiligen Regionalkapiteln genauer beschrieben.

Januar

Neujahr (1./2. Jan, Feiertage)

Whaleboat Racing Regatta Kawhia, www.kawhiaharbour.co.nz (1. Jan)

Highland Games Waipu, www.waipuhighlandgames.co.nz (1. Jan)

Glenorchy Races www.glenorchycommunity-nz.co.nz (1. Samstag)

Wings over Wairarapa Masterton, www.wings.org.nz (Mitte Jan., nur in ungeraden Jahren)

Anniversary Day Southland (17. Jan, Feiertag in Southland)

Anniversary Day Wellington (22. Jan, Feiertag in Wellington)

Anniversary Day Auckland, Northland, Waikato, Coromandel, Taupo und Bay of Plenty (29. Jan, jeweils regionale Feiertage); mit riesiger Segelregatta im Waitemata Harbour von Auckland

Februar

Anniversary Day Nelson (1. Feb, Feiertag in Nelson)

Waitangi Day offizielle Veranstaltungen in Waitangi (6. Feb, Feiertag)

Martinborough Fair Martinborough, www.martinboroughfair.org.nz (1. Samstag)

Tuki Festival Glendhu Bay, Lake Wanaka, www.tukifestival.nz. (2. Samstag)

Wine Marlborough Festival Blenheim, www.marlboroughwinefestival.com (2. Samstag)

Coast-to-Coast Multisport-Rennen, www.coasttocoast.co.nz (2. Wochenende)

Art Deco Festival Napier, www.artdeco napier.com (3. Wochenende)

März

Wellington Fringe Festival Wellington, www.fringe.org.nz (drei Wochen im März)

NZ International Arts Festival Wellington, www.festival.co.nz (Ende Feb–Ende März, nur in geraden Jahren)

Golden Shears Schafscherwettbewerb, Masterton, www.goldenshears.co.nz (letzte Februar- oder erste Märzwoche)

Martinborough Fair Martinborough, www.martinboroughfair.org.nz (1. Samstag)

Pasifika Festival Auckland, www.aucklandnz.com/pasifika (2. Samstag)

Wildfoods Festival Hokitika, www.wildfoods.co.nz (2. Samstag)

WOMAD Weltmusik-Festival, New Plymouth (Mitte März)

Round-the-Bays Sunday Fun Run Auckland, www.roundthebays.co.nz (Mitte März)

Te Houtaewa Challenge Ahipara (3. Wochenende), S. 249

Ngaruawahia Maori Regatta Hamilton (nächster Samstag zum 17. März), S. 272

Anniversary Day Otago (23. März, Feiertag in Otago)

Anniversary Day Taranaki (31. März, Feiertag in Taranaki)

April

Karfreitag und Ostersonntag (Ende März–Ende April)

Royal Easter Show Auckland, www.eastershow.co.nz (Osterwoche)

Warbirds Over Wanaka Airshow Wanaka (Osterwoche, nur in geraden Jahren), S. 753

National Jazz Festival Tauranga, www.jazz.org.nz

Festival of Colour Wanaka (Ende April, nur in ungeraden Jahren), 5 Tage, S. 753

ANZAC Day (25. April, Feiertag) Morgenandachten bei Ehrenmalen im ganzen Land

Arrowtown Autumn Festival Arrowtown, www.arrowtownautumnfestival.co.nz (Mitte–Ende April)

Juni

King's Birthday (Montag, Feiertag)

Food and Wine Classic Winter, Hawke's Bay, www.fawc.co.nz (drei Wochen im Juni)

Fieldays Agricultural Show Hamilton, www.fieldays.co.nz. Größte Landwirtschaftsschau der südlichen Hemisphäre (Mitte Juni)

Matariki Maori-Neujahr, www.matariki festival.org.nz (Mitte–Ende Juni)

Queenstown Winter Festival Queenstown, www.winterfestival.co.nz (Ende Juni–Anfang Juli)

Juli/August

New Zealand International Film Festival www.nzff.co.nz, je zwei Wochen in 14 Städten des Landes (Anfang Juli–Ende Nov)

Deco Winter Weekend Napier, www.artdeconapier.com (3. Wochenende)

Taranaki International Festival of the Arts Taranaki (Ende Aug, nur in ungeraden Jahren)

September

Alexandra Blossom Festival Alexandra, www.blossom.co.nz (Ende Sep–Anfang Okt)

World of Wearable Art Awards (WOW) Wellington, www.worldofwearableart.com (Ende Sep–Anfang Okt)

Oktober

Labour Day (4. Montag, Feiertag)

Halloween (31. Okt)

Taranaki Garden Spectacular New Plymouth (Ende Okt–Anfang Nov)

November

Anniversary Day Hawke's Bay und Marlborough (1. Nov, jeweils regionaler Feiertag)

Guy Fawkes' Night Fireworks (5. Nov)

New Zealand Cup & Show Week Canterbury, 💻 www.nzcsw.co.nz (2. Woche)

Anniversary Day Canterbury (3. Freitag, Feiertag in Canterbury)

Toast Martinborough 💻 www.toastmartinborough.co.nz (3. Sonntag), kulinarisches Festival mit Musik

Dezember

Anniversary Day Westland (1. Dez, Feiertag in Westland)

Festival of Lights New Plymouth (Mitte Dez–Jan), S. 383

Weihnachten (25. Dez, Feiertag)

Boxing Day (26. Dez, Feiertag)

Rhythm and Vines Gisborne, 💻 www.rhythmandvines.co.nz, 3-tägiges Musikfestival bis Silvester (Ende Dez)

Geld

Die neuseeländische Währung ist der Neuseeland-Dollar, auch „Kiwi Dollar" oder „buck", der sich in 100 Cents unterteilt. Es gibt Scheine zu $100, $50, $20, $10 und $5 und Münzen à $2, $1 (beide goldfarben), 50¢, 20¢ und 10¢.

Lebensmittelpreise werden zwar auf den Cent genau angegeben, der Rechnungsbetrag wird jedoch auf 10¢ auf- oder abgerundet. Alle Preise im vorliegenden Buch sind in Neuseeland-Dollar angegeben.

Wechselkurse

1 € = 1,78 $	1 $ = 0,56 €
1 sFr = 1,89 $	1 $ = 0,52 sFr

Der aktuelle Wechselkurs kann im Internet unter 💻 www.oanda.com abgefragt werden.

Banken und Geldwechsel

Die großen **Banken** – ASB, ANZ, BNZ, Kiwibank (zu finden in Postämtern), National Bank und Westpac – unterhalten in jedem größeren Ort Filialen, 🕒 Mo–Fr 9.30–16.30 Uhr, in größeren Städten auch zum Teil samstags bis etwa 12.30 Uhr. In Großstädten und Touristenzentren gibt es außerdem **Wechselstuben**, die normalerweise tgl. 8–20 Uhr geöffnet sind.

Wer im Land arbeiten möchte, braucht unter Umständen ein neuseeländisches Konto. Mit einer neuseeländischen EFTPOS-Karte (EC-Karte) kann man fast überall einkaufen und Bargeld bekommen. Ein Konto ist gewöhnlich innerhalb eines Tages eröffnet, den Reisepass nicht vergessen!

Kredit- und EC-Karten

Neuseeland-Besucher nutzen für Einkäufe im Allgemeinen **Kreditkarten** – Visa, Mastercard und, in geringerem Maße, American Express –, die weit verbreitet sind. Viele Hostels, Campingplätze und Homestays akzeptieren aber nur Bargeld. Kreditkarten sind auch äußerst nützlich, um Unterkünfte und Transportmittel zu reservieren, und mit der persönlichen Geheimnummer bekommt man an 24 Stunden zugänglichen Geldautomaten, die fast überall zu finden sind, Bargeld. Je nach Kartenvertrag können dabei aber erhebliche Gebühren anfallen. An den meisten Geldautomaten kann man auch mit einer dem Plus- und Cirrus-Netz angeschlossenen internationalen **EC-Karte** Geld abheben.

Karten sperren

Zentrale Sperrnummer: 📞 +49 116116 (gilt nur, wenn das ausstellende Geldinstitut angeschlossen ist, Übersicht: 💻 www.sperr-notruf.de)
Visa: 📞 0800 44 3019 (in Neuseeland)
MasterCard: 📞 +1 636 722 7111 (in Neuseeland)
EC-/Maestro: 📞 +49 1805 021021
American Express: 📞 +49 69 97972000, 📞 0800 656 660 (in Neuseeland)

Immer zwischen den Flaggen bleiben!

Eine starke Brandung umspült die neuseeländischen Küsten, und selbst geübte Schwimmer kommen trotz scheinbar guter Bedingungen gelegentlich in brenzligen Situationen. In der Ferienhochsaison von Weihnachten bis Ende Januar werden die beliebtesten Strände jeden Tag von etwa 10 bis 17 Uhr überwacht, im restlichen Sommer (November bis Ostern) am Wochenende. Die Rettungsschwimmer stecken am Strand mit zwei rot-gelben Flaggen einen Abschnitt ab, den sie dann überwachen. Folglich sollte man sich im Wasser immer zwischen diesen beiden Flaggen aufhalten!
Bevor man ins Wasser geht ist es ratsam, andere Badende zu beobachten, um zu sehen, ob sie durch eine starke **Küstenströmung** oder Brandungsrückströmung am Strand entlang getrieben werden. Wenn die Brandung Richtung Meer zurückweicht, entsteht eine Art Fluss mit relativ ruhigem, aber strudelreichem Wasser. Zunächst in relativ seichtem Wasser die Kraft der Wellen und der Strömung testen und durch einen Blick zurück zum Handtuch prüfen, wie weit man an der Küste abgedriftet ist. An Brandungsstränden stößt man manchmal urplötzlich auf **Sandbänke**. Genauso schnell kann man auch den Boden unter den Füßen verlieren, wenn man sich von einer Sandbank entfernt. Wer sich auf einem **Boogieboard** treiben lässt, kann ebenfalls rasch abgetrieben werden; daher nie ohne Schwimmflossen auf dem Wasser unterwegs sein.
Wer in **Schwierigkeiten** ist, sollte möglichst nicht in Panik geraten, einen Arm heben und probieren durch Rufen die Aufmerksamkeit anderer Schwimmer oder der Rettungsschwimmer auf sich zu lenken. Außerdem sollte man nicht gegen die Strömung ankämpfen, sondern versuchen, sie zu überschwimmen, oder sich hinaustreiben lassen. Etwa 100 bis 200 m vor der Küste lässt die Strömung oft nach, sodass man von ihr wegschwimmen und sich dann von der Brandung zurück zur Küste treiben lassen kann. Wer sich retten lassen muss, sollte sich mit einer großzügigen **Spende** revanchieren. Rettungsschwimmer sind engagierte Freiwillige, denen es oft an guter Ausrüstung mangelt.

Gesundheit

Neuseeland birgt keine größeren Gesundheitsrisiken. **Impfungen** sind für die Einreise nicht vorgeschrieben, aber man sollte darauf achten, dass die Auslandskrankenversicherung einen ausreichenden Schutz gewährt – vor allem wenn man beabsichtigt, größere Wanderungen zu unternehmen (Näheres zur Vorbereitung von Wandertouren siehe S. 63). Neuseeland hat ein gutes **Gesundheitssystem**. Die Kosten für die medizinische Versorgung sind im internationalen Vergleich relativ niedrig. Obwohl alle Neuseelandbesucher in das Unfallentschädigungssystem *(accident compensation scheme)* eingeschlossen sind, das bei einem Unfall einen Teil der Ausgaben für die medizinische Versorgung zurückerstattet, muss man dennoch auf eine hohe Rechnung gefasst sein, wenn die eigene Auslandskrankenversicherung nicht die volle Übernahme aller anfallenden Kosten vorsieht. Bei kleineren Beschwerden kann man einen Arzt aufsuchen (ab etwa $85) und gegen Rezept jedes Medikament in einer Apotheke kaufen.

Sonne und Meer

Ein nicht zu unterschätzendes Gesundheitsrisiko stellt die Sonne dar. Die schädlichen UV-Strahlen sind in Neuseeland weitaus intensiver als in der nördlichen Hemisphäre – im Frühling und Sommer dauert es ohne Sonnenschutz nur zehn Minuten, bis die Haut sich gefährlich rötet. Zwischen 11 und 15 Uhr sollte man daher ganz aufs Sonnenbaden verzichten und generell eine Sonnencreme mit maximalem Lichtschutzfaktor verwenden (alle paar Stunden und nach dem Schwimmen nachcremen). Außerdem sollte man auf Leberflecken am Körper achten und, falls diese sich während oder nach der Reise verändern, sofort einen Arzt aufsuchen.

Der Tod im Meer kommt schnell. Selbst erfahrene Schwimmer sollten unbedingt die **Warnhinweise** beachten (s. Kasten).

Tipps für die Reiseapotheke

- ☐ **Paracetamol** gegen Schmerzen und Fieber
- ☐ **Mittel gegen Durchfall**
- ☐ **Mückenschutz**
- ☐ **Mittel gegen Juckreiz** nach Insektenstichen und bei Allergien
- ☐ **Pflaster und Verbandzeug**
- ☐ **Pinzette**, um Dornen oder Splitter zu entfernen
- ☐ **Wund- und Heilsalbe**
- ☐ **Mittel gegen Reisekrankheit**
- ☐ **Sonnenschutz** mit UVA- und UVB-Filter
- ☐ **Sonnenschutzstift** für die Lippen

Gefahren in der Natur

Neuseelands Tierwelt ist erstaunlich harmlos. Es gibt keine Schlangen, Skorpione oder andere tückische Tierchen und nur ein paar giftige **Spinnen**, die sich allerdings selten zeigen. Seit Jahren ist niemand mehr an einem Spinnenbiss gestorben, doch falls sich nach einem Biss eine auffällige Reaktion einstellen sollte, ist unbedingt ein Arzt oder das nächste Krankenhaus aufzusuchen, wo ein Gegenmittel verabreicht wird. Auch Angriffe von **Haien** sind selten – es ist wahrscheinlicher, dass man von einer starken Strömung erfasst wird als vom Weißen Hai. Trotzdem sollte man beim Schwimmen örtliche Warnungen beachten.

Ein wesentlich größeres Problem stellen **Moskitos** und **Sandfliegen** dar, die aber im Allgemeinen keine gefährlichen Krankheiten übertragen. Die Westküste der Südinsel wird im Sommer am stärksten von den lästigen Tierchen geplagt, sie sind jedoch in geringerer Zahl auch an vielen anderen Orten im Land anzutreffen. Ein natürliches Abwehrmittel ist Lavendelöl. Unbedingt zu vermeiden ist ein Kontakt mit **Giardia**, einem Parasiten, der in vielen Flüssen und Seen des Landes zu Hause ist. Eine Infektion wird durch das Trinken kontaminierten Wassers ausgelöst. Die Symptome treten erst einige Wochen später auf: aufgeblähter Bauch, Krämpfe, starker Durchfall und Blähungen. Um das Risiko einer Infektion zu verringern, sollte das Trinkwasser mittels Jodtabletten gereinigt (normale Tabletten auf Chlorbasis wirken nicht gegen Giardia), mindestens drei Minuten abgekocht oder durch einen giardia-sicheren Filter (erhältlich in Ausrüstungs- oder Campingläden) gefiltert werden.

Die relativ seltene **Amöbenmeningitis** ist eine weitere Gefahr, die vom Wasser ausgeht. Man kann sie sich in heißen Thermalquellen zuziehen. Während man in kommerziell genutzten Bädern zumeist auf der sicheren Seite ist, sollte man in von Erde umgebenen Naturbecken zur Sicherheit seinen Kopf über Wasser halten. Die Amöbe dringt durch Nase oder Ohren in den Körper ein und nistet sich dann im Hirn ein. Wochen später verursacht sie starke Kopfschmerzen, Nackensteifheit, Überempfindlichkeit gegen Licht und führt schließlich zum Koma. Wer unter einem dieser Symptome leidet, sollte unverzüglich einen Arzt aufsuchen.

Erdbeben

Neuseeland wird regelmäßig von **Erdbeben** erschüttert (S. 95). Doch obwohl Christchurch 2010 und 2011 und Kaikoura 2016 von starken Beben heimgesucht wurden, sind die meisten Erdbeben harmlos. Bebt die Erde doch einmal stärker, sollte man sich schnell in den nächsten Türrahmen stellen oder unter einen Tisch kriechen.

Erwischt einen das Beben im Freien, sollte man sich von Bäumen und Felsvorsprüngen fernhalten, um nicht durch herabfallende Äste oder Steine verletzt zu werden.

Informationen

Fremdenverkehrsämter

Neuseeland wirbt im Ausland über **Tourism New Zealand**, 💻 www.newzealand.com, um Touristen. Viele Touristeninformationen sowie einige Cafés, Bars und Jugendherbergen verfügen über einen Vorrat an kostenlosen, auf Rucksackreisende ausgerichteten **Zeitungen und Zeitschriften**, die normalerweise voller Werbeanzeigen, aber trotzdem informativ sind.

Jeder größere Ort hat ein **offizielles i-SITE Visitor Centre**. Mitunter läuft dort ein Video über die Gegend. Die Mitarbeiter sind hilfsbereit und kompetent. Sie händigen nicht nur Stadtpläne und Broschüren aus, sondern reservieren auch kostenlos Unterkünfte, Ausflüge und andere Aktivitäten sowie Transportmittel für die Weiterreise, aber nur mit Veranstaltern, die dort registriert sind. Einige kleinere Veranstalter ziehen es vor, sich nicht registrieren zu lassen. Trotzdem haben sie oftmals interessante Angebote; wir weisen an den jeweiligen Stellen im Buch auf sie hin.

In den Touristengegenden stößt man daneben auf alle möglichen Einrichtungen, die sich als **unabhängige Informationszentren** ausgeben und üblicherweise einem weiteren Zweck dienen – normalerweise werben sie für Veranstalter von Abenteueraktivitäten. Diese Stellen können hilfreich sein, aber man sollte immer im Hinterkopf haben, dass ihre Empfehlungen nicht unbedingt uneigennützig sind.

Weitere nützliche Informationsquellen sind die Büros und Feldforschungszentren des **Department of Conservation** (DOC), www.doc.govt.nz, die sich normalerweise in der Nähe von Naturschutzgebieten und beliebten Wanderrouten befinden und manchmal zugleich als örtliche Touristeninformation fungieren. Sie sind äußerst hilfreich und mit Wettervorhersagen, Registrierungsformularen und Karten bestens auf die Bedürfnisse von Wanderern eingestellt. Vielerorts sind in den Zentren außerdem historische und/oder ökologische Schautafeln sowie audiovisuelle Ausstellungen zu sehen. Die Website des DOC ist eine Fundgrube an Informationen über Umweltfragen und aktuelle Naturschutzbelange, Nationalparks und die großen Wanderrouten (Great Walks).

Landkarten und GPS

Größere Buchläden haben ein passables Angebot an **Landkarten**. **Straßenatlanten** sind in Buchläden und an Tankstellen erhältlich; am detailliertesten sind die von Kiwi Pathfinder, die auch Sehenswürdigkeiten und den Straßenzustand verzeichnen. Viele Pkw- und Wohnmobilverleiher bieten außerdem **Navis**, gewöhnlich für $15 pro Tag.

Beim Wandern sind allerdings genauere Karten vonnöten. Für alle bekannteren Tracks gibt es mit Fotos illustrierte Karten aus der **Park-Map**-Reihe (etwa $19, erhältlich in DOC-Büros und Buchläden).

Die Karten *Topo50* (1:50 000) und *Topo250* (1:250 000) decken das gesamte Land ab. Sie können unter www.linz.govt.nz heruntergeladen oder in i-SITE Visitor Centres bzw. in gut sortierten Buch- und Ausrüstungsläden oder DOC-Büros gekauft werden.

Internet

Kostenloses WLAN gibt es in urbanen Zentren fast an jeder Ecke: In allen öffentlichen Bibliotheken kann man kostenlos online gehen, außerdem in einigen i-SITE Visitor Centres, Unterkünften, Cafés und Bars; die Verbindung ist selten atemberaubend schnell. Auch in den Innenstädten von Auckland, Rotorua, Wellington und Dunedin ist das WLAN gratis.

Doch obwohl die Verfügbarkeit von WLAN weitverbreitet ist, kann es auf dem Land damit noch Probleme geben. In abgeschiedenen Regionen ist die Chance auf Campingplätzen, in Hostels, Motels und Hotels am größten. Sie verfügen möglicherweise über einen Hotspot, der mittels Kreditkarte oder gegen Bezahlung an der Rezeption zugänglich ist. Die Kosten variieren beträchtlich und können $15 für eine Stunde, oft aber weniger als $25 für 24 Stunden betragen. Bei Anbietern wie Zenbu, www.zenbu.net.nz, kann man das erworbene Guthaben auch zu späteren Zeitpunkten verwenden. In Neuseeland besteht meist ein Datenlimit, also aufpassen, dass es nicht für automatische Aktualisierungen draufgeht.

Manche Telefonzellen der Firma Spark sind gleichzeitig **WLAN-Hotspots** und in vielen öffentlichen Gebäuden gibt es Spark-Hotspots, allerdings benötigt man eine neuseeländische oder australische Handynummer, um sie zu nutzen – es ist überlegenswert, ein mobiles Datenpaket zu kaufen.

Internetcafés, die einst auf den Inseln weitverbreitet waren, sind in Neuseeland inzwischen selten geworden. Computer mit Münzeinwurf oder Kartenbetrieb gibt es in manchen Touristeninformationen, Backpacker-Hostels, Motels und Campingplätzen (rund $6/Std.). Teurere Unterkünfte stellen oft Computer zur kostenlosen Benutzung zur Verfügung oder bieten Internetzugang über das mitgebrachte internetfähige Gerät an.

Jobben in Neuseeland

Durch einen Gelegenheitsjob in Neuseeland wird man sicher nicht reich, jedoch lassen sich so durchaus Löcher in der Reisekasse stopfen. **Gelegenheitsjobs** finden sich meist in der Tourismusbranche und in Obstanbaugebieten.

In den letzten Jahren ist die Arbeitslosigkeit im Land relativ gering gewesen, sodass man mit den nötigen Papieren ausgestattet ziemlich leicht einen Gelegenheitsjob findet. Für Leute mit den entsprechenden Fähigkeiten sollte auch eine besser bezahlte zeitlich befristete Arbeitsstelle im Bereich des Möglichen liegen. Am besten wendet man sich an eine Arbeitsvermittlung oder schaut in Jobbörsen wie 💻 www.seek.co.nz und den Stellenangebotsteil von 💻 www.trademe.co.nz rein.

Der **Mindestlohn** für offiziell Beschäftigte über 16 Jahren (mit Ausnahme von 16- oder 17-jährigen Jobanfängern oder Auszubildenden) liegt bei $22,70 pro Stunde. Wer sich nicht mit der neuseeländischen Bürokratie beschäftigen möchte (ein Besuchervisum erlaubt keine Arbeitsaufnahme), kann einfach irgendwo gegen **Kost und Logis** jobben, was allerdings offiziell ebenfalls als Arbeitsaufnahme gilt. Dabei wechselt kein Geld den Besitzer, aber für vier bis sechs Stunden Arbeit täglich erhält man eine kostenlose Schlafstatt und Verpflegung, was eine beliebte und billige Art ist, das Land kennenzulernen.

Das **Backpacker Board**, 💻 www.backpackerboard.co.nz, listet Aufenthalte auf Farmen, Obstgütern und in Großgärtnereien für Singles, Paare und Familien; Erfahrung wird keine benötigt. FHiNZ verfügt insgesamt über fast 350 Adressen, aufgelistet in einer übers Internet erhältlichen Broschüre ($25), mit Unterkünften, die von schlicht zu recht komfortabel reichen.

WWOOF (ursprünglich Willing Workers on Organic Farms), 💻 www.wwoof.co.nz, listet in ihrem Führer (inkl. Mitgliedschaft für 1 oder 2 Pers.) über 1000 Anlaufstellen – insbesondere Bauernhöfe, aber auch Obstgüter, Handelsgärtnereien und weitgehend autark lebende Kleinbauern –, alle mehr oder weniger an biodynamischer Anbauweise orientiert. Viele Backpacker-Hostels bieten ebenfalls Unterkunft gegen Arbeit. Ein Mindestaufenthalt von fünf Nächten wird erwartet, üblicherweise bleibt man jedoch länger. Die Interessenten wenden sich direkt an den jeweiligen Gastgeber (am besten mindestens eine Woche im Voraus). Da es auch hier schwarze Schafe gibt, die die billigen Arbeitskräfte gern ausnutzen, sollte man sich bereits am Telefon nach den Erwartungen erkundigen.

Eine ähnliche Organisation ist **Help Exchange**, 💻 www.helpx.net, die im Internet regelmäßig aktualisierte Listen von Farmen, Homestays, B&Bs, Hostels und Lodges veröffentlichen, die eine zusätzliche Hilfe benötigen. Auch hier bekommt man im Gegenzug Kost und Logis. Die kostenlose Registrierung erfolgt online, die Buchung direkt bei der angegebenen Adresse.

Visa und Permits

Für Leute im Alter von 18 bis 30 Jahren bietet das **Working Holiday Scheme** (WHS) die einfachste Möglichkeit, legal in Neuseeland zu arbeiten. Damit erhält man eine auf 12 Monate befristete Arbeitserlaubnis. Deutsche können in unbegrenzter Zahl von dieser Möglichkeit Gebrauch machen. Für den Antrag, der $280 kostet, benötigt man einen Pass und ein Ticket für den Weiterflug von Neuseeland (oder die finanziellen Mittel dafür). Und man muss nachweisen, dass man sich in der Zeit des Aufenthalts finanziell über Wasser halten kann ($4200 insgesamt). Allerdings ist das Programm nicht dafür gedacht, hauptberuflich in Neuseeland zu arbeiten.

Wer dann später in Neuseeland die Bescheinigung vorlegt, dass er mindestens drei Monate im Bereich Garten- oder Weinbau gearbeitet hat, kann eine Verlängerung des Aufenthalts beantragen, die **Working Holidaymaker Extension** (WHE). Anträge sind zu richten an Immigration New Zealand, www.immigration.govt.nz; die entsprechenden Formulare sind von der Website herunterladbar.

Wer illegal in Neuseeland arbeitet, riskiert eine Geldbuße oder die Ausweisung. Es gibt aber eine Reihe anderer Visa-Optionen, etwa das **Silver Fern Visa** für 20–35-Jährige und Visa für Saisonarbeiter im Garten- oder Weinbau – Näheres beim Immigration Service.

Wer legal in Neuseeland beschäftigt ist, muss beim Inland Revenue Department, www.ird.govt.nz, eine **Steuernummer** beantragen. Das kann zwar bis zu zehn Tagen dauern, aber man darf während der Wartezeit schon arbeiten. Der Einkommensteuersatz liegt bei 10,5 % für die ersten $14 000, 17,5 % bis $34 000 und entsprechend mehr bei höheren Einkommen. Viele Arbeitgeber überweisen den Lohn nur auf ein neuseeländisches **Bankkonto**, das man allerdings ohne Weiteres eröffnen kann (S. 52).

Gelegenheitsarbeit

Einer der wichtigsten Bereiche für Gelegenheitsjobs sind die **Obsternte** und damit verbundene Arbeiten in Obstanbaugebieten. Die Hauptanbaugebiete sind Kerikeri an der Bay of Islands für Zitrusfrüchte und Kiwis, Hastings an der Hawke's Bay für Äpfel, Birnen und Pfirsiche, Tauranga und Te Puke für Kiwis, Blenheim für Trauben und Alexandra und Cromwell in Central Otago für Steinobst. Die meisten Jobs gibt es während der **Erntezeit** (etwa von Januar bis Mai), aber teilweise ist auch außerhalb dieser Zeit problemlos Arbeit zu bekommen. In den wichtigsten Gebieten für Saisonarbeiter sind einige Hostels speziell auf diese Art von Gästen eingestellt, und hier bekommt man auch die besten Informationen über die Jobszene.

Die Obsternte kann eine körperlich sehr anstrengende Arbeit sein, die normalerweise nach der geernteten Menge bezahlt wird. Mit einigem Durchhaltevermögen sind Tagesverdienste bis zu $150 oder mehr für einen Achtstundentag drin. Packarbeiten werden dagegen meist auf Stundenbasis honoriert. **Informationen** über die Arbeit als Erntehelfer bieten die Websites www.backpackerboard.co.nz, www.seasonalwork.co.nz, www.picknz.co.nz und www.job.co.nz.

Freiwillige Arbeit

Das **Conservation Volunteer Programme** des Department of Conservation, www.doc.govt.nz, ist eine tolle Möglichkeit, einige Zeit im neuseeländischen Wald zu verbringen und gleichzeitig etwas Positives für die Umwelt zu leisten. Zu den möglichen Projekten zählen Fledermausstudien, Kiwi-Beobachtung und -Nestkontrolle sowie handfestere Aufgaben wie Weg- und Hütteninstandsetzung und Baumpflanzung. Man kann nur einen Tag lang oder aber bis zu zwei Wochen mitarbeiten; manchmal ist für Verpflegung und Transport ein kleiner Betrag ($50–200) zu zahlen. Antragsformulare gibt es auf der Website. Diese Projekte sind sehr beliebt und die Arbeitsplätze oft schnell ausgebucht, sodass man sich am besten vor der Ankunft in Neuseeland einen Platz sichert.

Kinder

Neuseeland ist ein kinderfreundliches Land. Fremde Kinder werden zwar nicht ganz so verhätschelt wie in einigen Mittelmeerländern, aber Reisende mit Nachwuchs finden im Allgemeinen weit geöffnete Türen vor. Der lange Flug und die damit verbundene Zeitverschiebung stellen meistens den größten Stressfaktor dar. In den meisten Fällen zahlt es sich aus, die Reise in Etappen zu gestalten oder zumindest darauf zu achten, dass die Airline möglichst viele Angebote zur Unterhaltung ihrer kleinen Fluggäste im Angebot hat.

Die **Unterkunft** in Neuseeland stellt kein Problem dar. Fast alle Motels und Hostels haben Familienzimmer, und Holiday Parks (Campingplätze) bieten in der Regel Units für Selbstversorger an, in denen die ganze Familie Platz fin-

Nicht vergessen!

- ☐ **Reisepass**
- ☐ **Impfpass**
- ☐ **SOS-Anhänger** mit allen wichtigen Daten
- ☐ **Kleidung** – möglichst strapazierfähige, leichte Sachen
- ☐ **Wegwerfwindeln**
- ☐ **Babynahrung**
- ☐ **Fläschchen** für Säuglinge
- ☐ **Audioplayer**
- ☐ **Spiele** und **Bücher**
- ☐ **Fotos** von wichtigen Daheimgebliebenen gegen Heimweh
- ☐ **Kuscheltier** (muss gehütet werden wie ein Augapfel, denn ein verloren gegangener Liebling kann allen den Rest der Reise verderben – reiseerprobte Kinder beugen vor, indem sie nur das zweitliebste Kuscheltier mitnehmen)
- ☐ **Sonnencreme** mit hohem Lichtschutzfaktor
- ☐ **Kopfbedeckung**

det. Die besseren haben auch Kinderspielplätze und einen Pool.

Wer nach Unabhängigkeit strebt, kann sich ein mittelgroßes **Wohnmobil** mieten, das es auch mit Dusche und Toilette gibt. Der Nachteil: Bei der Reise hockt man immer eng aufeinander. Unterwegs gibt es in den meisten Städten und an allen touristischen Orten öffentliche Toiletten, die im Allgemeinen hygienisch einwandfrei sind.

Ältere Kids können auch an **Abenteueraktivitäten** teilnehmen, für die allerdings Beschränkungen gelten können. Bungy-Veranstalter lassen Kinder in der Regel ab zehn Jahren springen, bei größeren Höhen manchmal auch erst ab elf oder zwölf. Rafting ist normalerweise ab zwölf Jahren möglich, es werden aber nicht viele auf Familien zugeschnittene Touren angeboten. Ähnliche Einschränkungen gelten auch für andere Aktivitäten und können bei der Buchung erfragt werden. **Familientickets** kosten meistens so viel wie die Karten für zwei Erwachsene und ein Kind, lohnen sich also erst ab zwei oder mehr Kindern.

In Cafés und **Restaurants** sind Kinder i. d. R. willkommen. Die meisten geben sich Mühe, auch ihre kleinen Gäste ordentlich zu bewirten.

LGBTQ+

Neuseeland war das erste Land Ozeaniens, das die gleichgeschlechtliche Ehe legalisierte. 2017 war es so weit – acht Jahre, nachdem eingetragene Lebenspartnerschaften per Gesetz akzeptiert wurden. Neuseeland ist ein weitgehend **LGBTQ+-freundliches Land**. Gleichgeschlechtliche Zärtlichkeiten in der Öffentlichkeit sind zwar selten zu sehen, doch das täuscht über eine allgemein tolerante und offene Gesellschaft hinweg, die etwa das New Zealand Symphony Orchestra und Künstler wie den Auckland Philharmonia-Komponisten Gareth Farr bejubelt, der nebenbei als Drag-Performerin Lilith La-Croix auftritt. In Auckland und Wellington gibt es kleine, aber lebendige LGBTQ+-Szenen, gespickt mit Schwulenklubs und -bars. Obwohl es in Auckland kein eigentliches LGBTQ+-Viertel gibt, verfügt die Stadt über eine lebendige queere Community und die lebendigste Szene in Neuseeland, die hauptsächlich rund um die Karangahape Road umtriebig ist. Hier findet auch alljährlich die größte Pride-Veranstaltung im gesamten Südpazifik statt. Auch Christchurch, Nelson und Queenstown haben eine aufstrebende LGBTQ+-Szene.

Die beste Informationsquelle zum Thema ist der zweiwöchentlich erscheinende **LGBTQ+ Newspaper Express** (🖳 www.gayexpress.co.nz), der kostenlos in LGBTQ+-freundlichen Cafés und Veranstaltungsorten sowie in allen guten Buchhandlungen erhältlich ist.

Veranstaltungen

Auckland Pride Festival 🖳 www.aucklandpridefestival.org.nz (Februar, S. 168).
Wellington Pride Festival, 🖳 www.wellingtonpridefestival.com (Ende Februar bis Anfang März).

Winter Pride, www.winterpride.co.nz. LGBTQ+ aus Australien und Neuseeland fluten in dieser Woche Christchurch. Es gibt Kabarett-Nächte, Bingo-Abende mit Transsexuellen, Livemusik-Events und Partynächte in verschiedenen Veranstaltungsorten rund um Christchurch. Daneben findet sich sogar Zeit zum Skifahren (Ende August bis Anfang September).
Vinegar Hill Summer Camp, www.vinegarhillcamp.com. Das relaxte Camp findet jedes Jahr vom 2. Weihnachtstag bis kurz nach Neujahr 5 km nördlich der Kleinstadt Hunterville auf der Nordinsel statt. Dort kommen ein paar hundert homosexuelle Männer und Frauen zum Zelten und Feiern zusammen. Eintritt wird nicht erhoben (nur das Zelten kostet um die $10). Es gibt kein heißes Wasser, aber ein großer Fluss fließt durch das Gelände.

Reiseinformationen und Websites

www.gaynewzealand.com Lädt zu einer virtuellen Reise durch das Land mit zahlreichen Hinweisen für Lesben und Schwule ein.
www.gaynz.com Nützliche Website mit allen möglichen Informationen für LGBTQ+, darunter auch Hinweise auf Veranstaltungen im ganzen Land.
www.gaytravel.co.nz LGBTQ+-Online-Buchungsdienst für Unterkünfte, Transport etc.
www.newzealandawaits.com Die Gesellschaft, die Lesben gehört und von Lesben geführt wird, organisiert Touren und vermittelt LGBTQ+-Unternehmen im ganzen Land.
www.purpleroofs.com Umfassende Übersicht über LGBTQ+-freundliche Unterkünfte in Neuseeland und anderswo.

Maße und Elektrizität

In Neuseeland gilt **das metrische System**: Entfernungen werden in Kilometern angegeben; Benzin kauft man pro Liter und Lebensmittel pro Kilo. In Neuseeland liegt die Spannung mit **230–240 Volt** etwas höher als bei uns, was Elektrogeräten aber normalerweise keine Probleme bereitet. Die Stecker haben allerdings drei flache Stifte, deshalb wird ein **Adapter** benötigt. Er ist vor Ort und an vielen internationalen Flughäfen erhältlich.

Medien

Für ein Land mit nur 5,1 Mio. Einwohnern hat Neuseeland eine ausgesprochen vielseitige Medienlandschaft. Auckland behauptet von sich, über mehr Rundfunkstationen pro Kopf als jede andere Stadt der Welt zu verfügen, und in den Zeitschriftenläden finden sich jede Menge neuseeländische Wochen- und Monatsjournale. Die Qualität der Berichterstattung lässt zuweilen etwas zu wünschen übrig, aber zumeist erweist sich Neuseeland als gut informiertes Land. Ein guter Startpunkt im Internet ist www.publicaddress.net, die wichtigste neuseeländische Blogsite.

Fernsehen

Die Neuseeländer empfangen fünf größere kostenlose **Fernsehsender**, einige Lokalsender und Sky TV, das es auch in den meisten Motels gibt.

Der größte Sender im Land ist das staatliche **TVNZ**, das zwei mit Werbeunterbrechungen überfrachtete Kanäle betreibt. TV ONE bietet etwas ältere und vielleicht informativere Programme, TV2 präsentiert sich jünger und unterhaltungsorientierter.

Hauptkonkurrenten sind **TV3**, das etwas zwischen TV ONE und TV2 anzusiedeln ist, und das von Sky TV unterstützte **Prime**, das oft originellere Sendungen bietet. Außerdem gibt es seit 2004 noch **Maori TV**, das vom Staat subventioniert wird, aber auch Werbung sendet. Die auf Maori und Englisch ausgestrahlten Programme sollen der Förderung der Sprache und Kultur der Maori dienen. Neben guten Filmen und tollem Unterricht in der Maori-Sprache gibt es Maori-Kochsendungen, Lifestyle-Sendungen, Sitcoms sowie Nachrichten und Sportberichterstattung aus Sicht der Maori.

Rundfunk

Neuseeland verfügt nur über wenige landesweite Rundfunksender. Allerdings sind einige kommerzielle Sender im ganzen Land zu empfangen, und nur die Werbung ist dann regional. Auf den angegebenen Websites können die Sender im **Internet** gehört werden.

Politische Informationen und fundierte Berichte über Kunst und Musik liefert der staatlich finanzierte Sender **Radio New Zealand National** (101,0–101,67 FM; 💻 www.rnz.co.nz), in Deutschland vergleichbar mit dem Deutschlandfunk. **Radio New Zealand Concert** (89–100 FM) bringt vor allem klassische Musik.

Obwohl meist von Amateuren betrieben, haben **studentische Radiosender** oft ein sehr gutes und abwechslungsreiches Programm, jedoch nur in der jeweiligen Unistadt: in Auckland bFM (95,0; 💻 www.95bfm.com), in Wellington Active (88,6; 💻 www.radioactive.fm), in Christchurch RDU (98,5; 💻 www.rdu.org.nz) und in Dunedin Radio One (91,0; 💻 www.r1.co.nz).

Ansonsten wird der Äther von den **kommerziellen Sendern** verstopft. Am beliebtesten ist **The Breeze** (landesweit verschiedene Frequenzen; 💻 www.thebreeze.co.nz), ein Sender, der die Hits aus den 1970er-Jahren bis heute spielt.

Zeitungen und Zeitschriften

Neuseeland hat keine überregionale **Tageszeitung**, stattdessen vier größere regionale Zeitungen, die alle montags bis samstags erscheinen, sowie zahlreiche kleinere Lokalblätter. Sie sind allesamt politisch eher neutral eingestellt. Die Nordinsel teilen sich der Aucklander *New Zealand Herald*, 💻 www.nzherald.co.nz, und die Wellingtoner *Dominion Post*. Auf der Südinsel deckt *The Press* Christchurch und Umgebung ab (die *Dominion Post* und *The Press* sind beide online unter 💻 www.stuff.co.nz einsehbar) und die *Otago Daily Times*, 💻 www.odt.co.nz, den tiefen Süden des Landes. Alle bringen Nachrichten aus Neuseeland und dem Ausland, Sport und Kultur, wobei vieles von den Agenturen und großen britischen und amerikanischen Zeitungen stammt. **Sonntags** erscheinen das Boulevardblatt *Sunday News*, die bessere *Sunday Star-Times* und in Auckland der *Herald on Sunday*.

Den neuseeländischen Journalisten wird wenig Raum für fantasievollen und investigativen Journalismus gegeben. Diese Lücke versucht teilweise die vielfältige Themen abdeckende, leicht linksgerichtete **Wochenzeitschrift** *Listener*, 💻 www.noted.co.nz, zu füllen. Mit Artikeln zu Politik, Kultur, den Medien, Literatur, Wissenschaft, Reisen usw. ermöglicht das Magazin vielleicht den besten Einblick in die aktuelle neuseeländische Szene.

Längere Artikel erscheinen in der Zeitschrift *North and South*. Wer sich vor allem über das Treiben der Aucklander informieren möchte, sollte einen Blick ins Hochglanzmagazin *Metro*, beide ebenfalls 💻 https://northandsouth.co.nz, werfen. Daneben gibt es noch eine Reihe Zeitschriften zu bestimmten Themen; *Wilderness*, 💻 www.wildernessmag.co.nz, publiziert Artikel zum Wandern, Kajakfahren, Klettern und Mountainbiking; *NZ Musician*, 💻 www.nzmusician.co.nz.com, ist das beste Musikmagazin.

Maori-Zeitungen und -Zeitschriften mussten in den letzten Jahren leider ums Überleben kämpfen. Die Zweimonatszeitschrift *Mana*, 💻 www.manaonline.co.nz, eine Art „Insidermagazin aus Maori-Perspektive", das Einblicke in eine Parallelwelt gewährte, die von den Mainstream-Medien oft völlig vernachlässigt wird, hat 2017 „vorübergehend" ihr Erscheinen eingestellt; heute ist *Te Ao Māori* (💻 www.teaomaori.co.nz) die beste Informationsquelle.

Öffnungszeiten

In größeren Städten und Touristenzentren werden die Öffnungszeiten locker gehandhabt: Cafés, Bars und Supermärkte sind bis spät abends geöffnet, viele andere Geschäfte ebenfalls auch abends. In ländlichen Gegenden gelten

OBEN FOOD TRUCK, WELLINGTON; **UNTEN** PAPAMOA BEACH

Slow-cooked
Camel Grill
Food Caravan

dagegen die klassischen Öffnungszeiten: Mo–Fr 9–17.30, Sa 9–12 Uhr. Auf Touristen abzielende Läden sind jedoch täglich bis 20 Uhr geöffnet.

Eine zunehmende Anzahl von **Supermärkten** hat täglich rund um die Uhr geöffnet und kleine Tante-Emma-Läden (*dairies, corner shops* oder *convenience stores* genannt) schließen erst spät am Abend und sind auch sonntags offen. **Museen** und andere **Sehenswürdigkeiten** öffnen üblicherweise gegen 9 Uhr, was jedoch nicht für ländliche Gebiete gilt, wo sie häufig nur am Nachmittag und/oder an speziellen Tagen ihre Pforten öffnen. Allgemeine Feier- und Festtage sind auf S. 50 aufgeführt.

Post

In den **Postämtern** (🕒 Mo–Fr 8.30–17 Uhr, in einigen größeren Städten zusätzlich Sa 9 oder 10–12 oder 13 Uhr) sind Briefmarken, Postkarten, Umschläge, Verpackungsmaterial und mehr erhältlich. Briefkästen in Rot-Silber stehen vor den Postämtern und an Straßenecken und werden täglich geleert.

Pakete zu versenden ist ziemlich teuer, denn die Zustellung erfolgt ausschließlich per Luftpost. In der Regel benötigen die Sendungen bis zu zehn Tage. Pakete, die mit einem Kurierdienst verschickt werden, sind meist in weniger als sechs Tagen am Ziel.

In jeder größeren Stadt gibt es einen PostShop, der einen **Poste-Restante-Service** anbietet, also Postsendungen empfängt und bis zu drei Monate lang aufbewahrt (danach geht sie an den Absender zurück). Die Adressen sind in den entsprechenden Kapiteln hier im Buch aufgeführt. Einen Postlagerservice bieten auch viele **Hostels** und **Hotels** an, bevorzugt mit dem Ankunftsdatum des Adressaten auf dem Umschlag.

Sicherheit

Neuseelands Kriminalitätsrate ist vergleichbar mit der anderer „Erste-Welt"-Länder. Auch hier kursieren immer wieder irgendwelche Horrorgeschichten über Gewaltverbrechen in den Medien, doch zur Panik besteht kein Anlass. Solange man seinen gesunden Menschenverstand einsetzt, dürfte es keine Probleme geben.

Eine Portion Vorsicht ist in den schäbigeren Vierteln größerer Städte geboten, wo man bei Dunkelheit nicht allein herumspazieren sollte. Ein größeres Sicherheitsrisiko stellen die „**boy racer**" dar, die innenstädtische Straßen als Rennstrecken missbrauchen, wodurch schon Zuschauer und unbeteiligte Passanten zu Tode gekommen sind. Zwar versucht die Polizei das Problem in den Griff zu bekommen, man sollte jedoch spätabends in den Innenstädten auf der Hut sein.

Es kann nie schaden, sich gegen **Diebstahl**, besonders aus **Autos und Wohnmobilen**, zu schützen. Bei Stadtbesuchen sollte man seine Wertsachen nicht im Fahrzeug, sondern in der Unterkunft lassen, aber die Diebe haben es auch auf Fahrzeuge abgesehen, die an den den Ausgangspunkten von Wanderwegen oder in der Nähe von Sehenswürdigkeiten stehen. Verständlicherweise üben **Wohnmobile** einen ganz besonderen Reiz aus, enthalten sie doch üblicherweise alle Besitztümer und stellen fast immer eine einträgliche Beute dar. Deshalb gilt: Sobald man das Auto verlässt, alle Wertsachen mitnehmen und Taschen außer Sichtweite packen.

Darüber hinaus kann man nicht viel mehr tun, außer vielleicht eine gute Versicherung abzuschließen. Wer auf eine Wanderung geht, sollte seinen Wagen für ein paar Dollar auf einem bewachten Parkplatz abstellen.

Polizei und Gesetz

Wer verhaftet wird, darf sich einen Anwalt nehmen. Wer sich keinen leisten kann, hat das Recht auf einen Pflichtverteidiger. Es ist sehr unwahrscheinlich, dass das zuständige Konsulat Interesse an dem Fall zeigt, es sei denn, der Sachverhalt erweist sich als äußerst ungewöhnlich oder mit deutlichen Widersprüchen behaftet.

Die Gesetze bezüglich **Alkoholkonsums** in der Öffentlichkeit werden traditionell recht mil-

Notruf

✆ 111 ist die kostenlose Notrufnummer, um die Polizei, Feuerwehr oder einen Krankenwagen zu rufen.

de ausgelegt. Als Reaktion auf Randale haben jedoch einige Kommunen den öffentlichen Konsum von Alkohol gänzlich verboten. Im Allgemeinen wird jedoch niemand behelligt, wenn er am Strand ein Bier oder an einem Picknickplatz ein Glas Wein trinkt.

Bei **Trunkenheit am Steuer** lässt die Polizei aber nicht mit sich spaßen. Alkoholkontrollen sind weitverbreitet.

Neuseeländisches **Marihuana** steht im Ruf, stark und leicht erhältlich zu sein. Der Besitz ist verboten. Gegen Besitzer größerer Mengen Rauschgift und gegen jegliche Verwicklungen mit **harten Drogen** gehen Polizei und auch Gerichte hart vor und verhängen wirklich lange Haftstrafen.

Sport und Aktivitäten

Das Leben in Neuseeland wird bestimmt von der wunderbaren Landschaft, und kein Besuch wäre vollständig, ohne einen großen Teil seiner Zeit in der freien Natur zu verbringen. Die Liebe der Neuseeländer zur Natur manifestiert sich in der einzigartigen Ansammlung von **National-** und **Meeresparks** sowie anderen **Schutzgebieten**, die vom **Department of Conservation** (DOC), 💻 www.doc.govt.nz, verwaltet werden.

Wichtigste Aufgabe des DOC ist es, die fragile Ökologie des Landes zu schützen und gleichzeitig den Ansprüchen des Tourismus zu genügen: Es gibt ein ausgedehntes Netzwerk gut beschilderter Pfade, eine Menge Campingplätze und Hütten, informative Besucherzentren mit Ausstellungen zur örtlichen Geschichte, Flora und Fauna.

Die Gipfel der Southern Alps eignen sich in perfekter Weise zum **Bergsteigen** und **Skifahren**, während die tiefer gelegenen Hänge ideal für mehrtägige **Wanderungen** sind, auf denen man über nicht allzu hohe Pässe von Tal zu Tal – bewachsen mit subtropischem und gemäßigtem Regenwald – marschieren kann. Entlang den Küsten liegen geschützte Lagunen zum **Schwimmen** und **Bootfahren**, aber auch für **Surfer** gibt es genügend Strände, an die erstklassige Wellen branden.

Angesichts dieser natürlichen Gegebenheiten verwundert es kaum, dass sich Neuseeland selbst als Weltzentrum des **Abenteuersports** vermarktet. Überall im Land findet man Orte mit einem Angebot an **Bungy-Jumping**, **Rafting**, **Jetboating**, **Fallschirmspringen**, **Mountainbiking**, **Tauchen**, **Paddleboarding** etc. – in der Tat braucht man eigentlich nur einen Wunsch zu äußern und kann fast sicher gehen, dass alles zu seiner Erfüllung unternommen wird. Auch wenn Tausende von Menschen Tag für Tag ohne Zwischenfall an diesen Aktivitäten teilnehmen, variiert die Qualität der **Ausbildung** der Führer sehr. Für viele Veranstalter ist es eine Frage der Ehre, ihren Kunden so viel Angst wie möglich einzujagen. Diese Aufschneiderei sollte nicht mit mangelndem Sicherheitsbewusstsein verwechselt werden. Dennoch bleibt die Tatsache bestehen, dass die Medien in den letzten Jahren immer wieder über Verletzte und sogar Todesfälle berichtet haben – eine tragische Situation, der man mit einem allgemein anerkannten Ausbildungsstandard und internen Sicherheitskursen zu begegnen versucht. Bevor man sich auf eine Abenteuersportart einlässt, gilt es die eigene Versicherung zu überprüfen (S. 91).

Wandern

Einer der Hauptgründe für einen Besuch in Neuseeland ist für viele Leute ausgedehntes Wandern – egal, ob man es nun *tramping, trekking, bushwalking* oder *hiking* nennt.

Unter *tramps* versteht man üblicherweise mehrtägige Wanderungen, die gut erkennbaren Wegen durch relativ unberührte Wildnis folgen, oft in einem der unzähligen Nationalparks des Landes. Unterwegs übernachtet man entweder im eigenen Zelt oder in Hütten, schleppt seine Ausrüstung im Rucksack mit und benötigt daher ein gewisses Maß an **Fitness**.

Te Araroa – The Long Pathway

Seit Mitte der 1970er-Jahre hegten die Neuseeländer den Traum eines ununterbrochenen Wanderwegs von einem Ende des Landes zum anderen. 2011 war es endlich soweit und Te Araroa, www.teararoa.org.nz, wurde unter Federführung der privaten Stiftung Te Ararora eingeweiht und verknüpfte das bis dahin existierende Netzwerk einzelner Wanderwege zu einem durchgehenden 3000 km langen Fernwanderweg von Cape Reinga nach Bluff. Ein Großteil der unglaublich abwechslungsreichen Strecke führt durch recht abgelegene Regionen, wobei aber mit Absicht kleine Siedlungen angesteuert werden, damit sich die Wanderer verpflegen können.
Einige Hartgesottene sind schon die gesamte Strecke gewandert, aber die meisten Wanderer begnügen sich mit Teilstrecken.

Wem das zu anspruchsvoll erscheint, der kann sich einer der **geführten Touren** anschließen, bei denen man zumeist in etwas komfortableren Hütten oder luxuriösen Lodges absteigt und sich nicht um das Essen und die Beförderung des Gepäcks kümmern muss. Infos über Veranstalter sind überall in diesem Buch zu finden.

Die beste Zeit zum Wandern ist zwischen Oktober und Mai. Einige der beliebtesten Wege, darunter Milford, Routeburn und Kepler Track, befinden sich in der kühleren südlichen Hälfte der Südinsel, wo die Saison um ein paar Wochen verkürzt ist.

Die Wanderwege

Die frühen Eroberer und Rotwildjäger haben Neuseelands zerklüftetes Terrain mit einem Netz an Pfaden durchzogen, die das Grundgerüst vieler heutiger Wanderwege darstellen.

Im vorliegenden Reiseführer sind die verschiedenen Schwierigkeitsgrade weitestgehend notiert, als Basis diente das Klassifizierungssystem des DOC: Ein **Path** verläuft fast eben, ist begradigt und häufig sogar mit einem Rollstuhl befahrbar. **Walking Tracks** und **Tramping Tracks** (üblicherweise mit rot-weißen oder orangefarbenen Zeichen an Bäumen markiert) sind wesentlich anstrengender zu meistern, erfordern eine gewisse Fitness und die richtige Ausrüstung. Für die Begehung einer **Route** benötigt man bereits einiges an Erfahrung, da die Wege oftmals nur schlecht bezeichnet sind und oberhalb der Baumgrenze verlaufen.

Die vom DOC angegebenen **Wanderzeiten** können einen gehörig straucheln lassen: Während man die meist von Familien begangenen *paths* locker in der Hälfte der veranschlagten Zeit schafft, fällt es auf den schwierigen *routes* oft schwer, die Zeiten überhaupt einzuhalten (unsere Angaben beziehen sich auf durchschnittlich trainierte Wanderer). Sofern bekannt, wurden bei den einzelnen Streckenbeschreibungen im Buch auch die Entfernungen und die eventuell nötigen Klettereinlagen benannt.

Wertvolle Infos über Startpunkte und den Verlauf von Wanderwegen, Hütten, Zeltplätze sowie gute Kartenskizzen sind in den exzellenten **DOC-Broschüren** (kosten jeweils ein paar Dollar, können aber unter www.doc.govt.nz auch kostenlos heruntergeladen werden) enthalten. Die **Wanderkarten** in den DOC-Broschüren dürften ausreichen, solange die beschriebene Route nicht verlassen wird.

Erfahrene Wanderer, die ihre Routen individuell planen möchten, sollten sich detailliertere Wanderkarten besorgen, auf denen alle Landschaftsmerkmale der Umgebung eingetragen sind. In den meisten Hütten hängt übrigens die Kopie einer solchen Karte an der Wand oder ist auf den Tisch laminiert. Bei der Beschreibung der Wanderwege in Bezug auf Flüsse haben wir uns an der natürlichen Fließrichtung orientiert, das heißt das linksseitige Ufer („true left" genannt) bezieht sich auf die linke Uferseite flussabwärts gesehen.

Zehn von Neuseelands schönsten und beliebtesten Wanderwegen (darunter eine Kanutour) wurden vom DOC unter der Bezeichnung **Great Walks** zusammengefasst. In diese *walks* fließt der Löwenanteil der Finanzen, die das DOC jährlich zur Instandsetzung der Einrichtungen zur Verfügung hat – dementsprechend gut und breit sind die Wege, wobei über schlammige Abschnitte Planken und über fast jeden Fluss eine Brücke führt. Die Great Walks sind also die Vorzeigewege unter Neuseelands Wanderpfaden.

Der **Zugang** zu den Wegen stellt in viel besuchten Regionen selten ein Problem dar, erfordert aber manchmal eine gewisse Planung. Meist liegen Start- und Endpunkt einer Wanderung in einiger Entfernung zueinander, sodass ein eigenes Auto nur hinderlich ist; davon abgesehen scheinen die auf Wanderparkplätzen abgestellten Fahrzeuge wie ein Magnet auf Diebe zu wirken. Während es zu den Great Walks meist Busverbindungen von den nächstgelegenen größeren Ortschaften gibt, braucht man bei unbekannteren Wanderwegen schon etwas mehr Geduld, um dorthin zu gelangen – unter dem Stichpunkt „Wanderwege" haben wir im Index einige der besten dieser Touren aufgelistet.

Übernachtung unterwegs: Hütten und Zeltplätze

Das Hinterland Neuseelands ist mit mehr als 950 **Hütten** übersät, die weniger als eine Tageswanderung voneinander entfernt sind und oft in herrlicher Landschaft liegen. Bei allen handelt es sich mehr oder weniger um schlichte Gemeinschaftsunterkünfte, die vom DOC in vier verschiedene Kategorien eingeteilt werden.

Basic Huts (kostenlos) sind oft recht primitiv und auf den bekannten Wanderwegen nur selten anzutreffen. **Standard Huts** ($5 p. P. und Nacht) können etwa zwölf Personen aufnehmen und haben Etagenbetten oder Podeste, auf denen man seine Isomatte und seinen Schlafsack ausrollen kann. Ihre Ausstattung ist sehr schlicht: Es gibt ein Plumpsklo, Trinkwasser, manchmal einen Holzofen, aber keine Kochgelegenheit.

Serviced Huts ($15) sind größer und haben 20 oder mehr Herbergsbetten mit Matratzen. Zur Ausstattung gehören Waschbecken und manchmal auch eine Toilette mit Wasserspülung. Auch hier muss man seinen eigenen Kocher mitbringen, dafür gibt es eine Heizmöglichkeit. Im Falle eine Kamins/Holzofens wird erwartet, dass man die benutzten Scheite durch neue ersetzt.

Noch etwas luxuriöser geht es in den **Great Walk Huts** ($22–110) zu, die an den Great Walks zu finden sind. Die Hütten sind in mehrere Zimmer mit Etagenbetten unterteilt, es stehen Gaskocher (aber keine Kochutensilien) zur Verfügung, außerdem eine Heizung, ein Trockenraum, Toiletten und manchmal sogar auch Strom, der über Solarzellen erzeugt wird. Personen unter 18 Jahren bezahlen in den Standard Huts und Serviced Huts nur die Hälfte, während sie in den Great Walk Huts sogar kostenlos übernachten dürfen – die Plätze müssen dennoch im Voraus gebucht werden.

Übernachtungsgebühren werden am besten im Voraus online, im örtlichen DOC-Büro, im Besucherzentrum oder in einer anderen Einrichtung nahe dem Startpunkt entrichtet. Für die Nutzung eines der Great Walks muss man alle Übernachtungstermine in den vorgesehenen Hütten buchen und zahlen. Die Bestätigung muss mitgeführt werden, damit das Personal vor Ort die Kosten für jede Hütte nicht ein zweites Mal in Rechnung stellt. Die Buchungsbestätigung garantiert einem die gebuchten Übernachtungstermine. Diese können online geändert werden, sofern in der gewünschten Hütte ein Platz frei ist.

Wer im Rahmen seines Neuseeland-Aufenthalts viele Wanderungen außerhalb der Great Walks oder auf den Great Walks außerhalb der Saison unternehmen möchte, kann sich einen **Backcountry Hut Pass** ($144 für ein Jahr; $108 für 6 Monate) besorgen, mit dem man in den meisten Standard Huts und Serviced Huts übernachten kann.

Im Winter (Mai–Sep) werden die Hütten der Great Walks in die Kategorie Standard zurückgestuft – und haben dann oft keine Heizung und Kochgelegenheit mehr –, sodass man dann einen Backcountry Hut Pass benutzen kann. Allerdings garantieren weder Pass noch Tickets einen Schlafplatz. Die Betten werden wie bei allen anderen Wanderwegen ohne Reservierungssystem nach dem Prinzip „wer zuerst kommt, mahlt zuerst" vergeben.

Zelten ist auf allen Wanderwegen außer dem Milford Track erlaubt. Bei Zeltplätzen nahe einer Hütte darf man deren sanitäre Einrichtungen und Kochgelegenheiten gern mitbenutzen.

Ausrüstung

Wanderungen in Neuseeland können in eine unschöne bis gefährliche Erfahrung ausarten, wenn man die falsche Ausrüstung dabeihat. Was die **Bekleidung** angeht, so sollte man sowohl Klamotten für heiße und sonnige Tage als auch für kaltes, windiges und nasses Wetter dabeihaben, da das Wetter plötzlich umschlagen kann. Die schönsten Touren führen durch einige der feuchtesten Regionen der Welt – auf einigen Abschnitten des Milford Track beispielsweise fallen über 6000 mm Regen pro Jahr. Ganz wichtig ist daher eine gute Regenjacke. Ein früher Aufbruch am Morgen hat oft zur Folge, dass man durch nasses Gras stolzieren muss, weswegen ein Paar kniehohe Gamaschen hervorragende Dienste beim Wandern leisten können.

Bequeme, gut eingelaufene Schuhe, welche die Fesseln stützen, sind ein absolutes Muss – entweder Lederschuhe oder leichte Trekkingschuhe; für den Abend eignen sich dünne Turnschuhe oder Sandalen. Ebenfalls zur Ausrüstung gehören Funktionsunterwäsche, ein warmer, schnell trocknender Pullover (am besten aus Fleece), ein guter Schlafsack, eventuell eine Isomatte und natürlich ein gut sitzender, wasserdichter Rucksack.

Unterwegs gilt es völlig autark zu sein. Auf den Great Walks bedarf es hierfür neben der Nahrung nur der **Kochutensilien**, auf anderen Wanderwegen auch eines Kochers mit Brennstoff. Am schwersten trägt man meistens am mitgeführten **Essen**. Gefriergetrocknete Mahlzeiten wiegen zwar kaum etwas und schmecken auch ganz gut, sind aber sehr teuer. Preisbewusste Wanderer bevorzugen daher Nudeln oder Reis, Tütensuppen und -soßen, Müsli, Milchpulver, eventuell Brot und Marmelade oder eine gehaltvolle Erdnussbutter, Süßigkeiten und Knabbermischungen (in Neuseeland *scroggin* genannt) für den Snack zwischendurch sowie Teebeutel, Kaffee und lösliche Ge-

Organisierte Touren

Neuseeland lässt sich problemlos auf eigene Faust bereisen. Wer jedoch in bestimmte Regionen oder Themen einen tieferen Einblick gewinnen oder schlicht und einfach nicht die ganze Zeit alleine unterwegs sein möchte, hat die Wahl zwischen den unterschiedlichsten Touren und einer großen Bandbreite von Anbietern.

Wandern, Natur und Tierwelt

Active Earth Adventures, 🖳 www.activeearthadventures.com. Geeignet für durchschnittlich trainierte Menschen, die das „andere" Neuseeland kennenlernen möchten. Unterhaltsame und kundige Führer gehen mit kleinen Gruppen zum Wandern, Klettern, Radfahren, Ski Nordisch und Campen in nahezu unberührte Gebiete der Nordinsel. Wandern, Skilaufen und Radfahren auf der Südinsel mit sieben Übernachtungen $3295.

Canterbury Trails, 🖳 www.canterburytrails.co.nz. Gut organisierte geführte Wanderungen über die Südinsel mit Wander-, Kajak- und Delphinbeobachtung unterwegs (9 Tage; $10 500).

Hiking New Zealand, 🖳 www.hikingnewzealand.com. Das umweltbewusste Unternehmen veranstaltet diverse Touren, von Wanderungen durch den äußersten Norden von Northland (5 Tage für NZ$2050) bis zu Gletscherwanderungen auf der Südinsel (5 Tage für $5000).

Ruggedy Range, 🖳 www.ruggedyrange.com. Auf Stewart Island ansässiges Unternehmen mit unterhaltsamen Ausflügen zur Tierbeobachtung (ganzer Tag $355).

Rad-, Reit- und Kajaktouren

Adventure South, 🖳 www.adventuresouth.co.nz. Umweltbewusste Agentur, die Fahrradtouren sowie Exkursionen mit verschiedenen Aktivitäten auf der Südinsel anbietet, bei denen man in stilvollen Lodges oder in Wanderhütten übernachtet. Die 5-tägige Otago Rail Track-Radrundfahrt kostet ab $1995. Bei allen Touren ist ein Einzelzimmerzuschlag zu zahlen.

tränke (Tipp: „Raro" ist eine gute Marke). Auf allen Hütten entlang der Wanderstrecken gibt es **Trinkwasser**, wohingegen das Wasser aus Seen und Flüssen mit Tabletten oder Filtern gereinigt werden sollte, um eine Giardia-Infektion zu vermeiden (S. 54).

Ebenfalls ins Wandergepäck gehören ein **medizinisches Notfallset** (inklusive Sonnencreme und Insektenmittel), eine **Taschenlampe**, **Kerzen**, **Streichhölzer** oder ein Feuerzeug sowie ein **Kompass**. In den bekanntesten Wandergebieten kann man sich die notwendige **Ausrüstung** vor Ort **leihen**. Der Rucksack sollte nie bis zum Bersten vollgestopft werden, da man alles stundenlang und über Tage hinweg mit sich schleppen muss. Zumeist bieten Hotels und Hostels der näheren Umgebung einen Aufbewahrungsservice für überflüssiges Gepäck an, entweder kostenlos oder gegen eine kleine Gebühr.

Sicherheit

Die meisten Leute wandern tage-, ja wochenlang durch Neuseeland und haben nichts weiter zu beklagen als Muskelkater und die juckenden Stiche der nervigen *sandflies*. Trotzdem sollte man das Thema Sicherheit nicht auf die leichte Schulter nehmen: Jedes Jahr gibt es einige Fälle, bei denen Wanderer aus gefährlichen Situationen gerettet oder sogar als vermisst gemeldet werden. Ursache ist meist das **Wetter** – oder besser gesagt: die unzureichende Ausrüstung der Wanderer. Man kann es nicht genug betonen, dass sich selbst im Hochsommer ein warmer, wolkenloser Tag innerhalb von einer Stunde in einen Sturm mit eisigen Temperaturen und Nebel verwandeln kann. Um eine solche Situation zu vermeiden, sollte man vor dem Aufbruch die Wettervorhersage für die Bergregionen (hängt in DOC-Büros aus) verfolgen und warme, wind- und regendichte Kleidung dabeihaben.

Alpine Horse Safaris, 🖳 www.alpinehorse.co.nz. Treks in North Canterbury und der zentralen Südinsel für erfahrene Reiter einschließlich Verpflegung und Unterkunft entlang alter Goldgräberpfade abseits der Zivilisation oder zumindest abseits der Straßen (2 Tage ab $1015).
Muriwai Beach Horse Treks, 🖳 www.muriwaibeachhorsetreks.co.nz. Ausritte durch den einheimischen Busch, Wälder und entlang der Klippen der Westküste (ganztägig; $350).
Natural High, 🖳 www.naturalhigh.co.nz. Großes Angebot an geführten halbtägigen bis hin zu zweiwöchigen Rad- und Mountainbiketouren. Außerdem Selbstfahrerangebote, Fahrradvermietung und sogar Vermietung von Wohnmobilen mit Fahrradanhängern.
New Zealand Sea Kayak Adventures, 🖳 www.nzkayaktours.com. Geführte Seekajaktouren an der Küste von Northland. Empfehlenswert ist die Tour zur Bay of Islands (3 Tage, $980) oder nach Whangaroa Harbour (3 Tage, $1080). Die Touren werden für alle Schwierigkeitsgrade angeboten.
Pacific Cycle Tours, 🖳 www.bike-nz.com. Agentur, die Mountainbike- und Straßentouren sowie Wandertouren mit unterschiedlich hohem Abenteuercharakter auf beiden Inseln anbietet, etwa eine kombinierte Rad- und Weinverkostungstour (7 Tage, ab $2395).
Pedaltours, 🖳 www.pedaltours.co.nz. Geführte Straßen- und Mountainbiketouren auf beiden Inseln, darunter eine zehntägige Fahrt durch die Southern Alps ($5495).

Kreuzfahrten

Heritage Expeditions, 🖳 www.heritage-expeditions.com. Große Auswahl an teuren, aber spektakulären Kreuzfahrten zu den subantarktischen Inseln Neuseelands, darunter Antipodes, Auckland, Campbell, zur australischen Maquarie-Insel und sogar an die Küste der Antarktika. Die Preise beginnen bei $5000 für acht Tage.
Real Journeys, 🖳 www.realjourneys.co.nz. Neben Fahrten zum Mildford Sound und Doubtful Sound bietet Real Journeys auch mehrtägige Kreuzfahrten zum Dusky Sound an (5 Tage ab $2950).

Tödliche Unfälle passieren häufig bei **Flussdurchquerungen**. Entlang der Great Walks führen immer Brücken über die Flüsse, aber bei den meisten anderen Wegen nicht. Steht man vor einem Fließgewässer, das zu gefährlich erscheint, als dass man es zu Fuß durchwaten könnte, dann sollte man unbedingt seinen Instinkten vertrauen – entweder man wartet, bis der Wasserstand fällt, oder man kehrt wieder um. Sollte das Schlimmste geschehen, und man wird vom Wasser mitgerissen, so gilt: Niemals versuchen aufzustehen, weil man sich sonst die Füße zwischen Felsen einklemmen und ertrinken könnte; stattdessen auf den Rücken legen und mit den Beinen voraus treiben lassen, bis man eine Stelle erreicht, an der man ans Ufer schwimmen kann.

Bei Verletzungen oder Orientierungsverlust stehen die Chancen auf Rettung besser, wenn vor dem Aufbruch Freunde oder eine **Person des Vertrauens** am nächsten Etappenziel informiert werden, damit eine überfällige Ankunft auch bemerkt wird. Die DOC-Büros kümmern sich nicht darum, wo Wanderer abgeblieben sind, deshalb sollte man Freunden gegenüber auf 💻 www.adventuresmart.org.nz seine Absichten kundtun. Unterwegs sollte man sich zur Sicherheit in die Hüttenbücher eintragen, damit die einzelnen Etappen im Notfall auch nachvollziehbar sind. Nach der Wanderung nicht vergessen, sich bei der Kontaktperson wieder abzumelden!

Überhaupt kein Problem in Neuseelands Wildnis sind **Tiere**. Die größten Störenfriede sind die kleinen *sandflies*, deren Stiche teuflisch jucken können, und der Kea, ein Bergpapagei, der mit Vorliebe alles ergreift, was er zu fassen kriegt, um es aus reiner Neugier genüsslich zu zerpflücken.

Wassersport

Das Leben der Neuseeländer ist untrennbar verknüpft mit dem Strand. Einige der schönsten Strände liegen ungeschützt an der Tasmansee oder am Pazifik, was für Schwimmer recht gefährlich sein kann. Zur Sicherheit sollte man deswegen nur an überwachten Abschnitten ins Wasser gehen. An einigen Stränden tauchen gelegentlich **Haie** auf. Wenn andere Schwimmer plötzlich das rettende Ufer aufsuchen, sollte man unbedingt sofort das Wasser verlassen. Nicht unterschätzen darf man die Kraft der **Sonne** auf der Südhalbkugel: unbedingt die nötigen Schutzmaßnahmen treffen (S. 53).

Surfen

Neuseelands Küste bietet die besten Voraussetzungen für **Wellenreiter** und **Windsurfer**. An belebteren Stränden gibt es häufig einen kleinen Laden, der das erforderliche Material – oft auch kleine Boote, Katamarane, Kanus und Stand-Up-Paddling-Surfbretter – im Verleih hat; das Gleiche gilt für viele am Meer gelegene Unterkünfte. Weitere Informationen unter 💻 www.surf2surf.co.nz.

Segeln

Neuseelands zahlreiche Naturhäfen, übersät mit kleinen Inseln und gesäumt von einsamen Buchten, machen das Segeln zu einem beliebten Freizeitsport der Kiwis. Segelboote sieht man das ganze Jahr über, aber am geschäftigsten geht es natürlich im Sommer zwischen Dezember und März zu. Sofern man nicht Bekanntschaft mit einem „Yachtie" schließt, bleibt nur das **Chartern** eines Segelboots, was üblicherweise sehr teuer und nur mit einem Skipper möglich ist. Etwas günstiger kommt es, an einem der teilweise hervorragenden **Segeltörns** teilzunehmen oder eine kleine Jolle zu mieten, mit der man vor der Küste kreuzen kann.

Tauchen und Schnorcheln

Die Gewässer rund um Neuseelands Küste bieten exzellente Möglichkeiten zum Tauchen und Schnorcheln. Was sie an Weitsicht, tropischer Wärme und bunten Fischen vermissen lassen, machen sie durch ihre unglaubliche Bandbreite an Revieren wieder wett. Gute Stellen zum **Schnorcheln** findet man praktisch entlang der gesamten Ostküste beider Inseln, bei Weitem am schönsten aber ist es im **Goat Island Marine Reserve** in Northland, wo es direkt vor der Küste eine große Anzahl unterschiedlicher Habitate gibt.

Northland rühmt sich auch einiger **Tauchreviere** von Weltklasse, insbesondere im **Poor**

Knights Islands Marine Reserve, von Tutukaka aus per Boot erreichbar, sowie in der Nähe der **Matauri Bay**, wo die *Rainbow Warrior* zum Wracktauchen einlädt. Ein anderes gutes Tauchrevier ist die Küsten vor **Great Barrier Island** und **White Island**.

Auf der Südinsel gibt es einige spannende Wracks an der Küste vor **Picton** sowie sagenhafte Bestände schwarzer und roter Korallen zu bestaunen, die in den **Fjorden** südwestlich vom Milford Sound relativ dicht unter der Wasseroberfläche gedeihen.

Um einen Geschmack von der herrlichen Unterwasserwelt zu bekommen, kann man auch ohne Tauchschein gemeinsam mit einem Lehrer einen sogenannten *resort dive* unternehmen. Wer die Tiefen auf eigene Faust erkunden will, braucht eine PADI-Ausbildung. Mehr Informationen hierzu auf www.divenewzealand.co.nz.

Rafting

Rafting gehört zweifellos zu den spannendsten Abenteueraktivitäten, die Neuseeland zu bieten hat. Bedingt durch das Wetter – und die Besucherzahlen – ist die **Saison** auf die Zeit zwischen Oktober und Mai begrenzt. Badezeug, leichte Schuhe und Handtuch müssen selbst mitgebracht werden. Nach der Sicherheitseinweisung vom Raftguide geht es dann für mehrere Stunden aufs Wasser. Die meisten Anbieter erlauben die Teilnahme übrigens erst ab einem **Mindestalter** von 13 Jahren.

In der Tat gilt jedoch Rafting als risikoreichste Abenteuersportart und hat über die Jahre mehrere Tote gefordert. Die Anbieter haben ihren teilweise schlechten Ruf inzwischen zwar durch selbst auferlegte Ausbildungen verbessert, aber es gibt noch immer genügend „Fluss-Cowboys". Letztendlich sollte man seinem eigenen Instinkt vertrauen und vor allem aber den Anweisungen des Raftguides folgen.

Kanufahren

Neuseeland gilt als Paradies für Paddler und fast überall, wo es Wasser in der Nähe gibt, werden **Kajaks** oder **Kanadier** vermietet. Entweder man paddelt auf eigene Faust los oder schließt sich einer **geführten Tour** an, auf der man auch noch etwas über die jeweilige Gegend lernt. Ganzjähriger Favorit ist der landschaftlich traumhafte **Whanganui River**.

Jetbootfahren

Das seichte Flussnetz im Weideland von Canterbury stellte den Schaffarmer Bill Hamilton vor ein Problem – er löste es, indem er in den frühen 1960er-Jahren das **Hamilton Jetboat** erfand. Damit konnte er auf nur 10 cm tiefem Wasser die erstaunliche Geschwindigkeit von bis zu 80 km/h erreichen.

Seine ersten zahlenden Passagiere beförderte das Jetboat in einem tiefen, glasklaren Abschnitt des Shotover River, auf dem der bahnbrechende *Shotover Jet* auch heute noch seine actionreichen Runden dreht. Wesentlich ruhiger geht es bei den Wilderness Trips zu, die zwei Stunden oder länger dauern können.

Bungy-Jumping und Bridge Swinging

Maximalen Adrenalinausstoß und minimales Risiko erlebt man kaum irgendwo so hautnah wie beim **Bungy-Jumping**. Die erste kommerzielle Anlage entstand auf der 43 m hohen **Kawerau Suspension Bridge** vor den Toren von Queenstown. Sie ist nach wie vor die beliebteste in Neuseeland, weil sie günstig liegt und Gelegenheit bietet, kurz ins Wasser einzutauchen.

Eine interessante Variante ist das **Bridge Swinging**, das einen vergleichbaren Kick bietet: Durch ein Seil abgesichert, stürzen sich die Teilnehmer von einer Brücke in die Tiefe und pendeln mit atemberaubender Geschwindigkeit in der Schlucht.

Seilrutschen (Ziplines)

Es hat ziemlich lange gedauert, bis in Neuseeland die ersten Seilrutschen aufkamen. Mittlerweile gibt es aber immer mehr Anlagen, darunter in **Waiheke Island**, **Rotorua**, **Nelson** und **Queenstown**. Bei vielen handelt es sich um einzelne Seilverbindungen über Schluchten oder Flüsse, aber die moderneren Anlagen bieten auch schon aufwendigere Streckenverläufe, bei denen man auf Plattformen hoch oben in den Bäumen umsteigt.

Canyoning

Beim Canyoning erkundet man zusammen mit einem Führer tiefe Schluchten, seilt sich durch Wasserfälle ab, durchwatet Flüsse oder lässt sich hinuntertreiben, springt in tiefe Pools oder rutscht einfach über glatt geschliffene Felsen abwärts. Das Schluchtenabenteuer wird in einer Hand voll Orte angeboten, darunter **Auckland**, **Thames**, **Queenstown** und **Wanaka**.

Bergsteigen

In Neuseeland gibt es wesentlich bessere Möglichkeiten zum Bergsteigen als zum Klettern. Fast alle Routen sind jedoch sehr anspruchsvoll und sollten nur von erfahrenen Leuten mit guter Ausrüstung angegangen werden. Zu den einfachsten Besteigungen gehören der **Mount Ruapehu**, mit 2796 m der höchste Punkt der Nordinsel, und der **Mount Taranaki** bei New Plymouth. Natürlich kann man sich auch einer geführten Tour auf einen von Neuseelands klassischen Gipfeln anschließen, etwa auf den höchsten Berg des Landes, den **Aoraki/Mount Cook** (3754 m), der vom Bergsteigerzentrum Aoraki/Mount Cook Village bestiegen wird, oder auf Neuseelands schönsten Berg, den pyramidenförmigen **Mount Aspiring** (3030 m) bei Wanaka. In beiden Gebieten gibt es ausreichend Hütten, die sich als Basislager für derartige Unternehmungen anbieten.

Rundflüge, Fallschirmspringen, Parasailing, Drachen- und Gleitschirmfliegen

Fast jeder Ort in Neuseeland scheint einen Landeplatz für Flugzeuge oder Hubschrauber zu besitzen und fast überall findet man jemanden, der mit Freuden – natürlich gegen angemessene Bezahlung – einen halbstündigen **Rundflug** unternimmt. Hubschrauberflüge kosten etwa 50 % mehr als Rundflüge im Flugzeug. Hubschrauber können zwar nicht die gleichen Distanzen wie Flugzeuge zurücklegen, sind dafür aber wesentlich wendiger und landen zwischendurch an beeindruckenden Stellen. Beinahe das gleiche Landschaftserlebnis hat man auch auf einem Linienflug, beispielsweise auf der Strecke von Wanaka oder Queenstown zum Milford Sound, wo man eines der schönsten Gebiete des Fiordland überfliegt.

Mutigere Naturen können sich an einen **Tandem-Fallschirmsprung** wagen und sich von einem Flugzeug aus 2500 m Höhe in die Tiefe stürzen – natürlich unter der Obhut eines qualifizierten Lehrers, der die Kontrolle über den Fallschirm hat und nach etwa 45 Sekunden freiem Fall die Reißleine zieht. Absprünge aus größeren Höhen sind in Neuseeland ebenfalls möglich. Die Tandem-Variante wird auch beim **Gleitschirm-** und **Drachenfliegen** und beim **Parasailing** angeboten.

Wintersport

Neuseelands **Skisaison** (Juni–Okt) beginnt, wenn sich der Schnee bei uns bereits wieder davongemacht hat. In Verbindung mit den bis zu 3000 m hohen Gipfeln der Südinsel ist das Land wie geschaffen für Skifahrer der Nordhalbkugel, die auch im Sommer ihrer Leidenschaft frönen wollen.

Viele Pisten sind auf einheimische Abfahrer ausgerichtet, und besonders an den Osthängen der Southern Alps findet man sogenannte **Club-Skigebiete** mit einer Handvoll Schlepp- und einfacher Sessellifte sowie einer Ansammlung privater Ski-Lodges. Zwar dürfen in diesen Lodges auch Nicht-Mitglieder absteigen, aber einige sind nur mit dem Geländewagen und andere nur mittels eines längeren Fußmarsches erreichbar. Skischulen gibt es in Neuseeland kaum.

Natürlich existieren auch rund ein Dutzend Ausnahmen zu dieser Norm: Kommerzielle Skigebiete mit ausgedehnten Pisten, schnellen Sesselliften, Skischulen und einem **Ausrüstungsverleih**. Vergeblich sucht man dagegen nach großen Skizentren wie in Nordamerika oder Europa – stattdessen pendeln die Skifahrer täglich von nahe gelegenen Orten zu den Pisten, was dank der guten Verkehrsanbindung kein Problem darstellt.

Die wichtigsten Skigebiete auf der Nordinsel sind **Turoa** und **Whakapapa**, beide am Vulkan Mount Ruapehu.

Die beste Kombination aus wenig übervölkerten Pisten, Partystimmung und fantastischen Schneelandschaften findet man auf der Südinsel. Die wichtigsten Skigebiete sind hier **Porters** und **Mount Hut**, beide nur zwei Stunden Autofahrt von Christchurch entfernt; **Coronet Peak** und **The Remarkables** nahe Queenstown, **Treble Cone**, **Cardrona** und die **Snow Farm**, alle drei von Wanaka aus erreichbar.

Aktuelle Informationen zu Schneeverhältnissen, Pistenkonditionen, Schwierigkeitsgraden und Liftanlagen aller wichtigen Skigebiete sowie Links zu örtlichen Unterkünften und Skiverleihen gibt es unter 💻 www.snow.co.nz.

Angeln

Rund um Neuseelands Küste werden Kanu-, Segel- und andere Bootstrips angeboten, auf denen sich meistens die Gelegenheit bietet, die Angel auszuwerfen. Zwischen Dezember und Mai suchen Hochseeangler die Gewässer rund um die nördliche Hälfte der Nordinsel nach Marlin, Hai, Thunfisch und anderen kleineren Fischen ab. Informationen über Permits und sonstige Auflagen erteilt die Website des Ministry of Primary Industries, 💻 www.mpi.govt.nz.

In den **Flüssen** und **Seen** im Landesinneren tummeln sich Regenbogen- und Bachforellen, Königs- und Atlantiklachse, alle speziell für die Sportfischerei gegen Ende des 19. Jhs. eingeführt. Natürlich gibt es auch hier Gebiete mit einem besonders guten Ruf: Der Lake Taupo ist bekannt für seine Regenbogenforellen; in den Flüssen der Südinsel, vor allem bei Gore, leben die besten Bachforellen des Landes, und die Kiesbettflüsse an den Osthängen der Southern Alps beherbergen riesige Lachse.

Eine **Angellizenz**, die – mit Ausnahme der Region um den Lake Taupo, wo eine örtliche Regelung besteht – sämtliche Seen und Flüsse des Landes abdeckt, kostet pro Jahr $188 und $23 pro Tag. Die Ausweise sind überall in Sportläden erhältlich oder direkt von der staatlichen Organisation **Fish and Game NZ**, 💻 www.fishandgame.org.nz. Auf der Website können weitere nützliche Hinweise eingesehen werden. Eine Übertretung der **Gesetze** wird streng geahndet. Mit der NZ Fishing Rules **App** ist man auf der sicheren Seite. Rund um den Fisch geht's auch auf den Websites 💻 www.fishinginnewzealand.com und 💻 www.fishing.net.nz.

Reiten

Neuseeland hat mehr als genug Platz für **Reittouren** – entlang einsamer Strände, durch Wälder oder über weites Farmland. Überall gibt es Reitställe, die sowohl für Anfänger als auch für Fortgeschrittene das Passende im Programm haben. Häufig werden einwöchige Touren angeboten, bei denen man draußen nächtigt (S. 66). Empfehlenswerte Reitställe sind in den entsprechenden Kapiteln gelistet, weitere findet man unter 💻 www.truenz.co.nz/horsetrekking.

Mountainbiking

Der rasante Ausbau des **New Zealand Cycle Trail** Wegenetzes, 💻 www.nzcycletrail.com, hat die Erkundung des Landes per Rad so einfach und angenehm gemacht wie nie zuvor (s. Kasten S. 84). Viele der Strecken eignen sich besonders für Mountainbikes und fügen den ohnehin reichlich vorhandenen Strecken in der Wildnis noch weitere Möglichkeiten hinzu. Die zwei großen Zentren sind Rotorua, das für seine anspruchsvollen Routen durch den Whakarewarewa Forest (alias „The Redwoods", S. 332) berühmt ist, und Queenstown, wo man die ganze Bandbreite von relativ einfachen Querfeldein-Strecken bis hin zu Extremabfahrten und Helibiking vorfindet. Dazwischen gibt es eine Handvoll exquisiter Strecken im Norden der Südinsel. Der 71 km lange **Queen Char-**

lotte Track ist fast das ganze Jahr über befahrbar, nur die nördlichsten 26 km sind von Dezember bis Februar dicht. Die Fahrt auf dem **Heaphy Track** ist auf die Monate Mai bis September beschränkt. Wer in dieser Zeit in Neuseeland weilt, sollte diese Tour auf keinen Fall auslassen.

Sportveranstaltungen

Wäre Gott ein Rugby-Trainer, wären fast alle Neuseeländer religiöse Fundamentalisten. Im Fernsehen und in Zeitungen dienen die Spielergebnisse und besonders alle Nachrichten rund um die All Blacks häufig als Aufmacher, und einige Radiostationen berichten über nichts anderes als Sport. Die meisten wichtigen Spiele werden im Fernsehen übertragen, wenngleich zunehmend auf Pay-TV-Kanälen wie Sky TV, was die Menschen scharenweise in Pubs mit Großbildschirmen treibt.

Wer auch nur einen Funken Interesse an Sport oder Kultur der Kiwis hat, sollte während seines Aufenthalts ein Rugby-Spiel besuchen. Termine der wichtigsten Veranstaltungen (und zugleich Infos über den Ticketkauf) findet man in den Lokalzeitungen. **Reservierungen** für die größeren Events übernimmt Ticketek, 💻 www.ticketek.co.nz. Mit Ausnahme internationaler Begegnungen oder wichtiger Endspiele bekommt man Eintrittskarten eigentlich immer kurz vor dem Spiel am Stadion.

Rugby

Die Gegner erzittern, die Fans johlen, aber kaum jemand bleibt ungerührt bei dem Anblick der 15 stattlichen **All Blacks**, Neuseelands Rugby-Nationalmannschaft, wenn diese vor Spielbeginn ihren berühmten Furcht erregenden Tanz *(haka)* aufführen. Das ist der Moment, in dem den Kiwis das Herz aufgeht und sie wissen, dass ihre Nationalmannschaft zu den besten der Welt gehört. 2015 gewannen die All Blacks zum dritten Mal in Folge den **Rugby World Cup**. Neuseeland ist auch führend im Damen-Rugby. Ein historischer Meilenstein wurde 2018 gelegt, als das Nationalteam der Frauen – die Black Ferns – Sportlerinnen zum ersten Mal in der Geschichte des Damen-Rugby-Sports bezahlte Verträge anbot.

Rugby wird im Winter gespielt. Die Saison beginnt mit den **Super 15 Series** (Mitte Februar bis Mai), bei denen Regionalmannschaften der Südhalbkugel (jeweils fünf aus Neuseeland, Südafrika und Australien) gegeneinander antreten und nur die besten vier Teams in die *finals series* einziehen.

Die Besten der Super-15-Teams spielen bei den All Blacks, die im Winter zu ein oder zwei Länderpokalen antreten, darunter die alljährliche **Rugby Championship** (Mitte Juli bis August) gegen Südafrika, Australien und Argentinien. Spiele zwischen den All Blacks und Australien finden auch im Rahmen des **Bledisloe Cup** statt, der die eine oder die andere Nation ein Jahr lang prahlen lässt.

Die internationale Saison geht über in den **ITM Cup**, der von August bis Ende Oktober unter den Provinzen ausgetragen wird. Während der ITM-Saison kämpfen die Teams auch um den **Ranfurly Shield**, liebevoll „Baumstamm" genannt. Die jeweiligen Halter müssen sich zu Hause den Herausforderern stellen – der Gewinner darf das Ranfurly Shield sein Eigen nennen.

Die **Ticketpreise** für normale Rugby-Begegnungen beginnen bei $20, bei internationalen Begegnungen ist ein ähnlicher Platz ab $55 zu haben. Informationen zuhauf gibt es auf der offiziellen Website der NZ Rugby Union, 💻 www.nzrugby.co.nz.

Die **Rugby League**, 💻 www.rugbyleague.co.nz und 💻 www.nzrl.co.nz, wurde schon immer als der kleine Bruder der Rugby Union angesehen, wenngleich Erfolge auf internationaler Ebene ihr Ansehen etwas gehoben haben. Neuseelands einziges Provinzteam von Bedeutung sind die **Warriors** aus Auckland, die während der Saison von März bis Anfang September in Australiens NRL spielen. Heimspiele werden im Mount Smart Stadium abgehalten, wo man praktisch immer Karten bekommt. Die besten acht Mannschaften der Liga erreichen die *finals series* im September.

Cricket

Die meisten Besucher halten sich zwischen Oktober und März in Neuseeland auf, wenn in den

Stadien der traditionelle Sommersport des Landes, Cricket, 💻 www.nzc.nz, gespielt wird. Die neuseeländische Nationalmannschaft namens **Black Caps** rangiert auf internationaler Ebene lediglich im Mittelfeld, und nur die sporadischen Glanzleistungen, der eine oder andere unerwartete Sieg über Australien sowie die Co-Ausrichtung des Cricket World Cup 2015 halten die Fans bei der Stange. An **Eintrittskarten** vor Ort mangelt es selten, wenngleich die Spiele rund um Weihnachten und Neujahr schnell ausverkauft sind. Gleiches gilt für die internationalen Begegnungen, für die Karten ab etwa $35 zu haben sind. Günstiger sind die Karten für normale Spiele.

Andere Sportarten

Sämtliche andere Teamsportarten liegen im Interesse der Bevölkerung weit hinter Rugby und Cricket zurück, nur Frauen-**Korbball**, 💻 www.netballnz.co.nz, erfreut sich einer enthusiastischen Anhängerschaft. Internationale Spiele der Silver Ferns werden auch live im Fernsehen übertragen.

Obwohl inzwischen mehr Jugendliche **Fußball** als Rugby spielen, war es erst die Teilnahme der Nationalmannschaft All Whites an der WM 2010 in Südafrika, die dem Sport landesweit zu mehr Aufmerksamkeit verholfen hat. Näheres über Spiele auf Landesebene unter 💻 www.nzfootball.co.nz.

Die einzige neuseeländische Mannschaft in der australischen A-League ist Wellington Phoenix, 💻 www.wellingtonphoenix.com. Die Saison geht von Oktober bis Anfang April und die Heimspiele von Wellington Phoenix finden im Westpac Stadium von Wellington statt. **Karten** (ab $45) können entweder direkt vor dem Spiel oder über die Website des Teams erstanden werden.

Auckland liegt auf der Route vieler **Segelbootrennen** um die Welt und war zweimal Austragungsort des America's Cup. Neuseelands **olympische Erfolge** reduzieren sich auf gelegentliche Medaillen im Rudern und Segeln sowie eine lange Reihe von Mittelstreckenläufern. Heutzutage werden herausragende Leistungen vor allem in Multi- und Ausdauersport-Wettkämpfen erbracht, zum Beispiel in Triathlons und den Iron-Man-Rennen.

Telefon

Öffentliche Fernsprecher sind in Neuseeland noch recht weit verbreitet, doch die Anzahl sinkt dank der Verbreitung von Handys und der Beliebtheit von FaceTime und Skype kontinuierlich. Münztelefone sind selten geworden, aber alle öffentlichen Fernsprecher akzeptieren gängige Kreditkarten, aufladbare Telefonkarten und Telefonkarten mit einmaligem Guthaben. Erhältlich sind die Karten in Postfilialen, Zeitungskiosken, kleinen Lebensmittelläden, Tankstellen, i-SITE-Besucherzentren und Supermärkten.

Telefonkarten mit PIN-Code

Die günstigsten **Ferngespräche** führt man mit Telefonkarten, die über ein wiederauffüllbares Guthabenkonto abgerechnet werden und an jedem Telefon benutzt werden können. Von dieser Art Karten sind zahlreiche Versionen im Umlauf, was sich sehr positiv auf die Kosten auswirkt. Allerdings sollte man sich vor den ganz billigen Guthabenkarten in Acht nehmen: Diese funktionieren häufig via Internet mit schlechten oder stark zeitversetzten Verbindungen. Da bei den meisten öffentlichen Fernsprechern inzwischen eine Zusatzgebühr pro Minute für Guthabenkarten erhoben wird, sollte man diese Karten nach Möglichkeit über einen Privatanschluss nutzen.

Mobiltelefone

Wer sein Handy nutzen möchte, sollte sich bei seinem Netzbetreiber informieren, ob er für Neuseeland einen **Roaming**-Vertrag besitzt und wie hoch die Gebühren sind (sie können horrend sein). Bei vielen Anbietern lassen sich günstigere Auslandsoptionen inklusive Datenvolumen zubuchen. Mehr zu WLAN auf S. 55.

Vorausgesetzt, man hat ein Handy ohne SIM-Lock, kann man auch eine neuseeländische **Prepaid-SIM-Karte** kaufen. Den neuseeländischen Mobilfunkmarkt teilen sich vier große Anbieter: Spark, 💻 www.spark.co.nz, One, 💻 www.one.co.nz, 2degrees, 💻 www.2degrees.nz, und Skinny, 💻 www.skinny.co.nz. In urbanen Gebieten ist der Netzempfang hervorragend, in abgelegenen eher lückenhaft.

Neuseeländische **Handynummern** beginnen mit ✆ 021, ✆ 022, ✆ 027 oder ✆ 029.

Rufnummern und Vorwahlen

Wichtige Rufnummern

Auskunft	✆ 018
Auslandsauskunft	✆ 0172
Notruf (gebührenfrei) Polizei, Krankenwagen und Feuerwehr	✆ 111

Internationale Vorwahlen

Nach der Landesvorwahl wird stets die erste Null der regionalen Vorwahl weggelassen.

Aus Neuseeland	
Australien	✆ 0061
Deutschland	✆ 0049
Österreich	✆ 0043
Schweiz	✆ 0041
Aus Deutschland, Österreich und der Schweiz	
Neuseeland	✆ 0064
Aus Australien	
Neuseeland	✆ 001164

Vorwahlen in Neuseeland

Auch bei Gesprächen zwischen zwei Städten innerhalb eines Bezirks muss manchmal die Vorwahl mitgewählt werden.

Auckland und Northland	✆ 09
Coromandel Peninsula, Bay of Plenty, Waikato und Central Plateau	✆ 07
East Coast, Hawkes Bay, Whanganui, Manawatu und Taranaki	✆ 06
Wellington und Umgebung	✆ 04
Südinsel	✆ 03

Transport

Neuseeland ist ein verhältnismäßig kleines Land, in dem es sich einfach reisen lässt. Zu vielen Zielen besteht irgendeine öffentliche Transportverbindung, wenn auch manchmal nur einmal pro Tag. Es gibt zwar immer noch ein paar Orte, die ziemlich abgelegen sind, aber auch sie sind mit ein bisschen Geduld und Flexibilität erreichbar.

Inlandflüge sind bei rechtzeitiger Buchung durchaus bezahlbar, aber nur auf dem Landweg lässt sich die herrliche Landschaft ausgiebig genießen. Am billigsten und einfachsten, aber auch am langsamsten, reist man per **Bus** *(coaches* oder *shuttle buses)*. Das neuseeländische **Eisenbahnnetz** umfasst dagegen nur wenige Strecken, und die Beförderung geht ziemlich ins Geld.

Mietwagen und besonders die kleineren **Wohnmobile** können erstaunlich günstig sein, wenn man die Kosten durch mehrere Personen teilt. Wer einige Monate im Land bleiben möchte, sollte überlegen, ein Auto zu kaufen. Immer häufiger sieht man auch **Radfahrer** durch Neuseelands grüne Landschaft strampeln.

Bei den **Fährverbindungen** hält der Konkurrenzkampf die Preise für Passagiere im Rahmen; der Autotransport kann allerdings ein ziemlich großes Loch in den Geldbeutel reißen. Auf dem Luft- oder Wasserweg sind einige der vorgelagerten Eilande oder abgeschiedenen Orte auf den beiden Hauptinseln zu erreichen, die sich gegen jegliche Art von Erschließung durch Straßen zur Wehr setzen. Dank einer wachsenden Zahl spezieller Touranbieter wird das Vordringen in Wildnisgebiete jedoch immer einfacher.

Flüge

Viele Touristen beginnen ihre Reise in Auckland und fliegen von Christchurch zurück, sodass sie sich gar nicht um Inlandflüge kümmern müssen. Wer jedoch nur über einen begrenzten Zeitrahmen verfügt, aber dennoch alle wichtigen Sehenswürdigkeiten abklappern möchte, ist hingegen auf **Inlandflüge** angewiesen, die teilweise erstaunlich günstig zu haben sind.

Das bei weitem größte Unternehmen ist Air New Zealand, das alle größeren sowie zahlreiche kleineren Orte Neuseelands anfliegt (insgesamt 20 Destinationen im Land). Konkurrenz kommt in erster Linie von Jetstar, die nur Auckland, Wellington, Christchurch, Dunedin, Napier, New Plymouth, Nelson und Palmerston North auf dem Flugplan hat.

Air New Zealand verkauft für seine Flüge nur Tickets der gleichen Klasse, wobei sich die Preise in vier Kategorien staffeln: Zeitlich stark begrenzte Tickets sind am billigsten, während es zu Stoßzeiten weniger günstige Angebote gibt. Jetstar hat ein ähnliches System. So kostet ein einfacher Flug von Auckland nach Christchurch zum Standardpreis $200, zum Seat+Bag-Tarif $20, zum Seat-Only-Tarif (kein aufgegebenes Gepäck) nur $45 und über die Website 💻 www.grabaseat.co.nz sogar nur $40.

Zu weiteren gefragten Verbindungen zählen die Flüge von Auckland nach Great Barrier Island, über die Cook Strait sowie von Invercargill nach Stewart Island. Folgende **Fluggesellschaften** bedienen Ziele innerhalb Neuseelands:

Air New Zealand, 💻 www.airnewzealand.co.nz.
Fly My Sky, 💻 www.flymysky.co.nz.
Flüge zwischen Auckland und Great Barrier Island.
Great Barrier Airlines, 💻 www. barrierair.kiwi.
Verbindungen zwischen Great Barrier Island, Northland und Auckland.
Jetstar, 💻 www.jetstar.com
Soundsair, 💻 www.soundsair.com. Fliegt mit kleinen Flugzeugen über die Cook Strait.
Stewart Island Flights, 💻 www.stewartislandflights.co.nz. Regelmäßige Verbindungen zwischen Invercargill und Stewart Island.

Fernbusse

Die meisten Orte sind mit **Fernbussen** *(coaches)* oder den kleineren **Shuttle-Bussen** erreichbar. Letztere bieten mehr oder weniger den gleichen Service, sind jedoch eher dazu bereit, ihre Passagiere direkt an den Unterkünften abzusetzen oder abzuholen. Im Allgemeinen verkehren die Busse pünktlich und sind komfortabel. Infolge des Konkurrenzkampfes bewegen sich auch die Preise in erträglichem Rahmen. Die größeren Fahrzeuge verfügen oft über eine Klimaanlage, manchmal über WLAN und einige sogar über Toiletten. Alle paar Stunden wird unterwegs ein Stopp eingelegt, meist an einem Rasthaus und manchmal auch kurz an Sehenswürdigkeiten.

Intercity

Das größte Busunternehmen ist **InterCity**, das mit seinen erstklassigen Fahrzeugen das ganze Land bedient und auch Great Sights, Gray Line und Newmans (luxuriösere Sightseeing- und Reisebus-Tochterfirmen) betreibt. Alle InterCity-Busse haben WLAN, die InterCity GOLD-Busse sind außerdem mit verstellbaren, weichen Ledersitzen und Ladestationen ausgestattet.

Die Preisspannen sind gewaltig, aber eine einfache Fahrt in der Preisklasse Flexi von Auck-

Inlandflüge

Wer Inlandflüge lange im Voraus per Internet bucht, kann bis zur Hälfte des Flugpreises sparen. Interessant können auch die von Air New Zealand, 💻 www.airnewzealand.de, angebotenen Flugpässe sein, die jeder kaufen kann, der mit dieser Fluggesellschaft nach Neuseeland geflogen ist. Mit ihnen lassen sich verschiedene Oneway-Flüge zu einer Reiseroute kombinieren.
Jetstar, 💻 www.jetstar.com, bietet ähnliche Multistopp-Tickets an, allerdings zu höheren Preisen.
Bei Air New Zealand gibt es außerdem die Regional Gotta Go-Tarife, die man, sofern noch Plätze frei sind, ab 90 Minuten vor Abflug buchen kann. Auf ihrer Discount-Website 💻 www.grabaseat.co.nz besteht ebenfalls die Möglichkeit, Last-Minute-Flüge zu buchen oder einen billigen Flug bei den wöchentlichen Auktionen zu erstehen.

Backpacker-Busse

Eine der billigsten Reisearten für Leute, die in kurzer Zeit relativ viel sehen möchten, sind die Backpacker-Busse, die es ermöglichen, die Flexibilität einer Individualreise mit den Vorzügen einer Pauschaltour zu verbinden. Üblicherweise kauft man sich für eine vorgegebene Route ein Ticket (bis zu zwölf Monate gültig) und bestimmt dann seine Reisegeschwindigkeit selbst. Man kann entweder einem Bus treu bleiben oder nach einem längeren Zwischenaufenthalt einfach den nächsten nehmen. In der Hochsaison sind die nachfolgenden Busse allerdings oft schon voll besetzt – eine mehrtägige Vorausplanung und -reservierung wird dann unerlässlich. Die Unternehmen halten ihren Betrieb das ganze Jahr über aufrecht, wenngleich im Winter mit eingeschränktem Fahrplan.

Bei allen nachfolgend aufgeführten Unternehmen ist es manchmal etwas billiger, die Reise vor der Ankunft in Neuseeland zu buchen (einige Sonderangebote sind nur im Ausland erhältlich). Informationen dazu gibt es auf den Websites. Eine Mitgliedschaft in den Verbänden YHA, VIP, BBH oder ISIC spart zusätzlich ein paar Dollar. Der Ticketpreis beinhaltet in der Regel keine Übernachtungen, Aktivitäten (wenngleich diese oft billiger zu haben sind), Ausflüge oder Essen. Auch die Fährüberfahrt von der Nord- zur Südinsel muss extra bezahlt werden.

Einen sehr naturverbundenen Ansatz bietet **Flying Kiwi Wilderness Expeditions**, 🖳 www.flyingkiwi.com, die die Touristenpfade verlassen und lieber campen gehen als in den Hostels der Stadt zu übernachten. Die umgebauten Busse sind mit Fahrrädern, Kanus, Küche, Vorzelt, Kühlschrank, Matratzen, Zelten und heißer Dusche ausgestattet. Beim Kochen und Spülen helfen alle mit. Die Touren werden das ganze Jahr über angeboten, wobei man die gesamte Zeit mit derselben Gruppe verbringt. Im Programm sind verschiedene Touren, darunter der Northern Light (Wellington–Taupo–Auckland, 5 Tage, $1395 inkl. Essen und Campinggebühren) oder eine komplette Neuseeland-Rundreise (23 Tage, $5485).

Haka Tours, 🖳 www.hakatours.com, bietet begleitete Reisen in kleinen Gruppen an. Man reist, schläft und frühstückt zusammen (alle Touren sind inkl. Übernachtungen). Wer mögliche Aktivitäten unterwegs im Voraus bucht, spart zusätzlich Geld. Zu den Rundreisen gehören Touren wie die Epic (23 Tage, $4999 inkl. einiger Aktivitäten) und die South Island LICK (7 Tage, $1699 inkl. einer Fahrt mit dem TranzAlpine).

Kiwi Experience, 🖳 www.kiwiexperience.com, genießt den Ruf, partywütige Nachtschwärmer anzuziehen. Das Angebot ist groß, angefangen bei einer Tour von Auckland zur Bay of Islands und zum Cape Reinga (mind. 4 Tage, $239) bis zum Whole Kit und Caboodle (mind. 30 Tage, $1699).

Stray, 🖳 www.straytravel.com, sieht sich in der Partytradition noch vor Kiwi Experience angesiedelt, und so fließt das Bier sowohl am Lagerfeuer als auch in den Bars in Strömen. Touren: Südinsel (mind. 11 Tage, ab $3265), Nordinsel (mind. 8 Tage, ab $2765).

land nach Rotorua könnte z. B. $80 kosten (nicht erstattungsfähige Standardtickets gibt es ab $28), von Christchurch nach Queenstown sind es $89 (nicht erstattungsfähige Tickets ab $61). In der Nebensaison fallen die Preise. Die besten Preise gibt es bei frühzeitiger Buchung. Auf allen Strecken gibt es einen Sitzplatz für $1, aber da man diese Tickets ein Jahr im Voraus buchen kann, ist die Wahrscheinlichkeit höher, auf einen Hobbit zu treffen, als ein solches Ticket zu ergattern. YHA-, VIP-, ISIC- und BBH-Karteninhaber erhalten einen kleinen Rabatt auf den Standardtarif, allerdings kommt man mit den verschiedenen nicht erstattungsfähigen Tickets besser weg.

InterCity bietet auf verschiedenen Strecken auch spezielle Travel Passes an. Zu den Travel Passes mit festen Routen gehören die Strecken von Auckland nach Paihia (Bay Escape $155), von Auckland nach Wellington via Matamata (inklusive Ausflug zum Hobbiton Movie Set), Rotorua und Taupo (Big Fish $239) oder von Wellington nach Queenstown entlang der Westküste

($199). Am unabhängigsten ist man mit dem zwölf Monate gültigen Flexi Pass (s. Kasten).

Weitere Busse

Andere Unternehmen konkurrieren direkt mit InterCity auf den Hauptrouten und schließen die Lücken im Busnetz. Häufig sind deren Busse auf die Fahrpläne der großen Unternehmen abgestimmt und bedienen auch entlegenere Gebiete. Die Shuttle-Busse sind in der Regel günstiger (manchmal sogar erheblich). Sie sind auch eher bereit, ihre Kunden an der Unterkunft abzuholen oder abzusetzen. Bei längeren Fahrten ist jedoch ein größerer Bus weitaus bequemer.

Bayline Coaches bedient die Region Bay of Plenty auf der Nordinsel, während Tranzit Coachlines Manawatū Bustransporte in der Region Aotearoa anbietet. Unten sind andere Anbieter aufgelistet, viele weitere werden in den entsprechenden Abschnitten dieses Buchs erwähnt.

In den i-SITE-Touristenbüros sind die Fahrpläne der Unternehmen erhältlich, die in der jeweiligen Region operieren, sodass man die Ziele und Preise miteinander vergleichen kann. Die Preisstruktur ist einfach zu durchschauen, da es keine komplizierten Rabattregeln gibt. Als Anhaltspunkte gelten: Auckland–Rotorua um $24, Christchurch–Queenstown um $60.

Im Folgenden sind die wichtigsten **Busgesellschaften** aufgelistet, weitere werden in den entsprechenden Kapiteln erwähnt:

Busunternehmen

Atomic Shuttles, 💻 www.atomictravel.co.nz. Großes Fernbus-Unternehmen auf der Südinsel, das vor allem Langstrecken bedient.
Bayline Coaches, 💻 www.bayofplentynz.com.
InterCity, 💻 www.intercity.co.nz. Landesweiter Langstreckendienst.
Tranzit Coachlines, 💻 www.tranzit.co.nz. Günstige Verbindungen auf beiden Inseln, inkl. kostenlosem WLAN – und Betten.

Eisenbahn

Von Neuseelands Eisenbahnnetz ist nicht mehr viel übrig geblieben. Es gibt **Nahverkehrszüge** in Wellington und Auckland sowie ein paar Verbindungen zwischen Städten. Die noch existierenden **Fernzüge** verkehren alle auf landschaftlich herausragenden Strecken, aber die Waggons zuckeln so langsam dahin, dass sie für die meisten Neuseeländer kein wirklich nützliches Verkehrsmittel darstellen. Aber trotz des sinkenden Standards sind Bahnreisen nach wie vor ein schönes Erlebnis.

Betreiber aller Fernzüge ist **Kiwi Rail Scenic Trains**, 💻 www.kiwirail.co.nz. Bedient werden nur drei Strecken. Die Züge haben Panoramafenster oder offene Panoramadecks, zurückklappbare Sitze und Speisewagen, in dem es passables Essen und Bier gibt. Ein Ticket garantiert einen Sitzplatz, wobei die Fahrkartenkontrolle bereits auf dem Bahnsteig stattfindet; Taschen und Koffer werden in einem Gepäckwagen transportiert.

Auf der längsten Fahrt, der Zugverbindung namens Northern Explorer zwischen **Auckland und Wellington**, geht es an den Vulkangipfeln des Tongariro National Park vorbei. Interessan-

Travel Passes

Wer viel mit Bus und Bahn reisen möchte, kann mit den verschiedenen Travel Passes einiges Geld sparen.
Scenic Rail Pass, 💻 www.scenicrailpass.com. Ausgezeichnete Option für Bahnreisende.
Flexi-Pass, von InterCity, 💻 www.intercity.co.nz. Offeriert Busreisen pro Stunde – je mehr Stunden man kauft, desto billiger wird es. 45 Stunden ($395) werden benötigt, um eine der Hauptinseln zu besichtigen, mindestens 60 Stunden ($518) für eine komplette Tour; wem das noch nicht reicht, der kann auf seinen Pass z. B. 15 Stunden ($169) aufschlagen. Traveller mit festem Reiseplan, die zügig vorankommen möchten, sind eventuell mit dem **TravelPass** besser dran; beide Pässe gelten ein Jahr lang, auch für die Interislander Ferry. Die Fahrten können online gebucht werden.
Schließlich gibt es noch die Pässe der **Backpacker-Tourbusse** (s. Kasten S. 76), die günstiger sind und meistens Partystimmung bieten, aber dafür sind die Fahrzeuge älteren Baujahrs.

te Stopps sind unter anderem Otorohanga (wo der Zug von einem Shuttlebus zu den Waitomo Caves erwartet wird) und National Park (Ausgangspunkt für den Mount Ruapehu und den Wanderweg Tongariro Crossing). Der Overlander verlässt Auckland am Montag, Mittwoch und Samstag und Wellington am Sonntag, Dienstag und Freitag um 7.45 Uhr und erreicht sein Ziel gegen 18.25 Uhr.

Auf der Südinsel verbindet der Coastal Pacific **Christchurch mit Picton**, eine schöne, fünfstündige Fahrt, die zum Teil entlang der Küste führt. Die Strecke war nach dem Erdbeben 2016 zwei Jahre lang nicht befahrbar und wurde 2018 wiedereröffnet. Der Zug startet in Christchurch tgl. um 7 Uhr und erreicht Picton um 12.40 Uhr.

Die lohnendste Bahnreise Neuseelands ist die mit dem TranzAlpine von **Christchurch nach Greymouth** an der Westküste (s. Kasten S. 631). Die **Preise** für Zugtickets sind höher als für Bustickets auf den gleichen Strecken, aber mit Ermäßigungen und einem Travel Pass (S. 77) lässt sich einiges Geld sparen.

Die meisten Passagiere fahren mit dem Standard- oder **Flexi-Fare**-Tarif, der bei Vorausbuchung mit einem Rabatt aufwartet. Bei Stornierungen oder Umbuchungen bis zu 48 Stunden vor Abfahrt wird der Ticketpreis komplett erstattet.

Preisbeispiele für Standard-Tickets: Auckland–Wellington oder Christchurch–Greymouth $229. Senioren (ab 60 Jahren) erhalten auf Standard-Fahrpreise eine Ermäßigung, aber meistens ist es besser, sich einen Scenic Rail Pass (S. 77) zu besorgen, sobald dieser wieder verkauft wird.

Abgesehen von einigen Kurzstrecken, die von Dampfloks bedient werden, verkehren die einzigen weiteren Passagierzüge auf dem **Taieri Gorge Railway** (S. 704) zwischen Dunedin und Middlemarch. Auch diese Strecke richtet sich vor allem an Touristen und ist landschaftlich ausgesprochen schön.

Auto und Wohnmobil

Wer mit einem eigenen Fahrzeug reist, ist natürlich erheblich flexibler und gelangt auch problemlos an Orte, die ansonsten nur schwer zu erreichen sind. Außerdem lässt sich, indem man zeltet oder etwas außerhalb der Stadtzentren übernachtet, dabei auch Geld sparen. Für zwei oder mehr Personen kann dies eine sehr günstige Art zu reisen sein. Die Route sollte allerdings vorab sorgfältig geplant werden, und es ist sinnvoll, genügend Zeit für Unwägbarkeiten einzuplanen. Viele der Strecken sind enger, steiler und kurviger, als man es von zu Hause gewohnt ist.

Um in Neuseeland Auto zu fahren, wird lediglich ein gültiger nationaler Führerschein benötigt, wenngleich ein internationaler Führerschein den Umgang mit Behörden vereinfachen kann. In Neuseeland herrscht **Linksverkehr**. Die Verkehrsschilder entsprechen den unsrigen, und für alle Insassen besteht Gurtpflicht. Geparkt werden darf nur in Fahrtrichtung. Weitere Besonderheiten findet man in der mehrsprachigen Broschüre *Driving in New Zealand*, die von der Transport Agency, www.nzta.govt.nz, herausgegeben wird.

Außerhalb geschlossener Ortschaften sind maximal 100 km/h erlaubt, innerhalb von Wohngebieten ist die **Geschwindigkeit** auf 70 km/h oder 50 km/h begrenzt. Bei Geschwindigkeitsübertretungen werden derzeit mindestens $30 fällig. Ein altbekanntes Problem ist Trunkenheit am Steuer: Um die Zahl der tödlichen Verkehrsunfälle zu verringern, gibt es Alkoholkontrollen, und die Überschreitung der **Promillegrenze** von 0,5 wird streng bestraft.

Im Allgemeinen ist der **Straßenzustand** gut und der Verkehr spärlich – zu Staus kommt es nur zu den Hauptverkehrszeiten im Großraum Auckland und Wellington. Die meisten Straßen sind geteert, aber es gibt auch viele Schotterstraßen, die auf Karten deutlich gekennzeichnet sind. Auf den Schotterstraßen kommt man natürlich etwas langsamer voran, und nach heftigen Regenfällen können sie unpassierbar werden. Vor der Abfahrt sollte man daher immer den aktuellen Straßenzustand erfragen. Bei der Fahrzeugmiete muss man darauf achten, dass auch Fahrten auf Schotterstraßen versichert sind. Einige Autoverleiher untersagen aber die Benutzung der schlimmsten Straßen – z. B. im Skippers Canyon und an der Nordspitze der Coromandel Peninsula.

OBEN WOHNMOBIL VOR DEM MOUNT COOK; **UNTEN** AM UFER DES LAKE WANAKA, OTAGO

Zu weiteren **Verkehrshindernissen** gehören einspurige Brücken: Schilder vor der Brücke zeigen an, wer Vorfahrt hat. Auf längeren Brücken gibt es auf halber Strecke eine Haltebucht.

Die **Tankstellen** der größeren Städte haben meist rund um die Uhr geöffnet, aber in kleineren Orten schließen sie bereits gegen 20 Uhr.

Wer mit dem eigenen Auto unterwegs und in der Heimat in einem Automobilclub Mitglied ist, kann sich an die **New Zealand Automobile Association** (AA), 🖳 www.aa.co.nz, wenden. Die Mitgliedschaft im deutschen ADAC, DSV, DMYV, DCC und DTC oder deren Pendants in Österreich (ÖCC, ÖAMTC) und der Schweiz (TCS, CCS, SRB, ZKZ, ONST) wird vom neuseeländischen AA in gewissem Rahmen anerkannt, sodass man auch in Neuseeland in den Genuss zahlreicher Leistungen kommt. Dazu zählen beispielsweise ein rund um die Uhr aktiver **Pannendienst**, ✆ 0800 500 222, kostenloses Kartenmaterial und Unterkunftsverzeichnisse.

Mietwagen

Wer Neuseeland mit dem Mietwagen bereist, startet meist in Auckland und fährt quer über die Nordinsel nach Wellington. Dort wird der erste Wagen stehen gelassen, mit der Fähre nach Picton übergesetzt und ein zweites Auto gemietet, mit dem man dann die Südinsel durchstreift und es in Christchurch wieder abgibt. Diese Tour kann auch in umgekehrter Richtung gemacht werden, was oftmals billiger ist. Oder man nimmt das Auto mit über die Cook Strait, wofür die einheimischen Autovermietungen keinen großen Aufschlag erheben (einige internationale Autovermietungen erlauben die Überfahrt allerdings nicht).

Die **Preise** sind relativ günstig. Ab einer Mietdauer von vier Wochen bekommt man ältere Kleinwagen im Winter (Juni–Aug) schon für weniger als $25 pro Tag. In der Hochsaison steigen die Preise. Die meisten internationalen Firmen sind vor Ort vertreten und bieten neue Autos zu guten Bedingungen an. Einheimische Verleiher können mit einem günstigeren Preis-Leistungs-Verhältnis aufwarten, weil ihre Geschäftskosten niedriger sind und ihr Fuhrpark meist aus älteren, aber nicht minder leistungsfähigen Autos besteht. Noch billiger wird es mit Firmen, die nur lokal vertreten sind; ihre Autos eignen sich jedoch eher für Ausflüge in die nähere Umgebung, da die Firmen keine entsprechende Infrastruktur besitzen, die z. B. bei der Passage über die Cook Strait von Nutzen wäre. Kostenlose Pannenhilfe ist bei den meisten enthalten.

In der Hochsaison sollte man nach Möglichkeit im Voraus ein Auto reservieren. Zu anderen Zeiten lassen sich vor Ort häufig günstigere Angebote finden, besonders im Winter (außer in den Skigebieten), wenn man den Preis beinahe selbst bestimmen kann. Bei einer Miete ab vier Tagen werden in der Regel **unbegrenzte Kilometer** gewährt. Die im Folgenden aufgeführten Preise beziehen sich auf die Hauptsaison bei einer Mietdauer von zwei Wochen, allerdings sollte man immer versuchen, ein wenig zu handeln. Im Allgemeinen gilt: Ace, Apex, Omega und Pegasus verleihen neuere Autos zu moderaten Preisen. Die übrigen Mietwagenfirmen versuchen verzweifelt, sich gegenseitig zu unterbieten und haben daher **niedrige Preise**.

Für zwei Mietwochen im Sommer kostet ein **Kleinwagen** (1,3–1,8 l) bei den großen Unternehmen $50–80 und bei einheimischen Verleihern $50–75 pro Tag. Bei einem **Mittelklassewagen** (2–3 l) liegen die Preise zwischen $90 und $120 bei den großen und zwischen $70 und $80 bei den kleineren lokalen Firmen. Sofern man Neuseeland nicht im Winter bereist und ohne Schneeketten in die Skigebiete fahren möchte, ist ein **4WD** eigentlich unnötig. Er kostet im Allgemeinen $90–180 pro Tag und wird daher sinnvollerweise nur für einzelne Ausflüge gemietet.

Bei einer Mietdauer von mehreren Wochen wird die Gebühr für eine **Einwegmiete**, bei der das Auto an einer anderen Stelle als dem Abholort zurückgegeben wird, normalerweise erlassen; sie liegt bei $230. Mit etwas Verhandlungsgeschick kann man sich von diesen Kosten auch befreien, wenn man von Süden nach Norden reist – während der Saison stehen in Wellington, Picton, Christchurch und Queenstown manchmal so viele Wagen herum, die eigentlich woanders gebraucht würden, dass einige Verleiher interessante Preise für **Rücküberführungen** anbieten. Wie viel Zeit für den Transfer zur Verfügung steht, hängt vom jeweiligen Unternehmen ab.

Wer in Neuseeland ein Auto ausleihen will, muss mindestens 21 Jahre alt sein und im Besitz einer gültigen Fahrerlaubnis sein; Fahrer unter 25 Jahren bezahlen oft wesentlich mehr für die Versicherung. Die Kosten für die **Versicherung** sind meist im angeführten Tarif enthalten. Für Glasschäden muss man selbst aufkommen, und die Selbstbeteiligung liegt bei $2500. Bei einigen Billiganbietern und einigen internationalen Firmen beträgt die Selbstbeteiligung bis zu $3500, wenn der Unfall selbst verschuldet wurde. Dieser Betrag lässt sich aber manchmal auf $350 oder null reduzieren, wenn pro Tag zusätzlich $15–35 für den Collision Damage Waiver bezahlt werden.

Bevor Verleihfirmen einen Wagen aushändigen, verlangen sie vom Kunden einen Kreditkarten-Beleg oder eine Kaution ($2000). Hat man einen Unfall, wird die Kaution zur Bezahlung der Schäden verwendet. In manchen Fällen zahlt man lediglich für den tatsächlichen Schaden, in anderen ist die gesamte Kaution weg, egal wie leicht der Unfall war. Vor Unterschreiben des Vertrags sollte man unbedingt das Kleingedruckte lesen und das Auto nach sichtbaren Schäden untersuchen, damit man am Ende seiner Reise nicht für die Fehler anderer haftbar gemacht wird. Außerdem gilt es, sich zu erkundigen, welche Einschränkungen für die Benutzung bestimmter Straßen gelten.

Neuseeländische Autovermieter

Ace Rental Cars, 🖳 www.acerentalcars.co.nz
Apex, 🖳 www.apexrentals.co.nz
Bargain Rental Cars, 🖳 www.bargainrentalcars.co.nz
ezi car rental, 🖳 www.ezi-car-rental.co.nz
Jucy, 🖳 www.jucy.com
Omega, 🖳 www.omegarentalcars.com
Pegasus, 🖳 www.rentalcars.co.nz

Wohnmobil mieten

Den ganzen Sommer über sind Neuseelands Straßen übersät mit Wohnmobilen, hinter deren Steuer fast immer ausländische Urlauber sitzen. Sie fahren damit kreuz und quer durchs Land, übernachten auf Campingplätzen und campen ab und zu wild. Ein mittleres Wohnmobil birgt genügend Platz für zwei Erwachsene und zwei Kinder und ist mit einem herunterklappbaren Bett und einer Kochnische ausgestattet. Die größeren Modelle bieten vier oder mehr Erwachsenen Platz und besitzen oftmals eine Dusche und sogar eine Toilette.

Die **Mietpreise** für mittlere **Wohnmobile** (bei drei Wochen Dauer) liegen während der Hochsaison (Dez–Feb) bei $180–500 pro Tag, in der Nebensaison zwischen $90 und $260 pro Tag und fallen im Winter auf $50–150. Zu den bekanntesten Firmen zählen Kea, Britz, Mighty und Maui (die eigentlich zusammengehören); ein paar kleinere Firmen (s. oben) bieten günstigere Preise (mindestens 30 % weniger).

Kleine Campingbusse sind normalerweise beengt und werden vor allem von spartanischen Rucksacktouristen bevorzugt, die bereitwillig auf mehr Komfort verzichten. Sie kosten im Sommer von $80–150, in den Übergangszeiten $50–100 und im Winter $35–45 pro Tag. Der Trend: bemalte Busse mit schrägen Firmennamen wie Escape Rentals oder Wicked Campers. Eine gute Alternative sind die auffälligen, orangefarbenen Fahrzeuge von Spaceships, die einfallsreich umgebaut sind und zwei Erwachsenen Platz bieten. Ebenfalls erschwinglich und darüber hinaus wesentlich romantischer sind die restaurierten VW-Busse von Kiwi Kombis in Auckland, die je nach Zeit und Fahrzeug $190–285 pro Tag verlangen.

Für Wohnmobile besteht keine Kilometerbegrenzung, und man bekommt eine Küchenausrüstung sowie unter Umständen einen kostenlosen Flughafentransfer dazu. Wer sein Fahrzeug für weniger als eine Woche mietet, muss eventuell einen Aufschlag bezahlen (vor allem im Hochsommer). Die Versicherung ist im Preis inbegriffen, wobei die Selbstbeteiligung satte $3000–4500 betragen kann – der zusätzliche Collision Damage Waiver sollte also unbedingt in Erwägung gezogen werden. Ein Großteil der Firmen verleiht für ein paar zusätzliche Dollar auch Campingausrüstung.

Für Wohnmobile wird zwar keine spezielle **Fahrerlaubnis** benötigt, aber man muss sich schon etwas umstellen und vorsichtiger fahren als mit einem Pkw, besonders bei starkem Wind, bei Steigungen und engen Kurven. Wohnmobilverleiher sind:

Wohnmobilverleiher
(mittlere bis große Fahrzeuge)
Britz, www.britz.com.
Eurocampers, www.eurocampers.co.nz.
Freedom Campers, www.freedomcampers.co.nz.
Jucy, www.jucy.com.
Kea Campers, www.keamotorhomes.com.
Maui, www.mauirentals.com/nz/en.
Mighty Cars and Campers, www.mightycampers.com.
Wilderness, www.wilderness.co.nz.

Wohnmobilverleiher
(kleine Fahrzeuge und Umbauten)
Escape, www.escaperentals.co.nz.
Jucy, www.jucy.com.
Motorhome Republic, www.motorhomerepublic.com.
Spaceships, www.spaceshipsrentals.co.nz.
Wicked Campers, www.wickedcampers.co.nz.
Wilderness, www.wilderness.co.nz.

Autokauf

Ein gebrauchtes Auto zu kaufen, kann sich bereits ab einem Aufenthalt von zwei Monaten lohnen und sogar billiger sein als öffentliche Transportmittel. Bei einem extrem billigen Wagen steigt allerdings das Pannenrisiko. Die meisten besorgen sich in Auckland ein Auto und verkaufen es wieder in Christchurch, wo man als Kunde eine entsprechend gute Auswahl und eine bessere Verhandlungsposition hat.

Einige der besten Angebote findet man an den **Anschlagbrettern der Backpacker-Hostels**, wo ältere Autos und Vans für $700–5000 ausgeschrieben werden. Ein halbwegs vernünftiges Gefährt ist ab $3000 zu haben. Es mag keinen Schönheitspreis gewinnen, und bei einem **Privatkauf** besteht auch keine Garantie, dass der Wagen die Urlaubsreise übersteht, dafür bekommt man häufig Campingausrüstung umsonst oder für wenig Geld als Beigabe dazu.

Sicherer, aber auch teurer sind **Händler**, die es in Auckland, Christchurch und Wellington zuhauf gibt und die Autos ab $5000 im Angebot haben. Einige dieser Firmen bieten auch einen **Rückkaufservice** an und nehmen das Auto nach der Tour für etwa die Hälfte des Kaufpreises wieder ab. So vergeudet man keine Urlaubstage mit dem Verkauf des Wagens; auf dem Privatmarkt erzielt man allerdings meist einen wesentlich besseren Preis.

Wer sich zutraut, den Zustand eines Wagens selbst einzuschätzen, kann zu einer **Auktion** gehen (in Auckland und Christchurch wöchentlich); Ort und Zeit werden in der Lokalpresse bekannt gegeben), wo man oft richtige Schnäppchen macht. Achtung: Üblicherweise werden auf das Gebot etwa 10 % **Käuferprämie** aufgeschlagen.

Bevor man den Zuschlag gibt, sollte man auf die Website der NZ Transport Agency, www.nzta.govt.nz, und dort zum Menüpunkt My Vehicle gehen. Hier erhält man gute Ratschläge und Warnungen bezüglich des Autokaufs und wertvolle Tipps zum Erwerb von Gebrauchtwagen.

Wer sich mit Autos nicht wirklich auskennt, sollte vor dem Kauf auf alle Fälle eine **Autoinspektion** durchführen lassen. Das kostet zwar Geld, aber vielleicht kann man den Kaufpreis danach wegen offenkundiger Mängel herunterhandeln – oder erspart sich eine Enttäuschung. Solche Untersuchungen werden durchgeführt von der AA, www.aa.co.nz, oder von Vinz (ab $155), ✆ 0800 500 800 für Auckland und Wellington, www.vinz.co.nz.

Ein wichtiger Tipp zum Schluss: Vor Abschluss eines Kaufvertrags unbedingt **Autocheck**, www.autocheck.co.nz, kontaktieren, um zu erfahren, ob das Auto gestohlen ist oder Schulden darauf lasten, die man mit dem Kauf automatisch übernehmen würde. Sie überprüfen die Fahrzeughistorie inklusive Test des korrekten Tachostandes, auch mögliche ausstehende Schulden werden unter die Lupe genommen.

Was bei uns der TÜV, ist in Neuseeland der **WOF** (Warrant of Fitness): die Überprüfung eines Autos auf seine Verkehrssicherheit. Der erste WOF wird nach dem dritten Zulassungsjahr fällig. Untersuchungen dieser Art werden von speziellen Werkstätten und Prüfstellen durchgeführt und gelten ein Jahr, wenn das Auto nach dem Jahr 2000 zugelassen wurde, oder sechs Monate bei älteren Autos. Beim Verkauf eines Autos darf die Überprüfung nicht länger als einen

Monat zurückliegen. Außerdem sollte das Auto eine gültige **Vehicle licence** („rego") besitzen, die vor Ablauf erneuert werden muss). Das wird am besten per Post oder in einem der AA-Büros erledigt, geht aber auch online unter 💻 www.nzta.govt.nz.

Nach dem Kauf eines Autos muss der Zulassungsstelle der **Besitzerwechsel** bekannt gegeben werden, indem Verkäufer und Käufer gemeinsam ein Onlineformular ausfüllen (Käufer können das Formular aber auch bei jedem Postamt oder in einer AA-Filiale ausfüllen und einreichen). Die Kennzeichen verbleiben beim Auto.

Zu guter Letzt wird noch eine **Versicherung** benötigt, entweder Vollkasko oder Haftpflicht, Feuer und Diebstahl. Die Preise differieren teilweise sehr. Eine Haftpflichtversicherung kostet für sechs Monate mindestens $150 (abhängig vom Alter, Dauer des Führerscheinbesitzes, Wert des Autos usw.).

Motorrad

Auch Motorradfahrer benötigen lediglich einen nationalen oder internationalen Führerschein, der selbstverständlich für Krafträder ausgestellt sein muss. Es besteht **Helmpflicht**, und man sollte sich darauf einstellen, ab und zu auch Schotterstraßen zu befahren.

Wer ohne eigenes Motorrad unterwegs ist, kann sich von Unternehmen, die geführte Touren anbieten (s. unten), eine Maschine ausleihen. Ein recht teurer Spaß, denn für ein Motorrad mit 650 ccm bezahlt man im Sommer $150–200 pro Tag und bis zu $450 für eine Harley. GoTourNZ Global (siehe unten) hat eine Suzuki 650 ab $180 pro Tag. Ansonsten wird man bei denselben Quellen wie beim Autokauf fündig.

Motorradtouren

Die Alternative zum Mieten eines Motorrads ist eine organisierte Tour, mit oder ohne Reiseführung, wobei gewöhnlich sehr gute Unterkünfte und Restaurants gewählt und hervorragende Motorräder gestellt werden.

GoTourNZ Global, Nelson, 💻 www.gotournz.com. Sehr teure Motorradtouren in kleinen Gruppen auf der Südinsel. Die Route kann maßgeschneidert werden, ein Luxusbus begleitet die Teilnehmer, und alles ist auf den höchsten Standard ausgerichtet.

New Zealand Motorcycle Rentals & Tours, 💻 www.nzbike.com. Hochpreisige Spezialagentur, die geführte All-inclusive-Touren mit Übernachtung in hervorragenden Unterkünften anbietet. Außerdem im Angebot sind teilgeführte Touren und Motorradverleih. Eine geführte 19-tägige Tour über beide Inseln kostet bei Übernachtung in Hotels ab $12 000 (je nach Motorrad).

Te Waipounamu Motorcycle Hire & Tours, 💻 www.motorcycle-hire.co.nz. Organisiert Luxustouren durch Neuseeland und verleiht Motorräder (BMW-Maschinen in der Hochsaison $289 pro Tag).

Fahrrad

Neuseeland lässt sich prima per Rad erkunden. Die Distanzen sind gering, das Klima im Allgemeinen angenehm, der Verkehr dünn und die Landschaft atemberaubend. Fast überall findet man Hostels und Campingplätze, wobei Letztere meist auch Zimmer und Cabins vermieten, sollte einem der Regen doch einmal zusetzen. Allerdings birgt das Land auch ein paar Tücken für Radfahrer: Neuseelands Straßennetz ist so dünn, dass man in vielen Gegenden auf die Hauptstraßen angewiesen ist; Nebenstraßen sind häufig ungeteert; selbst im Sommer fällt einigermaßen viel Regen; und ein Großteil des Landes ist ausgesprochen hügelig.

Die Südinsel eignet sich besser zum Radfahren als die Nordinsel. Der von Nord nach Süd verlaufende Gebirgszug auf der Südinsel bildet praktisch die einzige geografische Barriere, während sowohl ein großer Teil der West- als auch zwei Drittel der Ostküste aus einer Ebene besteht. Auf der Nordinsel hingegen kann man kaum 10 km fahren, ohne auf irgendeinen größeren Hügel zu stoßen, und muss sich mit wesentlich mehr Verkehr herumschlagen – inklusive riesiger Holztransporte.

Für Radfahrer besteht **Helmpflicht**. Wer sich einer **geführten Tour** anschließen möchte, findet entsprechende Anbieter auf S. 66.

Nga Haerenga – der New Zealand Cycle Trail

Mit seinen bezaubernden Landschaften, Straßen und Campingmöglichkeiten ist Neuseeland seit Langem ein beliebtes Ziel für Radfahrer und macht sich nun auch als Ziel für Offroad-Radtouren einen Namen.
Die Regierung hat **22 Great Rides** entwickelt: unabhängige, überwiegend Offroad-Strecken, die unter dem Namen **Nga Haerenga**, 💻 www.nzcycletrail.com, zusammengefasst werden. Die meisten Routen (von ein paar Stunden bis zu mehreren Tagen Dauer) sind mittlerweile eröffnet worden und man hofft, dass das Projekt ähnlich erfolgreich wird wie der Otago Central Rail Trail (S. 764). Irgendwann werden die Routen vielleicht sogar zu einem geschlossenen Netzwerk ausgebaut, ähnlich dem Te Araroa (S. 64).
Interessierte können vor Ort ein Rad mieten und kürzere Strecken wie die „Mountains to the Sea" im Norden oder die „Old Ghost Road" im Süden in Angriff nehmen oder für einen Monat oder länger herkommen, um alle Strecken zu befahren.

Sehr gute **Informationen** zur Planung und Durchführung von Radtouren enthalten die Radführer der Brüder Kennett *Classic New Zealand Cycle Trail* mit einem Abschnitt zur Aotearoa-Tour, die die zweimonatige Fahrt von Cape Reinga nach Bluff umfasst. Gute Websites sind 💻 www.nzcycletrail.com und 💻 www.newzealandcycletouring.blogspot.co.uk.

Kaufen, leihen oder mitbringen?

Da man sich größtenteils auf Teerstraßen fortbewegt und nur gelegentlich auf eine Schotterpiste ausweichen muss, ist ein **Trekkingrad** am besten geeignet. Natürlich leistet auch ein **Mountainbike** gute Dienste, allerdings sollte man dann auf grobe Stollenreifen verzichten, um das Vorankommen nicht unnötig zu erschweren.

Bei einem Aufenthalt von mehreren Wochen ist es billiger, das **eigene Rad** mitzubringen. Viele internationale Fluggesellschaften betrachten Fahrräder lediglich als zusätzliches Gepäckstück und lassen sich den Transport nicht extra bezahlen, sofern man das erlaubte Gesamtgewicht nicht überschreitet. Jedoch verlangen die Airlines die Verpackung in einer **Fahrradtasche**, oder vor der Gepäckaufgabe müssen zumindest die Pedale abgeschraubt, der Lenker quergestellt sowie die Kette abgedeckt werden.

An einigen Flughäfen werden Radkartons verkauft. Sperrige Radtaschen können in den meisten Hostels kostenlos oder gegen eine geringe Gebühr für die Dauer des Aufenthalts gelagert werden – das geht natürlich nur, wenn man vom gleichen Ort wieder zurückfliegt.

Für kleinere Ausflüge vor Ort kann man sich auch ein **Fahrrad leihen**. Pro Tag ist je nach Ausstattung mit $40–70 zu rechnen, die Monatstarife liegen bei $230–280 für ein Trekkingrad und $330 oder mehr für ein voll gefedertes Mountainbike. Da lohnt es sich schon eher, ein Fahrrad zu kaufen. Für ein neues, voll ausgestattetes Rad werden mindestens $1500 fällig. **Gebrauchtangebote** findet man manchmal in Hostels (unter $500 ist ein recht guter Deal), oft gibt es noch zusätzliche Ausrüstung wie spezielle Kleidung, Helm und Pumpe dazu.

Manche Fahrradläden offerieren eine **Rückkaufgarantie**, die bei ungefähr 50 % des Kaufpreises liegt. Eine gute Adresse ist Adventure Cycles, 9 Premier Ave, Western Springs, Auckland, 💻 www.adventure-auckland.co.nz/adventurecycles. Sie bieten auch einen Aufbewahrungsservice für die Fahrradtransporttasche ($25 pro Monat, oder kostenlos, wenn man hier etwas kauft), helfen bei der Zusammenstellung eines „Notfallpakets" mit Ersatzteilen, senden Kleidung und Material hinterher und checken das eigene Fahrrad vor dem Start.

Wer des Radfahrens einmal müde wird oder eine Panne hat, kann seinen Drahtesel gewöhnlich in einen Bus oder Zug ($15–20 pro Fahrt) laden und sich ein wenig erholen. Allerdings ist der Gepäckraum meist begrenzt, daher empfiehlt es sich, möglichst im Voraus einen Platz zu reservieren. Interislander und Blue Bridge verlangen für die Fährüberfahrt von Nord- zu Südinsel rund $20 pro Fahrrad.

Air New Zealand und Jetstar transportieren die Räder kostenlos, wenn sie in einer entsprechenden Radtasche verpackt sind und das erlaubte Gesamtgewicht für das Freigepäck nicht überschritten wird.

Fähren

Die am meisten benutzten (Auto-)Fähren Neuseelands (S. 477) pendeln über die Cook Strait und verbinden Wellington auf der Nord- mit Picton auf der Südinsel. Weitere Fähren verkehren von Bluff im Süden der Südinsel nach Stewart Island (nur Personentransport) sowie von Auckland zu den Inseln im Hauraki Gulf, allen voran Waiheke und Great Barrier (Auto- und Personenfähren). Diese Verbindungen werden in den Regionalkapiteln über Stewart Island und Auckland und Umgebung näher erläutert.

Wesentlich mehr Zeit verbringen die meisten Besucher auf **Wassertaxis** oder bei einer der vielen angebotenen **Bootstouren**, sei es zum Beobachten von Walen, Schwimmen mit Delphinen oder einfach nur zum Sightseeing.

Übernachtung

Übernachtungskosten verschlingen einen Großteil des Reisebudgets, doch dafür wird durchgehend ein hoher Standard geboten. Fast jede Stadt besitzt ein Motel oder ein Hostel. Deshalb ist die Suche nach einer Unterkunft selten ein Problem – obwohl man während der Hochsaison von Weihnachten bis Ende März unbedingt im Voraus reservieren sollte.

Neuseeländer verbringen ihre Ferien meist im eigenen Land, wobei sie sich am liebsten selbst versorgen und einen der zahlreichen, gut ausgestatteten **Campingplätze** (auch Holiday Parks genannt) oder eines der **Motels** besuchen, während sie die auf Pauschaltouristen und Geschäftsleute ausgerichteten **Hotels** eher meiden. Eine verlockende Alternative hierzu sind **Backpacker-Hostels**, **B&Bs**, **Lodges** sowie **Home-** und **Farmstays**, die das gesamte Preisspektrum abdecken – vom schlichten Zimmer in einem unscheinbaren Vororthaus bis zu Luxus pur in einem herrschaftlichen Anwesen auf dem Lande.

Viele Unterkünfte werden inzwischen nach dem landesweiten **Qualmark-System** klassifiziert (💻 www.qualmark.co.nz). Danach erhalten unterschiedliche Kategorien einen bis fünf Sterne. Viele Unterkünfte sind diesem System nicht angeschlossen, was aber nicht heißt, dass sie nicht ebenso gut oder sogar besser sind.

Informationen über das Campen abseits offizieller Stellplätze sowie über Hütten für Wanderer auf S. 65.

Unterkunftsverzeichnisse und Websites

AA Accommodation Guide

💻 **www.aatravel.co.nz**

Jährlich erscheinende, landesweite Publikation auf der Basis von Anzeigen, in der v. a. Motels und Holiday Parks verzeichnet sind. Außerdem ein B&B-Verzeichnis und verschiedene Regionalführer. In den meisten Motels und i-SITE-Touristeninformationen kostenlos erhältlich.

BookABach

💻 **www.bookabach.co.nz**

Viele Kiwis besitzen Ferienhäuser (*bach* oder *crib* genannt), die oft an Stränden oder Seen liegen und auch vermietet werden. Um Weihnachten ziehen die Preise stark an, im Winter fallen sie. Manche Besitzer verlangen einen Mindestaufenthalt von zwei oder drei Nächten; von Weihnachten bis Ende Februar werden sie nur wochenweise vermietet, dann ziehen die Preise außerdem erheblich an und die Auswahl ist begrenzter. Im Winter kann man dagegen echte Schnäppchen machen. Holiday Houses, 💻 www.holidayhouses.co.nz, hat ein ähnliches Angebot.

TrueNZ

💻 **www.truenz.co.nz**

Diese nützliche Website bietet ein umfangreiches Verzeichnis von Hotels, Motels und Motor

Lodges im ganzen Land. Gerade für Roadtrips ist das sehr praktisch, egal ob im Voraus geplant werden soll oder für unterwegs.

Hotels und Motels

In Neuseeland verbergen sich hinter dem Begriff **Hotel** häufig etwas altmodische Pubs, die einst gesetzlich dazu verpflichtet waren, den Kneipengästen auch Zimmer zur Verfügung zu stellen. Viele dieser sogenannten Hotels fungieren schon lange nicht mehr als Unterkunft, andere wurden zu Backpacker-Hostels umfunktioniert, und wieder andere halten die alte Tradition aufrecht. Im besten Fall bieten sie komfortable Zimmer in historischen Gebäuden (für $150–200 pro Nacht). Großstädte sowie Orte mit touristischer Anziehungskraft besitzen auch Hotels im klassischen Sinn ($18–450), die vor allem auf Geschäfts- oder Pauschalreisende ausgerichtet sind. Dementsprechend tief muss man in die Tasche greifen, aber besonders am Wochenende bieten sie oft gute Sonderangebote, die man auf ihren Websites findet.

Neuseeländer selbst bevorzugen auf Reisen meistens die überraschend gut ausgestatteten **Motels** (etwa $130–250), die sich entlang der Einfallstraßen aneinander reihen und deshalb eher für Selbstfahrer geeignet sind. In der Regel handelt es sich um nüchterne, funktionelle Betonblocks, die aber neben Fernsehgerät und Bad auch eine unterschiedlich ausgestattete Küche sowie kostenlosen Tee oder Kaffee zur Verfügung stellen.

Das Zimmerangebot reicht von **Studios**, bestehend aus einem Raum mit Betten, Wasserkocher, Toaster und Mikrowelle, über **Units** mit Schlafzimmer und zumeist getrennter Küche bis zu **Suiten** (gleicher Basispreis wie eine Unit, jeder zusätzliche Erwachsene kostet $30–40 extra), die zwei bis drei Schlafzimmer umfassen und besonders für Gruppen eine günstige Alternative darstellen.

Hinter einem **Motor Inn** ($160–280) oder Ähnlichem verbergen sich meist recht luxuriöse Unterkünfte mit Bar, Restaurant, Swimmingpool und Sauna, deren Zimmer jedoch keine Kochgelegenheit haben.

Unterkünfte buchen

In größeren Städten und an beliebten Reisezielen sollten Unterkünfte von Dezember bis März ein paar Tage im Voraus reserviert werden. Wer ein bestimmtes Haus bevorzugt, bucht am besten schon einige Wochen vorher. Die meisten Neuseeländer machen ab Weihnachten zwei bis drei Wochen Urlaub. Deshalb sind vom **26. Dezember bis Mitte Januar** alle Unterkünfte in der Nähe eines schönen Strandes oder Sees ausgebucht. Das gilt ganz besonders für Holiday Parks (Campingplätze) und Motels, die dann auch ihre Preise erheblich erhöhen. In Gegenden, die keine neuseeländischen Urlauber anziehen, kann es zu dieser Zeit wiederum recht ruhig zugehen. Die Orte in der Nähe von **Skigebieten** sind gewöhnlich von Juli bis September am vollsten, vor allem an den Wochenenden und in den Schulferien.

B&Bs, Lodges und Boutiquehotels

Während viele Familien das ungezwungene Ambiente eines Motels zu schätzen wissen, ziehen Paare häufig ein Homestay oder **B&B** ($140–280) vor. Oft ist es ein einfaches Zimmer, meist ohne eigenes Bad, dafür gibt's ein kleines Frühstück. Aber der Begriff umfasst auch luxuriöse Kolonialvillen, deren Zimmer (mit Bad) herrlich eingerichtet sind und wo man ein üppiges, hausgemachtes Frühstück bekommt. Die Unterkünfte am oberen Ende der Preisskala – aber auch einige sehr einfache Unterkünfte – nennen sich **Lodges**, **Boutiquehotels** oder „Exclusive Retreats" ($350–2500), wobei sich der außerordentlich gute Service und hohe Standard deutlich im Preisniveau niederschlagen.

In der Nebensaison fallen die Preise, dann lassen sich oft richtige Schnäppchen machen. Alleinreisende, die sich mit Hostels nicht anfreunden können, zahlen in einem B&B 60–80 % des Preises für ein Doppelzimmer, manchmal auch nur 50 %.

Home- und Farmstays

Homestays ($130–250) bieten in der Regel ein oder zwei Gästezimmer in einem Privathaus, wo man mit den Besitzern zusammenkommt und gemeinsam das Frühstück einnimmt. Die Übernachtung in einer solchen Unterkunft stellt eine prima Gelegenheit dar, ganz „normale" Neuseeländer kennenzulernen. Außerdem wird man meist sehr gut umsorgt. Es gilt als höflich, seinen Besuch vorher anzumelden, und man sollte ausreichend Bargeld mit sich führen, da eine Bezahlung mit Kreditkarte oder Scheck selten möglich ist.

Die gleiche Art von Unterkunft heißt in ländlichen Gebieten **Farmstay** ($150–230). Auf eigenen Wunsch dürfen die Gäste, die mehrere Tage bleiben, bei der Arbeit auf dem Bauernhof zur Hand gehen. Sowohl in Home- als auch Farmstays werden nur Doppelzimmer vermietet; manche bieten auf Wunsch Frühstück und/oder Abendessen, und wer den ganzen Tag auf der Farm verbringt, muss für das Mittagessen oder ein Lunchpaket meist nur eine kleine Summe bezahlen.

Hostels, Backpackers und YHAs

Neuseeland bietet mehr als 350 Billig- und Selbstversorger-Unterkünfte, die im Allgemeinen **Hostels** oder **Backpackers** genannt werden und für ein Bett im Schlafsaal $25–40 verlangen. Häufig sind diese Unterkünfte exzellent gelegen und ausgezeichnete Orte, um Gleichgesinnte zu treffen und sich mit Infos zu versorgen.

Die Hostels sind unterschiedlich groß und verfügen über vielleicht nur vier, vielleicht aber auch mehrere hundert Betten. Im Allgemeinen sind die Betten mit Bettwäsche bezogen (wegen der möglichen Verbreitung von Bettwanzen sind Schlafsäcke schon lange verboten); nur ein eigenes Handtuch muss man mitbringen, oder man leiht es für ein paar Dollar. WLAN gehört eigentlich zum Standard, aber ein paar ländliche Hostels verzichten bewusst darauf.

Je nach Lage findet man häufig auch Swimmingpools, Grillecken, Leihräder und -kanus sowie Informationen zu örtlichen Arbeitsmöglichkeiten. In vielen Hostels bekommen die Gäste abschließbare Schränke, für die man jedoch meistens sein eigenes Vorhängeschloss mitbringen muss. Fast alle neuseeländischen Hostels arbeiten mit einheimischen und internationalen Organisationen zusammen, die ihren Mitgliedern Preisnachlässe bieten, sei es bei Übernachtungen, bei weiteren Reisevorhaben oder bei Abenteueraktivitäten.

Auf dem Grundstück vieler Hostels ist auch das Aufstellen eines Zeltes oder Wohnmobils erlaubt (um $20 p. P. inkl. Nutzung der Einrichtungen). Die Preise für ein Bett im **Schlafsaal** *(dorm)* mit 6–12 Pers. liegen bei $25–40 im **Drei- und Vierbettzimmer** *(three-share* bzw. *four-share)* ein paar Dollar höher. Wer mehr Privatsphäre möchte, bekommt zumeist auch **Doppel**- oder **Zweibettzimmer** sowie **Familienzimmer** (bis $80–140 für 2 Pers.), die teureren davon mit eigenem Bad. Alleinreisende, die sich nicht mit einem Dorm anfreunden können, bekommen manchmal ein **Einzelzimmer** für etwa $50–80, und viele größere Unterkünfte (besonders die Hostels von YHA und Base Backpackers) haben auch Dorms nur für Frauen.

Unterkunftspreise

Für jede in diesem Reiseführer bewertete Unterkunft gibt es eine Preiskategorie, die auf den Kosten des günstigsten verfügbaren Doppel- oder Zweibettzimmers in der Hochsaison basiert. In den Preisspannen sind 15 % Waren- und Dienstleistungssteuer (GST) enthalten. In Hostels und auf Campingplätzen, in denen einzelne Schlafsäle verfügbar sind, beziehen wir uns auf den vollen Preis ohne Rabattkarten. Die DOC-Hütten- und Campinggebühren gelten pro Person, sofern nicht anders angegeben.

❶ weniger als $75
❷ $75–175
❸ $175–300
❹ mehr als $300

YHA-Hostels

Die **YHA New Zealand**, 💻 www.yha.co.nz, hat mehr als 35 Häuser im ganzen Land, die teils von der YHA gemanagt werden, teils assoziierte Hostels sind. Sie werden gemeinnützig und umweltbewusst betrieben; das YHA-Netzwerk hat kürzlich das carboNZero-Zertifikat erhalten. Die Hostels verfügen über voll ausgestattete Küchen, gemütliche Gemeinschaftslounges und -Speisezimmer sowie verschiedene Unterbringungsmöglichkeiten. Die meisten Hostels haben Doppel- und Familienzimmer sowie Zimmer mit Bad und Schlafsäle mit und/oder ohne Geschlechtertrennung. Die Mitarbeiter sind gut ausgebildet, kompetent und hilfsbereit.

Wer kein Mitglied ist, zahlt den von uns angegebenen Preis, kann aber mit einer Hostelling International Card 10 % sparen. Lohnend ist es, eine Jahresmitgliedschaft für $30 beim YHA New Zealand zu erwerben, denn dann bekommt man neben 10 % Preisnachlass bei YHA's und assoziierten Unterkünften auch Ermäßigung auf Reiseangebote des Verbandes und Aktivitäten wie Skydiving, Walbeobachtung, Rafting und Gletscherwanderungen.

Buchungen können entweder online, durch ein anderes Hostel, über die Reservierungszentrale von YHA New Zealand oder als Mitglied auch über den entsprechenden Verband im Heimatland getätigt werden. Die YHA-Hostels und angeschlossenen Unterkünfte sind auf der jährlich aktualisierten YHA Backpacker Map verzeichnet.

Die **Mitgliedschaft** im Deutschen Jugendherbergsverband kostet für Personen unter 27 Jahren 7 € und für Mitglieder ab 27 Jahren, Familien und Partner 22,50 € pro Jahr. In Österreich ist die Mitgliedschaft für Heranwachsende bis 15 Jahre kostenlos. Personen zwischen 16 und 26 Jahren zahlen 15 €, alle anderen 25 €. Eine Mitgliedschaft im Schweizer Jugendherbergsverband kostet bis zum Alter von 18 Jahren 22 sFr pro Jahr; Personen bis 26 Jahren zahlen 15 sFr, Familien 44 sFr. Kontaktadressen der einzelnen Verbände:

DJH Service GmbH
Leonardo-da-Vinci-Weg 1, 32760 Detmold,
📞 05231 74010, 💻 www.jugendherberge.de.

Österreichisches Jugendherbergswerk (ÖJHW)
Mariahilferstraße 24, Stiege 1,
1. Stock, 1070 Wien, 📞 01 533 1833,
💻 www.jugendherberge.at.

Schweizer Jugendherbergen
Schaffhauser Str. 14, 8042 Zürich,
📞 044 3601414,
💻 www.youthhostel.ch.

Backpacker-Hostels

In Neuseeland gibt es viel mehr **Backpackers** als YHAs und überall herrscht eine andere Atmosphäre – die Palette reicht von familiär und ruhig bis zu unpersönlich und partyorientiert. Viele der Backpackers sind assoziiert mit der neuseeländischen Organisation **Budget Backpacker Hostels**, 💻 www.bbh.co.nz, und mit aktuellen Preisangaben in der Broschüre **BBH Accommodation Guide** aufgelistet, die man überall in den Unterkünften oder im Touristenbüro kostenlos bekommt. Die von den Hostels selbst formulierten Einträge geben nicht vor, objektiv zu sein, aber jedes Hostel bekommt eine Bewertung, die auf einer jährlichen Kundenbefragung und einem Voting im Internet basiert. Jedes Hostel, das bei der Bewertung über 80 % erreicht, ist hervorragend. Unterkünfte, die bei unter 60 % liegen, sollte man mit Vorsicht genießen.

Preisnachlässe gibt's mit der **BBH Club Card** ($45), die pro Übernachtung üblicherweise $5 Rabatt bringt. Die Mitgliedsausweise sind beim BBH und den angschlossenen Hostels sowie allen größeren i-SITE Visitor Centres und online erhältlich; eine kostenlose Vodafone SIM Card ist auch noch dabei.

Base und Nomads

Die beiden australasiatischen Hostelketten **Nomads**, 💻 www.nomadsworld.com, und **Base**, 💻 www.stayatbase.com, unterhalten zahlreiche Hostels im ganzen Land. Base ist in elf Touristenzentren Neuseelands vertreten, Nomads nur in Queenstown und Wellington. Beide bieten Ermäßigung für Inhaber einer Kundenkarte oder wenn man eines der beliebten Pauschalangebote bucht.

Holiday Parks, Cabins und Zeltplätze

Neuseeland besitzt einige der weltbesten Einrichtungen für Camper, und auch wer mit dieser Art der Übernachtung niemals zuvor zu tun hatte, findet sich oft in **Holiday Parks** (auch **Motor Camps** genannt) wieder. Hier kann man entweder zelten, einen der speziellen Plätze für Wohnmobile *(hook-ups)* belegen oder meistens auch in Dorms, Cabins und Motel Units übernachten. Natürlich gibt es nicht nur solche Riesenanlagen, sondern auch die schlichten, aber dafür meist herrlich gelegenen **DOC-Zeltplätze**.

Zelten bietet sich eher im Sommer (Nov–Mai) an, vor allem auf der Südinsel. Im schlimmsten Fall präsentiert sich Neuseeland feucht, windig und voller gieriger **Insekten**, die – nicht nur – Camper in den Wahnsinn treiben können. Reisende mit Zelt benötigen daher eine anständige Ausrüstung, insbesondere ein gut belüftetes Innenzelt mit einem intakten Fliegengitter.

Am vollsten sind die Motor Camps während der Schulferien, also von Weihnachten bis Ende Januar sowie um Ostern. Während man um diese Zeit so weit wie möglich im Voraus **reservieren** sollte, reicht im Februar und März eine Ankündigung von zwei bis drei Tagen. Auf den DOC-Zeltplätzen kann man üblicherweise nicht reservieren, was fast nie ein Problem darstellt, aber um Weihnachten manchmal in ein schlimmes Gedränge ausartet.

Auch umweltbewusstes Übernachten außerhalb offizieller Campingplätze, sogenanntes *freedom camping*, ist möglich (S. 90).

Holiday Parks

Die Holiday Parks liegen typischerweise in den Außenbezirken der Städte und sind fast alle gleichermaßen gut ausgestattet: Sie haben eine Gemeinschaftsküche, einen Fernsehraum, einen Spieleraum, Waschmaschinen und manchmal sogar einen Swimmingpool. Man sollte eigene Töpfe, Teller und Besteck mitbringen, wenngleich einige Plätze auch ein Set vermieten. Selbst wer hier nicht übernachtet, kann oftmals für $5 duschen. Zelter bekommen üblicherweise die ruhigste und schattigste Ecke des Platzes zugeteilt und zahlen pro Person durchschnittlich $15–35. Oft wird nicht unterschieden zwischen einem Platz für Zelter und für Wohnmobile, die einen Anschluss für Elektrizität haben und hierfür sowie für die Abwasserentsorgung meist $5 extra pro Person bezahlen müssen.

Viele Holiday Parks verfügen auch über andere Unterkunftsmöglichkeiten (s. u.). Bettzeug oder Handtücher sind auf den billigeren Plätzen meist nicht im Preis inbegriffen; also Schlafsack mitbringen, sonst muss man Bettwäsche gegen Gebühr leihen (normalerweise $10–15).

Die Holiday Parks arbeiten in der Regel selbstständig, haben sich aber oft mit landesweiten Organisationen zusammengeschlossen, die einen Mindeststandard garantieren. Es lohnt sich, nach den **Top 10**, 💻 www.top10.co.nz, Ausschau zu halten, die zwar etwas höhere Preise verlangen als die normalen, dafür aber sehr gute Einrichtungen besitzen. Wer im Besitz einer Mitgliedskarte ist ($49 für zwei Jahre, auch auf einigen Plätzen in Australien gültig), spart bei jeder Übernachtung 10 % und erhält am Ort vielleicht weitere Rabatte.

Unterkunftsoptionen auf Holiday Parks

Tent site ($15–23 p. P.). Normalerweise ein Rasenplatz mit einem Wasserhahn in der Nähe.
Powered site ($20–30 p. P.). Rasen- oder Betonplatz mit Stromanschluss und Abwasserentsorgung *(dump station)* in der Nähe. Bei den besseren Plätzen muss man pro Stellplatz die Gebühr für mindestens zwei Personen zahlen.
Lodge oder Backpackers ($25–40 p. P.). Unterkunft im Dorm, meistens 8–12 Betten.
Standard Cabin ($50–120 für 2 Pers. plus $10–15 für jede weitere Pers.). Oft wenig mehr als eine Hütte mit Etagenbetten und eventuell einem Tisch. Für 2–4 Pers., Bettwäsche kostet extra.
Kitchen Cabin ($80–150 für 2 Pers. plus $10–20 für jede weitere Pers.). Wie eine *standard cabin*, aber mit Kochgelegenheit, Tisch und Stühlen, Töpfe und Teller werden gestellt. Meist für 4 Pers.; Bettwäsche kostet extra.
Tourist Cabin/Flat ($90–160 für 2 Pers. plus $15–25 für jede weitere Pers.). Wie eine *kitchen cabin*, aber mit eigener Dusche und WC und evtl. Fernseher. Manchmal auch als *self-*

contained unit bezeichnet. Normalerweise für 4 Pers.; Bettwäsche ist manchmal inbegriffen. **Motel Unit** ($150–200 für 2 Pers. plus $20–30 für jede weitere Pers.). Größer als eine Cabin und meist mit einem oder zwei separaten Schlafzimmern und TV/DVD. Bettwäsche und Handtücher inbegriffen.

DOC-Zeltplätze

Nur wenige Holiday Parks können mit der idyllischen Lage der gut 250 **Zeltplätze** mithalten, die das **Department of Conservation**, 🖳 www.doc.govt.nz, in National- und Meeresparks und anderen Schutzgebieten unterhält. Dies ist Camping in seiner ursprünglichsten Art, wenngleich die meisten Plätze inzwischen fließend Wasser und irgendeine Art von Toilette haben.

Die Plätze sind in den kostenlosen DOC-Broschüren *Conservation Campsites* auf der Nord- und Südinsel aufgelistet (erhältlich bei DOC-Büros oder online) und unterteilen sich in fünf Kategorien: **Basic** (kostenlos), normalerweise nur mit Plumpsklo und Wasser in der Nähe; **Backcountry** ($8), möglicherweise mit Kochgelegenheit und/oder Feuerstelle; **Standard** ($10), mit einem Fahrzeug zugänglich und oft mit Grillplätzen, Feuerstellen, Picknicktischen und Müllbeseitigung; **Scenic** ($15), an Küstenabschnitten, mit Toiletten, fließend kaltem Wasser und teilweise kalten Duschen, Grillplätzen und Abfalleimern sowie **Serviced** ($20), vergleichbar mit den gut ausgestatteten Holiday Parks, aber selten. Kinder zwischen 5 und 17 Jahren erhalten meist 50 % Ermäßigung. Die Plätze in der Kategorie Serviced und einige Plätze der Kategorie Secenic und Standard müssen von Oktober bis April im Voraus gebucht werden.

Wildes Campen *(freedom camping)*

Einer der Vorteile des Reisens mit einem Wohnmobil besteht in der Möglichkeit, ab und zu kostenlos auf Parkplätzen am Straßenrand oder Strand zu übernachten. Das war nie ganz legal, aber solange nur wenige wildes Campen betrieben, kümmerte sich niemand darum. Da diese Übernachtungspraxis jedoch immer beliebter geworden ist und dabei viel Dreck hinterlassen wird, dürfen Kommunen neuerdings **Geldstrafen** (mindestens $200) verhängen, wenn an Orten übernachtet wird, an denen es untersagt ist. Im ganzen Land sind an entsprechenden Stellen „No Camping"-Schilder aufgestellt worden, die Camper dazu zwingen, Plätze außerhalb der Ortschaften zu suchen.

Wildes Campen ist zwar komplizierter geworden, doch der Umgang damit variiert von Ort zu Ort. Fast nirgends wird es gern gesehen, wenn Fahrzeuge ohne Abwassertank wild campen – etwas anderes ist es, wenn man mit einem **autarken Wohnmobil** (mit blauem Zertifikat und einem Aufkleber am Heck) unterwegs ist. Manche Kommunen verhängen ein generelles Abstellverbot in einem Radius von 10 km um Ortschaften, andere weisen wilden Campern bestimmte Plätze zu. Das DOC hat auf die Veränderungen reagiert und mehr **Campingplätze** eingerichtet. Außerdem kann man auf Seiten wie 🖳 www.campable.com auch Privatleute finden, die auf ihren Grundstücken kostenlose Wohnmobilplätze anbieten. Wer sich an die übers ganze Land verteilten Anbieter wenden möchte, muss nur eine entsprechende App herunterladen.

Im Buch haben wir einige der besten Campinggegenden aufgeführt. Interessierte finden auf 🖳 **www.freedomcamping.org** Richtlinien zum wilden Campen und nützliche Links wie die AA-Karte mit Mülldepots und Toiletten. Darüber hinaus gibt es nützliche **Apps**, wie die kostenlose von 🖳 www.campermate.com, die Campingstellen, Toiletten, Budget-Unterkünfte und WLAN-Hotspots im ganzen Land auflistet. **Rankers**, 🖳 www.rankers.co.nz, ist eine Website mit Informationen rund ums Campen.

Verhaltenstipps

Mit der Ankunft der **Maori** in dem Land, das sie dann Aotearoa tauften, wurde Neuseeland zu einem Einwanderungsland. Die Vorfahren der heutigen Bewohner stammen meist aus Großbritannien und Irland, sodass die dominierende Kultur nordeuropäisch geprägt ist, aber es sind auch starke Maori- und polynesische Einflüsse vorhanden. Gemäß der Doktrin vom **Bikulturalismus** genießen die Werte der Maori und der Pakeha, der weißen Europäer, zumindest nominell einen gleichwertigen Status. In der Praxis basiert das Regierungs- und Rechtssystem aber auf den jeweiligen Systemen des britischen Mutterlands.

Die **Maori** sind überwiegend Teil der modernen neuseeländischen Gesellschaft. Die ethnischen Spannungen, die zweifellos existieren, entladen sich zumeist im Verborgenen. Als Besucher bekommt man davon wenig mit. **Asiaten** machen inzwischen rund 12 % der Bevölkerung aus, die Maori knapp 15 %. In der Region Auckland liegt der Anteil der Asiaten allerdings bei über 18 %, sodass für die Zukunft eigentlich ein Trikulturalismus angesagt ist.

Trotz dieser ethnischen Mischung wurzelt die **Kiwi-Persönlichkeit** im Kern in dem Traum, sich in einem einzigartigen und manchmal unwirtlichen Land ein besseres Leben zu schaffen. Die Neuseeländer haben eine ungeheure Schwäche für Geschichten über tapfere Kiwis.

Eine große Leidenschaft der Kiwis ist auch der **Sport**. Bei internationalen Wettkämpfen ist das kleine Land schon oft sehr erfolgreich gewesen; das gilt besonders für Rugby.

Die Neuseeländer weisen außerdem immer wieder gern darauf hin, dass sie in einer offenen und egalitären Gesellschaft leben, welche die gleichgeschlechtliche Ehe ermöglicht, ihre Gewässer zur nuklearfreien Zone erklärt hat (S. 121) und schon drei Premierministerinnen vorweisen kann. Im Allgemeinen herrscht eine **liberale gesellschaftliche Grundeinstellung**; heiße Themen sind etwa japanischer Walfang und Genmanipulation.

Das Verhältnis Neuseelands zu seinem größeren Nachbarn **Australien** auf der anderen Seite des *ditch* (Graben, also die Tasmansee) ist eine unerschöpfliche Quelle der Unterhaltung auf beiden Seiten. Die beiden Verwandten streiten sich gern, meist verbal, besonders in Sachen Sport. Aber ansonsten stehen sie einander bei, wenn es gegen Dritte geht.

Neuseeländer sind erfrischend locker und gradlinig, und die **Begrüßung** fällt dementsprechend informell aus. Auch der **Kleidungsstil** ist eher relaxt, und wer nicht gerade geschäftlich im Land unterwegs ist, kann Anzug und Krawatte getrost zu Hause lassen. Selbst in den besten Restaurants wird nur adrette Kleidung verlangt, nicht mehr.

Das Mindestalter für **Alkoholkonsum** liegt bei 18 Jahren. Es kann vorkommen, dass man sich ausweisen muss, entweder mit einem neuseeländischen Führerschein oder einem Pass – ein ausländischer Führerschein reicht nicht aus. **Rauchen** wird immer mehr zurückgedrängt. Verboten ist es in allen öffentlichen Verkehrsmitteln und Gebäuden sowie an einigen Plätzen im Freien – mehr dazu unter 💻 www.smokefree.org.nz.

Herrlich unkompliziert ist die neuseeländische Einstellung zum **Trinkgeld**: Es wird nämlich keins erwartet, aber man darf sich für guten Service natürlich trotzdem erkenntlich zeigen.

Versicherungen

Wichtig ist eine ausreichende **Reisekrankenversicherung**. Nur wenige private Krankenkassen bieten weltweiten Schutz im Krankheitsfall, das heißt jeder muss für seine Reise nach Neuseeland eine Auslandskrankenversicherung abschließen. Die meisten Reisebüros und einige Kreditkartenorganisationen bieten derartige Versicherungen an. Bei Krankheit – speziell Krankenhausaufenthalten – kann sehr schnell eine erhebliche Summe zusammenkommen, die aus eigener Tasche bezahlt werden müsste. Ist man jedoch versichert, kann man die Kosten gegen Vorlage der Rechnungen zu Hause geltend machen.

Einschränkungen gibt es natürlich auch hier, besonders bezüglich Zahnbehandlungen (nur Notfallbehandlung) und chronischen Krankheiten (Bedingungen durchlesen).

Die später bei der Versicherung einzureichende Rechnung sollte folgende Angaben enthalten:

- Name, Vorname, Geburtsdatum
- Behandlungsort und -datum
- Diagnose
- erbrachte Leistungen in detaillierter Aufstellung (Beratung, Untersuchungen, Behandlungen, Medikamente, Injektionen, Laborkosten, Krankenhausaufenthalt)
- Unterschrift des behandelnden Arztes und Stempel

Wer im Ausland schwer erkrankt, wird zu Lasten der Versicherung heimgeholt, wenn er plausibel darlegen kann, dass am Urlaubsort keine ausreichende Versorgung gewährleistet ist. Dann geht es mit Linienmaschinen oder auch mit eigens losgeschickten Ambulanzflugzeugen nach Hause.

Bei Pauschalreisen ist die **Rücktrittskostenversicherung** meistens im Preis eingeschlossen (nachfragen). Sie muss in der Regel bis 14 Tage nach Reisebuchung abgeschlossen werden. Die Stornokosten werden beim Tod eines Familienmitglieds oder Reisepartners und im Krankheitsfall übernommen, wenn die Reiseunfähigkeit ärztlich nachgewiesen werden kann. Die Kosten der Versicherung liegen meist bei 20–30 € pro 1000 € Reisepreis.

Wer nicht gerade eine wertvolle Fotoausrüstung zu teuren Sonderkonditionen versichern möchte, kann sich eine **Reisegepäckversicherung** eigentlich sparen, es sei denn, sie ist Teil eines günstigen Versicherungspakets. Denn die Bedingungen sind immer sehr eng gefasst und oft sind die Versicherer nicht zahlungswillig und berufen sich auf die Unachtsamkeit des Reisenden.

Visa

Jeder, der nach Neuseeland reist, braucht einen Pass, der noch mindestens drei Monate über den Aufenthalt hinaus gültig ist. Deutsche, Österreicher und Schweizer benötigen für einen **Aufenthalt von bis zu drei Monaten kein Visum**. Sie erhalten bei der Einreise automatisch ein Visitor's Permit. Voraussetzung ist allerdings, dass ausreichende Mittel und ein Flugticket mit einem Weiterreise-Datum innerhalb der drei visafreien Monate nachgewiesen werden können. Auch **Kinder** und Jugendliche benötigen einen eigenen Pass.

Wer länger als drei Monate in Neuseeland bleiben möchte, muss im Voraus ein **Besuchervisum** bei einer neuseeländischen Botschaft, 💻 www.nzembassy.com, beantragen. Es kostet $190 für einen Aufenthalt von bis zu neun Monaten. Eine Verlängerung um drei Monate auf zwölf Monate ist möglich. Mehr zu Arbeitsvisa auf S. 56. Nähere Informationen bekommt man bei den diplomatischen Vertretungen Neuseelands im Ausland sowie im Internet unter 💻 www.mfat.govt.nz.

Zeit und Kalender

Die New Zealand Standard Time (NZST) ist der Mitteleuropäischen Zeit (MEZ) um elf Stunden voraus. Wenn es in Neuseeland 12 Uhr mittags ist, ist es in Berlin ein Uhr nachts, während der europäischen Sommerzeit zwei Uhr morgens. Vom ersten Sonntag im Oktober bis zum dritten Sonntag im März wird die Uhr in Neuseeland für die **Sommerzeit** eine Stunde vorgestellt, sodass die Zeitdifferenz zur MEZ dann zwölf Stunden beträgt.

Die **Datumsangabe** in Neuseeland stimmt mit der deutschen überein: 1/4/2024 bedeutet 1. April (und nicht 4. Januar wie in manchen Ländern üblich).

Der neuseeländische Sommer dauert offiziell vom 1. Dezember bis zum 28. (oder 29.) Februar, der Winter vom 1. Juni bis zum 31. August.

Zoll

In einem Land, wo man nur allzu gut weiß, welche Schäden eingeschleppte Pflanzen und Tiere anrichten können, wird **Biosicherheit** ganz großgeschrieben, 💻 www.mpi.govt.nz/biosecuritynz. **Lebensmittel** aller Art, Pflanzen oder Teile von Pflanzen, Tiere (tote wie lebende) und Tierzubehör, Holzprodukte (einschließlich Musikinstrumente), Campingausrüstung, Golfschläger, gebrauchte Fahrräder und Wanderschuhe müssen allesamt beim Zoll **deklariert** werden. Campingausrüstung und Wanderschuhe werden eingesammelt, untersucht und falls nötig gesäubert.

Wer diese Vorsichtsmaßnahmen missachtet, muss mit einem drastischen Bußgeld rechnen. Wer es versäumt, frisches Obst, Gemüse und Fleisch in den dafür vorgesehenen Mülleimern zu entsorgen, zahlt auf der Stelle ein Bußgeld von $400 (sogar für eine vergessene Orange im Rucksack). Fertiggerichte werden meistens durchgelassen, sind aber meldepflichtig.

Besucher ab 18 Jahren dürfen folgende Waren **zollfrei** einführen: 200 Zigaretten, oder 250 g Tabak, oder 50 Zigarren; 4,5 l Wein oder Bier; drei Flaschen Spirituosen zu je 1125 ml sowie Geschenke im Wert von $700.

Exportbeschränkungen gelten in Neuseeland für Tiere, Pflanzen, Antiquitäten und Kunstwerke.

Weitere Auskünfte über aktuelle Zoll- und Ausfuhrbestimmungen finden sich auf der Website 💻 www.customs.govt.nz.

Land und Leute

Neuseeland ist ein Mikrokosmos der großartigsten Landschaften der Welt: Gletscher, die in Regenwald übergehen, aktive Vulkane, blubbernde Schlammgeysire und abgelegene Fjorde, in denen Robben spielen. All das in bequemer Nähe zu Städten wie dem kosmopolitischen Auckland oder dem trendigen Wellington. Besondere Erlebnisse sind die exotische Tierwelt, die Gastfreundschaft der Neuseeländer und die faszinierende Maori-Kultur.

HOKITIKA GILT ALS ZENTRUM DES JADEHANDELS, IM HINTERGRUND DER UHRTURM

Inhalt

Steckbrief Neuseeland

Offizieller Name New Zealand / Aotearoa (Maori)

Staatsform Parlamentarische Monarchie

Hauptstadt Wellington

Staatsoberhaupt König Charles III., vertreten durch Generalgouverneurin Cindy Kiro

Regierungschef Premierminister Christopher Mark Luxon

Fläche 269 652 km²

Einwohnerzahl 5,1 Mio.

Anteil der Stadtbevölkerung fast 90 %

Amtssprachen Englisch, Maori, Neuseeländische Gebärdensprache

Religionen 44,3 % Christen, 2,1 % Hindus, 1,4 % Buddhisten, 1,1 % Moslems, 38,5 % nicht religiös

Internetzugang 91,5 % der Einwohner

Glücksindex Platz 10 von 155

Pro-Kopf-Einkommen US$45 000

Straßennetz 96 817 km (34 % davon sind nicht asphaltiert)

Touristen pro Jahr 205 000 (2021)

Flora und Fauna

Obgleich relativ klein, besitzt Neuseeland einen ungeheuren Naturreichtum: subtropische Wälder, vulkanische Kraterbecken, brodelnde Tümpel und Geysire, zerklüftete Küsten mit goldfarbenen Sandstränden und spektakuläre Gebirgslandschaften. Die vielgestaltige Landschaft bietet einer ungeheuren Fülle von Tieren und Pflanzen einen Lebensraum. Fast 90 % der Pflanzen sind in ihrem Vorkommen auf Neuseeland beschränkt.

Die ruhelosen Inseln

Das älteste im Land gefundene Gestein entstammt vermutlich den kontinentalen Landzungen von Australien und der Antarktis, die wie Neuseeland zum gewaltigen Urkontinent **Gondwanaland** gehörten. Die Inseln entstanden im Zuge der Kontinentaldrift, d. h. jener Bewegung der riesigen, die Erdkruste bildenden Platten, die vor ca. 100 Mio. Jahren einen Inselbogen und einen ozeanischen Graben schuf.

Vor ungefähr 26 Mio. Jahren wurde die neuseeländische Landmasse weiter aus dem Meer angehoben und in ihrer heutigen Erscheinung durch Vulkanismus und kontinuierliche Verschiebungen entlang der Verwerfungslinien, insbesondere im Gebiet der Südalpen auf der Südinsel, geformt. Neuseeland liegt an der Grenze zweier tektonischer Platten, der australischen und der pazifischen. Im Bereich der Nordinsel kollidieren diese beiden, wobei sich die pazifische Platte unter die australische schiebt und dadurch reichlich vulkanische Aktivität begünstigt. An der Südinsel hingegen drückt sich die pazifische Platte über die australische, was den rasanten Aufbau von **Bergen** fördert und die Südalpen formt.

All das Schieben und Drücken beschert Neuseeland rund 15 000 **Erdbeben** pro Jahr, wovon allerdings nur 100 bis 150 spürbar sind. 2010 und 2011 erschütterten jedoch schwere Erdbeben in Canterbury die Region um Christchurch. Sie forderten zahlreiche Menschenleben und richteten große Schäden an (S. 610).

Die **Vulkane** auf der Nordinsel sind von Zeit zu Zeit aktiv, was sich auf tragische Weise zeigte, als der Vulkan auf White Island (vor der Küste der Bay of Plenty) 2019 ausbrach. Dabei kamen 22 Menschen ums Leben, und die Insel verschwand von der touristischen Landkarte. Mount Ruapehu wird nach seinen Ausbrüchen in den Jahren 2006 und 2007 streng überwacht.

Das Ende der Isolation

Neuseelands Flora und Fauna entwickelte sich ungestört, bis vor rund 500 Jahren die ersten Menschen Aotearoa erreichten. Vor Ankunft der Maori war das Land dicht mit Wäldern überzogen, die Hunderte Baumarten beherbergten; Robben, Wale und Delphine in den Küstengewässern sowie einige Fledermausarten an Land waren die einzigen Säugetiere in diesem Gebiet. Andere Landsäuger gab es nicht, wodurch die einzigartige Situation geschaffen wurde, dass Vögel jene Position in der Nahrungskette einnahmen, die sonst Säugetiere innehatten. In Ermangelung von Feinden verloren die Vögel allmählich ihr Flugvermögen. Als der Mensch dann in ihren Naturraum einbrach – zuerst die Maori, die Hunde und auch Ratten mitbrachten, und dann die Pakeha mit all ihren neuen Tierarten –, hatten sie keine Chance. Etliche Arten starben aus, und viele der noch existierenden (s. Kasten S. 100) sind heute stark gefährdet.

Schon Cooks erste Forschungsreisen hinterließen ein zerstörerisches Erbe in Form von Schweinen, Schafen und Kartoffeln. Im frühen 19. Jh. wüteten Wal- und Robbenjäger in den Küstengewässern, an Land wurden riesige Urwaldflächen gerodet und als Weideland nutzbar gemacht. In dem Versuch, Neuseeland in ein „Neuengland" zu verwandeln, vergingen sich die Pioniere weiter am empfindlichen Gleichgewicht des Ökosystems. Ende des 19. Jhs. wurden im ganzen Land „Akklimatisierungsgesellschaften" ins Leben gerufen, die das Ziel hatten, Tiere und Pflanzen aus den europäischen Heimatländern einzuführen. Viele dieser Importe haben Neuseeland überhaupt erst zu einer erfolgreichen Agrarnation werden lassen. Neben nützlichen Spezies wurden jedoch auch zahl-

Säugetierplagen

Seit der Besiedelung Neuseelands sind 43 einheimische Vogelarten ausgestorben, und insgesamt entfallen auf Neuseeland heute 11 % der am stärksten gefährdeten Vogelarten der Welt. Schuld daran tragen die Menschen durch Landnahme und Einführung von neuen Pflanzen und Tieren.

Possums

In der Regel dauert es nicht lange, bis Neuseeland-Besucher Bekanntschaft mit dem nachtaktiven Possum (oder Fuchskusu, *Trichosurus vulpecula*) machen, und sei es nur in Form eines auf der Straße totgefahrenen Exemplars. Quicklebendig kann man Possums meist auf Wandertouren erleben, wenn sie nachts um die Hütten schleichen und ihre Augen das Licht der Taschenlampe reflektieren. Obgleich sie mit ihrem flauschigen Pelz possierlich erscheinen, richten sie enorme **Schäden an Flora und Fauna** an. Bäume verkümmern, weil die Tiere die neuen Triebe abknabbern, außerdem verspeisen sie Vogeleier und töten sogar Küken. Folglich hegen die Neuseeländer einen geradezu pathologischen Hass gegen das ursprünglich aus Australien stammende Beuteltier.

Schon vor der 1840 einsetzenden kontrollierten Zuwanderung aus Europa hatten private Geschäftsleute damit begonnen, die etwa katzengroßen Fuchskusus in Neuseeland auszusetzen, um den Grundstock für eine profitable Pelzindustrie zu legen. Erst um 1930 wurden die Auswilderungen eingestellt und erst 1951 Maßnahmen zur Eindämmung der Plage getroffen: Der Staat führte eine Prämie für jeden getöteten und noch nicht gehäuteten Fuchskusu ein. Noch bis Ende der 1980er-Jahre wurden Possums ihrer **Pelze** wegen getötet, infolge erfolgreicher Pelzgegnerkampagnen fielen jedoch die Preise für Felle ins Bodenlose. Als Folge blieben die Jäger zu Hause, und die Zahl der Possums stieg explosionsartig an. Heute gibt es über 40 Mio. Possums, die Schätzungen zufolge Nacht für Nacht 10 000 t pflanzliche Nahrung verspeisen. Als Träger des Erregers für die Rindertuberkulose gefährden sie zudem die Milchwirtschaft sowie die Rinder- und Wildbestände der Farmen.

Possums sind so weit verbreitet und zahlreich, dass die Jagd kaum noch Auswirkungen zeigt. Der Staat muss jährlich etwa $60 Mio. aufbringen, um die Tiere unter Kontrolle zu halten. Die kostenintensivste Maßnahme ist das Abwerfen von Ködern mit einem unter dem Kürzel „1080" bekannten **Gift** aus der Luft. Die umstrittene Substanz ist in fast allen anderen Ländern der Welt verboten. **Bauern** klagen, dass auch ihr Vieh daran verendet, andere Kritiker sagen, dass es auch die endemischen Vögel tötet, zu deren Schutz es eigentlich eingesetzt wird. Es stimmt, dass einige Vögel an 1080 sterben, gleichzeitig führt die Dezimierung der Possums aber dazu, dass sehr viel mehr Vögel erfolgreich brüten können und ihre Anzahl schon bald höher sein wird als in der Zeit vor dem Gifteinsatz.

lose schädliche Tiere und Pflanzen ins Land gebracht, die mit den einheimischen um Lebensräume konkurrierten oder ihnen schließlich den Garaus machten.

Das Tiefland

Selbst vom Flughafen ist es nicht weit bis zur nächsten, von einer schützenden Reihe Monterey-Zypressen umstandenen Koppel voller Schafe. Derzeit gibt es rund 28 Mio. **Schafe** in Neuseeland, ungefähr halb so viele wie noch vor drei Jahrzehnten, denn ein Großteil des Weidelands wird heute für andere Zwecke genutzt, etwa für die Milchwirtschaft. In anderen Gegenden ist man zum Garten- und Weinbau übergegangen. Viele Winzer erzeugen neben Wein auch **Oliven**. Andere wiederum versuchen sich im Anbau von Eichen und Haselnussbäumen, in der Hoffnung, eine Trüffelindustrie aufbauen zu können. Ein nahezu ständiger Begleiter auf dem Weg durch Farmland und Wälder ist der einheimische **Cabbage Tree** (wörtl. „Kohlbaum") oder Ti Kouka, über dessen gedrungenen grauen und bis zu 10 m hohen Stämmen lanzettförmige Blätter und Hunderte weißer Blüten wachsen.

Die Maßnahme ist und bleibt kontrovers und wird – wenn die Gegenstimmen noch lauter werden – wahrscheinlich eingestellt.

Wildschweine, Rotwild, Tahre und Gemsen

Die Vorgänger der heutigen Wildschweine hat angeblich Captain James Cook nach Neuseeland gebracht. Der Dank könnte aber auch an den französischen Entdecker Jean-Francois-Mariede Surville gehen, der im Jahr 1769 den Maori in der Doubtless Bay eine Muttersau und einen Eber schenkte. Wie dem auch sei, die als „Captain Cookers" bezeichneten Wildschweine wühlen noch heute neuseeländischen Boden auf, wenngleich Wildschweinjäger versuchen, ihre Zahl zu begrenzen.
Von 1851 bis in die 1930er-Jahre wurden sieben verschiedene Arten **Rotwild** für Freizeitjäger angesiedelt, und noch heute wildern einige Jäger illegal Hirsche aus. Die Behörden reagieren zögerlich bei der Frage einer vollständigen Ausrottung, weil die Jäger über eine starke politische Lobby verfügen. In der ersten Hälfte des 20. Jhs. siedelte die Regierung auch **Tahre** aus dem Himalaja und **Gemsen** aus den europäischen Alpen an, die sich bis heute im Hochland der Südinsel gehalten haben.

Kaninchen und Marder

In den 1840er-Jahren wurden erstmals **Kaninchen** in Neuseeland ausgewildert. Sie stellen keine unmittelbare Gefahr für die einheimische Tierwelt dar, wohl aber die Methoden, die zur Eindämmung der Plage angewandt werden. In den 1880er-Jahren wurden auch **Frettchen**, **Wiesel** und **Hermeline** eingeführt, doch anstatt sich über die Kaninchen herzumachen, fanden diese Vertreter der marderartigen Tiere in den flugunfähigen Vögeln (v. a. den Küken und Eiern) eine weitaus leichtere Beute.

Hunde, Katzen, Ratten und Mäuse

Wilde **Hunde** können der Versuchung eines flugunfähigen Vogels einfach nicht widerstehen. Eine Studie zu Todesursachen bei ausgewachsenen Streifenkiwis führte zu dem Ergebnis, dass in 76 % aller Fälle Hunde verantwortlich waren. In Neuseeland gibt es Schätzungen zufolge 1,2 Mio. **Katzen**, darunter etwa ein Viertel Wildkatzen. Ihrem Instinkt folgend, töten sie zahlreiche Vögel und Eidechsen.
Die polynesische **Ratte** (Kiore) wurde inzwischen größtenteils von aggressiveren Wanderratten und Schiffsratten verdrängt. Ratten fühlen sich fast überall wohl, ob in Baumspitzen oder im Blattwerk. Sie haben verheerende Auswirkungen auf die Vogel- und Insektenpopulationen und behindern durch das Fressen von Pflanzensamen das natürliche Wachstum im Wald. **Mäuse** sind ein ähnliches Problem.

Tieflandwälder

Als die Maori und die frühen europäischen Siedler in Neuseeland eintrafen, überzog noch dichter Wald das Tiefland Aotearoas. Der größte Teil wurde abgeholzt, abgebrannt und gerodet, um Platz für Farmen zu schaffen, doch ein paar Flecken haben überdauert. In den Wäldern Northlands, auf der Coromandel Peninsula, an den Westküsten beider Inseln, in der Umgebung von Wellington sowie auf Stewart Island gedeiht eine große Vielfalt einheimischer Bäume. Im Tiefland finden sich zudem 60 endemische Blütenpflanzen, deren Farbspektrum weitgehend auf Weiß und Gelb beschränkt ist, denn angesichts fehlender Bienen als Bestäuber waren lebendigere Farben der Blüten gar nicht notwendig.

Neuseelands bekanntesten Baum, den **Kauri**, findet man in Mischwäldern im Tiefland, insbesondere in Northland. Dieser König des Waldes kann über 2000 Jahre alt und bis zu 30 m hoch werden. Maorische Kanubauer schätzten ihn sehr und hielten vor dem Fällen eines Kauris stets eine feierliche Zeremonie ab. Schon bald entdeckten europäische Schiffbauer die Vorzüge des Kauriholzes und zimmerten daraus Schiffsmasten; viele Kauris wurden aber auch einfach nur zu Holzbalken und -dielen in den Häusern verbaut. Aus den alten Kauriwäldern gewann

Der Kiwi

Der flugunfähige, braune, nachtaktive Kiwi ist das Nationalsymbol Neuseelands und erfreut sich allseits großer Beliebtheit. Er ist ein Vertreter der Familie der Flachbrustvögel, zu der auch Strauß, Emu, Nandu, Kasuar und der seit Langem ausgestorbene Moa gehören, und zählt zu den wenigen Vogelarten der Welt mit einem gut ausgebildeten **Geruchssinn**. Nachts kann man manchmal Kiwis hören, wie sie durch die Dunkelheit schnüffeln, um durch die am Ende des Schnabels befindlichen Nasenlöcher Würmer, Käfer, Zikadenlarven, Spinnen, aber auch Koura (Flusskrebse), Beeren und den einen oder anderen Frosch aufzuspüren. Kiwis sind zudem mit Tastborsten an der Unterseite ihres Schnabels sowie einem äußerst feinen Gehör ausgestattet. Andere Vögel oder Feinde im eigenen Revier bleiben ihnen von daher nicht lange verborgen und werden ohne Zögern mit den Krallen angegriffen. Die Weibchen sind größer als die Männchen und legen stattliche Eier, die ungefähr einem Fünftel ihres eigenen Körpergewichts entsprechen. Nach 80 Tagen schlüpfen die **Küken**. Die Brut verlässt bereits vollkommen unabhängig das Nest, ohne von den Eltern gefüttert worden zu sein. Das Schlafbedürfnis eines Kiwis ist mit bis zu 20 Stunden täglich alles andere als knapp bemessen, wodurch sich auch die durchschnittliche **Lebenserwartung** von 20–25 Jahren erklärt.
Schätzungen zufolge gibt es heute nicht einmal mehr 70 000 Exemplare im Land, und die Zahl der wild lebenden Tiere sinkt weiter. Am einfachsten lassen sich Kiwis in einem der **Kiwi Houses** beobachten, die über das ganze Land verteilt sind (z. B. im Zoo von Auckland oder in Otorohanga, Napier, Wellington und Hokitika). Die besten Reviere zum Beobachten von **Kiwis in freier Wildbahn** sind:

- **Trounson Forest**, Northland. S. 259
- **Tiritiri Matangi**, Auckland. S. 206
- **Kapiti Island**, bei Wellington. S. 478
- **Okarito**, bei Franz Josef Glacier. S. 590
- **Mason Bay**, Stewart Island. S. 813

Kiwi-Arten

Traditionell werden Kiwis in drei Arten unterteilt: Streifen-, Zwerg- und Haastkiwi. In den letzten Jahrzehnten bestimmte die Genforschung neue Unterarten des Streifenkiwis.
Haastkiwi *(Apteryx haastii)* Roa nennen die Maori diese größte aller Kiwi-Arten. Ausgewachsen wiegt ein Männchen durchschnittlich 2,4 kg und ein Weibchen 3,3 kg. Am wohlsten fühlen sich diese

man zudem das als Rohstoff geschätzte Kauri-Harz, das im frühen 20. Jh. exportiert wurde. In den letzten Jahrzehnten litten die Kauribestände unter einem Feinwurzelsterben, das von dem pilzähnlichen Erreger *Phytophthora Taxon Agathis* (PTA) verursacht wird. Bis es Wissenschaftlern gelungen ist, den Erreger unter Kontrolle zu bekommen, versuchen die Behörden die weitere Ausbreitung zu stoppen, vor allem in bisher noch nicht befallen Regionen wie der Coromandel Peninsula. Anfang 2018 wurden die gesamten Waitakere Ranges am Nordrand Aucklands zum Sperrgebiet für Wanderer erklärt.

Auf offenen Flächen an Waldrändern und Flussufern saugen Tui (S. 101) Nektar aus den leuchtend gelben Trauben von **Kowhai**-Blüten, der Nationalblume, die vom gleichnamigen Baum herabhängen. Aus dem Holz des Baums wurden früher Kanupaddel und Stiele für Krummäxte gefertigt.

Auf der Nordinsel sowie im nördlichen Drittel der Südinsel wächst Neuseelands einzige einheimische Palme, die **Nikaupalme**, deren schlanker, astloser Stamm eine Höhe von bis zu 30 m erreicht und schmale, glänzende Wedel, lange, stachelige Blüten und rote Früchte trägt.

Der 20 m hohe **Pohutukawa** ist bis nach Otago im Süden verbreitet und wächst in küstennahen Wäldern sowie an Seeufern. Meist um die Weihnachtszeit trägt er karmesinrote Blüten

zähesten Vertreter unter den Kiwis in subalpinen Regionen mit feuchter Moosvegetation. Sie ernähren sich überwiegend von Regenwürmern, Spinnen und Insekten. Frühe europäische Entdecker erzählten sich Geschichten von truthahngroßen Kiwis mit mächtigen Spornen an den Beinen und einem Ruf, der lauter als der jeder anderen Tierart war. Immerhin hat die raue Umgebung geholfen, diesen Vögeln die Existenz einigermaßen zu sichern. Die rund 15 000 Vögel leben größtenteils in der nördlichen Hälfte der Südinsel, aber ihre Population nimmt stetig ab.

Zwergkiwi (Pukupuku, *Apteryx owenii*) Bei diesen kleinsten aller Kiwis wiegt ein ausgewachsener Vogel 1100 bis 1300 g. Ein Großteil der Population (ca. 1200 Vögel) lebt auf Kapiti Island. Zwergkiwis verbringen meist paarweise den Tag in ihren Schlupfwinkeln, um sich später getrennten Weges auf Nahrungssuche zu begeben. Nur selten bohren Zwergkiwis im Erdreich nach Nahrung, meist finden sie ihre Beute direkt an der Oberfläche oder im Laubhumus.

Nördlicher Streifenkiwi *(Apteryx mantelli)* Der mittelgroße Kiwi ist die am weitesten verbreitete Art und kommt v. a. auf der zentralen und nördlichen Nordinsel vor, wo etwa 25 000 Exemplare leben. Kennzeichnend sind sein unerschrockener Kampfeinsatz gegenüber Eindringlingen. Sein Verbreitungsgebiet umfasst verschiedenste Vegetationsräume, darunter exotische Wälder ebenso wie karges Farmland auf der Nordinsel.

Okarito-Streifenkiwi *(Apteryx rowi)* Dieser Kiwi galt ursprünglich als Unterart des Streifenkiwi und ist der seltenste Vertreter der Kiwi-Vögel. Nur noch ungefähr 375 Exemplare leben in freier Wildbahn, allesamt im über 11 000 ha großen, südlichen Abschnitt des Okarito Forest im Süden von Westland. Die Vögel haben eine gräuliche Färbung, oft mit weißen Flecken im Gesicht. Männchen und Weibchen teilen sich das Ausbrüten – im Gegensatz zu den meisten anderen Kiwi-Arten, wo das Männchen den Löwenanteil leistet.

Südlicher Streifenkiwi *(Apteryx australis australis)* Mit rund 30 000 Exemplaren ist dies der am meisten verbreitete Kiwi. Eine Unterart ist der seltene **Haast Tokoeka** *(Apteryx australis lawryi)*, von dem sich nur noch etwa 400 Exemplare finden, die überwiegend in der Umgebung von Haast heimisch sind. Ihr Verbreitungsgebiet reicht vom Busch bis ins subalpine Grasland, wo sie ihre Nester sogar in den Schnee graben. Die Südlichen Streifenkiwis in Fiordland und auf Stewart Island sind zwar zahlreicher, aber auch ihre Population ist rückläufig. Die Vögel zählen zu den primitivsten, aber auch geselligsten der Kiwi-Familie und können manchmal beobachtet werden, wie sie in nur wenigen Metern Abstand voneinander an der Küste nach Nahrung stochern.

und verleiht den Stränden eine festliche Note. Ebenfalls rot blüht der weithin bekannte **Rata**, der in Wäldern auf der Südinsel sehr häufig ist.

Bekannt ist Neuseeland außerdem für seine außergewöhnliche Familie von Koniferen, die **Steineiben** oder Podocarpaceen. Dazu gehört zum Beispiel der majestätische, bis zu 60 m hoch aufragende **Rimu**, der kleine grüne Blüten, rote Zapfen und winzige grüne oder schwarze Früchte trägt. Einst war sein Holz sehr begehrt (und mit Öl gemischte Rimu-Kohle wurde früher als Farbe für Tätowierungen verwendet), doch trotz massiven Einschlags ist er in Mischwäldern bis heute weit verbreitet. Weitere Vertreter der Familie sind **Matai** (engl. *black pine*), **Miro** (engl. *brown pine*), **Kahikatea** (engl. *white pine*) und **Totara**. Letzterer kann 1000 Jahre alt werden und wurde von den Maori für den Bau von Kriegskanus geschätzt.

Unter dem Blätterdach dieser hohen Bäume gedeiht eine unglaubliche Vielzahl an Baumfarnen, die oftmals nur schwer voneinander zu unterscheiden sind. Der bekannteste darunter und gleichzeitig mit dem Status eines Nationalsymbols ausgezeichnet ist der **Ponga**, der bis zu 10 m hoch wird und lange, ausladende Wedel besitzt, die auf der Oberseite matt grün, auf der Unterseite silbrig weiß sind. Der Tieflandwald ist der bevorzugte Lebensraum für die meisten gefährdeten neuseeländischen Vögel (S. 100).

LAND UND LEUTE

Seltene und gefährdete Arten

In Neuseeland stehen derzeit 69 Vogel- und noch sehr viel mehr Pflanzenspezies auf der Roten Liste der bedrohten Arten der International Union for Conservation of Nature and Natural Resources (IUCN), www.iucnredlist.org. Unter den Industrienationen haben nur die Vereinigten Staaten mehr gefährdete Arten zu verzeichnen. Rund 37 % der hiesigen Vogelarten sind vom Aussterben bedroht.

Bedrohte Vogelarten

Graufächerschwanz (Piwakawaka) Der Name dieses in den Wäldern relativ weitverbreiteten Vogels rührt von dem beständigen Auffächern der Schwanzfedern her.

Hihi Kleiner Vogel mit leicht gebogenem Schnabel und auffälligen gelben und weißen Flecken an den Seiten. Es gibt nur noch wenige Exemplare, einige davon auf den Inseln Kapiti und Tiritiri Matangi.

Kakapo Der einzige flugunfähige Papagei der Welt war einst so weit verbreitet, dass er als Haustier gehalten wurde. Heute ist sein Bestand auf etwa 125 Exemplare geschrumpft, die alle auf zwei raubtierfreien, für Besucher gesperrten Inseln vor der Küste Fiordlands leben.

Kea Der einzige Bergpapagei der Welt.

Kiwi im Kasten auf S. 98/99.

Kereru (Kukupa) Mit einem ausgewachsenen Gewicht von ca. 650 g ist die Maorifruchttaube die zweitgrößte Taubenart der Welt. Der hübsche Vogel mit seinem Federkleid in Grün, Purpur und Bronze über einer weißen Brust kann häufig in Tieflandwäldern beobachtet werden.

Kokako Der seltene, schiefergraue Graulappenvogel mit auffälligen blauen Kehllappen ist ein grottenschlechter Flieger. Er lebt hauptsächlich in geschützten Wäldern und auf „Festlandinseln", wo natürliche Feinde durch Fallen in Schach gehalten werden. Eng verwandt mit dem Sattelstar und auf dem $50-Schein abgebildet.

Kuckuckskauz (Ruru) Neuseelands einzige endemische Eule ist meist bei Dunkelheit im Busch zu hören. Mitunter wagt sich der kleine, braun gefiederte Vogel auch in Städte und die dortigen Parkanlagen vor. Der Maori-Name ist eine Nachahmung seines markanten Schreis.

Maorifalke (Karearea) Wird manchmal im Norden der Nordinsel, aber häufiger in den Neuseeländischen Alpen, in Fiordland und in den Wäldern von Westland beobachtet. Neuseelands einziger endemischer Raubvogel hat ein geflecktes Brustgefieder, ein kastanienbraunes Beinkleid und einen spitzen Kopf, der auf dem $20-Schein abgebildet ist.

Makomako (Korimako) Der scheue, blassgrüne Vogel, bekannt für seinen auffälligen „Mackmacko"-Ruf, ist noch relativ weit verbreitet in Wäldern und Buschland.

Kea

Sattelstar (Tieke) Dieser seltene, hübsche Vogel ist so groß wie eine Drossel und – bis auf das rotbraune Band auf seinem Rücken – schwarz gefiedert. In freier Natur kann man ihn auf Ulva Island sehen, einem Tierschutzgebiet im Patterson Inlet, Stewart Island.

Saumschnabelente (Whio) Die einzigartige Entenspezies hält sich meist in Bergbächen auf und sucht dort nach Essbarem. Sie ist eine von vier endemischen Arten und besitzt weltweit keine nahen Verwandten. Zu erkennen ist sie an ihrem blaugrauen Federkleid, das an Brust und Flanken braun gefärbt ist. Weitere charakteristische Merkmale sind ein kurioser, an beiden Seiten mit einer schwarzen, flexiblen Membran ausgestatteter Schnabel sowie gelbe Augen, zu sehen auf dem $10-Schein.

Schwarzer Stelzenläufer (Kaki) Der schlanke, schwarz gefiederte Vogel mit langen, roten Beinen zählt zu den seltensten Watvögeln der Welt und ist ausgesprochen scheu. Er bevorzugt sumpfige Areale und Flussufer. Die besten Beobachtungsmöglichkeiten bietet ein eigens eingerichtetes Schutzgebiet nahe Twizel.

Schwarzer Stelzenläufer

Takahe Der truthahngroße Vogel galt bereits als ausgestorben.

Tui Mit seiner weißen Kehle und einem samtigen Federkleid in Grün und Purpur ist der Tui als Imitator anderer Vogelstimmen und nimmersatter Genießer von Nektar und Früchten bekannt. Sein Gesangsrepertoire ist umfangreicher als das des Makomako, umfasst aber auch Kreisch-, Krächz- und Würgelaute.

Wekaralle Der mit am weitesten verbreitete flugunfähige Vogel Neuseelands ähnelt dem Kiwi, ist jedoch schlanker, weit weniger scheu und besitzt ein dunkelbraunes, von goldgelben Streifen durchsetztes Gefieder, v. a. im Brustbereich. Wie der Kiwi durchstreift auch die Wekaralle in der Dämmerung ihr Revier, lässt sich aber auch häufig am Tag blicken. Nicht wenige der Vögel besitzen gar den Mut und nähern sich Wanderern, um sich kleine Leckerbissen von diesen zu holen. Insgesamt vier Unterarten kommen in verschiedenen Teilen des Landes vor, darunter auf den Chatham Islands, wo ihr Verzehr immer noch gestattet ist.

Ziegensittich (Kakariki) Der grüne Sittich kommt mit gelber, roter oder orangefarbener Stirnhaube vor. Er lebt in vielen Vogelschutzgebieten und auf küstennahen Inseln.

Tuatara

Weitere gefährdete Arten

Tuatara (Brückenechse) Das nachtaktive Reptil ist ein Relikt aus Dinosaurierzeiten und hat sich in den letzten 260 Mio. Jahren kaum verändert. Die Tuatara ernährt sich von Insekten, kleinen Säugetieren und Vogeleiern. Sie kann bis zu 60 cm lang und weit über 100 Jahre alt werden. So gut wie alle noch existierenden Tuataras leben auf Inseln vor der Küste und sind daher am besten in einem Zoo oder Kiwihouse zu sehen.

Weta Heuschreckenähnliches Insekt, das bereits seit 190 Mio. Jahren in Tieflandwäldern heimisch ist. Mehrere Arten leben im Busch, sind aber schwer zu entdecken. Die imposanteste Art ist die Riesenweta (Wetapunga), mit bis zu 71 g das schwerste Insekt der Erde.

Flüsse, Seen und Feuchtgebiete

Den hohen Bergen und ergiebigen Niederschlägen verdankt Neuseeland seine vielen Flüsse. Vor allem Canterbury und die Region Waitaki zeichnen sich durch verwilderte Flussläufe mit einem breiten, von mehreren Armen durchzogenen Schotterbett aus und bieten einer Vielzahl von Vögeln, Insekten, Fischen und Pflanzen einen Lebensraum. Hinzu kommen zahlreiche Seen, die Fische und Vögel mit reichlich Nahrung versorgen. Nicht wenige neuseeländische Feuchtgebiete sind auf der anderen Seite für die Landwirtschaft und die Gewinnung von Wohnraum erschlossen und trocken gelegt worden, einige sind jedoch in **Nationalparks und Naturschutzgebieten** erhalten geblieben. In den Feuchtarealen des Tieflands wächst der mit einer Höhe von über 60 m größte einheimische Baum, der **Kahikatea**.

In der Nähe von Seen stößt man fast unweigerlich auf den **Pukeko** (Purpurhuhn). Der vorwiegend dunkel und mittelblau gefiederte Vogel, der auch in Teilen Australiens beheimatet ist, besitzt große Füße, einen orangefarbenen Schnabel und stößt einen schrillen Schrei aus, wenn er aufgescheucht wird. Pukekos sind noch nicht gänzlich flugunfähig, ihre Entwicklung geht jedoch dahin.

Neuseeland wird für seinen Reichtum an Süßwasserfischen gerühmt, insbesondere für seine prächtigen **Bachforellen**, **Regenbogenforellen** und **Lachse**. Sie sind allesamt eingeführte Arten und haben sich so gut an die Gegebenheiten angepasst, dass sie hier größer werden als in anderen Regionen der Erde. Andererseits wurden durch sie viele einheimische Arten verdrängt.

Eine weitere Delikatesse sind einheimische **Aale**. Obwohl sie den Großteil ihres Lebens in neuseeländischen Flüssen verbringen, zieht es sie zum Laichen in die mehr als 2000 km nördlich gelegenen Gewässer um Tonga.

An Flussufern im Mackenzie Country und in Canterbury leistet der stark bedrohte **Schwarze Stelzenläufer** (S. 101) den Anglern Gesellschaft. Der **Gewöhnliche Stelzenläufer**, ein schwarzweiß gefiederter Vogel, konnte sich gegen eingeführte Säugetiere besser behaupten.

Auch der **Schiefschnabel** lebt an den Ufern der verzweigten Flüsse Canterburys. Mit seinem eigentümlich gebogenen Schnabel dreht dieser kleine, weiß und grau gefiederte Vogel Steine um oder zieht Krustentiere aus dem Schlamm.

In schnell fließenden Flüssen ist manchmal die zunehmend seltener werdende **Saumschnabelente** (S. 101) zu sehen.

Das Hochland

Da die Tieflandwälder weitgehend in Agrarflächen umgewandelt worden sind, muss man schon in höhere Lagen, um jenes Landschaftsbild zu finden, das die ersten Maori und danach die frühen europäischen Einwanderer begrüßte. Die Nationalparks Tongariro, Whanganui, Taranaki, Nelson Lakes, Arthur's Pass, Kahurangi und Aoraki/Mount Cook sind von ausgedehnten Hochlandwäldern überzogen, in denen v. a. einheimische Buchenarten gedeihen. Im Unterschied zu den **Buchen** der nördlichen Hemisphäre sind die neuseeländischen Arten immergrün. Nahe der Baumgrenze wächst die Südbuchenart **Tawhairauriki** (engl. *mountain beech*) mit ihren spitzen, dunklen Blättern und kleinen roten Blüten bis zu 20 m hoch. Zur selben Gattung gehört die oftmals in Mischwäldern vorkommende **Tawhai** (engl. *silver beech*), deren graue Stämme bis zu 30 m hoch werden. Die anderen Vertreter der Südbuchen – die roten und schwarzen Arten – bevorzugen niedrigere Lagen. Zu ihnen gesellt sich häufig der dünne, wuchernde **Manuka** (engl. *tea tree*), der sowohl in alpinen Regionen als auch in Küstengegenden gedeiht.

Neuseeland besitzt 500 Arten von alpinen Blütenpflanzen, die in keiner anderen Erdregion wachsen. Allen voran sei hier die größte Hahnenfußart der Welt genannt, die **Mount Cook Lily** mit ihren ausladenden, weißen Blüten- und gelben Fruchtblättern, die sie zwischen November und Januar zu voller Pracht entfaltet. Beachtung verdient daneben die in Hochlagen der Südinsel wachsende Raoulia-Art mit Namen **Vegetable Sheep**, eine weiße, haarige Polsterpflanze, die sich in Bodennähe ausbreitet und aus der Ferne betrachtet für weidende Schafe gehalten werden könnte.

Schutzgebiete, Parks und Reservate

Die folgenden Schutzgebiete, Parks und Reservate eignen sich hervorragend zur Erkundung der neuseeländischen Tier- und Pflanzenwelt. Eine Übersicht über die neuseeländischen Umwelt- und Tierschutzorganisationen findet sich auf S. 105.

Nordinsel

Bushy Park, Wanganui. S. 393
Goat Island Marine Reserve, Northland. S. 215
Kapiti Island, nahe Wellington. S. 478
Parry Kauri Park, Northland. S. 213
Poor Knights Islands Marine Reserve, Northland. S. 224
Pukaha Mount Bruce National Wildlife Centre, Wairarapa. S. 488
Rangitoto und Motutapu Islands, Auckland. S. 189
Tiritiri Matangi, Auckland. S. 206
Waipoua und Trounson Kauri Forests, Northland. S. 259
Zealandia: The Karori Sanctuary Experience, Wellington. S. 459

Südinsel

Abel Tasman National Park, im äußersten Nordwesten. S. 531
Aoraki/Mount Cook National Park, in den Neuseeländischen Alpen. S. 668
Fiordland National Park, im äußersten Südwesten. S. 775
Kura Tawhiti (Castle Hill Reserve), im Zentrum zwischen Christchurch und Greymouth. S. 649
Mason Bay, Stewart Island. S. 813
Motuara Island, Marlborough Sounds. S. 500
Oamaru Blue Penguin Colony. S. 685
Orokonui Ecosanctuary, nahe Dunedin. S. 705
Ulva Island, vor Stewart Island. S. 810

Die wenigen Vogelarten, die im Hochland leben, sind umso faszinierender. In den Neuseeländischen Alpen sieht und hört man den heiseren **Kea** und vielleicht den **Maorifalken** (beide S. 100). In subalpinen Regionen leben kleinere Vögel wie der gelb-grüne **Felsschlüpfer** und der winzige, grün-blau gefiederte **Zwergschlüpfer**, der in Spiralen durch die Luft flattert. Den subalpinen Lebensraum bevorzugen auch zwei der seltensten Vögel des Landes, die **Takahe** und der **Kakapo** (S. 100/101), die aber nur in zwei streng überwachten Arealen heimisch sind.

Küste, Inseln und Meer

Vor der gezackten, von der Tasmansee und dem Südpazifik umtosten Küste Neuseelands treffen warme und kalte Meeresströmungen aufeinander und sorgen für einen enormen **Fischreichtum** in den Gewässern. Tropische Fischarten wie Barrakuda, Marlin, Hai und Thunfisch werden von der warmen Strömung angelockt, in der ansonsten Hoki, Kahawai, Schnapper, Granatbarsch und Makrelenbarsch heimisch sind. Mit der kalten antarktischen Strömung wiederum kommen Neuseeland-Flussbarsch, Neuseeland-Eisfisch, Trompeterfisch, Morwong sowie Fische, die eine beachtliche Spanne an Wassertemperaturen vertragen, darunter Tarakihi (Großflossen-Morwong), Zackenbarsch und Seebarsch.

Auch Meeressäuger tummeln sich in den Gewässern: Der seltene **Buckelwal** lässt sich gelegentlich vor der Küste Kaikouras und in der Cook Strait blicken. **Pottwale** halten sich das ganze Jahr über im tiefen Seegraben nahe Kaikoura auf. **Orcas** tauchen regelmäßig an Orten auf, an denen es auch Delphine, Robben und andere Walarten gibt. Ein häufiger Besucher ist der **Grindwal**: Bis zu 200 Exemplare ziehen jedes Jahr vor Farewell Spit vorbei. Auch in der Cook Strait und in der Bay of Plenty können Grindwale gesichtet werden.

Ganzjährig sammeln sich **Gewöhnliche Delphine** in der Bay of Plenty, der Bay of Islands und in der Umgebung der Coromandel Peninsula. Von den drei anderen, in neuseeländischen Gewässern vertretenen Arten trifft man den **Großen Tümmler** in der Gegend von Kaikoura und Whakatane fast das ganze Jahr über an, während **Dunkle Delphine** von Oktober bis Mai die Küste der Marlborough Sounds, Fiordlands und Kaikouras aufsuchen. Wiederum das ganze Jahr über kann man vor der Banks Peninsula, den Catlins und ganz im Süden vor Invercargill kleinen Schulen von **Hector-Delphinen** begegnen.

Bis vor Kurzem gab es nur wenige Möglichkeiten, abseits der abgeschiedenen antarktischen Inseln **Neuseeländische Seelöwen** zu Gesicht zu bekommen. Inzwischen jedoch lassen sich diese seltenen Tiere im Gebiet der Catlins und der Otago Peninsula blicken. Weit häufiger an den Küsten anzutreffen ist der größere **Neuseeländische Seebär**. Die besten Chancen zur Beobachtung bieten sich im Sugar Loaf Marine Reserve vor New Plymouth, an der Küste Northlands, in der Bay of Plenty, nahe Kaikoura, um die Otago Peninsula sowie im Abel Tasman National Park. Sowohl Seelöwen als auch Seebären können während der Paarungszeit (Dezember bis Februar) aggressiv werden, weshalb ein Mindestabstand von ca. 30 m in dieser Zeit unbedingt anzuraten ist. **See-Elefanten** paaren sich bis heute an der Küste der Catlins; größere Kolonien leben auf den Inseln vor der Küste.

Neuseeland hat mit 140 Spezies den weltweit größten Artenreichtum an Seevögeln, die von den fischreichen Küstengewässern angelockt werden – unglücklicherweise besitzt das Land aber auch die größte Zahl bedrohter Arten, unter ihnen der majestätische **Königsalbatros**. Wesentlich häufiger dagegen bekommt man **Zwergpinguine** zu Gesicht. Die großen **Gelbaugenpinguine** sind in ihrem Vorkommen auf einen Abschnitt der Ostküste auf der Südinsel zwischen Christchurch bis zu den Catlins beschränkt, während die mit ihren auffällig breiten, gelben Augenbrauen geschmückten **Dickschnabelpinguine** Fiordland und Stewart Island bevorzugen.

Zu anderen verbreiteten Seevogelarten zählen die an ihrem gelben Kopf und weißen Körper leicht auszumachenden **Australtölpel**, daneben **Kormorane** und **Scharben**, die sich für gewöhnlich an Felsküsten versammeln. Auf und in der Nähe von Inseln wird man wahrscheinlich auch den **Dunklen Sturmtaucher** oder **Titi** sehen, an nahezu allen Stränden wiederum schwarze und schwarz-weiße **Austernfischer**.

Umwelt

Neuseeland eilt der Ruf voraus, „sauber und grün" zu sein, allerdings ist dies mehr dem Zufall als irgendeiner Absicht zuzuschreiben. In Anbetracht einer Bevölkerung von kaum mehr als 5,1 Mio. Einwohnern und einer relativ kurzen Geschichte sollte man annehmen, die Eingriffe in die neuseeländische Natur durch Menschenhand seien nur begrenzt. Tatsächlich hat der Mensch es in weniger als 1000 Jahren (und v. a. während der letzten 150 Jahre) geschafft, ganze drei Viertel der Landfläche für die Nahrungsmittelproduktion und den kommerziellen Waldbau nutzbar zu machen. Lediglich 10 % der ursprünglichen Wälder existieren noch. Dank günstiger Winde und reichlich Regen wird ein Großteil der Umweltverschmutzung erst gar nicht sichtbar und löst sich unbemerkt wieder auf.

Landnutzung

Die europäischen Siedler und später die Veteranen des Ersten Weltkriegs machten in jahrelanger Plackerei oftmals steile, waldbedeckte Hügel nutzbar, die sich praktisch nur für die **Schafzucht** eigneten und sich lediglich zu Zeiten hoher Woll- und Lammpreise als profitabel erwiesen. In den vergangenen Jahren ist die Bewirtschaftung solcher Flächen z. T. so unrentabel geworden, dass manche wieder sich selbst überlassen und im Zuge der Landpachtreform als Naturparks

Umwelt- und Tierschutzorganisationen

Department of Conservation, 💻 www.doc.govt.nz. Eine staatliche Behörde, die mit der Erhaltung des natürlichen und historischen Erbes Neuseelands betraut ist.

Forest and Bird Protection Society, 💻 http://forestandbird.org.nz. Neuseelands führende unabhängige Umweltschutzorganisation.

NZ Birds, 💻 www.nzbirds.com. Umfangreiche Website über sämtliches Federvieh in Neuseeland.

Kiwis for Kiwi, 💻 www.kiwisforkiwi.org.nz. Unabhängige Tierschutzorganisation mit dem Ziel, die neuseeländische Ikone vor dem Aussterben zu retten.

der Öffentlichkeit zugänglich gemacht werden. Weit häufiger werden ärmere Böden für die Anpflanzung von **Kiefern** genutzt, die alle 25 Jahre gefällt werden, was die Anbauflächen in triste Berghänge voller Baumstümpfe verwandelt.

Derweil verschlingt der stetig wachsende **Bedarf an Wohnraum**, Straßen und damit verbundener Infrastruktur produktives Farmland und bedroht die fragilen Feuchtgebiete.

Umweltverschmutzung

In großen Teilen des Landes atmet man saubere Luft und sieht kristallklare Seen und Flüsse, aber mancherorts trügt die Idylle. Aufgrund des schlecht ausgebauten Netzes öffentlicher Verkehrsmittel zählt die Quote der zugelassenen **Kraftfahrzeuge** in Neuseeland zu den höchsten der Welt. Neuseeland importiert in großer Zahl Gebrauchtwagen aus Japan, die in vielen anderen Ländern erst gar nicht eingeführt werden dürften. Regelmäßige Emissionsprüfungen für Kraftfahrzeuge sind nicht vorgeschrieben.

Oft sehen Bergflüsse und Alpenseen so sauber und frisch aus, dass man am liebsten direkt daraus trinken möchte. In den meisten Fällen dürfte das auch kein Problem sein, solange das Wasser keine **Giardia**-Erreger enthält (S. 54), wie es in der Nähe viel begangener Wanderwege durchaus der Fall sein kann. Giardia ist ein Darmparasit, der einem den Urlaub ohne Weiteres ruinieren kann. Daher ist es ratsam, Trinkwasser – außer direkt an frischen Quellen – grundsätzlich zu desinfizieren.

Einige Süßwasserflüsse auf der Südinsel werden seit kurzem von **Didymo-Algen** *(Didymoshenia geminata)* heimgesucht. Bootsausflügler, Angler und Kajakfahrer werden dringend ersucht, die Ausrüstung gründlich zu reinigen, bevor sie sich damit auf einen anderen Fluss begeben, um die Ausbreitung der Alge zu stoppen.

Ein weiteres Problem sind immer intensivere Anbaumethoden in der Landwirtschaft, insbesondere der Einsatz enormer Mengen an **Dünger**, der Bäche, Flüsse und Seen des Tieflandes verseucht.

Die Suche nach neuen Energiequellen

Infolge eines gestiegenen Energiebedarfs in der Bevölkerung und des Ausbleibens größerer Investitionen in den letzten 30 Jahren ist die Energieversorgung des Landes unzureichend, besonders im Winter, wenn der Wasserpegel in den Stauseen sinkt. **Wasserkraft** und **Erdwärme** können nur rund zwei Drittel des Stromverbrauchs decken, verglichen mit 80 % am Ende des 20. Jhs. Und selbst diese „grünen“ Formen der Energiegewinnung sind umstritten. Die Schaffung von Stauseen hat bereits zahllose Habitate zerstört, insbesondere Flussufer, an denen bedrohte Vogelarten leben. Weitere Erdwärme-Kraftwerke sind geplant, doch den verwertbaren Ressourcen sind Grenzen gesetzt, weil eine zu große Entnahme negative Folgen für Oberflächenphänomene wie Geysire und kochende Schlammbecken hat.

Durch den Bau neuer **Kohlekraftwerke** (und den Umbau von Öl- und Gaskraftwerken) könnte Neuseeland seinen Strombedarf mehr als 100 Jahre decken, aber nur auf Kosten großer Umweltbelastungen. Man ist sich einig, dass die Zukunft der sauberen Energie gehört. Das Land tut sich auch schwer mit der Ausnutzung von **Windkraft**, denn die Technik stößt wegen der Lärmbelästigung und ästhetischer Bedenken auf erheblichen Widerstand. Die installierte Leistung ist noch sehr gering. Schon seit Jahrzehnten kommt niemand mehr auf die Idee vorzuschlagen, dass Neuseeland in **Atomkraft** investieren sollte, und selbst die Energieknappheit und die Auflagen des Kyoto-Protokolls haben die Neuseeländer nicht zum Umdenken bewogen. Und als nach der Nuklearkatastrophe von Fukushima ungehindert radioaktives Wasser in den Pazifik floss, sahen sie ihre Befürchtungen bestätigt. Erfreulicherweise steht der Unschlüssigkeit der Regierung und den finanziellen Interessen einflussreicher Konzerne eine wachsende Zahl von Neuseeländern gegenüber, die sich für den Erhalt der einzigartigen neuseeländischen Umwelt einsetzen.

Geschichte

Viele Neuseeländer europäischer Abstammung betrachteten ihre Nation lange Zeit als Musterbeispiel für eine humane Kolonialisierung. Die Maori sehen das allerdings oft anders. Über Generationen wurde das Unrecht weitererzählt: die Wegnahme des Landes und der Abbau von Rechten, die ihnen, so heißt es, in einem Vertrag zugestanden wurden. Der Geschichtsunterricht in den Schulen hielt sich traditionell an die europäische Sichtweise, bis irgendwann die Version der Europäer sogar die Mythologie der Maori beeinflusste. In den letzten beiden Jahrzehnten haben Historiker jedoch große Teile dessen widerlegt, was viele Neuseeländer als Tatsache betrachten und was sich vielfach als Konstrukt des späten 19. Jhs. entpuppt. Die damals maßgeblichen Historiker interpretierten die Maori-Überlieferungen dergestalt, dass sie sich gut mit ihren eigenen Theorien vereinbaren ließen, und vernichteten in vielen Fällen sogar Beweise. Der Inhalt dieses Kapitels ist untrennbar mit den Legenden der Maori verwoben und im Zusammenhang mit dem Abschnitt „Maoritanga“ (S. 126) besser zu verstehen.

Die Ankunft der Polynesier

Es gilt als erwiesen, dass vor 5000 Jahren erstmals bedeutende Wanderungsbewegungen im südpazifischen Raum stattfanden. Die ersten Bewohner Ozeaniens kamen ursprünglich aus Südostasien. Im Verlauf mehrerer Jahrhunderte zogen sie durch den indonesischen Archipel von einer Insel zur nächsten. Nach etwa tausend Jahren Inselhüpfen waren sie bis Tonga und Samoa vorgedrungen, wo sich allmählich die polynesische Gesellschaft und Kultur herauszubilden begann. Die neuen Bewohner perfektionierten Bootsbau und Navigation so weit, dass immer längere Seereisen in den Bereich des Möglichen rückten. Vor rund tausend Jahren erreichte die polynesische Kultur ihren klassischen Höhepunkt auf den **Gesellschaftsinseln** westlich von Tahiti. Diese bildeten sehr wahrscheinlich den Ausgangspunkt für eine Reihe von Seereisen Richtung Südwesten über Tausende von Kilometern offenen Ozeans, die an den Cook-Inseln vorbeiführten und schließlich an der großen Landmasse endeten, die heute als Neuseeland (Aotearoa) bekannt ist.

ZEITLEISTE	1250–1300 n. Chr.	ca. 1350
	Wahrscheinliche Ankunft der ersten Polynesier	Traditionelles Datum der Ankunft der „Großen Flotte“ aus Hawaiki

Es wird angenommen, dass die Vorfahren der heutigen **Maori** zwischen 1150 und 1300 n. Chr. aus Polynesien kamen und das Land in Doppelrumpfkanus erreichten. Es muss sich um eine geplante Auswanderung gehandelt haben, denn die Neuankömmlinge transportierten auch *kuri* (Hunde) und Nutzpflanzen wie *taro* (stärkehaltige Knollen), Yam-Wurzeln und *kumara* (Süßkartoffeln). Die weit verbreitete Geschichte von einer legendären **Großen Flotte**, die aus sieben Kanus bestand und um 1350 n. Chr. auf neuseeländischem Boden angekommen sein soll, ist wahrscheinlich eine mit viel Fantasie ausgeschmückte viktorianische Adaptation der mündlichen Maori-Überlieferungen, die in der Folge ihrerseits Einzug in die modernen Legenden der Maori gehalten hat.

Die Polynesier fanden ein Land vor, das so viel kälter war als ihre tropische Heimat, dass viele ihrer mitgebrachten Früchte und Pflanzen nicht gedeihen konnten. Dafür existierte ein Übermaß an Beutetieren in Form von Meereslebewesen und flugunfähigen Vögeln, besonders auf der Nordinsel, wo sich die meisten Neuankömmlinge niederließen. Die Menschen dieser **Archaischen Periode** werden häufig etwas irreführend als „Moa-Jäger" bezeichnet. Zwar lebten einige von ihnen ohne Zweifel vom Fleisch dieses Riesenvogels, doch Moas kamen nicht in allen Gegenden des Landes vor.

Bereits um 1350 waren an der gesamten Küste Siedlungen entstanden, doch die ersten Spuren von **Ackerbau** sind jünger, was bedeuten könnte, dass Nutzpflanzen erst bei einer späteren Wanderungsbewegung ins Land gebracht wurden. Die Siedlungen könnten aber auch ein Hinweis auf die beginnende Konservierung von Nahrungsmitteln sein, mit der die nicht sesshafte Lebensweise der frühen Jäger ihr Ende fand. Charakteristisch für diesen Beginn der **Klassischen Periode** ist die Entstehung von *kainga* (Dörfern) in der Nähe von *kumara*-Anbauflächen, die häufig durch *pa* (befestigte Dörfer) ergänzt wurden, in die sich die Bewohner bei Angriffen feindlich gesinnter Gruppen zurückzogen.

Mit zunehmender Spezialisierung der Aufgaben und abnehmendem Zeitaufwand für Jagd und Ackerbau setzte eine **Blüte des Kunsthandwerks** ein – insbesondere der Schnitz- und Webkunst (S. 130).

Gleichzeitig waren **Kriegshandlungen** an der Tagesordnung. Das Aussterben der leicht zu jagenden Laufvögel und die relativ problemlose Kultivierung von *kumara* auf der wärmeren Nordinsel kennzeichnen den Beginn einer Bevölkerungsverschiebung nach Norden. Als die ersten Europäer eintrafen, lebten bereits 95 % der Bevölkerung auf der Nordinsel, die meisten davon im heutigen Northland.

Die Ankunft der Europäer

Viele Europäer waren von der Existenz einer Terra Australis Incognita überzeugt, eines sagenhaften Landes auf der Südhalbkugel, wo sie Handel zu treiben hofften. 1642 sichtete der Holländer **Abel Tasman**, der für die holländische Ostindien-Kompanie arbeitete, als erster Europäer Aotearoa. Er ging in der Golden Bay vor Anker, wo ein kleines Beiboot zwischen Tasmans beiden Schiffen von einem Maori-Kriegskanu angegriffen wurde. Nachdem vier seiner Männer getötet worden waren, machte Tasman kehrt und floh an der Westküste der Nordinsel entlang nach Norden, um später Tonga und die

1642	1769	1772
Der Holländer Abel Tasman segelt an der Westküste entlang und ankert in der Golden Bay.	Der Engländer James Cook umsegelt Nord- und Südinsel.	Eine französische Expedition landet in der Bay of Islands. Nach einer ersten Annäherung kommt es zu blutigen Kämpfen.

Fidschi-Inseln auf die europäischen Landkarten zu bringen. Der Name Aotearoa wurde später in Anlehnung an die holländische Küstenprovinz Zeeland in „Nieuw Zeeland" geändert.

Über hundert Jahre lang wurde Neuseeland ignoriert, bis **James Cook** (s. Kasten) 1769 auf der ersten seiner drei ausgedehnten Reisen in Aotearoa ankam. Cook fand in den Maori ein kultiviertes Volk mit streng organisierter Gesellschaftsstruktur und beeindruckenden Fähigkeiten vor. Nach zwei unglücklichen Begegnungen bei Gisborne (S. 418) und Napier (S. 431) gelang es Cook erstmals freundschaftliche Kontakte herzustellen. Die Inselbewohner bezeichneten sich selbst fortan im Bemühen um eine Abgrenzung gegenüber den Europäern als *Maori* („normal" oder „unauffällig"), während sie den Neuankömmlingen den Namen *Pakeha* („fremd") gaben.

Die Coromandel Peninsula war einer der Orte, wo Cook entgegen seiner offiziellen Anweisungen als Ausdruck der Landbesitznahme die britische Flagge hisste, ohne die Zustimmung der Maori einzuholen, die ihn dennoch 1773 und 1777 zwei weitere Male empfingen. Auch die Franzosen zeigten Interesse an Neuseeland: Schon bei seiner Reise 1769 war Cook an dem französischen Seefahrer **Jean François Marie de Surville** in einem Sturm vorbeigesegelt, ohne dass die beiden Schiffe einander bemerkten.

Auf Coromandel hisste Cook zwar die Fahne, aber es war auf dem höchsten Punkt von Motuara Island im Queen Charlotte Sound, wo er zum ersten Mal den Union Jack aufpflanzte, um Neuseeland offiziell für England und den Sound für seine Königin zu beanspruchen. Damit überschritt er seine Befugnisse bei weitem, und die Briten legen großen Wert darauf, dass Neuseeland erst nach 1820 in die Liste ihrer Kolonien aufgenommen wurde.

Nach Gründung der Sträflingskolonie Botany Bay im benachbarten Australien war Neuseeland erstmals auch als Handelsgebiet interessant und wurde zwischen Ende des 18. Jhs. und den 30er-Jahren des 19. Jhs. praktisch als Teil Australiens wahrgenommen. 1830 gab es an der neuseeländischen Küste bereits zahlreiche saisonal besiedelte Außenposten der **Robbenjäger**, und schon dreißig Jahre später waren die Meeressäuger so gut wie ausgestorben.

James Cook (1728–1779)

Der aus dem englischen Yorkshire stammende Lieutenant (später Captain) James Cook war ein Navigationsoffizier, der mit der *Endeavour* den Pazifik besegelte, um den Transit der Venus über die Sonnenscheibe zu beobachten. Gemäß den Anweisungen der Admiralität reiste er weiter nach Westen und erreichte schließlich die „Ostseite des von Tasman entdeckten Landes", beobachtete dort „Geist, Wesen, Veranlagung und Anzahl der Eingeborenen" und beauftragte seine Expeditionsbotaniker Banks und Solander mit dem Sammeln zahlreicher Pflanzen.

Im Verlauf von drei Seereisen zwischen 1769 und 1777 verbrachte Cook insgesamt zehn Monate an der Küste Aotearoas und hinterließ seine Spuren in Form zahlreicher Ortsnamen. Einige seiner Karten wurden bis weit ins 20. Jh. verwendet; seine einzigen bedeutenden Fehler bestanden darin, dass er die Banks Peninsula als Insel und Stewart Island als eine mit dem Festland verbundene Halbinsel einzeichnete.

1814	1820	1830–1840
Ankunft der ersten Missionare, darunter Samuel Marsden	Reise des Maori-Häuptlings Hongi Hika nach London	Erste Robbenjäger- und Walfängerstationen entstehen an der neuseeländischen Küste.

In der Zwischenzeit fällte die britische Kriegsmarine massenweise Kauri-Bäume, die sie zum Bau von Schiffsmasten verwendete, während kommerzielle **Holzfäller** die Werften im australischen Sydney belieferten. Zwischen 1820 und 1830 hielten auch **Walfänger** in Neuseeland Einzug und errichteten ihre Basis in Kororareka (heute Russell) in der Bay of Islands, wo sie Maori als Besatzung anheuern und Verpflegung für ihre Schiffe aufnehmen konnten. Einer Mischung aus raubeinigen Walfängern, entflohenen Sträflingen, Schurken und Abenteurern verdankte Russell in der Folge das Prädikat „Höllenloch der Südsee".

Es dauerte nicht lange, bis die traditionelle Lebensweise der Maori völlig auf der Strecke geblieben war. Schon bald kam es zu **Stammesfehden** nie gekannten Ausmaßes. Hongi Hika (S. 110) ging als Erster auf Eroberungsfeldzug, und der Hunger nach immer mehr Land war auch Antrieb für die Raubzüge des Ngati-Toa-Häuptlings **Te Rauparaha**, der schon bald die südliche Hälfte der Nordinsel kontrollierte.

Der drängende Wunsch nach **Feuerwaffen** brachte die Maori dazu, ihre wichtigsten Ressourcen zu verschleudern: die gängige Tauschrate war eine Tonne *muka* (Flachsfasern) gegen eine Muskete. Das führte dazu, dass sich die Maori in der Nähe ungesunder Flachssümpfe niederließen, um mehr Flachs verarbeiten zu können, und selbst hoch in Ehren gehaltene Stammesschätze wie mumifizierte Häuptlingsköpfe wurden eingetauscht. Aus Europa eingeschleppte **Krankheiten** dezimierten die Maori-Bevölkerung, Alkohol und Tabak taten ein übriges; Maori-Frauen wurden zur Prostitution mit weißen Seeleuten verleitet und die Stammesstrukturen begannen sich aufzulösen.

So präsentierte sich die Lage, als 1814 die ersten **Missionare** in der Bay of Islands landeten, angeführt von dem für seine Strenge bekannten ehemaligen australischen Friedensrichter **Samuel Marsden** aus New South Wales. Er betrachtete es als seine Aufgabe, den Maori das Christentum und die „Zivilisation" zu bringen und die Seelen der Walfänger und Robbenjäger zu retten. In der Folge errichteten Anglikaner, Methodisten und Katholiken allesamt Missionen auf der gesamten Nordinsel. Sie erklärten, die Maori vor weiterer Ausbeutung bewahren zu wollen, und setzten sich in London und Sydney dafür ein, dass die Handlungen der Pakeha besser kontrolliert wurden. Andererseits zerstörten die Missionare aber auch Kunstwerke, die sie als anstößig betrachteten, und forderten von den Maori den Verzicht auf Kannibalismus und Sklaverei. Kurz gesagt: Die Maori sollten ihre *Maoritanga* aufgeben und **„Europäer"** werden.

In den 1830er-Jahren waren das Selbstbewusstsein der Maori und ihr Glaube an die eigenen Werte dem Tiefpunkt nahe. Ihre *tohunga* (Priester) hatten sich als machtlos gegen die neuen europäischen Krankheiten erwiesen, die von den Missionaren häufig geheilt werden konnten, und langsam glaubten die Maori den Pakeha, wenn diese behaupteten, die Maori seien im Aussterben begriffen.

Die Phase der Kolonialisierung

Trotz Cooks Entdeckeranspruch aus dem Jahre 1769 hatten die königlichen Kartografen Neuseeland bis dahin nicht als Besitztum Großbritanniens verzeichnet. Man musste langsam einsehen, dass das Britische Empire aufgrund

1835	1840	1840–1850
Unabhängigkeitserklärung der „United Tribes of New Zealand"	Vertrag von Waitangi. Verlegung der Hauptstadt von Kororareka nach Auckland	Gründung der Städte Auckland, Christchurch, Dunedin, Nelson, New Plymouth, Wanganui und Wellington

Hongi Hika

Hongi Hika vom *iwi* der Ngapuhi in der Bay of Islands war der erste Häuptling, der die Bedeutung von Feuerwaffen erkannte. Er hatte bereits mehrere in seinem Besitz, als er 1814 auf den Missionar Thomas Kendall traf. Schon damals ließ er Nutzpflanzen kultivieren, die er bei den Pakeha gegen Schusswaffen eintauschte.
1820 reiste Hongi Hika sogar mit Kendall nach England, um an einer Abhandlung über Vokabular und Grammatik der neuseeländischen Sprache zu arbeiten. Während seines Aufenthalts war er kurzzeitig der gefeierte Star in der feinen Londoner Gesellschaft und wurde König George IV. als „Gleichgestellter" präsentiert. Da er für die meisten Geschenke, mit denen er überhäuft wurde, keine Verwendung hatte, tauschte er sie gegen 300 Musketen ein.
Hongi Hika wollte ein ebenso absoluter Herrscher werden wie das britische Oberhaupt und machte sich nach seiner Rückkehr auf einen Eroberungsfeldzug, in dessen Verlauf er große Teile der Nordinsel unterwarf. Dabei benutzte er die zumeist schlecht gewarteten und unsachgemäß gehandhabten Gewehre vor allem dazu, seine Kontrahenten aufzuscheuchen, um ihnen dann mit traditionellen Keulen den Garaus zu machen. Die Krieger hielten sich auch nicht mehr an die vereinbarten Kampfzeiten – traditionell die Phasen zwischen Jagd- und Ackerbausaison – und machten sich an die Begleichung alter Rechnungen, was sehr viele Maori das Leben kostete.

seiner enormen Größe kaum noch unter Kontrolle zu halten war, und so wurde das für New South Wales geltende Recht 1817 nur unter großem Zögern nominell auch auf Neuseeland übertragen. Auswirkungen waren jedoch kaum zu spüren, da der Gouverneur von New South Wales keine offizielle Vertretung in Neuseeland hatte. Aufgrund der herrschenden Gesetzlosigkeit ersuchte 1831 eine kleine Gruppe von Maori-Häuptlingen aus Northland mit Unterstützung der Church Missionary Society den britischen Monarchen, „Freund und Beschützer dieser Inseln" zu werden. Das besagte Schreiben musste später als Rechtfertigung für die Intervention Großbritanniens herhalten.

Die Reaktion der britischen Krone bestand darin, 1833 den weitgehend inkompetenten **James Busby** als sogenannten „British Resident" nach Neuseeland zu schicken. Seine Mission bestand darin, die Interessen der Krone zu vertreten, Anreize für den Handel zu schaffen, die Beziehungen zu Missionaren und Maori zu pflegen und entflohene Sträflinge zurück nach Sydney zu schaffen. Unter dem Eindruck, Neuseeland würde langsam zur Belastung für New South Wales, hielt der dortige Gouverneur Richard Bourke Gewehre und Soldaten zurück, sodass Busby seine Mission nicht durchzusetzen vermochte. Außerdem ließ Busby sich von **Baron de Thierry** übertölpeln, einem Briten französischer Herkunft, der sich selbst als „Oberhäuptling Neuseelands" bezeichnete und behauptete, er hätte einen Großteil des Distrikts Hokianga von Hongi Hika gekauft, um die Maori vor der Entwürdigung zu bewahren, die er ihnen unter britischer Herrschaft prophezeite. In

1852	1858	1860–1865
Neuseeland wird selbstverwaltete Kolonie und in sechs Provinzen unterteilt.	Die Zahl der Sieder übersteigt die der Maori.	Neuseelandkriege zwischen Pakeha und Maori

einem übereilten Entschluss überredete Busby 1835 törichterweise 35 Häuptlinge aus dem Norden dazu, sich als **United Tribes of New Zealand** (Vereinigte Stämme von Neuseeland) für unabhängig zu erklären. Mit diesem Maori-Bündnis sollte der wachsenden Instabilität im Lande entgegengewirkt werden.

Ende der 30er-Jahre des 19. Jhs. lebten rund 2000 Pakeha in Neuseeland, die Mehrheit in der Gegend von Kororareka in der Bay of Islands. Die meisten waren Engländer, doch auch französische Katholiken etablierten sich allmählich, und 1839 wurde der in Großbritannien geborene James Clendon zum amerikanischen Konsul ernannt. Inzwischen begannen sich auch Spekulanten und Siedler für das neue Land zu interessieren. Der australische Sklavereigegner **William Charles Wentworth** hatte die Südinsel und Stewart Island für ein paar Hundert Pfund „gekauft" (es handelte sich um den größten privaten Landkauf der Geschichte, der aber nachträglich per Regierungsbeschluss annulliert wurde). Schließlich begriff auch die britische Admiralität, dass die australischen Sträflingskolonien, ursprünglich nur als angenehm weit entfernte Alternative zu den überfüllten englischen Gefängnissen gedacht, sich langsam zu wertvollen Besitzungen entwickelten.

Infolge der geschilderten Ereignisse und Busbys permanenter Übertreibung, die Maori seien nicht in der Lage, ihre Angelegenheiten eigenständig zu regeln, sah sich die britische Regierung schließlich veranlasst, die Initiative zu ergreifen. Das Ergebnis war der **Vertrag von Waitangi** (S. 230) aus dem Jahre 1840. Das Dokument sollte den Maori dauerhaft ihre Besitzrechte und die Kontrolle über ihr Land sichern, wenn sie im Gegenzug ihre Hoheitsrechte abtraten, der Text machte aber verschiedenste Auslegungen möglich. Das annektierte Land wurde zunächst der australischen Kolonie New South Wales unterstellt, bis Neuseeland ein Jahr später zur eigenständigen Kronkolonie erklärt wurde.

Die Besiedlung durch Europäer

Schon vor der Unterzeichnung des Vertrags von Waitangi gab es Bestrebungen von Seiten der neu gegründeten **New Zealand Company**, eine Siedlung in Port Nicholson, dem heutigen Wellington, zu errichten. Dahinter stand der englische Staatsmann **Edward Gibbon Wakefield**, der Neuseeland als Testgelände für seine Theorie der „wissenschaftlichen Kolonialisierung" betrachtete. Von 1839 bis 1843 warb die New Zealand Company fast 19 000 Kolonisten an und siedelte sie in **geplanten Siedlungen** in Wellington, Wanganui, Nelson und New Plymouth an. Die einzige bedeutende, nicht von Wakefield geplante Siedlung war **Auckland**, ein verwahrloster Haufen Hütten am Meer, der zum Entsetzen der Offiziellen der New Zealand Company nach Unterzeichnung des Vertrags von Waitangi zur Hauptstadt gemacht wurde.

Die Company konnte das Land nicht direkt von den Maori kaufen, doch erwarb die Regierung riesige Gebiete und verkaufte sie dann weiter, oftmals für das Zehn- oder Zwanzigfache. 1850 zerfiel die New Zealand Company und hinterließ Siedlungen, die sich angesichts der harten kolonialen Wirklichkeit keinen Deut um Wakefields hochtrabende Theorien scherten und sich im Wesentlichen aus Arbeitern zusammensetzten, die dem britischen Proletariat und der unteren Mittelklasse entstammten.

1860–1870	1865	1867
Goldfieber nach mehreren Funden auf der Südinsel	Verlegung der Hauptstadt von Auckland nach Wellington	Einführung des Wahlrechts für männliche Maori

1852 wurde Neuseeland eine begrenzte Selbstverwaltung zugestanden, woraufhin die Regierung das Land in die **sechs Provinzen** Auckland, New Plymouth, Wellington, Nelson, Canterbury und Otago – jede mit eigener Provinzverwaltung – aufteilte. Die Provinzregierungen nahmen die Landverkäufe selbst in die Hand und warben in planmäßigen Auswanderungsaktionen willige Siedler mit kostenloser Seereise, Landzuteilungen und Arbeitsplatzgarantie in Straßenbauprojekten an. In der Hoffnung auf ein besseres Leben ohne die unmenschlichen Arbeitsbedingungen in den Fabriken Großbritanniens machten sich viele auf den langen Weg.

Zu jener Zeit hatten die Maori immer noch den besten Grund und Boden in Besitz und mit dem Anbau von Kartoffeln und Weizen ein gutes Auskommen. Sie produzierten nicht nur für den Eigenbedarf, sondern auch für den Export nach Australien, wo der Goldrausch in Victoria eine große Nachfrage geschaffen hatte. Die Pakeha konnten da kaum konkurrieren, und mit dem plötzlichen Sinken der Exportpreise Mitte der 50er-Jahre des 19. Jhs. gewann die **Weidewirtschaft** verstärkt an Bedeutung. Die Krone half mit einer Halbierung der Landpreise und verschaffte damit auch weniger wohlhabenden Siedlern die Möglichkeit des Erwerbs von Grundbesitz.

Die Landkriege zwischen Maori und Pakeha

Die ersten fünf Jahre nach Unterzeichnung des Vertrags von Waitangi waren eine einzige Katastrophe, zunächst unter Gouverneur Hobson und später unter dem halbherzigen FitzRoy. Die Beziehungen zwischen Maori und Pakeha begannen sich zu verschlechtern, als die Hauptstadt von Kororareka nach Auckland verlegt und in der Bay of Islands Steuern erhoben wurden. Der daraus resultierende Rückgang des Handels mit vorbeifahrenden Schiffen beschleunigte die ersten handfesten Auseinandersetzungen. Im Mittelpunkt einer Reihe Aufsehen erregender Zwischenfälle stand der Ngapuhi-Führer **Hone Heke**, der wiederholt den Flaggenmast in Russell fällte, das wichtigste Symbol britischer Autorität. Die Situation verbesserte sich etwas mit der Ernennung von **George Grey**, rückblickend der fähigste aller neuseeländischen Gouverneure, der wie kein anderer dazu beitrug, das Land in seinen Anfangsjahren zu formen.

Schon bald begannen die **Maori**, ihre Kultur an das Zusammenleben mit den Pakeha anzupassen, u. a. durch den Verkauf ihrer Ernte, den Betrieb von Kornmühlen und die Versorgung der weißen Bevölkerung per Küstenschifffahrt. Grey förderte den Anpassungsprozess, indem er Missionsschulen gründete, Arbeitsplätze für Maori in staatlichen Bauvorhaben schuf und Krankenhäuser errichten ließ, in denen sich Maori kostenlos behandeln lassen konnten. Grey tat sein Möglichstes zur Wahrung des Geistes von Waitangi und gewann dabei enormes Ansehen unter den Maori. Bedauerlicherweise versäumte er es, einen Mechanismus zur Weiterführung dieser Politik einzurichten, bevor er 1853 als Gouverneur nach Kapstadt abberufen wurde. Nach der neuseeländischen Verfassung von 1852 besaßen nur Grundbesitzer das Wahlrecht, und da die Maori keinen individuellen Landbesitz kannten, wurden sie von politischen Entscheidungen ausgeschlossen.

1870–1880	1876	1882
Wolle wird zum wichtigsten Exportartikel der neuseeländischen Wirtschaft.	Abschaffung der Provinzregierungen zugunsten einer Zentralregierung in Wellington.	Mit dem ersten tiefgekühlten Fleischtransport nach Europa gewinnt die Produktion von Lammfleisch an Bedeutung.

Der Vertrag von Waitangi auf Englisch und Maori

Auf Englisch

Die wesentlichen Punkte des englischen Vertrags sind die folgenden:

- Die Häuptlinge treten ihre Hoheitsrechte über Neuseeland an die Königin von England ab.
- Die Königin garantiert den Häuptlingen den „uneingeschränkten, exklusiven und ungestörten Besitz ihres Landes, ihrer Wälder, Fischgründe und anderer Besitztümer, gleich ob kollektives oder individuelles Eigentum".
- Die Krone behält sich das Vorkaufsrecht in Bezug auf den Landbesitz der Maori vor.
- Die Königin gewährt allen Maori die Rechte und Privilegien britischer Staatsbürger.

Auf Maori

Die Übersetzung in die Maori-Sprache lässt jedoch zahlreiche Türchen für Missverständnisse offen, denn Maori ist eher eine idiomatisch und metaphorisch geprägte Sprache, in der ein Wort mehrere Bedeutungen haben kann. Im Folgenden werden die wesentlichen Streitpunkte kurz erläutert.

In der Präambel der englischen Version wird als wesentlicher **Vertragsgegenstand** genannt: Schutz der Interessen der Maori, Schaffung der Voraussetzungen für eine britische Besiedlung und Einsetzung einer Regierung zur Aufrechterhaltung von Frieden und Ordnung. Im Gegensatz dazu liegt der Haupttenor der Maori-Version auf der für die Maori außerordentlich wichtigen Aufrechterhaltung von Rang und Status ihrer Häuptlinge und *iwi*.

Im Maori-Text wurde der Begriff **Hoheitsrechte** (engl. *sovereignty*) als *kawanatanga* (engl. *governorship*, etwa: Gouverneursherrschaft) übersetzt, ein Begriff, den die Maori aufgrund ihrer Erfahrung mit der zahnlosen Herrschaft von James Busby assoziierten. Es erscheint unwahrscheinlich, dass den Häuptlingen die Tragweite dessen bewusst war, was sie da aufgaben.

In der Maori-Version garantiert die Krone den *tangata whenua* („Menschen des Landes") das zeitlich unbegrenzte Besitzrecht über ihr Eigentum. Im englischen Text ist dagegen von **individuellen Rechten** auf Eigentum die Rede. Hier handelt es sich möglicherweise um die mutwilligste Fehlübersetzung. In der Realität kam es dann auch immer wieder zu der Situation, dass Maori genötigt wurden, ihr **Land** zu verkaufen, und dass, wenn sie sich weigerten, es ihnen einfach weggenommen wurde.

Der Begriff **Vorkaufsrecht** (engl. *pre-emption*) wurde mit *hokonga* übersetzt, einem Begriff, der nichts weiter bedeutet als „kaufen und verkaufen". Es wird nicht weiter ausgeführt, dass die Krone das Exklusivrecht zum Kauf von Maori-Land erhält, was in der englischen Version deutlich zum Ausdruck kommt. Aus diesem Punkt entstanden später immer wieder Reibereien, wenn Maori Land, an dem die Regierung nicht interessiert war, anderweitig verkaufen wollten.

Auch die Tragweite des Begriffs **britische Staatsbürgerschaft** wurde von den Maori möglicherweise nicht vollständig erfasst. Es ist unklar, ob ihnen bewusst war, dass sie fortan an britisches Recht gebunden sein würden.

1887	1890	1893
Der erste Nationalpark des Landes wird am Tongariro eingerichtet.	Gewerkschaften gewinnen an politischer Macht; der Liberale John Ballance wird Regierungschef und läutet Arbeitsreformen ein.	Neuseeland führt als erstes Land der Welt das uneingeschränkte Frauenwahlrecht ein.

Inzwischen stand es außer Frage, dass die Maori mit dem Vertrag von Waitangi übertölpelt worden waren. Der wachsende **Widerstand** gegen weitere Landverkäufe fiel genau in eine Zeit, in der die weißen Siedlergemeinden immer mehr expandierten und den Verkauf riesiger Gebiete als Weideland forderten. In dem Maße, in dem die Infrastruktur der Pakeha sich verbesserte, wurden diese unabhängiger und abweisender gegenüber den Maori, die das Vertrauen in die weiße Regierung zunehmend verloren und ihre Angelegenheiten wieder mit traditionellen Methoden zu regeln begannen. Die Selbstregierung ging mit einem Wahlrecht für Landbesitzer einher. Doch da die Maori keine individuellen Besitzurkunden für ihr Land vorweisen konnten, durften sie nicht wählen, und es wurden spezielle Maori-Sitze im Parlament eingerichtet. Da die Vorstellungen von Maori und Pakeha unvereinbar schienen und sich die Maori zunehmend betrogen fühlten, fassten sie schließlich den Entschluss, ihre Stammesfehden zugunsten eines gemeinsamen Vorgehens zu begraben.

1854, einen Monat bevor die neuseeländische Nationalversammlung zum ersten Mal zusammentrat, trafen sich Maori-Stämme, um dem Verfall ihrer Kultur und dem rapiden Landverlust zu begegnen. Die Treffen liefen darauf hinaus, dass 1858 **Te Wherowhero**, oberster Häuptling der Waikato-Maori, zum „König" gewählt wurde. Hinter dem Anführer der **Königsbewegung** (S. 279) wollten sich die Maori versammeln, um der Pakeha-Expansion Einhalt zu gebieten. Die Mehrheit verhielt sich recht moderat und machte Friedensangebote an die Pakeha, die das Vorgehen der Maori als offene Rebellion werteten.

1860 eskalierte die Situation, als die Regierung Soldaten einsetzte, um eine widerrechtliche Beschlagnahmung von Land in Waitara bei New Plymouth gewaltsam durchzusetzen. Die Kämpfe beschränkten sich zunächst auf Taranaki, breiteten sich aber in der Folge auf die gesamte Nordinsel aus und mündeten in die **Landkriege**, die früher von den Pakeha als Maori-Kriege und von den Maori als *te riri Pakeha* („Zorn der Fremden") bezeichnet wurden. Die Maori waren gespalten, und einige Stämme ergriffen die Gelegenheit, um sich zwecks Begleichung alter Rechnungen mit der Regierung zu verbünden.

Anfang der 1860er-Jahre wurde die Zahl der Pakeha-Truppen verdreifacht. Sie bildeten eine effektive Streitmacht gegen die wenig koordiniert vorgehenden Maori. Trotz einiger Achtungserfolge war der Ausgang letztlich unvermeidbar. Ende der 60er-Jahre waren die Kämpfe bereits abgeflaut, doch offiziell Frieden geschlossen wurde erst 1881.

Zahlreiche britische Soldaten, die mit Landbesitz und kostenloser Schiffspassage geködert worden waren, um im Neuseeland in den Militärdienst zu treten, wurden jetzt – ein weiterer Affront gegen die besiegten Maori – in der **Waikato-Region** angesiedelt, die sich bis dahin fest in Maori-Hand befunden hatte. Ein Großteil des fruchtbarsten Landes in der Waikato-Region, der Bay of Plenty und Taranaki wurde konfisziert, wobei auch diejenigen Stämme nicht verschont blieben, die sich während des Krieges loyal verhalten hatten. Ab 1862 durften Privatpersonen Grundbesitz direkt von den Maori erwerben, die dazu gezwungen wurden, den angegebenen Gemeinschaftsbesitz erst auf zehn Personen, später auf eine Person einzugrenzen. Nachdem sie nicht mehr gemeinschaftlich Land besaßen, hatten die ohnmächtigen Maori den gierigen Grundstücksmaklern kaum noch etwas

1907	1910–1920	1914–1918
Die selbstverwaltete Kronkolonie Neuseeland erhält den Status „Dominion" und wird außenpolitisch autonomer.	Zunehmende Organisation der Arbeiterschaft unter der sozialistischen Red Federation mit Streiks in Blackball, Waihi und Auckland	Neuseeländische Soldaten kämpfen im Ersten Weltkrieg und erleiden entsetzliche Verluste.

entgegenzusetzen. Die Agenten lockten sie in die Schuldenfalle und boten ihnen anschließend an, ihr Land zu kaufen.

Zwischen 1860 und 1881 stieg die Pakeha-Bevölkerung von 60 000 auf 470 000 an. Die Maori wurden regelrecht an den Rand der Gesellschaft gedrängt, und die angelsächsische Weltsicht begann auf sämtliche Bereiche des neuseeländischen Lebens überzugreifen. Ab 1871 war Maori keine Unterrichtssprache in den Schulen mehr.

Als auf der Nordinsel die Landkriege wüteten, wurde die Südinsel vom **Goldfieber** heimgesucht. Zunächst war 1861 in der Nähe von Queenstown Gold gefunden worden. Später kam es zu weiteren Funden an der Westküste. Ein knappes Jahrzehnt lang war Gold das wichtigste Ausfuhrgut Neuseelands. Die nachhaltigste Folge war der demografische Wandel: 1858 war die schrumpfende Bevölkerung der Maori bereits von der rapide wachsenden Zahl der Pakeha-Siedler übertroffen worden, von denen sich die meisten auf der Südinsel niederließen.

Konsolidierung und soziale Reformen

Die 1870er-Jahre standen ganz im Zeichen der Politik des fähigen Schatzmeisters und späteren Premierministers **Julius Vogel**, der mit Hilfe von Krediten umfangreiche staatliche Bauprojekte initiierte. Innerhalb eines Jahrzehnts schuf er eine Infrastruktur aus besser befahrbaren Straßen, einem gut ausgebauten Eisenbahnnetz, 7000 km Telegrafenleitung und zahlreichen öffentlichen Einrichtungen. Fast das gesamte noch verbliebene kultivierbare Land wurde den Maori abgekauft oder von ihnen gepachtet, und spezielle Gesellschaften wurden mit dem ausdrücklichen Ziel gegründet, die Siedler bei der Akklimatisierung zu unterstützen, das ländliche Neuseeland zu anglisieren und der Landwirtschaft auf die Beine zu helfen.

Da es keinen größeren Ausfuhrmarkt in der Nähe gab und an den Export verderblicher Güter vorerst nicht zu denken war, wurde **Schafwolle** zum wichtigsten Exportartikel. Als 1882 der erste Frachter mit Kühlkammer nach Großbritannien auslief, war auch die Ausfuhr von Fleisch- und Milchprodukten möglich. Das Ereignis markiert einen bedeutenden Wendepunkt, denn in der Folge entwickelte sich Neuseeland zu Großbritanniens „Farm in Übersee" und behielt diese Rolle bis in die 1970er-Jahre.

Zwischen 1879 und 1896 wurde Neuseeland von einer lang andauernden **Wirtschaftskrise** heimgesucht, die weitgehend in die Regierungszeit der konservativen „Continuous Ministry" fiel – der letzten Regierung, die sich aus der kolonialen Oberschicht zusammensetzte. Während jener Periode gewannen die **Gewerkschaften** auf der politischen Bühne an Einfluss und unterstützten die Bildung einer Allianz aus liberalen Gruppierungen und Arbeitervertretern, die 1890 die politische Macht übernahm und eine Periode tief greifender gesellschaftlicher Veränderungen einläutete. Der erste liberale Regierungschef, **John Ballance**, war ein überzeugter Verfechter der staatlichen Intervention und berief den Sozialisten **William Pember Reeves** zu seinem Arbeitsminister. Reeves spielte eine entscheidende Rolle bei der Durchsetzung drastischer arbeitsrechtlicher Reformen, die derart fortschrittlich waren, dass an der Arbeitsgesetz-

1917	1917	1920–1930
2721 neuseeländische Soldaten sterben in der Schlacht von Gallipoli; knapp 17 000 Neuseeländer lassen ihr Leben im Ersten Weltkrieg.	Die Abstinenzlerbewegung setzt die Schließung der Pubs um 18 Uhr durch (erst 1967 wieder aufgehoben).	Anfänge wirtschaftlicher Erfolge werden durch die Weltwirtschaftskrise zunichte gemacht.

Frauenwahlrecht per Zufall

1893 gewährte Neuseeland als erste Nation der Welt auch Frauen das Wahlrecht. Andere Territorien wie Südaustralien und Wyoming hatten dazu mit einem begrenzten Frauenwahlrecht den Weg geebnet, doch Neuseeland ging noch ein gutes Stück weiter. Darauf sind seine Bewohner mächtig stolz, auch wenn das Ergebnis eher einem Zufall entsprang als einer besonders liberalen Denkweise. Nachdem im Parlament über ein radikales Wahlreformgesetz debattiert worden war, ließ Premierminister Seddon einen Zusatz zur Besänftigung der Frauenwahlrechtsbefürworter passieren – in der Annahme, dass der Legislative Council (das 1950 abgeschaffte Oberhaus) ihn ohnehin ablehnen würde. Seddon wies sicherheitshalber ein Ratsmitglied der Liberal Party an, dagegen zu stimmen; erzürnt über diese Einmischung stimmten daraufhin zwei Ratsmitglieder für den Gesetzesvorschlag, sodass dieser schließlich mit 20 zu 18 Stimmen angenommen wurde.

Andere Stimmen behaupten, das Frauenwahlrecht sei eine Reaktion auf die mächtige, quasireligiöse Abstinenzlerbewegung gewesen. Aus welchen Motiven auch immer, Neuseeland hatte ein Exempel statuiert, dem andere westliche Nationen nach und nach folgten. Erst 1919 erhielten die neuseeländischen Frauen allerdings das Recht, selbst für das Parlament zu kandidieren, und bis 1941 konnten sie nicht Mitglieder des Legislative Council werden.

gebung bis 1936 keinerlei Änderungen mehr vorgenommen wurden.

Als Ballance 1892 starb, wurde **Richard „King Dick" Seddon** sein Nachfolger. Der aus dem englischen Lancashire stammende Politiker führte eine gestaffelte Einkommensteuer ein und schaffte die Grundsteuer ab – in der Hoffnung, einige der großen Besitzungen aufzubrechen und Landbesitz auch für Kleinbauern attraktiv zu machen. 1893 wurde Neuseeland weltweit zur ersten Nation, die das **Frauenwahlrecht** einführte (s. Kasten). 1898 folgte der Aufbau einer **Altersrente**. Die britische Sozialistin und Sozialreformerin Beatrice Webb hielt sich zu jenem Zeitpunkt in Neuseeland auf und kommentierte anerkennend: „Es ist wunderbar, ein Land ohne Millionäre und mit so wenigen Elendsquartieren zu sehen".

Anfang des 20. Jhs. war der Lebensstandard der Pakeha einer der höchsten der Welt. Für die **Maori** sah die Sache nicht so rosig aus, ihre Zahl war von geschätzten 200 000 bei Cooks erster Reise auf vermutlich unter 50 000 im Jahre 1896 geschrumpft. Inzwischen bestand zumindest eine erhöhte Resistenz gegen europäische Krankheiten, sodass die Zahl langsam wieder anstieg, begleitet von neuer Hoffnung angesichts der wachsenden Zahl von Maori in parlamentarischen Führungsrollen. **Apirana Ngata**, **Maui Pomare** und **Te Rangi Hiroa** (Peter Buck), die engagiert innerhalb des administrativen und gesetzgeberischen Rahmens wirkten, kamen zu der Überzeugung, dass das Überleben von Maoritanga nur gesichert werden könne, wenn die Maori jene Aspekte ihres traditionellen Lebens abstreiften, die ihnen eine Akzeptanz innerhalb der westlichen Welt verwehrten.

Mit Seddons Tod 1906 erlosch auch die Flamme der liberalen Fackel, wenngleich die Partei

1935	1941	1945
Die Labour-Regierung unter M. J. Savage formt den ersten Wohlfahrtsstaat der Welt.	Mit dem Bombenangriff auf Pearl Harbor und Beginn des Zweiten Weltkriegs engagiert sich Neuseeland verstärkt in der Pazifikregion.	Auf den Schlachtfeldern des Zweiten Weltkriegs sterben fast 12 000 neuseeländische Soldaten.

noch weitere sechs Jahre an der Macht bleiben sollte. In diesen Zeitraum fällt der Aufstieg der **Red Federation**, einer radikalen sozialistischen Arbeiterorganisation. Die „Red Feds" lehnten das Schlichtungssystem ab, weil die Lohnerhöhungen unter der jeweiligen Inflationsrate blieben und weil das System ein Jahrzehnt lang keinen Arbeitskampf zugelassen hatte. Sie ermutigten die Arbeiter zu **Streiks**, von denen sich der längste in Blackball an der Westküste zutrug, wo die Bergarbeiterorganisation Federation of Miners (und später auch die Federation of Labour) eine dreimonatige Arbeitsniederlegung initiierte.

Als Sieger aus den Wahlen von 1912 ging die **Reform Party** unter William Massey hervor, der von der Unterstützung einflussreicher Farmer (überwiegend Besitzer von Schaffarmen) profitierte. Die politischen Lager waren mittlerweile stark polarisiert, und 1912/13 kam es zu erbitterten Auseinandersetzungen bei einer Reihe von Streiks in den Goldminen von Waihi, den Docks von Timaru und im Hafen von Auckland. Nachdem die Gegner des Schlichtungssystems ihre Werkzeuge niedergelegt hatten, organisierten die Arbeitgeber eine Bewegung von Streikbrechern und wurden dabei von der **Farmers' Union** unterstützt, die ihre berittenen „Special Constables" an die Seite der Regierung stellte. In einer gemeinsamen Aktion unter dem Schutz von Kriegsmarine und Armee brachten sie den Red Feds eine vernichtende Niederlage bei.

Eine Nation wird erwachsen

Die einst nur zögerlich ins Empire eingegliederten Inseln am anderen Ende der Welt hatten sich bald zu einer treu ergebenen Kolonie entwickelt, auf die auch in Krisenzeiten Verlass war. Bereits Ende des 19. Jhs. hatte die junge Nation Großbritannien in Südafrika militärisch unterstützt, und bei Ausbruch des **Ersten Weltkriegs** wurde erneut an die neuseeländische Loyalität appelliert. Inzwischen übertrafen die im Land geborenen Pakeha zahlenmäßig bereits die Einwanderer. 1907 war Neuseeland von einer selbstverwalteten Kronkolonie zu einem Dominion aufgestiegen und somit außenpolitisch autonom, doch dies änderte nichts an dem immer noch ausgeprägten Pflichtgefühl gegenüber dem Mutterland. Insgesamt 10 % der neuseeländischen Bevölkerung dienten im Krieg, 100 000 Mann kämpften in den Schützengräben der türkischen Halbinsel Gallipoli, im flandrischen Passendale und anderswo. 17 000 von ihnen kamen nicht zurück.

Innenpolitisch war die **Abstinenzlerbewegung** wieder aktiv geworden, um den in der Armee grassierenden Lastern zu begegnen, die in ihren Augen der Dämon Alkohol zu verantworten hatte. Mehrere Volksentscheide verhinderten 1911, 1914 und 1919 zwar knapp eine landesweite Prohibition, doch setzten sich die Tugendwächter insoweit durch, als die Schließungszeit für Pubs ab 1917 zunächst für die Dauer des Krieges auf 18 Uhr festgesetzt wurde, was aber erst 1967 wieder rückgängig gemacht wurde.

Der wirtschaftliche Aufschwung während des Ersten Weltkriegs gründete sich auf den hohen Nahrungsmittelbedarf in Großbritannien und hielt bis etwa 1920 an. Die Pakeha unter den Kriegsheimkehrern wurden mit neu erworbenem Weideland entschädigt; die Maori-Heimkehrer erhielten nichts. Neuseeland hatte nach wie vor Wachstum zu verzeichnen, dank einer verbesserten Infrastruktur mit Wasserkraftwerken und neuen Fernstraßen sowie enormer Fort-

1947	1951	1960–1970
Neuseeland erlangt die vollständige Unabhängigkeit von Großbritannien.	Neuseeland unterzeichnet das ANZUS-Verteidigungsabkommen mit den USA und Australien.	Beginn einer Einwanderungswelle von den Pazifischen Inseln. Mehr und mehr Maori ziehen in die Städte.

schritte in der Agrartechnik, beispielsweise der Entwicklung von Superphosphatdünger, modernen Melkmaschinen und Traktoren.

Das Land war allerdings nur unzureichend auf die ohne Vorwarnung hereinbrechende **Weltwirtschaftskrise** vorbereitet. Die ohnehin hohe Staatsverschuldung schoss noch weiter in die Höhe, während die Exporteinnahmen sanken und die regierende Reform Party Einschnitte bei den Renten, im Gesundheitswesen und bei den Ausgaben für öffentliche Bauvorhaben machen musste. Der Haushalt konnte nur auf Kosten einer hohen Zahl von Arbeitslosen saniert werden. Premierminister Forbes prägte den Leitsatz „Kein Geld ohne Arbeit" und schickte mehrere Tausend Arbeiter in primitive Camps auf dem Land, wo sie unnötige Arbeiten wie das Anpflanzen von Bäumen und Trockenlegen von Sümpfen zu verrichten hatten. Zwar wurde während jener Zeit auch dringend notwendige Infrastruktur geschaffen, in erster Linie aber resultierten die Maßnahmen in Schlangen zerlumpter, auf Hilfsgelder wartender Männer, Schulen voller unterernährter Kindern und Straßen voller bettelnder ehemaliger Soldaten.

Im Verlauf der 1920er-Jahre hatte die Labour Party ihre sozialistische Politik verwässert, um Wählerstimmen aus der politischen Mitte für sich zu gewinnen. 1935 kam sie schließlich wieder an die Macht und läutete eine zweite Phase massiver gesellschaftlicher Veränderungen ein. Der Faden wurde dort wieder aufgenommen, wo Seddon aufgehört hatte, und Labour-Führer **Michael Joseph Savage** brachte es auf den Punkt: „Soziale Gerechtigkeit muss das Leitprinzip sein, die Wirtschaftspolitik hat sich nach den gesellschaftlichen Erfordernissen zu richten". Die während der Krise gekürzten Löhne wurden wieder erhöht, öffentliche Bauvorhaben wieder aufgenommen, die Arbeiter erhielten wieder vollen Lohn statt Fürsorge, das Einkommen wurde durch eine gestaffelte Besteuerung schrittweise umverteilt.

Mit einem ganzen Paket von neuen Gesetzen schuf die Regierung nicht nur den ersten, sondern auch den umfassendsten und ausgewogensten **Wohlfahrtsstaat** der Welt, der zum Vorbild für alle folgenden werden sollte. Die Regierung ließ Häuser und Wohnungen bauen und vermietete sie zu günstigen Konditionen, die Renten wurden erhöht, ein Gesundheitssystem garantierte kostenlose medizinische Versorgung, und spezielle Vergünstigungen sorgten für eine Besserstellung von Familien gegenüber Kinderlosen. Das Wohlergehen der Maori stand ebenfalls auf der Tagesordnung. Ihr Lebensstandard sollte auf Pakeha-Niveau angehoben werden, was u. a. mittels einer Erhöhung der Renten und des Arbeitslosengeldes verwirklicht werden konnte. Gesetzesänderungen ebneten den Weg dafür, dass Maori-Land weiterhin als Gemeinschaftsbesitz behandelt, aber mit den Agrarmethoden der Pakeha bewirtschaftet werden konnte. Als Gegenleistung unterstützte die neu gegründete **Ratana Party** mit den vier Parlamentssitzen der Maori die Labour-Regierung, die sich so bis 1949 an der Macht halten konnte.

Als 1941 mit der Bombardierung von Pearl Harbor auf Hawaii durch die Japaner der **Zweite Weltkrieg** den Pazifik erreichte, mussten sich die Neuseeländer mit ihrer Rolle in der internationalen Staatengemeinschaft auseinandersetzen und einsehen, dass sie trotz eines halben Globus Entfernung von Großbritannien militärische Verpflichtungen gegenüber den Vereinigten Staaten hatten. Wie im Ersten Weltkrieg wur-

1975	1981	1984
Gründung des Waitangi Tribunals zur Prüfung von Landansprüchen der Maori	Die Gastreise der nach Apartheid-Aspekten aufstellten südafrikanischen Rugby-Nationalmannschaft löst massive Proteste aus.	Ein Protestmarsch zum Parlament (Hikoi) bringt die Entschädigungen der Maori für illegale Landnahme auf die politische Tagesordnung.

1985	1987	1990–1996
Französische Geheimagenten versenken das Greenpeace-Flaggschiff *Rainbow Warrior* im Hafen von Auckland (Foto).	Neuseeland wird atomwaffenfreie Zone.	Die Reformpolitik zur Förderung eines freien Marktes wird fortgeführt und der Wohlfahrtsstaat weiter abgebaut.

den sehr viele Soldaten einberufen, insgesamt etwa ein Drittel der arbeitsfähigen männlichen Bevölkerung. Glücklicherweise waren die Verluste diesmal nicht so verheerend, und an der Heimatfront boomte die Wirtschaft weiter. Neuseeland verfügte in den 40er-Jahren als eines der wohlhabendsten Länder der Welt über eine beneidenswerte Lebensqualität und das sichere Netz eines leistungsfähigen Wohlfahrtsstaates.

Jahre des Wohlstands

Die Reform Party und die Überreste der Liberalen schlossen sich schließlich zur **National Party** zusammen und lösten 1949 die Labour-Regierung ab. Mit antikommunistischer Rhetorik à la McCarthy brandmarkte die Partei militantere Gewerkschafter als Kommunisten, und mit der gewaltsamen **Waterfront-Aussperrung** 1951, als 8000 Hafenarbeiter, die einen Lohnausgleich für ihre Überstunden forderten, fünf Monate von ihren Arbeitsplätzen ausgesperrt wurden, zerschlug sie einen Großteil der Macht der Gewerkschaften. Von Ende der 1940er- bis Mitte der 1980er-Jahre blieb die National Party in Neuseeland die stärkste Regierungspartei, unterbrochen nur von zwei dreijährigen Legislaturperioden, in denen Labour an der Macht war. Der in Neuseeland unterschwellig stets präsente Konservatismus hatte endlich seinen Ausdruck gefunden; die meisten Bürger waren mit einer Politik der harten Hand und der Schwächung militanter Gewerkschaften zufrieden.

Ein derart süßes Leben übte auch eine enorme Anziehungskraft auf viele Briten aus, die noch immer unter den Folgen des Zweiten Weltkriegs zu leiden hatten. Neuseeland brauchte Arbeitskräfte, und so wanderten zwischen 1947 und 1975 rund 77 000 Briten als sogenannte **Ten Pound Poms** nach Neuseeland aus, indem sie vom Angebot einer verbilligten Seereise unter Kostenbeteiligung der neuseeländischen Regierung Gebrauch machten. Auch etwa 1000 junge deutsche und österreichische Frauen wurden Mitte der 50er-Jahre mit dem Versprechen auf einen festen Arbeitsplatz nach Neuseeland gelockt.

Der Reichtum des Landes war gleichmäßiger verteilt als anderswo. Eine Ausnahme bildeten auch hier die Maori, die nach dem Zweiten Weltkrieg in großer Zahl in die Städte abwanderten, besonders nach Auckland. In den 1970er-Jahren führte die **Entwurzelung der Maori** in den urbanen Zentren zu sozialen Unruhen, die eine hohe Arbeitslosigkeit unter den Maori und eine unverhältnismäßig hohe Zahl von in Gefängnissen einsitzenden Maori zur Folge hatten.

Die größten wirtschaftspolitischen Reformen wurden zwischen 1957 und 1960 unter der Labour-Regierung von Premierminister **Walter Nash** vorgenommen, der ein Programm zur Verringerung der Exportabhängigkeit der neuseeländischen Wirtschaft auf den Weg brachte. Es folgten der Bau eines Stahlwalzwerks, einer Ölraffinerie, einer Gin-Brennerei, einer Glasfabrik und einer Aluminiumhütte.

Als **Keith Holyoake** 1960 an der Spitze der National Party wieder das Ruder für die Konservativen übernahm, war Großbritannien noch immer der mit Abstand größte Exportmarkt Neuseelands, machte aber bereits erste Annäherungsversuche an die Europäische Gemeinschaft. Das Mutterland war nicht mehr der Beschützer der Inseln wie in früheren Zeiten. Gleiches galt für die **Verteidigungspolitik**, wo Neuseeland sich

1997	1999	2000
Jenny Shipley von der National Party wird Neuseelands erste Premierministerin.	Helen Clark von der Labour Party wird Neuseelands zweite Premierministerin und bleibt für drei Legislaturperioden im Amt.	Das britische System des Ritterschlags wird durch ein neuseeländisches Ehrentitelsystem abgelöst.

verstärkt um Verbündete im pazifischen Raum bemühte. Dokumentiert wird diese Richtungsänderung v. a. durch die Unterzeichnung des ANZUS-Verteidigungspaktes zur Bereitstellung gegenseitiger militärischer Hilfe zwischen Australien (A), Neuseeland (NZ) und den Vereinigten Staaten (US).

Schlingerkurs in schwierigen Zeiten

1972 trat Großbritannien der EG bei und Neuseeland fühlte sich betrogen. Noch im gleichen Jahr stiegen die Ölpreise binnen weniger Monate auf das Vierfache; das Finanzministerium hatte plötzlich mit steigenden Kraftstoffpreisen und schwindenden Exporteinnahmen zu kämpfen. Die Labour-Regierung konnte eine Niederlage bei den Wahlen 1975 nicht mehr verhindern. An der Spitze der siegreichen National Party stand **Robert „Piggy" Muldoon**, der die Neuverschuldung der Regierung anprangerte, nur um danach noch mehr Kredite aufzunehmen als Labour. Innerhalb kürzester Zeit war Neuseeland im In- und Ausland aufs Höchste verschuldet, die Arbeitslosigkeit war so hoch wie seit Jahrzehnten nicht mehr, und der Lebensstandard begann zu sinken. Zu Tausenden wanderten Neuseeländer aus, bis der „Brain Drain", die Abwanderung der geistigen Elite, kritische Ausmaße anzunehmen begann. Muldoons Lösung hieß „klotzen statt kleckern": **Think Big** wurde zum Oberbegriff für eine Reihe kapitalintensiver petrochemischer Mammutprojekte unter Nutzbarmachung der reichen Erdgasvorkommen Neuseelands. Wirtschaftlich gesehen hatten die Projekte wenig Sinn. Statt auf einheimische Technologie und Arbeitskräfte zu setzen und die Fahrzeuge auf das bereits ausgereifte System mit komprimiertem Erdgas umzustellen, beauftragte Muldoon internationale Konzerne für teures Geld mit der Entwicklung riesiger Verarbeitungsanlagen, die im Ausland hergestellt und später in der Gegend von New Plymouth aufgebaut wurden.

Die Abwässer aus den Fabriken führten wiederholt zur Gefährdung der traditionellen Schalentierfanggründe der Maori, und die *iwi* erhoben daraufhin **Proteste**, die ihnen bedeutende Zugeständnisse einbrachten. Die Maori begannen die Lebensphilosophie der Pakeha in Frage zu stellen und pochten erneut auf den Vertrag von Waitangi. Ihr Ziel war es, die Ungerechtigkeiten und den Unmut zu beseitigen, der sich bereits bei Besetzungen traditionellen Maori-Landes in Bastion Point nahe Auckland und bei Raglan Luft gemacht hatte. Nach einem Protestmarsch durch die Nordinsel zum Parlament wurde der Regierung schließlich eine Petition übergeben.

Einige Maori suchten in der Bildung von **Banden** ein Ventil für ihre Wut. Insbesondere Gangs wie Black Power und Mongrel Mob verfügen bis heute über erheblichen Einfluss unter jugendlichen Maori. Die Verständigung zwischen den verschiedenen Volksgruppen zu fördern, war nicht Muldoons Stärke. Als illegale **polynesische Einwanderer** von den Inseln im Südpazifik – besonders aus Tonga, Samoa und den Cook-Inseln – in großer Zahl nach Auckland strömten, reagierte er mit der Anweisung an die Polizei, stichprobenartige Razzien im Morgengrauen *(dawn raids)* gegen Aufenthaltsverstöße vorzunehmen und illegale Immigranten auszuweisen.

Muldoon nahm auch eine passive Haltung ein, als es um **sportliche Begegnungen mit Süd-**

2003	2003	2004
Der Kronrat in London wird durch den Obersten Gerichtshof (Supreme Court) in Neuseeland als letzte Rechtsinstanz ersetzt.	Die anhaltende ostasiatische Einwanderung bedeutet einen Anstieg der Asiaten auf 10 % der neuseeländischen Gesamtbevölkerung.	„Maori TV" geht auf Sendung – ein Fernsehsender, der sich ganz der Kultur und Sprache der Maori widmet.

afrika ging, und ließ zu, dass die neuseeländischen Rugby-Funktionäre 1976 ein Team der „All Blacks" in Südafrika gegen Mannschaften, die nach Apartheid-Gesichtspunkten ausgewählt worden waren, antreten ließen. Die anderen afrikanischen Nationen antworteten mit einem Boykott der Olympischen Spiele von Montréal und brachten Neuseeland damit in die Rolle des internationalen Außenseiters. 1977 verpflichtete sich Neuseeland mit der Unterzeichnung des Gleneagles-Abkommens zur „energischen Bekämpfung der Missstände der Apartheid", doch schon 1981 lud die New Zealand Rugby Union die südafrikanische Rugby-Nationalmannschaft, die Springboks, zu einer Gastreise ein und löste damit die schwersten zivilen Unruhen seit den Arbeiteraufständen der 1920er-Jahre aus.

Wirtschafts- und Wahlrechtsreform

Muldoons Wirtschaftspolitik stellte sich als erfolglos heraus, und 1984 kam Labour unter der Führung von **David Lange** an die Macht. Just in dem Moment, als die Konservativen ihre traditionell rechtslastige Wirtschaftspolitik durch eine „verwaltete Wirtschaft" zu ersetzen begannen, änderte die Labour Party ihre Strategie, ging die enormen ökonomischen Probleme an und verwandelte eine der am stärksten regulierten Volkswirtschaften weltweit in eine deregulierte freie Marktwirtschaft. Der über Jahrzehnte gepflegte Grundsatz, der Staat habe für die schwächsten Glieder der Gesellschaft zu sorgen, wurde zugunsten des Abbaus von Handelsschranken, einer Halbierung des Einkommensteuerhöchstsatzes, der Einführung einer Mehrwertsteuer und der Kürzung von Sozialleistungen über Bord geworfen. Die Arbeitslosigkeit verdoppelte sich auf 12 %, ein Viertel der Arbeitsplätze in der Fertigungsindustrie ging verloren, und die Besserverdienenden profitierten auf Kosten der unteren Einkommensschichten.

Doch nicht auf allen Gebieten war die Labour-Politik so rechtslastig. Eine der ersten Amtshandlungen von Lange bestand darin, US-Schiffen das Anlegen in neuseeländischen Häfen nur zu erlauben, wenn diese erklärten, keine nuklearen Anlagen an Bord zu haben. Die Amerikaner weigerten sich und verabschiedeten sich verärgert aus Neuseelands verteidigungspolitischem Sicherheitsnetz, dem **ANZUS**-Pakt. Erstmals seit Mitte des 19. Jhs. wurde der Vertrag von Waitangi rechtlich offiziell anerkannt, sodass Maori nunmehr ihre Klagen gegen unrechtmäßige Landnahme rückwirkend bis 1840 vorbringen konnten.

Die Erhöhung der Nettoeinkommen und das damit gesteigerte Vertrauen der Verbraucher kurbelten die Umsätze an und sorgten für einen wirtschaftlichen Aufschwung, der mit dem **Börsenkrach** von 1987 allerdings ein abruptes Ende fand. Neuseeland wurde besonders hart getroffen. Aus den Wahlen von 1990 ging die National Party unter **Jim Bolger** als Sieger hervor. Angesichts der dramatischen Verschlechterung der Wirtschaftslage führten die Nationalen die von Labour initiierten Reformen des freien Marktes fort, kürzten weiter die Sozialleistungen und schwächten die Gewerkschaften durch die Verabschiedung des Employment Contracts Act, der es den Arbeitgebern ermöglichte, Löhne und Arbeitsbedingungen frei auszuhandeln. Bis Mitte der 1990er-Jahre erholte sich die neuseelän-

2008	2008	2010–2011
John Key von der National Party bildet mit Unterstützung der Maori Party, ACT New Zealand und United Future eine Regierung.	Neuseeland unterzeichnet als erstes westliches Land ein Freihandelsabkommen mit China.	Christchurch wird von mehreren Erdbeben heimgesucht. Das verheerendste ereignet sich im Februar 2011 und kostet 185 Menschen das Leben.

dische Wirtschaft auf eindrucksvolle Weise, und was anfangs als tollkühnes Experiment abgetan worden war, wurde jetzt von den Monetaristen als Vorbild für die freien Volkswirtschaften der Welt hingestellt. Derweil wurde die Schere zwischen Arm und Reich im Land der langen weißen Wolke immer größer.

Politischer Wandel

1996 fanden in Neuseeland die ersten Wahlen nach dem Verhältniswahlrecht MMP *(mixed member proportional representation)* statt. Danach wehte ein neuer Maori-Wind durchs Parlament, denn plötzlich gab es mehr Maori-Abgeordnete als je zuvor.

Die Unterstützung für Bolger schwand, weil er die Probleme der ersten Koalitionsregierung nach Einführung des neuen Wahlrechts nicht in den Griff bekam, und schließlich wurde er bei einer Art Palastrevolte zum Rücktritt gedrängt. Seine Nachfolgerin **Jenny Shipley** wurde Neuseelands erste Frau auf dem Posten des Premierministers. Bei den Wahlen 1999 kam aus der linken Ecke plötzlich die **Green Party**, die lange nichts zu sagen gehabt hatte, unter dem Verhältniswahlrecht allerdings deutlich an Einfluss gewann und ins Parlament einzog. Die Grünen bildeten mit Labour unter **Helen Clark**, der ersten gewählten Premierministerin Neuseelands, eine Koalition. Bei dieser Wahl zogen auch einige Paradiesvögel ins Parlament ein, darunter **Nandor Tanczos** (ein Rastafari) und **Georgina Beyer** (die erste transsexuelle Abgeordnete der Welt).

Die Koalitionsregierung unter Führung der **Labour Party** stoppte die Abholzung der Südbuchenwälder der Westküste, und der Employment Contracts Act wurde durch ein arbeitnehmerfreundlicheres Gesetz abgelöst. In der Bildungs- und Gesundheitspolitik wurden keine Verbesserungen erzielt, doch Clark ging aus der Wahl 2002 mit einer gestärkten Mehrheit hervor.

Labours Beliebtheit blieb ungebrochen, bis Ende 2003 plötzlich die Debatte um den **Foreshore and Seabed Act** (Küstenvorland- und Meeresbodengesetz) ausbrach. Die Regierung drückte ein Gesetz durch, mit dem allen Bewohnern des Landes der freie Zugang zu den Stränden garantiert werden sollte, indem Küstenlinie und Meeresboden zu Staatseigentum erklärt wurden. Durch die Forcierung dieses Gesetzes fühlten sich viele Maori – traditionell treue Labour-Anhänger – von der Regierung vor den Kopf gestoßen. Als Reaktion trat die Maori-Abgeordnete **Tariana Turia** aus der Labour-Partei aus und gründete die **Maori Party**, die bei den Wahlen 2005 vier von sieben Maori-Sitzen gewinnen konnte. Dennoch schaffte es Labour, auch ohne Unterstützung durch die Maori Party eine Koalition zu zimmern und an der Regierung zu bleiben, wenn auch mit einer viel knapperen Mehrheit.

Diese Querelen und der Wunsch der Wählerschaft nach Wandel hauchten der National Party neues Leben ein. Nach den Wahlen von 2008 bildete die Partei unter dem ehemaligen Devisenhändler **John Key** eine Koalitionsregierung.

Neuseeland heute

Neuseeland hat die jüngste globale Finanzkrise 2008 besser überstanden als viele andere Länder. Die Linke führte das zwar auf ihr solides Finanzmanagement zurück, aber der eigentliche

2011	2011	2014
Neuseeland gewinnt die im eigenen Land ausgetragene Rugby-Weltmeisterschaft.	Die National Party unter John Key wird wiedergewählt und bildet eine Minderheitsregierung.	John Key gewinnt zum dritten Mal in Folge die Wahlen.

Neuseeländisches Wahlsystem und Maori-Sitze

Inmitten der Wirtschaftskrise von 1993, als die Unzufriedenheit mit der Politik der beiden großen Parteien einen Höhepunkt erreicht hatte, führte Neuseeland eine Wahlrechtsreform durch. Hatte bisher das parlamentarische System mit Mehrheitswahlrecht nach britischem Muster gegolten, so entschied man sich nun für ein gemischtes Verhältniswahlrecht (*mixed member Proportional*, MMP) nach deutschem Vorbild. Auf diese Weise bekamen die kleineren Parteien einen größeren politischen Einfluss und das neuseeländische Parlament wurde um einige Farbtupfer bereichert.

Von den 120 gewählten Parlamentsabgeordneten wird rund die Hälfte direkt und die andere Hälfte auf der Grundlage von Parteilisten gewählt. Alle Wähler haben zwei Stimmen: eine für den Kandidaten, die zweite für die Partei. Die Zahl der Sitze einer Partei im Abgeordnetenhaus setzt sich zusammen aus den Direktkandidaten plus der Anzahl der Listenabgeordneten, die sich aus dem prozentualen Anteil der Parteistimmen ergibt.

Um im Parlament vertreten zu sein, muss eine Partei mindestens 5 % der Parteistimmen bekommen oder ein Direktmandat gewinnen. In letzterem Fall richtet sich die Zahl der Sitze nach dem Ergebnis der Parteistimmen, auch wenn es unter 5 % geblieben ist. Noch komplizierter wird die Sache dadurch, dass Maori-Wähler entweder nach dem oben beschriebenen System stimmen können oder für einen der sieben Maori-Sitze, für die im ganzen Land kandidiert wird. Kandidaten aller Parteien dürfen sowohl in allgemeinen als auch in Maori-Wahlkreisen antreten, doch meist gehen die Maori-Sitze an Parteien, die sich Interessen der Maori auf die Fahnen geschrieben haben. Zeitgleich mit der Parlamentswahl 2011 wurde ein Referendum über das neuseeländische Wahlrecht abgehalten. Die überwältigende Mehrheit der Neuseeländer stimmte dafür, das bestehende System beizubehalten.

Grund dürften wohl die international gestiegenen Preise für Milchprodukte und insbesondere Milchpulver gewesen sein, die sich zwischen 2007 und 2008 nahezu verdoppelten und ihr hohes Niveau bis 2014 beibehalten konnten. Im ganzen Land sattelten die Schafzüchter auf Milchwirtschaft um, und selbst in Ackerbauregionen wie den Canterbury Plains grasen nun Kühe auf Weiden, die von kilometerlangen Kanälen bewässert werden. Angesichts der hohen Nährstoffbelastung im Boden fragen sich viele Neuseeländer allerdings inzwischen, wie viel Milchwirtschaft die Umwelt wirklich verträgt. Was jedoch manche Farmer wahrscheinlich eher zum Umdenken bewegen könnte, sind die extrem steigenden Produktionskosten zusammen mit den sinkenden Milchpreisen.

In den frühen 1990er-Jahren gingen rund 16 % der neuseeländischen Milchexporte nach Großbritannien und 0,5 % nach China. Dieses Verhältnis hat sich nun umgekehrt: Nur noch 0,3 % der Exporte gehen nach Großbritannien, aber rund 25 % nach China. Der Hauptgrund für diesen Wandel liegt in der Unterzeichnung eines **Freihandelsabkommens** mit China im Jahr 2008. Bereits 2013 avancierte China mit einem Handelsvolumen von $12 Mrd. (2014 bereits $18 Mrd.) zum größten Handelspartner Neuseelands,

2016	2017	
Ein Erdbeben der Stärke 7,8 erschüttert Kaikoura und zerstört Straßen- und Schienenverbindungen.	Jacinda Ardern wird zur Premierministerin gewählt. Ihre Regierungskoalition aus Labour Party und NZ First (unter Duldung der Green Party)	löst eine drei Wahlperioden dauernde Regierung der National Party ab.

knapp vor Australien mit $11 Mrd. und weit vor den USA ($6 Mrd.) und Japan ($4 Mrd.).

Mit ihrer komfortablen bis 2017 dauernden Mehrheit im Parlament versuchte die National Party auch die politische Kontrolle in Auckland zu übernehmen. Dazu löste sie die ineffiziente Aufteilung der Metropolregion Auckland in vier Räte unabhängiger Städte, drei Distrikträte und einen Regionalrat zugunsten einer zentralen Verwaltungseinheit, dem Auckland Council, auf. Zum Verdruss der National Party wurde 2010 der linksgerichtete **Len Brown** erster Bürgermeister der neuen „Supercity", 2016 gefolgt vom langjährigen Labour-Parlamentsmitglied Phil Goff.

Ende 2010 begann eine traurige Zeit. Im September erschütterte ein Erdbeben der Stärke 7,1 Christchurch. Im November starben 29 Männer bei einer Schlagwetterexplosion in der Pike-River-Mine an der Westküste der Südinsel; es war eines der größten Grubenunglücke Neuseelands seit Jahrzehnten. Im Februar 2011 kamen erneut 185 Menschen bei einem Nachbeben in Christchurch ums Leben (S. 610).

An der politischen Front hob Keys Koalitionsregierung im April 2011 den Foreshore and Seabed Act auf, worauf der Parlamentsabgeordnete **Hone Harawira** aus der Maori Party austrat und die **Mana Party** gründete. Harawira übernahm bei den Wahlen 2011 den Maori-Sitz von Te Tai Tokerau in Northland und blieb der Regierung und der Maori Party ein Dorn im Auge. 2014 verlor er seinen Sitz, nachdem er eine desaströse Allianz mit dem deutschen Internetunternehmer Kim Dotcom eingegangen war.

In der Opposition scheiterten eine Reihe von Labour-Führern an John Key's Popularität. Nach dem Wahlergebnis von unter 25 % und nur noch 32 Abgeordneten im Parlament übernahm der ehemalige Gewerkschaftsführer **Andrew Little** die Führung der Labour Partei. Nur acht Wochen vor der Parlamentswahl 2017 wurde Kritik an seiner Führung laut. Er musste sie an den aufstrebenden Labour-Star **Jacinda Ardern** abgeben. Nachdem keine Partei die Mehrheit der Wählerstimmen erlangte, bildete sich eine Koalition aus Labour, Grünen und NZ First, und Ardern wurde zur Premierministerin gewählt.

Arderns Regierungsstil rückte nach dem Ausbruch der Covid-19-Pandemie im Jahr 2020 ins Rampenlicht. Sie führte das Land sehr zielstrebig durch die Krise mit den strengsten Grenzkontrollen weltweit. Internationale Besucher konnten drei Jahre lang nicht ins Land einreisen. Diese Maßnahmen waren äußerst wirksam bei der Eindämmung des Virus und ermöglichten es den Neuseeländern, auf strenge Lockdowns zu verzichten. Gleichzeitig zählte die Sterblichkeitsrate im Land zu den niedrigsten weltweit. Arderns Amtszeit als Ministerpräsidentin endete im Januar 2023, als sie als Labour-Chefin und Premierministerin zurücktrat. Die Gründe: Amtsmüdigkeit und der Wunsch, mehr Zeit mit ihrer Familie zu verbringen. Sie wurde durch Chris Hipkins ersetzt, der von den Neuseeländern liebevoll „Chippy" genannt wird und dessen Präsidentschaft vor allem mit zentralistischer Politik von sich reden machte. Ebenfalls 2023 erhielt Neuseeland ein neues Staatsoberhaupt. Nach dem Tod von Königin Elizabeth II. im Jahr zuvor übernahm König Charles III. das Zepter. Nach den Parlamentswahlen im Oktober 2023 formierte sich ein neues konservatives Regierungsbündnis mit Beteiligung der umstrittenen populistischen Partei New Zealand First. Multimillionär Christopher Luxon von der National Party übernahm das Amt des Ministerpräsidenten.

März 2019	2020	2023
Bei einem Terroranschlag auf zwei Moscheen in Christchurch erschießt ein Rechtsextremist 50 Menschen, 50 weitere werden verletzt.	Covid-19 breitet sich auf der ganzen Welt aus, und Neuseeland erhält große Anerkennung für seinen Umgang mit der Pandemie.	Jacinda Ardern tritt als Premierministerin zurück. Das Amt übernimmt Chris Hipkins, dann Christopher Luxon (New Zealand National Party).

Maoritanga

Als die Pakeha auf diese Insel kamen, lehrten sie die Maori als Erstes den christlichen Glauben. Sie machten einige Maori zu Pfarrern und Priestern und sagten ihnen, sie sollten gen Himmel blicken und beten; und während sie dies taten, nahmen uns die Pakeha unser Land weg.

Mahuta, Sohn des Maori-Königs Tawhiao, bei einer Rede vor dem New Zealand Legislative Council 1903

Trotz der dominierenden anglo-europäischen Kultur hat die zeitgenössische Maori-Kultur gerade in den letzten Jahren eine unglaubliche Wiederbelebung erfahren. Meist wird der Anteil der Maori an der neuseeländischen Bevölkerung mit 15 % angegeben. Aber auch viele Pakeha haben Maori unter ihren Vorfahren, und die seit dem frühen 19. Jh. möglichen Eheschließungen zwischen Maori und Pakeha haben zu einem komplexen Völkergemisch geführt. Die Abstammung bleibt das Fundament der Maori-Kultur, und das Zugehörigkeitsgefühl wird immer wichtiger. Der Begriff Maoritanga bezeichnet die Lebensweise und Kultur der Maori – die Art und Weise, in der Maori Dinge tun – und umfasst Sozialgefüge, Ethik, Brauchtum, Legenden und Kunst, aber auch die Sprache.

Maori heute

Die Maori sind in allen Bereichen des gesellschaftlichen Lebens vertreten – als Rechtsanwälte, Parlamentsabgeordnete, Universitätsdozenten, als Persönlichkeiten der Sport-, Musik- und Medienwelt und auch als Generalgouverneure (Vertreter der britischen Königin in Neuseeland). Das Durchschnittseinkommen der Maori liegt jedoch unter dem der Pakeha, fast die Hälfte aller Gefängnisinsassen sind Maori, nur etwa ein Viertel aller Maori verfügt über höhere Bildungsabschlüsse, und die Gesundheitsstatistiken der Maori sind erschreckend – dieses Ungleichgewicht versuchen Aktivisten und Politiker auszugleichen. Viele weiße Neuseeländer bemühen als Beweis für das harmonische Zusammenleben gerne Szenen von Maori und Pakeha, die einträchtig nebeneinander in der Bar sitzen oder als Rugbyspieler gemeinsam für den Sieg kämpfen. Dabei ignorieren sie die schwelende Unzufriedenheit der Maori darüber, wie sie seit Ankunft der ersten Europäer behandelt wurden. Die **Assimilationspolitik** hatte ausschließlich die Anpassung der Maori an die Pakeha im Auge und sah keinerlei Zugeständnisse an das Maoritanga vor. Die Maori nahmen die Lebensweise der Pakeha unglaublich schnell an, zum „Dank" wurden ihnen ihre Sprache und ihr Land weggenommen. Man kann die Bedeutung dessen gar nicht genug hervorheben: Im Glaubenssystem der Maori besitzt jeder Baum, jeder Berg und jede Bucht eine Art eigene übernatürliche Existenz, die von vergangenen Ereignissen und den Taten der Vorfahren herrührt. Es ist daher durchaus kein absurder Vergleich, wenn man den Verlust des Landes mit der Schwächung maorischer Lebenskraft gleichsetzt.

Erst in den 1980er-Jahren wurde die gängelnde Sicht der Pakeha wirklich infrage gestellt und in der Folge im Land der **Bikulturalismus** akzeptiert. Während die Maori ihr Erbe wiederentdecken und die Pakeha ihre Augen nicht länger vor dem verschließen, was sie seit Generationen umgibt, wird das Wissen um Maoritanga und das Verständnis der Sprache als erstrebenswert und sogar vorteilhaft erachtet. Die Regierungen der jüngsten Vergangenheit haben in verstärktem Maße dem neuerlichen Erlernen der Sprache zu einem enormen Aufschwung verholfen sowie das Wiederaufleben des Interesses an Maori-Kunst und den wachsenden Stolz der Maori auf ihre Identität gefördert.

Der nur zögerlich fortschreitende Wandel hat zu einem verstärkten **Maori-Aktivismus** geführt. Die Debatte hatte 2004 mehr oder weniger direkt die Gründung der Maori Party und in jüngerer Zeit der Mana Party zur Folge. Einigen Aktivisten wie Tame Ite und anderen reicht das noch lange nicht, und so errichteten sie in den Bergen von Te Urewera ein Trainingscamp. 2007 wurde das

Camp auf der Nordinsel gestürmt, der Ort Ruatoki in der Nähe des Lagers abgeriegelt und die festgenommenen Aktivisten als Terroristen verhaftet, auch wenn die Anklage später auf „Verstoß gegen die Waffengesetze" abgemildert wurde. Diese unglückliche Aktion der damaligen Labour-Regierung rief unter den Maori Forderungen nach mehr Selbstbestimmung hervor.

Mythologie

Bis heute fußt die Kultur der Maori vor allem auf der mündlichen Überlieferung ihres Kulturguts. Gesänge, Geschichten und Wortrituale besitzen im Alltag und bei Zeremonien eine zentrale Bedeutung. Die verschiedenen Stammesgruppen besaßen oftmals unterschiedliche Geschichten oder zumindest eigene Varianten verbreiteter Motive. Die von bestimmten Theorien besessenen europäischen Historiker jedoch verzerrten nicht selten die gehörten Geschichten und glätteten sie nach eigenem Gusto sogar so weit, dass sie schließlich ein eigenes Maori-Volkstum erschufen. Diese Generalisierung begünstigte wiederum die Entstehung einer gemeinschaftlichen Identität der Maori, und viele der bereinigten Geschichten sind neben den authentischen Legenden Bestandteil der Maori-Tradition.

Schöpfung

Aus dem Ur-Nichts **Te Kore** stiegen **Ranginui**, der Himmelsvater, und **Papatuanuku**, die Erdmutter. Zahlreich waren ihre Nachkommen: **Haumia Tiketike**, Gott der Farnwurzel und aller Waldfrüchte, **Rongo**, Gott der Kumara und der Feldfrüchte, **Tu Matauenga**, Gott des Krieges, **Tangaroa**, Gott der Meere und allen Lebens darin, **Tawhirimatea**, Gott der Winde, und **Tane Mahuta**, Gott des Waldes. Jahrhundertelang debattierten die Brüder, ob man die Eltern trennen und Licht in das noch währende Dunkel lassen sollte. Tawhirimatea war dagegen und zog sich zum Himmel zurück, wo er seinem Groll mit Blitz und Donner noch immer Ausdruck verleiht. Tane Mahuta gelang es, die Eltern auseinander zu drängen, sodass sich das Leben ausbreiten konnte.

Ranginuis Tränen ob der Trennung füllten die Meere, und bis heute zeugen Dunst, Tau und Regen von seinem Kummer. Nach Erschaffung der Lebewesen im Meer, in der Luft und auf dem Land wandten die Götter ihre Aufmerksamkeit den Menschen zu. Da sie aber alle männlich waren, musste zunächst ein weibliches

Wie Maui die Nordinsel aus dem Meer fischte

Mauis Meisterleistung ist die Erschaffung von **Aotearoa**. Aufgrund seiner Verschlagenheit fuhren Mauis Brüder oft allein zum Fischen und ließen ihn zurück. Eines Morgens jedoch stahl er sich heimlich aufs Boot und versteckte sich. Weit draußen auf dem Meer gab er sich zu erkennen und versprach, ihren bis dahin spärlichen Fang zu vergrößern. Maui hieß sie weiterzufahren, bis sie schließlich weit jenseits ihrer üblichen Fischgründe waren und den Anker warfen. Binnen kurzem füllten die Brüder ihr Kanu mit Fisch, Maui selbst jedoch war noch auf einen anderen Fang aus. Die Brüder hatten nur Spott für Mauis Angelhaken übrig (der insgeheim mit einem Splitter aus dem Kiefer seiner Großmutter versehen war) und wollten ihm keinen Köder geben. Maui schlug sich daraufhin auf die Nase und benetzte den Haken mit seinem eigenen Blut. Schon bald hatte er einen fantastischen Fisch am Haken, der, als er an die Oberfläche trat, sich vor ihnen bis weit in die Ferne ausdehnte. Durch die Beschwörung einer Zauberformel brachte Maui den Fisch dazu, ruhig auf der Oberfläche liegen zu bleiben, wo er zur Nordinsel wurde, die auch als **Te ika a Maui**, der Fisch von Maui, bekannt ist. Während Maui fortging, um den Göttern ein Opfer darzubringen, begannen seine Brüder, den Fisch aufzuschneiden und von ihm zu essen, wodurch an seiner Oberseite Berge und Täler entstanden. Passend zu dieser Legende wird die Südinsel oftmals **Te waka a Maui**, das Kanu von Maui, und Stewart Island der Anker, **Te punga o te waka a Maui**, genannt.

Wesen erschaffen werden. Aus Ton formten sie eine Gestalt, die ihrer Mutter ähnelte, und **Tane Mahuta** hauchte **Hinetitama**, dem Mädchen der Morgenröte, den Atem des Lebens ein

Maui der Gauner und Kupe der Seefahrer

In der Mythologie der Maori gibt es zahllose Halbgötter in Menschengestalt. Wie kein Zweiter wird von diesen **Maui-Tikitiki-a-Taranga** verehrt, dessen Taten in ganz Polynesien Stoff für viele Legenden sind. Mit Zaubersprüchen, Tücke und grenzenlosem Mutwillen verstand es Maui, jede Situation zu seinem Vorteil zu nutzen. Ausgerüstet mit dem magischen wie mächtigen Kiefer seiner Großmutter zog er aus, die Welt zu zähmen. Vor ihm war selbst die **Sonne** nicht sicher. Diese hatte sich angewöhnt, so schnell am Himmel vorüberzuziehen, dass den Menschen nicht genügend Zeit für die Bestellung ihrer Felder blieb. Maui flocht mithilfe seines Bruders extrem starke Seile, die sie dann vor der Morgendämmerung über die Höhle der Sonne spannten. Als die Sonne aufging und vom Netz gefangen wurde, hieb Maui mit seinem magischen Kiefer auf sie ein und drängte sie, nicht mehr so schnell ihre Bahn zu ziehen. Es dauerte nicht lange, bis ihr Widerstand gebrochen war und sie gelobte, Mauis Forderung nachzukommen.

Zu Mauis legendären Eskapaden zählt auch die Erschaffung von Aotearoa (S. 127), auch wenn die Maori ihre Herkunft historisch nach **Hawaiki** zurückverfolgen, ihrem halblegendären Heimatland in der versprengten polynesischen Inselwelt, wobei die Gesellschaftsinseln und die Cook Islands als Ausgangspunkt am wahrscheinlichsten erscheinen. Nach der Legende war es **Kupe**, der große polynesische Seefahrer, der als Erster Aotearoas Gestade erreichte. Eine Version der Geschichte erzählt von seiner Entschlossenheit, einen großen Oktopus zu töten, der beharrlich seine Köder stahl. In der folgenden Jagd irrte Kupe immer weiter aufs Meer hinaus, bis er schließlich die unbewohnte Küste von Aotearoa, dem „Land der langen weißen Wolke", sichtete. Er gab zahlreichen Merkmalen des Landes einen Namen, dann kehrte er mit einer Beschreibung seiner Reiseroute nach Hawaiki zurück.

Soziale Strukturen und Traditionen

Die Gesellschaft der Maori wird noch immer zum Großteil durch **Stammeszugehörigkeit** bestimmt, wenngleich die Entwurzelung infolge Landflucht manche Bindungen gekappt hat. Im Umfeld des städtischen Lebens sind einige Feinheiten des Maoritanga wiederentdeckt worden, und die grundlegenden Elemente sind nach wie vor von großer Bedeutung. Bei so unterschiedlichen Anlässen wie Totenwachen und Versammlungen der Maori wird auf die Einhaltung des Protokolls sehr geachtet.

Die kleinste Einheit in der Maori-Gesellschaft ist der Familienverband oder *whanau* (wörtl. „Gebären"), der Verwandte ersten Grades ebenso umfasst wie Cousins, Onkel und Tanten oder Nichten. Etwa ein Dutzend *whanau* gemeinsamer Herkunft bilden einen örtlichen Unterstamm oder *hapu* (wörtl. „Trächtigkeit" oder „Schwangerschaft"). *Hapu* waren ursprünglich wirtschaftlich unabhängig und führen bis heute Veranstaltungen von kommunaler Bedeutung durch, in der Regel in ihrem *marae* (S. 129). Benachbarte *hapu* gehören oft derselben Gruppe oder *iwi* (wörtl. „Knochen") an, einem ver-

Whare

Das ursprünglich als Residenz des Häuptlings fungierende whare übernahm allmählich den Symbolismus des *waka* – bei einigen wurde sogar das Holz der Kanus verwendet. Jedes Versammlungshaus ist eine greifbare Manifestation des *whakapapa*, der Ahnenreihe, und stellt in der Regel eine Art Synthese der Vorfahren dar: Der Firstbalken verkörpert das Rückgrat, die Dachsparren bilden die Rippen und umschließen den Bauch im Innern, die Giebelfigur ist der Kopf, und die Giebelschutzbretter stellen die Arme dar und sind oft mit fingerartigen Fortsätzen verziert. Sämtliche hölzernen Oberflächen im Innern sind mit Schnitzereien geschmückt, Zwischenräume werden von aufwendigen Flachsgeflechten, sogenannten *tukutuku*, gefüllt.

gleichsweise losen Verbund von Maori, die über ein relativ großes geografisches Gebiet verteilt leben. Die rund 30 größeren *iwi* wiederum stehen durch ihre gemeinsamen Vorfahren und deren Migrationskanus oder *waka* in Beziehung. In unruhigen Zeiten schlossen sich *iwi* desselben *waka* zum Schutz zu *tangata whenua* (wörtl. „die Menschen des Landes") zusammen. Der Begriff kann sowohl die Maori als Ganzes bezeichnen als auch nur ein *hapu*, wenn es sich um örtlich begrenzte Angelegenheiten handelt.

Die wörtlichen Bedeutungen von *whanau*, *hapu* und *iwi* lassen sich als Metaphern für die Beziehungen der Maori zu ihren **Ahnen** oder *tupuna* verstehen, die in ihren Nachfahren fortleben. Der Vergangenheit wird großer Raum in der Gegenwart eingeräumt. Deutlich wird dies im Respekt gegenüber dem *whakapapa*, der persönlichen Ahnenreihe, die bei den Göttern beginnt und über eines der Einwandererkanus *(waka)* führt. Bei formellen Anlässen wie z. B. *hui* (Versammlungen) wird häufig ein *whakapapa* vorgetragen.

Das traditionelle Leben der Maori ist von den beiden Begriffen *tapu* (tabu) und *noa* (alltäglich, nicht *tapu*) durchdrungen, die dem Zwecke der Einhaltung eines Verhaltenskodex dienen: Die Missachtung eines *tapu* führt zur Ächtung und gilt als Auslöser für Krankheiten. Gegenstände, Orte, Verhaltensweisen und selbst Personen können *tapu* sein und erhöhten Respekt fordern – so sind z. B. die Körperteile eines Häuptlings, insbesondere der Kopf, menstruierende Frauen, geweihte Gegenstände, Ohrringe, Schmuckanhänger und Haarkämme, Begräbnisstätten und das im *whakapapa* enthaltene Wissen alle *tapu*. Die traditionelle Verhängung eines *tapu* gewährleistete in kritischen Zeiten die Einträglichkeit von Fischgründen und Wäldern. Dem *tapu* direkt entgegengesetzt ist das *noa*, ein Begriff der auf alltägliche, als unbedenklich geltende Dinge angewandt wird. Ein neues Gebäude ist *tapu*, bis es durch eine besondere Zeremonie *noa* wird.

Menschen, Tiere und Gegenstände, seien sie nun *tapu* oder *noa*, besitzen mauri (Lebenskraft), wairua (Geist, Seele) und mana, was sich etwa als „Ansehen" übersetzen lässt, jedoch eine weiter gefasste Vorstellung von Macht, Einfluss, Charisma und Wohlwollen beinhaltet. Mit der Geburt erlangt man einen gewissen Grad an *mana*, der durch Tapferkeit erhöht, durch Trägheit aber auch eingebüßt werden kann. Der Kannibalismus in Kriegszeiten war zum Teil ein Ritual, mit dem Vertilgen des Herzens eines Gegners jedoch nahm ein Krieger auch dessen *mauri* in sich auf. In ähnlicher Weise erhöht sich das *mana* persönlicher Gegenstände durch das *mana* ihrer Besitzer und wächst sogar bei Weitergabe an Nachkommen. Jede Schwäche im *mana* eines Einzelnen betraf den gesamten *hapu* und erforderte von diesem die Durchführung eines *utu* (eine notwendige Gegenmaßnahme zur Aufrechterhaltung des Gleichgewichts), nicht selten in Form von blutigen Fehden, die mitunter auch in Kriege mündeten und für die Sieger einen weiteren Zuwachs ihres *mana* bedeuteten.

Die Entscheidung über ein *tapu* lag beim *tohunga* (Priester/Fachmann), dem ranghöchsten von vielen Experten im Maoritanga, der auch mit der Stammesgeschichte, dem heiligen Wissen und dem *whakapapa* betraut war und als der irdische Repräsentant göttlicher Macht galt.

Marae

Die Rituale eines *hapu* – *hui* (Versammlungen), *tangi* (Bestattungsrituale) oder *powhiri* (Begrüßungszeremonien) – finden im *marae* statt, das eine Art Gemeindezentrum und Treffpunkt ist, in dem Kulturgut, Protokolle, Bräuche und Lebenskraft der Maori ihren stärksten Ausdruck finden. Streng genommen ist ein *marae* nur ein Hof oder Platz, der Begriff wird jedoch oftmals auf den gesamten Komplex angewendet, der das *whare runanga* (Versammlungshaus oder *whare nui*), *whare manuhiri* (Haus für Besucher), *whare kai* (Speisehaus) und ein altes *pataka* (auf Pfählen gebautes Lagerhaus) umfasst. Überall im Land gibt es *marae*, die zu mehr als nur einem *hapu* gehören. In städtischen Gebieten gibt es auch stammesübergreifende *marae*, die zum Teil der Maori-Jugend helfen wollen, zu ihren Wurzeln zurückzufinden.

Besucher, egal ob Maori oder Pakeha, dürfen ein *marae* nicht ohne Aufforderung betreten. Wer also keine persönliche Einladung hat, ist hierfür in der Regel auf eine kommerzielle Tour angewiesen (s. Kasten S. 33). Von eingeladenen Gästen wird eine Spende, *koha,* für den Erhalt des *marae* erwartet, bei Touren ist diese bereits im Preis enthalten. Bei einem Besuch darf nicht vergessen werden, dass das *marae* ein heiliger Ort ist und die Einhaltung des *kawa* (Protokoll) verlangt.

Kunst und Kunsthandwerk

Obgleich die Ursprünge in den Traditionen Ost-Polynesiens begründet liegen, hat die Maori-Kunst im Laufe von über einem halben Jahrtausend der isolierten Entwicklung einzigartige Ausdrucksformen hervorgebracht. In Ermangelung brauchbaren Tons in Ost-Polynesien besaßen bereits die Vorfahren der Maori keine ausgeprägte Töpferkunst und verwandten ihr Talent auf die Bearbeitung von Holz und Stein sowie auf die Webkunst, wobei sie sich gelegentlich naturalistischer Muster, häufiger aber stilisierter Formen bedienten, die die Kunst der Maori so unverwechselbar machen. Wie andere *taonga* (Schätze) auch wurden zahlreiche Kunstwerke dieser Art von Sammlern in viktorianischer Zeit und auch noch danach außer Landes geschafft. Inzwischen werden jedoch seitens der *iwi* und des Te Puni Kokiri (Ministerium für Maori-Entwicklung) Anstrengungen für die Rückführung möglichst vieler *taonga* nach Neuseeland unternommen.

Holzschnitzereien

Die Kunstfertigkeit der Maori offenbart sich am ausdrucksstärksten in den Holzschnitzereien, einer Disziplin, die der Herstellung einer Schöpfkelle ebenso große Sorgfalt beimisst wie den *waka* (Kanus) und *whare whakairo* (verzierte Häuser).

Frühe Schnitzereien zeigen noch die sparsamen, geradlinigen Stilelemente des alten Ost-Polynesiens. Im 15. Jh. wurden diese jedoch von einem geschwungenen Stil abgelöst, dem traditionellere Schnitzer noch heute folgen. In den Wäldern Northlands wurde Kauri-Holz verwendet, in den übrigen Gebieten war das strapazierfähige, aber leicht zu bearbeitende Holz der Totara-Bäume das bevorzugte Material. Anfänglich benutzten die Schnitzer Muscheln und scharfkantige Steine als Arbeitsgerät. Mit der Erfindung von Werkzeugen aus *pounamu* (eine Form der Jade; S. 131) erlebte die künstlerische Bandbreite einen enormen Schub. Einige Stimmen behaupten, die Qualität habe mit der Ankunft der Europäer abgenommen, und zwar bereits mit dem Verzicht auf phallische Motive, die die Missionare als obszön erachteten. Schon 1844 hatte man die Schnitzkunst in Gebieten mit einer starken Missionars-Präsenz völlig aufgegeben, und der Rückgang hielt bis Ende der 1920er-Jahre an, als der maorische Parlamentsabgeordnete Apirana Ngata in Rotorua das stammesübergreifende **Maori Arts and Crafts Institute** ins Leben rief – ein Fundament, auf dem das Maoritanga sich neu entfalten konnte.

Seit jeher genießen Schnitzer hohes Ansehen. Manche erfahrenen Schnitzer besitzen den Status eines *tohunga* und reisen in Ausübung ihrer Kunst und als Lehrer durchs Land. Die Arbeit als solche ist *tapu*, und als *noa* geltende Gegenstände müssen ferngehalten werden, z. B. gekochte Speisen. Dafür können Frauen, denen dieser Beruf noch bis vor kurzem versperrt war, inzwischen Schnitzerinnen werden.

Der charakteristische **Stil** der maorischen Schnitzkunst zeigt sich in der Formensprache. Plastische Formen werden im Allgemeinen aus einem Stück gearbeitet. Naturgegebenes Aussehen, Form oder Makel des Materials spielen dabei ebenso wenig eine Rolle wie die korrekte perspektivische Darstellung. Landschaftliche Motive finden zwar Verwendung, dienen aber keinem genauen Abbild, sondern der Ausschmückung der allein stehenden zentralen Figuren. Nur selten wird man unverziertes Holz sehen. Die Grundlage bilden stilistisch bedeutsame Elemente: Spiralen, Gitterwerk und geschwungene organische Formen, die an Farnwedel oder Muscheln erinnern. Auf diese platzieren die Schnitzer ihr eigentliches, oft mit Paua-Muscheln eingelegtes **Motiv**. Am weitesten verbreitet ist die Figur des Ahnen, *hei tiki*, die eine verzerrte menschliche Gestalt zeigt. Fast ebenso häufig ist das mythische *manaia*, eine mit einem Schnabel versehene, vogelähnliche Gestalt mit oft menschlichen Zügen. Ihr nachgeordnet sind Motive wie *pakake* (Wal) und *moko* (Eidechse).

Während alle Arten von Werkzeugen, Waffen und Ornamenten mit einem ähnlichen Grad von handwerklichem Geschick gefertigt wurden, erreichte die Kunst ihren vollkommensten Ausdruck in den **Kriegskanus** *(waka taua)*, auf die sich der ganze Stolz der Maori-Gemeinden konzentrierte. Großartiges Zierwerk rankte sich um Dollborde, Wasserschöpfer und Paddel, die aufwendigsten Arbeiten blieben jedoch meist in Form eines Geflechts von ineinander verwobenen Spiralen und *manaia*-Figuren dem Bug und dem Achtersteven vorbehalten. Als Waffen und europäische Präsenz in den 1860er-Jahren das Gleichgewicht in den Stammeskriegen veränderten, wurde das *waka taua* in seiner Bedeutung vom **geschnitzten Versammlungshaus** *(whare whakairo)* abgelöst.

Jade

Neben Holz verwenden Maori-Schnitzer auch **pounamu** (Jade). In prä-europäischer Zeit entwickelten sich Handelsrouten, auf denen Maori im ganzen Land mit Jade von der Westküste und aus dem Fiordland beliefert wurden. Die Südinsel erhielt gar den Beinamen Te Wai Pounamu („Wasser der Jade"). Der Stein wurde zu Krummäxten, Meißeln und Keulen für den Zweikampf verarbeitet – Geräte und Werkzeuge, die schon bald eine rituelle Bedeutung erfuhren und nach Ausschmückungen verlangten. Die Härte des Materials bedingt einen verhalteneren Schnitzstil; v. a. *mere* und *patu* sind oft nur zum Teil bearbeitet und zeigen große geschwungene Flächen, die erst am Ende in feinen, kunstvollen Spiralen auslaufen. Bei Schmuckstücken reicht die Palette von einfachen Tropfenanhängern, die als Ohr- oder Halsschmuck getragen werden, bis zu *hei tiki*, die um den Hals getragen werden. Wie andere persönliche Gegenstände auch, insbesondere solche, die dicht am Körper getragen werden, besitzt ein vererbtes *tiki* das *mana* der Vorfahren und nimmt das *mana* des Trägers auf, wodurch es *tapu* wird.

Tätowierungen

Eine stilistische Fortführung der Schnitzkunst ist das *moko*, eine ornamentale und rituelle Form des Tätowierens, die nach dem Kontakt mit Europäern beinahe verschwunden wäre. Frauen hatten *moko* nur auf den Lippen und am Kinn, hochrangige Männer hingegen ließen sich das ganze Gesicht damit schmücken, außerdem Gesäß und Oberschenkel; je großflächiger und verschlungener das *moko*, umso höher der Status. Ein symmetrisches Muster traditioneller Elemente – Sicheln, Spiralen, Farnwedel und andere organische Formen – wurde mit einem *uhi* (Meißel) und Schlegel in das Fleisch gestochen und anschließend Ruß in die Wunde gerieben.

In den letzten zwei Jahrzehnten ist die Tradition des vollständigen Gesichts-*moko* gleichermaßen als Identifikation mit dem Maoritanga und als eigene Kunstform wiederbelebt worden. Seit dem Jahr 1999 haben *moko*-Künstler Anspruch auf Fördermittel der Regierung.

Webarbeiten und Kleidung

Während die Männer schnitzten, widmeten sich die Frauen dem Weben und der Herstellung von Kleidung. Die ersten Polynesier auf den Inseln mussten feststellen, dass ihre Papier-Maulbeerbäume in dem herrschenden feuchtkühlen Klima nicht gedeihen wollten, und mussten nach Alternativen suchen. Schon bald entdeckten sie *harakeke* (Neuseeland-Flachs) als Ersatz und machten ihn zum Grundstoff allen maorischen Fasergewebes. Die starken, biegsamen Fasern wurden für zahllose Dinge verwendet, darunter als Angelleinen, zur Verschnürung von Äxten und zur Herstellung von Bodenmatten. Mit der Ankunft der Pakeha nahmen die Maori schnell deren Art sich zu kleiden an, zu zeremoniellen Anlässen jedoch trugen sie weiterhin Umhänge, und diese bilden heute die Basis zeitgenössischer Webkunst.

Flachs wächst überall auf den morastigen Böden im Land. Praktisch in Rohform verarbeitete man die Fasern zu *raranga* (Geflecht) und weiter zu *kete*, henkellosen Körben für das Einsammeln von Muscheln und Kumara, dreieckigen Kanusegeln, Sandalen und *whariki* genannten, gemusterten Bodenmatten, die es noch heute in Versammlungshäusern gibt.

Für feineres Gewebe und Geflecht muss der Flachs in einem aufwendigen Prozess zurechtgeschnitten, eingeweicht und geschlagen werden, damit man am Ende eine festere, flexiblere Faser erhält. Die meisten Fasern werden in naturbelassener Form verarbeitet, Maori-Design verlangt jedoch hin und wieder auch eine **Färbung**: Schwarz wird durch Eintauchen in eine verdünnte Lösung aus der Rinde eines *hinau*-Baums und anschließendes Einreiben mit einem schwarzen, *paru* genannten Sumpfsediment erzielt; rotbraune Farbtöne erfordern das Kochen in einer Tinktur, die aus der Rinde des *tanekaha*-Baums gewonnen wird, und anschließendes Einrollen in heiße Asche; die weniger gebräuchlichen Gelbtöne werden aus der Rinde der Gattung *Coprosma* gewonnen.

Sowohl naturbelassene als auch gefärbte Fasern werden für das Weben von **Umhängen**, *whatu kakahu*, verwendet. Dies ist die Krönung der von Maori-Frauen betriebenen Künste, und die schönsten Umhänge gelten als *taonga*. Das gewaltige, inzwischen im Auckland Museum ausgestellte Kriegskanu wurde einst gegen einen besonders prachtvollen Umhang eingetauscht. Mitunter wird die Technik als Fingerweben bezeichnet, da kein Webstuhl benutzt wird und die Frauen ausgehend von einem zwischen zwei Stöcken gespannten Basis-Kettfaden abwärts weben. Durch komplexe Webtechniken entsteht eine Vielzahl verschiedener Gewebestrukturen, die häufig mit *taniko* (farbigen Rändern), in Abständen auf das Gewebe gesetzten Kordeln oder mit prächtigen Federn verziert werden.

Federumhänge *(kahu hururu)* scheinen vor Ankunft der Europäer kaum gebräuchlich gewesen zu sein, in Heldengeschichten tauchen jedoch Schlüsselfiguren in schillernden Kleidungsstücken auf. Der Attraktivität seiner leuchtend gelben **Federn** hat der *huia* wahrscheinlich seine Ausrottung zu verdanken; andere prachtvoll gefiederte Vögel sind inzwischen zu selten, um Federn für Umhänge liefern zu können, sodass heute nur noch sehr selten neue gefertigt werden. Für robustere *para* (Regenumhänge) verwendete man die Wasser abweisenden Blätter des Kohlbaums, für *pukupuku* (Kriegsumhänge) einen groben Kanevas, den Berichten zufolge Speere nicht durchdringen konnten. Einige *pukupuku* wurden zu *kahu kuri* (Umhängen aus Hundefell) umgearbeitet, wobei das **Fell** in vertikalen Streifen angeordnet war und die natürliche Farbe des Fells charakteristische Muster entstehen ließ.

Umhänge spielen bei formellen Anlässen, sei es ein *hui* oder *tangi* im *marae* oder die Auszeichnung mit akademischen oder staatlichen Ehren, noch immer eine wichtige Rolle. Alte Formen werden heute entweder direkt übernommen oder dienen als Inspiration für zeitgenössische Modelle.

Haka, Maori-Tanz und Maori-Musik

Manchen mag die Aufführung des *haka* durch Rugby-Mannschaften, die oft vorwiegend aus Nicht-Maori bestehen, als unangebracht erscheinen, doch ist er derart verwurzelt, dass es auf heftige Gegenwehr stieß, als der Trainer der All Blacks 1996 eine Änderung vorschlug, um die von Te Rauparaha dezimierten Maori-*iwi* zu besänftigen. Der neue, speziell verfertigte *Kapa O Pango haka* wurde 2005 vorgestellt, hat aber die alte Te-Rauparaha-Version nicht vollständig verdrängen können.

Kommerzielle **Maori-Konzerte** (in Rotorua, Christchurch, Queenstown und anderen Orten) umfassen stets auch einen *haka*, meistens ist es die Te-Rauparaha-Version, die fast immer von Männern dargeboten wird. Frauen sind zwar nicht ausgeschlossen, konzentrieren sich aber in der Regel auf **Poi-Tänze**, bei denen an Schnur-Enden befestigte Binsen-Bälle *(raupo)* in schnellen, rhythmischen und ursprünglich der Verbesserung der Körperkoordination und Geschicklichkeit dienenden Bewegungen geschwungen werden.

Die Trommeln Ost-Polynesiens sind nicht bis Neuseeland vorgedrungen, sodass Gesänge und *haka* ohne entsprechende Begleitung bleiben. Der traditionellen Knochenflöte gesellten die Pakeha die Gitarre hinzu, die heute zu **Liedern** *(waiata)* erklingt – relativ moderne Schöpfungen, deren Wirkung gleichermaßen auf Ausdruck, Rhythmus und Text beruht. Mitunter mag der inbrünstige Vortrag in merkwürdigem Widerspruch zur Musik stehen, die häufig auf viktorianische Melodien zurückgeht: Die vielleicht bekanntesten dieser Lieder sind *Pokarekare ana* und *Haere Ra*, die beide nach dem

Haka

Vor jedem Rugby-Länderspiel versuchen die neuseeländischen All Blacks, ihre Gegner vor Spielbeginn einzuschüchtern, indem sie einen Furcht erregenden Tanz aufführen. Dabei schlagen sie sich auf die Schenkel, lassen die Augen hervortreten und strecken die Zungen heraus. Dieser *haka* des gefürchteten Maori-Häuptlings **Te Rauparaha** ist nur einer von vielen Posentänzen, die durch Zurschaustellung körperlicher Kraft, Beweglichkeit und Entschlossenheit dem Gegner den Wind aus den Segeln nehmen sollen. Es wird angenommen, dass Te Rauparaha seinen *haka* Anfang des 19. Jhs. kreierte, nachdem er sich zuvor in der Kartoffelgrube eines verbündeten Häuptlings vor seinen Feinden versteckt hatte. Als er draußen Geräusche vernahm und vom gleißenden Sonnenlicht geblendet wurde, wähnte er seine Tage gezählt. Doch als seine Augen sich an das Licht gewöhnt hatten, erkannte er die behaarten Beine seines Gastgebers und war so erleichtert, dass er auf der Stelle seinen *haka* aufführte.

Bei Auswärtsspielen gehört der *haka* bereits seit der Großbritannien-Gastreise 1905 zum festen Programm der All Blacks, seit dem World Cup 1987 wird er auch bei Matches in der Heimat aufgeführt. Der Tanz wird normalerweise von einem Maori-Spieler angeführt, der dabei im Sprechgesang folgenden Text vorträgt:

Ringa pakia Klatscht in die Hände und gegen die Schenkel
Uma tiraha Streckt die Brust heraus
Turi whatia Beugt die Knie
Hope whai ake Lasst die Hüfte folgen
Waewae takahia kia kino Stampft mit den Füßen, so stark ihr könnt
Nach einer wirkungsvollen Pause stimmt der Rest der Mannschaft ein:
Ka Mate! Ka Mate! Es ist Tod! Es ist Tod!
Ka Ora! Ka Ora! Es ist Leben! Es ist Leben!
Tenei te ta ngata puhuru huru Dies ist der behaarte Mann
Nana nei i tiki mai Er brachte die Sonne zum Leuchten
Whakawhiti te ra Bleibt Seite an Seite!
A upane ka upane! Die Formation! Haltet sie!
A upane kaupane whiti te ra! Hinein in die leuchtende Sonne!

Kontakt mit den Europäern entstanden. Abseits der Touristenkonzerte hat die Maori-Musik in den letzten Jahren eine beeindruckende Entwicklung vollzogen und kann heute auf maorisprachige Radiosender verweisen, die ihr Programm fast ausschließlich mit Klängen von und mit Maori-Musikern gestalten, wobei es häufig Hip-Hop und R&B mit pazifischer Einfärbung zu hören gibt. Auch der Fernsehsender Maori TV präferiert „hausgemachte" Musik.

AUCKLANDS WATERFRONT: DIE SKYLINE DER CITY OF SAILS WIRD DOMINIERT VOM ALLES ÜBERRAGENDEN SKYTOWER

Auckland und Umgebung

Auckland ist die größte Stadt des Landes. Schon beim Landeanflug über den glitzernden Waitemata Harbour mit seinen vielen Segelschiffen begreift man, weshalb die Stadt den Beinamen „City of Sails" trägt. Rund um die Wolkenkratzer der Downtown erheben sich etwa 50 erloschene Vulkane aus einem Meer von Vororten mit adretten Holzhäusern und großzügigen Gärten.

Stefan Loose Traveltipps

1 **Auckland** Das Auckland Museum bietet eine herausragende Ausstellung über die Maori und die pazifischen Inseln, und die Auckland Art Gallery gilt als bestes Museum für neuseeländische Kunst. Einen Einblick in die polynesische Kultur gewährt der Otara Market. S. 137

Karekare und Piha Keine Autostunde von der Großstadt entfernt laden schwarzgoldene Sandstrände vor heimischem Urwald zum Baden, Wellenreiten, Canyoning und Faulenzen ein. S. 182

Rangitoto Island Von der bizarren Vulkaninsel mit ausgedehntem Pohutukawa-Wald genießt man einen herrlichen Blick auf Auckland. S. 189

Great Barrier Island Wie aus der Zeit gefallen erscheint diese geruhsame Insel mit ihren goldenen Stränden, Berg- und Waldwanderwegen, tiefen Hafenbuchten und heißen Quellen. S. 200

Tiritiri Matangi Im wieder aufgeforsteten Wald einer der schönsten Inseln im Hauraki Gulf kann man einigen der seltensten Vogelarten Neuseelands begegnen. S. 206

MAORI AM NATIONALFEIERTAG

PIHA BEACH

Inhalt

Auckland ist eine der am dünnsten besiedelten Großstädte der Welt – mit nur 1,7 Mio. Einwohnern auf der Fläche von London. Sobald man einen Blick hinter die glitzernden Ladenfronten wirft, tritt eine bescheidene Kleinstadtatmosphäre mit sehr gemächlicher Lebensart zutage, die allerdings im Vergleich zum Rest des Landes geradezu hektisch erscheinen kann.

Auckland ist außerdem die weltgrößte polynesische Stadt. Etwa 11 % der Bevölkerung betrachten sich als Nachkommen der Maori, 14 % stammen von Familien ab, die in den 1960er- und 1970er-Jahren von anderen Inseln nach Neuseeland einwanderten. Trotzdem war das polynesische Leben der Stadt traditionell auf wenige Enklaven begrenzt. Erst in den letzten zehn Jahren, mit Heranwachsen der zweiten Generation, ist die polynesische Präsenz auch im gesellschaftlichen Leben und ganz besonders in der Kunst und Kultur spürbar geworden.

Viele Reisende bleiben nur gerade lange genug in der Stadt, um die wichtigsten Sehenswürdigkeiten abzuklappern, allen voran das **Auckland Museum** mit seiner unvergleichlichen Sammlung von Schnitzereien und anderen Erzeugnissen der Maori und der Pazifikinseln.

Einen besseren Einblick in die Stadt erhält man bei einem Bummel durch die angesagten zentrumsnahen **Vororte** Ponsonby, Parnell, Newmarket und Devonport.

Außerdem bietet sich Auckland natürlich als Basis zur Erkundung der wilden und einsamen **Surfstrände** der Westküste sowie der **Weingüter** an, die keine Stunde vom Stadtzentrum entfernt liegen. Wer mehr Zeit hat, sollte unbedingt einen Abstecher in die Inselwelt des **Hauraki Gulf** unternehmen: zur zerklüfteten Vulkaninsel **Rangitoto Island**, zum schicken **Waiheke Island** und zum geruhsamen **Great Barrier Island**.

Aucklands **Klima** ist gemäßigt feuchtwarm, aber niemals brütend heiß, denn die Schwüle wird durch eine beständige Meeresbrise gelindert. Die Winter sind im Allgemeinen mild, aber regnerisch. Die durchschnittliche Tagestemperatur beträgt im Januar und Februar 23° C und sinkt im Juli und August auf 14° C.

Auckland

Auckland erstreckt sich über eine Landenge, die durch mehrere Meeresarme fast durchtrennt wird. Im Westen öffnet sich der seichte, verschlammte Manukau Harbour zur Tasmansee und unterbricht über eine kurze Strecke die lange Kette schwarzsandiger Strände, an die ständig hohe Wellen schlagen. Der Waitemata Harbour im Osten der Landenge wurde von den Maori nach seinem „glitzernden Wasser" benannt. Er ist Aucklands Hochseehafen und bildet zugleich die Kulisse für das Zentrum der Stadt. An jedem Sommerwochenende verwandeln sich der Hafen und der angrenzende Hauraki Gulf in ein Farbenmeer aus bunten Segeln.

Zunehmend verlagert sich das Stadtleben auf die Gebiete am Wasser: An den ehemaligen Hafenanlagen liegen Jachten, und in der Umgebung entstehen mehr und mehr Nobelrestaurants und schicke Apartmenthäuser. Heute trifft sich hier die ganze Stadt, und die **Downtown** hat an Anziehungskraft verloren. Dort versucht man mit der wundervollen Auckland Art Gallery, Besucher zurückzugewinnen.

Sympathischer als die Queen Street, die Hauptschlagader des Zentrums, wirkt an ihrem oberen Ende die **Karangahape Road**, eine Querstraße mit preiswerteren Läden, exotischen Restaurants und derberen Clubs. Weiter östlich erstreckt sich **The Domain**, eine ausgedehnte Parkanlage, in der sich die meistbesuchte Attraktion der Stadt befindet, das **Auckland Museum** mit faszinierenden Objekten der Maori und der Pazifik-Insulaner.

Das angrenzende **Parnell** bildet mit einer der ältesten Kirchen von Auckland und einigen historischen Häusern das geistliche Herz der Stadt. Am Fuße des Hügels führt der Tamaki Drive an Kelly Tarlton's Sea Life Aquarium vorbei zu den Stadtstränden **Mission Bay** und **St Heliers**.

Westlich des Zentrums passiert man die Cafés, Läden und Bars der **Ponsonby Road**, bevor man **Western Springs** erreicht, wo sich das Museum of Transport and Technology (MOTAT) und der hervorragende Zoo befinden.

Jenseits des Waitemata Harbour ziehen sich die schier endlosen Stadtrandsiedlungen der North Shore bis zum Horizont, doch einen längeren Aufenthalt lohnen nur der alte Vorort **Devonport** direkt am Ufer und vielleicht der lange, goldsandige Strand von **Takapuna**.

Unmittelbar südlich des Zentrums eröffnen zwei der höchsten Punkte Aucklands, der **Maungawhau** (Mount Eden) und der **Maungakiekie** (One Tree Hill) mit dem umliegenden **Cornwall Park** wunderbare Ausblicke auf die Stadt. Sehenswerte Kunst präsentiert die **Pah Homestead**, den Hauptanreiz für einen Abstecher noch weiter nach Süden bildet der samstägliche **Otara Market**.

Geschichte

Die Erdkruste zwischen den beiden Hafenbuchten Waitemata und Manukau ist so dünn, dass das Magma alle paar tausend Jahre einen Spalt findet, unter lautem Getöse an die Oberfläche tritt und einen weiteren Vulkan entstehen lässt. Vor rund 600 Jahren fand die letzte Eruption statt, deren Ergebnis **Rangitoto Island** war. Zeugen dieser Eruption waren einige der frühesten

Auckland Großraum
Übernachtung
Ambury Regional Park 5
Ascot Parnell 4
Auckland North Shore Motels and Holiday Park 2
Kohi Beach B&B 3
Takapuna Beach Holiday Park 1
Restaurants
The Attic 4
Kohi Beach 5
Little & Friday 3
Takapuna Beach Café 2
Uma Sushi 1
Long Bay (12 km)
Waiheke
Waiheke
Henderson (10 km)
Titirangi (8 km)
(4 km) & Auckland Airport (7 km)
Otara Market (2 km) & Auckland Botanical Gardens (12 km)
TAKAPUNA
Rangitoto
Rangitoto Channel
Motukorea Channel
Cheltenham & Narrow Neck Beaches
SIEHE DETAILPLAN DEVONPORT S. 151
DEVONPORT
BIRKENHEAD
Northcote Point
Harbour Bridge
Browns Island
Waitemata Harbour
SIEHE DETAILPLAN AUCKLAND ZENTRUM S. 141
ST MARY'S BAY
SIEHE DETAILPLAN HERNE BAY S. 150
HERNE BAY
PONSONBY
FREEMANS BAY
GREY LYNN
Coyle Park
MOTAT MEOLA ROAD
WESTERN SPRINGS
MOTAT Aviation Hall
PT CHEVALIER RD
Auckland Zoo
MOTAT
TAMAKI DRIVE
Judges Bay
Kelly Tarlton's Sea Life Aquarium
Ferg's Kayaks
Bastion Point
M. J. Savage Memorial Park
Achilles Point
MISSION BAY
ST HELIERS
KOHIMARAMA
Parnell Baths
PARNELL
NEWMARKET
SIEHE DETAILPLAN PARNELL & NEWMARKET S. 147
KINGSLAND
Highwic
Eden Park
Maungawhau (Mt Eden)
Eden Garden
MOUNT EDEN
BALMORAL
REMUERA
GREENLANE
SIEHE DETAILPLAN MT EDEN UND EPSOM S. 153
GLEN INNES
TAMAKI
Tamaki River
Half Moon Bay Marina
ELLERSLIE
Huia Lodge und Acacia Cottage
Cornwall Park
One Tree Hill Domain
Maungakiekie (One Tree Hill)
SANDRINGHAM
PANMURE
PAKURANGA
Pah Homestead und Wallace Arts Centre
Manukau Harbour
0 2 Kilometer
N

Maori-Bewohner dieser Region, die auf dem benachbarten **Motutapu Island** lebten. Ihre Vorfahren sollen der Legende nach am Isthmus von Tamaki gelandet sein, dem schmalsten Stück Land zwischen dem Waitemata Harbour und dem Manukau Harbour.

Wegen der reichen Fanggründe in den beiden Hafenbuchten und des fruchtbaren Bodens der gut zu verteidigenden Vulkanhügel war das Land, das man nicht umsonst auch Tamaki-makau-rau („die Maid mit den 100 Liebhabern") nannte, heiß umkämpft. Gegen Mitte des 18. Jhs. fiel es an **Kiwi Tamaki**, der auf dem Maungakiekie (One Tree Hill) ein 3000 Mann starkes *pa* (Wehrdorf) und auf beinahe allen anderen Vulkanen der Region kleinere Siedlungen errichtete. Doch er unterlag später rivalisierenden *hapu* (Untergruppen) aus der Gegend des Kaipara Harbour.

Ankunft der Europäer

Nach Ankunft der mit Musketen handelnden **Europäer** in der Bay of Islands zu Beginn des 19. Jhs. konnten die Ngapuhi aus Northland eine Reihe erfolgreicher Beutezüge gegen die Maori am Isthmus von Tamaki durchführen. Eine Pockenepidemie tat das Übrige, und nach nur kurzer Zeit lag die Region praktisch verlassen da, was nach Unterzeichnung des Vertrags von Waitangi (1840) für ihre Wahl zum Standort der neuen Hauptstadt von entscheidender Bedeutung war.

Der schottische Arzt **John Logan Campbell** gehörte zu den wenigen hier ansässigen Europäern, als dieses fruchtbare Land mit leichtem Zugang zu den wichtigsten Fluss- und Seehandelsrouten für 55 Pfund und einige Decken den Besitzer wechselte. Die Kapitale wurde in groben Zügen auf dem Reißbrett geplant, und Campbell konnte aus seinem Heimvorteil Kapital schlagen, indem er durch undurchsichtige Machenschaften bald die Kontrolle über die halbe Stadt gewann und zum Bürgermeister und „Vater von Auckland" avancierte. Nach 1840 war die Bevölkerung durch die vielen Immigranten bereits so angewachsen, dass mehr Land benötigt wurde – was bis zu einem gewissen Grad die **Landkriege** in den 1860er-Jahren heraufbeschwor (S. 112).

Das Ende als Hauptstadt

Während der anschließenden Wirtschaftskrise suchten viele Menschen ihr Glück in den Goldfeldern von Otago. Und nachdem immer mehr europäische Siedler ihren Lebensmittelpunkt nach Süden verlagert hatten, wurde 1865 schließlich auch die Hauptstadt nach Wellington verlegt, während Auckland zunehmend in Vergessenheit geriet.

Doch dann ging es mit Auckland wieder stetig bergauf, bis die Stadt sogar fast schneller wuchs als das gesamte Land, was in erster Linie auf die zahlreichen **Einwanderer** zurückzuführen ist: zunächst aus Großbritannien und in den 1960er- und 1970er-Jahren auch von den Inseln des Südpazifiks. Mehr als ein halbes Jahrhundert lang strömten Maori aus ländlichen Regionen nach Auckland, und zu ihnen gesellen sich inzwischen auch Einwanderer aus Ostasien.

Inzwischen ist die Bevölkerung des Großraums Auckland zu fast 20 % asiatischer Herkunft; viele der Asiaten wohnen in den Wohnblocks der Innenstadt. Koreanische, thailändische, malaysische, chinesische und japanische Restaurants finden sich nun an jeder Ecke. Fast 40 % der Einwohner Aucklands sind im Ausland geboren, im übrigen Land sind es nur rund 18 %.

Waterfront

www.waterfrontauckland.co.nz

Im 20. Jhs war das Stadtzentrum von Auckland lange Zeit durch die Hafenanlagen vom Wasser abgeschnitten. Da sich der Hafenbetrieb jedoch immer mehr in den Containerhafen verlagerte, zeigt sich die **Waterfront** inzwischen von ihrer Schokoladenseite.

Den Dreh- und Angelpunkt für die Hafenfähren bildet nach wie vor das im Jahr 1912 erbaute **Ferry Building**, dessen Geschichte und Bedeutung das nahe Seefahrtsmuseum **Voyager** beleuchtet. Der **Viaduct Harbour** und die **Princes Wharf** wurden zur Jahrtausendwende saniert, doch das Zentrum des Geschehens hat sich mittlerweile ein Stückchen weiter nach Westen zum aufgemöbelten **Wynyard Quarter** verlagert.

Voyager: New Zealand Maritime Museum

Quay St, Ecke Hobson St ▪ tgl. 10–17 Uhr; Führungen Mo–Fr 10.30 und 13 Uhr ▪ Eintritt ▪ www.maritimemuseum.co.nz

Das **Voyager: New Zealand Maritime Museum** widmet sich der Schifffahrtsgeschichte einer Inselnation, für deren Besiedlung, Handel und sportliche Aktivitäten das Meer von jeher eine entscheidende Rolle spielte. Der kurze Film *Te Waka* über eine fiktive Schiffsreise der Maori dient als Einführung in die Ausstellung südpazifischer Ausleger- und Doppelrumpfkanus. Zwischen den verschiedenen Kanuversionen zum Fischen, für Lagunenfahrten und Ozeanüberquerungen findet sich auch die 21 m lange *Taratai*, mit der der neuseeländische Filmemacher und Autor James Siers 1976 über 2400 km weit von Kiribati nach Fiji fuhr.

Das Innere eines Auswandererschiffs und Ausstellungen zu neuseeländischen Küstenhandelsschiffen und Walfängern leiten über zu Blue Water Black Magic, einer Huldigung an Neuseelands berühmtesten Segler Peter Blake. Die Siege beim Whitbread Round the World Race 1990 und bei zwei America's Cups (1995 und 2000) werden natürlich gebührend gewürdigt. Weitere Highlights sind ein frühes Hamilton-Jetboot, das für die seichten Flüsse von Canterbury konstruiert wurde, und eine schöne Sammlung von Galionsfiguren und maritimer Kunst.

Eine **Fahrt** auf der *Ted Ashby*, dem 1990 entstandenen Nachbau eines jener zweimastigen Frachtsegler, die früher die Tidengewässer der Nordinsel befuhren, oder auf der *Breeze*, der Replik eines Küstenhandelsschiffs, sollte man lange im Voraus buchen.

Viaduct Harbour und Princes Wharf

Der **Viaduct Harbour** war ein ziemlich schmuddeliger Fischereihafen, bis er in Vorbereitung auf Neuseelands erfolgreiche Verteidigung des **America's Cup** im Jahr 2000 einer gründlichen Verschönerungskur unterzogen wurde. Heute prägen Jachten das Bild der Hafenpromenade, die von exklusiven Apartmentbauten und einer Ansammlung belebter Restaurants und Bars gesäumt wird. Weitere Restaurants und Bars liegen an der **Princes Wharf**, die sich bis zum spektakulär gelegenen Hotel Hilton in die Hafenbucht ausdehnt.

Wynyard Quarter

Zu erreichen über die Fußgängerbrücke Wynyard Crossing vom Viaduct Harbour oder mit dem City-Link-Bus ab Queen St ▪ www.panuku.co.nz

Das **Wynyard Quarter** ist eine gelungene Mischung aus einem betriebsamen Fischmarkt, www.afm.co.nz, dem Terminal für die Fähren nach Great Barrier Island, einem Park und einigen schön gelegenen Restaurants. Ein sechsteiliges Ensemble alter Industriesilos ist erhalten geblieben und bildet die Kulisse für freitagabendliche Filmvorführungen.

Eine weitere Attraktion ist die **Dockline Tram**, deren restaurierte Wagen aus den 1920er-Jahren eine 1,5 km lange Schleife durch das Gebiet fahren, das sich aber auch problemlos zu Fuß erkunden lässt – allerdings bietet die Fahrt einen guten fortlaufenden Kommentar zu den verschiedenen Vierteln (www.motat.co.nz).

Stadtzentrum

Die **Downtown** von Auckland erstreckt sich vom Wasser Richtung Süden entlang der etwas heruntergekommen **Queen Street**, an der sich vor allem Banken und reichlich langweilige Geschäfte angesiedelt haben. Doch an der Queen Street gibt es nach wie vor einige schöne viktorianische **Geschäftspassagen**, z. B. die Queen's Arcade (Nr. 34) und die Stands Arcade (Nr. 233).

Östlich der Queen Street bilden einige restaurierte Lagerhäuser und neue Büroblocks den lebendigen **Britomart Precinct**; hier finden sich viele der wichtigsten Modeboutiquen der Stadt, am schönsten ist es hier jedoch abends, wenn sich die Restaurants und Bars langsam füllen.

Weiter südlich sollte man die Queen Street verlassen und über die O'Connell und High Street mit ihren Geschäften und Cafés bummeln; dazu gesellen sich hier das kitschig-schöne Civic Theatre, das Kasino, der Skytower und die ausgezeichnete **Auckland Art Gallery**. Eine idyllische Oase inmitten des Betondschungels ist der **Albert Park** zwischen Art Gallery und Universität.

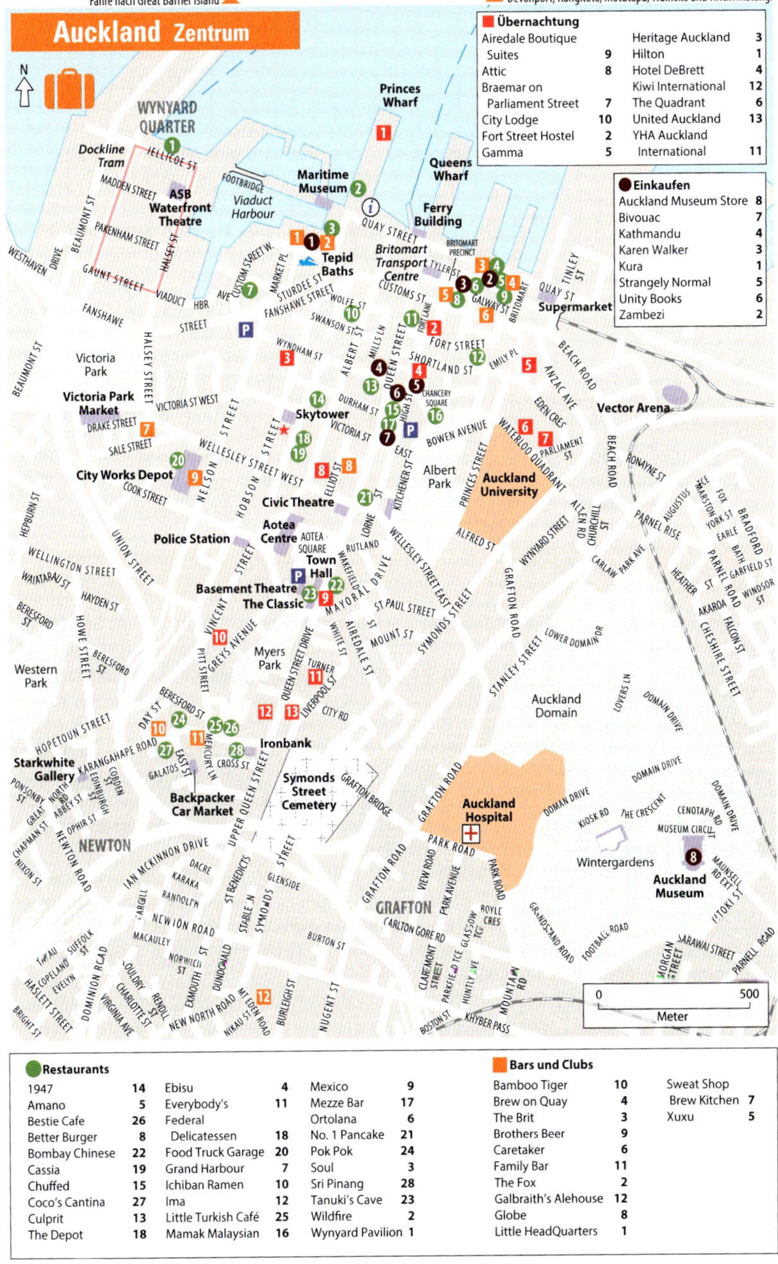

Fähre nach Great Barrier Island
Devonport, Rangitoto, Motutapu, Waiheke und Tiritiri Matangi
Auckland Zentrum
N
Übernachtung
Airedale Boutique Suites 9
Attic 8
Braemar on Parliament Street 7
City Lodge 10
Fort Street Hostel 2
Gamma 5
Heritage Auckland 3
Hilton 1
Hotel DeBrett 4
Kiwi International 12
The Quadrant 6
United Auckland 13
YHA Auckland International 11
Einkaufen
Auckland Museum Store 8
Bivouac 7
Kathmandu 4
Karen Walker 3
Kura 1
Strangely Normal 5
Unity Books 6
Zambezi 2
WYNYARD QUARTER
Dockline Tram
ASB Waterfront Theatre
Viaduct Harbour
Maritime Museum
Princes Wharf
Queens Wharf
Ferry Building
Tepid Baths
Britomart Transport Centre
Supermarket
Victoria Park
Victoria Park Market
Skytower
City Works Depot
Vector Arena
Albert Park
Auckland University
Civic Theatre
Aotea Centre
Aotea Square
Police Station
Town Hall
Basement Theatre
The Classic
Myers Park
Western Park
Auckland Domain
Starkwhite Gallery
Ironbank
Symonds Street Cemetery
Backpacker Car Market
NEWTON
Auckland Hospital
Wintergardens
Auckland Museum
GRAFTON
0 500 Meter
Restaurants
1947 14
Amano 5
Bestie Cafe 26
Better Burger 8
Bombay Chinese 22
Cassia 19
Chuffed 15
Coco's Cantina 27
Culprit 13
The Depot 18
Ebisu 4
Everybody's 11
Federal Delicatessen 18
Food Truck Garage 20
Grand Harbour 7
Ichiban Ramen 10
Ima 12
Little Turkish Café 25
Mamak Malaysian 16
Mexico 9
Mezze Bar 17
Ortolana 6
No. 1 Pancake 21
Pok Pok 24
Soul 3
Sri Pinang 28
Tanuki's Cave 23
Wildfire 2
Wynyard Pavilion 1
Bars und Clubs
Bamboo Tiger 10
Brew on Quay 4
The Brit 3
Brothers Beer 9
Caretaker 6
Family Bar 11
The Fox 2
Galbraith's Alehouse 12
Globe 8
Little HeadQuarters 1
Sweat Shop Brew Kitchen 7
Xuxu 5

Britomart Precinct

Am Fuß der Queen Street steht das ehemalige neoklassizistische Postamt von 1910, heute das **Britomart Transport Centre**. Damit sollte der Mythos des Bahnreisens ein wenig wiederbelebt werden, doch es gibt hier nur wenige nützliche Zugverbindungen.

Das Transportzentrum öffnet sich zum **Britomart Precinct**, einer Ansammlung historischer Gebäude rund um dem **Takutai Square** mit Brunnen, Rasenflächen und Sitzsäcken. In die ehrwürdigen Gemäuer scheinen beinahe wöchentlich neue Restaurants, Bars und Edelboutiquen einzuziehen.

Fort Street, High Street und Vulcan Lane

Aucklands Uferlinie lag einst an der **Fort Street** (ursprünglich Fore Street), durch Landgewinnungsmaßnahmen wurde die Küste jedoch nach und nach um 300 m nach Norden verschoben. Diese Gegend ist so etwas wie ein Backpacker-Himmel, mit drei Hostels und mehreren Kneipen, allerdings befinden sich hier immer noch ein paar zwielichtige Stripclubs.

Die Britomart-Sanierung ist mittlerweile weiter nach Süden vorgedrungen, und vor allem die **Fort Lane** ist gestopft voll mit Vergnügungsstätten, während die **High Street** und **O'Connell Street** einiges von ihrer alten Munterkeit zurückgewinnen konnten, nachdem die Szene zwischenzeitlich in den Britomart abgewandert war. Gleich um die Ecke zweigt die **Vulcan Lane** ab, die einstige Gasse der Schmiede, die heute Bars und Restaurants beherbergt.

Civic Theatre

Eines der markanteren Gebäude der Queen Street ist das im Jugendstil erbaute **Civic Theatre**, an der Kreuzung mit der Wellesley Street.

Die Vulkankegel von Auckland

Im Umkreis von 20 km um die Innenstadt liegen 50 kleine Vulkane. Doch im Großen und Ganzen hat die neuseeländische Hauptstadt ihrem geologischen Erbe bislang wenig Respekt gezollt. Selbst die genaue Anzahl scheint unbekannt zu sein, nicht zuletzt deshalb, weil innerhalb der vergangenen 150 Jahre mehrere Kegel verschwunden sind, zumeist durch Schlacke- und Basaltabbau. Die Abtragung eines ganzen Vulkans – das klingt nach einer Herkulesaufgabe, doch die meisten Vulkane sind weniger als 200 m hoch. Und viele sind nicht mehr als kleine Erdhügel, die gerade mal die Häuser ringsum überragen. Die **Maori** erkannten schon früh die Fruchtbarkeit der Vulkanerde und legten auf den unteren Vulkanhängen *kumara*-Pflanzungen an, meistens unter dem Schutz eines *pa* rund um den Gipfel. Die Europäer ihrerseits schätzten diese Erhebungen vor allem als Wasserspeicher, denn die meisten größeren Vulkane haben einen **Kratersee**.
Erst in den letzten paar Jahrzehnten wurde eine Bebauung der Vulkane unterbunden, oft dadurch, dass man sie in Parks verwandelte – 37 Vulkankegel sind inzwischen vollständig oder teilweise geschützt. Laut Stadtverordnung darf der Blick auf manche Gipfel aus bestimmten Richtungen nicht verbaut werden. Trotzdem sollte vor einigen Jahren der Rand eines Kraters für einen Autobahnausbau plattgemacht werden, was in letzter Minute verhindert wurde. Manche halten eine Anerkennung als Unesco-Weltkulturerbe für den besten Schutz, doch die Übertragung einiger Vulkane im Jahr 2014 an das Tamaki-Kollektiv, die 13 Maori-Gruppen, die historisch bedingte Ansprüche auf den Isthmus von Auckland (Tamaki Makaurau) geltend machten, erscheint erfolgversprechender. 14 Vulkane sind jetzt im Besitz der Maori, obwohl sich das Auckland Council weiter um den Erhalt und die Pflege kümmert. Entscheidend ist, dass die Vulkane weiterhin zugänglich bleiben, da sie herrliche **Aussichtspunkte** darstellen. Das gilt insbesondere für die zentralen Maungawhau und Maungakiekie, den Maungauika in Devonport sowie die Kuppe von Rangitoto Island, wo man auch Lavahöhlen erkunden kann. Die ältesten Vulkane brachen vor rund 250 000 Jahren aus, aber seit der letzten Eruption sind erst 600 Jahre vergangen, und das Vulkanfeld ist immer noch aktiv. Niemand kann vorhersagen, wann es zum nächsten Ausbruch kommt.

Bei seiner Eröffnung 1929 war es *das* Stadtgespräch; das prunkvolle Interieur im Mogul-Stil zieren Elefanten, Hindugötter, rotäugige Panther und ein künstlicher Sternenhimmel. Vielleicht hat man Glück und kann einen Blick hineinwerfen, ansonsten bekommt man das Innere nur zu sehen, wenn man eine der Vorstellungen besucht (S. 170).

Skytower

Victoria St, Ecke Federal St ▪ tgl. Mai–Okt 9–22, Nov–April Mo–Do und So 8.30–22.30, Fr und Sa 8.30–23.30 Uhr ▪ Eintritt ▪ www.skycityauckland.co.nz/attractions

Der 328 m hohe **Skytower** ist Teil des Skycity-Komplexes und Neuseelands höchstes Bauwerk, das sogar den Eiffelturm und Sydneys Centrepoint überragt. Den überwältigenden Blick auf die Stadt und den Hauraki Gulf kann man von den Aussichtsplattformen auf 186 und 220 m Höhe sowie vom erstklassigen Drehrestaurant Sugar Club genießen.

SkyWalk

tgl. 10–18 Uhr ▪ Eintritt ▪ www.skywalk.co.nz

Noch besser als von drinnen sind die Ausblicke vom **SkyWalk**, der es ermöglicht, mit einem Seil gesichert 20 Minuten in 192 m Höhe auf einem schmalen Steg ohne Reling rund um den Skytower zu wandeln.

SkyJump

tgl. 10–18 Uhr ▪ Eintritt ▪ www.skyjump.co.nz

Der **SkyJump** ähnelt einem Bungee-Sprung. Todesmutige stürzen sich hier, am Drahtseil gesichert, 192 m in die Tiefe – gute zehn Sekunden im mehr oder weniger freien Fall mit über 80 km/h Tempo , um dann überraschend sanft auf der Zielplattform zu landen.

Auckland Art Gallery

Kitchener St, Ecke Wellesley St ▪ tgl. 10–17 Uhr; Führungen 11.30 und 13.30 Uhr ▪ www.aucklandartgallery.com

Dank einer umfassenden Erweiterung im Jahr 2011 hat das beste Kunstmuseum des Landes nicht nur zahlreiche Architekturpreise gewonnen, sondern ist auch noch besser geworden. Die alten Galerien wurden elegant in das fantastische neue Glaskubus-Atrium mit Kauri-Holz-Säulen, die sich zu einem waldähnlichen Baldachin verzweigen, integriert. Das Museum öffnet sich zur Straße und zum dahinter liegenden Albert Park, sodass jeder die regelmäßig wechselnde Hauptskulptur im Atrium betrachten kann. Park und Atrium sieht man auch vom hervorragenden, eleganten und dennoch entspannten Café. Das Museum beherbergt eine bedeutende Sammlung von Kunstwerken aus aller Welt, den Schwerpunkt bildet jedoch die weltweit einzigartige **Sammlung neuseeländischer Kunst**.

Die europäische Sicht auf die Maori

Die idealisierenden Darstellungen der Maori aus Sicht der europäischen Forschungsreisenden werden vor allem von zwei Werken mit gegensätzlichen, jedoch gleichermaßen in die Irre führenden Blickwinkeln verkörpert: Kennett Watkins' *The Legend of the Voyage to New Zealand* von 1912 mit einer fast biblisch anmutenden Szene an einer friedlichen Lagune, und Charles Goldies *The Arrival of the Maoris in New Zealand* von 1898 nach dem Vorbild von Géricaults *Floß der Medusa*, auf dem vom Hunger gezeichnete, verängstigte Reisende gegen das wilde Meer ankämpfen.

Ein großer Teil der Ausstellung über die ältere Kunst ist Künstlern des Landes gewidmet, die auch von den Maori wegen der getreuen Darstellung ihrer Vorfahren hoch geschätzt werden. **Gottfried Lindauer** kam 1873 nach Neuseeland und verbrachte seine späten Jahre damit, lebensnahe, fast dokumentarische Porträts von *rangatira* (Häuptlingen) sowie von hochgestellten Maori-Persönlichkeiten zu malen, weil er der irrigen Meinung war, dass das Volk der Maori bald aussterben würde.

Charles F. Goldie avancierte Anfang des 20. Jhs. zu Neuseelands „Altem Meister" und erlangte internationale Anerkennung für seine emotionaleren Porträts älterer Maori mit ihrem traditionellen Gesichtstattoo *(moko)*.

Neuseelands Kunst entwächst den Kinderschuhen

Die europäischen Künstler brauchten ein halbes Jahrhundert, um zu erlernen, wie sich das grelle Licht Neuseelands am besten einfangen lässt – ein Entwicklungsprozess, der sich bis in die 1960er- und 1970er-Jahre hinein fortsetzte, als viele Arbeiten mit scharf abgegrenzten Flächen in wild gemixten grellbunten Farben an Comics erinnerten.

Besonders beachtenswert sind die Werke von **Rita Angus**, die sich in den 1940er-Jahren mit ihren Landschaftsbildern aus Canterbury und Otago einen Namen machte, von **Colin McCahon**, dessen Begeisterung für die Kraft und Schönheit der neuseeländischen Landschaft bis in die Kiwi-Kunst des späten 20. Jhs. nachwirkte, und von **Gordon Walters**, der seine Inspiration aus der Maori-Ikonografie bezog, um abstrakte Kunst mit ins Auge springenden grafischen Formen zu schaffen.

Bei den Neuerwerbungen der jüngeren Zeit handelt es sich häufig um Werke von Maori-Künstlern. Ausgestellt werden normalerweise einige herausragende Arbeiten des Malers **Shane Cotton**, Werke des Künstlers **Ralph Hotere** und Videokunst von **Lisa Reihana**, deren Beitrag für die Biennale in Venedig im Jahr 2017 für einiges Aufsehen sorgte.

Albert Park

Östlich der Queen Street erstreckt sich die viktorianische Gartenanlage **Albert Park**. Ursprünglich befand sich hier einmal ein *pa*, ein befestigtes Maori-Dorf. In den 1840er- und 1850er-Jahren standen auf dem Gelände die Albert-Kasernen. Der Park voller Eichen und Feigenbäume erfreut sich großer Beliebtheit bei Studenten und Büroangestellten, die meist gar nicht ahnen, dass sich unter ihnen ein Labyrinth von Luftschutzbunkern aus dem Zweiten Weltkrieg ausbreitet.

Karangahape Road

An ihrem südlichen Ende steigt die Queen Street an und kreuzt die **Karangahape Road** – kurz **K' Road** genannt. Im 19. Jh. wohnten hier wohlhabende Kaufleute, in den 1970er-Jahren war die Straße das Herz von Aucklands polynesischer Gemeinde. Einst berüchtigt für seine Massagesalons und Striplokale, hat die „K' Road" heute – ca. 50 Jahre später – ihr Schmuddelimage abgeschüttelt und sich zu einer lebendigen Enklave mit trendigen Cafés, Bars, Schallplattenläden, urigen Geschäften zum Stöbern sowie zahlreichen indischen und chinesischen Shops entwickelt. Einmal hier, kann man auch einen Blick in die **Starkwhite Gallery** (Nr. 510) mit ihrer zeitgenössischen Kunst werfen sowie in die 1920 erbaute **St Kevin's Arcade**, vollgestopft mit erlesenen Modegeschäften, schicken Lifestyleläden und Boutiquen mit den neuesten Modetrends.

Am östlichen Ende der K' Road befindet sich auf dem **Symonds Street Cemetery** das etwas verwahrloste Grab von **William Hobson**, Neuseelands erstem Gouverneur, das fast unter dem gewaltigen Betonbogen der Grafton Bridge verschwindet.

The Domain

The Domain auf den sanften Hängen des erloschenen Vulkans Pukekawa, der seinen Namen „Hügel der bösen Erinnerungen" den längst vergangenen blutigen Fehden verfeindeter Communitys verdankt, ist der schönste Park der Stadt. Ausgestattet ist er mit allem, was so dazugehört: Musikpavillon, Phoenixpalmen, geometrisch gestalteten Blumenbeeten und ausgedehnten Rasenflächen.

Im Sommer verwandeln sich die großen Rugbyfelder in Cricketplätze, und im kleinen Amphitheater des Vulkankraters werden Bühnen für stimmungsvolle Konzerte unter freiem Himmel errichtet.

Auckland Museum

Auckland Domain ▪ ⌚ tgl. 10–17 Uhr ▪ Eintritt ▪ Maori Cultural Performance tgl. 11, 12 und 13.30 Uhr, Nov–März zusätzl. 14.30 Uhr ▪ Eintritt ▪ 💻 www.aucklandmuseum.com ▪ Das Auckland Museum liegt an der Strecke des Coast to Coast Walkway und der City-Tour-Busse. Der Inner-Link-Bus hält an der Parnell Rd, 5 Gehminuten vom Museum

Der höchste Punkt der Domain wird von einem imposanten Gebäude im griechisch-römischen Stil gekrönt, dem **Auckland Museum**, das die weltbeste Sammlung von Kunst der Maori und der Pazifikinseln hütet. Das Museum wurde 1929 als Denkmal für die Gefallenen des Ersten Weltkriegs errichtet und später mehrfach ausgebaut. Zuletzt wurde der Innenhof mit einer Kupferkuppel überdacht. Darunter befindet sich das neue **Atrium** mit einer erstaunlichen Konstruktion aus Kauri-Holz, die wie ein riesiger, umgedrehter Bienenkorb von der Decke hängt. Zurzeit wird das Museum um weitere öffentliche Bereiche und neue Ausstellungsflächen erweitert, bleibt aber während der Umbauarbeiten geöffnet. Mehrmals täglich kündigt der dröhnende, durch das gesamte Gebäude zu hörende Klang eines Muschelhorns die 30-minütige **Maori Cultural Performance** mit Gesang und dem berühmten *haka* an.

Maori Court

Als die traditionellen Maori-Dörfer gegen Ende des 19. Jhs. zu verschwinden begannen, wurden einige der schönsten Beispiele geschnitzter Paneele, Versammlungshäuser und Nahrungsspeicher gerettet und hierhergebracht. Das augenfälligste Exponat ist das **Hotunui**, ein großes, verziertes Versammlungshaus von 1878, das damals schon mit einem Wellblechdach statt des traditionellen Binsendachs ausgestattet wurde. Diese Arbeit zeugt von ungeheurer Kunstfertigkeit: Die Außenwände des Gebäudes zieren groteske Gesichter mit heraushängenden Zungen und glänzenden Augen aus Paua-Muscheln, während das Innere mit wundervollen *tukutuku*-Paneelen ausgestattet ist.

Daneben sind die kunstvollen Schnitzereien an Bug und Heck von **Te Toki a Tapiri** zu bewundern. Das 25 m lange *waka taua* (Kriegskanu), das bis zu 100 Krieger aufnehmen konnte, ist das einzig erhaltene Exemplar aus der voreuropäischen Ära.

Pacific Masterpieces

Zu den Highlights gehören exquisite polynesische, melanesische und mikronesische Arbeiten wie eine zeremonielle Essschale mit Perlmutteinlagen von den Salomon-Inseln, rituelle Keulen und eine wunderbar volltönende Schlitztrommel aus Vanuatu. Ebenso faszinierend sind die Textilien, deren Muster eine weitaus größere Vielfalt aufweisen, als man bei den wenigen zur Verfügung stehenden Rohstoffen vermuten möchte.

Pacific Lifeways

Der **Pacific Lifeways Room**, der vor allem das Alltagsleben der Maori und Polynesier zeigt, wird von einer schlichten, aber majestätischen Statue aus dem Holz des Brotfruchtbaums beherrscht. Das Bildnis stammt von den Karolinen und zeigt die bösartige **Kave**, Polynesiens bedeutendste weibliche Gottheit.

Level 1

Das Mittelgeschoss des Museums mit den **naturgeschichtlichen Sammlungen** ist eine ungewöhnliche Kombination aus modernen Präsentationen und ausgestopften Vögeln in Vitrinen. Außer sehenswerten Ausstellungsstücken wie dem 3 m großen Riesen-Moa oder einem 800 kg schweren Ammoniten begegnet man auch Dinosauriern, erfährt so einiges über Vulkane und lernt in der Ausstellung **Maori Natural History** allerlei über das ganz spezielle, von westlichem Wissenschaftsdenken unbelastete Verhältnis der Maori zu ihrer Umwelt.

Auf diesem Stockwerk gibt es außerdem diverse interaktive Angebote und „Entdeckungsbereiche" für Kinder.

Level 2

Die Ausstellung **War Galleries**, die das ganze Obergeschoss einnimmt, geht der Frage nach, in welcher Weise Neuseelands nationale Identität durch Kriege mitgeprägt wurde. Die Landkriege der 1860er-Jahre werden aus Sicht der Maori und der Pakeha beleuchtet. Auch der Erste Weltkrieg wird ausführlich abgehandelt, insbesondere die Schlacht von Gallipoli in der Türkei, bei der es durch Patzer der militärischen Führung zu einem Grabenkrieg mit verheerenden Verlusten für die australischen und neuseeländischen Truppen kam. Beeindruckendes Anschauungsmaterial und Militärmusik begleiten die Filmvorführung über die Pazifik-Feldzüge im Zweiten Weltkrieg und über Vietnam.

Wintergardens und Fernz Fernery

Auckland Domain ▪ ◷ tgl. April–Okt 9–16.30, Nov–März Mo–Sa 9–17.30, So 9–19.30 Uhr ▪ Eintritt frei ▪ 💻 www.aucklandcouncil.govt.nz

Die vulkanische Quelle auf dem Gelände wurde von der Auckland Acclimatisation Society ge-

Spaziergänge und Wanderungen in Auckland

Die Wanderambitionen der meisten Auckland-Besucher gehen nicht über einen Bummel durch die Parkanlage The Domain oder den kurzen Anstieg auf einen der erloschenen Vulkane hinaus. Wanderer, die etwas ehrgeiziger sind, können sich aber beispielsweise auch auf **Rangitoto Island** austoben (S. 189) oder sich einzelne Etappen des **Hillary Trail** (S. 183) in den Waitakere Ranges westlich der Stadt vornehmen. Außerdem umfassen auch die meisten Touren zur West Coast (S. 180) kurze Wanderungen.

Auf eigene Faust

Coast to Coast Walkway (16 km einfach, 4 Std.). Die schönsten Sehenswürdigkeiten der Stadt wurden zu dieser Wanderung kombiniert, die quer über die Landenge führt. Der Streckenverlauf kann kostenlos unter www.aucklandcouncil.govt.nz runtergeladen werden und ist auch in der kostenlosen Karte *Explore Central Auckland* eingezeichnet, die überall in der Stadt erhältlich ist. Man kann bis kurz hinter den Maungakiekie wandern (12 km, 3 Std.) und dann von der Manukau Road mit Bus Nr. 304, 305 oder 312 zurück in die Innenstadt fahren. Oder man wandert die gesamte Strecke und fährt dann mit dem Zug von Onehunga zurück.

North Shore Coastal Walk (23 km einfach). Kostenlose Broschüre in den Touristeninformationen. Das Südende des North Shore Coastal Walk (ein Teil des Fernwanderwegs Te Araroa, der von der Nord- zur Südspitze des Landes führt, s. Kasten S. 64) bildet der Fähranleger in Devonport. Der Weg führt am Navy Museum und in der Nähe des Maungauika vorbei und dann die Küste hinauf an mehreren hübschen Stränden mit Blick auf Rangitoto entlang. Wer mit der Fähre nach Devonport kommt, kann z. B. bis nach Takapuna (10 km, 2–3 Std.) spazieren und von dort mit dem Bus in die Stadt zurückfahren. Schön ist die Wanderung bei Ebbe, wenn man direkt am Wasser entlanglaufen kann.

Geführte Rundgänge

Auckland Walks, www.aucklandwalks.co.nz. Veranstaltet werden informative Führungen durch das Stadtzentrum (tgl. 10 Uhr, 2 Std., Buchung notwendig) ab dem Harbour Information Centre im Ferry Building, 99 Quay St.

Tamaki Hikoi, www.tamakihikoi.co.nz. Die von Maori geführten Rundgänge stellen Auckland (Tamaki Makaurau) aus der Perspektive der Ngati Whatua vor. Zur Auswahl stehen die Touren Maungawhau/Mount Eden (10 und 13.30 Uhr, 1 1/2 Std., gegen Gebühr), Tamaki/Auckland und Takaparawhau/Bastion Point (2 Std., gegen Gebühr) sowie eine zeremonielle Sonnenaufgangstour zum Takaparawhau/Bastion Point mit Frühstück im *marae* (Versammlungshaus). Bei den informativen Führungen werden viele Anekdoten erzählt, und man bekommt einen ganz anderen Blick auf die Geschichte der Stadt.

TIME Unlimited, www.newzealandtours.travel. Die von Maori geführte Stadttour erläutert die Bedeutung von bestimmten Plätzen in der Stadt für die Maori (ganzer Tag). Das „Extra"-Paket beinhaltet zusätzlich eine Führung durch die Maori-Abteilungen im Auckland Museum und den Besuch der Maori Cultural Performance.

nutzt, um europäische Pflanzen zu ziehen und damit die rapide Europäisierung der neuseeländischen Landschaft voranzutreiben. Der Geist dieser Unternehmung lebt in den malerischen **Wintergardens** fort, einem formellen Fischteich zwischen zwei Gewächshäusern, einem mit gemäßigtem und einem mit tropischem Klima. Nebenan wurde eine ehemalige Schlackengrube in die **Fernz Fernery** verwandelt, ein grünes Mini-Tal mit mehr als 100 verschiedenen Farnarten in trockenen, gemäßigten und feuchten Habitaten.

Östlich des Zentrums: Parnell und Newmarket

The Domain trennt das Zentrum vom wohlhabenden **Parnell**, einst das spirituelle Herz der Stadt. Wiederbelebt wurde es in den 1960er-Jahren durch den exzentrischen Träumer und Bauherren **Les Harvey**, der die heruntergekommenen Villen vor den Abrissbirnen der Stadtentwickler rettete. Bis in die 1980er-Jahre war Parnell der einzige Ort in Auckland, wo man samstags einkaufen konnte. Seinen Ruf für schicke Boutiquen und edle Restaurants hat Parnell verloren, aber die Kunstgalerien sind geblieben. Die Parnell Road führt an der **Kathedrale** vorbei Richtung Süden und wird später zum Broadway, der Hauptschlagader von **Newmarket**. Hier gibt es zahlreiche mittelmäßige Bekleidungsgeschäfte, während in den Seitenstraßen auch die eine oder andere schickere Boutique zu finden ist.

St Mary's und Holy Trinity Cathedral

Parnell Rd, Ecke St Stephens Ave ▪ Mo–Sa 10–15, So 12–15 Uhr (im Sommer bis 16 Uhr) ▪ Eintritt frei ▪ www.holy-trinity.org.nz

Am südlichen Ende der Parnell Road erhebt sich eine der weltgrößten Holzkirchen, **St Mary's**, 1886 aus einheimischen Hölzern erbaut und fast 50 m lang. Im Innenraum zeigt eine Fotoserie, wie das Gotteshaus 1982 in einer aufsehenerregenden Aktion von seinem ursprünglichen Standort auf der anderen Seite der Parnell Road hierher „gerollt" wurde, um der modernen **Holy Trinity Cathedral** Gesellschaft zu leisten. Deren Chor im neugotischen Stil wurde 1959 begonnen, blieb aber bis in die frühen 1990er-Jahre unvollendet. Dann wurde ein wie die Faust aufs Auge passendes Kirchenschiff angebaut, dessen Dachkonstruktion an ein Schweizer Chalet erinnert.

Innen lohnt ein Blick auf die Buntglasfenster an der Rückseite, die den Beitrag der Maori und Pakeha zur neuseeländischen Gesellschaft symbolisieren. Der Maori-Künstler Shane Cotton gestaltete die Glasfenster an den Seiten nach einem einheitlichen Farbkonzept in gedämpften Rot-, Braun- und Grüntönen. Das massive Taufbecken aus Gussglas stammt von der international bekannten Glaskünstlerin Ann Robinson.

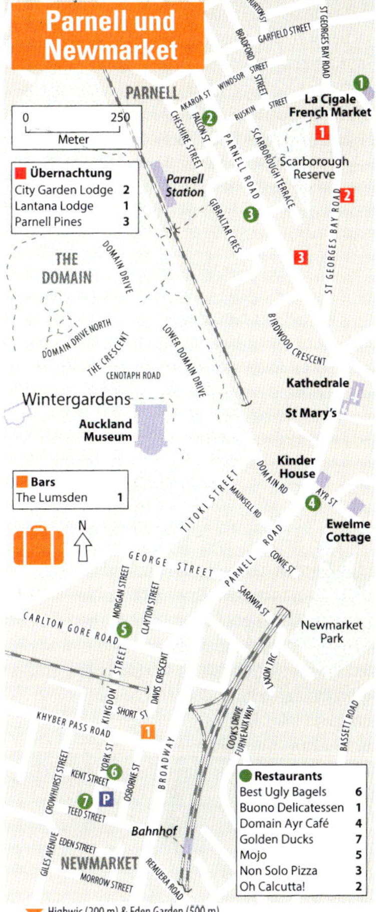

Kinder House

2 Ayr St, Parnell ▪ Mi–So 12–15 Uhr ▪ Eintritt frei ▪ www.kinder.org.nz

Die gotischen Anklänge der nahen St Mary's Church zeugen vom Einfluss des bekannten neuseeländischen Kirchenbaumeisters Frederick Thatcher, der auch das **Kinder House** für den Rektor des neuen Gymnasiums entwarf. Den Posten bekleidete damals John Kinder, ein begnadeter Aquarellmaler und Dokumentarfotograf. Das Gebäude entstand aus roh behauenem

Vulkangestein des nahen Maungawhau und beherbergt heute einige interessante Fotos sowie Reproduktionen von Kinders Gemälden.

Ewelme Cottage

14 Ayr St, Parnell ▪ So 10.30–16.30 Uhr ▪ Eintritt ▪ www.visitheritage.co.nz

Einen Eindruck vom Leben der ersten Siedler in Neuseeland vermittelt das 1864 für einen Geistlichen mit dem wunderbaren Namen Vicesimus Lush errichtete **Ewelme Cottage**. Der Reiz des ganz aus Kauri-Holz erbauten Gebäudes liegt vor allem in der Einrichtung, die heute noch unverfälscht so zu bewundern ist, wie die Nachfahren von Lush sie bei ihrem Auszug 1968 zurückließen.

Eden Garden

24 Omana Ave, Newmarket ▪ tgl. 9–16 Uhr ▪ Eintritt ▪ www.edengarden.co.nz

Der in einem ehemaligen kleinen Steinbruch auf der Ostseite des Mount Eden gelegene **Eden Garden** hält jede Menge Abwechslung bereit: Das ganze Jahr über gibt es hier interessante Dinge zu entdecken, von Farnen, Tulpen, Rosen, Silberbaumgewächsen und einem kleinen Wasserfall bis hin zu Australasiens größter Kameliensammlung, die zwischen April und Oktober in voller Blüte stehen. Überall laden kleine Senken zum Verweilen ein, und wer möchte, kann sich im sehr guten Café stärken (tgl. 10–15.30 Uhr).

Tamaki Drive

Unmittelbar östlich der Innenstadt erstreckt sich Aucklands beliebte Uferzone mit dem **Tamaki Drive**, der sich über 8 km an den beliebtesten Stadtstränden – **Mission Bay**, **Kohimarama** und **St Heliers** – sowie an **Kelly Tarlton's** und einigen Aussichtspunkten entlangschlängelt. Im Sommer wimmelt die Uferpromenade von Joggern und Radfahrern.

Kelly Tarlton's Sea Life Aquarium

23 Tamaki Drive, Okahu Bay, 6 km östlich des Zentrums ▪ tgl. 9.30–17 Uhr ▪ Eintritt (bis 3 J. frei); Rabatt auf alle Tickets bei Online-Buchung ▪ www.kellytarltons.co.nz ▪ Explorer Bus und Stadtbusse 745, 756 und 769 von der Haltestelle Tyler St beim Britomart halten am Eingang des Aquariums; ein kostenloser Tarlton's-Shuttlebus verkehrt stdl. jeweils zur vollen halben Stunde (9.30–15.30 Uhr), Abfahrt gegenüber dem Cloud, 152 Quay St

1985 wurde **Kelly Tarlton's Sea Life Aquarium** eröffnet und war eine Idee des neuseeländischen Tauchers, Schatzsuchers und Bergungsexperten Kelly Tarlton. Er baute einige riesige Wasserbecken um, aus denen zwischen 1910 und 1961 die Abwässer der Stadt mit der ablaufenden Flut in den Waitemata Harbour gespült wurden. Die damals noch revolutionären begehbaren Plexiglastunnel sind heute überall zu finden, aber es ist immer noch ein Erlebnis, auf dem Laufband durch zwei Wasserbecken zu gleiten, in denen sich farbenprächtige Rifffische, Aale und kleine Haie tummeln.

Wer den Meerestieren noch näherkommen möchte, kann eines der spannenden Käfigtauchangebote wahrnehmen. In den Aquarien der Abteilung **Stingray Bay** gleiten Stachelrochen mit bis zu 2 m Spannweite durchs Wasser. Neuseeland ist außerdem die Heimat von sechs Pinguinarten, wobei die hier zu sehenden Esels- und Königspinguine sehr viel weiter südlich leben. In der interaktiven Schildkrötenzone können Kinder etwas über die Bemühungen des Aquariums erfahren, Meeresschildkröten zu retten und später wieder in der Natur auszusetzen.

Bastion Point

Von der grasbewachsenen Anhöhe **Bastion Point** (Takaparawhau) bieten sich wunderbare Ausblicke auf den Hauraki Gulf – ein tolles Plätzchen für ein gemütliches Picknick. Gekrönt wird der Bastion Point durch den **M. J. Savage Memorial Park**. Das nüchterne Art-déco-Denkmal erinnert an den ersten Premierminister der Labour-Partei, der in den späten 1930er-Jahren den Wohlfahrtsstaat einführte.

Der Bastion Point war in den 1970er-Jahren Austragungsort einer 17 Monate andauernden Auseinandersetzung zwischen der Polizei und den traditionellen Besitzern des Hügels, den Ngati Whatua, die gegen die Zersplitterung des Areals zu Bauzwecken protestierten. 1977 wurden die Landbesetzer schließlich „entfernt", aber ihr Aufstand ebnete den Weg für einen Wandel in der Haltung der Regierung: Innerhalb einer Dekade gab das Waitangi-Tribunal die Empfehlung, das Gebiet zurückzugeben.

Mission Bay, Kohimarama und St Heliers

Tamaki Drive, 7 km östlich des Zentrums

Die drei von Pohutukawa-Bäumen gesäumten Strände am Tamaki Drive eignen sich vor allem zwischen den Gezeiten zum Schwimmen. Gleich hinter dem Kajak- und Fahrradverleih Fergs (S. 174) erreicht man die **Mission Bay**, deren Strand zu den lohnendsten in Stadtnähe gehört. Hier gibt es normalerweise auch Verleihstationen für Kajaks und Stand-Up-Surfbretter. Direkt am Wasser erstreckt sich eine Grünanlage und daran angrenzend eine Auswahl an munteren Cafés und Restaurants. Bei Ebbe können sich Kinder auf dem **Marmorbrunnen** vergnügen. Hinter der Mission Bay befinden sich meist ruhigere Strände mit Cafés: **Kohimarama** (1 km weiter) und **St Heliers** (wiederum 1 km weiter).

Westlich des Zentrums

Die Vororte im Westen Aucklands entwickelten sich später als ihre östlichen Gegenstücke, vor allem wegen ihrer Entfernung zum Meer, das in früheren Zeiten praktisch der einzige Transportweg war. Ausnahmen waren der zentrumsnahe Vorort **Ponsonby** und **Herne Bay**. Sehenswürdigkeiten gibt es hier kaum, abgesehen von **Western Springs**, Ende des 19. Jhs. die wichtigste Wasserquelle für das aufblühende Auckland. Heute gibt es hier einen netten Park sowie in unmittelbarer Nachbarschaft den hervorragenden **Auckland Zoo** und das Museum of Transport and Technology, kurz **MOTAT** genannt.

Ponsonby

Ponsonby Road war lange Zeit der Inbegriff für Designerklamotten, Cafés und Restaurants zum Sehen und Gesehenwerden für die Anwohner, aber auch für die Bewohner der benachbarten Vororte **Grey Lynn** und **Herne Bay** (Hochburgen für schnieke Medienleute), wo die durchschnittlichen Preise für Immobilien bei fast $2 Mio. liegen. Heute ist dies das teuerste Viertel des Landes, und es ist kaum noch vorstellbar, dass die Mieten hier in 1960er-Jahren so günstig waren, dass viele eingewanderte Pazifikinsulaner zuzogen. In den 1970er-Jahren entwickelte sich Ponsonby zu einer Art Künstlerviertel, das zahlreiche Bohemiens und Künstler anzog.

Die Ponsonby Road selbst ist nicht wirklich schön, aber die Menschen sind es: Musiker, Medienleute und sonstiger, in der neuesten Mode ausstaffierter Jetset treffen sich hier zum Lunch oder zum Plaudern. Wem das alles zu abgehoben klingt, der sollte sich dennoch nicht abschrecken lassen. Ponsonby hat eine lebendige Ausstrahlung mit zahllosen Restaurants, die auch nicht teurer sind als anderswo in der Stadt, und die großen Namen neuseeländischer Modedesigner sind hier ebenfalls vertreten (S. 172).

Museum of Transport and Technology (MOTAT)

805 Great North Rd, Western Springs, 5 km südwestlich des Zentrums ▪ tgl. 10–17 Uhr ▪ Eintritt ▪ www.motat.org.nz ▪ zahlreiche Busse, darunter Nr. 18, 010, 030, vom Britomart

Das etwas in die Jahre gekommene **Museum of Transport and Technology (MOTAT)** lädt zu einem Streifzug durch Neuseelands Verkehrs- und Industriegeschichte ein und bietet Unterhaltung für junge Besucher. Im Mittelpunkt der zahlreichen Schuppen und Hallen steht das restaurierte **Pumpenhaus** von Western Springs. Die gewaltige Balanciermaschine von 1877 beeindruckt gewöhnlich durch ihre majestätische Ruhe, außer wenn der Kesselraum angefeuert wird, was gelegentlich geschieht.

Wie es sich für ein solches Museum in einem Agrarland gehört, findet man hier auch eine eindrucksvolle Sammlung historischer Traktoren. Unter anderem ist hier der Traktor zu sehen, den Edmund Hillary 1958 auf seiner Expedition zum Südpol einsetzte. Außerdem gibt es einige wissenschaftlich orientierte Abteilungen mit Exponaten zum Ausprobieren, ein viktorianisches Dorf sowie einen Schuppen voller Straßenbahnwagen aus der Stadt von 1902 bis 1956.

Eine alte **Straßenbahn** aus Melbourne bringt Besucher (alle 10–30 Min., kostenlos) zur 1 km entfernten **Aviation Display Hall**, einem Han-

gar mit gewaltigen laminierten Holzbalken. Hier gibt es einige Highlights für Flugzeugfans, u. a. einen der wenigen erhaltenen Lancaster-Bomber aus dem Zweiten Weltkrieg, alte Schädlingsbekämpfungsflugzeuge und fragile Fluggeräte, mit denen einst Touristen zum Fox- und Franz-Josef-Gletscher gebracht wurden.

Auckland Zoo

Motions Rd, Western Springs, 5 km südwestlich des Zentrums ▪ ⌚ tgl. 9.30–17.30 Uhr; Zeiten für Animal Encounters siehe Website ▪ Eintritt; Animal Encounters kostenlos ▪ 💻 www.aucklandzoo.co.nz ▪ zu erreichen mit dem Explorer Bus und mit anderen Bussen wie der Nr. 030 vom Britomart, der 200 m entfernt hält; am Zoo hält auch die Straßenbahn zwischen den beiden MOTAT-Stationen

Der **Auckland Zoo** ist eindeutig der beste Zoo Neuseelands. Er ist auf die Tierhaltung in naturnahen Habitaten und auf Nachzuchtprogramme spezialisiert. Die Tropenabteilung lädt zu einem Spaziergang zwischen künstlichen Affeninseln ein, und durch das frei zugängliche Wallaby- und Emu-Gehege gelangt man zum Areal der

Tasmanischen Teufel. Die Anlage „Pridelands" ist mit Nilpferden, Nashörnern, Giraffen, Zebras und Gazellen bevölkert, die durch ein weitläufiges, von Gräben umgebenes Savannengelände streifen.

Sechs neuseeländische Lebensräume (Küsten, Inselwelten, Feuchtgebiete, Wälder, Hochlandgebiete und eine Abteilung für nachtaktive Tiere) sind im **Te Wao Nui** zusammengefasst. Die gesamte Anlage ist wunderschön gestaltet, mit zahlreichen Skulpturen, Wasserspielen und cleveren Details.

North Shore

Die Eröffnung der Hafenbrücke 1959 läutete den Aufschwung des **Nordufers** ein. Bis dahin bestand die Region nur aus einer Handvoll verstreut liegender Gemeinden, die durch Hafenfähren verbunden waren. Schon in den frühen 1970er-Jahren war die Brücke durch den regen Vorortverkehr ständig verstopft – bis eine japanische Firma beidseitig zwei neue Fahrbahnen anbaute (liebevoll „the Nippon Clip-ons" genannt). Die Brücke kann beim Auckland Bridge Climb (S. 173) aus nächster Nähe betrachtet werden.

Das friedliche Küstendorf **Devonport** am südlichen Ende einer langen Reihe ruhiger **Badestrände** bietet von seinen Vulkanspitzen einen schönen Blick über den Hafen. Weiter im Norden lohnt ein Besuch von **Takapuna**, dessen Badestrand bei Ebbe und Flut nutzbar ist, während einige gute Restaurants zum Verweilen einladen.

Devonport

Das 1840 gegründete **Devonport**, einer von Aucklands ältesten Vororten, ist vom Zentrum mit einer zehnminütigen Fährfahrt erreichbar. Zu den Ersten, die hier ihr Lager aufschlugen, gehörte die Marine, bald gefolgt von wohlhabenden Kaufleuten, die prächtige Villen aus Kauri-Holz errichteten.

Devonports Anziehungskraft offenbart sich bei einem Spaziergang entlang der von Bäumen gesäumten Uferpromenade, beim Besteigen der Vulkane oder bei einer Wanderung über den **North Shore Coastal Walk** (S. 146), um sich dann mit leckerem Fish 'n' Chips am Cheltenham Beach zu sättigen, bevor man eines der in die Jahre gekommenen Kinos (S. 172) besucht.

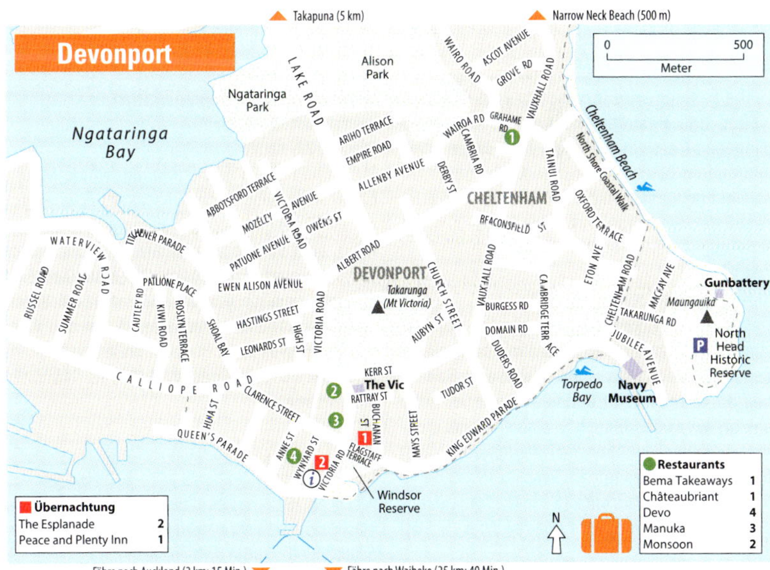

Navy Museum

64 King Edward Parade, Torpedo Bay ▪ ⏲ tgl. 10–17 Uhr; kostenlose Führungen Sa und So 10.30 und 14.15 Uhr ▪ Eintritt frei ▪ 💻 www.navymuseum.co.nz

Ein netter 1 km langer Spaziergang führt vom Zentrum in Devonport zu dieser ehemaligen Meeresbergbaustation, wo die üblichen Kanonen, Medaillen und Marineuniformen zu sehen sind. Dazu gibt es Wissenswertes über die Rolle der neuseeländischen Marine bei der Schlacht am Rio de la Plata im Zweiten Weltkrieg oder über den Protest der HMNZS *Otago* gegen die französischen Kernwaffentests am Mururoa-Atoll 1973. Besucher können morsen, und Kinder dürfen Uniformen anprobieren. Vom Torpedo Bay Café bieten sich tolle Ausblicke übers Wasser auf die Stadt.

North Head Historic Reserve

⏲ tgl. 6–22 Uhr, Fahrzeuge 6–20 Uhr ▪ Eintritt frei

Der grasbedeckte Vulkankegel **Maungauika** (North Head) bewacht den Eingang zum Hafen und bietet sich an sonnigen Nachmittagen und ganz besonders bei Segelveranstaltungen als herrlicher Aussichtsberg an. Für die Maori war dies ein strategisch wichtiger Punkt, bevor der junge neuseeländische Staat ihn in die Verteidigungsanlage seiner Küste einbezog.

Die Festung wird inzwischen vom DOC verwaltet, und Besucher können die noch verbliebenen Reste besichtigen. Zwei kurze Filme informieren über ihre einstige Bedeutung. Anschließend kann man die Gegend auf drei interessanten Rundwegen erkunden (je 15–30 Min.).

Takapuna

Anfahrt von Devonport mit Bus Nr. 813

Das Beste an **Takapuna**, 5 km nördlich von Devonport, ist sein breiter Strand mit goldgelbem Sand. Hier kann man – und das ist eine Seltenheit an Aucklands Stränden – sogar bei Ebbe gut schwimmen. Man hat einen ausgezeichneten Ausblick hinüber nach Rangitoto, es gibt Campingmöglichkeiten am Wasser (S. 159) und einige gute Restaurants (S. 167). Von Devonport führt der North Shore Coastal Walk (S. 146) hierher.

Südlich des Zentrums

Unmittelbar südlich von Aucklands Zentrum verspricht der höchste Vulkan der Stadt, der **Maungawhau** (Mount Eden), eine überwältigende Aussicht. Auf seinem benachbarten Zwilling, dem **Maungakiekie** (One Tree Hill), sind einige der besterhaltenen Überreste von Terrassenanlagen der Maori zu bewundern. Der Cornwall Park drum herum ist einer der schönsten der Stadt, und die nahe Kunstgalerie im **Pah Homestead** bildet eine gute Ergänzung zur Auckland Art Gallery.

Hinter Cornwall Park und Pah Homestead erstreckt sich **South Auckland**, das von den meisten Besuchern links liegen gelassen wird, obwohl fast alle von ihnen am Flughafen von Mangere ankommen. Rund um das östliche Ende des Manukau Harbour gelegen, ist dies der ärmste Teil der Stadt. Aber diese Gegend ist keine No-go-Zone und lohnt samstagvormittags auf jeden Fall einen Besuch, denn dann bieten Aucklands polynesische Gemeinde und die meisten anderen Immigranten-Communities ihre Waren auf dem **Otara Market** feil. Noch weiter südlich liegen die **Auckland Botanic Gardens**, eine gute Gelegenheit für einen entspannten Zwischenstopp auf dem Weg aus der Stadt hinaus.

Maungawhau (Mount Eden)

2 km südlich vom Zentrum ▪ Bus 274, 277 nach Mount Eden

Mit seinen 196 m ist der **Maungawhau (Mount Eden)** Aucklands höchster Vulkan. Er überragt die umliegenden Vorortsiedlungen nur geringfügig, aber von dem Parkplatz am Gipfel bietet sich ein weiter Rundumblick. Da es auf dem Gipfel stets ziemlich voll ist, sollte man ein Stück den Kraterrand entlangspazieren, um den Ausblick mit etwas mehr Ruhe genießen zu können. Auch der Coast to Coast Walkway (S. 146) führt hier entlang.

One Tree Hill Domain

7 km südl. vom Zentrum ▪ ⏲ tgl. 7–20.30 Uhr (im Winter bis 19 Uhr) ▪ Eintritt frei ▪ Zugang von der Manukau Rd, erreichbar mit mehreren Bussen ab Haltestelle 7055 beim Civic Theatre

Der 183 m hohe **Maungakiekie** (One Tree Hill) gehört zu den markantesten Wahrzeichen von Auckland. Er wird von einem 33 m hohen Granit-Obelisken sowie neun jungen Totara- und Pohutukawa-Bäumen gekrönt, die 2016 gepflanzt wurden (S. 154). Der Ausblick ist ähnlich gut wie auf dem Mount Eden, und die umliegende **One Tree Hill Domain** macht den One Tree Hill insgesamt zum lohnenderen Ziel.

Über ein Jahrhundert lang, bis kurz vor der Ankunft der Europäer, befand sich auf dem Maungakiekie (Berg der Kiekie-Pflanze) eines der größten Wehrdörfer des Landes mit schätzungsweise 4000 Bewohnern. Auf dem Hügel sind noch immer Spuren der umfangreichen Erdarbeiten zu erkennen – darunter verfallene Wohnhäuser und Gruben, in denen *kumara* eingemietet wurden. Als der schottische Arzt und „Vater von Auckland", Sir John Logan Campbell, die Stätte kaufte, war sie bereits verlassen. Campbell war einer von nur zwei Europäern, die zu dem Zeitpunkt, als Auckland seinen Hauptstadt-Status erhielt, in der Gegend ansässig waren.

Cornwall Park

An der Green Lane West, 7 km südl. vom Zentrum ▪ tgl. 7–21 Uhr (im Winter bis 19 Uhr) ▪ Eintritt frei ▪ www.cornwallpark.co.nz

Die One Tree Hill Domain wird zur Gänze vom **Cornwall Park** umschlossen. Diesen schenkte Sir John Logan Campbell einst den Bürgern von Neuseeland zur Erinnerung an den Besuch des Herzogs und der Herzogin von Cornwall 1901. Es gibt hübsch gestaltete Parkanlagen, doch große Teile des Parks werden landwirtschaftlich genutzt. Von seiner schönsten Seite präsentiert sich der Park um die Weihnachtszeit, wenn die Alleen aus Pohutukawa-Bäumen ihr üppiges rotes Blütenkleid zur Schau stellen.

Huia Lodge und Acacia Cottage

Eingang Green Lane Rd ▪ Huia Lodge tgl. 10–16 Uhr, Acacia Cottage tgl. 7 Uhr bis Sonnenuntergang ▪ Eintritt frei ▪ www.cornwallpark.co.nz

Die Einrichtungen im Cornwall Park gruppieren sich um die **Huia Lodge**, die Campbell als Haus für den Verwalter erbauen ließ. Heute beherbergt sie eine kleine Ausstellung mit Informationen über den Park und dessen Gründer. Außerdem ist hier ein **Visitor Centre** untergebracht; eine kostenlose Broschüre informiert über die archäologischen und vulkanischen Stätten auf dem Hügel.

Genau gegenüber der Huia Lodge liegt das **Acacia Cottage**, Campbells altes Wohnhaus und das älteste erhaltene Gebäude der Stadt. Es wurde 1841 aus Kauri-Holz erbaut und 1920

von der Innenstadt hierher verfrachtet. Die vier Zimmer im Innern des Wohnhauses sind so eingerichtet, wie es in den 1840er-Jahren hier üblich war.

Pah Homestead und Wallace Arts Centre

72 Hillsborough Rd, 9 km südlich vom Zentrum ▪ ⌚ Di–Fr 10–15, Sa und So 8–17 Uhr ▪ Eintritt frei ▪ 💻 www.artshousetrust.co.nz ▪ Bus Nr. 299 braucht 30 Min. ab Queen St beim Civic Theatre

Einer der besten Gründe für einen Abstecher in den Süden der Stadt ist das **Pah Homestead**, ein Wohngebäude im italienischen Stil auf einem kleinen Hügel, von dem aus man auf die eleganten Zedern und mächtigen großblättrigen Feigen im umliegenden **Monte Cecilia Park** blickt. Das 1879 fertiggestellte Gebäude, dessen Holzvertäfelungen und kunstvolles Bossenwerk noch originalgetreu erhalten geblieben sind, diente lange Zeit als Wohnheim.

Es ist jedoch das Innere des Pah Homestead, das die Fahrt hierher lohnenswert macht: Denn Exponate aus der 7000 Werke umfassenden **Sammlung des Wallace Arts Centre**, die der neuseeländische Agrarindustrielle James Wallace zusammengetragen hat, sind hier ausgestellt. Mitte der 1960er-Jahre begann Wallace, Werke aufstrebender neuseeländischer Künstler zu sammeln, und er gab auch selbst welche in Auftrag. Das Ergebnis ist eine vielfältige Sammlung mit Werken von Künstlern wie Toss Woollaston, Philip Trusttum und Michael Parakowhai.

Die ausgestellten Werke wechseln ständig, besonders sehenswert aber ist die Galerie in den Monaten September und Oktober, wenn die Werke der jährlichen Preisträger der Wallace Arts Awards hier präsentiert werden. Das angeschlossene Pah Café verfügt über eine schöne Außenterrasse mit Blick auf den Skulpturengarten.

Otara Market

Otara Town Centre, 18 km südöstlich vom Zentrum ▪ ⌚ Sa 6–12 Uhr, der größte Andrang herrscht zwischen 8 und 11 Uhr ▪ 💻 www.otaramarkets.co.nz ▪ Autofahrer nehmen von der Süd-Autobahn am besten die East Tamaki Rd (Exit 444). Oder man fährt mit dem Zug nach Otahuhu und dann Bus 325 (50 Min.)

Samstagmorgens breitet sich der **Otara Market** auf dem Parkplatz des Otara Town Centre aus. Er wird als der größte Maori- und polynesische Markt der Welt angepriesen. Doch er hat weitaus mehr zu bieten und spiegelt die ganze ethnische Vielfalt der Bevölkerung von South Auckland wider. Auch heute noch beeindruckt der Markt durch ein ausgeprägtes polynesisches Flair: Überall erklingen Reggae- und Pasifika-Rhythmen, und in der angrenzenden Gemeindehalle werden *kete* (Webkörbe), *tapa cloth* und Stoffe mit Blumenmustern im Inselstil angeboten. Maorischnitzereien zu zivilen Preisen finden sich neben Sikhs, die Goldschmuck verkaufen, Koreanern, die DVDs anbieten, und Chinesen, die preiswertes Obst und Gemüse feilbieten.

One Tree Hill

Sir John Logan Campbell liegt auf dem Gipfel begraben, wo einst ein einzelner Totara-Baum stand, dem der Hügel seinen englischen Namen verdankt. Er wurde 1852 von Siedlern gefällt. Campbell ließ mehrere Kiefern als Windschutz pflanzen, von denen jedoch nur ein einziges Exemplar bis zur Jahrtausendwende überlebte. Diese Kiefer wurde 1994 erstmals von einem Maori-Aktivisten als Rache für den Verlust des Totara-Baums mit einer Kettensäge attackiert. Ein neuerliches Kettensägemassaker 1999 besiegelte ihr Schicksal: Im Jahr darauf wurde der beschädigte Baum endgültig entfernt. Nach 16 Jahren als baumloser „None Tree Hill" und nachdem die Streitigkeiten um den Vertrag von Waitangi mit verschiedenen Stämmen aus Tamaki Mackaurau/Auckland beigelegt worden waren, wurde 2016 auf dem Gipfel ein kleiner Hain mit neun jungen Totara- und Pohutukawa-Bäumen gepflanzt, außerdem eine *kiekie*-Pflanze, der der **Maungakiekie** seinen Maori-Namen verdankt.

Dazu gibt es günstige Getränke und **Speisen** im Überfluss: Kaffee und Backwaren, Würstchen, Ziegen-Curry, Schweinefleischtaschen, *whitebait*-Bratlinge und eine klassische Maori-Mahlzeit mit Schweinefleisch, Brunnenkresse, Kürbis und Brot.

Auckland Botanic Gardens

102 Hill Rd, Manurewa, 24 km südöstlich vom Zentrum ▪ ◷ tgl. April–Sep 8–18, Okt–März 8–20 Uhr, Besucherzentrum und Café tgl. 8–16 Uhr ▪ Eintritt frei, kostenlose Führung Mi 13 Uhr ▪ 💻 www.aucklandbotanicgardens.co.nz

Wer mit dem Auto Richtung Süden unterwegs ist, kann nicht weit von der Autobahn eine lohnende Pause in den ausgedehnten **Auckland Botanic Gardens** einlegen. Bis zu ihrer Eröffnung 1982 wurde das Gelände landwirtschaftlich genutzt. Es gibt einen schönen Felsengarten, einen Garten für Kinder, eine tolle Abteilung mit afrikanischen Pflanzen und eine mit bedrohten neuseeländischen Arten. Einladende Picknickplätze und das Café Miko runden das Angebot ab.

ÜBERNACHTUNG

Dank der guten Shuttleverbindungen ins Stadtzentrum ist es nicht sinnvoll, am Flughafen zu übernachten. Es ist allerdings keine schlechte Idee, außerhalb des Zentrums eine Bleibe zu suchen, z. B. in **Ponsonby**, 2 km westlich, **Mount Eden**, 2 km südlich, **Parnell**, 2 km östlich, und **Devonport**, nur eine kurze Fährfahrt über den Hafen. Hier ist es nicht nur ruhiger als im Stadtzentrum, auch mit Restaurants und Kneipen sind diese Vororte bestens versorgt, und mit den Outer- und Inner-Link-Bussen (S. 176) kommt man gut in die City.

Die **Campingplätze** liegen weit außerhalb und sind angesichts der weiten Anfahrt in die Stadt nicht zu empfehlen, außer natürlich man ist mit einem Wohnmobil unterwegs.

Von Dezember bis März sollten Unterkünfte frühzeitig gebucht werden. Zu anderen Zeiten entspannt sich die Lage etwas, und in den ruhigen Wintermonaten (Juni–Sep) hat man die Qual der Wahl und kann auf Nachfrage oft erhebliche Preisnachlässe erzielen. Insgesamt sind die Preise in Auckland etwas höher als im restlichen Land.

Campingplätze für die erste Nacht

Wer nach einem langen Flug in Flughafennähe einen Mietwagen oder ein Wohnmobil in Empfang nimmt, möchte sich vielleicht nicht gleich ins Verkehrsgewühl der Innenstadt stürzen.

Der nächste ansprechende Campingplatz ist der **Ambury Regional Park** (S. 159).

Außerdem gibt es viele schöne **Campingplätze am Strand**, die nur ein oder zwei Stunden vom Flughafen entfernt liegen, z. B. Miranda Holiday Park (S. 188), Rays Rest Camping Reserve (S. 189), Muriwai Beach Campground (S. 185), Orewa Beach Top 10 Holiday Park (S. 186), Wenderholm Camping (S. 187), Piha Domain Motor Camp (S. 182) und Shakespear Regional Park (S. 186).

Wer nur einen Standort für sein mit Toilette und Wassertank ausgestattetes Wohnmobil sucht, findet Infos dazu im Kasten auf S. 159.

Zentrum

Karte S. 141

Hier findet man internationale Hotelketten (mit entsprechend hohen Preisen, aber durchaus günstigen Wochenend- und Internetangeboten) neben Backpacker-Hostels, von denen viele über eigene Reisebüros verfügen. Die meisten Hostels in der Innenstadt sind recht beengt und beherbergen aufgrund der umliegenden Kneipen und Clubs vor allem feierfreudige Gäste. Bei fast allen hier aufgeführten Unterkünften muss man für einen Parkplatz gesondert zahlen.

Airedale Boutique Suites, 380 Queen St, 💻 www.scenichotelgroup.co.nz. Hübsches Apartmenthotel mit Lobbybereichen, die im Art-déco-Stil restauriert wurden. Viele der Gästezimmer bieten Stadtblick und/oder eine voll ausgestattete Küche, und es gibt einen kleinen Fitnessraum. ❸

Attic, 15-31 Wellesley St W, 💻 www.atticbackpackers.co.nz. Ein antiker Fahrstuhl bringt die Gäste hinauf in das freundliche, gut geführte Backpacker-Hostel mit 94 Betten, das sich auf einem 5-stöckigen Stadthotel befindet. Selbst die großen Dorms mit 10 und 12 Betten sind geräumig, während die kleineren gemischten und Frauen-Schlafsäle meist sogar Einzel- statt Etagenbetten haben. Es gibt einen ruhigen Aufenthaltsraum und einen Außenbereich mit Grillplatz. ❶

Braemar on Parliament Street, 7 Parliament St, www.aucklandbedandbreakfast.com. Einladendes B&B in sehr zentral gelegenem Stadthaus aus dem Jahr 1901 mit spätviktorianischem Flair. Zur Auswahl stehen eine große Suite, ein kleineres Zimmer mit eigenem Bad und 2 Zimmer mit Gemeinschaftsbad – alle Badewannen stehen auf Klauenfüßen. Üppiges, nach individuellen Wünschen zubereitetes Frühstück, Gästeparkplatz und jede Menge Umweltbewusstsein. ❸

City Lodge, 150 Vincent St, www.citylodge.co.nz. Der vom YMCA betriebene Hotelturm ist voller Doppelzimmer, alle ausgestattet mit Bad, TV, Kühlschrank sowie Tee und Kaffee. Es gibt keine Dorms, aber 4-Bettzimmer (Fremde werden nicht zusammengelegt). Gut ausgestattete Gemeinschaftsküche und Lounge. Attraktive Wochentarife für längere Aufenthalte. ❷

Fort Street Hostel, 16-20 Fort St, www.nomadshostels.com. Stilvoller Umbau eines städtischen Bürogebäudes in ein Hostel mit Schlafsälen, Whirlpool auf dem Dach und Grillplatz im Freien. Es gibt auch einen Spa-Pool, eine Sauna, einen guten Reiseschalter und die lebhafte Bar Fort Street Union, die den Gästen sehr günstige Mahlzeiten bietet. Die Schlafsäle verfügen über 6–12 Betten, es stehen überdies Privatzimmer zur Verfügung. ❶

Gamma, 54 Emily Place, www.gammahotel.co.nz. Budget-Adresse mit gutem Preis-Leistungs-Verhältnis, überraschend ruhige und geschmackvoll eingerichtete, wenn auch schlichte Zimmer. Einige sind klein und haben kein Tageslicht, alle verfügen jedoch über ein eigenes Bad. Es gibt auch eine kleine Gemeinschaftsküche und eine Lounge. ❶

Heritage Auckland, 35 Hobson St, www.heritagehotels.co.nz. Top-Hotel, das zum Teil in einem ehemaligen Kaufhaus untergebracht ist. In den öffentlichen Bereichen fällt der Blick hier und da noch auf alte Dielen und Holzbalken. Das Haus ist erstklassig ausgestattet und bietet von vielen Zimmern Blick über den Hafen oder in das verglaste Restaurant im Atrium. Es gibt auch einen Outdoor-Pool mit Aussicht auf die Stadt. ❹

Hilton, Princes Wharf, 147 Quay St, www.hilton.com. Fantastische Lage auf einem in den Hafen ragenden Pier. Die sehr geschmackvoll eingerichteten Zimmer haben alle Terrasse oder Balkon, aber es lohnt sich, die zusätzliche Gebühr für eine schöne Aussicht hinzublättern. Im Haus befindet sich auch das erstklassiges Restaurant und Cocktailbar Bellini. Valet-Parkservice. ❹

Hotel DeBrett, 2 High St, www.hoteldebrett.com. Das elegante Boutiquehotel mit 25 Zimmern kombiniert seinen Art-déco-Schick mit kräftigen Farben und zusammengewürfeltem, aber perfekt harmonierendem Mobiliar. Die Badezimmer sind umwerfend, *continental breakfast* und WLAN sind im Preis enthalten, und den Gästen steht ein ansprechender Salon mit geselliger Selbstbedienungsbar zur Verfügung. ❹

Kiwi International, 411 Queen St, www.kiwihotel.co.nz. Weitläufiges Budget-Hotel mit 120 Zimmern. Die einfachsten haben gerade einmal ein Bett, Waschbecken, einen kleinen Tisch und einen Teekocher. Die Zimmer mit Bad bieten zusätzlich einen Fernseher und die Apartments eine voll ausgestattete Küche. Einige Zimmer blicken auf den Myers Park. Begrenzte Parkmöglichkeiten. Von Fr–So wird ein Aufschlag auf den Zimmerpreis erhoben. ❷

Top 5: Zimmer mit Aussicht

- **Hilton** S. 156
- **The Quadrant** S. 157
- **Ascot Parnell** S. 157
- **Peace and Plenty Inn** S. 159
- **Takapuna Beach Holiday Park** S. 159

The Quadrant, 10 Waterloo Quadrant, www.vrhotels.co.nz. Diese erfrischende 4-Sterne-Herberge bietet die Eleganz eines Designerhotels zu erträglichen Preisen. Die meisten ihrer 270 Zimmer haben Balkone mit tollem Stadt- und Hafenblick und eine kleine Küchenzeile, manche sogar Wasch- und Spülmaschine. Kleine, gemütliche Bar, ein Frühstücks- und Mittagscafé, Wellnessbereich, Sauna und Fitnessraum. ❸

United Auckland, 18 Liverpool St, www.unitedauckland.org. Dieses große Hostel verfügt über 7 Etagen mit einfachen, aber komfortablen Einzel-, 2-Bett- und Doppelzimmern – die oberen mit herrlichem Blick auf die Stadt – sowie 4-Bettzimmern und gut ausgestatteten Gemeinschaftsräumen. Eine gute Wahl für Budget-Reisende. ❶

YHA Auckland International, 5 Turner St, www.yha.co.nz. 168-Betten-Haus mit geräumigen, nach Geschlechtern getrennten Dorms, 4-Bettzimmer, DZ mit Bad, prima Kücheneinrichtungen, TV-Lounge und separatem Aufenthaltsraum für Ruhebedürftige, Reisebüro und WLAN im ganzen Haus. Es gibt sogar ein paar kostenlose Parkplätze; frühzeitig reservieren. ❶

Parnell

Karte S. 138, S. 147

Parnell wartet mit recht guten B&Bs und Hostels auf, liegt nahe beim Auckland Museum, bietet viele Restaurants und Bars sowie gute Inner- und Outer-Link-Busverbindungen.

Ascot Parnell, St Stephens Ave, www.ascotparnell.com. Ruhiges, komfortables B&B unter belgischer Leitung in einem kleinen, modernen Apartmentblock mit 2 Mini-Suiten und einer geräumigen Harbour Suite. Die riesige Gäste-Lounge mit Balkon bietet Aussicht auf Stadt und Hafen. Dazu gibt es einen 12 m langen Pool, einen gesicherten Parkplatz mit Lift, Gratis-WLAN, Computernutzung und Abholung vom Flughafen (gegen eine kleine Gebühr). Sehr empfehlenswert ist der köstliche Flämische Toast zum Frühstück. ❸

City Garden Lodge, 25 St George's Bay Rd, www.citygardenlodge.co.nz. Freundliche, gut geführte Backpacker-Herberge in einer großen Villa, die ursprünglich für die Königin von Tonga gebaut wurde. Außer geräumigen Dorms und ein paar hübschen DZ gibt es Annehmlichkeiten wie Wärmflaschen im Winter und einen Grill. ❶

Lantana Lodge, 60 St George's Bay Rd, 09 373 4546. Sauber, freundlich und mit Platz für höchstens 25 Gäste sowie heimeliger Atmosphäre. Familienzimmer vorhanden. ❶

Parnell Pines, 320 Parnell Rd, www.parnell-pines-hotel.nz. Schlichtes, kleines Hotel direkt im Herzen von Parnell. Relativ kleine Zimmer, einige auch mit schöner Aussicht und Kochgelegenheit; eigener Parkplatz. ❷

Ponsonby und Herne Bay

Karte S. 150

Ponsonby liegt zwar nicht gerade in der Nähe der Hauptsehenswürdigkeiten, dafür gibt's die Ausgeh- und Einkaufsmeile Ponsonby Road, die auch der Inner-Link-Bus anfährt.

Abaco on Jervois, 59 Jervois Rd, www.abaco.co.nz. Stylisches Motel mit privaten Parkplätzen, Gratis-WLAN, Sky TV und Klimaanlage in allen Zimmern. Auswahl an kompakten Studios, geräumigen Zimmern mit Kochgelegenheiten und Deluxe-Suiten mit 2 Betten und sogar Whirlpool-Badewannen. ❷

Great Ponsonby Art Hotel, 30 Ponsonby Terrace, www.greatpons.co.nz. Gastfreundliches Boutiquehotel in einer restaurierten Villa von 1898, die ansprechend mit pazifischer Kunst eingerichtet ist. Es gibt luxuriöse Zimmer und Hof- und Garten-Studios für Selbstversorger, alle mit Bad, Sky TV, Kunstbüchern und -zeitschriften. Gutes Frühstück. ❸

Ponsonby Manor, 229 Ponsonby Rd, www.ponsonbymanor.co.nz. Wunderschönes Boutiquehotel in einer restaurierten viktorianischen Villa in einer ruhigen Straße in der Nähe der Ponsonby-Cafés. Die Gemeinschaftsküche und der

Fernsehraum vermitteln eine gemütliche Atmosphäre, und auch die Zimmer bieten ein klassisches Flair. Viele der Einheiten sind mit alten Wohnelementen wie Kaminen ausgestattet. ❷

Quest Ponsonby, 68 Ponsonby Rd, 💻 www.questapartments.co.nz. Sehr angenehmes, modernes Budget-Hotel an der Ponsonby Road mit Blick auf den Western Park. Die Zimmer haben einen modernen monochromen Look, und die Studios verfügen zusätzlich über eine Küche und einen großzügigen Sitzbereich. ❷

Verandahs, 6 Hopetoun St, 💻 www.verandahs.co.nz. Einladende Backpacker-Herberge in zwei hochherrschaftlichen Villen (Baujahr 1905) mit Blick auf einen schattigen Park und nur einen Katzensprung vom regen Nachtleben der Ponsonby Rd und K' Rd entfernt. Das Hostel hat geräumige 3-, 4- und 5-Bett-Dorms ohne Etagenbetten sowie 2-Bett- und Doppelzimmer (teils mit Bad). Es gibt einige wenige Park-plätze, und statt TV wird Klavier- und Gitarrenmusik im Aufenthaltsraum bevorzugt. ❶

Mount Eden

Karte S. 153

Der Vorort Mount Eden bietet v. a. Hostels und B&Bs. In der Nähe aller hier genannten Unterkünfte verkehrt der Outer-Link-Bus.

Bavaria, 83 Valley Rd, 💻 www.bavaria bandbhotel.co.nz. Der quirlige Inhaber hat das B&B mit 11 Zimmern in einer ruhigen Vorortvilla frisch aufgepeppt. Die Zimmer sind luftig und groß, die extra großen Zimmer bieten Balkone mit Aussicht. Alle Zimmer ohne TV, um Gäste zur Benutzung des Gesellschaftszimmers (mit TV) und der Terrasse anzuregen. Üppiges Frühstück. ❸

Eden Park, 20 Bellwood Ave, 💻 www. bedandbreakfastnz.com. Hübsches B&B in einer weiß getünchten Bungalowvilla aus Holz aus der Edwardianischen Zeit. Die Zimmer sind traditionell eingerichtet und sehr komfortabel, und das tägliche ist Frühstück hervorragend. ❷

Eden Villa, 16 Poronui St, 💻 www.eden villa.co.nz. In dieser herrlichen Villa voller Kunst und Antiquitäten fühlt man sich stets bestens betreut. Das Haus steht nur einen Steinwurf von den Geschäften Mt Edens entfernt in einer ruhigen Seitenstraße. Es gibt 3 Zimmer, von denen eins auf den sonnigen Garten blickt, in dem man bei gutem Wetter auch frühstückt. ❸

Newmarket Motel, 189 Manukau Rd, 💻 www.aucklandnewmarketmotel.co.nz. Es ist nicht gerade der stilvollste Ort der Stadt, aber dieses Budget-Hotel ist sauber, komfortabel und zuverlässig. Es gibt 20 Zimmer, alle mit gutem WLAN und Sky-TV. Die Studios verfügen über eine Küchenzeile, während die Luxusstudios auch eine Whirlpool-Badewanne bieten. ❷

Epsom

Karte S. 153

Epsom ist ein grüner, wohlhabender Vorort, nicht weit entfernt vom Flughafen, Mount Eden und dem Einkaufsviertel von Newmarket, aber recht weit entfernt von den meisten Attraktionen und Stränden.

Oaktree Motel, 104 Great South Rd, 💻 www.oaktree.co.nz. Nobles Motel mit hübsch modernisierten Studios, deren Küchenzeilen allerdings einfach sind, und 1-Bett-Apartments, teils auch mit Klimaanlage. ❸

Off Broadway Motel, 11 Alpers Ave, 💻 www.offbroadway.co.nz. Die auf Geschäftsreisende ausgerichtete Unterkunft bietet Klimaanlage, schalldichte Studios mit Bad und mehrere Suiten mit Whirlpool-Badewannen. Überdachte Parkplätze, Fitnessraum und auf Wunsch Frühstück aufs Zimmer. ❸

Tudor Court Motel, 108 Great South Rd, 💻 www.tudor.co.nz. Neben kleinen Zimmern gibt es hier auch etwas größere mit Küchenzeile. HD TV mit Sky. ❷

Kohimarama

Karte S. 138

Kohi Beach B&B, 72 Kohimarama Rd, 💻 www.kohibedandbreakfast.com. Hübsches, von einem deutsch-neuseeländischen Paar geführtes B&B nicht weit vom Strand, mit sauberen, gut ausgestatteten Zimmern (auch eines mit Meerblick), Parkplätzen und kleinem Frühstück. ❸

Devonport

Karte S. 151

Devonport zeichnet sich durch eine Ansammlung guter B&Bs aus und verfügt über einige recht gute Cafés. Eines der wirklich guten Restaurants der Stadt sucht man hier allerdings vergebens.

The Esplanade, 1 Victoria Rd, 💻 www.esplanadehotel.co.nz. Zweifellos so etwas wie die Grande-Dame unter den Hotels von Devonport. Das Esplanade ist ein historisches Anwesen am Meer aus dem Jahr 1901, dessen Zimmer recht komfortabel sind, wenn auch mittlerweile etwas verblasst wirken. Ein Frühstück mit Blick auf den Hafen ist ein schöner Start in den Tag. ❷

Peace and Plenty Inn, 6 Flagstaff Terrace, 💻 www.peaceandplenty.co.nz. B&B in einer prachtvollen Villa im viktorianischen Stil eingerichtet – mit viel Sinn für den Einsatz heimischer Produkte. Kauri-Holz-Dielen führen zu einer schönen Veranda, vorbei an umwerfenden Zimmern mit frischen Blumen, Sherry und Portwein für die Gäste. An Wochenenden wird Afternoon Tea angeboten. ❸

Wohnmobil-Parkplätze

Der Auckland Council hilft Wohmobilfahrern, die möglichst viele Nächte außerhalb der offiziellen Campingplätze verbringen möchten, mit sogenannten SCC-Parkarealen. Wer mit einem autarken Caravan unterwegs ist, kann hier sein Fahrzeug für $8 pro Person abstellen. Einrichtungen gibt es keine. Im Sommer (Okt–Anfang April) darf man sein Fahrzeug nur für eine Nacht abstellen, im Winter auf einigen Plätzen auch zwei bis drei Nächte. Buchen und bezahlen kann man über 💻 www.aucklandcouncil.govt.nz (nach SCC suchen), wo man überdies eine vollständige Liste aller Abstellplätze findet, darunter die meisten regionalen Parkplätze und einige reizvolle Orte in den Waitakere Ranges. Einige Möglichkeiten haben wir auch an den entsprechenden Stellen aufgeführt.

Camping

Karte S. 138

Innerhalb der Stadtgrenzen gibt es mehrere gut ausgestattete **Motor Camps**, die sich zur Übernachtung mit einem Wohnmobil eignen und oft günstige Cabins vermieten; wer kein eigenes Fahrzeug dabeihat, wird aber eine Menge Geld für Busfahrten los. Das schönste Plätzchen, um sein Zelt aufzuschlagen, ist Ambury.

Ambury Regional Park, Mangere, 6 km nördlich vom Flughafen, ✆ 09 366 2000. Einfache, ebene Stellplätze (ohne Strom) auf einer Weide mit Blick auf den Manukau Harbour. Schön für eine Erholungspause nach dem Flug. Der benachbarte Farmpark (mit Schweinen, Schafen, Kaninchen usw.) bietet Toiletten und Münz-Duschen. Im Winter vorher anrufen. ❶

Auckland North Shore Motels and Holiday Park, 52 Northcote Rd, Northcote, 💻 www.nsmotels.co.nz. Gut ausgestatteter Platz in der Nähe der Nordautobahn, nur 15 Fahrminuten vom Stadtzentrum. Mit Hallenbad, ausgedehntem Grillbereich und einer Reihe von Ferienwohnungen und Motel Units. Bus Nr. 922 von der unteren Albert St in der City und weitere Busse halten in der ganz in der Nähe des Platzes. Stellplatz mit Strom für Zelt/Wohnmobil ❶

Takapuna Beach Holiday Park, 22 The Promenade, Takapuna, 💻 www.takapunabeachholidaypark.co.nz. Kleiner, perfekt gelegener Caravan Park, der weder sehr gut ausgestattet noch besonders großzügig ist. Aber die Aussicht von den Stellplätzen am Ufer ist unschlagbar. Häufige Busverbindungen (Nr. 822, 839, 858, 879 usw.) ab unterer Albert St in der Innenstadt. Unbedingt vorher reservieren. ❶

ESSEN

Auckland ist mit Restaurants bestens versorgt, und das Gebotene ist im Allgemeinen von hoher

Top 5: Restaurants mit Stil

- **Culprit** S. 162
- **The Depot** S. 162
- **Oh Calcutta!** S. 164
- **Orphan's Kitchen** S. 166
- **Ortolana** S. 161

Qualität. Viele Cafés verwandeln sich abends in Restaurants und am fortgeschrittenen Abend auch schon mal in Kneipen, in denen der Alkohol in Strömen fließt. Das Zentrum der Restaurantszene sind Britomart und Ponsonby, aber es gibt auch an vielen anderen Orten gute Lokale. Viele der hippen Neueröffnungen akzeptieren keine Reservierung, aber man kann die Wartezeit bis zum Freiwerden eines Tisches meist bei einem Drink verbringen. Interessant ist auch der La Cigale French Market, 🖳 www.lacigale.co.nz, der samstags und sonntags in Parnell und sonntags am Britomart stattfindet.

Waterfront

Karte S. 141

An schönen Sommerabenden locken die Cafés, Restaurants und Bars an der Princes Wharf, am Viaduct Harbour und im Wynyard Quarter viele Gäste an. Manche Lokale hier sind pompös und unpersönlich, doch die folgenden Restaurants bieten köstliches Essen zu traumhafter Aussicht auf den Jachthafen.

Grand Harbour, 18 Customs St West, 🖳 www.grandharbour.co.nz. Edler als die meisten anderen chinesischen Lokale der Stadt und bei der chinesischen Bevölkerung Aucklands sehr beliebt, vor allem für mittägliche Geschäftsessen. Exzellentes *yum cha* (tgl. 11–15 Uhr). $$

Soul, Viaduct Harbour, 🖳 www.soulbar.co.nz. Das Kultlokal an der Uferpromenade serviert gehobene, moderne Bistroküche oder auch einfach nur ein Glas Wein; besonders gut schmeckt's auf der Terrasse. Wählen Sie Mozzarella *fior di latte* und danach vielleicht ganze Flunder mit Kapern, Zitrone, Petersilie und Mandeln. $$$

Wildfire, Princes Wharf, 🖳 www.wildfirerestaurant.co.nz. Bombastisches brasilianisches Grillrestaurant mit Tischen am Wasser. Der ideale Ort für einen Caipirinha. Die Attraktion des Hauses ist das Churrasco, Appetithäppchen nach Tapas-Art, gefolgt von einer großen Auswahl an Fleisch und Seafood, die in Kräutern mariniert, über Manuka-Holzkohle gegrillt und am Tisch von den Grillspießen geschnitten werden. Wer früh kommt, kann die Tapas auslassen und sich gleich das große Churrasco Special gönnen. $$$

Wynyard Pavilion, North Wharf, Wynyard Quarter, 🖳 www.wynyardpavilion.co.nz. Ein großartiges Plätzchen, um die Nachmittagssonne mit Blick auf die Fischerboote zu genießen. Tintenfischringe, heruntergespült mit einem eiskalten Bier, bilden die perfekte Vorspeise für Pizza, Burger und Schweinebauch mit Kumara-Brei. $$

Britomart Precinct

Karte S. 141

Den fehlenden Blick aufs Meer macht der Britomart Precinct durch seinen urbanen Chic wett. Hier findet man einige der besten Restaurants und edelsten Bars und bei Tag und Nacht reges Leben.

Amano, 66 Tyler St, 🖳 www.savor.co.nz/amano. Boho-Restaurant und Bar mit Blick auf den Kai in einem historischen Gebäude mit Marmorverkleidung und Hopfen, der von der Decke hängt. Das Essen ist italienisch inspiriert und stammt aus Neuseeland: Hawke's Bay-Ochsenzungen-Bruschetta sollte man unbedingt probiert haben. $$$

Better Burger, 31 Galway St, 🖳 www.betterburger.co.nz. Nichts Besonderes, aber eine Auswahl leckerer Burger wie der Doppel-Cheesburger mit Pommes und einem Milchshake. Bier darf man sich vom Britomart Country Club nebenan mitbringen. $$

Cassia, 5 Fort Lane, 🖳 www.cassiarestaurant.co.nz. Currys sucht man hier vergeblich, dafür besinnt sich Küchenchef Sid Sahrawat auf seine Wurzeln und kreiert magische Gerichte aus frischen lokalen

Zutaten, die er mit traditionellen indischen Gewürzen verfeinert. Köstlich ist z. B. geröstete Rote Bete mit Crème fraîche, Schwarzem Lauch und Mandeln, gefolgt von etwa Tandoori Chicken, Vindaloo und Fenchel. $$$

Ebisu, 116 Quay St, www.ebisu.co.nz. Erstklassiges, traditionelles japanisches *izakaya*, kombiniert mit europäischen Kreationen, ergibt einen fantastischen modernen Küchenstil. Besonders lecker sind der Königslachs mit sautierten Shiitake-Pilzen und kleine Gerichte wie knusprige Weichschalenkrabben und Agedashi-Tofu. Schöne Atmosphäre mit Ziegeldekor in den Gemäuern der Union Fish Company. Reservierungen sind allerdings nur für das Mittagessen möglich. $$$

Everybody's, 7 Fort Lane, www.everybodys.co.nz. Äußerst stilvoll gestaltet, ganz aus dunklem Holz und poliertem Beton. Wie der Name schon sagt, ist für jeden etwas dabei. Vom Erzeuger direkt auf den Tisch – so das Motto. Es werden unter anderem Wildgerichte wie Entenhalswurst und hervorragende Meeresfrüchtespezialitäten kredenzt. Die dazugehörige Cocktailkarte ist ähnlich gut. Probier-Tipp: Gewürzbirnen-Bellini. $$$

Ima, 57 Fort St, www.imacuisine.co.nz. Ein zwangloses israelisch-nahöstliches Café, in dem alle Gerichte frisch zubereitet werden, z. B. die besten Falafeln der Stadt. Hervorragend ist auch das arabische Hähnchengericht *mesachan*. Am Wochenende Brunch bis 15 Uhr. $$$

Mexico, 23 Britomart Place, www.mexico.net.nz. Kitschige mexikanische Einrichtung (Totenschädel, Stierkampffotos und Frida Kahlo-Porträts) und fröhliche Atmosphäre. Mexikanische Spezialitäten werden neu interpretiert, darunter Tacos mit pochiertem Huhn, Ceviche mit frischem Kokossalat und *Quesadillas* mit *cochinita-pibil*-Schweinefleisch. Zum Einstieg kann man ein *agua fresca* mit Koriander und Limette süffeln oder sich für einen von 60 verschiedenen Tequilas entscheiden. Keine Reservierungen. $$

Ortolana, 33 Tyler St, www.ortolana.co.nz. Wer auf schön angerichtete, feine Küche ohne Sperenzchen steht, ist im Ortolana am richtigen Ort. Frische Erzeugnisse von der eigenen Farm und von geprüften Lieferanten werden zu fantasievollen, italienisch angehauchten großen und kleinen Gerichten verarbeitet. Zu den Spezialitäten gehören Angus-Rind, Sommerkürbis und Sardellen sowie Langusten-Ravioli. Dazu werden gute passende Weine angeboten. Die Gerichte sind nicht gerade billig, aber für ein Essen dieser Qualität völlig in Ordnung. Keine Reservierungen. $$$

Stadtzentrum

Karte S. 141

Abseits vom Wasser speisen die Angestellten in billigen asiatischen Restaurants und Food Halls, während eine Reihe von Lokalen auch die feineren Geschmäcker und besser gefüllten Brieftaschen befriedigt. Ein kurzer Abschnitt der Federal Street am Fuß des Skytower wartet mit Toprestaurants auf, während einige der alten Werkstätten des Council an der Kreuzung von Wellesley und Nelson Street zum City Works Depot umgewandelt wurden. Hier gibt es inmitten von modernen Architektur-, Design- und Medienbüros verschiedene Cafés, eine Bäckerei, eine Kaffeerösterei und einen Bagel Shop.

1947, 60 Federal St, www.1947eatery.co.nz. Hier wird köstliches indisches Essen mit modernem Touch aufgetischt. Zu den Gerichten, die man unbedingt probiert haben sollte, gehören die leicht würzige Rawa-Krabbe in einer Curryblätter-Sauce, die gegrillten Tandoor-Lammkoteletts und die hervorragende Lammpfefferpfanne nach Goa-Art. $$$

Bombay Chinese, 370 Queen St, www.bombaychinese.co.nz. Das Ambiente erinnert zwar an einen Food Court, aber das tut der Qualität der hervorragenden indisch-chinesischen Tellergerichte keinen Abbruch. Hier bekommt man riesige Portionen. Unbedingt probieren: „Chicken 65" mit Ingwer, Knoblauch, Chilis und Senfsamen oder, falls man sich traut, das superscharfe Death Valley Chicken. $$

Chuffed, 43 High St, www.www.chuffed.co.nz. Dieser Laden ist eine Oase für guten Kaffee (auch trendiger „Cold Brew Coffee" ist im Angebot), versteckt in einer unscheinbaren Seitengasse, aber mit schattiger Terrasse und einem Kamin im Freien. Hier genießt man Kleinigkeiten aus der Kühltheke wie z. B. hausgemachte *crumpets* (kreisförmige Hefekuchen) mit in Ingwer pochierter Birne, Vanillecreme und kanadischem Ahornsirup oder ein *Philly cheese steak*. Mit Alkoholkonzession. $$

Culprit, 12 Wyndham St, www.misters.co. Toller kleiner Diner mit einer häufig wechselnden Speisekarte, bei der der Schwerpunkt auf einheimischen Kiwi-Zutaten liegt. Zu den besten Gerichten auf der Speisekarten gehören z. B. gepökelte Schweinekeule mit Otago-Pfirsich und Lumina-Lammhalskrokette. $$$

The Depot, 86 Federal St, www.depoteatery.co.nz. In dieser lebendigen, angesagten Bar mit Restaurant im Industrial-Look, die vom Starkoch Al Brown geführt wird, schlängeln sich Kellner mit Tellern voll mit frischen Austern um die Hocker an hohen Tischen. Qualitätswein gibt es in der Karaffe, und auf der Speisekarte stehen kleine leckere Gerichte (z. B. mit Kreuzkümmel panierte Warehou-Tortillas) und große Teller mit knuspriger Schweinshaxe von „Freedom Farms". Keine Reservierungen möglich, Gäste tragen ihren Namen in eine Liste ein und genießen einen Drink, während sie warten. $$$

Federal Delicatessen, 86 Federal St, www.thefed.co.nz. Das Diner im Stil eines New Yorker Delis aus den 1950er-Jahren gehört ebenfalls dem Sternekoch Al Brown und kommt frech und selbstbewusst daher. Ob in den olivgrünen Sitzecken oder an der Theke, die Köstlichkeiten wie knusprige *latkes* (Kartoffelpuffer) mit Lachs, getoastetes Reubens-Sandwich oder *banoffee pie* schmecken in jedem Fall. Die Einheimischen empfinden das Fehlen von Espresso als etwas zu authentisch, aber der mit einem bodenlosen Siebfilter gebrühte Kaffee ist auch nicht schlecht. Keine Reservierungen möglich. $$

Food Truck Garage, City Works Depot, 90 Wellesley St, www.foodtruckgarage.co.nz. Wer Smoothies mit Antioxidantien, gesunde Salate und Veggie-Burger mag, wird diesen unkomplizierten Imbisswagen (mit angrenzendem Sitzbereich) lieben. „Gesundes Fast Food" ist das Credo, aber es gibt auch sündigere Optionen wie Bacon-Ei-Butties, Fish ' n' Chips und Schokoladenbecher. $$

Ichiban Ramen, 17 Albert St, 09 303 4372. Das Ichiban ist ein kleiner, aber beliebter japanischer Laden, der große Schüsseln Ramen, Curry und verschiedene Reisgerichte serviert. $$

Mamak Malaysian, Chancery Sq, 50 Kitchener St, www.mamakmalaysian.co.nz. Die unglaublich flockigen *roti* werden in diesem kleinen Schnellrestaurant frisch zubereitet. Berühmt ist das *roti*-Chicken Curry, aber auch der *salt and pepper squid* oder der malaysische Tofusalat sind einen Versuch wert. Zu einem echten malaysischen Mahl gehört schließlich noch ein *teh tarik* (Tee mit Kondensmilch). Alkoholausschank und Gerichte zum Mitnehmen. $$

Mezze Bar, 9 Durham Lane East, www.mezzebar.co.nz. Lässiges, in stimmungsvollen Sepia-Farben gehaltenes Café mit Restaurant und Bar. Vorwiegend spanische, marokkanische und nahöstliche Gerichte. Leckere Tapas und Mezze, Hauptgerichte wie Lamm-Tajine oder Niçoise-Lachs vom Holzkohlengrill. $$$

No. 1 Pancake, 10 Wellesley St, Höhe Lorne St. Das sehr günstige kleine Restaurant bereitet köstliche koreanische Pfannkuchen zu mit Füllungen wie Schweinefleisch, roten Bohnen, Huhn und Käse oder Zucker und Zimt. $

Tanuki's Cave, 319b Queen St, www.tanukiscave.co.nz. Exzellente Yakitori- und Sake-Bar im Kellergewölbe und ein eleganteres Restaurant eine Etage höher. Zum Sake oder japanischen Bier kann man hier diverse Köstlichkeiten wie Fleischspießchen (bezahlt wird je Spieß), Oktopus-Bällchen oder ein Yakitori-Set probieren. Oft ist der Laden sehr voll, keine Reservierung möglich. $$$

Karangahape Road und Umgebung

Karte S. 141

In der Karangahape Road herrscht eine relaxte Atmosphäre, mit gemütlichen Cafés und einer Menge preiswerter exotischer Lokale, zu denen sich inzwischen eine Handvoll schickerer Restaurants gesellt hat.

Bestie Cafe, St Kevin's Arcade, 179 K' Rd, www.bestiecafe.co.nz. Hippes Café in hübscher Passage aus den 1920er-Jahren mit Topfpalmen und fabelhaftem Blick auf die Stadt. Zum Frühstück gibt's z. B. zerstoßene würzige Linsen oder Fladenbrot mit scharfer Chorizo, mittags wartet ein Tandoori-Chicken. Auch das Kaffee- und Kuchenangebot ist hervorragend. $$

Coco's Cantina, 376 K' Rd, www.cocoscantina.co.nz. Flippiges und beliebtes Bistro. Auf der kurzen, italienisch inspirierten Karte stehen Dinge wie Arancini (Risotto-Bällchen) oder geschmorter Schweinebauch. Die Straßentische sind besonders freitag- und samstagabends ideal zum Leutegucken. Keine Reservierungen. $$$

Little Turkish Café, 211 K' Rd, www.littleturkishcafe.com. Dieses kleine Café ist sehr beliebt und rechtfertigt den großen Andrang mit einer zuverlässigen Auswahl an türkischen Klassikern, von Lamm-Souvlaki über Iskender-Kebabs bis hin zu Falafel-Sandwiches. $$

Pok Pok, 261 K' Rd, www.pokpokthai.co.nz. Schön ist das Lokal nicht, aber die leckeren und preiswerten Gerichte sind besser als die in den meisten anderen thailändischen Restaurants. Die Frühlingsrollen mit *pulled chicken* sind kross und köstlich, die *tom yum*-Garnelen mit Galgant und Zitronengras zergehen auf der Zunge, während die schwarze Schokolade mit Chili-Mousse und der schwarze Klebereis mit Kokoseiscreme einfach nur köstlich sind. Alkoholausschank und BYO. $$

Sri Pinang, 356 K' Rd, ✆ 09 358 3886. Schlichtes malaiisches Restaurant – zur stilechten Einstimmung empfiehlt sich ein halbes Dutzend Saté-Hühnerspieße, danach vielleicht *beef rendang* (in Kokosmilch und Gewürzen geschmortes Rindfleisch) oder *clay pot chicken rice* (Huhn mit Reis aus dem Tontopf), dazu exzellentes Roti-Fladenbrot. Nur BYO, aber Wein und Bier werden im Laden auf der gegenüberliegenden Straßenseite verkauft. $$

Parnell und Newmarket

Karte S. 147

Parnell und Newmarket sind sicher keine Orte für trendige Restaurants, aber beide bieten eine respektable Auswahl an guten Lokalen. Mit der Eröffnung neuer Gastro-Betriebe an der Osborne Lane und in ihrer Umgebung ist Newmarket zudem inzwischen erheblich angesagter.

Best Ugly Bagels, 3a York St, Newmarket, www.bestugly.co.nz. Die coolste Ecke in den Zentren von Newmarket. Die Bagels nach Montrealer Art werden im Holzkohleofen gebacken und drinnen oder draußen im Hof, der mit einem Kamin bestückt ist, serviert. Sehr gut am Morgen, wenn es Frühstücksbagels gibt; oder man entscheidet sich für Klassiker wie Bagels mit Rauchfleisch, Schweizer- und Habanero-Senf oder die mit Räucherlachs und Frischkäse. $$

Buono Delicatessen, 69 St George's Bay Rd, www.lacigale.co.nz. Dieses schöne Restaurant zum Mittagessen liegt versteckt in einer Seitenstraße von Parnell und ist besonders samstags belebt, wenn dort ein bunter Lebensmittelmarkt stattfindet. Im Angebot sind hervorragende, frisch zubereitete Sandwiches, Salate und Köstlichkeiten aus Italien, Spanien und Kroatien sowie toller Kaffee. Die ganze Woche über ist Buono Delicatessen als Feinkostladen und Café geöffnet. $$$

Domain Ayr Café, 492 Parnell Rd, www.facebook.com/domainayr cafe. In dem modernen Café kann man sich am Gemeinschaftstisch niederlassen oder sich mit einer Zeitschrift ins Eckchen zurückziehen, um Fairtrade-Kaffee mit Biomilch zu trinken. Auf der Karte stehen Bio-Leckereien wie Eier Benedikt mit Pilzen und gegrilltem Halloumi-Käse, *bubble and squeak* (Pfannengericht aus Gemüse und Kartoffeln, mit Schinken) und hervorragende Salate. $$

Golden Ducks, Newmarket Plaza, 11 Kent St, www.goldenducksnz.com. Köstliche gebratene kantonesische Fleischgerichte – darunter Ente, Schweinefleisch und Hühnchen. Bestrichen werden die leckeren Gerichte mit reichhaltigen Soßen. Aufgetürmt wird das Ganze auf Bergen von Reis. Einfach nicht zu toppen! $$

Mojo, 110 Carlton Gore Rd, www.mojo.coffee. Die alte Autowerkstatt ist in ein schickes, einladendes Café umgewandelt worden, einen Ableger einer Aucklander Kette. Guter Kaffee und Muffins ergänzen das reichhaltige Angebot an Gerichten wie Eier mit Rinderhack auf Sauerteigbrot mit Rosmarin oder *piperade* (Eier nach baskischer Art mit Paprika und Tomaten). $

Non Solo Pizza, 259 Parnell Rd, www.nonsolopizza.co.nz. Wie der Name schon sagt, gibt es drinnen oder auf der netten Terrasse hinter der Osteria nicht nur sensationelle Pizza mit super dünnem Knusperboden und klassisch italienischen Belägen, sondern auch Pastagerichte und diverse *secondi piatti* (Hauptgerichte) wie traditionelle neapolitanische *zuppa di pesce*. $$$

Oh Calcutta!, 151 Parnell Rd, www.ohcalcutta.co.nz. Bronzefarbene Statuen der Gottheiten Shiva und Ganesh wachen über das Wohl der Gäste in diesem Curry-Restaurant, das die besten Rezepte des Subkontinents – z. B. Garnelenschnitzel nach Malabar-Art mit Koriander und Kokoscreme oder Kadhai-*paneer masala* – besonders aromatisch zubereitet. $$$

Mount Eden und Dominion Road

Karte S. 153

Die Restaurantszene in Mt Eden wird ständig besser, und entlang der Dominion Road gibt's die dichteste Konzentration an billigen ostasiatischen Lokalen.

Eden Noodles, 105 Dominion Rd, 09 630 1899. Spezialität dieses beliebten Lokals sind handgezogene *dan dan*-Nudeln mit Sichuansoße und kross gebratenes Schweinefleisch. $

Olaf's, 1 Stokes Rd, Mt Eden, www.olafs.co.nz. Lässiges Café, das für seine superben Backwaren berühmt ist. Zu den Spezialitäten des Hauses zählen Rhabarber-*galette* (Bretonischer Buchweizenpfannkuchen) und Ingwerkuchen. Dazu gibt's eine Reihe portugiesischer Gerichte wie *pastel de nata* und *barquinhos de coco* (alles sehr günstig). Ebenfalls lecker ist Stangenbaguette mit Backhähnchen oder das Reuben-Sandwich. Auch ganze Brote erhältlich. $$

Rad, 397 Mt Eden Rd, Mt Eden, www.thereturnofrad.co.nz. Mit diesem wunderbaren kleinen Café hat die Hipster Coolnes nun auch in Mt Eden Einzug gehalten. Neben Cold-Drip Single-Origin-Kaffee gibt es exzellenten Espresso. Das smarte Personal laviert geschickt durch das spartanisch mit roten Ziegeln und nackten Glühbirnen ausgestattete Lokal und serviert Pilze mit Ziegenkäse und Trüffelöl, Schweinefleisch *bánh mì* sowie frisch gepresste Säfte und Smoothies. $$

Tamaki Drive: Okahu Bay und Mission Bay

Karte S. 138

Das kulinarische Angebot an Aucklands Strandmeile ist durchwachsen, die folgenden Restaurants sind aber zuverlässig gut und lohnen den Besuch.

The Attic, Level 1, 55 Tamaki Drive, www.theatticbar.co.nz. Verlässliches Lokal für ein Bier oder einen Cocktail, vor allem dann, wenn man einen Platz auf der Terrasse mit Blick über den Park und auf den

Strand ergattert. Das Zapfbier ist leider etwas fade, aber dafür gibt es hervorragenden offenen Wein. Dazu schmecken die leckeren Schweinerippchen in Jack Daniels BBQ-Soße. $$$

Kohi Beach, 237 Tamaki Drive, Kohimarama, 💻 www.kohibeach.co.nz. Etwas formeller als andere Cafés am Tamaki Drive, dafür etwas teurer. Der Aufpreis lohnt aber, denn dafür gibt's die besten Caféspeisen in dieser Gegend und tolle Ausblicke über den Strand nach Rangitoto. Im angeschlossenen Store on Kohi, um die Ecke im selben Gebäude, werden hervorragende Backwaren, Eiscreme und Kaffee zum Mitnehmen an den Strand verkauft. $$$

Ponsonby

Karte S. 150

Stylebewusste Feinschmecker sollten sich nach Ponsonby auf den Weg machen, wo cooles Auftreten ebenso viel zählt wie kulinarische Raffinesse. Davon sollte man sich jedoch nicht einschüchtern lassen: Das Essen ist erstklassig, und die heftige Konkurrenz sorgt für erschwingliche Preise. Es gibt jede Menge exzellenter Cafés, die laufend schließen und neu eröffnen, und deshalb haben wir ein paar eher unübliche oder versteckt liegende Lokalitäten ausgesucht. Der erste Anlaufpunkt sollte **Ponsonby Central**, 136 Ponsonby Rd, 💻 www.ponsonbycentral.co.nz, sein, eine dichte Ansammlung von Cafés, Restaurants und Lebensmittelgeschäften, darunter auch eine Crêperie und Kaffeerösterei.

Blue Breeze Inn, 136 Ponsonby Rd, 💻 www.thebluebreezeinn.co.nz. Original Hawaiianische Bar trifft auf moderne chinesische Küche. In dem stets belebten Dauerbrenner bildet der Rumcocktail den perfekten Aperitif für Spezialitäten wie Riesengarnelen und Sesam-Dumplings, pfannengebratenes *wagyu*-Rindfleisch und gebratene Ente mit Hoisinsoße. $$$

Burger Burger, Ponsonby Central, 136 Ponsonby Rd, 💻 www.burgerburger.co.nz. Dieser Laden ist ein typischer Ponsonby-Burgerimbiss, wo der Chickenburger mit *potato skins* und Aioli sowie einem wunderbar herzhaften Bio-Milchshake oder Champagner serviert wird. Total dekadent und köstlich – zum Verspeisen vor Ort und zum Mitnehmen. $$$

Conch, 115a Ponsonby Rd, 💻 www.conch.co.nz. Kultiger Vinyl-lastiger Plattenladen, der zunehmend zu einer coolen Café/Bar mutiert. Ideal für einen Kaffee zwischendurch. Oder man setzt sich in eine der Nischen und genießt ein venezolanisches Fladenbrot mit *carnitas* (mexikanisches Schweinefleisch) und Pickles oder eine der Holzofenpizzas mit einem Caipirinha. $$$

Copain Boulangerie, 55 Mackelvie St, 💻 www.copain.nz. Einfache Tagesbäckerei mit Café, die besonders bekannt ist für ihr köstliches, vor Ort hergestelltes Gebäck und ihren guten Kaffee. Copain Boulangerie serviert auch köstliche Schinken-Käse-Baguettes, Kokosnusskuchen, Haselnusstörtchen und vieles mehr. $$

Dante's, 136 Ponsonby Rd, 💻 www.dantes.co.nz. Man gibt sich schlicht: Zur Auswahl stehen nur 6 verschiedene Beläge auf der leckeren Holzofenpizza á la Neapolitana – man besitzt sogar ein Echtheitszertifikat aus Neapel. Verwendet werden nur absolut frische Zutaten. Außer Pizza gibt's nur ein paar Vorspeisen und Salate sowie 3 Weine und Peroni vom Fass. $$$

Dizengoff, 256 Ponsonby Rd, 📞 09 360 0108. Munteres Frühstücks- und Mittagscafé, das spezialisiert ist auf Bagels, jüdische Deli-Favoriten und leckeres gegrilltes Gemüse. Passable Preise, es gibt jedoch keinen Alkoholausschank. $$

Little Bird Kitchen, 1a Summer St, 💻 www.littlebirdorganics.co.nz. Dieses wunderbare und zu Recht angesagte Café serviert Frühstück und Mittagessen aus (hauptsächlich) naturbelassenen Bio-Zutaten. Besucher können sich auf Speisen wie rohen Mais-Taco mit gewürzten mexikanischen Pilzen und gekochten schwarzen Bohnen freuen, eine wechselnde Auswahl an aromatisiertem *Kombucha*, kalt gebrühten Filterkaffee auf Eis (auf

Wunsch mit Haselnussmilch) und köstliche Kuchen von der Theke. $$

Nishiki, 100 Wellington St, 🖳 www.nishiki.co.nz. Dieser Laden ist ein authentisches, lautes und stets gut besuchtes *izakaya* am Rand von Ponsonby in Freemans Bay mit einer riesigen Auswahl an frisch zubereiteten Leckereien. Einen Probierhappen wert sind Schweinebauch-Spieße, knuspriges *gyoza*, Okra-*tempura* und Sushi nach Wahl. Mit Alkoholausschank und BYO. $$$

Orphan's Kitchen, 118 Ponsonby Rd, 🖳 www.orphanskitchen.co.nz. Helles, erfrischendes und fantasievolles Restaurant, wo man nicht reservieren kann und an lockeren Gemeinschaftstischen speist. Es gibt gemischte Platten, die ein Gefühl für die Qualität der Gerichte vermitteln, aber dann verzichtet man auf Spezialitäten wie Räucherlachs mit Sellerie, schwarzem Reis, Äpfeln und Radieschen oder Wildkeule mit Kohlrüben, Guaven und Regenbogenmangold. Eine durchdachte Weinkarte sorgt für den passenden Tropfen zu den Speisen. Wer es weniger abenteuerlich mag, sollte sich am Brunch versuchen. $$$

Ponsonby Road Bistro, 165 Ponsonby Rd, 🖳 www.ponsonbyroad bistro.co.nz. Die Kreidetafeln mit den aktuellen Tagesgerichten passen zum relaxten Flair dieses wunderbaren Restaurants. Empfehlenswerte Herangehensweise: Einer Terrine aus Schweinfleisch und Wild mit Backpflaumen und eingelegtem Gemüse könnten ein gegrilltes Steak mit Pommes oder eine Gourmetpizza folgen. $$$

Satya, 17 Great North Rd, 🖳 www.satya.co.nz. Das ausgezeichnete Lokal mit authentischer südindischer Küche bietet mehr als die üblichen Curry-Gerichte, z. B. *bhel puri* (knuspriges Snackgericht mit Puffreis), gefolgt von *murg badami* (mariniertem Mandelhühnchen). Alkoholausschank und BYO. Mittagsgerichte mit einem guten Preis-Leistungs-Verhältnis. $$

SPQR, 150 Ponsonby Rd, 🖳 www.spqrnz.co.nz. Das spärlich beleuchtete Restaurant mit Bar erfreut sich dank seines ausgezeichneten, italienisch angehauchten Essens sehr großer Beliebtheit, besonders auch in der Schwulenszene der Stadt. Die knusprigen Pizzas sind erstklassig, und auch der gebratene Schnapper an Safran-Limetten-Risotto oder das Kalbfleisch-Scallopine sind wunderbar. Viele kommen aber auch nur auf einen Drink und um vielleicht die eine oder andere Größe aus dem neuseeländischen Film- oder Musikgeschäft zu erspähen. Hervorragende Cocktails und zahlreiche offene Weine sind ebenfalls im Angebot. $$$

Devonport

Karte S. 151

Bema Takeaways, 87 Vauxhall Rd, ✆ 09 445 4441. An einem Abend mit angenehmen Temperaturen gibt es kaum etwas Besseres, als am benachbarten Cheltenham Beach Fish 'n' Chips aus der Tüte oder einen ganz gewöhnlichen Burger von Bema Takeaways zu verspeisen. $

Châteaubriant, 87a Vauxhall Rd, 🖳 www.chateaubriant.co.nz. Dieses wunderschöne kleine Stück Frankreich ist eine Mischung aus *boulangerie*, *charcuterie* und *fromagerie* in einer gekachelten ehemaligen Metzgerei. Mit anderen Gästen sitzt man hier an einem Gemeinschaftstisch und verspeist ein belegtes Baguette, eine Quiche Lorraine oder ein Éclair. Alternativ kann man auch Baguettes, Grillhähnchen, Käse oder Pasteten für ein Picknick am Strand kaufen. $$$

Devo, 23 Wynyard St, 🖳 www.facebook.com/devocoffee. Das empfehlenswert Devo ist nicht ganz einfach zu finden. Es ist ein kleines und unscheinbares Lokal, das sich neben ein Eisenwarengeschäft quetscht. Die Karte bietet besten Espresso und glutenfreie Muffins, beides zum Mitnehmen, oder man setzt sich hin und genießt die ersten Strahlen Morgensonne. $

Manuka, 49 Victoria Rd, 🖳 www.manukarestaurant.co.nz. Empfehlenswertes Restaurant, spezialisiert auf hervorragende Pasta und Holzofenpizza. Das Manuka serviert außerdem Speisen wie Caesar Salad mit

Hühnchen und Fischsuppe sowie den ganzen Tag über leckere Snacks und Salate, Kaffee und Kuchen. $$

Monsoon, 71 Victoria Rd, www.monsoonthai.co.nz. Das Monsoon ist ein thailändisch-malaiisches Restaurant mit schmackhaften Gerichten wie z. B. Fisch oder Garnelen in roter Currysoße. Mit Alkoholausschank und BYO. $$$

Takapuna

Karte S. 138

Little & Friday, 43 Eversleigh Rd, Belmont, www.littleand friday.com. Der Weg zu dem famosen Café, das sich in einem gesichtslosen Vorort-Einkaufzentrum breitgemacht hat, lohnt allemal. Die hier gebotenen Pasteten, Torten, Gebäck und Kuchen sind einfach magisch. Abends beginnen im Little & Friday die sogenannten *Afterhours*, und dann gibt es Pizza oder ein typisches Bistrogericht (beide wechseln tgl. und sind preislich äußerst fair, die aktuellen Gerichte aus der Küche stehen auf der Website). $$

Takapuna Beach Café, 22 The Promenade, www.takapunabeachcafe.co.nz. Die hohen Preise sind gerechtfertigt, denn die Lage dieses etwas steifen Cafés in Rangitoto ist superb und die Qualität des Essens ist absolut erstklassig. Lecker sind beispielsweise die *smashed eggs* (zerdrückte gekochte Eier) mit Aubergine, Paprika und Ricotta und der *wagyu*-Rindfleischburger mit handgeschnittenen Trüffelpommes – einfach göttlich! Im angeschlossenen Laden bekommt man guten Kaffee, Kuchen, Eis und mit die besten Fish 'n' Chips der Stadt zum Mitnehmen – perfekt für einen gemütlichen Abend zum Sonnenuntergang am Meer. $$

Umi Sushi, 482 Lake Rd, www.umisushitakapuna.co.nz. Aucklands berühmte fangfrische Meeresfrüchte werden in diesem japanischen Restaurant, das für seine Sushi-Rollen und Sashimi-Platten hervorragende Kritiken eingeheimst hat, zu köstlichen Gerichten verarbeitet – Thunfisch und Lachsbauch sind die großen Renner unter der großen Stammkundschaft. Der Teriyaki-Aal *Don-Buri* ist eine hervorragende Option, wenn man etwas Deftigeres bevorzugt. $$$

UNTERHALTUNG UND KULTUR

In Auckland, wo 1,7 Mio. Einwohner unterhalten werden wollen, ist eigentlich immer irgendwas los. Eine der besten Möglichkeiten, einheimische Musiker zu erleben, bieten die kostenlosen Sommerkonzerte, die von Jan–März zumeist freitag-, samstag- und sonntagnachmittags unter dem Motto **Music in Parks**, www.musicinparks.co.nz, in The Domain und andernorts stattfinden. Die beste Informationsquelle für Veranstaltungen ist die Website des Radiosenders bFM, www.95bfm.com, oder www.undertheradar.co.nz, wo es Links zum Ticketkauf gibt.

Schwule und Lesben

Auckland hat eine eher kleine, aber ziemlich progressive und aktive **LGBTQ+-Szene**. Ihre Schwerpunkte sind die Mainstream-Partymeile von Ponsonby und die K' Road, wo sich einige Striplokale zwischen die Schwulenbars und -clubs mischen. Den besten Zugang zur Szene bietet das monatlich erscheinende, kostenlose Magazin **express**, www.gayexpress.co.nz, das in gay-freundlichen Geschäften, Cafés und Bars ausliegt.

Bars, Kneipen und Clubs

Wie im übrigen Land sind die Übergänge zwischen Ess- und Trinklokalen oft fließend. Die nachfolgend aufgeführten Adressen konzentrieren sich in erster Linie aufs Trinken, obwohl selbst Kaschemmen neben Getränken auch billige Kneipenkost anbieten. Die Öffnungszeiten werden locker gehandhabt; viele Lokale schließen am Wochenende erst gegen 3 Uhr.

Das Epizentrum der **Clubszene** ist momentan die Gegend um Britomart und Viaduct Harbour, wo Scharen junger Nachtschwärmer zwischen den Bars und Clubs hin und her driften. Sofern keine besonderen Veranstaltungen oder Konzerte anstehen, bieten die meisten Clubs

Festivals und Events in Auckland

In Auckland finden viele Festivals und alljährliche Events statt. Im Folgenden einige der besten:

Januar

Anniversary Day. Riesige Segelregatta im Aucklander Waitemata Harbour. Letzter Montag im Januar.
International Buskers Festival, 🖳 www.aucklandbuskersfestival.co.nz. Straßenmusikanten aus aller Welt erobern die Stadt. Eintritt frei. Ende Januar.
Laneway Festival, 🖳 www.auckland.lanewayfestival.com. Eintägiges alternatives Musikfestival im Silo Park in Wynyard Quarter mit Bands aus Neuseeland und von Übersee. Letzter Montag im Januar.

Februar

Auckland Pride Festival, 🖳 www.aucklandpride.org.nz. Highlight des LGBT+-Kalenders mit einer bombastischen Eröffnungsgala, dem eintägigen Big Gay Out Festival (🖳 www.biggayout.co.nz; 2. Sonntag im Februar) im Coyle Park, Point Chevalier, gleich westlich vom Zoo, schwulen Gartenbesuchen, der Pride Parade entlang der Ponsonby Road (3. Samstag im Februar) und einer großen Abschlussparty. Drei Wochen im Februar.

März

Round the Bays Fun Run, 🖳 www.roundthebays.co.nz. Bis zu 70 000 Teilnehmer joggen 9 km weit auf dem Tamaki Drive. 1. Sonntag im März.
Auckland Arts Festival, 🖳 www.aaf.co.nz. Großes jährliches internationales Kulturfestival mit Veranstaltungen von Straßenkunst bis Ballett in der gesamten Stadt. Zwei Wochen Mitte März.
Pasifika, 🖳 www.aucklandnz.com/pasifika. Rauschende, zweitägige Feier der polynesischen und pazifischen Kultur (mit Musik, Essen und Kunsthandwerk) im Western Springs Park. Eintritt frei. Letztes Wochenende im März.
Easter Show, 🖳 www.royaleastershow.co.nz. Familienunterhaltung im Kiwi-Stil mit Reitsportdarbietungen, Holzfäller-Show, Weinproben, Kunst- und Kunstgewerbeausstellungen, alles auf dem ASB-Messegelände in Greenlane. Osterwochenende.

Mai

International Comedy Festival, 🖳 www.comedyfestival.co.nz. Drei Wochen mit den besten Komikern aus Neuseeland und dem Rest der Welt. Ende April–Mai.

Juni

Matariki, 🖳 www.matarikifestival.org.nz. Das Neujahr der Maori markiert den Aufgang von Matariki (den Plejaden) am Sternenhimmel und wird mit Musik, Theaterstücken und Ausstellungen überall in der Stadt begangen. Ganzer Juni.

Juli

Auckland International Film Festival, 🖳 www.nzff.co.nz. Die Auckland-Etappe der landesweiten Filmtour. Ende Juli–August.

Dezember

Christmas in the Park, 🖳 www.coke.co.nz/christmas-in-the-park. Kostenlose Musik-Extravaganza für Familien in der Domain. Samstagabend Mitte Dezember.
Franklin Road Christmas Lights. Die Bewohner schmücken ihre Häuser mit ausgefallenen Lichterketten. 1.–24. Dezember. Eintritt frei.

in der ersten Wochenhälfte freien Eintritt; donnerstags ist der Eintritt dann oft moderat, freitags und samstags geht es mit den Preisen aufwärts. Manche Pubs und Bars laden regelmäßig Live-Musiker ein, beschäftigen DJs oder bieten sonstige Unterhaltung.

In vielen Clubs ist eine Ecke als Bühne eingerichtet, wo nicht nur am Wochenende Topacts der neuseeländischen **Musikszene** oder sogar Bands aus Übersee auftreten. Zwar verirren sich nur wenige bekannte Musiker aus Nordamerika oder Europa nach Neuseeland, aber wenn, dann spielen sie in der Regel nur in Auckland, und zwar meist in den größeren Konzerthallen.

Waterfront

Karte S. 141

The Fox, 85/87 Customs St West, 💻 www.goodspiritshospitality.co.nz. Pub im englischen Stil direkt am Wasser. Eine hervorragende Auswahl an englischen Bieren vom Fass, ein gutes Angebot an Mahlzeiten, Sportübertragungen auf Großbildschirmen und Livemusik am Wochenende.

Little HeadQuarters, 95 Customs St, West, 💻 www.facebook.com/LonelyHeartsNZ. Gin, Whiskey und Livemusik bestimmen in dieser stilvollen Bar am Wasser die Tagesordnung. Diverse Sportveranstaltungen werden auf einer großen Leinwand übertragen.

Britomart

Karte S. 141

Brew on Quay, 102 Quay St, 💻 www.brewonquay.co.nz. Am besten sind die abgetrennten Sitzecken auf dem Dach dieses ehemaligen Hafenpolizeigebäudes. Craft Bier ist hier der Hit. Das Angebot wechselt laufend, und bei einer Kostprobe kann man 5 verschiedene Biersorten probieren. Daneben gibt es ein großes Sortiment an Wein, Whisky (sogar aus Japan, Indien und Neuseeland) und gute Kneipenkost (günstige Mittagsgerichte). An Wochenenden Livemusik.

The Brit, 31 Galway St, 💻 www.thebrit.co.nz. Dieser gesellige Pub wird vom selben Team wie das Hotel Britomart und Caretaker geführt und eignet sich perfekt für Drinks vor, nach oder während des Abendessens. Der nette Laden bietet eine gute Auswahl an Bieren und Cocktails sowie eine tolle Pub-Speisekarte mit Burgern, Steaks, Schnitzeln usw.

Caretaker, 40 Customs St, 💻 www.caretaker.net.nz. Allseits beliebte, nicht leicht zu findende Martini-Bar mit Club in einer stimmungsvollen unterirdischen Lounge, in der Cocktails zu einer Kunst werden. Es gibt keine Karte – das Personal berät einen bei der Bestellung, um den perfekten Cocktail zuzubereiten.

Xuxu, Galway St, Ecke Commerce St, 💻 www.xuxu.co.nz. Das Ganze nennt sich zwar Dumpling-Imbiss (das Garnelen-*har gao* und die Teigtaschen mit Hühnerfleisch sind einfach köstlich), ist aber eine exotische kleine Cocktailbar. Perfekt für einen Drink vor dem Abendessen oder einen Absacker am späten Abend.

Zentrum

Karte S. 141

Brothers Beer, 90 Wellesley St, 💻 www.brothersbeer.co.nz. Lässiges Brauhaus im City Works Depot, aus dessen Zapfhähnen 18 verschiedene Biersorten fließen, darunter auch selbst gebraute Sorten. Ein Paddel mit 5 Biersorten zum Probieren bildet einen guten Anfang, und die Außentische eignen sich hervorragend zum Verspeisen einer der dünnen, krossen Pizzas.

Globe, unter dem Hostel Base Auckland, 229 Queen St, 💻 www.globeauckland.wordpress.com. Lange, schmale, laute und meist gut gefüllte Kneipe, in der sich vorzugsweise Rucksacktouristen volllaufen lassen. 🕒 tgl. 18 Uhr bis spät.

Sweat Shop Brew Kitchen, 7 Sale St, Freeman's Bay, 💻 www.sweatshopbrew.co.nz. Große, offene Bar in einer ehemaligen Werkhalle (einst eine Kleiderfabrik, daher der Name). Die große Dachterrasse ist der ideale Ort für ein hausgebrautes Bier und eine Fleischplatte vom Grill.

Karangahape Road und Newton

Karte S. 141

Bamboo Tiger, 335 Karangahape Rd, 💻 www.facebook.com/bambootigerakl.

Cocktail- und Pianobar mit wunderschönem Dekor und gedämpfter Beleuchtung. Es gibt bequeme Sitzgelegenheiten und eine Tanzfläche, die keine Wünsche offenlässt. Die Bar ist LGBTQ+-freundlich und bietet jazzige Musik, nach Einbruch der Dunkelheit legt ein DJ auf.

Family Bar, 270 K' Rd, 🖳 www.facebook.com/FamilyBar. Muntere Bar überwiegend für Schwule und Lesben, aber jeder ist willkommen, um tagsüber ein Bier zu trinken oder abends mehr zu erleben – Mi Karaoke, Do–Sa DJs, Fr und Sa ab 1 Uhr Travestieshows.

Galbraith's Alehouse, 2 Mount Eden Rd, Newton, 🖳 www.alehouse.co.nz. Aucklands „englischster" Pub mit einigen der besten nach englischer Art (im eigenen Haus) gebrauten Ales von Neuseeland sowie einigen weiteren Gebräuen aus Kleinbrauereien und rund 50 Flaschenbiersorten. Außerdem gute Auswahl an Kneipenkost wie gefüllte Jalapeños, Burger mit Pommes und Ribeyesteak vom Holzkohlengrill.

Ponsonby

Karte S. 150

Dida's, 54 Jervois Rd, 🖳 www.didaswinelounge.co.nz. Erstklassige Tapas-Bar und Wein-Lounge mit einem schicken Publikum, das auf Ledersofas lümmelnd die fantastische Weinkarte studiert. Auch die kleinen Gerichte stehen dem in nichts nach: Schnapper-Küchlein oder Lamm-Pincho.

Hoppers Garden Bar, 134 Ponsonby Rd, 🖳 www.hoppersgardenbar.co.nz. Auf dem Gelände der legendären Aucklander Bar Golden Dawn trat dieser Nachfolger in große Fußstapfen – durchaus mit Erfolg. Dieser spaßige Treffpunkt ist wie ein altes Landhaus eingerichtet, umgeben von einem tropischen Garten, und bietet eine große Auswahl an Craft-Bieren und Cocktails, leckeres asiatisches Essen und ein stimmungsvolles Live-Musikprogramm.

Gyoza Bar, 171C Ponsonby Rd, 🖳 www.gyozabar.co.nz. Schöne Bar mitten im Herzen des Ponsonby-Trubels, wo die Gäste ein paar Cocktails schlürfen und, wie schwer zu erraten ist, immer wieder *Gyoza* (Teigtaschen) nachbestellen.

The Whiskey, 210 Ponsonby Rd, 🖳 www.whiskey.co.nz. Elegante Bar, die mit schokoladenbraunen Ledersofas ausstaffiert ist. An den weiß getünchten Backsteinwänden hängen tolle Fotos von Little Richard, den New York Dolls, Jimi Hendrix u. a. Sehr gute Cocktails.

Newmarket

Karte S. 147

The Lumsden, 448 Khyber Pass Rd, 🖳 www.thelumsden.co.nz. Craft-Bier-Bar mit lockerem Kneipenflair und Tischen draußen auf der Terrasse, wo bei gutem Wetter Livemusik geboten wird. Zu essen gibt's überdurchschnittlich gute Kneipenkost wie Pizza, Burger und *sharing plates*.

Klassische Musik, Theater und Comedy

Aucklands Theater-, Klassik- und Comedy-Szene bietet selten Weltbewegendes, aber sie ist relativ rege; fast jeden Abend hat man die Wahl zwischen mehreren Theaterstücken, Comedy, Tanz und Oper. Besprechungen aktueller Theaterinszenierungen sind auf 🖳 www.theatrescenes.co.nz zu finden.

Aotea Centre, Aotea Sq, Queen St, 🖳 www.auchklandlive.co.nz. Neuseelands erstes Opernhaus und Heimatbühne des New Zealand Ballet.

ASB Waterfront Theatre, 138 Halsey St, Wynyard Quarter, 🖳 www.asbwaterfronttheatre.co.nz. Das funkelnagelneue Kulturzentrum im aufstrebenden Wynyard Quarter ist die hypermoderne Heimstatt der Auckland Theatre Company. In dem Haus mittlerer Größe sind eigene wie auch Produktionen von Gastensembles zu sehen.

Basement Theatre, Lower Greys Ave (am Civic-Parkplatz), 🖳 www.basementtheatre.co.nz. Spannende Bühne mit Performance Art am Puls der Zeit, mit tollem Community-Feeling und cooler Bar. Über Weihnachten und Neujahr geschl.

Civic Theatre, Queen St, Ecke Wellesley St, 🖳 www.auchklandlive.co.nz. Sehr schönes Theater, das schon um seiner selbst willen

VULCAN LANE (S. 141)

AIG
brabant.co.nz
VULCAN CHAMBERS
Zambrero
VULCAN BUILDIN

einen Besuch lohnt. Im Juli findet hier das International Film Festival statt, außerdem Musicalaufführungen und Auftritte von Künstlern auf Tournee.

The Classic, 321 Queen St, 🖳 www.comedy.co.nz. Bar und Comedy-Bühne mit unterschiedlichsten Auftritten einheimischer Topkünstler und auswärtiger Comedians auf Tournee. Vorstellungen Mo–Sa, die besten Shows sind die am Wochenende.

Q, 305 Queen St, 🖳 www.qtheatre.co.nz. Aucklands 2011 erbaute Bühne ist offen für alles – von modernem Maori-Tanz bis zu Avantgarde-Theater und bunten Varietévorstellungen.

Kinos

Academy, 44 Lorne St, 🖳 www.academycinemas.co.nz. Programmkino mit zwei Vorführräumen im Gebäude der Stadtbibliothek. An Wochentagen vor 17 Uhr und mittwochs ganztägig Eintritt $5.

Rialto, 167 Broadway, Newmarket, 🖳 www.rialto.co.nz. Nettes Kino mit 7 Leinwänden, das außer Mainstream-Produktionen auch abgedrehtere Kinokost zeigt. Ermäßigte Tickets vor 17 Uhr.

Silo Cinema, 🖳 www.silopark.co.nz. Kostenloses Freiluftkino auf der Hauptplaza im Wynyard Quarter. ⌚ Dez–März Fr um 21 Uhr, Marktstände und Bar ab 16.30 Uhr.

The Vic, 48 Victoria Rd, Devonport, 🖳 www.thevic.co.nz. Neuseelands ältestes Kino (erbaut 1912) wurde wiederbelebt und zeigt nun aktuelle, aber auch künstlerische Filme. Es gibt ein vergünstigtes Ticket-Angebot inkl. einer Rückfahrt mit der Fullers-Fähre. Lohnt auf jeden Fall einen abendlichen Abstecher nach Devonport.

EINKAUFEN

Als größte Stadt Neuseelands bietet Auckland die besten Einkaufsmöglichkeiten.

Wer nach schicker Mode sucht, wird vor allem im Britomart und entlang der Ponsonby Road fündig, wo die großen Modelabels vertreten sind. In Newmarket findet man ebenfalls einige bekannte Namen, aber auch eine Reihe von Outlets, die überwiegend Massenware verkaufen.

Ausrüstung

Bivouac, 210 Queen St, Zentrum, und 312 Broadway, Newmarket, 🖳 www.bivouac.co.nz; Karte S. 141. Hat die beste Auswahl an Outdoor-Ausrüstung.

Kathmandu, 151 Queen St, Zentrum, 🖳 www.kathmandu.co.nz; Karte S. 141. Budget-Kette für Outdoor-Kleidung, die ständig große Rabattaktionen am Laufen hat. Niemals den ausgewiesenen Preis zahlen. Filialen überall in Auckland und im übrigen Land.

Bücher

Unity Books, 19 High St, Zentrum, 🖳 www.unitybooksauckland.co.nz; Karte S. 141. Wahrscheinlich der beste unabhängige Buchladen der Stadt.

The Women's Bookshop, 105 Ponsonby Rd, Ponsonby, 🖳 www.womensbookshop.co.nz; Karte S. 150. Hervorragender kleiner Laden mit kenntnisreichem Personal. Auch Bücher für Männer im Angebot.

Kunsthandwerk

Auckland Museum Store, 🖳 www.aucklandmuseum.com; Karte S. 141. Super Auswahl, angefangen bei Kunsthandwerk bester Qualität über Kiwiana, Lifestyleprodukte, Bücher bis hin zu Kinderspielzeug. Die Einnahmen werden zur Unterstützung des Museums verwendet.

Kura, 95a Customs St West, 🖳 www.kuragallery.co.nz; Karte S. 141. Stilvolle Galerie, die sich auf moderne Kunst und modernes Design der Maori spezialisiert hat. Das Angebot reicht von Lesezeichen mit Perlmutt-Inlays und Jade-Anhängern bis zu $2000 teuren Korowai-Federumhängen und wunderschönen Schnitzereien.

Mode

Karen Walker, 18 Te Ara Tahuhu Walking St, Britomart, 🖳 www.karenwalker.com; Karte S. 141. Neuseelands berühmteste

Modedesignerin hat bereits Lady Gaga und viele andere eingekleidet. Das Design ist zwischen konservativ und niedlich angesiedelt. Auch sehr gute Brillenmode und schöner Schmuck. Filialen in Newmarket, Ponsonby und Takapuna.

Strangely Normal, 19 O'Connell St, Zentrum, www.strangelynormal.com; Karte S. 141. Pfiffige, moderne Anlehnung an die Herrenmode der 1950er-Jahre. Hier findet man Hemden mit wunderbar frechen Motiven.

Zambesi, 56 Tyler St, Britomart, www.zambesi.co.nz; Karte S. 141. Traditionsreiches und unkonventionelles Modelabel, das viel Schwarz verwendet. Anders als in den Filialen in Ponsonby gibt es hier auch Herrenmode.

AKTIVITÄTEN UND TOUREN

Die Gewässer der Stadt spielen eine so wichtige Rolle, dass man unbedingt auch auf den Hafen hinausschippern sollte, z. B. bei einer Fährfahrt zu einer der Inseln im Hauraki Gulf (S. 189), bei einer **Kreuzfahrt**, einer **Delphin- und Wal-Safari** oder einer **Seekajaktour**.

Außerdem kann man über die Harbour Bridge klettern oder sie mit einem **Bungee-Sprung** bezwingen.

Weitere Aktivitäten in der Nähe in den Kästen auf S. 180 und S. 184.

Auckland Bridge Climb und Bungy

Auckland Bridge Climb, www.aucklandbridgeclimb.co.nz. Die Touren (3x tgl.) bieten Besuchern die Chance, die fantastische Aussicht vom höchsten Punkt über dem Waitemata Harbour (ca. 65 m) zu genießen. 90 Minuten lang (3x tgl.) wandert man, mit einem Sicherheitsgurt ans Drahtseil angeleint, über stählerne Laufstege, während die Führer etwas über die technischen Einzelheiten der Brückenkonstruktion erzählen. Höhepunkt ist ein Panorama-Aussichtspunkt über die Stadt 65 m über dem Waitemata Harbour. Kostenlose Transfers vom Maritime Museum.

Auckland Bridge Bungy, www.bungy.co.nz. Für Adrenalinjunkies: ein Sprung aus 40 m Höhe, mit Wasserberührung (5x tgl.). Kostenlose Transfers vom Maritime Museum, hinterher gibt's ein T-Shirt.

Bootstouren

America's Cup Sailing, www.exploregroup.co.nz. Am Viaduct Harbour kann man sich auf den alten America's-Cup-Jachten *NZL41* (kam 1995 beim Cup in Japan zum Einsatz) und *NZL68* (neuseeländisches Versuchsboot 2007) als Crewmitglied betätigen.

Auckland Harbour Cruise, www.fullers.co.nz. Fullers bietet eine 1 1/2-stündige Hafenrundfahrt (tgl. 10.45 und 13.45 Uhr) an, die vom Ferry Building ablegt und unter der Harbour Bridge hindurch- und an Rangitoto Island vorbeiführt.

Explore Sailing, www.exploregroup.co.nz. Der Veranstalter bietet geruhsame Segeltörns (ganzjährig 10.30 und 15.15 Uhr, Nov–März auch 13 Uhr, 1 1/2 Std.), Dinner Cruise (Abfahrt 18 Uhr, 2 1/2 Std.) und Segeltörn um Waiheke Island mit Rückfahrt per Fähre (Dez–März tgl., Abfahrt 9 Uhr, 3 Std.).

Delphin- und Wal-Touren

Whale & Dolphin Safari, Viaduct Harbour, www.whalewatchingauckland.com. Das ganze Jahr über sind im Hauraki Gulf jede Menge Delphine und Große Tümmler anzutreffen, die im Winter und Frühjahr oft große Schulen bilden; in dieser Zeit nehmen auch die Sichtungen von Bryde- und Schwertwalen (Orcas) zu. Die ebenso informativen wie unterhaltsamen Touren (tgl., 4 1/2 Std.) werden mit einem 20 m langen Katamaran durchgeführt. Wer keinen Meeressäuger sieht, darf ein zweites Mal umsonst mitfahren.

Kajaktouren mit und ohne Angeln

Auckland Sea Kayaks, www.aucklandseakayaks.co.nz. Tolle geführte Kajaktouren, u. a. ein einfacher Trip zur Browns Island (4 Std.), eine längere Tour nach Rangitoto mit Wanderung zum Gipfel (7 Std.), eine Rangitoto-

Abendtour mit Blick auf den Sonnenuntergang vom Gipfel und ausgezeichnetem Essen unterwegs (7 Std.) sowie verschiedene Touren mit Übernachtung, u. a. mit Camping auf Motuihe Island, wo Kleine Fleckenkiwis leben.
Fergs Kayaks, 12 Tamaki Drive, Okahu Bay, 💻 www.fergskayaks.co.nz. Der Veranstalter bietet z. B. geführte Touren über den Waitemata Harbour zur 7 km entfernten Rangitoto Island mit Gipfelbesteigung (Start Mo–Fr um 9.30 und 17.30, Sa und So um 9.30 und 16 Uhr, hin und zurück 6 Std.; die spätere Abfahrt beinhaltet eine Paddeletappe im Mondlicht oder mit Stirnlampe). Wem das zu weit ist, kann eine 3-km-Paddeltour nach Devonport mit Aufstieg auf den North Head (Abfahrt 9 Uhr, 3 Std.) unternehmen. Wer lieber auf eigene Faust unterwegs ist, kann sich bei Fergs auch ein Boot ausleihen (Einer- und Zweier-Seekajaks). Sit-on-Top-Kajaks sind etwas preiswerter. Fahrten nach Rangitoto und Devonport sind mit den Leihkajaks normalerweise aber nicht erlaubt.

Radfahren

Eine Radtour durch Aucklands hügelige Landschaft kann zur strapaziösen und frustrierenden Erfahrung werden, die durch die mangelnde Rücksichtnahme der Autofahrer nicht erfreulicher wird. Ein paar Gegenden sind jedoch ganz gut per Drahtesel zu erkunden, vor allem der über 10 km am Meer verlaufende Tamaki Drive östlich des Zentrums.

Leihräder

Clycycles, 3/18 Moselle Ave, 💻 www.clycycles.co.nz. Eine große Auswahl an Fahrrädern, darunter Standard-, Falträder und auch E-Bikes, die sich ideal für Fahrten in der Stadt, durch die Parkanlagen und am Wasser entlang eignen.
Adventure Cycles, 9 Premier Ave, Western Springs, 💻 www.adventure-auckland.co.nz. Etwas unpraktisch westlich des Zoos gelegen, aber bestens geeignet für kurz-fristige Fahrradanmietungen (Stadträder $18/Tag, Mountainbikes $35/Tag); auch Tourenräder ($230/Monat). Vorher anrufen und klären, ob das gewünschte Rad auch verfügbar ist.
Cycle Auckland, Devonport Wharf, 💻 www.cycleauckland.co.nz. Tolle Auswahl (ab $70/24 Std.) unterschiedlichster Räder, außerdem selbstgeführte und geführte Touren. Für Leute, die nicht nur ziellos in der Stadt herumkurven wollen.

Schwimmen

Als Alternative zu den nachfolgend aufgeführten Bädern (Infos zu diesen und anderen Bädern unter 💻 www.aucklandleisure.co.nz) bieten sich die Stadtstrände Aucklands und der Vororte an, S. 148 und 151.
Parnell Baths, Judges Bay Rd, ✆ 09 373 3561. Sehr schönes Salzwasser-Freibad. 🕒 Ende Nov–Ostern Mo–Fr 6–20, Sa und So 8–20 Uhr.
Tepid Baths, 100 Custom St West, ✆ 09 379 4745. Hallenbad im Stil der Zeit König Edwards (1901–10). 🕒 Mo–Fr 5.30–21, Sa und So 7–19 Uhr.

SONSTIGES

Apotheken

Medicines to Midnight, 160 Broadway, Newmarket, ✆ 09 520 6634, 💻 www.medicinestomidnight.co.nz. Die am günstigsten gelegene Apotheke mit langen Öffnungszeiten. 🕒 Mo–Sa 9.30–24, So 10–24 Uhr.
Die Apotheken der Notaufnahmen in den Krankenhäusern haben rund um die Uhr geöffnet.

Autokauf

Allgemeine Hinweise hierzu sind dem Kapitel „Travelinfos von A bis Z" (S. 82) zu entnehmen. Gute Möglichkeiten, an ein eigenes Gefährt zu kommen, bieten die Anschlagbretter in den Hostels und die Websites 💻 www.trademe.co.nz und 💻 www.autotrader.co.nz.
Empfehlenswerte Gebrauchtwagenmärkte:
Auckland Carfair, Ellerslie Racecourse, Greenlane, 💻 www.carfair.co.nz. Gut organisierter Automarkt, auf dem Fachleute zur Hand sind, um Autos auf ihre Fahrtüchtigkeit zu überprüfen. 🕒 So 9–12 Uhr.
Backpacker Car World, 15-19 East St, 💻 www.backpackercarworld.co.nz. Am Rand

der K' Road, wo Backpacker ihre Autos an Gleichgesinnte weiterverkaufen. Auch Versicherungs- und Pannenservice.
🕒 tgl. 9–17 Uhr.

Autovermietungen

Alle internationalen und großen nationalen Autoverleiher haben Zweigstellen nahe dem Flughafen und kostenlose Shuttlebusse, die Kunden vom Flughafen abholen. Viele der kleineren Anbieter sind im Zentrum oder in den Vororten ansässig. An der Beach Road in der Innenstadt liegen mehrere Autovermietungen dicht beieinander. Eine Liste der wichtigsten Firmen findet sich auf S. 81.

Bibliotheken

Central City Library, 44-46 Lorne St, 📞 09 377 0209, 💻 www.aucklandlibraries.govt.nz.
🕒 Mo–Fr 9–20, Sa und So 10–16 Uhr.

Fahrradverleih

Siehe S. 174.

Gepäckaufbewahrung

Im **Sky City Bus Terminal**, 102 Hobson St, 📞 09 300 6130, gibt es Schließfächer (tgl. 7–20 Uhr, kleines Gepäck $5/Tag, großes Gepäck $8/Tag). Die meisten größeren **Hostels** bieten einmaligen Übernachtungsgästen langfristige Gepäckaufbewahrung gegen eine geringe Gebühr. Auch am Flughafen gibt es eine Gepäckaufbewahrung (gegenüber vom Quantas-Check-in): s. 💻 www.baggage storage.com.au.

Informationen und Touren

i-SITE: Auckland verfügt im Zentrum über zwei Visitor Centres: 137 Quay St, 📞 09 365 9914, 💻 www.aucklandnz.com, 🕒 tgl. 9–17 Uhr (im Sommer auch länger), und eine kleinere Filiale im Sky City Casino, Ecke Victoria und Federal St, 📞 09 365 9914, 💻 www.aucklandnz.com, 🕒 tgl. 9–17 Uhr. Beide bieten Informationsbroschüren für das ganze Land sowie einige werbefinanzierte kostenlose Publikationen. Die Filiale an der Devonport Wharf, 📞 09 365 9906, 💻 www.devonport.co.nz, 🕒 tgl. 9–17 Uhr, hat neben Karten auch die kostenlose Broschüre *Old Devonport Walk* vorrätig. Ein weiteres i-SITE-Büro befindet sich im Flughafen, s. Flüge S. 178.

Büro des Department of Conservation (DOC), im i-SITE in der Quay St, 📞 09 379 6476, 📧 aucklandvc@doc.govt.nz. Gute Wanderinformationen, bietet DOC-Materialien sowie Buchungen für Wanderwege im ganzen Land, ist aber vorwiegend auf die Region um Auckland und den Hauraki Gulf spezialisiert.
🕒 Mitte Okt–April Mo–Fr 9–17, Sa und So 10–16, Mai–Mitte Okt Mo–Fr 9–17 Uhr.

Die **Stadtpläne** in diesem Buch zusammen mit den kostenlosen Plänen in der Reihe *Explore*, die man in den i-SITE-Büros, Hotels und Hostels bekommt, sind für die meisten Zwecke ausreichend.

Die beste Infoquelle für Backpacker sind die **Anschlagbretter** in den Hostels, wo sich von Mitfahrgelegenheiten über Autoverkäufe bis zu Jobangeboten alles findet.

Internet

Die **Bibliotheken** bieten kostenlose Computernutzung und WLAN. In den meisten Restaurants und in den Außenbereichen des Britomart Precinct gibt es auch kostenloses WLAN.

LGBTQ+

Sorgentelefon für Schwule und Lesben, 📞 0800 688 5463, 💻 www.outlinenz.com.
🕒 besetzt Mo–Fr 10–21, Sa und So 18–21 Uhr.

Medizinische Hilfe

Auckland City Hospital, Park Rd, Grafton, 📞 09 367 0000.

CityMed, 8 Albert St, 📞 09 377 5525, 💻 www.citymed.co.nz. Ärztliche Hilfe und Apotheke im Haus. 🕒 Mo–Fr 8–17.30 Uhr.

The Travel Doctor, Level 1, 170 Queen St, 📞 09 373 3531. 💻 www.traveldoctor.co.nz. Impfungen und Reisemedizin. 🕒 Mo–Fr 9–17 Uhr.

Notruf

Polizei, Feuerwehr und Ambulanz, 📞 111.

Auckland Central Police Station, Cook St, Ecke Vincent St, 📞 09 302 6400.

Post

Die Postfiliale in der 24 Wellesley St, ✆ 0800 501 501, bietet Poste-Restante-Service. ⌚ Mo–Fr 9–17.30 Uhr.

Wäschereien

Parnell Laundry, 409 Parnell Rd, ✆ 09 373 2680. ⌚ Mo–Fr 8–18, Sa 8–17, So 9–15 Uhr.
Travellers Laundromat, 458 K' Rd, ✆ 09 376 6062. ⌚ tgl. 5–21.30 Uhr.

NAHVERKEHR

Viele der interessantesten Sehenswürdigkeiten Aucklands sind zu Fuß erreichbar, z. B. über den Coast to Coast Walkway. Dreh- und Angelpunkt von Aucklands bescheidenem Nahverkehrsnetz, das aber immer besser wird, ist das **Britomart Transport Centre** am Hafenende der Queen Street – hier kommen auch Vorortzüge an, und in der Nähe gibt es zahlreiche Bushaltestellen. **Fähren** über den Hafen verbinden das Stadtzentrum mit dem nahen Vorort Devonport und den Inseln.
Taxis ordert man in den meisten Fällen am besten telefonisch (S. 177).
Das **Parken** ist kein Riesenproblem, aber die einheimischen Autofahrer sind nicht gerade zuvorkommend, weshalb man vielleicht besser daran tut, erst unmittelbar vor der Abreise aus der Stadt ein Auto zu mieten.

Auto

In Auckland selbst lohnt es sich eigentlich nicht, mit dem Auto zu fahren, da alles gut zu Fuß oder mit öffentlichen Verkehrsmitteln zu erreichen ist. Nur wer die Kumeu-Weingüter und die Surferstrände an der West Coast erkunden möchte, benötigt ein eigenes Fahrzeug.
Autofahren ist in Auckland nicht besonders schwierig, auch wenn es auf den ersten Blick so aussieht. Am besten meidet man die Stoßzeiten von 7–9 und 16–18.30 Uhr. Das Hauptproblem dürfte der Linksverkehr sein; wer gerade erst aus dem Flieger geklettert ist, sollte sich vielleicht ein, zwei Tage erholen, bevor er sich ins Verkehrsgetümmel stürzt. Die Straßen in der Innenstadt sind alle mit Parkuhren ausgestattet, eine entspanntere Alternative bilden die vielen **Parkhäuser** – Schließzeiten beachten (nicht alle sind rund um die Uhr geöffnet)! Die billigsten Kurzparkmöglichkeiten sind auf der Karte S. 141 eingetragen.

Stadtbusse

Die meisten Nahverkehrsbusse starten nicht direkt am Britomart Transport Centre, sondern von den zahlreichen Bushaltestellen im Umkreis von 10 Fußminuten. Das ist etwas verwirrend – am besten fragt man im Britomart nach der jeweiligen Haltestelle oder schaut auf 💻 www.at.co.nz nach. Für Besucher am nützlichsten sind die unten aufgeführten **Link-Busse**.
Für andere Busse gelten die AT-HOP-Tarife nach einem Zonensystem, wobei die Preise zur Zeit unserer Recherchen zwischen $2,37 und $12,60 lagen.

Link-Busse

City Link (Mo–Sa 6.30–23.30 Uhr alle 7–8 Min., So 7–23 Uhr alle 10 Min.; für Besitzer einer

Infos und Ermäßigungen

Informationen zu Aucklands Bussen, Zügen und Fähren erteilt **AT**, 💻 www.at.co.nz, mit Fahrplanauskünften und einer umfassenden Fahrplanübersicht nebst Verbindungsplaner im Netz. Man kann aber auch beim Britomart die 5 kostenlosen AT-Nahverkehrspläne einstecken; am nützlichsten sind die für die Region Central.
Fahrgäste können in Bussen, Zügen und Fähren zwar bar bezahlen, bequemer und billiger ist es aber, sich eine aufladbare **AT HOP Card** im Britomart zu besorgen. Mit dieser Guthabenkarte braucht man nicht mit Kleingeld zu hantieren und spart außerdem 10–15 % des normalen Fahrpreises.
Alternativ kann man am Automaten einen **AT HOP Day Pass** erwerben. Der Pass gilt für alle Züge und Busse (inkl. der Busse auf Waiheke Island), die Devonport-Fähren, jedoch nicht für die Fähren Richtung Rangitoto und Waiheke.

AT HOP Card kostenlos, wenn sie den Bus zwischen zwei anderen Transportmitteln nutzen). Die roten Busse dieser Innenstadtlinie fahren die Queen St von der K' Rd bis zum Britomart Transport Centre hinunter und dann weiter zum Wynyard Quarter.
Inner Link (Mo–Fr 6.30–23, Sa und So 7–23 Uhr; alle 10–15 Min. Die nützlichste Route; die grünen Busse fahren folgende Schleife: City, Parnell, Auckland Museum, Newmarket, K' Rd und Ponsonby. Tickets im Bus.
Outer Link (Mo–Sa 6.30–23, So 7–23 Uhr; alle 15 Min.). Die orangefarbenen Busse fahren eine größere Schleife als die Inner-Link-Busse, u. a. zum Mount Eden und MOTAT und nach Herne Bay. Anschluss an die Inner-Link-Busse in Parnell, beim Auckland Museum, in Newmarket und in Ponsonby.

Andere Buslinien

Explorer Bus, 💻 www.explorerbus.co.nz. Zwei Hop-on-Hop-off-Buslinien – man kann auch umsteigen – fahren zu den Hauptsehenswürdigkeiten (Kommentare zu den Sehenswürdigkeiten; 9–16 Uhr, Nov–März alle 15 Min., April und Okt alle 20 Min., Mai–Sep alle 30 Min.).
Nachtbus, Fahrplanauskünfte unter 💻 www.at.co.nz. Eine Reihe von Nachtbussen bringt Nachtschwärmer sicher nach Hause (Sa und So 0–3.40 Uhr, es gelten auch dann die normalen Preise).

Fähren

Einst wimmelte der Waitemata Harbour nur so von Fähren, die Pendler aus den Vororten zu ihrer Arbeit ins Zentrum brachten. Noch immer empfehlen sich die Hafenfähren als schnelles und angenehmes Transportmittel, das dazu noch schöne Aussichten bei der Fahrt verspricht. Wichtigste Ziele: die Inseln im Hauraki Gulf und Devonport; die Fähren nach Rangitoto und einige Fähren nach Waiheke halten auch in Devonport.

Fährgesellschaften

Fullers, 💻 www.fullers.co.nz. Aucklands größtes Fährunternehmen bietet Verbindungen nach Devonport, Rangitoto, Waiheke, Rotoroa und Tiritiri Matangi sowie eine regelmäßige Verbindung über den Hauraki Gulf nach Coromandel Town:
Für Leute, die nicht mit einem eigenen Fahrzeug unterwegs sind, ist dies eine nette Alternative zur Busfahrt über Thames.
Sealink, 💻 www.sealink.co.nz. Auto- und Personenfähren nach Waiheke und zu den Great Barrier Islands.

Fähren nach:
COROMANDEL 5–7x wöchentl., 2 Std.;
DEVONPORT alle 15–30 Min., 10 Min.;
GREAT BARRIER 4–7x wöchentl., 2–5 Std.;
MOTUTAPU jeden 2. So, 35 Min.;
RANGITOTO 3–5x tgl., 25 Min.;
ROTOROA ISLAND Ende Sep–Anfang April 3–7x wöchentl., Mitte April–Mitte Sep nur Sa und So, 1 1/4 Std.;
TIRITIRI MATANGI ISLAND 5x wöchentl., 1 1/2 Std.;
WAIHEKE alle 30 Min., 35–45 Min.

Stadtbahn

Aucklands Stadtbahnen sind für Touristen kaum von Interesse. Die einzige Ausnahme bildet die Linie vom Britomart Transport Centre nach Parnell und Newmarket (alle 10–20 Min., 10 Min. Fahrtdauer).

Taxis

Taxistände gibt es an verschiedenen Stellen der Stadt, u. a. an der Queen Street, am Viaduct Harbour und an der K' Road.
Discount, ✆ 09 529 1000, 💻 www.discounttaxis.co.nz, ist besonders billig.
Auckland Co-operative Taxi Society, ✆ 09 300 3000, 💻 www.cooptaxi.co.nz. Gemeinschaftlich organisierte Taxigesellschaft.

TRANSPORT

Auto und Fahrrad

Mietwagen auf S. 175.
Radfahrer müssen auf dem Weg nach Norden statt der Harbour Bridge die Devonport Ferry nehmen, oder man wählt die westliche Route und fährt vielleicht mit einer Stadtbahn bis Waitakere (Fahrradmitnahme frei, nicht zur

Rushhour fahren). Radfahrer, die nach Süden wollen, folgen besser der Seabird Coast als dem Southern Motorway, der Hauptroute für Autofahrer Richtung Süden.

Busse

Die Fernbusse von InterCity/Newmans und Northliner kommen am **Sky City Coach Terminal** an. Andere Busse halten vor 172 Quay St, gegenüber dem Ferry Terminal in Downtown.
Go Kiwi, 💻 www.go-kiwi.co.nz. Tgl. zur Coromandel Peninsula mit Zustieg am Auckland Airport – ideal für Leute, die direkt nach Whitianga wollen.
InterCity, **Newmans**, **Northliner**, **Great Sights**, 💻 www.greatsights.co.nz. Die Unternehmen bedienen Verbindungen ins ganze Land.

Busse nach:
GISBORNE 1x tgl., 9 1/4 Std.;
HAMILTON 25x tgl., 2 Std.;
HASTINGS 1x tgl., 7 1/2 Std.;
KERIKERI 5–6x tgl., 4 1/2 Std.;
NAPIER 1x tgl., 7 Std.;
NATIONAL PARK 1x tgl., 6 Std.;
NEW PLYMOUTH 3x tgl., 6–6 1/2 Std.;
OHAKUNE 1x tgl., 6 3/4 Std.;
PAIHIA 7–8x tgl., 4 Std.;
PALMERSTON NORTH 8x tgl., 9–10 Std.;
ROTORUA 11x tgl., 4 Std.;
TAIHAPE 6x tgl., 7 Std.;
TAUPO 7x tgl., 5 Std.;
TAURANGA 7x tgl., 3 1/4–5 Std.;
THAMES 4x tgl., 1 3/4 Std.;
WAIPU 5–6x tgl., 2 1/4 Std.;
WAITOMO CAVES 1x tgl.; 3 1/2 Std.;
WARKWORTH 5–6x tgl., 1 Std.;
WELLINGTON 7x tgl., 11–12 Std.;
WHANGAREI 6–7x tgl., 2 3/4 Std.;
WHITIANGA 1x tgl., 3 Std.

Eisenbahn

Northern Explorer, 💻 www.greatjourneysofnz.co.nz. Der Zug aus Wellington, National Park und Hamilton endet jeden Di, Fr und So Abend am Bahnhof Auckland Strand am Ngaoho Place in Parnell. Die Züge nach Süden fahren jeden Mo, Do und Sa.
HAMILTON 3x wöchentl., 2 1/2 Std.;
NATIONAL PARK 3x wöchentl., 5 1/2 Std.;
OHAKUNE 3x wöchentl., 6 Std.;
OTOROHANGA 3x wöchentl., 3 Std.;
PALMERSTON NORTH 3x wöchentl., 8 1/2 Std.;
WELLINGTON 3x wöchentl., 11 1/2 Std.

Fähren

Siehe „Nahverkehr".

Flüge

Der **Auckland International Airport**, 💻 www.auckland-airport.co.nz, liegt rund 20 km südlich des Zentrums im Vorort Mangere.
Zwischen dem internationalen Terminal und dem Inlandsterminal pendelt ein Shuttlebus (5–22.30 Uhr, alle 15 Min.). Mit leichtem Gepäck benötigt man für die Strecke zu Fuß nur etwa 10 Min. – den blau-weißen Linien folgen.
Das gut ausgestattete **i-SITE Visitor Centre** im International Terminal, ✆ 09 365 9925, ⌚ tgl. 6–22 Uhr, bietet kostenlose Hotel- und Reisebuchungen und Gratis-Telefone für Zimmerbuchungen.
Außerdem findet man in beiden Terminals Geldautomaten und im internationalen Terminal zu den Flugankünften geöffnete Wechselstuben. Darüber hinaus stehen Gepäckaufbewahrungen und Duschen zur Verfügung.

Transport vom/zum Flughafen:
Vom Flughafen in die Stadt verkehren Busse, Sammel-Minibusse und Taxis. Ein **Taxi** ins Zentrum, nach Ponsonby oder Parnell kostet rund $80, nach Northcote oder Devonport über $100.
Der **SkyBus** (rund um die Uhr alle 10–30 Min., Rabatt bei Online-Buchung, 💻 www.skybus.co.nz) ist eine Alternative. Er folgt von beiden Terminals zwei festen Routen in die Stadt (entlang der Mt Eden Rd oder der Dominion Rd; etwa 45 Min.). Die preiswerteste Möglichkeit in die Stadt zu kommen ist der Bus Nr. 380 zum Bahnhof Papatoetoe (Fahrzeit 30 Min., beim Fahrer zu zahlen). Dort nimmt man anschließend den Zug ins Zentrum (Abfahrten lfd., Fahrzeit 40 Min.).
Die meisten Leute nehmen jedoch einen der **Minibusse**, die einen Tür-zu-Tür-Service

bieten. Man fragt beim ersten Bus in der Schlange nach dem Fahrtziel; falls er nicht in den gewünschten Stadtteil fährt, wird man an den richtigen Bus verwiesen – die Wartezeit beträgt selten mehr als eine Viertelstunde. Für Gruppen mit gemeinsamem Ziel gibt es erheblichen Rabatt.
Für den Weg von der Unterkunft zum Flughafen kann man **Super Shuttle**, ✆ 0800 748 885, oder eines der o. g. Taxiunternehmen anrufen.

Flüge nach:
BAY OF ISLANDS 4–5x tgl., 50 Min.;
BLENHEIM 4x tgl., 1 1/2 Std.;
CHRISTCHURCH 20x tgl., 1 1/2 Std.;
DUNEDIN 6x tgl., 1 3/4 Std.;
GISBORNE 5x tgl., 1 Std.;
GREAT BARRIER ISLAND 6–8x tgl., 40 Min.;
NAPIER/HASTINGS 6–8x tgl., 1 Std.;
NELSON 10x tgl., 1 1/2 Std.;
NEW PLYMOUTH 5x tgl., 50 Min.;
PALMERSTON NORTH 10x tgl., 1 1/4 Std.;
QUEENSTOWN 6x tgl., 1 3/4 Std.;
ROTORUA 3–4x tgl., 45 Min.;
TAUPO 2–3x tgl., 50 Min.;
TAURANGA 9x tgl., 40 Min.;
WANGANUI 3–4x tgl., 1 Std.;
WELLINGTON 20x tgl., 1 Std.;
WHAKATANE 2–3x tgl., 45 Min.;
WHANGAREI 3–4x tgl., 40 Min.

Westlich von Auckland

Das wahre Neuseeland beginnt für viele in **West Auckland**, wo die Hochhäuser, Vororte und luxussanierten Hafenbereiche von grünen Hügeln und traumhaften Stränden abgelöst werden. Die wuchernden Vororte verlieren sich 20 km westlich des Stadtzentrums zwischen den Ausläufern der **Waitakere Ranges**. Nur gut eine halbe Stunde Autofahrt von der Innenstadt entfernt lockt eine der schönsten Landschaften im Einzugsgebiet von Auckland mit Outdoor-Abenteuern.

Diese grüne Hügellandschaft wirkt immer noch relativ intakt, obwohl sie das nächstgelegene Ausflugsziel für rund 1,5 Mio. Menschen ist. Zahlreiche Wege durch den heimischen Wald laden zu schönen Wanderungen ein. Allerdings mussten aufgrund der Baumkrankheit *kauri dieback*, bei der die meisten, wenn nicht gar alle infizierten Bäume absterben (S. 259), einige Wege gesperrt werden. Die fruchtbaren Böden an den östlichen Ausläufern der Waitakeres und vor allem rund um Kumeu sind seit Langem Weinbaugebiete. An heißen Sommertagen strömen Tausende zu dem halben Dutzend **Surfstrände** mit donnernder Brandung, die abgesehen von ein paar Ferienhäusern (*baches* genannt) und dem einen oder anderen Laden praktisch unverbaut sind.

Aucklands **Stadtbahnen** fahren bis nach Henderson und Waitakere hinaus, man erreicht damit aber nicht die Weingüter oder Strände. Mit dem Auto sind die meisten Strände und Wanderwege am einfachsten über den Waitakere Scenic Drive (Route 24) zu erreichen, der sich von Titirangi in den Vorbergen vorbei an dem informativen Arataki Visitor Centre durch die Berge windet.

Kumeu und Huapai

Größere Unternehmen in anderen Regionen haben dem ehemals bedeutenden Weinbaugebiet West Auckland inzwischen den Rang abgelaufen. Die ziemlich seelenlosen Nachbargemeinden **Kumeu** und **Huapai** produzieren aber immer noch einiges an Wein.

Schon 1819 pflanzte der Geistliche Samuel Marsden Weinstöcke bei Kerikeri an der Bay of Islands, angeblich nur für Messwein. Die kommerzielle Weinproduktion kam aber erst in Gang, als Wanderarbeiter aus Dalmatien sich in den 1930er-Jahren dem Weinbau zuwandten. Wie an den Namen der Weinkellereien heute noch zu erkennen, wurden viele von kroatischen Einwandererfamilien gegründet. Die Weinstöcke der Region liefern immer noch Pinot Noir, Pinot Gris und famosen Chardonnay. Wer eine Weinverkostung plant, sollte entweder einen Nichttrinker als Fahrer dabeihaben oder sich den **Fine Wine Tours** anschließen (s. Kasten S. 180). Die kostenlose Broschüre *Kumeu Wine Country* beschreibt ein Dutzend empfehlenswerter Weinkellereien.

Touren zur West Coast

Ohne eigenes Fahrzeug kann man den Stränden und Bergen nicht richtig gerecht werden, es sei denn, man schließt sich einer organisierten Tour zur West Coast oder einem Canyoning-Ausflug (s. Kasten S. 184) an. Alle Tourveranstalter holen die Teilnehmer in der Innenstadt von Auckland ab.

Bush & Beach, www.bushandbeach.co.nz. Nachmittagstouren (12.30–17.30 Uhr) mit einer kurzen Waldwanderung zu Wasserfällen und Kauri-Bäumen und einem Abstecher zum Piha Beach und Arataki Visitor Centre.

Fine Wine Tours, www.insidertouring.co.nz. Phil Parker veranstaltet halbtägige Kleingruppen-Touren (optional mit Bierverkostung) zu drei Weinkellereien in Kumeu, wobei auch Zeit fürs Mittagessen und einen Besuch in Muriwai eingeplant ist. Im Angebot sind außerdem ganztägige Weintouren nach Kumeu (drei Winzereien, Bierverkostung optional) sowie Touren nach Waiheke Island (inkl. Mittagessen, Verkostung edler Weine und Fährfahrt).

TIME Unlimited, www.newzealandtours.travel. Persönliche Betreuung und Engagement prägen diese Kleingruppen-Touren, darunter hervorragende Waldwanderungen (an die Gruppenwünsche angepasst) zum Titirangi, Karekare oder Whatipu Beach.

Auf ihrem Weingut **Kumeu River**, 550 SH16, www.kumeuriver.co.nz, erzeugt die Familie Brajkovich einige der besten Chardonnays von Neuseeland aus hochwertigen Trauben der Region. Das großzügige Verkostungsangebot des Weinguts umfasst unter anderem drei Einzellagenweine.

Soljans, 366 SH16, www.soljans.co.nz, lockt mit Gratis-Verkostungen und einem schicken Café, wo man panierten Fisch oder eine mediterrane Platte für zwei Pers. bestellen kann. Zum Sortiment gehören ein in der Umgebung angebauter Pinot Gris und ein süffiger Muscat.

ESSEN

Hallertau Brewbar & Restaurant, 1171 Coatsville Riverhead Hwy, abseits des SH16, www.hallertau.co.nz. Die Mischung aus Bar und zwanglosem Restaurant bietet eine Abwechslung vom ansonsten in der Region üblichen Weintrinken. Hier werden nämlich ausgezeichnete Biere gebraut, z. B. ein Kölsch, ein Schwarzbier und dazu Ales und Cider; zum Probieren gibt's ein Verkostungsset mit 5 Bieren, dazu leichte Gerichte, Hauptgerichte wie z. B. auf Holzfeuer gegrillter Knurrhahn, mariniertes gegrilltes Hühnchen oder leckerer Rindfleischburger. $$

The Riverhead, 68 Queen St, Riverhead, www.theriverhead.co.nz. Die Mangrovenausläufer des Waitemata Harbour reichen bis zu dieser gemütlichen Kneipe, die zu den ältesten Tavernen in ganz Neuseeland gehört. Bei einem Bier kann man Poolbillard in der Bar spielen oder man lässt sich entspannt in der Loungebar nieder, wo man bei Peri-Peri-Hühnchen-Nibbles, Fish 'n' Chips im Bierteig oder einer Pizza unter Eichen den Wechsel der Gezeiten beobachten kann. $$

TRANSPORT

Der **Bus** Nr. 110 – dann umsteigen in die Linie 122 – verkehrt nach KUMEU und HUAPAI; Fahrpläne auf www.at.gov.nz. Vor Ort ist man ohne eigenes Fahrzeug allerdings ziemlich verloren. Daher besser selber fahren oder an einer Weintour teilnehmen.

Die Waitakere Ranges und Strände der West Coast

Aucklands Westgrenze bilden die bewaldeten, bis zu 500 m hohen **Waitakere Ranges**, ein beliebtes Wochenendziel der Aucklander. Ihre westlichen Hänge erstrecken sich bis zu den schwarz- und goldsandigen **Stränden** von Whatipu, Karekare, Piha und Muriwai. Diese stürmische Küste bietet mit ihren wilden Wellen und felsigen Landzungen, die von leicht begehbaren Wanderwegen durchzogen werden, einen scharfen Kontrast zu den ruhigen und sanft abfallenden Stränden des Hauraki Gulf. Einige Wege sind allerdings von Schutzmaßnahmen betroffen, die die uralten Bäume vor der sich ausbreitenden Krankheit *kauri dieback* schützen sollen.

Beim Volk der Kawerau a Maki hieß die Region Te Wao Nui a Tiriwa, „der große Wald von Tiriwa", eine passende Beschreibung der Kauri-Wälder, welche die Hügel vor der Ankunft der Europäer bedeckten. Bis zur Wende zum 20. Jh. hatten *gumdiggers* den größten Teil des fossilen Kauri-Harzes ausgegraben, doch die Holzfällerei ging bis in die 1940er-Jahre weiter. Dann kaufte des Auckland Council das ausgebeutete Land, legte Stauseen an und wies ein großes Teilstück als **Centennial Memorial Park** aus, mit 200 km Wanderwegen, die zu Aussichtspunkten und zahlreichen Wasserfällen führen.

Arataki Visitor Centre

300 Scenic Drive ▪ ⏲ Mai–Aug tgl. 10–16, Sep–April tgl. 9–17 Uhr ▪ ✆ 09 817 0077

Die beste Einführung in das Gebiet bietet das **Arataki Visitor Centre**, das man hinter einem gefällten Kauri-Baum, der von Kawarau-a-Maki-Schnitzern in einen beeindruckenden Pfahl *(pou)* verwandelt wurde, betritt. Das Auditorium im Erdgeschoss zeigt einen inspirierenden **Film** über die Waitakeres (12 Min.; auf Anfrage; Eintritt frei). Im Obergeschoss gibt es Ausstellungen zu Schnitzereien und Schaukästen zur Region.

Draußen führen Wanderwege in den wieder aufgeforsteten Wald: ein zehnminütiger **Naturlehrpfad**, auf dem ein rundes Dutzend bemerkenswerte Bäume und Farne ausgeschildert sind, und ein längerer (rund 45 Min.). Dieser hat einen der wenigen ausgewachsenen Kauri-Bestände zum Ziel, die das Wüten der Holzfäller überlebt haben.

In Arataki bekommt man auch Wanderkarten, in denen zahlreiche Wege für **Kurzwanderungen** durch die Hügel verzeichnet sind (s. Kasten S. 183). Bis zu fünf Wohnmobile können bei Visitor Centre für eine Nacht (im Winter zwei Nächte) geparkt werden.

Whatipu

45 km von Aucklands Zentrum an der nördlichen Landspitze der Einfahrt zum Manukau Harbour

Whatipu, der südlichste Surfstrand von Aucklands West Coast, liegt bei einer Sandbank, die vielen Schiffen zum Verhängnis wurde. Whatipu war kurze Zeit Endpunkt der Küstenstrecke der **Parahara Railway**, die in den 1870er-Jahren Kauri-Holz von der Sägemühle in Karekare über den Strand und die Landzungen beförderte.

Im Laufe der letzten Jahrzehnte hat sich das Meer über einen halben Kilometer zurückgezogen und einen breiten Strand zurückgelassen, hinter dem sich eine Feuchtlandschaft mit Kolbenbäumen, hohem Pampasgras und zahlreichen Wasservögeln erstreckt. Es macht Spaß, diese wilde Gegend zu erkunden. Nach Norden hin erreicht man in etwa 30 Minuten die Ballroom Cave am Fuß der Klippen. Innen befindet sich eine rissige Tanzfläche aus Kauri-Holz aus dem Jahr 1900, die unter einer 5 m hohen Sandschicht begraben ist. Für eine längere Wanderung bietet sich der Weg jenseits des Omanawanui Lookout (s. Kasten S. 183) an.

Heute ist der einzige Außenposten der Zivilisation die **Whatipu Lodge** (nur mit Reservierung), 💻 www.whatipulodge.co.nz, im ehemaligen Wohnhaus eines Sägewerkleiters von 1870. Die Lodge liegt nur eine Fahrstunde von Auckland entfernt und ist eine tolle Basis für die Erkundung dieser wilden Ecke Neuseelands. Das Haus ist nicht ans Stromnetz angeschlossen, sondern lässt nur zeitweise einen Generator laufen. Es gibt eine gut sortierte Gemeinschaftsküche und warme Duschen; Bettzeug oder Schlafsäcke sind mitzubringen. Kein Handyempfang. Vorausbuchung ist unbedingt notwendig. ❶

Auf dem Weg nach Whatipu ist der **Huia Foodstore**, 1194 Huia Rd, Huia, 10 km östlich von Whatipu, 💻 www.thehuiafoodstore.co.nz, die letzte Möglichkeit, um sich mit Verpflegung einzudecken. In dem traditionellen neuseeländischen Café gibt es frische Backwaren, guten Espresso, Eis, jede Menge Süßigkeiten in Krügen an der Wand und außerdem Gerichte zum Mitnehmen (der Fisch ist von Fr–So besonders frisch). Der Park am Wasser auf der anderen Straßenseite ist der beste Ort, um seine Mahlzeit zu verzehren. $

Karekare

Die wohl netteste Siedlung an der West Coast ist **Karekare**, 17 km westlich vom Arataki Visitor Centre und zu erreichen über die Piha Road. Sie besteht aus ein paar verstreuten Häusern, von denen sich ein Wald bis an den breiten Strand hinunterzieht. Dieses wunderschöne Fleckchen wurde in den 1990er-Jahren schlagartig berühmt, als Jane Campion hier die Strandszenen ihres preisgekrönten Films *Das Piano* (1993) drehte.

Rettungsschwimmer des Karekare Surf Club bewachen an den Sommerwochenenden den Strand; alternativ dazu kann man in einem Becken am Fuß der **Karekare Falls** planschen, das in einem fünfminütigen Fußmarsch von der Straße aus zu erreichen ist. Es gibt hier keinerlei Infrastruktur.

Piha

Seit Jahrzehnten ist **Piha**, 20 km westlich vom Arataki Visitor Centre und zu erreichen über die Piha Road, eine Art heiliger Gral der Aucklander: die perfekte Verkörperung eines Westküstenstrands. Das lockt allerdings nicht nur zahlreiche Tagesbesucher an, sondern auch ein Partypublikum, dessen Exzesse dazu führten, dass für Feiertagswochenenden zwischen Sonnenunter- und Sonnenaufgang ein Alkoholverbot verhängt wurde. Trotz der umfassenden Luxussanierung vieler altmodischer *baches* und der Eröffnung des modernen Piha Cafés hat sich der Ort etwas von seinem rustikalen Charme bewahren können.

Der 3 km lange Strand wird von dicht bewachsenen Hügeln umrahmt. In der Strandmitte erhebt sich Pihas Wahrzeichen, der markante, 101 m hohe **Lion Rock**. Mit etwas Fantasie erinnert dieser Felsen, auf dem sich einst ein Wehrdorf der Maori ausbreitete, an einen majestätischen, sitzenden Löwen, der auf das Meer hinausstarrt.

Die meisten Schwimmer zieht es nach **South Piha**, wo der namhaftere der beiden Rettungsschwimmvereine die beste Brandung für sich beansprucht. Die Piha Surf School (S. 184) verkauft Ausrüstung und bietet Unterricht. Wer den hohen Wellen nichts abgewinnen kann, sollte sich zu dem kühlen Pool unterhalb der **Kitekite Falls** aufmachen.

Die Anfahrt kann über den Anbieter **Trippy**, www.trippy.co.nz, erfolgen. Er bietet um 9 Uhr ab dem Base Backpackers-Hostel einen Shuttlebus (ganzjährig tgl.) – für $5 extra kann man sich aber auch an der Unterkunft abholen lassen. Die Rückfahrt erfolgt gewöhnlich um 10.30, 16 oder 18 Uhr.

ÜBERNACHTUNG

Am Ende der Glen Esk Road dürfen bis zu 5 Wohnmobile abgestellt werden: im Sommer für eine Nacht, im Winter für 2 Nächte. 5 weitere Parkmöglichkeiten gibt es am Ende der Log Race Road.

Black Sands Lodge, 54 Beach Rd, www.pihabeach.co.nz. 3 stilvolle *baches*: 1 Strandhäuschen und 2 Suiten – mit großen Terrassen, Fenstertüren und schöner Einrichtung. Die Gastgeber servieren auf Wunsch ein romantisches Vier-Gänge-Dinner in der Suite (Preis zzgl. Wein). ❹

Piha Beachstay, 38 Glenesk Rd, www.pihabeachstay.co.nz. Hervorragendes und friedliches Hostel für 10 Pers., oberhalb des Strands in einem grünen Tal gelegen. Großer Garten und großes Wohnzimmer sowie Zimmer (auch eines mit eigenem Bad) mit sonnigen Terrassen. ❷

Piha Domain Motor Camp, 21 Seaview Rd, 09 812 8815. Nur einen kurzen Bummel vom Strand entfernt, mit Camping auf flachen Stellplätzen, einfachen Einrichtungen, brandneuen Waschräumen und einigen kleinen, gepflegten Cabins. ❶

Piha Ocean Lookout, 14a Log Race Rd, 09 812 8207. Hoch auf einer Landzunge, etwa 4 km vom Piha Beach entfernt gelegen, bietet das B&B 2 Zimmer, die aber nur an gemeinsam reisende Familien oder Freunde vermietet werden, da sie sich das Bad und eine Miniküche teilen. Es bietet sich eine tolle Aussicht von der Lounge oder der Terrasse,

Wandern in den Waitakere Ranges und der Hillary Trail

In den Waitakere Ranges gibt es herrliche Wandermöglichkeiten zu Wasserfällen, Kauri-Bäumen und Aussichtspunkten über den wilden Ozean. Jedoch sind einige Wege wegen der verheerenden Baumkrankheit *kauri dieback* gesperrt, und der hiesige Maori-Stamm Te Kawerau a Maki hat über das Gebiet ein *rahui* (eine Art Tabu) verhängt. Der erste Anlaufpunkt ist das Arataki Visitor Centre, wo man viele Infos bekommt. Das Kartenmaterial in den kostenlosen Broschüren – *Te Henga (Bethells Beach) and Cascade Kauri, Piha, Karekare and Anawhata* etc. – ist für die meisten Wanderungen ausreichend. Für den Hillary Trail benötigt man die detailliertere *Waitakere Ranges Regional Park Recreation Map*).

Waitakere-Wanderungen

Die folgenden Wanderungen sind grob von Süd nach Nord sortiert.

Omanawanui Lookout, Whatipu (1,6 km, 3 Std., 220 m Abstieg). Tolle Aussichten auf den Manukau Harbour und die umbrandete Sandbank sind der Hauptgrund, um diesen Aufstieg anzugehen. Der Weg folgt teils einem steil abfallenden Grat, dem man auch weiter folgen kann, doch das geht nur, wenn man sich am Startpunkt absetzen lassen kann.

Rundweg Zion Hill–Pararaha Valley–Tunnel Point, Karekare (8 km, 4 Std., 200 m Anstieg). Reizvolle Rundwanderung vom Südende des Karekare Beach, der in Teilen der alten Pararaha Tramway-Trasse nach Whatipu folgt. Unterwegs passiert man einen alten Tunnel, der sich als zu eng für eine große Dampflok erwies, deren Heizkessel immer noch an der Küste herumliegt.

Kitekite Falls, Piha (2,8 km, 1 Std., 220 m Anstieg). Der Rundweg beginnt am Parkplatz an der Glen Esk Road. Der recht einfache Weg führt an den dreistufigen Kitekite Falls vorbei, unter denen sich ein kühles Becken befindet.

Lion Rock, Piha (500 m hin und zurück, 20–30 Min., 60 m Anstieg). Der anstrengende Aufstieg auf einen Vorsprung, der nach etwa zwei Dritteln des Weges erreicht ist, sollte am besten in den etwas kühleren Abendstunden unternommen werden. Die Spitze des Felsens selbst ist tabu.

Tasman Lookout Track, Piha (1,2 km hin und zurück, 30–40 Min., 40 m Anstieg). Dieser Weg klettert vom Südende des Strands zu einem Aussichtspunkt über der kleinen Bucht The Gap hinauf, wo bei kräftiger Brandung die spektakuläre Gischtfontäne eines *blowhole* zu bewundern ist.

Auckland City Walk (1 Std., 1,5 km, 50 m Anstieg). Das ist kein Stadtrundgang, sondern ein Rundweg, der vom Parkplatz Falls Road durch Waldland und an einem friedlichen Bach entlangführt. Wer mag, macht noch einen abenteuerlichen Abstecher hoch zu einem versteckten Wasserfall.

Hillary Trail

Zu Ehren des weltberühmten, 2008 verstorbenen neuseeländischen Bergsteigers **Sir Edmund Hillary** hat Auckland eine Reihe bereits bestehender Wanderwege durch die Waitakere Ranges zum Hillary Trail, 💻 www.hillarytrail.org.nz, verbunden (70 km, 3–4 Tage). Der Trail, der vom Arataki Visitor Centre über Whatipu, Karekare, Piha und Te Henga nach Muriwai führt, vermittelt einen umfassenden Eindruck von der Region – aufgeforsteter Regenwald, Kauri-Bestände, felsige Küstenabschnitte, schwarze Sandstrände und Relikte der Vergangenheit. Der höchste Punkt liegt bei nur 390 m, aber der Weg verläuft ständig auf und ab und erfordert eine **mittelmäßige bis gute Kondition**. Die teilweise glitschigen, steilen Pfade und zu durchwatenden Wasserläufe können die Wanderung im Winter sehr erschweren. Zu jeder Jahreszeit benötigen die meisten Wanderer für die letzte, 27 km lange Etappe mindestens zehn Stunden.

Übernachtet wird vorwiegend auf einfachen **Campingplätzen**, zu buchen unter ✆ 09 366 2000. Nur in Whatipu, Piha und Te Henga gibt es wahlweise auch ein Dach über dem Kopf. Die beste Informationsquelle vor Ort ist das Arataki Visitor Centre (S. 181).

wo das liebevoll angerichtete Frühstück serviert wird. Gute Wandermöglichkeiten auf den Klippen, außerdem führt der Hillary Trail am Haus vorbei. ❸

ESSEN

The Piha Café, 20 Seaview Rd, www.pihacafe.co.nz. Das einzige echte Café in Piha: Der Laden wirkt locker, aber stilvoll, mit jeder Menge Platz drinnen und draußen. Geboten wird eine wunderbare Auswahl an Backwaren, frischen Salaten und leckeren Thekengerichten, außerdem eine Tafel, auf der Gerichte der Saison angeschrieben stehen. Der Kaffee ist hervorragend, und es gibt Pizza zum Mitnehmen. Die Öffnungszeiten wechseln, besonders im Winter ist das Café seltener geöffnet. Alkohollizenz. $$

Piha Stores, Seaview Rd, ✆ 09 812 8844. Das Geschäft im Zentrum von Piha verkauft jede Menge Lebensmittel und frische Erzeugnisse, bietet aber auch hausgemachte Salate, Pasteten und belegte Brötchen – perfekt für ein Picknick. Auch das Brot ist frisch gebacken, und der Kaffee ist fantastisch. Im Winter kürzere Öffnungszeiten. $

Piha Surf Lifesaving Club, 23 Marine Parade South, oberhalb des South Piha Beach, www.pihaslsc.com. Hier kann man auch essen, aber eigentlich ist es der perfekte Ort für ein Sonnenuntergangsbier. Wer hier speisen möchte, muss Mitglied sein (oder sich in Begleitung eines Mitglieds befinden), aber man kann sich an Ort und Stelle registrieren. $

Strände der West Coast: Touren und Aktivitäten

Die bewaldeten Hügel und wilden Strände der West Coast bilden die Kulisse für Aktivitäten wie Wanderungen zu Wasserfällen und Aussichtspunkten, Ausritte in den Dünen, Strandsegeln und Canyoning.

Reiten

Muriwai Beach Horse Treks, Coast Rd, www.muriwaibeachhorsetreks.co.nz. Der Strand, die Dünen und Kiefernwälder im Norden lassen sich gut auf organisierten Ausritten erkunden. Beginn der einstündigen Ausritte tgl. um 12.30, 14.30 und im Sommer auch 16 Uhr, vorsichtshalber vorher anrufen. Längere Ausritte, die morgens beginnen, s. Website.

Surfen und Strandsegeln

Muriwai Surf School, in Strandnähe, www.muriwaisurfschool.co.nz. Verleiht Ausrüstung (Brett und Neopren-Anzug $30/2 Std.) und Bodyboards ($10/Std.). Surfunterricht (Anfänger $70, Fortgeschrittene $120).

Piha Surf School, 138 Seaview Rd, www.pihasurfschool.com. Mike Jolly verkauft hier seine selbst hergestellten Longboards und eine gute Auswahl an Secondhand-Brettern. Sowohl Anfänger als auch fortgeschrittene Surfer können Einzel- (ab $120 für 1 1/2 Std.) oder Gruppenunterricht (ab $70 für 1 1/2 Std.) buchen.

Canyoning

Awol Adventures, www.awoladventures.co.nz. Eines der spannendsten Angebote für abenteuerlustige Wasserratten in der Umgebung von Auckland ist das Canyoning – eine Kombination aus Schwimmen, Abseilen, Springen in tiefe Wasserbecken und Hinunterrutschen durch Felsrinnen. Awol hat eine tolle Tour nahe Piha im Programm; Teilnehmer werden in Auckland an der Sky City abgeholt. Die Betonung liegt hier eher auf Abseiling, besonders bei der Ganztagstour. Durch den unteren Abschnitt des Canyons führen die Halbtagstour und die Nachttour (vorwiegend im Winter), bei der nur Stirnlampen und Glühwürmchen den Weg beleuchten. Badesachen, Handtuch und ein Paar alte Turnschuhe mitbringen!

Cascade Kauri

3 km entlang der Falls Rd, Zufahrt 1,5 km über die vom Scenic Drive abgehende Te Henga Rd ▪ ⌚ April–Sep 8–19, Okt–März 8–21 Uhr ▪ Eintritt frei

Die Fahrt durch den Waitakere Golf Club bildet einen merkwürdigen Einstieg zum Cascade Kauri, einem malerischen Stück Wald, das auch als Ark in the Park (Arche im Park, 💻 www.arkinthepark.co.nz) bekannt ist. Forest & Bird ist eine Organisation, die dieses Schutzgebiet pflegt. Ihre freiwilligen Helfer leisten hervorragende Arbeit bei der Ungeziefer- und Unkrautbekämpfung. Dank ihrer Arbeit sind die Bäume hier gesund, und Drosseln, Lappenkrähen und Weißköpfchen konnten wieder angesiedelt werden.

Es gibt längere Wanderwege, aber die beste Einführung bietet der schöne Auckland City Walk (s. Kasten S. 183). Einige Wege sind derzeit allerdings geschlossen.

Auf dem hiesigen Wohnmobil-Parkplatz (s. Kasten S. 159) können gleichzeitig bis zu fünf Wohnmobile (im Sommer für eine Nacht und im Winter für bis zu drei Nächte lang) abgestellt werden.

Te Henga

Der Strand von **Te Henga** (ehemals Bethells Beach), 27 km nordwestlich des Arataki Visitor Centre, ist nicht so wildromantisch wie der von Karekare, Piha oder Muriwai und hat entsprechend weniger Zulauf; deshalb ist er im Sommer ein gutes Plätzchen, um den Menschenmassen zu entkommen. Am Cascade Kauri können bis zu fünf Wohnmobile mit Toilette und Wassertank für eine Nacht parken (im Winter sind 3 Nächte gestattet).

Es gibt hier keine Läden, aber einen Surfclub, ein Café und eine luxuriöse Unterkunft in den drei **Bethells Beach Cottages**, 267 Bethells Rd, 💻 www.bethellsbeach.com. Die künstlerisch angehauchten Cottages für Selbstversorger liegen auf einem Hügel gleich hinter den Dünen und bieten tolle Ausblicke aufs Meer. Whirlpool und ganzheitliche medizinische Anwendungen sind erhältlich, Proviant muss man mitbringen. Ab zwei Übernachtungen locken Ermäßigungen. ❸

Wer nicht selber kochen möchte, kann das **Bethells Café** aufsuchen, Parkplatz am Hauptstrand jenseits der Bethell Rd, 💻 www.facebook.com/BethellsCafe. Gutes Essen (getoastete Sandwiches), frische Smoothies und starker Kaffee sind zwar ein guter Grund, an diesem Caravan-Café zu halten, aber noch besser sind die chillige Atmosphäre und die gelegentliche Livemusik. $

Muriwai

Muriwai, der größte Strandort an der West Coast, befindet sich 15 km nördlich von Piha und 15 km südwestlich von Huapai. Auch hier schlägt das Meer hohe Wellen, und der herrliche Sandstrand erstreckt sich gar über 45 km nach Norden.

Die größte Attraktion findet sich aber am Südende des Strands, wo eine **Brutkolonie Australischer Tölpel** die kleine Motutara Island und Otakamiro Point, die Landzunge zwischen dem Hauptstrand und der Surferbucht Maori Bay, bevölkert. Üblicherweise bevorzugen die Tölpel den Schutz von Inseln – Muriwai ist einer der wenigen Orte, wo sie auch auf dem Festland nisten. Von verschiedenen Plattformen kann man die Tiere hervorragend beobachten. Die Aussichtspunkte sind über kurze Wege in der Nähe des Surfclubs und von der Straße zur Maori Bay zu erreichen.

ÜBERNACHTUNG UND ESSEN

Muriwai Beach Campground, 451 Motutara Rd, 💻 www.muriwaibeachcampground.co.nz. Hier finden Outdoor-Freunde einen schattigen, großzügigen Campingplatz hinter den Dünen. Zum Angebot zählen Stellplätze mit Stromanschluss und warmen Duschen, Küche und Waschküche, auch eine Lounge ist vorhanden. Die Preise gelten jeweils für 2 Erwachsene. ❶

Sand Dunz Beach Café, 455 Motutara Rd, 💻 www.facebook.com/sanddunzbeachcafe. Das Sand Dunz bietet sich für eine Essenspause an. Zur Auswahl stehen leckere Sandwiches und Salate, Standard-Frühstücks- und recht günstige Mittagsangebote (welches meist bis 16 oder 17 Uhr serviert wird). Außerdem gibt es hier gute Burger und Pommes zum Mitnehmen. $

Nördlich von Auckland

40 km nördlich des Stadtzentrums von Auckland gehen die Vororte in die **Hibiscus Coast** über, die bei Pendlern und Ruheständlern immer beliebter wird. Im Zentrum der Region liegen die verstädterte **Whangaparaoa Peninsula** und der nichtssagende Strandort **Orewa**, den man heutzutage normalerweise auf der Nord-Autobahn umfährt. Gleich nördlich davon locken die heißen Quellen von **Waiwera**, die Strand- und Barbecue-Freuden des **Wenderholm Regional Park** und das traditionsreiche Dorf **Puhoi**. Hinter Puhoi beginnt die Region **Northland**; der erste größere Ort ist Warkworth (S. 212).

Orewa und die Whangaparaoa Peninsula

Der schönste Strand der Hibiscus Coast ist der 3 km lange Sandstreifen bei der Rentner- und Schlafsiedlung **Orewa**, die vom markanten zwölfstöckigen Nautilus-Apartmenthaus überragt wird. Der ruhige Ort bietet reichlich Gelegenheit zum Schwimmen, Kitesurfen und Stand-Up-Paddling, jedoch nur begrenzt Unterkünfte und Restaurants. Südlich von Orewa ragt die **Whangaparaoa Peninsula** 12 km in den Hauraki Gulf hinein und erstreckt sich bis zur Gulf Harbour Marina. Hier starten die Boote zum schönen Vogelschutzgebiet Tiritiri Matangi (S. 206).

Shakespear Regional Park

20 km südöstl. von Orewa bzw. 50 km nordöstl. von Auckland ▪ 🕒 tgl. April–Sep 6–19, Okt–März 6–21 Uhr ▪ Fähre zum Gulf Harbour ab Ferry Terminal Pier 4 im Zentrum von Auckland, dann Bus 988 ab Laurie Southwick Pde

An der Spitze der Whangaparaoa Peninsula liegt der **Shakespear Regional Park**, ein nettes Plätzchen zum Schwimmen und Campen. Bei Spaziergängen durch den Wald kann man Ziegensittiche und Makomakos sichten. Ein raubtiersicherer Zaun soll das Gebiet schützen, und nach umfangreichen Maßnahmen zur Ausrottung von Schädlingen 2011 nimmt die Zahl der Vögel wieder zu.

ÜBERNACHTUNG

Orewa Beach Top 10 Holiday Park, 265 Hibiscus Coast Hwy, 💻 www.orewabeachtop10.co.nz. Großer, sehr guter und äußerst beliebter Campingplatz mit Cabins (mit Küche) und Tourist Cabins am Orewa Beach, der hier von Pohutukawa-Bäumen gesäumt wird. ❶

Shakespear SCC Campground, Whangaparaoa Rd, 💻 www.aucklandcouncil.govt.nz. Flacher, schattiger Grasplatz in Strandnähe für 20 Wohnmobile mit Toilette und Wassertank. Höchststanddauer 3 Nächte, Buchung übers Internet erforderlich. Die Preise gelten pro Person. ❶

Te Haruhi Bay Campground, Whangaparaoa Rd, 💻 www.aucklandcouncil.govt.nz. Großer Campingbereich nicht weit entfernt von einem tollen Badestrand mit fließendem Wasser, Spültoiletten und Platz für Zelte und Wohnmobile. Buchung erforderlich. Die Preise gelten pro Person. ❶

Villa Orewa, 264 Hibiscus Coast Hwy, ✆ 09 426 3073. Schickes B&B in einem mediterran anmutenden weißen Haus. Großzügige Zimmer mit Strandblick vom Balkon und leckeres Frühstück. Auf Anfrage ist auch Abendessen erhältlich. ❸

Waves, 1 Kohu Rd, beim Hibiscus Coast Hwy, 💻 www.waves.co.nz. Das vornehmste Motel des Orts, nur ein paar Schritte vom Strand entfernt, mit Fußbodenheizung und stilvoller Einrichtung. Bester Ausblick von den „Premium"-Zimmern. ❸

Northern Gateway Toll Road

Um die kleine Mautgebühr für die letzten 5 km des Northern Motorway von Auckland zu sparen, fährt man in Silverdale ab und folgt dann der Küstenstraße bis Orewa. Der kleine Umweg nimmt nur zehn Minuten mehr Zeit in Anspruch. Ansonsten zahlt man online (💻 www.tollingonline.nzta.govt.nz) entweder vor Abfahrt oder bis zu fünf Tage nach der Fahrt. Alternativ kann man auch an den Kiosken entlang der Straße bezahlen.

ESSEN

Casa del Gelato, 6 Moana Ave, 💻 www.facebook.com/casadelgelatoorewa. In dem niedlichen Laden gibt es nichts Geringeres als die allerbeste Eiscreme aus Neuseeland. Neben Eiswaffeln und -bechern sind auch Smoothies und Süßspeisen (Tipp: der Freak Sundae) erhältlich. Ein Besuch lohnt sich. Es gibt allerdings nur wenige Tische drinnen und draußen. $

Coast Bites and Brews, 342 Hibiscus Coast Hwy, 💻 www.coastorewa.co.nz. Lustige Bar, die die ganze Palette an hervorragenden kleinen Craft-Bierflaschen der Deep Creek Brewing im Angebot hat. Dazu gibt es sättigende Gerichte wie Thai-Steak-Tacos und Surf-and-Turf-Platten. $

SONSTIGES

SUP Shed, 196 Centreway Rd, 💻 www.supshed.com. In den Sommermonaten ist der Surfshop am Orewa Beach vor dem Hauptparkplatz zu finden. Stand-Up-Paddleboards $30/Std., Kajaks $30/Std., Surfbretter $25/Std. Eine Stunde Unterricht $80 inkl. Leihbrett.

TRANSPORT

Anfahrt vom Zentrum von AUCKLAND (häufig; 1 1/2 Std.) mit **Bus 991X** ab Wellesley St, Nähe Hobson St.

Wenderholm Regional Park

SH1, 1 km nördlich von Waiwera ▪ 🕒 April–Sep tgl. 6–19, Okt–März 6–21 Uhr ▪ Eintritt frei

Der **Wenderholm Regional Park** erstreckt sich zwischen der Mündung des Puhoi River und einem ausgedehnten Sandstrand. Auf Besucher warten hier per Münzeinwurf betriebene Grills und kalte Duschen. Drei Stunden vor und nach Tidehochwasser werden Sit-on-top-Kajaks verliehen (allerdings nur im Sommer). Lohnende Wanderwege (Gehzeit von 20 Min. bis 2 Std.) winden sich durch wunderschöne Nikau-Palmenhaine voller Vögel zu einem Aussichtspunkt auf der Landzunge.

ÜBERNACHTUNG

Wenderholm Camping, SH1, 1 km nördlich von Waiwera, 📞 09 366 2000. Großer Zeltplatz neben dem Schischka House mit Toiletten und Trinkwasserversorgung, aber wenig Schatten – und Duschen gibt's ebenfalls keine. Hübscher, flacher Platz am Mündungsgebiet (Zufahrt nur, wenn die Parktore geöffnet sind). $

Puhoi

Das winzige Dörfchen **Puhoi**, 6 km nördlich von Waiwera, wurde von erzkatholischen böhmischen Einwanderern gegründet, die 1863 aus der heutigen Tschechischen Republik herkamen. Der Boden hier war so karg, dass die Siedler ihren Lebensunterhalt durch Holzfällerei aufbessern mussten. Aber sie hielten durch, und auch heute noch wird in der hölzernen **Peter-und-Pauls-Kirche** von 1881 die katholische Messe gelesen.

Gegenüber bietet Puhoi River Canoe Hire, 💻 www.puhoirivercanoes.co.nz (Reservierung erforderlich), leichte körperliche Betätigung in Form von **Kajak- oder Kanutouren**. Man kann von hier aus auf eigene Faust flussabwärts nach Wenderholm paddeln (2 Std., $50); 🕒 Sep–Juni tgl.

Puhoi Heritage Museum

77 Puhoi Rd ▪ 🕒 tgl. 12–15 Uhr ▪ Eintritt ▪ 💻 www.puhoiheritagemuseum.co.nz

Die meisten Reisenden statten nur dem Pub einen Besuch ab, dabei ist auch das **Puhoi Heritage Museum** in der früheren Klosterschule einen Blick wert, vor allem das historische Modell des Dorfs; es zeigt Puhoi um 1900. Wer sich für einen geführten Rundgang durch Puhoi interessiert, kann im Museum nachfragen.

ESSEN UND UNTERHALTUNG

Puhoi Pub, Puhoi Rd, 💻 www.puhoipub.com. Echter Kiwi-Pubklassiker von 1879, der mit zahlreichen Fotos und Erinnerungsstücken aus der Zeit der frühen Siedler geschmückt ist, u. a. mit den Hörnern berühmter Ochsengespanne, die bei der Rodung des dichten Waldes eingesetzt wurden. Interessant ist, das Kommen und Gehen im Biergarten zu beobachten. $

Puhoi Valley Café & Cheese Store, 275 Ahuroa Rd, rund 3 km nördlich, www.puhoivalley.co.nz. Gratis-Verkostung von köstlichem Käse, sämiger Eiscreme und Sorbets mit Waldbeeren. Doch man sollte ruhig einen längeren Besuch einplanen, um sich ein gut gereiftes walisisches Stück Cheddar mit Speck oder eine Käseplatte zu gönnen. Das Ganze wird im eleganten Innenbereich oder auf der Terrasse mit Blick auf die Rasenflächen und die mit Buschwerk bewachsenen Hügel dahinter serviert. $$

Südöstlich von Auckland

Reisende mit weniger Zeit, die Richtung Süden unterwegs sind, fahren meist auf direktem Weg nach Hamilton oder biegen bei Pokeno nach Thames und zur Coromandel Peninsula ab – und verpassen so die bescheidenen Attraktionen des **Firth of Thames**, eines Seitenarms des Hauraki Gulf, der den Süden Aucklands von der Coromandel Peninsula trennt. Seine windumtoste Westküste besteht zum Teil aus übereinander abgelagerten Muschelbänken.

Ein Großteil dieses Küstenstreifens wurde in Farmland verwandelt, aber es entstehen immer noch neue Muschelbänke, die man entlang der sogenannten **Seabird Coast** in Augenschein nehmen kann. Besonders für Fahrradfahrer eignet sich die Küstenstraße von Aucklands Stadtzentrum über Tamaki Drive, Panmure und Howick bis zum Küstenort Clevedon.

Kaiaua

Das Dorf besteht aus kaum mehr als einem Pub, einem Imbiss und einem Jachthafen, in dem sich ein halbes Dutzend Boote zwischen die Mangroven quetschen. Hier sieht es noch so aus wie in weiten Teilen des Landes vor 50 Jahren.

Pukorokoro Miranda Shorebird Centre

283 East Coast Rd, 7 km südlich von Kaiaua ▪ tgl. 9–17 Uhr, im Sommer oft länger ▪ Eintritt frei ▪ www.miranda-shorebird.org.nz

In der Hochsaison von Januar bis März ist das bescheidene **Pukorokoro Miranda Shorebird Centre** von begeisterten Vogelfreunden belagert. Sie können Tipps zu den interessantesten aktuellen Sichtungen und Beobachtungsplätzen am Spazierweg zum Aussichtspunkt (1 Std. hin und zurück) geben. Es werden gute Naturkundebücher angeboten, außerdem lockt eine Sonnenterrasse.

Fast ein Viertel aller bekannten Spezies küstenbewohnender Zugvögel besucht diese Region. Im Sommer der Südhalbkugel (September bis März) sind hier zahlreiche arktische Zugvögel zu beobachten, die aus dem 15 000 km entfernten Alaska und Sibirien einfliegen. Optimal ist eine Vogelbeobachtung in den zwei Stunden, während der die Flut ihren Höhepunkt erreicht hat.

Miranda Hot Springs

Front Miranda Rd, 10 km südlich von Miranda ▪ tgl. 9–21 Uhr ▪ Eintritt ▪ www.miranda hotsprings.co.nz

Nur 20 Autominuten von Thames entfernt liegen die leicht alkalischen **Miranda Hot Springs** mit einem großen warmen Schwimmbecken (36–38 °C), einem kühleren Kinderbecken und Whirlpools aus Kauri-Holz (40–41 °C).

ÜBERNACHTUNG UND ESSEN

Miranda Holiday Park, Miranda Hot Springs, www.mirandaholidaypark.co.nz. Erstklassiger Campingplatz mit separatem Zeltbereich, einer breiten Palette an Cabins, einem Tennisplatz und schön gestalteten warmen Mineralbecken. ❶

Pukorokoro Miranda Shorebird Centre, 283 East Coast Rd, 7 km südlich von Kaiaua, www.miranda-shorebird.org.nz. Vogelfreunde können hier in 4- bis 6-Bettzimmern oder Units für Selbstversorger nächtigen. Gute Küche und sonnige Veranda. Proviant und Bettzeug mitbringen oder Letzteres für eine kleine Gebühr leihen. ❶

Rays Rest, 5 km südlich von Kaiaua. Wohnmobile mit Toilette dürfen bis zu zwei Nächte am Ufer parken (kostenlos). Wenn es hier voll ist, kampieren manche außerhalb des markierten Bereichs (was man unterlassen sollte). Im Ort gibt es öffentliche Toiletten. ❶

Kaiaua Fisheries, 939 East Coast Rd, Kaiaua, ✆ 09 232 2776. Man kann im kleinen Restaurant speisen, aber schöner ist es, Fish 'n' Chips zum Mitnehmen zu ordern und diese am Wasser zu verzehren. $

Inseln im Hauraki Gulf

Aucklands größter Schatz ist der von Inseln übersäte **Hauraki Gulf**, ein 70 km² großer Meereseinschnitt nordöstlich der Stadt. Auf Maori bedeutet *hauraki* „Wind aus dem Norden" – tatsächlich aber liegt der Golf im Windschatten der Great Barrier Island, die ihn auch vor der Dünung des Ozeans schützt und dadurch optimale Bedingungen für Segler schafft. Die meisten von ihnen wollen über den Golf kreuzen oder angeln, aber wer zwischendurch gerne mal an Land geht, kann einige der 47 Inseln besuchen, die als Freizeitgebiete oder als Schutzgebiete für bedrohte Tierarten ausgewiesen sind (in letzterem Falle sind sie nur mit Permit zugänglich).

Am nächsten zu Auckland befindet sich das unbewohnte **Rangitoto**, ein flacher Lavakegel, dessen Erscheinungsbild die Hafenlandschaft bestimmt. Die bevölkerungsreichste Golf-Insel ist **Waiheke** mit sandigen Stränden und einigen erstklassigen Weingütern. Auf dem benachbarten **Rotoroa Island** war Wein zeitweise streng verboten: Die Insel beherbergte früher ein Entzugszentrum der Heilsarmee; heute ist sie jedoch für Tagesbesucher zugänglich.

Weitaus urtümlicher als Waiheke erscheint **Great Barrier Island**, die mit sandigen Surfstränden, Wanderpfaden durch hügeliges Gelände und guten Aussichten für Angler aufwartet.

Das Department of Conservation (DOC) gewährt bedingt Zugang zu einigen unter Schutz stehenden Inseln. So können Besucher während eines Tagesausflugs zum Eiland **Tiritiri Matangi** einige der seltensten Vogelspezies der Welt beobachten.

Rangitoto Island und Motutapu Island

Der niedrige Kegel von **Rangitoto Island**, 10 km nordöstlich des Stadtzentrums, ist für jeden Aucklander ein vertrauter Anblick. Doch nur wenige von ihnen haben schon mal einen Fuß auf die Insel gesetzt, die eine sonderbare Landschaft aus zerklüftetem schwarzem Lavagestein und den größten Pohutukawa-Wald der Welt besitzt. Gleich daneben erstreckt sich das sehr viel ältere **Motutapu Island** („heilige Insel"), die mit Rangitoto durch einen schmalen Damm verbunden ist.

Ein Tagesausflug reicht, um die Atmosphäre von Rangitoto auf sich wirken zu lassen, die obligatorische Wanderung zum Gipfel zu absolvieren, der traumhafte Aussicht auf die Stadt und den Hauraki Gulf bietet, und noch ein paar Wanderwege zu erkunden. Wer länger bleiben will, kann versuchen, eines der beiden Ferienhäuschen zu mieten oder sein Zelt auf dem schlichten Campingplatz an der Home Bay von Motutapu aufschlagen – allerdings bedeutet das einen dreistündigen Fußmarsch von der Rangitoto Wharf. Nach Rangitoto verkehren regelmäßig Fähren, nach Motutapu jedoch nur eine alle zwei Wochen.

Geschichte

Rangitoto ist Aucklands jüngster und größter **Vulkan**, dessen Entstehung vor rund 600 Jahren von den Motutapu-Maori beobachtet wurde, die das Eiland nach dem atemberaubenden Spektakel, das seiner Entstehung vorausging, „blutroter Himmel" nannten.

Die Regierung kaufte Rangitoto im Jahr 1854 für 15 Pfund und nutzte es als militärischen

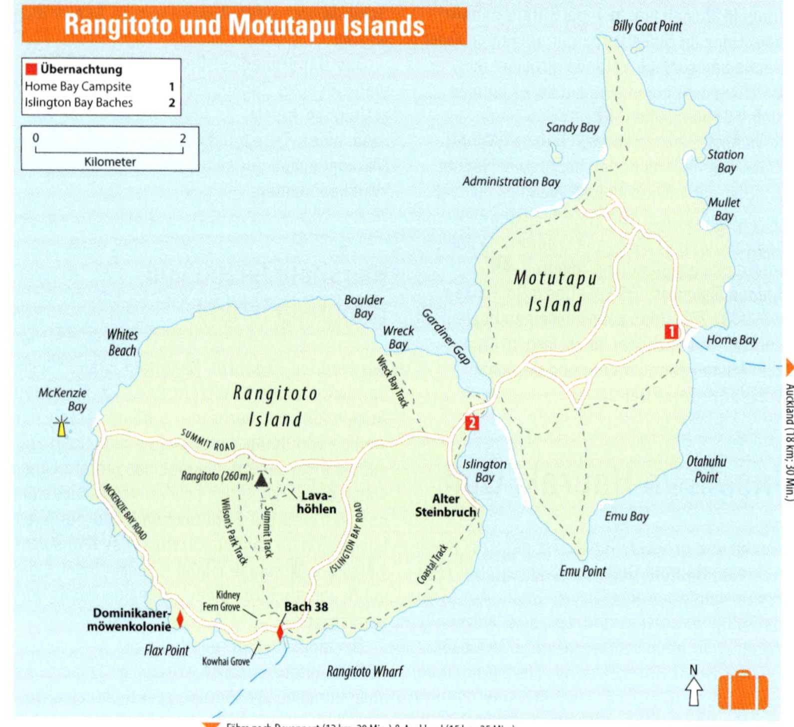

Beobachtungsposten und **Arbeitslager** für Gefangene. Ab den 1890er-Jahren wurden einige Areale der Insel zum Kampieren verpachtet; auf ihnen entstanden alsbald ungenehmigte **Baches**. Um 1937 gab es bereits über 100 dieser provisorischen Unterkünfte; danach wurde weiteren Neubauten ein gesetzlicher Riegel vorgeschoben. Erst in den letzten Jahren erkannte man den kulturellen Wert dieser einzigartigen Ansammlung von Häusern aus den 1920er- und 1930er-Jahren. Die schönsten Exemplare der verbliebenen 34 Häuschen wurden für die Nachwelt restauriert.

Flora und Fauna

Rangitotos fehlender Erdboden und das poröse Gestein schufen ungewöhnliche Voraussetzungen für die **Pflanzenwelt**. Da es nur wenige Insekten auf der Insel gibt, zieht es auch entsprechend wenige Vögel hierher, was eine unheimliche Stille zur Folge hat. Die extremen Lebensbedingungen haben zu einigen **botanischen Anomalien** geführt: Sowohl Epiphyten als auch Feuchtigkeit liebende Mangroven gedeihen direkt auf der Lava; in Meereshöhe findet man alpine Moose; und der Pohutukawa hat sich mit seinem nahen Verwandten, dem nördlichen Rata-Baum, gekreuzt und unglaublich bunte Blüten hervorgebracht.

Seit die Insel von Tieren wie Possums, Wallabys und sogar Ratten befreit wurde, gedeihen die Pohutukawa-Bestände besser. Das DOC hat **heimische Vogelarten** wie den Takahe, Sattelvogel und Weißköpfchen in Motutapu ansiedeln können. Auch die heimischen Wellensittiche (Kakariki) sind wieder zurückgekehrt und brüten zum ersten Mal seit über 100 Jahren wieder hier.

Bach 38

Nahe der Rangitoto Wharf ▪ ⌚ Dez–Ostern Sa und So, sonst nur nach vorheriger Anmeldung ▪ Eintritt frei, Spenden werden gern angenommen ▪ 💻 www.rangitoto.org

Bach 38 wurde vom Rangitoto Island Historic Conservation Trust wieder in den Zustand der 1930er-Jahre zurückversetzt. Zu sehen sind Erinnerungsstücke, die aus anderen *baches* gerettet wurden; außerdem werden hier Pohutukawa-Honig und Gipfelzertifikate verkauft. Der Trust restauriert noch weitere *baches*, was jedoch einige Zeit in Anspruch nehmen wird.

Motutapu

Die Landschaft von Motutapu zeigt ein typisch ländliches Neuseeland mit Weiden, Zäunen auf den Hügelkämmen und Macrocarpa-Windschutzpflanzungen, aber nach Plänen des DOC soll rund ein Drittel der Insel wieder mit seiner endemischen Vegetation bepflanzt werden. Noch steckt das Projekt in den Kinderschuhen, und die einzige halbwegs renaturierte Landschaft befindet sich am **Rotary Centennial Walkway** (2 km ein Weg, 40 Min.), der durch Buschwerk führt, das 1994 angepflanzt wurde. Wer am Ende des Weges weitergeht, erreicht die Überreste von Geschützstellungen aus dem Zweiten Weltkrieg. Von hier bietet sich ein weiter Blick über das wunderschöne Küstengebiet.

ÜBERNACHTUNG

Karte S. 190

Home Bay Campsite, Ostseite von Motutapu, 💻 www.doc.govt.nz. Einfacher, aber netter und geräumiger DOC-Zeltplatz am Strand mit Toiletten und Wasseranschluss, jedoch ohne Duschen. Jeden zweiten Sonntag gelangt man mit der Fähre von Fullers hin oder in 3 Std. zu Fuß von der Rangitoto Wharf. Für die Zeit von Weihnachten bis Ende Jan. vorausbuchen. ❶

Baches an der Islington Bay, Ostseite von Rangitoto, 💻 www.bookabach.co.nz. Bach 78 und Bach 114 sind liebevoll restauriert und mit Dingen wie Solarbeleuchtung, Gasherden, Kühlschränken und chemischen Toiletten modernisiert worden. Die geschützte Strandlage ist wirklich unschlagbar. Zu erreichen sind die Häuschen durch eine 1 1/2-stündige Wanderung von der Rangitoto Wharf. Von Weihnachten bis Januar geht nichts ohne Buchung; für mehr als 4 Pers. ist ein Zuschlag fällig. ❸

SONSTIGES

Aktivitäten

Der **Motutapu Restoration Trust**, 💻 www.motutapu.org.nz, organisiert Tagesausflüge für freiwillige Naturschutzhelfer (jeden 2. So, außer an Feiertagen). Dabei wird 4–5 Std.

Rangitoto Summit Walk

Rangitoto Island lässt sich am schönsten zu Fuß erkunden, und zwar am besten auf schattigen Pfaden, die nicht über die von der Sonne aufgeheizte schwarze Lava führen.

Zu den beliebtesten Wanderwegen gehört der **Summit/Coastal Loop Track** (12 km, 5–6 Std., 260 Höhenmeter) im südöstlichen Teil der Insel. Der Pfad beginnt links hinter den Toiletten an der Rangitoto Wharf, wo man den Schildern zum **Kowhai Grove** folgt. Von Kowhai Grove biegt man nach rechts in die Küstenstraße ab, die von der Rangitoto Wharf kommt, und dann wieder nach links Richtung **Kidney Fern Grove** mit ungewöhnlichen Miniatur-Farnen. Von hier führt der viel begangene **Summit Track** nun durch teilweise dichten Pohutukawa-Wald nach oben. Nach etwa drei Vierteln des Wegs kann man einen Abstecher zu **Lavahöhlen** machen (20 Min. hin und zurück), die sich in die Seite des Vulkans hineingegraben haben. Wieder zurück auf dem Hauptpfad ist nach kurzer Zeit der **Gipfel** erreicht, wo ein ehemaliger Beobachtungsstand des Militärs herrliche Ausblicke auf Auckland und den Hauraki Gulf erlaubt. Dann geht es nordwärts bis zur Ost-West-Straßenverbindung der Insel und auf dieser bis zur Islington Bay. Der **Coastal Track** führt von hier zunächst entlang der Bucht gen Süden und kürzt dann durchs Inland – und einige stille Wäldchen – ab, bis er wieder den Ausgangspunkt der Wanderung, die Rangitoto Wharf, erreicht.

lang Unkraut vernichtet, und es werden Setzlinge gepflanzt. Eine Fähre (S. 192) bringt Teilnehmer direkt zur Home Bay.
Fullers Volcanic Explorer Tour (4 1/2 Std., Tickets inkl. Fährticket). Der Trip zum Gipfel wird mit einem von einem Traktor gezogenen Wagen absolviert, wobei die letzten 900 m auf einem Plankenweg, der 300 Stufen umfasst, zu Fuß zurückgelegt werden.

Ausrüstung

Besucher sollten vor der Tour ihre Taschen auf blinde Passagiere untersuchen (auf diese Weise sind wirklich schon Mäuse hergelangt) und ihre Schuhe von Samen reinigen, um keine invasiven Unkräuter einzuschleppen.
Es gibt zwar öffentliche **Toiletten**, ansonsten aber keinerlei Einrichtungen auf Rangitoto – man muss also alles mitbringen, was man braucht – so auch stabile Schuhe zum Schutz vor den scharfkantigen Felsen, eine Kopfbedeckung gegen die Sonne und einen Regenschutz. Wer wandern möchte, sollte viel Trinkwasser sowie eine Taschenlampe für die Lavahöhlen mitnehmen.

FÄHREN

Fullers, www.fullers.co.nz. Die Fähren vom Anbieter Fullers benötigen 25 Min. bis zur Rangitoto Wharf (3–5x tgl.), die meisten Fährschiffe halten auch in Devonport. Wer samstags oder sonntags mit der Fähre um 7.30 Uhr fährt, zahlt hin und zurück einen Sonderpreis. Fullers betreibt außerdem eine unregelmäßig verkehrende Fähre (35 Min.) zur Home Bay auf Motutapu (jeder 2. So 9.15 Uhr, Rückfahrt 16.15 Uhr).

Waiheke Island

Das ländliche **Waiheke**, rund 20 km östlich von Auckland, ist die zweitgrößte der Golf-Inseln und die bei Weitem bevölkerungsreichste, besonders im Sommer, wenn Ausflügler die Einwohnerzahl von 8000 auf gut das Vierfache steigen lassen. Der Verkehr verläuft jedoch nicht nur in eine Richtung, denn dank der schnellen und häufigen Fährverbindungen pendeln viele Insulaner täglich in die Stadt. Dennoch ist Waiheke mit seinen schönen Sandstränden an der Nordküste und einigen hervorragenden Weingütern sehr beliebt bei Besuchern aus Übersee, die sich an diesem friedlichen Ort gern vom Jetlag erholen oder hier vor dem Heimflug noch ein paar faule Tage verbringen. Am vollsten wird es an den Sommerwochenenden und im Januar, wenn die Auckländer in Massen herbeiströmen und oft Veranstaltungen mit Livemusik stattfinden.

Rund um **Oneroa** drängen sich die meisten Menschen, Cafés und Restaurants. Hier kann man auch baden, aber Besucher steuern vorwiegend andere Teile der Insel an. Die schönsten Strände liegen östlich von Oneroa: In der fast kreisrunden **Enclosure Bay** kann man herrlich schnorcheln, am **Palm Beach** lässt es sich gut schwimmen, und **Onetangi** zieht die Surfer an. Weiteren Zeitvertreib versprechen kurze, aber oft steile **Wanderwege** um Buchten und über Landzungen rund um die Insel, Weinkellereien oder, für Aktive, Kajaktouren und Segeltörns.

Geschichte

Zu den **ersten Europäern**, die ihren Fuß auf Waiheke Island setzten, gehörte **Samuel Marsden**, der 1818 hier predigte und bei Matiatia eine Mission gründete. Danach durchlief das Eiland die übliche Abfolge von Abholzung der Kauri-Bäume, Kauri-Harz-Gewinnung und Landrodung für Farmen. Schließlich begann die wunderschöne Küstenlandschaft als Ort für opulente Picknicks an Beliebtheit zu gewinnen, und ganze Bootsladungen vornehm gekleideter Viktorianer überschwemmten Waiheke.

Mit der Erschließung ging es anfangs nur langsam voran, aber die billigen Grundstücke zogen alsbald **Maler und Kunsthandwerker** nach Waiheke. Andere folgten, als die Verbindungen von Auckland immer besser und schneller wurden.

Oneroa und Umgebung

Die meisten Fähren legen an der Matiatia Wharf an. Sie liegt 2 km Fußweg oder eine kurze Busfahrt von der größten Siedlung **Oneroa** entfernt, deren Hauptstraße mehrere Cafés und Restau-

Waiheke Island
Restaurants
Casita Miro 2
Charlie Farley's 1
Poderi Crisci 4
Stonyridge 3
Übernachtung
Onetangi Beach Apartments 1
Poukaraka Flats 3
Waiheke Backpackers Hostel 2
0 2
Kilometer
Auckland (35 Min.)
Auckland (50 Min.)
Half Moon Bay (45-60 Min.)
Coromandel (1 Std. 10 Min.)
Matiatia Headland: North
Owhanake Bay
Matiatia-Owhanake-Oneroa Loop
Matiatia Wharf
Matiatia Bay
Te Atawhai Whenua Reserve
Matiatia Headland: South
SIEHE DETAILPLAN ONEROA S. 194
Oneroa Bay
Hekerua Bay
Enclosure Bay
Oneroa
BLACKPOOL
Blackpool
Surfdale
SURFDALE
Huruhi Bay
Putiki Bay
Kennedy Point
PALM BEACH
Palm Beach Store
Thompsons Point
Onetangi Bay
Onetangi
Obsidian
Ostend Market
Ostend
ONETANGI
Wild On Waiheke
Stonyridge
The Hay Paddock
TRIG HILL RD
EcoZip Adventures
Cascades Waterfall
Nikau Track
Central Track
Rocky Bay
Awaawaroa Bay
Maunganui (231 m)
Te Matuku Bay
Man O' War Bay Road
Cactus Bay
Cowes Bay Road
Connells Bay Sculpture Park
Omaru Bay
Fähre
Orapiu
Waiheke Channel
Man O' War Bay
Opopo Bay
Huse Bay
Garden Bay
Pakatoa Island
Rotoroa Island
Ponui Island
Fort Stony Batter
Stony Batter (220 m)
Hooks Bay
Thumb Point
N

rants, eine Bibliothek, eine Kunstgalerie und ein Kino versammelt. Die sandige Oneroa Bay ist ein schöner Ort zum Baden; wenn allerdings die sommerlichen Besucher überhandnehmen, finden sich am östlichen Ende einige ruhigere Fleckchen zwischen den Felsen. Sie sind aber nur bei Ebbe zugänglich. Die „Hauptstraße" von Waiheke windet sich von Oneroa Richtung Südosten durch die ineinander übergehenden Siedlungen Little Oneroa, Blackpool und Surfdale bis nach Ostend, dem Gewerbegebiet der Insel, das aber einen tollen Markt hat (Sa 7.30–13 Uhr; 💻 www.waihekeostendmarket.co.nz).

Whittaker's Music Museum

2 Korora St ▪ 🕒 tgl. 13–16 Uhr, Vorführungen Sa 13.30 Uhr ▪ Eintritt für Vorführungen ▪ 💻 www.musicalmuseum.org

Die einzige echte Sehenswürdigkeit in Oneroa ist das etwas eigenartige Whittaker's Musical Experience, ein Raum voller Flageolette, Akkordeons, mechanischer Klaviere und Xylophone. Außerdem stehen hier ein restaurierter Steinway-Flügel von 1896 sowie einer, der dem polnischen Pianisten Ignacy Jan Paderewski gehört hat. Auf den meisten dürfen die Besucher auch spielen; ab und an gibt es Klangdarbietungen von Profis.

Palm Beach und Onetangi

Palm Beach liegt 4 km östlich von Oneroa ▪ Onetangi liegt 9 km östlich von Oneroa

Palm Beach beansprucht ein ordentliches Stück der Nordküste. Die Häuser ziehen sich bis zum Sandstrand hinunter, der durch Felsen von der Nacktbadezone am westlichen Ende getrennt ist. Der längste und am wenigsten geschützte Strand der Insel ist der **Onetangi Beach**, im Sommer gleichermaßen beliebt bei Surfern und Badenden und Austragungsort von Pferderennen (💻 www.onetangibeachraces.co.nz), Sandburgenbau- und Tauziehwettbewerben.

Stony Batter Historic Reserve und Fort Stony Batter

Stony Batter Historic Reserve 🕒 tgl. rund um die Uhr, Eintritt frei ▪ **Fort Stony Batter** 🕒 gewöhnlich tgl. 10–15 Uhr, aber am besten vorher anrufen ▪ Eintritt

Östlich von Onetangi gibt es kaum noch Häuser, sondern bloß offenes Farmland, Weingärten und das frei zugängliche **Stony Batter Historic Reserve**, eine Ansammlung von Verteidigungs-

anlagen aus dem Zweiten Weltkrieg am Nordostzipfel der Insel, 23 km von Matiatia Wharf. Vom Parkplatz sind es 20 Minuten zu Fuß bis zum Reserve, wo man herumwandern oder das **Fort Stony Batter** erkunden kann, ein Labyrinth aus Betontunneln und Geschützstellungen. Besucher können die Anlage auf eigene Faust erkunden (Taschenlampen-Verleih $5) oder sich einer Führung anschließen.

Connells Bay Sculpture Park

142 Cowes Bay Rd, 20 km östlich von Oneroa ▪ Mitte Okt–Mitte April tgl., nur gebuchte Führungen möglich ▪ Eintritt ▪ www.connellsbay.co.nz

Man sollte rechtzeitig buchen und sich einige Stunden für diesen fantastischen Privatweg mit zeitgenössischen Skulpturen freihalten. Die kleinen Besuchergruppen werden von den beiden Sammlern und Besitzern John und Jo Gow geführt. Nachdem das ehemalige Weideland wieder in ursprüngliches Busch- und Waldland zurückverwandelt wurde, haben die Gows die Crème de la Crème der neuseeländischen Bildhauer – Michael Parekowhai, Jeff Thompson, Chris Booth, Fatu Feu'u – beauftragt, Skulpturen zu schaffen, die sich in die renaturierte Landschaft einfügen. Das Ergebnis sind einige der umfassendsten Arbeiten, die diese Künstler je in Angriff genommen haben. Der Fortgang der Arbeiten und die verschiedenen Entwicklungsstadien werden in Filmen und Modellen gezeigt, aber den eigentlichen Höhepunkt bilden die Skulpturen selbst: ein massiver Baumstumpf, der in eine Skulptur verwandelt wurde, die einem *moai* von den Osterinseln ähnelt, eine an die Natur angepasste Stahlwand, eine Napfschnecke aus rostfreiem Stahl usw.

ÜBERNACHTUNG

Unterkünfte gibt es reichlich; nur in den drei Wochen nach Weihnachten und an Sommerwochenenden kann es eng werden. Oneroa verfügt über gute Busverbindungen, Geschäfte und Restaurants, doch viele Besucher logieren lieber an ruhigeren **Stränden** wie Palm Beach oder Onetangi. Viele Unterkünfte verlangen am Wochenende 2 Nächte Mindestaufenthalt.

Oneroa, Little Oneroa und Blackpool

Karte S. 194

Como Bach, 30 The Esplanade, www.visitwaiheke.co.nz. Eines der praktischeren (und erschwinglicheren) Ferienhäuser, die über diese Website vermietet werden. Der Preis für das kleine Haus mit 2 Schlafzimmern am sonnigen Strand gilt für 4 Pers. ❹

Fossil Bay Lodge, 58 Korora Rd, Oneroa, www.fossilbaylodge.co.nz. Ein paar zwanglose Hütten für 2 Pers. und „luxuriöse" Zelte, 5 Min. zu Fuß von einem so gut wie privaten Strand auf einer Bio-Farm rund 1 km außerhalb des Orts. Schöne Gemeinschaftsbereiche und viel Privatsphäre. Diverse Cabins (auch für 1 Pers.). Mindestaufenthalt 2 Nächte (Weihnachten–Jan 3 Nächte). ❷

Hekerua Lodge, 11 Hekerua Rd, Little Oneroa, www.hekerualodge.co.nz. Fröhliche und oft lebhafte Backpacker-Herberge im friedlichen Wald, 10 Min. zu Fuß von Oneroa. Es gibt einen kleinen Pool, Tischtennis und einen Volleyball-Platz, der oft von Zelten umringt ist. Mindestaufent-halt 2 Nächte. ❷

The Oyster Inn, 124 Ocean View Rd, www.theoysterinn.co.nz. Wie das gleichnamige Restaurant sind alle 3 luxuriösen Zimmer in Weiß gehalten und vermitteln Strandfeeling – dabei ist man mitten im Herzen von Oneroa. Frühstück und Transfer von und zur Fähre ist im Preis inkl. An den Wochenenden Mindestaufenthalt 2 Nächte. ❹

Punga Lodge, 223 Ocean View Rd, Little Oneroa, www.punga lodge.co.nz. Nettes und sehr gastfreundliches B&B, schön gelegen inmitten von Wald und nahe dem Oneroa Beach. Die hilfreichen Inhaber halten ihre Gäste mit Tee und frisch gebackenen Muffins bei Laune. Übernachtung in komfortablen, geräumigen DZ mit Bad und Veranda (inkl. Frühstück) oder in einem der 4 Selbstversorger-Apartments unterschiedlicher Größe. Kostenloser Whirlpool, günstige Preise außerhalb der Saison. Betreibt auch die nahe gelegene Tawa Lodge, die über preisgünstige DZ mit Gemeinschaftsbad sowie ein komfortables „Cottage" mit herrlichem Meerblick verfügt. Kostenloses WLAN. ❸

SeaDream, 35 Waikare Rd, 🖳 www.seadream.northislandnz.net. Zur Auswahl stehen 2 gemütlich eingerichtete Apartments für Selbstversorger. Perfekte Lage, nur wenige Schritte von Oneroas Restaurants entfernt und mit herrlichem Blick von der Terrasse auf die Bucht. ❸

Onetangi

Karte S. 193

Onetangi Beach Apartments, 5 Fourth Ave, 🖳 www.onetangi.co.nz. Schicke Motelapartments, die nur durch eine Straße vom Onetangi Beach getrennt sind. Selbstversorger-Unterkünfte mit Sky TV und DVD-Playern, kostenloser Sauna- und Whirlpoolnutzung. Kajak- und Paddleboardverleih. ❸

Waiheke Backpackers Hostel, 421 Sea View Rd, Onetangi, 🖳 www.waihekebackpackers.com. Relaxtes Hostel auf einer Landspitze unmittelbar oberhalb des Onetangi Beach mit weiten Ausblicken übers Meer von den Hängematten und Sitzsäcken auf dem Rasen. Das Haus wurde von der Stadt Auckland renoviert und wird von ihr auch betrieben. Im Angebot sind 15 EZ, ein Standard-Dorm und ein paar DZ plus gute Bäder und Terrasse mit Grill. ❶

Rocky Bay

Karte S. 193

Poukaraka Flats, ✆ 09 366 2000;. Der einzige offizielle Campingplatz der Insel liegt schön an einer Gezeitenbucht im Whakanewha Regional Park. Spültoiletten, Trinkwasser und kostenlose Gasgrills, aber keine Duschen. Die nächste Bushaltestelle ist 2 km entfernt. Campervans mit Toilette und Wassertank dürfen im Sommer 1. im Winter 3 Nächte auf dem Parkplatz bleiben. Im Jan und Feb sollte reserviert werden. ❶

ESSEN

Aucklander verbinden mit Waiheke ausgiebige Mahlzeiten auf den Weingütern, daher haben wir hier einige der besten Optionen (überall auch Weinproben möglich) gelistet. Die meisten anderen Restaurants drängen sich in Oneroa; außerdem gibt es noch ein paar Lokale an den Stränden. **Livemusik** wird vor allem am Wochenende geboten; die beste Anlaufstelle ist die Sand Bar in Oneroa.

Oneroa und Surfdale

Karte S. 194

Bisou, 2 Miami Ave, Surfdale, 🖳 www.bisou.co.nz. Diese traditionelle französische Bäckerei und Crêperie ist ein willkommener Ort, wo Sie auf Hockern mit Blick auf die Straße Platz nehmen oder im geräumigen Innenhof einen Kaffee und ein Pain aux Rosin oder einen Crêpe mit Apfel, gesalzenem Karamell und Zimt genießen können.
Die hausgemachte Foie-Pastete und die leckere Zwiebelsuppe sind beide unwiderstehlich. $$

Cable Bay, 12 Nick Johnstone Drive, 1 km westlich, 🖳 www.cablebay.co.nz. Sehr moderne Weinkellerei mit herausragenden Weinen, 2 Restaurants und großartigen Ausblicken über einen Rasen voller Sitzsäcke bis nach Auckland. Im noblen Dining Room gibt es Gerichte von der Karte mit saisonalen, frischen Erzeugnissen aus Bio-Gärten, während das **Verandah** eine mediterran inspirierte Karte mit kleinen Gerichten zum Teilen anbietet. Es werden auch Weinverkostungen mit 4 Proben angeboten (sowohl der Rosé als auch der Syrah sind köstlich). Das Weingut erreicht man nach 15 Min. Fußweg vom Matiatia Ferry Terminal den Hügel hinauf. $$$

Cove Bites and Brews, 149 Ocean View Rd, 🖳 www.dcbrewing.co.nz. Legerer Laden unterhalb der Aussichtsplattform mit einer fantastischen Meerblick-Terrasse. Ideal, um ein Bier der Deep Creek Brewing Co zu genießen und sich dabei an einem der mit Rippchen, Chicken Wings, knusprigen Garnelen und Dips vollgeladenen Probier-„Paddel" zu sättigen. $$

Dragonfired, Little Oneroa Beach, 🖳 www.dragonfired.co.nz. Typisch Waiheke – ein einfacher Wohnwagen am

Strand mit Holzkohlenofen. Wie wäre es z. B. mit einer perfekten Pizza Margherita? Mit einem kühlen Drink aus dem nahen Laden kann man es sich anschließend am Strand gemütlich machen. $$

Escape Bar, 153 Ocean View Rd, www.escapebar.co.nz. Elegante kleine Bar, perfekt für einen Cocktail auf der Terrasse bei Sonnenuntergang; köstliche Snacks wie Rindfleisch-Nachos, Jalapeno-Poppers und Potato Skins liefern eine gute Entschuldigung, länger zu verweilen. An den Wochenenden legen oft DJs auf. $$

The Oyster Inn, 124 Ocean View Rd, www.theoysterinn.co.nz. Die besten Plätze dieses schicken Strandrestaurants mit Bar sind die auf der Veranda, wo man Leute beobachten kann. Die Preise sind für Waiheke ziemlich günstig. Einer Vorspeise mit heimischen Austern könnten ein Risotto aus Krebsen und Brunnenkresse oder ein pfannengebratener marktfrischer Fisch folgen. Gute Auswahl an Inselweinen und klassischen Cocktails als Begleitung zum Essen. $$$

Solar, 139 Ocean View Rd, www.solarwaiheke.co.nz. Chilliger Ort zum Abhängen und zum Beobachten der Einheimischen, die für einen Kaffee oder etwas zu essen herbeiströmen. Die Zutaten für die Bio-Gerichte stammen überwiegend aus der Region. Das neuseeländische Frühstück oder einen Beef-and-Bacon-Burger mit Fritten und ein Fassbier der Waiheke Island Brewing Co nimmt man entweder drinnen auf Retro-Lehnstühlen oder draußen im Garten mit Blick aufs Meer ein. $$

Onetangi und Umgebung

Karte S. 193

Casita Miro, 3 Brown Rd, www.casitamiro.co.nz. Man kann die erstklassigen Weine kosten, aber der eigentliche Grund für einen Besuch sind die mediterran inspirierten Gerichte wie *harira*, Lamm-und-Feigen-Tajine mit Pistazien, 18 Monate gereifter Serrano-Schinken und Cloudy Bay-Venusmuscheln mit Graupen und Sherry. Zur Auswahl stehen Tische im rustikalen Glaspavillon mit Blick auf die Weine oder in der Freiluftbar voller Mosaike im Stil von Gaudís Parc Güell. Hier wie dort sitzt es sich wunderbar. $$

Charlie Farley's, 21 The Strand, www.charliefarleys.co.nz. Unaufgeregtes Café mit Alkoholausschank, dem üblichen neuseeländischen Frühstücksangebot und Gerichten wie Tintenfisch mit Wasabi- und Limettenmayonnaise oder Fisch des Tages. Am besten schmeckt es mit einem Sundowner beim Blick über das Meer. Gratis-WLAN vorhanden. $$

Poderi Crisci, 205 Awaawaroa Rd, Awaawaroa Bay, 7 km südöstlich von Onetangi, www.podericrisci.co.nz. Um in diesem familiengeführten Winzerei-Restaurant am fernen Ende der Insel zu speisen, sollte man sich Zeit nehmen. In der großen Gartenküche werden moderne Variationen traditioneller italienischer Gerichte gezaubert, darunter ein Fisch-Carpaccio oder Lammspieße mit sautierten Artischocken. Typisch sind die abendlichen Degustationen (inkl. passender Weine) und das gemütliche sonntägliche „*long lunch*". Auch Weinproben. Unbedingt reservieren. $$$$

Stonyridge, 80 Onetangi Rd, www.stonyridge.co.nz. Keines der Weingüter auf Waiheke genießt ein höheres Ansehen als Stonyridge, wo der biologisch hergestellte Waiheke Larose, einer der weltbesten Rotweine nach Bordaux-Art, gekeltert wird. Die meisten Jahrgänge sind bereits verkauft (bevor sie überhaupt abgefüllt werden). Entsprechend limitiert ist der Verkauf von Weinen aus dem eigenen Keller. Es werden interessante Führungen mit Weinprobe angeboten (Sa und So 11.30 Uhr), und man kann Olivenöl von den ältesten Olivenbäumen Neuseelands (die allerdings erst in den 1980er-Jahren gepflanzt wurden) testen. Empfehlenswert ist auch ein Mittagessen im Veranda Café mit schönem Blick auf die Reben. Und auf der wundervollen Yoga-Terrasse werden mittags in lockerem Ambiente diverse Probierplatten serviert. $$$$

UNTERHALTUNG

Waiheke Island Community Cinema, 2 Koroka Rd, 💻 www.waihekecinema.co.nz. Zeigt aktuelle Filme.

AKTIVITÄTEN UND TOUREN

Für Leute ohne Fahrzeug sind organisierte Touren die einfachste Art, zu den Weingütern zu gelangen und mehr von der Insel zu sehen.

Touren

Ananda Tours, 💻 www.ananda.co.nz. Bietet speziell auf die Teilnehmer zugeschnittene Wein-, Öko-, Kunst- und Rundtouren an (ab $140 p. P.; Mindestteilnehmerzahl erforderlich). Die Touren sind auf die Ankunftszeiten der Fähren abgestimmt. Tipp: die Gourmet Food and Wine Tour, besonders Sa inkl. Ostend Market.

Fullers, 💻 www.fullers.co.nz. Veranstaltet verschiedene Touren, die mit den Ankunftszeiten der Fähren abgestimmt sind. Die **Explorer Tour** (ganzjährig tgl. 1 Tag oder 2 Tage) beinhaltet die Fährfahrt hin und zurück und eine 1 1/2-stündige Inselrundfahrt. Die **Wine on Waiheke Tour** (Sa und So, Start in Auckland um 12.30 Uhr) umfasst dasselbe und 3 Std. auf drei Top-Weingütern der Insel.

WaiTiki Tours, 💻 www.waitikitours.co.nz. Man kann sich kaum einen besseren Einstieg in die Inselwelt vorstellen als die „Pure Waiheke"-Tour von WaiTiki, die mit einem Streifzug durch drei Weinberge beginnt, mit einem Busch- oder Strandspaziergang weitergeht und auch Besuche bei Olivenöl- oder Honigproduzenten einschließt. Guides helfen dabei, die heimische Tierwelt zu entdecken – Schwertwale, Delphine, blaue Zwergpinguine und mehr.

Kajakfahren

Ross Adventures, 💻 www.kayakwaiheke.co.nz. Diverse geführte Kajaktouren mit

Wanderungen auf Waiheke

Manchmal fühlt es sich gut an, sich seine leckere Mahlzeit auf einem Weingut vorher zu verdienen oder die Kalorien nach dem Essen wieder abzuarbeiten. Eine Reihe von Broschüren (kostenlos beim i-SITE-Büro erhältlich) ergänzen die von uns vorgeschlagenen Wanderungen.

Matiatia Headland North (Rundweg, 2–3 Std., Hügelland). Eine der malerischsten Wanderungen auf der Insel berührt abgelegene Strände und windgepeitschte Landzungen, auf denen einige der schönsten modernen Herrenhäuser Neuseelands stehen, viele davon mit Skulpturengärten. Man wandert von Oneroa nach Matiatia und vervollständigt die Runde durch das Te Atawhai Whenua Reserve.

Matiatia Headland South (Rundweg, 3–4 Std., Hügelland). Unschwer mit seinem nördlichen Gegenstück kombinierbar, folgt dieser Weg den Felskuppen südlich von Matiatia und führt dann in einem Bogen zurück, vorbei an drei Weingütern (für Weinproben geöffnet), darunter auch Cable Bay (S. 196).

Nikau Track (Rundweg, 4 km, 2 1/2 Std., 100 m Anstieg). Der Weg beginnt am Whakanewha Regional Park und führt durch Feuchtgebiete und heimische Wälder bis zum schönen Cascades Waterfall. Der Rückweg erfolgt über den Central Track.

Onetangi Wine Trophy Trail (1–4 Std.). Kurze Wanderung über Felder und durch Weinbaugebiete. Unterwegs kann man auf den Weingütern The Hay Paddock (451b Seaview Rd) und Obsidian (22 Te Makiri Rd) Wein kosten und in der Casita Miro (S. 197) zur Weinprobe etwas essen. Man stellt das Auto bei The Hay Paddock ab und spaziert an der Casita Miro vorbei zum Obsidian. Dort kehrt man um und gönnt sich auf dem Rückweg etwas zu essen und zu trinken. 🕒 Nov–März 11.30–15.30 Uhr.

Te Atawhai Whenua Reserve (30 Min.). Schöne Alternative zum Weg neben der durch den Wald führenden Straße zwischen der Matiatia-Fähre und Oneroa. Startpunkt ist das südliche Ende des Strandes von Matiatia.

Start in Matiatia: Halbtagstouren, Ganztagstouren mit Rückenwind und Shuttle-Service zurück zum Ausgangspunkt (inkl. einem guten Mittagessen). Außerdem verleihen sie diverse Kajaks wie Sit-on-top-Kajaks, Seekajaks ab für einen halben Tag oder sogar zum Angeln umgerüstete Kajaks (für einen halben Tag).

Ziplines

EcoZip Adventures, 150 Trig Hill Rd, 2 km südlich von Onetangi, 💻 www.ecozipadventures.co.nz. Schon bevor man EcoZip Adventures am Ende der Trig Hill Road betritt, genießt man einen herrlichen Blick über Waiheke. Einmal angegurtet, gibt es ein Trio unglaublich steiler, 200 m langer Seilrutschen. Abrunden lässt sich das Erlebnis mit einem schönen und informativen Spaziergang durch den Wald zurück zur Basisstation. Im Preis ist die Abholung an der Matiatia Wharf enthalten.

SONSTIGES

Autovermietungen

Car and Scooter Hire, Matiatia Wharf, 💻 www.rentmewaiheke.co.nz. Scooter ($79/Tag) und Autos (ab $89). Berechnet wird nach Kalendertag; bringt man das Auto erst am Folgetag bis 10 Uhr zurück, werden nur $15 Nachtzuschlag erhoben.

Fahrradverleih

Bikes and Barbers, 108 Ocean View Rd, 💻 www.ecyclesnz.com. Waiheke ist ausgesprochen hügelig, sodass es sinnvoll sein kann, ein E-Bike zu mieten. Bei Bikes and Barbers gibt es Räder, mit denen man gerade so einmal um die Insel kommt ($70/Tag).
Waiheke Bike Hire, Parkplatz an der Matiatia Wharf, 💻 www.waihekebikehire.co.nz. Muskelbetriebene, robuste Mountainbikes ($50/Tag, $25 für jeden zusätzl. Tag).

Geld

An der Hauptstraße gibt es Banken.

Informationen

Ein gutes Infobüro liegt an der Matiatia Wharf, 💻 www.tourismwaiheke.co.nz. Hier gibt es die unentbehrliche Gratisbroschüre *Island of Wine* mit Karte sowie die *Waiheke Art Map*, die über 30 Besuchern offenstehende Galerien und Ateliers listet. 🕒 meist 9.30–13.30 Uhr.
Jeden Donnerstag kommt die *Gulf News* (💻 www.waihekegulfnews.co.nz) heraus, die über sämtliche Veranstaltungen auf der Insel informiert.

Internet

Kostenloser Internetzugang in der schönen **Bibliothek**, 131 Ocean View Rd. 🕒 Mo–Fr 9–18, Sa und So 10–16 Uhr.

Veranstaltungen

Die Highlights in der Sommersaison auf Waiheke sind das jährliche **Jazz Festival** (Osterwochenende; 💻 www.waihekejazzfestival.co.nz) und in ungeraden Jahren das kostenlose **Headland Sculpture on the Gulf** (Ende Jan–Mitte Feb), wenn auf der Landzunge südlich von Matiatia bis runter zur Church Bay interessante Skulpturen zeitgenössischer Künstler ausgestellt werden.

NAHVERKEHR

Busse

Die Fahrpläne der Explorer-Hop-on-hop-off-Busse von **Fullers** und der öffentlichen Busse sind weitgehend auf die Ankunft und Abfahrt der Fähren abgestimmt. Die öffentlichen Busse fahren über Oneroa, Surfdale und Ostend nach Onetangi und über Oneroa, Little Oneroa und Palm Beach zur Rocky Bay. Fahrscheine sind direkt im Bus erhältlich.

Taxis

Waiheke Express Taxis, 💻 www.waihekeexpresstaxis.co.nz.

TRANSPORT

Die Fähren von **Fullers**, 💻 www.fullers.co.nz, fahren zwischen 6 und 22 Uhr etwa stdl. vom Ferry Building in AUCKLAND zur Matiatia Wharf, etwas über 1 km von Oneroa, und brauchen für die Überfahrt 35 Min., Fahrräder kostenlos.

Sealink, 🖳 www.sealink.co.nz, betreibt eine Autofähre von der Half Moon Bay im Osten von Auckland bis zum Kennedy Point, 4 km südlich von Oneroa (etwa stdl., 45 Min., Fahrräder kostenlos), sowie weniger häufig eine Fähre von der Wynyard Wharf in Auckland. Fußpassagiere können im Sommer vom Kennedy Point nach Oneroa einen Shuttlebus benutzen (Fahrplan im Internet).

Rotoroa Island

Ein Tagesausflug nach Rotoroa Island hat einiges zu bieten: eine Fahrt über den Hauraki Gulf, ein Bad an einem wundervollen Strand und etwas Aucklander Sozialgeschichte. Über ein Jahrhundert lang war **Rotoroa Island**, vor der Ostspitze von Waiheke Island, ein Rehabilitationszentrum der Heilsarmee für Alkohol- und Drogenabhängige und nicht zugänglich. Heute ist dies eine Art Renaturierungsgebiet, das nach und nach mit einheimischen jungen Bäumen bepflanzt wird. Die Insel konnte außerdem von Schädlingen befreit werden, und in Zusammenarbeit mit dem Zoo von Auckland wird ein Auswilderungsprogramm für einheimische Tierarten durchgeführt, bei dem u. a. Sattelvögel, Weißköpfchen und im Sommer junge Kiwis angesiedelt werden.

Man kann in etwa einer Stunde die Insel umrunden und kommt unterwegs an Stränden, Landspitzen mit Aussichtspunkten und Skulpturen und mehreren Gebäuden aus der Zeit des Reha-Zentrums vorbei. Proviant kann man auf der Insel nicht kaufen, aber es gibt kostenlose Grillstellen. Es lohnt sich also, Picknickzutaten mitzunehmen.

Detaillierte Informationen zur Insel und eine Karte gibt's auf 🖳 www.rotoroa.org.nz. Die Geschichte von Rotoroa wird im ausgezeichneten **Exhibition Centre** beleuchtet, 🕒 gewöhnlich tgl. 10–17 Uhr.

ÜBERNACHTUNG

Superintendent's House, 🖳 www.rotoroa.org.nz. Wer übernachten möchte, kann sich in der schicken, gut ausgestatteten Unterkunft im Stil eines Hostels einquartieren. Schlafsack oder Bettwäsche sowie Verpflegung müssen mitgebracht werden. Außerdem 3 superschicke Ferienhäuser für 6–13 Pers. Dorms ❶, Ferienhaus ❹

TRANSPORT

Fähren von Fullers, 🖳 www.fullers.co.nz, steuern Rotoroa auf dem Weg nach Coromandel an (Ende Sep–Anfang April 3–7x pro Woche, Mitte April–Mitte Sep nur Sa und So; Buchung empfohlen). Die Fahrt dauert 1 1/4 Std. Man hat gut 5 1/2 Std. Zeit auf der Insel.

Great Barrier Island (Aotea)

Die zerklüftete und dünn besiedelte **Great Barrier Island** (Aotea) befindet sich 90 km nordöstlich von Auckland am äußeren Rand des Hauraki Gulf. Das Innere der nur 30 km langen und 15 km breiten Insel ist von einer wilden, gebirgigen Landschaft geprägt, die im Westen zu tiefen Naturhäfen und im Osten zu goldenen Surfstränden ausläuft. Great Barrier Island ist von Auckland in nur einer halben Stunde per Flugzeug zu erreichen, scheint aber Lichtjahre von der Metropole entfernt zu sein. Hier gibt es kein Stromnetz, keine zentrale Wasserversorgung, keine nennenswerten Ortschaften und auch kaum öffentliche Verkehrsmittel.

Ein Großteil des Freizeitvergnügens hier besteht in Sonnenbaden, Spaziergängen zu warmen Quellen und Wanderungen im wilden **Aotea Conservation Park**, einem übersichtlichen Reh- und Possum-freien Waldgebiet, das sich zwischen Port FitzRoy und Whangaparapara über etwa ein Drittel der Insel erstreckt. Man gelangt in kürzester Zeit von kleinen subtropischen Tälern – üppig bewachsen mit Nikaupalmen, Baumfarnen, Rimu- und Kauri-Bäumen – zu Höhenzügen, die von kümmerlichen Manuka-Büschen bedeckt sind. Die Wanderwege ins Inselinnere treffen sich am 621 m hohen **Hirakimata** (Mount Hobson). Er ist von Holzstegen und -treppen umgeben, die Wanderer auf dem Weg halten sollen, damit die hier nistenden **Schwarzsturmvögel** nicht gestört werden.

Great Barrier Island
N
0 5
Kilometer
Needle Point
Aiguilles Island
Miners Head
AOTEA CONSERVATION PARK
Katherine Bay
Motairehe
Kawa
Whangapoua Beach
Rakitu Island
Whangapoua Estuary
Whangapoua (DOC)
Karaka Bay
GLENFERN SANCTUARY
Okiwi
Harataonga Bay
Port FitzRoy
Akapoua Bay (DOC)
Kaikoura Island
Windy Canyon
Pinnacles Lookout
Kaiaara Bay
Hirakimata (Mt Hobson)
Port FitzRoy
Kiwiriki Bay
AOTEA CONSERVATION PARK
Awana Beach (DOC)
Awana
Kaitoke Creek
Kiwiriki
Withey's Tk
Kaitoke
The Green (DOC)
Crossroads
Kaitoke
Whangaparapara
Oreville Gold Stamping Battery
Claris
Walfang-station
Okupu
Medlands Beach
St John's
Blind Bay
Colville Channel
Social Club
Puriri Bay
Stonewall Village
Mulberry Grove
Tryphena Harbour
Shoal Bay
Cape Barrier
Übernachtung
Aotea Lodge 13
Glenfern Cottage 2
Great Barrier Lodge 7
Harataonga Campsite 3
Innkeeper's Lodge 14
Kairaraara Hut 4
Medlands Beach Backpackers and Villas 11
Medlands Beach Campsite 12
Mickey's Place 6
Mt Heale Hut 5
Nature's Garden B&B 15
Orama Oasis 1
Stray Possum Lodge 16
Sugarloaf Campground 10
Sugarloaf Chalet 9
Wiltshire Manor 8
Restaurants
Angsana 1
Currach Irish Pub 2
Pa Beach Café 3
Auckland (90 km; Personenfähre 2 Std., Autofähre 4,5 Std.)

Wer Lust auf weitere Aktivitäten hat, kann sich an einen der kleinen Anbieter wenden, die für ihre Kunden Touren organisieren und Ausrüstung verleihen (S. 205).

Geschichte

Das vulkanische Aotea war eines der ersten Siedlungsgebiete der **Maori** – sie bewohnten hier zahlreiche Wehrdörfer, als Cook 1769 an dem Eiland vorbeisegelte. Er erkannte, dass Aotea die Gewässer des Hauraki Gulf schützte, und taufte die Insel deshalb in Great Barrier Island um. Ab 1791 wurden die Kauri-Bestände der Insel für den Schiffsbau abgeholzt. Die **Holzfällerei** wurde bis 1942 fortgesetzt, lange nachdem man den frühen Kupferbergbau bei Miners Head wieder aufgegeben hatte. In den 1950er-Jahren folgte auf die Holzfällerei und den Abbau von fossilem Kauri-Harz der Bau einer kurzlebigen **Walfangstation** zur Trangewinnung bei Whangaparapara, doch bald beschränkte sich die Insel wieder auf die landwirtschaftliche Bestellung ihrer wenig ergiebigen Lehmböden.

In den 1960er- und 1970er-Jahren kamen viele Alternative auf die Insel. Auch wenn der Idealismus der 70er-Jahre inzwischen einem modernen Pragmatismus Platz gemacht hat, bewahrte sich die Insel eine weitgehende Autarkie. Ihre Bewohner bauen ihr eigenes Gemüse an, jeder hat seine eigene Wasserversorgung, und die Dieselgeneratoren werden mittlerweile durch zahlreiche Windturbinen und Solarmodule unterstützt.

Vor allem lebt die Insel heute aber vom **Tourismus**. Immer mehr wohlhabende Auswärtige legen sich hier ein Ferienhaus zu.

Tryphena

Das hübsche **Tryphena** (Rangitawhiri) ist der südlichste Hafen und zugleich die größte Siedlung auf der Insel. Es erstreckt sich über vier Buchten: Shoal Bay (wo die Fähren ankommen), Mulberry Grove, Stonewall Village (die größte Siedlung) und Puriri Bay (ein kurzes Stück an der Küste entlang vom Stonewall Village). Tryphena hat abgesehen von einigen guten Unterkünften und Lokalen nicht viel zu bieten. Man kann hier jedoch ganz gut relaxen, baden, kurze Spaziergänge unternehmen oder ein Kajak ausleihen und herumpaddeln.

Medlands Beach

Die meisten Besucher steuern auf direktem Wege den **Medlands Beach** (Oruawharo) an, einen an der Ostküste befindlichen langen Bogen fast weißen Sandes mit einer vorgelagerten Insel, an den zumeist exzellente Surfwellen branden. Allerdings gibt es hier keine Rettungsschwimmer. Dass die hübsche blau-weiße **St John's Church** ein bisschen fehl am Platz wirkt, ist kein Wunder, denn sie wurde erst 1986 per Frachtkahn vom Festland herübergebracht und dann über die Dünen geschleppt.

Claris

In **Claris** (Kaitoke), nördlich des Medlands Beach, kommen die meisten Flüge an. Das Postamt, zu Ehren des ersten Luftpostdienstes von Great Barrier Pigeon Post (Brieftauben-Post) genannt, soll den ersten Luftpostservice der Welt eingerichtet haben. Man erzählt sich, dass die traurige Nachricht vom Schiffbruch der *SS Wairarapa* an der Nordwestküste von Great Barrier 1898 Auckland erst nach drei Tagen erreichte. Daraufhin richtete die Insel einen **Brieftauben-Postdienst** ein. Die Brieftauben blieben bis 1908 im Dienst.

Crossroads, Whangaparapara und die Straße Richtung Norden

Crossroads, 2 km nördlich von Claris, ist genau das, was sein Name verspricht, denn hier kreu-

Wandern auf Great Barrier Island

Wer die Insel erkunden will, sollte ein paar Tage im Aotea Conservation Park wandern gehen. Die Broschüren und Karten vom i-SITE reichen für die meisten Touren aus. Man kann die Wege einzeln abwandern (siehe 💻 www.doc.govt.nz/great-barrier-island), oder man kombiniert sie zu einer Rundwanderung und übernachtet dann in der Kaiaraara Hut (S. 204) und der modernen Mount Heale Hut (S. 204) Shuttlebusse fahren vom Flughafen oder Tryphena zu den Startpunkten der Wanderwege.

zen sich die Straßen nach Okupu, Port FitzRoy und Whangaparapara.

Die Strecke nach Whangaparapara passiert die kargen Überbleibsel der **Oreville Gold Stamping Battery**, eines Brechwerks, in dem Erzbrocken zerkleinert wurden (unbeschränkter Zugang), und den Startpunkt des Wanderpfads zu den **Kaitoke Hot Springs**. In **Whangaparapara** kann man im Rahmen eines Spaziergangs rund um die Bucht die Fundamente einer Walfangstation aus den 1950er-Jahren besichtigen.

Nördlich von Crossroads, an der Straße nach Port FitzRoy, liegen der schöne, feindsandige Surf- und Badestrand der **Awana Bay** und der **Pinnacles Lookout**.

Kurz darauf zweigt ein kurzer Weg zum **Windy Canyon** ab (1 km hin und zurück). Die einfache Wanderung führt zu einem Engpass, der seinen Namen den klagenden Lauten verdankt, die bei bestimmten Windverhältnissen entstehen.

Port FitzRoy

Der Hafen von **Port FitzRoy** liegt selbst bei stürmischer Witterung meist völlig ruhig da, was die vielen Segler erfreut, die im Sommer hier anlegen. Es gibt einen Laden, eine Burger-Bar und den Port FitzRoy Boat Club. Port FitzRoy ist ein guter Startpunkt für die Erkundung des Aotea Conservation Park, obwohl der riesige Kaiaraara-Kauridamm, einst die Hauptsehenswürdigkeit, 2014 von einer Flutwelle weggerissen wurde.

Glenfern Sanctuary

Glenfern Rd ▪ Führung n. V. ▪ Eintritt ▪ 💻 www.glenfern.org.nz

Das Nordufer des Hafens bildet die Kotuku Peninsula, die seit 2008 durch einen 2 km langen Raubtierzaun vom Rest der Insel abgetrennt ist. Hier wurde das 2,3 km² große **Glenfern Sanctuary** eingerichtet. Nach erfolgreicher Bekämpfung der Rattenplage im Schutzgebiet erholt sich die Vogelwelt allmählich. Die informativen Führungen beinhalten einen malerischen Baumkronenpfad in den Kauri-Bäumen.

ÜBERNACHTUNG

Neben Lodges der Luxusklasse und Hotels bietet Great Barrier einige wunderbare **Selbstversorger-Cottages**, von denen viele unter 💻 www.greatbarrierislandtourism.co.nz und 💻 www.greatbarrier.co.nz gelistet sind. Oft wohnen die Besitzer ganz in der Nähe und versorgen die Gäste auf Wunsch mit Mahlzeiten. Wer zwischen Weihnachten und Mitte Januar, wenn es auf der Insel richtig voll wird, eine Unterkunft sucht, muss weit im Voraus buchen. Es gibt viele einfache DOC-**Campingplätze** (alle auf der Karte S. 201 eingezeichnet; während der Hochsaison unbedingt im Voraus buchen; 💻 www.doc.govt.nz), alle mit Toiletten, Wasser und kalten Duschen (mit Ausnahme von The Green).

Tryphena und Umgebung

Karte S. 201

Aotea Lodge, 41 Medland Rd, gegenüber Barrier Oasis Lodge, 💻 www.aotealodge.com. 3 Units mit 1–2 Schlafräumen für Selbstversorger auf einem angenehmen Areal im Landesinneren. Nur 600 m vom Tryphena Harbour entfernt. Wer nur eine Nacht bleibt, zahlt einen Aufschlag. Gute Fähr- und Mietwagenangebote und kostenloses WLAN. ❷

Innkeeper's Lodge, Stonewall, Tryphena, 💻 www.currachirishpub.co.nz. Die beste Unterkunft rund um Tryphena – heimelig, klein und freundlich, in der Nähe des Ladens und mit einem tollen Pub und Restaurant plus Terrasse. Es gibt attraktive Zimmer und ein 4-Bett-Dorm, in dem es laut werden kann, wenn die Gäste des Pubs sich auf den Heimweg machen. Gute Pauschalpakete für Flug-, Transport und Unterkunft. ❶, DZ ❷

Nature's Garden B&B, Rosalie Bay Rd, 💻 www.naturesgardenbandb.co.nz. Wer hier übernachten will, braucht ein Fahrzeug. Das B&B verfügt über einen Bio-Macadamia-Garten mit Lilienteichen und heimischen Bäumen. Die 3 Zimmer teilen sich Bad und Wohnzimmer. Köstliches Frühstück inkl.; Internetzugang. ❷

Stray Possum Lodge, 64 Cape Barrier Rd, 💻 www.straypossum.co.nz. Etwas weiter ab vom Schuss draußen im Wald, mit 6- und 8-Bett-Dorms, DZ, Cabins und sehr netten Selbstversorger-Chalets (ideal für Gruppen von bis zu 6 Pers.). Dazu gehört ein Restaurant mit Alkohollizenz sowie Kneipenkost und Pizza (im Winter nur mit Vorausbuchung). Gäste können sich einen Schlafsack mitbringen oder Bettzeug für $8 mieten. Camping ❶, Dorms ❶, Zimmer ❷

Medlands

Karte S. 201

Medlands Beach Backpackers and Villas, 9 Mason Rd, www.medlandsbeach.com. Schlichtes Hostel mit kleinen 4-Bettzimmern, ein paar Chalets und zwei Villen auf einer kleinen Farm, 10 Min. zu Fuß vom Medlands Beach – was besonders bei Surfern großen Anklang findet. Kostenloser Verleih von Boogie Boards an Gäste, aber keine Mahlzeiten und keine Läden in der Nähe (Verpflegung muss mitgebracht werden!). Dorm ❶, Chalets ❷

Claris, Crossroads und Umgebung

Karte S. 201

Sugarloaf Chalet, Sugarloaf Rd, Kaitoke, 09 429 0229. Reizendes Selbstversorger-Cottage in rustikalem Schick mit Grillplatz, Feuerstelle und Solarstrom, nur ein paar Schritte von einem hübschen Strand. Die Unterkunft hat echtes Outdoor-Flair – bis hin zur Außendusche und -toilette. ❸

Wiltshire Manor, 47 Hector Sanderson Rd, jacqui@islandaccommodation.co.nz. Gute Lage nur 400 m vom Flughafen. Das Hostel ist absolut spartanisch und verfügt nur über ein 2-Bettzimmer und 2 DZ. ❷

Whangaparapara

Karte S. 201

Great Barrier Lodge, Whangaparapara Harbour, www.greatbarrierlodge.co.nz. Die Lodge ist so ziemlich die einzige Einrichtung in Whangaparapara und fungiert gleichzeitig als Lebensmittelladen und Tauchshop. Unterbringung in Zimmern mit Bad und Küche (außer Gartenzimmer), Selbstversorger-Cottages und Suiten; im Hauptgebäude gibt es ein Bar-Restaurant (warmes Frühstück). ❸

Port FitzRoy

Karte S. 201

Glenfern Cottage, Glenfern Rd, Port FitzRoy, www.glenfern.org.nz. Selbstversorger-Cottage (bis 10 Pers.) im Glenfern Sanctuary mit Dielenboden, Blick auf den Hafen und kostenlose Kanu- und Dinghy-Nutzung. Mindestaufenthalt 2 Nächte; bei Aufenthalten ab 3 Nächten gibt es einen Rabatt pro Übernachtung. ❸

Orama Oasis, Karaka Bay, www.orama.org.nz. Angenehmes christliches Zentrum, das einen Ferienpark am Wasser betreibt. Dorm-Zimmer mit Etagenbetten, Hütten und Selbstversorger-Cottages vorhanden. Pool, Laden, Zugang zu tollen Waldwanderwegen, Angel- und Tauchmöglichkeiten. ❸

Camping und Hütten

Karte S. 201

Harataonga Campsite, Harataonga. Sehr schöner und schattiger DOC-Platz etwa 300 m hinter dem Strand. Sehr beliebt für Familienurlaub in den zwei Wochen nach Weihnachten. ❶

Kaiaraara Hut, in der Nähe von Port FitzRoy, www.doc.govt.nz. Reservierung über DOC. Hütte mit 28 Stockbetten, Wasserversorgung und Holzofen-Heizung. Nicht so gut gelegen wie die Mount-Heale-Hütte. Töpfe, Geschirr und Proviant mitnehmen. ❶

Medlands Beach Campsite, Medlands Beach. Attraktiver DOC-Platz neben einer Flussmündung, nur durch Dünen von einem wunderschönen Strand getrennt. Im Januar wird es hier sehr voll, zu anderen Zeiten ist man aber vielleicht allein. ❶

Mickey's Place, Awana, 09 429 0140. Freundlicher, aber sehr einfacher Zeltplatz 25 km nördlich von Tryphena. Nicht so schön gelegen wie der nahe DOC-Zeltplatz, dafür aber mit warmen Duschen, Toiletten und einer einfachen Küche. ❶

Mount Heale Hut, www.doc.govt.nz. Wunderbare neue 20-Bettenhütte auf einem Sattel unterhalb des Mount Heale mit tollem Blick über den Hauraki Gulf auf Little Barrier Island. Anmarsch rund 3–3 1/2 Std. Gasherd vorhanden, aber Töpfe, Geschirr und Proviant müssen mitgebracht werden. Übers Internet reservieren. ❶

Sugarloaf Campground, Sugarloaf Rd, Kaitoke. Toller privat betriebener Campingplatz am

Südende von Kaitoke Beach. Grundausstattung mit Wasserversorgung, Toiletten und Duschen. Gäste sollten sich nach dem Mermaid Pool erkundigen, den man bei Ebbe besuchen kann. ❶

ESSEN

Karte S. 201

Da es nur wenige Restaurants gibt, bieten viele Unterkünfte auch Mahlzeiten an. Diejenigen, die das nicht tun, verfügen fast immer über Einrichtungen für Selbstversorger. Die Restaurants wiederum machen oft früher zu (oder öffnen erst gar nicht), wenn nicht genug los ist, deshalb ist eine Tischreservierung ratsam. In Tryphena, Claris, Whangaparapara und Port FitzRoy gibt es Läden, in denen man sich mit Picknickzutaten eindecken kann. Wer abends etwas trinken gehen möchte, tut dies entweder in den Bars der Unterkünfte oder in den „Social Clubs" von Tryphena und Claris.

Angsana, 63 Grays Rd, gleich nördlich von Crossroads, 💻 www.angsanathai.co.nz. Hochwertige Thai-Küche auf Great Barrier? So etwas würde man hier erst mal nicht erwarten, erweist sich aber als echte Bereicherung für die Insel. Die freundliche Bedienung tischt alle erdenklichen Spezialitäten auf. $$

Currach Irish Pub, Stonewall, Tryphena, 💻 www.currachirishpub.co.nz. Ein irischer Pub, der so typisch ist, wie man es auf einer südpazifischen Insel kaum erwarten würde – ein Großteil der Einrichtung stammt von der Großmutter des Besitzers, die ihren Pub im irischen County Kerry 1950 zumachte. Guinness und lokales Craft Bier vom Fass und abends leckere Kneipenkost (z. B. panierte Jakobsmuscheln mit Pommes). Häufig wird Livemusik gespielt; am Do darf jeder mitmachen. $$

Pa Beach Café, 87 Blackwell Drive, Tryphena, ✆ 09 429 0905. Dieses preiswerte, tagsüber geöffnete Strandcafé ist ein wunderbarer Neuling auf der Insel. Ausgezeichneter Kaffee, Kuchen und Sandwiches aus eigener Herstellung sowie köstliche Pasteten, etwa mit Huhn, Lauch und Kürbis. $

AKTIVITÄTEN UND TOUREN

Angeln und Tauchen

Freedom Fishing Charters, Medlands, 💻 www.nzfishingcharters.co.nz. Ivan „Skilly" McManaway angelt seit fast 50 Jahren rund um die Insel und nimmt Petrijünger für $150 p. P. (halber Tag, mind. 2 Teilnehmer) mit hinaus. Auf Wunsch veranstaltet er auch Tauchausflüge, bei denen Langusten gesammelt werden.

Kajakfahren

Kajaks kann man bei Hillary Outdoors in Karaka Bay (2er-Seekajaks; ✉ gbi@opc.org.nz) mieten, oder man wendet sich an den Currach Irish Pub in Tryphena (S. 205).

Radfahren

Paradise Cycles, ✉ paradisecyclesaotea@xtra.co.nz. Es gibt auf der Insel genügend Gründe, wenigsten einmal ein Fahrrad zu mieten. Der Firmensitz ist zwar Whangaparapara, aber Paradise Cycles liefert die Fahrräder an viele Orte der Insel, bietet Workshops an und ist außerdem eine wahre Fundgrube für Informationen. Empfehlenswerte Routen sind der Te Ahumata Track, der Harataonga Coastal Track, der Kowhai Track und die Forest Road zwischen Whangaparapara und Port FitzRoy. Kurzzeitmieten ab $25, aber die besten Angebote gibt es für Gruppen, die Räder für einige Tage mieten.

Wandern

Siehe Kasten S. 202.

SONSTIGES

Autovermietungen

Oft ist es am praktischsten, sich auf der Insel ein Auto zu mieten.

Aotea Rentals, Tryphena, 💻 www.aoteacarrentals.co.nz. Autos ab $70/Tag.

GBI Rent A Car, Claris, 💻 www.greatbarrierisland.co.nz. Einfache Wagen (ab $50).

Geld

Vielerorts kann mit Kredit- oder Bankkarten bezahlt werden, aber es gibt **keine Banken**

und Geldautomaten auf der Insel. Daher ist es auf jeden Fall ratsam, ausreichend Bargeld mitzubringen.

Handys

Der ziemlich lückenhafte Handyempfang auf der Insel ist in Tryphena und Port FitzRoy noch am besten.

Informationen

i-SITE, Claris Airport, 🖳 www.thegreatbarrier.co.nz. Infos zu allem, was mit Great Barrier zu tun hat, auch zu den DOC-Hütten, Wanderwegen und Zeltplätzen.
Viele nützliche Infos findet man im **Internet** unter 🖳 www.greatbarrier.co.nz.

Internet

In vielen Restaurants gibt es kostenloses WLAN, genau wie am Claris Airport und in der **Bibliothek**, 75 Hector Sanderson Rd, Claris, ⌚ Mo–Fr 8.30–17 Uhr.
Der **Currach Irish Pub** in Tryphena bietet Gratis-WLAN für Gäste.

NAHVERKEHR

Auf Great Barrier Island gibt es keine öffentlichen Verkehrsmittel, aber mehrere **Shuttlebusse**. Sie stehen normalerweise bei Ankunft sämtlicher Fähren und Flüge bereit, aber es ist am sichersten, rechtzeitig einen Platz zu reservieren.
Go Great Barrier Island, 🖳 www.greatbarrierislandtourism.co.nz, und **GBI Shuttle Buses**, Claris, 🖳 www.greatbarrierisland.co.nz, bieten Shuttledienste nach Bedarf. Fahrpreise von Tryphena nach Medlands um $25, Claris $30 und Whangaparapara $45.

TRANSPORT

Fähren

SeaLink, 🖳 www.sealink.co.nz. Die langsamere Autofähre verkehrt ganzjährig und befördert auch Passagiere. Sie fährt von der Brigham Street im Wynyard Quarter von AUCKLAND 4–5x wöchentl. nach Tryphena (4 1/2 Std.) und Port FitzRoy (1x wöchentl., 4 1/2 Std.).

Flüge

Die meisten Flüge ab Auckland International Airport landen auf der Insel in **Claris**, dem Verwaltungssitz der Insel in günstiger Lage zu den schönsten Stränden, Medlands und Awana Bay.
Barrier Air, 🖳 www.barrierair.kiwi. Flüge ab AUCKLAND (3–4x tgl.).

Tiritiri Matangi

Das kleine, etwa 220 ha große Inselchen **Tiritiri Matangi** liegt 4 km vor der Spitze der Whangaparaoa Peninsula und 30 km nördlich von Auckland und ist ein herrliches „offenes Schutzgebiet", was bedeutet, dass sich die Besucher hier ganz frei bewegen dürfen. In den raubtierfreien Wäldern kann man mit etwas Glück innerhalb weniger Stunden so seltene Vogelarten wie Takahe, Sattelvogel, Weißköpfchen, Ziegensittich, Langbeinschnäpper, Kokako (Lappenkrähe) und Neuseelandente erspähen. Wer hofft, Zwergkiwis oder Tuataras (Brückenechsen) zu Gesicht zu bekommen, muss sich nachts auf die Lauer legen. Auch **Zwergpinguine** sind das ganze Jahr auf Tiritiri zu sehen.

Auf dem Standardrundweg, der an der Ostküste entlang und zurück über den Ridge Track in der Mitte der Insel führt, kommt man auch am **Hobbs Beach** vorbei, wo man am einzigen Sandstrand ein Bad nehmen kann. Detailliertere Informationen über die Insel findet man unter 🖳 www.tiritirimatangi.org.nz.

Besucher, die mit den regulären Fähren kommen, können an 90-minütigen **Führungen** teilnehmen, die am Fähranleger starten und von vogelkundigen Freiwilligen geleitet werden. Sie enden normalerweise in der Nähe des Leuchtturms beim modernen **Interpretation Centre**.

Geschichte

Tiritiri Matangi wurde ursprünglich vom **Maori**-Volk der Kawerau-A-Maki und später von Ngati Paoa besiedelt, die heute beide als die traditionellen Eigentümer der Insel gelten. Sie rodeten einen Teil der ursprünglichen Vegetation. Später wurde der Holzeinschlag von den Europäern fortgesetzt. Zum Glück konnten Tiere wie Possums, Wiesel, Hirsche, Katzen und Wallabys auf der Insel nie Fuß fassen. Daher wurden auf Tiritiri Anfang der 1970er-Jahre, als sich die Landwirtschaft nicht mehr rentierte, über 300 000 **Baumschösslinge** angepflanzt.

ÜBERNACHTUNG UND ESSEN

Besucher müssen sich ein **Lunchpaket** mitbringen, denn es gibt keine Verpflegungsmöglichkeit auf der Insel.
Tiritiri Matangi Island Bunkhouse, 🖳 www.doc.govt.nz/tiritiribunkhouse. Als Unterkunft steht eine öffentliche Hütte in der Nähe des Leuchtturms zur Verfügung. Die Betten sollten so früh wie möglich reserviert werden; die Wochenenden sind meist Monate im Voraus ausgebucht. Gäste müssen ihren eigenen Schlafsack und alle benötigte Verpflegung in nagetiersicher verschlossenen Behältern mitbringen. ❶

TRANSPORT

Fullers, 🖳 www.fullers.co.nz. Der Anbieter veranstaltet Tagesausflüge auf die Insel mit 5-stündigem Aufenthalt (Weihnachten–Mitte Jan tgl. 9 Uhr; übriges Jahr Mi–So und feiertags 9 Uhr).

AM CAPE REINGA TREFFEN SICH PAZIFIK UND TASMANSEE.

Northland

Kiwis betiteln die schmale Maori-Provinz Northland oft als „Winterless North“, eine treffende Bezeichnung für die Zitrusbäume, die Avocado-Plantagen, die Weingüter, das warme aquamarinfarbene Meerwasser und die weißen und goldenen Sandstrände, die die nördlichen Ausläufer der Region so überaus anziehend machen.

Stefan Loose Traveltipps

Matakana Die wohlhabende Enklave mit ihrem quirligen Samstagsmarkt ist von kleinen Weingütern umgeben. S. 214

Poor Knights Islands Höhlen, Felsbogen und außergewöhnliche Fische sind ein Fest für Taucher und Schnorchler. S. 224

2 **Bay of Islands** Hier kann man segeln, Kajak fahren, mit Delphinen schwimmen und die Geschichte und Landschaft von Northland kennenlernen. S. 227

3 **Ninety Mile Beach und Cape Reinga** An einem der bekanntesten Strände des Landes mit dem Sandboard die Dünen hinabdüsen und dann den reißenden Strudel betrachten, in dem sich Pazifik und Tasmansee vereinen. S. 251

Hokianga Harbour Wo die Abendsonne in einem gewaltigen Farbrausch hinter dem Horizont verschwindet und der Wind mächtige Dünen auftürmt. S. 255

Waipoua Kauri Forest Hier stehen der 2000 Jahre alte Tane Mahuta, Neuseelands größter Baum, und viele andere uralte Kauri-Bäume. S. 259

WAIPOUA KAURI FOREST

WAITANGI, MAORI-VERSAMMLUNGSHAUS

Inhalt

Northland ragt von Auckland 350 km weit in den subtropischen Norden und trennt dabei den Pazifik von der Tasmansee. Die beiden Meere treffen vor dem Cape Reinga aufeinander, Neuseelands nördlichstem auf dem Straßenweg zugänglichen Punkt. Touristen nähern sich dieser Landspitze zumeist über die Sandpiste des Ninety Mile Beach. Mit der wachsenden Beliebtheit der Region ist auch der Wohlstand etwas gestiegen, sodass die Einstellung gegenüber Besuchern heute positiver und freundlicher ausfällt als noch vor einiger Zeit.

Landschaftlich gesehen teilt sich Northland in zwei Hälften. Die **Ostküste** ist ein Labyrinth aus versteckten Höhlen, und ihre Strände sind ruhig und sicher, denn eine Reihe vorgelagerter Inseln schwächt die gelegentlich aufkommenden Pazifikstürme ab. Der Kontrast zur langen, fast schnurgeraden **Westküste** könnte kaum größer sein: Hier brechen sich die tosenden Wellen der Tasmansee, nur von vereinzelten Buchten aufgehalten. Schwimmen ist aufgrund von Strömungen und meist fehlender Küstenwache gefährlich. Einige Strände sind sogar als Straßen ausgewiesen, bergen allerdings eine Menge Gefahren für unbesonnene Fahrer. Mietwagen sind zudem nicht für das Fahren am Strand versichert, also besser kein Risiko eingehen. Wer das hügelige **Binnenland** erkunden möchte, muss sich auf lange Fahrten über kurvige Landstraßen einstellen.

Am Ostufer, nördlich des Einzugsbereichs von Auckland, beginnt die ländliche **Matakana Coast**. Sie ist beliebt bei Seglern, die Kawau Island umrunden, und bei Schnorchlern, die die Unterwasserwelt des **Goat Island Marine Reserve** erforschen. Das breite Band der **Bream Bay** führt zu den zerklüfteten Whangarei Heads am Eingang von Northlands Haupthafen und wichtigster Stadt: **Whangarei**. Sie dient als Basis für das neuseeländische Taucherparadies **Poor Knights Islands**.

Touristen, die es eilig haben, steuern meist geradewegs die **Bay of Islands** an. Dieser geschichtsträchtige, zerklüftete, von Inseln übersäte Küstenabschnitt eignet sich hervorragend für Kreuzfahrten, zum Tauchen und – je nach Jahreszeit auch – zum Schwimmen mit Delphinen. Alles nördlich davon wird allgemein als **The Far North** bezeichnet. Anziehungspunkte dieser Region sind der ruhige, abgeschiedene **Whangaroa Harbour**, die **Doubtless Bay** sowie die **Aupouri Peninsula**, an deren Westküste sich der **Ninety Mile Beach** bis zum **Cape Reinga** erstreckt.

Im Gegensatz zum Osten ist die Westküste deutlich vom wirtschaftlichen Niedergang nach dem Ende der Kauri-Abholzung gekennzeichnet. Inzwischen beginnen jedoch Milchwirtschaft und Tourismus die Landschaft zu verändern und eine freundlichere Atmosphäre zu schaffen. Vom Ninety Mile Beach im Norden kommend empfiehlt sich hier als erster Halt der **Hokianga Harbour**, einer der größten Naturhäfen Neuseelands, dessen Nordspitze von spektakulären Sanddünen geschmückt wird. Weiter südlich gelangt man in den **Waipoua Forest**, den einzigen größeren Überrest der einst ausgedehnten Kauri-Wälder. Die Geschichte der Kauri-Bäume und Holzfäller wird im ausgezeichneten Kauri Museum in Matakohe dokumentiert.

Geschichte

In Northland spielten sich die meisten der frühen Begegnungen zwischen Maori und europäischen Siedlern ab. Hier wurde auch Neuseelands wichtigstes Dokument, der **Vertrag von Waitangi**, unterzeichnet. Die Maori-Legende berichtet vom großartigen polynesischen Forscher Kupe, der den Hokianga Harbour entdeckte. Das Klima und der Reichtum an Nahrungsmitteln waren genau nach seinem Geschmack, und so ermutigte er sein Volk, sich hier anzusiedeln. Dessen Nachkommen in der Bay of Islands hatten das zweifelhafte Vergnügen, erstmals mit Europäern in Berührung zu kommen, als Walfänger die Gewässer plünderten und Missionare nach neuen Bekehrungswilligen suchten.

Ohne die ganze Tragweite ihres Tuns zu erkennen, verzichteten die Häuptlinge des Nordens schließlich schriftlich auf ihre **Hoheitsrechte**. Im Gegenzug wurden ihnen Landrechte und traditionelle Rechte zugesichert, die jedoch häufig missachtet oder einfach komplett ignoriert wurden.

Als in den neu besiedelten Gebieten weiter südlich fruchtbareres Ackerland entdeckt wurde, plünderten **Kauri-Holzfäller** und *gumdigger* den Wald. Später, als die Rohstoffindustrie schwächer wurde, folgten Siedler und wandelten einen Großteil der Gegend in Weideland für

Informationen

Die **Website** der Region Northland ist 💻 www.northlandnz.com.
Der Northland-Distrikt Far North unterhält **i-SITE-Büros** in Whangarei, Paihia, Kaitaia, Opononi und Warkworth.
In Northland stehen für mit Toilette und Wassertank ausgestattete Wohnmobile kostenlose ausgewiesene Stellplätze zur Verfügung (nur für eine Nacht). Infoblätter dazu gibt's in den i-SITE-Touristeninformationen.

NORTHLAND

die **Milchwirtschaft** um. Die lokalen Molkereien mussten schließen, als halbindustrielle Unternehmen die Verarbeitung zentralisierten, und in der Folge verarmten die kleinen Städte. Heute halten die Anpflanzung schnell wachsender exotischer Bäume und sporadischer Gartenbau die lokale Wirtschaft am Leben.

Transport

Da es in Northland keine Züge und nur wenige Flughäfen gibt, sind die meisten Reisenden mit einem Mietfahrzeug unterwegs. **Autofahrern** steht im Wesentlichen nur eine einzige Hauptstraße zur Verfügung, die auf beiden Seiten der Halbinsel an der Küste entlangführt und eine Schleife bildet, den **Twin Coast Discovery Highway**. Man muss sich nicht sklavisch an ihn halten, doch die braunen, mit einem Delphin und einer Welle versehenen Schilder sind eine gute Orientierungshilfe.

Die wichtigste **Busgesellschaft** in Northland ist InterCity, 💻 www.intercity.co.nz, mit großem Streckennetz. Auch Kiwi Experience, 💻 www.kiwiexperience.com, bedient das Gebiet und ist oft eine preiswerte Alternative zur Konkurrenz. Darüber hinaus verkehren in Northland die öffentlichen Busse von BusLink, 💻 www.buslink.co.nz.

Es bestehen zwar in begrenztem Umfang **Flugverbindungen**, die angesichts der relativ geringen Entfernungen aber kaum von Interesse sind – ausgenommen evtl. die Flüge von Kaitaia nach Great Barrier Island mit Barrier Air, 💻 www.barrierair.kiwi, oder die Rundflüge von Paihia über die Bay of Islands zum Cape Reinga (S. 237 und S. 252).

Die Matakana Coast bis zur Bream Bay

💻 www.matakanacoast.com

Aucklands Einfluss beginnt zu schwinden, sobald man etwa 50 km nördlich vom Stadtzentrum die **Matakana Coast**, 💻 www.matakana coast.com, erreicht. An diesem 30 km langen Küstenabschnitt reihen sich seichte Häfen, von Stränden übersäte Halbinseln und kleine Inseln aneinander. Der von der Hauptstadt ganz verschiedene Charakter offenbart sich insbesondere, sobald man die reizende Ortschaft **Warkworth** hinter sich gelassen hat und Richtung **Kawau Island** oder entlang der Küste zum Dörfchen **Matakana** und zum Schnorchel- und Taucherparadies **Goat Island** fährt.

Die Fahrt von Auckland nach Warkworth ist durch eine 7 km lange Mautstraße (online zahlbar innerhalb von 5 Tagen) schneller geworden, hat aber ein wenig an landschaftlichem Reiz eingebüßt. Wer etwas mehr Zeit hat, sollte die alte Route über Orewa am Hibiscus Coast Highway nehmen und die wunderbaren Ausblicke genießen.

Entlang dem SH1 zwischen Warkworth und Waipu gibt es kaum lohnende Stopps. Die Strecke führt zur Straßenkreuzung von **Brynderwyn**, wo der SH12 nach Dargaville, zum Waipoua Kauri-Wald und zum Hokianga Harbour abzweigt. Die landschaftlich reizvollere Route nach Norden führt hingegen am Ufer der **Bream Bay** entlang. Ihren Namen verdankt die Bucht Captain Cook, der 1770 zu Besuch herkam. Bei dieser Gelegenheit zogen seine Männer Tarakihi aus dem Wasser – und hielten den Fisch jedoch fälschlicherweise für *bream* (Brasse). Die einzigen Ansiedlungen in dieser Ecke sind die kleinen Strandgemeinden **Mangawhai Heads** und **Waipu Cove** mit Blick auf die **Hen and Chicken Islands**, einen Zufluchtsort für seltene Vögel.

Warkworth

Die Kleinstadt **Warkworth** erwacht erst im Hochsommer zum Leben, wenn zahlreiche Segler ihre Boote in den vielen nahe gelegenen Mündungen und Buchten festmachen. Ab Ende der 1820er-Jahre wimmelte es fast ein Jahrhundert lang auf dem Flussabschnitt im Rücken der Stadt von Booten, auf denen Kauri-Bäume verschifft wurden.

Heute verläuft ein Plankenweg am Ufer, wo die *Jane Gifford*, 💻 www.janegifford.org.nz, vor Anker liegt. Die generalüberholte Schute durchpflügte früher die Tidengewässer und wird jetzt manchmal für Ausflugsfahrten mit Touristen eingesetzt.

Warkworth and Districts Museum

Tudor Collins Drive, 3 km südlich von Warkworth abseits des SH1 ▪ tgl. 10–15 Uhr ▪ Eintritt ▪ www.warkworthmuseum.co.nz

Informationen über die Geschichte der Region liefert das **Warkworth and Districts Museum**. Hier sind einige originalgetreu nachgebildete Wohnräume aus mehreren Epochen zu sehen sowie eine 5 m lange Kette mit 130 Gliedern, die aus einem einzigen Kauri-Stamm geschnitzt wurde.

Bei den beiden uralten Kauris vor dem Museum beginnen zwei hübsche, 20-minütige Naturlehrpfade auf Holzbrettern. Sie führen durch den geschützten Wald des **Parry Kauri Park**. In einer kostenlos am Museumseingang erhältlichen Broschüre werden die Bäume detailliert beschrieben. 9 Uhr bis Sonnenuntergang, Eintritt in Form einer Spende.

Brick Bay Sculpture Trail

Arabella Lane, 6 km östlich von Warkworth abseits des SH1 ▪ tgl. 10–17 Uhr, letzter Einlass 16 Uhr ▪ Eintritt ▪ www.brickbaysculpture.co.nz

Der **Brick Bay Sculpture Trail** bietet eine perfekte Mischung aus Kunsterlebnis und formvollendeter Architektur. Nach einer Stunde auf dem 2 km langen Wald-, Weinberg- und Parkweg, der an über 45 Skulpturen vorbeiführt (alle stehen zum Verkauf und stammen überwiegend von neuseeländischen Künstlern), erwartet den Wanderer im Café eine Belohnung in Form von Weinproben, Olivenölverkostungen und Vorspeisenplatten für zwei Personen.

ÜBERNACHTUNG

Sandspit Holiday Park, 1334 Sandspit Rd, www.sandspitholidaypark.co.nz. Der Holiday Park liegt im Schatten großer Bäume direkt beim Fähranleger für Kawau Island; es gibt einen kostenlosen Kanu- und Paddelbootverleih und sichere Bademöglichkeiten; außerdem ist er nicht weit von einem Surfstrand und einem Internetkiosk entfernt. ❶

Warkworth Country House, 18 Wilson Rd, 300 m nördlich des Warkworth and Districts Museum (s. o.), www.warkworthcountryhouse.co.nz. Zwei gemütliche Zimmer mit Bad und eigenem Eingang mit kleiner Terrasse, an großem und gepflegtem Garten und mit einem Wald voller Vögel in der Nähe. ❷

ESSEN

Warkworth hat recht gute Restaurants zu bieten. Nobler speisen kann man auf den umliegenden Weingütern. Proviant gibt es im Supermarkt New World.

K&J's Takeaway, 10 Elizabeth St, 09 425 8198. Großartige Wahl, um eine Mahlzeit zum Mitnehmen für ein Picknick oder einen Strandspaziergang zu kaufen, mit lokalen Spezialitäten (Fish 'n' Chips) und internationalen Standards wie etwa Nasi Goreng. $$

Pete & Mary's, 21 Queen St, www.facebook.com/peteandmarys.eatery. Guter Kaffee und köstliche, gesunde Speisen – Erdbeertörtchen, gegrilltes Gemüse, selbst gebackenes Shortbread – sowie eine beeindruckende Frühstückskarte und vegetarische Gerichte. $

Tahi Bar, 1 Neville St, www.facebook.com/theTahi. Bier-Bar in einer Gasse gegenüber dem i-SITE mit tollem Angebot an Bieren aus verschiedenen Kleinbrauereien. Mit toller Terrasse zum Chillen und jeder Menge Livemusik. $

INFORMATIONEN UND INTERNET

i-SITE Visitor Centre, 1 Baxter St, 09 425 9081. Hilft bei Reisebuchungen und hat kostenlosen **Internetzugang**. Mo–Fr 9–17, Sa und So 10–15 Uhr.

TRANSPORT

Die **Busse** von InterCity und Northliner halten vor der Touristeninformation in der Baxter St.

Busse nach AUCKLAND (4x tgl., 1 Std. 20 Min.) und WHANGAREI (4x tgl., 2 Std.)

Kawau Island

Kawau Island hat nur rund 70 Einwohner, aber dafür jede Menge Wochenendbesucher, und besteht vorwiegend aus Ferienhäusern mit privaten Anlegestellen. Boote zur Insel fahren ab einem Anleger etwa 8 km östlich von Warkworth (S. 212).

Mansion House

⌚ Sep–Mai Mo–Fr 12–14, Sa und So 12–15.30 Uhr
▪ Eintritt

Die einzigen Sehenswürdigkeiten auf Kawau Island sind das vornehme, mit Kauri-Holz getäfelte **Mansion House** und dessen exotische Gärten. Hier wohnte in den 1860er-Jahren George Grey, damals Gouverneur von Neuseeland, während seiner zweiten Amtszeit. Die Einrichtung sieht in etwa so aus wie zu Greys Zeiten.

Ein kurzer Spaziergang führt durch die Gärten zum kleinen Strand von **Lady's Bay** und von dort zu einem Netz von kurzen Wegen, die sich durch Kiefernwald und Kanukagestrüpp schlängeln. Das beliebteste Ziel für einen Spaziergang sind die Ruinen der alten **Kupfermine** (knapp 1 1/2 Std. hin und zurück).

ESSEN

Kawau Boating Club, Bon Accord Harbor, 💻 www.kawauboatingclub.nz. Der belebteste Platz auf Kawau Island (was nicht viel heißt) ist dieser sehr relaxte Bootsclub, wo die Bar und das Bistro Salate, Fischpasteten, Chowders, Wurstbrötchen und mehr servieren. $$

Mansion House Bay Café, ✆ 09 422 8882. Café mit Alkoholausschank, geöffnet zum Mittagessen und für kleine Gerichte und Snacks. Auch ganztägiges Frühstück und gebratener Lachs. Die meisten Leute kommen im Rahmen einer organisierten Tour hierher, also in der Regel mittags, aber mit einem Wassertaxi von Kawau Cruises (s. o.) kann man auch zum Abendessen hierher gelangen. $$

TRANSPORT UND TOUREN

Die Boote Richtung Kawau Island fahren am Kai von SANDSPIT (Nachtparken möglich) ab, einer kleinen Gemeinde am Matakana-Meeresarm 8 km östlich von Warkworth.

Kawau Cruises, 💻 www.kawaucruises.co.nz, bietet tgl. 1 oder 2 Fahrten direkt zur MANSION HOUSE BAY an, wodurch man etwa doppelt so viel Zeit an Land verbringt wie beim **Royal Mail Run** (tgl. 10.30 Uhr; 4 Std.; Angebote mit BBQ-Mittagessen verfügbar), der einen ebenfalls mitnimmt zur Insel. Es ist ein Postdienst, der Post, Zeitungen und Lebensmittel an alle Kais der Insel liefert und Besuchern in der Mansion House Bay etwa 1,5 Stunden Zeit an Land verschafft – ausreichend, um den Busch und den Strand zu erkunden, schwimmen zu gehen oder sich im Haus umzusehen, bevor das Boot wieder die Rückfahrt antritt. Auf der Hinreise wird das Mittagessen an Bord serviert.

Matakana und Umgebung

In den vergangenen zehn Jahren oder mehr hat sich **Matakana**, 9 km nordöstlich von Warkworth, vom unbedeutenden Kreuzungspunkt zweier Landstraßen zum Herzstück einer boomenden Weinregion und zu einem kleinen Slow-Food-Zentrum entwickelt. Der Ort liegt nahe genug bei Auckland, um Wochenendausflügler anzuziehen. Sie kaufen gern auf dem Bauernmarkt am Samstag von 8 bis 13 Uhr ein. Anschließend gehen sie vielleicht ins örtliche kleine Kino, 2 Matakana Valley Rd, 💻 www.matakanacinemas.co.nz, stöbern in den Geschäften (einer altmodischen Metzgerei, einem exzellenten Buchladen und einem sehr guten Feinkostgeschäft) oder besuchen die Weingüter. In dem fast überall erhältlichen Heftchen *Matakana Wine Trail* sind 18 **Winzer** und andere Einrichtungen mit Weinbezug beschrieben, die zur Weinprobe einladen (meistens gegen ein geringes Entgelt).

Morris & James Pottery & Tileworks

2 km westlich von Matakana in der Tongue Farm Rd
▪ ⌚ tgl. 9–17 Uhr; Café/Bar 9–16 Uhr; kostenlose Führung tgl. 11.30 Uhr ▪ Eintritt frei ▪ 💻 www.morrisandjames.co.nz

Wegbereiter für den Umschwung in der Region war **Morris & James Pottery & Tileworks**. Dort werden seit Ende der 1970er-Jahre Terrakottafliesen und große Blumenkübel von Hand hergestellt. Vor dem Besuch im Café kann man eine kostenlose halbstündige Führung durch die Töpferei unternehmen.

Tawharanui Regional Park

10 km südöstlich von Matakana, an der Takatu Rd ▪ ⌚ tgl. 6 Uhr bis Sonnenuntergang ▪ Eintritt frei

Der **Tawharanui Regional Park** umfasst tolle Strände und wieder aufgeforsteten Wald. Raubtiere wurden beseitigt, weshalb die Vögel wieder in das **offene Reservat** zurückkehren. Hier kann man herrlich schwimmen, tauchen, picknicken und auf gut begehbaren Wegen wandern oder radeln. Allerdings muss alles Notwendige mitgebracht werden. Das Einzige, was es hier gibt, ist ein schöner Campingplatz, 💻 www.aucklandcouncil.govt.nz/parks-recreation. Er bietet sehr schlichte Zelte und einfache Toilettenhäuschen hinter den Dünen an der Nordküste. Außerdem gibt's einen gesonderten „All Modes"-Platz für Wohnmobile (gleicher Preis). ❶

ESSEN

Tramcar Diner, 2 Matakana Valley Rd, 💻 www.tramcarmatakana.co.nz. Bei den Locals eine beliebte Adresse wegen der großen Auswahl an herzerwärmendem Soul Food, die von saftigen Fleisch- und Gemüseburgern bis hin zu knusprigem Chili-Oktopus, Chipotle-Hühnchen-Tacos und Fish 'n' Chips reicht. $$

Matakana Market Kitchen, 2 Matakana Valley Rd, 💻 www.matakanamarketkitchen.nz. Edles und teures Designerrestaurant mit einer großen, glänzenden Theke. Speisen: z. B. Avocado auf Toast, Brunch mit Eiern aus Freilandhaltung und verschiedene Hauptgerichte wie Risotto mit Muscheln und Schnapper. Wer Glutenfreies möchte, kommt ebenfalls auf seine Kosten. Für Kids gibt's ein 3-gängiges Menü. $$$

Plume, 49a Sharp Rd, 💻 www.plumerestaurant.co.nz. Im stilvollen, teuren Restaurant auf einem Weingut mit offener Küche gibt's z. B. Rehmedaillons mit Johannisbeere und Wacholder ($37,50) oder Garnelenschwanz-Tempura mit Dip ($35). $$$

TOUREN

Blue Adventures, Omaha Watersports Centre, 5 km östlich von Matakana, 💻 www.blueadventures.co.nz. Unterricht für Stand-Up-Paddleboarding, Wakeboarding und Kitesurfen sowie Ausrüstungsverleih.

Matakana River Tours, 💻 www.matakanarivertours.co.nz. Im Angebot sind einstündige Touren ab dem Anleger unmittelbar unterhalb des Dorfes durch die schönen Gezeitengewässer bis zum Sandspit Basin. Phil, der das Boot selbst gebaut hat, unterhält unterwegs mit Anekdoten. Termine online reservieren!

NORTHLAND

Leigh und Goat Island

13 km nordöstlich von Matakana liegt die Ortschaft **Leigh** mit ihrem malerischen Hafen, in dem hölzerne Fischerboote auf den Wellen tanzen. 4 km weiter nordöstlich befindet sich das **Cape Rodney-Okakari Marine Reserve**, üblicherweise nach der kleinen, buschbestandenen Insel 300 m vor der Küste einfach **Goat Island** genannt. Gegründet wurde dieses erste Meeresreservat von Neuseeland 1975. Es zieht sich 5 km an der Küste entlang und reicht 800 m weit ins Meer hinein. Heute wimmelt die hiesige Unterwasserwelt von großen Felshummern, riesigen Schnappern und Rochen. Von Fütterungen wird allerdings abgeraten, nachdem insbesondere die Blue Maomaos an der Handfütterung mit Tiefkühlerbsen zu viel Geschmack gefunden hatten und daher häufig Schwimmer und Taucher belästigten.

Der leicht zugängliche Strand (vom Parkplatz am Ende der Straße), das glasklare Wasser, die zahlreichen Unterwasserterrains und die relativ mäßigen Strömungen haben Goat Island zu einem ganzjährig begehrten Tauchspot gemacht. Im Sommer ist die Insel außerdem ein angesagtes Urlaubsziel für Familien mit Kindern. Wer die Ruhe liebt, sollte besser unter der Woche hierher kommen.

ESSEN

Leigh Fish and Chip Shop, 18 Cumberland St, ✆ 09 422 6035. Dieser Laden ist vor Ort legendär, und zwar wegen der köstlichen Fish 'n' Chips, Muschelbratlinge und Burger. Alles unter $18. $

The Leigh Sawmill Café, 142 Pakiri Rd, www.leighsawmill.co.nz. Vor allem bekannt als Restaurant und Veranstaltungsort, aber die mit sehr viel Feingefühl umgebaute Sägemühle bietet darüber hinaus auch 5 geräumige DZ mit Bad, ein Selbstversorger-Cottage und 2 Dorms. Im schicken Café gibt's Feinschmecker-Pizza und Bier aus der benachbarten Kleinbrauerei. Am Wochenende treten oft Livebands auf. $$$

AKTIVITÄTEN

Bootsausflüge

Glass Bottom Boat, www.glassbottomboat.co.nz. Das Glasbodenboot legt am Strand zu 45-minütigen Touren ab, die am schönsten bei schönem, ruhigem Wetter sind (im Winter finden sie 3x tgl. statt, im Sommer öfter). Am besten ist es, vorher anzu rufen und sich nach den Wetterbedingungen zu erkundigen und zu reservieren.

Schnorcheln und Tauchen

Schnorchler kommen in den Genuss eines üppigen Kelpwaldes mit vielen bunten Fischen. Wer sich tiefer hinein traut, entdeckt fantastische Meerespanoramen mit unzähligen Schwämmen.

Goat Island Dive, 142a Pakiri Rd, Leigh, www.goatislanddive.co.nz. Ein äußerst professionelle Anbieter. Vermietet werden Taucherbrillen, Schnorchel und Flossen sowie Taucheranzüge. Goat Island Dive bietet 2-stündige Schnorcheltouren an. Außerdem im Programm: Tauchunterricht und Touren zum Goat Island Marine Reserve und noch weiter hinaus. Wer über einen entsprechenden Tauchschein verfügt, kann auch komplette Tauchausrüstungen mieten. ⌚ im Sommer tgl., im Winter nur am Wochenende geöffnet.

TRANSPORT

Nach Leigh fahren keine öffentlichen Verkehrsmittel. Besucher ohne eigenes Fahrzeug müssen in MATAKANA ein **Taxi** nehmen, z. B. von Matakabs, ✆ 0800 522 743, ca. $40 einfach.

Pakiri

Pakiri, 10 km nördlich von Leigh, besteht in erster Linie aus einem langen weißen Surfstrand hinter Weiden, Dünen und Pohutukawa-Bäumen, die im Dezember rot blühen. Dies ist der perfekte Ort für Strandspaziergänge, Vogelbeobachtungen, Sonnenuntergänge und herrliche **Ausritte**.

ÜBERNACHTUNG

Pakiri Beach Holiday Park, 261 Pakiri River Rd, www.pakiriholidaypark.co.nz. Relaxter Ferienpark am östlichen Ende von Pakiri Beach, wo der Fluss Pakiri ins Meer mündet. Er bietet eine Reihe von Unterkunftsmöglichkeiten, von Zelt- und Wohnmobilstellplätzen bis hin zu komfortablen, modernen Bungalows. Außerdem werden viele Aktivitäten am Strand und im Wasser angeboten, während ein Lebensmittelladen und ein Imbisswagen für das leibliche Wohl sorgen. ❷

AKTIVITÄTEN

Pakiri Beach Holiday Park, 261 Pakiri River Rd, www.pakiriholidaypark.co.nz. Das Ferienlager ist auch der richtige Ort für eine Reihe von Wasseraktivitäten, z. B. können Kajaks und Stand-Up-Paddleboards ausgeliehen werden.

Mangawhai Heads und Umgebung

Das winzige **Mangawhai**, 40 km nördlich von Warkworth, www.mangawhai.co.nz, ist ein landwirtschaftliches Versorgungszentrum und inzwischen auch Feriendorf für Aucklander. Hier gibt's einige Restaurants und am Wochenende einen schicken Bauernmarkt. Von hier hat man auch Zugang zum Mangawhai Heads.

Mangawhai Heads

3 km weiter nördlich trifft die Straße bei **Mangawhai Heads** am Mangawhai Harbour auf die Küste. Ferienhäuser überziehen die Hänge hinter dem herrlichen Surfstrand. Abgesehen vom Sommer, wenn viele Kiwis ihre Ferien hier verbringen, geht es in Mangawhai Heads sehr entspannt zu. Das Highlight ist der reizvolle **Mangawhai Cliffs Walkway** (2–3 Std., ganzjährig geöffnet); bei Ebbe kann man auch über den Strand zurückmarschieren.

Mangawhai Museum

Molesworth Drive ▪ tgl. 10–16 Uhr ▪ Eintritt ▪
www.mangawhai-museum.org.nz

Das neue **Mangawhai-Museum** zeigt Ausstellungen, die die Besiedlung der Gegend um diesen natürlichen Hafen beleuchten, von den ersten Maori-Besiedlungen bis zur Gegenwart – getreu dem Motto „vom Schiffsbau bis zum Sandburgenbau". Besucher können das moderne Gebäude in Form eines Stachelrochens anhand von elf verschiedenen Geschichten entdecken und alles von der großen Maori-Schlacht zwischen den Ngapuhi und Ngati Whatua bis hin zum andauernden Kampf um die Rettung der vom Aussterben bedrohten Feenseeschwalbe erfahren.

ÜBERNACHTUNG

Coastal Cow Backpackers, 299 Molesworth Drive, coastalcow@gmail.com. Die Herberge ist in einem hübschen, modernen Haus untergebracht. Nur 5 Min. von einem Badestrand entfernt. ❶

Mangawhai Lodge, 4 Heather St, www.seaviewlodge.co.nz. Gemütliche, moderne Apartments für Selbstversorger sowie 2 B&B-Zimmer, eins davon mit eigenem Bad. Alle außer dem rollstuhlgerechten Apartment „Par 3" im Erdgeschoss haben einen Balkon mit Blick aufs Meer in der Ferne. Gastgeberin Jeanette kennt sich in der Gegend bestens aus. ❸

ESSEN

Bennetts Café, 52 Moir St, Mangawhai, www.bom.co.nz/pages/cafe. Ausgezeichnetes Frühstück und Mittagsgerichte, z. B. Pancakes mit verschiedenen Beeren, Ahornsirup und Schlagsahne sowie *Wagyu*-Burger. Auf der anderen Seite des Hofs gibt es einen wunderbaren Chocolatier. $$

The Dune, 40 Moir St, Mangawhai, www.dunemangawhai.co.nz. Die kulinarischen Schätze von Northland kommen im entspannten Dune auf den Teller, das bei Einheimischen und Touristen gleichermaßen beliebt ist. Zu den Highlights gehören das Rindfleischgericht Wellington und die Thunfisch-Tostadas. $$$

Oasis Bar & Eatery, 188 Molesworth Drive, Mangawhai Heads, www.facebook.com/oasismangawhai. Diese Café-Bar ist wegen ihrer relaxten Atmosphäre und der zwanglosen Speisekarte sehr beliebt: Es gibt geräucherte Brisket-Sandwiches, Apfelstrudel, Käse-Scones und mehr, alles frisch zubereitet. $

Mangawhai Tavern, 2 Moir St, Mangawhai, www.mangawhaitavern.co.nz. Der Kiwi-Pub mit traditionellen Gerichten zeichnet sich vor allem durch seine schöne Lage aus und ist bekannt als Musikkneipe für in- und ausländische Bands (Fr und Sa). $$

Waipu und Umgebung

Ein schottischer Löwe aus Aberdeen-Granit wacht über das Dorf **Waipu**, 25 km nördlich von Mangawhai. Er verweist auf die 900 schottischen Siedler, die Mitte des 19. Jhs. dem charismatischen Prediger Reverend Norman McLeod hierher folgten. Am Neujahrstag finden in Waipu die **Highland Games**, www.waipugames.co.nz, statt. Bei diesem Fest stemmen die Teilnehmer im Caledonian Park schwere Steine und machen Speerwurf mit Kieferstämmen.

Waipu Museum

36 The Centre ▪ tgl. 10–16 Uhr ▪ Eintritt ▪
www.waipumuseum.com

Das hervorragende **Waipu Museum** widmet sich der beschwerlichen Reise der schotti-

NORTHLAND

schen Siedler via Nova Scotia, wo Hunger und eine Reihe bitterkalter Winter sie forttrieben nach Australien und weiter nach Neuseeland, wo die strenge Calvinistengemeinde schließlich Fuß fasste. Alles ist wunderbar illustriert, mit vielen verschiedenen Utensilien, darunter die alte Taschenuhr von McLeod. Die ausgestellten Stammbäume werden gern von Neuseeländern mit schottischen Wurzeln zwecks Ahnenforschung konsultiert. Interessant sind außerdem die Wechselausstellungen zu schottischen Themen.

NORTHLAND

Waipu Caves

16 km vom Ort (ausgeschildert) über Shoemaker und Waipu Caves Rd

Die **Waipu Caves** mit ihren vielen Kalksteinformationen sind ein beliebtes Ausflugsziel. Dort gibt es einen der längsten Stalagmiten Neuseelands zu sehen. Er befindet sich in einer 200 m langen, von Glühwürmchen beleuchteten Höhle. Wer sie besichtigen möchte, besorgt sich eine kostenlose Landkarte im Visitor Centre im Waipu Museum, zieht möglichst alte Kleidung und widerstandsfähiges Schuhwerk an und nimmt zwei gute Taschenlampen mit. Die Höhle ist nach heftigen Regenfällen unpassierbar. Selbst bei gutem Wetter wird man ganz schön schmutzig, aber es gibt eine Kaltwasserdusche an der Mauer abseits der Straße und öffentliche Toiletten in der Anlage.

ÜBERNACHTUNG UND ESSEN

Campingplatz Uretiti Beach, 6 km nördlich von Waipu, am SH1 ausgeschildert. Bei Uretiti liegt ein wunderbarer langer weißer Strand, an dem sich ein einfacher DOC-Campingplatz mit Wasser, Toiletten und kalten Duschen befindet und gleich daneben ein inoffizieller FKK-Strand. ❶

Pizza Barn, 2 Cove Rd, 💻 https://mcleods pizzabarn.co.nz. In dem ehemaligen Postamt von Waipu; preisgünstiges Mittag- und Abendessen, darunter Pizza mit allen möglichen köstlichen Belägen. Man kann drinnen in der gemütlichen Bar oder im Gartenzimmer essen, das mit Surfbrettern und einem großen ausgestopften Fisch dekoriert ist. Die Kitschsammlung aus den 50er-Jahren in den Toiletten ist unbedingt einen Blick wert! $$

Waipu Cove

Camp Waipu, 869 Cove Rd, Waipu Cove, 💻 www.campwaipucove.com, am Strand. Weitläufige Anlage am Südende der Bream Bay, nördlich von Lang's Beach (im Jan total ausgebucht). Zumeist recht einfache Cabins, jedoch auch einige luxuriösere Units für Selbstversorger, außerdem ein *bunk house*. Strandzugang über einen Fußweg. ❷

Waipu Cove Cottages and Camping, 685 Cove Rd, Waipu Cove, ✆ 09 432 0851, 💻 www.waipucovecottages.co.nz. Eine kleinere Anlage neben dem Camp Waipu mit großzügigen Stellplätzen und modernen Cottages ($155). Kostenlose Benutzung von Dingis ist inklusive. ❷

INFORMATIONEN UND INTERNET

Das **Visitor Centre**, 36 The Centre, ✆ 09 432 0746, befindet sich im Waipu Museum und wird von Freiwilligen betrieben. ⏲ tgl. 10–16 Uhr.

TRANSPORT

Die **Busse** von InterCity/Northliner halten und nehmen Fahrgäste auf, auf Anfrage vor dem Geschenkeladen Pear Tree, 13 The Centre, ✆ 09 432 0046, wo auch die Fahrkarten verkauft werden.

Busse nach AUCKLAND 4x tgl., 2 1/2 Std.; WHANGAREI 4x tgl., 40 Min.

Whangarei und Umgebung

Es lohnt sich, in Whangarei zu verweilen und auch die Umgebung zu erkunden, insbesondere die Gegenden östlich und nördlich der Stadt, wo schroffe Überreste uralter Vulkane ans Meer grenzen. Südöstlich der Stadt liegt **Whangarei Heads**, das vulkanische Herzland des Bezirks, durchzogen von Spazier- und Wanderwegen entlang der Küste zu ruhigen Hafenstränden und windgepeitschten Küstenstränden, spektakuläre Ausblicke inklusive. Kajakfahrten bieten beste Aussichten. Im Nordosten dient **Tutukaka** als Ausgangspunkt für Tauchausflüge in die Unterwasserwunderwelt rund um die **Poor Knights Islands**. Viele regionale Wanderungen werden in der DOC-Broschüre *Whangarei District Walks* beschrieben, die im i-SITE-Besucherzentrum in Whangarei erhältlich ist.

Whangarei

Das Allerschönste an Whangarei sind die zahlreichen erholsamen Parks und einfachen Wanderwege nur wenige Minuten von der Stadt entfernt sowie hinaus zum Parihaka Scenic Reserve. Die besten davon sind in der kostenlos im Visitor Centre erhältlichen Broschüre *Whangarei Central Walks* beschrieben.

Central Whangarei

Das am Wasser gelegene **Town Basin** ist vorwiegend eine betriebsame Einkaufszone zwischen Lower Dent Street und dem Hatea River. Neben schicken Geschäften und Restaurants befindet sich hier das Museum **Clapham's Clocks**: Zu bewundern sind 1300 Uhren – von Kirchturm- bis zu Kuckucksuhren, 🕒 tgl. 9–17 Uhr, Eintritt inkl. Führung. Das sehenwerte **Hundertwasser Art Centre mit Wairau Maori Art Gallery**, 💻 www.yeswhangarei.co.nz, zeigt eine großartige Sammlung von Maori-Kunstwerken.

Whangarei Art Museum

The Hub, Dent St ▪ 🕒 tgl. 10–16 Uhr ▪ Eintritt gegen freiwillige Spende ▪ 💻 www.whangarei artmuseum.co.nz

In den Galerien des **Whangarei Art Museum** werden Sonderausstellungen und jeweils im Wechsel Werke aus der hervorragenden Sammlung des Hauses mit alter und neuer Kunst gezeigt. Interessant sind u. a. die Gemälde von E. Kate Mair. Sie gehörte zu den ersten weißen Künstlern, die Maori mit Sympathie darstellten, obwohl sie mit Captain Gilbert Mair verheiratet war, der die Maori sein Leben lang bekämpfte. Leider ist jedoch keines der beiden hier vorhandenen Werke ein Maori-Porträt. Sehenswert sind das recht bekannte Porträt von Haratáori Harota Tarapata von Charles F. Goldie (S. 143) sowie ein paar Arbeiten von Gottfried Lindauer (S. 143).

NORTHLAND

Touren und Aktivitäten in und um Whangarei

In und um Whangarei werden einige lohnende Touren und Aktivitäten angeboten, die ausgezeichnete Eindrücke von der Umgebung vermitteln und an Orte führen, die man allein wohl nicht entdecken würde.

Northland E-Bikes, 💻 https://northlandebikes.co.nz. Günstig im Zentrum von Whangarei gelegen, bietet dieses professionelle Unternehmen einen preiswerten E-Bike-Verleih (halber/ganzer Tag oder länger) und gibt Tipps zu den besten Orten zum Radfahren in der Nähe.

Pacific Coast Kayaks, 💻 www.nzseakayaking.co.nz. Organisiert Kajaktouren nach Limestone Island (halber Tag ab dem Onerahi Yacht Club) und an der Tutukaka-Küste entlang (halber Tag ab Tutukaka Harbour) sowie Trips zu weiter entfernten Zielen.

Tu Tika Tours, 💻 www.tutikatours.co.nz. Einzigartige Maori-Tour mit Merv und Rangi und ihrem *whanau* (Familie). Die Teilnehmer werden in Whangarei bei ihrer jeweiigen Unterkunft abgeholt, dann gibt's im Haus der beiden eine Willkommenszeremonie und Tee sowie anschließend eine Tour zu Orten in der Stadt, die für sie von besonderer Bedeutung sind. Toll ist auch der *hangi* zum Mittagessen.

Whangarei Deep Sea Anglers Club, Marina Rd, Tutukaka, 💻 www.sportfishing.co.nz. Das Angeln z. B. von Marlins, Haien und Thunfischen ist zwischen Dezember und April erlaubt. Angler, die ein Charterboot zum Hochseefischen mieten wollen, können es sich zu viert teilen. Der Club führt eine Liste mit Anbietern; 🕒 in der Saison tgl. 8–18 Uhr.

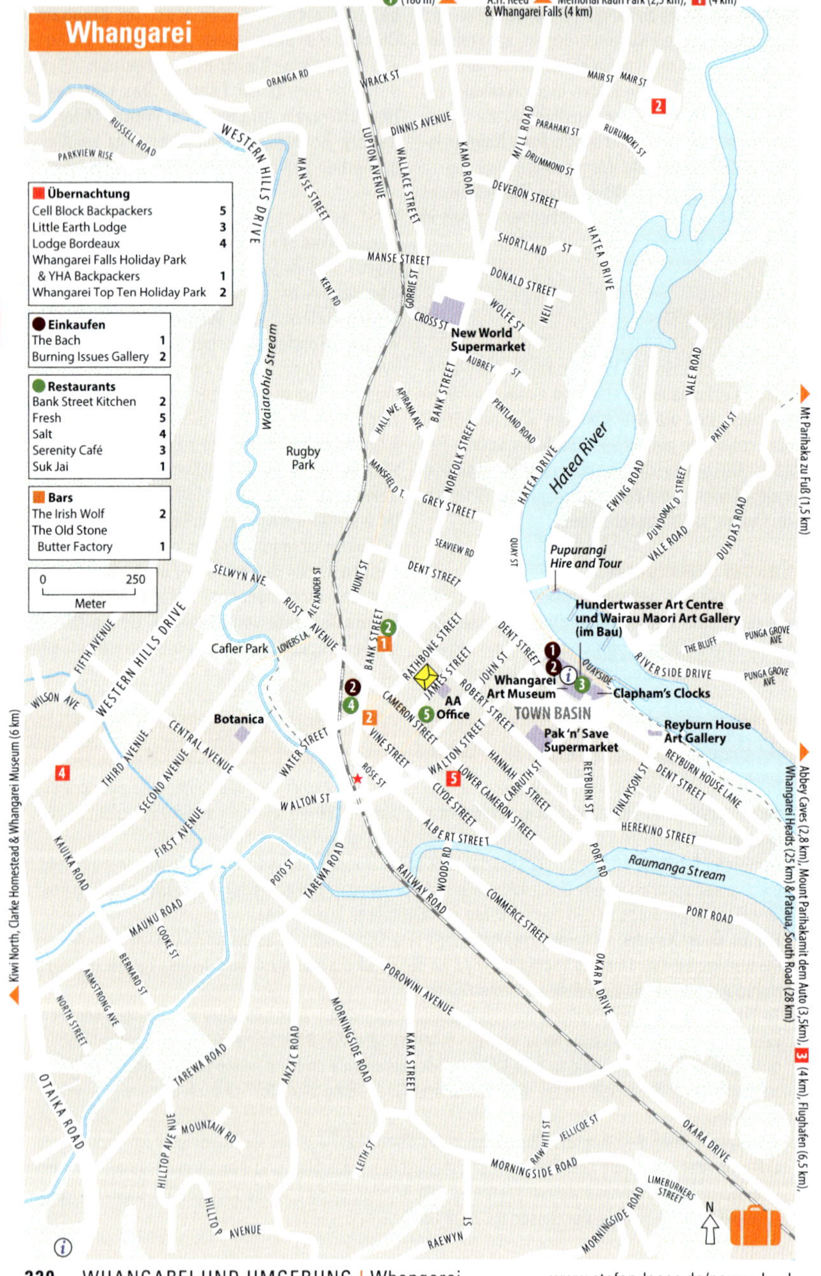
Whangarei
Übernachtung
Cell Block Backpackers 5
Little Earth Lodge 3
Lodge Bordeaux 4
Whangarei Falls Holiday Park & YHA Backpackers 1
Whangarei Top Ten Holiday Park 2
Einkaufen
The Bach 1
Burning Issues Gallery 2
Restaurants
Bank Street Kitchen 2
Fresh 5
Salt 4
Serenity Café 3
Suk Jai 1
Bars
The Irish Wolf 2
The Old Stone Butter Factory 1
0 250 Meter
1 (180 m) A.H. Reed Memorial Kauri Park (2,5 km), 1 (4 km) & Whangarei Falls (4 km)
Mt Parihaka zu Fuß (1,5 km)
Abbey Caves (2,8 km), Mount Parihaka mit dem Auto (3,5km), Whangarei Heads (25 km) & Pataua, South Road (28 km)
3 (4 km), Flughafen (6,5 km)
Kiwi North, Clarke Homestead & Whangarei Museum (6 km)
NORTHLAND
Rugby Park
Cafler Park
Botanica
Hatea River
Wairarohia Stream
Raumanga Stream
New World Supermarket
Pupurangi Hire and Tour
Hundertwasser Art Centre und Wairau Maori Art Gallery (im Bau)
Whangarei Art Museum
Clapham's Clocks
TOWN BASIN
AA Office
Pak 'n' Save Supermarket
Reyburn House Art Gallery
N

Kiwi North und Whangarei Native Bird Recovery Centre

SH14, 6 km südwestlich von Whangarei ▪ **Kiwi North** ◷ tgl. 10–16 Uhr ▪ Eintritt ▪ 💻 www.kiwinorth.co.nz ▪ **Whangarei Native Bird Recovery Centre** ◷ Mo und Fr 13–16.30, Di–Do 10–16.30 Uhr ▪ Eintritt gegen freiwillige Spende ▪ 💻 www.nbr.org.nz

Kiwi North besteht aus einem fabelhaften Kiwi-Haus inmitten der aufgemöbelten Anlage eines Museums und des **Heritage Park**. Gleich daneben liegt das **Whangarei Native Bird Recovery Centre**, das jedoch eine eigenständige Einrichtung ist.

Der Stolz von Kiwi North ist ohne Zweifel das sorgfältig designte und großzügig angelegte Kiwi-Gehege. Neben den faszinierenden langschnäbeligen Vögeln leben hier Kuckuckskäuze, Duvaucel-Geckos, Skinks und Tuataras.

Das Museum, ein paar Schritte den Hügel hinauf, zeigt eine faszinierende Sammlung mit einem 200 Jahre alten *waka*, schönen Maori-Umhängen, Hone Hekes (S. 237) Muskete, Informationen über das Ruapekapeka Pa (S. 225) sowie historischen Fotografien.

Drumherum breitet sich der **Heritage Park** mit der **Clarke Homestead** aus – ein seltenes Exemplar eines im Originalzustand erhaltenen, nicht restaurierten Anwesens, das 1886 für den schottischen Arzt Alexander Clarke erbaut wurde. Ein Großteil dessen, was heute noch zu sehen ist, stammt aus dieser Zeit. Nett sind die restaurierten **Dampfloks**, die in der Anlage umherfahren.

Ein Muss für alle Vogelfreunde ist das **Native Bird Recovery Centre**, das verletzte Vögel wieder aufpäppelt. Unter den hier gezeigten temporären und Dauergästen ist meist auch ein sprechender Tui anzutreffen.

Whangarei Falls

5 km nordöstlich des Stadtzentrums

Wie ein breiter Vorhang stürzt der Hatea River als **Whangarei Falls** über einen 26 m hohen Basaltkamm in ein beliebtes Badebecken. Am schönsten ist er auf dem Spazierweg durch das Waldland am Hatea River entlang zu erreichen (1 1/2 Std. pro Strecke). Der Pfad beginnt am Ufer gegenüber vom Town Basin – eine Karte mit Wegbeschreibung erhält man im i-SITE – und endet an einer Brücke oberhalb des Wasserfalls.

A. H. Reed Memorial Kauri Park

Nordöstlich des Stadtzentrums, nach 1,5 km an der Whareora Rd

Im **A. H. Reed Memorial Kauri Park** führen schattige Wege an 500 Jahre alten Kauri-Bäumen vorbei. Zu empfehlen ist der zehnminütige Alexander Walk, an den ein **Plankenweg** anschließt, der sich hoch über einem Bach mit Blick auf Palmen und Farne windet, bevor er schöne Kauris erreicht. Vom Elizabeth Track, der am unteren Parkplatz beginnt, geht ein Wanderweg ab, der am Hatea River entlang zu den Whangarei Falls führt (1 Std. hin und zurück).

Abbey Caves

6 km östlich des Stadtzentrums an der Abbey Caves Rd, zu erreichen über die Whareora Rd

Die verwitterten geriffelten Kalksteinformationen der **Abbey Caves** warten mit zahlreichen Stalaktiten, Stalagmiten und Glühwürmchen auf. Höhlenbesucher sollten für eine Erkundung einigermaßen fit und mit einer Taschenlampe ausgerüstet sein. Um in die erste Höhle, die Organ Cave, zu gelangen, muss man etwas klettern und kann dann ein paar hundert Meter weit einem unterirdischen Fluss folgen – aber keinesfalls nach heftigen Regenfällen. Die Middle Cave und Ivy Cave sind schlecht ausgeschildert und daher nicht so leicht zu finden, aber ebenfalls interessant.

ÜBERNACHTUNG

Karte S. 220

Cell Block Backpackers, 91 Cameron St, 💻 www.thecellblock.nz. Der Name sollte nicht darüber hinwegtäuschen: Dieses ehemalige Gefängnis ist sehr gemütlich im mexikanischen Stil eingerichtet und bietet Einzel-, 2-Bett- und Mehrbettzimmer (nach Geschlechtern getrennt und gemischt) zur Auswahl. Kein Schnickschnack, aber eine schöne Atmosphäre. ❶

Little Earth Lodge, 85 Abbey Caves Rd, 💻 www.littleearthlodge.co.nz. Das Hostel in einem grünen Tal, 7 km nordöstlich von Whangarei und direkt bei den Abbey Caves, hat Einzel-, Doppel- und 3-Bettzimmer, teils mit Gartenblick und Verleih von Ausrüstung für Höhlenerkundungen. ❷

Lodge Bordeaux, 361 Western Hills Drive, www.lodgebordeaux.co.nz. Hochmodernes Motel. Alle Zimmer mit AC, Fußbodenheizung, Spa, DVD-Player, manche mit Spülmaschine. Im Sommer beheizter Pool im Freien. ❸

Whangarei Falls Holiday Park & YHA Backpackers, Ngunguru Rd in Tikipunga, 5 km außerhalb der Stadt und in Laufweite zu den Whangarei Falls (Bus 3 oder 3A), 09 437 0609. Preisgünstige Cabins mit kleiner Küche. Pool, Whirlpool, Grillbereich, gemütliche Lounge. ❶

Whangarei Top Ten Holiday Park, 24 Mair St, www.whangareitop10.co.nz. Kleiner, ruhiger und einladender Platz in hübscher Umgebung, 2 km nördlich der Stadt mit einer großen Auswahl an Übernachtungsmöglichkeiten. 

ESSEN

Karte S. 220

Preiswerte Lebensmittel erhält man bei **Pak'n' Save**, Robert St, Ecke Carruth St. Außerdem findet in der Stadt jeden Samstag von 6 bis 10 Uhr ein quirliger und gut besuchter Bauernmarkt in der Water St, gegenüber der Shell-Tankstelle, statt.

Bank Street Kitchen, 88 Bank St, 09 430 0044. Gemütliches Café, das entspannten Nachmittagstee (stilecht mit feinem Porzellan) und eine Speisekarte bietet, auf der herzhafte, bodenständige Gerichte stehen. Einfach vorbeikommen und z. B. den Lammbraten mit Speck oder ein Steak mit Eiern genießen – perfekt für den Start in einen entspannten Morgen – oder vielleicht doch Pfannkuchen und frisches Obst? $$

Fresh, 12 James St, 09 4438 2921. Café mit Schanklizenz, das Panini, Frittatas, Pasta und Salate, bestehend z. B. aus gegrilltem Gemüse und Quinoa, anbietet. Außerdem tgl. Lunch-specials. $

Salt, 4 Water St, www.www.facebook.com/saltcafewhg. Das coolste Café der Stadt serviert bis 14.30 Uhr Frühstück (z. B. Knoblauchpilze, Sauerteigbrot, Spinat, Hummus, Grilltomaten und Bratkartoffeln, mit Bacon und Würstchen). Mittags gibt's vielleicht Tacos oder hausgemachte Fettucine. $$

Serenity Café, 45 Quay St, Town Basin, www.serenitycafe.co.nz. Bestes Café im Town Basin, mit hervorragendem und sehr reichhaltigem Frühstück sowie leckeren Mittagsgerichten wie Burger und BLT-Sandwiches. $$

Suk Jai, 93 Kamo Rd, www.sukjai.co.nz. Authentisches Thai-Restaurant mit gutem Service und köstlichen Thai-Klassikern wie Fischküchlein, *gang massaman* und *pad thai*. $$$

UNTERHALTUNG

The Irish Wolf, 7 Vine St, www.cmorrisseys.co.nz; Karte S. 220. Irische Kneipe mit einfacher und herzhafter Kneipenkost und am Wochenende Livemusik. $$

The Old Stone Butter Factory, 8 Butter Factory Lane, www.thebutterfactory.co.nz; Karte S. 220. Die munterste Bar von Whangarei richtet sich an ein etwas älteres Publikum und serviert Leckereien wie Tapas und Pizza. Oft Livemusik oder DJs, teils auch ruhigere Jazz-Abende. Ausgeschenkt werden einheimische Biere und Weine sowie Cocktails mit fantasievollen Namen wie *Purple Death*. $$

EINKAUFEN

The Bach, 6 Quayside www.thebach.gallery; Karte S. 220. Sie gilt als Northlands größte Kunsthandwerksgalerie und ist ein großartiger Ort, um die Kunst und das Kunsthandwerk lokaler Künstler zu erwerben – von Taschen und Lesezeichen bis hin zu edlem Schmuck, Töpferwaren und Metallarbeiten.

Burning Issues Gallery, 8 Quayside, www.burningissuesgallery.co.nz; Karte S. 220. Die Galerie im Town Basin verfügt hinten über ein Atelier, wo man Künstlern beim Glasblasen zuschauen kann. Verkauft werden meist Arbeiten heimischer Künstler, z. B. Glas, Keramik, Schmuck und Skulpturen.

INFORMATIONEN UND INTERNET

In Whangarei gibt es zwei **i-SITE Visitor Centres** in: 92 Otaika Rd, 09 438 1079, www.

whangareinz.com, etwa 2 km südlich der Stadt, ⌚ Nov–Ostern tgl. 9–17 Uhr, Ostern–Okt Mo–Fr 9–17, Sa und So 9–16.30 Uhr; und eine Niederlassung in The Hub im Town-Basin-Komplex, ✆ 09 430 1188, ⌚ tgl. 9–17 Uhr.

TRANSPORT

Busse

Die Busse von InterCity/Northliner halten in der Bank Street, dem Knotenpunkt der Nahverkehrsbusse, die an Werktagen häufig, Sa seltener und So gar nicht verkehren.

Busse nach:
AUCKLAND 4x tgl., 3 Std.;
PAIHIA 4x tgl., 1 1/4 Std.;
WARKWORTH 4x tgl., 2 Std.

Flüge

Der **Whangarei Airport** liegt 5 km östlich von Whangarei in Onerahi und wird von Air New Zealand angeflogen. Von hier in die Stadt fahren die City Link Busse und Taxis von **Kiwi Cabs**, ✆ 09 438 4444.

Flüge nach:
AUCKLAND 3x tgl., 40 Min.

Whangarei Heads

Whangarei Heads, 35 km südöstlich von Whangarei, besteht aus einer Reihe kleiner Strandgemeinden, die um zerklüftete Vulkanfelsen verstreut liegen und bei Bream Head, der nördlichen Grenze der Bream Bay, enden. Am besten erkundet man die Gegend vom Meer aus, genauer gesagt mit einem Kajak, von dem aus sich herrliche Ausblicke bieten. Zu den beliebtesten Ausflügen zählt eine Paddelfahrt zur Limestone Island oder eine Umrundung der Insel.

Limestone Island

Direkt vor der Küste von Onerahi, einem Küstenvorort, liegt **Limestone Island** (Matakohe), ein Mikrokosmos neuseeländischer Geschichte. Heute vom DOC verwaltet, war die Insel ursprünglich Heimat eines Teils der Ngaitahuhu-Iwi. Verschiedene Gruppen wetteiferten um die Kontrolle der Insel, bevor europäische Siedler hier eine Flachspressanlage errichteten. Danach zogen sich Siedler, die vor Hone Heke (S. 237) geflohen waren, auf die Insel zurück, bevor sie bis 1918 als Farmgelände und dann als Standort für eine Kalkfabrik genutzt wurde. 1989 wurde sie dem Whangarei-Distrikt zur ökologischen Wiederherstellung übergeben. Heute ist dieser Prozess in vollem Gange, und es wurden bereits 50 Kiwi-Küken aufgezogen, die auf dem Festland ausgesetzt wurden. An verschiedenen Orten gibt es Informationstafeln. Der Besuch der Insel – man kann sie direkt ansteuern oder umrunden – gelingt am besten im Rahmen einer organisierten Tour oder mit einem DOC-Ranger.

Mount Manaia und Umgebung

Für sicheren Badespaß hält man am besten an der **McLeod Bay**. Fährt man weiter, bis die Straße den Hafen verlässt, gelangt man zum Startpunkt einer perfekt ausgeschilderten Wanderung (3 km hin u. zurück; 2 Std.–2 1/2 Std.; 200 m Aufstieg) auf den 403 m hohen **Mount Manaia**, der von fünf mit Maori-Legenden umrankten Zinnen gekrönt wird. Die Felsen sollen Häuptling Manaia, seine Kinder und, demonstrativ abgewandt, seine untreue Frau darstellen. Durch Buschwerk gelangt man zum Fuß der Gipfel, die *tapu* sind, vorbei an schönen Aussichtspunkten.

Hinter Mount Manaia verläuft die Straße 5 km bis zur **Urquharts Bay**, wo ein kurzer Spaziergang (20 Min. pro Strecke) zur **Smugglers Cove** mit weißem Sand führt.

TRANSPORT

City Link-**Busse** verkehren (Mo–Sa; jede Stunde) bis nach ONERAHI, einer Strandgemeinde auf dem Weg zu den Heads. Wenn Sie weiter zu den Heads gelangen möchten, benötigen Sie ein Auto.

ÜBERNACHTUNG

Tidesong, Beasley Rd, Onerahi, 💻 www.tidesong.co.nz. Einladendes B&B, ruhig gelegen an der mit Mangroven bewachsenen

NORTHLAND

Taiharuru-Mündung, einem Paradies für Vogelbeobachter dank der 25 Arten, die in den weitläufigen Büschen und Gärten rund um das Anwesen zu sehen sind. Im Angebot sind ein preiswertes Selbstversorger-Apartment oder kleineres Zimmer, Leihfahrräder, ein Putting-Kurs und die Möglichkeit, eine geführte Fahrt über die Flussmündung auf einem kleinen Segelboot zu unternehmen. Hausgemachte Mahlzeiten sind erhältlich, zudem gibt es einen Pizzaofen im Freien. Halten Sie im Saal Ausschau nach einem Stück Familiengeschichte – einem Bild des ehemaligen Premierministers Thomas McKenzie. ❷

Treasure Island Motor Camp, 💻 www.treasureislandnz.co.nz. Eingeweihte Kiwis schätzen den Ort als abgelegene und malerische Zuflucht mit Zugang zu einem wunderschönen Surfstrand und guten Angelmöglichkeiten. Es gibt eine Küche, einen Fernsehraum und einen Grillplatz sowie einen allgemeinen Imbiss und eine Bäckerei vor Ort (Dez–Feb), die Kaffee und Croissants serviert. ❶

Tutukaka

Vom Dörfchen **Tutukaka** – an einem schönen, tief eingeschnittenen Hafen 30 km nordöstlich von Whangarei – legen Boote zu einem der beliebtesten Tauchreviere der Welt ab, dem **Poor Knights Islands Marine Reserve**, 25 km vor der Küste. Dank der warmen East-Auckland-Strömung und der fehlenden Sandablagerungen beträgt die Sicht fast das ganze Jahr über an die 30 m. Im Frühling (ungefähr in den Monaten Okt–Dez) kann sie sich aber wegen Plankton auf 10–15 m beschränken. In diesem ansonsten aber meist kristallklaren Gewässer findet sich Neuseelands größte Vielfalt an Meereslebewesen, darunter einige subtropische Arten, die nirgendwo sonst zu entdecken sind, sowie eine faszinierende Unterwasserlandschaft mit nahezu senkrechten, fast 100 m abfallenden Felswänden und -bögen. Einen **Tauchspot** bei den Poor Nights, die Blue Mao Mao Cave, zählte Jacques Cousteau zu den zehn besten Tauchattraktionen der Welt.

Die Poor Knights liegen außerdem an den Wanderrouten verschiedener Walarten: Blau-, Buckel-, Bryde-, Sei- und Minkwale sowie Delphine sind in der Nähe der Inseln keine Seltenheit. Zudem verbergen sich in den Gewässern nördlich und südlich von Tutukaka zwei **Schiffswracks**. Das Überwachungsschiff *HMNZS Tui* wurde 1999 versenkt, um ein künstliches Riff zu bilden. Aufgrund seiner großen Beliebtheit bei Tauchern und Meereslebewesen folgte zwei Jahre später die alte Fregatte *Waikato*. Innerhalb des Reservats liegen unzählige Inseln, von denen jedoch nicht alle betreten werden dürfen. Auf ihnen tummeln sich ungestört Geckos, Eidechsen und Tausende von Tuataras, ihres Zeichens die einzigen Überlebenden einer Gruppe prähistorischer, echsenähnlicher Geschöpfe, die vor 60 Mio. Jahren ausstarben.

ÜBERNACHTUNG UND ESSEN

Sands Motel, 48 Whangaumu St, 💻 www.sandsmotel.co.nz. 4 km abseits des Highways, neben einem schönen Strand. Das in den 1960er-Jahren erbaute, ruhige Motel besitzt eine Menge Flair. Gemütliche und gut ausgestattete Units mit 2 Schlafzimmern. ❷

Tutukaka Holiday Park, Matapouri Rd, 💻 www.tutukaka-holidaypark.co.nz. Ständig wachsende und verbesserte Anlage, nur 2 Min. zu Fuß vom Hafen; im Jan und Feb sehr voll. Auch sehr viele Pukekos (Purpurhühner). Saubere, gut ausgestattete Küche und Waschküche. Camping, Dorms ❶, Zimmer ❷

Schnappa Rock Café, Marina Rd, 💻 www.schnapparock.co.nz. Das interessanteste Restaurant am Hafen serviert verführerische (auch vegetarische) Gerichte wie Lammhüfte und Muscheln mit Thai-Curry-Kokosoße und Snacks. Es ist ein beliebter Tauchertreff, deshalb am besten im Sommer fürs Abendessen reservieren. $$

TRANSPORT

Das einzige öffentliche Transportmittel zwischen WHANGAREI und Tutukaka ist der **Whangarei Coastal Commuter**, 💻 www.coastalcommuter.co.nz. Zu den Abfahrts- und Rückkehrzeiten der Taucherboote kostet die

Tauchen, Schnorcheln und Paddeln

Beim Erkunden der Poor Knights kommen nicht nur erfahrene Taucher, sondern auch Anfänger und Schnorchler voll auf ihre Kosten. Der größte und beste Anbieter und sehr professionell ist **Dive Tutukaka**, Marina Rd, Tutukaka, www.diving.co.nz. Abfahrt von November bis April mehrmals tgl. in Tutukaka (Abholung von Whangarei möglich) und das restliche Jahr über in der Regel mindestens 1x tgl. Er setzt mehrere Boote ein, auf denen sich normalerweise nur Taucher mit ähnlicher Erfahrung befinden. Bei *two-dive trips* sind auch Schnorchler und Leute, die nicht abtauchen wollen, willkommen, und die an Bord mitgeführten Kajaks stehen jedermann zur Verfügung. Für Anfänger eignet sich der *Discover scuba dive* mit kompletter Ausrüstung; jeder Neuling wird von einem Ausbilder begleitet. Auch 5-tägige PADI-Open-Water-Kurse.

Fahrt einfach $30 und hin und zurück $50, zu anderen Zeiten einfache Fahrt $65.

Matapouri und Whale Bay

Matapouri, 6 km nördlich von Tutukaka, ist eine malerische Feriensiedlung an einer Bucht mit weißem Sand. Bei Ebbe ist es möglich, in den *Mermaid Pools* zu baden. Das Wasser dieser etwas oberhalb des Meeres gelegenen Felsenpools ist klar-blau und sicher. Waldbestandene Landzungen trennen den Strand von der wildwüchsigen Naturlandschaft der **Whale Bay** – 1 km weiter nördlich an der Matapouri Road ausgeschildert und nach einer kurzen Wanderung durch den Wald zu erreichen. Die einzigen Besuchereinrichtungen in dieser Gegend sind ein Geschäft und Imbiss in Matapouri.

Nach Norden zur Bay of Islands

Die Straßen, die zur Küste bei Tutukaka und Matapouri führen, treffen bei **Hikurangi**, 16 km nördlich von Whangarei, auf den SH1. Rund 6 km weiter nördlich gabelt sich die Straße: Auf beiden Strecken gelangt man zur Bay of Islands, wenn auch aus unterschiedlicher Richtung. Wer geradeaus fährt, kommt nach Paihia und hat die Möglichkeit, Abstecher zum Maori-Ort Ruapekapeka Pa und zu den **Hundertwasser-Toiletten** von Kawakawa zu machen. Auf dem Abzweig nach rechts, der Old Russell Road, geht es über eine asphaltierte, aber schmale und kurvige Landstraße nach Russell. Diese 70 km lange Strecke (ca. 2 Std. Fahrzeit) ist die landschaftlich reizvollste Route zur Bay of Islands. Schön ist etwa die Küste am **Whangaruru Harbour**, mit mehreren wundervollen Badebuchten und dem gemischten Kauri-Wald des **Ngaiotonga Scenic Reserve**.

Ruapekapeka Pa

Von Hikurangi 17 km auf dem SH1 Richtung Norden, dann 5 km Richtung Osten (ausgeschildert)
- Eintritt frei

Am **Ruapekapeka Pa** wurde 1846 die letzte Schlacht im „Fahnenmastkrieg" geschlagen. Nachdem Hone Heke in Russell wiederholt den Fahnenmast gekappt hatte (S. 237), war es zu neun Monate andauernden Kämpfen gekommen. In dieser Zeit lernten die Maori, ihre *pa* besser vor britischen Feuerwaffen zu schützen. Der absolute Höhepunkt dieser Entwicklung ist Ruapekapeka, das „Fledermausnest". Dank seiner Lage auf dem Hügel, zwei Reihen von Totara-Palisaden und einem Labyrinth aus Schützengräben und verzweigten Tunneln gelang es Hone Heke und seinen Kriegern, die Stätte zu halten. Allerdings kam im feindlichen Kugelhagel jeder dritte Maori-Krieger um. Infotafeln erzählen die ganze Geschichte; der Verlauf der Schützengräben und die Bunker sind noch deutlich zu sehen.

Kawakawa

Die Kleinstadt **Kawakawa**, 15 km nördlich der Abzweigung nach Ruapekapeka, wäre kaum erwähnenswert – wenn dort nicht in der Hauptstraße Gillies Street die berühmten **Hundertwasser-Toiletten** stehen würden. Kreiert wurden diese Kunstwerke 1997 von Friedensreich Hundertwasser. Der 1928 in Österreich geborene Maler, Architekt, Ökologe und Philosoph lebte von 1975 bis zu seinem Tod im Jahr 2000

NORTHLAND

Bay of Islands, Whangaroa Harbour und Doubtless Bay
0
10
Kilometer
SÜDPAZIFIK
Whatuwhiwhi
Doubtless Bay
Cavalli Islands
Rainbow Warrior Memorial
Taupo Bay
Taipa
Mangonui
Te Ngaire
Matauri Bay
Totara North
St Pauls Rock
Whangaroa Harbour
Whangaroa
Kaeo
Purerua Peninsula
Cape Brett
Piercy I
Hole in the Rock
Marsden Cross
Urupukapuka Island
Cape Brett Walkway
Motukiekie I
Moturua I
Rawhiti
Motuarohia I
Whangamumu
Kaitaia
Manginangina Kauri Walk
Puketi Recreation Area
Kerikeri
Russell
Waitangi
Haruru Falls
Haruru
Paihia
Kauri Grove
Ngaiotonga
Pataua South
Mangamuka Bridge
Omahuta Kauri Sanctuary
Opua
Twin Bole Kauri
Whangaruru North
Puiri Bay
Whangaruru North Head
Ocean Beach
Rangiahua
Waimate North
Pakaraka
Kawakawa
Oakura
Whangasura Harbour
Moerewa
Mimiwhangata Coastal Park
Kaikohe
N
Whangarei (30 km)
Whangarei (40 km)

in Kawakawa. Die Keramiksäulen am Eingang deuten auf den vielseitigen Einsatz von zerbrochenen Fliesen, farbigen Glasflaschen und gefundenen Gegenständen wie den alten Scharnieren an den gusseisernen Türen im Innern hin. Die meisten Besucher werfen nach einem dezenten Warnhinweis an mögliche Benutzer sowohl einen Blick in die Herren- als auch in die Damentoilette.

2 HIGHLIGHT

Bay of Islands

Die **Bay of Islands**, 240 km nördlich von Auckland, lockt mit ihrer prächtigen Küstenlandschaft, ihren verstreuten Inseln und klaren blauen Gewässern Tausende von Besuchern an. Northland besitzt zwar noch andere gleichermaßen malerische Küstengebiete, z. B. die Häfen von Whangaroa und Hokianga, doch einzigartig an der Bay of Islands ist, wie leicht man auf das Meer hinaus- und zwischen den Inseln hindurchfahren kann.

Die Bay of Islands gilt als Wiege der europäischen Besiedlung Neuseelands, was sich in den zahlreichen Kirchen, Missionen und Obstplantagen der Bucht manifestiert. Außerdem hat die Gegend als Schauplatz der Unterzeichnung des **Vertrags von Waitangi** (s. Kasten S. 230) zentrale Bedeutung für die Maori. Der Vertrag ist noch immer das wichtigste Rechtsdokument von Neuseeland.

Überraschenderweise verbringt man in der Bay of Islands die meiste Zeit auf dem Festland, denn auf den Inseln gibt es keine Ansiedlungen. Die meisten Touristen lassen sich im Strandort **Paihia** nieder. Dieser ist bestens auf die Besuchermassen eingerichtet, die an den verschiedenen Bootstouren und Exkursionen teilnehmen wollen. Außerdem liegt keine andere Stadt näher am Treaty House von **Waitangi**. Das überschaubare, mit der Passagierfähre zu erreichende **Russell**, einige Kilometer entfernt auf der anderen Seite der Bucht (aber immer noch auf der Landseite), ist schöner und erweist sich als fast ebenso günstiger Ausgangspunkt für Bootsfahrten. **Kerikeri**, weiter nordwestlich abseits der Bucht gelegen, ist eng mit der frühen Missionsgeschichte verbunden. Auch das landeinwärts Richtung Westen gelegene **Waimate North** war Sitz einer wichtigen Mission und besitzt immer noch ein Mission House.

Geschichte

Warmes Klima, Seafood im Überfluss und tiefe, geschützte Häfen begünstigten bereits vor Ankunft der Europäer eine dichte **Maori-Besiedlung** in der Bay of Islands. Auf nahezu jeder Landspitze entstand ein *pa*. Auch **Captain Cook** fühlte sich von der geschützten Bucht angezogen. Im Jahre 1769 ging er hier vor Anker und freundete sich mit den Einheimischen an. Drei Jahre später pflegte der Franzose **Marion du Fresne** als erster Europäer intensiveren Kontakt mit den Maori, allerdings sollte es ihm am Ende schlecht ergehen: Infolge eines Missverständnisses (vermutlich ein *tapu* betreffend) wurde er mit 26 seiner Gefolgsmänner getötet. Die Vergeltung der Franzosen ließ nicht lange auf sich warten: Sie zerstörten ein *pa* und töteten Hunderte von Maori.

Anfang des 19. Jhs. waren die Beziehungen zwischen den ortsansässigen Ngapuhi-Maori und den Pakeha-Walfängern noch freundschaftlich, doch dauerte es nicht lange, bis sich die Situation der Maori verschlechterte. Durch die zunehmenden Kontakte zu den Einheimischen verbreiteten sich Schusswaffen, Alkohol sowie Krankheiten aus Europa, und das traditionelle Leben der Maori begann auseinanderzubrechen – ein Prozess, der durch die Ankunft von **Samuel Marsden** 1814 noch beschleunigt wurde, der als erster von vielen nachfolgenden **Missionaren** beabsichtigte, die Maori zum Christentum zu bekehren.

Im Jahre 1833 wurde **James Busby** gesandt, um die Interessen Großbritanniens zu schützen und die brutale Behandlung der Maori durch die Walfänger zu unterbinden. Ohne bewaffnete Unterstützung und juristische Befugnisse konnte er jedoch kaum etwas ausrichten. Die Unterzeichnung des **Vertrags von Waitangi** 1840 ermöglichte eine wirksame Kontrolle, leitete aber gleichzeitig den Bedeutungsverlust der Bay of Islands ein: Die Hauptstadt verlagerte sich von ihrem ursprünglichen Standort Kororareka (heute Russell) zunächst nach Auckland und später nach Wellington.

Paihia und Waitangi

Paihia ist das unbestrittene Zentrum der Region. Das Leben spielt sich auf dem 2 km langen Uferabschnitt ab. Hier drängen sich Motels, Restaurants und Ferienhäuschen und dazwischen Tourveranstalter, Backpacker-Hostels, Party-Bars und Hotels. Die niedrige Bebauung in Paihia passt sich wunderbar den drei malerischen, seichten Buchten mit Blick auf Russell und die Bay of Islands an, die von bewaldeten Hügeln eingerahmt werden.

Eine Tafel vor der heutigen St Paul's Anglican Church, Marsden Rd, markiert die Stelle, an der die nördlichen Häuptlinge 1831 die britische Krone um einen Gesandten baten, der für Gesetz und Ordnung sorgen sollte. 1833 nahm sich König William IV. schließlich ihrer Sorgen an und entsandte den ersten britischen Vertreter **James Busby**. Dieser errichtete ein Haus auf einer Landspitze 2 km nördlich auf der anderen Seite des Waitangi River in **Waitangi** – dem Schauplatz der Unterzeichnung des **Vertrags von Waitangi** sieben Jahre später. Infolge dieses Vertrags wurde die Souveränität des Landes an die Briten abgetreten, welche im Gegenzug Schutz gewähren sollten.

Paihia dient in erster Linie als Ausgangspunkt für eine Erkundung der Bucht. Die Stadt selbst hat seinen Besuchern keine Sehenswürdigkeiten zu bieten. Liebhaber von Mangroven haben an dem leicht zu begehenden **Paihia–Opua Coastal Walkway** (6 km, 1 1/2–2 Std. je Strecke) ihre Freude, der an kleinen, vom Meer ausgehöhlten Buchten vorbeiführt.

Waitangi Treaty Grounds

Tau Henare Drive

Überquert man die Brücke über den Waitangi River, erreicht man die Waitangi Treaty Grounds, wo 1840 Queen Victorias Vertreter William Hobson und annähernd 50 Maori-Häuptlinge den Vertrag von Waitangi (s. Kasten S. 230) unterzeichneten.

Waitangi Visitor Centre and Treaty House

Tau Henare Drive ▪ 🕒 tgl. März–Ende Dez. 9–17, Ende Dez–Feb 9–18 Uhr ▪ Eintritt (inkl. 50-min. Führung und *cultural performance*) ▪ Maori-Hangi und -Konzert Nov–April Di, Do, Fr und So 18–20.30 Uhr ▪ Eintritt (buchen!; inkl. Tagespass) ▪ 💻 www.waitangi.org.nz

Die **Waitangi Treaty Grounds** sind sowohl für Maori als auch Pakeha der symbolträchtigste Ort Neuseelands und das Zentrum der Identitätssuche der modernen Nation. Im hervorragenden Museum of Waitangi mit seiner audiovisuellen Präsentation zum historischen Hintergrund und vielleicht noch mit der Teilnahme an einer Führung oder einer Kulturveranstaltung im traditionellen Versammlungshaus lässt sich gut ein halber Tag verbringen.

Die meisten Besucher kommen abends wieder hierher zurück, um das **Maori-Hangi und -Konzert** zu erleben. Dabei handelt es sich um eine hervorragende zeitgenössische Annäherung an die Maori-Kultur. Nach einem traditionellen *hangi* im Whare Waka Café machen die Zuschauer Bekanntschaft mit einer weit verzweigten Familie. In einer mitreißenden Mischung aus Drama, Gesang und Tanz wird die Geschichte der Maori seit der Ankunft von Kupe bis zum heutigen Tag nachgespielt.

Das **Treaty House** wurde 1833/34 im georgianischen Kolonialstil erbaut. Seine Vorderfenster blicken über ausgedehnte Rasenflächen in Richtung Russell: Hier wählten 1834 die Maori-Häuptlinge die Flagge der Confederation of Tribes, die heute auf einer Seite des Flaggenmastes zu sehen ist, hier unterzeichneten die Maori-Anführer aus dem Norden ein Jahr später die Unabhängigkeitserklärung Neuseelands, und hier wurde 1840 der Vertrag von Waitangi unterzeichnet.

Die Nordseite der Grünfläche wird vom *whare runanga* – dem **Maori-Versammlungshaus** – gesäumt, das zwischen 1934 und 1940 in gemeinschaftlicher Arbeit aller Maori errichtet wurde. Die kunstvollen Schnitzereien im Inneren repräsentieren sämtliche *iwi* und nicht, wie sonst üblich, nur eine ganz bestimmte Stammesgruppe.

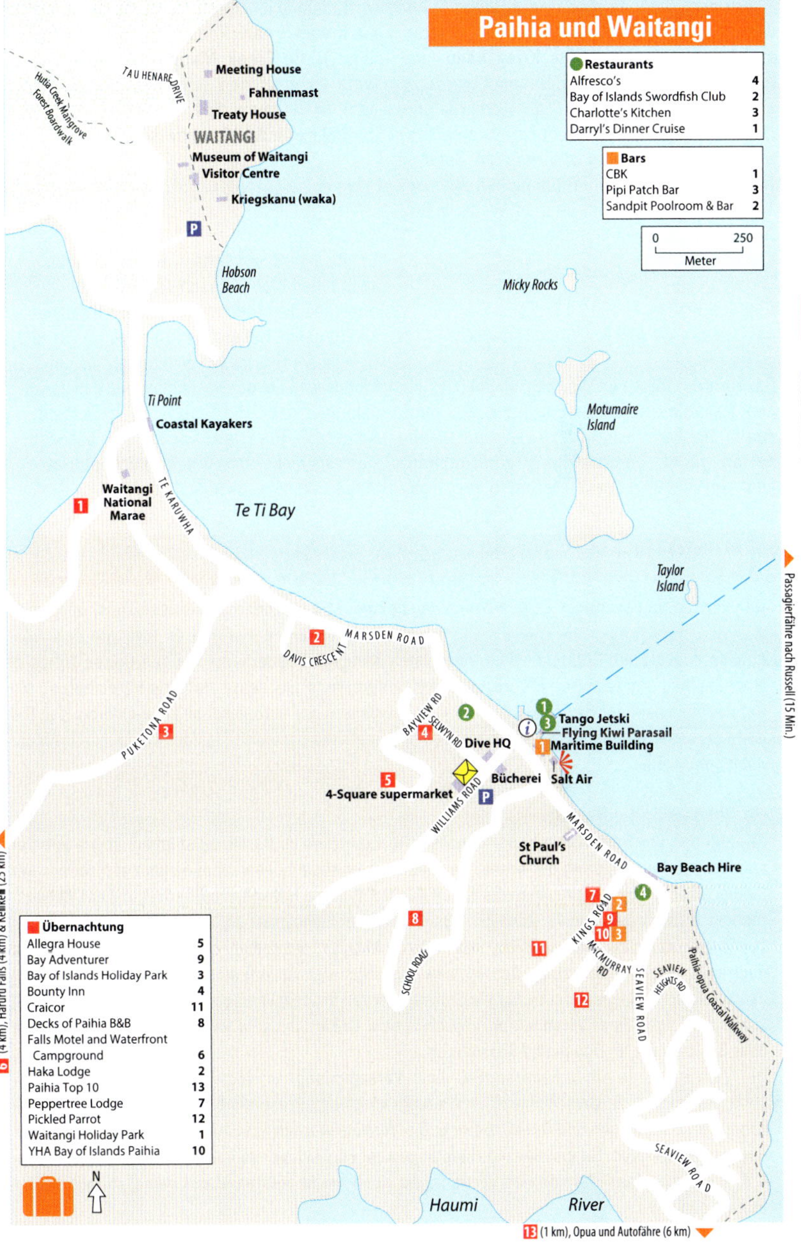

Paihia und Waitangi
Restaurants
Alfresco's 4
Bay of Islands Swordfish Club 2
Charlotte's Kitchen 3
Darryl's Dinner Cruise 1
Bars
CBK 1
Pipi Patch Bar 3
Sandpit Poolroom & Bar 2
0 250 Meter
Übernachtung
Allegra House 5
Bay Adventurer 9
Bay of Islands Holiday Park 3
Bounty Inn 4
Craicor 11
Decks of Paihia B&B 8
Falls Motel and Waterfront Campground 6
Haka Lodge 2
Paihia Top 10 13
Peppertree Lodge 7
Pickled Parrot 12
Waitangi Holiday Park 1
YHA Bay of Islands Paihia 10
Meeting House
Fahnenmast
Treaty House
WAITANGI
Museum of Waitangi
Visitor Centre
Kriegskanu (waka)
TAU HENARE DRIVE
Hutia Creek Mangrove Forest Boardwalk
Hobson Beach
Micky Rocks
Motumaire Island
Taylor Island
Ti Point
Coastal Kayakers
Waitangi National Marae
TE KARUWHA
Te Ti Bay
MARSDEN ROAD
DAVIS CRESCENT
PUKETONA ROAD
BAYVIEW RD
SELWYN RD
Dive HQ
Tango Jetski
Flying Kiwi Parasail
Maritime Building
Salt Air
Bücherei
4-Square supermarket
WILLIAMS ROAD
St Paul's Church
Bay Beach Hire
KINGS ROAD
McMURRAY RD
SEAVIEW ROAD
SEAVIEW HEIGHTS RD
Paihia-opua Coastal Walkway
SCHOOL ROAD
Haumi River
N
Passagierfähre nach Russell (15 Min.)
6 (4 km), Haruru Falls (4 km) & Kerikeri (25 km)
13 (1 km), Opua und Autofähre (6 km)
NORTHLAND

Auf dem Gelände des Treaty House befindet sich in einem speziell errichteten Unterstand das weltweit größte **Kriegskanu** *(waka) Ngatoki Matawhaorua.* Benannt wurde es nach dem Schiff, mit dem Kupe Aotearoa entdeckte. Das 35 m lange Boot ist aus zwei großen Kauri-Bäumen hergestellt worden. Beteiligt waren Mitglieder der fünf nördlichen Stämme. Traditionell wird es jedes Jahr am Waitangi Day zu Wasser gelassen und dabei von 80 Kriegern angetrieben.

Haruru Falls

4 km westlich von Waitangi, zu erreichen über die Hauptstraße

Bei Haruru stürzt der Waitangi River über einen Basaltlavastrom in die Tiefe. Für neuseeländische Verhältnisse ist der Wasserfall nicht übermäßig beeindruckend, aber an seinem Fuße bieten sich recht gute Bademöglichkeiten. Die Haruru Falls sind auch vom Treaty House über den gemächlichen **Hutia Creek Mangrove Forest Boardwalk** zu erreichen (hin und zurück 2 Std.) oder im Rahmen einer geführten **Kajaktour** (S. 236) durch die Mangrovenwälder.

ÜBERNACHTUNG

Karte S. 229

Es gibt gute Unterkünfte in allen Preislagen, aber in den Wochen nach Weihnachten erreichen die Motelpreise manchmal schwindelerregende Höhen. Die Preise von B&Bs und Homestays schwanken weniger als die der Motels, und die der Hostels bleiben das ganze Jahr über stabil. Die Kings Road ist die erste Adresse für Rucksacktouristen. Hier befindet sich eine Reihe meist guter Unterkünfte; im Sommer kann es aber laut werden.

Der Vertrag von Waitangi

Der Vertrag von Waitangi ist das **Gründungsdokument** des modernen Neuseelands, und seine Auswirkungen prägen die Gesellschaft bis heute. Unterzeichnet wurde er 1840 von zwei vorgeblich souveränen Staaten – dem Vereinigten Königreich einerseits und den United Tribes of New Zealand und weiteren Maori-Anführern andererseits. Bis heute stellt die Vereinbarung ein Schlüsselelement der Beziehung zwischen Ureinwohnern und europäischen Einwanderern dar. Die darin garantierten Rechte der Maori wurden aber nur selten gewahrt, und der Kampf um Anerkennung geht weiter.

Der Vertragsabschluss in Waitangi

Angetrieben von dem Wunsch, die französische Expansion im Pazifik zu stoppen, sowie von der moralischen Verpflichtung der Krone, die Maori vor betrügerischen Landaneignungen seitens der Siedler zu schützen, beauftragten die Briten Kapitän **William Hobson**, die Übertragung der Hoheitsrechte mit „der freien und verständigen Zustimmung der Einheimischen" fair auszuhandeln. Hobson verfasste mithilfe von **James Busby** und anderen Mitarbeitern sowohl den englischen Vertrag als auch eine Maori-Übersetzung. Dem Anschein nach ist der Vertrag eindeutig. Doch im Laufe der Jahre zeigten sich immer deutlicher die Schwierigkeiten mit dem Vorliegen zweier Versionen (S. 113) sowie die Folgen einer Vereinbarung zwischen zwei Völkern mit sehr unterschiedlichen Ansichten über Besitzrechte an Boden und Ressourcen.

Der Vertrag wurde am 5. Februar 1840 einer **Versammlung** von 400 Vertretern der fünf nördlichen Stämme vor Busbys Wohnsitz in Waitangi vorgelegt. Präsentiert wurde er als Vertrag zwischen den Häuptlingen und Queen Victoria. Die Vorzüge wurden ausführlich erläutert und die Kosten heruntergespielt. Da die meisten Häuptlinge kein Englisch verstanden, unterzeichneten sie am 6. Februar die Maori-Version des Vertrags, die noch heute bei den Maori *mana* (Autorität oder Status) genießt.

Allegra House, 39 Bayview Rd, www.allegra.co.nz. Auswahl zwischen Luxus-B&B oder Selbstversorger-Apartment für 2 Pers. (beide mit AC und Balkon) in einem großen, hellen und modernen Haus auf einem Hügel mit weitem Ausblick auf die Bucht und Jacuzzi unter freiem Himmel. ❸

Bay Adventurer, 26-28 Kings Rd, www.bayadventurer.co.nz. Eine Art Luxus-Backpacker-Herberge mit Apartments, einem einladenden Pool, kostenlosem Fahrradverleih, Kajakverleih und Nutzung des nahe gelegenen Tennisplatzes (im Winter kostenlos). Besonders empfehlenswert sind die DZ und voll ausgestatteten Selbstversorger-Apartments. Dorms (einige nur für Frauen). ❶

Bounty Inn, 42 Selwyn Rd, www.bountyinn.co.nz. Schönes, zentral gelegenes, aber dennoch ruhiges Motel inmitten üppiger Gärten, 100 m vom Strand entfernt, großer Parkplatz abseits der Straße. Die Zimmer ohne Kochgelegenheit sowie die voll ausgestatteten Motel Units sind alle holzvertäfelt und verfügen über Veranda oder Balkon. ❷

Craicor, 49 Kings Rd, www.craicor-accom.co.nz. 2 geräumige und gepflegte Selbstversorger-Apartments mit begrenztem Meerblick und ein attraktives DZ. Das Preis-Leistungs-Verhältnis ist ausgezeichnet. Auf Anfrage kleines Frühstück für geringen Aufpreis. ❸

Decks of Paihia B&B, 69 School Rd, www.decksofpaihia.co.nz. Freundliches 3-Zimmer-B&B in einem modernen, komfortablen Haus mit Swimming Pool an einem Hang hoch über Paihia. ❸

Haka Lodge, 76 Marsden Rd, www.hakalodges.com. Lebendiges, modernes Hostel mit farbenfrohen, sauberen Schlafsälen (auch nur für Frauen) und einem riesigen

NORTHLAND

Der Vertrag nach Waitangi

Dem Beispiel von Waitangi folgte man überall im Land. Sieben Kopien des Vertrags wurden verschickt, um Unterschriften zu sammeln und die Befugnisse der Krone auf die bisher nicht abgedeckten Teile der Nordinsel sowie die Südinsel auszudehnen. Am 21. Mai, noch vor Rücksendung der unterzeichneten Vertragskopien, erhob Hobson im Namen Großbritanniens Anspruch auf Neuseeland: auf die Nordinsel aufgrund der „Abtretung" durch die Maori und auf die Südinsel aufgrund der „Entdeckung" durch Cook, da es trotz einer nicht unerheblichen Maori-Bevölkerung als „ohne Eigentümer" betrachtet wurde.

Als die Zahl der Siedler wuchs und damit die Nachfrage nach Land, wurde den Maori allmählich die Kontrolle über ihre Angelegenheiten entzogen. Dies führte in den 1860er-Jahren zu den **Landkriegen** (S. 112). Im Laufe der Jahrzehnte wurden kleinere Zugeständnisse gemacht, aber bis 1973, als der 6. Februar als **Waitangi Day** zum Nationalfeiertag erklärt wurde, tat sich nicht viel. Allerdings hatten Maori-Gruppen – unterstützt durch eine kleine, aber umtriebige Gruppe von Pakeha – bereits 1971 eine **Kampagne** gegen Waitangi-Gedenkfeiern gestartet. Viele Pakeha distanzierten sich, und die Maori selbst waren gespalten: Den wütenden jungen Maori aus den Städten standen die *kaumatua* (Älteren) gegenüber, welche die Aktionen als respektlos gegenüber den Traditionen ansahen.

Verschiedene Strömungen der Maori-Gesellschaft vereinten sich dann beim *hikoi* (Marsch) nach Waitangi, um gegen die Feierlichkeiten 1985 zu protestieren. Das Jahr markiert eine Wende: Erstmals wurde ein Maori, **Paul Reeves**, zum Generalgouverneur ernannt, und das **Waitangi-Tribunal** befasste sich mit Landansprüchen der Maori gegenüber der britischen Krone. Die Proteste haben sich fortgesetzt, da die neuseeländischen Regierungen sich nicht dazu durchringen konnten, an den Gedenkfeierlichkeiten in Waitangi teilzunehmen. Jedoch wurde der Entschluss des ehemaligen Premierministerin Jacinda Ardern, 2018 fünf ganze Tage im hohen Norden des Landes zu verbringen, mit vorsichtigem Optimismus aufgenommen. Außerdem durfte sie auf dem *marae* (Versammlungsareal) sprechen.

einladenden Küchen- und Wohnbereich. Hier können Touren durch die Bay of Islands arrangiert werden. ❶

Peppertree Lodge, 15 Kings Rd, 💻 https://peppertree.co.nz. Professionell geführtes Budget-Hotel mit langer Geschichte, das kürzlich modernisiert wurde und frische, schöne (wenn auch etwas kleine) Privatzimmer und Schlafsäle bietet. Auch eine Reihe von Touren durch die Bucht sind im Angebot. ❷

Pickled Parrot, Grey's Lane, Nebenstraße der MacMurray Rd, 💻 www.pickledparrot.co.nz. Papagei Rocky wacht über eines der kleineren und lässigeren Hostels in Paihia mit hübschem Innenhof in zentraler, aber ruhiger Lage. Einzelne Zeltstellplätze, 4er- und 6er-Dorms, EZ, DZ und 2-Bettzimmer. Kostenlose Parkplätze. Verleih von Fahrrädern und Tennisschlägern. ❶

YHA Bay of Islands Paihia, Kings Rd, Ecke MacMurray Rd, 💻 www.yha.co.nz. Das gepflegte und gut geführte Hostel mit kundigem Personal und guter Küche zieht eine freundliche Mischung aus Backpackern und Familien an. Die meisten Zimmer und Dorms haben ein Bad. ❷

Campingplätze

Bay of Islands Holiday Park, 52 Puketona Rd, 💻 www.bbayofislandsholidaypark.co.nz. Kleine, überaus freundliche Anlage mit modernen Toiletten und Duschen, einem gepflegten BBQ-Platz an einem Seerosenteich und kostenlosem uneingeschränktem WLAN. In die Stadt ist es zu Fuß nur eine Viertelstunde. ❶

Falls Motel and Waterfront Campground, 336 Puketona Rd, 4 km nördlich von Paihia, 💻 www.falls.co.nz. Fabelhafte Lage am Fluss mit Ausblick auf die Haruru Falls, Stellplätzen am Wasser und Units verschiedener Größe rund um einen Pool. Dazu kommen ein Privatstrand, Gasgrills und Leihkajaks. Begrenztes, langsames WLAN. ❶

Paihia Top Ten, SH11, 3 km südlich von Paihia, 💻 www.paihiatop10.co.nz. Kleiner, ruhiger Platz am Wasser mit guter Küche und Waschküche, freiem WLAN sowie Fahrrad- und Kajakverleih. Camping und Cabins. ❶

Waitangi Holiday Park, 21 Tahuna Rd, Waitangi, 💻 www.waitangiholidaypark.co.nz. Der einfache Campingplatz ist der Waitangi am nächsten gelegene; nach Paihia sind es 20 Min. zu Fuß. Es gibt schöne Stellplätze mit Blick auf den Waitangi River und 4 geräumige Cabins mit Küchenzeile. Camping und Cabins ❶

ESSEN

Karte S. 229

Die Auswahl an Lokalen ist in Paihia ziemlich groß, wenn auch mit einzelnen Ausnahmen recht ähnlich, und der Wettbewerb hält die Preise in einem vernünftigen Rahmen. Bei den meisten steht Seafood ganz oben auf der Karte.

Alfresco's, 6 Marsden Rd, 💻 www.alfrescosrestaurantpaihia.com. Relaxtes Café und Bar, ein nettes Plätzchen für eine Tasse Kaffee, Frühstück (u. a. Pfannkuchen mit Bacon und Ahornsirup, mittags Salate und Fischsuppen, abends gute Hauptgerichte. $$

Bay of Islands Swordfish Club, Marsden Rd. „Swordy's", ein privater Club mit tollem Blick über die Bucht, empfängt Besucher außerhalb der Hochsaison im Sommer mit einigen der billigsten Drinks der Stadt – man braucht sich nur an der Theke einzutragen. Einfaches, aber gutes Essen wie Fish 'n' Chips oder Steak mit Pommes. $$

Fährverbindung Paihia–Russell

Auf dem Straßenweg sind es von Paihia nach Russell fast 100 km, aber Autofahrer können die Strecke auf 15 km verkürzen, indem sie die kleine **Autofähre** nehmen, die bei **Opua**, 6 km südlich von Paihia, in 20 Min. den schmalen Veronica Channel überquert: 🕒 tgl. 6–22 Uhr etwa alle 15 Min.; Ticket an Bord lösen.

Fußgängern bietet sich die **Fähre** (Okt–Mai 7–22, Juni–Sep 7–20 Uhr etwa alle 30 Min.; 15 Min.) an, die zwischen Paihia und Russell pendelt.

Charlotte's Kitchen, 69 Marsden Rd, www.charlotteskitchen.co.nz. Direkt am Wasser mit herrlichem Blick auf die Hafenbucht, hell und modern mit tollem Service. Auf der Karte stehen Holzofenpizza, Fisch und Meeresfrüchte (marktfrischer Fisch aus der Pfanne) und Steaks (Filet aus der Hochrippe), aber hier kann man auch schön einen Drink zum Sonnenuntergang genießen. Mi und Sa Livemusik. $$

Darryl's Dinner Cruise, Paihia Wharf, www.dinnercruise.co.nz. Die gemächliche Fahrt (2 1/2 Std.) führt um 18.30 Uhr von der Paihia Wharf den Waitangi River hoch zu den Haruru Falls. Unterwegs werden als Vorspeise Garnelen und Muscheln gereicht und als Hauptspeise T-Bone-Steak, Lamm und Fisch. An Bord gibt es eine Bar, aber Wein darf mitgebracht werden. Es ist eine tolle Möglichkeit, den Sonnenuntergang zu genießen und einen herrlich entspannten Abend zu verbringen. Mindestteilnehmerzahl erforderlich. $$$

UNTERHALTUNG

Karte S. 229

CBK Maritime Building, Marsden Rd, www.cbk.nz/paihia. Im direkt am Wasser – mit kleiner Terrasse – gelegenen CBK Paihia, dem neuesten Pub-Restaurant einer edlen neuseeländischen Craft-Bier-Brauerei, funkeln die Kacheln und Hähne. Geboten werden mehr als 60 Biere sowie eine recht gute Auswahl an Weinen und Cocktails, außerdem Streetfood wie Popcorn-Blumenkohl und langsam geräucherte BBQ-Chicken-Wings.

Pipi Patch Bar, 18 Kings Rd, www.facebook.com/baseBayOfIslands. In dem zum Hostel Base Backpackers gehörenden Laden tummeln sich die Bier-Pong-Fans. Tagsüber herrscht eine relaxte Stimmung, aber abends wird das Licht runtergedimmt und die Lautstärke der Musik hochgedreht.

Sandpit Poolroom & Bar, 16B Kings Rd. Eine weitere laute Backpacker-Bar an der Kings Road, perfekt für billiges Bier, Sportübertragungen und Billard – 8 große Billardtische prägen das Bild.

SONSTIGES

Fahrradverleih

Bay Beach Hire, am südlichen Ende des Paihia Beach, www.baybeachhire.co.nz. Verleiht gute Mountainbikes.

Informationen und Internet

i-SITE Visitor Centre, The Wharf, 101 Marsden Rd, www.visitfarnorthnz.com, tgl. 8–17 Uhr.

Die **öffentliche Bücherei**, 6 Williams Rd, bietet kostenloses WLAN, das man bevorzugt von außen nutzen soll. Mo–Fr 9–17, Sa 9–13 Uhr.

Parken

Gestaltet sich in der Hochsaison schwierig. Die besten Chancen hat man auf dem gebührenpflichtigen Parkplatz gegenüber vom Supermarkt 4-Square in der Williams Road.

NAHVERKEHR

Paihia ist nicht groß, alles lässt sich gut zu Fuß erreichen.

TRANSPORT

Busse

Die Busse von InterCity/Northliner halten in der Marsden Road vor dem wichtigsten i-SITE Visitor Centre der Bay of Islands. Die Buslinie Mid North Link verbindet Paihia und Waitangi mit Kaikohe sowie Kerikeri/Waipapa, www.buslink.co.nz.

Busse nach:
AUCKLAND 4–6x tgl., 4 Std.;
KAITAIA 1x tgl., 2 1/4 Std.;
KERIKERI 3x tgl., 1/2 Std.;
MANGONUI 1x tgl., 1 Std. 50 Min.;
WHANGAREI 4–6x tgl.; 1/2 Std.

Flüge

Der **Flughafen** der Bay of Islands, www.bayofislandsairport.co.nz, liegt 22 km nordwestlich bei Kerikeri. Abfahrtszeiten des Super Shuttlebusses sind auf die Flüge abgestimmt. Flüge nach AUCKLAND 8–10x tgl., 3/4 Std.

Die Inseln

Die Bucht heißt nicht ohne Grund Bay of Islands. Immerhin gibt es hier sechs große und rund 140 kleine Inseln. Viele sind Teil des DOC-Projekts **Project Island Song**, 💻 www.projectislandsong.co.nz. In dessen Rahmen sollen zahlreiche Inseln von eingeschleppten Raubtieren befreit und in Tierparadiese verwandelt werden. Inzwischen wurden auf vielen Inseln einige typische Vogelarten wieder eingeführt, insbesondere auf **Urupukapuka Island**, das sich mithilfe der DOC-Broschüre *Urupukapuka Island Archeological Walk* in ein paar Stunden erkunden lässt. In dem Heftchen sind eine Reihe von Maori-*pa* und -Terrassen beschrieben.

Die bei Weitem bekannteste unter den anderen großen Inseln ist **Motuarohia** (auch **Roberton Island** genannt). Das DOC verwaltet dort den spektakulären zentralen Teil – eine Landenge, die beinahe von zwei kreisförmigen blauen Lagunen durchtrennt wird. Für Hobbytaucher gibt es einen Naturpfad unter Wasser mit beschrifteten Tafeln aus Edelstahl.

Zu den anderen Sehenswürdigkeiten, die von den Schiffen angefahren werden, zählen die **Black Rocks**, kahle kleine Inseln, die sich aus Basaltsäulen gebildet haben. Sie ragen nur 10 m aus dem Wasser, reichen aber steile 30 m tief hinab. Am äußeren Rand der Bucht liegt die felsige Halbinsel **Cape Brett**, die 1769 von Cook nach dem damaligen Marineminister Lord Piercy Brett benannt wurde. Die Schiffstouren führen auch regelmäßig durch das **Hole in the Rock**, einen natürlichen Tunnel durch Piercy Island, der sich bei Dünung als besonders aufregend erweist.

ÜBERNACHTUNG

Urupukapuka Island, 💻 www.doc.govt.nz. Urupukapuka ist die einzige Insel, auf der übernachtet werden darf. Dort gibt es 3 einfache DOC-Campingplätze: Cable Bay, mit Wasseranschluss, Duschen und Toiletten, und Sunset Bay, mit Wasseranschluss und Toiletten, liegen beide an der Südküste; Urupukapuka Bay, mit Wasseranschluss, Duschen und Toiletten, ist der östlichste Zeltplatz auf der Insel. Unbedingt weit im Voraus buchen! ❶

AKTIVITÄTEN

Boots- und Segeltouren, Schwimmen mit Delphinen

Um einen umfassenden Eindruck von der Bay of Islands zu gewinnen, muss man sich aufs Wasser hinauswagen. Die Mehrzahl der Touren beginnt in Paihia, allerdings wird bei allen größeren **Bootstouren** und **Ausflügen** in die Bucht auch ein Zwischenstopp in Russell eingelegt. Von Dezember bis März sollte die Reservierung ein paar Tage im Voraus erfolgen. Die meisten Hotels und Motels nehmen Ausflugsbuchungen für ihre Gäste vor, und Hostels können in der Regel einen „Backpacker-Rabatt" von ca. 10 % aushandeln.

Die beiden wichtigsten Anbieter in der Bay sind Fullers Great Sights und Explore NZ/Dolphin Discoveries. Beide haben ein großes Angebot an Sightseeing-, Segel- und Delphintrips.

Außerdem kreuzen mehrere kleine **Jachten** mit Platz für meist weniger als ein Dutzend Passagiere auf dem Wasser (normalerweise 6 Std.): Die Konkurrenz ist groß und die Qualität des Gebotenen unterschiedlich. Bei den meisten Fahrten und Segeltörns besteht die Gelegenheit, unterwegs ein wenig zu **schnorcheln**, **Kajak** zu fahren oder zu **angeln**. Die Bay of Islands eignet sich bestens für die **Delphinbeobachtung**. Das ganze Jahr über besteht eine ungefähr 80 %-ige Chance, Große Tümmler und Gewöhnliche Delphine zu sehen, von Mai bis Oktober Orkas („Schwertwale") und von August bis Januar Mink- und Bryde-**Wale**.

Wichtig: Es gibt keine Garantie, dass das **Schwimmen mit Delphinen** tatsächlich stattfindet. Wenn die Delphine Junge dabeihaben, ist es ohnehin verboten. Und es werden grundsätzlich nur 18 Personen gleichzeitig ins Wasser gelassen. Normalerweise gibt es bei Fehlschlägen das Geld zurück. Die Wahrscheinlichkeit, Delphine zu sehen, ist am größten auf einer Bootsfahrt mit einem Veranstalter, der eine Lizenz fürs Schwimmen mit Delphinen hat und die Tiere aufsuchen darf.

Ecocruz, 💻 www.ecocruz.co.nz. 3-tägige Touren (Okt–April) für bis zu 10 Personen auf dem Zweimaster *Manawanui* um die Bucht.

POOR KNIGHTS ISLANDS (S. 224)

PRODIVE

Ausflüge von der Bay of Islands

Die Bay of Islands ist das größte Touristenzentrum in Northland und dient als Sprungbrett für Abstecher in den hohen Norden. Dazu gehören v. a. eintägige Busfahrten zum **Cape Reinga** und **Ninety Mile Beach** (S. 251) – eine anstrengende Fahrt, die 11 Std. dauert, wobei man die meiste Zeit im Fahrzeug verbringt. Ratsamer ist es, nach Mangonui, Kaitaia oder Ahipara hochzufahren und dort eine Tour zu buchen oder mit Salt Air zum Cape Reinga zu fliegen (S. 252), inklusive Landung und Fahrt zum Kap.

Fullers Great Sights (S. 236) veranstaltet auch eine Bustour namens *Discover Hokianga*, die den Besuch des **Hokianga Harbour**, einen Spaziergang zu den riesigen **Kauri-Bäumen** im Waipoua Forest und einen Abstecher zu den **Kawiti Glowworm Caves** umfasst (tgl., 8 Std.). Es ist jedoch meist besser, auf eigene Faust hochzufahren und mehr Zeit bei den Sehenswürdigkeiten zu verbringen.

Der Schwerpunkt liegt dabei auf der Würdigung der schönen Landschaft. Ausgezeichnete Verpflegung inkl., ebenso Kajaks, Schnorchel- und Angelausrüstung, viel Fachwissen und Begeisterung. Dormbetten oder Doppelkabine.

Explore/Dolphin Discoveries, 🖳 www.exploregroup.co.nz. Die Pioniere des Schwimmens mit Delphinen in dieser Gegend haben verschiedene Touren im Programm. Zur 4 1/2-stündigen *Discover the Bay*-Tour gehören die Fahrt durchs Hole in the Rock, ein Aufenthalt in der Otehei Bay auf Urupukapuka und Delphinbeobachtung; bei der *Dolphin Discovery*-Tour geht es hauptsächlich um den direkten Kontakt mit Großen Tümmlern im Wasser (4 Std.), und die 10-stündige *Dune Rider*-Tour führt die Besucher am Ninety Mile Beach entlang bis nach Cape Reinga.

Fullers Great Sights, 🖳 www.dolphincruises.co.nz. Der *Day in the Bay* (Okt–April tgl.; 7 Std.) ist vielleicht der beste aller angebotenen Tagestrips. Er beinhaltet einen Abstecher zum Hole in the Rock, einen Stopp auf Urupukapuka und die Gelegenheit, sich umzuschauen, während das Schiff Lebensmittel und die Post abliefert. Möglicherweise lassen sich Delphine blicken, und manchmal kann man sogar mit ihnen schwimmen (gegen Aufpreis) und länger auf Urupukapuka verweilen. Fullers bietet auch eine ausgewiesene Delphintour (2x tgl. 3 Std.).

Phantom, 🖳 www.yachtphantom.com. Nur 10 Personen haben auf dieser hervorragenden Segeljacht mit Heimathafen Russell Platz. Für die Dauer von 6 unvergesslichen Stunden können sie bei der Fahrt durch die Bucht an Deck relaxen oder auch mal das Steuer übernehmen. Inkl. Mittagessen. Nur Okt–April.

R. Tucker Thompson, 🖳 www.tucker.co.nz. Sehr schöner, in Northland gebauter Schoner, der mit jeweils bis zu 20 Passagieren zu Tagesausflügen zu den Inseln ablegt. Bei einem Zwischenstopp hat man Gelegenheit zum Schwimmen und bekommt ein BBQ-Mittagessen (tgl. Nov–April, 6 Std., inkl. Morgentee mit frisch gebackenen Scones). Auch 2-stündige Touren am Spätnachmittag (Nov–März Mi, Fr und So) inkl. Antipasti-Teller.

The Rock, 🖳 www.rocktheboat.co.nz. Eine tolle Kombination aus Backpacker-Unterkunft plus Gruppenaktivitäten auf einer umgebauten Autofähre. Die schwimmende Herberge legt spätnachmittags von der Paihia Wharf ab und nimmt Kurs auf einige Buchten, wo die Gäste angeln, schwimmen, schnorcheln, Kajak fahren und sich abends bis zum Abwinken am Grill bedienen können. Am nächsten Tag folgt ein Spaziergang auf einer Insel, und um 15 Uhr ist man zurück in Paihia. Unterbringung in Sammelkabinen mit 6 Betten oder Privatkabinen, alle mit Meerblick, Abendessen, Frühstück und Mittagessen inbegriffen; Getränke kosten extra. Es werden auch Tagestouren und kürzere Touren mit Übernachtung angeboten.

Jetskifahren

Tango Jetski Adventure, Paihia Wharf, 🖳 www.tangojetskitours.co.nz. Herumsausen auf dem Wasser, z. B. beim 1-stündigen Island Blaster.

Kajakfahren

Coastal Kayakers, 🖳 www.coastalkayakers.co.nz. Organisiert verschiedenste Ausflüge mit Abfahrt in der Nähe der Brücke nach Waitangi und bietet beispielsweise 2-stündige Touren in die Bucht oder stromaufwärts zu den Haruru Falls an. Auch Kajakverleih.

Parasailing und Rundflüge

Flying Kiwi Parasail, Paihia Wharf, 💻 www.parasailnz.com. Von einem Speedboot werden Gleitsegler zu 10- bis 15-minütigen Flügen ca. 400 m (Rekordhöhe in Neuseeland) in die Luft gezogen. Einzel- bis Dreierflüge.

Salt Air, Marsden Rd, beim Maritime Building, Paihia, 💻 www.saltair.co.nz. Hubschrauberflüge (20 Min. zum Hole in the Rock, 30 Min. die Küste hoch) sowie tolle Flüge mit Flugzeugen zum Cape Reinga (S. 255). Außerdem gibt es eine Tour in Zusammenarbeit mit dem Motu Kōkako Ahu Whenua Trust; sie umfasst die Landung auf dem Hole in the Rock und einen geführten Inselrundgang.

Tauchen

Dive HQ, Williams Rd, Paihia, 💻 www.divenz.com. Tauchausflüge in der Bay of Islands oder zu den Wracks der *Rainbow Warrior* (s. Kasten S. 247) und der Fregatte *Canterbury*. Dives mit 2 Tankfüllungen inkl. Ausrüstung kosten $289 für Leute mit *Advanced Open Water*-Zertifikat oder höher; $329 für Leute mit *Open Water*-Status und $289 für Anfänger im *Discover Scuba Diving*.

Russell

Die kleine Hangsiedlung **Russell** – auf einer schmalen Halbinsel, die schlecht auf dem Land-, aber gut auf dem Wasserweg erreichbar ist – erscheint wegen ihrer Abgeschiedenheit wie eine Insel. Während der Sommermonate tummeln sich hier allerdings Massen von Tagesausflüglern, die von den Passagierfähren aus Paihia und den Autofähren aus dem nahe gelegenen Opua an Land strömen, um die historischen Gebäude des Dorfes zu besichtigen oder an der hübschen Uferpromenade entlangzuspazieren. Hier bietet sich der Pub des The Duke of Marlborough Hotel für einen Drink an: Das ursprüngliche Gebäude an dieser Stelle hatte die erste Alkohollizenz in Neuseeland inne.

Pick me up in Russell

Die meisten Hafenrundfahrten und Delphintrips beginnen in Paihia. Aber Teilnehmer werden (nach vorheriger Reservierung) auch rund 15 Min. später als in Paihia an der Hafenmole von Russell eingesammelt. Gelegentlich ist allerdings keine Abholung möglich, aber dann bleibt immer noch die billige, oft verkehrende Passagierfähre zwischen Paihia und Russell.

Geschichte

Das heutige Russell bildet einen Riesenunterschied zu den wilden 1830er-Jahren, als sich im draufgängerischen **Kororareka**, wie Russell damals hieß, Scharen von Wal- und Robbenfängern einfanden. Die Stadt genoss einen Ruf als „Hell Hole of the Pacific". Ungehobeltes Benehmen und übermäßiger Alkoholkonsum dienten als offene Einladung für **Missionare**. Nach und nach bekehrten sie eine ansehnliche Zahl von Leuten und hinterließen die zwei ältesten Gebäude von Russell, die Kirche und die Druckerei zur Herstellung religiöser Schriften.

Nach dem Vertrag nach Waitangi

Im Jahr 1840 hatte sich Kororareka zur größten Siedlung des Landes entwickelt, allerdings zerstritt sich Gouverneur William Hobson nach der Unterzeichnung des **Vertrags von Waitangi** sowohl mit den Maori als auch mit den Siedlern vor Ort und verlagerte daher seine Hauptstadt weiter nach Süden. Inzwischen hatte die anfängliche Begeisterung der Maori für den Vertrag von Waitangi nachgelassen: Finanzielle Vorteile hatten sich nicht ergeben, und die Flagge der Confederation of Tribes, die zwischen 1834 und 1840 vom Flagstaff Hill wehte, war durch den Union Jack ersetzt worden. Man betrachtete dies als Symbol des britischen Betrugs, und die Ablehnung wuchs. An die Spitze dieser neuen Bewegung setzte sich **Hone Heke Pokai**, Häuptling der Ngapuhi und Schwiegersohn von Kerikeris Hongi Hika.

Von Juli 1844 bis März 1845 fällten Hongi und seine Anhänger den Fahnenmast ganze vier Mal, wobei die letzte Attacke den ersten der

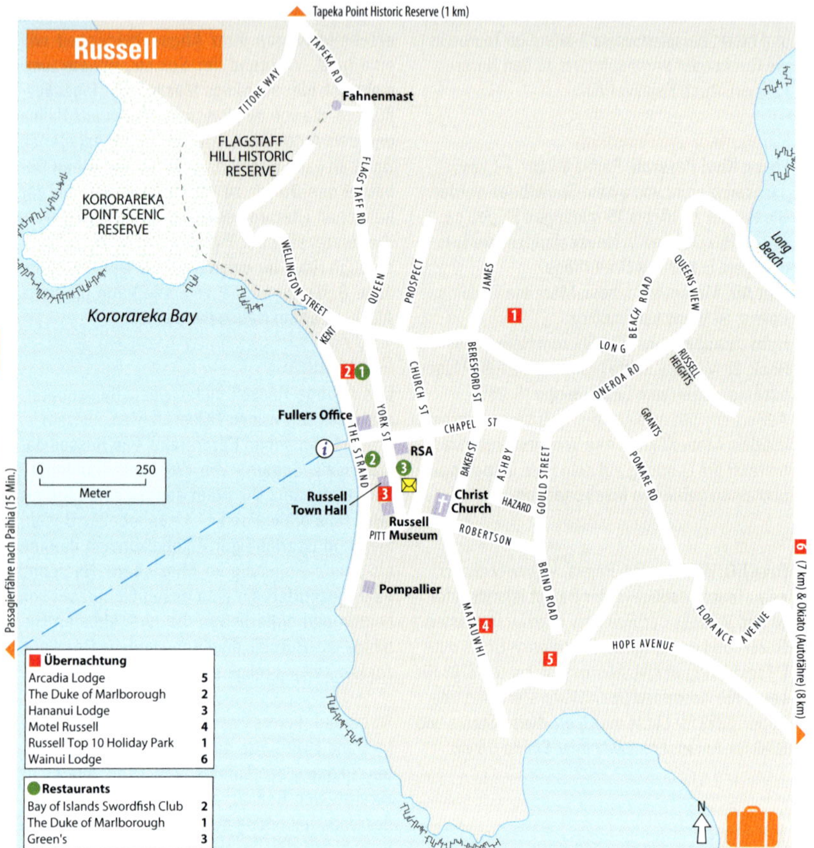

Landkriege auslöste. Dieser wütete fast ein Jahr lang und bedeutete den Niedergang und die nahezu vollständige Zerstörung von Kororareka. Der Ort erstand aus den Ruinen unter dem neuen Namen Russell und wuchs langsam um das Ufer herum zur heutigen friedlichen Siedlung heran.

Pompallier

The Strand ▪ tgl. Mai–Okt 10–16, Nov–April 10–17 Uhr, Zutritt nur im Rahmen einer Führung ▪ Eintritt ▪ https://visitheritage.co.nz

Das eindrucksvollste Gebäude Russells ist das faszinierende **Pompallier**, das letzte noch erhaltene Bauwerk der katholischen Mission in Russell, dem einstigen Zentrum des Katholizismus im westlichen Pazifik. Pompallier wurde 1842 als Druckerei für den französischen römisch-katholischen Bischof Jean Baptiste François Pompallier erbaut, der drei Jahre zuvor angekommen war und feststellen musste, dass das katholische Wort Gottes vor Ort durch anglikanische und methodistische Schriften, die ins Maori übersetzt worden waren, unter Dauerbeschuss stand. Die Missionare errichteten einen eleganten Lehmbau im typischen Stil von Lyon, der Heimatstadt Pompalliers. Presse und Papier wurden importiert, und um Ledereinbände herzustellen, wurde eine Gerberei eingerichtet. Während der folgenden acht Jahre druckte der Bischof über ein Dutzend Titel (insgesamt fast 40 000 Ausgaben), die zu den allerersten Büchern in der Maori-Sprache zählen.

In dem Gebäude, das in den Zustand von 1842 zurückversetzt wurde, stellen Kunsthandwerker heute wieder in Handarbeit Bücher her. Bei den interessanten, **kostenlosen Führungen** wird in jedem Raum der jeweilige Produktionsvorgang erläutert. In der einzigen noch erhaltenen Gerberei aus der Kolonialzeit in Neuseeland kann man während der Führung sogar selbst aktiv werden.

Christ Church

Robertson Rd

Die cremefarbene **Christ Church** von 1836 ist die älteste noch erhaltene Kirche Neuseelands. Im Gegensatz zu den meisten anderen Kirchen aus der Zeit handelte es sich hier nicht um eine Missionskirche, sondern um das Werk der vor Ort ansässigen Siedler. Mitte des 19. Jhs. wurde die Kirche während des Gerangels zwischen Hone Hekes Kriegern und den Briten belagert, und noch heute sind die Einschlaglöcher von Kugeln zu sehen.

Russell Museum

2 York St ▪ Jan tgl. 10–17, Feb–Dez 10–16 Uhr ▪ Eintritt ▪ 💻 www.russellmuseum.org.nz

Das kleine **Russell Museum** zeigt ein Video zur Stadtgeschichte und präsentiert seine Exponate auf ansprechende Art, darunter ein eindrucksvolles Modell (im Maßstab 1:5) von Cooks *Endeavour*, die 1769 hier vor Anker ging, sowie Maori-Artefakte wie ein kleines Familien-*waka* (Kanu).

Flagstaff Hill und Tapeka Point Historic Reserve

30–40 Min. hin und zurück

Am Ende von The Strand erklimmt ein steiler, kurzer Weg den **Flagstaff Hill** (Maiki). Der heute zu sehende Fahnenmast wurde 1857 errichtet, etwa zwölf Jahre nach der Zerstörung des vierten Masts durch Hone Heke – als versöhnliche Geste seitens eines Sohnes eines der Häuptlinge, die die ursprüngliche Zerstörung angeordnet hatten. Die Flagge der Confederation of Tribes, die nach der Unterzeichnung des Vertrags von Waitangi entfernt wurde, weht an zwölf wichtigen Tagen des Jahres, z. B. an Hone Hekes Todestag. Vom Flagstaff Hill aus erreicht man nach einem weiteren Kilometer das **Tapeka Point Historic Reserve**, eine alte *pa*-Stätte am Ende der Halbinsel mit herrlichen Ausblicken.

ÜBERNACHTUNG

Karte S. 238

Es gibt in Russell weniger Unterkünfte als in Paihia, dafür sind sie exklusiver. Es handelt sich überwiegend um B&Bs und Lodges.

Arcadia Lodge, 10 Florance Ave, 💻 www.arcadialodge.co.nz. Stilvolles B&B in einem großen historischen Holzgebäude, umgeben von Terrassen in ruhiger Hügellage mit Blick auf Gärten und die Bucht. 5 der Suiten und Zimmer (eins davon ohne Bad) mit Holzfußboden bieten Meerblick. Die Küche verwendet überwiegend Bio-Zutaten, die aus dem eigenen Garten oder aus der Region stammen. Keine Kinder unter 15 Jahren und im Sommer Mindestaufenthalt von 2 Tagen. Zimmer und Suiten. ❸

The Duke of Marlborough, 35 The Strand, 💻 www.theduke.co.nz. Mit dem Flair eines alten Kolonialhotels. Einige Zimmer mit Meerblick, andere mit Sonnendecks. ❸

Hananui Lodge, 4 York St, 💻 www.hananui.co.nz. Effizient geführte, motelähnliche Unterkunft direkt am Wasser. Die schönste Aussicht haben die Waterfront-Suiten, aber auch die Standard-Lodges, von denen sich ein begrenzter Blick aufs Meer erhaschen lässt, sind nicht zu verachten. Das Spa steht allen Gästen zur Verfügung. Auf der anderen Straßenseite gibt es etwas neuere Apartments mit Großbildfernseher und AC. Apartments ❷, Lodges, auch direkt am Wasser ❸

Motel Russell, 16 Matauwhi Rd, 💻 www.motelrussell.co.nz. Erste Wahl in diesem Motel mit attraktivem Pool in einem subtropischen Garten sind die aufgemöbelten Units. Studios und Units mit einem Schlafzimmer. ❷

Russell Top 10 Holiday Park, Long Beach Rd, 💻 www.russelltop10.co.nz. Zentral gelegener, gut organisierter und sauberer Campingplatz mit Stellplätzen für Zelte und Campervans und großer Auswahl an gut ausgestatteten festen Unterkünften. Wohnmobile ❶, Units ❷

Wainui Lodge, 92d Wahapu Rd, 7 km südlich von Russell, 💻 www.wainuilodge-russell-nz.com. Kleines, aber tolles Backpacker-Hostel mit 2 Zimmern, morgendlichem Vogelgesang und Kajaks, mit denen man vom Mangrovenstrand der Lodge aus lospaddeln kann. Küche. ❶

ESSEN

Karte S. 238

Die Auswahl an Restaurants in Russell ist nicht besonders groß, und die Preise sind ziemlich hoch, aber die Qualität lässt nichts zu wünschen übrig.

Bay of Islands Swordfish Club, 25 The Strand, 💻 www.swordfish.co.nz. Theoretisch ein Verein, aber Gäste müssen sich einfach nur registrieren lassen. Preiswertes Bier, von der Veranda herrlicher Blick auf den Sonnenuntergang und einfaches, aber leckeres und reichhaltiges Kneipenessen. $$$

The Duke of Marlborough, 35 The Strand, 💻 www.theduke.co.nz. Sitzplätze am Wasser, Pub und Restaurant mit guter Auswahl an Wein und Bier. Am besten ist jedoch das Essen, schön präsentiert, in kreativen Zusammenstellungen und großzügigen Portionen. Tipp: die 8 Std. lang gegarte Lammschulter am Knochen (für 2 Pers., nur abends), sie zergeht auf der Zunge. Küche bis 21 Uhr. $$$

Green's, 202/15 York St, 💻 www.spicerouteindian.co.nz. Das beste thai-indische Restaurant der Bay of Islands (okay, es gibt nicht viel Konkurrenz) versteckt sich in einer Nebenstraße der York Street. Auf der langen Karte stehen Fleischgerichte wie ein zartes Ziegencurry oder ein Hühnchen-*dopiaza* und leckere vegetarische Speisen wie ein *dal makhani*; außerdem gibt's die üblichen Tandoori-Brote und Chutneys. $$$

SONSTIGES

Informationen

Russell Booking & Information Centre, am Ende des Kais, 💻 www.russellinfo.co.nz. Buchungen von Touren und Unterkünften. Hat auch die Broschüren *Russell Heritage Trails* und *Bay of Islands Walks* auf Lager. 🕒 Sep–Mai tgl. 7.30–20, Juni–Aug tgl. 8.30–16 Uhr.

Touren

Russell Mini Tours, 💻 www.russellminitours.com. Die Geschichte der Stadt, erzählt aus der

Der Cape Brett Track

Northlands schönste zweitägige Wanderung ist der nicht ganz einfache, aber geniale **Cape Brett Track** (20 km pro Strecke; 6–8 Std.). Er verläuft auf dem Hügelkamm durchs Zentrum der Halbinsel und erlaubt von beiden Seiten aus hin und wieder einen Blick aufs Meer. Die Strecke ist in der DOC-Broschüre *Cape Brett* beschrieben. Das ehemalige Leuchtturmwärterhaus an der Spitze der Halbinsel dient heute als **DOC-Hütte** (23 Etagenbetten, der Jahres-Hüttenpass gilt hier nicht), einzige Übernachtungsmöglichkeit am Track selbst. Die Lage mit dem Meer ringsum und dem Ausblick auf das Hole in the Rock hinaus ist schlichtweg traumhaft. Ein Gasherd ist vorhanden, aber keine Küchenutensilien. Camping ist nicht erlaubt.

Der Pfad beginnt in Rawhiti und führt über Privatgelände, deshalb muss eine **Wegegebühr** (*track fee*) entrichtet werden. Diese bezahlt man beim Russell Booking & Information Centre, wo auch die Übernachtung in der DOC-Hütte reserviert wird und man Tipps zum sicheren Parken in Rawhiti erhält. Dort gibt es außerdem nähere Infos zu einem **Wassertaxi** von Russell nach Rawhiti (für bis zu 6 Pers.), zur Deep Water Cove auf der 2. Hälfte der Wanderwegstrecke oder nach Cape Brett (nur bei günstiger Wetterlage). Ein sicherer Parkplatz befindet sich bei Hartwells in Kaimarama Bay am Ende der Rawhiti Road (kleine Gebühr).

Sicht eines Einheimischen (Okt–April 6x tgl., Mai–Sep 4x tgl.).

TRANSPORT

Die meisten Besucher kommen mit der Fähre (s. Kasten S. 232) nach Russell. Es führt aber auch eine Landstraße hierher (S. 225).

Kerikeri und Umgebung

Die Ortschaft **Kerikeri** liegt zwar 25 km nördlich von Paihia und somit geografisch gesehen abseits der Bucht, ist aber dennoch von zentraler historischer Bedeutung für die Bay of Islands. Das Städtchen erstreckt sich entlang einer Hauptstraße und wird von Obstplantagen umgeben, die die wirtschaftliche Stütze des Orts bilden. Rund 2 km östlich der Stadt bahnt sich der schmale Kerikeri Inlet einen Weg vom Meer bis zum **Kerikeri Basin**, dem von Samuel Marsden auserwählten Standort für die zweite Mission der Church Missionary Society in Neuseeland. Im nahe gelegenen **Waimate North** steht ein weiteres Missionshaus, das die Zeit überdauert hat.

Auf den subtropischen Zitrusplantagen werden fast das ganze Jahr über **Saisonarbeiter** gesucht. Die meiste Arbeit gibt es zwischen Januar und Juli, allerdings ist in dieser Zeit auch die Nachfrage nach Arbeit am größten. Als Ansprechpartner eignen sich die Leiter der Hostels und Campingplätze, von denen viele gute Wochenpreise anbieten. In den letzten Jahren hat sich Kerikeri als Standort zahlreicher **Kunsthandwerksläden** einen Namen gemacht, die zwischen den Plantagen verstreut liegen.

Kemp House and Gardens

246 Kerikeri Rd ▪ tgl. Nov–April 10–17, Mai–Okt 10–16 Uhr; Zutritt nur mit Führung ab 4 Pers.; genaue Zeiten telefonisch erfragen ▪ Eintritt (Kombiticket mit Old Stone Store Museum) ▪ www.stonestore.co.nz

Hier begannen im Jahr 1821 die Zimmermänner der Mission mit dem Bau des **Kemp House**, dem derzeit ältesten Gebäude Neuseelands im europäischen Stil. Die ersten Bewohner des bescheidenen, zweistöckigen georgianischen Hauses im Kolonialstil – Missionar John Butler und seine Familie – zogen bald weiter, und 1832 befand sich das Haus bereits in der Hand des Missionars und Schmieds James Kemp, der den Bau erweiterte. Nach dem Auszug des letzten Mitglieds der Familie Kemp 1974 wurde das Gebäude restauriert und im Stil des mittleren 19. Jhs. eingerichtet.

Old Stone Store

246 Kerikeri Rd ▪ tgl. Nov–April 10–17, Mai–Okt 10–16 Uhr ▪ Eintritt frei; obere Etagen Eintritt mit Kemp House and Gardens ▪ www.stonestore.co.nz

Die Führungen durchs Mission House beginnen im Nachbarhaus, dem **Old Stone Store**. Es ist das einzige andere noch erhaltene Gebäude der Mission und gleichzeitig das älteste Steingebäude des Landes. Nach seiner Fertigstellung 1836 diente der Store zunächst als zentraler Versorgungsladen für die Church Missionary Society und danach als Munitionslager für die Truppen, die hier stationiert waren, um Hone Heke zu bekämpfen. Noch später wurde hier mit Kauri-Holz gehandelt, bevor das Haus 1975 schließlich der Öffentlichkeit zugänglich gemacht wurde. Das **Geschäft** im Erdgeschoss bietet fast das gleiche Sortiment wie vor etwa 180 Jahren. In den beiden oberen Stockwerken ist auf einfühlsame Weise die Geschichte der Kontakte zwischen Maori und Europäern und die Bedeutung des Kerikeri Basin beschrieben. Veranschaulicht wird das Ganze durch alte Gerätschaften, darunter eine handbetriebene Getreidemühle von ca. 1820, die als die älteste Maschine des Landes gilt.

Gegenüber vom Old Stone Store führt ein Weg am Fluss entlang zum **Kororipa Pa**. Es steht oben auf einem Hügel an einer scharfen Biegung des Flusses. Von hier aus startete Chief Hongi Hika mit seinen frisch erworbenen Feuerwaffen Angriffe auf andere Communitys.

Te Ahurea

1 Landing Rd ▪ tgl. Nov–April 10–17, Mai–Okt 10–16 Uhr ▪ Eintritt ▪ www.teahurea.co.nz

Auf einer Fußgängerbrücke geht es übers Wasser zum **Te Ahurea**, 1 Landing Rd. Das rekonstruierte Fischerdorf vermittelt einen interessanten Eindruck vom Leben der Maori vor Ankunft der Europäer. Hier findet sich alles, was dazugehört: ein *marae*, Waffen und Kumara-Lagerräume sowie ein echtes *hangi* mit einem Muschelschalenhaufen daneben.

Kerikeri Basin Reserve

Gegenüber von Rewa's Village

Im **Kerikeri Basin Reserve** beginnt ein Weg, der am Standort des ersten Wasserkraftwerks von Kerikeri (15 Min.) sowie an den Fairy Pools-Badeteichen (35 Min.) vorbeiführt und schließlich die eindrucksvollen **Rainbow Falls** (1 Std.) erreicht. Der Wasserfall ist auch von der Waipapa Road, 3 km nördlich vom Basin, zugänglich.

ÜBERNACHTUNG

Karte S. 243

In Kerikeri gibt es eine gute Auswahl an Unterkünften aller Kategorien und besonders viele preiswerte Herbergen – eine Folge der Beliebtheit der Gegend bei Saisonarbeitern, die sich längere Zeit hier aufhalten. Die saisonalen Preisschwankungen sind keineswegs so ausgeprägt wie in Paihia, dennoch gestaltet sich die Zimmersuche im Januar schwierig.

Kerigold Chalets, 326 Kerikeri Rd, www.kerigoldchalets.co.nz. Die modernen, geräumigen Chalets haben alle ein Schlafzimmer und eine Küche. Außerdem gibt es einen Pool, einen Grillplatz und auf Wunsch Frühstück. Kostenloser Transfer zum Flughafen. ❸

Kerikeri Holiday Park, Kerikeri Rd, www.kerikeriholidaypark.co.nz. Die schöne Anlage am Stadtrand beim Fluss hat ein ausgedehntes Campinggelände, gut ausgestattete Standard-Cabins und gemütliche Selbstversorger-Units. Außerdem überdachter Grillbereich, nachts sind manchmal Kiwis zu hören. ❷

Relax A Lodge, SH10, 5 km westlich von Kerikeri, www.relaxalodge.co.nz. Erstklassige Zimmer und Cottages auf einer Bio-Zitronenplantage. Die komfortablen Zimmer mit Gemeinschaftsbadezimmer liegen in einem hübschen Holzhaus, und die Cottages sind über den Obstgarten verteilt. Die Besitzer sprechen Deutsch, es gibt einen Pool und Eier aus Freilandhaltung. ❷

Puketi Recreation Area Campsite, am Abzweig vom SH10 bei der Pungaere Rd, 600 m nördl. von Waipapa, den Schildern zum Campingplatz folgen, www.doc.govt.nz. Ein DOC-Campingplatz mit durchschnittlichem Standard im Puketi Kauri Forest: mit fließendem Wasser, Plumpsklos, kalten Duschen, Grillplätzen und Picknicktischen. Keine Buchung möglich. Die Gebühr wird in der Vertrauenskasse hinterlegt. $

ESSEN UND UNTERHALTUNG

Karte S. 243

Jerusalem, Cobblestone Mall, www.cafejerusalem.co.nz. Dieses kleine und freundliche israelische Café mit Schanklizenz lieben die Northlander wegen der authentischen und preiswerten orientalischen Speisen, die auch zum Mitnehmen bestellt werden können. $$

Māha Restaurant, 190 Kerikeri Rd, maharestaurant.co.nz. Wunderbares thailändisch-europäisches Gartencafé mit sehr gutem Essen, darunter knuspriger Schweinebauchsalat, gereiftes Angus-Filet und Tom Yum mit Riesengarnelen, um nur einige Gerichte zu nennen. Außerdem loungige Livemusik. Jeden Freitag Thai-Buffet. $$$

Plough & Feather, 215 Kerikeri Rd, https://ploughandfeather.co.nz. Traumhafte Lage am Kerikeri Basin und am besten für einen Mittags- oder Sonnenuntergangsdrink geeignet, aber man kann hier auch essen, drinnen oder auf der Veranda. Klassiker auf der Karte sind gebratener Schnapper und Schweinebauch aus Freilandhaltung. $$$

Weingüter

Marsden Estate, Wiroa Rd, www.marsdenestate.co.nz. Marsden Estate produziert eine Vielfalt an ausgezeichneten Rot- und Weißweinen (kostenlose Proben möglich) und betreibt ein Restaurant mit erschwinglichen Preisen. Zu den Tagesgerichten zählen vielleicht gerade scharf angebratener Thunfisch auf Nizza-Art oder Steak vom Holzkohlegrill.

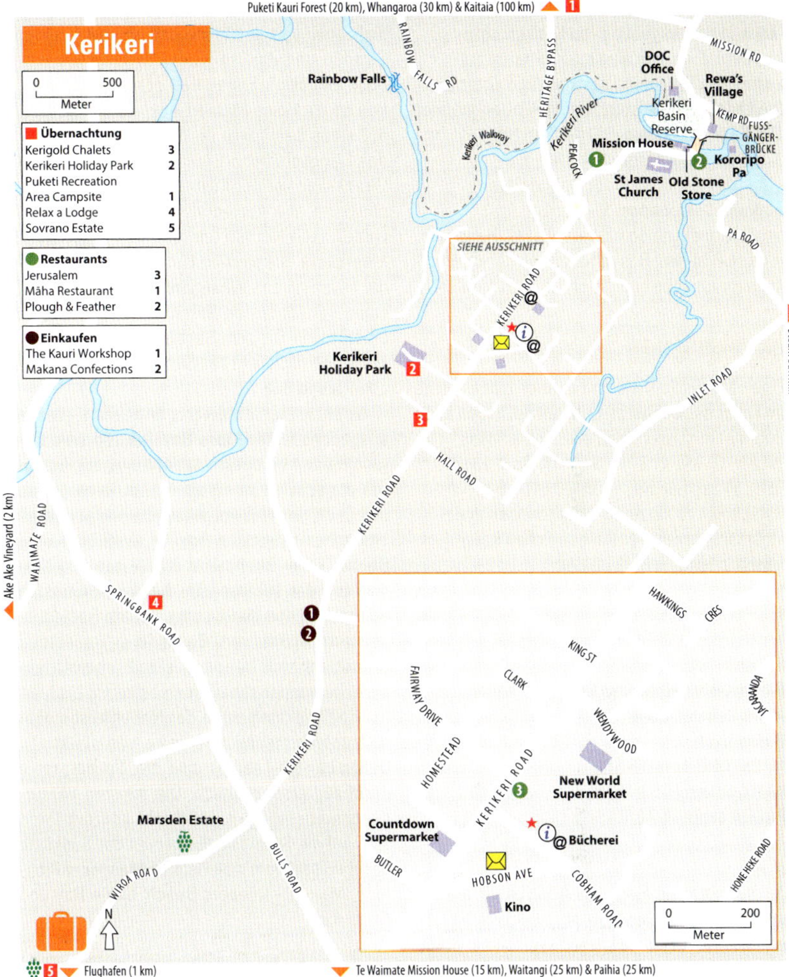

Sovrano Estate, 165 Waimate North Rd, 💻 www.akeakevineyard.co.nz. Bio-Weingut, das beste Weine produziert (darunter Chambourcin, der bei Weinbauern in Northland besonders beliebt ist) und das zur Verkostung sowie zum Mittag- oder Abendessen geöffnet ist. Auf der Speisekarte stehen Köstlichkeiten wie Confit-Ente und Lammkarree. Kunden können auf einem 1 km langen Weg durch den gutseigenen Weinberg schlendern.

Kino

Cathay Cinemas, Hobson Ave. Restauriertes Kino, das in 3 Sälen Mainstream-Kassenschlager, aber auch anspruchsvollere Filme zeigt. Café mit Alkoholausschank.

EINKAUFEN

Man könnte problemlos ein paar Stunden damit verbringen, die zahlreichen **Kunsthandwerks-**

läden in der Umgebung von Kerikeri abzuklappern. Ein super Begleiter dabei ist die kostenlose Broschüre *Kerikeri Art & Craft Trail*. Die Läden sind meist tgl. von 10–17 Uhr geöffnet.

The Kauri Workshop, 500 Kerikeri Rd, ✆ 09 407 9196; Karte S. 243. Hat alle erdenklichen Kauri-Produkte auf Lager.

Makana Confections, 504 Kerikeri Rd, 💻 www.makana.co.nz; Karte S. 243. Handgefertigte Pralinen. Besucher dürfen bei der Herstellung zusehen und die Leckereien probieren.

NORTHLAND

INFORMATIONEN

Eine offizielle Touristeninformation gibt es nicht. Im Foyer der **Bücherei**, Cobham Rd, liegen aber Informationsbroschüren aus. Kostenloses WLAN. ⏲ Mo–Fr 8–17, Sa 9–14, So 9–13 Uhr.

DOC, 34 Landing Rd, ✆ 09 407 8474. Gibt Ratschläge zu kürzeren Wanderungen und ambitionierteren Treks in den Puketi Kauri Forest. ⏲ Mo–Fr 8–16.30 Uhr.

TRANSPORT

Busse

Die Busse von InterCity/Northliner halten in der Cobham Road.

Busse nach:

AUCKLAND 4x tgl., 5 Std.;
KAITAIA 1x tgl., 1 3/4 Std.;
PAIHIA 4x tgl., 1/2 Std.

Flüge

Air New Zealand-Flüge aus AUCKLAND landen auf dem **Bay of Islands Airport**, 💻 www.bayofislandsairport.co.nz, 6 km südwestlich der Stadt, von wo der Super Shuttle nach Kerikeri fährt ($12). Flüge nach AUCKLAND 5–6x tgl., 50 Min.

Von der Matauri Bay zur Doubtless Bay

Nördlich der Bay of Islands wird es zunehmend ruhiger. Nur wenige Städte entlang der Küste sind von Bedeutung, und die Besucher lassen sich eher von der Idylle der wunderschönen Strände und dem reizvollen Whangaroa Harbour anlocken. Erster Halt nördlich von Kerikeri ist die kleine **Matauri Bay**, wo ein Denkmal auf einer Bergspitze an die *Rainbow Warrior*, das Flaggschiff von Greenpeace, erinnert; das Wrack liegt vor der Küste. Eine weitgehend asphaltierte, aber kurvenreiche Nebenstraße führt weiter nach Norden und eröffnet fantastische Meerblicke. Sie passiert Landzungen und Strände, bevor sie den **Whangaroa Harbour** erreicht, einen der schönsten Häfen von Northland und einen tollen Ort zum Segeln und Kajakfahren. Weiter nördlich liegt das Surfer- und Anglerdörfchen **Taupo Bay**.

Noch weiter nordwärts trifft man auf die ausgedehnte **Doubtless Bay**, die von zwei Berühmtheiten entdeckt wurde: Kupe, der Aotearoa angeblich zum ersten Mal in Taipa betrat, und Cook, der 1769 vorbeisegelte und angeblich ausrief: „Doubtless a bay!" („Zweifellos eine Bucht!"). Die Bucht wird im Westen und Norden von der schützenden **Karikari Peninsula** eingerahmt und bietet somit sichere Bedingungen zum Bootfahren. Besonderer Beliebtheit erfreut sie sich bei neuseeländischen Urlaubern. Im Januar schafft man es kaum, bis hierher durchzukommen. In der Nebensaison geht es jedoch erstaunlich ruhig zu, und außer von Dezember bis Februar sind die Zimmerpreise durchaus erschwinglich. Die meisten Versorgungseinrichtungen der Bucht konzentrieren sich auf die Strandsiedlungen an der Südküste der Halbinsel vom malerischen **Mangonui** Richtung Westen – **Coopers Beach**, **Cable Bay** und **Taipa Bay**.

Matauri Bay

Etwa 30 km nördlich von Kerikeri gewährt ein hoher Bergkamm im Landesinneren einen ersten überwältigenden Blick auf die lange, sandige **Matauri Bay**, die sich bis zu den **Cavalli Islands** vor der Küste erstreckt. Am Nordende der Hauptbucht beginnt ein gut ausgetretener Trampelpfad (20 Min. hin und zurück; 70 m Höhenunterschied) einen Hügel hoch, auf dem das auffällige **Rainbow Warrior Memorial** des

Bildhauers Chris Booth für die *Rainbow Warrior* (mehr dazu im Kasten S. 247) thront. Das Wrack liegt vor den Cavalli Islands auf Grund. Das Denkmal setzt sich aus einem Steinbogen (der einen Regenbogen symbolisiert) und der bronzenen Schiffsschraube der *Rainbow Warrior* zusammen.

Tauchveranstalter mit Sitz in Paihia (S. 237) unternehmen Ausflüge zu dem Wrack. Im April ist die Sicht am besten; von September bis November wird sie manchmal durch Plankton getrübt, ist aber immer noch gut.

Samuel Marsden Memorial Church

Matauri Bay Rd, kurz vor dem Strand

Missionar Samuel Marsden ging in Aoteroa zum ersten Mal 1814 in der Matauri Bay an Land, wo er zwischen den Ngati Kura – die sich noch immer im Besitz der Bucht befinden – und einigen Maori aus der Bay of Islands vermittelte. An dieses Ereignis erinnert die wunderschöne, hölzerne **Samuel Marsden Memorial Church**.

Das historische *waka* der Ngati Kura, die *Mataatua*, liegt in den nahe gelegenen Gewässern. Die Erinnerung an dieses legendäre Kanu bewog die Ngati Kura dazu, dem Wrack der *Rainbow Warrior* eine letzte Ruhestätte zu bieten.

ESSEN

Matauri Top Shop, am oberen Ende der Matauri Bay Rd, ✆ 09 405 1040. Die einzige Adresse, um irgendwo etwas zu essen, ist dieser Lebensmittelladen mit angeschlossenem preiswertem Café. Sandwiches, Brötchen und Eiscreme sowie ein paar Picknickzutaten – vielleicht die bessere Option. ❶

Whangaroa Harbour

Westlich der Matauri Bay liegt der beinahe gänzlich von Land umschlossene, geschützte **Whangaroa Harbour**. Ein Aufenthalt hier erweist sich als idealer Ausgleich zur kommerziellen Bay of Islands, und die Landschaft ist in kleinerem Maßstab ebenso reizvoll. Trotz begrenzterer Möglichkeiten kann man auch hier Bootsfahrten unternehmen und den Hochseefischern Gesellschaft leisten. Die schmalen Buchten werden von Klippen und steilen Hügeln umrahmt; hinter den beiden Siedlungen des Hafens, **Whangaroa** und **Totara North**, erheben sich die kargen Vulkanhügel **St Paul** und gegenüber **St Peter**.

Geschichte

Der Whangaroa Harbour zählt zu den ersten Gebieten in Neuseeland, die von europäischen Siedlern besucht wurden. Die berühmtesten waren die Männer an Bord der *Boyd*, die 1809 hier anlegten, um Kauri-Holz nach Großbritannien zu verschiffen. Ein paar Tage nach Ankunft des Schiffes töteten die einheimischen Maori alle 66 Besatzungsmitglieder und brannten die *Boyd* nieder – als Rache für die schlechte Behandlung Taras, eines hochgeborenen Maori-Seemanns, der anscheinend die Regeln der *Boyd* missachtet hatte. Ein britischer Walfänger brannte daraufhin das gesamte Maori-Dorf nieder. Dies war der Auftakt zu einer Reihe von Auseinandersetzungen, die fünf Jahre andauerten.

Später wurden riesige Kauri-Wälder abgeholzt und zu Kleinholz verarbeitet. Selbst wer nur auf der Durchreise ist, sollte die 4 km am Nordufer des Hafens entlang nach Totara North fahren. Die Straße führt nämlich an den Überresten der letzten **Sägemühle** dieser alten Siedlung vorbei. Die Sägemühle stellte 2004 den Betrieb ein.

ÜBERNACHTUNG

Kahoe Farms Hostel, SH10, 1,5 km nördlich der Abzweigung nach Totara North, 💻 www.kahoefarms.co.nz. Das kleine, extrem gastfreundliche Backpacker-Hostel auf einer Rinderfarm hat Zimmer und ein Dorm in einem Haus sowie weitere Zimmer (manche mit Bad) in einer separaten Villa auf dem Hügel dahinter. Die neuseeländisch-italienischen Besitzer zaubern abends sensationelle Pizza, Pasta und Steaks, morgens ein reichliches Frühstück und Espresso. Wer möchte, kann auch einen Privatweg zum Kauri-Damm in der Nähe gehen. Der tgl. verkehrende InterCity/Northliner-Bus passiert die Farm und hält auf Wunsch. ❶

NORTHLAND

AKTIVITÄTEN

Angeln

Whangaroa Big Gamefish Club, 🖳 www.whangaroasportfishingclub.co.nz. Wer am Sportangeln interessiert ist, findet auf der Website Kontaktadressen von Leuten, die weiterhelfen können. Angler sollten jedoch nicht erwarten, dass sie sofort am selben Tag noch rausfahren können. Die Kosten liegen bei ab $1200/Tag (Köder und Eis kosten extra). Vor den Cavalli Islands kann man mit Marlins rechnen, näher an der Küste mit kleineren Speisefischen.

Bootstouren

Whangaroa Harbour Water Transport, 🖳 www.whangaroaharbouradventures.co.nz. Auf einer Rundfahrt durch die Hafenbucht (1 1/2 Std.) kann man etwas über die Geschichte der Gegend erfahren und Meerestieren ganz nahekommen. Oder man lässt sich per Wassertaxi am Ende des Wairakau Stream Track (Totara North bis Lane Cove zu Fuß 5,6 km; einfache Fahrt mit dem Wassertaxi $30) abholen.

Kajakfahren

Northland Sea Kayaking, 🖳 www.northlandoutdooradventures.co.nz. Das sachkundige Unternehmen an der Nordostseite des Hafens veranstaltet im Sommer Kajaktouren (halbtags, keine Kreditkarten).

Taupo Bay

Eine 13 km lange Teerstraße führt vom SH10 nach **Taupo Bay**, einer erfrischend unaufdringlichen Feriensiedlung. Hier gibt es eine Reihe von Bretterbuden am Strand und mit die besten Bedingungen zum Surfen und Angeln von ganz Northland.

Der freundliche **Taupo Bay Holiday Park**, 1070 Taupo Bay Rd, 🖳 www.taupobayholidaypark.co.nz, ist eine der wenigen wirklich lohnenden Unterkünfte der Gegend und ausgesprochen beliebt bei neuseeländischen Urlaubern wegen der großzügigen Stellplätze, der guten Einrichtungen und der schnörkellosen, aber modernen Cabins, doie Platz bieten für bis zu 5 Personen. Camping ❶

Mangonui und Umgebung

Mit seinem betriebsamen Fischereihafen und einem traditionellen Lebensmittelgeschäft auf Pfählen über dem Wasser fühlt sich **Mangonui** am geschützten Mangonui Harbour hinter der Doubtless Bay richtig schön altmodisch an. Einige zweistöckige Gebäude mit Holzveranden sind erhalten geblieben, und zwischen den Cafés verbergen sich zahlreiche Kunsthandwerksläden. In erster Linie aber ist Mangonui immer noch ein ganz normales Dorf. Mangonui ist auch ein guter Ausgangspunkt für organisierte Ausflüge zum **Cape Reinga** und **Ninety Mile Beach** (s. Kasten S. 252).

Mangonui bedeutet übersetzt „großer Hai“, in Erinnerung an das *waka* des legendären Häuptlings Moehuri, dem ein Hai den Weg in den Mangonui Harbour gezeigt haben soll. Ihre Entstehung verdankt die Stadt allerdings nicht Haien, sondern Walen und dem Geschäft mit der Versorgung von Walfangschiffen. Später wurde der Walfang vom Kauri-Handel abgelöst, der sich in erster Linie auf das Gebiet rund um die **Mill Bay** westlich von Mangonui konzentrierte (5 Min. Fußweg).

Flax Bush, 50 Waterfront Drive, 🖳 www.flaxbush.co.nz, verkauft von Hand gewebte Flachswaren und anderes Kunstgewerbe der Region zu vernünftigen Preisen. Die geflochtenen Körbe *(kete)* sind ihren Preis wert.

Coopers Beach

Während einst die Schiffe in Mangonui repariert und neu beladen wurden, landeten die Fässer zur Ausbesserung einige Kilometer westlich am Wasserlauf des **Coopers Beach**. Der herrliche, schattige Sandstreifen wird von schönen rotblühenden *Pohutakowa*-Bäumen, aber längst auch von etlichen Motels gesäumt. Im Januar und an den Wochenenden geht am Strand die Post ab, dann wird es hier richtig voll. In der übrigen Zeit aber ist er hier oft menschenleer und einsam.

Französische Atomtests im Pazifik

Die französische Regierung hat stets behauptet, Atomtests seien vollkommen sicher, und jahrzehntelang führte sie Tests auf den kleinen Pazifik-Atollen **Mururoa** und **Fangataufa** durch – beruhigende 15 000 km von Paris entfernt, aber nur 4000 km nordöstlich von Neuseeland.

Im Jahr 1966 missachtete Frankreich das Atomteststoppabkommen von 1963, das Kernwaffenversuche in der Atmosphäre untersagt, und evakuierte die Inselbewohner des Pazifiks aus den Dörfern ihrer Vorfahren. Der Weg war frei für unzählige Tests in den folgenden acht Jahren. Den französischen Behörden zufolge sollte kein radioaktiver Niederschlag jemals eine bewohnte Insel erreichen, und doch wurden immer wieder **Strahlenemissionen** in den nicht gerade nahe gelegenen Gebieten von Samoa, Fiji und sogar in Neuseeland festgestellt. Der wachsende Widerstand in der Öffentlichkeit zwang die Franzosen schließlich, ihre Tests unterirdisch in tiefen Schächten durchzuführen, wo weitere 200 Detonationen erfolgten, welche die geologische Stabilität der empfindlichen Korallenatolle gefährdeten.

1985 organisierte Greenpeace von Neuseeland aus eine Protest-Flotte, die vom Flaggschiff **Rainbow Warrior** angeführt wurde. Bevor die Flotte jedoch von Auckland lossegeln konnte, verübte der französische **Geheimdienst** einen Sabotageakt gegen die *Rainbow Warrior*, indem er zwei Bomben unter der Wasseroberfläche zündete. Als Retter die Leiche des Greenpeace-Fotografen **Fernando Pereira** bargen, wurden zwei Agenten des französischen Geheimdienstes, die sich als Touristen ausgaben, verhaftet. Zunächst stritten sie alles ab, aber letztendlich war die französische Regierung gezwungen, den laut David Lange (damaliger Premierminister von Neuseeland) „schmutzigen, staatlich unterstützten terroristischen Akt" einzugestehen. Die zwei festgenommenen Agenten wurden zu zehn Jahren Gefängnis verurteilt, allerdings setzte Frankreich alle Hebel in Bewegung, damit sie ihre Strafe auf einer französischen Pazifikinsel absitzen konnten. Beide durften nach weniger als zwei Jahren als freie Männer nach Frankreich zurückkehren.

Im Jahre 1995 sorgte Frankreich mit der Ankündigung einer weiteren Testreihe für weltweite Entrüstung. Greenpeace entsandte daraufhin die **Rainbow Warrior II**, die von der französischen Marine am zehnten Jahrestag der Versenkung der *Rainbow Warrior* beschlagnahmt wurde. Anfang 1996 erklärten sich die Franzosen schließlich bereit, die Atomtests im Pazifik einzustellen.

Cable Bay

3 km westlich von Coopers Beach liegt die kleinere, bei Schwimmern und Surfern beliebte Siedlung **Cable Bay**. Der Taipa River trennt sie vom Stranddorf **Taipa**. An diesem schönen Strand mit rosa Korallensand treffen sich heutzutage Sonnenanbeter und Badenixen, aber historisch bedeutsam ist der Ort, weil Kupo – laut Maori-Legende der Entdecker von Aotearoa – hier zum ersten Mal seinen Fuß aufs Land setzte. Ein Betondenkmal in der Nähe der Shell-Garage am Taipa River erinnert an ihn.

ÜBERNACHTUNG

Beach Lodge, 121 SH10, Coopers Beach, www.beachlodge.co.nz. 5 elegante Strand-Apartments mit eigener Veranda, komplett ausgestatteter Küche und kostenloser Nutzung von Kajaks und Boogie Boards warten auf Gäste, die aber nicht jünger als 8 Jahre sein dürfen. ❹

Driftwood Lodge, SH10, Cable Bay, www.driftwoodnz.com. Wunderschöne Lodge unmittelbar am Strand, auf deren breiter Veranda mit Blick auf die Halbinsel Karikari sich abends alle Welt zu einem Absacker und eventuell auch zum Barbecue versammelt. Voll ausgestattete Units, kostenloser Verleih von Dinghies, Kajaks und Boogie Boards. Sehr begehrt, daher frühzeitig reservieren. ❹

The Old Oak, 66 Waterfront Drive, https://theoldoak.co.nz. Charmante, weiß getünchte Villa direkt am Wasser, deren Geschichte bis ins Jahr 1861 zurückreicht. Die Zimmer sind

Bush Fairy Dairy

Bush Fairy Dairy, 1195 Oruru Rd, Peria, 12 km südlich von Taipa, ✆ 09 408 5508. Die alternative Kooperative beherbergt donnerstag- bis samstagabends den Far Out Food Van (FOFV) und veranstaltet im Sommer alle paar Wochen einen Sonntagsbasar mit Verkaufsständen für Kunsthandwerk, Bekleidung und Bio-Lebensmittel. Termine und Zeiten telefonisch erfragen!

NORTHLAND

geschmackvoll mit vor Ort hergestellten Möbeln und Kunstwerken eingerichtet und es gibt sogar eine kleine Galerie, in der man weitere Kunstwerke bewundern kann. ❸
Puketiti Lodge, 10 Puketiti Drive, 7 km südlich von Mangonui, ✆ 09 406 0369, 💻 www.puketitilodge.co.nz. Verströmt trotz aller Modernität ländliche Atmosphäre. 2 Zimmer mit Bad für bis zu 4 Pers., mit weitem Ausblick zur Küste. Sämtlichen Gästen stehen das riesige Sonnendeck, die gut ausgestattete Küche und eine Lounge zur Verfügung. Nur Nov–März. DZ ❷

ESSEN UND UNTERHALTUNG

Drinks gibt es im Mangonui Hotel, wo am Wochenende häufig Bands spielen.
Fresh & Tasty, im Mangonui Hotel, Waterfront Drive, 💻 www.facebook.com/mangofreshtas. Beliebt bei Einheimischen, die gern bereit sind, auf eine tolle Aussicht zu verzichten, wenn es für kürzere Wartezeiten und weniger Geld Essen gibt, das dem der Konkurrenz nicht nachsteht. Für Fischabstinenzler abends auch Braten. $
Little Kitchen, 118 Waterfront Rd. Das freundliche Café mit Alkohollizenz und Außenbereich bietet bis 11.30 Uhr Frühstück sowie anschließend zum Mittagessen u. a. Burger, Bagels und Muscheln (alles recht günstig). Außerdem toller Kaffee und Kuchen. $
Mangonui Fish Shop, 137 Waterfront Drive, 💻 www.mangonuifishshop.com. Das berühmte Fish 'n' Chips-Lokal in idyllischer Lage auf Pfählen im Wasser ist jeden Nachmittag Anlaufstelle der Tourbusse, die vom Cape Reinga zurückkommen. Frischer Fisch, jede Menge Chips, außerdem Seafood-Salate und *seafood chowder* (alles recht preiswert). Schanklizenz und BYO. $$
Jesse's on the Waterfront, Waterfront Drive, 💻 www.jesses.co.nz. Nettes Café/Bar mit Hafenblick, vorzüglichem Kaffee, Frühstück, kleinen Mittagssnacks und abends einer großen Auswahl an Hauptgerichten, darunter leckere Pizza, Jakobsmuscheln und frische Austern. Manchmal Livemusik. $$

SONSTIGES

Die ehrenamtlichen Mitarbeiter im **Visitor Centre**, 118 Waterfront Drive, ✆ 09 406 2046, geben Auskunft zu Übernachtungsmöglichkeiten. Außerdem gibt es hier **WLAN**. 🕒 Nov–Ostern tgl. 10–16, Ostern–Okt Di–Sa 10–15 Uhr.

TRANSPORT

Da es kaum öffentliche Verkehrsmittel gibt, ist ein eigenes Auto ratsam. Die Küste von Mangonui wird vom InterCity/Northliner-Bus befahren, der 1x tgl. zwischen PAIHIA (2 Std.) und KAITAIA (1 Std.) in beide Richtungen verkehrt. Die Buslinie Far North Link, 💻 www.buslink.co.nz, bietet werktags eine Verbindung zwischen Mangonui und Kaitaia mit Stopps in Coopers Beach, Cable Bay und Karikari.

Kaitaia und Umgebung

Kaitaia liegt 40 km westlich von Mangonui, unweit der Kreuzung der beiden Hauptstrecken Richtung Norden. Der Ort eignet sich gut als Ausgangsbasis für Abstecher zum Cape Reinga und Ninety Mile Beach (S. 251), eine äußerst empfehlenswerte Alternative zu den längeren Touren von der Bay of Islands. Viel zu sehen ist in diesem Bauernstädtchen nicht – außer einem ziemlich guten Museum. Und wer um das dritte Wochenende im März herum in der Gegend ist, kann Läufer aus aller Welt sehen, die an verschiedenen Marathons auf dem Ninety Mile Beach teilnehmen. Einer davon ist die

Te Houtaewa Challenge, www.tehoutaewa challenge.com. Motorisierte Reisende können sich einen Aufenthalt am herrlichen Strand von **Ahipara** gönnen, um mit dem Sandschlitten die riesigen Dünen hinunterzurasen oder die alten Gumfields zu besichtigen.

Kaitaia

Als der erste Missionar Joseph Matthews 1832 hierherkam, um nach einem Missionsstandort Ausschau zu halten, befand sich an dieser Stelle bereits ein Maori-Dorf. Der Schutz der Mission lockte in der Folge europäische Viehzüchter an. In den 1880er-Jahren fielen dann die *gumdiggers* in großen Scharen ein, um die Kauri-Harz-Depots um den Lake Ohia und Ahipara zu plündern. Unter den frühen Ankömmlingen befanden sich viele junge Kroaten, die vor den harten Bedingungen in ihrer Heimat (damals Teil des österreichisch-ungarischen Reichs) geflohen waren. Heute erinnert nur noch ein serbokroatisches Empfangsschild am Ortseingang an die einstigen Zuwanderer.

Museum at Te Ahu

Matthews Ave, Ecke South Rd
▪ Mo–Fr 10–16 Uhr ▪ Spende erbeten
▪ www.eahumuseum.nz

Den besten Einblick in die Gegend gewinnt man im **Museum at Te Ahu**, mit einer faszinierenden Ausstellung über das Leben vor Ort und die Lokalgeschichte, auch die der Gumfields von Ahipara. Ein absolutes Highlight der Sammlung ist die Nachbildung einer Schnitzerei aus dem 12. oder aber 13. Jh., des Kaitaia Carving (das Original kann man im Auckland Museum bewundern). Sie ist ein wunderbares Beispiel für die Übergangsperiode, während der die polynesische Kunst allmählich Maori-Züge anzunehmen begann.

ÜBERNACHTUNG

Abgesehen von der Hauptsaison nach Weihnachten herrscht kein Mangel an Gästebetten, und die Preise sind in der Regel niedriger als in den Küstenresorts im Osten.

Beachcomber Lodge and Backpackers, 235 Commerce St, www.beachcomberlodge.com. Einladendes, gut ausgestattetes Hostel, gut besucht von Reisenden, die unterwegs zum Kap sind, denn Tourteilnehmer werden am Hostel abgeholt. Man kann hier auch Saisonarbeit arrangieren. ❶

Waters Edge, 25b Kitchener St, www.booking.com. Attraktives B&B in modernem Vororthaus mit üppigem Garten, Pool und gemütlichen Zimmern. Auf Wunsch auch Abendessen. ❷

ESSEN UND UNTERHALTUNG

Beachcomber, 222 Commerce St, www.beachcomber.net.nz. Das Angebot im wahrscheinlich besten Restaurant von Kaitaia besteht aus nicht sehr ausgefallenen Fleisch- und Fischgerichten, jeweils inkl. Selbstbedienung an der Salatbar. Tipps: Pasta mit Garnelen, Chili und Zitrone oder die Lammhüfte. $$

Peekaboo Backyard Eatery, 14 Commerce St, www.facebook.com/peekaboo.backyard.eatery.kaitaia. Beliebtes Café-Restaurant mit einem großen Garten, in dem regelmäßig Livemusik für gesellige Atmosphäre sorgt und die Speisekarte eine bodenständige Verköstigung verspricht: ob Brunch, Salate, Pizza, Burger oder Ähnliches. $$

INFORMATIONEN UND INTERNET

i-SITE Visitor Centre, Matthews Ave, Ecke South Rd, im Te Ahu Centre, www.northlandnz.com. Verkauft Busfahrkarten und hat DOC-Broschüren wie *Kaitaia Area Walks* und *Cape Reinga and Te Paki Walks*. tgl. 8.30–17 Uhr. Außerdem **Internetzugang** in der Bücherei im selben Zentrum, Mo–Fr 8.30–17, Sa 8.30–13 Uhr.

TRANSPORT

Busse

Der InterCity/Northliner-Bus hält nicht weit vom Te Ahu Centre, South Rd, Ecke Matthews Ave. Eine Regionalverbindung betreibt der

Busservice Far North Link, 🖳 www.buslink.co.nz.
Busse nach AHIPARA (Mo–Fr 1–2x tgl., 30 Min.), KERIKERI (1x tgl., 1 3/4 Std.), MANGONUI (Mo–Fr 1–2x tgl., 1 Std.) und PAIHIA (1x tgl., 2 1/4 Std.).

Flüge

Den **Flughafen** 9 km nördlich der Stadt bei Awanui erreicht man per Taxi-Shuttle, ✆ 027 481 4962.
Barrier Air, 🖳 www.barrierair.kiwi, bietet Linienflüge nach AUCKLAND und GREAT BARRIER ISLAND.

NORTHLAND

Ahipara

Am südlichen Ende des Ninety Mile Beach liegt 15 km westlich von Kaitaia **Ahipara**, eine abgeschiedene Streusiedlung an der Westküste, die um die hiesigen, heute kargen, aber auf unheimliche Art schönen Gumfields entstand. Weiter nördlich zieht sich ein 100 km langer Sandstreifen an der Küste entlang, während im Süden die Hochflächen des Ahipara Plateau wie ein Faltenwurf von goldenen Dünen zum Meer hin abfallen. Strand und Plateau treffen an der **Shipwreck Bay** zusammen, einem Surf- und Badestrand. Ihren Namen verdankt die Bucht dem Wrack der *Favourite*, die 1870 hier Schiffbruch erlitt. Ein Teil des Schiffes ragt bei Ebbe aus dem Sand heraus. Der etwa 5 km lange Spaziergang bei Ebbe über die von Wellen geformte vulkanische Felsenterrasse um mehrere Buchten herum zu den Dünen dauert ungefähr eine Stunde, die meisten legen die Strecke allerdings per Quad- oder Mountainbike zurück.

ÜBERNACHTUNG

Ahipara ist ein schönerer Ort zum Übernachten als Kaitaia. Allerdings gibt es hier weder vernünftige öffentliche Transportmittel noch einen Supermarkt oder eine Bank.
Ahipara Bay Motel, 22 Reef View Rd, 🖳 www.ahiparabaymotel.co.nz. Einige hübsche, ältere Motel Units, 6 Luxus-Units mit Meerblick und ein Restaurant. ❷
Ahipara Holiday Park, 164 Takahe St, 🖳 www.ahiparaholidaypark.co.nz. Der beste Campingplatz der Gegend, nur 300 m vom Meer entfernt. JH-Mitglieder erhalten Rabatt. Das Angebot reicht von preiswerten Cabins und Doppelzimmern mit eigenem Bad bis hin zu gut ausgestatteten, eigenständigen Cabins. ❶
Endless Summer Lodge, 245 Foreshore Rd, 🖳 www.endlesssummer.co.nz. Gut gemanagtes, gastfreundliches Hostel in einem bezaubernden Holzhaus Baujahr 1880, nur durch die Straße vom Strand getrennt.

Aktivitäten in Ahipara

Die Dünen und Gumfields lassen sich am besten im Rahmen einer geführten **Quadbike-Tour** erkunden. Was den Zugang zu den Gumfields über den Shipwreck Beach angeht, gab es in letzter Zeit jedoch einige Probleme zwischen den Touranbietern und den örtlichen Maori. Aktuelle Infos haben die unten aufgeführten Guides. Einige Einheimische versuchen, einen gezeitenabhängigen Weg von der Brücke an der Shipwreck Bay zu den gottverlassenen Gumfields wiederzueröffnen – aktuelle Infos in der i-SITE-Touristeninformation und bei Ahipara Adventure.

Tourveranstalter

Ahipara Holiday Park, 164 Takahe St, 🖳 www.ahiparaholidaypark.co.nz. Dieser Ferienpark hat eine Reihe von Unterkünften im Angebot. Daneben organisiert er einige Touren, von Ausritten bis hin zu Angelausflügen.
Ahipara Horse Treks, 11 Foreshore Rd, 🖳 www.facebook.com/ahiparahorsetreks. 2-stündige Ausritte am Strand oder über Farmland).
Sand Safaris, 🖳 www.sandsafaris. Verschiedene Quadbike-Touren zu den Gumfields und Dünen mit der Möglichkeit zum Sandboarding.

Gemütliche DZ und 4er-Dorms. BBQ, kostenlose Boogie Boards und Surfbrettverleih; Surfunterricht wird organisiert. ❶

Kauri Lodge, 15 South Rd, 💻 www.kauri lodgemotel.co.nz. Im Stil eines amerikanischen Motols aus den 1950er-Jahren verfügt dieses angenehme, preisgünstige Hotel über einen Außenpool und einen Grillplatz, sehr komfortable, aber schnörkellose Zimmer. Reichhaltiges Frühstück, das jeden Morgen serviert wird. ❷

ESSEN

Bayview Restaurant and Bar, im Ahipara Bay Motel, 22 Reef View Rd, 💻 www. ahiparabaymotel.co.nz. Sehr annehmbares Restaurant mit Alkohollizenz, Meerblick und traditionellen Gerichten wie *seafood chowder*, Lammsteaks mit Minzsoße und Fisch des Tages. $$

North Drift Café, Takahe Rd, 💻 www.facebook. com/northdriftcafe. Guter Kaffee, Kuchen und Snacks sowie Frühstück und Mittagsgerichte wie Chicken-Tacos nach Cajun-Art, stärkende Bowls mit Räucherlachs oder Bacon. $$

3 HIGHLIGHT

Ninety Mile Beach und Cape Reinga

Northlands äußerste Spitze ist die **Aupouri Peninsula**, eine schmale, 100 km lange Landzunge mit festen, grasbedeckten Dünen, die in einer Gruppe von unruhigen, 60 Mio. Jahre alten Meeresvulkanen endet. Die Maori kennen die Halbinsel unter dem Namen Te Hika o te Ika („Fischschwanz") – in Anlehnung an die Legende von Maui, der „den Fisch" (die Nordinsel) aus dem Meer zog, während er in seinem „Kanu" (die Südinsel) saß.

Der nördlichste zugängliche Punkt ist das **Cape Reinga**, laut Maori der Ort, wo die Seelen der verstorbenen Maori aus dem Diesseits entschwinden. Die Reise der Seelen beginnt mit einem Rutsch an den Wurzeln eines 800 Jahre alten Pohutukawa-Baums hinunter in den Ozean. Danach tauchen sie wieder auf und erklimmen Ohaua, die höchste der Three Kings Islands, um ein letztes Mal Lebewohl zu sagen, bevor sie zu ihren Vorfahren nach Hawaiki zurückkehren. Die Seelen erreichen Cape Reinga entlang des an der Westseite der Halbinsel verlaufenden **Ninety Mile Beach**, der tatsächlich nur 64 Meilen (103 km) lang ist. Die meisten Besucher folgen dem Weg der Seelen, allerdings in modernen Bussen, die speziell dafür ausgerüstet sind, über den harten Sand am Rande der Brandung zu rasen (offiziell Teil des staatlichen Highway-Netzes) und dann den Treibsand am Te Paki Stream zu bewältigen, um anschließend zur Straße zurückzukehren.

Für viele Leute ist **Sandboarden** auf einem Boogie Board oder auf einem langsameren Schlitten über die Dünen am Fluss das Highlight hier. Die Hauptstraße führt mehr oder weniger durch die Mitte der Halbinsel, von wo aus die Sicht auf die Westküste durch einen schmalen Streifen Kiefernwald – den **Aupori Forest** – versperrt ist. Die Wälder und **Rinderfarmen**, die einen Großteil der restlichen Halbinsel bedecken, waren einst die Domäne der *gumdigger*, die Anfang des 20. Jhs. in dieser Gegend aktiv waren.

Donnerstags verkehren Busse des Far North Link zwischen Kaitaia und Pukenui, 💻 www. buslink.co.nz. Andere öffentliche Verkehrsmittel fahren nicht.

Mit dem eigenen Fahrzeug

Miet- und Privatwagen sind für eine Fahrt über den Ninety Mile Beach nicht versichert – und das aus gutem Grund. Fahrzeuge bleiben häufig im Sand stecken und werden dann von ihren Insassen zurückgelassen. Weit und breit findet sich kein Rettungsdienst, der schnell genug da wäre, um das Fahrzeug vor der Flut zu retten. Und ein Mobilfunknetz ist hier so gut wie nicht vorhanden. So endet das Abenteuer unter Umständen mit einem sehr langen Fußmarsch. **Der Strand ist für Autos mit Zweiradgetriebe nicht geeignet**, selbst wenn das Wetter gut aussieht – es kann sich im Handumdrehen ändern.

Wer unbedingt mit dem eigenen Auto die 70 km lange Spritztour am Strand unternehmen möchte, sollte vor Ort Tipps einholen und das Auto vorbereiten: Es empfiehlt sich, ein Wasser abweisendes Mittel auf die Zündanlage zu sprühen (CRC ist eine verbreitete Marke). Die Tour muss mit der Ebbe zusammenfallen, d. h. man sollte zwei Stunden nach dem Höchststand des Wassers losfahren und vorzugsweise die gleiche Richtung wie der Busverkehr desselben Tages einschlagen. Es empfiehlt sich, auf trockenem, aber festem Sand zu bleiben, weiche Sandstellen zu meiden und die Fahrt zu verlangsamen. Überall am Strand können Wasserläufe und Rinnsale auftauchen. Auch wenn sie ungefährlich aussehen, können sie tief sein, und das könnte bei hoher Geschwindigkeit ernste Folgen haben.

Auch auf Sand ist langsames Fahren angesagt, weil die Vorderräder plötzlich in einer Kuhle hängenbleiben und das Fahrzeug zum Umkippen bringen können. Auch Fußgänger stellen eine Gefahr dar. Man sollte sie weit umfahren, da sie wegen des lauten Meeresrauschens ein von hinten herankommendes Auto eventuell nicht hören. Wer irgendwo stecken bleibt, sollte auf keinen Fall die Räder durchdrehen lassen und sich damit noch tiefer eingraben. Erst einmal versuchen, langsam rückwärts zu setzen; falls das nicht geht, muss hinter jedem Rad Sand ausgegraben werden, um so eine Rampe zu schaffen. Dann versucht man es erneut.

Organisierte Kap-Touren

Die Bustouren beschreiben alle einen Kreis um die Aupori Peninsula herum und führen in einer Richtung den SH1 und in der anderen den Ninety Mile Beach entlang. Die Reihenfolge ist abhängig von den Gezeiten. Bustouren beginnen in Kaitaia, Mangonui und Paihia in der Bay of Islands. Die meisten Busse starten in Paihia, allerdings brauchen sie auch am längsten (11 Std.). Abfahrt tgl. gegen 7.30 Uhr nach Kerikeri, Mangonui und Awanui, zurück geht es via Kaitaia und Puketi Forest; unterwegs werden weitere Passagiere aufgenommen, jedoch ist nur wenig Zeit für Sightseeing. Einige Veranstalter bieten etwas persönlichere Touren in Allradfahrzeugen mit zwei bis sechs Teilnehmern.

Awesome NZ, 💻 www.awesomenz.com. Der Veranstater bietet eine Kap-Busfahrt ab Paihia, die eher für abenteuerlustige Reisende gedacht ist. Die meiste Zeit der Tour ist für Sandboarding reserviert, außerdem gibt's einen Spaziergang durch den Puketi Kauri Forest. Abendliche Fish 'n' Chips in Mangonui kosten extra.

Dune-Rider, 💻 www.dunerider.nz. Dune Rider veranstaltet individuelle Touren zum Kap und Strand ab Russell, Paihia oder Kerikeri in einem relativ bequemen Bus mit Vierradantrieb und 36 verstellbaren Sitzen.

Harrisons Cape Runner, Kaitaia, 💻 https://harrisonscapereingatours.co.nz. Die preiswerte, einfache Bus-Standardtour (8 Std.) umfasst das Kap, den Strand, Abholung und Mittagsimbiss.

Peter and Xiaoli Tours Kaitaia, Ahipara, 💻 https://peterandxiaoli.com. Exklusive, maßgeschneiderte Geländewagentouren (8 Std.), die die historischen und kulturellen Schätze der Region beleuchten. Morning Tea und Lunch inkl. Die Touren weichen von den ausgetretenen Pfaden ab und führen auch zum weißen Sandstrand der Great Exhibition Bay, wo neben der Flora und Fauna archäologische Stätten erkundet werden.

Salt Air, 💻 www.saltair.co.nz. Flug nach Waitiki, von wo aus der letzte Abschnitt nach Cape Reinga mit einem Geländefahrzeug zurückgelegt wird. In der Tour sind Erfrischungen in Tapotupotu Bay sowie Sandboarding und ein 45-min. Flug über die Bay of Islands enthalten.

Sand Safaris, Kaitaia, 💻 www.sandsafaris.co.nz. Preiswerte 8-stündige Tour für $55, ganz ähnlich wie die von Harrisons, aber mit Abholung in Ahipara und einer Maori-Begrüßung. Mittagsimbiss inbegriffen.

Wenn selbst das nichts nützt, kann die Zugkraft durch die Verringerung des Reifendrucks auf ca. 0,7 bar verbessert werden. Nicht vergessen, die Reifen später wieder aufzupumpen, da sie sonst leicht überhitzen oder sich auf festen Straßen einfach von der Felge lösen können.

Zufahrtsstellen zum Strand gibt es mehrere, die zwei von den Tourbussen genutzten sind aber die für normale Fahrzeuge einzig realistischen: Die südliche Zugangsstelle bildet die **Waipapakauri Ramp**, 6 km nördlich von Awanui, während die gefährlichere nördliche am **Te Paki Stream** entlangführt, wo ein Stück Treibsand auf einem Fluss zu bewältigen ist – im niedrigen Gang starten und niemals anhalten, egal wie verlockend die Dünen auch erscheinen mögen!

Wie im restlichen ländlichen Northland gibt es auch auf der Aupori Peninsula nur wenige Versorgungseinrichtungen. Sporadisch finden sich entlang der Strecke **Unterkünfte** – schön gelegene DOC-Campingplätze, Motels, Lodges und Hostels. Es gibt einige **Lokale**, die allerdings nur bis ca. 20 Uhr geöffnet haben. Es ist ratsam, in Houhora aufzutanken, denn in Waitiki ist nicht immer **Benzin** zu haben. **Informationen** erteilen die i-SITE-Filialen in Paihia (S. 233), Kaitaia (S. 249) und, falls man vom Hokianga Harbour kommt, in Opononi (S. 258).

Awanui

In **Awanui**, 8 km nördlich von Kaitaia am SH1, treffen die östliche und westliche Straße Richtung Norden zusammen. Awanui ist die Maori-Bezeichnung für „Großer Fluss". Inzwischen sieht man aber nur noch eine Biegung an einem Bach, der höchstens zeitweilig Wasser führt. An diesem lauschigen Plätzchen hat sich das tagsüber geöffnete Big River Café angesiedelt.

Kā Uri

229 SH 1F, 1 km nördlich von Awanui ▪ 🕒 tgl. 8.30–17.30 Uhr, im Sommer länger ▪ Eintritt frei ▪ 💻 www.ka-uri.co.nz

Fast alle Busse zum Cape Reinga halten am **Kauri Unearthed**, einer stillgelegten Molkerei, die inzwischen als Sägemühle dient. Heute werden hier riesige Kauri-Baumstämme aus den Sümpfen – wo sie seit rund 45 000 Jahren liegen – zugeschnitten. Der Schwerpunkt liegt auf dem Shop, in dem wunderschön gefertigte Kauri-Schalen, Kunstwerke und Kunsthandwerk erworben werden können. Auf jeden Fall sollte man über die Wendeltreppe zum Zwischengeschoss hinaufsteigen. Die Treppe wurde aus dem größten Stück Sumpf-Kauri-Stamm gehauen, das jemals ausgegraben wurde – ein Monstrum mit einem Durchmesser von 3,50 m.

Gumdiggers Park Ancient Buried Kauri Forest

171 Heath Rd, 3 km abseits vom SH1 ▪ 🕒 Sommer tgl. 9–17 Uhr (im Winter bis 16 Uhr) ▪ Eintritt ▪ 💻 www.gumdiggerspark.co.nz

Der angenehm untouristische **Gumdiggers Park Ancient Buried Kauri Forest** ist die schönste Sehenswürdigkeit der Gegend. Durch den schattigen Manukawald verläuft ein halbstündiger Naturlehrpfad. Es wurden Löcher ausgehoben, um die Methoden des Gumdigging zu zeigen. In den Hütten am Wegrand lassen sich die damaligen Lebensbedingungen studieren, außerdem ist eine kleine Kauri-Harz-Sammlung zu sehen. An einem längeren Weg durch den Wald wird auf Informationstafeln darüber spekuliert, was die gewaltigen Kauri-Bäume vor Tausenden von Jahren umgeworfen haben kann: eine Flutwelle, ein Meteor oder ein Erdbeben. Faszinierend sind auch die riesigen Stämme 100 000 Jahre alter Kauris.

Der südliche Haupteingang zum Ninety Mile Beach, **Waipapakauri Ramp**, liegt gleich südlich von der Abzweigung zum Park.

Houhora und Pukenui

Etwa 30 km nördlich von Awanui befinden sich die beiden größten Siedlungen der Aupori Peninsula: das weitläufige **Houhora** und das betriebsame Fischerdorf **Pukenui** 2 km südlich, wo die Aussichten auf einen Fang vom Kai recht gut sind. In Houhora zweigt eine 3 km lange Nebenstraße nach Osten Richtung **Houhora Heads** ab.

Rund 10 km weiter nördlich befindet sich die Abzweigung zum weißsandigen **Rarawa Beach** mit einem tollen DOC-Campingplatz (S. 254).

ÜBERNACHTUNG UND ESSEN

Rarawa Beach Campsite, 10 km nördlich von Pukenui, zu erreichen über eine ausgeschilderte Schotterstraße (4 km), 🖳 www.doc.govt.nz. Der angenehm schattige DOC-Campingplatz erstreckt sich hinter dem strahlend weißen Sandstrand; toll zum Vogelbeobachten und Baden in der Lagune. Die paradiesischen Verhältnisse trübt nur eins: extrem viele Mücken. Wasseranschluss, Toiletten und kalte Duschen sind vorhanden. Nicht im Voraus buchbar. ❶

Wagener Holiday Park, 3 km südlich von Pukenui, abseits des SH1, 🖳 www.wagenerholidaypark.co.nz. Schön gelegener, altmodischer städtischer Campingplatz mit preisgünstiger Unterbringung in Zelten und Cabins, allesamt unter hohen Bäumen und mit tollem Meerblick; nur 500 m von der Houhora Wharf. ❶

Honey Bee Takeaways, Saleyard Ave, beim SH1, Pukenui, ✆ 028 435 4995. Möglicherweise handelt es sich um Neuseelands nördlichstes Imbissrestaurant. Eine bescheidene Hütte, die fantastische, fangfrische Meeresfrüchte – Austern, Muscheln, Jakobsmuscheln und mehr – neben Burgern und einer Auswahl an Pommes frites serviert (Steak-Pommes unbedingt probieren). $$

Pukenui Pacific Bar and Café, 816 Far North Rd (SH1), 🖳 www.facebook.com/pukenuipacific. Preiswertes Café/Bar und der einzige Takeaway nördlich von Kaitaia (Hauptgerichte). Den riesigen Burger namens PukuNui (Maori für „großer Magen") schafft kaum ein Gast. $$

Parengarenga Harbour

Von Te Kao 12 km Richtung Norden auf dem SH1, dann über die Paua Rd

Am **Parengarenga Harbour** wurden 1985 die von einer Jacht aus Neukaledonien gelieferten Haftminen abgeladen, mit denen die *Rainbow Warrior* zerstört wurde. Die Kurven entlang der Strecke eröffnen gelegentlich Blicke auf den Quarzsand der südlichen Landzunge der Bucht. Ende Februar und Anfang März verwandelt sich das reine Weiß in eine schwarze Fläche – wenn Hunderttausende von **Pfuhlschnepfen** sich hier vor ihrer 12 000 km langen Reise nach Sibirien versammeln. Hier ist Mückenschutzmittel ein absolutes Muss.

Waitiki Landing bis Spirits Bay

Der letzte erwähnenswerte Ort, bevor das Land im Ozean verschwindet, ist **Waitiki Landing**, 21 km vor Cape Reinga. Wer zur Spirits Bay unterwegs ist, hat hier die letzte Gelegenheit, sich mit Benzin und Milch zu versorgen. Von Waitiki Landing windet sich eine unbefestigte Straße 15 km bis zur atemberaubenden und normalerweise verlassenen 7 km langen **Spirits Bay** (Kapowairau). Hier gibt's einen DOC-Campingplatz (s. unten).

ÜBERNACHTUNG

Campingplatz Kapowairua (Spirits Bay), Spirits Bay Rd, 16 km auf einer Schotterstraße von Waitiki Landing. Einfacher DOC-Platz mit Wohnmobilzufahrt und Stellplätzen unter Manuka-Bäumen. Kalte Duschen, Wasser und Toiletten. Der Platz ist ideal zum Angeln, Baden und Wandern. ❶

Te Paki

Die Hauptstraße (SH1) führt weiter Richtung Cape Reinga und passiert nach etwa 4 km eine Abzweigung zur **Te Paki Stream-Zufahrt** zum Ninety Mile Beach, wo sich ein Parkplatz und ein kleiner Picknickplatz befinden. Außerdem beginnt hier ein 20-minütiger Wanderweg zu mehreren riesigen Sanddünen, ideal zum **Sandboarding** oder **Tobogganing**. Die Ausrüstung wird von mehreren Anbietern nördlich von Kaitaia verliehen. Oder man ruft vorher bei Ahikaa Adventures an, 🖳 www.facebook.com/sandsurfa. Der Veranstalter am Te Paki zugewandten Straßenende direkt bei den Dünen hat ebenfalls Bretter ($20/Std., Pass oder Führerschein als Pfand erforderlich).

Cape Reinga: Spazier- und Wanderwege

Te Paki Coastal Track (48 km einfach, 3–4 Tage; es geht ständig auf und ab). Der spektakuläre und zunehmend beliebte Küstenwanderweg beginnt bei Kapowairua (Spirits Bay), führt nach Westen bis Cape Reinga, weiter zum Cape Maria van Diemen, dann nach Südosten zum nördlichsten Abschnitt des Ninety Mile Beach und schließlich an den beeindruckenden Dünen am Te Paki Stream entlang. Voraussetzungen sind ausreichende Fitness und die Fähigkeit, sich selbst zu versorgen, denn es gibt lediglich zwei DOC-Campingplätze und ein paar inoffizielle Zeltplätze ohne Garantie auf Wasser. Nur selten trifft man auf Bäche mit Süßwasser. An Mückenschutzmittel denken! An den Stränden sollte man sich vor Brandungsrückströmen in Acht nehmen und auch im Hinterkopf behalten, dass das Wetter sehr rau und wechselhaft sein kann. Am besten lässt man sich von einer Bustour abholen.

NORTHLAND

Cape Reinga

Die letzte Etappe vor **Cape Reinga** (Te Rerenga Wairua: die „Stelle, durch die die Seelen verschwinden") führt durch hügeliges Gebiet und eröffnet schließlich eine sensationelle Aussicht auf die Tasmansee und die riesigen Dünen an ihrer Küste. Am Ende der Straße liegt ein Parkplatz mit Toiletten. Vor dort aus führt ein 800 m langer Lehrpfad zum **Leuchtturm** am Cape Reinga, der auf einer Landspitze 165 m hoch über der Colombia Bank thront. Hier prallen die Wellen der Tasmansee und des Pazifiks schäumend aufeinander. An klaren Tagen bietet sich von hier ein Blick nach Osten auf die Surville Cliffs des North Cape, nach Westen zum Cape Maria van Diemen und nach Norden zu den felsigen **Three Kings Islands**, so benannt, weil Abel Tasman die Inseln zum ersten Mal am Vorabend des Dreikönigstags 1643 betrat.

ÜBERNACHTUNG

Campingplatz Tapotupotu Bay, Tapotupotu Rd, 3 km südlich des Cape Reinga, 💻 www.doc.govt.nz. Stiller DOC-Platz mit Toiletten, kalten Duschen, Wasseranschluss und im Sommer Mücken. Schön gelegen. ❶

Hokianga Harbour

Südlich von Kaitaia schlängeln sich die schmalen, von Mangroven gesäumten Meeresarme des **Hokianga Harbour** tief ins Landesinnere – vorbei an winzigen, fast vergessenen Gemeinden. Diese idyllische Gegend eignet sich hervorragend zum Ausspannen. Am Südufer bringt das fantastische tiefblaue Wasser die **Sanddünen** von North Head schön zur Geltung. Am besten zu sehen sind die Dünen von der felsigen Landspitze des South Head hoch über der tückischen Sandbank Hokianga Bar. Zu erreichen sind sie mit dem Boot. Dort angekommen, empfiehlt sich Sandboarding oder eine der fantastischen Touren von Sandtrails Hokianga. Die hohen Wälder unmittelbar südlich eignen sich hervorragend zum Wandern, und die riesigen Kauri-Bäume des Waipoua Forest liegen ebenfalls in erreichbarer Nähe.

In der Region Hokianga und Waipoua ist das Fortkommen ohne eigenes **Transportmittel** ziemlich schwierig, aber immerhin dreht der MagicBus im Sommer mehrmals die Woche eine Runde von Paihia via Rawene und Omapere nach Auckland. Wichtig zu wissen: Zwischen Kaitaia und Dargaville 170 km weiter südlich gibt es **keine Banken**. Und die Geldautomaten in Rawene und Omapere nehmen nur einige wenige Karten an, deshalb Bargeld mitbringen.

Geschichte

Der Überlieferung zufolge verließ hier der großartige polynesische Entdecker **Kupe** im 10. Jh. Aotearoa, um in seine Heimat Hawaiki zurückzukehren. Der Hafen wurde daher unter dem Namen Hokianganui-a-Kupe – „Ort der großartigen Rückkehr von Kupe" – bekannt. Cook erspähte Hokianga Heads schon 1770 von Bord der *Endeavour*, bemerkte aber nicht, was dahinter lag.

Der Hafen wurde demnach erst 1819 „entdeckt", als ein Missionar den Hügel von der Bay of Islands aus überquerte. Bald darauf folgten Katholiken, Anglikaner und Methodisten, bekehrten die einheimischen Ngapuhi, gewannen ihr Vertrauen, schlossen Mischehen und errichteten integrierte Gemeinden von Maori und Europäern, die bis heute existieren. Es dauerte nicht lange, bis die Hokianga-Gegend der Bay of Islands ernsthafte Konkurrenz machte – und auch einige Triumphe verzeichnete: Der europäische Bootsbau nahm hier 1826 seinen Anfang, die erste Signalstation eröffnete zwei Jahre später, und im selben Jahr wurde hier die erste katholische Messe abgehalten.

Nach dem Ende des Fällens und Verarbeitens von Kauri-Bäumen (S. 260) entwickelte sich Hokianga zum ökonomischen Provinznest. Während der letzten paar Jahrzehnte jedoch haben Städter, Künstler und Kunsthandwerker hier billige Grundstücke erworben. Sie haben sich in **Kohukohu** an der Nordküste, in **Rawene**, eine kurze Fährfahrt entfernt im Süden, sowie in den beiden größeren – aber immer noch kleinen – Ferienorten **Opononi** und **Omapere** unweit des Hafeneingangs gegenüber den Dünen niedergelassen. Es empfiehlt sich, abends rechtzeitig für eine warme Mahlzeit zu sorgen, denn hier schließen die Geschäfte schon um 19 Uhr.

Kohukohu

Südlich von Kaitaia schlängelt sich der hügelige SH1 40 km lang durch die bewaldeten Mangamuka Ranges und erreicht schließlich **Mangamuka Bridge**, von wo eine ebenso beschwerliche Straße in das Dorf **Kohukohu** führt. Der Ort besteht zu einem großen Teil aus jahrhundertealten Holzhäusern. 4 km östlich von Kohukohu trifft man bei Narrows Landing auf die nördliche Endstation der **Hokianga Vehicle Ferry**, s. Kasten.

Village Arts Gallery

1376 Kohukohu Rd ▪ ⌚ tgl. 10–16 ▪ Eintritt frei ▪ 💻 www.villagearts.co.nz

Es lohnt, einen Blick in die gemeindeeigene **Village Arts Gallery** zu werfen. Sie setzt sich erfolgreich für die Verbreitung der Arbeiten von Hokiangas Künstlern ein. Die ausgestellten Gemälde, Skulpturen, Fotos, Steampunk-Modelle und Textilien sind viel hochwertiger, als man es erwarten würde.

ÜBERNACHTUNG UND ESSEN

The Tree House, 168 West Coast Rd, 2 km westlich der Fähranlegestelle, 💻 www.treehouse.co.nz. Die Unterkünfte verteilen sich zwischen Bäumen und bestehen aus 2 geräumigen Dorms, Doppel- und 2-Bett-Cabins mit Terrasse und einem gut ausgestatteten Bus in einer Nussbaumplantage. Bettzeug wird gestellt, Leihgebühr für Handtücher. Auch Campingplätze verfügbar. ❶

The Koke Cafe, Kohukohu Rd, ✆ 09 405 5808. Das niedliche Freiluftcafé serviert köstliches Frühstück (Tipp: der Bagel mit *cream cheese*, Avocado und Tomaten), Mittag- und Abendessen (die Muscheln mit Pommes und auch das warme Sandwich mit Schweinebratenfleisch und Apfelsoße sind himmlisch). Dazu gibt's tollen Kaffee und Kuchen. $$

Rawene und Umgebung

Das reizvoll gelegene **Rawene** nimmt die Spitze von Herd's Point ein, der Halbinsel auf halbem Weg die Bucht hinauf. Trotz der fast voll-

Hokianga Vehicle Ferry

Die einzige Möglichkeit, den Hokianga zu überqueren, ist, abgesehen von einer ziemlich langen Fahrt um die Bucht herum, eine Fahrt mit der Hokianga Vehicle Ferry (Fahrzeug und Fahrer $30 einfach, Wohnmobil und Fahrer $50, Autopassagiere und Fußgänger $4 pro Strecke). Die Fähre verkehrt regelmäßig zwischen **Narrows Landing**, 4 km östlich von Kohukohu am Nordufer, und **Rawene** im Süden. Die Fahrt dauert 15 Minuten. Abfahrt nach Norden jeweils zur halben Stunde (7.30–19.30 Uhr), nach Süden jeweils zur vollen Stunde (etwa 7–20 Uhr).

ständigen Isolation durch das Watt bei Ebbe wurde Rawene dank seiner strategischen Lage zum Standort einer Sägemühle auserwählt, die das Material für die hübschen Holzgebäude der Stadt lieferte. Einige der Häuser thronen auf Pfählen.

Die Clendon Esplanade führt zum **Mangrove Walkway**. Ein Spaziergang auf diesem hübschen Plankenweg durch die Uferlandschaft dauert hin und zurück eine Viertelstunde. Unterwegs informieren Tafeln über das Leben in den Gezeitenpools und die Sägemühle, die hier früher in Betrieb war.

Clendon House

Clendon Esplanade ▪ ⏲ Nov–April Sa und So 10–16 Uhr, in den Schulferien länger ▪ Eintritt

Die einzige bedeutende Sehenswürdigkeit des Ortes, das **Clendon House**, war der letzte Wohnsitz des US-Konsuls James Clendon, einer Schlüsselfigur zur Anfangszeit der Kolonie. In jungen Jahren transportierte Clendon Strafgefangene auf seinem Schiff nach Australien, später ließ er sich in Neuseeland nieder. Hier freundete er sich mit einem Maori an und beteiligte sich an den Verhandlungen, die zum Vertrag von Waitangi führten. Das Haus wurde fast ganz aus Kauri-Holz erbaut. Ein Raum im Erdgeschoss neben der Veranda diente als Postamt und wurde auch so belassen.

ÜBERNACHTUNG UND ESSEN

Rawene Holiday Park, 1 Marmon St, 1,5 km von der Fähranlegestelle, 💻 www.raweneholidaypark.co.nz. Der einfache Platz auf einem Hügel mit Hafenblick umfasst geschützte Zeltstellplätze und preisgünstige, geräumige Cabins auf Lichtungen im Wald. Die Aussicht vom Pool und der Gemeinschaftsküche ist spektakulär, besonders bei Sonnenuntergang. Camping und Cabins. ❶

Boatshed Café, 8 Clendon Esplanade, 💻 www.facebook.com/boatshedcaferawene. Das nur tagsüber geöffnete Café mit Schanklizenz steht auf Pfählen über dem Wasser. Hier gibt's Zeitschriften zum Lesen auf der Terrasse und zum Essen Feinschmecker-Pizza, hausgemachte Muffins und Suppen. Guter Espresso. $

TRANSPORT

Von Rawene verkehrt stdl. eine **Fähre** nach KOHUKOHU (20 Min.).

Hokianga Harbour ist das Westküstenziel des Twin Coast Cycle Trail (2 Tage), 💻 www.twincoastcycletrail.kiwi.nz, der in Paihia an der Bay of Islands beginnt.

Opononi und Omapere

Die zwei kleinen Dörfer **Opononi** und **Omapere** 20 km westlich von Rawene reihen sich über 4 km nahtlos am Südufer des Hokianga Harbour aneinander und bieten eine prächtige Aussicht auf die mächtigen Sanddünen an der Nordseite. Die Dünen lassen sich entweder zu Fuß oder mit dem Strandbuggy erkunden. Einen Blick aus der Ferne auf die Dünen erlaubt das **Arai te Uru Reserve**. Dieser wunderbare Aussichtspunkt befindet sich an der Signal Station Road, 1 km südlich von Omapere. Viele Besucher nehmen von den beiden Dörfern aus auch an organisierten Touren zu den weiter südlich gelegenen Kauri-Wäldern teil (S. 259). Über die Vergangenheit des Hokianga informiert in Omapere ein kleines **Museum** (⏲ Mo–Sa 10–14 Uhr, Eintritt).

Waiotemarama Bush Walk

647 Waiotemarama Gorge Rd, 8 km südöstlich von Opononi ▪ 2 1/2 km langer Rundweg

Bei Labyrinth Woodworks (S. 258) beginnt der **Waiotemarama Bush Walk**, die beste und beliebteste Kurzwanderung der Gegend. Der Rundweg führt durch ein hübsches Tal voller Farne, Nikau-Palmen und Kauri-Bäume. Nach einem zehnminütigen Spaziergang gelangt man zu einem Wasserfall mit einem kleinen Badeteich, und nach weiteren zehn Minuten ist der erste Kauri-Baum erreicht.

ÜBERNACHTUNG

Globetrekkers Lodge, SH12, Omapere, 💻 www.globetrekkerslodge.co.nz. Sehr einladendes Hostel, teilweise mit Hafenblick; geräumige, gut belüftete 5- und 6-Bett-Dorms. Auf TV wurde absichtlich verzichtet, stattdessen trifft man sich abends beim Barbecue. Dorms und DZ. ❶

The Heads Hokianga, SH12, Omapere, www.theheadshokianga.co.nz. Das beste Hotel der Stadt, gegenüber den Dünen gelegen, mit einem großen Außenpool, einer netten Bar und einem Restaurant mit Schanklizenz. Das Angebot an Unterkünften umfasst einige wunderschön eingerichtete Zimmer am Wasser mit den üblichen Annehmlichkeiten eines großen Hotels. ❸

Hokianga Haven, 226 SH12, Omapere, www.hokiangahaven.co.nz. Die Betreiberin vermietet ihre beiden wunderschön eingerichteten B&B-Zimmer mit Bad und traumhafter Sicht auf die Dünen und das Meer nur zusammen. Mindestaufenthalt 2 Nächte. ❸

NORTHLAND

ESSEN

The Heads Hokianga, SH12, Omapere, www.theheadshokianga.co.nz. Bietet das beste Essen im Ort, serviert im eleganten Restaurant *Bryers Room*. Von der Location genießt man herrliche Ausblicke über perfekt getrimmte Rasenflächen und den Hafen bis hin zu den Sanddünen. Zu empfehlen sind die Gerichte mit Maori-Einschlag, z. B. lokale Seafood-Gerichte oder Bread-and-Butter-Pudding mit *titoki*-Likör. $$$

Opononi Hotel, SH12, Opononi, www.opononihotel.com. Der gut besuchte Pub hat eine bodenständige preiswerte Küche zu bieten. Tipp: *surf and turf*. Im Sommer treten manchmal Kiwi-Bands vor mehr als 1200 Zuschauern auf. $$

Opo Beach Takeaways, SH12, Opononi, www.opo4u.com. Großzügig gefüllte Burger und sehr gute Fish 'n' Chips, außerdem Muschel- und *paua*-Bratlinge. $

EINKAUFEN

Hoki Smoki, 1 km südlich von Omapere am SH12 ausgeschildert. Eine hervorragende Fischräucherei mit Verkauf. Das Hoki Smoki ist immer dann geöffnet, wenn das Schild draußen steht.

Labyrinth Woodworks, 647 Waiotemarama Gorge Rd, 8 km südöstlich von Opononi, www.nzanity.co.nz. Dies ist einer der besten Kunsthandwerksläden der Region. Er verkauft u. a. Kauri-Holz-Schnitzereien und hervorragende Holzdrucke. Kunden können sich die Zeit auch mit komplizierten Puzzles oder einem Irrgang durch ein hohes Heckenlabyrinth vertreiben. Der engagierte Eigentümer Louis hat an der Clendon Esplanade in Rawene bereits einen weiteren Ableger eröffnet.

TOUREN UND AKTIVITÄTEN

Footprints Waipoua, 334 SH12, Omapere, www.footprintswaipoua.co.nz. Bietet ausgezeichnete geführte Spaziergänge zu den Kauri-Bäumen im Waipoua Forest mit einer starken spirituellen Maori-Komponente. Der beste Spaziergang heißt *Twilight Encounter* (4 Std.).

Hokianga Express, www.hokianga.com. Das Wassertaxi fährt tgl. ab 10 Uhr vom Bootsanleger in Opononi zu den Sanddünen. Die Passagiere werden samt Sandboards bei den Dünen abgeladen und 2 Stunden später eingesammelt.

INFORMATIONEN

i-SITE Visitor Centre, 29 SH12, etwas außerhalb von Opononi, www.hokianga.com. Informationen über die nähere Umgebung und den Waipoua Kauri Forest (s. unten) sowie Buchung von Unterkünften und Internetzugang. ⌚ tgl. Nov–April 8.30–17, Mai–Okt 9–17 Uhr.

TRANSPORT

Wer die Region eingehender kennenlernen möchte, braucht auf jeden Fall ein **Auto**. Die **Busse** von Intercity/Northliner bedienen hier zwar ein paar Strecken, aber das Angebot ist insgesamt spärlich. Zwischen Omapere und Kerikeri verkehrt ein Bus über Kaikohe und Rawene (Rawene nur auf Anfrage; Dez–März Di und Do, sonst nur Do; www.nrc.govt.nz/hokianga).

Die Kauri-Wälder

Northland, Auckland und die Coromandel Peninsula waren einst von Mischwald bedeckt, der von den mächtigen Kauri-Bäumen (s. Kasten S. 260), der zweitgrößten Baumart der Welt, dominiert wurde. Anfang des 20. Jhs. hatten habgierige Europäer fast den gesamten Bestand gefällt, und die einzigen zusammenhängenden Überreste waren in den Kauri-Wäldern von **Waipoua** und **Trounson** südlich des Hokianga Harbour zu finden. Kleinere Kauri-Bestände gibt es in ganz Northland, aber drei Viertel aller noch existierenden alten Bäume wachsen in diesen zwei kleinen Wäldern, die zusammen knapp 100 km² umfassen. Wanderwege führen zu den berühmten Exemplaren, neben denen Tataire-, Kohokohe- und Towai-Bäume wachsen.

In dieser Gegend ist das Te Roroa-Volk beheimatet, das traditionell schonend mit dem Kauri-Baumbestand umging. Das Fällen und Bearbeiten der Riesenbäume gestaltete sich wegen der einfachen Werkzeuge schwierig – diese Aufgabe behielt man sich für große Projekte, z. B. den Bau von Kriegskanus, vor. Die Europäer brachten Metallwerkzeuge, Ochsengespanne, Räder und Winden mit, die die Abholzung erleichterten, und Ende des 19. Jhs. waren die meisten Bäume bereits verschwunden. Die Bemühungen verschiedener Umweltorganisationen trugen schließlich 1952 Früchte, als ein Großteil des verbliebenen Waldes zum **Waipoua Sanctuary** erklärt wurde. Heute ist das Fällen von Kauri-Bäumen gesetzlich verboten – außer in Ausnahmefällen, z. B. bei kranken oder abgestorbenen Bäumen oder zum Bau eines Zeremonialkanus.

Gleich südlich des Trounson Forest befinden sich die **Kai Iwi Lakes**, drei beliebte, von Dünen gesäumte Seen, an denen es im Sommer recht voll wird.

Waipoua Kauri Forest

SH12, 15 km südlich von Omapere

Südlich des Hokianga Harbour geht es durch Farmland nach **Waimamaku**. Anschließend kurvt der Highway fast 20 km durch die alten Kauris des **Waipoua Kauri Forest**. Rund 8 km südlich von Waimamaku erreicht man einen kleinen Parkplatz; von dort sind es zu Fuß nur drei Minuten zum mächtigsten Baum von Neuseeland, dem rund 2500 Jahre alten **Tane Mahuta** („Gott des Waldes"). Er ragt als 6 m breite Wand 18 m in die Höhe, bis die niedrigsten Äste erreicht sind, in denen es von Epiphyten wimmelt.

Etwa 1 km südlich am SH12 gelangt man nach zehn Minuten zu einer Lichtung. Drei verschiedene Wege führen von hier aus zu bemerkenswerten Bäumen. Auf dem kürzesten (hin und zurück 5 Min.) geht es zu vergleichsweise schlanken Kauri-Bäumen, den **Four Sisters**. Ein zweiter Weg (hin und zurück 30 Min.) windet sich zwischen zahlreichen großen Bäumen hindurch zum **Te Matua Ngahere** („Vater des Waldes"), dem zweitgrößten Baum von Neuseeland nach dem Tane Mahuta. Er ist aber dicker und eigentlich noch majestätischer. Der dritte Weg, der **Yakas Track** (hin und zurück 3 km; 1 Std.), führt zu der dichten Ansammlung von Bäumen im Cathedral Grove. Der größte unter ihnen ist der **Yakas Kauri**, benannt nach dem altgedienten *bushman* Nicholas Yakas.

ESSEN

Morrell's Café, 7235 SH12, Waimamaku, ✆ 09 405 4545. Im besten Café der Gegend bekommt man den ganzen Tag über Frühstücksmenüs, u. a. Burger, Wraps, Salate sowie Muschelsuppe. ❶

Trounson Kauri Park

Am SH12 ausgeschildert, dann 7 km eine unbefestigte Nebenstraße entlang

Eine kleine, aber schöne Kauri-Ansammlung findet sich im **Trounson Kauri Park**, wo sich der **Trounson Kauri Walk** (40 Min.) durch den Regenwald windet. Seit 1997 werden hier Raubtiere, die die einheimische Vogelwelt bedrohen (Possums, Hermeline, Wiesel, Wildkatzen, Hunde und Igel), gejagt, um eine „Insel" zu schaffen, wo der Streifenkiwi der Nordinsel ungestört gedeihen kann. Die Zahl der Kiwis ist bereits er-

NORTHLAND

Der Kauri-Baum und seine Verwendung

Der Kauri-Baum *(Agathis australis)* zählt neben den Sequoias (Mammutbäumen) zu den größten Bäumen der Welt. Im Gegensatz zu den Sequoias, die sich nicht als Möbelholz eignen, liefern die Kauri-Bäume wunderschönes Holz – eine Tatsache, die ihr Verschwinden beschleunigte und jene Industrien entstehen ließ, die Neuseelands Wirtschaft in der zweiten Hälfte des 19. Jhs. beherrschten.
Kauri ist eine Fichtenart, die heute nur noch in Neuseeland wächst, obwohl sie früher auch in Australien und Südostasien vorkam. Dort finden sich noch immer enge Artgenossen. Überreste von Kauri-Wäldern sind in ganz Neuseeland zu entdecken. Als der Mensch auf der Bildfläche erschien, hatte sich der Bestand allerdings auf Northland, Auckland, die Coromandel Peninsula und Nord-Waikato reduziert. Einzelne Bäume werden über 2000 Jahre alt, 50 m hoch und 20 m dick. Am Ende, wenn ihr verwesender Kern zu schwach geworden ist, um das enorme Gewicht zu tragen, stürzen sie um.

Kauri-Holzfäller

Maori haben seit langer Zeit ausgewachsene Kauri-Bäume für Einbaumkanus verwendet. Dagegen interessierten sich die **europäischen Holzfäller** anfänglich für die jungen Bäume („rickers"), die ideale Masten für Segelschiffe darstellten. Aber auch die dickeren Bäume erfreuten sich aufgrund ihrer Widerstandsfähigkeit, einfachen Bearbeitung und ihres makellosen Holzes mit feiner, gerader Maserung größter Beliebtheit.
Um die riesigen Baumstämme aus dem Wald zu schaffen, war der ganze Einfallsreichtum der Holzfäller gefragt. Auf halbwegs ebenem Terrain band man Ochsenwagen zusammen, die die Stämme über primitive Straßen oder Schienen zogen. In steilerem Gelände wurden pferdebetriebene Winden eingesetzt. In den schmalen Tälern von Northland und der Coromandel Peninsula bauten Holzfäller bis zu 20 m hohe und 60 m breite Dämme aus Kauri-Stämmen. Bäume am Rande der Täler wurden gefällt, während sich das Wasser anstaute. Beim Öffnen der Dämme wurden die Bäume dann talabwärts in die Buchten gespült und von dort mit Flößen zu den Sägewerken transportiert.

Gumdiggers

Sobald ein Gebiet abgeholzt war, fanden sich in der Regel die *gumdiggers* ein. Wie die meisten Fichtenarten sondert der Kauri-Baum dickes **Harz** ab, um Narben abzudecken. Es sammelt sich an den Seiten der Stämme und um den Fuß des Baums. In voreuropäischen Zeiten kauten Maori das Harz, stellten Fackeln daraus her, um die Fische bei Nacht anzulocken, und verbrannten das pulverisierte Harz, um ein Pigment für *moko* (traditionelle Tätowierungen) zu gewinnen.
Kaum stiegen die Pakeha ins Geschäft ein, exportierte man das Harz auch schon als Rohmaterial für Möbelpolitur, Linoleum, Zahnprothesen und edle Bucheinbände. Als auf dem Erdboden kein Harz mehr zu finden war, begannen die Harzgräber – überwiegend Dalmatier, aber auch Maori, Chinesen und Malaysier –, lange Speere in die Erde zu stoßen und mit Spaten Stücke hervorzuholen. An anderer Stelle wurde die Erde ausgegraben und gewaschen, um das Harz zu gewinnen.
Fast das gesamte neuseeländische Harz wurde exportiert, allerdings hatte Anfang des 20. Jhs. bereits das Kunstharz den Markt erobert. Heute dient Kauri-Harz noch immer als eine der besten Grundlagen für Musikinstrumentenlacke, einen Bedarf, den gelegentliche Zufallsfunde decken.

Zukunftsaussichten

Seit einigen Jahren bedroht eine neue Krankheit namens PTA oder *kauri dieback*, 💻 www.kauridieback.co.nz, die Kauris. Die befallenen Bäume bekommen gelbe Blätter und tote Äste und sondern in Erdbodennähe Harztropfen ab, bis schließlich der ganze Baum stirbt. Die Krankheit wird über Humus und Wasser übertragen. Deshalb sollten Spaziergänger immer auf den Wald- und Plankenwegen bleiben und nach dem Besuch in einem Kauri-Wald die Schuhe gründlich säubern.

heblich gestiegen. Wer hier übernachtet, kann Kiwis, Langfühlerschrecken und Glühwürmchen sehen. Einen **Rundgang** durch den Wald kann man auf eigene Faust unternehmen, der Kauri Coast Top 10 Holiday Park (s. unten) bietet auch einen geführten Abendspaziergang an.

ÜBERNACHTUNG

Kauri Coast Top 10 Holiday Park, Trounson Park Rd, abseits des SH12, www.kauricoasttop10.co.nz. Traditioneller Kiwi-Campingplatz mit sauberen Gemeinschaftsbereichen und Duschen sowie gepflegten Stellplätzen. Außerdem kleine Cabins und geräumige Motel Units. Abends wird ein 2-stündiger Kauri-Wald-Spaziergang angeboten. Camping und Cabins. ❶

Trounson Kauri Park Campground, am SH12 ausgeschildert, 17 km südlich des Waipoua Forest. Einfacher, beliebter DOC-Platz mit Stellplätzen an einem Kauri-Hain, mit Küche, Toiletten, Leitungswasser, warmen Duschen. Keine Reservierungsmöglichkeit. ❶

Der nördliche Kaipara Harbour

Südlich der Kauri-Wälder befindet sich das Ufer des **Kaipara Harbour**, Neuseelands größter Naturhafen. Früher verbanden Segelboote die Milchbetriebe und Holzfällersiedlungen am Ufer miteinander. Kauri-Holz wurde von der größten nördlichen Stadt **Dargaville** exportiert. Allerdings scheiterten die instabilen Boote oftmals an der Sandbank Kaipara Bar und viele wurden schließlich am **Ripiro Beach** an Land gespült, mit 108 km der längste Strand Neuseelands.

Dargaville

Das verschlafene **Dargaville**, 50 km südlich von Trounson, das von der Milchwirtschaft und dem Kumara-Anbau lebt, wurde 1872 vom Australier Joseph McMullen Dargaville als Hafen am Northern Wairoa River gegründet. Schiffe kamen in den Hafen, um Kauri-Holz und Harz zu verladen (S. 260), das von dalmatinischen Siedlern gewonnen wurde. Letztere machten im frühen 20. Jh. einen großen Teil der Gemeinde aus.

Dargaville Museum

Harding Park, 2 km westlich der Stadt ▪ ⌚ tgl. April–Sep 9–16, Okt–März 9–17 Uhr ▪ Eintritt ▪ www.dargavillemuseum.co.nz

Dem überraschend guten **Dargaville Museum** dienen zwei gerettete Masten von der *Rainbow Warrior* (s. Kasten S. 247) als Erkennungszeichen. Das Museum zeigt Exponate, die aus Wanderdünen geborgen wurden, darunter sogar Schiffswracks. Das einzige präeuropäische Artefakt ist das *waka* Ngati Whatua, das von 1809 bis 1972 unter dem Sand des North Head des Kaipara Harbour begraben lag und als eines von wenigen Kanus gänzlich mit Steinwerkzeugen hergestellt wurde. Glanzstück der schönen Sammlung von Kauri-Harz ist ein 84 kg schweres Stück – angeblich das größte, das jemals gefunden wurde.

Woodturners Kauri Gallery & Working Studio

4 Murdoch St (SH12) ▪ ⌚ tgl. 9 Uhr bis Einbruch der Dunkelheit ▪ www.thewoodturnersstudio.co.nz

Am Westende der Stadt zeigt der Drechslermeister Rick Taylor in der **Woodturners Kauri Gallery & Working Studio**, was man mit den vielfältigen Maserungen und Farben von Kauri-Holz alles machen kann. Wer einen längeren Aufenthalt plant, kann auch an einem Kurs teilnehmen.

Baylys Beach und Ripiro Beach

14 km westlich von Dargaville, zu erreichen über eine Nebenstraße

Baylys Beach ist eine Ansammlung von größtenteils Ferienhäusern am mittleren Abschnitt des über 100 km langen **Ripiro Beach**. Der Strand ist für seine Beweglichkeit bekannt: Durch eine einzige Tide werden oft mehrere Meter Strand verschoben, und im Laufe der Jahrhunderte wurden dem Meer auf diese Weise riesige Gebiete abgewonnen. Die Anker und Buge lange verschollener Wracks tauchen in regelmäßigen Abständen im Sand auf. Wie anderswo an der

Westküste erweist sich auch hier das Schwimmen aufgrund ausgeprägter Gezeiten und fehlender Küstenwache als gefährlich. Dafür lädt der Strand zu langen Spaziergängen ein.

ÜBERNACHTUNG

Sowohl am Dargaville Museum als auch bei The Kumara Box können Wohnmobile über Nacht parken.

Baylys Beach Holiday Park, 22 Seaview Rd, Baylys Beach, www.baylysbeach.co.nz. Tipptopp in Schuss gehaltener Platz unweit vom Strand; gute Stellplätze, geräumige Units, saubere Cabins. Auch Quadbikeverleih. Camping und Cabins. ❶

Dargaville Holiday Park, 10 Onslow St, Dargaville, www.dargavilleholiday.co.nz. 10 Min. Fußweg von der Stadt auf einem parkähnlichen Gelände. Gepflegte, einfache Cabins und gemütliche Units. Gut für Kinder, auch wegen des großen Freibads nebenan. Camping und Cabins. ❶

Kauri House Lodge, 60 Bowen St, Dargaville, www.kaurihouselodge.co.nz. Die luxuriösesten Zimmer der Stadt in einer sympathisch unaufdringlichen, aber riesigen und tollen Kauri-Villa. Große Zimmer mit Bad, Billardraum, Bibliothek und Pool. ❸

Northern Wairoa Hotel, 70 Victoria St, www.thennorthernwairoahotel.nz. Dieses zentral im Herzen von Dargaville gelegene Hotel bietet ein tolles Preis-Leistungs-Verhältnis. Die Zimmer stammen aus dem Jahr 1878 und wurden inzwischen renoviert. Sie sind sauber und komfortabel, wenn auch nicht gerade stilvoll. Im Restaurant gibt es den ganzen Tag über passable europäische Küche. ❶

ESSEN

Blah Blah Blah, 101 Victoria St, Dargaville, 09 439 6300. Café mit Schanklizenz, spezialisiert auf Gerichte, die aus den berühmten Kumara von Dargaville hergestellt werden, z. B. Kumara-Muschel-Bacon-Suppe. Außerdem guter Kaffee und Kuchen aus eigener Herstellung, Frühstück und Pizza. $$

Shiraz, 17 Hokianga Rd, Dargaville, www.shirazindianrestaurant.co.nz. Restaurant und Imbiss, serviert nordindische Speisen sowie Seafood und Pizza. Annehmbare Currys. Auch die Preise stimmen. Um die Pizza besser einen Bogen machen. $$

INFORMATIONEN UND TOUREN

Die **Touristeninformation**, 4 Murdoch St, 09 439 4975, bucht Unterkünfte und erteilt Tipps. tgl. 9–18 Uhr.

Dargaville Rail Tours, Station Rd, Dargaville, www.portdargavillecruises.co.nz. Diese Tour ist wirklich einzigartig: eine Fahrt mit einem selbstfahrenden Golfbuggy, der den Spuren einer stillgelegten Eisenbahnlinie durch die Landschaft folgt. Die Touren führen entweder nach Tangowahine (2 1/2 Std.) oder nach Waiotira Junction (7 Std.) und zurück, wobei die Hauptaktivität darin besteht, sich zu entspannen und die Aussicht auf das Ackerland und den Duft wilder Geißblätter zu genießen.

TRANSPORT

Die Buslinien nach Dargaville sind eingestellt worden; eigenes Fahrzeug erforderlich.

Tokatoka Peak

SH12; 17 km südwestlich von Dargaville

Von Dargaville führt der SH12 durch plattes Farmland 17 km nach Süden zum 180 m hohen **Tokatoka Peak**. Vom Gipfel dieses erloschenen Vulkans bietet sich ein wunderschöner Panoramablick. Zu erreichen ist er über einen mühsamen zehnminütigen Weg, der 1 km abseits des SH12 unweit des Tokatoka Pub beginnt.

Matakohe und das Kauri Museum

30 km südlich des Tokatoka Peak am SH12 ▪ Kauri Museum ▪ 5 Church Rd ▪ tgl. 9–17 Uhr ▪ Eintritt ▪ www.kaurimuseum.com

Das sehenswerteste Museum des Nordens und eines der besten kleinen Museen des Landes ist das **Kauri Museum** im Weiler **Matakohe**. Für eine Besichtigung sollte man mindestens drei Stunden einplanen. Das Museum befasst sich mit dem Einfluss des Kauri-Baums auf das Leben der Siedler in Northland, deren Existenz sich auf das hervorragende Holz und das begehrte Harz *(gum)* des Baums gründete. Im Zentrum der Ausstellung stehen die behelfsmäßigen Siedlungen um die Holzfällercamps, die Gumfields sowie das Leben der Kaufleute, die zu den Wenigen gehörten, die sich die feinen Kauri-Möbel und das schön bearbeitete Kauri-Harz leisten konnten. Diagramme beweisen, dass sogar der Tane Mahuta im Vergleich zu den Baumriesen der Urzeit ein Zwerg ist. Der Geruch nach frischem Sägemehl weist den Weg zur nachgebauten, dampfbetriebenen Sägemühle. Außerdem beherbergt das Museum eine tolle Sammlung von Kauri-Möbeln, -Booten und -Harzen.

ÜBERNACHTUNG UND ESSEN

Matakohe Holiday Park, 66 Church Rd, www.matakoheholidaypark.co.nz. Gepflegter kleiner Campingplatz an einem Hang mit tollem Hafenblick, 500 m hinter dem Museum. Camping, Cabins und Motel-Units. ❶

Matakohe House, 24 Church Rd, www.matakohehousebnb.com. Jackie und Daniel bieten in diesem B&B 4 gemütliche Zimmer, die über einen umlaufenden Balkon verteilt liegen und im traditionellen Stil eingerichtet sind. Das Frühstück ist toll, ebenso wie der Garten mit einem ruhigen Teich. ❸

Gumdiggers Café, Church Rd, gegenüber vom Museum, 09 431 7075. Das Museumscafé lädt zum Verweilen vor oder nach dem Besuch der Ausstellungen ein. Es gibt Wraps, Gumdiggers-Pasteten, Burger, Sandwiches und Kuchen, alles frisch und zu akzeptablen Peisen. $$

AUF DEM WHANGANUI RIVER

Waikato und Coromandel Peninsula

Die nach Neuseelands längstem Fluss benannte Region Waikato südlich von Auckland ist vor allem landwirtschaftlich geprägt. Zahllose Milchviehhöfe und stille Landstädtchen bestimmen das Bild, zugleich bieten sich hier Weltklasse-Surfbedingungen. Die Konflikte der Ureinwohner mit den europäischen Einwanderern werden mancherorts besonders anschaulich dokumentiert.

Stefan Loose Traveltipps

Raglan Auf Neuseelands besten Wellen reiten, in der Bucht Kajak fahren oder einfach nur die entspannte Atmosphäre des Hafenorts auf sich wirken lassen. S. 274

4 **Waitomo** Die Abenteuertrips durch die Höhlenlabyrinthe, oft märchenhaft von Glühwürmchen erleuchtet, gehören zu den besten der Welt. S. 281

Te Aroha Im alten Kurort laden heiße Quellen zum Verjüngungsbad ein. S. 288

Kauaeranga Valley Höhepunkt einer Wanderung auf die Pinnacles ist der Blick auf die beiden Küsten der Coromandel Peninsula. S. 296

Driving Creek Railway Die Schmalspurbahn fährt durch dichten Wald zu einem tollen Aussichtspunkt. S. 297

Hot Water Beach Mit der Schaufel ein Loch in den Sand buddeln und im heißen Thermalwasser entspannen. S. 305

BLÜTE DES POHUTUKAWA-BAUMS

WAITOMO

Inhalt

Waikato und die Coromandel Peninsula
Golf von Hauraki
Kawau Island
Fletcher Bay
Mount Moehau
Tiritiri Matangi Island
Colville
New Chums Beach
Mercury Islands
Whangapoua
Driving Creek Railway
Kuaotunu
Rangitoto Island
Motutapu Island
Waiheke Island
Coromandel
Castle Rock (512m)
Mercury Bay
The Waterworks
Whitianga
Waiau Falls
Manaia-Kereta Lookout
Manaia
Motuihe Island
Ponui Island
Auckland
Hot Water Beach
Pohutukawa Coast
Auckland Airport
Manukau Harbour
Clevedon
Tapu
Rapaura Watergardens
Tairua
Bay of Plenty
Firth of Thames
COROMANDEL FOREST PARK
HUNUA RANGES
Papakura
Kaiaua
Kauaeranga Valley
Opoutere
Thames
COROMANDEL RANGE
Miranda
Whangamata
Pokeno
Ngatea
Mayor Island
Waikato River
Paeroa
Waihi
Waihi Beach
HAURAKI PLAINS
KAIMAI MAMAKU FOREST PARK
Te Aroha
Mount Te Aroha
Katikati
Matakana Island
Huntly
Omokoroa
Ngaruawahia
Waingaro Hot Springs
Morrinsville
Tauranga
Papamoa
Te Puke
Hamilton
Matamata
Raglan
Hobbiton
WAIKATO
KAIMAI MAMAKU FOREST PARK
Cambridge
PIRONGIA FOREST PARK
Te Awamutu
Tirau
Putaruru
Kawhia
Lake Rotorua
Rotorua
Otorohanga
Tokoroa
Waitomo Caves
Te Anga
Waitomo
Marokopa
Te Kuiti
PUREORA FOREST PARK
Whakamaru
Stefan Loose Traveltipps S. 265
PUREORA FOREST PARK
KING COUNTRY
0 25 Kilometer
N
Taupo
Lake Taupo

Wer von Norden kommt, erreicht zuerst die landwirtschaftlich geprägte Region **Waikato** mit der Provinzhauptstadt **Hamilton** in ihrem Zentrum. Hamilton selbst hat nicht viel zu bieten, aber in der unmittelbaren Umgebung findet sich die eine oder andere Attraktion. Das in der Nähe gelegene **Raglan** lockt mit einem Weltklasse-Surfstrand, einigen tollen Unterkünften und Lokalen in einer wunderbar entspannten Atmosphäre. Südöstlich von Hamilton bezirzt am SH1 der Ort **Cambridge** mit ein wenig englischem Charme. Ein Muss für *Herr der Ringe-* und *Der Hobbit*-Fans sind die **Hobbiton**-Touren bei Matamata.

Südlich des Waikato sind die berühmten **Waitomo Caves** mit bizarren Kalksteinformationen und „Glühwürmchengrotten", die sich auf wunderbaren Abenteuertouren erkunden lassen, das Highlight. Der Name des benachbarten **King Country** geht auf die Maori-Königsbewegung (s. Kasten S. 279) zurück. Es handelt sich um die letzte bedeutende Maori-Bastion Neuseelands, die sich schließlich der Kolonisation beugen musste. Weiter südlich befindet sich der landwirtschaftlich geprägte Ort **Taumarunui**.

Nordöstlich von Hamilton liegt am Rand der von Milchwirtschaft geprägten **Hauraki Plains** das Kurbad **Te Aroha**. Ganz in der Nähe kann man bei **Paeroa** durch die **Karangahake Gorge** wandern, in der früher intensiv nach Gold gesucht wurde.

Die teilweise immer noch ungezähmte **Coromandel Peninsula** im Norden besticht durch eine großartige Küstenlandschaft, in der man wunderbare Wanderungen entlang ursprünglicher Strände oder durch hügeliges Gelände mit üppigem Regenwald unternehmen kann. Die Westküste ist weitaus zerklüfteter und daher stimmungsvoller und bietet außerdem leichteren Zugang zu Vulkanhügeln und uralten Kauri-Bäumen. Als Basis für ihre Erkundung eignen sich am besten das geschichtsträchtige **Thames** oder das malerische **Coromandel**. Die Städte **Whangamata** und **Whitianga** an der Ostküste sind mit ausgedehnten Sandstränden und einem Riesenangebot an Wassersportaktivitäten gesegnet. Whitianga liegt zudem in der Nähe des **Hot Water Beach**, unter dem natürliche Thermalquellen verborgen liegen, und vor der Küste erstreckt sich das **Cathedral Cove Marine Reserve**, das ideal ist zur Delphinbeobachtung und zum Schnorcheln. Am Fuß der Coromandel Peninsula liegt schließlich die Goldstadt **Waihi**.

Hamilton

Hamilton am Ufer des träge dahinfließenden grünen Waikato River ist Neuseelands viertgrößte Stadt, aber eher ein regionales Zentrum als ein Touristenziel. Immerhin liegt die Stadt in Reichweite einiger Topziele der Nordinsel, wie der Surfstrände von Raglan, der Waitomo Caves und Auckland (127 km nördlich). In der Stadt selbst ist nicht allzu viel zu sehen, aber es lohnt sich durchaus, ein paar Stunden für die Besichtigung des ausgezeichneten **Waikato Museum** und einen Abstecher in die friedlichen **Hamilton Gardens** zu investieren. Dank der Universität gibt es auch ein gutes Nachtleben. Schön sind auch ein Spaziergang am gerade neu gestalteten Flussufer entlang sowie ein Besuch auf der Teeplantage **Zealong**.

Mitte Juni findet im Mystery Creek Events Centre vor den Toren der Stadt jedes Jahr das Festival **Fieldays**, 💻 www.fieldays.co.nz, statt, die größte Landwirtschaftsschau der südlichen Hemisphäre und ein echtes Kiwi-Event mit Schafschur, Pflügewettkämpfen und jeder Menge Unterhaltung.

Victoria Street

Die meisten Sehenswürdigkeiten von Hamilton liegen an oder in unmittelbarer Nähe der Hauptstraße **Victoria Street**, die sich am baumbestandenen Westufer des Waikato River entlangzieht. Die **Wesley Chambers** von 1924 an der Ecke Collingwood Street beherbergen heute das Hamilton City Oaks Hotel. Auf einem kleinen Platz gegenüber steht eine Statue des Engländers **Richard O'Brien**, der das Musical *The Rocky Horror Show* schrieb und seine Jugendjahre hier verbrachte.

Waikato Museum

1 Grantham St ▪ 🕒 tgl. 10–17 Uhr ▪ Eintritt frei ▪ 💻 www.waikatomuseum.co.nz

In einem modernen Gebäude am Fluss residiert das ausgezeichnete **Waikato Museum**. Hier wird auf fantasievolle Weise Lokalgeschichte erläutert, Höhepunkt ist die Abteilung zur Kultur der **Tainui**, die zum großen Teil von örtlichen Maori kuratiert wurde. Gezeigt werden Werkzeuge, Ritualgegenstände und Schnitzarbeiten. Die Exponate vermitteln einen Eindruck von der Alltagskultur der vier wichtigsten Tainui-Unterstämme. Ergänzt wird das Ganze durch wechselnde Kunstobjekte. Das prachtvolle Kriegskanu *Te Winika* steht vor einem Fenster, das den Blick auf den Rumpf des Raddampfers *Rangiriri* freigibt, der in Kolonialzeiten auf dem Waikato verkehrte.

Hamilton Gardens

Cobham Drive (SH1), 4 km südöstlich des Zentrums ▪ 🕒 Gärten tgl. Mitte April–Mitte Sep 7.30–17, Ende Sep–Anfang April 7.30–20 Uhr; Visitor Centre 9–17 Uhr ▪ Eintritt frei ▪ 💻 www.hamiltongardens.co.nz ▪ Bus Nr. 10 (Sa und So Nr. 17) vom Transport Centre

Vom Memorial Park verläuft ein Spazierweg am Fluss entlang zu den riesigen, nicht eingezäunten **Hamilton Gardens**. Zu den Attraktionen zählen ausgedehnte Rosenbeete, tropische Pflanzen, Rhododendren, Magnolien und Kakteen.

Im Visitor Centre ist ein kostenloser Plan erhältlich. Gleich nebenan befindet sich die **Paradise Gardens Collection**, sechs schöne Gartenbereiche, die unterschiedlich bepflanzt sind. Durch ein reizloses Tor geht es z. B. in den umso farbenfroheren indischen Char Bagh Garden, weiter zu den Blumen im English Garden und in den Chinese Scholar's Garden, von dessen rotem Pavillon aus man auf den Waikato blickt. Ein Highlight ist der American Modernist Garden mit Aloe- und Graspflanzungen rund um einen Teich, gesäumt von Liegestühlen und einem großen Marilyn-Monroe-Siebdruck.

Auch die anderen Gärten laden zum Spaziergang oder einem entsoannten Picknick ein. Besonders beliebt ist der Rose Garden wegen seiner Farbenvielfalt. Interessierten Besuchern geben die Gärtner gern Auskunft über die moderne Rosenzucht.

Zealong

495 Gordonton Rd, 13 km nördlich des Zentrums ▪ Führungen 9.30 und 14 Uhr: Mai–Okt Di–So, Nov–April tgl.; Camellia Teahouse 🕒 Mai–Okt Di–So 10–17, Nov–April tgl. 10–17 Uhr ▪ Eintritt ▪ 💻 www.zealong.co.nz

In dem flachen Schaf- und Rinderzuchtland des nördlichen Waikato überrascht der Anblick langer gepflegter Reihen *Camellia sinensis* (Teepflanzen). Ende der 1990er-Jahre begann der taiwanesische Einwanderer Vincent Chen in Neuseeland mit dem Teeanbau – und das Ergebnis kann sich sehen lassen. In erster Linie wird **Oolong-Tee** angebaut, den man im Rahmen einer einstündigen **Führung** auch probieren kann. Im wunderbaren Camellia Teahouse kann man außerdem entspannt zu Mittag speisen oder einen *afternoon tea* mit köstlichen herzhaften Kleinigkeiten und exquisitem Backwerk genießen.

ÜBERNACHTUNG

Karte s. rechts

City Centre B&B, 3 Anglesea St, 💻 www.citycentrebnb.co.nz. Preiswerte Zimmer und Studios mit kleiner Küche und relaxtem, heimeligem Flair an einem Garten mit Swimming Pool. Mindestaufenthalt 2 Nächte. ❷

Ibis Tainui, 18 Alma St, 💻 www.ibishotel.com/hamilton. Zentrales, verlässliches Mittelklassehotel in einem 8-stöckigen Gebäude. Moderne Zimmer mit Bad, teils mit Flussblick, der sich auch von der Restaurantterrasse bietet. WLAN/Internetzugang kostenpflichtig. ❷

Microtel Lodge, 140 Ulster St, 💻 www.microtel.co.nz. Kleine, moderne Jugendherberge mit Sky TV in den Zimmern (zum Teil auch mit Bad), auch viele Einzelzimmer vorhanden. Außerdem gemischte Dorms und einige Selbstversorger-Studios. ❷

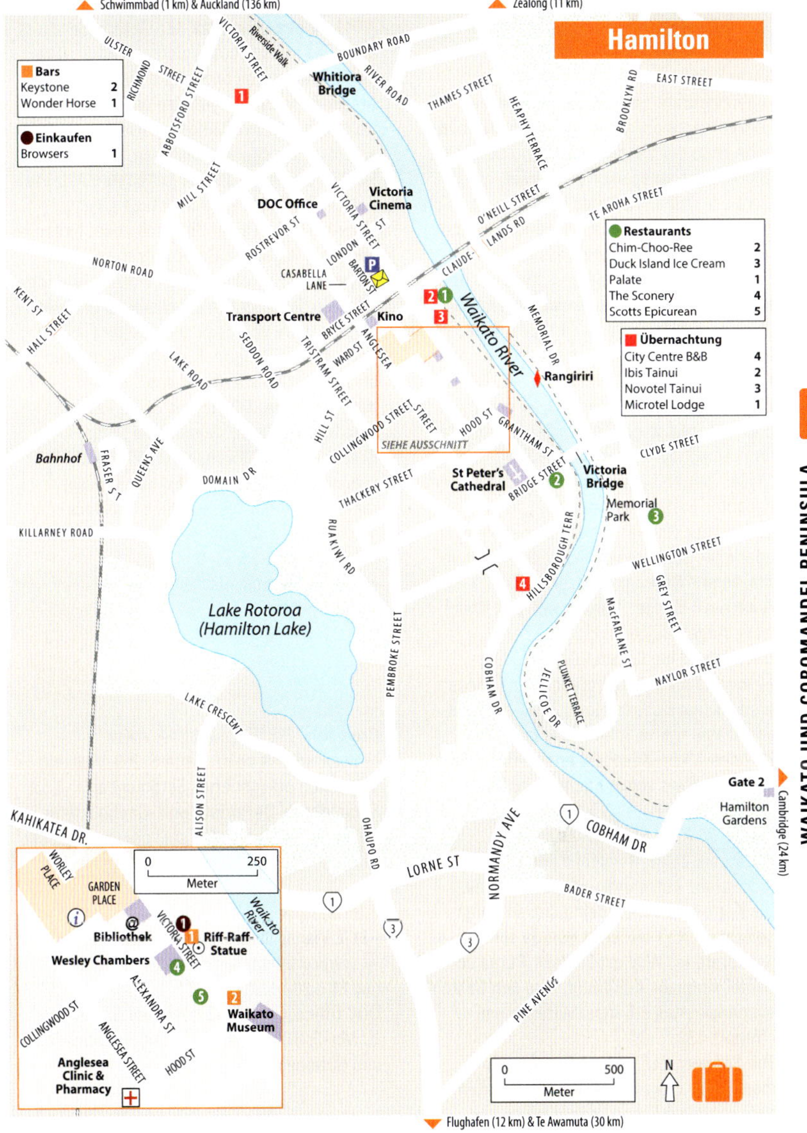

Novotel Tainui, 7 Alma St, www.novotel.com. Das kürzlich modernisierte Novotel mitten im Zentrum der Stadt ist mit seinen modernen, großzügigen Zimmern mit Bad (viele davon mit Flussblick) sowie einem schönen Restaurant mit Bar und einem gut ausgestatteten Fitnessstudio eine gute Wahl. ❸

ESSEN UND UNTERHALTUNG

Karte S. 269
Die Restaurant- und Unterhaltungsmeile konzentriert sich in erster Linie auf das südliche Ende der Victoria Street und die gleich um die Ecke gelegene Hood Street, wo Lokale tagsüber als **Cafés** fungieren und sich zu vorgerückter Stunde in **Restaurants** und noch später in **Bars** verwandeln.

Freitags und samstags findet meist ein **Abendmarkt**, 🖳 www.facebook.com/hamiltonnightmarket, statt: freitags an der Ecke Te Rapa Road und The Base Parade, samstags unter dem Kmart an der Bryce Street; 🕒 17–23 Uhr.

Chim-Choo-Ree, 14 Bridge St, 🖳 www.chimchooree.co.nz. Ein nackter Betonboden und Lampenschirme aus den 1930er- und 1940er-Jahren begrüßen die Gäste in diesem beliebten Bistro. Hier kann man sich einfach nur ein Gläschen Wein genehmigen oder aber Gerichte wie Schnapper-Sashimi, Steaks und Olivengnocchi genießen. Auch ein 6-Gänge-Probiermenü (mit Wein) ist im Angebot. $$$

Duck Island Ice Cream, 300a Grey St, 🖳 www.duckislandicecream.co.nz. Diese erstklassige Eisdiele bietet 26 kreative Eissorten wie weiße Schokolade und Miso, Zitronen-Mohn-Käsekuchen und getoastete Marshmallows sowie Kuchen und Milchshakes. $

Palate, 20 Alma St, 🖳 www.palaterestaurant.co.nz. Hamiltons edelstes Restaurant, entspannt und professionell. Die Karte wechselt regelmäßig; an Hauptgerichten gibt's vielleicht gerade scharf angebratenes Wild mit Shiitake-Püree und Trüffel-Arancini. Außerdem wird den Gästen ein preiswertes 2-Gänge-Mittagsmenü offeriert. $$$

The Scenery, 217 Victoria St, 🖳 www.thescenery.co.nz. In diesem entspannten Café mit gemütlichen Ledernischen und unverputzten Ziegelwänden gibt es angeblich das beste Frühstück der Stadt. Wer das leckere Räucherlachs-Hash oder das vegane BLT-Sandwich bestellt, wird kaum widersprechen können. $$

Scotts Epicurean, 181 Victoria St, 🖳 https://scottsepicurean.co.nz. Das vielfach ausgezeichnete Café bietet schön präsentierte Brunchgerichte wie Eier mit Schinken, kreative Mittagsspeisen wie ein srilankisches saures Hühnchen, köstlichen Kuchen und fachkundig zubereiteten Allpress-Kaffee. Die Gäste können draußen, im Innenbereich in einer Sitznische oder hinten im versteckt liegenden Garten sitzen. $$

Keystone, 150 Victoria St, 🖳 www.keystonebar.co.nz. In der Monteith's-Bar in Hamilton gibt's diverse Biere vom Fass und aus der Flasche und typische Pubgerichte wie Huhn im Südstaatenstil und *sharing plates*.

Wonder Horse, 232 Victoria St, 🖳 www.wonderhorse.co.nz. Gemütliche Sofas, Brettspiele, freundliches Personal, ein kultiviertes, jedoch nicht exklusives Flair, regelmäßige DJ-Sets und tolle Cocktails machen einen Abstecher ins Wonder House quasi zu einem Muss. Und das Lokal ist länger geöffnet als die meisten Konkurrenten.

SONSTIGES

Einkaufen

Browsers, 298 Victoria St, 🖳 www.browsersbooks.co.nz; Karte S. 269. Vielfältig und schön präsentiertes Sortiment an Secondhand-Belletristik und -Sachbüchern. Besonders gut vertreten sind neuseeländische Autoren.

Informationen

i-SITE Visitor Centre, Caro St, Ecke Alexandra St, 🖳 www.visithamilton.co.nz. 🕒 Mo–Fr 9–17, Sa und So 9.30–15.30 Uhr.

DOC Office, Level 5, 73 Rostrevor St, 🕒 Mo–Fr 8.30–16.30 Uhr. Wanderinformationen und Hüttenpässe.

Internet

Kostenloses WLAN rund um den **Garden Place** und kostenlose Computernutzung in der städtischen **Central Library**, 9 Garden Place, ✆ 07 838 6826. 🕒 Mo–Fr 9.30–20, Sa 9–16, So 12–15.30 Uhr.

NAHVERKEHR

Stadtbusse

Busit, www.busit.co.nz. Es verkehren Stadtbusse sowie Busse ab Transport Centre nach Cambridge, Te Awamutu, Raglan und Paeroa; kostenlose Fahrpläne gibt's im Transport Centre und im i-SITE. Für einfache Fahrten innerhalb der Stadtgrenzen gilt ein Zonensystem.

Taxis

Taxistand beim Transport Centre.
Bei **Hamilton Taxis** Taxibestellung:
0800 477 477.

TRANSPORT

Busse

Transport Centre, 373 Anglesea St, Ecke Bryce St. Der moderne Busbahnhof im Zentrum von Hamilton ist Knotenpunkt für Regional- und Fernbusse. Verkauf von Tickets für InterCity-Busse. Mo–Do 7–18, Fr 7–19, Sa 9–17, So 9–19 Uhr.

Busse nach:
AUCKLAND jede 1/2–1 Std., 2 Std.;
CAMBRIDGE 7x tgl., 3/4 Std.;
MATAMATA 6x tgl., 1 Std.;
NEW PLYMOUTH 2x tgl., 4 1/2 Std.;
NGARUAWAHIA jede 1/2 Std., 20 Min.;
OTOROHANGA 3x tgl., 1 Std.;
PAEROA 1x tgl., 1 1/2 Std.;
RAGLAN 2–4x tgl., 3/4 Std.;
ROTORUA 5x tgl., 1 1/2 Std.;
TAUPO 9x tgl., 2 1/2–3 Std.;
TAURANGA 4x tgl., 1 3/4 Std.;
TE AROHA 1x tgl., 1 Std.;
TE AWAMUTU 3x tgl., 1/2 Std.;
TE KUITI 1x tgl., 1–1 1/2 Std.;
TIRAU 12x tgl., 3/4 Std.;
WELLINGTON 5x tgl., 9 1/4 Std.

Eisenbahn

Bahnhof, Fraser St, im Vorort Frankton, knapp 2 km westlich des Stadtzentrums. Bus Nr. 3 fährt von hier aus zum Transport Centre, wo auch Bahnfahrkarten erhältlich sind.

Züge nach:
AUCKLAND 3x wöchentl., 2 1/4 Std.;
WELLINGTON 3x wöchentl., 8 1/4 Std.

Flüge

Der **Flughafen** von Hamilton, www.hamiltonairport.co.nz, liegt 15 km südlich des Stadtzentrums. Von hier verkehrt der **Super Shuttle**, www.supershuttle.co.nz, ins Zentrum (Fahrpreis $30).

Flüge nach:
CHRISTCHURCH 2x tgl., 1 3/4 Std.;
PALMERSTON NORTH 2x tgl., 45 Min.;
WELLINGTON 7x tgl., 1 1/2 Std.

Rund um Hamilton

Hamilton eignet sich gut als Basis für die Erkundung der Region Waikato, wo es einige Sehenswürdigkeiten zu entdecken gibt. Auf der Strecke von Auckland Richtung Süden ist der erste interessante Ort das für die Maori bedeutsame **Ngaruawahia**. Wer auf dem Weg nach Raglan ist, kann Ngaruawahia auslassen und auf eine Nebenstraße Richtung **Waingaro Hot Springs** abbiegen. Kunstfreunde sollten Richtung Osten zur **Wallace Gallery** fahren, Hobbit-Fans zieht es nach **Hobbiton** nahe Matamata. Cambridge und Tirau südöstlich von Hamilton sind eigentlich nur Zwischenstopps auf dem Weg nach Taupo. **Te Awamutu** im Süden zelebriert sein Maori-, Pakeha- und Finn-Brothers-Erbe.

Waingaro Hot Springs

Waingaro Rd, 40 km nordwestlich von Hamilton ▪ Mo–Fr 9.30–20.30, Sa und So 9.30–21 Uhr ▪ Eintritt ▪ www.waingarohotsprings.co.nz

Wer von Auckland nach Raglan unterwegs ist, kann einen Zwischenstopp bei den wunderbar altmodischen **Waingaro Hot Springs** einlegen, die mit ihren drei Warmwasserbecken und Neuseelands längster offener Warmwasserrutsche ein echtes Stück alteingesessener Kiwi-Freizeitkultur bieten.

Ngaruawahia

Das historisch und kulturell bedeutsame landwirtschaftliche Zentrum **Ngaruhawahia**, 18 km nordwestlich von Hamilton am SH1, liegt am Zusammenfluss von Waikato und Waipa. Beide Flüsse waren einst wichtige Kanurouten der Maori.

Hier hatte die **Königsbewegung** (s. Kasten S. 279) ihre Wurzeln. Der Ort ist heute noch Sitz der Maori-Könige und war 1995 Schauplatz der Unterzeichnung des Raupatu Land Settlement, mit dem die neuseeländische Regierung der Tainui-Stammesföderation Entschädigungszahlungen für die gewaltsame Landnahme in den 1860er-Jahren zubilligte.

Die Maori-Tradition ist besonders eindrucksvoll am **Regatta Day** zu erleben. Er wird alljährlich an dem Samstag veranstaltet, der dem 17. März am nächsten liegt. Auf beiden Flüssen ziehen dann prächtig verzierte Kriegskanus am Maori-König vorbei, und am **Turangawaewae Marae** (an der unmittelbar nördlich der Brücke vom SH1 abzweigenden River Road, nur am Regatta Day geöffnet) finden Hürdenläufe und ähnliche Wettkämpfe statt.

Wallace Gallery

167 Thames St, Morrinsville, 33 km nordöstlich von Hamilton ▪ Di–So: Okt–Juni 10–16, Juli–Sep 10–15 Uhr ▪ Eintritt frei ▪ www.morrinsville gallery.org.nz

Im gesichtslosen Agrarort **Morrinsville** überrascht die kleine, aber sehr gute **Wallace Gallery**, ein Ableger des Wallace Arts Centre (S. 154 in Auckland. Sie befindet sich im ehemaligen Postamt aus der Mitte des 20. Jhs. Die wechselnden Ausstellungen präsentieren Werke der umfassenden Wallace-Sammlung von zeitgenössischer neuseeländischer Kunst.

Matamata

Die auf Milchwirtschaft und Rennpferdezucht spezialisierte Gemeinde **Matamata**, 63 km östlich von Hamilton, gelangte zu plötzlichem Ruhm, als hier die Hobbiton-Szenen für die *Herr der Ringe-Trilogie* gedreht wurden (in der deutschen Fassung heißt das Hobbitdorf „Hobbingen"). Im Ortszentrum stehen ein paar lebensechte Figuren aus dem *Herrn der Ringe*, doch der Hobbiton-Drehort auf einer Schafsfarm 16 km südwestlich des Orts ist nur im Rahmen einer Führung zu besichtigen.

Hobbiton Movie Set und Farm Tours

501 Buckland Rd, 16 km südöstlich von Matamata ▪ Führungen tgl. alle 15–30 Min. ▪ Eintritt ▪ www.hobbitontours.com ▪ kostenloser Shuttle vom i-SITE in Matamata oder einen Transfer arrangieren (Näheres siehe Website)

Zwischen den Dreharbeiten für die drei *Herr der Ringe*-Filme von Peter Jackson Anfang der 2000er-Jahre hatte man die Filmsets größtenteils abgebaut. Nach den Dreharbeiten für den *Hobbit* 2011 wurden alle Kulissen stehen gelassen. Besucher können nun über einen Hügel mit 42 Hobbithöhlenfassaden spazieren. Die Schornsteine erscheinen verrußt, das Moos an den Zäunen sieht völlig echt aus, und es gibt einen Obstgarten mit Apfel- und Birnbäumen. Auf der anderen Seite des Sees haben die Filmemacher zwei reetgedeckte Gebäude errichtet: eine Wassermühle, die über eine „Steinbrücke" mit dem Gasthaus „Zum Grünen Drachen" verbunden ist. Eingefleischte Anhänger werden ihre Freude daran haben, im echten Hobbiton umher wandern zu können. Weniger enthusiastische Fans finden die Führungen wahrscheinlich eher etwas zu lang und überteuert.

ESSEN

Food Trip, Ltd 77 Broadway, www.foodtripltd.co.nz. Beliebtes Restaurant mit entspannter Atmosphäre, das Speisen serviert, die Sie auf eine Reise zu den Streetfood-Märkten Asiens mitnehmen. Die Sui-Mai-Knödel, das Rindfleisch-Teriyaki und das Schweinefleisch-Adobo sind hervorragend. $$

INFORMATIONEN UND TRANSPORT

i-SITE, 45 Broadway, www.matamatanz.co.nz. Prakzische Hobbit-Informationen und

Internetzugang. ⌚ Mo–Fr 9–17, Sa und So 9–14.30 Uhr.
InterCity-**Busse** auf der Strecke Auckland–Rotorua halten am i-SITE.

Busse nach:
AUCKLAND 3x tgl., 3 1/4 Std.;
HAMILTON 6x tgl., 1 Std.;
ROTORUA 3x tgl., 1 Std.;
TAURANGA 1x tgl., 3/4 Std.

Cambridge

Cambridge, 24 km südöstlich von Hamilton, wurde 1864 als Milizstützpunkt am oberen Ende des schiffbaren Abschnitts des Waikato River gegründet und ist heute von einigen Gestüten umgeben. Es besitzt sogar einen **Equine Stars Walk of Fame** mit Mosaiken der hier gezüchteten Turniersieger. Beim i-SITE gibt es eine Broschüre für einen Stadtrundgang, um die eleganten **Gebäude aus dem 19. und 20. Jh.** zu besichtigen.

ESSEN

The Deli on the Corner, 48 Victoria St, 💻 www.facebook.com/delionthecorner cambridge. Das beste Café am Ort residiert im großzügigen Triangle Building von 1920. Hervorragende Sandwiches, Pasteten, Wraps und Brunch-Gerichte wie Sahnepilze auf Toast. Kaffee, dazu Muffins, Brotpudding mit Beeren und Eiscreme. $$

INFORMATIONEN UND INTERNET

i-SITE Visitor Centre, Queen St, Ecke Victoria St, 💻 www.cambridge.co.nz. Im ehemaligen Büchereigebäude untergebracht, mit **Internetzugang**. ⌚ Mo–Fr 9–17, Sa und So 10–16 Uhr.

TRANSPORT

Busse von InterCity halten auf der Route AUCKLAND–WELLINGTON 50 m vom i-SITE in der Lake Street.

BusIt, 💻 www.busit.co.nz, betreibt eine Busverbindung von HAMILTON (Bus Nr. 20; 7x tgl., 3/4 Std.), die vor 36 Victoria St hält. Außerdem verkehren Busse nach MATAMATA (2x tgl., 1/2 Std.) und TAURANGA (2x tgl., 3/4 Std.).

Tirau

Fast jeder scheint im landwirtschaftlich geprägten Ort **Tirau**, 55 km südöstlich von Hamilton, eine Pause einzulegen. Der Highway durch den Ort ist komplett von Wellblechbauten gesäumt. Alles begann mit einem Wollgeschäft in einem Wellblechschaf, gefolgt von einem Schäferhund, in dem das **i-SITE** residiert. Die Wellblechbauten sind zum Wahrzeichen des Orts geworden, und Blechbauten und -schilder finden sich an jeder Ecke.

INFORMATIONEN

i-SITE, SH1, 💻 www.tirauinfo.co.nz, ⌚ tgl. 9–17 Uhr.

Te Awamutu

„TA", wie die Einheimischen ihre Stadt nennen, ist musik- und militärhistorisch interessant. Der Geburtsort der Brüder Tim und Neil Finn, die mit **Crowded House** zu musikalischem Ruhm gelangten, liegt 30 km südlich von Hamilton inmitten von Hügeln und Kuhweiden vor der Kulisse des Mount Pirongia.

Das i-SITE befindet sich gegenüber den weitläufigen **Rosengärten**, die sich von November bis Mai von ihrer schönsten Seite zeigen, Eintritt frei, ⌚ durchgehend. Außerdem gibt es beim i-SITE den Schlüssel zur Garnisonskirche **St John's** von 1854, die gegenüber in der Arawata Street steht. Im Innern der Kirche findet sich eine in Maori-Sprache verfasste Würdigung jener Maori, die trotz Beschuss auf das Schlachtfeld robbten, um verwundeten britischen Soldaten Wasser zu bringen.

Te Awamutu Museum

135 Roche St ▪ ⌚ Mo–Fr 10–16, Sa 10–16 Uhr ▪ Eintritt frei ▪ 💻 www.tamuseum.org.nz

WAIKATO UND COROMANDEL PENINSULA

Das **Te Awamutu Museum** zeigt interessante Ausstellungen über die europäischen Siedler und die Landkriege, außerdem über die Finn-Brüder. Im Raum mit den Maori-Artefakten ist vor allem **Uenuku** bemerkenswert, eine 2,7 m hohe Darstellung einer Maori-Gottheit. Sie hat nur wenig mit anderen Schnitzarbeiten der Maori gemein, was für die These spricht, dass das Werk vor 1500 entstand.

ESSEN

Fahrenheit, 13 Roche St, 💻 www.fahrenheitrestaurant.co.nz. Einladendes Restaurant im Eingang eines ehemaligen Kinos aus dem Jahr 1915. Der Ethos „vom Feld auf den Tisch" sieht eine Speisekarte voller Fleisch und Gemüse aus der Region vor, die in Gerichten wie cremigem Pilzrisotto, Orangenhähnchen und klebrigem Dattelpudding eine große Wirkung erzielt. $$

Half & Half, 65 Sloane St, 💻 https://halfandhalf.co.nz. Schickes kleines Café im Eingang eines ehemaligen Kinos von 1915. Hier gibt es sensationelles, den ganzen Tag über serviertes Frühstück mit z. B. French Toast und Mittagsgerichte mit marokkanischen, mexikanischen und orientalischen Anklängen. Ein schöner kleiner Snack sind die Passionsfrucht-Macadamia-Makronen. $$

INFORMATIONEN UND TOUREN

i-SITE Visitor Centre, 1 Gorst Ave, 💻 www.teawamutuinfo.com. Infos sowie kostenlose Duschen. 🕒 Mo–Fr 9–17, Sa und So 10–16 Uhr.

Finn Tour. Fans der Finn-Brüder können anhand eines im i-SITE erhältlichen Büchleins einen Rundgang zu den für die Brüder prägenden Orten unternehmen – ziemlich unspektakulär.

TRANSPORT

Die **Busse** von InterCity halten am i-SITE Visitor Centre. BusIt-Busse verkehren nach HAMILTON (3–8x tgl., 1/2 Std.), 💻 www.busit.co.nz. Außerdem Busse nach OTOROHANGA (3x tgl., 1/2 Std.).

Raglan und Umgebung

Viele Urlauber bleiben weit länger als geplant in **Raglan**, 48 km westlich von Hamilton, am Südufer des großen, malerischen Naturhafens Whaingaroa Harbour. Das Städtchen wartet mit einer Künstlerszene und einer lockeren Surfergemeinde auf: Surfer zieht es nach Raglan, weil es hier mit die besten „Lefthander" der Welt gibt. Cafés, Restaurants, Surfshops und Boutiquen säumen die von Palmen beschattete **Bow Street**, an deren Westende der Hafen liegt. Von Spaziergängen an der Küste abgesehen bietet die Stadt kaum Attraktionen, sodass es die meisten Besucher gleich an die Surfstrände 8 km südlich zieht.

Dort sowie weiter südlich bei den **Bridal Veil Falls** bieten sich gute Wander- und Reitmöglichkeiten. Weite Ausblicke auf den Raglan Harbour und die Küste entlang eröffnen sich vom Gipfel des **Mount Karioi** (755 m), der über eine kurvenreiche Schotterstraße zu erreichen ist. Im Januar finden in Raglan das Musikfestival **Sound Splash**, 💻 www.soundsplash.co.nz, und das **Raglan Arts Weekend**, 💻 www.raglanartsweekend.nz, statt.

Geschichte

Den südlichen Horizont dominiert der **Mount Karioi**, nach der Maori-Legende das eigentliche Ziel des großen Wanderkanus Tainui. An der Hafeneinfahrt versperrte eine Sandbank den Weg, weshalb die Maori den Hafen Whangaroa („lange Reise") nannten. Um Verwechslungen mit einem gleichnamigen Ort zu vermeiden, wurde der Name in Whaingaroa geändert. 1855 dann wurde Whaingaroa nach einem tragischen britischen Helden des Krimkriegs in Raglan umgetauft.

Raglan Museum

15 Wainui Rd ▪ 🕒 tgl. 9.30–18.30 Uhr ▪ Eintritt ▪ 💻 www.raglanmuseum.co.nz

Über das i-SITE-Büro hat man Zugang zum **Raglan Museum** mit bescheidenen Ausstellungen zur Geschichte der Gegend. Für Surffans besonders interessant ist ein kurzer Film, in dem gezeigt wird, wie man in den 1970er-Jahren mit Computern die besten Tage für eine Fahrt an die Küste errechnen wollte.

Old School Arts Centre

Stewart St ▪ Mo–Fr 10–14 Uhr ▪ www.raglanartscentre.co.nz

Raglan beherbergt Dutzende Künstler und Galerien wie das **Old School Arts Centre**, das von der Künstlergemeinde der Stadt betrieben wird. Hier finden Ausstellungen und jeden zweiten Sonntag im Monat von 10 bis 14 Uhr ein interessanter **Markt** mit regionalen Erzeugnissen statt, www.raglanmarket.com. Außerdem zeigt das Arts Centre neue Filme (3. Wochenende im Monat), bietet zahlreiche Workshops und gibt die kostenlose Broschüre *Raglan Arts Trail* heraus, die in der Touristeninformation erhältlich ist.

Te Kopua und Ocean Beach

Der sicherste Badestrand ist **Te Kopua** mitten in der Stadt, zu erreichen über die Fußgängerbrücke am Ende der Bow Street oder per Auto über Wainui Road und Marine Parade. Der schwarze Sand sieht zwar nicht so ansprechend aus, aber dennoch ist der Strand beliebt; es gibt auch Grillplätze und einen Kinderspielplatz. **Ocean Beach**, unmittelbar außerhalb der Stadt an der Wainui Road auf dem Weg nach Whale Bay, bietet großartige Ausblicke auf die Fels- und Sandzunge, die die Hafeneinfahrt abschirmt, und ist ein hübscher Ort für ein Picknick. Aufgrund der starken Unterströmungen ist das Schwimmen hier gefährlich. Die berühmten **Surfstrände** liegen 8 km außerhalb der Stadt (s. Kasten S. 276).

Te Toto und Mount Karioi Track

Beide Wege beginnen 12 km südlich von Raglan an der Whaanga Rd ▪ **Te Toto** 2 km hin und zurück, 1 Std., 200 m Anstieg auf dem Rückweg ▪ **Karioi** 8 km hin und zurück, 5–6 Std., 650 m Anstieg, bei schlechtem Wetter nicht zu empfehlen

Die Möglichkeit für eine kurze Wanderung bietet der **Te Toto Track**, der von einem Parkplatz aus durch Küstenwald steil bergab zum grünen Ufer des Te Toto Stream führt. Von hier gelangt man anschließend recht einfach zum Steinstrand.

Am selben Parkplatz beginnt auch der sehr viel anstrengendere **Mount Karioi Track**. Er folgt einem Kammweg mit Manuka-Bäumen, in dessen Verlauf die Ausblicke auf die Küste immer beeindruckender werden. Nach einer Wanderung durch dichten Wald und einem kurzen Leiterabstieg gelangt man zum letzten steilen Aufstieg, der mithilfe von fest verankerten Ketten absolviert wird.

Bridal Veil Falls

20 km südöstlich von Raglan

Die **Bridal Veil Falls** verstecken sich mitten im dichten Wald; der Wasserfall ist von der Straße nach Kawhia ausgeschildert. Das Wasser der „Brautschleierfälle" stürzt eine 55 m hohe Felswand hinab in ein grün schimmerndes Becken. Vom Parkplatz sind es etwa zehn Minuten zum unteren Ende des Wasserfalls; für den Rückweg bergauf braucht man ungefähr doppelt so lange.

ÜBERNACHTUNG

Bow Street Studios, 1 Bow St, www.bowstreet.co.nz. Apartments mit Terrasse und Blick auf die Hafenbucht von der oberen Etage. Sehr durchdacht, geschmückt mit neuseeländischer Kunst. Außerdem hübsches Cottage von 1874 mit 2 Schlafzimmern. Apartments und Cottages. ❸

Harbour View Hotel, 14 Bow St, www.harbourviewhotel.co.nz. Das alte Stadthotel wartet mit Veranden zur Hauptstraße, netten Zimmern (u. a. preiswerten EZ für $60 und großen Familienzimmern für $115), Sportbar und Restaurant (s. „Essen") auf. ❷

Karioi Lodge, 5 Whaanga Rd, Whale Bay, www.karioilodge.co.nz. Das angenehme

Touren und Aktivitäten um Raglan

Tolle Wellen gibt es überall rund um Neuseeland, aber Raglan ist mit seinen perfekten Wellenlinien das Top-Surferziel des Landes. Für unerfahrene Surfer eignet sich am besten der **Ngarunui Beach**, 5 km südlich von Raglan, denn dort gibt es keine Felsbrocken im Uferbereich. Die interessantesten Brecher für Fortgeschrittene finden sich dagegen in der **Manu Bay** (Waireki) und **Whale Bay**, beide rund 8 km südlich der Stadt. Hier wurde in den 1960er-Jahren der Kult-Surffilm *The Endless Summer* gedreht.

Auch für Nicht-Surfer hat Raglan einiges zu bieten. So kann man z. B. per Kajak die **Pancake Rocks** auf der anderen Seite des Whaingaroa Harbour erkunden. Im Landesinneren bieten sich Möglichkeiten zu Reit- und Mountainbike-Ausflügen.

Surfen und Kitesurfen

Raglan Surfing School, Whale Bay, 💻 www.raglansurfingschool.co.nz. Die wichtigste Surfschule vor Ort. Unterschiedliche Kurse, u. a. Einweisung für Anfänger mit Softboards (3 Std., in der Gruppe und Einzelunterricht) sowie Ausrüstungsverleih.

Raglan Kayak & Paddleboard Jetty, Bow St, 💻 www.raglankayak.co.nz. Bietet Paddleboarding-, Kajakunterricht sowie Ausrüstungsverleih.

Erkundung der Hafenbucht

Raglan Backpackers, 💻 www.raglanbackpackers.co.nz. Hier kann man Kajaks und Paddleboards leihen und damit gleich beim Hostel loslegen und den Hafen erkunden. Interessant sind die Pancake Rocks auf der anderen Seite, leicht in 15–20 Min. zu erreichen.

Raglan Rock Climbing, 💻 www.raglanrock.com. Bietet Kajak-, Canyoning- und Meereshöhlenausflüge und -unterricht sowie einen Fahrradverleih.

Wahine Moe, Raglan Wharf, 💻 www.raglanboatcharters.co.nz. Schöne 2-stündige Sonnenuntergangsbootstouren über den Raglan Harbour. Inklusive Grillsandwich; Bar an Bord. 🕒 Dez–März Do–So.

Reiten

Extreme Horse Adventures, Ruapuke, 20 km südwestlich von Raglan, 💻 www.wildcoast.co.nz. Ausritte durch Waldgelände bis zum Ruapuke Beach.

Radfahren

Cyclery Raglan, 24b Stewart St, 💻 www.cycleryraglan.co.nz. In der Umgebung von Raglan finden sich tolle, teils recht anspruchsvolle Möglichkeiten zum Mountainbiken, und die Leute hier kennen sich bestens aus. Ihre Spezialität sind selbst geführte Touren inklusive Mountainbikeverleih: z. B. Round Mt Karioi (45 km), Sonnenuntergangsabfahrt Ruapuke Thunder oder 2-Tage-Tour zu Kalksteinhöhlen mit Übernachtung inkl. Frühstück in einer Cabin.

Hostel liegt tief versteckt im endemischen Küstenwald 8 km südwestlich von Raglan. 4er-Dorms und DZ, Wohnmobilplätze am Hang, Gemeinschaftsküche, Sauna, Fahrradverleih und Zugang zu Bergpfaden. Kostenlose Abholung aus Raglan. Betreibt auch die Raglan Surfing School. Camping, Dorms und DZ. ❶

Raglan Backpackers, 6 Nero St, 💻 www.raglanbackpackers.co.nz. Backpacker-Herberge im Stadtzentrum in 2 benachbarten Gebäuden direkt an der Hafenbucht. Kostenlose Nutzung von Kajaks, Fahrrädern, Golfschlägern, Angelausrüstung, Whirlpool und Sauna. Preiswerter Surfboardverleih (inkl. Brett, Neoprenanzug und Transport). Auch Surfunterricht. Dorm und DZ. ❶

Raglan Kopua Holiday Park, Marine Parade, www.raglanholidaypark.co.nz. Zentraler Campingplatz, manchmal etwas laut und überfüllt, mit unterschiedlichen Cabins. 1 km von der Stadt, aber auch direkt über eine Fußgängerbrücke zu erreichen. Günstige Lage bei Te Kopua, dem sichersten Badestrand der Bucht. ❶

Solscape Eco Retreat, Wainui Rd, Manu Bay, 6 km südlich von Raglan, www.solscape.co.nz. Wunderbar eigenwillige, YHA-assoziierte Unterkunft: Hier kann man auf einem Hügel mit Rundumblick in einem umgebauten Eisenbahnwaggon (einer *caboose*), in Erdkuppeln und sogar einem Tipi nächtigen. Sehr umweltfreundlich mit selbst gebauter Solar-Warmwasseranlage, solarbetriebenen LED-Leuchten und vegetarischer Küche im ausgezeichneten angeschlossenen Café/Restaurant. Außerdem Yogastudio, Surf-unterricht, kostenlose Abholung und verschiedene Kurse zu Umweltthemen. Camping und Übernachtung in Dorm, Bahnwaggon und Tipis. ❶

ESSEN

Zu Raglans besonderer Ausstrahlung tragen seine relaxten Cafés bei – ideal fürs Frühstück nach dem Surfen oder einfach zum entspannten Schmausen. Die meisten scharen sich um die Kreuzung der Bow Street mit der Wainui Road. Im Winter fallen die Öffnungszeiten wesentlich kürzer aus.

Harbour View Hotel, 14 Bow St, www.harbourviewhotel.co.nz. Zuverlässige Adresse für Kneipenkost wie Burger, Fish 'n' Chips, Nachos usw. sowie Steaks und kreativere Speisen wie Meeresfrüchte-Chowder und Schnapper in Kräuterkruste). Dazu gibt's gutes Bier. $$

Orca Restaurant & Bar, 2 Wallis St, www.orcaraglan.nz. Raglans bestes Restaurant bietet Brunch, Lunch, Snacks und hervorragende Abendgerichte wie 12 Std. marinierte Rinderbacke und geschmorten Schweinebauch. Die dazugehörige Bar hat eine Terrasse mit Blick auf die Hafenbucht. Regelmäßig Livebands. Bar je nach Andrang bis 1 Uhr. $$$

Raglan Roast, Volcom Lane, www.raglanroast.co.nz. Dieses winzige, nur tagsüber geöffnete Lokal in einem Gässchen im Zentrum hat ein paar Tische vor der Tür stehen. Sein umwerfender Kaffee wird im Haus geröstet. Kleine Auswahl an Gebäck und Keksen. $$

Raglan Roast Food Department, 45 Wainui Rd, www.raglanroast.co.nz. Auf der hübschen Terrasse dieses ungezwungenen Pizzalokals in der alten Molkerei kann man sich zu mehreren die großen, außergewöhnlichen Pizzas schmecken lassen. Auch zum Mitnehmen. $$

The Shack, 19 Bow St, www.theshackraglan.com. Moderne Café-Bar mit lockerem Flair, interessantem einheimischen Stammpublikum und einer Riesenauswahl an kreativen Brunch- und Lunchgerichten wie Avocado-Toast, Kichererbsen-Mais-Bratlingen und Zimtwaffeln. Auch Smoothies, Kaffee und alkoholische Getränke. 30 Min. kostenloses WLAN für Gäste. $$

UNTERHALTUNG

Mehrere Restaurants dienen zugleich als Kneipen: Typisches Pubflair verströmt das Harbour View Hotel, während die Bar des Orca Sportübertragungen, einen Billardtisch, unter der Woche eine Happy Hour (17–18.30 Uhr), am 1. Do des Monats eine offene Bühne und regelmäßig Livemusik bietet.

Yot Club, 9 Bow St, 07 825 8968. Hier tobt das Nachtleben von Raglan, mit Konzerten und DJs von Hip-Hop und Reggae bis zu Rock und Funk. Wer sich zu einem Event abholen lassen möchte, kann eine SMS an 02 1103 4156 senden.

SONSTIGES

Informationen

i-SITE, 13 Wainui Rd, www.raglan.org.nz. Hilft bei der Suche nach Unterkünften, auch Ferienhäuser und -wohnungen sind im Angebot.

🕒 Nov–April Mo–Sa 9.30–18, April–Nov Mo–Fr 9.30–16, Fr 10–17.30, Sa und So 10–16, So 9.30–17 Uhr.

Internet

In (und vor) der **Bibliothek**, 7 Bow St. 🕒 Mo–Fr 9.30–17, Sa 9.30–12.30 Uhr.

TRANSPORT

Vor dem i-SITE halten die **Busse** der BusIt-Linie 23 von und nach HAMILTON (2–4x tgl., 1 Std.), 💻 www.busit.co.nz. Im Sommer fahren einige Busse weiter nach MANU BAY.
Raglan Shuttle, 💻 www.raglanshuttle.co.nz, bietet einen Taxiservice (z. B. zum/vom Flughafen von Hamilton); am besten sagt man 24 Std. vorher Bescheid.

Kawhia

Museum, Kaora St

Das kleine Nest **Kawhia**, 55 km südlich von Raglan (und ähnlich weit entfernt vom südöstlich gelegenen Otorohanga) am Nordende des Naturhafens Kawhia Harbour, erwacht im Sommer aus seinem Schlummer, wenn sich zu seinen rund 600 Einwohnern über 4000 neuseeländische Urlauber gesellen. Sie streben zum **Ocean Beach**, wo die heißen Quellen **Te Puia Hot Springs** aus dem schwarzen Sand hervorblubbern. Heute ist Kawhia in ganz Neuseeland wegen der jährlich am 1. Januar stattfindenden **Walboot-Regatta** bekannt, bei der sich die 11 m langen Ruderboote mit je fünf Mann Besatzung spannende Rennen durch die Bucht liefern. Einzige weitere Sehenswürdigkeit ist das kleine **Kawhia Museum**.

Das Ortszentrum erstreckt sich entlang der Jervois Street. Hier gibt es eine Tankstelle und eine Handvoll Geschäfte, die gleichzeitig als Cafés fungieren.

Geschichte

Legenden berichten, wie die **Tainui** im Jahr 1350 in ihrem Ahnen-*waka* (Kanu) hier ankamen und sich für die nächsten 300 Jahre hier niederließen. Nach dauernden Angriffen der besser bewaffneten Waikato-Maori führte der Tainui-Häuptling Te Rauparaha sein Volk 1821 schließlich auf die relativ sichere Kapiti-Insel. Als das erste *waka* in Kawhia landete, wurde es an einem Pohutukawa-Baum festgebunden, der den Namen **Tangi te Korowhiti** erhielt. Er steht heute noch am Ufer in der Kaora Street, nicht weit von der Abzweigung der Moke Street (800 m westlich des Museums auf dem Gelände des Maketu Marae), und ist problemlos über einen am Wasser entlangführenden Fußweg zu erreichen. Das Tainui-Kanu selbst liegt unter einer grasbewachsenen Kuppe oberhalb des Versammlungshauses **Maketu Marae** vergraben, ein Stück weiter die Kaora Street hinauf am Karewa Beach. Die heiligen Steine *Hani* und *Puna* markieren Heck und Bug des Kanus.

Kawhia Museum

Ommitti St ▪ 🕒 Nov–März tgl. 11–16, April–Okt Mi–So 12–15 Uhr ▪ Eintritt frei ▪ 📞 07 8710 0161

In dem kleinen **Kawhia Museum** wird die reiche Maori-Kultur der Region wieder lebendig. Dafür sorgen beispielsweise gute Holzschnitzarbeiten, ein schöner moderner Umhang aus Neuseelandflachs und Federn sowie ein Kauri-Walboot aus den 1880er-Jahren. Es ist in demselben Gebäude wie die Touristeninformation untergebracht.

Te Puia Hot Springs

Nach 4 km an der Tainui-Kawhia Forest Rd

Vom Parkplatz am Ende der Straße führt ein Weg über die Dünen zum Meer. Es empfiehlt sich, eine Stunde vor oder nach Niedrigwasser herzukommen. Die Gezeiten können beim Museum oder in den Geschäften des Orts erfragt werden, ebenso die genaue Wegbeschreibung, denn es ist oft schwierig, die Quellen ausfindig zu machen, falls nicht schon andere Quellensucher flache Gruben ausgehoben haben. Vorsicht: Auf dem schwarzen Sand kann man sich leicht die nackten Füße verbrennen, und wegen der gefährlichen Brandungsrückströmung sollte man hier nicht schwimmen gehen!

ÜBERNACHTUNG UND ESSEN

Kawhia Camping Ground, 73 Moke St, 💻 www.kawhiacampingground.co.nz. Schattiger und recht einfacher Familienplatz, eine Querstraße vom Strand entfernt, mit rustikalen Cabins. Camping und Cabins. ❶

Kawhia Beachside S-cape, 225 Pouewe St (SH31), 🖳 www.kawhiabeachsidescape.co.nz. Campingplatz am Wasser, der auch Kajaks verleiht. Die Cabins sind mitunter ein wenig schmuddelig, aber die Cottages sind modern ausgestattet. Camping ❶, Cottages ❷ und Cabins ❸

Kawhias urtypischer Sattmacher sind Fish 'n' Chips von einem der **Imbisse** am Kai.

INFORMATIONEN

Im Kawhia Museum befindet sich ein kleines **Visitor Centre**, 🖳 www.kawhiaharbour.co.nz. Hier kann man sich auch nach Rundfahrten über die Hafenbucht erkundigen, die in den Sommermonaten angeboten werden. 🕒 Okt–März tgl. 11–16, April–Nov Mi–So 12–15 Uhr.

TRANSPORT

Es gibt keine öffentlichen Verkehrsmittel nach Kawhia – Besucher benötigen ein eigenes Fahrzeug.

King Country

Die Region landeinwärts von Kawhia und südlich von Hamilton wird **King Country** genannt, weil König Tawhiao und Mitglieder der **Königsbewegung** (s. Kasten) hier Zuflucht suchten, als sie während der Landkriege nach Süden vertrieben wurden. Schon bald fürchteten die

Die Königsbewegung

Bevor die Europäer kamen, galt die Loyalität der Maori ausschließlich ihrer Familie und dem eigenen Iwi. Doch angesichts zunehmender Streitereien mit landhungrigen europäischen Siedlern begruben viele Stämme ihre jahrhundertealten Fehden zugunsten eines gemeinsamen Vorgehens gegen die Pakeha. Der **Maori-Nationalismus** steigerte sich angesichts eklatant ungerechter Behandlung seitens der Pakeha und des zunehmenden Drucks, ihr Land zu „verkaufen". 1856 machten sich die einflussreichen Otaki-Maori auf die Suche nach einem Häuptling, der die ungleichen Iwi gegen die Europäer einen sollte. 1858 wählten die Waikato, die Taupo und einige andere, größtenteils vom Tainui-Kanu abstammende Iwi **Te Wherowhero** zu ihrem gemeinsamen Führer. Der neu gewählte König nahm den Titel **Potatau I.** an und errichtete seine Residenz in **Ngaruawahia**, bis heute das Zentrum der Königsbewegung.

Nach einer Landnahme bei Waitara in der Nähe von New Plymouth kam es schließlich zum bewaffneten Konflikt. Schon bald breiteten sich die **Kämpfe** über die gesamte Zentralregion der Nordinsel aus. Zunächst errangen die Truppen der Königsbewegung einen bemerkenswerten Sieg bei Gate Pa in der Bay of Plenty, wurden aber schließlich bei Te Ranga überwältigt.

Einige Maori-Iwi sahen in dem Krieg die Gelegenheit, alte Rechnungen zu begleichen, und schlugen sich auf die Seite der Engländer. In einer Reihe von Schlachten am Waikato River zwangen sie die Königstreuen immer weiter nach Süden und brachten ihnen schließlich 1864 bei Orakau eine vernichtende **Niederlage** bei. Der König zog sich mit seiner Gefolgschaft in eine Region südlich des Puniu River zurück, die deshalb später die Bezeichnung **King Country** erhielt. Dort lebten die Flüchtlinge praktisch ohne Kontakt zu Europäern, bis **König Tawhiao**, der 1860 die Thronfolge angetreten hatte, 1881 Frieden schloss.

Auch wenn sie keineswegs von der Gesamtheit der Maori unterstützt wird, spielt die lockere Koalition der Königsbewegung eine bedeutende Rolle bei der aktuellen Neubewertung der Beziehungen zwischen Maori und Pakeha.

Pakeha die Gegend als unwegsames Maori-Gebiet, dem Europäer lieber fernblieben. Doch die Ruhe in den Wäldern währte nicht lange: Nach dem Frieden von 1881 kamen Horden von Holzfällern.

Touristen interessieren sich vor allem für **Waitomo**, einen winzigen Ort inmitten einer dramatischen Karstlandschaft voller Kalksteinhöhlen, die Glühwürmchen mit Licht erfüllen. Nördlich von Waitomo liegt das kleine Milchwirtschaftszentrum **Otorohanga** mit einem Kiwi-Haus und allerlei „Kiwiana". Südlich von Waitomo kommt man nach **Te Kuiti**, das in den 1860er-Jahren den Maori-Rebellen Te Kooti aufnahm, der sich mit einem Versammlungshaus voll prachtvoller Schnitzereien revanchierte.

Von Te Kuiti führt der SH4 südwärts nach **Taumarunui**, das Zugang zum Whanganui River bietet und Ausgangspunkt des **Forgotten World Highway** ist (S. 385).

Otorohanga

Die rund 30 km südlich von Te Awamutu inmitten von Schafs- und Rinderweiden gelegene Stadt **Otorohanga** huldigt allem typisch Neuseeländischen mit Straßenschildern, die Kiwi-Motive tragen, und einer Reihe von Vitrinen mit „Kiwiana" am **Ed Hillary Walkway**, der neben der ANZ-Bank von der Maniapoto Street abzweigt. Einige Exponate sind auch in der Maniapoto Street zu finden.

Otorohanga Kiwi House

20 Alex Telfer Drive, abseits der Kakamutu Rd
▪ ⌚ Sep–Mai tgl. 9.30–16.30, Juni–Aug 9–16 Uhr; Kiwi-Fütterung tgl. um 10.30, 13.30 und 15.30 Uhr ▪ Eintritt ▪ 💻 www.kiwihouse.org.nz

Das **Otorohanga Kiwi House** ist eines der besten des Landes. Im schön angelegten Kiwi-Nachthaus erhalten die Besucher eine Einführung in die Lebensweise des menschenscheuen kleinen Laufvogels. Außengehege beherbergen fast alle in Neuseeland heimischen Vogelarten; viele davon sind in einer begehbaren Voliere untergebracht. Man kann auch einer Kiwi-Fütterung beiwohnen oder an einer Abenddämmerungstour teilnehmen.

ÜBERNACHTUNG UND ESSEN

Otorohanga Holiday Park, 20 Huiputea Drive, 💻 www.kiwiholidaypark.co.nz. Gut ausgestatteter Campingplatz im Ortszentrum mit TV-Lounge und Spielplatz. Buchung von Waitomo-Touren ist möglich. Camping ❶, Cabin ❷

Origin Coffee Station, 7 Wahanui Crescent, 💻 www.origincoffee.co.nz. Der beste Kaffee im Ort wird im alten Bahnhof von Otorohanga serviert; er stammt direkt aus Malawi, wo der Betreiber des Cafés einst Kaffee anbaute. Kleine Auswahl an Gebäck. $$

The Thirsty Weta, 57 Maniapoto St, 💻 www.theweta.co.nz. Hier hat man die besten Chancen auf ein Bier in der Sonne – oder man probiert eines der Gerichte wie Grünschal-Muscheln in Chili und Kokosnuss. Freitags Livemusik. $$

SONSTIGES

Informationen

i-SITE Visitor Centre, 27 Turongo St, 💻 www.otorohanga.co.nz. ⌚ Okt–April Mo–Fr 9–17, Sa 9–13, Mai–Sep Mo–Fr 9–17 Uhr.

Internet

Kostenloses WLAN bietet die **Bücherei** neben dem i-SITE.

TRANSPORT

Busse

InterCity, 💻 www.intercity.co.nz, Busse halten am SH3 im Ortszentrum.

Busse nach:
HAMILTON 3x tgl., 1 Std.; TE KUITI 1x tgl., 1/2 Std.; WAITOMO 1x tgl., 1/4 Std.

Eisenbahn

Der **Bahnhof** liegt am Wahanui Crescent im Ortszentrum.
Züge NATIONAL PARK (3x wöchentl., 2 1/4 Std.) und WELLINGTON (3x wöchentl., 9 Std.).

Waitomo

Rund 16 km südlich von Otorohanga und 8 km westlich vom SH3 liegt **Waitomo**, ein kleines Dorf mit weniger als 50 Einwohnern und großem Ruf für unvergessliche **Höhlenbesichtigungen** und grandiose Karstformationen. Der Name Waitomo bedeutet „Schacht, durch den Wasser eintritt". Der immer noch andauernde Prozess der **Höhlenbildung** geht auf das Zusammenspiel von Regenwasser und Kohlendioxid aus der Luft zurück, die zusammen eine schwache Säure bilden. Sie zerfrisst den Kalkstein und sorgt für Risse und Fugen. Im weiteren Verlauf dieses Prozesses bilden sich ganze Höhlen heraus. Alljährlich verschwinden auf diese Weise 70 m³ Kalkstein. Viele der Höhlen werden durch **Glühwürmchen** märchenhaft erleuchtet.

Besichtigung der Höhlen

Nur ein Bruchteil der insgesamt 45 km langen unterirdischen Passagen kann im Rahmen von **Führungen** besichtigt werden. Die Veranstalter pachten bestimmte Zugangswege von den Farmern; deshalb bietet jeder Veranstalter andere Höhlen an (s. Kasten S. 284).

Grundsätzlich kann es bei starken **Regenfällen** zu Stornierungen kommen, wenn der Wasserpegel zu sehr ansteigt. Das ist an etwa zehn Tagen im Jahr der Fall. Deshalb sollte man die Wetterprognose im Auge behalten und bei der Planung berücksichtigen.

Waitomo Caves Discovery Centre

Beim i-SITE, 21 Waitomo Caves Rd ▪ tgl. Ende Dez–Mitte Jan 8.30–18.45, Mitte Jan–Ende Feb 8.30–18, Ende Feb–Anfang April 8.45–17.30, Anfang April–Ende Okt 8.45–17, Ende Okt–Ende Dez 8.45–17.30 Uhr ▪ Eintritt, im Rahmen von vielen Höhlentouren frei oder ermäßigt ▪ www.waitomocaves.com

Zum Verständnis des Höhlenabenteuers empfiehlt sich ein Besuch im kleinen **Waitomo Caves Discovery Centre**. Es zeigt informative Ausstellungen zur Geologie und Geschichte der Höhlen, interaktive Präsentationen zum Lebenszyklus der Glühwürmchen und Höhlen-Wetas (Langfühlerschrecken) sowie auf Anfrage eine kostenlose 18-minütige Multimediashow. Wer Bedenken wegen enger unterirdischer Passagen hat, kann hier beim „Höhlenkriechen" sein Nervenkostüm (und seinen Hüftumfang) prüfen.

Waitomo Glowworm Caves

39 Waitomo Caves Rd ▪ tgl. 9–17 Uhr, plus Abendtouren im Sommer; 45-minütige Führungen jede halbe Stunde ▪ Eintritt; Kombitickets: mit Aranui-Höhle, mit Ruakuri-Höhle und/oder alle 3 Höhlen ▪ www.waitomo.com

Waitomos ursprüngliches Höhlenerlebnis sind die 500 m westlich des i-SITE gelegenen **Waitomo Glowworm Caves**. Sie locken mit befestigten Wegen, effektvoller Ausleuchtung der interessantesten Stalaktiten und Stalagmiten und einer Bootsfahrt durch eine Grotte, die vom gespenstisch blassgrünen Licht unzähliger Glühwürmchen erhellt wird. Der recht hohe Preis wird etwas günstiger, wenn man Kombitickets erwirbt, die auch für die Ruakkuri- und/oder Aranui-Höhle gelten. Wer mindestens 48 Stunden im Voraus online bucht, erhält außerdem 10 % Rabatt. Am wenigsten Andrang herrscht bei der jeweils ersten und letzten Tour des Tages.

Ruakuri- und Aranui-Höhle

Ruakuri Scenic Reserve, 3,5 km westlich des i-SITE ▪ **Ruakuri-Führungen** tgl. 9, 10, 11, 12.30, 13.30, 14.30 und 15.30 Uhr; 2 Std., davon 1 1/2 Std. unter der Erde, Eintritt ▪ **Aranui-Führungen** tgl. 9.30, 11, 13, 14.30 und 16 Uhr; 45 Min. ▪ www.waitomo.com

In die „Höhle der Hunde" (Ruakuri) gelangen Besucher durch einen riesigen, dramatisch beleuchteten Spalt. Der längste geführte Höhlenspaziergang in Waitomo folgt erhöhten Wegen, die spektakuläre, subtil beleuchtete Abschnitte miteinander verbinden. Dabei erläutern Guides den Entstehungsprozess der Höhlen und den Lebenszyklus der Glühwürmchen; angereichert wird das Ganze mit Maori-Legenden. An dieser Führung können auch Rollstuhlfahrer teilnehmen.

Beim Glowworm Caves Office gibt es auch Eintrittskarten für Führungen durch die **Aranui Cave**. Die Höhle ist zwar nur 250 m lang, mit ihren

WAIKATO UND COROMANDEL PENINSULA

hohen Decken und großartigen Stalaktiten und Stalagmiten aus geologischer Sicht aber sehr eindrucksvoll. Hier gibt's zwar keine Glühwürmchen zu sehen, dafür aber Höhlen-Wetas.

Spellbound

10 Waitomo Caves Rd ▪ Führungen Juli–Mai 10, 11, 14 und 15 Uhr; 3 Std. ▪ Eintritt ▪ 💻 www.glowworm.co.nz

Ein einfaches, aber eindrucksvolles Höhlenerlebnis bieten diese beiden Höhlen. Die Tour beginnt mit einer ruhigen Bootsfahrt auf einem unterirdischen Bach unter einem prächtigen Glühwürmchenhimmel. Die zweite Höhle beherbergt die schöneren Kalksteinformationen und ein Moa-Skelett.

Glühwürmchen

Sie sind in ganz Neuseeland anzutreffen, meistens in Höhlen, aber auch an dunklen und feuchten Felsüberhängen im Wald. Ihr Erkennungsmerkmal ist ein bläulich-grünes Glimmen in der Dunkelheit. Doch das neuseeländische Glühwürmchen *(Arachnocampa luminosa)* ist weder Wurm noch Käfer, sondern die etwa streichholzgroße **Larve einer Pilzmückenart**. An der Höhlendecke klebend produziert die Larve 20–30 Schleimfäden, die sie als klebrige „Angeln" ein paar Zentimeter herabhängen lässt. Angezogen von ihrem hocheffizienten chemischen Licht, verfangen sich andere Insekten in den Fäden und werden anschließend von dem „Glühwürmchen" verspeist.

Die sechs bis neun Monate dauernde Larvenphase ist die einzige Zeit im **Lebenszyklus** des Insekts, in der es Nahrung aufnehmen kann. Während der folgenden zweiwöchigen Puppenphase bildet es sich zur erwachsenen Pilzmücke heraus. Da die Insekten nur eine Lebenserwartung von ein paar Tagen haben, begibt sich das Weibchen in den dunklen Höhlen unverzüglich auf eine fieberhafte Partnersuche, bei der das schimmernde Licht Orientierungshilfe leistet. Nach der Befruchtung legt es um die 100 Eier ab, aus denen nach zwei bis drei Wochen neue „Glühwürmchen" schlüpfen, um den Zyklus von vorn zu beginnen.

Woodlyn Park

1177 Waitomo Valley Rd, 1 km nördlich von Waitomo ▪ Show tgl. gewöhnlich um 13.30 Uhr (nachfragen!; 1 Std.) ▪ Eintritt ▪ 💻 www.woodlynpark.co.nz

Bei starkem Regen, wenn man nicht in die Höhlen kann, bietet der **Woodlyn Park** eine Alternative: Eine Scheune wird hier zum Schauplatz für die unterhaltsame einstündige **Billy Black's Kiwi Culture Show**. Dabei wird ein schräger Blick auf die Geschichte von Holzfällerei und Landwirtschaft in Neuseeland geworfen, mit jeder Menge Publikumsbeteiligung z. B. beim Schafscheren und Holzhacken, immer gewürzt mit einer Prise Kiwi-Humor. Selbst wer normalerweise vor solchen Veranstaltungen zurückschreckt, sollte hier über seinen Schatten springen – es lohnt sich!

ÜBERNACHTUNG

Karte S. 283

Abseil Breakfast Inn, 709 Waitomo Caves Rd, 💻 www.abseilinn.co.nz. Gemütliches und stilvolles B&B 400 m östlich des Museums auf einer Anhöhe mit großartigem Ausblick von den 4 individuell eingerichteten Zimmern und der Grillterrasse. Herausragendes Frühstück. ❸

Juno Hall, 600 Waitomo Caves Rd, 1 km östlich von Waitomo, 💻 www.junowaitomo.co.nz. Gemütliches, gut ausgestattetes YHA-assoziiertes Hostel in einem Holzgebäude auf einem Hügel. Pool, Grillplatz, Tennisplatz und die Gelegenheit, Tierbabys von Hand zu füttern. Einige kostenlose Stellplätze. Dorms ❶, DZ ❷

Rap, Raft 'n' Rock, 95 Waitomo Caves Rd/SH37, 8 km östlich des i-SITE, 1 km von der Abzweigung vom SH3, 💻 www.blackwaterraftingwaitomo.co.nz. Die anheimelnde Backpacker-Herberge wird von einem Anbieter für Höhlen-Abenteuertouren betrieben. Bunt gestrichene Dorms für 10 Pers., gemütlicher Gemeinschaftsraum, Küche und Hof. Dorms ❶, DZ ❷

Te Tiro, 9 km westlich von Waitomo, 💻 www.waitomocavesnz.com. Schöne Selbstversorger-Cottages für bis zu 5 Pers. mit toller Aussicht und einer Glühwürmchen-Grotte.

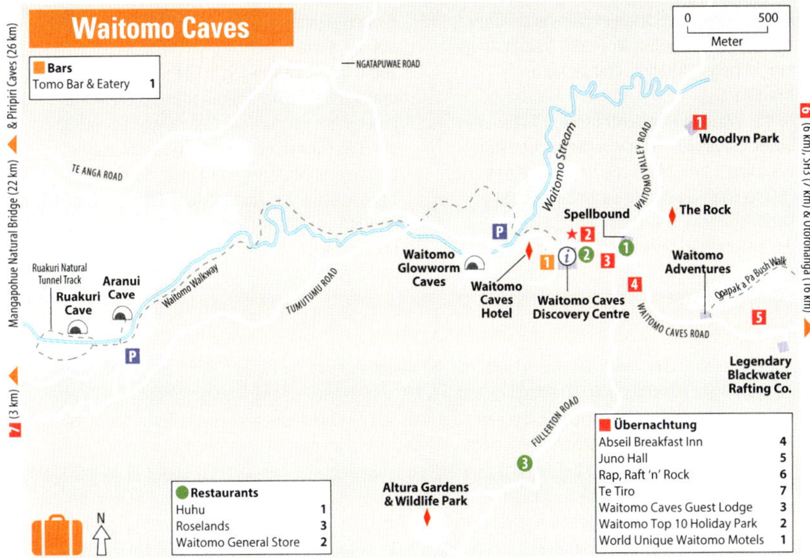

Frühstückszutaten sind im Preis inkl., aber darüber hinausgehende Verpflegung (Grill vorhanden) muss mitgebracht werden. ❷

Waitomo Caves Guest Lodge, 7 Te Anga Rd, 100 m östlich des Museums, 💻 www.waitomocavesguestlodge.co.nz. 8 preiswerte, komfortable Zimmer (einige in Cabins mit gutem Blick) an einem Hang mit schönem Garten. Es gibt keine Küche, aber die Gäste können Mikrowelle und Kühlschrank nutzen. ❷

Waitomo Top 10 Holiday Park, 12 Waitomo Caves Rd, 💻 www.waitomopark.co.nz. Gut ausgestatteter Campingplatz mitten im Ort mit zahlreichen recht neuen Cabins mit unterschiedlichem Komfort, Pool und sogar Whirlpool. Camping ❶, Cabins ❷

World Unique Waitomo Motels, 1177 Waitomo Valley Rd, 1 km nördlich, 💻 www.woodlynpark.co.nz. Geniale Unterkunft auf dem Gelände von Billy Black's Kiwi Culture Show (S. 282). Die Gäste nächtigen in einem ausrangierten Bristol-Frachtflugzeug mit zwei komfortablen Units für Selbstversorger, einem Eisenbahnwaggon von 1914 mit einer 3-Zimmer-Unit, zwei „Hobbithöhlen" im Berghang mit runden Eingängen oder einem umgebauten Patrouillenboot aus dem Zweiten Weltkrieg. Für die Monate Dez–Feb sollte man mindestens einen Monat im Voraus reservieren. Wohnmobile, die über eine eigene Toilette verfügen, können hier übrigens kostenlos parken. ❸

ESSEN UND UNTERHALTUNG

Karte s. oben

Huhu, 10 Waitomo Caves Rd, 💻 www.huhucafe.co.nz. Feinste Küche in einem Café mit einer kurzen Mittagskarte wie Suppe mit *rewana* (weichem Maori-Brot) mit Kräuterbutter und Abendgerichten wie Schweinlende in Speck; am Abend sollte man einen Tisch vorab reservieren. King Country Brewing Company-Bier gibt's vom Fass und weitere Biere aus der Gegend unten in der Kneipe. $$

Roselands, 579 Fullerton Rd, 3 km südlich vom i-SITE, 💻 www.roselandsresortwaitomo.com.nz. Fisch oder Fleisch (nach vorheriger Absprache auch vegetarische Alternativen) brutzeln auf dem Terrassengrill dieses

Restaurants mit Garten in wunderschöner Hanglage, außerdem Vor- und Nachmittagstee. Mittags-/Abendbuffet zu fairen Preisen. $$$

Waitomo General Store, 15 Waitomo Caves Rd, www.thegeneralstore waitomo.co.nz. Moderne Variante eines klassischen Gemischtwarenladens mit Lebensmitteln, Bio-Fleisch und Eiscreme, dazu stehen exzellenter Kaffee, leckere Pasteten und verschiedene Frühstücksgerichte auf der Karte. $$

Tomo Bar & Eatery , School Rd, www.thetomobar.co.nz. Früher oder später landet jeder in diesem urtümlichen Kiwi-Pub, um sich ein Gläschen in geselliger Runde oder eine preiswerte Mahlzeit wie Steak, Seafood, Burger & Co. zu gönnen. King-Country-Biere werden vor Ort gebraut. Gelegentlich gibt's Livemusik.

Veranstalter von Abenteuer-Höhlentouren

In Waitomo locken viele Adrenalin treibende **Höhlenabenteuer**, für die vor allem von November bis Januar eine Reservierung unbedingt ratsam ist. Bei den meisten dieser Touren werden die Teilnehmer mit Neoprenanzug, Spezialhelm samt Stirnlampe und Gummistiefeln ausstaffiert. Kinder unter zwölf Jahren (oder unter einem bestimmten Mindestgewicht) sind bei den Abenteuertouren normalerweise nicht zugelassen; bei den riskanteren Touren beträgt das Mindestalter sogar 16 Jahre. Einige Höhlen sind nur durch **Abseilen** zugänglich. Bei manchen Touren wird auch **Cave Tubing** („Blackwater-Rafting") geboten. Dabei treiben die Teilnehmer, in einen Gummiring gezwängt, gemächlich (meistens jedenfalls) durch einen stockfinsteren Höhlenabschnitt und können zu den Glühwürmchen-Galaxien an der Höhlendecke aufschauen.

The Legendary Black Water Rafting Co., 585 Waitomo Caves Rd, www.waitomo.com. Bietet unterschiedliche Touren in die Ruakuri Cave: Black Labyrinth (3 Std., 1 Std. unter der Erde) beinhaltet zwei kleine Sprünge von einem unterirdischen Wasserfall und eine idyllische Floßfahrt durch eine Glühwürmchenhöhle. Zur etwas abenteuerlicheren Variante Black Abyss (5 Std., 2–3 Std. unter der Erde) gehören zudem ein 35-m-Seilabstieg, eine unheimliche Seilrutschpartie in die Dunkelheit und eine spannende Kletterpartie zwei kurze Wasserfälle hinauf zurück zur Oberfläche. Wer nicht nass werden, aber auf Adrenalin nicht verzichten möchte, kommt bei der Black Odyssey Tour (5 Std.) auf seine Kosten; hier geht es an Hochseilen und Seilrutschen durch die Höhlen – nur etwas für Schwindelfreie.

Rap, Raft 'n' Rock, 95 Waitomo Caves Rd/SH37, 8 km östlich des i-SITE und 1 km von der Abzweigung vom SH3, www.blackwaterraftingwaitomo.co.nz. Die Kleingruppen-Touren (5 Std.) beginnen mit einem Seilabstieg aus 27 m Höhe in eine Glühwürmchenhöhle, die dann teils zu Fuß, teils im Autoreifen treibend erkundet wird. Den Abschluss bildet eine Felskletterpartie zurück zum Ausgangspunkt der Tour.

Waitomo Adventures, Waitomo Caves Rd, www.waitomo.co.nz. Der professionelle Veranstalter bietet fünf verschiedene Touren an. Besonders beliebt ist die Lost-World-Tour (4 Std.), eine nervenkitzelnde Abseilaktion 100 m tief in einen farnüberwucherten Felsschlund hinab, gefolgt von einem relativ trockenen Höhlengang, bevor es über eine scheinbar endlose Leiter wieder nach oben geht. Besonders passionierte Höhlenforscher sollten sich Lost World Epic (7 Std., inkl. Mittagessen im Untergrund und Grill-Abendessen an der Oberfläche) vormerken: Nach dem Abseilen folgt eine mehrstündige „Feuchtwanderung" flussaufwärts durch Engstellen und hinter einem kleinen Wasserfall entlang zu einer funkelnden Glühwürmchengrotte. Außerdem gibt es noch einen Cave-Tubing-Trip ohne Abseilen (4 Std.), die Abseil-Aktivtour Haggas Honking Holes (4 Std.) sowie St Benedict's Caverns (3 1/2 Std.), eine Trockentour mit Abseilen und einer Seilrutsche. Wer mehr als zwölf Stunden im Voraus bucht, spart jeweils 20 %.

SONSTIGES

i-SITE Visitor Centre, 21 Waitomo Caves Rd, im Waitomo Caves Discovery Centre (S. 281). Das überaus informative Centre ist Buchungsstelle für Höhlentouren, Zug- und Bustickets, fungiert als **Postamt** und bietet **Internetzugang**. Hier ist auch die kostenlose Karte *Waitomo Caves* erhältlich, auf der auch Wanderungen in der Gegend verzeichnet sind.
Es gibt in Waitomo einen Geldautomaten, aber keine Banken, Tankstellen oder Supermärkte. Die nächsten Einrichtungen dieser Art sind in Otorohanga und Te Kuiti.

TRANSPORT

Busse

Die InterCity-Busse halten in OTOROHANGA, 15 km entfernt. Von dort befördert der **Waitomo Shuttle**, ✆ 0800 808 279, Besucher nach Waitomo (vorab buchen!).
Die **Great-Sights-Busse** von InterCity auf der Strecke Auckland–Rotorua halten tgl. in Waitomo, ebenso die Busse von **Waitomo Wanderer**, ✆ 800 000 4321, 💻 www.travelheadfirst.com, aus Rotorua (nach vorheriger Buchung auch aus Taupo). Bustickets sind im i-SITE erhältlich.

Busse nach:
AUCKLAND zumeist 3x tgl., 3 Std.;
OTOROHANGA 1x tgl., 15 Min.;
ROTORUA 1x tgl., 2 1/2 Std.

Eisenbahn

Der nächste **Bahnhof** ist in Otorohanga. Tickets gibt's im i-SITE.

Mangapohue Natural Bridge

Te Anga Rd, 24 km westlich von Waitomo

Die schönste kostenlose Kalkstein-Attraktion der Gegend ist die **Mangapohue Natural Bridge**, zu erreichen über einen einfachen, viertelstündigen Rundwanderweg. Es handelt sich um die Reste einer eingestürzten Höhlendecke, die jetzt einen Doppelbogen über einer engen Kalksteinschlucht bilden. Besonders eindrucksvoll wirkt das bei Dunkelheit, wenn Glühwürmchen an der Unterseite der Bögen glimmen. Bei Tageslicht ist es interessant, hinter der Brücke noch weiter zu gehen: Der Weg führt durch Weideland an rund 35 Mio. Jahre alten Fossilien von Riesenaustern vorbei.

Piripiri Caves und Marakopa Falls

Te Anga Rd, 4 km westlich der Mangapohue Natural Bridge

Ein fünfminütiger Weg führt durch einen Wald voller verwitterter Kalksteinfelsen zu den **Piripiri Caves**. Im Oyster Room im Innern der Höhle braucht man eine anständige Taschenlampe (und eine zweite für den Notfall), um versteinerte Riesenaustern zu besichtigen. Glühwürmchen gibt es hier allerdings nicht. Rund 1 km von hier führt ein weiterer Wanderweg (15 Min. hin und zurück) durch einen Dschungel aus Tawa-, Pukatea- und Kohekohe-Bäumen zu einem der spektakulärsten Wasserfälle der Region, den mehrstufigen, 30 m hohen **Marokopa Falls**.

Te Kuiti

Te Kuiti, die „Schererhauptstadt der Welt", 19 km südlich von Waitomo, begrüßt Besucher mit der 7 m hohen Statue eines Schafscherers am Südende der Rora Street. Ende März oder Anfang April finden hier die neuseeländischen **Shearing and Wool Handling Championships** statt. Genauere Infos gibt das i-SITE Visitor Centre, Rora St, 💻 www.waitomo.govt.nz; ⌚ Mo–Fr 9–17, Sa und So 10–14 Uhr.

Am Südende der Rora Street steht an der Awakino Road das **Versammlungshaus** Te Tokanganui-a-noho mit prächtigen Schnitzereien. Der Maori-Rebell Te Kooti hinterließ es im 19. Jh. als Dankeschön für die ihm gewährte Zuflucht.

Die mit Abstand beste Adresse zum Essen in Te Kuiti (und die Anreise von Waitomo wert) ist das hippe, nur tagsüber geöffnete **Bosco Café**, 57 Te Kumi Rd (SH3), 1 km nördlich des Ortszentrums, mit gutem Kaffee, Smoothies, Pasteten und diversen Frühstücks- und Mittagsgerichten. ❷

Mokau und Umgebung

Südwestlich von Te Kuiti läuft der **SH3** schnurstracks auf die Küste der Tasmansee zu. Er passiert den kleinen Fischerort **Mokau**, wo von Mitte August bis November große Schwärme winziger Jungfische gefangen und in den örtlichen Cafés als delikate *whitebait* aufgetischt werden. Anschließend windet er sich durch kleine Dörfer, die zwischen den Stränden und den Höhenzügen des Landesinneren liegen. Hauptattraktion für Besucher dieser Region ist der wunderbare **Whitecliffs Walkway**. Schließlich öffnet sich die Landschaft und geht in die **Taranaki Plains** gleich nördlich von New Plymouth über.

48 km südlich von Mokau sorgt eine ausgezeichnete Kleinstbrauerei von internationalem Renommee für Erfrischung: **Mike's Organic Brewery**, 487 Mokau Rd (SH3), 💻 www.mikesbeer.co.nz, braut acht Bio-Biere unter Verwendung von Regenwasser. Die Biere kann man zum Mitnehmen kaufen oder im Garten ein Probierset trinken.

Whitecliffs Walkway

47 km südlich von Mokau; Beginn an der Pukearuhe Rd, abseits des SH3, 11 km nordwestlich von Mimi
▪ 5 km hin und zurück, 4–7 Std., flach

Diese Wanderung ist zwar als vier- bis siebenstündige Schleife über die Hügel und zurück am Strand gedacht. Doch der wirklich spannende Teil ist der Strandabschnitt, der hier beschrieben ist. Los geht's an der steilen Pukearuhe-Bootsrampe, dann vorbei an hohen Sandsteinklippen und weiter am Strand entlang Richtung Norden. Unterwegs warten Steinfelder und die eine oder andere Bachüberquerung, bis man zum **Te Horo Stock Tunnel** gelangt; die 80 m lange Passage wurde in den 1870er-Jahren durch den Fels gebohrt, damit das Vieh am Strand entlanggetrieben werden konnte. Der Tunnel ist offiziell gesperrt, soll jedoch in Zukunft wieder instandgesetzt werden. Zurück geht's über den Strand, oder man folgt den Walkway-Schildern über die Hügel. Wer den ganzen Rundweg gehen möchte, sollte zwei Stunden vor Niedrigwasser starten.

Taumarunui

Taumarunui, 83 km südlich von Te Kuiti am Zusammenfluss von Ongarue und Whanganui, wurde erst spät von Europäern besiedelt: Sie trafen ab 1908 in größerer Zahl ein, nachdem die Eisenbahn bis hierher vorgedrungen war. Nach dem Ende des Holzbooms in den 1990er-Jahren ging es mit dem Ort jedoch bergab. Aber er liegt am nördlichen Ende des Forgotten World Highway (mit dazugehörigem Radweg) und ist Ausgangspunkt für Kanutrips auf dem Whanganui River (S. 395).

Raurimu Spiral

37 km südlich von Taumarunui von einem ausgeschilderten Aussichtspunkt am SH4 zu sehen

Es hatte sich als schwierig erwiesen, für die vom Tongariro National Park kommende Eisenbahn auf dem steilen Abstieg Richtung Norden nach Taumarunui eine geeignete Streckenführung zu finden. Bauinspektor R. W. Holmes ersann schließlich die ausgeklügelte **Raurimu Spiral**, eine bautechnische Leistung, bei der Brücken und Tunnel so kombiniert wurden, dass sich die Trasse spiralförmig nach unten windet. Inzwischen halten leider keine Züge mehr in Taumarunui.

ÜBERNACHTUNG UND ESSEN

Jasmine's Thai Café, 43 Hakiaha St (SH4), ✆ 07 895 5822. Wem der Sinn nach Gewürzen steht, sollte dieses tolle Thai-Restaurant ansteuern: Hier gibt's alle möglichen Currys. $$

Taumarunui Holiday Park, SH4 3 km östlich, 💻 www.taumarunuiholidaypark.co.nz. Kleiner, gut geführter Platz zwischen dem Whanganui River und einem Wäldchen am Beginn des am Fluss verlaufenden Mananui Walkway (3 km). Einfache holzvertäfelte

Cabins, Selbstversorger-Cottage für 7 Pers. und ein schöner Kinderspielplatz. Camping ❶, Cabins ❷

INFORMATIONEN

i-SITE, am Bahnhof, ✆ 07 895 7494. Besitzt ein Bahnmodell der Raurimu Spiral, Internetzugang und verkauft Hütten- und Campingpässe für den Whanganui National Park. ⌚ tgl. 8.30–17 Uhr.

TRANSPORT

Busse halten vor dem Bahnhof in der Hakiaha Street.

Busse nach:
HAMILTON 1x tgl., 2 3/4 Std.;
NATIONAL PARK 1x tgl., 1/2 Std.;
TE KUITI 1x tgl., 1 Std.;
WANGANUI 1x tgl., 2 3/4 Std.

Die Hauraki Plains

Nördlich von Hamilton und südwestlich der Coromandel Peninsula erstrecken sich die fruchtbaren **Hauraki Plains**, ein in Farmgelände verwandeltes ehemaliges Sumpfgebiet. Seine Nordgrenze bildet der Firth of Thames, dem mehrere andere Flüsse zustreben.

Der Verkehrsknotenpunkt der Plains ist **Paeroa**. Es hat nicht viel zu bieten, ist aber ein guter Ausgangspunkt für Wanderungen in der majestätischen **Karangahake Gorge**, die fast bis Waihi reicht. Das wahre Kleinod der Gegend ist jedoch die edwardianische Kurstadt **Te Aroha** am südlichen Ende der Hauraki Plains. Von hier empfiehlt sich eine Besteigung des Mount Te Aroha. Zurück im Ort, kann man in den Thermalquellen entspannen.

Paeroa

Paeroa, 73 km nordöstlich von Hamilton, ist den Neuseeländern als Geburtsort von **Lemon and Paeroa** (L&P) ein Begriff. Dieses legendäre Erfrischungsgetränk auf der Basis einheimischen Mineralwassers trat 1907 seinen Siegeszug an. Inzwischen wird der Drink jedoch von Coca-Cola produziert. Das L&P-Logo prangt auf unzähligen Ladenfassaden überall in der Stadt, und die und eine gigantische braune L&P-Flasche zieren denkmalsgleich die Kreuzung von SH2 und SH26.

ESSEN

L&P Café, Bar & Brasserie, SH2, Ecke Seymour St, 💻 www.lpcafe.co.nz. Dieses Café hat Eiscreme mit L&P-Geschmack und teils kunstvoll präsentierte Frühstücks-, Mittags- und Abendgerichte, wie z. B. gute Burger, Salate und Hauptgerichte, z. B. Schweinsrippchen. $

INFORMATIONEN

Paeroa Information Hub, 101 Normanby Rd, ✆ 07 862 8636. ⌚ Mo–Fr 8.30–16, Sa 9–16, So 9–15 Uhr.

TRANSPORT

Busse von InterCity auf der Strecke Auckland–Tauranga halten vor dem Information Centre.
BusIt, 💻 www.busit.co.nz, verkehrt zwischen Hamilton und Paeroa via Te Aroha und fährt von Coromandel nach Hamilton via Thames, Paeroa und Te Aroha.

Busse nach:
AUCKLAND 3x tgl., 2 1/2 Std.;
HAMILTON 2x tgl., 1 1/2 Std.;
TE AROHA 1x tgl., 20 Min.;
THAMES 3x tgl., 1/2 Std.

Karangahake Gorge

In der 8 km östlich von Paeroa am SH2 gelegenen **Karangahake Gorge** setzte 1875 Coromandels erster Goldrausch ein. Heute ist schwer vorstellbar, dass es an diesem friedlichen Ort um die Wende zum 20. Jh. hoch herging. Durch die steilwandige Schlucht schlängelt sich der SH2 entlang dem Ohinemuri River bis Waihi.

Die größte (aber immer noch winzige) Ortschaft ist **Karangahake**, wo bei einem Parkplatz mehrere hervorragende **Wanderpfade** abgehen. Sie führen an Flüssen entlang und vorbei an alten Goldminenruinen. Die unterschiedlichen Routen (von 20 Min. bis zu einigen Stunden) sind ausführlich in der DOC-Broschüre *Karangahake Gorge* beschrieben. Ein Stück weiter liegt das winzige **Waikino**, der westliche Endbahnhof der Goldfields Railway (S. 312).

Karangahake Tunnel Loop Walk

3 km; 45 Min.; überwiegend flach

In Karangahake gelangt man über eine Fußgänger-Hängebrücke über den Fluss zu einem **Rundweg**, der am Ohinemuri River flussaufwärts führt. Unterwegs passiert man die Überreste alter Goldminen und Waldgebiete, und in der Schlucht hangelt sich der Pfad spektakulär an den Felsen entlang. Das Ende des Rundgangs ist erreicht, wenn man den Fluss über- und einen 1 km langen Tunnel (ausreichend beleuchtet) teilweise durchquert hat.

Karangahake Gorge Historic Walkway

Der **Karangahake Gorge Historic Walkway** verläuft 7 km an einer ausrangierten Bahnlinie entlang und führt durch die gesamte Schlucht nach Osten bis zum Waikino Station Café. Einen Abschnitt teilt er sich mit dem Karangahake Tunnel Loop Walk. Er ist Teil des National Cycle Network und des Hauraki Rail Trail, 💻 www.haurakirailtrail.co.nz.

Victoria Battery

Am östlichen Ende der Karangahake Gorge liegen die Überreste der **Victoria Battery**. Von 1897 bis 1952 wurde hier das in der Region gewonnene Golderz verarbeitet. Zweitweise war es die größte Anlage dieser Art in Australasien. Erklärungen zu den mysteriösen Zementfundamenten sind Infotafeln zu entnehmen. Am Mittwoch und Sonntag sowie an Feiertagen verkehrt eine Straßenbahn zwischen 10 und 15 Uhr, und auf dem Hügel gibt es ein Museum, 💻 www.vbts.org.nz. Auf Wunsch setzen die Mitarbeiter gern die Stampfmaschinen in Gang.

ÜBERNACHTUNG UND ESSEN

The Falls Retreat, 25 Waitawheta Rd, gegenüber den Owharoa Falls, 💻 www.fallsretreat.co.nz. Das ruhige, hübsche Café und Restaurant mit schattigen Tischen im Freien und einem rustikalen Innenraum hat leckere Holzofenpizza, aber auch Hauptgerichte wie Porchetta. Die Eigentümer vermieten außerdem 2 idyllische Cottages für Selbstversorger. ❸

Aviator Café & Experience, abseits Highway 2, Mackaytown, 💻 www.theaviator.co.nz. Neben der einmaligen Gelegenheit, in einem realistischen Spitfire-Flugsimulator zu sitzen, bietet sich hier die Chance, bei einem frisch gebrühten Kaffee und einem deftigen Wurstbrötchen zu entspannen und dabei die Aussicht über die Schlucht zu genießen. $

Waikino Station Café, SH2, 13 km östlich von Paeroa, ✆ 07 863 8640. Der Originalbahnhof Waikino (wird immer noch von der Goldfields Railway aus Waihi angefahren) bildet eine wundervolle Kulisse für dieses einladende Café, wo im Winter gemütlich ein Feuer im Kamin prasselt. Frühstück, Sandwiches und Burger, Kaffee und Kuchen. Wenn nicht viel los ist, schließt das Café manchmal frühzeitig. $$

Te Aroha

Am Rande der Hauraki Plains, 21 km südlich von Paeroa, liegt die Kleinstadt **Te Aroha**, die für das einzige edwardianische Kurbad Neuseelands bekannt ist. Der kleine, gepflegte Ort schmiegt sich an die bewaldeten Hänge des **Kaimai Mamaku Forest Park**. Überragt wird das einladende Fleckchen Erde vom 954 m hohen **Mount Te Aroha**, einem beliebten Ziel für Wanderer. Das Städtchen ist eine gute Ausgangsbasis für den entspannten Hauraki Rail Trail.

Einrichtungen von Interesse – beispielsweise Banken, Post, Bücherei – liegen an oder in der Nähe der Whitaker Street. Das altmodische Flair des Ortes wird noch verstärkt durch eine alte Luftschutzsirene, die täglich um 8, 13 (im Winter 12) und 17 Uhr heult. Manche Leute im Ort richten bis heute ihren Tagesablauf danach aus.

Geschichte

Die Stadt wurde 1880 am äußersten schiffbaren Abschnitt des Waihou River gegründet. In dem darauffolgenden Jahr fand man reiche Goldvorkommen am Mount Te Aroha, was einen enormen **Goldrausch** auslöste, der bis 1921 andauerte. Innerhalb weniger Monate nach Gründung des Ortes errichtete die Bevölkerung um eine Gruppe von heißen Sodaquellen die attraktive **Hot Springs Domain**, ein etwa 18 ha großes Areal aus Rasenflächen und Rosenrabatten – bereits zehn Jahre später Neuseelands beliebtester Mineralbadkomplex. Inzwischen hat man das schöne Ensemble der Originalgebäude liebevoll restauriert und durch modernere, aus den Quellen und dem nahe gelegenen **Mokena Geysir** gespeiste Badebecken ergänzt.

Te Aroha Mineral Spas

Hot Springs Domain ▪ 🕒 Mo–Do und So 10.30–21, Fr und Sa bis 22 Uhr ▪ Eintritt für 30 Min., mind. 2 Pers.; Reservierung erforderlich ▪ 💻 www.tearohamineralspas.co.nz

Im Mittelpunkt von Te Aroha stehen die **Mineral Spas**. Dort wird das seidenweiche Mineralwasser des Mokena Geyser in kleine Badebecken geleitet. Die Temperatur liegt bei 40 °C, ist aber regulierbar. Wer sich eine Aromatherapie gönnen möchte, nimmt eine freistehende Kingsize-Badewanne, in die ein paar Tropfen Badeöl gegeben werden. Klares, sprudelndes Badewasser gibt es in den sechs Holzwannen mit Platz für acht Personen. Das alkalische Wasser soll z. B. gegen Arthritis helfen und dem Körper auch schädliche Schwermetalle entziehen. Weil die Hitze aber auch Nebenwirkungen (Schwindel etc.) haben kann, darf man nicht allein baden. Es sind auch verschiedene Wellness- und Massagebehandlungen im Angebot.

Swim Zone Te Aroha

Hot Springs Domain ▪ 🕒 Mo–Fr 10–17.45, Sa und So bis 18.45 Uhr ▪ Eintritt ▪ Spa-Pool 🕒 Mo und Mi–So 11–16 Uhr ▪ Eintritt ▪ 💻 www.tearohaleisurepools.co.nz

Eher an ein Freibad für die ganze Familie erinnert die **Swim Zone Te Aroha** mit ganz normalem, gechlortem Wasser. Ungefähr 32 °C herrschen in dem 20 m langen Hauptbecken, rund 38 °C im Spa. Außerdem gibt es ein 32 °C warmes Kinderbecken und in der Nähe ein kostenloses, 36 °C warmes Fußmassage-Spa – herrlich nach einer Wanderung auf den Mount Te Aroha.

Mokena Geyser

Hot Springs Domain

Am Hang hinter den Mokena Spa Baths liegt der launenhafte **Mokena Geysir**, angeblich der einzige heiße Sodageysir der Welt. An guten Tagen schießt sein Strahl etwa alle 40 Minuten bis zu 4 m hoch. Weil er die Kurbäder versorgen muss, kann er sich nicht immer zu Höchstleistungen aufschwingen – die beste Zeit, um ihn in Aktion zu erleben, ist zwischen 12 und 14 Uhr. Ein Kaffee oder ein Buch helfen über die Wartezeit.

Te Aroha and District Museum

102 Whitaker St ▪ 🕒 tgl. Nov–Ostermontag 11–16, sonst 12–15 Uhr ▪ Eintritt ▪ 💻 www.tearoha-museum.com

In einem alten Sanatorium direkt unterhalb der Kuranlage vor dem Krocketrasen ist das städtische **Museum** untergebracht. Zu den zahlreichen Ausstellungsstücken gehören u. a. zwei wunderschön verzierte viktorianische Royal-Doulton-Waschschüsseln, eine chemische Analyse des örtlichen Heilwassers und Überreste des Kraftwerks in Pelton.

Mount Te Aroha

Unmittelbar östlich der Hot Springs Domain

In dem Städtchen an den Bergausläufern beginnt ein Weg zum Gipfel des **Mount Te Aroha**, welcher der Sage nach vom jungen Arawa-Häuptling Kahumatamomoe getauft wurde. Dieser hatte sich im weiten Sumpfgebiet verirrt, als er sich auf dem Heimweg nach Maketu in der Bay of Plenty befand. Kahumatamomoe erklomm den Berg, erspähte von oben die vertraute Uferlinie und nannte den Gipfel zu Ehren seines Vaters und seiner Verwandten Te Aroha („Liebe"). Es gibt viele neue Mountainbike-Wege, aber auch genügend Spazierwege, die Betätigungsmöglichkeiten für mindestens einen Tag bieten;

auf dem Bald Spur Track und dem Summit Track macht das Wandern am meisten Spaß.

Bald Spur Track

Hin und zurück 3 km; 1 1/2 Std.;
900 m Höhenunterschied

Die lohnendste Kurzwanderung ist der Auf- und Abstieg von der Hot Springs Domain. Sie führt durch eine idyllische *puriri-* und Farnsenke und dann steil bergauf zu einer Bank und einem Aussichtspunkt namens Whakapipi oder **Bald Spur**. Mit seiner tollen Aussicht über die Stadt und die Felder ringsum eignet sich der Ort besonders gut für einen Besuch vor dem Frühstück oder vor Sonnenuntergang.

Summit Track

Hin und zurück 8 km; 4–6 Std.;
900 m Höhenunterschied

Dieser relativ anstrengende Anstieg ist die Fortsetzung des Bald Spur Track. Der Weg bis zum Kaimai-Mamaku Forest Park ist recht steil, wird aber noch anspruchsvoller, bevor der Fernsehturm auf dem Gipfel erreicht ist. Als Belohnung wartet an klaren Tagen ein wundervoller Rundumblick, der bis Ruapehu und Taranaki reicht. Man kann auf gleichem Weg zurückkehren oder den längeren **Tui Mine Track** (weitere 1–2 Std.) nehmen.

ÜBERNACHTUNG

Aroha Mountain Lodge, 5 Boundary St, www.arohamountainlodge.co.nz. 2 Bungalows mit gut ausgestatteten Zimmern neben der Hot Springs Domain und die limonengrüne Chocolate Box, ein niedliches Selbstversorger-Cottage mit 8 Schlafgelegenheiten. Frühstück extra. DZ ❷, Cottages ❸

The Nunnery, 16 Burgess St, www.thenunnery.co.nz. Das 1977 für die Sisters of Mercy erbaute ehemalige Konvent ist heute eine reizende Pension in Zentrumsnähe mit freundlichen Gastgebern und sauberen und behaglichen AC-Zimmern. Im Angebot sind DZ und Studios. ❷

Te Aroha Holiday Park, 217 Stanley Rd, www.tearohaholidaypark.co.nz. Campingplatz 3 km südlich des Ortes inmitten von mächtigen Eichen nahe der Straße Richtung Hamilton (SH26). Der Platz besitzt ein von Mineralwasser gespeistes Felsbecken (abends ist es zum Baden geöffnet), einen Flying Fox, einen großen, nur im Sommer geöffneten Pool und eine Auswahl bunt zusammengewürfelter Wohngebäude. Camping ❶, Cabins ❷

ESSEN

Ironique, 159 Whitaker St, www.ironique.co.nz. Das freundliche Lokal empfiehlt sich den ganzen Tag lang für einen Besuch – ob auf einen guten Kaffee und ein Stück Kuchen oder Gebäck (Tipp: die Zitronen-Himbeer-Muffins) oder auf ein Bier. $

Palace Hotel, 165 Whitaker St, www.facebook.com/thepalacehoteltearohaz. Typisch neuseeländische Kneipe mit Livemusik am Freitag, gutem Bier und deftigen Hauptgerichten, u. a. recht guten Pizzas. $$

Villa Nine, 9 Lawrence Ave, www.facebook.com/VillaNineCoffee. Die Villa Nine nennt sich zwar selbst Naturkostladen, doch auch Schlemmer sind hier richtig: Neben Milchshakes mit Eiscreme und einem *no-bake* Snickers-Kuchen gibt's hier auch Gemüsesäfte, Smoothies, Salate und Hauptgerichte wie eine Spargel-Zitronen-Frittata. $

INFORMATIONEN

i-SITE, 102 Whitaker St, www.tearohanz.co.nz. Allgemeine und DOC-Infos sowie Broschüren, die schöne Tageswanderungen in der Gegend beschreiben. Die Touristeninformation besteht seit 1894 und ist damit die älteste in Neuseeland. Hier gibt es auch Informationen über **Fahrradverleih**.
Mo–Fr 9.30–17, Sa und So bis 16 Uhr.

TRANSPORT

Busse der in Hamilton beheimateten Gesellschaft Busit, www.busit.co.nz, halten an der Kenrick St auf der SH26.
Busse nach HAMILTON 1x tgl., 1 Std.;
PAEROA 1x tgl., 20 Min.

Die Coromandel Peninsula

Die gebirgige **Coromandel Peninsula** trennt den Hauraki Gulf vom Pazifik. Sie besitzt wunderbare Surf- und Badestrände und ein sehr angenehm mildes Klima. Im **Westen** fallen Klippen und Hügel steil zum Meer ab und lassen nur wenig Platz für einen schmalen Küstenstreifen. Reichlich Schatten spenden die hier gedeihenden **Pohutukawa**-Bäume, die von Mitte November bis Dezember ihre üppige rote Blütenpracht entfalten. Die Strände liegen meist geschützt und eignen sich für Erkundungstouren, allerdings kann man vielerorts nur bei Flut schwimmen.

Die meisten Leute zieht es ohnehin an die **Ostküste**, denn dort liegen ausgedehnte weiße Sandstrände mit eindrucksvoller, wenngleich manchmal gefährlicher Brandung. Am unteren Ende der Halbinsel wartet die frühere Goldgräberstadt **Thames** mit ihrem reichen Erbe auf und bietet sich als guter Ausgangspunkt für eine Erkundung des bewaldeten **Kauaeranga Valley** an, durch das zahlreiche Wanderwege führen. Weiter nördlich empfiehlt sich in der hübschen Kleinstadt **Coromandel** eine Fahrt mit der **Driving Creek Railway**. Außerdem beginnt ganz in der Nähe die **309 Road**, die quer über die Halbinsel verläuft und an den Waiau Waterworks sowie einem imposanten Kauri-Wald vorbeiführt. Wer jedoch wahre Abgeschiedenheit sucht, sollte das winzige **Colville** und die Nordspitze der Halbinsel ansteuern.

Der geteerte SH25 hingegen führt von Coromandel gen Osten zur **Mercury Bay**, deren Mittelpunkt die reizvolle Stadt **Whitianga** ist. Nahebei lockt der **Hot Water Beach** täglich Hunderte von Besuchern an, die Löcher in den Sand buddeln, um sich anschließend im warmen Wasser zu entspannen. Andere Urlauber wiederum ziehen das **Cathedral Cove Marine Reserve** mit seinen fantastischen Buchten und hervorragenden Schnorchelbedingungen vor.

Noch mehr Strände reihen sich an der Küste weiter südlich aneinander: in der Gegend von **Whangamata** sowie bei **Waihi Beach**. Letztere trennen rund 10 km Ackergelände und Obstgärten vom benachbarten Waihi.

Wer zwischen Mitte November und Anfang Dezember in der Gegend ist, kann das **Pohutukawa Festival** erleben. Während die Halbinsel in den lilafarbenen Blüten dieses Küstenbaumes erstrahlt, finden Picknicks und jede Menge Musikveranstaltungen statt.

Die Coromandel Peninsula zählt zu den beliebtesten Ferienzielen der Nordinsel. Vor allem von Ende Dezember bis Januar geht es hier äußerst lebhaft zu, und das bleibt so bis Ende März. Unterkünfte für diese Zeit sollten so früh wie möglich gebucht werden. Während der restlichen Zeit hält sich die Besucherzahl in Grenzen (abgesehen von langen Wochenenden), und im Winter ist ein Großteil der Halbinsel verlassen, obwohl das Klima fast das ganze Jahr über mild bleibt.

Auf der Coromandel Peninsula ist wildes Zelten streng verboten und wird härter bestraft als anderswo. Abgesehen von den offiziellen **Campingplätzen** ist Campen nur an wenigen Stellen erlaubt. Näheres auf 💻 www.tcdc.govt.nz.

Geschichte

Die zerklüftete **Coromandel Range** im Landesinneren – vor Millionen von Jahren durch vulkanische Aktivität entstanden und seither von dichtem Regenwald bedeckt – teilt die Halbinsel in zwei Hälften. Die Bergkette wird von den Maori als Kanu gedeutet: Der **Mount Moehau** an der Nordspitze von Coromandel soll den Bug darstellen und der Mount Te Aroha im Süden, am Rande der Hauraki Plains, das Heck.

Abgesehen von den Goldrauschjahren blieb die Halbinsel größtenteils unerschlossen. Erst in den 1960er- und 1970er-Jahren lockte sie viele Hippies, **Künstler** und New-Age-Anhänger an. Daneben schufen bzw. schaffen Maler, Töpfer und Kunsthandwerker zum Teil bemerkenswerte Arbeiten.

Inzwischen lassen sich immer mehr Aucklander hier nieder oder pendeln. Sie verwandeln nach und nach ihre alten *baches* (kleine Ferienhäuser, meist aus Holz) in kostspielige Designeranwesen, wodurch sowohl das Ansehen der Region als auch die Lebenshaltungskosten steigen.

Thames

Die ehemalige Goldgräberstadt **Thames** ist das Eingangstor zur Coromandel-Halbinsel und ihr wichtigstes Versorgungszentrum. Sie liegt zwischen dem Firth of Thames und der Coromandel Range und wirkt erfrischend unprätentiös. Mit dem guten Angebot an Gästebetten, Lokalen, Verkehrsverbindungen und meist relativ niedrigen Preisen stellt Thames eine hervorragende Ausgangsbasis für Abstecher zu weiter nördlich gelegenen Zielen dar.

Ihren Reiz verdankt die Stadt der Goldgräbervergangenheit. Es lässt sich gut ein halber Tag mit der Besichtigung der hiesigen Museen zubringen. Da alle von Freiwilligen betreut werden, haben sie leider unterschiedliche Öffnungszeiten. An Sommerwochenenden haben die meisten geöffnet.

Liebhaber viktorianischer **Architektur** können mithilfe der Pläne in den beiden kostenlosen Broschüren *Historic Grahamstown* und *Historic Shortland & Tararu* ein paar schöne Stadtspaziergänge unternehmen.

Geschichte

Eigentlich nahm die Stadt ihren Anfang als zwei Niederlassungen: Grahamstown im Norden und Shortland im Süden. Im Jahr1867 wurde in einem kleinen Flussbett in der Nähe von Thames goldhaltiger Quarz entdeckt, und nur vier Jahre später hatte sich Grahamstown zur größten Stadt Neuseelands gemausert. Zur Goldförderung waren aber teure Maschinen notwendig, deshalb verlor der Goldbergbau bereits in den 80er-Jahren des 19. Jh. an Bedeutung und geriet nach 1913 fast vollständig in Vergessenheit.

Goldmine Experience

SH25, Ecke Moanataiari Creek Rd ▪ 🕒 Mai–Aug Sa und So 10–13, Okt–April tgl. 10–16 Uhr ▪ Eintritt ▪ 💻 www.goldmine-experience.co.nz

Die einzige Möglichkeit, eine einigermaßen gute Vorstellung davon zu bekommen, wie der Alltag eines Minenarbeiters in Thames aussah, bietet die Teilnahme an der ehrenamtlich geführten **Goldmine Experience**. Die informative, 40-minütige Tour führt durch die alte, unterirdische Erzbrechanlage. Den schmalen, horizontalen Schacht haben nur mit Schaufeln bewaffnete Bergleute aus Cornwall gegraben. Besucher können nach Gold schürfen und im Bürogebäude aus dem Jahr 1914 ein Video anschauen, das Minenarbeiter bei ihrer anstrengenden Tätigkeit zeigt.

School of Mines & Mineralogical Museum

Cochrane St, Ecke Brown St ▪ 🕒 Jan und Feb tgl. 11–15, März–Dez Mi–So 11–15 Uhr ▪ Eintritt ▪ 💻 www.thamesschoolofmines.co.nz

Die Glücksritter, die in Scharen ins Städtchen Thames kamen, hatten gar keine oder wenig Bergwerkserfahrung. Die ambitionierteren unter ihnen besuchten daher diese **Bergbauschule**, die von 1886 bis 1954 in Betrieb war. Ehrenamtliche Museumsführer zeigen voller Begeisterung ein altes Chemielabor mit einer wunderschönen Präzisionswaage und den interessanten Testraum, wo Goldschürfer ihre Erzfunde einst einer Qualitätsprüfung unterziehen lassen konnten.

Bella Street Pumphouse Museum of Technology und Thames Historical Museum

Bella Street Pumphouse Museum of Technology, Bella St, Ecke Waiokaraka Rd ▪ 🕒 Sa und So 10–15 Uhr ▪ Eintritt ▪ 💻 www.bellastreetpumphouse.com ▪ **Thames Historical Museum**, Cochrane St, Ecke Pollen St ▪ 🕒 tgl. 13–16 Uhr ▪ Eintritt

Die großen Maschinen sind verschwunden, aber das 1898 erbaute **Pumpenhaus**, das den Großteil der Minen von Thames trocken hielt, ist immer noch da. Ein Stückchen die Straße hoch liegt das **Thames Historical Museum**, das sich der Sozialgeschichte der Stadt widmet. Die Klassenzimmer des ehemaligen Schulgebäudes sind wie Goldgräberhütten eingerichtet, und es werden dort Geschichten aus der Goldrauschzeit erzählt.

Karaka Hiking Area

Karaka Rd, 500 m östlich des Bella Street Pumphouse ▪ 🕒 24 Std. ▪ Eintritt frei

Um ein Gefühl für die außergewöhnliche Landschaft zu bekommen, wie sie schon die ersten

HOT WATER BEACH (S. 305)

Bergbausiedler vorfanden, lohnt ein Besuch im **Karaka-Wandergebiet** am östlichen Rand der Stadt. Ein ausgetretener Weg führt entlang kleiner malerischer Bäche, die von Wasserfällen unterbrochen werden, und vorbei an Höhlen, die einst als Mineneingänge dienten. Insgesamt findet sich hier eine überraschend authentische Busch-Atmosphäre.

ÜBERNACHTUNG

Karte s. unten.

Brookby Motel, 102 Redwood Lane, 💻 www.brookbymotel.co.nz. Das professionell geführte, kleine Motel an einer relativ stillen Wohnstraße nicht weit vom Zentrum bietet ein halbes Dutzend Zimmer mit Bad und

kleiner Küche, jedoch insgesamt mit eher wenig Platz. ❷

Coastal Motor Lodge, 608 Tararu Rd (SH25), 2,5 km nördlich der Stadt, 💻 www.stayatcoastal.co.nz. Komplex mit gut ausgestatteten „Cottage"-Units und geräumigen schwarzen A-frame-Chalets (alle mit Bad und jeweils für 2 Pers.) auf einem weitläufigen Gelände, manche mit Blick über den Firth. ❷

Cotswold Cottage, 46 Maramarahi Rd, 3 km südlich der Stadt, abseits des SH25, 💻 www.cotswoldcottage.co.nz. Die restaurierte Villa aus den 1920er-Jahren am Stadtrand mit Aussicht über den angrenzenden Fluss und die Hügel hat ein Gäste-Spa und 3 renovierte Zimmer mit Bad (eins mit Himmelbett). Ein köstliches Frühstück ist im Preis inbegriffen; auf Anfrage auch Dinner. ❸

Cruz 'n' Stop, 309 Mary St, ✆ 07 868 9833. Wohnmobil-Stellplätze auf einem geteerten Platz mitten in der Stadt mit Dusche, Toiletten, Anschlüssen und kleiner Lounge mit TV. ❶

Junction Hotel, 700 Pollen St, 💻 www.thejunction.net.nz. Das niedrige Eckgebäude aus rotem Backstein passt zum Thames-Flair des 19. Jhs. und beherbergt das allseits beliebte Grahamstown Bar & Diner, das auch über eine gute Auswahl an Unterkünften verfügt, von Backpacker-Schlafsälen bis zu 3-Bettzimmern. Gut: das warme Frühstück am Wochenende. ❷

Rolleston Motel, 105 Rolleston St, 💻 www.rollestonmotel.co.nz. Typisches Motel der 1970er (modernisiert) in einer stillen Nebenstraße. Alle Units haben eine kleine Terrasse; gepflegt, Pool, Whirlpool und Grillstelle. ❷

ESSEN UND UNTERHALTUNG

Karte s. links

Brew, 200 Richmond St, ✆ 07 868 5558. Das entspannte Tagescafé verwandelt sich abends in einen Gastro-Pub. Das hauseigene Foundry Pale Ale passt wunderbar zum offenen Steak-Sandwich mit Schimmelkäse. Ab und zu Livemusik und Dichterlesungen. $

Café Melbourne, 715 Pollen St, 💻 www.facebook.com/CafeMelbourneGrahamsTown. Die Damen, die hier zu Mittag essen, schätzen die urbane Atmosphäre dieses Cafés, oder sie gönnen sich vielleicht nur eines der kreativen Frühstücksgerichte wie ein köstliches Omelett mit Feta, Spinat und Schnittlauch, gut zubereitete Flat Whites, verführerischen Kuchen oder eines der Mittags- und Abendgerichte. Das ausgezeichnete Deli Bite nebenan verkauft auch frisches Brot. $$

Food for Thought, 574 Pollen St, ✆ 07 868 6065. Das Café ist für seine hausgemachten Pasteten (18 verschiedene Sorten) schon mehrfach ausgezeichnet worden. Daneben hat es eine verführerische Auswahl an Kuchen und ausgezeichneten Kaffee. $$

Little Toke Café, 720b Pollen St, 💻 www.instagram.com/little.toke. Entspanntes Künstlercafé, das Kuchen, erstklassigen Kaffee, gesunde Smoothies und Bowls serviert: Besonders gut sind die Poke Bowls. Keto-, vegane und glutenfreie Optionen sind ebenfalls im Angebot. $$

Grahamstown Bar & Diner, 700 Pollen St, 💻 www.thejunction.net.nz. Das GBD ist gut für ein Pint und für Kneipenessen wie Käsepommes mit Bratensoße, Pizza und Fish 'n' Chips. $$

SONSTIGES

Autovermietungen

Davy Rentals, 731 Pollen St, ✆ 07 868 7153. Hat billige Mietwagen für $60–70/Tag und gibt sie auch frei für die holprigsten und schlechtesten Straßen der Halbinsel.

Sunkist verleiht ebenfalls RAV4s.

Informationen

i-SITE Visitor Centre, 206 Pollen St, 💻 www.thamesinfo.co.nz. Busfahrkarten. 🕒 Nov–April Mo–Fr 8.30–17, Sa und So 9–16, Mai–Okt Mo–Fr 9–15, Sa 9–13, So 12–16 Uhr.

NAHVERKEHR

Busse

Sunkist (s. o.) unterhält einen Shuttleservice zum Ende der Kauaeranga Valley Road.

Taxis

Thames Taxis, ✆ 07 868 3100. Nur Mo–Sa.

TRANSPORT

Die **Busse** von InterCity sowie Shuttles von Go Kiwi halten vor dem i-SITE.

Busse nach:
AUCKLAND 4x tgl., 1 3/4 Std.;
COROMANDEL 2x tgl., 1 1/4 Std.;
TAURANGA 3x tgl., 1 3/4 Std.;
WHITIANGA 3x tgl., 2 1/4 Std.

Kauaeranga Valley

Östlich von Thames erstreckt sich das tiefe **Kauaeranga Valley** in Richtung des Gebirgszugs, der die Coromandel Peninsula der Länge nach durchzieht. Diese zerklüftete Landschaft mit ihren steilen Klippen und Schluchten wird von den **Pinnacles** (759 m) überragt, wo sich ein fantastischer Ausblick über den Wald mit seinen alten Rata-, Rimu- und Kauri-Beständen bis hin zu beiden Küsten bietet. Man erreicht das Gebiet über die landschaftlich ansprechende, größtenteils geteerte Kauaeranga Valley Road, die sich 21 km weit am Fluss entlangschlängelt und von der einige der schönsten Wanderwege in der Coromandel Range abgehen.

Dass die Pfade so gut erreichbar sind, verführt manche Wanderer dazu, sie nicht so ernst zu nehmen wie andere Wanderpfade. Doch bei schlechtem Wetter lauern dort alle möglichen Gefahren, deshalb muss man gut vorbereitet und ausgerüstet sein (S. 63).

Übrigens: Die durch Sporen in der Erde verursachte *kauri dieback disease* (s. Kasten S. 260) ist auch in den Kauri-Wäldern von Coromandel aufgetreten: Besucher, die kurz zuvor durch einen Wald in Auckland oder Northland gestreift sind, sollten ihre Schuhe daher besonders gründlich reinigen!

ÜBERNACHTUNG

Die hier aufgeführten Campingplätze sind die besten von 8 sehr ähnlichen DOC-Campingplätzen, 🖳 www.doc.govt.nz. Alle liegen entlang der Kauaeranga Valley Road, 14–23 km östlich von Thames. Die beiden Hütten lassen sich nur zu Fuß im Rahmen der Kauaeranga-Wanderungen erreichen.

Crosbies Hut, 🖳 www.doc.govt.nz. Relativ neue 10-Etagenbettenhütte, am günstigsten erreichbar auf der Rundwanderung Wainora–Booms Flat. Matratzen und Holzofen vorhanden, aber kein Gaskocher. Geeignet für Wanderer auf der Suche nach einer ruhigeren Alternative zur Pinnacles Hut. Online buchen; Backcountry-Hüttenpässe gelten hier nicht. ❶

Pinnacles Hut, 🖳 www.doc.govt.nz. Diese große, vergleichsweise noble 80-Etagenbetten-Hütte zählt zu den begehrtesten unter den DOC-Hütten, besonders samstagabends und während der Schulferien. Sie liegt wunderschön auf einer Anhöhe, rund 3 Std. Fußweg vom Ende der Straße entfernt, und ist immer bewirtschaftet. Buchung online; *backcountry hut passes* gelten hier nicht. ❶

Shag Stream, 14 km entlang der Kauaeranga Valley Rd von Thames. Der DOC-Campingplatz, der Thames am nächsten ist. Eine schlichte Stelle direkt beim DOC Visitor Centre. Plumpsklos und Flusswasser (muss gereinigt werden) vorhanden. ❶

Whangaiterenga, 19 km entlang der Kauaeranga Valley Rd von Thames. Der hübscheste der Campingplätze am Straßenrand und der einzige mit Spültoiletten. Wasser bietet der Fluss, aber es muss gereinigt werden. ❶

INFORMATIONEN

DOC Visitor Centre, 14 km auf der Kauaeranga Valley Rd, 🖳 www.doc.govt.nz. Ausgezeichnetes Infobüro mit sehenswerten Ausstellungen, großen Landkarten und einer 40-minütigen DVD zur Geschichte der Holzfällerei. Hier lohnt sich der Kauf der Broschüre *Kauaeranga Valley Recreation* mit Routenbeschreibungen der Wanderwege oder der *Hikuai Topo50*-Karte BB35 im Maßstab 1:50 000. Die Mitarbeiter des Infobüros verkaufen auch Hüttentickets. ⏲ 26. Dez–April tgl. 8.30–17, Mai–Dez tgl. 9–16 Uhr, bei schwierigen Wetterbedingungen bleibt das Visitor Centre geschlossen.

Die Pohutukawa Coast

Von Thames schlängelt sich der SH25 gen Norden, bis er nach 58 km den Ort Coromandel erreicht. Die Straße folgt der felsigen Uferlinie der sogenannten **Pohutukawa Coast** (benannt nach den hier zahlreichen Pohutakawa-Bäumen) und passiert eine Reihe kleiner Sandbuchten, in denen zumeist ein paar Häuschen oder ein Campingplatz liegen.

Hügel und sandfarbene Klippen bestimmen die ersten 19 km bis **Tapu**, wo die landschaftlich schöne **Tapu–Coroglen Road** zur Ostküste Coromandels abzweigt. Es ist eine bezaubernde, 28 km lange Strecke. Die Straße ist zwar schmal, aber gut befahrbar. Sie lässt die Felder und Weiden der Küste hinter sich und erklimmt das hügelige Rückgrat der Halbinsel. Danach fällt sie ab bis Coroglen, wo man auf die Hauptstraße trifft, die Whitianga und Whangamata verbindet.

In der Nähe des höchsten Punktes der Straße weist ein unscheinbares Schild den Weg zum **Square Kauri**, kurz vor einer kleinen Brücke. Steile Stufen durch Wald (175 m, 10 Min.) führen zu dem 1200 Jahre alten Giganten (41 m hoch und 9 m breit), dessen ungewöhnlicher Wuchs ihn vor den Holzfällern rettete.

Rapaura Watergardens

586 Tapu–Coroglen Rd ▪ 🕒 tgl. 9–17 Uhr ▪ Eintritt ▪ 💻 www.rapaurawatergardens.co.nz

Selbst wenn man nicht die gesamte Strecke Tapu–Coroglen zurücklegen möchte, lohnt der 6 km lange Abstecher zu den **Rapaura Watergardens**, einer angelegten „Wildnis" mit Wald und Blumen, Seerosenteichen und zahlreichen Pfaden. Es gibt einige Picknickplätze, ein ausgezeichnetes, nur im Sommer geöffnetes Café und Übernachtungsmöglichkeiten (s. u.).

ÜBERNACHTUNG

Rapaura Watergardens, 586 Tapu–Coroglen Rd, 💻 www.rapaurawatergardens.co.nz. Gäste dieser Unterkunft haben die Wahl zwischen einem reizenden Luxus-Cottage für 2 Pers. und einer schlichten Lodge mit 2 Schlafzimmern. Sobald die Tagesbesucher abgereist sind, hat man die Watergardens für sich allein. Cottage ❸, Lodge ❹

Coromandel und Umgebung

Die nördlichste Stadt von Bedeutung auf der Halbinsel ist das bezaubernde **Coromandel**, 58 km hinter Thames, das zu Füßen schroffer Hügel am Ende des Coromandel Harbour liegt. Südlich wird aus dem SH25 die Tiki Road, die sich später gabelt: Die Wharf Road säumt den Hafen, die Kapanga Road führt schnurstracks in die Innenstadt. Diese besteht aus malerischen Holzgebäuden, zwischen denen sich zwei Supermärkte, Tankstellen, eine Bank, Cafés und Kunstgewerbeläden verstecken. Ein paar Querstraßen weiter heißt die Verkehrsader Rings Road und verlässt die Stadt nach Norden in Richtung der Hauptsehenswürdigkeit, der **Driving Creek Railway**.

Driving Creek Railway and Potteries

380 Driving Creek Rd, 3,5 km nördlich der Stadt ▪ **Bahnfahrt** tgl. Okt–April 9, 10.15, 11.30, 12.45, 14, 15.15, 16.30 und 17.45 Uhr, Mai–Sep 10.15, 11.30, 12.45, 14, 15.15 und 16.30 Uhr; 1 Std. hin und zurück, besser vorbuchen ▪ Eintritt ▪ **Töpferei** 🕒 tgl. 10–16 Uhr ▪ Eintritt frei ▪ 💻 www.drivingcreek.nz

Die **Driving Creek Railway and Potteries** ist die einzige Schmalspurbahn des Landes. Sie wurde größtenteils von Hand erbaut und war die Idee des ortsansässigen Töpfers und Eisenbahn-Enthusiasten Barry Brickell, der sich damit Zugang zum lehmhaltigen Hügelland verschaffen wollte.

Auf dem reizvollen, von Kommentaren begleiteten Trip eröffnen sich spektakuläre Ausblicke von einem hölzernen Aussichtsturm, dem Eyefull Tower. Außerdem lassen sich einige bautechnische Meisterleistungen bewundern. Die 3 km lange Fahrt beginnt und endet bei den **Werkstätten**, wo alle möglichen **Töpferwaren** aus Steingut und Terrakotta zu sehen sind.

Long Bay Kauri Grove

Wharf Rd, 3 km westlich der Stadt ▪ Rundgang 40 Min.

Von dem hübschen Strand in **Long Bay** lässt sich ein angenehmer Spaziergang durch ein landschaftliches Schutzgebiet unternehmen. Der markierte Rundweg beginnt etwa 100 m hinter dem Long Bay Motor Camp und führt durch den Wald zu einem uralten Kauri-Baum hinauf. An der Kreuzung mit einer Schotterstraße zweigt man rechts ab nach Tucks Bay und folgt dem Küstenpfad zurück. Ausgangspunkt des Wegs ist ein Wegweiser, 100 m innerhalb des Long Bay Motor Camp.

ÜBERNACHTUNG

Anchor Lodge, 448 Wharf Rd, www.anchorlodgecoromandel.co.nz. Modernes, gut geführtes Motel mit beheiztem Pool, Spa und allen möglichen Unterkünften, darunter eine Hostel-Abteilung für Backpacker und luxuriöse „Spa-Apartments" sowie jede Menge Unterkünfte, die irgendwo dazwischen angesiedelt sind. Dorms ❶, DZ ❷, Apartments ❹

Buffalo Lodge, Buffalo Rd, www.buffalolodge.co.nz. Künstlerin Evelyne Siegrist hat ihr Wohnhaus hoch oben in 5 ha Waldland nördlich der Stadt selbst entworfen. Von den 3 sonnendurchfluteten Gästezimmern (alle mit eigener Veranda) eröffnen sich atemberaubende Ausblicke auf die See. Für Kinder ist diese Unterkunft jedoch nicht geeignet. Mai–Sep geschl. ❸

Coromandel Cottages, 1737 Rings Rd, 1,5 km nördlich der Stadt, www.corocottages.nz. 8 schmucke Holz-Cottages (manche mit 6 Schlafplätzen) in einem entspannt-ruhigen Garten. Großer, solarbeheizter Pool, Kinderspielplatz und BBQ-Bereich. ❸

Coromandel Top 10 Holiday Park, 636 Rings Rd, www.coromandeltop10.co.nz. Auf dem weitläufigen Gelände unmittelbar nördlich der Stadt hat man die Wahl zwischen Zelt- und Wohnmobilstellplätzen sowie Cabins und Apartments. Beheizter Pool für alle, auch Fahrradverleih. Camping ❶, Cabins ❷, Apartments ❷

Hush, 425 Driving Creek Rd, www.hushaccommodation.co.nz. Hier gibt es nicht irgendwelche Cabins, sondern stylische Cabins (mit Namen wie „Haven" oder „Hideaway") mit Essecke, Kühlschrank, frischer Baumwollbettwäsche und praktischen Dingen wie Schirme. Die Hütten liegen alle einzeln versteckt im Wald, wo die Gäste von den Vögeln geweckt werden, bevor sie sich in der Gemeinschaftsküche im Freien Frühstück machen. Daneben gibtes noch das Selbstversorgerhaus für bis zu 6 Pers. Cabins ❸

Jacaranda Lodge, 3 km südlich des Ortes in der 3195 Tiki Rd (SH25), www.jacarandalodge.co.nz. B&B inmitten von Farmland mit 5 pieksauberen und gut durchdachten Zimmern (die meisten mit Bad). Auch eine umfangreiche DVD-Sammlung von Neuseelandfilmen und leckeres Frühstück, u. a. mit Säften und Marmelade aus dem eigenen Obstgarten. ❷

Long Bay Motor Camp, 3200 Long Bay Rd, 3 km westlich der Stadt, www.longbaymotorcamp.co.nz. Ruhiger Platz am Strand; hier genießt man tolle Sonnenuntergänge, Pluspunkte außerdem: ungefährliches Schwimmen, herrliche Waldwanderungen und Kajakverleih. Es stehen auch Stellplätze ohne Anschlüsse in der versteckten Tucks Bay zur Verfügung, 1 km Fahrt durch den Wald oder 5 Min. Fußweg übers Gelände. ❶

Tidewater Tourist Park, 270 Tiki Rd, www.tidewater.co.nz. Komfortables Motel und angegliedertes YHA-Hostel auf großem Gelände, rund 200 m vom Zentrum nahe dem Hafen. BBQ-Bereich, Fahrräder sowie Kajaks für die Gäste. Geräumige Ferienhaus-Apartments mit bis zu 6 Schlafgelegenheiten. Eigenes Zelt aufstellen ist ebenfalls erlaubt. ❶

Tui Lodge, 60b Whangapoua Rd, nahe dem SH25, www.coromandeltuilodge.co.nz. Sehr nette Backpacker-Unterkunft in verwinkeltem Haus mit Garten; 10 Min. zu Fuß südlich der Stadt. Dorms, viele Doppelzimmer. Kostenlos: Benutzung der Waschmaschine; Tee, Kaffee, frisches Obst, Barbecue und Fahrräder. ❶

ESSEN UND UNTERHALTUNG

Coromandel Mussel Kitchen, SH25, Ecke 309 Rd, 4 km südlich der Stadt, www.

musselkitchen.co.nz. Die Inhaber dieses Straßenlokals züchten ihre erstklassigen Muscheln in eigener Herstellung selbst. Das Highlight sind Muscheleintöpfe mit Sauerteigbrot, das in eine Brühe aus Tomate und Basilikum, grünem Thai-Curry oder Weißwein, Sahne und Knoblauch getunkt wird. Auch *mussel chowder*, Muschelbratlinge und sogar -Frühlingsrollen sowie normale Café-Spezialitäten. $$

Coromandel Oyster Company, 1611 Tiki Rd (SH25), 5 km südlich der Stadt, www.freshoysters.co.nz. Verkauft Muscheln, Jakobsmuscheln und knackfrische Austern. Außerdem werden panierte Meeresfrüchte und panierter Fisch mit Pommes (hier wird man für unter $15 satt) sowie *seafood chowder* serviert. $

Coromandel Smoking Company, 70 Tiki Rd, www.corosmoke.co.nz. Ein ausgezeichnetes Geschäft, das hausgeräucherten Fisch und Schalentiere verkauft. Eine Top-Adresse für Picknickzutaten. $

Peppertree, 31 Kapanga Rd, www.peppertreerestaurant.co.nz. Das eleganteste Restaurant von Coromandel bietet Sitzgelegenheiten drinnen – im Winter prasselt ein Feuer im offenen Kamin – und draußen im lauschigen Garten. Zu essen gibt's Köstlichkeiten wie Thunfisch-Carpaccio, Schweinshüfte mit Knusperhaut und Pfirsich-Rhabarber-Crumble. $$

Shag Shack, Long Bay Rd, neben dem Long Bay Motor Camp, www.facebook.com/TheShagShack. Dieser Laden mit dem etwas seltsamen Namen Shag Shack ist *der* Ort für Fish 'n' Chips und Burger am Meer in Long Bay. Weitere Highlights auf der Speisekarte sind Muschel-Fritter und Pilzburger, und auch die Frühstückssandwiches sind legendär. Ideal für ein Picknick unter den nahe gelegenen Kauri-Bäumen. $

Star and Garter, 5 Kapanga Rd, www.starandgarter.co.nz. Das Star and Garter bietet eine luftige Bar, Baujahr 1873, und einen überdachten Biergarten mitten in der Stadt. Hier trifft sich ein bunt gemischtes Publikum bei einer super Auswahl an Monteith's-Brauerei-erzeugnissen und Weinen.

Umu, 22 Wharf Rd, www.facebook.com/umucafe. Beliebt sind hier die Pizzas, aber auch die anderen Gerichte lohnen sich: *bao buns* mit Pulled Pork und Tamarinden-Dressing, gegrillte Lammlende mit Holzapfelgelee und Kokonuss-Schwarzpflaumen-Mousse. Manchmal wird hier abends Livemusik geboten. $$

INFORMATIONEN

i-SITE, 8 Kapanga Rd, www.thecoromandel.co.nz. Die Touristeninformation bietet u. a. DOC-Broschüren und Gezeitentabelle für den Hot Water Beach. tgl. 10–16 Uhr.

NAHVERKEHR

Shuttlebusse

Zwei Tour- und Shuttlebus-Betreiber bieten entspannte (da man die Aussicht aus vollen Zügen genießen kann und sich nicht aufs Fahren konzentrieren muss) Fahrten zu den Sehenswürdigkeiten und in Richtung Norden. Sie bedienen auch den Coromandel Walkway (S. 302); die Wanderer werden an dem einem Ende abgesetzt und an dem anderen wieder abgeholt (Kostenpunkt für diesen Service $135–$150 hin und zurück).

Coromandel Discovery, www.thecoromandel.com. Die Trips starten in Fletcher Bay.

Coromandel Adventures, www.coromandeladventures.co.nz. Abfahrt in Stony Bay. Wer zum Schluss der Tour noch Energie übrig hat, kann anschließend auch noch den Muriwai Walk machen.

Taxis

Coromandel Cabs, 021 230 5995. Dieser Anbieter steuert auch die Wanderstartpunkte an.

TRANSPORT

Busse

InterCity nach THAMES (1x tgl., 2 3/4 Std. über Whitianga) und WHITIANGA (1x tgl., 3/4 Std.). Die Busse halten auf dem Parkplatz direkt gegenüber dem i-SITE.

Fähren

360 Discovery, www.360discovery.co.nz. Die Passagierfähre zwischen Auckland und Hannafords Wharf, 7 km südlich von Coromandel, verkehrt 5x wöchentlich (2 Std.). Im Preis der einfachen Fahrkarte für $60 ist die Busfahrt in die Stadt enthalten.

Northern Coromandel Peninsula

Die Landschaft an der Spitze von Coromandel ist noch wilder als der Rest der Halbinsel – im Inland bestimmen dicht bewachsene Hügel das Bild, und an der felsigen Küste verbergen sich einsame Strände mit schäumender Brandung. Die Straßen säumen uralte Pohutukawa-Bäume, die zwischen Anfang November und Januar leuchtend rot blühen.

In diesem fast unbewohnten Landstrich gibt es, abgesehen von ein paar wunderbar einfachen Campingmöglichkeiten, nur **wenige Versorgungseinrichtungen**, sodass man seine Vorräte unbedingt vor dem Aufbruch in Coromandel aufstocken sollte.

Die einzige nennenswerte Ortschaft ist das winzige **Colville**, das aus kaum mehr als einer Post, einer Tankstelle, einem Café und dem **Colville General Store** besteht, wo man sich vor der Weiterreise in den Norden mit Proviant eindecken kann. Nördlich davon wird die nun unbefestigte Straße schmaler, rauer und staubiger. 3 km hinter Colville gabelt sich die Straße. Nach rechts geht's Richtung Osten über die Berge nach Stony Bay und zum Südende des Coromandel Walkway. Der linke Abzweig führt 35 km immer an der Küste entlang Richtung Norden nach Port Jackson mit seinem ausgezeichneten Sandstrand und einem DOC-Campingplatz und Fletcher Bay an der äußersten Spitze der Halbinsel. Bei gutem Wetter ist bis Fletcher Bay mit einer Stunde Fahrzeit zu rechnen.

ÜBERNACHTUNG

Die Übernachtungsmöglichkeiten beschränken sich überwiegend auf Camping. Um dem wilden Campen einen Riegel vorzuschieben, unterhält das DOC auf der nördlichen Halbinsel fünf Campingplätze/Hostels direkt am Wasser. Drei davon sind nachstehend gelistet. In den ersten zwei Wochen nach Weihnachten sind sie meist komplett ausgebucht, im restlichen Jahr ist man in dieser wildromantischen Gegend oft ganz allein. Besucher dürfen nichts weiter als Toiletten und kalte Duschen erwarten.

Colville Farm, 2140 Colville Rd, 1,5 km südlich von Colville, www.colvillefarmholidays.co.nz. Wunderschönes Gehöft mit Zeltplätzen (Benutzung der Backpacker-Einrichtungen kostet extra), Backpackerbetten in einem Cottage, einigen Wohnwagen, 2 rustikalen Wald-Lodges und 2 Selbstversorger-Ferienhäusern mit toller Aussicht. Dorms ❶, Lodges ❷

Fantail Bay Campsite, 22 km nördlich von Colville, www.doc.govt.nz. DOC-Platz am Strand zwischen Farmland. Er hat Platz für 100 Gäste, die sich Spülklosetts, Flusswasser und kalte Duschen teilen. Im Sommer geht nichts ohne Reservierung. ❶

Fletcher Bay Backpackers, Fletcher Bay, 34 km nördlich von Colville, www.doc.govt.nz. Schnörkelloses Hostel in erstklassiger Lage auf einer Anhöhe, 400 m vom Strand mit Blick auf den Campingplatz. In jedem der 4 Zimmer stehen 2 Etagenbetten, Bettzeug wird gestellt. ❶

Fletcher Bay Campsite, 34 km nördlich von Colville, www.doc.govt.nz. Der abgelegenste der DOC-Plätze bietet Aussicht auf die Inseln Great Barrier und Little Barrier. Er verfügt über Spülklos, Flusswasser und kalte Duschen. Obwohl er 250 Pers. fasst, ist in den beiden Wochen nach Weihnachten eine Reservierung unumgänglich. ❶

INFORMATIONEN

Bevor man sich auf den Weg macht, unbedingt im **Informationszentrum** in Coromandel-Stadt, 8 Kapanga Rd, www.thecoromandel.co.nz, den **Straßenzustand** erfragen, den Tank füllen und sich auf vorsichtiges, langsames Fahren einstellen. Hier oben besteht kein Grund zur Hektik.

REITEN

Colville Farm, 2140 Colville Rd, 1,5 km südlich von Colville, 🖳 www.colvillefarmholidays.co.nz. Auf der Schaf- und Rinderfarm werden geführte Ausritte organisiert. Auch längere Ausflüge in den Wald oder zum Strand lassen sich von hier aus unternehmen.

Von Coromandel nach Whitianga

Für die Fahrt von Coromandel Richtung Osten über die Berge nach Whitianga braucht man weniger als eine Stunde. Man kann sich aber auch sehr viel mehr Zeit für die beiden zur Auswahl stehenden, umwerfend **schönen Straßen** nehmen: Die kurvenreiche **309 Road** (33 km, davon 14 km Schotterpiste, keine öffentlichen Verkehrsmittel) verläuft die meiste Zeit durch Wald am Rückgrat der Halbinsel entlang. Auf dem 360 m hohen Sattel taucht die Straße wieder aus dem Wald auf und schlängelt sich zur Küste hinunter.

Die Hauptstraße **SH25** dagegen windet sich durch das bewaldete Bergland und dann hinab zum Meer, vorbei an den verlassenen Stränden von Whangapoua und Kuaotunu.

Auf der 309 Road laufen über eine Strecke von etwa 3 km häufig Schweine umher. Die freundlichen Tiere und ihr Besitzer Stu genießen in Coromandel Promi-Status.

The Waterworks

471 The 309 Rd ▪ 🕒 tgl. Nov–April 10–18, Mai–Okt 10–16 Uhr ▪ Eintritt ▪ 🖳 www.thewaterworks.co.nz

Im Garten **The Waterworks**, nach 5 km auf der **309 Road**, kann man gut ein paar erholsame Stunden verbringen. Besucher können sich dort mit allen möglichen durch Wasserkraft betriebenen Gerätschaften vergnügen. Das Highlight ist eine riesige Uhr, deren Pendel von einem Wasserstrahl angeschoben wird. Ein Café lädt zum Einkehren ein, außerdem Schwimmsachen für ein Bad im Teich nicht vergessen! Man sollte auch einen Blick auf die Quelle werfen, die alles in der Anlage – ganz ohne Strom – antreibt.

Castle Rock

100 m hinter The Waterworks ▪ hin und zurück 2 km, 40 Min.–1 1/2 Std.

Eine holprige Zufahrtstraße führt Richtung Norden über eine Furt und dann 3 km steil bergauf an den Startpunkt des Wegs zum **Castle Rock**, dem am leichtesten erreichbaren Gipfel der Coromandel Peninsula. Der letzte Abschnitt des Anstiegs auf den 521 m hohen Gipfel des alten Vulkankegels ist beschwerlich. Als Belohnung warten dann aber fantastische Ausblicke.

Waiau Falls und „Siamese Kauri"

309 Rd, 2,5 km südöstlich des Castle Rock

Der Wasserfall **Waiau Falls**, der sich über eine Felswand in ein Becken ergießt, ist nicht überwältigend hoch, liegt dafür aber direkt neben der Straße und bietet eine ausgezeichnete Möglichkeit zur Abkühlung. Nach weiteren 500 m markiert ein Parkplatz den Beginn des einfachen Spaziergangs zum wunderschönen **Kauri Grove** (1 km, 1/2 Std. hin und zurück) und dem sogenannten „Siamese Kauri" ein Stück dahinter. Es ist einer der besten Orte Neuseelands, um einen Eindruck von der ungeheuren Größe der Kauri-Riesen zu bekommen.

Whangapoua und New Chums Beach

Der **SH25** verläuft von Coromandel durch üppigen Wald und vorbei an einigen hübschen, abgeschiedenen Strandsiedlungen mit Campingplätzen. Nach etwa 14 km zweigt die 5 km lange Landstraße zum verschlafenen Dorf und weißen Sandstrand von **Whangapoua** ab.

Am Straßenende führt ein schöner Bush-Spaziergang (von der rechten Weggabelung Richtung Stadt) zum **New Chums Beach** (nur bei Ebbe begehbar; insgesamt 4 km; 1 Std.), einem der schönsten, naturbelassenen Strände Neuseelands.

Stargazers Astronomy Tours

392 SH25 ▪ Buchung erforderlich ▪ 1–1 1/2 Std. ▪ Eintritt ▪ 🖳 www.stargazersbb.com

Dank der geringen Lichtverschmutzung kann der Nachthimmel in Neuseeland umwerfend sein. Doch erst Alastair Brickell (Cousin des berühmteren Barry Brickell, S. 297) versetzt die Besucher so richtig in Erstaunen. Er erklärt das Uni-

WAIKATO UND COROMANDEL PENINSULA

Coromandel Walkway und Radweg

Wer andere sportliche Betätigung als Angeln und Schwimmen sucht, kann die Wanderung von der Fletcher Bay zur Stony Bay oder umgekehrt über den **Coromandel Walkway** (11 km, 3 Std. einfach) unternehmen. Sie beginnt am südlichen Strandende in der Fletcher Bay und führt zuerst über die sanften Hügel an der Küste, wo sich Weiden und Wald abwechseln, dann durch wilderes Terrain vorbei an einer Reihe winziger Buchten. Unterwegs eröffnen **Aussichtspunkte** atemberaubende Blicke auf die Küste und den Pazifik. In der **Stony Bay** lädt eine Flussmündung zum sicheren Baden ein. Die DOC-Broschüre *Coromandel Recreation Information* enthält eine kurze Beschreibung des Wegs und eine Karte; der Pfad ist aber so deutlich markiert, dass man ihn auch ohne Karte findet. Näheres zur Anfahrt per Shuttlebus aus Coromandel-Stadt auf S. 299.

versum mithilfe von allerlei Instrumentarien, vor allem aber seine Begeisterung und sein Humor machen die Tour zu einem ganz besonderen Erlebnis. Wer sich nicht von den Sternen losreißen will, kann hier übernachten (s. u.).

Kuaotunu

Rund 30 km hinter Coromandel erreicht der SH25 das winzige **Kuaotunu** an einem herrlichen weißen Sandstrand. Das stille Dörfchen bietet ein paar Unterkünfte und eine tolle Pizzeria. Der SH25 führt anschließend durch Farmland in die Mercury Bay und nach Whitianga.

ÜBERNACHTUNG UND ESSEN

Kaepelli's Kuaotunu, 40 Gray Ave, https://kaeppelis.co.nz. An diesem freundlichen Ort gibt es 3 Unterkunftsmöglichkeiten: 2 Zimmer im Haupthaus für 2 bzw. 3 Personen und das freistehende Rawhiti Cottage. Alle Einheiten sind äußerst komfortabel eingerichtet, bieten eine gemütliche Bauernhausatmosphäre und verfügen über eine Küche für Selbstversorgeraufenthalte. ❸

Kuaotunu Campground, 33 Bluff Rd, www.kuaotunucamp.co.nz. Ordentlicher Platz mit Kajakverleih und Fish-'n'-Chips-Shop. Der Strand liegt direkt gegenüber auf der anderen Straßenseite. Camping ❶, Cabins ❷

Stargazers B&B, 392 SH25, 2 km südlich von Kuaotunu, www.stargazersbb.com. In diesem schönen Haus im Wald kann man nur eine Nacht bleiben und darf ganz allein die Lounge nutzen. Das Frühstück wird auf der großen Terrasse serviert, Ferngläser zur Vogel- und Sternbetrachtung werden bereitgestellt. Im modernisierten Miner's Cottage (für 4 Pers.) den Hügel hinunter können Selbstversorger unterkommen und mit etwas Glück auch Glühwürmchen sichten. Mindestaufenthalt 2 Nächte. ❸

Luke's Kitchen, 20 Blackjack Rd, nahe SH25, www.lukeskitchen.co.nz. Das einzige Speiselokal von Kuaotunu, dafür ist auch richtig gut. Es gibt eine Bar, ein Café, Sitzgelegenheiten im Freien und eine neue Galerie für Kunst aus der Region. Bei der schönen Aussicht schmecken der Kaffee mit einem herzhaften Scone, eine der köstlichen Pizzas oder Rote-Bete-Falafel. Im Sommer gibt es abends oft Livemusik. $$

Whitianga und Umgebung

Whitianga liegt dort, wo der Whitianga Harbour auf den langen, weißen **Buffalo Beach** an der **Mercury Bay** trifft. Das unaufgeregte Städtchen eignet sich prima zum ein- oder zweitägigen Ausspannen. Wer möchte, kann an einem Knochenschnitzkurs teilnehmen oder in den Warmwasserbecken von The Lost Spring planschen. Whitianga ist auch ein sehr gutes Sprungbrett für Ausflüge zu einigen der Topspots von Coromandel.

Nach einer kurzen Fahrt mit der Passagierfähre durch die schmale Hafenöffnung der **Ferry Landing** lassen sich zahlreiche traumhafte Strände wie **Lonely Bay** erreichen. Außerhalb der Saison präsentieren sie sich oft menschenleer, doch von Dezember bis Februar sind ruhige Fleckchen Mangelware.

Per Bus ab Ferry Landing (oder per Auto via Whenuakite nach Süden) gelangt man zur **Cathedral Cove**, einer faszinierenden Felsformation mit ausgezeichneten Möglichkeiten zum Schwimmen, außerdem zum magischen **Hot Water Beach** mit seinen natürlichen Thermalquellen.

Das **Te Whanganui-A-Hei (Cathedral Cove) Marine Reserve** bietet hervorragende Bedingungen zum Tauchen. Oft zeigen sich Große Tümmler und Orkas. Hauptziel der **Bootstouren** und **Kajaktrips** von Hahei und Whitianga aus sind die verschiedenen vorgelagerten Vulkaninseln und Meereshöhlen.

Mercury Bay Museum

11 The Esplanade ▪ ⌚ Okt–Juni tgl. 10–16, Juli–Sep Di–So 10–15 Uhr ▪ Eintritt ▪ 💻 www.ercurybaymuseum.co.nz

In einer alten Butterfabrik ist das **Mercury Bay Museum** untergebracht. Es erzählt von der Kauri-Nutzung, der Hochseefischerei und den ersten Siedlern. Highlight ist die Abteilung zu den frühen Entdeckungsreisenden, insbesondere dem Maori-Pionier Kupe, der vor rund 1000 Jahren hier in der Nähe an Land gegangen sein soll.

Shakespeare Lookout

1,5 km östlich von Ferry Landing, dann 1 km bergauf ▪ Eintritt frei

Anscheinend hatten die Klippen unter dem **Shakespeare Lookout** früher einmal Ähnlichkeit mit dem Profil des Dichters, doch heute sucht man sie vergeblich und konzentriert sich besser auf die Aussicht. Nach Osten geht der Blick zum Cooks Beach und zur Mercury Bay hinüber, nach Westen zum Buffalo Beach und nach Norden zum Mount Maungatawhiri. Mit Wegweisern versehene Pfade (2 km einfach; 30 Min.) führen vom Parkplatz zur verschwiegenen Lonely Bay und weiter zum beliebten Familienurlaubsziel **Cooks Beach**, das auch von der Hauptstraße 2 km weiter östlich aus erreichbar ist.

Hahei

Der kleine Strandort **Hahei**, 6 km östlich von Cooks Beach (10 Straßenkilometer), verfügt über einen Laden, ein paar Unterkünfte und Esslokale. Er ist Ausgangspunkt für Boots-, Kajak-

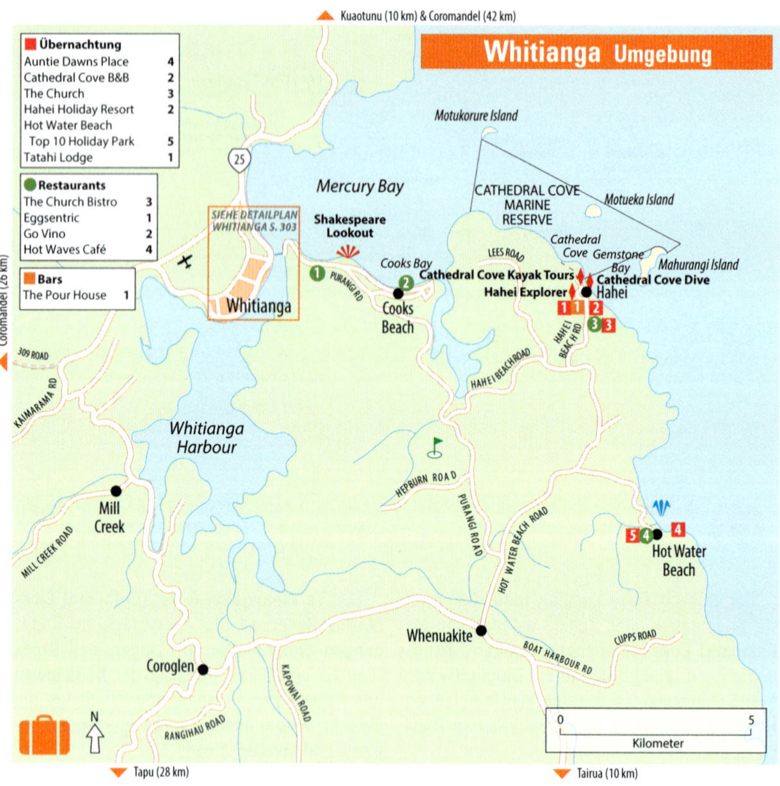

und Tauchausflüge ins **Te Whanganui-A-Hei (Cathedral Cove) Marine Reserve** (s. Kasten S. 307), das sich auch auf dem Cathedral Cove Walk erreichen lässt.

Cathedral Cove Walk

Hin und zurück 5 km; 1 1/2 Std.; 300 m Anstieg auf dem Rückweg

Der **Cathedral Cove Walk**, ein hügeliger Küstenpfad von einem Parkplatz an der Grange Road ausgehend, ist fast ein Muss. Er ist stellenweise recht steil und führt zumeist durch Kiefernwäldchen, wobei sich zwischendurch immer wieder wunderbare Meerblicke eröffnen. Als Entschädigung warten zwei perfekte Strände, die von einem kathedralenartigen Felsbogen getrennt werden.

Stufen führen hinab zum **Mare's Leg Cove**, einem traumhaften Badestrand. Durch den Bogen geht's zum nächsten Strand, dem **Cathedral Cove**. Seit schon einmal Steine aus der Bogendecke gefallen sind, warnen DOC-Schilder vor dem Betreten (eventuelle Absperrbänder sollte man ernst nehmen!). Wer vom Hahei Beach hierher spazieren möchte, folgt dem Pfad am Nordende des Strandes. Nach rund 20 Minuten Fußmarsch ist dann der Parkplatz am Start des Wanderwegs erreicht.

Gemstone Bay und Stingray Bay

Nach einem kurzen Fußmarsch auf dem Cathedral Cove Walk zweigt ein fünfminütiger Pfad zur **Gemstone Bay** ab, wo man wunderbar schnorcheln kann. Zwischen 50 m und 150 m vor der Küste erklären DOC-Schilder auf Bojen die Wunder der verschiedenen Meereshabitate unterhalb der Wasseroberfläche. Ausrüstung verleiht Cathedral Cove Dive (Kasten S. 307).

Stingray Bay, ein Stück weiter am Cathedral Cove Walk ausgeschildert, ist ein perfekter weißer Sandstrand. Selbst wenn Cathedral Cove brummt, ist es hier oft menschenleer.

Hot Water Beach

15 km südöstlich von Whitianga, aber über 30 km auf dem Straßenweg

Der **Hot Water Beach** ist eines der beliebtesten Reiseziele der Coromandel Peninsula, denn hier kann sich jeder selbst ein eigenes Badebecken mit warmem Wasser am Rande der Brandung graben. Die heißen Quellen, die unter dem Sand sprudeln, können allerdings nur zwei Stunden vor bzw. nach Ebbe (Infos über die Gezeiten im i-SITE von Whitianga oder in der Lokalzeitung) genutzt werden. Interessierte spazieren einfach 100 m über den Sand zum Felsausläufer, der den Strand teilt, buddeln ein Loch und entspannen sich im heißen Wasser, während die Wellen des aufsteigenden Meers für Erfrischung sorgen. Um sich so ein „Spa" zu graben, ist eine Schaufel notwendig. Man kann eine in der Unterkunft, im örtlichen Café oder im Hot Waves Café (S. 308) ausleihen.

Der Ansturm auf die Quellen ist sehr groß (in Stoßzeiten drängen sich hier bis zu 500 Menschen), dass manche Besucher lieber nachts herkommen. Dann braucht man außer einem Spaten auch eine Taschenlampe. Wegen gefährlicher **Unterströmung** ist beim Schwimmen an diesem Strand allerdings große Vorsicht geboten (s. Kasten S. 53). Näheres zu Unterkünften und einem Café in Strandnähe finden sich auf S. 306 und S. 308.

ÜBERNACHTUNG

Whitianga bietet eine große Auswahl an Unterkünften, weitere Schlafgelegenheiten gibt's am Hot Water Beach und in Hahei. Im Sommer sollte man rechtzeitig eine Beibe reservieren. Die Preise liegen generell etwas höher als in den restlichen Teilen der beliebten Halbinsel, insbesondere in Unterkünften mit Blick aufs Meer und bei Kurzaufenthalten während der Hochsaison.

Whitianga

Karte S. 303

Bayside Motel, 122 Buffalo Beach Rd, 💻 www.baysidewhitianga.co.nz. Das empfehlenswerte Bayside Motel ist eine preiswerte Übernachtungsoption direkt am Strand am nördlichen Ende der Bucht und bietet eine Reihe komfortabler und geräumiger Apartments, von denen einige Meerblick bieten und allesamt über eine Küchenzeile verfügen. Die Unterkünfte im Obergeschoss haben einen Balkon mit Meerblick. ❷

WAIKATO UND COROMANDEL PENINSULA

Beachfront Resort, 113 Buffalo Beach Rd, 💻 www.beachfrontresort.co.nz. Luxuriöses und trotzdem familienfreundliches Motel direkt am Strand – mit unterschiedlichen geräumigen Apartments mit Balkon (mit Meerblick etwas teurer). Für Gäste stehen Kajaks, Boogie Boards sowie ein Whirlpool und ein BBQ-Bereich zur Verfügung. ❸

Mana-Nui Motel, 20 Albert St, 💻 www.mananui.co.nz. Zentral gelegenes, komfortables Motel mit 12 komplett ausgestatteten ebenerdigen Selbstversorger-Units (manche mit 2-Bettzimmer), Pool und Spa. Äußerst liebenswürdige und zuvorkommende Betreiber. ❷

Mercury Bay Holiday Park, 121 Albert St, 💻 www.mercurybayholidaypark.co.nz. Preisgekröntes, windgeschütztes Campinggelände ca. 700 m vom Zentrum entfernt; Stellplätze und Selbstversorger-Chalets, ein Pool und kostenloser Spaten-verleih für den Hot Water Beach. Camping ❶, Chalets ❸

Peninsula Motel, 93 Albert St, 💻 www.peninsulamotel.co.nz. Dieses bodenständige Budget-Hotel bereitet seinen Gästen einen freundlichen Empfang, dank einer Reihe unspektakulärer, aber sauberer und komfortabler Zimmer, darunter EZ und große Deluxe-Studios. Alle Unterkünfte verfügen über eine Küchenzeile. Es gibt auch ein separates Haus mit 3 Zimmern, ideal für größere Gruppen. DZ ❶, Studios ❸

Whitianga Campground, 6 Bongard Rd, 💻 https://whitiangacampground.co.nz. Ein etwas heruntergekommener Campingplatz ohne Schnickschnack mit 50 Stellplätzen, einige mit Strom, andere ohne Strom, mit Platz für Zelte und Wohnmobile. Es gibt auch Hütten und etwas schickere Cottages, die zwar ein wenig in die Jahre gekommen, aber sauber und komfortabel sind. ❶

Hahei

Karte S. 304

Cathedral Cove B&B Apartment, 8 Cathedral Court, 💻 www.booking.com. Dieses gemütliche und fantastisch gelegene Apartment nur wenige Hundert Meter vom Strand Hahei entfernt, befindet sich in einer ruhigen Sackgasse und verfügt über ein geräumiges Schlafzimmer mit großem Sitzbereich, ein eigenes Bad und eine Küche sowie eine Terrasse und Grillmöglichkeiten. ❸

The Church, 87 Beach Rd, 💻 www.thechurchhahei.co.nz. Eine hübsche Ansammlung eleganter Studios und Cottages in ruhigem Gartenambiente. Alle sind sonnig, die meisten haben Oberlichter und manche einen Holzofen. *Continental breakfast* auf Wunsch. Außerdem gibt's ein ausgezeichnetes Restaurant. Studios ❷, Cottages ❸

Hahei Beach Resort, 41 Harsant Ave, 💻 www.haheiholidays.co.nz. 500 m vom Strand entfernte Anlage. Restaurants befinden sich in der Nähe; in Laufdistanz zur Cathedral Cove. Die Auswahl an Unterbringungsmöglichkeiten umfasst Stellplätze mit Strom direkt am Strand sowie komfortable Selbstverpfleger-Bungalows mit Meerblick sowie gepflegte Cabins und Cottages. Cabins ❷, Cottages ❸

Tatahi Lodge, 13 Grange Rd, 💻 www.tatahilodge.co.nz. Schöne Lodge in ruhiger Lage, nur ein paar Schritte von Cafés und Geschäften entfernt mit leichtem Zugang zur Cathedral Cove. Angeboten werden Selbstversorger-Studios und -Cottages, Backpacker-Unterkünfte und ein versteckt gelegenes Haus für 7 Pers. Spaten für den Strand bekommt man kostenlos. Dorms ❶, Studios ❸

Hot Water Beach

Karte S. 304

Auntie Dawns Place, 15 Radar Rd, 💻 www.auntiedawn.co.nz. Das Haus mit Blick auf den Strand zeichnet sich durch echte Kiwi-Gastlichkeit aus. Zur Verfügung stehen zwei einfache, komfortable Selbstversorger-Apartments für 2 Pers. und ein Campingplatz, 3 Min. zu Fuß über einen versteckten Pfad vom Hot Water Beach entfernt. Hier werden schon seit Jahrzehnten Gäste umsorgt. Camping ❶, Apartments ❷

Hot Water Beach Top 10 Holiday Park, 790 Hot Water Beach Rd, 💻 www.hotwaterbeachtop10.co.nz. Freundliche Eigentümer und moderne Einrichtungen sowie

Touren und Aktivitäten rund um Whitianga und Mercury Bay

Bootsausflüge

Alle hier aufgeführten Bootsausflüge führen grob gesagt ins gleiche Meeresgebiet zwischen Whitianga und dem schönen Hot Water Beach, u. a. zur Cathedral Cove und dem dazugehörigen Meeresschutzgebiet.

Cave Cruzer Adventures, Whitianga Wharf, 💻 www.cavecruzer.co.nz. Cave Cruzer veranstaltet Bootstouren am Shakespeare Cliff vorbei zur Cathedral Cove und weiter. Abfahrt der Expresstour um 9 und 16 Uhr (1–1 1/2 Std.). Eine längere und gemütlichere Version davon beginnt um 10 und 13 Uhr (2–2 1/2 Std.).

Glass Bottom Boat, Whitianga Wharf, 💻 www.glassbottomboatwhitianga.co.nz. Bei den zweistündigen Trips eröffnet sich ein Blick in die Unterwasserwelt. Start tgl. 10.30 und 13.30 Uhr, im Sommer öfter.

Hahei Explorer, Hahei, 💻 www.haheiexplorer.co.nz. Begleitet von unterhaltsamen Kommentaren führt das Festrumpfschlauchboot mit kleinen Gruppen einstündige Meereshöhlenerkundungen zur Cathedral Cove und zu einem beeindruckenden Blowhole durch (2–4 Fahrten tgl.; Zeiten erfragen).

Kajakfahren

Cathedral Cove Kayak Tours, 88 Hahei Beach Rd, Hahei, 💻 www.kayaktours.co.nz. In Hahei Beach beginnen professionelle geführte Seekajaktouren. Sie dauern einen halben Tag und haben entweder Cathedral Cove und die vorgelagerten Inseln zum Ziel oder die Meereshöhlen im Süden (Remote Coast Tour). Bei Ganztagstrips werden alle genannten Orte nacheinander angesteuert. Zum Angebot gehören auch kürzere, aber wunderschöne Paddeltouren in der Morgen- und Abenddämmerung (nur Dez–Feb).

Knochenschnitzen

Bay Carving, 5 Coghill St, 💻 www.carving.co.nz. Der Schnitzprofi Ian Thorne veranstaltet kurze (ca. 2 Std.) Schnitzkurse mit genauen Vorgaben. Die Stücke vom Meisterschnitzer finden Absatz in Galerien in ganz Neuseeland. Thorne nimmt immer nur ein paar wenige Schüler auf einmal an. Er gibt die nötigen Anweisungen für spezielle Projekte und ermuntert die Teilnehmer, ihrer Kreativität freien Lauf zu lassen.

Tauchen

Wer im Cathedral Cove Marine Reserve und vor der Küste tauchen und/oder schnorcheln möchte, hat die Wahl zwischen zwei Veranstaltern, die beide sowohl Anfänger- als auch Fortgeschrittenenkurse anbieten.

Cathedral Cove Dive, 48 Hahei Beach Rd, Hahei, 💻 www.hahei.co.nz/diving. Tauch- und Schnorcheltrips, PADI-Kurse und Ausrüstungsverleih. Abfahrten tgl. um 9, 12.30 und 15.30 Uhr, im Sommer öfter.

eine sonnige, verglaste Gästelounge und ein praktischer Laden, wo im Sommer frische Fish 'n' Chips zu haben sind. Es gibt auch eine Extraabteilung für Familien mit Angehörigen unter 25 Jahren. Die Älteren werden also nicht vom Kiwi Experience Bus gestört. Camping ❶, Cabins ❷, Chalets ❸

ESSEN UND UNTERHALTUNG

Cooks Beach

Karte S. 304

Go Vino, 19 Captain Cook Rd, 💻 www.govino.co.nz. Das Go Vino bietet eine saisonal wechselnde Karte von unterschiedlichen *sharing plates* mit Speisen wie Oktopus-Confit, Entenwurst mit würzigem Apfel-Chutney und *Scotch egg* mit Pilzrisotto sowie einen Sonntagsbraten. $$

Whitianga

Karte S. 303

Blue Ginger, 10 Blacksmith Lane, www.blueginger.co.nz. Das ausgezeichnete kleine Lokal serviert Leckerbissen wie *banh mi*, *poke*-Bowls und pikantes koreanisches Rindfleisch sowie vegane Speisen. $$

Coghill House, 10 Coghill St, www.cafecoghill.co.nz. Relaxtes Café, super zum Frühstücken, fürs Mittagessen und für Snacks: Ein Tipp ist das BLOT (Focaccia mit Bacon, Kopfsalat, karamellisierten Zwiebeln und Tomate). $

Marina Bay Eatery, 15/1 Blacksmiths Lane, www.marinabayeatery.co.nz. Restaurant-Weinbar, gut für ein paar Drinks, dazu preiswerte Gerichte wie Fisch-Tacos oder die Räucherfischplatte. $$

Poivre & Sel, 2 Mill Rd, www.poivresel.co.nz. Edle französische Küche mit Gerichten wie Knoblauch-Schnecken, *côte de bœuf* und *Crème brûlée* mit Passionsfrucht-Makronen. Auf der Weinkarte stehen Tröpfchen aus Frankreich wie auch Neuseeland. $$$

Salt Restaurant and Bar, im Whitianga Marina Hotel, The Esplanade, www.salt-whitianga.co.nz. Freundliche Café-Bar zum Mittag- und Abendessen mit Blick auf den Jachthafen. Serviert Hauptgerichte wie Bloody-Mary-Linguine und geschmorte Lammschulter. Im Sommer manchmal Livemusik. $$$

Ferry Landing

Karte S. 304

Eggsentric, 1049 Purangi Rd, Flaxmill Bay, 1 km westlich von Ferry Landing, www.instagram.com/the.eggsentric. Das hippe Lokal hat Tische draußen in einem Garten voller Skulpturen und drinnen in einem farbenfrohen Raum, wo vor allem Freitag abends Livekonzerte, Dichterlesungen und Ähnliches stattfinden. Erstklassige Gerichte wie langsam geröstete Aubergine an einer mexikanischen *mole*-Soße, Quiche des Tages und Thai-Fischküchlein. Für abends unbedingt reservieren! $$

Hahei

Karte S. 304

The Church Bistro, 87 Beach Rd, www.thechurchbistro.co.nz. Die hölzerne ehemalige Methodistenkirche wurde in den 1910er-Jahren von Taumarunui hierhergeschafft und bildet einen bezaubernden Rahmen für dieses edle Restaurant mit himmlischem Essen. Auf der kleinen, aber guten Karte stehen u. a. eine gedeckte Pastete mit geschmortem Hühnchen, ein Cassoulet und eine *baked Alaska* (gebackene Eiscremetorte) mit Passionsfrucht. Dazu exzellente Weine. $$

The Pour House, 7 Grange Rd, www.thepourhouse.co.nz. Kneipe der Coromandel Brewing Company, wo neben ihrem besten Bier – vom deutschen Pils bis zum belgischen Hellen – auch großzügige Portionen an Burgern, Fish 'n' Chips und Pizzas serviert werden.

Hot Water Beach

Karte S. 304

Hot Waves Café, 8 Pye Place, www.facebook.com/hotwavesHWB. Stilvolles Café mit Schanklizenz, Essbereich und Sitzgelegenheiten in einem einladenden Garten. Kleine Gerichte wie Burger mit Pastinakenchips, Frühstücks-Burritos und ausgezeichneter Allpress-Kaffee. Regelmäßige Quizabende. $

INFORMATIONEN

i-SITE, 66 Albert St, www.thecoromandel.com. Auch **Internetzugang**. Okt–April tgl. 9–17, Mai–Sep Mo–Fr 9–17, Sa 9–16, So 9–14 Uhr.

NAHVERKEHR

Auto

Die Autofahrt nach Hahei und zum Hot Water Beach dauert rund eine halbe Stunde. Zuerst geht es 25 km auf dem SH2 Richtung Südosten nach Whenuakite, dann zweigt man nördlich auf Nebenstraßen ab.

Busse

Im Sommer bietet **Go Kiwi**, 💻 www.go-kiwi.co.nz, Busse (5x tgl., 45 Min.) zwischen Ferry Landing und Hot Water Beach mit Stopps am Cooks Beach, in Hahei und auch an der Cathedral Cove.
Cathedral Cove Park and Ride, 💻 www.cathedralcoveparkandride.co.nz, ist praktisch, um vom Parkplatz am Strand von Hahei den großen Hügel hinaufzugelangen.

Schiffe

Die Passagierfähre, 💻 www.whitiangaferry.co.nz, zwischen Whitianga Wharf und Ferry Landing fährt etwa alle 10 Min. und benötigt 3 Min. für die Überfahrt.

Fahrradverleih

Hahei Beach Bikes, Hahei Beach Rd, Hahei, 💻 www.haheibeachbikes.co.nz. Am besten im Voraus buchen, insbesondere bei einem ausgemachten Treffpunkt an Ferry Landing. Abholung auch am Hahei Beach Resort (S. 306). Zum Rad gibt es einen Spaten für den Hot Water Beach bzw. eine Aufbewahrungsbox.

TRANSPORT

Busse

InterCity- und Naked-Busse setzen ihre Passagiere bei den Unterkünften in der Stadt oder aber vor dem i-SITE ab. Wer nach Tauranga fahren möchte, muss in Thames umsteigen.

Busse nach:
NGATEA 1x tgl., 2 3/4 Std.;
THAMES 2x tgl., 1 1/2 Std.

Flüge

Der kleine **Flughafen** von Whitianga liegt 4 km südlich des Stadtzentrums von Whitianga. Bis 2017 wurde er von Sunair angeflogen, derzeit finden jedoch keine Linienflüge statt.

Tairua

Am SH25, 22 km südlich von Hot Water Beach und 44 km von Whitianga, liegt das hübsche Örtchen **Tairua**. Zwei einander gegenüberliegende Halbinseln, die sich fast berühren, trennen die besonders bei Kiwi-Touristen beliebte Ortschaft von den tosenden Pazifikwellen. Eine der Landzungen wird von den Bauten der sehr exklusiven Siedlung **Pauanui** in Beschlag genommen, die andere wird vom mächtigen Vulkan **Mount Paku** gekrönt. Man kann ihn besteigen (10 Min. Aufstieg vom Parkplatz, 30 Min. vom Strand) und die spektakuläre Aussicht über die Stadt und die Strände genießen.

Vor Tairuas **Touristeninformation**, 223 Main St, 💻 www.tairua.co.nz, 🕒 Mo–Fr 9–17, Sa und So 9–16 Uhr, halten die InterCity-**Busse** aus Thames (3x tgl., 45 Min.) und Whitianga (1x tgl., 45 Min.). Eine Passagierfähre (5 Min.) verbindet Tairua und Pauanui. Sie verkehrt von 10–16 Uhr stündlich (im Sommer öfter; aktuellen Fahrplan bei der Touristeninformation checken).

ÜBERNACHTUNG

Colleith Lodge, 8 Rewa Rewa Valley, 💻 www.colleithlodge.co.nz. Wunderbares, luxuriöses, umweltfreundliches Gästehaus mit 3 Zimmern mit breiten Doppelbetten, Kaffeemaschinen und jeweils eigener erholsamer Terrasse pro Einheit sowie mit reizenden Gastgebern, Swimming Pool, Gästelounge mit Büchern und Zeitschriften sowie Meerblick. ❹

Opoutere

Rund 20 km südlich von Tairua führt eine 5 km lange Landstraße nach **Opoutere**, einem winzigen Küstenort am Fuß eines Berges. Er besitzt einen wunderschönen, wilden und von Kiefern gesäumten **Surfstrand** aus weißem Sand. Die mit Pohutukawa-Bäumen bestandene Zufahrtsstraße, die vom SH25 abzweigt, verläuft direkt am Ufer des Wharekawa Harbour entlang. Dort laden Feuchtgebiete zur Vogelbeobachtung, das

Watt zur Muschelsuche und die relativ ruhigen Gewässer zum Kajakfahren ein.

Opoutere Beach

Vom Strandparkplatz an der Kreuzung der Straßen nach Opoutere und Ohui gelangt man über eine Fußgängerbrücke zu zwei Wegen, die beide nach rund zehn Minuten am **Strand** enden: Linker Hand geht es geradewegs durch den Wald an den für gewöhnlich verlassenen Strand, während der nach rechts abzweigende Pfad der Flussmündung bis zum **Wharekawa Harbour Sandspit Wildlife Refuge** folgt. Dort brüten zwischen November und März die vom Aussterben bedrohten Maori-Regenpfeifer.

Am Opoutere Beach herrscht eine starke Unterströmung und es gibt keine Küstenwacht – Schwimmen ist hier lebensgefährlich! Es handelt sich um einen inoffiziellen FKK-Strand, aber selbst wer Klamotten anhat, sollte sich gut mit Mückenschutzmittel einschmieren.

Mount Maungaruawahine

2 km hin und zurück; 40–50 Min.

Um die Aussicht über das Mündungsdelta und die Küste zu genießen, nimmt man am besten den **Mount Maungaruawahine** in Angriff. Der Weg verläuft im Schatten knorriger Pohutukawa- und anderer einheimischer Bäume zum Gipfel, wo sich ein weiter Ausblick eröffnet. Er beginnt kurz vor dem alten YHA Opoutere (geschlossen).

ÜBERNACHTUNG UND ESSEN

Wharakewa Lodge, 389 Opoutere Rd, 💻 www.wharekawa.nz. Dieses ehemalige YHA-Hostel neben der Flussmündung ist in einem Schulhaus aus dem Jahr 1908 und einigen umliegenden Holzgebäuden untergebracht, inmitten von üppigem Buschwerk, in dem allmorgendlich die Rufe einheimischer Vögel zu hören sind. Das Aktivitätenangebot umfasst die kostenlose Nutzung von Kajaks und die Möglichkeit, nächtliche Glühwürmchen zu beobachten. Achten Sie auf den Kaka, der das Gelände heimsucht. Zwischen Mai und Ende Oktober von Sonntag bis Donnerstag geschlossen. Schlafsäle ❶, Doppelzimmer ❷

Besucher müssen **Verpflegung** mitbringen, weil es keinen Laden und in beiden Unterkünften nur einige Grundnahrungsmittel zu kaufen gibt.

TRANSPORT

Es gibt keine regelmäßigen **Busverbindungen**, aber man kann sich nach Vereinbarung von Go Kiwi (S. 309) absetzen und wieder abholen lassen.

Whangamata

Der Sommerbadeort **Whangamata**, 15 km südlich von Opoutere, wird auf drei Seiten vom Wasser und auf der vierten Seite von buschbestandenen Hügeln eingerahmt. Vom Whangamata Harbour bis zur Mündung des **Otahu River** erstreckt sich der 4 km lange, herrliche Sandstreifen **Ocean Beach**, der 2018 von den Lesern des *New Zealand Herald* zum besten Strand des Landes gekürt wurde. Bei der Sandbank am Ende der Bucht gibt es eine ausgezeichnete nach links brechende Brandung, die viele **Surfer** anzieht. Mitten durch den überschaubaren Ortskern verläuft die Port Road, die Verlängerung des SH25.

Wentworth Falls

Wanderung: 10 km hin und zurück, 2 Std. ▪ Der Pfad beginnt beim DOC-Campingplatz (s. u.), nach 5 km auf der Wentworth Valley Rd, die rund 2 km südlich der Stadt vom SH25 abzweigt

Ein paar herrliche Stunden lassen sich beim Spaziergang zu den **Wentworth Falls** im Wentworth Valley verbringen. Das Tal liegt am Fuß der Coromandel Range, 7 km südwestlich der Stadt. Auf gut instand gehaltenen Pfaden geht es vorbei an kleinen Badestellen ins Herz der Berge zu den zweistufigen, 50 m hohen Wasserfällen, wo die meisten Wanderer umkehren. Am besten ist der Wasserfall von einer kleinen Plattform aus zu bestaunen.

ÜBERNACHTUNG

Breakers Motel, 318 Heatherington Rd, 💻 www.breakersmotel.co.nz. Eindrucksvolles modernes Motel mit geräumigen Zimmern, viele davon mit Aussicht auf den Bootshafen und Spa-Pool. Es gibt einen großen Swimming Pool. ❸

Brenton Lodge, 2 Brenton Place, www.brentonlodge.co.nz. Attraktive Unterkunft in einer Grünanlage am Ortsrand von Whangamata. Zur Verfügung stehen 2 liebevoll eingerichtete Cottages (mit 2 Schlafgelegenheiten) und 2 Suiten, außerdem ein blitzsauberer Swimming Pool, ein Spa, frische Blumen, hausgemachte Schokoladen und vorzügliches Frühstück. DZ/Cottages ❹

Southpacific Motel Accommodation, Port Rd, Ecke Mayfair Ave, www.thesouthpacificmotel.co.nz. Ein makelloses Motel (manche Zimmer mit voll ausgestatteter Küche) und Konferenzzentrum. Es gibt eine Café-Bar, und Gäste dürfen kostenlos Kajaks, Surfbretter und ein Fitnessstudio in der Nähe benutzen. ❷

Wentworth Valley Campground, Wentworth Valley Rd, 7 km südwestlich von Whangamata, www.wentworthvalleycamp.co.nz. Entspannter DOC-Campingplatz mit Zeltstellplätzen am Fluss, Grillstellen, Pool und münzbetriebenen warmen Duschen direkt am Anfang des Wegs zu den Wentworth Falls. ❶

ESSEN

Blackies Café, 418 Ocean Rd, www.facebook.com/blackiescafe. Das Café hinter dem Surfclub, einen Katzensprung vom Strand entfernt, serviert mit den besten Kaffee – auch Eiskaffee – im Ort sowie Brunch, Lunch und Snacks. $

Six Forty Six, 646 Port Rd, www.facebook.com/SixfortysixWhangamata. Modernes Café und Restaurant, das Frühstück, guten Kaffee und ausgezeichnete Tacos mit Knoblauchgarnelen, Falafel und Cajun-Hühnchen anbietet. Im Sommer Fr und Sa länger geöffnet. $$

SONSTIGES

Aktivitäten

Whangamata Surf Shop, 634 Port Rd, www.whangamatasurfschool.co.nz. Wird von den Eltern von Surfchampion Ella Williams betrieben. Gruppenunterricht und Leihbretter sind verfügbar.

Informationen

Das **i-SITE**, 616 Port Rd, www.thecoromandel.com/whangamata, hat **Internetzugang**. Mo–Sa 10–17, So 9–14 bzw. Okt–März 9–17 Uhr.

Touren

Kiwi Dundee Adventures, www.kiwidundee.co.nz. Der engagierte Umweltschützer Doug Johansen (alias „Kiwi Dundee") veranstaltet verschiedene ein- bis mehrtägige Ökotouren mit Kiwi Dundee Adventures. Dabei hat man die Gelegenheit, Tiere in freier Wildbahn zu erleben und abseits der Touristenpfade zu wandern. Tagesausflüge sollten sehr früh im Voraus gebucht erden.

TRANSPORT

Die **Busse** von Go Kiwi, www.go-kiwi.co.nz, fahren von Auckland via Thames nach Whangamata (in Hikuai umsteigen).

Busse nach:
AUCKLAND 1x tgl., 3 1/4 Std.;
THAMES 1x tgl., 1 Std.

Waihi und Umgebung

SH25 und SH2 treffen bei der am südlichsten gelegenen Stadt der Coromandel Peninsula aufeinander. **Waihi**, 30 km südlich von Whangamata. In der Kleinstadt sollte man einen kurzen Stopp einlegen, um etwas über ihre Goldgräbergeschichte zu erfahren.

Der wertvolle Bodenschatz wurde hier 1878 entdeckt, der richtige Boom setzte aber erst 1894 ein. Der Untertagebau kam 1952 zum Stillstand, aber die Suche nach dem wertvollen Metall wurde 1987 wieder angekurbelt und konzentrierte sich auf die im Tagebau betriebene **Martha Mine**. Der Tagebau wurde inzwischen eingestellt, der Schwerpunkt liegt jetzt auf dem untertägigen Bergbau.

Cornish Pumphouse

In den letzten Jahren hat sich die leere Betonhülle eines dreistöckigen **Pumpenhauses** von 1903 im Cornwall-Stil zum Wahrzeichen der Stadt entwickelt. Früher hielt die Anlage den Minenschacht trocken, indem sie pro Stunde 300 t Wasser abpumpte. Später balancierte der Bau in zunehmend gefährlicher Position am Rand des Tagebaubergwerks. 2006 wurde er schließlich in einer drei Monate andauernden Aktion an seine heutige Stelle verfrachtet. So wurde auch der weitere Ausbau der Mine ermöglicht.

Waihi Arts Centre & Museum

54 Kenny St ▪ 🕒 Juni–Sep Mo und Do–So 12–15, Okt–Mai Mo, Sa und So 12–15, Do und Fr 10–15 Uhr ▪ Eintritt ▪ 💻 www.waihimuseum.co.nz

Die spannende Ausstellung im **Waihi Arts Centre & Museum** befasst sich mit dem Minenalltag. Ausführliche Betrachtung lohnen das Diorama der Victoria Battery und das Modell der ursprünglichen Waihi-Mine. Es gibt auch ein paar in Formaldehyd konservierte Daumen zu sehen. Manche Kumpel hackten sich nämlich damals einen Daumen ab, um eine Entschädigung von umgerechnet etwa 580 € zu kassieren.

Gold Discovery Centre

126 Seddon St ▪ 🕒 Nov–April 9–17, Mai–Okt 9–16 Uhr ▪ Eintritt ▪ 💻 www.golddiscoverycentre.co.nz

Recht aufwendig präsentiert das Zentrum alles Wissenswerte rund ums Thema Gold. Die Besucher sollen und dürfen sich aktiv betätigen, z. B. am pneumatischen Bohrer. Sie dürfen Dynamit hochgehen lassen, ihr Glück beim Kartenspiel versuchen und schwere Goldbarren stemmen. Es werden auch Minenführungen angeboten (s. „Touren").

Goldfields Railway

Am Ende der Wrigley St ▪ 🕒 Mo–Fr 11.45 Uhr – die Termine ändern sich von Zeit zu Zeit, siehe Website; Wochenende, Feiertag und Schulferien tgl. 10, 11.45, 13.45 und 15.30 Uhr ▪ Gebühr ▪ 💻 www.waihirail.co.nz

Die aus den 1930er-Jahren stammende Diesellok der **Goldfields Railway** befährt das ganze Jahr über die 6 km lange Strecke westwärts nach Waikino in der nahe gelegenen **Karangahake Gorge** (S. 287). Die Fahrt hin und zurück dauert rund eine Stunde. Unterwegs bieten sich fantastische Ausblicke auf den Ohinemuri River. Wer noch mehr von der Landschaft genießen möchte, leiht sich ein Fahrrad und radelt zurück.

Waihi Beach

Der 9 km lange goldene Sandstrand **Waihi Beach** 11 km östlich von Waihi ist einer der sichersten Badestrände des Landes. Die Region wirkt zwar etwas abgelegen, bietet aber einen hervorragenden Campingplatz, der den Abstecher von der SH2 lohnt.

ÜBERNACHTUNG UND ESSEN

Bowentown Beach Holiday Park, 510 Seaforth Rd, Bowentown Beach, 💻 www.bowentown.co.nz. Abgeschiedener Platz am südlichen Strandende mit zahlreichen Wassersportmöglichkeiten. Moderne Duschen und Fernsehraum. Rad- und Kajakverleih für Gäste. Camping-Stellplatz ❶, Cabins ❷, Apartments ❸

Down Thymet, 31 Orchard Rd, 1,5 km westlich von Waihi, 💻 www.downthyme.co.nz. Schmackhafte und gesunde mediterrane Küche hat sich dieses sympathische Restaurant auf die kulinarischen Fahnen geschrieben. Die Gäste können sich ohne Probleme die Zeit vertreiben, indem sie Oliven naschen und dabei in aller Ruhe ein Glas Wein schlürfen, bevor die türkisch inspirierten Hauptgerichte wie Falafel-Bratlinge oder Lammschaschlik auf den Tisch kommen. $$

The Porch Kitchen and Bar, 23 Wilson Rd, Waihi Beach, 💻 www.theporch.co.nz. Das kulinarische Epizentrum von Waihi Beach hat alles parat, von heißer Schokolade mit Chili und Kuchen bis zu Abendgerichten wie leckerem Hähnchenbrust mit gebackener *kumara*. $$$

Ti-Tree Café, 14 Haszard St, Waihi, ✆ 07 863 8668. In dem entzückenden Café mit Garten gibt es Speisen wie Kürbis-Feta-Frittata und „weltberühmten" *chowder*, abends auch Holzofenpizza. Gelegentlich werden Livemusik-Events veranstaltet. $$

INFORMATIONEN UND TOUREN

i-SITE, 126 Seddon St, 🖳 www.waihi.org.nz. Infozentrum im gleichen Gebäude wie das Minentourbüro und die Minenausstellung (S. 312). 🕒 Okt–April 9–17, Mai–Sep 10–16 Uhr.
Waihi-Goldminenbesichtigungstour, 🖳 www.waihigoldminetours.co.nz. Abholung beim i-SITE. Als Ergänzung zum Discovery Centre bietet die Minengesellschaft eine 1 1/2-stündige Führung an (tgl. 10.30 und 12.30 Uhr, im Sommer häufiger). Festes Schuhwerk tragen!

TRANSPORT

Busse von InterCity halten auf der Strecke Auckland–Tauranga vor dem Visitor Centre.

Busse nach:
AUCKLAND 5x tgl., 2 3/4 Std.;
TAURANGA 5x tgl., 1 Std.

Katikati

Südlich von Waihi führt die Küstenlinie ostwärts in die Bay of Plenty hinein. Die mit Wald überzogenen Berge bleiben allmählich zurück und weichen einer weniger schroffen, offeneren Landschaft: Zwischen sanften Hügeln liegen breite, immergrüne Agrargürtel mit den wertvollen Kiwi-Obstgärten. Im Sommer gibt es an unzähligen **Straßenständen** Kiwifrüchte von den zahlreichen Plantagen zu kaufen, oft zu Schleuderpreisen.

ORAKEI KORAKO

Rotorua und Bay of Plenty

Rotorua ist eines der beliebtesten Touristenziele Neuseelands. Hier blubbern Schlammtümpel, hier bieten Geysire ein beeindruckendes Naturschauspiel, und überall in der Stadt laden Thermalbäder zum Entspannen ein. Außerdem wartet Rotorua mit zahlreichen Maori-Kulturerlebnissen auf. Nördlich erstreckt sich von der Coromandel Peninsula im Westen bis zum East Cape im Osten die geschichtsträchtige Region Bay of Plenty mit ihren Stränden und Inseln.

Stefan Loose Traveltipps

Maori-Konzerte mit Hangi Tolle Einführung in Stammesgesänge, Tänze, Lieder, Geschichten und Küche der Maori. S. 327

Kaituna River Die Rafting-Bedingungen auf diesem kurzen Fluss mit den spektakulären, 7 m hohen Tutea Falls sind vom Feinsten. S. 328

5 **Wai-O-Tapu** Bunt schimmernde Pools, blubbernder Schlamm und ein speiender Geysir sind die Highlights des besten Geothermalgebiets in der Umgebung von Rotorua. S. 334

Mount Maunganui Von diesem erloschenen Vulkan bieten sich spektakuläre Ausblicke auf die Stadt, die ihm seinen Namen verdankt. S. 341

Mataatua Wharenui Eines der schönsten Versammlungshäuser ist nach über einem Jahrhundert an seinen Ursprungsort zurückgekehrt. S. 346

White Island Auf einem Rundflug über die Vulkaninsel lässt sich die Mondlandschaft von oben bestaunen. S. 346

MAORI MEETING HOUSE, ROTORUA

BLICK VOM MOUNT MAUNGANUI

Inhalt

Wer in **Rotorua** ankommt, muss sich zunächst an die eigentümliche Duftnote der Stadt gewöhnen: Der aus den natürlichen Öffnungen in der Erdkruste aufsteigende Schwefelwasserstoff sorgt dafür, dass ein Geruch von faulen Eiern in der Luft liegt, der allerdings nach ein paar Stunden praktisch nicht mehr wahrgenommen wird. Kein noch so übler Geruch hat es bisher geschafft, die Touristen von dieser kleinen, ordentlichen Stadt am Südufer des **Lake Rotorua** fernzuhalten – Rotorua ist die Touristenattraktion Nummer eins auf der Nordinsel. Durch den Kontrast mit den riesigen Kiefernbeständen des **Kaingaroa Forest** gewinnt die spektakuläre Vulkanlandschaft noch zusätzlich an Reiz. Es handelt sich um eine der größten Baumanpflanzungen der Welt, deren eng geschlossene Reihen schnell wachsender Monterey-Kiefern *(Pinus radiata)* sich bis zum Horizont erstrecken.

Von der Goldstadt **Waihi** am südlichen Ende der Coromandel Peninsula erstreckt sich die **Bay of Plenty** nach Südosten bis Opotiki. Paral-

lel zur Bucht verläuft der Pacific Coast Highway (SH2). Ihren Namen bekam die „Bucht des Überflusses" 1769 von Kapitän James Cook, der überrascht war, so viele Maori-Siedlungen vorzufinden, die von reichen Ressourcen lebten und ihn großzügig mit Vorräten versorgten. Diese Ära des Friedens wurde in den 1860er-Jahren durch die Landkriege erschüttert: Heftige Kämpfe führten damals zur Errichtung von Garnisonen in Tauranga und Whakatane.

In der Bay of Plenty herrscht das beste Klima der Nordinsel, was die Gegend zu einem hervorragenden Obstanbaugebiet (vor allem Zitrus- und Kiwifrüchte) macht. Obwohl sich die Küste besonders bei einheimischen Urlaubern großer Beliebtheit erfreut, ist sie bis heute relativ unberührt. Hier gibt es tolle Surfstrände und andere Wassersportangebote.

Im Westteil der Bucht liegt eines der am schnellsten wachsenden urbanen Gebiete des Landes. Es besteht aus **Tauranga** und dem angrenzenden Badeort **Mount Maunganui**. **Whakatane** im Osten ist der Ausgangspunkt für Panoramaflüge zur aktiven Vulkaninsel **White Island**, für Schwimmen mit Delphinen und Rafting auf dem **Motu River**.

Rotorua

Rotorua liegt in einem der dichtesten und zugänglichsten Geothermalgebiete der Welt. 15 m hohe Geysire schießen inmitten kaleidoskopischer Mineralbecken ihre Fontänen in die Höhe, dampfende Schwaden überziehen kochende Schlammlöcher, verkrustete Minerale hängen wie Stalaktiten von den Sinterterrassen herab – kurz: Vulkanismus, wie er im Buche steht. Die Vögel am Seeufer sind vom mühevollen Brüten befreit, weil die Erde von allein genügend Wärme spendet. Die Gräber auf den Friedhöfen müssen oberirdisch angelegt werden, weil das Graben im Boden wahrscheinlich eine weitere heiße Quelle zutage fördern würde. Viele Hotels sind mit geothermisch erhitzten Bädern ausgestattet.

In der gesamten Region vereinigen sich Hitze und Schwefel zu einer praktisch vegetationslosen Landschaft. Nur widerstandsfähige Pflanzen vermögen dem „Atem" der Unterwelt zu trotzen, der in Form heißer Rinnsale, zischender Gase und siedender, als Fumarolen bezeichneter Dampfaustritte aus vulkanischen Erdspalten zutage tritt. Dass hier auch ohne Pflanzen kein Mangel an Farben herrscht, verdankt diese „Hexenküche" den in orangen, smaragdgrünen und rostroten Tönen schimmernden Mineralablagerungen an den Rändern der Wasserbecken.

Die hydrothermische Aktivität dieser geologischen Baustelle macht indes nur einen Teil der Anziehungskraft Rotoruas aus. Trotz der zwangsläufig verwässernden Auswirkungen des Tourismus gibt es keine bessere Gelegenheit für eine Einführung in die Kultur der **Maori** als einen der Konzert- und Hangi-Abende, die überall in und um Rotorua veranstaltet werden.

Die nördliche und südliche Begrenzung Rotoruas bilden zwei alte Dörfer der Ngati Whakaue: das am Seeufer gelegene **Ohinemutu** sowie **Whakarewarewa**. Das originale Bath House befindet sich inmitten der typisch englischen Parkanlage **Government Gardens** und ist heute Bestandteil des **Rotorua Museum**.

Am südlichen Stadtrand locken das **Whakarewarewa Thermal Village**, in dem die Bewohner inmitten dampfender und kochender Quellen ihrem ganz normalen Tagwerk nachgehen, und nebenan **Te Puia** mit den einzigen natürlichen Geysiren der Gegend und einer faszinierenden Schnitzschule. Außerhalb der Stadt hat **Skyline Rotorua** am **Mount Ngongotaha** verschiedene Fahrgeschäfte, bei denen Schwerkraft und Nervenkitzel im Vordergrund stehen.

Der **Rainbow Springs Kiwi Wildlife Park** im Schatten des Berges vermittelt Einblicke in den Lebenszyklus der Forellen und beherbergt zudem das spannende **National Kiwi Encounter**, das größte seiner Art weltweit, während die benachbarte **Velocity City definitiv** darauf abzielt, ihre Gäste noch mehr Adrenalin produzieren zu lassen.

Außerhalb der Stadt liegen einige der schönsten Geothermalgebiete der Region (S. 331).

Geschichte

Die Region Rotorua ist die Heimat des Volkes der **Arawa**. Laut Überlieferung war der *tohunga* (Priester) **Ngatoroirangi** Anführer einer der ersten Expeditionen ins Landesinnere. Er schaffte es bis auf den eisigen Gipfel des Vulkans Tongariro, wo er fürchtete zu erfrieren. Aber seine Gebete zu den Göttern von Hawaiki wurden erhört: Sie schickten das ersehnte Feuer, das sich unter der Erde fortbewegte und dann an die Oberfläche stieß, zunächst auf der vulkanischen Insel White Island in der Bay of Plenty und anschließend an mehreren Punkten auf einer Linie zwischen jener Insel und den drei Vulkanen der zentralen Nordinsel. Ngatoroirangi war gerettet und siedelte sich mit seinen Gefolgsleuten in der Umgebung des Lake Rotoiti („kleiner See“) und des Lake Rotorua („zweiter See“) an.

Als Vergeltung für einen früheren Überfall befehligte **Hongi Hika**, das Oberhaupt der Northland-Ngapuhi, 1823 einen Angriff auf Rotorua. Seine Truppe war mit Musketen ausgerüstet, die er von den Europäern in der Bay of Islands im Tauschhandel erworben hatte. Die Arawa suchten Zuflucht auf der mitten im Lake Rotorua gelegenen Insel Mokoia Island. Wild entschlossen trugen Hongi Hika und seine Krieger ihre Kanus zwischen den Seen über Land (die Strecke zwischen Lake Rotoiti und Lake Rotoehu heißt noch heute Hongi's Track), und die Ngapuhi besiegten die traditionell bewaffneten Arawa. Während der Landkriege in den 1860er-Jahren unterstützten die Arawa die Regierungstruppen. Das zahlte sich für sie aus, als sie ein Jahrzehnt später von **Te Kooti** und dessen Truppen angegriffen wurden, denn koloniale Streitkräfte halfen ihnen, die Attacke abzuwehren.

Zu jener Zeit hatten bereits einige **Europäer** mehrere Jahre mit den Maori in deren Dörfern Ohinemutu und Whakarewarewa gelebt, doch erst nach der Vertreibung von Te Kooti entstand das heutige Rotorua. Es kamen vermehrt **Touristen** in die Gegend, um die großartigen Sinterfelder Pink and White Terraces zu besuchen. Die Arawa, die bis dahin relativ isoliert von europäischen Einflüssen gelebt hatten, erkannten schnell die Möglichkeiten, die der Fremdenverkehr ihnen bot, und trugen dazu bei, Rotorua zu dem zu machen, was es heute ist. Rotorua wurde zunächst als **Kurort** auf einem Stück Land gegründet, das von den Ngati Whakaue gepachtet worden war. 1885 entstand in dem frisch gebackenen Kurort der Government Sanatorium Complex, wo „Invaliden“ Linderung finden sollten.

Sicherheit in Rotorua

Ein ständiges Problem in und um Rotorua sind **Diebstähle aus Autos**, wobei die Täter vor allem Fahrzeuge im Visier haben, die in der Nähe von Hostels, an den Ausgangspunkten von Wanderwegen, bei Sehenswürdigkeiten und an anderen unbewachten Orten geparkt sind (zurzeit ist der Kerosene Creek bei Dieben sehr beliebt). Es empfiehlt sich daher, Wertgegenstände mit aufs Zimmer zu nehmen oder im Safe der Unterkunft zu deponieren.
Außerdem liegt die Verbrechensrate in Rotorua höher als im Landesdurchschnitt – man sollte hier also generell etwas auf der Hut sein, aber sich auch nicht verrückt machen lassen.

Stadtzentrum

In ihrer Gegenüberstellung von Gediegenem und Exotischem sind die **Government Gardens** östlich des Ortskerns ein bizarrer Anblick: England im Miniaturformat mitten in Neuseeland. Rentner im blütenweißen Dress spielen Rasenbowling, umgeben von schwefligen Dampfspalten, Palmen thronen über Rosengärten, und in der Mitte steht das im Tudor-Stil gehaltene **Badehaus** aus dem Jahr 1908.

Das als großartigstes Heilbad der Südsee gepriesene Badehaus wurde als Therapeutikum gegen Arthritis, Alkoholismus oder Übererregbarkeit errichtet. Dazu mussten sich die Patienten schaurigen Prozeduren wie der Elektrotherapie unterziehen. Das Badehaus erfüllte seine Funktion noch bis 1963, obwohl die großen Heilbäder schon lange vorher aus der Mode gekommen waren. Die moderne und luxuriösere Version eines Kurbades findet sich im **Polynesian Spa** und im **Spa at QE**.

Das alte Badehaus beherbergt das wunderbare **Rotorua Museum**, das zur Zeit der Recherche allerdings geschlossen war, da es die Erdbeben-Schutzvorschriften nicht erfüllt. Nach seiner Wiedereröffnung (geplant für 2025) kön-

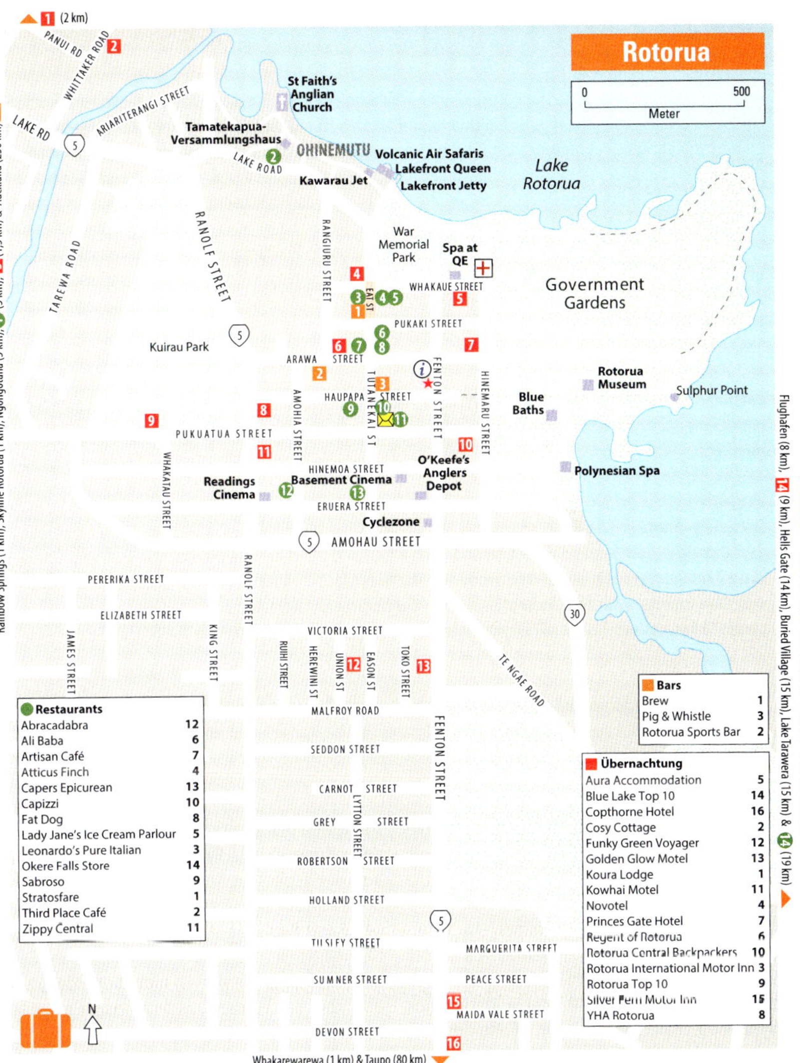

nen Besucher in der Ausstellung „Taking the Cure" die Geschichte des Badehauses studieren.

Sulphur Point

Hatupatu Drive ▪ ⌚ tgl. 24 Std. ▪ Eintritt frei

Der unverwechselbare Geruch von Schwefel ist ein ständiger Begleiter in dieser Gegend, und südlich der Government Gardens fungierte der beißende Geruch dieses chemischen Elements als Namensgeber für den **Sulphur Point**, ein landschaftlich reizvolles Gebiet mit Spazierwegen und heißen Quellen, das sich hervorragend für Tierbeobachtungen in Stadtnähe eignet. Schwäne, Enten, Gänse und andere Tiere

Touren und Aktivitäten auf dem Lake Rotorua und auf Mokoia Island

An der Lakefront Jetty am Lake Rotorua, am nördlichen Ende der Tutaneka Street, fahren die Boote zur 7 km nördlich gelegenen Insel **Mokoia Island** ab. Das ist ein raubtierfreies Vogelschutzgebiet mit einem langjährigen Zuchtprogramm für die Lappenkrähe, den Sattelstar und den Langbeinschnäpper. Besser bekannt ist die Insel allerdings aufgrund der Legende von **Hinemoa und Tutanekai** (S. 321). Der Standort von Tutanekais *whare* und Hinemoas Pool können im Rahmen von Inselführungen besichtigt werden.
Rotorua genießt bei Anglern zu Recht einen hervorragenden Ruf für seine wunderbaren Bedingungen zum Forellenfischen. Das **Angeln** auf den 16 herrlichen Seen um Rotorua herum und besonders auf dem Lake Rotorua selbst könnte landschaftlich kaum schöner sein und ist durch den Kampf mit sich heftig wehrenden Regenbogenforellen gekennzeichnet.

Bootsfahrten

Lakeland Queen, Lakefront Jetty, 💻 www.lakelandqueen.co.nz. Gemächliche Fahrten auf dem See mit einem nachgebauten Raddampfer: Es werden verschiedene Rundfahrten inkl. einer Mahlzeit geboten.

Angeln

O'Keefe's Anglers Depot, 1113 Eruera St, 💻 www.okeefesfishnz.wixsite.com. Bietet aktuelle Berichte über den Zustand der Seen und Flüsse und hält auch die kostenlose, von Fish and Game New Zealand herausgegebene Broschüre *Lake Rotorua & Tributaries* bereit, in der die Angelvorschriften erläutert werden. Außerdem stellen die Mitarbeiter Kontakte zu Angelführern („fly-fishing guides") her, die pro Tag ca. $550 verlangen. Informationen zu Angellizenzen auf S. 71.

Jetbootfahrten

Kawarau Jet, Lakefront Jetty, 💻 www.nzjetboat.co.nz. Bietet Fahrten über den See, Parasailing und Trips nach Mokoia Island und zu den Manupirua Hot Springs, die nur mit dem Boot zu erreichen sind.

scheint der Gestank nicht zu stören – tatsächlich lieben sie es, sich in den Schlammtümpeln zu wälzen, die die weitläufigen Schwefelwüsten säumen.

Dieses Gebiet war nicht immer ein Naturschutzgebiet – ganz im Gegenteil: Es diente einst als Mülldeponie von Rotorua. Und noch heute lässt sich das eine oder andere Stück Müll entdecken, das über den Ebenen herumschwirrt. Allerdings stört das die Szenerie keineswegs, sondern es passt ganz gut zu diesem etwas apokalyptischen, an *Mad Max* erinnernden Ort.

Polynesian Spa

Hinemoa St, am See ▪ 🕒 tgl. 8–23 Uhr; Wellnessanwendungen tgl. 10–19 Uhr ▪ Eintritt ▪ 💻 www.polynesianspa.co.nz

Der größtenteils unter freiem Himmel angesiedelte Komplex des **Polynesian Spa** setzt sich aus vier separaten Badebereichen zusammen. Die Mehrzahl der Gäste tummelt sich in den sieben **Adult Pools** (36–42 °C) um die historischen Becken Radium Pool und Priest Pool herum. Die historischen Pools dürfen nicht betreten werden, aber das Wasser aus dem Priest Pool, das besonders Beschwerden durch Arthritis und Rheuma lindern soll, wird in drei der anderen Pools gespeist.

Wer sich nur eine halbe Stunde lang im Wasser aalen möchte, ist in den **Private Pools** für je zwei bis drei Personen besser aufgehoben. Mehr Exklusivität bietet der benachbarte **Lake Spa** mit seinen attraktiv gestalteten, flachen Felsbädern, die um einen abgeschlossenen Entspannungsbereich mit Bar gruppiert sind. Im Voraus reservieren sollte man Massagen, Schlammpackungen und Verwöhnkuren. Kinder kommen im **Family Spa** auf ihre Kosten, das ein 33 °C warmes Schwimmbecken, zwei Mineralpools und eine Wasserrutsche zu bieten hat.

Blue Baths

Queens Drive, Government Gardens ▪ ⌚ tgl. Nov–März 10–18, April–Okt 12–18 Uhr ▪ Eintritt ▪ 💻 www.bluebaths.co.nz

Während das Hauptbadehaus der Gesundheit gewidmet war, diente die benachbarte, 1933 eröffnete Badeanstalt **Blue Baths** einzig und allein dem Amüsement. Das im kalifornischen Missionsstil errichtete Gebäude zählte zu den ersten öffentlichen Bädern, in denen das gemeinsame Planschen beider Geschlechter erlaubt war.

Es musste 1982 geschlossen werden, wurde aber wieder teilweise eröffnet, mit einem Freibad (29–33 °C) und zwei kleineren Becken (38–40 °C). Ein Großteil des Komplexes wird heute für private Veranstaltungen genutzt und ist deshalb am Wochenende nicht selten geschlossen.

Spa at QE

1073 Whakaue St ▪ ⌚ Mo–Fr 9–21, Sa und So bis 19 Uhr ▪ Eintritt ▪ 💻 www.qehealth.co.nz

Der Geist des ursprünglichen Badehauses lebt fort im **Spa at QE**. Hier stehen therapeutische Heilanwendungen im Mittelpunkt. Das Bad macht einen klinischen, etwas heruntergekommenen Eindruck, aber die Anwendungsbereiche werden nach und nach saniert.

Man kann in den mit alkalischem Wasser von der Rachel Spring gespeisten Privatbecken baden, ein Schlammbad nehmen oder sich eine Wassermassage verpassen lassen.

Ohinemutu

Am Seeufer, 500 m nördlich der Stadtmitte ▪ Eintritt ▪ ✆ 07 348 0189

Bevor Rotorua entstand, war **Ohinemutu** die größte Maori-Ansiedlung der Gegend. Auch heute noch ist Ohinemutu fest in Maori-Hand. Neben den heißen Quellen ist die kleine Fachwerkkirche **St Faith's Anglican Church** interessant, die 1914 ihre Vorgängerin von 1885 ersetzte. Die Innenwände sind fast lückenlos mit Schnitzereien oder *tukutuku* (Holzflechtarbeiten) bedeckt. Hauptattraktion ist ein Fenster mit einer in einen Maori-Umhang und Federn gehüllten Christus-Figur, die so ausgerichtet wurde, dass sie auf dem Wasser des Sees zu wandeln scheint.

Am gegenüberliegenden Ende des kleinen Platzes vor der Kirche steht das ebenfalls mit wunderschönen Schnitzereien geschmückte **Tamatekapua-Versammlungshaus**. Die besten Arbeiten (einige davon fast 200 Jahre alt) werden allerdings im Innern unzugänglich aufbewahrt. Interessierte können sich telefonisch nach einer Führung erkundigen.

Die Liebesgeschichte von Hinemoa und Tutanekai

Die Maori-Liebesgeschichte von **Hinemoa und Tutanekai** macht bereits seit Jahrhunderten an den Ufern des Lake Rotorua die Runde. Die Geschichte erzählt von zwei Liebenden, dem jungen Häuptling Tutanekai von der Insel Mokoia und seiner aus vornehmem Hause stammenden Geliebten Hinemoa, deren Familie ihr verbot, den unehelich geborenen Tutanekai zu heiraten. Um sie an einem Zusammentreffen mit ihm zu hindern, wuchtete die Familie ihr schweres *waka* (Kanu) auf den Strand.
Doch der Wind trug nachts die klagenden Klänge von Tutanekais Flöte über den See, bis es die verliebte Hinemoa nicht mehr aushielt und den Entschluss fasste, zur Insel zu schwimmen. Als sie auf der Insel ankam, hatte sich Tutanekai aber bereits in sein *whare* zurückgezogen und schlafen gelegt. Weil Hinemoa ohne Kleidung das Dorf nicht betreten durfte, legte sie sich in eine heiße Quelle. Bald kam Tutanekais Sklave vorbei, um Wasser zu holen. Hinemoa lockte ihn zu sich, entriss ihm seine Kürbisflasche, zerschlug sie und schickte ihn zurück zu seinem Herrn. Der zornige Tutanekai ging zur Quelle, um den Vorfall zu untersuchen und landete direkt in den offenen Armen von Hinemoa.

Whakarewarewa Thermal Reserve

Die der Stadt am nächsten gelegenen Thermalgebiete, **Te Puia** und das **Whakarewarewa Thermal Village**, bilden die beliebte **Whakarewarewa Thermal Reserve** 3 km südlich des Stadtzentrums.

Te Puia

Hemo Rd, ca. 4 km südlich des Zentrums ▪ ⏲ tgl. April–Sep 8–17, Okt–März 8–18 Uhr; kostenlose einstündige Führungen zur vollen Stunde ▪ Eintritt; Führung tagsüber, Kulturveranstaltung abends und Hangi; außerdem zahlreiche weitere Aktivitäten – s. Website ▪ 💻 www.tepuia.com

Rund zwei Drittel der aktiven Thermalzone bilden heute **Te Puia**. Hier führen Spazierwege an wabernden Schlammtümpeln, schwefelhaltigen Quellen und den spektakulärsten Geysiren Neuseelands vorbei, dem 7 m hohen **Prince of Wales' Feathers** und dem 15 m hohen **Pohutu** („großer Spritzer"). Bis 2000 hatte Letzterer mehrmals täglich seine Fontäne losgelassen, doch dann überraschte er alle, als er plötzlich noch nie da gewesene 329 Tage ununterbrochen spuckte. Danach beruhigte er sich wieder ein wenig und ist momentan etwa zwei- bis dreimal pro Stunde kurz nach dem Geysir Prince of Wales' Feathers aktiv.

Zum Komplex gehören auch ein **Nachttierhaus** mit Kiwis, ein nachgebautes, für Zeremonien benutztes **Maori-Dorf** und ein **Arts and Crafts Institute**, wo versierte Kunsthandwerker Flachsröcke und zum Teil riesige Schnitzarbeiten produzieren. Kleinere Hamdwerksarbeiten werden im recht teuren Laden zum Verkauf angeboten.

Whakarewarewa Thermal Village

17 Tryon St, 3 km südlich des Zentrums ▪ ⏲ tgl. 8.30–17 Uhr, kostenlose kulturelle Aufführung 11.15 und 14 Uhr ▪ Eintritt ▪ 💻 www.whakarewarewa.com

Der Rest der Thermalzone steht unter der Schirmherrschaft des **Whakarewarewa Thermal Village**, eines normalen, bewohnten Dorfes, das bereits vor Ankunft der Europäer gegründet wurde und umsichtig modernisiert wird. Hier geht es nicht in erster Linie um Geysire, sondern darum, wie sich die Maori ihr Leben in diesem einzigartigen Umfeld eingerichtet haben. Besucher können einfach durchs Dorf schlendern, eine kostenlose kulturelle **Aufführung** besuchen und an einem **Hangi** teilnehmen. Wer will, kann Maiskolben kaufen, die in einem der natürlichen Dampfkessel gegart wurden. Bei Buchung über die Website gibt's 10 % Rabatt.

Nordwest-Rotorua

Abgesehen von den Besucherströmen in den Geothermalgebieten spielen sich die meisten Tagesaktivitäten in Rotorua an den Hängen des **Mount Ngongotaha** ab, 5–10 km nordwestlich des Zentrums. Dieses aufstrebende Gebiet wird immer mehr von Vorortbebauung in Beschlag genommen.

Skyline Rotorua

185 Fairy Springs Rd, 4 km nordwestlich des Zentrums von Rotorua ▪ ⏲ tgl. 9–22 Uhr ▪ Eintritt ▪ 💻 www.skyline.co.nz

Bei den **Skyline Rotorua** befördern Gondeln die Fahrgäste 200 m hoch zur obersten Station an der Flanke des Berges mit herrlichen Ausblicken auf den See und die Stadt. Oben im Buffet-Restaurant Stratosfare gibt es Mittag- und Abendessen (S. 326).

Je nach Lust und Laune erkundet man den Berg oder nutzt die Einrichtungen. Zur Auswahl stehen z. B. die **Luge**, eine Art Plastikschlitten auf Rädern, und die **Zoom Zipline**. Die Zipline führt 383 m den Mount Ngongotaha hinab. An zwei parallelen Drahtseilen können sich zwei Personen gleichzeitig in die Tiefe stürzen. Wem das nicht genügt, der kann sich anschließend noch vom 10 m hohen **Quickijump** rückwärts herunterfallen lassen.

National Kiwi Hatchery

Agrodome, 141 Western Rd, Ngongotaha, ▪ ⏲ Mo–Fr 9.30–14 Uhr, online buchen ▪ 💻 www.nationalkiwihatchery.org.nz

Am Fuße des Mount Ngongotaha liegt das **National Kiwi Hatchery**, das einen Einblick in die wichtige Schutzarbeit erlaubt, die sich dem Kampf gegen das Aussterben des legendären Vogels Neuseelands verschrieben hat. Dies ist die größte Kiwi-Brutstation der Welt, die lebenswichtige Arbeit leistet, aber natürlich auch viel Geld verschlingt – die durchschnittlichen Kosten für die Aufzucht und das Ausbrüten eines Kiwi-Eies betrugen zur Zeit der Recherche US$ 2787. 100 % der Besucherticketpreise werden daher für die laufenden Kosten des Betriebs verwendet.

Interessierte haben hier die Möglichkeit, beim Ausbrüten der Eier zuzuschauen und frisch geschlüpfte Küken zu beobachten (vorausgesetzt, es sind gerade welche da). Lehrreiche Attraktionen ergänzen das Angebot: So können Besucher hier in einem Kiwi-Bau in Originalgröße wandeln oder in einem Riesen-Kiwi-Ei sitzen. Das exklusive (und ziemlich teure) Ticket für einen Blick hinter die Kulissen ermöglicht Gespräche mit weltweit führenden Kiwi-Experten und – mit etwas Glück – ein Foto mit einem Kiwi-Küken.

Paradise Valley Springs

467 Paradise Valley Rd, 11 km westlich des Zentrums ▪ 🕒 tgl. 8–17 Uhr ▪ Eintritt ▪ 💻 www.paradisev.co.nz

Bei den **Paradise Valley Springs** gibt es sogar Löwen. In einem Waldgebiet führen ordentlich instand gehaltene Wege zu Forellenbecken, durch ein wildromantisches Sumpfgebiet, zu einem Vogelhaus mit Keas und zu einem Gehege mit Tahr, Wallabys und Wildschweinen. Von einem erhöhten Plankenweg bietet sich ein hervorragender „Einblick" in den neuseeländischen Wald. Der Besuchermagnet sind aber natürlich die Löwen, die täglich um 14.30 Uhr gefüttert werden. Wenn gerade Nachwuchs im Alter von vier Wochen bis zu einem Jahr vorhanden ist, darf dieser auch gestreichelt werden. Ein Erlebnis!

Agrodome

Western Rd, Ngongotaha, 10 km nördlich des Zentrums ▪ 🕒 tgl. 8.30–17 Uhr ▪ Eintritt ▪ 💻 www.agrodome.co.nz

Fast alle Rundreisebusse auf der Nordinsel halten am **Agrodome**. Die Hauptattraktion ist eine professionell gestaltete, einstündige **Schafshow**. Obwohl zweifellos recht kitschig, ist das Spektakel doch stets unterhaltsam: 19 Schafböcke werden auf die Bühne gelockt, um die verschiedenen Züchtungen Neuseelands zu repräsentieren, Schafe werden geschoren, Lämmer mit der Flasche gefüttert und Schäferhunde vorgeführt. Anschließend müssen die Hunde draußen zeigen, was sie können. Außerdem gibt es noch eine einstündige Farmtour.

Velocity Valley

1335 Paradise Valley Rd, 10 km vom Zentrum ▪ 🕒 tgl. 9–17 Uhr ▪ 💻 www.agroventures.co.nz

Auf die Klientel der Adrenalinsüchtigen hat es das benachbarte **Velocity Valley** abgesehen. Zu den Attraktionen zählen ein **Bungy-Sprung** aus 43 m Höhe, der schaukelartige **Swoop** und der **Agrojet**, wo dreisitzige Rennboote über einen kurzen Parcours rasen. Der **Freefall Extreme** simuliert den freien Fall à la Skydiving, indem man per Propellerwind zunächst 5 m in die Höhe geblasen wird, um anschließend auf einem aufgespannten Sicherheitsnetz zu landen.

Bei der Fahrradschwebebahn **Shweeb** kann man mit in Plastikkabinen eingehüllten Liegerädern gegen die Zeit oder gegen andere Teilnehmer Rennen fahren. Es ist besser, als es sich anhört, vor allem, wenn man zwei Teams zusammenbekommt.

Rotorua Canopy Tours

SH5, Höhe Western Rd, 10 km vom Zentrum ▪ 🕒 tgl. 7.45–16 Uhr ▪ Eintritt (3 Std.) ▪ 💻 www.canopytours.co.nz

Bei **Rotorua Canopy Tours** in den grünen Urwäldern des Mamaku Plateaus finden die Besucher eine andere Art von Abenteuer. Die dreistündige Ziplining-Tour führt durch unberührten Wald über Plattformen hoch in den Rimu-Bäumen, erfüllt vom Gesang der Rotkehlchen, Kuckuckskäuze und anderen einheimischen Vögel. In einer Höhe von bis zu 44 m geht es über farnbewachsene Schluchten, in die knorrige bemooste Bäume hineinragen. Das Unternehmen hat Unsummen in Fallen investiert, um den Wald von schädlichen Tieren aller Art wie Ratten zu befreien und den seltenen Vögeln eine Überlebenschance zu geben. Das Gebiet konnte so in seinen ursprünglichen paradiesischen Zustand vor dem Eingreifen der Europäer zurückverwandelt werden. Für den Moa und den Haastadler ist es zwar zu spät, aber viele einheimische Vögel sind wieder da. Geplant ist die Umzäunung eines großen Gebiets als Schutz gegen Schädlinge, sodass vielleicht auch der Kiwi wieder angesiedelt werden kann.

ÜBERNACHTUNG

Karte S. 319

Rotorua wartet mit einem breiten Angebot an Unterkünften auf, und viele haben einen *hot pool*, der allerdings nur selten tatsächlich von Thermalwasser gespeist wird. Die **Hostels** sind alle zu Fuß vom Zentrum aus zu erreichen. Die meisten **Motels** liegen an der Fenton St Richtung Süden nach Whakarewarewa. Der Wettbewerb ist hart, und in der Nebensaison fallen die Preise deshalb dramatisch. Rotoruas **Hotels** bedienen in erster Linie Reisebusgruppen und sind verhältnismäßig teuer. Außerdem gibt es in und um Rotorua eine große Zahl von **B&Bs**, 💻 www.rotoruabedandbreakfast.co.

Stadtzentrum

Aura Accommodation, 1078 Whakaue St, 💻 www.aurarotorua.co.nz. Ruhiges, in der Nähe des Seeufers gelegenes Motel mit großem Grundstück, beheiztem Pool, 2 kleinen Mineralbecken und kostenloser Fahrradnutzung für Gäste. ❷

Copthorne Hotel, 328 Fenton St, 💻 www.millenniumhotels.com. Schönes Hotel in einer ruhigen Gegend mit luxuriösen Zimmern mit beruhigender, gedämpfter Farbgebung, die an den Ton der Thermalbecken von Rotorua erinnert. Eine Auswahl an klassischen Kiwi-Gerichten wird im hoteleigenen Restaurant Jimmy Cook's Kiwi Kitchen angeboten. ❸

Cosy Cottage, 67 Whittaker Rd, 💻 www.cosycottage.co.nz. Holiday Park 2 km außerhalb der Stadt mit einer großen Auswahl an komfortablen Cabins, Selbstversorger-Cottages und Dorms. Einige Stellplätze befinden sich auf geothermisch aufgeheiztem Boden. Hinzu kommen 1 Swimming Pool, 2 schöne Mineralbecken, Dampfboxen zum Kochen nach Hangi-Art, Fahrradverleih und direkter Zugang zu einem praktischen Strand am See, wo man sich sein eigenes heißes Badebecken graben kann. Camping ❶, Dorms ❶, Cabins ❷, Cottages ❷

Funky Green Voyager, 4 Union St, 💻 www.funkygreenvoyager.co.nz. Lockeres Hostel in einem Vorort 10 Min. zu Fuß vom Zentrum, mit ungezwungener, kommunenartiger Atmosphäre. Einige DZ mit eigenem Bad. Die Kücheneinrichtung ist ausgezeichnet, dazu gibt es einen gemütlichen Aufenthaltsraum ohne TV. Dorms ❶, DZ ❷

Golden Glow Motel, 253 Fenton St, 💻 www.goldenglowmotelrotorua.co.nz. Elegant ausgestattetes, gut geführtes, familienfreundliches Motel mit verschiedenen Zimmergrößen, darunter Studios mit Kochnische und größere Apartments mit Whirlpool-Badewanne. ❷

Kowhai Motel, 1232 Ranolf St, 💻 www.kowhaimotel.co.nz. Schnörkelloses, professionell geführtes Budget-Hotel mit Spa und Mineralpools und schlichten, aber komfortablen Zimmern. ❷

Novotel, Tutanekai St, 💻 www.novotelrotorua.co.nz. Das in Seenähe gelegene Novotel ist eines der besten Top-Hotels der Stadt, mit geräumigen, gut ausgestatteten Zimmern mit Bad, einige davon mit Blick aufs Wasser. Zu den Highlights zählen Thermalbecken (für Gäste kostenlos), ein beheizter Swimming Pool, ein Fitnessstudio, gute Restaurants/Bars und ein effizienter Service. ❸

Princes Gate Hotel, 1057 Arawa St, 💻 www.princesgate.co.nz. Das einzige noch erhaltene Hotel aus alten Zeiten. Die Zimmer und Suiten des reizenden Holzgebäudes von 1897 wurden renoviert und präsentieren sich im Gegensatz zur urigen Lounge und Bar jetzt modern. ❸

Regent of Rotorua, 1191 Pukaki St, 💻 www.regentrotorua.co.nz. Die makellos weißen Studio-Suiten des renovierten

Motels aus den 1950er-Jahren verfügen über schöne Bäder und eine Einrichtung wie in einem Hochglanzmagazin. Außerdem gibt's einen beheizten Pool im Freien sowie ein Mineralbecken und ein kleines Fitnessstudio. Restaurant mit Bar. ❸

Rotorua Central Backpackers, 1076 Pukuatua St, www.rotoruacentralbackpackers.co.nz. Kleines, heimeliges Hostel mit echten Betten statt Herbergsbetten in den 4- bis 6-Bett-Dorms, außerdem Zimmer, Spa-Pool und nette Gemeinschaftslounge. ❶

Rotorua International Motor Inn, 2 Monokia St, www.rotoruamotel.nz. Das Motor Inn liegt ein wenig außerhalb der Stadt (eine halbe Stunde zu Fuß zum Kuirau Park), aber es lohnt sich schon allein wegen des guten Preis-Leistungs-Verhältnisses, das man in diesem zuverlässigen, freundlichen Motel geboten bekommt. Die Zimmer sind sehr gemütlich und groß, einige verfügen über Whirlpools und Küchen, und im japanischen Restaurant Izumi gibt es hervorragendes Sushi. ❷

Silver Fern Motor Inn, 326 Fenton St, www.silverfernrotorua.co.nz. Modernes Spitzenmotel: geräumige renovierte Studios und Units mit Schlafzimmer, alle mit Whirlpool, Satelliten-TV, sonnigen Balkonen und viel Platz. Hilfsbereite Mitarbeiter, Spa und Stadträder zur kostenlosen Benutzung. Studios und Units mit separatem Schlafzimmer ❸

YHA Rotorua, 1278 Haupapa St, www.yha.co.nz. Makellos sauberes 180-Betten-Hostel mit geräumigen, geschmackvoll eingerichteten Gemeinschaftsbereichen sowie großer Küche und umweltfreundlicher Ausrichtung. Gemischte und getrennte 4er- bis 6er-Dorms (viele ohne Herbergsbetten) und gemütliche Zimmer mit Bad. Gute Rabatte für Aktivitäten in Rotorua. Dorms ❶, DZ ❷

Camping

Rotorua Top 10, 1495 Pukuatua St, www.rotoruatop10.co.nz. Der dem Stadtzentrum am nächsten gelegene Campingplatz, mit Zelt- und Wohnmobilstellplätzen, einfachen Cabins und Motelzimmern. Gut ausgestattet u. a. mit Swimming Pool und 2 Whirlpools. Camping ❶, Cabins ❸

Umgebung von Rotorua

Blue Lake Top 10, 723 Tarawera Rd, Blue Lake, 9 km südöstlich von Rotorua, www.bluelaketop10.co.nz. Gut gemanagter Platz auf dem Land, nur durch die Straße vom Blue Lake getrennt, mit zahlreichen Unterbringungsmöglichkeiten. Zu den Einrichtungen zählen ein Spielezimmer und ein Spa-Pool. Camping ❶, DZ ❷, Cabins ❸

Koura Lodge, 209 Kawaha Point Rd, 5 km nördlich vom Zentrum von Rotorua, www.kouralodge.co.nz. Stilvolle kleine Lodge mit Sauna und Whirlpool direkt am Wasser. Kajaks, Tennisplatz und Bootsanleger z. B. für Rundflüge mit Wasserflugzeugen. Dezent und geschmackvoll eingerichtete, gut ausgestattete Zimmer, gemütliche Gästelounge. ❹

ESSEN

Karte S. 319

Restaurants mit ausländischer Küche, von koreanisch bis tunesisch, sowie einige qualitativ ansprechende Restaurants konzentrieren sich am zum See hin gelegenen Ende der Tutanekai Street, der sogenannten „Eat Street".

Donnerstags findet von 17 bis 21 Uhr in der Tutanekai Street zwischen Haupapa und Hinemoa Street ein **Abendmarkt** mit zahlreichen Essensständen statt; auch Kunsthandwerk wird dort verkauft.

Abracadabra, 1263 Amohia St, www.abracadabracafe.com. Mehr oder weniger marokkanisches Café und Restaurant mit verschiedenen kleinen Räumen und maghrebinischer Hintergrundmusik. Neben Kaffee und Mandelkuchen gibt's Brunch, Tapas, *sharing plates* und Abendgerichte wie Seafood-Tajine. $$

Ali Baba, 1146 Tutanekai St, www.facebook.com/alibabastunisiancuisine. Freundliches tunesisches Restaurant mit saftigen Kebabs, gut gewürzten Falafeln, orientalischen Fladenbrot-Pizzas und *kascrute* (eine Art gebackener Kebab). Preiswert ist der Laden übrigens auch. $$

Artisan Café, 1149 Tutanekai St, www.artisancaferotorua.com. Das Artisan ist ein luftiges Café mit interessanter Einrichtung – an der Wand hängt ein Bäckerrad –, chilligen Klängen, ausgezeichnetem Kaffee, Frühstück und Mittagessen und gutem Kuchen. $

Atticus Finch, Eat Street, www.atticusfinch.co.nz. Das empfehlenswerte Restaurant, benannt nach einem Rechtsanwalt aus dem Roman *Wer die Nachtigall stört*, ist dank seiner kreativen Küche das wohl beste Esslokal weit und breit an der Eat Street. Es serviert angesagte „kleine" und „große" Teller mit z. B. in Bier geschmorten Rinderhaxen mit Chipotle-Mayo und Chili-Karamell-Jackfrucht mit Bohnen. Außerdem steht eine gute Auswahl an Weinen und Biersorten auf der Getränkekarte. $$

Capers Epicurean, 1181 Eruera St, www.capers.co.nz. Großes, geräumiges Café und Feinkostgeschäft mit großartigen Frühstücks- und Brunchgerichten wie einem Birchermüsli mit Rosinen und Äpfeln sowie Mittags- und Abendspeisen, mit Harissa gewürzten Linsen. Auch sehr gut für Kaffee und Kuchen. $

Capizzi, 1198 Tutanekai St, www.capizzi.co.nz. Schmales Restaurant mit ein paar Tischen vor und hinter dem Haus. Serviert wird Pizza mit dünner Kruste, auch zum Mitnehmen. $

Fat Dog, 1161 Arawa St, www.fatdogcafe.co.nz. In dem freundlichen Café gibt es deftige Küche, die in großen Portionen aufgetischt wird, z. B. Burger. Neben dem opulenten Frühstück gibt es Mittagsgerichte und große Stücke Kuchen. $$

Lady Jane's Ice Cream Parlour, 1092 Tutanekai St, www.facebook.com/ladyjanesicecream. Diese preisgekrönte Institution ist an warmen und sonnigen Tagen ein wahres Paradies für Schleckermäuler, mit über 50 Sorten Eiscreme wie Hokey Pokey, weiße Schokolade und Himbeeren sowie Frozen Yoghurt, leckeren Smoothies und Eiskaffee. $

Leonardo's Pure Italian, Eat Street, leonardos.co.nz. Das kleine italienische Restaurant gilt bei vielen als das beste der Stadt. Die Betreiber Leonardo und Yuka behandeln ihre Gäste wie Freunde und servieren wenige, dafür aber hervorragend zubereitete Spezialitäten wie Pappardelle mit Wildschweinragout und – natürlich – Tiramisu. $$

Okere Falls Store, 757a SH33, 15 km nordöstlich der Stadt, www.okerefallsstore.co.nz. Ein großer Biergarten (im Winter gibt's hier Fr, Sa und So von 17 bis 21 Uhr Lagerfeuerabende) umgibt diesen tollen Feinkost- und Gemischtwarenladen mit Café. Auch auf der großen Terrasse vor dem Café kann man gut Avocado auf Toast, Bratwurst und Rote-Bete-Burger speisen. $$

Sabroso, 1184 Haupapa St, www.sabroso.co.nz. Das von einem venezolanisch-neuseeländischen Paar geführte lateinamerikanische Restaurant bietet schmackhafte mexikanische Tacos, Tex-Mex-*chimichangas* und brasilianische *moquecas* (würziger Garneleneintopf). Neben gut gemixten Margaritas und Mojitos wird auch eine gute Auswahl an argentinischen und chilenischen Weinen geboten. $$

Stratosfare, Skyline Rotorua, www.skyline.co.nz. Das Buffet-Restaurant am Berg oberhalb der Skyline-Gondel (S. 322) bietet wunderbare Ausblicke auf Rotorua. Doch auch die Gerichte können sich sehen lassen, z. B. nach Wunsch zubereitetes Steak und Seafood, üppige Salate und ein Dessert-Buffet, das jedes Kinderherz höherschlagen lässt. Der Wein stammt von der angeschlossenen Winzerei Volcanic Hills. $$$

Third Place Café, 35 Lake Rd, www.thirdplacecafe.co.nz. Bei den Einheimischen beliebtes Café mit wunderschönem Blick auf den See. Frühstück gibt es den ganzen Tag und Brunch mit marokkanischem Hühnchensalat oder getoasteten Sandwiches. $$

Zippy Central, 1153 Pukuatua St, www.facebook.com/ZippyCentralCafe. Mit seinen grünen Wänden, orangefarbenen Sitzen und einer Büste von Zippy aus der britischen Kindersendung *Rainbow* wirkt dieses Café wirklich ein wenig surreal. Serviert werden ausgezeichneter Kaffee, köstliches Mittagessen (z. B. kreativer marokkanischer Hühnchensalat) und hausgemachter Kuchen zum Dahinschmelzen. $$

UNTERHALTUNG UND KULTUR

Karte S. 319

Das Nachtleben von Rotorua ist eher dürftig. Ein paar gute Kneipen und Restaurants, die gleichzeitig als Bars fungieren, sorgen für Unterhaltung, und fast jeder Besucher verbringt einen Abend bei einem Maori-Konzert und Hangi in einem der Hotels oder vorzugsweise auf einem der Maori-*maraes* vor den Toren der Stadt.

Kneipen und Clubs

Brew, Eat Street, www.brewpub.co.nz. Hier gibt es Craft Beer für Kenner, und zwar die eigenen Sorten mit dem Namen Croucher Brewing vom Fass sowie ständig wechselnde andere neuseeländische Craft-Biere. Außerdem lädt das Lokal zum Brunch, und ansonsten werden Burger, Pizza und Barsnacks wie Chicken Wings kredenzt.

Pig & Whistle, Haupapa St, Ecke Tutanekai St, www.pigandwhistle.co.nz. Lebhafter Pub in einer ehemaligen Polizeiwache mit Garten-Bar. Do–Sa gastieren unterschiedlichste Bands. Gute Biere vom Fass und aus der Flasche. Herzhafte *bar meals* wie Fish 'n' Chips bis 22 Uhr.

Rotorua Sports Bar, 1232 Arawa St, www.facebook.com/RotoruaSportsBar. Diese beliebte Bar hält, was der Name verspricht: Es ist die lebhafteste Sportbar in Rotorua mit großen Bildschirmen, auf denen Rugby, Fußball und mehr gezeigt werden. Außerdem gibt es jeden Freitag Karaoke, egal ob gut oder schlecht.

Kino

Basement Cinema, 1140 Hinemoa St, www.basementcinema.co.nz. Off-Kino für besondere Filme mit 2 Sälen und Café mit Schanklizenz.

Readings Cinema, 1263 Eruera St, www.readingcinemas.co.nz. Das beliebte Multiplex-Kino zeigt aktuelle Mainstream-Filme.

Maori-Konzerte und Hangis

In Rotorua bieten sich mehr Gelegenheiten als andernorts, um ein zur Perfektion gegartes Hangi aus dem Erdofen und ein Maori-Konzert zu genießen. Die Darbietung besteht normalerweise aus einer 1-stündigen Vorführung mit traditionellen Tänzen, Liedern und Stammesgesängen. Die Aufführungen in den größeren Hotels machen oft einen etwas künstlichen Eindruck, deshalb sind die unten aufgeführten „Maori Experiences" (tgl., mit Reservierung, Beginn gegen 18 Uhr, 3–4 Std.) vorzuziehen. Die Gäste werden mit Bussen von den Unterkünften in Rotorua abgeholt. Dann erhalten sie eine Einweisung bezüglich der auf einem *marae* üblichen Gebräuche und Verhaltensregeln und werden mit einem Willkommensritual begrüßt (s. Kasten S. 33).

Mitai, www.mitai.co.nz. Alle Standardelemente der Maori-Veranstaltungen werden hier sehr schön ausgeführt. Das ausgezeichnete Hangi wird im Erdofen zubereitet, und die Veranstaltung findet praktischerweise neben Rainbow Springs statt. Das bietet Gelegenheit zu einem schönen abendlichen Waldspaziergang an einer tollen klaren Quelle vorbei. Die Quelle speist einen Fluss, auf dem dann bei Fackelschein ein *waka* mit voller Besatzung ankommt.

Tamaki Maori Village, www.maoriculture.co.nz. Der Maori-Veranstalter fährt seine Gäste mit mehreren Bussen in ein speziell zu diesem Zweck errichtetes Maori-Dorf südlich der Stadt und heißt sie auf Furcht erregende Weise willkommen. Alles ist sehr professionell gestaltet, sodass an der Veranstaltung kaum Kritik anzubringen ist. Die große Beliebtheit dieser Tour ist zugleich ihr großer Nachteil, denn die Sicht kann schon mal beeinträchtigt sein. Dafür ist aber das Hangi gut und das Ganze ein zweifellos erinnerungswürdiges Erlebnis.

Te Po, 💻 www.tepuia.com. Bei dieser rundum professionellen Veranstaltung in einem traditionellen Versammlungshaus in Te Puia (S. 322) sollten Besucher saubere Socken tragen, denn hier muss man sich seiner Schuhe entledigen, und Männer sitzen vorne. Das Hangi ist Spitzenklasse. Zum Abschluss gibt es eine Führung durch das geothermale Tal, in dem dann hoffentlich ein Geysir seine angestrahlte Fontäne in den Himmel schickt.

AKTIVITÄTEN

Rafting, Kajakfahren und Sledging

Rotorua hat einen guten Ruf, wenn es um Abenteueraktivitäten auf den Wildwasserflüssen in der Umgebung geht, nicht nur per Raft oder Kajak (meistens in Tandemkajaks mit Führer), sondern auch per Sledging, eine noch drastischere Form der Stromschnellen-navigation, bei der man mit einer Sicherheitsausrüstung auf einen schwimmenden Plastikschlitten geschnallt wird (nur für sehr gute Schwimmer zu empfehlen). Zwischen September und Mai herrscht kein Mangel an Anbietern; die beliebtesten Flüsse sind zusammen mit empfohlenen Veranstaltern unten aufgeführt. Man kann auch Kajaks ausleihen, Unterricht im Kajakfahren nehmen und an geführten Kajaktouren zu verschiedenen größeren Seen rund um Rotorua teilnehmen. Der Schwerpunkt liegt dabei auf schöner Landschaft, Baden in heißen Quellen und gelegentlich auch Angeln. Abenteuerlustige können außerdem einen mehrtägigen Wildnis-Raftingtrip auf dem Motu River am East Cape in Erwägung ziehen.

Flüsse

Kaituna River Der größte Teil des Rummels bezieht sich auf diesen mit Schwierigkeitsgrad IV eingestuften Fluss. Genauer gesagt, einen 2 km langen Abschnitt des Flusses, nachdem er 20 km nördlich von Rotorua den Lake Rotoiti verlässt, mit den spektakulären, 7 m hohen Tuteas Falls (Sledger umgehen die Fälle allerdings zu Fuß).

Wairoa River Der Star unter den Wildgewässern in der Gegend ist dieser mit Schwierigkeitsgrad IV+ ausgewiesene Fluss. Für den 80 Autokilometer nördlich von Rotorua bei Tauranga gelegenen Flussabschnitt werden regelmäßig die Staudammtore geöffnet, um ausreichend Wildwasser zur Verfügung zu stellen (Dez–März jeden So, Sep–Nov und April und Mai jeden 2. So). Der Fluss gilt als eine der besten Kurzstrecken der Welt.

Rangitaiki River Wer vom Boot aus auch noch etwas von der Landschaft mitbekommen möchte, ist auf diesem mit Schwierigkeitsgrad III eingestuften Fluss gut aufgehoben. Sein Highlight ist Jeff's Joy, ein Gefälle des Schwierigkeitsgrades IV.

Anbieter

Kaitiaki Adventures, 1135 Te Ngae Rd, 12 km nordöstlich von Rotorua, 💻 www.kaitiaki.co.nz. Bietet Rafting- und Sledging-Touren mit kultureller Komponente, da die Bedeutung der Flüsse für die Maori beschrieben wird. Neben Trips auf dem Kaituna (Rafting, Sledging) gibt es auch Touren auf dem Wairoa (Rafting). Daneben werden Trips auf dem sanfteren Rangitikei River (Rafting, mit warmen Becken) angeboten.

Kaituna Kayaks, 3G Trout Pool Rd, Okere Falls, 💻 www.kaitunakayaks.com. Bietet Kajakunterricht auf dem Kaituna River und Trips auf dem Kaituna zu warmen Quellen sowie Zertifizierungskurse für erfahrenere Paddler und mehrtägige Ausflüge.

Raftabout, Rotorua Airport, 💻 www.raftabout.co.nz. Touren auf dem Kaituna, Wairoa und Rangitikei auf einem Raft und Sledging-Abenteuer auf dem Kaituna. Außerdem wird eine Vielfalt an Kombipaketen mit anderen Abenteueraktivitäten angeboten.

TOUREN

Grumpy's Tours & Transfers, 💻 www.facebook.com/grumpys.co.nz. Veranstaltet verschiedene

unterhaltsame Touren, z. B. nach Wai-O-Tapu (S. 334), Hawkes Bay (für bis zu 6 Pers.) oder durch die Stadt.
Headfirst, telefonisch buchen, ✆ 0800 004 321. Touren u. a. nach Waitomo, Hobbiton und Wai-O-Tapu sowie verschiedene Shuttles.
Tim's Thermal Shuttle, über das Internet buchen, 💻 www.thermalshuttle.co.nz. Transport nach Waimangu, Wai-O-Tapu, Waitomo und Te Puia.

SONSTIGES

Fahrradverleih

Cyclezone, 1299 Fenton St, 💻 www.cyclezone.co.nz. Hat verschiedene Leihräder (alle inkl. Helm, Reparaturset und Pumpe) sowie Karten. Im i-SITE gibt's eine Broschüre mit 10 Mountainbike-Routen rund um Rotorua; weitere Infos auch auf 💻 www.riderotorua.com.

Informationen

i-SITE Visitor Centre, 1167 Fenton St, 💻 www.rotoruanz.com. Informationen zu Rotorua und Umgebung, zu DOC-Angelegenheiten und zum Reisen in Neuseeland allgemein. Außerdem bekommt man hier den kostenlosen wöchentlich erscheinenden Besucherguide. 🕒 tgl. 7.30–18, im Sommer 7.30–19 Uhr.

Internet

Bücherei, 1127 Haupapa St, 💻 www.rotorualibrary.govt.nz. In der Bücherei gibt es Internetzugang über kostenloses uneingeschränktes WLAN und Computer (bis zu 30 Min. gratis). 🕒 Mo–Mi und Fr 9.30–18, Do 9.30–20, Sa 9.30–16 Uhr.

Medizinische Hilfe

Apotheke: **Lakes Care Pharmacy**, 1155 Tutanekai St, ✆ 07 348 4385, 🕒 tgl. 8.30–21.30 Uhr.
Notfallhilfe: **Lakes Care**, Arawa St, Ecke Tutanekai St, ✆ 07 348 1000, 🕒 tgl. 8–22 Uhr.

Polizei

1190-1214 Fenton St, ✆ 07 348 0099.

NAHVERKEHR

Stadtbusse

Cityride, 💻 www.baybus.co.nz. Dünnes Streckennetz mit Mittelpunkt in der Pukuatua St zwischen Tutanekai St und Amohia St. Die nützlichsten Linien sind die 1 (zu den Skyline Skyrides, nach Rainbow Springs und zum Agrodome) und die 2 (nach Te Puia). Busse verkehren auf beiden Strecken tgl. alle 30 Min. von ca. 6.30–18.30 Uhr (So stdl., nicht an Feiertagen). Fahrpläne erhält man im i-SITE Visitor Centre.

TRANSPORT

Busse

InterCity-Busse halten in Rotorua vor dem i-SITE in der Fenton Street.

Busse nach:
AUCKLAND 13x tgl., 4 Std.;
GISBORNE 1x tgl., 4 1/2 Std.;
HAMILTON 5x tgl., 1 1/2 Std.;
OPOTIKI 1x tgl., 2 Std.;
PALMERSTON NORTH 4x tgl., 5 1/2–6 Std.;
TAUPO 7x tgl., 1 Std.;
TAURANGA 4x tgl., 1 1/2 Std.;
TURANGI 4x tgl., 2 Std.;
WAITOMO 2x tgl., 2 1/2–4 Std.;
WHAKATANE 1x tgl., 1 1/2 Std.

Flüge

Der **Flughafen**, SH30, 💻 www.rotorua-airport.co.nz, liegt 8 km nordöstlich des Stadtzentrums.

Rundflüge ab Rotorua

Die Landschaft um Rotorua bietet aus der Luft einen atemberaubenden Anblick, besonders der vulkanische Rücken mit dem Mount Tarawera im Zentrum.
Volcanic Air Safaris, Lakefront Jetty, 💻 www.volcanicair.co.nz. Veranstaltet (ab $185 p. P.) u. a. Rundflüge mit Wasserflugzeugen über den Tarawera und Orakei Korako und Rundflüge per Hubschrauber oder Wasserflugzeug über White Island (S. 346).

Ein **Taxi** ins Zentrum von Rotura kostet etwa $50, z. B. mit Rotorua Taxi, ✆ 07 348 1111. Mit **Grumpy's Tours & Transfers** (S. 328) pro Strecke ab $35.

Flüge nach:
AUCKLAND 3x tgl., 40 Min.;
CHRISTCHURCH 3x tgl., 1 3/4 Std.;
WELLINGTON 3x tgl., 1 1/4 Std.

Die Umgebung von Rotorua

Viele der interessantesten Sehenswürdigkeiten der Gegend liegen außerhalb der Stadt, doch zahlreiche Reiseveranstalter (S. 328) bieten Hin- und Rücktransport oder Rundfahrten an, sodass beinahe jede denkbare Kombination von Sehenswürdigkeiten und alle möglichen **Abenteuer-Aktivitäten** im Rahmen eines Tagesausflugs buchbar sind. Eilige, die nicht viel Zeit mitbringen, können die weniger interessanten Sehenswürdigkeiten am Ostufer des Lake Rotorua schnell abhaken, um mehr Zeit für das nur selten überlaufene Thermalgebiet **Hell's Gate** und einen Besuch bei den **Tutea Falls** zu haben, wo man Rafter bei ihrem Sturz über den Wasserfall beobachten kann.

Die Attraktionen südöstlich von Rotorua haben größtenteils auf die eine oder andere Weise mit dem **Lake Tarawera** zu tun und mit der zerklüfteten Reihe von Vulkangipfeln und Kratern an seinem Südostufer, die gemeinsam als **Mount Tarawera** bezeichnet werden.

Einst befand sich hier Neuseelands Touristenattraktion Nummer eins, die **Pink and White Terraces**, eine rosafarbene und eine weiße Serie von Terrassen aus Kieselsinter. Ein jähes Ende fand dieses Naturwunder am Abend des 10. Juni 1886, als der zuvor lange untätige Mount Tarawera bei einer gewaltigen Eruption in zwei Teile zerbrach, dabei eine riesige, 17 km lange Spalte mit 22 Kratern hinterließ und über 15 000 km² Fläche in Schlamm und Schlacke tauchte. Die Pink and White Terraces wurden zerschmettert, von Asche und Lava zugeschüttet und in den Tiefen des Lake Rotomahana begraben.

Die Eruptionen zerstörten nicht nur die früheste Touristenattraktion der Region, sondern auch die nächstgelegene Siedlung Te Wairoa, heute **Buried Village** genannt. Gleichzeitig entstand das **Waimangu Volcanic Valley**. Dieses zählt zu den besten Geothermalgebieten der Region, zusammen mit dem bunten **Wai-O-Tapu Thermal Wonderland**, das mit dem **Lady Knox Geyser** beeindruckt – hier erblickt man Schlammtöpfe und Wasserbecken in schillernden Farben.

Weitere interessante Thermalzonen in der Umgebung von Rotorua sind **Kerosene Creek** mit den besten kostenlos nutzbaren heißen Becken der Gegend und **Orakei Korako**, wo sich die geothermischen Phänomene in friedvoller Umgebung erleben lassen. Der **Whirinaki Forest Park** an der Straße zum Lake Waikaremoana bietet tolle Möglichkeiten zum Wandern und Mountainbiking.

Okere Falls Scenic Reserve

Trout Pool Rd, abseits des SH33, 21 km vom Zentrum von Rotorua

Der SH33 führt nach Norden Richtung Tauranga. Nach 6 km weisen Schilder den Weg in die Trout Pool Road zum **Okere Falls Scenic Reserve** am beliebten Rafting-Fluss Kaituna River. Von dem ersten Parkplatz nach 400 m in der Trout Pool Road führt ein breiter Wanderweg am Fluss entlang zu einem zweiten Parkplatz (2,5 km hin und zurück, 40–60 Min.). Der Weg eröffnet einige flüchtige Blicke auf den durch die Schlucht wirbelnden Fluss und führt zu einer Aussichtsplattform, wo man Rafter dabei beobachten kann, wie sie die 7 m hohen **Tutea Falls** hinabstürzen.

Von dieser Stelle führen Stufen durch kurze Tunnel in den steilen Felswänden am Wasserfall zu den **Tutea Caves**. In den Höhlen suchten Maori-Frauen und -Kinder angeblich Zuflucht während der Angriffe rivalisierender Stämme. Nach dem Ausflug kann man sich im wunderbaren Café Okere Falls Store (S. 326) bei kleinen Köstlichkeiten stärken.

Hell's Gate

SH30, 14 km nordöstlich vom Stadtzentrum ▪ ⌚ tgl. Okt–März 8.30–22, April–Sep 8.30–20.30 Uhr ▪ Eintritt ▪ 💻 www.hellsgate.co.nz

Die meisten Autofahrer bleiben auf dem SH30 und fahren weiter zum **Hell's Gate**. Das Gebiet ist die kleinste der bedeutenden Thermalzonen, aber auch eine der aktivsten. Die heftige Aktivität kann allerdings nicht darüber hinwegtäuschen, dass es hier nicht besonders viele sehenswerte Attraktionen gibt. Die einzigen echten Highlights sind der blubbernde Schlammkessel Devil's Cauldron und der Thermalwasserfall **Kakahi Falls**.

Der eigentliche Besuchermagnet ist das **Sulphurous Spa**, wo man sich ein Bad in den schwefelhaltigen heißen Quellen, ein Schlammbad oder eine Massage gönnen kann. Im Angebot sind auch mehrere Kombipakete inkl. Busfahrt von Rotorua.

Die Seen im Norden

Lake Rotoiti bedeutet übersetzt „kleiner See", jedoch ist dies in Wirklichkeit der zweitgrößte der Region. Durch den schmalen Ohau Channel ist er mit dem Lake Rotorua verbunden. Zusammen mit den Nachbarseen **Lake Rotoehu** und **Lake Rotoma** bildet diese Seenkette einen Teil der traditionellen Kanuroute von der Küste ins Landesinnere. Auf dem Abschnitt zwischen Lake Rotoiti und Lake Rotoehu soll auch der Ngapuhi-Häuptling Hongi Hika mit seinen Kriegern auf einem seiner Eroberungszüge die Kanus mühselig über Land getragen haben, weshalb dieser hübsche Waldpfad heute als **Hongi's Track** bezeichnet wird (3 km hin und zurück, 1 Std.).

Redwoods Whakarewarewa Forest

Zugang vom Parkplatz an der Waipa Mill Rd, 5 km südlich des Stadtzentrums (Anfahrt über den SH38) ▪ ⌚ tgl. 24 Std. ▪ Eintritt frei, aber es empfiehlt sich der Kauf der wasserfesten Karte oder des Buches mit den Trails, erhältlich im Visitor Centre (⌚ tgl. Sommer 8.30–18, Winter 8.30–17 Uhr), im i-SITE und in Fahrradläden in der Stadt (S. 330) ▪ Mountain Bike Rotorua, 💻 www.mtbrotorua.co.nz, unterhält ganzjährig am Wochenende einen Shuttlebus zur Spitze des Berges

Nur 15 Minuten Fahrt vom Zentrum Rotoruas entfernt befindet sich das beste und am leichtesten zugängliche Gelände für **Mountainbiker** auf der Nordinsel. Ein großer Bereich des aus Redwoods, Tannen, Kiefern und Baumfarnen bestehenden **Redwoods Whakarewarewa Forest** ist mit einspurigen Wegen durchzogen. Insgesamt gibt es hier rund 70 km Mountainbike-Strecke, die in über einem Dutzend Rundkursen in sechs verschiedenen Schwierigkeitsgraden angeordnet sind. Der Wald eignet sich außerdem bestens zum Wandern und Reiten – Informationen zum Angebot gibt es auf 💻 www.redwoods.co.nz.

Redwoods Treewalk

Long Mile Rd, 5 km südöstlich des Stadtzentrums ▪ ⌚ tgl. 9–23 Uhr ▪ Eintritt, Tages- und Nachtwanderungen ▪ 💻 www.treewalk.co.nz

Im Wald ermöglicht der **Redwoods Treewalk**, der auf die Idee eines deutschen Maschinenbauingenieurs zurückgeht, einen Blick auf diese wundervollen Bäume aus der Vogelperspektive. Der Treewalk ist 553 m lang und umfasst miteinander verbundene Hängebrücken mit einer Höhe von bis zu 12 m. Bei Dunkelheit werden die Redwoods durch hängende Laternen effektvoll in Szene gesetzt.

Blue Lake und Green Lake

Etwa 10 km südöstlich von Rotorua erreicht die Tarawera Road das bunt schimmernde Wasser des **Blue Lake** (Tikitapu) mit Campingplatz, einfachem Rundwanderweg und sicherem Badestrand. Ein Stückchen weiter eröffnet sich von einem Aussichtspunkt auf einem Bergkamm ein Blick auf den Blue Lake und den **Green Lake** (Rotokakahi). Letzterer befindet sich in Privatbesitz, weswegen hier Angeln und Bootfahren verboten sind. Von hier führt die Tarawera Road weiter ans Ufer des 15 km südöstlich von Rotorua gelegenen Lake Tarawera.

Buried Village und Lake Tarawera

Buried Village, 1180 Tarawera Rd ▪ ⏲ tgl. Okt–Feb 9–17, März–Sep 9–16.30 Uhr ▪ Eintritt ▪ 🖳 www.buriedvillage.co.nz

Am Eingang zum **Buried Village**, kurz vor Erreichen des Ufers des Lake Tarawera, befindet sich ein **Museum**, das die Atmosphäre des Ortes zu seiner Blütezeit und unmittelbar nach der Katastrophe auf hervorragende Weise einfängt. Es bedient sich dazu zahlreicher Fotos, einiger schöner Aquatinta von den Pink and White Terraces und mehrerer ascheverkrusteter Gerätschaften. Die Maori-Ortschaft und die europäische Siedlung hier waren beim Ausbruch des Tarawera größer als das heutige Rotorua. Ab dem Museum finden tgl. kostenlose **Führungen** statt (genaue Zeiten telefonisch erfragen), doch man kann auch auf eigene Faust durch das verschüttete Dorf spazieren. Ein Großteil des Ortes wurde in den 1930er- und 1940er-Jahren wieder freigelegt, ergänzt durch einige Nachbauten.

Die halb verschütteten *whare* und das Fundament des Rotomahana Hotel sind von mustergültig gemähten Rasenflächen umgeben, auf denen europäische Obstbäume wachsen und säuberlich eingezäunt eine perfekte Reihe ausgewachsener Pappeln steht. Jenseits des Geländes führt eine Reihe steiler Stufen und glitschiger Holzstege neben dem Wasserfall **Te Wairoa Falls** (im Eintritt inbegriffen) den Hügel hinunter, bevor der Weg auf der gegenüberliegenden Seite durch Farne wieder ansteigt. Wer hungrig geworden ist, kann sich im Café der Anlage stärken.

Die Tarawera Road endet 2 km weiter am Ufer des **Lake Tarawera**, hinter dem der Berg aufragt. Wer möchte, gönnt sich am See im eher durchschnittlichen Café Landing einen Kaffee oder ein Bier. Die Angestellten des Cafés informieren über Möglichkeiten, sich aufs Wasser zu begeben. In den wärmeren Monaten kann man Sit-on-top-Kajaks ausleihen.

Waimangu Volcanic Valley

587 Waimangu Rd, 5 km östlich des SH5 ▪ ⏲ tgl. Jan 8.30–18 Uhr (letzter Einlass 16.40 Uhr), Feb–Dez 8.30–17 Uhr (letzter Einlass 15.40 Uhr) ▪ Eintritt, Spazierengehen und Wandern; 45-minütige Seerundfahrt; Kombitickets ▪ 🖳 www.waimangu.co.nz

19 km südöstlich von Rotorua liegt am Südrand des 1886 von der Tarawera-Eruption geschaffenen Grabenbruchs das **Waimangu Volcanic Valley**. Waimangu ist eines der jüngsten Thermalgebiete der Welt. Im Visitor Centre gibt es eine umfassende Broschüre für eine Erkundung des Gebiets. Vom Centre führt ein Spazierweg an einem Flüsschen entlang den Berg hinunter. Er windet sich durch ein von Büschen und endemischen Pflanzen bewachsenes Tal, dessen Vegetation sich seit dem Ausbruch von 1886 langsam regeneriert. Dieser Prozess wird regelmäßig von kleineren Eruptionen unterbrochen. Bei einem Ausbruch 1917 entstand der großartige heiße Teich **Frying Pan Lake** mit 100 m Durchmesser.

Beeindruckende Mengen emporquellenden heißen Wassers sind auch die Attraktion des **Inferno Crater**, der die Form eines auf den Kopf gestellten Kegels hat und dessen taubenblaues Wasser zum Teil von faszinierenden Dampfmustern verdunkelt wird. Sein Wasserpegel steigt und fällt streng nach einem 38-tägigen Zyklus.

Der Spazierweg durch das Tal endet am Ufer des **Lake Rotomahana**, dessen landschaftliche Kulisse von den rostroten Flanken des Mount Tarawera beherrscht wird. Von dem Anleger aus fahren ständig Shuttlebusse zurück zum Visitor Centre. Hier starten auch Seerundfahrten, die an dampfenden Felsen und dem ehemaligen Standort der Pink and White Terraces vorbeiführen.

Kerosene Creek

Anfahrt erfolgt 1 km südlich der Kreuzung des SH5 über den SH38 Richtung Osten und die Schotterstraße Old Waiotapu Road, dann 2 km bis zum Parkplatz

Wer gern gratis in natürlicher Umgebung und in warmem Wasser planscht, sollte sich zum 27 km südlich von Rotorua gelegenen **Kerosene Creek** auf den Weg machen. Der Bach hat gewöhnlich die Temperatur eines warmen Bades und ergießt sich über eine 1 m hohe Stufe in ein hübsches großes Becken. Bach und Becken sind jederzeit zugänglich, und am Wochenende finden sich hier gelegentlich ein paar Partygruppen ein. Zelten ist in der Umgebung allerdings verboten. Vorsicht: Aus auf dem Parkplatz abgestellten Autos sind schon Sachen gestohlen worden.

5 HIGHLIGHT

Wai-O-Tapu Thermal Wonderland

201 Waiotapu Loop Rd, nicht weit vom SH5 ▪ April–Okt 8.30–17 Uhr; letzter Einlass 15.45 Uhr, Nov–März 8.30–18 Uhr; letzter Einlass 16.45 Uhr ▪ Eintritt ▪ www.waiotapu.co.nz

10 km südlich von Waimangu liegt die bunteste und vielfältigste Thermalzone der Gegend, das **Wai-O-Tapu Thermal Wonderland**, www.geyserland.co.nz. Jeden Vormittag um 10.15 Uhr wird der 10 m hohe **Geysir Lady Knox** von einem Angestellten mit seifigen Tensiden künstlich zum spektakulären Ausbruch gebracht. Wer das Schauspiel verpasst, darf am nächsten Tag mit derselben Eintrittskarte noch einmal wiederkommen.

Danach fahren die Besucher 1 km zum Hauptgelände, wo sich ein rund einstündiger Rundwanderweg durch ein Gebiet aus kleinen Seen schlängelt, die jeweils die Färbung der in ihnen gelösten Chemikalien angenommen haben, u. a. Schwefel (gelb), Mangan (violett) und Arsen (grün). Die schmatzenden, wabernden Schlammpfuhle und eine Reihe zischender und grollender Krater verblassen etwas im Vergleich zu den ständig wechselnden Regenbogenfarben des Pools **Artist's Palette** und dem herrlich perlenden **Champagne Pool**, einem kreisförmigen, flaschengrünen Kessel, der in gespenstische Dampfwirbel gehüllt und von Versinterungen in dunklem Orange eingerahmt ist.

Bei der Rückfahrt zur Hauptstraße lohnt ein kurzer Umweg zu einem riesigen, aktiven **kochenden Schlammtümpel**, der vor sich hin blubbert und dabei faszinierende konzentrische Muster bildet.

Orakei Korako

494 Orakei Korako Rd ▪ tgl. Okt–März 8–16.30 Uhr, April–Sep 8–16 Uhr ▪ Eintritt, inkl. Shuttleboot ▪ www.orakeikorako.co.nz

Rund 60 km südwestlich von Rotorua, zu erreichen über den SH1 (14 km) oder den SH5 (21 km), liegt das stimmungsvolle Thermalgebiet **Orakei Korako**, mit dampfenden Fumarolen, blubbernden Becken und nur wenigen Besuchern. Nach einer kurzen Bootsfahrt über den Waikato River erreicht man einen einstündigen Wanderweg zur **Ruatapu Cave**, in der sich früher Maori-Frauen auf Zeremonien vorbereiteten – daher der Name Orakei Korako, „Ort des Schmückens".

Te Urewera National Park

Auf halbem Weg zwischen Waimangu und Wai-O-Tapu, 25 km südlich von Rotorua, verläuft der SH38 Richtung Südosten durch die einförmigen Kiefernwälder des Kaingaroa Forest hin zu den zerklüfteten Gipfeln von **Te Urewera**. Das ist eine riesige unberührte Wildnis zwischen den Seen um Rotorua einerseits und der Poverty Bay und dem East Cape andererseits. Der Kaingaroa Forest endet erst nach 40 km dort, wo die Straße bei der überwiegend von Maori bewohnten Holzverarbeitungsstadt **Murupara** über den Rangitikei River führt.

Das **Te Urewera Area Office** des DOC, 1 km südöstlich von Murupara am SH38, 07 366 1080, hat jede Menge Infos über den Park und den Lake Waikaremoana (S. 426). Nov–April Mo–Fr 8–17, Sa und So 9–15, Mai–Okt Mo–Fr 8–17 Uhr.

Whirinaki Forest Park

Rund 30 km südlich von Murupara erstreckt sich südöstlich des Te Urewera National Park der wunderbare, aber nur von wenigen Reisenden besuchte **Whirinaki Forest Park**, dessen Baumbestände zu den dichtesten und eindrucksvollsten der Nordinsel zählen. Nach einer intensiv geführten Auseinandersetzung steht das Wildnisparadies für Wanderer und Mountainbiker heute unter Naturschutz.

Der Wald lässt sich sehr schön auf einer Wanderung auf dem gut ausgebauten **Whirinaki Track** (4 Std. hin und zurück) erkunden. Der Weg führt an mächtigen Podocarpaceen und dem Whaiti-nui-a-tio Canyon entlang, in dem sich ein Fluss über ein altes Lavafeld und die Whirinaki Falls hinunter ergießt. Man kann dem Weg einfach so weit folgen, wie man möchte, und dann zurückgehen. Der Park hat aber ein ganzes Netz an Wegen, sodass Wanderungen von bis zu fünf Tagen Dauer möglich sind.

Der Prospekt *Ride Whirinaki* (erhältlich in den DOC-Zentren, z. B. in Murupara) enthält ein paar tolle Mountainbikerouten in der Gegend (2 Std.–2 Tage); ein Fahrrad muss man selbst mitbringen oder in Rotorua mieten. Erkunden lässt sich das Gebiet außerdem auf einer geführten Tagestour mit Whirinaki Rainforest Experiences, 💻 www.whirinaki.com. Die freundlichen, engagierten Guides erläutern den Wald und seine Geschichte aus der Perspektive der Maori.

Auf einer mehrtägigen Wanderung durch den Whirinaki Forest Park kann man entweder zelten oder in den einfachen DOC-**Hütten**, 💻 www.doc.govt.nz, die über den Park verteilt sind, nächtigen. ❷

Die Bay of Plenty

Die **Bay of Plenty** nördlich von Rotorua nimmt das ausgedehnte Terrain zwischen der Coromandel Peninsula und dem East Cape ein. Der fruchtbare Landstrich ist für seine Kiwiplantagen berühmt. In der westlichen Bay of Plenty dreht sich alles um die wohlhabende und rasch wachsende Hafenstadt **Tauranga** und ihren Strandvorort, **Mount Maunganui**. Sie bilden einen großen Ballungsraum um die glitzernden Arme des Tauranga Harbour.

Beide Städte besitzen eine blühende Restaurant- und Kneipenszene, es werden Bootsausflüge und Delphintouren arrangiert. An Land sollte man der modernen Kunstgalerie einen Besuch abstatten.

Außerhalb der Stadt bieten sich Möglichkeiten zum Paddeln und Glühwürmchenbeobachten oder ein Picknick an den reizvollen Badepools der **McLaren Falls** an. Je weiter man auf dem Pacific Coast Highway (SH2) nach Südosten fährt, desto geringer wird der städtische Einfluss. Hier geht das Leben noch einen gemächlichen Gang. Die Plantagen weichen nach und nach weiten Schafweiden. Der aufmerksame Beobachter wird außerdem eine allmähliche Änderung der Bevölkerungsstruktur bemerken – die östliche Bay of Plenty ist überwiegend Maori-Land.

Tauranga

Sobald man den Ring von Vororten durchdrungen hat, zeigt sich, dass die Stadtmitte **Taurangas** („sicherer Hafen“) von einer ungezügelten Bebauung verschont geblieben ist. Das Zentrum duckt sich auf eine schmale Halbinsel und bietet neben einem reizvollen Uferbereich auch zahlreiche Stadtparks und kleine Grünanlagen. Die größte Hafenstadt Neuseelands weist eine wachsende Bevölkerungszahl auf – derzeit hat sie rund 140 000 Einwohner. Man kann locker einen halben Tag damit zubringen, die Kunstgalerie zu besichtigen, am Hafen entlangzuschlendern oder die Geschäfte, Restaurants und Bars im überschaubaren Zentrum zwischen Tauranga Harbour und Waikareao Estuary abzuklappern. Im Sommer zieht es die meisten Besucher aber schnell zum Mount Maunganui (S. 341).

Geschichte

1864 wurde die kleine Gemeinde Tauranga zum Schauplatz der **Schlacht von Gate Pa**, einer der entscheidendsten Kampfhandlungen in den **Landkriegen**. Im Januar schickte die Regierung Truppen hierher, um zwei Befestigungs-

ROTORUA UND BAY OF PLENTY

Kiwis pflücken

Tauranga ist ein wichtiges Zentrum für die **Kiwiernte**, eine harte, stachlige Angelegenheit, und Helfer müssen sich normalerweise für mindestens drei Wochen verpflichten. Erntezeit ist von Ende April bis Mitte Juni, aber von Mitte Juni bis Anfang September und noch einmal von Ende Oktober bis Januar werden Leute zum Beschneiden der Gewächse gebraucht. Die Pflücker werden pro Kiste oder pro Kilo bezahlt, es geht also darum, möglichst flott zu sein. Wer sich von all dem nicht abschrecken lässt, kann sich zwecks genauerer, aktueller Auskünfte an die Backpacker-Hostels wenden, die oft auch bei der Arbeitssuche behilflich sind.

anlagen zu bauen, mithilfe derer die in der Waikato-Region kämpfenden Gefolgsmänner des Maori-Königs Potatau I. von Vorräten und Verstärkung abgeschnitten werden sollten. Die meisten einheimischen Ngaiterangi kehrten sofort aus der Waikato-Region zurück und errichteten unweit des Missionsgebiets in aller Eile ein befestigtes Dorf *(pa)*, von dem aus sie die Soldaten herausforderten. Im April wurde das unter dem Namen Gate Pa bekannte Dorf von den Regierungstruppen eingekreist. Trotz ihrer Übermacht verloren die Briten etwa ein Drittel ihrer Streitkräfte, und bei Einbruch der Dunkelheit schlüpften die Ngaiterangi durch die britischen Reihen, um in der Waikato-Region weiterzukämpfen.

Die Havarie der Rena

2011 geriet die Region in den Fokus der Weltöffentlichkeit, als das Containerschiff *Rena* 20 km nordöstlich von Mount Maunganui auf das **Astrolabe Reef** auflief. Die Bilder des schwer angeschlagenen Schiffs und der Rettungsmannschaften, die verzweifelt versuchten, Strände und Vögel und andere Tiere vor dem Ölteppich zu retten, sorgten weltweit für Aufsehen. Zum Zeitpunkt der Recherche befand sich das Wrack noch auf dem Riff. Im Jahr 2020 entdeckten Taucher, dass dort bereits ein blühender Kelpwald wächst.

Tauranga Art Gallery

108 Willow St ▪ 🕒 tgl. 10–16.30 Uhr ▪ Eintritt frei ▪ 💻 www.artgallery.org.nz

Eine 15 Jahre andauernde Kampagne war notwendig, um der Stadt eine zeitgemäße kulturelle Sehenswürdigkeit zu verschaffen. Das Ergebnis ist die 2007 eröffnete **Tauranga Art Gallery** in einem alten Bankgebäude. Das stromlinienförmige Innere beherbergt auf zwei Etagen erstklassige nationale und internationale Wanderausstellungen.

Te Awanui und Robbins Park

Unter einem Schutzdach an The Strand ist das **Te Awanui** ausgestellt, ein kunstvoll geschnitztes traditionelles **Kriegskanu**, das immer noch bei feierlichen Anlässen im Hafen zum Einsatz kommt. Am The Strand weiter nördlich liegt der **Robbins Park**, ein Grünstreifen mit Rosengarten, Begonienhaus und schönem Blick auf den Mount Maunganui. Hier befand sich die Monmouth Redoubt aus den Landkriegen (S. 112).

The Elms Mission House

Mission St ▪ 🕒 tgl. 10–16 Uhr ▪ Eintritt ▪ 💻 www.theelms.org.nz

Am nördlichen Stadtrand steht in der Mission Street das **Elms Mission House**, das zu den ältesten Häusern des Landes zählt. Es wurde zwischen 1835 und 1847 von dem Missionar A. N. Brown erbaut, der während der Schlacht von Gate Pa (S. 335) die Verwundeten beider Seiten pflegte. Das aus Kauri-Holz errichtete Gebäude ist in seinem Originalzustand weitgehend erhalten geblieben.

ÜBERNACHTUNG

Karte s. rechts

Tauranga verfügt über zahlreiche Hostels und Motels, die zu Fuß vom Stadtzentrum aus erreichbar sind. Viele mehr verteilen sich über die Vororte und das Umland. Insgesamt sind die Preise eher hoch, doch die unzähligen Motels an der 15th Avenue warten während der Nebensaison teils mit guten Angeboten auf.

850 Cameron Motel, 850 Cameron Rd, 💻 www.850motel.co.nz. Das 850 Cameron

Tauranga
Übernachtung
850 Cameron Motel 5
ASURE Harbour View Motel 4
Durham Court Motor Inn 1
Hotel on Devonport 3
Tauranga Tourist Park 6
Wanderlust NZ 2
Restaurants
Barrio Brothers 4
Café Mediterraneo 2
Grindz 5
Harbourside 3
Historic Village 6
Macau 1
Bars
Cornerstone 1
Crown & Badger 3
The Phoenix 2
Harbour Bridge
Blue Ocean Charters (1,8 km), Dolphin Seafaris (1,8 km), Deep Sea Charters (2 km), Flughafen (3 km) & Mount Maunganui (4,5 km)
The Elms Mission House
Tauranga Domain
Waikareao Estuary
Tauranga Wharf
Matakana Island
Mount Maunganui
Coronation Wharf
South Pontoon
Tauranga Harbour
Police
Te Awanui (Canoe)
Robbins Park
Tauranga Art Gallery
Rialto Tauranga
Event Cinema
AA
SH 2, Waihi (63 km) & Auckland (210 km)
0 500
Meter
N
(1,7 km), 5 (2 km), Waimarino (6,5 km) & Katikati (35 km)
6 (2,7 km) & Whakatane (83 km)

Aktivitäten um Tauranga und Mount Maunganui

Wer die Region Tauranga und Mount Maunganui bereist, sollte sich unbedingt einmal aufs Wasser begeben. Völlig angesagt ist hier Surfen, und zahlreiche Anbieter verleihen Ausrüstung und bieten Unterricht. Eine ganze Bootsflotte steht bereit, um Ausflügler auf Rundfahrten, zum Angeln, Segeln und Schwimmen mit Delphinen sowie hinaus nach Tuhua (Mayor Island) mitzunehmen. Einige Ausflugsdampfer fahren an der renovierten Tauranga Wharf ab, andere an der Tauranga Bridge Marina an der dem Mount Maunganui zugewandten Hafenseite.

Angeln

Blue Ocean Charters, Tauranga Bridge Marina, 2,5 km nordöstlich der Touristeninformation, 💻 www.blueocean.co.nz. Dieser Anbieter veranstaltet Angelchartertrips für die Jagd nach Hochseefischen wie Marlin, Thunfisch oder Königsmakrelen (Dez–April). Man muss das Boot chartern (ab $1500/Tag), kann sich manchmal aber auch einer Gruppe anschließen. Wer sich mit Küstenfischen wie Schnapper und Tarakihi zufrieden gibt, ist mit $150 p. P. dabei; Angel und Köder kosten $30 extra.

Deep Star Charters, 101 Te Awanui Rd, 2,7 km nordöstlich der Touristeninformation, 💻 www.deepstarcharters.co.nz. Veranstaltet Trips zum Küstenfischen ($90/Tag plus $30 für Angel und Köder) sowie Hapukutrips mit Übernachtung ($1600 für bis zu 10 Pers.), bei denen morgens an der Küste geangelt und später Jagd auf Hochseefische in der Umgebung von Mayor Island gemacht wird.

Delphinbeobachtung

Dolphin Seafaris, Tauranga Bridge Marina, 2,5 km nordöstlich der Touristeninformation, 💻 www.nzdolphin.com. Fünfstündige Fahrten mit einer überzeugten Walfanggegnercrew. Man kann an Bord bleiben oder auch mit den Delphinen schwimmen. Das Schiff legt normalerweise (wenn es das Wetter zulässt) von Nov–Mai tgl. um 8 Uhr ab.

Seekajak- und Glühwürmchentouren

Canoe & Kayak, 5 MacDonald St, Mount Maunganui, 💻 www.canoeandkayak.co.nz. Preiswerte geführte Kajaktrips führen zu Maori-Felszeichnungen und zur Begegnung mit Stachelrochen. Außerdem Unterricht im Kajakfahren.

Waimarino, 36 Taniwha Place, Bethlehem, 💻 www.waimarino.com. Kajaktrips und geführte und ungeführte Paddeltouren auf den ruhigeren Abschnitten des Wairoa River sowie in die Glühwürmchenschlucht am Lake McLaren.

Surfen

Hibiscus Surf School, Mt Main Beach, 167 Marine Parade, Mount Maunganui, 💻 www.discoverysurf.co.nz. Einer von mehreren Veranstaltern, die Surfstunden für Anfänger und Fortgeschrittene anbieten ($79/2 Std.).

Motel etwa 3,5 km südlich der Touristeninformation ist das beste Motel der Stadt: Die großen Zimmer mit Bad bieten mehr Klasse als der Durchschnitt. Mit Café und Zugang zu einem Fitnesscenter. ❷

ASURE Harbour View Motel, 7 Fifth Ave East, 💻 www.harbourviewmotel.co.nz. Ruhiges, heimeliges Motel mit bequemen Apartments nur 15 Fußminuten von der Stadt und einen Katzensprung von der Bucht entfernt. Kostenlose Nutzung von Fahrrädern und Kajaks. Ideal für Familien. ❷

Durham Court Motor Inn, 60 Harington St, 💻 www.art-house.co.nz. Das Durham ist ein professionell geführtes, modernes Hotel mit makellosen Gästezimmern rund um einen ruhigen Außenpool. Es gibt auch eine freistehende „Familienvilla" mit 4 Schlafzimmern, 3 Doppelzimmern und einem Einzelzimmer. ❸

Hotel on Devonport, 72 Devonport Rd, 💻 www.hotelondevonport.net.nz. Die Zimmer des modernen Hotels verfügen über Kingsize-Betten und Minibar, einige haben auch einen Balkon. Die teureren Zimmer haben auch Ausblick auf die Stadt und/oder die Bucht. ❸

Tauranga Tourist Park, 9 Mayfair St, 💻 www.taurangatouristpark.co.nz. Der Campingplatz auf recht beengtem Gelände rund 4 km südlich des Stadtzentrums bietet gepflegte Stellplätze mit und ohne Strom, schnörkellose Cabins, eine Küche, eine kleine Bücherei und eine Fernsehlounge. Camping und Cabins. ❶

Wanderlust NZ, 105 The Strand, 💻 www.wanderlustnz.co.nz. Modern gestaltetes Flashpacker-Hostel mitten im Geschehen von Tauranga. Die Aussicht auf das Wasser und die ruhige Dachterrasse sprechen für sich. Der erste gute Eindruck wird komplettiert durch eine große Auswahl an Zimmern, darunter Schlafsäle (mit 4 bis 8 Betten; auch nur für Frauen) und Privatzimmer. Die Unterkunft ist beliebt bei Arbeitern, die die guten Kontakte des Managements zu den Kiwi-Produzenten schätzen. ❷

ESSEN

Karte S. 337

Die meisten Cafés und Restaurants von **Tauranga** liegen im Stadtzentrum – insbesondere in der Devonport Road und The Strand. Frische Lebensmittel bekommt man am Samstagvormittag auf Taurangas recht ordentlich sortierten Bauermarkt, 💻 www.taurangafarmersmarket.co.nz, 🕒 7.45–12 Uhr, bei der Tauranga Primary School, 31 5th Ave.

Barrio Brothers, 107 Gray St, 💻 www.barriobrothers.co.nz. Hervorragendes kalifornisch-mexikanisches Restaurant, das klassische Tacos – Brisket, Cochinita Pibil – neben Enchiladas, Quesadillas, Chimi-Changas und mehr serviert. Die regelmäßigen Angebote, darunter Margarita Madness am Donnerstag und Tequila am Freitag, schonen die Reisekasse. $$

Café Mediterraneo, 62 Devonport Rd, 💻 www.medcafe.co.nz. Das beliebte Café, auch The Med genannt, hat gute Frühstücksangebote wie Blaubeer-Buttermilch-Pancakes und verführerische Mittagsspeisen wie z. B. Caesar Salad, Steak-Sandwiches und Maisbratlinge. $$

Grindz, 50 First Ave, 💻 www.facebook.com/grindz. Das Grindz ist ein gemütliches Café mit schwungvollem Flat White, unwiderstehlichem Kuchen, den größten „Mini"-Wurstbrötchen und unzähligen vegetarischen und veganen Speisen. $

Harbourside, 150 The Strand, 💻 www.harboursidetauranga.co.nz. Das Nobelrestaurant unter der Eisenbahnbrücke in einem ehemaligen Bootsschuppen hat nur eine kleine, aber dafür himmlische Speisekarte: Probieren Sie z. B. ein halbes Dutzend Austern mit *yuzu kosho*, gefolgt von Lachs mit Miso-Glasur oder Pekingente. $$

Historic Village, 17th Ave West, 💻 www.historicvillage.co.nz. Schönes, autofreies Quartier mit einer Reihe von hölzernen Geschäftshäusern, die im Stil des 19. Jhs. restauriert und mit einem farbenfrohen Anstrich versehen wurden. Viele der Häuser beherbergen heute Geschäfte und Cafés. The Whipped Baker serviert köstliche Kuchen und Gebäck. $

Macau, 59 The Strand, 💻 www.dinemacau.co.nz. Preisgekröntes Restaurant samt Bar mit einer kreativen panasiatischen Karte mit *shared plates*. Zu den Glanzpunkten zählen die Takoyaki-Oktopus-Bällchen, das Ramen, das Thunfisch-Ceviche und die *poke bowl*. Auch gute Drinks (Happy Hour tgl. 16–18 Uhr). $$$

UNTERHALTUNG

Karte S. 337

Tauranga ist derzeit die Partyhochburg der Region – im Sommer tobt die Party am Strand bis in die frühen Morgenstunden. Nicht weit entfernt ist außerdem die Mills Reef Winery (S. 337).

Clubs und Bars

Cornerstone, 55 The Strand, 🖳 www.cornerstonebar.co.nz. Im Sommer ab etwa 22 Uhr gibt es im Cornerstone Livemusik, meistens von Coverbands. Aber auch zu anderen Zeiten wird mit guter Musik aufgespielt, z. B. sonntags nachmittags, da wird gejammt.
Crown & Badger, 91 The Strand, 🖳 www.crownandbadger.co.nz. Das Crown & Badger ist eine relativ authentische britische Kneipe mit guten Getränken (u. a. Guinness) und Pubessen wie kleinen *Yorkshire puddings* mit Rindfleisch, Bratwurst mit Kartoffelbrei. Fr und Sa abends sorgen DJs für die richtige Beschallung.
The Phoenix, 67 The Strand, 🖳 www.thephoenixtauranga.co.nz. Konzerneigene Bar der Monteith's Brewery mit Sportübertragungen, Pizza und breiter Palette an Craft-Bieren.

Kinos

Event Cinema, 45 Elizabeth St, 🖳 www.eventcinemas.co.nz. Das moderne Cineplexkino hat vorwiegend Mainstreamfilme im Programm.
Rialto Tauranga, 21 Devonport Rd, 🖳 www.rialtotauranga.co.nz. Kleiner als das Event, aber mit einem besseren Angebot an Arthouse-Streifen.

SONSTIGES

Fahrräder

Cycle Tauranga, Harbour City Motor Inn, 50 Wharf St, 🖳 www.taurangaharbourcity.co.nz. Dieser Anbieter verleiht Kraft schonende Hybridräder für die Erkundung von Stadt und Umgebung.

Informationen

i-SITE, 95 Willow St, 🖳 www.bayofplentynz.com. ⌚ tgl. 8.30–17 Uhr.
DOC, 253 Chadwick Rd, Greerton, 6 km südlich der Innenstadt von Tauranga, 🖳 www.doc.govt.nz. Hier gibt es Auskünfte über die Charterboote nach Mayor Island. ⌚ Mo–Fr 8–16.30 Uhr.

Internet

Bücherei, Wharf, Ecke Willow St, 🖳 www.library.tauranga.govt.nz. Internet kostenlos. ⌚ Mo, Di, Do und Fr 9.30–17.30, Mi 9.30–19, Sa 9.30–16, So 11.30–16 Uhr.

NAHVERKEHR

Tauranga und Mount Maunganui trennen lediglich 6 km. Dazwischen liegen die 3,5 km lange Tauranga Harbour Bridge und ein zum Port of Tauranga gehöriges schmuckloses Industriegelände.

Busse

Bayhopper, 🖳 www.baybus.co.nz, verkehrt in der Region mit Haltestellen in fast allen Orten der nahen Umgebung. Linien Nr. 1 und 2 pendeln zwischen Tauranga und Mount Maunganui (etwa alle 30 Min., 20–30 Min.).

Taxis

Tauranga Mount Taxis, 🖳 www.taurangataxis.co.nz. Ein Taxistand befindet sich in der Hamilton St (zwischen The Strand und Willow St) in Tauranga.

TRANSPORT

Busse

InterCity-Langstreckenbusse und **Naked-Busse** halten vor dem i-SITE in Tauranga, ebenso wie die Busse von **Bayhopper**, 🖳 www.baybus.co.nz, von/nach Whakatane.

Busse nach:
AUCKLAND 8x tgl., 3 1/2–4 Std.;
HAMILTON 3x tgl., 2 Std.;
NAPIER 1x tgl., 6 Std.;
ROTORUA 4x tgl., 1 1/2 Std.;
TAUPO 4x tgl., 2 3/4 Std.;
THAMES 3x tgl., 1 1/2 Std.;
WELLINGTON 1x tgl., 9 1/2 Std.;
WHAKATANE Mo–Sa 1x tgl., 2 Std.

Flüge

Der **Flughafen** der Gegend liegt etwa auf halbem Weg zwischen Tauranga und Mount Maunganui. In beide Städte (jeweils ca. 3 km entfernt) fahren Busse der Linie Nr. 2. Abends ist der Busverkehr allerdings stark eingeschränkt, sodass man vielleicht lieber ein Taxi nehmen sollte.

Flüge nach:
AUCKLAND 6x tgl., 35 Min.;
CHRISTCHURCH 3x tgl., 1 3/4 Std.;
WELLINGTON 4x tgl., 1 1/4 Std.

Mount Maunganui

Taurangas Nachbarbadeort **Mount Maunganui**, der meist von der Sonne verwöhnt wird, duckt sich unter den erloschenen Vulkan mit gleichem Namen. Die ehemalige Insel wird heute durch einen schmalen Sanddünenstreifen mit dem Festland verbunden, und darauf erstreckt sich „The Mount", wie das Städtchen gemeinhin genannt wird. Die Kette aus Apartmentblocks, Geschäften, Restaurants und anderen Häusern ist keine Augenweide, aber der 20 km lange goldene **Ocean Beach** entschädigt für alles. Er ist toll zum Schwimmen, Surfen und Beachvolleyballspielen, und in der Nähe warten gute Restaurants und Bars, wo sich Gott und die Welt zum Sundowner trifft. The Mount ist bei neuseeländischen Urlaubern unglaublich angesagt, was dem Ort den Ruf einer Partylocation eingebracht hat. Besonders zum Jahreswechsel ist hier viel los, und dann sind Gästebetten Mangelware.

Bergerkundung

Wanderweg: 3 km; 45 Min. ▪ Gipfelwanderung: 2 km einfach; 1 Std.

Die grasbewachsenen Hänge des Mount (Mauao in Maori) ragen 232 m über dem goldenen Strand empor und laden zur Erkundung ein. Ein überwiegend ebener **Wanderweg** führt im Schatten alter Pohutukawa-Bäume um den Fuß des Berges und bietet tolle Ausblicke auf die Bucht. Von diesem Weg zweigt ein zweiter zum **Gipfel** ab, der gegen Ende sehr anstrengend wird. Doch als Belohnung winkt eine herrliche Aussicht über die Küste bis nach Matakana Island.

Hot Saltwater Pools

9 Adams Ave ▪ Mo–Sa 6–22, So 8–22 Uhr ▪ Eintritt. ▪ www.mounthotpools.co.nz

In den von der Einkaufsmeile und dem Mount eingerahmten **Hot Saltwater Pools** wird heißes geothermisches Grundwasser genutzt, um Meerwasser zu erhitzen, das in familienfreundliche, gechlorte Open-Air-Pools mit 33–39 °C geleitet wird.

ÜBERNACHTUNG

Karte S. 342

Die meisten Unterkünfte von Mount Manganui sind auf Kiwi-Langzeiturlauber ausgerichtet. Es finden sich hier aber auch Apartments für Kurzaufenthalte und Motels sowie eine Reihe von guten Hostels.

Mount Backpackers, 87 Maunganui Rd, www.mountbackpackers.co.nz. Ein kleines Hostel mitten im Getümmel mit engen, zellenartigen Dorms (u. a. einem mit 16 Betten) und Zimmern sowie preisgünstigem Surfbrettverleih ($30/4 Std. für Board und Neoprenanzug; es kann auch Unterricht vermittelt werden). ❶

Mount Maunganui Beachside Holiday Park, 1 Adams Ave, www.mountbeachside.co.nz. Großer, gut ausgestatteter terrassierter Campingplatz nahe dem Strand, schöne Lage neben den warmen Salzwasser-Pools und direkt am Fuße des Mount Maunganui. Überwiegend Stellplätze, aber auch ein paar schlichte Cabins und Wohnwagen. Camping ❶, Wohnwagen ❶, Cabins ❷

Pacific Coast Lodge and Backpackers, 432 Maunganui Rd, www.pacificcoastlodge.co.nz. Riesiges Hostel mit guten Einrichtungen und ausgeprägtem Ökobewusstsein, allerdings etwa 25 Min. zu Fuß von den Restaurants und Kneipen am Strand entfernt; im Angebot sind geräumige Dorms (4–8 Betten) und Zimmer, es gibt eine große Küche und einen BBQ-Bereich. Naked-Bus hält vor der Tür. ❶

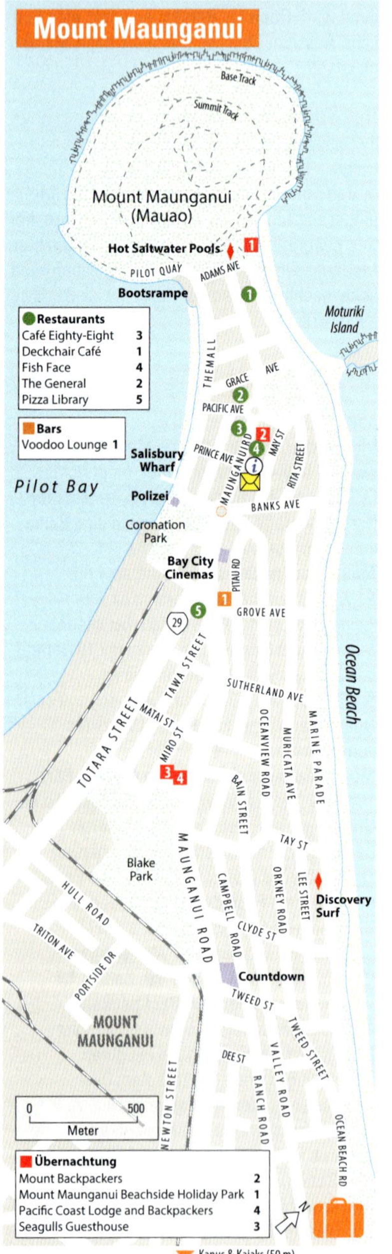

Seagulls Guesthouse, 12 Hinau St, www.seagullsguesthouse.co.nz. Sauberer, einwandfrei in Schuss gehaltener Backpacker der gehobenen Art mit gut ausgestatteter Küche sowie Fahrrad- und Surfbrettverleih. Fast alle Gäste bekommen ein DZ oder 2-Bettzimmer, denn es gibt nur einen einzigen 3-Bett-Schlafsaal im Haus. Dorm ❶, DZ ❷

ESSEN UND UNTERHALTUNG

Karte s. links

Mount Maunganui kann mit der Restaurant-Bandbreite und den kulinarischen Hotspots von Tauranga nicht mithalten. Es gibt aber eine Menge von Lokalen im Stadtkern in der Maunganui Road und an der Hafenpromenade. Außerdem findet auf dem Phoenix-Parkplatz an der Maunganui Road ein **Bauernmarkt** statt, www.mountmaunganui.org.nz/markets, So 9–13 Uhr, und im Coronation Park der **Gourmet Night Market**, www.facebook.com/gourmetnightmarket , Dez–Mitte März Fr 17–22 Uhr.

Café Eighty-Eight, 88 Maunganui Rd, www.facebook.com/cafe88mount. Es gehört eine ganze Menge Standhaftigkeit dazu, vor der verführerischen Auswahl an Kuchen in diesem modernen Café mit seinem gemütlichen Innenraum und einem kleinen Patio nicht schwach zu werden. Wer das schafft, kann auch die leckeren Frühstücksgerichte, die dicken Wurstbrötchen oder den köstlichen Hühnchen-Ananas-Burger probieren. $

Deckchair Café, 2 Marine Parade, unter den Twin Towers, www.deckchaircafe.co.nz. Ein herrliches Plätzchen zum Frühstücken, für einen Morgenkaffee inklusive Meerblick oder Mittagessen, z. B. Hühnchenleber auf Toast oder Räucherlachssalat. Guter Ort für einen Kaffee zwischendurch. $$

Fish Face, 107 Maunganui Rd, www.fish-face.co.nz. Trotz des verspielten Namens ist das Fish Face ein edles Fischrestaurant mit Bar und kreativen Gerichten wie balinesischem Königsmakrelen-Curry, pikanten Tamarinden-Muscheln und Spaghetti marinara. $$$

The General, 19a Pacific Ave, 💻 www.thegeneral.co.nz. Ein ansprechendes Café-Restaurant mit dezentem, in Ansätzen skandinavischem Flair und einer langen Karte mit dekadenten Frühstücksspeisen wie Müsli mit Datteln und Kokosnuss-Panna cotta, gesundem Mittagessen, Smoothies und Säften sowie einem kleinen Angebot an alkoholischen Getränken. $$

Pizza Library, 314 Rata St, 💻 www.thepizzalibrary.co.nz. Im ganzen Ort sieht man ihre Auslieferungswagen, und die Namen der Gerichte in der Pizza Library wie „Narnia" und „The Bible" sind oft rätselhaft, aber die Pizza ist wirklich spitze. $$

Voodoo Lounge, 315 Maunganui Rd, 💻 www.facebook.com/voodooloungenz. Dieser charmante und freundliche Ort bezeichnet sich selbst als „Dive Bar". Auf die Gäste warten eine große Auswahl an Bieren und ein regelmäßig wechselndes Programm mit Live-Musik – das Programm umfasst Free-Jazz-gruppen, Reggae-DJs und mehr. Die Tacos sind auch ziemlich gut.

Kino

Bay City Cinemas, 249 Maunganui Rd, 💻 www.baycitycinemas.co.nz. Zeigt ebenso wie das Schwesterkino in Tauranga Mainstreamfilme, allerdings in nicht ganz so noblen Räumlichkeiten.

INFORMATIONEN

i-SITE, in einem Kiosk auf dem Phoenix-Parkplatz an der Maunganui Rd, 💻 www.bayofplentynz.com. 🕒 tgl. 10.30–16 Uhr.

TRANSPORT

Busse

Intercity-Busse halten in der 10 Salisbury Ave und auch an der Pacific Coast Lodge. Alternativ nimmt man einen Bus in Tauranga (S. 340).

Flüge

Mount Maunganui teilt sich einen Flughafen mit Tauranga (S. 341).

Die Umgebung von Tauranga und Mount Maunganui

Hinter dem fruchtbaren Landstrich landeinwärts von Tauranga und Mount Maunganui ragen die grünen Höhenzüge des **Kaimai Mamaku Forest Park** auf. Die Leben spendenden Flüsse, die sich von diesen Hängen herab in die Küstentiefebene ergießen, speisen die McLaren Falls des Wairoa River, der beim Erlebnispark Waimarino ins Meer mündet.

Waimarino

36 Taniwha Place, Bethlehem, 8 km westlich der Stadt ▪ tgl. Sep–April 10–18, Mai–Aug Mo–Fr 10–17 Uhr ▪ Tageskarte ▪ 💻 www.waimarino.com

Der **Erlebnispark** am Wairoa River ist bestens geeignet für Groß und Klein. Besucher können schwimmen, sich an der Outdoor-Kletterwand auspowern, in Tretbooten herumschippern und sich im The Blob, einer Art Riesenluftkissen, in die Höhe katapultieren lassen. Es werden auch Kajaktrips (s. Kasten S. 338) sowie Kajakverleih angeboten.

McLaren Falls

McLaren Falls Rd, abseits SH29, 18 km südwestlich von Tauranga ▪ Termine für die Wasserfallspeisung s. Website ▪ 💻 www.glowwormkayaking.com

Normalerweise leitet ein Damm das Wasser der 15 m hohen **McLaren Falls** um, aber an bestimmten Sonntagen darf es dank des Kaimai Canoe Club den Wasserfall speisen (genaue Daten auf der Website). Dann herrscht unten am **Wairoa River** helle Aufregung. Hunderte von Rafting- und Kajak-Begeisterten versammeln sich, um die Stromschnellen des Wairoa River (WW IV–V; Anbieter auf S. 328) zu bezwingen. An anderen Tagen strömen die Einheimischen in Scharen hierher, um sich in den vielen seichten Badepools zu vergnügen. Proviant und Sonnenschutz mitbringen.

McLaren Falls Park

🕒 tgl. Okt–April 7.30–19.30, Mai–Sep. 7.30–17.30 Uhr

Ein Stück flussaufwärts wurde eine 190 ha große Fläche in einen hübschen **Uferpark** rund um

ROTORUA UND BAY OF PLENTY

den Lake McLaren verwandelt. Seine Highlights sind der Campingplatz (s. u.), der leicht zu bewältigende, lohnende Waterfall Track durch eine Glühwürmchensenke und ausgezeichnete Glühwürmchen-Kajaktouren (s. Kasten S. 338).

Papamoa Beach

Blokart Heaven, 176 Parton Rd ▪ Aktivitäten kostenpflichtig ▪ 💻 www.blokartheaven.co.nz

Der Mount Maunganuis Ocean Beach erstreckt sich 20 km Richtung Osten bis zum **Papamoa Beach**, einer tollen Ecke zum Surfen und Schwimmen abseits vom touristischen Hype von The Mount. In Papamoa befindet sich die erste offizielle **Blokart-Rennbahn** der Welt: Blokart Heaven. Es handelt sich um Gokartwagen mit Segel. Bei gutem Wind erreichen sie eine Geschwindigkeit von bis zu 60 km/h. Das Ganze hängt natürlich vom Wetter ab – bei Windstille tut's ein Driftkart.

ÜBERNACHTUNG

McLaren Falls Park, McLaren Falls Rd, 11 km südlich von Tauranga, 💻 www.tauranga.govt.nz. Einfache Stellplätze auf Grasflächen in einem bewaldeten Park am See (S. 343). Wasser, Toiletten und kostenlose Duschen vorhanden. ❶

Tasman Holiday Park, 535 Papamoa Beach Rd, 💻 www.tasmanholidayparks.com. Der makellose Campingplatz befindet sich in der Domain am östlichen Ende von Papamoa, direkt am Strand. Alles ist sehr gepflegt, und die Lage der Strandhäuschen könnte nicht schöner sein. Mindestaufenthalt 2 Nächte (außer für Camper). Camping ❶, Cabins ❸

ESSEN UND UNTERHALTUNG

Bluebiyou, 559 Papamoa Beach Rd, Papamoa Beach, 💻 www.bluebiyou.co.nz. Schickes Café/Bar/Restaurant mit Blick über die Dünen aufs Meer. Das Bluebiyou ist ein hervorragender Laden zum Mittagessen, z. B. Schweinebauch mit in Schinken eingewickelten Jakobsmuscheln, gefolgt von *profiteroles*. Man kann auch nur auf einen Drink vorbeikommen. $$

Leveret Mills Reef, 143 Moffat Rd, Bethlehem, 6,5 km südwestlich von Tauranga, 💻 www.millsreef.co.nz. Das Art-déco-Weingut rund 6,5 km südwestlich des Stadtzentrums im Vorort Bethlehem verfügt über eine ausgezeichnete Probierstube; besonders gut sind der Bordeaux und der Syrah. Außerdem gibt's hier ein Restaurant. $$

Whakatane und Umgebung

Die 19 000 Einwohner zählende Stadt **Whakatane** liegt 90 km östlich von Tauranga und erstreckt sich über flaches Farmland entlang dem unteren Whakatane River, kurz vor dessen Mündung in den Ozean. Sie blickt auf eine bewegte Geschichte zurück, ist heute aber ein eher beschauliches Versorgungszentrum mit wenigen kulturellen Attraktionen. Spazierwege führen über den Gebirgsgrat oberhalb der Stadt zum Aussichtspunkt **Kohi Point**. Whakatane eignet sich gut als Ausgangspunkt zum Sonnenbaden am **Ohope Beach**. Man **mit Delphinen schwimmen** und das Vogelschutzgebiet **Whale Island** besuchen oder zu Rundflügen über die aktive Vulkaninsel **White Island** starten, die ihre weißen Rauchwolken in den Himmel bläst.

Geschichte

In der Gegend von Whakatane haben sich besonders viele dramatische Ereignisse abgespielt. Der Maori-Begriff Whakatane bedeutet „handeln wie ein Mann" und geht auf ein legendäres Ereignis zurück: Die Frauen des Kanus *Mataatua* wurden an Bord zurückgelassen, während ihre Männer an Land gingen. Das Kanu driftete aufs Meer hinaus, aber eine Berührung der Paddel war für die Frauen tabu. Die junge Häuptlingstochter **Wairaka** ließ sich davon nicht beirren, sondern paddelte zurück zur sicheren Küste und rief *Ka Whakatane Au i Ah au* („Ich werde wie ein Mann handeln"). Noch heute erinnert eine Statue bei Whakatane Heads an ihre Heldentat.

Die ersten Europäer, die das Gebiet betraten – abgesehen von Kapitän Cooks kurzem Zwischenstopp – waren **Flachshändler** zu Beginn des 19. Jhs. Im März 1865 wurde der Mis-

sionar **Carl Völkner** in Opotiki ermordet und der Regierungsvertreter **James Falloon** traf ein, um den Mord zu untersuchen. Anhänger der fanatischen Maori-Sekte Hauhau attackierten das Schiff von Falloon und töteten ihn und seine Mannschaft. Als Reaktion darauf rief die Regierung das **Kriegsrecht** aus.

Bis zum Ende des Jahres waren große Teile der Bay of Plenty konfisziert und Whakatane zu einer Militärfestung geworden. Das veranlasste **Te Kooti** 1869 dazu, Whakatane als Ziel für einen ausgewachsenen Großangriff auszuwählen. Doch seine Maori-Truppen wurden schließlich in die Hügel von Urewera zurückgetrieben.

Pohaturoa

Whakatanes Wahrzeichen ist der große Felsen **Pohaturoa** („langer Fels"). Dieses Maori-Heiligtum steht in einem kleinen Park mit Bänken und einem schwarzen Marmordenkmal für Te Huri-nui Apanui, einen großen Häuptling, der die Vorzüge des Friedens propagierte und von den Pakeha und Maori gleichermaßen betrauert wird.

Wairere Falls

Früher schlugen die Meereswellen an die Felsen, die heute die Stadt einrahmen. Wer von Pohaturoa aus am Felsrand entlanggeht, gelangt zum Fuß der **Wairere Falls**. Einst versorgten sie die Stadt mit Wasser und lieferten Energie zum

Betreiben von Mühlen. Heute darf die Kaskade ungehindert hinabstürzen und bietet nach Regengüssen einen imposanten Anblick.

Te Koputu a Te Whanga a Toi (Whakatane Museum and Exhibition Centre)

Kakahoroa Drive ▪ ◷ Mo–Fr 9–17, Sa und So 10–14 Uhr ▪ Eintritt ▪ 💻 www.whakatanemuseum.org.nz

Der kulturelle Hotspot der östlichen Bay of Plenty **Te Koputu a Te Whanga a Toi (Whakatane Museum and Exhibition Centre)** zeigt eine Ausstellung zur Frühzeit der Maori in Neuseeland, nach ihrer Ankunft im *Mataatua waka* (Kanu). Außerdem gibt es viele Exponate zur postkolonialen Ära. Die drei Galerien des Museums bringen alle paar Monate neue Ausstellungen.

Das **Te Whare Taonga o te rohe Whakatane (Whakatane Museum and Research Centre)**, ganz in der Nähe in der 51-55 Boon Street, sollte nach einer umfassenden Sanierung und Erweiterung Ende 2018 eröffnen.

Mataatua Wharenui

105 Muriwai Drive ▪ ◷ Dez–April Mo–Fr 9–16 Uhr, Mai–Nov tgl. 9.30–15.30 Uhr ▪ Eintritt Visitor Centre frei; Führungen kostenpflichtig ▪ 💻 www.mataatua.com

Das „Haus, das nach Hause kam", **Mataatua Wharenui**, ist eines der schönsten (und größten) geschnitzten Versammlungshäuser, die noch

Die Inseln vor Whakatane

Whale Island

Whale Island (Motohora), 10 km vor Whakatane, ist ein 2 km^2 großes, DOC überwachtes Gebiet, wo vor Jahrzehnten große Anstrengungen zur Ausrottung von Ziegen und Ratten unternommen wurden. Der Wald hat sich die Insel schnell zurückerobert, und heute ist sie ein Vogelschutzgebiet, ein sicherer Hafen für Sattelvögel (oder Tieke), Langflügel-Sturmvögel, Dunkle Sturmtaucher, Zwergpinguine, Maori-Regenpfeifer und Austernfischer, außerdem für Geckos, zwei Arten von Skinken und Tuataras; manchmal verirren sich auch Maorifalken (Karearea) und Nordinsel-Kaka (Waldpapageien) sowie Pelzrobben hierher. In der Brutzeit (Mai–Dez) kehren über 100 000 Dunkelsturmtaucher auf die Insel zurück. Das ist ein spektakulärer und komischer Anblick zugleich, weil sie sich beim Landen so ungeschickt anstellen.

Die Insel darf nur im Rahmen einer begrenzten Zahl von organisierten Touren besucht werden. Ein 3-stündiger Ausflug kostet ungefähr $100.

White Island

Whakatanes Hauptattraktion war lange Zeit White Island (Whaakari). Getauft wurde die Insel von Kapitän Cook, der mit dem Namen auf den ständigen Dunstschleier aus Wasserdampf über dem Eiland anspielte. White Island ist fast rund, hat einen Durchmesser von annähernd 2 km und liegt etwa 49 km vor der Küste.

Weder die holprige Fahrt dorthin noch der brodelnde Vulkanismus schreckten früher die Besucher ab, die hier in Scharen die trostlose, jenseitige Landschaft bestaunen wollten, mit ihren wabernden Gas- und Dampfsäulen, die aus einem Kratersee 60 m unter dem Meeresspiegel aufstiegen. Im Dezember 2019 ereignete sich jedoch eine Tragödie: Der Vulkan brach aus, als sich 47 Menschen auf der Insel befanden, 22 von ihnen starben. Seitdem sind Besuche auf der Insel verboten. Am nächsten kommt man diesem gefährlichen Gelände jetzt im Rahmen eines Rundflugs (S. 349).

In den 1880er-Jahren wurde auf der Insel sporadisch Schwefel zur Verwendung bei der Düngerherstellung abgebaut, aber das Unternehmen scheiterte an Vulkanausbrüchen, Erdrutschen und wirtschaftlichen Pleiten. Ab 1934 überließ man die Insel sich selbst, und heute wird sie lediglich von 60 000 Schwalbensturmvögeln und 10 000 Tölpeln bevölkert.

erhalten sind. Das Volk der Ngati Awa hatte es 1875 erbaut. 1879 wurde das Haus auf die Reise geschickt, um Neuseeland bei der British Empire Exhibition in Sydney zu repräsentieren. Nach einem langen Zwangsaufenthalt im Londoner Victoria and Albert Museum durfte das Haus 1925 nach Neuseeland heimreisen und verbrachte 70 Jahre in Dunedin, bevor es im Rahmen des Treaty of Waitangi 1996 endlich wieder seinen rechtmäßigen Besitzern, den Ngati Awa, zurückgegeben wurde. Vor der kulturellen Führung lohnt sich auf alle Fälle der ergreifende Film über die Geschichte des Hauses.

Kohi Point und Ohope Walk

5,5 km einfach; 2 Std. ▪ Routenbeschreibung auf einem kostenlosen Faltblatt beim i-SITE

Die interessanteste Wanderung dieser Gegend beginnt in der Stadtmitte und folgt dem Nga Tapuwae o Toi („heilige Fußstapfen von Toi") Walkway, der das Gebiet des großen Stammesführers Toi durchquert und am **Kohi Point** endet – mit Panoramablicken auf Whakatane, Whale Island, White Island und Te Urewera. Von Kohi Point geht's weiter durch die Otarawairere Bay (1 Std. vor und nach Flut kein Durchkommen) zum Ohope Beach und von dort zurück nach Whakatane mit dem Bayhopper Bus (S. 349).

ÜBERNACHTUNG

Whakatane

Karte S. 345

37 The Landing, 37 Landing Rd, www.landingmotel.co.nz. Großartige Mittelklasse-Unterkunft im Stadtzentrum, die das Preis-Leistungs-Verhältnis eines Motels mit dem Komfort eines Fünf-Sterne-Hotels verbindet. Die Unterbringungsarten reichen von einfachen DZ bis hin zu 2-DZ-Apartments mit Whirlpool-Badewanne. Das barrierefreie Studio verfügt über einen rollstuhlgerechten Eingang und eine ebenerdige Dusche mit Handläufen. ❸

Awa Motel, 15 The Strand, www.awamotel.co.nz. Helles, modernes 4-Sterne-Motel mitten im Strandtrubel. Geboten werden preisgünstige Studios, die über ein eigenes Bad und eine Kochnische verfügen, sich aber in einem lauteren Teil des Komplexes befinden, aber auch luxuriöse freistehende Villen in den üppigen Gärten des Hotels. ❸

One88 on Commerce, 188 Commerce St, www.one88oncommerce.co.nz. Dieses zuverlässige Motel verbindet Professionalität mit Gemütlichkeit und wird von den erfahrenen Managern und dem dort lebenden Ehepaar Malcolm und Liz geleitet. Bei allen Zimmern handelt es sich um Suiten mit Wohnbereich und Kochnische. Entscheiden Sie sich für die luxuriösen Spa-Suiten mit Whirlpool-Badewanne. ❸

Tuscany Villas, 57 The Strand, www.tuscanyvillas.co.nz. Top-Lodge in ockerfarbenem Komplex mit verschiedenen, luxuriös mit kleiner Küche ausgestatteten Zimmern und Suiten. Einige der Suiten verfügen über einen eigenen Whirlpool. ❸

Whakatane Holiday Park, McGarvey Rd, www.whakataneholidaypark.co.nz. Dieser riesige Campingplatz mit Blick auf den Whakatane River ist ein praktischer und relaxter Ort, wo man problemlos mit Zelt oder Van nächtigen kann, alternativ macht man es sich in den Cabins gemütlich. Die Tourist Cabins teilen sich Kochgelegenheiten, während die Kitchen Cabins über eine eigene Küche verfügen. Noch luxuriöser sind die Premium Units mit großen Terrassen und Wohnbereichen. ❷

Ohope

Karte S. 345

Ocean View Motel, 18/2 West End, Ohope Beach, www.booking.com. Ein total gemütliches Motel am westlichen Strandende, wo man gefahrlos schwimmen und Bushwalks unternehmen kann. Kostenlos gibt's: Wäscheservice, Fahrrad-, Kajak-, Surfbrett- und Boogie-Board-Verleih. Jedes der Apartments hat Meerblick und Platz für 4 Pers. ❸

Ohope Beach Resort, 307 Harbour Rd, 10 km östlich von Whakatane, www.ohopebeachresort.co.nz. 21 elegante Apartments mit Balkon und Blick aufs Wasser. Alle haben Geschirrspüler, Waschmaschine, AC. Die Gäste teilen sich Sauna, Petanque, Fitnessraum, Tennisplatz, 3 Pools. ❸

Ohope Beach Top 10 Holiday Park, 367 Harbour Rd, 10 km östlich von Whakatane, www.ohopebeach.co.nz. Schicker Ferienpark am Ohope Beach, u. a. mit einer Wasserrutsche und im Sommer kostenlosem Kinderunterhaltungsprogramm. Es gibt Stellplätze, Cabins und Apartments (für bis zu 8 Pers.). Camping, Cabins und Apartments. ❷

ESSEN UND UNTERHALTUNG

Whakatane

Karte S. 345

The Bean, 72 The Strand East, www.thebeancafe.co.nz. Ungezwungenes Tagescafé und Kaffeerösterei, weshalb man mit einem perfekten Gebräu zum Frühstück, Sandwich, Bagel oder Kuchen rechnen darf. $

Café Awa, 15 The Strand, im Awa Motel, www.awamotel.co.nz. Herrliches Café für Frühstück, Snacks und leckere Mittagessen. Perfekt für einen sehr guten Espresso vor einer frühen Bootsfahrt; man kann sich hier aber auch einfach nur wunderbar entspannen und das Blaubeer-Porridge oder das hausgemachte Müsli probieren. $

L'Epicerie 128 Commerce St, www.facebook.com/LEpicerieLarderWhakatane. Herrlicher, von Franzosen geführter Café-Deli mit echtem gallischem Flair. Auf der Speisekarte stehen frisch gebackene Leckereien und (wenn zum Abendessen geöffnet) Küchenklassiker wie Boeuf Bourguignon sowie alkoholische Getränke und Allpress-Kaffee. Auch jede Menge Käse aus Frankreich und Baguettes zum Mitnehmen. $

Roquette, 23 Quay St, www.roquette.co.nz. In dem vielleicht besten Restaurant (mit Bar) von Whakatane bekommen die Gäste Leckereien wie geschmorten Schweinebauch mit Pflaumensoße, Kürbis-Pilz-Gnocchi und Meeresfrüchte-Pappardelle serviert. $$$

The Craíc, im Whakatane Hotel, 79 The Strand, www.whakatanehotel.co.nz. Stimmungsvolle irische Bar, die auch günstiges Essen anbietet. Am Wochenende Livemusik und Tanz. Manchmal länger geöffnet als offiziell angegeben.

Ohope

Karte S. 345

Ohiwa Oyster Farm, 11 Wainui Rd, 1 km südlich vom Ohope Beach an der Straße nach Opotiki, ✆ 07 312 4565. In dem Schuppen am Ohiwa Harbour gibt es billiges, frisches Seafood zu kaufen, u. a. Austern und Räucherfisch. An den Picknicktischen am Ufer schmecken die Fish 'n' Chips besonders gut. $

Port Ohope General Store and Café, 311 Harbour Rd, www.portohopestore.co.nz. Café mit Alkoholausschank und Blick auf Hafen und Meer. Gutes Frühstück, auch Burger, Pizza und tolle Fish 'n' Chips. $

SONSTIGES

Informationen und Internet

i-SITE, Quay St, Ecke Kakahoroa Drive, www.whakatane.com. Die Touristeninformation hält ein großes Angebot an DOC-Broschüren und Infos über Wanderungen in der Umgebung bereit. Außerdem Fahrradverleih und kostenloser **Internetzugang**. ⌚ Mo–Fr 9–17, Sa und So 10–15 Uhr.

In der **Bücherei**, 49 Kakahora Drive, kann das Internet 30 Min. lang kostenlos genutzt werden; außerdem kostenloses WLAN. ⌚ Mo–Fr 9–17, Sa und So 10–14 Uhr.

Touren

Dive Works Charters, 96 The Strand, www.diveworks-charters.com. Das Highlight im Programm dieses Anbieters sind Wildtiertouren auf Whale Island, bei denen die Teilnehmer auch von Bord des Ausflugsbootes gehen dürfen, um Eidechsen und Vögel, einschließlich der scheuen Kiwis, zu beobachten. Es werden darüber hinaus auch Angelausflüge sowie Delphin- und Robbentouren angeboten.

Moutohora Tours, 15 The Strand, www.moutohora.co.nz. Ausgezeichnete und lohnende Ausflüge zum Schwimmen mit Delphinen und Robben (3–4 Std.) rund um Whale Island und White Island. Außerdem sind Ökotouren auf Whale Island (mit etwa 3 Std. Aufenthalt auf der Insel) sowie Tauch- und Schnorchelausflüge im Angebot.

Port Ohope General Store and Café, 311 Harbour Rd, Ohope, 💻 www.portohopestore.co.nz. Das Gemischtwarengeschäft mit einem angeschlossenen Café bietet Paddleboard-Unterricht an und verleiht zudem Stadträder.

White Island Flights, Whakatane Airport, 💻 www.whiteislandflights.co.nz. Seit dem tödlichen Vulkanausbruch 2019, bei dem 22 Menschen ums Leben kamen, ist die einzige Möglichkeit, White Island aus der Nähe zu sehen, ein Rundflug (Dauer ca. 1 Std.), der vom Flughafen Whakatane startet (alternativ Helikopterflug, s. Kasten S. 346). Bei dem Flug mit einer Kleinmaschine werden ein paar Runden um den noch immer brodelnden Vulkankrater gedreht. Die dampfenden Teiche und leuchtenden Schwefelfarben sind absolut beeindruckend, und wer die unbändige Kraft der Natur aus größtmöglicher Nähe erleben möchte, sollte sich den Flug gönnen. Kombinierte Flüge, die den Mount Tarawera mit einschließen, gehören ebenfalls zum Angebot von White Island Flights.

TRANSPORT

Busse

Die Busse von InterCity auf dem Weg von Rotorua nach Gisborne über den SH2 halten vor dem i-SITE Visitor Centre.

Bayhopper, 💻 www.baybus.co.nz, bietet Busse nach Tauranga, Ohope und Opotiki.

Busse nach:
GISBORNE 1x tgl., 3 Std.;
OHOPE Mo–Sa 7x tgl., 1/2 Std.;
OPOTIKI Mo und Mi 2x tgl., 1 Std.;
ROTORUA 1x tgl., 1 1/2 Std.;
TAURANGA Mo–Sa 1x tgl., 2 Std.

Flüge

Der **Whakatane Airport** liegt rund 10 km westlich der Innenstadt und ist mit einem Shuttle-Taxi von **Dial-A-Cab**, ✆ 0800 308 0222, unproblematisch zu erreichen.

Air Chathams, 💻 www.airchathams.co.nz, pendelt bis zu 3x tgl. zwischen Whakatane und AUCKLAND (3/4 Std.).

Opotiki

Opotiki, 46 km östlich von Whakatane (über die Ohope Road), ist die östlichste Stadt in der Bay of Plenty. Die von üppig grüner Landschaft und Stränden umgebene Stadt, die nur wenige Sehenswürdigkeiten bietet, ist Ausgangsbasis (und letzte Versorgungsstation) für die Wildnis des East Cape und für Trips zum abgeschiedenen, traumhaft schönen Motu River.

Von Opotiki führt der SH2 landeinwärts zu den großstädtischeren Angeboten von **Gisborne** (S. 418). Der SH35 dagegen schlängelt sich um das **East Cape** (S. 411) herum, immer in Reichweite der zerklüfteten, windgepeitschten Küste. Wer nach Opotiki reist, den zieht es in der Regel hinaus in die Natur: aufs Wasser, zum Angeln vor der Küste, auf die Flüsse, die man vom Kajak aus oder beim Wildwasserrafting erlebt, oder auch zum Mountainbiken auf den Motu Trails, 💻 www.motutrails.co.nz.

Opotiki Museum

123 Church St ▪ 🕒 Mo–Fr 10–16, Sa 10–14 Uhr ▪ Eintritt ▪ ✆ 07 315 5193

Alle historisch bedeutenden Gebäude von Opotiki versammeln sich an der Kreuzung von Elliott Street und Church Street, darunter das **Opotiki Museum**. Es nimmt den ganzen Häuserblock zwischen Elliott und Kelly Street ein. Die Ausstellung umfasst neben typischen Kleinstadtexponaten die erlesenen Tanewhirinaki Carvings, eine Maori-Skulpturensammlung, die lange Zeit das Auckland Museum zeigte. Keinesfalls auslassen sollte man den zum Museum gehörenden Krämerladen Shalfoon & Francis in der Church Street 129. Der altmodische Gemischtwarenladen aus den 1870er-Jahren ist vollgestopft mit alten Schreibmaschinen, Keksdosen und anderen Artikeln, die damals zum Sortiment eines Haushaltsgeschäfts gehörten.

St Stephen's Church

Church St, gegenüber dem Museum ▪ Mo–Fr 10–16, Sa 10–14 Uhr; wenn geschl., Schlüssel im Museum holen ▪ Eintritt frei

Das unschuldige Aussehen der weißen, aus Holz erbauten **St Stephen's Church** lässt nicht vermuten, dass sich hier einst ein berühm-

ROTORUA UND BAY OF PLENTY

ter Mordfall zutrug: Im März 1865 soll an dieser Stelle der hiesige Missionar **Carl Völkner** getötet worden sein, nachdem der Prophet Kereopa Te Rau aus den Reihen der militanten Hauhau-Sekte die Leute gegen ihn aufgewiegelt hatte. Einen Blick lohnen die prächtigen Wandverkleidungen um den Altar und Völkners Grabstein an der rückwärtigen Kirchenmauer.

Hukutaia Domain

Ein wunderschönes Fleckchen ist die kleine, unberührte **Opotiki (Hukutaia) Domain** mit einheimischer Flora, darunter ein Puriri-Baum, der von 500 v. Chr. datieren soll und von den hiesigen Maori als Begräbnisbaum genutzt wurde. Es gibt auch einen Aussichtspunkt mit schönem Blick über das Waioeka Valley und eine Reihe kurzer, interessanter Pfade durch den Regenwald. Anfahrt: von der Innenstadt auf der Church Street nach Süden bis zur Waioeka River Bridge, über die Brücke, dann nach links in die Woodlands Road; nach 7 km ist die Domain erreicht.

ÜBERNACHTUNG

Beyond the Dunes, 12 Wairakaia Rd, 5 km östlich der Stadt, ✉ beyondthedunes@yahoo.co.nz. Schlichte, moderne *bach* für Selbstversorger, nur durch die Dünen von einem langen Badestrand getrennt. Im Sommer Mindestaufenthalt 2 Nächte. ❶

Capeview Cottage, Tablelands Rd, 8 km südöstlich der Stadt, 💻 www.capeview.co.nz. Luxuriöses Selbstversorger-Cottage umgeben von Kiwibäumen, mit weitem Küstenblick, Whirlpool im Freien und einer kleinen Bibliothek. Die Gastgeber sind umweltbewusst und kennen sich hervorragend in der Umgebung aus. ❷

Colonial House B&B, 123 Dickinson Rd, 7 km westlich der Stadt, ✆ 07 230 5641. Dieses attraktive B&B erfreut sich einer schönen Lage auf einer Kiwiplantage und bietet 2 elegante Zimmer mit Himmelbetten, ein Spielezimmer mit Billardtisch und die kostenlose Nutzung der Waschmaschine. Aufgrund der Lage aber nur geeignet für Reisende mit eigenem Fahrzeug. ❷

Ohiwa Beach Holiday Park, Ohiwa Harbour Rd, nahe SH2, 15 km westlich der Stadt, 💻 www.ohiwaholidays.co.nz. Dieses Schmuckstück ist einer der besten Campingplätze der Gegend, mit guten Unterkünften für unterschiedlich gut gefüllte Reisekassen. Der Platz liegt direkt am Strand, wo man gefahrlos baden kann, und wird gern von Glühwürmchen besucht. Zum Angebot gehören auch ein Kajakverleih und ein Hüpfkissen – ungeheuer beliebt bei Kindern (und manchem Erwachsenen). ❷

Ohiwa Seascape Studios, 213 Ohiwa Beach Rd, an der SH2, 5 km westlich der Stadt, 💻 www.ohi-wa.co.nz. Wunderschöne Villa mit weißen Wänden und rotem Dach, umgeben von dichtem Busch und mit Blick auf den ruhigen Ohiwa Beach. Es gibt nur 3 Apartments: 2 DZ mit Spa-Badezimmern und das „Honey Loft" mit einer umlaufenden Terrasse vor Pohutukawa-Bäumen. ❷

Opotiki: Touren und Aktivitäten

Marine Life Tours, 16 Wharf St, ✆ 027 350 4910, ✉ admin@reaf.nz. Dieser Anbieter veranstaltet Kajak- und Angelausflüge, hat aber auch für die Errichtung des Opotiki Community Reef gesorgt, mit dessen Hilfe die Fischbestände erhalten bleiben sollen.

Motu Trails Ltd, ✆ 07 315 5864, 💻 www.motucycletrails.com. Ngaio und ihr Team empfehlen den Radlern die ihrer Erfahrung entsprechende Tour. Radverleih für den Pakihi Track oder den Dunes Trail. Das Shuttle nach Matawai kostet $65, verkehrt aber nur bei einer Mindestteilnehmerzahl. Es gibt auch Schlafsäle ($35) und einen gesicherten Parkplatz nahe dem Zentrum von Opotiki. Kontakt telefonisch, über die Website oder übers i-SITE.

Track ‚n' Trail, 11 Atkins Ln, Hamurana 💻 www.trackntrail.co.nz. Dieser Veranstalter bietet eine Reihe längerfristiger Ausflüge in die Umgebung und darüber hinaus an, von kürzeren Wochenendausflügen zum Lake Waikaremoana bis hin zu mehrwöchigen landesweiten Radabenteuern, die Kondition erfordern.

ESSEN UND UNTERHALTUNG

1759 Masonic Hotel, 121 Church St, ✆ 07 315 8284. Irischer Pub in einem Hinterzimmer mit rohen Backsteinwänden im Masonic Hotel, gut für ein Bier und günstige, üppige Gerichte wie Steaks und Fish 'n' Chips. $$

Hot Bread Shop Café, 43 St John St, ✆ 07 315 6795. Diese Café-Bäckerei ist genau die richtige Adresse für alle, die leckeren Blechkuchen lieben bzw. Brunch, Snacks und guten Kaffee. Auch ideal zum Befüllen des Picknickkorbs. $

Kafe Friends, 30 King St, ✆ 027 896 1278. Gemütliches, freundliches Café mit Kaffeewagen in einem schattigen Garten. Der handgepresste Espresso im Kafe Friends ist hervorragend, ebenso wie die *custard slices*. $

Kapa Kai 107 Church St. Gemütliches Restaurant/Imbiss, spezialisiert auf die kreative Nutzung der reichhaltigen Fischvielfalt der Region – unbedingt den Muschel-Burger probieren! Außerdem gibt's liebevoll angerichtete Standards wie Makkaroni mit Käse. $$

SONSTIGES

Informationen

i-SITE/DOC, 70 Bridge St, 💻 www.opotikinz.com. Gemeinschaftsbüro von i-SITE und DOC. 🕒 Weihnachten–Jan tgl. 8–17, Feb–Weihnachten Mo–Fr 9–16.30, Sa und So 9–13 Uhr.

Internet

Bücherei, 101 Church St. WLAN oder 30 Min an einem Terminal kostenlos. 🕒 Mo–Fr 9–17, Sa 9–13 Uhr.

Fahrradverleih

Travel Shop, 109 Church St, ✉ travelshop@xtra.co.nz. Dieses Reisebüro verleiht Fahrräder und Mountainbikes, Surfbretter und Kajaks; auf Wunsch auch Transport.

TRANSPORT

Die **Busse** von InterCity halten vor dem Bread Shop Café an der Bridge St, Ecke St John St. Bayhopper-Busse, 💻 www.baybus.co.nz, nach Whakatane (Mo und Mi) und Potaka via Omaio, Te Kaha und Waihau Bay (nur Di und Do) fahren im Zentrum an der Kreuzung Elliot St/St John St.

Busse nach:
GISBORNE 1x tgl., 2 Std.;
POTAKA Di und Do 1x tgl., 2 Std.;
ROTORUA 1x tgl., 2 1/4 Std.;
WHAKATANE Mo und Mi 2x tgl., 1 Std.

Die Waioeka-Gorge-Route

Von Opotiki biegt der **SH2** gen Süden ins 137 km entfernte **Gisborne** ab und passiert auf seiner Berg- und Talroute mehrere kleine Siedlungen sowie die mit Wald bewachsene **Waioeka Gorge**. Dies ist eine der landschaftlich reizvollsten Strecken Neuseelands. Die Straße verläuft 30 km am Fluss entlang, bevor sie die schmale, steile Waioeka Gorge passiert und schließlich auf der anderen Seite hügeliges Weideland erreicht und zu den Ebenen abfällt. Von dort geht es pfeilgerade durch Plantagen, Weinberge und Schafweiden nach Gisborne.

Die einzige **Tankstelle** entlang der Strecke befindet sich in Matawai. Aber da sie nur eingeschränkte Öffnungszeiten hat, sollten Autofahrer auf jeden Fall in Opotiki auftanken bzw., von Süden her kommend, in Gisborne.

Waioeka Gorge Walks

Es lohnt sich, auf den ersten 72 km bis Matawai eine Pause einzulegen, um sich die Beine zu vertreten. Zu beiden Seiten zweigen interessante **Wanderwege** ab (Details im i-SITE von Opotiki).

HUKA FALLS (TAUPO): WO DER WAIKATO RIVER NEUN METER IN DIE TIEFE STÜRZT

Zentrale Nordinsel

In Taupo, Taranaki und Whanganui befinden sich einige der bedeutendsten Sehenswürdigkeiten Neuseelands, viele davon das Ergebnis der vulkanischen Vergangenheit des Landes. Das Landesinnere dominieren der Lake Taupo, der größte See des Landes, der Tongariro National Park und ein Vulkanplateau mit blubbernden Schlammtümpeln und aktiven Thermalquellen. Richtung Küste erhebt sich der Mount Taranaki, ein inaktiver, wunderschöner Vulkan.

Stefan Loose Traveltipps

Lake Taupo Neuseelands größtes Binnengewässer lässt sich auf einer Bootsfahrt oder aus der Luft während eines Fallschirmsprungs bewundern. S. 356

Huka Falls Am schönsten Wasserfall des Landes stürzen jede Sekunde 300 Tonnen Wasser in die Tiefe. S. 364

6 **Tongariro Alpine Crossing** Die Tageswanderung über Lavaströme und einen Kratergrund, vorbei an Geothermalgebieten und smaragdgrünen Seen, ist einfach die schönste Neuseelands. S. 371

Forgotten World Highway Durch wildromantische Landschaft geht es zur selbst ernannten Dorfrepublik Whangamomona, wo Reisende ihren Pass abstempeln lassen können. S. 385

Egmont National Park Schöne Wanderungen führen um oder auf den kegelförmigen Vulkanberg Taranaki, den zweithöchsten Berg der Nordinsel. S. 387

7 **Whanganui River** Eine dreitägige Kanutour erkundet die Schluchten und sanften Stromschnellen des längsten schiffbaren Flusses Neuseelands. S. 395

MOUNT TARANAKI

TONGARIRO ALPINE CROSSING

Inhalt

Zentrale Nordinsel
0
25
Kilometer
TASMANSEE
Awakino
Mokau
Tongaporutu
Whitecliffs Walkway
Taumarunui
North Taranaki Bight
Waitara
Urenui
New Plymouth
Tangarakau Gorge
Oakura
Whangamomona
National P
TARANAKI
Inglewood
Cape Egmont Lighthouse
EGMONT NATIONAL PARK
Forgotten World Highway
WHANGANUI NATIONAL PARK
Pungarehu
Mount Taranaki (2518 m)
Stratford
Raetihi
Oha
Pipiriki
Opunake
Whanganui River
South Taranaki Bight
Hawera
Koriniti
Patea
Bushy Park
Oyster Shell Cliffs
Aramoana
Whanganui
TASMANSEE
Bu
Foxto
Waiterere
Levir
Stefan Loose Traveltipps S. 353

PUREORA FOREST PARK
Wairakei
Aratiatia Rapids
Huka Falls
Taupo
Minginui
Lake Waikaremoana
Te Urewera
Tuai
32
Lake Taupo
Waitahanui
Waipunga Falls
41
1
5
Tokaanu
Turangi
BOUNDARY STREAM SCENIC RESERVE
47
Mount Tongariro
1
2
Mount Ngauruhoe
Tongariro Alpine Crossing
Lake Tutira
Te Pohue
TONGARIRO NATIONAL PARK
KAWEKA FOREST PARK
5
Whirinaki
Hawke's Bay
Waiouru
Napier
1
Clive
Hastings
Te Awanga
Cape Kidnappers
Riverlands
Havelock North
Taihape
Gravity Canyon
Utiku
Mangaweka
50
2
Waimarama
1
RUAHINE FOREST PARK
Waipawa
Waipukurau
Takapau
Norsewood
54
2
Dannevirke
MANAWATU
Palmerston North Airport
Ashhurst
Porangahau
Longest Placename
Woodville
Palmerston North
Cape Turnagain
57
Mangatainoka
2
N

Die Region südlich von Rotorua wird grob als **vulkanisches Plateau** bezeichnet. Dieses Hochland ist mit einer Schicht aus Felsen und Asche bedeckt, die vor etwa 2000 Jahren entstand, als ein riesiger Vulkan buchstäblich explodierte. Der entstandene Krater und dessen Umgebung füllten sich mit Wasser und bilden heute den größten See des Landes, den **Lake Taupo**. Das ruhige Gewässer und die den See speisenden Bäche und Flüsse sind ein Mekka für Angler, die es auf Bach- und Regenbogenforellen abgesehen haben. Weitere Touristenmagnete sind die Attraktionen in der Nähe der donnernden Stromschnellen des **Waikato River**. Am Nordostufer des Sees liegt der florierende Urlaubsort **Taupo,** Ausgangspunkt für zahlreiche Outdoor-Aktivitäten. Unmittelbar südlich des Sees befindet sich das kleinere, ruhige Städtchen **Turangi**, das sich besonders bei Forellenanglern großer Beliebtheit erfreut. Neben den noch kleineren Ortschaften **Whakapapa**, **National Park** und **Ohakune** ist Turangi eine beliebte Basis für die Erkundung des **Tongariro National Park**. Der 1887 gegründete Nationalpark ist mit seinen drei majestätischen Vulkanen ein beliebtes Ziel für Skifahrer und im Sommer mit seinen zauberhaften Wegen ein Paradies für Wanderer.

Westlich von Ohakune liegt die Halbinsel **Taranaki**, die auf der Landkarte an einen überdimensionalen Daumenabdruck erinnert und von dem symmetrischen Vulkankegel des **Taranaki** (Mt Egmont) im Zentrum des **Egmont National Park** beherrscht wird. Am Fuße des Vulkans lohnt **New Plymouth** einen Besuch wegen seiner ausgezeichneten Galerie für zeitgenössische Kunst und der zahlreichen, leicht zugänglichen **Surfstrände**.

Das landeinwärts gelegene **Taumarunui** ist eine gute Ausgangsbasis für mehrtägige Kanutouren auf dem **Whanganui River** durch das Herz des üppig grünen **Whanganui National Park**. Der Fluss durchschneidet das hübsche Künstlerstädtchen **Whanganui**, dessen Vergangenheit als Flusshafen auf einer Ausflugsfahrt mit einem restaurierten Schaufelraddampfer wieder lebendig wird. Rund 60 km weiter südöstlich liegt im Zentrum der fruchtbaren, von Milchwirtschaft geprägten Region **Manawatu** die Universitätsstadt **Palmerston North**.

Taupo und Umgebung

Der 80 km südlich von Rotorua im Herzen der Nordinsel gelegene aufblühende Ferienort **Taupo** erstreckt sich am Nordostufer des **Lake Taupo**, dem größten Binnengewässer Neuseelands. Bei entsprechenden Sichtverhältnissen sind 30 km südwestlich die drei schneebedeckten Vulkane des Tongariro National Park zu sehen. Das von der glasklaren Oberfläche des Wassers reflektierte Licht sorgt in Kombination mit der Höhenlage von 360 m für Lichtverhältnisse, die ein wenig an die Alpen erinnern, und der beinahe unwirklich tiefblaue Waikato River (in der Maori-Sprache „fließendes Wasser") tritt hier seine lange Reise zur Tasmansee an. See- und Flussufer werden von Grünanlagen gesäumt.

Seit Jahrzehnten strömen neuseeländische Familien nach Taupo, um dort ihre Ferien zu verleben. In Taupo gibt es freilich auch einiges zu sehen und zu unternehmen, beispielsweise die spektakulären Stromschnellen im geothermisch aktiven Gebiet unmittelbar nördlich der Stadt. Andere Urlauber kommen eigens zum **Fallschirmspringen** hierher – die Stadt ist ein Eldorado für Fallschirmspringer – und wegen der fantastischen Möglichkeiten zum Fischen in den umliegenden Gewässern.

Die Gewässer um Taupo zählen nämlich zu den ergiebigsten **Forellenfanggründen** der Welt. Sie erstrecken sich nach Süden bis Turangi und zum Tongariro River und genießen einen ausgezeichneten Ruf wegen der Qualität der hier heimischen Fische. Das ganze Jahr über sieht man Boote mit ausgeworfenen Leinen auf dem See treiben, und besonders abends tummeln sich in den Flussmündungen Angler.

Taupo

Im von Hochhäusern verschonten Zentrum von **Taupo** liegt kein Punkt mehr als fünf Minuten zu Fuß vom Waikato River oder Lake Taupo entfernt, die den Ort im Norden bzw. Westen umschließen. Im Süden ziehen sich die Vororte über die sanften Hügel. Ein Großteil der ge-

Lake Taupo

Der **Lake Taupo** (616 km², 185 m Tiefe) ist aus geologischer Sicht ein „Säugling". Eine bedeutende Rolle für seine Entstehung spielte der Vulkan Taupo, der 186 n. Chr. ausbrach und 24 km³ Felsen, Schutt und Asche in den Himmel spuckte. Ein Großteil der Nordinsel wurde dabei mit einer dicken Bimssteinschicht bedeckt, und die Asche wurde so hoch in die Atmosphäre geschleudert, dass sie um die ganze Erde getragen wurde. Bei der Entleerung der unterirdischen Magma-Kammer stürzte der Erdboden ein und schuf einen riesigen, steilwandigen **Krater**, der sich mit Wasser füllte und einen Teil des heutigen Lake Taupo bildet.

Es fällt schwer, diesen friedlichen, wunderschönen See mit derart kolossaler Gewalt zu assoziieren, selbst wenn die Beweise direkt vor Augen liegen: Ganze Strände bestehen aus federleichtem Eruptivgestein, das bei stärkerem Wind über den See getrieben wird. Vulkanologen sind immer noch mit der Untersuchung des Taupo beschäftigt, der zurzeit als untätig eingeschätzt wird.

schäftlichen Aktivitäten spielt sich an der Tongariro Street und der passend benannten Lake Terrace ab. Taupo eignet sich insbesondere als Basis für die Erkundung der Umgebung (S. 364) mit den Huka Falls, Aratiatia Rapids, Wairakei Terraces und dem Geothermalgebiet Craters of the Moon.

Geschichte

Die Angehörigen des Volks der Tuwharetoa waren lange Zeit die traditionellen Besitzer der Ländereien in dieser Gegend. Die Europäer zeigten erst im Verlauf der Landkriege in den 1860er-Jahren Interesse an der Region, als Soldaten der Armed Constabulary Jagd auf **Te Kooti** machten. Nachdem sie eines Abends im Juni 1869 ihr Lager 17 km südöstlich von Taupo in Opepe (am heutigen SH5) aufgeschlagen hatten, wurden sie aus dem Hinterhalt von Te Kootis Männern angegriffen. Als Reaktion auf den Überfall, bei dem neun ihrer Soldaten getötet wurden, errichteten die Pakeha Garnisonen in Opepe und Taupo. Ab 1877 gelang es den Truppen, Te Kooti in Schach zu halten, doch erst 1886 wurde die Armed Constabulary aus der Gegend abgezogen. Danach entschlossen sich mehrere Soldaten, mit ihren Familien in der Gegend zu bleiben. Zu einem beliebten Ferienziel für Neuseeländer entwickelte sich Taupo erst in den 1950er-Jahren.

Lake Taupo Museum and Art Gallery

Story Place, Tongariro Park, abseits des SH1 ▪ ⌚ tgl. 10–16.30 Uhr ▪ Eintritt ▪ 💻 www.taupodc.govt.nz

Eine halbe Stunde Zeit nehmen sollte man sich auf jeden Fall für einen Besuch im **Lake Taupo Museum and Art Gallery**. Besonders sehenswert sind hier die Schnitzereien aus den Jahren 1927/28 des berühmten Schnitzmeisters Tene Waitere, der Kunstwerke für *marae* in ganz Neuseeland schuf – Arbeiten, die zu den schönsten Maori-Schnitzarbeiten überhaupt zählen. Die übrigen Abteilungen des Museums beschäftigen sich mit der Geologie der Region, dem Fischfang und der Holzindustrie. Außerdem gibt es in der Tuwharetoa Gallery ein 150 Jahre altes, 14,5 m langes *waka* (Kanu), das 1967 im Wald gefunden wurde. Draußen wurde der atemberaubende Ora Garden in ganzer geothermaler Pracht wiederhergestellt.

Taupo DeBretts Spa Resort

3 km südöstlich am SH5 ▪ ⌚ tgl. 8.30–21.30 Uhr ▪ Eintritt ▪ 💻 www.taupodebretts.co.nz

Das beste Thermalbad im Ort ist das familienorientierte **Taupo DeBretts Spa Resort**: Die Anlage umfasst zwei große Becken unter freiem Himmel sowie private Mineralbecken mit jeweils unterschiedlichen Temperaturen; für $7 extra lockt die unbegrenzte Benutzung der Warmwasserrutsche.

A.C. Baths and Taupo Events Centre

A.C. Baths Ave ▪ **Bäder** ⌚ tgl. 6–21 Uhr ▪ Eintritt ▪ 💻 www.taupodc.govt.nz ▪ **Kletterwand** ⌚ unterschiedlich ▪ Eintritt, Gurte und Schuhe nicht im Preis inbegriffen

Auch ohne eigenes Fahrzeug ist das **A.C. Baths and Taupo Events Centre** leicht zu erreichen.

ZENTRALE NORDINSEL

Taupo
Wairakei (8 km)
Huka Falls Jet (8 km), Rapids Jets (12 km) & Taupo Horse Treks (6 km)
Huka Falls (3 km)
Hot Springs
Spa Thermal Park
0
500
Meter
HUKA FALLS ROAD
KAIHUA ROAD
Waikato River
COUNTY AVENUE
SPA ROAD
Taupo Event Centre & A. C. Baths
RIVERBANK ST
MOTUTAHAE ST
Taupo Bungy
Waikato River Control Gates
NORMAN SMITH STREET
WAIKATO STREET
SPA ROAD
Taupo Travel Centre
TONGA STREET
PIHANGA STREET
ROTOKAWA STREET
RANGATIRA STREET
Taupo Boat Harbour
REDOUBT
White Striker
Ernest Kemp
The Barbary
Fearless
GASCOIGNE ST
RUAPEHU ST
PAORA HAPI STREET
SCANNELL STREET
STREET
TONGARIRO STREET
STORY PL
HOROMATANGI
TITIRAUPENGA
TAMAMUTU STREET
HEATHCOTE
WHERETIA STREET
RIFLE RANGE ROAD
MINEMOA AVENUE
Taupo Launch Charters Office
HEU
HEU STREET
KAIMANAWA
TUWHARETOA STREET
TAMATEA ROAD
Lake Taupo Museum & Art Gallery
Taupo Rod & Tackle
ROBERTS STREET
FLETCHER
TAUPO VIEW ROAD
GILLIES AVE
LAKE TERRACE
TUI STREET
HUIA STREET
MERE ROAD
NGAMOTU
TAHAREPA ROAD
PATAKA ROAD
Lake Taupo
WAIPAHIHI AVE
Taupo DeBretts Spa Resort
(7 km), (7 km) & Taupo Kayaking Adventures (7 km)
(100 m), Mount Tauhara (5 km) & Napier (140 km)
SHEPHERD ROAD
ARROWSMITH AVENUE
TREMAINE AVE
PIPI ST
INGLE AVE
RICHMOND AVE
HAWAI STREET
Two Mile Bay Sailing Centre
N
Flughafen (5,5 km), 14 (10 km) & Turangi (50 km)
Übernachtung
Acacia Cliffs Lodge 1
Accent on Taupo 13
Alpine Lake Motor Lodge 7
Ashbrook Motel 4
Based by the Lake 6
Baycrest Thermal Lodge 10
Cascades Comfort Inn 12
Colonial Lodge Motel 9
Finlay Jack's 3
Haka Lodge 5
Hilton Lake Taupo 11
The Lake: a Retro Motel 8
Lake Taupo Top 10 Holiday Resort 2
Waitahanui Lodge 14
Restaurants
The Brantry 6
Bistro Lago 7
Dixie Browns 5
Indian Affair 3
L'Arté 1
Victoria's 2
Waterside 4
Bars und Clubs
Finn MacCuhal's 1
Jolly Good Fellows 2
ZENTRALE NORDINSEL

Zu dem Komplex gehören eine Sporthalle und eine 12 m hohe Kletterwand sowie die alteingesessene Badeanstalt **A.C. Baths** mit gepflegten Schwimm- und Thermalbecken.

Spa Thermal Park and Hot Stream

County Ave, 1 km nordöstlich vom Zentrum ▪ tgl. 24 Std. ▪ Eintritt frei

In der ausgedehnten Grünanlage **Spa Thermal Park and Hot Stream** fließt ein kleiner warmer Bach durch mehrere wunderbare Badebecken hindurch und mündet schließlich in den kühlen Waikato River. Den Bach erreicht man nach 400 m auf dem Uferweg, der dann weiter flussabwärts (2,8 km einfach, 45 Min.) zu den Huka Falls (S. 364) führt.

ÜBERNACHTUNG

Karte S. 358

Taupo hat in sämtlichen Preisklassen sehr gute Unterkünfte; aufgrund der Nähe zum Tongariro National Park und der vielen Veranstaltungen in der Stadt sollte man zu jeder Jahreszeit reservieren. Am Seeufer reihen sich zahlreiche Motels aneinander, auf den Rasenflächen am Stadtrand wurden Campingplätze eingerichtet. Hostels finden sich reichlich in der Stadt selbst.

Acacia Cliffs Lodge, 133 Mapara Rd, www.acaciacliffslodge.co.nz. Luxuslodge in coolem modernem Stil an der Acacia Bay, 7 km südwestlich der Innenstadt von Taupo, mit schönem Seeblick und ausgeprägtem Umweltbewusstsein. Im Angebot sind 4 Zimmer mit Bad und jeweils eigener Terrasse oder eigenem Garten, 3 davon mit Blick aufs Wasser. ❹

Accent on Taupo, 310 Lake Terrace, www.accentontaupo.com. Kürzlich modernisiertes, tolles Motel mit superbreiten Betten, Holzterrassen, einem Spa, Trampolin, Grillbereich und zudem wunderbaren Ausblicken auf den See. Sehr preisgünstig. DZ ❷, Cottages ❸

Alpine Lake Motor Lodge, 141 Heu Heu St, www.alpinelake.co.nz. Modernes Motel mit einer breiten Palette an Zimmern mit AC und Fußbodenheizung sowie DVD-Playern und Whirlpool in den meisten Units. Einige Units verfügen auch über Küchenzeilen und einen eigenen Grill auf der Terrasse. ❷

Ashbrook Motel, 9 Scannell St, www.ashbrookmotel.co.nz. In einer ruhigen Straße im Norden des Stadtzentrums liegt dieses angenehme Budget-Hotel mit modernen Zimmern, die von Standard-Suiten mit einem Schlafzimmer bis hin zu größeren Einheiten mit zusätzlichen Doppelbetten im Lounge-Bereich reichen – perfekt für größere Gruppen. ❷

Based by the Lake, 7 Tuwharetoa St, www.basedbythelake.com. Eines der besseren Hostels in der Stadt, mit sauberen und modernen Schlafsälen, wenn auch etwas langweilig eingerichtet. Zweckmäßig gebaut, verfügt das Haus über eine geräumige Küche und einen Lounge-Bereich, der ein wenig klinisch wirkt, mit Café und Bar. Private Zimmer mit Bad sind ebenfalls verfügbar. ❶

Baycrest Thermal Lodge, 79 Mere Rd, www.baycrest.co.nz. Mit einer herrlichen Lage direkt am Seeufer ist dieses Spa-Resort genau der richtige Ort für beste Entspannung – ob in den heißen Thermalbecken oder in den gemütlichen Gästezimmern, einige mit Blick auf den See. ❸

Cascades Comfort Inn, 303 Lake Terrace, SH1, Two Mile Bay, www.cascades.co.nz. Ideal gelegenes Motel mit Units am Wasser oder Zugang zu einem attraktiven beheizten Pool. Die Apartments sind geräumig und bieten eine voll ausgestattete Küche, Schlafzimmer im Zwischengeschoss, Patio und Jacuzzi. ❷

Colonial Lodge Motel, 134 Lake Terrace, www.colonial.co.nz. Zu den Highlights in diesem effizient geführten Motel zählen Doppel-Whirlpools in den Bädern, kleine Küchen und riesige TVs. Die Zimmer im oberen Geschoss haben sonnige Balkone. ❸

Finlay Jack's, 20 Taniwha St, www.finlayjacks.co.nz. Das helle, moderne YHA-assoziierte Hostel ist sauber und bietet preiswerte Zimmer und Dorms mit 4 bis 12 Betten (u. a. Dorms nur für Frauen), fachkundiges Personal, tolle Seeblicke von

ZENTRALE NORDINSEL

Touren und Aktivitäten um Taupo

In Taupo werden zahlreiche Freizeitaktivitäten angeboten, die für Ebbe in der Urlaubskasse sorgen. In der Umgebung bieten sich tolle **Mountainbike**-Trails, von denen viele von Bike Taupo, 🖳 www.biketaupo.org.nz, unterhalten werden.

Dank der reizvollen Landschaft und der günstigen Preise ist Taupo angeblich das Gebiet mit den meisten Tandem-**Fallschirmsprüngen** weltweit. Alle Veranstalter bieten Sprünge aus 12 000 Fuß (3658 m) mit 45 Sekunden freiem Fall, aus 15 000 Fuß (4572 m) bei 1 Minute freiem Fall.

Bootsrundfahrten führen zu faszinierenden, modernen Felsgravuren der Maori an der 8 km südwestlich gelegenen Bucht Mine Bay. Alle Bootstouren finden je nach Wetterlage zwei- bis dreimal pro Tag statt und können über das Taupo Charters Office, ✆ 07 378 9794, am Bootshafen gebucht werden. Auch mit verschiedenen geführten **Kajaktouren** gelangt man zu den Felsgravuren.

Neuseelands rigide Angelvorschriften untersagen den Verkauf von Forellen. Wer also Appetit auf diesen köstlichen Fisch verspürt, muss sich schon selbst einen fangen, was am einfachsten von einem Charter-Boot aus zu bewerkstelligen ist. Die in den Lake Taupo mündenden Flüsse sind die Domäne der Fliegenfischer. Die Bootsanbieter halten sämtliche benötigte Ausrüstung bereit und besorgen auch den notwendigen Angelschein, die Taupo District Fishing Licence. Das Charter Office verfügt außerdem über eine Liste von Angelführern, die um die $350 für einen halben Tag verlangen.

Mountainbiking

Huka Falls Walkway Die landschaftlich reizvolle Strecke führt vom Spa Thermal Park in Richtung Norden zu den beeindruckenden Huka Falls (4 km einfach) und weiter zum Aratiatia Dam (zusätzlich 8 km einfach).

W2K Der anspruchsvolle Singletrail (16 km einfach, mit zusätzlicher 10-km-Schleife) beginnt an der Whakaipo Bay 20 km westlich von Taupo und endet in Kinloch. Wer nicht auf demselben Weg zurückfahren möchte, sollte sich abholen lassen (rund 40 Straßenkilometer).

Wairakei Forest Hier starten bei der Basis von Helistar Helicopters, 3 km nördlich von Taupo, mehrere tolle Rundwege. Einige Veranstalter bieten geführte Touren und Fahrradverleih.

Fallschirmspringen

Taupo Tandem Skydiving, Flughafen, 🖳 www.tts.net.nz. Bietet seit 1992 Fallschirmspringen an; Abholung in einem Stretch-Hummer.

Skydive Taupo, Flughafen, 🖳 www.skydivetaupo.co.nz. Fallschirmspringen mit professioneller Anleitung. Die Teilnehmer können sich in einer Limousine abholen lassen.

Bungy-Jumping

Taupo Bungy, 202 Spa Rd, 🖳 www.taupobungy.co.nz. Der Waikato River wirbelt an einem der schönsten Bungy-Standorte Neuseelands vorbei. Die Plattform ragt 20 m über den Fluss, sodass man beim 47 m hohen Sprung auf Wunsch auch kurz eintauchen kann.

der Veranda, Netflix und Xboxes im relaxten Gemeinschaftsbereich sowie einen freundlichen Hund, namens Biggie.
Dorms ❶, DZ ❷

Haka Lodge, 56 Kaimanawa St, 🖳 www.hakalodge.com. Die mit viel Hingabe und Stilsicherheit renovierte Haka Lodge, die ehemalige YHA-Herberge von Taupo, ist jetzt ein stylisches Hostel mit Dorms (mit 2–9 Betten, auch nur für Frauen) und überdurchschnittlich guten Zimmern. Mit Whirlpool.
Dorms ❶, DZ ❷

Bootsausflüge

The Barbary, Hafen, 💻 www.sailbarbary.com. Unterhaltsame Rundfahrten (2 1/2 Std.) an Bord der *Barbary*, einer zweimastigen Segeljacht Baujahr 1926, die sich angeblich früher einmal im Besitz von Errol Flynn befand. Es geht ganz nah heran an die Felsgravuren der Maori, und wer mag, kann schwimmen. Das Boot ist dank Elektromotor das leiseste auf dem See.

Ernest Kemp, Hafen, 💻 www.ernestkemp.co.nz. Nachbau eines Dampfschiffes aus den 1920er-Jahren, das in rund 2 Std. zu den Felsgravuren und zurück tuckert.

Fearless, Hafen, 💻 www.tauposailingadventures.co.nz. Bei den entspannten Rundfahren mit der komfortablen *Fearless* (2 Std.) wird bei den Maori-Felsgravuren ein Badestopp eingelegt, und der freundliche Skipper gibt ein Getränk aus.

Kajakfahren und Wassersport

2MileBay Watersports Centre, Two Mile Bay, 💻 www.sailingcentre.co.nz. Verleiht Katamarane ($70/Std.), Windsurfers ($40/Std.) und Segelboote (ab $60/Std.). ⌚ Nov–März tgl. 9–17 Uhr, sonst sporadisch.

Taupo Kayaking Adventures, 876 Acacia Bay Rd, 💻 www.tka.co.nz. Bietet Halbtages-Kajaktrips zu den Felsgravuren sowie geothermale, Abend- und Ganztages-Paddeltouren. Außerdem Verleih von Kajaks und Paddleboards.

Jetbootfahren

Huka Falls Jet, 200 Karetoto Rd, 💻 www.hukafallsjet.com. Der Friede am Huka Prawn Park (S. 364) wird regelmäßig durch Jetboote gestört, die über den Fluss rasen und dabei auf dem Weg zu den Huka Falls 360-Grad-Drehungen hinlegen.

Rapids Jet, Rapids Rd, 3 km hinter dem Aratiatia Dam, 💻 www.rapidsjet.com. Dies ist die einzig wahre Wildwasser-Jetboot-Tour (ab $75 p. P.) der Nordinsel. Auf und ab geht die furiose Höllenfahrt durch die Nga-Awapura-Stromschnellen, wobei das Boot z. T. komplett vom Wasser abhebt. Sicherheitshinweise genau beachten, festhalten und mental darauf einstellen, nass zu werden!

Angeln

Taupo Rod and Tackle, 7 Tongariro St, 💻 www.tauporodandtackle.co.nz. Hier können Angler eine Angelausrüstung leihen und sich dann ihr eigenes Plätzchen suchen. Die Chancen auf einen guten Fang steigen deutlich, wenn man einen Angelführer engagiert.

White Striker, Hafen, 💻 www.troutcatching.com. Hat jede Menge Ortskenntnis und gute Erfolgsquoten. Das kleinste Boot bietet Platz für 8 Pers.

Reiten

Korohe Horse Treks, Karapiti Rd, 💻 www.explorelaketaupo.co.nz. Ausflüge für Anfänger und erfahrene Reiter durch die herrlichen Kiefernwälder in der Umgebung der Craters of the Moon.

Hilton Lake Taupo, 80 Napier–Taupo Hwy, 💻 www.hilton.com/laketaupo. Dieses Hilton-Hotel besteht aus dem schön restaurierten Originalhotel von 1889 mit Zimmern und Blick auf den fernen See sowie einem modernen Flügel mit gepflegten Suiten und Apartments. Ergänzt wird das Ensemble durch das hervorragende Bistro Lago (S. 362) und die heißen Quellen nebenan – was will man mehr? Sehr unterschiedliche Preise, also sollte man mehrere Portale checken! ❸

 **The Lake: a Retro Motel**, 63 Mere Rd, 🖳 www.thelakemotel.co.nz. Das allererste Motel in Taupo hat sich auf seine Wurzeln besonnen, mit auffallendem schwarzem Exterieur und den im Stil der 1960er- und 70er-Jahre eingerichteten Zimmern, die zumeist auf einen Garten mit schwarz-weißen Möbeln hinausgehen. ❸

Lake Taupo Top 10 Holiday Resort, 16 Rangatira St, 1,5 km östlich der Stadt, 🖳 www.taupotop10.co.nz. Großzügige und bestens organisierte Anlage mit Swimming Pool, Volleyballplatz, Tennisplatz, Spielezimmer für die Kleinsten, Kinderspielplatz und Freiluftschach. Die Bäder haben allesamt eine Fußbodenheizung. ❶

Waitahanui Lodge, 116 SH-1, Kaimanawa St, 🖳 www.waitahanuilodge.co.nz. Bei Anglern sehr beliebte Lodge 13 km südlich von Taupo mit 5 Selbstversorger-Cottages für 3–5 Pers., Anglerladen, Bootsrampe und luftiger Terrasse. Gäste können sich auch im Biogemüsegarten bedienen. ❸

ESSEN

Karte S. 358

Das ganze Jahr über findet am ersten Samstag des Monats in der Redoubt Street ein **Lebensmittel- und Kunstgewerbemarkt** statt, 🖳 www.facebook.com/marketcentraltaupo, 🕒 9–13 Uhr.

The Brantry, 45 Rifle Range Rd, 🖳 www.brantryeatery.co.nz. Das von den Campbell-Schwestern geführte noble Restaurant serviert kreative Küche mit schmackhafte Gerichten wie langsam gegartem Pulled Lamb mit pikantem Blumenkohl und Berberitzen-Grünkern sowie *sticky date pudding* mit Feigen-Honig-Eis. Toll ist das 3-Gänge-Menü. Am besten reservieren! $$$

Bistro Lago, im Hilton Lake Taupo (S. 361), 🖳 www.bistrolago.co.nz. Das Lago ist das beste Restaurant der Stadt, gelegen im schön modernisierten alten Flügel des Hotels Lake Taupo. Toller Service, tadellose Präsentation und ein fantastisches Essen, das kaum teurer ist als in weit schlechteren Restaurants. $$$

Dixie Browns, 38 Roberts St, 🖳 www.dixiebrowns.co.nz. Das Dixie Browns ist der richtige Ort für ein entspanntes Mittagessen am See. Zu den hochwertigen Gerichten gehören Butterhühnchen, Lachs-Jakobsmuschel-Türmchen und auf den Punkt zubereitete Steaks. Das Restaurant besticht durch einen professionell-freundlichen Service und jede Menge Tische im Freien. $$

Indian Affair, 34 Ruapehu St, 🖳 www.indianaffair.co.nz. Das beste indische Essen der Stadt in schickem modernem Ambiente. Zu den Glanzpunkten zählen ein goanisches Fischcurry, das Ziegen-*balti* und das *paneer makhani* (indischer Käse in Tomaten-Sahne-Soße). $$

L'Arte, 255 Mapara Rd, Acacia Bay, 🖳 www.larte.co.nz. Nach einer reizvollen rund 8 km langen Fahrt um die Spitze des Lake Taupo herum ist dieser ländliche Skulpturengarten mit urigen Kunstwerken erreicht. Es wird köstliches Essen aufgetischt, darunter Maisbratlinge mit knusprigem Frühstückspeck und Avocado oder Pittas mit mariniertem Lamm und Minze-Joghurt-Dressing. Außerdem werden dazu gute Getränke gereicht, z. B. Allpress-Kaffee. Drinnen oder draußen auf der schattigen Terrasse. Meist hat das L'Arte auch feiertags geöffnet. $$

Victoria's, 127 Tongariro St, 🖳 www.facebook.com/victoriastaupo. Morgens bietet sich in diesem Laden zum Frühstück Avocado auf Toast an, mittags z. B. der Tintenfisch. Zum Nachtisch empfehlen sich die köstlichen Kuchen aus der Auslage. $

Waterside, 3 Tongariro St, 🖳 www.waterside.co.nz. In dem soliden, wenn auch recht teuren Allrounder kann man sich eine der Meeresfrüchteplatten teilen, einen der leckeren Burger oder ein pikantes Wildfilet genießen. $$

UNTERHALTUNG

Karte S. 358

Das Nachtleben in Taupo spielt sich fast ausschließlich am westlichen Abschnitt der

Tuwharetoa Street ab. An den **Wairakei Terraces** wird eine Maori Cultural Experience (S. 364) geboten, die durchaus einen Besuch lohnt.

Finn MacCuhal's, 10 Tuwharetoa St, www.finnstaupo.co.nz. Der große Irish Pub ist gleichermaßen bei Einheimischen wie auch bei Rucksackreisenden beliebt. Man kommt in erster Linie wegen des Guinness, doch wird auch etwas zu essen geboten wie z. B. die deftige Lammpastete. Man bereitet auch gern den selbst gefangenen Fisch der Gäste zu.

Jolly Good Fellows, 76-80 Lake Terrace, www.jollygoodfellows.co.nz. Taupos Version eines urgemütlichen britischen Pubs, nicht ganz stilecht, aber mit einer ausgezeichneten Auswahl an gezapften Bieren und jeder Menge netter Eckkneipenatmosphäre. Auch Kneipenessen nach englischer Tradition wird im Jolly Good Fellows angeboten, z. B. *bangers and mash* (Würstchen mit Kartoffelbrei) und eine leckeren Rindfleisch-Guinness-Pastete.

SONSTIGES

Autovermietungen

Pegasus Rental Cars, www.rentalcars.co.nz. Hat meist die besten Preise (ab ca. $50/Tag).

Fahrradverleih

Die meisten Hostels verfügen über einfache Fahrräder für ihre Gäste.

Pack & Pedal, 5 Tamamutu St, www.packandpedaltaupo.com. Verleiht Mountainbikes ab $50 für 4 Std. bzw. $65 den ganzen Tag.

Taupo Kayaking Adventures (S. 361): Mountainbikes für $60/Tag, Transfers zu den Startpunkten von Wanderwegen und geführte Touren.

Informationen

i-SITE Visitor Centre, 30 Tongariro St, www.greatlaketaupo.com, tgl. Nov–April 9–17.30, Mai–Okt 9–16.30 Uhr.

Die **Website** www.taupo.info bietet Informationen zu Unterkünften, Restaurants und Ausgehmöglichkeiten sowie zu Aktivitäten u. v. m. in und um Taupo.

Medizinische Hilfe

Apotheke: **Unichem Mainstreet Pharmacy**, Heu Heu St, Ecke Tongariro St, 07 378 2636. tgl. 8.30–20.30 Uhr.

Ärztliche Hilfe: **Taupo Health Centre**, 113 Heu Heu St, www.taupohealth.co.nz. Mo–Fr 8–17.30 Uhr.

Polizei

21 Story Place, beim Lake Taupo Museum and Art Gallery, 07 378 6060.

NAHVERKEHR

Stadtbusse

Wer kein eigenes Fahrzeug hat, kann mit **Shuttle 2U**, www.shuttle2u.co.nz, die wichtigsten Attraktionen anfahren und unterwegs beliebig ein- und aussteigen, inkl. Abholung von der Unterkunft. Auch Transfer vom/zum Flughafen.

Taxis

Taupo Taxis, 07 378 5100.
Top Cabs, 07 378 9250.

TRANSPORT

Busse

InterCity- und Newmans-Busse halten am Taupo Travel Centre, 16 Gascoigne St, 07 378 9005, mitten in der Stadt.

Busse nach:
AUCKLAND 7x tgl., 5 1/4 Std.;
HAMILTON 7x tgl., 3 Std.;
HASTINGS 3x tgl., 2 1/2 Std.;
NAPIER 3x tgl., 2 Std.;
PALMERSTON NORTH 5x tgl., 3 3/4 Std.;
ROTORUA 8x tgl., 1–1 1/4 Std.;
TAIHAPE 6x tgl., 2 Std.;
TAURANGA 2x tgl., 2 3/4 Std.;
TURANGI 6x tgl., 50 Min.;
WELLINGTON 6x tgl., 6–6 1/4 Std.

Flüge

Der kleine **Flughafen** von Taupo, www.taupoairport.co.nz, befindet sich 10 km südlich des Zentrums und wird von Air New Zealand angeflogen.

Flüge nach:
AUCKLAND 2x tgl., 50 Min.;
WELLINGTON 3x tgl., 1 Std.

Die Umgebung von Taupo

In der unmittelbaren Umgebung von Taupo häufen sich nur wenige Minuten voneinander entfernt hinreißende Naturwunder. Hier erwarten den Besucher kochende Schlammtümpel, der zischende Dampf des geothermischen Kraftwerks Wairakei und der Waikato River, dessen klares, tiefblaues Wasser sich wild wirbelnd seinen Weg über Stromschnellen und durch tiefe Schluchten nach Norden bahnt. Die meisten Sehenswürdigkeiten und Aktivitäten befinden sich in 10 km Umkreis von Taupo am Waikato River und sind mit den Touranbietern erreichbar.

Huka Falls Road

Die **Huka Falls Road** zweigt 2 km nördlich der Stadt vom SH1 ab. Sie führt am kostenlosen Campingplatz Reids Farm vorbei und erreicht schon bald die großartigen **Huka Falls**. Hier zwängt sich der zu den wasserreichsten Flüssen Neuseelands zählende Waikato River in einen engen Trichter, um sich dann über eine 9 m hohe Bruchkante in einen wild schäumenden Strudel zu ergießen. Der Parkplatz ist nur bis 18 Uhr geöffnet, aber das Parken außerhalb der Begrenzung ist gestattet. Der Wasserfall selbst ist rund um die Uhr zugänglich.

Huka Prawn Park

Karetoto Rd ▪ tgl. Dez und Jan 9–16, Feb–Nov 9.30–15.30 Uhr ▪ Eintritt ▪ www.hukaprawnpark.co.nz

Die neue Umgehungsstraße liegt zwischen dem geothermischen Kraftwerk Wairakei und dem **Huka Prawn Park**. Ein Teil der überschüssigen Wärme wird in die großen Teiche des Parks geleitet, in denen tropische Garnelen gezüchtet werden. Hier kann man an den Teichen entlang und über einen Waldweg spazieren sowie Garnelen fischen. Serviert werden die Gaumenfreuden im **Restaurant** am Ufer des Waikato.

Craters of the Moon

Karapiti Rd, abseits des SH1 ▪ tgl. Okt–März 8.30–18, April–Sep 8.30–17 Uhr ▪ Eintritt ▪ www.cratersofthemoon.co.nz

Die Huka Falls Road bildet eine Schleife und mündet schließlich wieder auf den SH1. Praktisch gegenüber zweigt die Karapiti Road Richtung Westen zu den **Craters of the Moon** ab. Dieses Thermalgebiet entstand in den 1950er-Jahren nach dem Bau des geothermischen Kraftwerks Wairakei, der drastische Veränderungen der unterirdischen Hydrodynamik zur Folge hatte. Der hervorquellende Dampf ist so heftig, dass Spaziergänger auf den insgesamt 3 km langen Fußwegen festes Schuhwerk tragen müssen. Vorbei geht es an wild rülpsenden Fumarolen und riesigen, grollenden Löchern, die einen stechenden Geruch nach faulen Eiern ausstoßen.

Wairakei Terraces

SH1, 3 km nördlich der Craters of the Moon ▪ tgl. 8.30–17 Uhr ▪ Eintritt ▪ www.wairakeiterraces.co.nz

Glänzende, unter Hochdruck stehende Dampfrohre winden sich unter dem SH1 zum Wärmekraftwerk Wairakei. Was der mineralienreiche heiße Dampf an Schöpfungen hervorbringen kann, zeigt sich an den nahen **Wairakei Terraces**, wo heißes Wasser über künstlich angelegte Terrassen und Becken geleitet wird. Das Ganze ist quasi eine Rekonstruktion der zerstörten Pink and White Terraces in Rotorua.

Bei Redaktionsschluss wurde die **Maori Cultural Experience** nicht angeboten, was sich aber irgendwann wieder ändern soll.

Aratiatia Rapids

2 km flussabwärts vom Wairakei-Kraftwerk ▪ beste Besuchszeit Okt–März 10, 12, 14 und 16, April–Sep 10, 12 und 14 Uhr

Der Aratiatia Dam bremst den Waikato unmittelbar oberhalb der **Aratiatia Rapids**, einer Serie von Katarakten, die zu Taupos ältesten Sehenswürdigkeiten zählen. Als in den 1950er-Jahren Pläne zur Umleitung des Flusses unter Umgehung der Stromschnellen publik wurden, waren die Proteste in der Öffentlichkeit so groß, dass die Pläne geändert wurden. Es war jedoch bei weitem kein Sieg auf der ganzen Linie, denn die meiste Zeit über sind die Stromschnellen gar nicht zu sehen. Lediglich drei- bis viermal täglich kann man sie eine halbe Stunde lang in voller Pracht erleben.

Dazu nehmen die Besucher Aufstellung auf der Staumauer oder an zwei flussabwärts liegenden Aussichtspunkten und warten auf die Sirene zur Ankündigung des bizarren Schauspiels. Dabei verwandelt sich ein ausgetrockneter Wasserlauf nach Öffnung der Schleusentore in ein regelrechtes Inferno aus stürzenden Wassermassen und tobenden Strudeln, um schließlich wieder zu einem zahmen Tröpfeln zu versiegen. Informationen zu Jetbootfahrten auf S. 361.

Von Taupo nach Napier

Beim Verlassen von Taupo bleibt der SH1 in Ufernähe und führt Richtung Südwesten nach Turangi (S. 367), während der SH5 nach Südosten Richtung Napier abzweigt. Letztere ist eine kurvenreiche Strecke (1 1/2 Std.) durch einen der abgelegensten Landstriche der Nordinsel. Ein Großteil des ersten Straßenabschnitts führt durch die **Kaingaroa Plains**, eine bis auf die 100 km nach Norden reichenden Kiefernpflanzungen weitgehend vegetationslose Landschaft. Der Boden aus Bimsstein und Asche bildete sich nach dem apokalyptischen Vulkanausbruch in der Taupo-Region.

Punkte von geschichtlichem Interesse entlang der Route beleuchtet der **Napier-Taupo Heritage Trail**, der in einer kostenlosen, in den i-SITE Visitor Centres von Taupo und Napier erhältlichen Broschüre detailliert beschrieben wird. Viele seiner 35 Stationen sind nicht unbedingt einen Zwischenstopp wert, doch für Geschichtsfans ist vielleicht ein Besuch im 17 km von Taupo entfernten **Opepe Historic Reserve** interessant.

Waipunga Falls

SH5, 35 km südöstlich des Opepe Historic Reserve

Der Waipunga River, ein Nebenfluss des Mohaka, ergießt sich über die 30 m hohen **Waipunga Falls** in die Tiefe. Dann durchquert er am Rand des SH5 die hübsche Waipunga Gorge. Das Tal wird von einheimischen Bäumen und einer Reihe von Picknickplätzen gesäumt, die auch als **Campingplätze** genutzt werden dürfen (keine Einrichtungen).

Danach fällt der Highway zum Mohaka hin und zur Mountain Valley Adventure Lodge ab. Nach der Überquerung des Mohaka River erklimmt der Highway den Höhenzug Titiokura Saddle, bevor es endgültig bergab und durch das Weinanbaugebiet **Esk Valley** zur Küste nach Napier geht.

ÜBERNACHTUNG

Mohaka River Farm, 408 McVicar Rd, 5 km südlich des SH5, 💻 www.mountainvalley.co.nz. Ein Stück ländliches Neuseeland mit Bar und Restaurant am Fluss sowie Möglichkeiten zu Aktivitäten wie beispielsweise Angeln, Farmtouren, Mountainbiking (Leihräder $35/Tag), **Ausritten** (ab $75), **Rafting** auf dem Mohaka (WW I–II, ab $120) oder auch Tontaubenschießen und Paintball. Unterkünfte: Stellplätze, ein *bunkhouse* mit Dorms, Zimmer, Chalets und Cottages. Camping ❶, Cottages ❸

Tongariro National Park und Umgebung

Das Nationalparksystem Neuseelands verdankt seine Entstehung zum großen Teil dem Weitblick des Tuwharetoa-Häuptlings Te Heu Heu Tukino IV. Während der Auseinandersetzungen mit den landhungrigen Pakeha im ausgehenden 19. Jh. erkannte er, dass die Maori nur eine einzige Chance hatten, ihr heiliges Land zu retten und intakt zu halten: Sie mussten es der neuseeländischen Nation zum Geschenk machen – unter der Bedingung, dass es weder besiedelt

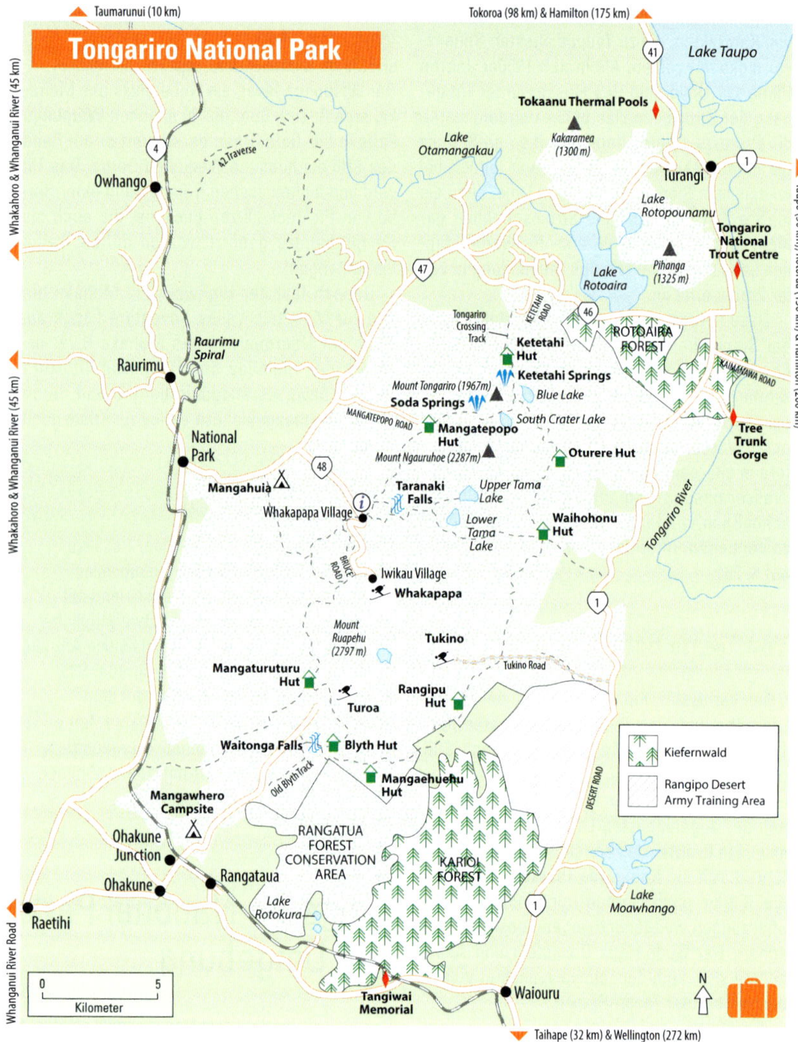

noch verschandelt werden dürfe. 1887 wurde sein Geschenk zur Keimzelle des ersten öffentlichen Schutzgebietes Neuseelands, **Tongariro National Park**, der aufgrund seiner einzigartigen Landschaft und kulturellen Bedeutung 1991 zum **Unesco-Welterbe** erklärt wurde.

Die meisten Besucher steuern geradewegs die drei großartigen Vulkane im Innern des Nationalparks an. Bei den steil aus der öden Hochebene aufragenden Gipfeln handelt es sich um den breitschultrigen Ski-Berg **Ruapehu** (2797 m), seinen kleineren Bruder **Tongariro** (1968 m) und den zwischen beiden eingekeilten, perfekt geformten Schichtkegel **Ngauruhoe** (2287 m). Der Nationalpark umschließt eine der atemberaubendsten Landschaften der Nordinsel – eine märchenhafte Mischung aus halbtrockenen Ebenen, dampfenden Fumarolen, kristallklaren Seen und Bächen, ursprünglichem Regenwald sowie Eis und Schnee in Hülle und Fülle. Die unwirtlicheren vulkanischen Gebiete mussten als Drehorte für Mordor und Mount Doom in *Herr der Ringe* herhalten.

All dies dient als Kulisse für zwei überaus lohnenswerte Wanderrouten, die eintägige **Tongariro Alpine Crossing** (7–8 Std., 19,4 km) und den drei- bis viertägigen **Tongariro Northern Circuit**, der zu Neuseelands Great Walks zählt. Die Vegetation der weitläufigen Hochebene westlich der Vulkane besteht aus Buschland und goldfarbenen Tussock-Grasbüscheln, während sich im Regenschatten der Berge auf der Ostseite die Lavageröllwüste **Rangipo Desert** ausbreitet. Auch wenn es sich streng genommen nicht um eine Wüste handelt, so präsentiert sie sich doch als beeindruckend trostlose und karge Ödnis, bedeckt von einer dicken Schicht Asche, die von dem Vulkanausbruch im Jahr 186 n. Chr. herrührt. Der Ruapehu meldet sich ab und an zu Wort (zuletzt 2007), indem er den Kratersee an seinem Fuß in Form gewaltiger Schlamm- und Schuttströme, die als „Lahare" bezeichnet werden, entleert. 2011 wurde die Vorwarnstufe des **Mount Ruapehu** auf Stufe 1 (Zeichen vulkanischer Aktivität) erhöht, was bei Redaktionsschluss jedoch noch keine Auswirkung auf Besuche am Berg hatte. Man sollte sich aber bei den DOC-Vertretungen und in den örtlichen i-SITE-Büros über die aktuelle Entwicklung informieren.

Den nördlichen Zugang zur Tongariro-Region bildet der Ort **Turangi**, der eine nützliche Ausgangsbasis für die Wanderrouten im Nationalpark oder zum Rafting und Angeln auf dem Tongariro River darstellt. Allerdings liegt Turangi nicht wirklich nah an den Bergen. Wer darauf Wert legt, ist wahrscheinlich im Versorgungsort **National Park** besser aufgehoben, und erst recht in **Whakapapa Village**, das sich innerhalb der Grenzen des Nationalparks 1200 m über dem Meeresspiegel an die Flanke des Ruapehu schmiegt. Der südliche Zugang ist **Ohakune**, ein etwas attraktiverer Ort als National Park, der aber außerhalb der Skisaison mehr oder weniger wie ausgestorben ist. Weiter Richtung Südosten markiert **Waiouru** den südlichen Abschluss des vulkanischen Zentralplateaus, das dort langsam in die von Weideland geprägte südliche Hälfte der Region übergeht. Die erste größere Stadt ist hier das landwirtschaftliche Zentrum **Taihape**.

Die gesamte Region liegt mindestens 600 m über dem Meeresspiegel, sodass auch im Hochsommer **warme Kleidung** notwendig ist.

Turangi

Die 50 km südlich von Taupo gelegene Kleinstadt **Turangi** wurde Mitte der 1960er-Jahre für die Arbeiter des Tongariro Hydroelectic Power Scheme angelegt, welches rund 7 % des Stroms des Landes liefert. Bei Forellenfischern genießt der Ort einen legendären Ruf und wird auch bei Wildwasserraftern immer beliebter, ansonsten ist er jedoch recht ruhig und eine untouristische Alternative zu Taupo – der Lake Taupo liegt nur 4 km nördlich der Stadt. Viele Wanderer übernachten in Turangi, um die Tongariro Alpine Crossing 40 km südwestlich anzugehen – über diese und andere Wandermöglichkeiten in der Gegend informiert das i-SITE (S. 369).

Tokaanu Thermal Pools

Mangaroa Rd, 5 km westlich von Turangi ▪ tgl. 10–21 Uhr ▪ Eintritt ▪ 07 386 8575

Wer sich gern in warmem Wasser tummelt, sollte die im winzigen **Tokaanu** gelegenen **Tokaanu Thermal Pools** aufsuchen. Tokaanu war in voreuropäischer Zeit die wichtigste Siedlung in die-

Wassersport in Turangi

Rafting New Zealand, 41 Ngawaka Place, www.raftingnewzealand.com. Der preisgekrönte Veranstalter bietet Raftingtrips auf dem Tongariro, Mohaka und Wairoa an, von WW II bis WW V.

Tongariro River Rafting, Atirau Rd, www.trr.co.nz. Dieser Anbieter ist eine gute Alternative zu Rafting New Zealand, bietet sowohl leichte, familientaugliche Paddeltouren wie auch wilde Abenteuer.

ZENTRALE NORDINSEL

ser Gegend. Die Anlage besteht aus einem öffentlichen Thermalbad unter freiem Himmel und noch heißeren, teilweise eingezäunten und chlorfreien Privatbecken.

Tokaanu Historic Wharf

Am Seeufer in Tokaanu ▪ ⌚ tgl. 24 Std. ▪ Eintritt frei

Einen besonders attraktiven Ausblick über den Lake Taupo haben Besucher vom historischen Kai aus. Der **Tokaanu Historic Wharf** wurde in den 1880er-Jahren errichtet, in einer Zeit, als noch keine Straßen in den Ort führten und alle Waren über den See hierhergeschafft werden mussten. Später, in den 1920er-Jahren, wurde der Schiffsverkehr eingestellt und der hölzerne Kai verfiel. Erst 2003 entschloss man sich endlich dazu, den Bau zu restaurieren, der heute zum Spazierengehen, Angeln und Picknicken einlädt – und bestens geeignet ist, um stimmungsvolle Fotos zu schießen.

Tongariro River Loop Track

Der hübsche Rundwanderweg **Tongariro River Loop Track** (1 Std.) beginnt an der Fußgängerbrücke Major Jones Footbridge am Ende der Koura Street am Stadtrand und führt am rechten Flussufer entlang Richtung Norden. Es geht an zwei lohnenden Aussichtspunkten vorbei und über eine Klippe, bevor man den Fluss überquert und am gegenüberliegenden Ufer zurückkehrt.

ÜBERNACHTUNG

Creel Lodge, 183 Taupahi Rd, 💻 www.creel.co.nz. Zu Recht beliebte, vorwiegend auf Angler ausgerichtete Lodge auf einem Grundstück mit vielen Vögeln, das bis zum Fluss hinunterführt. Im Angebot sind Units für Selbstversorger mit 1 oder 2 Schlafzimmern. Auch einen Grillbereich gibt es. ❷

River Birches, 222 Tautahanga Rd, 💻 www.riverbirches.co.nz. Diese Boutiquelodge in abgeschiedener Lage in Flussnähe ist bei Weitem die stilvollste Bleibe am Ort. Es gibt nur 3 geräumige, geschmackvoll eingerichtete Zimmer mit *honesty bars* und riesigen Badewannen; 2 Zimmer haben einen eigenen Garten, das andere einen eigenen Whirlpool. Außerdem gibt's ein Selbstversorger-Cottage mit 3 Schlafzimmern für bis zu 7 Pers. Wenn Geld keine Rolle spielt, ist dies die richtige Adresse! ❹

Riverstone Backpackers, 222 Tautahanga Rd, 💻 www.riverstonebackpackers.co.nz. Hübsches kleines Hostel. Für die Gäste gibt es eine sehr gut ausgestattete moderne Küche. Auch ein Fahrradverleih gehört zum Angebot. Dorms ❶, DZ ❷

Tongariro Holiday Park, SH47, 💻 www.thp.co.nz. Die beste Ausgangsbasis für die Tongariro Alpine Crossing (S. 371), jedoch etwas schäbig, mit einfachen Cabins und Zeltstellplätzen, Gästeküche und Spielezimmer. Die Mitarbeiter können auf Wunsch für Gäste den Transportservice Tongariro Expeditions buchen, der hier täglich Leute abholt und absetzt. ❶

Tongariro River Motel, SH1, Ecke Link Rd, 💻 www.tongarirorivermotel.co.nz. Einfaches, aber behagliches Motel, das nicht nur wegen der Angelständer und des Fischräucherofens besonders bei Anglern beliebt ist. Der Inhaber ist eine gute Quelle für Angelinfos, und es können kostenlos Fahrräder ausgeliehen werden. ❷

Tongariro River Retreat, 26 Ngawaka Place, 💻 www.tongariroriverretreat.com. Dieses zweckmäßig gebaute Hostel verfügt über saubere, einfach eingerichtete Schlafsäle und Privatzimmer, die um einen Innenhof angeordnet sind. Es herrscht eine relaxte Atmosphäre, aber die dünnen Wände sorgen für einen gewissen Geräuschpegel. Nebenan gibt es ein Café. Dorms ❶, DZ ❷

ESSEN

Creel Tackle House & Cafe, 183 Taupahi Rd, 💻 www.creeltackle.com. Dieser Angelshop in der Creel Lodge (s. oben) ist zugleich ein Café mit dem besten Kaffee der Stadt sowie köstlichen Pasteten und Kuchen wie dem Himbeer-Mandel-Kuchen oder der Pfirsichtorte. $

Hydro Eatery, Ohuanga Rd, Ecke Pihuaga St, 💻 www.facebook.com/Hydroeatery. Das luftige und quirlige Café bietet Frühstücksgerichte wie

Müsli, Pancakes und Eier Benedikt sowie mittags Sandwiches, Wraps und Salate, dazu guten Kaffee und erfrischende Smoothies. $

Oreti, 88 Pukawa Rd, Pukawa, www.orетivillage.com. Auf der Karte dieses romantischen Restaurants im Oreti Village Resort 8 km nordwestlich von Turangi am Ufer des Lake Taupo stehen Gerichte wie scharf angebratener Thunfisch mit Garnelen-Ceviche, Pilzrisotto und Kokos-Zitronengras-Pannacotta. $$

Rust, Shop 6, Town Centre, www.facebook.com/Rustturangi. Das 2017 im kleinen Einkaufszentrum des Orts eröffnete Rust ist ein bisschen trendiger als die anderen Esslokale der Stadt. Auf der Karte stehen Burger mit Wild, Pulled Pork und Schnapper, *sharing plates* und Craft-Bier. $$

Tongariro Lodge, 83 Grace Rd, 07 386 7946, www.tongarirolodge.co.nz. Das Restaurant in der Tongariro Lodge bietet einfallsreiche Hauptgerichte wie in Lavendel marinierte Lammhüfte, mit Quinoa gefüllte Paprika und geschmorte kurze Rippe vom Rind. Die Lodge wartet außerdem mit teuren, aber luxuriösen Chalets und Häuschen auf. $$$

Turangi Tavern, 277a Te Rangitautahanga Rd, www.turangitavern.co.nz. Klassischer Kiwi-Pub mit Rechnung auf dem Bierdeckel, Bier vom Fass und Kneipenessen vom Tresen, z. B. einem BLT (Sandwich mit Schinken, Kopfsalat und Tomate) oder Würstchen mit Kartoffelpüree.

INFORMATIONEN

i-SITE Visitor Centre, Ngawaka Place, www.isite.nz. Verkauf von Bustickets, Angelscheinen für die Region Taupo, Landkarten, DOC-Wanderbroschüren und Hüttentickets. Außerdem Zimmerbuchungsservice, WLAN und Zugang zum Tokaanu Historic Wharf (S. 368). tgl. Okt–Mitte Juni 9–16.30, sonst 8.30–16 Uhr.

NAHVERKEHR

Mountain Shuttle, www.tongarirocrossing.com. Bietet ganzjährig Shuttles zur Tongariro Alpine Crossing und zu den Skigebieten (ab $35 einfach). Der erste Shuttle zur Tongariro Alpine Crossing fährt zwischen 6 und 6.30 Uhr.

TRANSPORT

Busse von InterCity halten beim i-SITE Visitor Centre, Ngawaka Place.

Busse nach:
AUCKLAND 5x tgl., 6 Std.;
ROTORUA 4x tgl., 2 Std.;
TAUPO 6x tgl., 50 Min.;
WELLINGTON 6x tgl., 5 1/2 Std.

Whakapapa

45 km südlich von Turangi am SH48 schmiegt sich die einzige Siedlung im Innern des Tongariro National Park, das winzige **Whakapapa**, an die unteren Hänge des Mount Ruapehu. Im Hintergrund liegen die von Schnee bedeckten Hänge des Vulkans, die das Skigebiet Whakapapa bilden.

Whakapapa erfreut sich großer Beliebtheit bei Wanderfreunden als gute Ausgangsbasis sowohl für Kurzwanderungen als auch für die Langstreckenrouten Tongariro Northern Circuit und Round the Mountain Track (S. 373). Die einfacheren Wanderwege sind in der DOC-Broschüre *Walks in and around Tongariro National Park* (Download auf www.doc.govt.nz) beschrieben. Zu den sehr guten zählen der **Whakapapa Nature Walk** (1 km, 20–30 Min.), in dessen Mittelpunkt die einzigartige Flora des Nationalparks steht, der **Taranaki Falls Walk** (6 km, 2 Std.), der durch offene Tussock-Steppe und Buschland zu einer Stelle führt, wo der Wairere Stream 20 m tief über die Abbruchkante eines alten Lavastroms stürzt, und der **Silica Rapids Walk** (7 km, 2 1/2 Std.), der an einem Flüsschen entlang durch Südbuchenwälder zu einer cremefarbenen Sinterterrasse führt.

Ruapehu-Crater-Rim-Wanderung

5–8 Std. hin und zurück ▪ Vom Parkplatz Iwikau Village 15 km hin und zurück, insgesamt 1000 m Anstieg ▪ Vom oberen Ende des Sessellifts Waterfall

ZENTRALE NORDINSEL

Express 9 km hin und zurück, insgesamt 650 m Anstieg ▪ Sessellift Nov–April je nach Wetter 9–16 Uhr

Erheblich steiler und anstrengender gestaltet sich die Wanderung **Ruapehu Crater Rim**. Dafür wird man aber mit dem dramatischen Ausblick auf die Silhouette der Cathedral Rocks und nach Westen auf den Mount Taranaki belohnt. Die Wanderung kann vom Parkplatz beim Iwikau Village in Angriff genommen werden, schöner ist sie allerdings vom oberen Ende des Sessellifts Waterfall Express. Dadurch erspart man sich den langen Weg durch eine karge Felslandschaft. Vom Sessellift ist der Weg nicht ausgeschildert; von Weihnachten bis zum ersten Schneefall ist der Anstieg in normalen Wanderschuhen und ohne Steigeisen zu bewältigen. Es werden auch geführte Kraterwanderungen angeboten.

Iwikau Village

Ab Whakapapa heißt der SH48 Bruce Road und erreicht nach 6 km **Iwikau Village**, das zwischen Ende Juni und Mitte Oktober zur Bühne einer wuselnden Masse aus Skibrillen und ausgebeulten Snowboarder-Hosen mutiert. Beim Knoll Ridge Café beginnen geführte Bergwanderungen.

ÜBERNACHTUNG

Chateau Tongariro, SH48, 💻 www.chateau.co.nz. Das auffälligste Haus im Ort ist ein massiver, 1929 errichteter Ziegelbau im vornehmen Gewand, einschließlich einer riesigen Lounge mit Snooker-Tisch und herrlichem Blick auf den Berg. Selbst wenn man hier nicht übernachtet, lohnt ein Abstecher auf eine Tasse Tee. Für Gäste stehen der höchste 9-Loch-Golfplatz Neuseelands, Tennisplätze, ein kleines Hallenschwimmbad und ein Fitnessraum zur Verfügung. Die Zimmer wurden nach internationalem Hotelstandard modernisiert, wobei nur die teureren viel Platz und gute Ausblicke bieten. Während der Recherche für dieses Buch wechselte das Hotel gerade den Besitzer, aber zum Zeitpunkt der Veröffentlichung sollte es wieder geöffnet sein. ❸

Discovery, SH47, 1,1 km südlich der Abzweigung des SH48, 💻 www.discoverynz.com. Fünf Autominuten nordwestlich vom Whakapapa Village mit Blick auf die Vulkane des Tongariro und einem breiten Angebot an Unterkünften, z. B. Chalets mit separatem Schlafzimmer, Küche und Bad. Camping ❶, Chalet ❷

Mangahuia Campsite, abseits des SH47 nahe der Abzweigung nach Whakapapa, 💻 www.doc.govt.nz. Einfacher DOC-Campingplatz an einem Bach mit Toiletten, fließend Wasser, Picknicktischen und geschütztem Kochbereich. Leider sind die Plätze nicht reservierbar, die Gebühr muss am Reservierungsstand hinterlegt werden. ❶

Skotel, 100 m den Berg hinauf neben dem Chateau Tongariro, 💻 www.skotel.co.nz. Komplex mit 3er-Dorms, DZ mit Bad, Sauna und Restaurant/Bar. Es gibt auch ein paar Cabins mit voll ausgestatteter Kochnische für bis zu 6 Pers. Während der Skisaison schnellen die Preise nach oben. Backpacker-Zimmer ❶, DZ ❷

Whakapapa Holiday Park, gegenüber dem DOC-Büro, 💻 www.whakapapa.net.nz. Die beste Option für den kleinen Geldbeutel liegt sehr schön in einem Waldstück. Die Anlage bietet Stellplätze mit und ohne Strom sowie Units mit Bad und Cabins ohne Bad. ❶

ESSEN

The Terrace Restaurant & Bar, im Skotel, 💻 www.skotel.co.nz. Bistro-Speisen zu einem guten Preis-Leistungs-Verhältnis, z. B. Burger, gebratene Polenta oder Porterhouse Steak; angeschlossen ist eine beliebte, gut besuchte Bar. $$

INFORMATIONEN UND TOUREN

DOC, SH 48, ✆ 07 892 3729, ✉ tongarirovc@doc.govt.nz. Hier gibt es Landkarten und Prospekte zur Region, außerdem eine Vielzahl von Exponaten zum Nationalpark, darunter das winzige Ski History Museum und 2 Multimedia-

Vorführungen, die auf Wunsch den Besuchern gezeigt werden. ⏲ tgl. Dez–Feb 8–18, März–Nov 8–17 Uhr.

NAHVERKEHR

In Whakapapa sind keine **Schneeketten** erhältlich; man muss also selbst welche mitbringen oder auf einen der **Shuttlebusse** ausweichen, die die Unterkünfte in der Gegend anfahren. Mindestens stündlich verkehrt der Mountain Shuttle, ✆ 0800 117 686.

TRANSPORT

Die einzigen **Busverbindungen** nach Whakapapa sind die tgl. Shuttlebusse aus TAUPU, TURANGI und NATIONAL PARK. Sie halten in der Nähe des Visitor Centre.

Wandern im Tongariro National Park

Der Tongariro National Park bietet einige der schönsten Wanderwege der Nordinsel, die ein spektakuläres vulkanisches Terrain erschließen. Die Route **Tongariro Crossing** gilt als beste Tageswanderung Neuseelands; daneben gibt es einige längere Strecken, vor allem den drei- bis viertägigen **Tongariro Northern Circuit**. Der Mount Ruapehu hat den gleichermaßen anstrengenden wie lohnenswerten **Crater Rim Hike** (S. 369) und den Rundwanderweg **Round the Mountain Track** aufzuweisen. Letzterer präsentiert sich nicht ganz so abwechslungsreich wie die Tongariro-Wanderrouten, ist dafür aber auch wesentlich weniger frequentiert. Beide Wege sind am besten von Whakapapa aus zugänglich.

Das **Wetter** in den Bergen, 💻 www.metservice.com, kann extrem schnell umschlagen, sodass die üblichen Vorkehrungen getroffen werden sollten. Selbst an brütend heißen Sommertagen kann es infolge der Höhenlage und extremer Winde auf den Bergkämmen sehr frisch werden, und auch ein Sturm bricht zuweilen völlig unvorbereitet und mit erschreckender Plötzlichkeit herein. Zwischen Ende März und Ende November muss jederzeit mit Schnee auf den Wegen gerechnet werden. Wer in dieser Zeit eine lange Wanderung plant, sollte sich vor Ort nach den aktuellen Bedingungen erkundigen.

Es ist stets warme und regenfeste **Kleidung** anzuraten. Wer den steilen Vulkankegel des Mount Ngauruhoe erklimmen möchte, sollte zusätzlich Handschuhe und lange Hosen zum Schutz vor den scharfkantigen Schlackefelsen mitnehmen. Auf den meisten Wegen ist die Versorgung mit **Wasser** eher dürftig, daher viel zu trinken mitnehmen.

Die Tageswanderung Tongariro Crossing sollte nicht unterschätzt werden: Man muss einigermaßen fit und vernünftig ausgerüstet sein (feste Wanderstiefel, wasser- und windfeste Jacke und Hose, Mütze und Handschuhe sowie warme Kleidung), Stirnlampe, Handy, Sonnencreme und viel Wasser (das Wasser am Weg ist nicht trinkbar) mitnehmen und sich ausreichend Zeit lassen. Im Sommer braucht man nicht unbedingt einen Führer, aber im Winter (Juni–Okt) auf alle Fälle. Es sind auch kürzere, weniger anspruchsvolle Wanderungen möglich – Näheres auf 💻 www.doc.govt.nz.

6 HIGHLIGHT

Tongariro Alpine Crossing

19,4 km, 6–8 Std., 750 m Anstieg ▪ alle Shuttlebusse setzen ihre Fahrgäste zwischen 6 und 9 Uhr am Parkplatz am Ende der Mangatepopo Rd ab, um sie gegen 15–16.30 Uhr an der Ketetahi Rd wieder abzuholen

In der Sommersaison (gewöhnlich Mitte Nov–April) ist die **Tongariro Alpine Crossing** die mit Abstand beliebteste Wanderroute der Region, und das aus gutem Grund: Innerhalb weniger Stunden klettert man über erstarrte Lavaflüsse, durchquert einen Kraterboden, passiert eine aktive Geothermalzone, sieht wunderschön ruhige, smaragdgrüne und blaue Seen und bekommt Gelegenheit zur Besteigung des Schlackekegels Mount Ngauruhoe. Selbst ohne diese Anhäufung an Highlights wäre es immer noch eine sehr schöne Wanderroute mit unterschiedlichsten Szenerien.

An Wochenenden und im Hochsommer absolvieren täglich bis zu 700 Menschen die Route. Daher ist es eine Überlegung wert, auf Frühjahr oder Herbst auszuweichen und die Wochenenden zu meiden. Um den Massen zu entgehen, kann man auch einen der frühesten Shuttlebusse nehmen und ihnen vorausgehen. Auch im Winter lässt sich hier wandern. Adrift Outdoors, 53 Carroll St, National Park, 💻 www.adriftnz.co.nz, veranstaltet eine winterliche Alpine Crossing und im Sommer kurze Wanderungen, außerdem verleiht der Anbieter auch Wanderausrüstung.

Vom Parkplatz Mangatepopo zum Mangatepopo Saddle

Fast alle Wanderer begehen die Route von Westen nach Osten, wodurch man sich 400 m Anstieg spart. Vom Ausgangspunkt **Mangatepopo Road** geht es während der ersten Stunde relativ sanft am Flüsschen Mangatepopo entlang und an der gleichnamigen Hütte (mit Toiletten) vorbei. Die Strecke wird dann steiler und führt durch rissige schwarze Lavaströme auf den **Mangatepopo Saddle** und über einen kurzen Seitenweg zu den **Soda Springs**, einer kleinen Wildblumenoase inmitten einer ansonsten vegetationslosen Landschaft. Hier gibt es auch Toiletten, aber Toilettenpapier muss jeder selbst mitbringen.

Der Sattel markiert den Beginn des Hochlandes zwischen dem wuchtigen und uralten Mount Tongariro und seinem jugendlichen Nachbarn **Mount Ngauruhoe** (Herr-der-Ringe-Fans eher als Mount Doom bekannt), den man von hier aus besteigen kann (2 km hin und zurück, 2–3 Std., 600 m Anstieg), ohne den Shuttlebus am Ende des Tages zu verpassen. Der 35 Grad steile Anstieg ist anstrengend, erfreut sich aber großer Beliebtheit – wegen des exzellenten Panoramas vom gezahnten Kraterrand und wegen der aufregenden Rutschpartie beim Abstieg.

Vom Mangatepopo Saddle zur Ketetahi Hut

Vom Mangatepopo Saddle führt der Wanderweg über die flache Pfanne des **South Crater** und anschließend auf den Rand des **Red Crater**, wo oft der aus Fumarolen hervorquellender Dampf die purpurroten und schwarzen Kesselwände einhüllt. Jetzt folgt der schwierigste und steilste Teil des Abstiegs zu den **Emerald Lakes**. Ungeübte Wanderer rutschen den Abhang eher etwas unbeholfen herab, während andere mit irrer Geschwindigkeit an ihnen vorbei sprinten. Dieser Abschnitt ist relativ kurz, aber umso farbenfroher. Unten erwarten den Wanderer die Emerald Lakes, deren trübes Wasser in Schattierungen zwischen Jadegrün und Zartblau schimmert.

Ab hier geht es entspannt bergab, nur zwischendurch mal kurz hinauf zum kristallklaren **Blue Lake**. Es folgt anschließend die Umrundung des **North Crater** mit schönen Ausblicken beim Abstieg über mit goldgelben Grasbüscheln bewachsene Hänge auf gut präparierten Wegen zur **Ketetahi Hut**, einer Raststation mit Blick auf die Seen Lake Rotoaira und Lake Taupo – und Toiletten!

Von der Ketetahi Hut zum Parkplatz Ketetahi

Der letzte Teil des Abstiegs führt durch schattigen Wald an einem Flüsschen entlang. Beim gemütlichen Gehen unter Bäumen können sich die müden Glieder erholen, besonders an heißen Tagen. Auf einem etwa 700 m langen Abschnitt ist jedoch eine gewisse Vorsicht geboten; hier ist die Gefahr von vulkanischen Schlammströmen etwas höher, daher sollte man bis zum Parkplatz an der Ketetahi Road nicht trödeln.

Tongariro Northern Circuit

42 km, 3–4 Tage bei gemächlichem Tempo

- Hauptzugangsort ist Whakapapa

Wer die Route Tongariro Alpine Crossing ansprechend findet, aber nach einer größeren Herausforderung sucht, entscheidet sich für den **Tongariro Northern Circuit**, der zu Neuseelands Great Walks zählt. In der Sommersaison (etwa Okt–April) gelten die Hütten – Mangatepopo, Ketetahi, Waihohonu und Oturere – als **Great-Walks-Hütten**. Dann sind sie mit Gaskochern, jedoch nicht mit Pfannen, Töpfen und Geschirr ausgestattet. Camper können die Hütteneinrichtungen vor Ort mitbenutzen. Der Rundweg wird von Wanderern normalerweise im Uhrzeigersinn begangen.

Von Whakapapa zur Mangatepopo Hut

9 km, 2–3 Std., 50 m Anstieg

Dieser Abschnitt lässt sich einsparen, indem man einen Shuttlebus zum Parkplatz Mangatepopo nimmt. Der Wanderweg führt durch Tussock-Steppe und über zahlreiche Bäche, bevor er in der Nähe der Mangatepopo Hut auf die Route Tongariro Alpine Crossing trifft. Der Streckenabschnitt ist nach schweren Regenfällen oftmals aufgeweicht, aber in der Regel noch passierbar.

Von der Mangatepopo Hut zu den Emerald Lakes

6 km, 3–4 Std., 660 m Anstieg

Die Route ist identisch mit der Tongariro Alpine Crossing, danach eröffnen sich zwei Alternativen: Entweder man folgt weiter der Route Tongariro Alpine Crossing bis **zur Ketetahi Hut** (4 km, 2–3 Std., 400 m Abstieg) und kehrt am nächsten Tag zur Weggabelung bei den Seen zurück, oder man biegt direkt nach rechts ab. Der Weg führt vorbei an schwarzen Lavaströmen von Ausbrüchen des Ngauruhoe 1949 und 1954. Vom Red Crater führt oben eine abgesteckte Route (nach links) zum Tongariro Summit, während der Hauptweg am Kraterrand weiterführt.

Emerald Lakes zur Oturere Hut

5 km, 1–2 Std., 500 m Abstieg

Durch eine surreale Lavageröllwüste, die von den Ausbrüchen des Red Crater stammt, geht es Richtung Rangipo Desert und Oturere Hut; dabei bieten sich spektakuläre Ausblicke auf das Oturere Valley, die Kaimanawa Ranges und die Rangipo Desert.

Oturere Hut zur Waihohonu Hut

8 km, 2–3 Std., 250 m Abstieg

Dieser Abschnitt führt zunächst durch offenes, leicht hügeliges Land und über Geröllfelder, bevor man einen Zweig des Waihohonu Stream durchquert. Danach geht es bergab durch Südbuchenwälder, bevor man nach einer letzten Kletterpartie über einen Bergrücken die Hütte erreicht, wo man sein schweres Gepäck loswerden und zu den 20 Minuten entfernt gelegenen Quellen Ohinepango Springs weitermarschieren kann.

Waihohonu Hut nach Whakapapa

14 km, 5–6 Std., 200 m Anstieg

Die letzte Etappe führt zwischen Ngauruhoe und Ruapehu hindurch und vorbei an der Old Waihohonu Hut (keine Übernachtungsmöglichkeit), einer ehemaligen Postkutschenstation, die 1901 an der alten Landstraße errichtet wurde. Anschließend geht der Weg an dem Flüsschen Waihohonu Stream entlang auf den ungeschützten **Tama Saddle**. Gut 1 km weiter zweigen zwei Wanderwege zu den Kraterseen Lower Tama Lake (20 Min. hin und zurück) und Upper Tama Lake (1 Std. hin und zurück) ab. Wer kaltes Wasser nicht scheut, kann in diesen Seen baden. Da vom Tama Saddle zurück nach Whakapapa nur mit zwei Stunden Fußmarsch durch eine Grasbüschellandschaft zu rechnen ist, bleibt in der Regel noch Zeit für einen Abstecher zum Wasserfall **Taranaki Falls**.

Round the Mountain Track

71 km, 4–5 Tage ▪ Hauptzugangsort ist Whakapapa

Der anspruchsvolle **Round the Mountain Track** führt um den Mount Ruapehu herum und lässt sich am einfachsten von Whakapapa aus bewältigen. Der Round the Mountain Track kann

Die Skigebiete am Mount Ruapehu

Der Mount Ruapehu weist die bedeutendsten Skigebiete der Nordinsel auf: **Whakapapa** und **Turoa**. Jedes Wochenende zwischen Ende Juni und Mitte Oktober kommen Skibegeisterte nach Whakapapa an der Nordwestflanke des Mount Ruapehu oder nach Turoa am Südhang. Beide haben einen ausgezeichneten Ruf bei Anfängern und Fortgeschrittenen, und die Beschaffenheit der vulkanischen Formationen sorgt für ein Übermaß an traumhaften, natürlichen Halfpipes für Snowboarder.

Tickets und Ausrüstung

Mt Ruapehu, 💻 www.mtruapehu.com, verwaltet beide Skigebiete, verkauft Skipässe (ab $79/Tag) und verleiht Ausrüstung. Mehrere Verleiher in National Park, Ohakune und Turangi bieten günstige Preise und eine große Auswahl an Ausrüstung.

Transport im Tongariro National Park

Im Oktober 2017 wurden als Maßnahme gegen Staus und Überfüllung Parkbeschränkungen eingeführt. Auf dem Parkplatz an der Mangatepopo Road abseits des SH47 gilt für Privatfahrzeuge jetzt eine Höchstparkdauer von vier Stunden – wer länger parkt, läuft Gefahr, sich eine Parkkralle einzufangen. Es bleibt genügend Zeit für kürzere Spaziergänge, doch wer die gesamte Tongariro Crossing absolvieren möchte, muss sein Fahrzeug in Ohakune, Turangi, National Park oder Whakapapa stehen lassen und einen Shuttlebus (s. unten) nehmen.

Ein paar InterCity-Busse passieren den Tongariro National Park, aber meist werden die zum Park verkehrenden Busse von kleineren, vielfach mit Backpacker-Hostels zusammenarbeitenden Unternehmen betrieben. Wer in einem der unten genannten Orte nächtigt, kann aus einer Reihe von Anbietern wählen, die mehr oder weniger denselben Service bieten. Darunter gibt es meist einen für Frühaufsteher, die somit bereits vor dem ersten Besucheransturm am Ort des Geschehens eintreffen. Nähere Auskünfte über die verschiedenen Angebote erteilen die Unterkünfte und die Touristeninformationen, sie können auch Buchungen vornehmen. Für den Hin- und Rücktransfer zur Tongariro Alpine Crossing verlangen die meisten Unternehmen $45–70.

Tongariro Expeditions, 💻 www.thetongarirocrossing.co.nz. Bietet Transfers ab National Park, Turangi und Taupo zum Park.

auch mit dem Northern Circuit zu einem anstrengenden 5- oder 6-tägigen Marsch um alle drei Berge kombiniert werden.

INFORMATIONEN

Die informativen **DOC-Broschüren** zu den Wanderrouten, erhältlich in den i-SITE Visitor Centres in Taupo und Turangi, sind für die meisten Wanderer ausreichend; wer mehr möchte, besorgt sich die *Parkmap* für die Region.

National Park

Der wohlklingende Name vermag nicht über die Eintönigkeit dieses kleinen, 15 km westlich von Whakapapa gelegenen Ortes hinwegzutäuschen. Es handelt sich um eine öde Ansammlung von einigen Chalets inmitten einer struppig bewachsenen Ebene. Seine Existenz verdankt der Ort den vielen Skifahrern und Wanderern im benachbarten Nationalpark sowie den Paddlern, die zum Whanganui River unterwegs sind. Da in Whakapapa Village nur wenige Unterkünfte zur Verfügung stehen, sind viele Besucher auf den Ort National Park angewiesen und lassen sich mit eigens eingesetzten Shuttlebussen (s. Kasten) zu den Skipisten und Tongariro-Wanderwegen fahren.

Tupapakurua Falls Track

4–5 Std. hin und zurück

Bei schlechtem Wetter bietet sich eine Wanderung auf dem **Tupapakurua Falls Track** (4–5 Std. hin und zurück) an. Der Weg verläuft durch Waldgebiete, sodass man einen gewissen Wetterschutz genießt. Er folgt zunächst nördlich vom Bahnhof der Schotterstraße Fisher Road und biegt dann nach 2 km (30 Min.) bei einem kleinen Parkplatz links in einen Pfad zu einer Sitzbank (weitere 20 Min.) mit tollem Ausblick nach Westen Richtung Mount Taranaki ab. Nach einer weiteren Stunde kommt ein kleiner Canyon mit Ausblick auf die schmalen, 50 m hohen Tupapakurua Falls.

ÜBERNACHTUNG

Howard's Lodge, Carroll St, 💻 www.howardslodge.co.nz. Gute Lodge mit eigener Küche und Lounge für diejenigen, die in den DZ übernachten. Außerdem Spa, Verleih von Sportausrüstung und Mountainbikes. Bei einigen Preisen ist der Transfer zur Tongariro Crossing inbegriffen. Mindestaufenthalt sind 2 Nächte. ❶

Plateau Lodge, Carroll St, 🖳 www.plateau lodge.co.nz. Entspannte Ski-Chalet-Atmosphäre und breites Angebot an Unterkünften, z. B. Zimmer mit Bad sowie Spa. ❷
Tongariro Crossing Lodge, Carroll St, 🖳 www.tongarirocrossinglodge.co.nz. Urige, im Kolonialstil eingerichtete ehemalige Postkutschenstation mit recht persönlicher Atmosphäre und nur 6 gemütlichen Zimmern mit Bad. ❸
YHA National Park Backpackers, 4 Findlay St, 🖳 www.yha.co.nz. Einfaches YHA-Hostel mit schlichten Dorms (6–8 Betten; auch reine Frauen-Dorms) und Zimmern sowie eigener Kletterwand ($20 inkl. Ausrüstung und Einweisung). ❶

ESSEN UND UNTERHALTUNG

Lorenz's Bar & Café, Bruce Rd, ✆ 07 892 2911. Einfaches Café am Fuße des Berges, das Burger, Salat-Bowls und Snacks sowie Lunchpakete speziell für Wanderer anbietet. $
Pataka Café, Mt Ruapehu, bei der oberen Gondelstation, 🖳 www.mtruapehu.com. Wer mit dem Skilift auf den Mount Ruapehu hinauffährt, kann dieses schöne Café mit Holzwänden besuchen, das frisch gebrühten Kaffee und herzhafte Häppchen wie Chicken Wings, *fish fry* und langsam gebratenes Lamm serviert. $$
The Pinnacles, Top of Bruce Rd, Mt Ruapehu, 🖳 www.mtruapehu.com. Der kulinarische Höhepunkt im Après-Ski-Zirkus ist dieses beliebte Restaurant, das ein herzhaftes internationales Mittagsbuffet zum unschlagbaren Schnäppchenpreis von nur US$ 20 anbietet. $
Schnapps Bar, SH4, 🖳 www. schnappsbarruapehu.com. Der große, orangefarbene Pub am Ortseingang erfreut sich großer Beliebtheit bei Skifahrern und Wanderern. Liebevoll serviert werden riesige Burger und große Portionen Fish 'n' Chips sowie das Lieblingsgericht des Hauses, geschmorte Lammkeulen an einer Minzsoße. Im Winter wird am Wochenende Frühstück angeboten, außerdem gibt es zuweilen Konzerte und Sportübertragungen sowie Minigolf. $$
Spiral Restaurant & Bar, Park Hotel, 2/6 Millar St, 🖳 www.the-park.co.nz. Im Park Hotel (einer weiteren zuverlässigen Übernachtungsmöglichkeit im Nationalpark) serviert dieses empfehlenswerte Restaurant im Chalet-Stil mit Holzwänden schmackhafte, herzhafte Gerichte nach der Wanderung – darunter Lammkeule, Curry und BBQ-Rippchen. $$
The Station, am Bahnhof, 🖳 www. facebook.com/stationcafe1. Das Café-Restaurant im alten Bahnhof ist allein schon ein Grund für eine Fahrt nach National Park: Serviert werden hier ein reichhaltiges warmes Frühstück, Mittagsspeisen wie *seafood chowder* und abends exquisite Gerichte wie in Dill und Zitrone marinierter Lachs oder gegrilltes Schweinefleisch an einer Schimmelkäsesoße, gekrönt von köstlichen Desserts. Sonntags kommt stets ein deftiger Braten auf den Tisch. $$

SONSTIGES

Geld

In der Tankstelle am SH4 gibt es einen **Geldautomaten**, ⏲ gewöhnlich tgl. 7.30–19 Uhr, auch die Schnapps Bar (s. Essen und Unterhaltung) verfügt über einen.

Informationen

National Park besitzt kein i-SITE, Informationen bekommt man jedoch im **Macrocarpa Café**.

TRANSPORT

Busse

Die aus Taumarunui, Turangi und Ohakune kommenden Busse von InterCity halten nicht weit vom Bahnhof in der Carroll St beim National Park Hotel. Busfahrkarten gibt es in der Howard's Lodge (s. Übernachtung). Zahlreiche Shuttlebusse verkehren im Sommer zu den Wanderwegen und im Winter zu den Skigebieten. Busse nach AUCKLAND fahren 1x tgl., 6 Std.

Eisenbahn

Die Züge halten am **Bahnhof** in der Station Rd. Fahrkarten gibt's in der Howard's Lodge (S. 374).

Züge nach:
AUCKLAND 3x wöchentl., 5 1/2 Std.;
OHAKUNE 3x wöchentl., 1/2 Std.;
PALMERSTON NORTH 3x wöchentl., 3 3/4 Std.;
WELLINGTON 3x wöchentl., 5 1/2 Std.

Ohakune

Das 35 km südlich von National Park gelegene **Ohakune** wird von Lodges im Alpenhüttenstil und Skiausrüstern beherrscht, die auf den massiven Ansturm der Wintersport-Enthusiasten eingestellt sind, der jedes Jahr Mitte Juni einsetzt und bis Ende Oktober anhält.

Außerhalb dieser Zeit präsentiert sich Ohakune eher ruhig, obwohl immer mehr Restaurants und Bars ganzjährig geöffnet haben, um sich das Sommergeschäft nicht entgehen zu lassen. Die Sommertouristen kommen, um auf der Old Coach Road zu **wandern**, von hier zur Tongariro Alpine Crossing aufzubrechen oder sich auf eine Flusstour auf dem Whanganui River (S. 395) vorzubereiten. In der Umgebung von Ohakune gibt es zahlreiche **Wanderwege**, von denen die meisten in der Broschüre *Walks in and around Tongariro National Park* (Download auf 💻 www.doc.govt.nz) aufgeführt sind.

ÜBERNACHTUNG

Hobbit Motor Lodge, 80 Goldfinch St, 💻 www.the-hobbit.co.nz. Die Unterkunft liegt auf halbem Weg zwischen Ort und Ohakune Junction, mit motelähnlichen Einrichtungen, darunter ein Open-Air-Spa. Das Angebot reicht von Dorms über einfache Zimmer und solche mit Bad bis hin zu Apartments. ❷

LKNZ Lodge & Backpackers, 1 Rata St, Ohakune Central, 💻 www.lknz.com. Gutes YHA-assoziiertes Hostel mit allen möglichen Dorms (gemischt und nur für Frauen), Zimmern und Einrichtungen wie Café, Whirlpool, Sauna und Spielezimmer. ❶

Ohakune Top 10 Holiday Park, 5 Moore St, 💻 www.ohakune.net.nz. Direkt am Waldrand, aber dennoch zentral gelegener, gepflegter Campingplatz. Zum Angebot zählen unterschiedliche einfache Cabins, teilweise mit Küche. ❶

Powderhorn Chateau, 194 Mangawhero Terrace, Ohakune Junction, 💻 www.powderhorn.co.nz. Hotel am unteren Ende der Ohakune Mountain Rd in einem kolossalen Blockhaus mit großen und gemütlichen Zimmern. Die besten haben Balkon und Blick auf den Wald. Großer beheizter Pool. ❸

Rimu Park Lodge, 27 Rimu St, Ohakune Junction, 💻 www.rimupark.co.nz. Eine der größten Unterkünfte in Ohakune, eine Villa Baujahr 1914. Zur breiten Angebotspalette zählen 6er-Dorms und DZ, einfache Cabins für 5 Pers., einige schicke moderne Apartments, ein voll ausgestattetes Selbstversorger-Chalet und 2 Eisenbahnwaggons, die zu separaten Units mit eigenem Aufenthaltsraum und Schlafbereich umgestaltet wurden. ❷

The River Lodge, 206 Mangawhero River Rd, 💻 www.theriverlodge.co.nz. Einladende, gut ausgestattete Lodge-Zimmer und 2 Cabins, alles zumeist mit Bergblick, in wunderbar friedvoller parkähnlicher Umgebung mit Buchen an einem kleinen Forellenflüsschen. Dazu Lounge-Bereiche, DVDs, Bücher und Spiele sowie Spa-Pool draußen. Nach 5 km an der Straße Richtung Raetihi ausgeschildert. ❸

Station Lodge, 60 Thames St, 💻 www.stationlodge.co.nz. Äußerst beliebte, gut ausgestattete YHA-Herberge: Es gibt Dorms, Chalets und tolle Einrichtungen wie ein Open-Air-Spa und kostenlos zu nutzende Stadträder, dazu auch einen Verleih von Mountainbikes, Skiern und Snowboards. Dorms ❶, Chalets ❸

ESSEN UND UNTERHALTUNG

Cyprus Tree, 77 Clyde St, Central Ohakune, 💻 www.thecyprustree.co.nz. Diese Café/Bar/Restaurant-Mixtur mit Ledersofas und

ZENTRALE NORDINSEL

bollerndem Kaminfeuer bietet moderne Variationen klassischer mediterraner, orientalischer und nordafrikanischer Gerichte – darunter Auberginen-Tajine, mit Cranberrys und Pistazien gefülltes Huhn und Lammhüfte mit Sumach. $$$
Matterhorn, im Powderhorn Chateau (s. Übernachtung). Tolles Essen in nobler, aber entspannter Atmosphäre, z. B. scharf angebratene pikante Entenbrust. 3-Gänge-Abendmenü. $$$
Osteria Ohakune, 75 Clyde St, im Zentrum von Ohakune, 💻 www.osteria.co.nz. Dieser stimmungsvolle Rückzugsort im Stil einer traditionellen italienischen Osteria wird von einer Familie geführt, die die italienische Küche liebt. Das zeigt sich auch auf der gelungenen Speisekarte mit Gerichten wie Schweinebauch-Pilz-Risotto und Gnocchi mit Saubohnen. $$
Utopia, 47 Clyde St, Central Ohakune, 💻 www.utopiacafe.co.nz. Hat Frühstück, leichtes Mittagessen und den besten Kaffee des Orts. $$
Powderkeg, im Powderhorn Chateau (s. Übernachtung). Die zwanglose und gewöhnlich außerordentlich lebhafte Brasserie/Bar mit Après-Ski-Stimmung ist gut geeignet für ein Bier, bietet aber auch sehr ordentliche Kneipengerichte wie Fischbrötchen auf Cajun-Art und leckeren Hühnchensalat mit Sesam.

INFORMATIONEN, TOUREN, AKTIVITÄTEN

i-SITE und DOC, 54 Clyde St, 💻 www.visitruapehu.com. 🕒 i-SITE tgl. 8–17 Uhr, DOC unterschiedlich, auf jeden Fall aber Mi–So 9–17 Uhr.
TCB, 29 Ayr St, 💻 www.tcb.nz. Vermietet Mountainbikes für ab $55/Tag. Mit Ruapehu Connexions (s. rechts) gelangt man samt dem Bike ans obere Ende der alten Coach Road.
Ruapehu Homestead, 4 km östlich von Ohakune am SH49, 💻 www.ruapehuhomestead.kiwi.nz. Eine Alternative zu den anstrengenden Aktivitäten: 1- bis 2 1/2-stündige Ausritte ab $70, durch Wald oder über offenes Farmland.

NAHVERKEHR

Ruapehu Connexions, ☎ 0800 462 824. Shuttles für die Stadt und die Region, u. a. in der Skisaison einen Abendshuttle zwischen Ortszentrum und Ohakune Junction (tgl. von 18 Uhr, bis die letzte Kneipe schließt).

TRANSPORT

Busse

Die Busse von InterCity halten auf der Route HAMILTON–TAUMARUNUI–WHANGANUI in der Nähe des i-SITE Visitor Centre im Zentrum von Ohakune, 2 km südwestlich des Bahnhofs.

Busse nach:
AUCKLAND 1x tgl., 6 1/2 Std.;
WELLINGTON 1x tgl., 5 1/4 Std.

Eisenbahn

Die Eisenbahn hält auf der Linie Auckland–Wellington am Bahnhof in Ohakune Junction.

Züge nach:
AUCKLAND 7x wöchentl., 6 1/2 Std.;
WELLINGTON 7x wöchentl., 5 1/2 Std.

Desert Road

Südlich von Turangi verläuft der SH1 östlich des Tongariro National Park in etwa parallel zum Tongariro River Richtung Süden. Der etwas unheimliche, landschaftlich sehr schöne Highway heißt auf diesem Abschnitt **Desert Road** und verdankt diesen Namen der den Elementen ausgesetzten unfruchtbaren Geröllebene **Rangipo Desert**, die er durchschneidet. Es handelt sich allerdings nicht um eine richtige Wüste, denn dafür fällt hier zu viel Regen. Im Winter kann die Straße nach Schneefällen gesperrt sein, also sollte man sich vor der Fahrt nach den Straßenverhältnissen erkundigen. Anfangs führt die Straße noch durch tiefen Kiefernwald, um bald darauf anzusteigen und großartige Blicke auf den Ruapehu, Ngauruhoe und Tongariro im Westen freizugeben. Die vegetationslose Vulkanlandschaft bietet eine spektakuläre Kulisse und erfährt durch die drei aus der trostlosen Grasbüschelsteppe herausragenden Reihen von Strommasten fast noch ein zusätzliches Maß an Urwüchsigkeit.

Die Desert Road und die an den Westflanken von Ruapehu, Ngauruhoe and Tongariro entlang laufenden Landstraßen treffen in **Waiouru** zusammen, einer nicht gerade aufregenden, 800 m ü. d. M. liegenden Aneinanderreihung von Tankstellen und Tearooms inmitten der unfruchtbaren Grasbüschel-Einöde in unmittelbarer Nachbarschaft zum größten **Militärstützpunkt** Neuseelands.

National Army Museum

SH1, Höhe Hassett Drive, Waiouru ▪ 🕒 tgl. 9–16.30 Uhr ▪ Eintritt ▪ 💻 www.armymuseum.co.nz

Betonbunker beherbergen das **National Army Museum**, ein Schaufenster der militärischen Konflikte mit neuseeländischer Beteiligung, von den Kriegen zwischen Maori und Pakeha über die Burenkriege in Südafrika bis zu den beiden Weltkriegen und Neuseelands Engagement in Vietnam. Völlig unerwartet trifft einen die ungeheure Wirkung der **Gedenkmauer** Roimata Pounamu („Tränen auf Jade"). In die Mauer eingraviert sind Name, Dienstgrad und Todesort jedes einzelnen der rund 33 000 Neuseeländer, die in verschiedenen Kriegen gefallen sind. Für den Besuch des Museums sind etwa 1 1/2 Stunden zu veranschlagen. Für Kinder gibt es ein interessantes **Discovery Centre**; das Museumscafé ist wohl das beste **Café** in der ganzen Gegend.

Taihape und Umgebung

30 km hinter Waiouru verlässt der SH1 das vulkanische Plateau und führt hinab zum landwirtschaftlichen Versorgungszentrum **Taihape** im Herzen des Rangitikei District. Der Hauptgrund dafür, hier einen Stopp einzulegen, besteht darin, dass sich in der hügeligen Landschaft östlich von Taihape eine der aufregendsten Wildwasser-Strecken Neuseelands verbirgt. Taihape selbst vermarktet sich als „Gummistiefelhauptstadt Neuseelands". Dieser Titel findet seinen Ausdruck in der Wellblechskulptur eines Gummistiefels und wird jedes Jahr im März gebührend gefeiert: **Gumboot Day** ist eine nicht ganz ernst gemeinte Verherrlichung dieser urneuseeländischen Fußbekleidung. Einer der Höhepunkte an diesem denkwürdigen Tag ist der Gummistiefelweitwurf.

ÜBERNACHTUNG

Aspen Court, 27 Mataroa Rd, 💻 www.aspencourttaihape.co.nz. Dieses ordentliche Motel liegt 1 km nördlich der Stadt an der SH1 und bietet gut ausgestattete Apartments mit einem Schlafzimmer, teilweise mit Spa-Badezimmern. ❷

River Valley, Pukoekahu, 💻 www.rivervalley.co.nz. In der Abenteuerlodge, die vor allem für ihre Ausritte und Raftingtrips (s. Touren) bekannt ist, wohnen die Gäste in 6er-Dorms (inkl. Bettwäsche) bzw. in den angenehmen Zimmern – oder campen. Es gibt eine Gästeküche, es werden aber auch preiswerte Mahlzeiten serviert. Auf dem Gelände befindet sich eine Bar. Alle Gäste haben Zugang zu einem Pétanque-Feld, einem Volleyballplatz und (gegen eine kleine Gebühr) einer holzgefeuerten und einer Infrarotsauna sowie einem Spa Pool mit Flussblick. Im Sommer werden außerdem Massagen angeboten. Dorms ❶, DZ ❷

Taihape Motels, Kuku St, Höhe Robin St, 💻 www.taihapemotels.co.nz. Günstiges, zentral gelegenes Motel mit makellos sauberen Zimmern und 3 Ferienwohnungen für bis zu 8 Pers. ❷

ESSEN

Brown Sugar Café, Huia St, 💻 www.facebook.com/brownsugarcafetaihape. Cottage-ähnliches Café mit leckeren Speisen wie gegrilltem Brie mit Huhn, Gemüse-Samosas und großen griechischen Salaten; außerdem recht guter Kaffee. $

Soul Food Café, 69 Hautapu St, 💻 www.soulcafeteria.business.site. Beliebtes Café mit ganztägig serviertem reichhaltigem Frühstück, z. B. Pancakes, Maisbeignets und ein *farmers*

brekkie (Hackfleisch auf Vollkorntoast mit Relish), und mittags gibt's z. B. Steak-Sandwich oder Butterhühnchen. $

SONSTIGES

Informationen

Information Centre, 90-92 Hautapu St, in der Bücherei, 🖳 www.taihape.co.nz. 🕒 tgl. 9–17 Uhr. Informationen finden sich zudem auf 🖳 www.rangitikei.com.

Touren

River Valley, River Valley Lodge, 🖳 www.rivervalley.co.nz. Tolle Ausritte über Farmland mit Ausblicken auf die zerklüftete Landschaft; Dauer 2 Std. bis 4 Tage. Außerdem werden verschiedene Rafting-Trips organisiert.

TRANSPORT

Busse

InterCity-Busse halten in der Kuku St, um die Ecke vom Information Centre.

Busse nach:
AUCKLAND 3x tgl., 6 1/2 Std.;
TAUPO 6x tgl., 2 Std.;
TURANGI 6x tgl., 1 1/4 Std.;
WELLINGTON 6x tgl., 4 1/2 Std.

Eisenbahn

Der **Bahnhof** liegt eine Querstraße westlich des Information Centre in der Robin St.

Züge nach:
AUCKLAND 3x wöchentl., 7 3/4 Std.;
WELLINGTON 3x wöchentl., 4 3/4 Std.

Mangaweka und der Rangitikei River

Ein Flugzeug vom Typ DC3 markiert 24 km südlich von Taihape am SH1 das verfallene Dörfchen **Mangaweka**, Hauptquartier der Mangaweka Adventure Company, die eine Reihe von Wildwasser-Rafting- und Kajaktrips anbietet. Die mit Schwierigkeitsgrad V eingestufte Passage durch die Schlucht des Rangitikei River zählt zu den härtesten Wildwasser-Rafting-Strecken Neuseelands. Der zwei- bis dreistündige Höllentrip beinhaltet gleich zehn wilde Stromschnellen.

ÜBERNACHTUNG UND AKTIVITÄTEN

Mangaweka Adventure Company, SH1, Mangaweka, 🖳 www.mangaweka.co.nz. Bietet verschiedene Kajak- und Wildwasser-Raftingtrips, u. a. eine Fahrt durch die Rangitikei Gorge (Grad 5), zudem familienorientierte Rafting-Trips und Mehrtagestrips. Außerdem hübscher einfacher Campingplatz mit einigen Stellplätzen am Wasser, Cabins und Zimmern sowie Café. Camping ❶, Cabins ❷

Die Taranaki Peninsula

Die Provinz **Taranaki** (liebevoll zu „the 'naki" abgekürzt) ist auf der Landkarte als deutliche Ausbuchtung im Westen der Nordinsel auszumachen und bildet eine Halbinsel, in deren Zentrum der **Maunga Taranaki** (früher Mount Egmont) liegt, ein eleganter Vulkankegel, dessen schneebedeckter Gipfel in 2518 m Höhe über der subtropischen Küste thront. Früh am Morgen und kurz vor Sonnenuntergang ist der Gipfel meist sichtbar. Doch im Laufe des Tages bilden sich oft Wolken – der Fluch aller Gipfelstürmer, die nach der Plackerei um den Ausblick betrogen werden.

Taranakis rührige Provinzhauptstadt **New Plymouth** ist eine geeignete Ausgangsbasis für Tagestouren in den **Egmont National Park** rund um den Berg oder zum Wellenreiter- und Windsurfmekka **Oakura**. Die Reize des ländlichen Taranaki, zu denen der sogenannte **Surf Highway** gehört, lassen sich am besten auf einer ein- bis zweitägigen Ausflugsfahrt rund um den Berg erkunden.

Geschichte

Anfang des 19. Jhs. lebten nur noch wenige **Maori** in der Region, da sich viele wegen der alljährlichen Überfälle feindlicher Stämme aus dem Norden mit Te Rauparaha nach Kapiti Island zurückgezogen hatten. Dieser Umstand kam den Engländern **John Lowe und Richard Barrett** gelegen; sie errichteten 1828 am Ngamotu Beach am Nordufer der Halbinsel einen Handels- und Walfangposten.

1841 entsandte die **Plymouth Company** sechs Schiffe mit englischen Kolonisten nach Neuseeland, um den Außenposten von Lowe und Barrett zu besiedeln. Die vorwiegend aus dem Südwesten Englands stammenden Siedler nannten ihre Gemeinde **New Plymouth**.

Als ab Mitte des 19. Jhs. viele Maori in ihre ursprüngliche Heimat zurückkehrten, kam es zu Auseinandersetzungen um Land, das an die Siedler verkauft worden war. Die Feindseligkeiten kulminierten ab 1860 in den zehn Jahre andauernden **Taranaki Land Wars**. Die kriegerischen Streitigkeiten lähmten die Entwicklung der Region und führten in der Folge zu zahlreichen **Klagen der Maori**.

New Plymouth

Die kleine, aber wachsende Stadt **New Plymouth** an der Nordküste der Halbinsel ist das auf Öl und Gas basierende wirtschaftliche Zentrum von Taranaki und in ganz Neuseeland für ihre Konzerte und Kunstfestivals bekannt. Der Hafen **Port Taranaki** am Rande der Stadt ist das westliche Tor nach Neuseeland und der einzige internationale Tiefwasserhafen an der Westküste. Die Attraktionen der Stadt beschränken sich hauptsächlich auf **Kunst** und **Gärten**, doch die Stadt selbst verströmt auch eine angenehme Atmosphäre.

Unmittelbar vor der Küste liegt das Schutzgebiet **Sugar Loaf Protected Area**, ein Refugium für Tiere über und unter Wasser.

Govett-Brewster Art Gallery und Len Lye Centre

42 Queen St ▪ tgl. 10–17 Uhr ▪ Eintritt frei ▪ www.govettbrewster.com

Die **Govett-Brewster Art Gallery** ist eine der besten Galerien für zeitgenössische Kunst in ganz Neuseeland. Im neuen **Len Lye Centre** neben dem Originalgebäude hütet sie eine riesige Sammlung von Arbeiten von Len Lye.

Bis vor Kurzem war der neuseeländische Bildhauer, Filmemacher und Konzeptkünstler **Len Lye** (1901–80) abseits der Kunstwelt recht unbekannt, inzwischen jedoch wird seinem Werk die verdiente Anerkennung zuteil. Der in Christchurch gebürtige Lye entwickelte schon früh eine Faszination für Bewegung: Bereits gegen Ende seiner Teenagerjahre experimentierte er mit **kinetischen Skulpturen**. Er verknüpfte die indigene Kunst mit den Maximen der europäischen Futuristen und Surrealisten und experimentierte mit Skulpturen, Batiken, Malerei, Fotografie und animierten **„kameralosen" Filmen** (Filmstreifen, die er aufwendig mit Schablonen, Einritzungen und Zeichnungen bearbeitete).

Außerdem gehört zur Galerie ein Kunst- und Design-Buchladen, den man sich auf keinen Fall entgehen lassen sollte.

Wind Wand

Unübersehbar erhebt sich im Zentrum von New Plymouth der **Wind Wand**, ein schlankes, knallrotes, 45 m hohes Carbonfaserrohr mit einer Leuchtkugel auf der Spitze, die im Dunkeln rot schimmert und sich hypnotisch faszinierend im Wind wiegt. Bereits 1962 wurde eine kleinere Version des „Windzauberstabs" im Greenwich Village in New York errichtet. Das hiesige Kunstwerk wurde mithilfe neuartiger Polymerkunststoffe schließlich im Jahr 2000 aufgestellt. Tatsächlich ging Lyes Vision noch weit darüber hinaus – er plante einen Wald aus 125 schwankenden Wind Wands.

Coastal Walkway

Landschaftsgärten und Wege erstrecken sich über einige Hundert Meter beiderseits des Wind Wand und machen den Park am Wasser zu einem netten Ziel für einen abendlichen Bummel. Ehrgeizigeren Wanderern und Radlern steht der **Coastal Walkway** zur Verfügung, der sich 3 km Richtung Westen bis zum Hafen und 7 km Richtung Osten bis zum Bell Block am Wasser hinzieht.

Am besten geht man 2 km Richtung Osten zum East End Reserve; hier gibt es einen Fahrradverleih (S. 387) und das Big Wave Café. Weitere 2 km östlich wird die Flussmündung des Waiwhakaiho von der atemberaubenden,

ZENTRALE NORDINSEL

83 m langen **Te Rewa Rewa Bridge** aus weißem Stahl überspannt. Sie soll eine Welle zum Vorbild gehabt haben, aber viele vergleichen sie mit einem Walskelett. Bei gutem Wetter findet man in der Nähe oft einen Kaffeewagen.

Puke Ariki

1 Ariki St ▪ Mo, Di, Do und Fr 9–18, Mi 9–21, Sa und So 9–17 Uhr; Richmond Cottage Sa und So 11–15.30 Uhr ▪ Eintritt frei ▪ www.pukeariki.com

Den Dreh- und Angelpunkt der Stadt bildet der Komplex **Puke Ariki**. Er beherbergt das i-SITE Visitor Centre (S. 387), die Stadtbibliothek, Ausstellungsflächen und ein interaktives **Regionalmuseum**. Besonders gut sind die Sonderausstellungen, aber es gibt auch eine umfangreiche Maori-Abteilung sowie Vulkangestein- und Holzschnitzereien in einem Stil, der nur in Taranaki zu finden ist.

Auf dem Museumsgelände steht auch das Steinhaus **Richmond Cottage**, das 1854 für den aus New Plymouth stammenden Parlamentsabgeordneten Christopher William Richmond errichtet und 1962 an seinen gegenwärtigen Standort verlegt wurde.

St Mary's Cathedral

37 Vivian St ▪ Eintritt frei ▪ 🖳 www.taranakicathedral.org.nz

Die von Frederick Thatcher entworfene **St Mary's Church** stammt aus dem Jahr 1845 und ist damit die älteste steinerne Kirche in Neuseeland. Der strenge Bau mit imposantem Interieur aus dunklem Holz beherbergt ein beeindruckendes Maori-Denkmal von 1972 mit Schnitzereien und *tukutuku*-Geflecht. 2010 wurde die Kirche zur Kathedrale Taranakis erhoben.

Pukekura Park und Brooklands Park

Parks: Haupteingänge Liardet St und Brooklands Park Drive ▪ 🕒 tgl. Sonnenauf- bis Sonnenuntergang ▪ Eintritt frei ▪ 🖳 www.pukekura.org.nz ▪ **Gables** Sa und So 13–16 Uhr, Eintritt frei ▪ **Ruderboote** Dez–Feb tgl. 11–16 und 19–22 Uhr, ▪ Eintritt

Pukekura Park und Brooklands Park sind im Grunde zwei Teile eines einzigen großen Parks. Er gehört zu den schönsten Stadtparks Neuseelands, in dem auch das Festival of Lights und WOMAD stattfinden. Der Pukekura Park umfasst Gewächshäuser, einen See mit Bootsverleih und ein Cricketfeld. Im freier gestalteten Brooklands Park auf dem Gelände einer ehemaligen Farm gibt es außer dem Amphitheater **Bowl of Brooklands**, in dem bekannte Künstler auftreten, auch zahlreiche uralte Bäume, darunter einen 2000 Jahre alten Puriri und einen gewaltigen Ginkgo. In der Nähe befindet sich in einem ehemaligen Kolonialkrankenhaus von 1847 das **Gables**, das eine Kunstgalerie und ein kleines Medizinmuseum umfasst. In der Nähe des renovierten Pukekura Teahouse kann man **Ruderboote** leihen.

Paritutu Rock

4 km westlich des Stadtzentrums

Der Hafen von New Plymouth erstreckt sich am Fuß des 200 m hohen **Paritutu Rock** 4 km westlich des Stadtzentrums, der für die Maori eine große kulturelle Bedeutung besitzt und eine nahezu perfekte natürliche Festung bildet, die auch heute noch die Grenze zwischen den Territorien Taranaki und Te Atiawa markiert. Wer will, kann ihn ersteigen. Der Zugang liegt an einem Parkplatz am Centennial Drive, der von der Vivian Street ausgeschildert ist. Es handelt sich um eine steile Kletterpartie von 20–50 Minuten Dauer hin und zurück. Ein Stahlseil bietet Halt, und als Belohnung wartet oben ein großartiger Ausblick auf die Küste.

Sugar Loaf Islands Marine Protected Area

1-stündige Bootstouren ▪ 2–3x tgl., je nach Wetter ▪ Eintritt ▪ 🖳 www.chaddyscharters.co.nz

Ein paar Hundert Meter vor der Küste von North Taranaki liegt eine Gruppe von Felsinseln, erodierte Überbleibsel uralter Vulkane, Lebensraum für seltene Pflanzen, Zwergpinguine, Sturmvögel und Dunkle Sturmtaucher. Die umliegenden Gewässer bilden die vom DOC verwaltete **Sugar Loaf Marine Protected Area**. Hier leben rund 89 Fischarten und eine Fülle farbenprächtiger Seeanemonen, Schwämme und Algen in unterseeischen Schluchten. Außerdem sind hier vorbeiziehende Buckelwale (Aug–Sep) und Delphine (Okt–Dez) zu beobachten. Neuseelands nördlichste Kolonie Neuseeländischer Seebären bevölkert die Felsen der Gezeitenzone.

Die Inseln selbst dürfen nicht betreten werden, doch **Chaddy's Charters** veranstaltet unterhaltsame **Bootsausflüge**.

Tupare

487 Mangorei Rd, 6 km südöstlich des Stadtzentrums ▪ 🕒 tgl. 9–20 Uhr; Cottage Führungen Okt–März Fr–Mo 11 Uhr ▪ Eintritt frei ▪ 🖳 www.tupare.info

Der fruchtbare Vulkanboden und das feuchte Klima in Taranaki bilden eine sehr gute Grundlage für einige wunderbare Gärten. Der in den 1930er-Jahren angelegte **Tupare** ist ein besonders schönes Beispiel. Hier können Besucher zwischen Ahorn-Bäumen, Azaleen und Rhododendren umherbummeln und in dem hübschen **Gardener's Cottage** mehr über die Geschichte des Gartens erfahren. So richtig erschließt sich

ZENTRALE NORDINSEL

das Ganze aber erst bei einer Führung durch das originelle **Arts-and-Crafts-Haus** des bekannten neuseeländischen Architekten James Chapman-Taylor.

Hurworth Cottage

906 Carrington Rd, 9 km südlich des Stadtzentrums ▪ Ⓛ Sa und So 11–15 Uhr und n. V. ▪ Eintritt ▪ 💻 www.visitheritage.co.nz

Das reizende historische **Hurworth Cottage** wurde 1856 für Harry Atkinson erbaut, später viermaliger Premierminister Neuseelands, der für das Frauenwahlrecht und den Sozialstaat eintrat. Das schlichte Häuschen mit zwei Zimmern ist das einzige, das die Landkriege der 1860er-Jahre überstanden hat, und es ist heute noch so eingerichtet wie in der Mitte des 19. Jhs. Interessant sind die alten Kohle-Graffiti; eines zeigt einen Maori-Krieger mit Ganzgesichts-*moko*.

Pukeiti

2290 Carrington Rd, 23 km südwestlich des Stadtzentrums ▪ Ⓛ tgl. 9–17 Uhr, Café Mi–So 10–16 Uhr ▪ Eintritt frei ▪ 💻 www.pukeiti.org.nz

Pukeiti, auf 370 m Höhe am Nordhang der Pouakai Range gelegen, ist der schönste öffentliche Garten in Taranaki. Er wurde 1951 von Douglas Cook gegründet, der auch für das Eastwoodhill Arboretum in Gisborne (S. 423) verantwortlich war. Für Neuseelands größten Bestand an Rhododendren und Azaleen benötigte er allerdings ein kühleres und feuchteres Klima. Der Garten ist eine kunterbunte Ansammlung wunderschöner Blüten mit Waldwegen und grünen Alleen. Stärkung bietet Rainforest Eatery.

ÜBERNACHTUNG

Karte S. 382

New Plymouth bietet eine Reihe von Unterkünften zu moderaten Preisen. Weitere Übernachtungsmöglichkeiten gibt es in der Nähe der Stadt, etwa im Surfstrandort Oakura (S. 391) oder an den Hängen des Taranaki. Motels säumen die Zufahrtstraßen ins Zentrum.

Amber Court Motel, 61 Eliot St, 💻 www.ambercourtmotel.co.nz. Dies ist ein günstiges Motel nahe dem Highway und fußläufig zum Zentrum. Die geräumigen Zimmer haben eine separate Küche. Es gibt eine Gemeinschaftswaschmaschine und ein kleines Hallenbad. ❷

Belt Road Seaside Holiday Park, 2 Belt Rd, 💻 www.beltroad.co.nz. Schön und zumeist geschützt gelegener Platz auf Klippen am Meer, zu Fuß 25 Min. vom Stadtzentrum. Auch Motelzimmer. Leider gilt in der Hauptsaison einen Mindestaufenthalt von 3 Nächten. Camping ❶, DZ ❸

The Dawson, 16 Dawson St, 💻 www.thedawsonmotel.co.nz. Schönes, modernes Motel, einen Block landeinwärts vom Kawaroa Park. Die Zimmer sind in den Farben Weiß, Schwarz und Rot gehalten, und selbst die kleineren Studios sind angenehm und geräumig, mit großen Sitzbereichen und Kochnischen ausgestattet. Die Suiten mit 2 Schlafzimmern sind geradezu gigantisch. ❷

Devon Hotel, 390 Devon St East, 💻 www.devonhotel.co.nz. Schickes Businesshotel mit beheiztem Pool und Jacuzzi, unterschiedlichen Zimmern und einigen geräumigen Suiten sowie Buffet-Restaurant und kostenlosem Fahrradverleih. Kostenlose Benutzung eines nahe gelegenen Fitnesscenters. ❸

Ducks & Drakes, 48 Lemon St, 💻 www.ducksanddrakes.co.nz. Ein reizendes Haus aus den 1920er-Jahren mit geräumiger Küche und Lounge voller Bücher sowie hellen und luftigen Backpacker-Zimmern nebenan. Die Benutzung der hauseigenen Sauna ist allerdings kostenpflichtig. Dorm ab ❶, Hostelzimmer ❷

Nice Hotel, 71 Brougham St, 💻 www.nicehotel.co.nz. Eine rechtzeitige Reservierung ist ratsam, um eines der eleganten Zimmer mit Bad in dieser charmanten Herberge abzustauben, die mit eleganten Designer-Bädern, zeitgenössischer Kunst und luxuriösen Details ihre zufriedenen Gäste erfreut. Das dazugehörige Restaurant Table (nur Abendessen) genießt einen guten Ruf für seine französisch inspirierte Küche. ❸

Forgotten World Highway

Ein urtümlich-ländliches Neuseeland-Erlebnis ist der **Forgotten World Highway** (SH43) zwischen Taumarunui (S. 286) und Stratford. Die Landstraße windet sich über 155 km durch die hügelige Landschaft westlich von Taumarunui. Abgesehen von einem 12 km langen Abschnitt durch die Tangarakau-Schlucht ist die Straße auf ganzer Länge asphaltiert, aber Autofahrer sollten für die Strecke dennoch gute drei Stunden einplanen und vor dem Start auf jeden Fall volltanken, denn es gibt auf der ganzen Route **keine Tankstelle**. Ein Großteil der Strecke ist auf der Karte Whanganui National Park (S. 394) verzeichnet.

Nachdem der SH43 die landwirtschaftlich geprägte Umgebung von Taumarunui hinter sich gelassen hat, geht es in vielen Kurven durch die Kalksteinschlucht **Tangarakau Gorge**, wo am Flussufer steile, mit Gestrüpp bedeckte Felsen aufragen – vielleicht das größte Highlight der Fahrt. Am Eingang der Schlucht weist ein kleines Schild auf einen kurzen Weg hin, der zur malerischen **Grabstätte von Joshua Morgan** führt, der letzten Ruhestätte eines Landvermessers aus Pioniertagen. Auf dem Kamm einer Hügelkette geht es durch den dunklen, engen **Moki Tunnel**, bis schließlich Whangamomona erreicht ist.

Normalerweise zählt der Ort, 88 km südwestlich von Taumarunui, nur zehn Einwohner, doch in ungeraden Jahren fallen im Januar ganze Besucherhorden zur örtlichen Unabhängigkeitsfeier ein. Das Dorf erklärte sich nämlich am 28. Oktober 1989 zur unabhängigen Republik, nachdem die Regierung die Provinzgrenzen so verschoben hatte, dass es fortan nicht mehr zu Taranaki gehören sollte. Im Zentrum der Feierlichkeiten steht das 1911 erbaute Whangamomona Hotel. Dort können Besucher das ganze Jahr über ihren Reisepass abstempeln lassen oder für $1 sogar einen whangamomonischen Pass erstehen.

Hinter Whangamomona klettert der SH43 im Schatten steiler Felswände bergauf und bietet schöne Ausblicke auf die **Taranaki Plains**, bevor er seinen Abstieg in das flache Weideland beginnt und schließlich in **Stratford** ankommt, wo der von einer permanenten Schneekuppe bedeckte Vulkankegel des Taranaki zu sehen ist.

Übernachtung und Essen

Campingplatz Ohinepane, 21 km westlich von Taumarunui, 🖳 www.doc.govt.nz. Friedvoller grasbedeckter DOC-Platz am Whanganui River mit Wasseranschluss und Plumpsklos; vielleicht leisten einem Kanufahrer Gesellschaft, die hier ihre erste Nacht auf der Fahrt flussabwärts von Taumarunui verbringen. ❶

Whangamomona Domain Camp, Whangamomona Rd, ✆ 06 762 5822. Einfacher Platz in friedvoller Lage mit Wohnmobil-Anschlüssen, einfachen Cabins (Bettzeug mitbringen) und Duschen ($2), nahe dem Whangamomona Hotel. ❶

Whangamomona Hotel, Ohura Rd, 🖳 www.whangamomonahotel.co.nz. Das klassische Landhotel mit Pub hat durch die Renovierung nichts von seinem Charakter eingebüßt. Geräumige Zimmer mit Gemeinschaftsbädern; kleines Frühstück inbegriffen. Der Pub bietet einfache, aber schmackhafte Kneipenkost. ❷

One Burgess Hill, 1 Burgess Hill Rd, 5 km südlich des Stadtzentrums, 🖳 www.oneburgesshill.co.nz. Auf einer erhöhten Landspitze, mit großartigem Ausblick über den Waiwhakaiho River und einen bewaldeten Hang voller Baumfarne. Zum Angebot zählen moderne Zimmer und Apartments (teilweise mit offenem Kamin). Zur Ausstattung gehören ultramoderne Küchen und schicke Bäder. DZ ❷, Apartments ❸

King & Queen Hotel Suites, King St, Ecke Queen St, 🖳 www.kingandqueen.co.nz. Modernes Boutiquehotel mit edlen Zimmern mit Bad (einige mit Balkon und

ZENTRALE NORDINSEL

Meerblick), effizientem Service, Coffeeshop, Kaffeerösterei und netten kleinen Dreingaben wie kostenlosen Macarons und kostenloser Fahrradnutzung. ❸

ESSEN

Karte S. 382

Die meisten Cafés, Restaurants und Kneipen von New Plymouth befinden sich an der sogenannten Devon Mile, womit der Abschnitt der Devon Street zwischen Dawson Street und Eliot Street gemeint ist. In letzter Zeit ist ein zweiter kulinarischer Hotspot am Port Taranaki, mit entspanntem Blick aufs Wasser, entstanden.

Arborio, St Aubyn St, im Puke Ariki, mit Blick auf den Wind Wand, 💻 www.arborio.co.nz. Muntere, moderne Café-Bar am Wind Wand, toll sowohl tagsüber als auch abends. Zu essen gibt's Sachen wie karamellisierte Karamellisierte Hühnchenbrust mit Manchego-Galette, Pizza (auch zum Mitnehmen) und Steinpilz-Gnocchi mit Pilzragout. Besser reservieren, besonders die Tische auf der Terrasse am Wasser (innen kann es sehr dunkel sein). $$

Daily News Café, Level 1 in der Stadtbücherei, 1 Ariki St. Das kleine einladende Café in der Bücherei lockt seine Gäste mit Kaffee, Snacks und Zeitungen aus Neuseeland und aller Welt. $

Elixir, 117 Devon St East, 💻 www.elixircafe.co.nz. Cooles Café, dessen Wände mit Plakaten für bevorstehende Festivals und Konzerte gepflastert sind. Im Elixir gibt es frisch gebackene Muffins, Panini, Bagels, Wraps und schmackhafte Hauptgerichte wie z. B. den kreativen Hühnchensalat mit Zitrone und Thymian. $

Gusto, Ocean View Parade, Port Taranaki, 💻 www.gustotaranaki.co.nz. Das Gusto ist ein edles Restaurant im minimalistischen Schick mit Hafenblick, versteckt im halbindustriellen Jachthafen, bietet ausgezeichnete moderne Gerichte. Die relativ preiswerten Mittags- und Abendmenüs umfassen beispielsweise gerollten Schweinebauch mit Süßkartoffeln und eine göttliche Kokosnuss-Crème-Brulee. Im Winter herrschen kürzere Öffnungszeiten. $$$

Monica's Eatery, 42 Queen St, 💻 www.monicaseatery.co.nz. Das entspannte Café der Galerie Govett-Brewster ist selbst schon ein Kunstwerk, was jedoch keinesfalls von dem tollen Essen und Kaffee ablenken sollte: Blaubeer-Cheesecake-Waffeln oder ein Mittagsmenü oder Abendessen. $$$

Ms White, 47 Queen St, 💻 www.mswhite.co.nz. Das Ms White ist in New Plymouth ein sehr beliebter und hipper Laden, der original italienische Pizza kredenzt. Darüber hinaus kommen auch Bierkenner hier voll auf ihre Kosten: Denn es werden mehr als 40 verschiedene Craft-Biere ausgeschenkt. $$

Social Kitchen, 40 Powderham St, 💻 www.social-kitchen.co.nz. Dieses Bistro serviert in einem stilvollen Ambiente mit das beste Essen der Stadt, neben kleinen Gerichten wie Mais-Churros und Empanadas Fleisch, auch Fisch und Gemüse, fachkundig gegrillt und serviert mit pikanter argentinischer *chimichurri*-Soße; außerdem gibt's in der empfehlenswerten Social Kitchen Rippchen, Lammschulter und Ziege, die zuvor mehr als 12 Std. in den unterschiedlichsten Gewürzen mariniert wurde. $$$

UNTERHALTUNG

Karte S. 382

Crowded House, 93 Devon St East, 💻 www.crowdedhouse.co.nz. Standard-Innenstadtbar der Einheimischen. Der Name sagt es schon: Hier ist es oft voll, vor allem wenn es ein interessantes Spiel im Fernsehen gibt. Monteith's-Biere vom Fass, gute Huhn-und-Schinken-Burger.

Frederic's, 34 Egmont St, 💻 www.frederics.co.nz. In der freundlichen Kneipe trinkt man diverse Sorten Bier, Cider und Weine vorwiegend aus Neuseeland. Meist geht es hier recht ruhig zu, aber gegen Ende der Woche ist mehr Betrieb.

Snug Lounge, 134 Devon St West, 💻 www.snuglounge.co.nz. Verführerische Cocktailbar im japanischen Stil. Serviert werden kreative

Drinks, Sake und Pflaumenwein. Außerdem gibt es eine kleine Karte mit *bao buns*, Klößen, Wantons u. Ä.

Kino

Arthouse Cinema, 73a Devon St West, ✆ 06 757 3650. Zu den Filmen kann man ein Glas Wein genießen.
Event Cinema, 119-125 Devon St East, 🖳 www.eventcinemas.co.nz. Zeigt Mainstream-Filme.

SONSTIGES

Informationen

i-SITE, 65 St Aubyn St, im Foyer des Puke Ariki Museum, 🖳 www.visit.taranaki.info. Hier bekommt man auch Informationen über und Hüttentickets für den Egmont National Park. ⌚ Mo–Fr 9–18, Mi bis 21, Sa und So 9–17 Uhr.

Internet

Die **Bücherei**, 1 Ariki St, bietet kostenlosen Internetzugang. ⌚ Mo–Fr 9–18, Mi bis 21, Sa und So 9–17 Uhr.

Observatorium

New Plymouth Observatory, Robe St, Marsland Hill Reserve, 🖳 www.facebook.com/npobservatory. Mitglieder der Astronomical Society zeigen Besuchern die Highlights des Abendhimmels.

NAHVERKEHR

CityLink, 🖳 www.trc.govt.nz/bus-routes, betreibt die Regionalbusse, doch das Streckennetz ist nicht besonders umfangreich. Nützlich sind die Busse nach Tupare und Oakura, die jedoch nicht nur relativ selten fahren.
Cycle Inn, 133 Devon St East, 🖳 www.cycleinn.co.nz. Wer selbst die Beine in die Hand nehmen und sich auf einen Drahtesel schwingen möchte: Dieser Anbieter verleiht unter anderem Stadträder, stundenweise oder für einen Tag. ⌚ Mo–Fr 8.30–17, Sa 9–16, So 10–14 Uhr.

TRANSPORT

Busse

InterCity/Newmans halten am **Busbahnhof** in der 19 Ariki St, nicht weit vom i-SITE Visitor Centre.

Busse nach:
AUCKLAND 2x tgl., 6 1/2 Std.;
HAMILTON 2x tgl., 4 Std.;
HAWERA 1x tgl., 1 Std.;
TE KUITI 1x tgl., 1 1/4 Std.;
WHANGANUI 1x tgl., 2 1/2 Std.;
WELLINGTON 1x tgl., 7 Std.

Flüge

Der **Flughafen**, 🖳 www.nplairport.co.nz, liegt 12 km nordöstlich der Stadt.
Scott's Airport Shuttle Service, ✆ 06 769 5974, 🖳 www.npairportshuttle.co.nz, setzt seine Fahrgäste auf Wunsch überall im Stadtzentrum ab (Tarife ab $25). Die Shuttles warten auf alle ankommenden Flüge, eine Reservierung ist ratsam.

Flüge nach:
AUCKLAND 6x tgl., 3/4 Std.;
WELLINGTON 2x tgl., 1 Std.

Egmont National Park

Der **Taranaki** (alias Mount Egmont), ein schlummernder Vulkan, der zuletzt 1755 ausbrach, dominiert das gesamte westliche Drittel der Nordinsel. Der häufig mit dem japanischen Fuji verglichene Berg bildet einen fast perfekten Kegel von 2518 m Höhe. Das Kegelprofil wird im Osten und Westen allerdings durch den Nebengipfel **Fantham's Peak** (1692 m) gestört. Im Winter ist der Taranaki schneebedeckt; im Sommer bleibt dagegen nur der Krater weiß. Der Berg liegt im Zentrum des **Egmont National Park**, dessen Grenze einen Kreis von 10 km Radius um den Taranaki bildet. Dieser Kreis wird lediglich im Norden unterbrochen, wo der Park die Bergketten **Pouakai Range** und **Kaitake Range** einschließt, ältere und verwittertere Verwandte des Taranaki.

Nach einer Maori-Legende ließ sich der Berg-Halbgott Taranaki hier nieder. Er hatte seinen Platz bereits fest eingenommen, als er vom ersten europäischen Seefahrer gesichtet wurde, der in dieser Gegend auftauchte, Captain **James Cook**. Dieser taufte den Gipfel nach dem ersten Lord der britischen Admiralität Mount Egmont.

Die unteren Hänge des von Weide- und Ackerland umgebenen Bergs sind mit Wald bedeckt. Mit zunehmender Höhe wird dieser von verkrüppelten Bäumen abgelöst, die von den ständigen Windböen Schlagseite haben. In noch größerer Höhe weicht die Vegetation einer losen Vulkanschlacke, die den Aufstieg zum Gipfel sehr mühsam macht.

Drei asphaltierte Straßen führen die Ostseite des Bergs hinauf. Sie enden alle auf knapp halber Höhe an Parkplätzen, von denen sich ein 140 km langes Netz von Wanderwegen in alle Richtungen des Parks verzweigt. Von diesen Ausgangspunkten ist **North Egmont** von New Plymouth aus am einfachsten zu erreichen. Die Anfahrt nach **East Egmont** führt dafür etwas höher hinauf. Besonders gute kurze Wanderrouten finden sich in der Umgebung von **Dawson Falls**. Das i-SITE in New Plymouth hält jede Menge Informationen über den Park bereit.

ZENTRALE NORDINSEL

Die Gipfelroute

10 km hin und zurück, 7–10 Std., 1560 m Anstieg

Der bequemste Zugang von New Plymouth zum Nationalpark ist der 13 km südöstlich der Provinzhauptstadt am SH3 gelegene Ort **Egmont Village**. Von dort aus führt die 16 km lange, asphaltierte, aber kurvenreiche Egmont Road den Berg hinauf nach **North Egmont** (936 m), dem besten Ausgangspunkt für den Pouakai Circuit, Gipfelbesteigungen und mehrere einfachere Wanderungen.

Die Route zum Gipfel, auf ganzer Länge mit Stangen markiert, beginnt am Parkplatz North Egmont und folgt anfänglich der geschotterten Translator Road zur Tahurangi Lodge, einer Privathütte des Taranaki Alpine Club. Eine Holztreppe führt zur North Ridge hinauf; dann geht es über Schlackenhänge die Lizard Ridge hinauf bis zum Krater. Nach Überquerung der eisigen Passagen am Kraterrand und eines kurzen Schlackenhangs erreicht man schließlich den Gipfel und genießt von oben bei guten Bedingungen traumhafte Ausblicke über das westliche Drittel der Nordinsel.

Im Winter haben Freizeitwanderer in größeren Höhen nichts verloren. Selbst während der Wandersaison kann es zu beängstigend schnellen Wetterumschwüngen kommen, gelegentlich sogar mit Schneefall. Auch Wanderer, die morgens bei schönem Wetter aufbrechen, müssen sich später am Tag oft durch tief hängende Wolken kämpfen. Da es leider immer wieder zu tödlichen Unfällen kommt, sollte man die **Wanderhinweise** auf S. 63 beachten, die aktuelle **Wettervorhersage** auf 💻 www.metservice.com/mountain/egmont-national-park beherzigen und sich vorher unbedingt in einem der örtlichen Visitor Centres oder DOC-Büros beraten lassen. Außerdem sollte man mindestens einen Wandergefährten oder einen Bergführer mitnehmen und in seiner Unterkunft oder unter 💻 www.adventuresmart.org.nz eine **Notiz mit dem Wanderziel** hinterlegen.

Pouakai Circuit

Ganzjährig, aber von Mai bis Sep ist mit Schnee zu rechnen; vorher beim DOC informieren

▪ 24 km Rundweg, 2–3 Tage; Weg verläuft auf Höhen von 700–1300 m

Der reizvolle Pouakai Circuit führt durch subalpine Feuchtgebiete, Tussock-Felder und steile Schluchten mit Farnen. Ein großer Teil des Weges verläuft oberhalb der Baumgrenze, sodass sich weite Aussichten über die Ebene und die Küste eröffnen. Der Weg ist stellenweise steil und nicht so gut ausgebaut wie die Great Walks, aber die Mühe lohnt sich. An der Route liegen zwei Hütten mit Campingmöglichkeiten (S. 389).

Veronica Loop Track

2,5 km Rundweg, 2 Std., 200 m Anstieg

Der recht anstrengende Rundwanderweg klettert über Stufen einen bewaldeten und mit Gestrüpp bedeckten Bergrücken hinauf, vorbei an einem Denkmal für Arthur Ambury, einen Bergsteiger, der bei einem Rettungseinsatz umkam. Dann folgt ein kurzer Aufstieg (vorbei an einem Schild, das hinunter zum Parkplatz weist) zu einem tollen Aussichtspunkt mit Blick auf die uralten Lavaströme Humphries Castle sowie auf

New Plymouth und die Küste. Anschließend geht es wieder hinunter und weiter auf dem Rundweg. Diese Route eignet sich für Wanderer, die wenig Zeit, aber viel Energie haben.

East Egmont

East Egmont ist von Stratford (S. 390) aus zu erreichen. Von dort führt die Pembroke Road 14 km nach Westen zum Hotel Stratford Mountain House und 3 km weiter zu **The Plateau**, einem schroffen, windgepeitschten Fleckchen in 1172 m Höhe, dem höchsten per Straße erreichbaren Punkt am Berg. The Plateau liegt an der oberen Route des Around the Mountain Circuit (s. u.) und ist im Winter Parkplatz für die kleine **Manganui Ski Area**, 💻 www.skitaranaki.co.nz.

Curtis Falls Track

3,5 km hin und zurück, 2–3 Std., 120 m Anstieg

Am Hotel Mountain House beginnt als Teil des tiefer verlaufenden Rundwanderwegs Around the Mountain Circuit der kurze, aber recht anstrengende Curtis Falls Track. Er durchquert mithilfe von Stufen und Leitern mehrere tiefe Schluchten und erreicht Manganui River Gorge, von wo er am Flussbett entlang (kein ausgewiesener Track und keine Schilder) zum Fuß eines Wasserfalls führt.

Enchanted Track

6 km hin und zurück, 3 Std., 300 m Anstieg

Nachdem man am Hotel Mountain House geparkt hat, geht man die Straße zu The Plateau hinauf; dann geht's Richtung Süden und hinunter zum Enchanted Track, der seinen Namen den tollen Ausblicken Richtung Osten verdankt. Beim Abstieg lässt sich gut beobachten, wie sich die Vegetation verändert.

Dawson Falls

Visitor Centre 🕒 Do–So und feiertags 9–16 Uhr

Die südlichste Zufahrt auf den Taranaki führt über die Manaia Road zu den 23 km westlich von Stratford und 900 m über dem Meeresspiegel gelegenen **Dawson Falls**. Hier befindet sich das **Dawson Falls Visitor Centre**. Vor dem Centre steht ein imposanter, 8 m hoher *pou whenua* (geschnitzter Pfahl), auf dem berühmte Maori-Persönlichkeiten der Region abgebildet sind.

Kapuni Loop Track

2 km Rundweg, 1 Std., 100 m Anstieg

Der nette Wanderweg führt durch den **Goblin Forest** mit seinen verdrehten und verkrüppelten Bäumen und Baumstämmen voller Farne und Moose. Nach einer Weile erreicht man Dawson Falls, wo der Kapuni Stream am Ende eines alten Lavastroms 17 m in die Tiefe stürzt. Auf dem Rückweg kommt man an einem Schuppen mit der winzigen **Dawson Falls Power Station** vorbei. Das historische Wasserkraftwerk wurde 1935 erbaut, um die **Dawson Falls Mountain Lodge** mit Strom zu versorgen.

Wilkies Pool Loop Track

2,3 km Rundweg, 1 Std., 100 m Anstieg

Dieser Weg führt vom Visitor Centre der Dawson Falls durch weiteren „Goblin Forest" hinauf zu einer Reihe einzelner Becken, die vom Kapuni Stream ausgewaschen wurden. Auf den nassen Felsen ist Vorsicht geboten. Doch der üppige Wald in der Umgebung lohnt die Mühe.

ÜBERNACHTUNG UND ESSEN

North Egmont

The Camphouse, North Egmont, 💻 www.doc.govt.co.nz. Diese große Berghütte von 1891 ist heute ein sehr schlichtes, aber gemütliches Hostel mit beheiztem Gemeinschaftsraum, einer komplett ausgestatteten Küche und warmen Duschen. Check-in beim Mountain Café. ❶

Kamahi Café, North Egmont, im Visitor Centre. Gemütliches Café – das höchstgelegene in Taranaki – mit wunderschöner Aussicht, perfekt für ein Frühstück, das ganztägig serviert wird. Außerdem stehen Suppen und Burger auf der Karte. Oder man genießt einfach nur einen Kaffee nach der Wanderung. $

Am **Pouakai Circuit** stehen zwei Hütten für Wanderer bereit: die Holly Hut (mit 32 Betten) und die Pouakai Hut (mit 16 Betten). Hier gilt: Wer zuerst kommt, wohnt zuerst. Hüttenpässe sind gültig. ❶

East Egmont

Stratford Mountain House, Pembroke Rd, 14 km westlich von Stratford, 💻 www.

ZENTRALE NORDINSEL

stratfordmountainhouse.co.nz. Schön gelegene Lodge 4 km weit im Park und auf 850 m Höhe. 10 sehr komfortable Zimmer, alle mit Whirlpool. Außer einer geräumigen Lounge gibt's noch ein Café und Restaurant mit Blick auf die Spitze des Taranaki. Ein typisches Mittagsgericht ist Lamm-Souvlaki, auf der Abendkarte stehen z. B. Feta-Spinat-Kürbis-Taschen. Nur Übernachtung ❸

Dawson Falls

Dawson Falls Mountain Lodge, Dawson Falls, 💻 www.dawsonfalls.co.nz. Die Fahrt zu der alpinen Lodge von 1896 mit einem Dutzend Zimmern mit Bad führt durch einen Wald. Außerdem ein gemütliches Café-Restaurant (tgl. 10–15 Uhr; das 3-Gänge-Abendmenü muss einen Tag im Voraus bestellt werden). Zum Zeitpunkt der Recherche befand sich die Lodge gerade im Wiederaufbau; wenn Sie dies lesen, sollte sie brandneu sein. ❸

Konini Lodge, Dawson Falls, 💻 www.doc.govt.nz. Eine Art riesige, vom DOC betriebene Berghütte mit 38 Betten in 3er- und 8er-Zimmern, warmen Duschen und Küche mit Kochgelegenheiten und Kühlschränken. Schlafsack, Handtuch, Proviant sowie Kochutensilien mitbringen. Nach dem Essen spülen! ❶

SONSTIGES

Guides

Mehrere Guides bieten Waldwanderungen, Gipfeltouren und weitere, technisch anspruchsvollere Unternehmungen an. Im Sommer nimmt ein Führer normalerweise bis zu zehn Personen auf Wanderungen oder Gipfelbesteigungen, Felsklettertouren usw. mit, im Winter dagegen meist nur zwei. Die Preise liegen bei etwa $120 p. P. für einen halben Tag (mind 4 Pers.). Ein zuverlässiger Anbieter, dessen Touren durchaus zu empfehlen sind, ist **Wild Taranaki**, 💻 www.wildtaranaki.co.nz.

Informationen

North Egmont Visitor Centre, am Ende der Egmont Rd, 💻 www.doc.govt.nz. Wichtigstes Infozentrum im Park mit Ausstellungen zum Berg, Karten aller Wege, schönen Aussichtsfenstern, Wettervorhersagen und einem recht guten Café. 🕒 tgl. 9–16 Uhr.

TRANSPORT

Taranki Tours, 💻 www.taranakitours.com, bietet Shuttlebusse von/nach New Plymouth und veranstaltet geführte Touren und Wanderungen.

Stratford

Etwa auf halber Strecke zwischen New Plymouth und Hawera liegt **Stratford**, der östliche Zugang zu den Hängen des Taranaki, insbesondere nach East Egmont und Dawson Falls. Wer zur zentralen Nordinsel unterwegs ist, findet hier den Ausgangspunkt des malerischen Forgotten World Highway (s. Kasten S. 385). Die Hauptsehenswürdigkeit des Orts ist sein kitschiger pseudo-elisabethanischer **Uhrenturm**, der 1996 gebaut wurde. Um 10, 13, 15 und 19 Uhr erscheinen lebensgroße Romeo-und-Julia-Figuren, dazu erklingen Shakespeare-Zitate. Alle Straßen sind nach Figuren aus Shakespeare-Stücken benannt. In einem Gässchen gegenüber dem Uhrenturm befindet sich das **i-SITE Visitor Centre**, Prospero Place, 💻 www.stratford.govt.nz. 🕒 Mo–Fr 8.30–17, Sa und So 10–15 Uhr.

Eastern Taranaki Experience, 💻 www.eastern-taranaki.co.nz, befördert Besucher per **Allradfahrzeug** zum Berg.

SH45: der Surf Highway

Die beste Route um die Taranaki-Halbinsel ist der **Surf Highway** (SH45) zwischen New Plymouth und Hawera. Er verläuft größtenteils etwa 3 km vor der Küste, wobei immer wieder kleine Stichstraßen zu winzigen, unbewohnten Buchten abzweigen. Die Strecke ist zwar nur rund 100 km lang, kann aber mit Abstechern zu den hübschen Stränden gut einen halben Tag in Anspruch nehmen. Wer auf den verlässlichen Wellen reiten will, sollte noch mehr Zeit einplanen.

Auch die Bedingungen zum **Windsurfen** und **Kiteboarden** sind gut, denn hier weht fast beständig auflandiger Wind. Surfstrände gibt es viele; die dazugehörige Infrastruktur findet sich hauptsächlich in **Oakura** und im ruhigeren **Opunake**. Zwischen den beiden Ortschaften liegt **Cape Egmont** mit seinem malerischen Leuchtturm.

Oakura

Der Ort 17 km entfernt von New Plymouth ist im Grunde ein Pendlervorort der Provinzhauptstadt, hat sich aber dank der Surfer und einiger flippiger **Kunsthandwerksläden** und **Cafés** am SH45 einen Hauch von Gegenkultur bewahrt. Oakura hat kein Visitor Centre, aber die Bibliothek in der 16 Donnelly St, ✆ 06 759 6060, kann mit Auskünften aushelfen. ⌚ Mo, Mi und Fr 12–18, Di, Do und Sa 9–13 Uhr. Unterricht im Stand-up-Paddleboarding gibt's bei Vertigo, 605 Main St, 💻 www.vertigosurf.com, für ab $65/Std.; außerdem Ausrüstungsverleih. Ausrüstung verleiht außerdem die Opunake Surf Co (Dreamtime Surf), Havelock St, Ecke Tasman St, 💻 www.dreamtimesurf.co.nz.

ÜBERNACHTUNG UND ESSEN

Ahu Ahu Beach Villas, 321 Ahu Ahu Rd, 💻 www.ahu.co.nz. 4 luxuriöse, wunderschöne Villen für Selbstversorger auf einer Anhöhe am Ozean gelegen, errichtet aus französischen Tonfliesen, Kaibohlen und recycelten Baumaterialien. In den 3 Villen können bis zu 4 Pers. unterkommen und im Studio 2 Pers. Von allen hat man Blick auf das Meer. In der neuen Oraukawa Lodge gibt es 2 Zimmer und 2 Badezimmer sowie Meerblick. ❸

Butlers Reef, 1133 South Rd (SH45), 💻 www.butlersreef.co.nz. Dieser quirlige Pub ist das Herz des Nachtlebens von Oakura, mit herzhaften Mahlzeiten wie Fisch im Bierteigmantel mit Pommes und verschiedenen Burgern, regelmäßigen Events und im Sommer jeder Menge Konzerten. Auch Getränkeladen mit Bier und Wein. ⌚ tgl. 11–22 Uhr. $$

Oakura Beach Holiday Park, 2 Jans Terrace, 💻 www.oakurabeach.com. Perfekt gelegener Platz mit alternden, aber immer noch guten Übernachtungsmöglichkeiten. Einige Zeltstellplätze sind nur zwei Schritte von dem schwarzsandigen Strand entfernt, und es gibt Cabins auf einer kleinen Anhöhe mit atemberaubenden Blicken auf die Bucht. Camping pro Stellplatz ❶, Cabins ❷

Cape Egmont und Opunake

Bei Pungarehu, 25 km südwestlich von Oakura, zweigt die Cape Road 5 km nach Westen ab und führt zum gusseisernen Turm des **Cape Egmont Lighthouse**. Der Leuchtturm wurde 1877 von der nördlich von Wellington gelegenen Insel Mana hierher verfrachtet und steht auf einer Anhöhe am westlichsten Punkt des Kaps an der vom Wind gepeitschten Küste Taranakis. Mit dem schneebedeckten Berg als Kulisse ist dies besonders bei Sonnenuntergang ein herrliches Fleckchen Erde.

Opunake, rund 20 km südlich vom Cape Egmont, ist ein großes Dorf mit schönem Sandstrand. Außer schwimmen, surfen und angeln gibt es hier nicht viel zu tun. Im Sommer ist der Strand bewacht (Jan tgl. 10–18, Feb und März Sa und So 10–17 Uhr), an mehreren Stellen wird Surfequipment verliehen, außerdem kann man hier Surfunterricht nehmen.

ÜBERNACHTUNG UND ESSEN

Opunake Beach Holiday Park, Beach Rd, 💻 www.opunakebeachnz.co.nz. Ein freundlicher Platz mit einem goldenen Strand mit guter Brandung fast direkt vor der Haustür sowie mit einfachen Cabins. Camping pro Stellplatz ❶, Cabins ❷

Sugar Juice Café, 42 Tasman St, ✆ 06 761 7062. Das bunt eingerichtete Café bietet mit viel Sorgfalt zubereitete Speisen, z. B. stattliche Frühstücksportionen wie Wiesenchampignons, Spinat, Frühstücksspeck und Ei sowie Thekenkost alter Schule (Quiche, Wurstbrötchen, Kuchen usw.) und große Pizzas. Mit Alkoholausschank. $

Hawera

Die im Osten und Westen um den Taranaki führenden Routen treffen sich in **Hawera**, das von

ZENTRALE NORDINSEL

sanft-hügeligem Weideland umgeben ist. Hawera dient in erster Linie als Versorgungs- und Verwaltungszentrum für die Farmer der Gegend und ist Standort der größten **Molkerei** der Welt, gleich südlich der Stadt. Hier werden 20 % der neuseeländischen Milchproduktion verarbeitet. Die Milch stammt größtenteils von Kühen, die auf Taranakis fruchtbaren Vulkanböden weiden, wird aber auch per Eisenbahn aus anderen Regionen der Nordinsel angeliefert.

Das Wahrzeichen der Stadt ist der alte **Hawera Water Tower**, 55 High St, ein 54 m hoher Betonbau von 1914, der eine famose Aussicht über South Taranaki eröffnet – im i-SITE nach dem Schlüssel fragen! ◷ Mo–Fr 8.30–17.15, Sa und So 10–15 Uhr.

Morrieson's Café and Bar

58 Victoria St ▪ ◷ tgl. 11–21 Uhr oder später

Ronald Hugh Morrieson, einer der bekanntesten Autoren Neuseelands, verbrachte sein ganzes Leben in Hawera. Er schrieb amüsante Schauerromane über das Kleinstadtleben, liebte Jazz und genehmigte sich gern den einen oder anderen Drink. Sein einziges – aber sehr passendes – Denkmal ist **Morrieson's Café and Bar**. Morriesons altes Wohnhaus musste für ein KFC Platz machen, aber der Kamin und die Treppe wurden hierher verfrachtet. Die Tischplatten bestehen aus Holz, das aus dem Haus gerettet wurde. Einige seiner Bücher sind auf dem Kaminsims aufgestapelt, und auf der Theke findet sich eine kurze Biografie des Schriftstellers.

Tawhiti Museum and Bush Railway

401 Ohangai Rd, 4 km nordöstlich von Hawera ▪ **Museum** ◷ 2. Weihnachtsfeiertag–Jan tgl. 10–16, Jan–Mai Fr–Mo 10–16, Juni–Aug So 10–16 Uhr, Eintritt ▪ **Bush Railway** ◷ 1. So des Monats plus die meisten Feiertage; in den Schulferien jeden So, Eintritt ▪ 🖳 www.tawhitimuseum.co.nz

Das faszinierende **Tawhiti Museum and Bush Railway** beleuchtet das gesellschaftliche und technische Erbe der Maori und Pakeha der Region mit zahlreichen lebensgroßen Figuren, für die Einheimische Modell standen. Weitere Highlights sind das Diorama, das mit 800 Miniaturfiguren die sogenannten Musketenkriege der 1820er-Jahre nachstellt, eine außergewöhnliche Schilderung der Landkriege der 1860er-Jahre aus dem Blickwinkel eines britischen Deserteurs und die kleine **Bush Railway**, die 1 km weit durch eine Ausstellung über die Geschichte der Holzwirtschaft von Taranaki zuckelt. Zum Museum gehört auch ein gutes Café, Mr Badger's.

ÜBERNACHTUNG UND ESSEN

The Burnt Place, 191 High St, 🖳 www.theburntplace.co.nz. Lassen Sie sich nicht vom Namen täuschen – der Koch ist exquisit in diesem lebhaften Lokal, das mit seinem industriell-schicken Dekor den passenden Rahmen für hervorragende Grill-Kebabs, Rinderrippchen, Halloumi-Pommes und mehr angibt. $$

Marracbo, die Gasse bei 172 High St entlang, 🖳 www.facebook.com/marracbocafe19. Das beste Café der Stadt wartet mit Frühstücksgerichten, Kuchen und Gebäck und substanzielleren Hauptgerichten auf. $

Tairoa Lodge, 3 Pouawai St, 🖳 www.tairoa-lodge.co.nz. B&B in wunderbarem 2-stöckigem Haus von 1875 mit Pool auf einem schönen Grundstück am Stadtrand. 3 geschmackvoll eingerichtete Zimmer mit Bad im Haupthaus, 2 Selbstversorger-Cottages für 4 Pers. und das modernere Gatehouse mit 3 Schlafzimmern. ❸

INFORMATIONEN

i-SITE Visitor Centre, 55 High St, am Fuß des Wasserturms, 🖳 www.southtaranaki.com. ◷ Mo–Fr 8.30–17, Sa und So 10–15 Uhr.

TRANSPORT

InterCity-Busse halten alle am i-SITE. **Busse** nach NEW PLYMOUTH (1x tgl., 1 1/4 Std.) und WHANGANUI (1x tgl., 1 1/4 Std.).

Patea

Hinter Hawera verläuft der SH3 durch Agrarland und mitten durch **Patea**, den einzigen größeren Ort zwischen Hawera und Whanganui.

Am westlichen Ende seiner Hauptstraße erinnert ein Modell des *Aotea-Kanus* an die Besiedlung der Gegend durch Turi und sein *hapu*. Patea hat einen guten **Surfstrand** an der Mündung des Patea River (nicht baden!) und einen sicheren **Süßwasser-Badetümpel** unterhalb der Manawapou-Befestigungsreste und des *pa*-Geländes.

Museum of South Taranaki

127 Egmont St ▪ tgl. 10–16 Uhr ▪ Eintritt gegen Spende ▪ www.museumofsouthtaranaki.wordpress.com

Das **Museum of South Taranaki**, Aotea Utanganui auf Maori, erzählt die Geschichte der Stadt und seines Schlachthofs, der 1982 geschlossen wurde. Interessant sind die **Waitore-Artefakte**, Holzwerkzeuge und Schnitzereien aus dem frühen 15. Jh., die zwischen 1968 und 1978 in einem Sumpf in der Umgebung gefunden wurden.

Bushy Park

791 Rangitatau East Rd, 47 km östlich von Patea, 16 km nordwestlich von Whanganui ▪ Okt–März Mo–Fr 10–15, Sa und So 10–17, April–Sep Sa und So 11–16 Uhr ▪ Eintritt ▪ www.bushyparksanctuary.org.nz

Eine gut ausgeschilderte Seitenstraße führt vom SH3 8 km ostwärts nach **Bushy Park**, einer reizenden historischen Farm in einer Waldlandschaft voller Wanderwege. Das von einem 5 km langen Zaun umgebene Gelände bietet als offizielles **Vogelschutzgebiet** u. a. Langbeinschnäppern, Neuseeland-Kuckuckskäuzen, Lappenstaren, Schwärmen von Maorifruchttauben und Nördlichen Streifenkiwis Zuflucht.

Whanganui National Park

Auf seinem Weg von den Hängen des Mount Tongariro im Norden bis zu seiner Mündung in die Tasmansee bei Whanganui durchströmt der smaragdgrüne **Whanganui River** den **Whanganui National Park**, ein riesiges, kaum bewohntes und unwegsames Waldland östlich von Taranaki. Der Park ist von einem der größten **Tieflandwälder** der Nordinsel bedeckt, der auf einem Bett aus weichem Sandstein und Schiefergestein steht, das im Laufe der Zeit zu tiefen Schluchten, spitzen Bergrücken, glatten Felsen und Wasserfällen erodierte.

Unter dem Dach der Südbuchen und breitblättrigen Podocarpen (Steineibengewächse) wächst ein unteres „Stockwerk" aus Baumfarnen und Kletterpflanzen, das sich vielerorts bis ans Flussufer erstreckt. Die überaus reiche und lautstarke **Vogelwelt** ist mit Maorifruchttaube, Graufächerschwanz, Tui, Langbeinschnäpper, Riroriro *(Gerygone igata)*, Maorischnäpper und Streifenkiwi vertreten.

Der Whanganui National Park lässt sich am besten auf einer mehrtägigen **Kanutour** durch die Wildnis erkunden, wobei auf Campingplätzen am Fluss übernachtet wird. Die Kanutrips enden meist in der kleinen Siedlung **Pipiriki**, von wo aus Jetbootbetreiber Touren weiter flussaufwärts zur **Bridge to Nowhere** anbieten.

Wer nicht an einer Flusstour teilnimmt, kann stattdessen die Straßen am Rande des Nationalparks abfahren. Der Forgotten World Highway (SH43) streift den Park im Nordwesten, doch nur die gewundene **Whanganui River Road** führt längere Zeit am Fluss entlang.

Geschichte

Der Whanganui ist mit 329 km der längste schiffbare Fluss Neuseelands. Er spielt eine bedeutende Rolle im Leben der hiesigen **Maori**, die glauben, dass an jeder Biegung des Flusses ein *kaitiaki* (Wächter) über die *mauri* (Lebenskraft) wacht. Das *mana* der alten Ufersiedlungen hing von einer gesicherten Nahrungsversorgung und der Pflege des eigenen Lebensraums ab: An den Ufern wurden geschützte Terrassen kultiviert, im Fluss legte man raffiniert konstruierte Fischreusen zum Fang von Aalen und Neunaugen aus.

In den 1840er-Jahren trafen die ersten europäischen **Missionare** ein. Als Nächste kamen die **Händler**, und ab 1891 beförderten regelmäßige Schiffsverbindungen Passagiere und Fracht zu den Siedlern in Pipiriki und Taumarunui. Anfang des 20. Jhs. schipperten Schaufelraddamp-

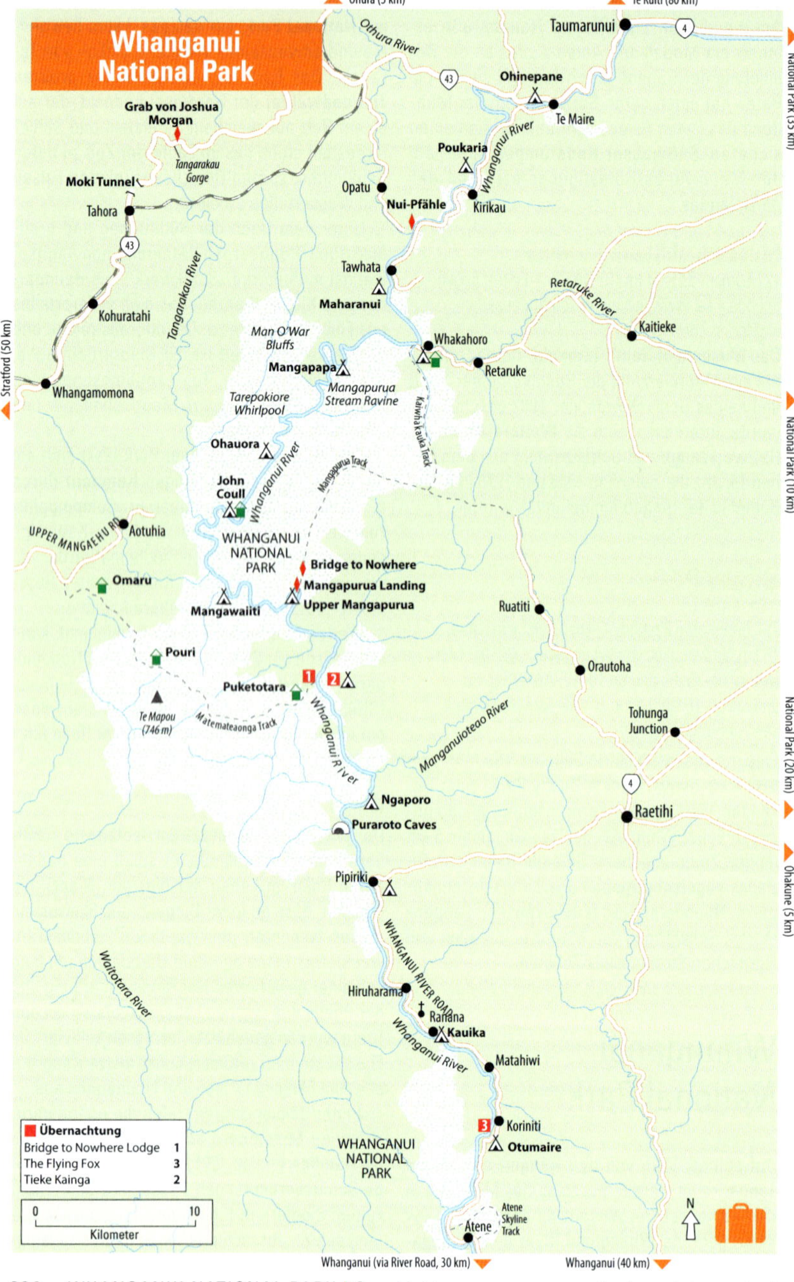

Whanganui National Park
Ohura (5 km)
Te Kuiti (80 km)
Othura River
Taumarunui
Ohinepane
Te Maire
Grab von Joshua Morgan
Tangarakau Gorge
Moki Tunnel
Poukaria
Whanganui River
Opatu
Nui-Pfähle
Kirikau
Tahora
Tawhata
Maharanui
Tangarakau River
Kohuratahi
Retaruke River
Kaitieke
Man O'War Bluffs
Whakahoro
Mangapapa
Retaruke
Stratford (50 km)
Whangamomona
Mangapurua Stream Ravine
Tarepokiore Whirlpool
Kaiwhakauka Track
National Park (35 km)
National Park (10 km)
Ohauora
Mangapurua Track
John Coull
UPPER MANGAEHU RD
Aotuhia
WHANGANUI NATIONAL PARK
Bridge to Nowhere
Omaru
Mangapurua Landing
Upper Mangapurua
Mangawaiiti
Ruatiti
Pouri
Orautoha
Puketotara
Te Mapou (746 m)
Matemateaonga Track
Manganuioteao River
Tohunga Junction
National Park (20 km)
Ngaporo
Raetihi
Puraroto Caves
Pipiriki
Ohakune (5 km)
WHANGANUI RIVER ROAD
Waitotara River
Hiruharama
Ranana
Kauika
Matahiwi
Koriniti
Otumaire
WHANGANUI NATIONAL PARK
Übernachtung
Bridge to Nowhere Lodge 1
The Flying Fox 3
Tieke Kainga 2
0 10 Kilometer
Atene Skyline Track
Atene
N
Whanganui (via River Road, 30 km)
Whanganui (40 km)
ZENTRALE NORDINSEL

fer **Touristen** zu vornehmen Hotels, die auf dem Weg zur Zentralregion der Nordinsel lagen.

Die Bemühungen der Europäer, dieser wilden Landschaft ihren Stempel aufzudrücken, standen oft unter einem schlechten Stern. 1917 wurde das **Mangapurua Valley** im Herzen des Parks für eine Besiedlung durch Soldaten erschlossen, die im Ersten Weltkrieg gekämpft hatten, doch schon in den 1930er-Jahren hatten viele davon ihre Farmen wegen wirtschaftlicher Schwierigkeiten und der abgeschiedenen Lage wieder aufgegeben.

1936 wurde eine Betonbrücke über das Mangapurua Valley eröffnet, doch nach einer schweren Überschwemmung im Jahr 1942 sperrte man die Brücke, siedelte die drei verbliebenen Familien um und erklärte das Tal offiziell für geschlossen. Heute sind die einzigen Spuren der früheren Besiedlung die Reste der Landstraße, ein paar alte Zäune, Grüppchen exotischer Bäume, die von den Farmern angepflanzt wurden, vereinzelte Ziegelschornsteine und die **Bridge to Nowhere**.

Die wiedergewonnene Einsamkeit zog Einsiedler und Visionäre an. Der berühmteste von ihnen war der Dichter **James K. Baxter** (S. 397). Auf dem Whanganui wurde übrigens der Film *River Queen* (2005) von Vincent Ward gedreht.

Touren auf dem Whanganui River

Kanus, Kajaks und Jetboote sind auf dem Fluss unterwegs und ermöglichen jedem Touristen eine maßgeschneiderte Tour. Der Fluss hat größtenteils den Schwierigkeitsgrad I (unterbrochen von ein paar Stromschnellen mit Schwierigkeitsgrad II) und eignet sich daher hervorragend für Kanuten mit wenig oder gar keiner Erfahrung. Dennoch darf der Fluss nicht unterschätzt werden; vor Antritt der Tour sollte man sich bei den Bootsverleihern nach eventuellen gefährlichen Strömungen erkundigen.

Der Fluss ist das ganze Jahr über befahrbar, doch die **Paddelsaison** geht von Oktober bis April. Während dieser Zeit benötigen alle, die am Fluss nächtigen wollen, ein **Great Walks Ticket**.

Die beste **Informationsquelle** für Flusstouren ist die kostenlose Broschüre *Whanganui Journey*, erhältlich bei den Visitor Centres und DOC-Büros in Taumarunui oder Whanganui sowie online auf www.doc.govt.nz.

Da es am Fluss keine Geschäfte gibt, muss sämtliche **Verpflegung** mitgeführt werden. Die nächsten großen Supermärkte befinden sich in Taumarunui und Whanganui.

Von Taumarunui nach Whakahoro

Der schiffbare Abschnitt des Whanganui beginnt an der Cherry-Grove-Anlegestelle in **Taumarunui**. Von dort sind es zwei Paddeltage nach **Whakahoro**, im Grunde nur eine DOC-Hütte mit Bootsrampe am Ende einer 45 km langen (größtenteils geschotterten) Straße, die vom SH4 Richtung Westen abzweigt. Zwischen diesen beiden Punkten windet sich der Fluss zum Teil durch Farmland mit ein paar Straßen in der Nähe, wobei einige größere Stromschnellen zu bewältigen sind als weiter flussabwärts.

Mehrere Kilometer südwestlich von Cherry Grove befindet sich am Fluss eine ehemalige Basis der Hauhau mit zwei *nui*-Pfählen. 1862 errichteten die Hauhau hier einen Kriegspfahl, **Rongo-nui**, dessen vier Arme in alle vier Himmelsrichtungen zeigen, um die Krieger aus sämtlichen Landesteilen zu den Waffen zu rufen. Nach Beilegung des Konflikts wurde ganz in der Nähe des Kriegspfahls ein Friedenspfahl, **Rerekore**, aufgestellt.

Von Whakahoro nach Pipiriki

Die meisten Leute brauchen drei Tage für die Strecke von Whakahoro nach Pipiriki. Unterwegs passiert man die Schlucht **Mangapapa Stream Ravine**, den angeblich an ein altes, eisernes Schlachtschiff erinnernden Felsvorsprung **Man-o-War Bluff** und den **Tarepokiore Whirlpool**, einen Strudel, der einst einen ganzen Flussdampfer um seine Achse wirbelte.

Von Mangapurua Landing führt eine leichte Wanderung zur **Bridge to Nowhere** (1 1/4 Std.

hin und zurück). Dieser Weg geht in den Mangapurua Track über.

Noch weiter flussabwärts folgt das **Tieke Kainga** (alias Tieke Marae), eine ehemalige DOC-Hütte (s. u.) auf dem Gelände eines uralten *pa*, das von den hier heimischen Maori wieder in Besitz genommen wurde. Man kann in Hütten übernachten oder campen, ebenso wie in der **Bridge to Nowhere Lodge** (s. „Übernachtung") auf der anderen Seite des Flusses, die sich als ausgezeichnete Basis für Aktivitäten auf dem Fluss anbietet. Der letzte Abschnitt der Tour verläuft an den Höhlen **Puraroto Caves** vorbei nach **Pipiriki**, wo die meisten Kanuten die Fahrt beenden.

ÜBERNACHTUNG

Kanuten auf dem Whanganui River übernachten in Hütten oder auf Campingplätzen am Fluss. Im Sommer (Okt–April) benötigt man dafür ein **Great Walks Ticket**; dieses ist online erhältlich (wo man auch die Verfügbarkeit von Hütten- und Zeltplätzen nachsehen kann, 💻 www.doc.govt.nz) sowie für eine kleine Gebühr in DOC-Büros und i-SITEs. Der Preis hängt von der Zahl der gebuchten Unterkünfte ab; Personen unter 18 Jahren nächtigen gratis. Im Winter sind Hüttenpässe gültig. Viele Veranstalter bieten Pakete mit Kanuverleih, Transfers und Übernachtung, in denen auch das Great Walk Ticket enthalten ist. ❷

Bridge to Nowhere Lodge, 20 km flussaufwärts von Pipiriki, 💻 www.bridgetonowhere.co.nz; Karte S. 394. Die nur per Fluss erreichbare und einzige komfortable Unterkunft am Fluss bietet einfache Dorms, DZ und 2-Bettzimmer, alle mit Gemeinschaftsbad. Gäste haben die Wahl zwischen Selbstversorgung (allen Proviant mitbringen) oder Halbpension mit Übernachtung, Frühstück und Abendessen. Es gibt auch eine Bar. Für Nicht-Kanuten gibt es ein Pauschalangebot mit Jetboottransfer von und nach Pipiriki (je 30 Min.), einem Ausflug zur Bridge to Nowhere, Übernachtung und Mahlzeiten. Leute mit Pauschalarrangements haben Vorrang bei der Vergabe der DZ. Dorms ❶, DZ ❷

Tieke Kainga, 20 km flussaufwärts von Pipiriki, 💻 www.doc.govt.nz; Karte S. 394. Zwanglose ehemalige DOC-Hütte am anderen Flussufer, wo man gegen eine kleine Spende in großen Hütten übernachten oder auf Terrassen am Fluss zelten kann. Alkohol ist auf dem Gelände nicht erlaubt. Falls zufällig einer der Maori-Hausmeister zugegen ist, kann daraus ein zwangloses kulturelles Erlebnis werden. Nur von Oktober bis April muss man hier fürs Übernachten bezahlen – und außerdem reservieren; im restlichen Jahr ist die Übernachtung hier kostenlos. Dorms ❶

TOUREN

Bridge to Nowhere, Pipiriki, 💻 www.bridgetonowhere.co.nz. Beliebte und regelmäßig stattfindende Jetboottouren ab Pipiriki, vor allem zur Bridge of Nowhere (4–4 1/2 Std.). Sehr gut ist auch die Möglichkeit, die letzten 10 km flussabwärts bis Pipiriki in 1 oder 2 Std. mit dem Kanu zurückzupaddeln. Auch Mountainbiking auf dem Mangapurua ist im Angebot.

Maori Blazing Paddles, 985 SH4, 10 km südlich von Taumarunui, 💻 www.blazingpaddles.co.nz. Preisgünstige Kanu- und Kajaktouren; im Preis inbegriffen sind die Transfers, nicht jedoch die Unterkunft. Von 1 Std. bis zu 5 Tagen.

Whanganui Scenic Experience, 1195 Whanganui River Rd, 💻 www.whanganuiscenicjet.com. Diverse Jetboot- und Kanutouren, z. B. ein 8-stündiger Ausflug zur Bridge of Nowhere. Auch Kanuverleih.

Yeti Tours, 3 Burns St, Ohakune, 💻 www.yetitours.co.nz. Geführte Flusspaddeltouren ab Ohakune, Dauer 2–6 Tage, inkl. Transfer zu Startpunkten. Vermietet auch Ausrüstung für unbegleitete Trips (Kanus/Kajaks für 2 Tage, Campingausrüstung ebenfalls erhältlich) und gibt jede Menge Tipps.

Whanganui River Road

Die südlichen Ausläufer des Nationalparks sind von dem kleinen Ort Raetihi am SH4 nahe Ohakune oder von Whanganui (S. 398) aus über die **Whanganui River Road** zu erreichen. Die Straße führt am östlichen Flussufer entlang von **Pipiriki**

79 km flussabwärts bis nach **Upokongaro**, in unmittelbarer Nähe von Whanganui. Die gewundene Straße ist erst seit 2014 durchgehend asphaltiert und nimmt selbst bei besten Bedingungen mindestens zwei Stunden in Anspruch.

Die 1934 eröffnete Landstraße schlängelt sich zwischen Fluss, Weideland und den stark bewaldeten Ausläufern des Whanganui National Park dahin und bildet die Versorgungsader für die rund 400 Bewohner der Gegend. Es gibt so gut wie keine **Versorgungseinrichtungen** an der Strecke, d. h. keine Geschäfte, Kneipen oder Tankstellen und nur ganz wenige Übernachtungsmöglichkeiten. Wer die Straße nicht selbst befahren mag, kann sich einer Bustour von Whanganui aus anschließen. Eine genaue Beschreibung der Straße findet sich in der kostenlosen, in i-SITE- und DOC-Filialen sowie auf 💻 www.discoverwhanganui.nz erhältlichen Broschüre *Whanganui River Road*, mit Sehenswürdigkeiten und den dazugehörigen Entfernungen von Whanganui.

Whanganui River Road Mail Tour

Wenn die Zeit nicht reicht, ein paar Tage durch den Whanganui National Park zu paddeln, bleibt als nette Alternative eine **Whanganui River Road Mail Tour**, 💻 www.whanganuitours.co.nz/mail-run. Es handelt sich um einen echten Postzustelldienst, der bei den Häusern der Postempfänger an der Strecke, aber auch an touristisch interessanten Stellen anhält. Da die Tour täglich früh startet (die Teilnehmer können nach Vereinbarung von Unterkünften in Whanganui abgeholt werden) und u. U. bis zum Spätnachmittag dauert, sollten die Teilnehmer sich entweder Proviant mitbringen oder das angebotene Mittagessen bestellen, denn unterwegs gibt es nirgends Stärkung zu kaufen.

Außerdem werden Kanutouren ab Pipiriki, ein Shuttleservice für Wanderer und Jetboottouren angeboten.

Pipiriki

Die südlichen Ausläufer des Whanganui National Park erreicht man von Raetihi über die kurvenreiche, 27 km lange Straße nach Pipiriki am Whanganui River. Das winzige **Pipiriki**, 76 km nördlich von Whanganui, ist der Endpunkt von Kanutrips und der Abfahrtsort für Jetbootfahrten flussaufwärts. Einige Anbieter unterhalten Snackbars, die geöffnet sind, wenn genug Leute vor Ort sind.

Hiruharama

13 km südlich von Pipiriki und 64 km nördlich von Whanganui liegt Hiruharama (Maori für „Jerusalem"), ehemals ein Maori-Dorf mit katholischer Mission. Heute ist Hiruharama vor allem als der Ort bekannt, an dem die **Kommune von James K. Baxter** Anfang der 1970er-Jahre ihre kurze Blütezeit erlebte. Neben Baxter, einem der berühmtesten (und berüchtigtsten) Dichter Neuseelands, ließen sich Hunderte seiner Anhänger in dieser Gegend nieder. Baxter konvertierte zum katholischen Glauben, war aber gleichzeitig ein überzeugter Verfechter der freien Liebe auf seiner Suche nach dem „Neuen Jerusalem". Er war der religiöse Führer einer Anhängerschar, die sich als *nga moki* („die Vaterlosen") bezeichnete und sich nach seinem Tod im Jahr 1972 schnell auflöste.

Moutoa Island und Ranana

Moutoa Island, 59 km nördlich von Whanganui, war 1854 Schauplatz einer erbitterten Schlacht, bei der die Maori vom Unterlauf des Flusses die aufständischen Hauhau-Krieger besiegten und damit sowohl das *mana* des Flusses als auch das Leben der flussabwärts in Whanganui lebenden europäischen Siedler retteten. 1 km weiter liegt die winzige Ortschaft **Ranana** (engl. London) mit einer katholischen Missionskirche, in der auch heute noch Messen abgehalten werden.

Koriniti

Die einzige nennenswerte Siedlung an diesem Abschnitt der River Road ist **Koriniti**, 45 km nördlich von Whanganui. Der Ort hat eine reizende kleine Kirche und drei traditionelle Maori-Gebäude (alle in derselben Nebenstraße); am interessantesten ist das Versammlungshaus aus den 1920er-Jahren. Es handelt sich um eine private Siedlung. Besucher können die Kirche betreten, sollten sich aber ansonsten mit dem Blick von der Straße begnügen, sofern sie nicht ausdrücklich eingeladen werden. Angemessen ist eine Spende von $2 oder $3.

ÜBERNACHTUNG

Karte S. 394

The Flying Fox, Koriniti, www.theflyingfox.co.nz. Dieses wunderbar abgelegene, romantische Refugium ist per Boot oder mit einer rustikalen Seilbahn zu erreichen (unbedingt reservieren). Eine Reihe fantasievoller, aus Fundstücken und recycelten Baumaterialien errichteter Unterkünfte bringt den Gästen das Outdoor-Leben zwischen Biogärten und Wald nahe. Mit Holz beheizte Wald-Badewannen, Solarduschen und geruchlose Komposttoiletten tragen zur besonderen Atmosphäre bei. Das James K Cottage für 5 Pers., das Brewhouse für 3 Pers., der einem Zigeunerwagen nachempfundene Glory Cart und der Wohnwagen Blackberry Patch sind mit Einrichtungen für Selbstversorger und einer tollen Sammlung von Büchern, Vinyl-LPs und CDs ausgestattet. Außerdem besteht auch die Möglichkeit zu campen. Camping ❶, Brewers Cottage und James K ❸

ZENTRALE NORDINSEL

Atene und die Oyster Shell Cliffs

Atene 35 km nördlich von Whanganui ▪ Oyster Shell Cliffs 8 km südlich von Atene

Der **Atene Viewpoint Walk** (5 km hin und zurück, 2 Std., 100 m Anstieg) bietet wunderbare Aussichten auf den Berg Puketapu, der einst eine vom Whanganui umflossene Halbinsel war. Der Flussschiffer Alexander Hatrick sah eine Möglichkeit, auf seinen Fahrten Zeit zu sparen, indem er sich eine „Abkürzung" durch die Landbrücke schuf, sodass die Flussschleife um den Berg herum schließlich austrocknete.

Der Viewpoint Walk ist der erste Abschnitt des **Atene Skyline Track** (18 km Rundwanderung, 6–8 Std.), der im weiten Bogen einem sanft ansteigenden Höhenrücken folgt und zuletzt 2 km an der Straße entlang zum Startpunkt zurückführt. Weiter flussabwärts säumen die **Oyster Shell Cliffs** die Straße, steile Felswände mit eingebetteten Resten von Austernschalen.

Aramoana

17 km nordwestlich von Whanganui

Bald darauf schraubt sich die Straße zum **Aramoana Lookout** hinauf, der einen letzten Blick auf den Fluss in der Tiefe gewährt. An klaren Tagen kann man bis zum Mount Ruapehu am nordöstlichen Horizont schauen. Von dem Punkt, an dem die River Road auf den SH4 stößt, sind es noch 14 km bis nach Whanganui.

Whanganui

Whanganui hat einen gewissen altmodischen Charme, eine Gemächlichkeit, die gut zu seinem träge dahinströmenden Fluss passt. Die Stadt am Ufer des **Whanganui River** gehört zu den ältesten in Neuseeland und wurde dank ihrer Verbindungen ins Landesinnere sowie der Küstenanbindung an die Häfen von Wellington und New Plymouth zum Zentrum des frühen Handels mit Europa. Der Flussverkehr ist schon lange stillgelegt, und der Hafen von Whanganui ist nur noch ein Schatten vergangener Tage. Die 43 000 Einwohner zählende Stadt wirkt größer, als sie eigentlich ist – es gibt sogar eine kleine Oper. Dank niedriger Lebenshaltungskosten ist hier eine blühende Künstlergemeinde entstanden, und man kann hier gut etwas Zeit verbringen.

Das kulturelle Herz der Stadt schlägt rund um den Pukenamu, einen grasbewachsenen Hügel, der 1832 Schauplatz des letzten Stammeskrieges von Whanganui war. Auf dem Gelände, das heute **Queen's Park** heißt, stehen drei der bedeutendsten Gebäude der Stadt.

Geschichte

Als in den 1830er-Jahren die ersten Europäer in der Gegend eintrafen, kam es schon sehr bald zu **Landstreitigkeiten** mit der ansässigen Maori-Bevölkerung. Transaktionen, die von den Maori als ritueller Austausch von Geschenken gewertet wurden, betrachtete die New Zealand Company als erfolgreichen Abschluss des Erwerbs von Whanganui und größerer Landstriche in der Umgebung. Ungeachtet dieses Missverständnisses ging die Besiedlung stetig weiter. Zu offenen Feindseligkeiten kam es erst mit dem

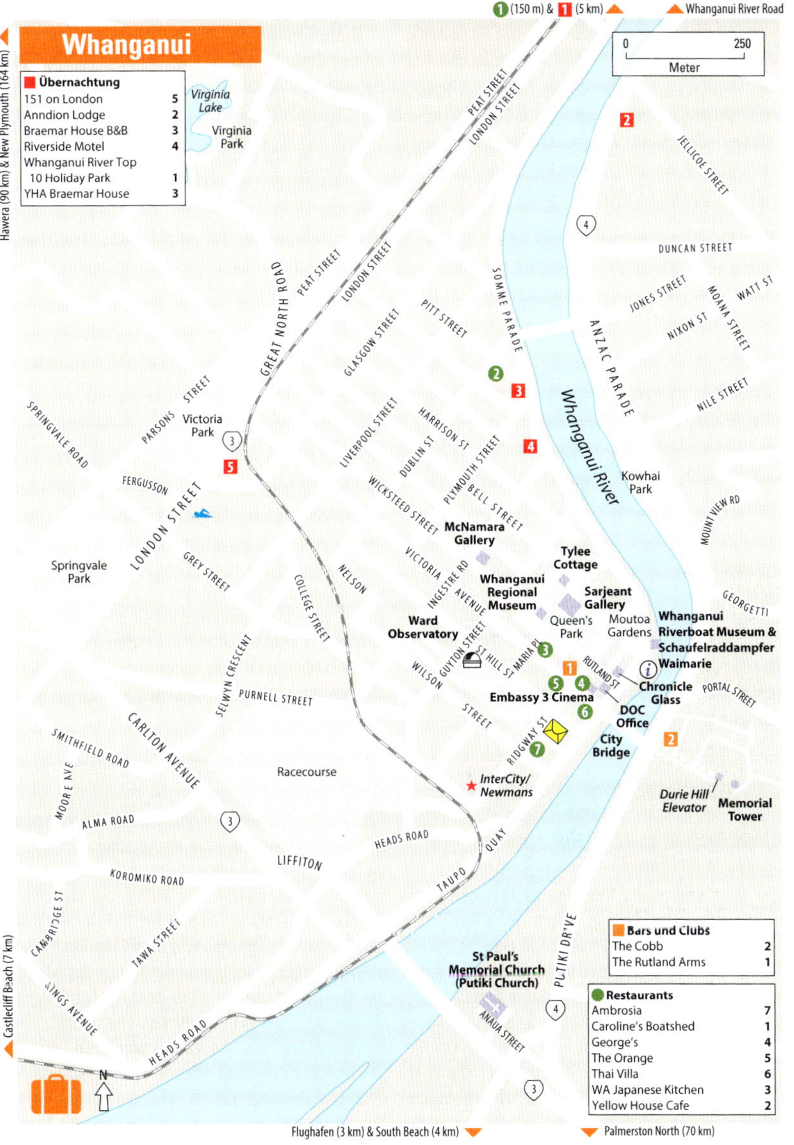

Gilfillan-Massaker im Jahr 1847. Nachdem ein Maori versehentlich verletzt worden war, übten seine Stammesgenossen *utu* (Vergeltung), indem sie vier Mitglieder der Familie Gilfillan töteten.

Weitere gewalttätige Zwischenfälle kulminierten schließlich in der **Schlacht von St John's Hill**, die allerdings zu keiner Entscheidung führte. Im darauffolgenden Jahr wurden die Strei-

Wanganui oder Whanganui?

Im Gegensatz zum Whanganui National Park und Whanganui River wurde die Stadt Whanganui lange ohne „h" geschrieben. Die Aussprache ist in beiden Fällen dieselbe (in anderen Teilen des Landes wird „wh" dagegen als „f" gesprochen).

Die abweichende Schreibung des Stadtnamens entstand durch eine andere (lautnähere) Umschrift des Maori-Namens. Viele Bürger der Stadt wehrten sich dagegen, die Schreibung des Stadtnamens an die des Nationalparks und des Flusses anzupassen, doch 2009 beschloss die Verwaltung, das „h" als alternative Schreibweise zuzulassen.

Wir schreiben die Stadt in diesem Führer „Whanganui", da diese Schreibweise inzwischen am gebräuchlichsten ist.

tigkeiten durch Zahlung einer Summe von 1000 Pfund Sterling an die Maori zunächst beigelegt. Erst in den 1990er-Jahren kam es mit der Besetzung der zentral gelegenen Moutoa Gardens erneut zu Spannungen. Unstimmigkeiten gibt es auch um die Schreibung des Stadtnamens (s. Kasten).

Sarjeant Gallery

Queens Park ▪ tgl. 10.30–16.30 Uhr ▪ Eintritt frei, Spenden willkommen ▪ www.sarjeant.org.nz

Die strahlend weiße **Sarjeant Gallery** oben auf einem Hügel residiert in einem der eindrucksvollsten Bauten von Whanganui. Das 1919 aus Oamaru-Stein erbaute Gebäude besitzt eine prächtige Kuppel, die das Sonnenlicht filtert. Die hoch geschätzte permanente Sammlung konzentriert sich auf koloniale und zeitgenössische neuseeländische Kunst und Fotografie, die zum Teil im Rahmen von vierteljährlich wechselnden Ausstellungen gezeigt werden. Zum Zeitpunkt der Recherche war die Galerie gerade dabei, in ihr Zuhause im Queens Park zurückzukehren, nachdem sie mehrere Jahre lang in eine Übergangsresidenz umgesiedelt war, um Renovierungsarbeiten zu ermöglichen.

Gleich nördlich der Sarjeant Gallery steht an der Cameron Street, Ecke Bell Street, eines der ältesten Gebäude von Whanganui, das holzverschalte **Tylee Cottage** von 1853, das heute als Unterkunft für die „Residenzkünstler" der Galerie dient. Diese Künstler tragen in großem Maße zur zeitgenössischen Sammlung des Museums bei.

Ein Ableger der Sarjeant Gallery, **The Quay Gallery**, befindet sich im i-SITE und bietet ebenfalls sehr gute Ausstellungen.

Whanganui Regional Museum

Watt St ▪ Eintritt frei ▪ www.wrm.org.nz

Südwestlich der Sarjeant Gallery führen die als Veteran Steps bezeichneten Treppenstufen Richtung Stadtzentrum und zum 1892 gegründeten **Whanganui Regional Museum**. Es beherbergt eine hervorragende Sammlung von Maori-Exponaten und drei beeindruckende Kanus, die im zentralen Innenhof ausgestellt sind. Leider war das Museum zur Zeit der letzten Recherche geschlossen, da es den Erdbeben-Sicherheitsvorschriften nicht entsprach – aktuelle Informationen auf der Website.

Moutoa Gardens

An der Flussbiegung um das Stadtzentrum liegen die **Moutoa Gardens**, eine kleine, aber historisch bedeutsame Grünfläche an der Somme Parade. Traditionell kampierten die Maori hier während der Fischfangsaison, bis sich die Pakeha-Siedler den Flecken aneigneten und ihn in Market Place umbenannten. Hier unterzeichneten die Maori das Dokument, mit dem sie dem „Verkauf" von Whanganui zustimmten. Dieses Thema kam am Waitangi Day 1995 wieder auf den Tisch, als alte – und auch ein paar neuere – Wunden aufbrachen und die Situation zu eskalieren drohte. Die Maori besetzten die Moutoa Gardens 83 Tage lang und beanspruchten sie als Maori-Land. Die Angelegenheit endete friedlich vor Gericht, führte aber auf beiden Seiten zu Verbitterung.

2001 hatte sich die Stimmung so weit beruhigt, dass sich Regierung, Stadtrat und die lokalen *iwi* darauf einigten, die Moutoa Gardens gemeinsam zu verwalten.

Schaufelraddampfer Waimarie

1a Taupo Quay ▪ tgl. 11 Uhr ▪ Eintritt ▪ www.waimarie.co.nz

Whanganuis Geschichte ist untrennbar mit dem Whanganui River verknüpft, und obwohl der kommerzielle Flussverkehr praktisch zum Erliegen gekommen ist, können Besucher den Fluss immer noch mit dem historischen **Schaufelraddampfer Waimarie** erkunden.

Der letzte erhaltene Raddampfer Neuseelands bricht täglich zu seiner zweistündigen Fahrt auf. Die schnaufende Dampfmaschine und die das Wasser durchschneidenden Schaufeln schaffen eine beruhigende Klangkulisse für den sonnigen Nachmittag an Deck. Wahlweise kann man sich zu Scones und Tee (oder Wein) in den holzvertäfelten Salon zurückziehen.

Whanganui Riverboat Museum

1a Taupo Quay ▪ Okt–April 10–15 Uhr ▪ Eintritt frei, Spenden willkommen ▪ www.waimarie.co.nz

Die Restaurierung des Raddampfers *Waimarie* erfolgte im von alten Lagerhäusern und Geschäften flankierten **Whanganui Riverboat Museum**, neben dem Anleger für die Flussfahrten. Das in einem zweistöckigen Gebäude mit Holzgebälk aus dem Jahr 1881 untergebrachte Museum beleuchtet die Geschichte des Flusses und seine besondere Bedeutung für die Entwicklung der Stadt. Zu sehen ist auch die teilweise restaurierte MV *Ongarue*, die von 1900 bis 1957 auf dem Fluss verkehrte.

Durie Hill Elevator und Memorial Tower

Elevator tgl. 8–18 Uhr, Eintritt ▪ **Tower** tgl. 8 Uhr bis Einbruch der Dunkelheit, Eintritt frei

Nach Überquerung der City Bridge erreicht man das Ostufer des Flusses und geht direkt auf den **Durie Hill Elevator** zu. Ein geschnitztes Maori-Tor bildet den Eingang zu einem 213 m langen Tunnel, an dessen Ende ein historischer Aufzug von 1919 seine Fahrgäste 66 m durch das Innere eines Hügels auf dessen Gipfel transportiert. Oben gibt es zwei ausgezeichnete Aussichtspunkte, die einen weiten Blick über die Stadt, die Küste und ins Landesinnere eröffnen. Der Aussichtspunkt oberhalb des Maschinenraums für den Aufzug ist die leichtere Variante, doch die lohnendere liegt noch 176 Stufen höher auf dem rund 34 m hohen **Memorial Tower**. Wer für den Rückweg in die Stadt die 191 Stufen hinunter zum Fluss auf sich nimmt, wird mit sehr schönen Ansichten belohnt.

ÜBERNACHTUNG

Karte S. 399

151 on London, 151 London St, www.151onlondon.co.nz. Modernes Motel mit verschiedenen Zimmern, alle mit AC, Küchenzeile und großem Fernseher sowie allerdings etwas langweiliger Einrichtung in Grau; außerdem kleiner Fitnessraum und Café. ❷

Anndion Lodge, 143 Anzac Parade, www.anndionlodge.co.nz. Professionelle Kombi aus schickem Hostel und sehr komfortablem Motel in 3 Häusern. Keine Dorms, sondern komfortable Zimmer mit Gemeinschaftsbad, Zimmer mit Bad sowie Suiten mit 1 oder 2 Schlafzimmern, alles im etwas kitschigen schwarz-roten Farbkonzept. Gemeinschaftsküche, hübscher Grillplatz, Swimming Pool, Whirlpool und Sauna. Zum Angebot zählen auch Gratisfahrten in die Stadt und ein Restaurant. ❶

Braemar House, 2 Plymouth St, www.braemarhouse.co.nz. Günstiges B&B in hübschem Haus von 1895, umgeben von Rasenflächen. Einige der Zimmer mit Gemeinschaftsbädern gehen nach vorn auf eine sonnige Veranda. Im hinteren Teil ist ein YHA-Hostel untergebracht (s. unten). Frühstück kostet extra. ❷

Riverside Motel, 30 Somme Parade, www.riversidemotel.nz. Graeme Prince, Besitzer des Riverside Motels, erzählt seinen

Gästen stolz, dass er ein waschechter Nachkomme desjenigen ist, der als erste Inspiration für Basil Fawlty diente, der berühmten Figur aus der Sitcom *Fawlty Towers*. Zum Glück scheint sich das Hotelmanagement verbessert zu haben, es handelt sich um ein charmantes, höflich geführtes Hotel mit gemütlichen, traditionell eingerichteten Zimmern, alle mit Kücheneinrichtungen und Gemeinschaftslounges zum Entspannen. ❷

Whanganui River Top 10 Holiday Park, 460 Somme Parade, 💻 www.wrivertop10.co.nz. Gepflegter Platz 6 km nordöstlich des Stadtzentrums am Fluss im Schatten riesiger Bäume. Stellplätze und Cabins sowie Pool, Verleih von Kajaks und Jetskis. Camping ❶, Cabins ❷

YHA Braemar House, 2 Plymouth St, 💻 www.braemarhouse.co.nz. Einladendes Hostel im Braemar House B&B. Gästezimmer, nach Geschlechtern getrennte Dorms, Küche, gemütliche Lounge und ruhige Atmosphäre. Dorm ❶, DZ ❷

ESSEN

Karte S. 399

Hinter dem i-SITE findet immer samstags von 9 bis 13 Uhr am Taupo Quay der **River Traders Market**, 💻 www.therivertraders.co.nz, statt, ein Lebensmittel- und zugleich Kunsthandwerksmarkt.

Ambrosia, 63a Ridgeway St, 💻 www.facebook.com/AmbrosiaDelicatessenLaBolsaNegra. Ein tolles kleines Feinkostgeschäft mit allen möglichen Leckereien aus Neuseeland und der ganzen Welt, darunter Bio-Wurst, Käse und Olivenöl aus Whanganui, erstklassige Bagels, Backwaren, Kaffee. $

Caroline's Boatshed, 181 Somme Parade, 💻 www.carolinesboatshed.co.nz. Großer Gastropub mit munterer Atmosphäre und jeder Menge Gerichten für den Einheitsgeschmack wie Burgern, panierten Meeresfrüchten, dicken Steaks und Fingerfood-Tellern mit köstlichen Häppchen. $$

George's, 40 Victoria Ave, 💻 www.georgesfisheries.co.nz. Der alteingesessene Fish 'n' Chips-Imbiss mit Speiseraum verkauft auch preiswerten frischen Fisch. Hier wird man für unter $10 pappsatt. $

The Orange, 51 Victoria Ave, 💻 www.facebook.com/people/Orange-Cafe-Bar. Abends verwandelt sich dieses lebhafte Café in ein angesagtes Restaurant mit Cocktailbar, in dem die zufriedenen Gäste Rote-Bete-Risotto oder Ravioli mit Schweinefleisch, Sardellen und Thymian probieren. $$

Thai Villa, 7 Victoria Ave, 💻 www.thaivillawhanganui.co.nz. Sehr gutes Thai-Restaurant mit allen Klassikern und Gerichten von der heißen Platte wie beispielsweise Weeping Tiger mit mariniertem Rindfleisch und Gemüse. Alkoholausschank und BYO. $$

WA Japanese Kitchen, 92 Victoria Ave, 💻 www.facebook.com/JapaneseKitchenWA. Authentisches japanisches Lokal mit Schlemmergerichten wie einem *katsu*-Curry mit Huhn, Teriyaki-Lachs und *gyoza*-Klößen. Etwas ganz Besonderes sind die *okonomiyaki*, sehr herzhafte Meeresfrüchte-Pfannkuchen. Einziger Nachteil im WA Japanese: dass sie am Abend schon früh schließen. $$

Yellow House Cafe, 17 Pitt St, 💻 www.yellowhousecafe.co.nz. Das knallgelbe Gebäude ist nur schwer zu übersehen – das ist auch gut so, denn das Café ist ein echter Hammer, mit gutem Kaffee, mittags Wagyu-Rinder-Pastete und Brathuhn in Buttermilch sowie umfangreichen *high teas*. $$

UNTERHALTUNG

Neben den hier aufgeführten Läden eignet sich auch die Ceramic Lounge (s. Essen) abends wunderbar für einen Drink in lockerer Atmosphäre.

The Cobb, 45 Anzac Parade, 💻 www.thecobbhotel.co.nz. In dem stimmungsvollen Pub am Fluss schlägt der Puls der Stadt. Spezielle Essensangebote und muntere Atmosphäre, wenn das Wochenende naht. Live-Sportübertragungen auf Großbildschirmen und gute, günstige Burger, Fish 'n' Chips und ähnliche Snacks.

The Rutland Arms, Victoria Ave, Ecke Ridgway St, 💻 www.rutlandarms.co.nz. Das zentral gelegene, freundliche Pub lädt zu jeder Tageszeit zu einem entspannten Drink ein. Außerdem gibt es einfaches Kneipenessen sowie Kombideals mit Mahlzeit und Kinoticket (s. unten).

Kino

Embassy 3 Cinema, 34 Victoria Ave, 💻 www.embassy3.co.nz. Das einzige Kino in Whanganui, ein Art-déco-Gebäude aus den 1950er-Jahren, zeigt Mainstream-Filme.

SONSTIGES

Informationen

DOC Office, 35 Taupo Quay, ✆ 06 348 8475. Verkauf von Hütten- und Camping-Pässen für den Whanganui National Park. 🕒 Mo–Fr 8–17 Uhr.

i-SITE, 31 Taupo Quay, 💻 www.visitwhanganui.nz. Kostenloser Internetzugang, WLAN und Fahrpläne für die örtlichen Tranzit-Busse. Auch Verkauf von Hütten- und Camping-Pässen für den Whanganui National Park. 🕒 Nov–April tgl. 9–17, Mai–Okt Mo–Fr 9–17, Sa und So 9–16 Uhr.

Observatorium

Ward Observatory, Hill St, 💻 www.facebook.com/WanganuiAstronomicalSociety. An jedem klaren Freitagabend können Interessierte in dieser wunderbaren Sternwarte von 1901 durch ein 24-cm-Linsenfernrohr schauen. Außerhalb der normalen Zeiten kann eine Himmelsbeobachtung über das i-SITE arrangiert werden.

NAHVERKEHR

Stadtbusse

Tranzit Buses, 💻 www.horizons.govt.nz. Begrenztes Streckennetz von Mo–Sa innerhalb der Stadt.

Taxis

Whanganui Taxis, ✆ 0800 343 5555.

TRANSPORT

Busse

Die InterCity-Busse halten am **Whanganui Travel Centre**, 156 Ridgway St, ✆ 06 345 4433.

Busse nach:
AUCKLAND 1x tgl., 8 1/2 Std.;
HAMILTON 1x tgl., 6 Std.;
NEW PLYMOUTH 1x tgl., 2 1/2 Std.;
PALMERSTON NORTH 4x tgl., 1 1/2 Std.;
TAUMARUNUI 1x tgl., 2 3/4 Std.;
WELLINGTON 2x tgl., 4 Std.

Flüge

Der **Flughafen** befindet sich 7 km südwestlich von Whanganui, 💻 www.whanganuiairport.co.nz. Ein Taxi in die Stadt kostet ca. $30. Flüge 1–3x tgl. nach AUCKLAND (1 Std.).

Palmerston North und Umgebung

Palmerston North ist eine der größten Städte im Landesinneren Neuseelands und die florierende Hauptstadt der Provinz Manawatu. Das „North" trägt „Palmy" im Namen zur Unterscheidung von der Ortschaft Palmerston bei Dunedin. Die Stadt zählt rund 85 000 Einwohner, das muntere Studentenvolk der **Massey University** mitgerechnet.

Nach ihrem Anschluss an das Eisenbahnnetz 1886 gedieh die Stadt dank ihrer strategischen Lage am Schnittpunkt mehrerer Straßen- und Gleisverbindungen prächtig. Dieser Wohlstand ist heute noch an einigen schönen öffentlichen Gebäuden zu erkennen, zu denen insbesondere das ausgezeichnete Museum mit Galerie und die fantastische Bibliothek zählen. Monty-Python-Mitglied John Cleese äußerte sich allerdings wenig beeindruckt: „Wenn man sich umbringen will, aber nicht den Mut dazu hat, dürfte ein Besuch in Palmerston North es auch tun." Die Stadt revanchierte sich, indem sie ihre Müllkippe nach ihm benannte.

ZENTRALE NORDINSEL

Das wichtigste Kulturereignis der Stadt ist das **Festival of Cultures**, 🖳 www.pncc.govt.nz, das jedes Jahr Ende März um den Square herum stattfindet; freitagabends gibt's dann ein Laternenfest und samstags einen Kunstgewerbe-, Essens- und Musikmarkt. Renommierte Künstler, die vorher beim angesagten WOMAD in New Plymouth aufgetreten sind, spielen anschließend oft hier.

The Square

Das **Zentrum** der Stadt bildet **The Square**, eine schicke Grünanlage mit einem eleganten Uhrturm. Der benachbarte **Te Marae o Hine**, der „Hof der Tochter des Friedens", wartet mit zwei 5 m hohen Maori-Figuren des renommierten Künstlers John Bevan Ford auf. Der Maori-Name wurde 1878 vom Häuptling der Ngati Raukawa in der Hoffnung vorgeschlagen, die Beziehungen zwischen den Manawatu-Maori und den ins Land strömenden Pakeha mögen auf Dauer von Liebe und Frieden geprägt sein. Aus dem architektonischen Mischmasch rund um den Square sticht die **City Library**, ein postmoderner Umbau eines Kaufhauses von 1927 von Ian Athfield, heraus.

Te Manawa

326 Main St ▪ 🕒 Mo–Mi und Fr–So 10–17, Do 10–19.30 Uhr ▪ Eintritt frei ▪ 🖳 www.temanawa.co.nz

Den kulturellen Mittelpunkt der Stadt bildet der Komplex **Te Manawa** mit gut konzipierten Ausstellungen zur Kultur der Maori und zum Leben in der Provinz Manawatu nach Ankunft der Europäer. Einige der besten Exponate finden sich in der Abteilung Te Awa, in der alle Aspekte des Manawatu River von Geologie und Ökologie bis zum Dasein von Insekten und einheimischen Fischen abgehandelt werden. In allen Abteilungen gibt es jede Menge interaktive Exponate für Kinder.

Nebenan zeigt die **Art Gallery** Maori- und Pakeha-Kunst aus ihrer eigenen Sammlung sowie Wechselausstellungen.

Manawatu Gorge

15 km nordöstlich von Palmerston North

Die Ortschaft **Ashhurst** liegt nordöstlich von Palmerston North am Eingang der **Manawatu Gorge** (Te Apiti in der Maori-Sprache), einer engen, 10 km langen Schlucht, durch die sich eine Bahnstrecke, der SH3 und der Manawatu River zwängen. Die Mündung der Schlucht wird von den Hängen der Ruahine- und Tararua-Bergketten eingerahmt, auf denen die größten Windparks der südlichen Hemisphäre einen imposanten Anblick bieten. Die Schlucht ist zu Fuß auf dem Manawatu Gorge Track zu erkunden (eine Strecke 3–4 Std.); das i-SITE informiert über Transportmöglichkeiten zur Schlucht. Eine Alternative ist eine Jetboottour (S. 361).

ÜBERNACHTUNG

In Palmerston North gibt es unzählige Motels. Meistens lässt sich in der Fitzherbert Avenue auch ohne Vorbuchung etwas Passendes finden.

Arena Lodge, 74 Pascal St, 🖳 www.arenalodge.co.nz. Schickes modernes Motel in ruhiger Lage 1 km westlich des Square mit verschiedenen Zimmern mit Bad und kleiner Küche, einige mit Grillbereich und Whirlpool. ❸

Palmerston North Holiday Park, 133 Dittmer Drive, 🖳 www.palmerstonnorthholidaypark.co.nz. Ruhiger (manchmal fast schon etwas unheimlich) und schattiger Campingplatz mit einfachen Einrichtungen, rund 2 km südlich der Stadt, ganz in der Nähe des Manawatu River. ❶

Primrose Manor, 123 Grey St, 🖳 www.primrosemanor.co.nz. Das freundliche, gut geführte Primrose Manor bietet 5 moderne, blitzsaubere Zimmer mit Bad sowie eine Gemeinschaftslounge mit Kamin und eine Gästeküche. ❷

Railway Hotel Backpackers, 275 Main St, 🖳 www.railwayhotel.co.nz. Vielleicht das beste der nur wenigen Hostels der Stadt, mit nach Geschlechtern getrennten, etwas beengten 3er-Dorms und ein wenig geräumigeren Zimmern. Dieser Backpacker hat eine etwas veraltete Einrichtung, ist aber insgesamt nicht schlecht. ❶

Rose City Motel, 120-122 Fitzherbert Ave, www.rosecitymotel.co.nz. Eines der vielen Motels in dieser Straße. Es hat moderne und erstaunlich große Zimmer mit Küche, einige davon mit Spa-Bad. Auch ein Squashplatz ist vorhanden. ❷

ESSEN

Dank der studentischen Bevölkerung bietet Palmerston North eine dynamische Restaurant-Szene. Die meisten Lokale liegen im Umkreis des Square.

Aberdeen on Broadway, 161 Broadway Ave, www.aberdeenonbroadway.co.nz. Die Spezialität dieses hervorragenden Steakhauses sind perfekt zubereitete Steaks vom Aberdeen-Angus-Rind mit einer Soße nach Wahl, von Blauschimmelkäse bis grünem Pfeffer. Auch preiswerte Menüs. $$

Barista, 59 George St, www.barista.co.nz. Das hochgelobte Café-Restaurant ist bekannt für seinen ausgezeichneten Kaffee, eine breite Auswahl an Brunch- und Lunchgerichten sowie abendliche Hauptgerichte wie Entenkeulen-Confit mit warmem *black pudding*, Birne, Walnuss und Rauke. Für Besucher einer Vorstellung im Centrepoint Theatre werden auch spezielle Theatermenüs geboten. $$

Café Cuba, 236 Cuba St, www.cafecuba.co.nz. Dieses flippige Café ist längst eine örtliche Institution. Hier gibt es Frühstück, den ganzen Tag über Brunch, Mittagessen und Abendgerichte wie z. B. Halloumi-Auberginen-Türmchen. Der Service ist makellos und freitag- oder samstagabends gibt es gewöhnlich Livemusik. Schanklizenz und BYO. $$

Café Express, 41 The Square, www.facebook.com/cafeexpresspn. Das Café am Marktplatz ist der ideale Ort, um zu beobachten, wie Palmy morgens zum Leben erwacht. Wie wär's zum Frühstück mit *baked beans* auf getoasteter Ciabatta, dazu starken Kaffee? Mittags empfiehlt sich z. B. der mit Sake und Ingwer glasierte Lachs. $

Yeda, 78 Broadway Ave, ☎ 06 358 3978. Panasiatisches Restaurant mit Cocktailbar; gut sind die Weichschalenkrabben und Brötchen mit gegrilltem Schwein nach Hongkong-Art. $$

UNTERHALTUNG

Kino

Event Cinemas, 70 Broadway Ave, www.eventcinemas.co.nz. Meistens gibt's hier Mainstream-, aber auch einige Arthouse-Filme.

Kneipen und Pubs

Brewers Apprentice, 334 Church St, www.brewersapprentice.co.nz. Quirliger, moderner Monteith's-Pub mit vielen Sitzplätzen im Freien und einem guten Angebot an Kneipenkost (Mi Steaks, Fr günstige Burger). Freitags findet hier Livemusik statt.

The Fish, Regent Arcade, 57 Broadway Ave, www.facebook.com/TheFishPN. Coole kleine Cocktail- und Weinbar mit kleiner Tapaskarte und donnerstag- und freitagabends DJs.

Theater

Centrepoint Theatre, 280 Church St, www.centrepoint.co.nz. Das einzige professionelle Provinztheater Neuseelands mit 135 Plätzen und Aufführungen von April bis Weihnachten.

SONSTIGES

Informationen

i-SITE Visitor Centre, The Square, www.manawatunz.co.nz. DOC-Broschüren und Hüttentickets sowie Duschen. Parken ist hier etwas problematisch. ⌚ Mo–Do 9–17.30, Fr 9–19, Sa 9–15, So 9–19 Uhr.

Internet

Im Zentrum von Palmerston North gibt es kostenloses WLAN.

NAHVERKEHR

Stadtbusse

Stadtbusse fahren von der Main St, in der Nähe des i-SITE Visitor Centre, verschiedene Rundkurse ab. Fahrpläne gibt es im i-SITE.

Taxis

Palmerston North Taxis, ✆ 06 355 5333.

TRANSPORT

Busse

Die InterCity-Busse halten am **Palmerston North Travel Centre**, Pitt St, Ecke Main St.

Busse nach:
AUCKLAND 4x tgl., 9 1/4–9 3/4 Std.;
HASTINGS 2x tgl., 3 Std.;
NAPIER 2x tgl., 3 1/2 Std.;
PARAPARAUMU 7x tgl., 1 1/4 Std.;
ROTORUA 4x tgl., 5–5 1/2 Std.;
TAUPO 4x tgl., 4–4 1/2 Std.;
WHANGANUI 4x tgl., 1–1 1/2 Std.;
WELLINGTON 9x tgl., 2 1/2 Std.

Eisenbahn

Der **Bahnhof** liegt an der Matthews Ave, ca. 1,5 km nordwestlich des Stadtzentrums.

Züge nach:
AUCKLAND 3x wöchentl., 8 3/4 Std.;
HAMILTON 3x wöchentl., 6 1/2 Std.;
WELLINGTON 3x wöchentl., 2 Std.

Flüge

Der **Flughafen** liegt 3 km nordöstlich der Stadt. SuperShuttle, ✆ 0800 748 885, 💻 www.supershuttle.co., fährt in die Stadt.

Flüge nach:
AUCKLAND 7x tgl., 1 Std.;
CHRISTCHURCH 4x tgl., 1 1/4 Std.;
WELLINGTON 2x tgl., 1/2 Std.

Foxton und Umgebung

Die interessanteste Ortschaft der Region Horowhenua ist **Foxton**, 38 km südwestlich von Palmerston North. Ihre breite Hauptstraße – die parallel zum SH1 verläuft – säumen nostalgisch anmutende Ladenfassaden. Archäologische Funde lassen den Schluss zu, dass schon zwischen 1400 und 1650 halbnomadische **Moa-Jäger** in der Umgebung von Foxton ansässig waren, bevor hier größere Stammessiedlungen entstanden. Die ersten **Europäer**, viele davon Niederländer, kamen zu Beginn des 19. Jhs., ließen sich zunächst an der Mündung des Manawatu River nieder und gründeten dann an einem Nebenfluss Foxton. Die Siedlung entwickelte sich rasch zum wichtigsten Zentrum der **Flachsverarbeitung** in Neuseeland, die 1985 endgültig ein Ende fand. Auf einem **historischen Rundgang** durch die Stadt wird auf 28 Tafeln diese Geschichte erzählt.

Rund 5 km entfernt erstreckt sich der lange **Foxton Beach** mit guten Surfmöglichkeiten, einem sicheren Badestrand und vielfältiger Vogelwelt im Bereich der Manawatu-Flussmündung.

Te Awahou Nieuwe Stroom

22 Harbour St ▪ 🕒 Mo–Fr 10–17.30, Sa und So 10–16 Uhr ▪ Eintritt frei ▪ 💻 www.teawahou.com

Der 2017 eröffnete Kulturkomplex umfasst Museen zum niederländischen und Maori-Erbe der Region. Hier befinden sich außerdem die Stadtbücherei und die i-SITE-Touristeninformation, ein Café und ein paar Geschäfte, und es finden regelmäßig Aufführungen und Ausstellungen statt.

De Molen

Main St, neben Te Awahou Nieuwe Stroom ▪ 🕒 tgl. 9–16 Uhr ▪ Eintritt

De Molen ist der funktionsfähige moderne Nachbau einer holländischen **Windmühle** aus dem 17. Jh. Besucher können das Mahlwerk besichtigen und an den drei oder vier Tagen im Monat, wenn die Mühle in Betrieb ist, zusehen, wie Vollkornmehl produziert wird. Im Erdgeschoss gibt es holländische Spezialitäten und die vor Ort produzierte Limonade Foxton Fizz in vielerlei Geschmacksrichtungen zu kaufen.

Flax Stripper Museum

Main St ▪ 🕒 Aug–Mai tgl. 13–15 Uhr ▪ Eintritt ▪ ✆ 06 363 6846

Einen groben Überblick über die Geschichte der Flachsverarbeitung gibt das **Flax Stripper Museum**. Es zeigt handgefertigte Körbe und Umhänge aus Flachs *(harakeke)*, wie sie von den Maori der Gegend perfektioniert wurden. Der Schwerpunkt des Museums liegt jedoch auf der europäischen Flachsverarbeitung; an Sümpfen und Flussufern des Manawatu und Horowhenua wurde Flachs angebaut, und die Fasern wurden dann im In- und Ausland zu Bindegarn, Faserputz und Teppichen weiterverarbeitet.

Papaitonga Scenic Reserve

Abseits des SH1, 23 km südlich von Foxton

Die Hauptrouten Richtung Süden treffen in der schmucklosen Stadt **Levin** aufeinander, dem Verwaltungszentrum der Region Horowhenua. Gleich südlich der Stadt führt im **Papaitonga Scenic Reserve** ein Plankenweg zum lohnenden Papaitonga Lookout (20 Min. hin und zurück) mit tollem Blick auf den Lake Papaitonga. Die umliegenden Feuchtgebiete sind eine wertvolle Zufluchtsstätte für zahlreiche seltene Vögel, darunter das Südsee-Sumpfhuhn, die Australische Rohrdommel und der Maoritaucher.

TRANSPORT

Die InterCity-Busse halten an einer **Haltestelle** in der 65 Main Street.

Busse nach:
PALMERSTON NORTH 1x tgl., 30 Min.;
WELLINGTON 3x tgl., 1 3/4 Std.

DIE WEINGÜTER DER HAWKE'S BAY PRODUZIEREN VOR ALLEM CHARDONNAY, MERLOT UND SYRAH.

Östliche Nordinsel

Von der Spitze des East Cape bis hinunter nach Wellington erstreckt sich parallel zur Küste ein Gebirgszug. Ihm verdankt der Osten der Nordinsel mit das sonnigste Wetter im Land – gut für den Tourismus und den Weinanbau. Hawke's Bay ist heute das zweitgrößte Weinbaugebiet Neuseelands. Im Landesinneren lockt der spektakuläre Lake Waikaremoana Wanderer an. Nördlich davon trifft man kaum noch Touristen – hier scheint die Zeit stillzustehen.

Stefan Loose Traveltipps

East Cape Das wilde, einsame Maori-Gebiet bietet Gelegenheit, Land und Leute kennenzulernen. S. 411

Wairoa Museum Das beste kleine Museum der Nordinsel informiert über das Maori-Erbe des Städtchens. S. 425

Lake Waikaremoana Der malerische See lädt zu Spaziergängen oder einer mehrtägigen Wanderung auf dem schönsten Rundwanderweg der Nordinsel ein. S. 426

8 **Napier** An wunderbaren Art-déco-Bauten vorbei schlendert man zur Meerespromenade von Napier. S. 431

Cape Kidnappers Im Rahmen einer Tour oder auf eigene Faust geht es zu einer der weltweit größten Tölpelkolonien auf dem Festland. S. 439

Weingüter An der Hawke's Bay lassen sich Weine verkosten und rund um Havelock North mit dem Rad fast ein Dutzend ausgezeichnete Weingüter abklappern. S. 445

LAKE WAIKAREMOANA

ART DÉCO IN NAPIER

Inhalt

Östliche Nordinsel
Rotorua, Tauranga & Auckland
White Island
Bay of Plenty
Cape Runaway
Lottin Point
Whangaparaoa
Hicks Bay
Waihau Bay
Maraehako Bay
Whanarua Bay
Ruakokore
RANGE
Te Araroa
East Cape
35
Te Kaha
Omaio
Tikitiki
WAIAPU MOUNTAINS
RAUKUMARA
Mt Hikurangi
Ruatoria
35
Motu River
RAUKUMARA FOREST PARK
Edgecumbe
Ohope
Opotiki
2
Taneatua
Waioeka Gorge
Waipiro Bay
EAST CAPE
Tokomaru Bay
Anaura Bay
Matawai
Tolaga Bay
Te Karaka
Rere Rockslide
Rere Falls
Rere
Eastwoodhill Arboretum
TE UREWERA
Gisborne
Poverty Bay
Young Nick's Head
Waikaremoana
Lake Waikaremoana
Tuai
Frasertown
Morere
Morere Hot Springs
BOUNDARY STREAM SCENIC RESERVE
Wairoa
Nuhaka
Wairoa Museum
Mahia
Mahia Beach
Mahia Peninsula
Lake Tutira
Whirinaki
Hawke's Bay
Napier
Clive
Hastings
Te Awanga
Cape Kidnappers
Havelock North
Weingüter
Waimarama
Stefan Loose Traveltipps S. 409
0 25
Kilometer
N

Das in den Südpazifik hineinragende **East Cape** (auch Eastland genannt) ist eine urwüchsige Region mit einer ausgeprägten Maori-Kultur und winzigen Siedlungen an geschützten Buchten – so muss es einst in Aotearoa ausgesehen haben. Der über 1700 m hohe **Mount Hikurangi** ist für die Maori ein heiliger Ort: Die imposanten geschnitzten Statuen zeugen davon.

Von der Kleinstadt **Wairoa**, dem Tor zu den bewaldeten Bergen der **Te-Urewera-Region** und zum wunderschönen **Lake Waikaremoana**, bahnt sich der landschaftlich reizvolle SH38 seinen Weg nach Nordwesten. Den See säumt der am wenigsten frequentierte Great Walk Neuseelands, selbst im Hochsommer ist es auf den zahlreichen reizenden Wanderwegen hier selten voll.

Auf dem Weg Richtung Süden gelangt man auf dem SH2, der weniger befahrenen Hauptstrecke zwischen Auckland und Wellington, in die abwechslungsreiche Region **Hawke's Bay**. Schon lange gilt die Region als die „Obstschale Neuseelands": Zur Erntezeit biegen sich die Zweige der Obstbäume unter dem Gewicht von Äpfeln, Birnen und Pfirsichen. Das touristische Zentrum der Region ist die geruhsame, am Meer gelegene Stadt **Napier**, berühmt für ihre Art-déco-Bauten. Wer in landschaftlich schönerer Umgebung übernachten möchte, der sollte sich im Umland von **Hastings**, in der Nähe der meisten hiesigen Weingüter, ein Quartier suchen. Aufgrund der unterschiedlichsten Lagen – an der Küste, auf Hügeln und an Flusstälern – gedeihen hier die unterschiedlichsten Rebsorten, wobei die gehaltvollen Chardonnays und zarteren Syrahs die meisten Auszeichnungen abräumen. Wer möchte, kann auch den **Te Mata Peak** mit Ausblick aufs sanft hügelige Weideland besteigen, die weiten **Strände** rund um **Waimarama** erkunden oder die malerische Küste des **Cape Kidnappers** mit der weltweit größten **Tölpelkolonie** entlangwandern.

Transport

Ein **Bus** von InterCity, 💻 www.intercity.co.nz, verkehrt täglich zwischen Gisborne und Napier. Zwei weitere fahren Richtung Süden über Palmerston North nach Wellington.

Das East Cape

Nur wenige Besucher verirren sich ans abgeschiedene **East Cape**. Es ist ein unverdorbenes Fleckchen Erde, das einen Eindruck davon vermittelt, wie Neuseeland früher einmal ausgesehen hat. Zwischen Opotiki und Gisborne zieht sich der wunderschöne **Pacific Coast Highway** (SH35) einmal rund um die Halbinsel (330 km). Schon bald macht sich ein gemächlicherer Lebensrhythmus bemerkbar, eindrucksvoll unterstrichen von gelegentlichen Reitern, die auf ihren Pferden über die Straße zockeln. **Maori** machen einen bedeutenden Prozentsatz der Bevölkerung aus – über 80 % des Grundbesitzes liegen in Händen von Maori.

Mit den schönsten Landschaftsimpressionen wartet die Westseite des East Cape an der stillen Bay of Plenty auf – die Straße führt zumeist an der zerklüfteten Küste entlang. Sehenswürdigkeiten im klassischen Sinne gibt es allerdings kaum, die meisten Besucher kommen wegen der **Strände** und zum **Angeln** hierher.

Im Vergleich dazu ist die Strecke an der Ostseite zwischen Gisborne und Hicks Bay eher gesichtslos: Sie führt zumeist landeinwärts durch landwirtschaftlich genutztes Hügelland und erreicht die Küste nur an einer Handvoll Buchten. Auf dieser Seite liegen jedoch die meisten historischen Stätten der Region, es gibt **Wanderwege** und Maori-Siedlungen, und fast überall bieten sich Gelegenheiten zum **Reiten** – entweder über die langen Strände oder durch die Wälder im Hinterland.

Durch das Landesinnere ziehen sich die unwirtlichen **Waiapu Mountains**, zu denen die nordöstliche **Raukumara Range** sowie der **Raukumara Forest Park** mit seiner typisch neuseeländischen Flora gehören. Man könnte sich kaum eine schönere Kulisse für die Küstenlandschaft vorstellen als die zerklüfteten Gipfel des **Mount Hikurangi** und des **Mount Arowhana**, allerdings sind die Berge nur durch Maori-Land zugänglich und erfordern eine Erlaubnis.

Entlang der Strecke gibt es mehrere **Hostels**, hin und wieder auch ein Motel oder B&B, aber Luxusunterkünfte darf man hier nicht erwarten. Abgesehen von ein paar Pie-Läden, Selbstbedienungscafés und Kneipen mit Essen gibt es am ganzen East Cape nichts, was als Restaurant durchgehen könnte. Deshalb muss man sich auf Selberkochen einstellen oder ein paar Tage lang von Sandwiches und Fish 'n' Chips leben. Selbstversorger können in kleinen Lebensmittelgeschäften einkaufen. In den meisten Orten werden aber schon um 17 Uhr die Bürgersteige hochgeklappt.

Fast alle Besucher übernachten auf **Campingplätzen**. Wildes Campen am Strand ist verboten, an der Ostküste sind jedoch sieben Stellen für *freedom camping* ausgewiesen (Waipiro Bay, Tokomaru Bay, Kaiaua Beach, Tolaga Bay, Loisels Beach in Waihau, Pouawa Beach und Turihaua Beach 15 km nördlich von Gisborne). Weitere drei gibt es an der Westküste (Hukuwai Beach 3 km nördlich von Opotiki, Hoani Witi Reserve, Omaio, und der Parkplatz an der Maraetai Bay nördlich von Te Kaha). Die Plätze an der Westküste sind kostenlos und ganzjährig geöffnet, die an der Ostküste jedoch nur von Mitte September bis Mitte April, zudem ist ein Permit notwendig ($20/2 aufeinanderfolgende Nächte, $35/10, $70/28, gültig für bis zu 6 Pers.), erhältlich bei den i-SITEs in Opotiki und Gisborne, direkt beim Gisborne District Council, 15 Fitzherbert St, oder online auf 💻 www.gdc.govt.nz. Wer schon am East Cape ist, bekommt die Permits auch im Uawa Foodmarket, 51 Cook St, Tolaga Bay, und im Rathaus in Te Puia Springs, SH38, Ecke Waipiro Rd. Offenes Feuer ist verboten. Camper müssen über ein Wohnwagenklo oder eine chemische Toilette verfügen.

Am East Cape gibt es **keine i-SITE-Büros**. Darum sollten sich Besucher in Opotiki oder Gisborne mit Infomaterial eindecken. Ansonsten gibt's informelle Besucherzentren im Tolaga Bay Inn (🕒 tgl. 9–19 Uhr), in Te Puia Springs (🕒 Mo–Fr 8–16.30 Uhr) und in Te Araroa (🕒 Mo–Fr 10–14 Uhr), allesamt an der Ostküste. Der jährlich erscheinende *Pacific Coast Highway Guide*, 💻 www.pacificcoasthighwayguide.co.nz, hat nützliche Informationen; allerdings müssen die Betreiber für den Eintrag zahlen. Es gibt keine Banken am East Cape; der einzige Geldautomat befindet sich im Supermarkt Four Square in Ruatoria (🕒 Mo–Sa 7–18.30, So 8–17 Uhr). Der einzige öffentlich zugängliche Ort mit kostenlosem WLAN ist das Uawa Café in Tolaga Bay. Der Mobiltelefonempfang beschränkt sich auf die Umgebung von Opotiki und die meisten Orte zwischen Te Araroa und Gisborne.

Transport

Die Straße um das East Cape ist auf ganzer Länge asphaltiert. Allerdings windet sie sich durch so viele kleine Buchten, dass die Fahrt von Opotiki nach Gisborne ganze acht Stunden dauern kann. **Tankstellen** gibt's in den meisten kleinen Orten an der Ostküste, an der Westküste jedoch nur in Waihau Bay.

Öffentliche Transportmittel beschränken sich auf unregelmäßig verkehrende **Busse** und Kurierdienste, die auch Passagiere mitnehmen. BayHopper, 💻 www.baybus.co.nz, fährt nur dienstags und donnerstags von Potaka (westlich der Hicks Bay) nach Opotiki und zurück. Eine Reservierung ist nicht notwendig, bezahlt wird beim Einsteigen. Cooks Couriers, 📞 06 864 4711 oder 02 137 1364, fährt von Hicks Bay nach Gisborne und zurück (nur Mo–Fr) und von Te Araroa nach Opotiki und zurück (nur Di und Do) und sammelt unterwegs Pakete sowie Fahrgäste ein, die einen Platz im Bus gebucht haben.

Mit dem Hop-on-Hop-off-Pass *East Coaster* des Anbieters Stray, 💻 www.straytravel.co.nz, lässt sich von Oktober bis April (mind. 3 Tage) das gesamte Kap befahren. Los geht's dienstags und samstags in Rotorua; der Bus hält dann über Nacht in Maraehako Bay, und am folgenden Tag geht's auf dem Weg nach Gisborne zum East Cape Lighthouse und nach Tolaga Bay. Man kann den Fahrer bitten, einen irgendwo abzusetzen, und kann sich dann auf der nächsten Runde wieder abholen lassen.

Von Opotiki bis Whangaparaoa

Die Straße an der Westküste entlang von **Opotiki** (S. 349) nach **Whangaparaoa** (S. 414) ist 103 km lang und verläuft in der Regel dicht am Meer. An vielen Stellen windet sie sich über hohe Klippen hinab zu einem einsamen, von Treibholz übersäten Strand. An diesem Abschnitt des East Cape halten sich die meisten Besucher

am liebsten und längsten auf. Fast überall werden an den Stränden zahlreiche Aktivitäten angeboten – man kann Kajaks ausleihen, an einem geführten Angel- oder Tauchtrip teilnehmen oder auf dem Pferderücken oder Fahrrad versteckte Buchten auskundschaften.

Tirohanga und Maraenui

Hinter Opotiki passiert man zuerst **Tirohanga** mit dem vorerst letzten richtigen Badestrand. Hier führt auch der Fernradweg **Motu Trails**, www.mototrails.co.nz, vorbei, auf dem sich wunderbar die Küste mit ihren Sanddünen und die Wälder landeinwärts erkunden lassen. Richtung Norden windet sich die Straße an der zerklüfteten Küste mit mehreren wundervollen Aussichtspunkten entlang und erreicht schließlich die winzige Maori-Siedling **Maraenui**. Bis zum **Motu River** rund 40 km nördlich von Opotiki bieten sich jedoch nur wenige lohnende Stellen zum Anhalten an. An der Brücke über den Fluss beginnen interessante Jetboottouren, www.moturiverjet.com.

Te Kaha

25 km hinter dem Motu River liegt **Te Kaha**, ein verschlafenes Örtchen mit ein paar wenigen Unterkünften. Es erstreckt sich über 7 km entlang einer halbmondförmigen Bucht am Highway. Die Ortschaft wartet mit spektakulären Landzungen und einem verlassenen, von Treibholz übersäten Strand auf, an dem man si-

cher schwimmen kann. Außerdem ist Te Kaha der Punkt auf dem Festland, der der 48 km vor der Küste gelegenen White Island (S. 346) am nächsten liegt.

Maraehako Bay

Man sieht White Island auch noch während der 16 km langen Weiterfahrt Richtung **Maraehako Bay** mit zwei felsgesäumten Buchten an einer steinigen Landzunge. Der SH35 schlängelt sich anschließend 13 km an der Küste entlang bis **Ruakokore**, wo eine im Jahr 1895 erbaute weiße Anglikaner-Kirche umgeben vom blauen Ozean malerisch oben auf einem Landvorsprung thront. Unter dem Gebäude nisten manchmal Zwergpinguine, die man jedoch kaum zu sehen bekommt.

Waihau Bay

Von Ruakokore sind es 5 km bis **Waihau Bay**, einer halbrunden Sand- und Grasbucht, ideal zum Schwimmen, Surfen und Paddeln, besonders am Nordende in Oruaiti, dem schönsten Strand der gesamten Region. Wegen der zahlreich vorhandenen Krustentiere und Plattfische ist der Kai neben der Kombination aus Laden, Postamt und Tankstelle ein vielversprechender Ort zum Fischen und Angeln.

Whangaparaoa

Whangaparaoa, 11 km nördlich von Waihau Bay, ist die letzte Siedlung an der Bay of Plenty. Von hier führt der SH35 landeinwärts über bergiges Terrain, um nach etwa einer Dreiviertelstunde Hicks Bay an der Ostküste zu erreichen. Hier gibt's kaum etwas außer einer restaurierten Pa-Stätte und einer neueren, überlebensgroßen Schnitzarbeit aus Tuatara-Holz.

ÜBERNACHTUNG

Karte S. 413

Tirohanga

Tirohanga Beach Motor Camp, SH35, www.tirohangabeachmotorcamp.co.nz. Gut organisierter, perfekt für Familien geeigneter Campingplatz am langen, weiten Strand mit über 100 Stellplätzen mit Stromanschluss, einem Dutzend Cabins, einem großen Spielplatz und Leihfahrrädern für den Motu Cycle Trail, der hier an der Küste entlangführt. Camping ❶, Cabins ❷

Maraenui

Oariki Coastal Cottage, Pa Rd, 07 325 2678. Hier entspannen die Gäste entweder vor dem Kamin im Selbstversorger-Cottage oder im B&B im Haupthaus. Beide sind gänzlich von Wald umgeben und haben Ausblick aufs Meer. Es besteht Gelegenheit zum Fischen. Die Wegbeschreibung erfährt man telefonisch, dabei lässt sich auch ein 3-Gänge-Abendessen buchen. ❸

Te Kaha

Te Kaha Beach Resort, 3 Hotel Rd, abseits des SH35, www.tekahabeachhotel.com. Das moderne, stromlinienförmige, 3-stöckige Hotel hat Ferienapartments mit voll ausgestatteter Küche, einen Pool, ein Restaurant und eine Bar mit 180-Grad-Meerblick. ❸

Tui Lodge, 200 Copenhagen Rd, tuilodge@yahoo.co.nz. Das geräumige, herrlich abgeschiedene B&B auf einem großen Gelände landeinwärts hinter dem Te Kaha Beach Resort hat Zimmer mit Bad und serviert auf Wunsch Abendessen. ❸

Maraehako Bay und Umgebung

The Homestead, 8523 SH35, am nördlichen Ende der Whanarua Bay, www.homesteadont-hebay.co.nz. Das Homestead ist ein attraktives B&B, gelegen auf einer sonnigen Klippe, und bietet seinen Gästen eine fantastische Aussicht. Es gibt nur 2 Schlafzimmer, die sich ein Badezimmer teilen, auf Anfrage sind 3-Gänge-Menüs erhältlich. ❸

Karirangi Holiday Park, 8510 SH35, an der Nordspitze der Hauptsiedlung, www.kariran-giholidaypark.com. In diesem gut geführten Ferienpark finden die Gäste Frieden, Erholung und einen herrlichen Meerblick. Die Unterkunftsmöglichkeiten reichen von einfach eingerichteten Familienzimmern mit Doppelbetten und

Etagenbetten bis hin zu einem freistehenden Haus mit 3 Schlafzimmern. Zeltplätze sind ebenfalls vorhanden. Camping ❶, Familienzimmer ❸

Maraehako Camping Ground, SH35, Zufahrt über eine unbefestigte Piste 100 m nördlich des Bachs, ✆ 07 325 2901. Der einfache Campingplatz am östlichen Ende der steinigen Maraehako Bay gehört derselben gastfreundlichen Maori-Familie wie das Maraehako Bay Retreat. Er verfügt über Toiletten, Duschen, Leihkajaks, einen kleinen Laden und viel Platz zum Zeltaufstellen im Schatten von Bäumen. Camping ❶

Waihau Bay

Oceanside Apartments, Oruaiti Beach, 5 km nördlich von Waihau Bay, 💻 www.waihaubay.co.nz. 2 geräumige Selbstversorger-Units (eins mit 7 Schlafgelegenheiten) an der Straße vor einem sicheren Sandstrand. Tauch- und Angeltrips sowie Kajakverleih lassen sich organisieren. In der Zeit zwischen Weihnachten und Ostern liegt der Mindestaufenthalt bei 2 Nächten. ❷

Waihau Bay Lodge, Orete Point Rd, Waihau Bay, 💻 www.thewaihaubaylodge.co.nz. Eine moderne Holzlodge mit Selbstversorger-Zimmern neben der alten Post und gegenüber einer geschützten Bucht. Das angeschlossene Restaurant serviert einen guten *fisherman's basket* mit Austern und Jakobsmuscheln sowie deftige Grillgerichte. ❸

Von Hicks Bay nach Gisborne

Hinter der Spitze des East Cape führt der SH35 ab **Hicks Bay**, das vorwiegend maurisch geprägt ist, hinunter in die Region Gisborne. Dabei führt der Hinghway auf den 180 km nach Gisborne durchs Hinterland mit Weide- und Waldgebieten. Das Meer bekommt man nur selten zu Gesicht: an einer Handvoll Buchten mit Blick auf das schiefergraue Felsgestein, das für diese Küste so typisch ist.

In und um **Tolaga Bay**, der größten Ortschaft der Region, kann man recht gut wandern. Unter anderem kann man den spirituell bedeutsamen **Mount Hikurangi Trek** begehen oder abseits der Straße das einsame **East Cape Lighthouse** besichtigen.

Hicks Bay

Geführte 3-stündige Wanderungen zu Maori-Stätten, inkl. Ausflug zu einem Wasserfall mit Matakoa Cultural Tours ▪ Eintritt ▪ 🖂 amiph407@gmail.com

Der kleine Küstenort **Hicks Bay** (Wharekahika), 44 km östlich von Waihau Bay, verbirgt sich zwischen einer Landzunge und einem felsigen Küstenabschnitt. Hier bieten sich vom Hicks Bay Motel mehrere kurze Wanderungen zu einem schönen Aussichtspunkt und hübschen Stränden. Gefahrlos schwimmen kann man am Strand von **Onepoto Bay** Richtung Süden. In der Region gibt es außerdem zahlreiche *pa*-Standorte in unterschiedlichem Erhaltungszustand.

Te Araroa

Das Dörfchen **Te Araroa** („langer Pfad") knapp 5 km südlich von Hicks Bay war einst die Domäne des berühmten Maori-Kriegers Tuwhakai-

Manuka-Öl vom East Cape

Das australische Teebaumöl ist in der ganzen Welt für seine antiseptische Wirkung berühmt. Das Öl des fast identischen neuseeländischen *manuka* ist in seiner Wirkung genauso gut. Aber 1992 wurde darüber hinaus festgestellt, dass Manuka-Öl vom East Cape besonders starke antibakterielle und antimykotische Eigenschaften besitzt.

In der kleinen Fabrik in der 4464 Te Araroa Rd, 2 km westlich von Te Araroa, 💻 www.manukaproducts.co.nz, 🕒 Okt–April Mo–Fr 8.30–16, Sa und So 8.30–14, Mai–Sep Mo–Fr 8.30–16 Uhr, wird aus den Zweigen der in der Umgebung wachsenden Manuka-Büsche das ätherische Öl destilliert.

Es werden keine Fabrikbesichtigungen angeboten, doch viele Manuka-Produkte wie Seifen, Heilsalben und Duftöle (alles Exportprodukte) sind im dazugehörigen Laden/Café erhältlich, wo man auch Manuka-Tee probieren kann.

riora sowie des legendären Paikea, der hier angeblich auf dem Rücken eines Wals eintraf. Ironischerweise betrieben die ersten Europäer in dieser Gegend ausgerechnet eine **Walfangstation** in der Nähe der heutigen Ortschaft. Derzeit besteht die Siedlung aus nicht mehr als einer Benzinpumpe, zwei Geschäften und einem kleinen Imbiss, der leckere **Fish 'n' Chips** anbietet.

Auf dem Schulgelände in der Moana Parade steht ein **Pohutukawa-Baum**. Er ist so riesengroß, dass man den Beteuerungen, es handele sich um den größten von ganz Neuseeland, gern Glauben schenkt.

East Cape Lighthouse

21 km östlich von Te Araroa über eine ungeteerte Straße ▪ Dem Wegweiser am Strand nach Osten folgen

Das **East Cape Lighthouse** markiert den östlichsten Punkt des neuseeländischen Festlands. Die atemberaubende Küstenstrecke von Te Araroa endet an einem winzigen Parkplatz, von wo 757 Stufen zum Leuchtturm auf dem Gipfel eines 140 m hohen Hügels führen. Die Stelle bietet viel Atmosphäre und eine schöne Aussicht landeinwärts auf die Raukamura Range sowie in Richtung Meer auf East Island (ein Vogelschutzgebiet) direkt vor der Küste.

Tikitiki

Von Te Araroa zieht sich der SH35 24 km weit durch Weideland landeinwärts, bevor er nach **Tikitiki** erreicht. Dort steht am Ortseingang eine sehenswerte **anglikanische Kirche**. Hinter dem schlichten Äußeren verbergen sich kunstvolle *tukutuku* und typische Maori-Schnitzereien. Ungewöhnlicherweise sind selbst die Buntglasfenster mit Maori-Motiven geschmückt, und die Dachbalken haben die gleiche Farbe wie die Versammlungshäuser der Maori.

Tokomaru Bay

Tokomaru Bay (schlicht „Toko" genannt), 40 km südlich von Ruatoria, ist ein herrliches Plätzchen, um für einen Tag das hügelige Umland, die felsigen Landzungen sowie den ausgedehnten **Strand** zu erkunden. Im Meer vor dem mit Treibholz übersäten Strand kann man sehr gut schwimmen.

ÖSTLICHE NORDINSEL

Mount Hikurangi Trek

Der 1754 m hohe **Mount Hikurangi**, 25 km westlich von Ruatoria, ist der höchste nichtvulkanische Berg der Nordinsel. Es ist die erste Stelle auf dem neuseeländischen Festland, wo man die Sonne aufgehen sieht. Der Ort ist den Maori heilig, denn hier landete Maui (S. 128) mit seinem *waka*, nachdem er North Island aus dem Meer geangelt hatte. Auf 1000 m Höhe wurden zur Feier des neuen Jahrtausends zehn eindrucksvolle **Schnitzereien** aufgestellt.

Aufgrund der Abgeschiedenheit des Hikurangi verschlägt es nur wenige Besucher in das Schutzgebiet, doch es führt ein recht einfacher **Weg** zu den Schnitzereien von Maui Whakairo. Der Weg beginnt am Parkplatz an der Pahikiroa Station und führt an den unteren Hängen des Berges über landwirtschaftlich genutztes Land (15 km hin und zurück, 6 Std., 746 m Aufstieg).

Wem diese Tageswanderung zu anspruchsvoll ist, der kann die Maori-Schnitzereien auch im Rahmen einer geführten Tour mit einem Allradfahrzeug erreichen (4 Std.), die über die Ngati Porou gebucht werden kann. Wer bis hinauf zum Gipfel weiterwandern möchte: Die anspruchsvollere, 3- bis 5-stündige Wanderung beinhaltet auf den letzten 200 m eine waschechte Kletterpartie über Geröll.

Der lohnende, aber anstrengende Aufstieg auf den Gipfel ist durchaus an einem langen Tag machbar, doch man sollte sich lieber zwei Tage Zeit nehmen und 1 km hinter den Schnitzereien eine Übernachtung in der rustikalen Mt Hikurangi Hut einschieben. Das Land gehört den Ngati Porou, deshalb muss man sich zwecks Zugangsgenehmigung und Bezahlung der Hüttengebühren an **Te Runanga O Ngati Porou**, 1 Barry's Ave, Ruatoria, ✉ hikurangihutt@tronp.org.nz, wenden; ⌚ Mo–Fr 8.30–17 Uhr.

Anaura Bay

Rund 23 km südlich von Tokomaru führt eine 7 km lange Teerstraße über den Hügel nach **Anaura Bay**, einem begehrten **Surfspot** mit einem breiten Sandstrand und einer zerklüfteten Küstenlinie. Am Nordende der Bucht (nach 4 km Schotterstraße) befindet sich das sehenswerte **Anaura Scenic Reserve**. Das ausgedehnte Waldgelände ist für seine riesigen Puriri-Bäume und artenreiche einheimische Vogelwelt berühmt.

Nicht weit von der Stelle, wo die Straße endet, beginnt der am Reservat ausgeschilderte **Anaura Bay Walkway** (3,5 km Rundweg; 2 Std.). Der Wanderweg folgt dem Lauf des Waipare Stream in dichten grünen Wald hinein, führt aus dem Tal eine sanfte Böschung hoch und auf ein mit Büschen bestandenes Gelände hinaus. Anschließend beschreibt er einen Bogen zurück Richtung Bucht und zu einem Aussichtspunkt mit überwältigenden Ausblicken.

Tolaga Bay

Tolaga Bay, 36 km südlich von Tokomaru Bay, ist der erste Ort an der Ostküste des East Cape, der wie ein echter Ferienort am Meer wirkt. 800 Menschen leben in dieser Gemeinde, einer der besser versorgten des East Cape: Im historischen *Tolaga Bay Inn* gibt es ein paar Cafés sowie ein **Informationszentrum**, in dem man sich nach Ausritten und anderen Touren in die Umgebung erkundigen kann.

Das Prunkstück von Tolaga Bay ist die 660 m lange **Tolaga Bay Wharf**, wohl der längste betonierte Kai der gesamten südlichen Erdhalbkugel. Er wurde Ende der 1920er-Jahre zur Abwicklung der Versorgungsschiffe erbaut und verläuft parallel zu den steil aufragenden Sandsteinklippen.

Cooks Cove Walkway

1 km südlich der Stadt an der Wharf Rd, bei der Tolaga Bay Wharf ▪ 5,8 km; hin und zurück 2 1/2 Std.

Der **Cove Walkway** ist der beste Kurzwanderweg in der gesamten Tolaga Bay. Erst geht es durch Felder, dann auf oft glitschigem Untergrund durch Waldland bergauf zu einer Stelle mit fantastischem Ausblick auf Cook's Cove. Der Pfad führt anschließend hinab zur malerischen Bucht, wo eine Gedenktafel an den berühmten Kapitän erinnert.

Whangara

Informative Ausflüge mit Besuch eines marae, Tipuna Tours ▪ Eintritt ▪ ✉ annemcguire@gmail.com

Der 52 km lange Abschnitt von Tolaga Bay bis Gisborne führt überwiegend durch eher langweiliges, aber bestes Ackerland. Unterwegs passiert man die Abfahrt nach **Whangara**, wo der Film *Whale Rider* gedreht wurde.

Tatapouri

In **Tatapouri** ist vom Strand aus ein Meeresschutzgebiet mit ausgezeichneten Möglichkeiten zum Riffschnorcheln erreichbar. In Sachen Surfen und Boogieboarden hat man die Wahl zwischen dem weiten **Makorori Beach** – auf dessen Parkplatz das ganze Jahr über *freedom camping* erlaubt ist – und der berühmten Brandung im Surf-Mekka **Wainui Beach** nur 7 km vom Stadtzentrum von Gisborne entfernt.

ÜBERNACHTUNG

Karte S. 413

Te Araroa

Te Araroa Holiday Park, 4814 Te Araroa Rd (SH35), 6 km westlich der Stadt, 💻 www.teararoaholidaypark.co.nz. Campingplatz mit 6 modernen Selbstversorger-Units 300 m vom Strand entfernt, mit einem Laden und tgl. geöffnetem Imbisswagen (Fr Dinner). ❷

Tokomaru Bay

Stranded in Paradise, 21 Potae St, 💻 www.stranded-in-paradise.net. Das kleine und freundliche Hostel hat Loft-ähnliche Zimmer, Schlafsäle für max. 3 Pers., Komposttoiletten, super Zeltstellplätze und ein paar bezaubernde Cabins (eine davon für 1 Pers.), alle an einem Hang mit sagenhaftem Meerblick. Angel-, Surfbrett- und Kajakverleih (ab 2 Übernachtungen kostenlos). Auf Anfrage Ausritte mit dem Ortspolizisten. ❷

Te Puka Tavern, 153 Beach Rd, 🖳 www.tepukatavern.co.nz. Aufgehübschter typischer Kiwi-Pub mit Unterkünften und anständigem Essen (tgl. 11–23 Uhr) wie gebratenem Tarakihi und Steak mit Eiern. 4 moderne Units mit Meerblick. Es ist das einzige Lokal im Ort mit Alkoholausschank und wird am Wochenende oft rappelvoll. ❸

Anaura Bay

Anaura Bay Campsite, 886 Anaura Rd. Sehr einfacher DOC-Platz in traumhafter Lage am Strand und Ausgangspunkt des Anaura Bay Walkway. Frisches Wasser ist vorhanden, aber keine Toilette, daher Chemieklo oder Auffangbehälter mitbringen. Von Dez–Mitte Jan gibt es aber eine Entsorgungsstation. Mai–Sep geschl. ❶

Anaura Bay Motor Camp, ✆ 06 862 6380. Campingplatz am Südende der Bucht in Traumlage am Strand. Die Waschräume befinden sich im ausgedienten Schulhaus, außerdem gibt's einen Laden mit dem Allernötigsten. ❶

Tolaga Bay

Tolaga Bay Holiday Park, 167 Wharf Rd, 🖳 www.tolagabayholidaypark.co.nz. Großer Strandcampingplatz beim alten Kai mit Grillstelle, Kajakverleih und kleinem Laden (nur Dez/Jan). Zauberhafte Aussicht und ein Dutzend Cabins, die Hälfte davon am Strand. ❶

Tolaga Bay Inn, 12 Cook St, 🖳 www.tolagabayinn.co.nz. Historisches Hotel mit 11 Zimmern und gemütlichen 4er-Dorms, alle mit Gemeinschaftsbad. Gleichzeitig dank Bar und ausgezeichnetem Café (🕒 tgl. 9–19 Uhr) ein beliebter Treff. Das Café serviert Muffins, Kaffee und Kleinigkeiten wie Hühnchen-Ciabatta und *seafood chowder*. Ist gleichzeitig ein Gemeinde-Infozentrum mit kostenlosem Internet. ❶

Tatapouri

Tatapouri Motor Camp, 516 Whangara Rd (SH37), 🖳 www.tatapouri.co.nz. Großer Praktischer Campingplatz am Fuß einer schönen Landspitze 15 Min. nördlich von Gisborne. Der Platz verfügt über direkten Zugang zum Strand und zum Meeresschutzgebiet. ❶

Gisborne und Umgebung

Gisborne

Gisborne (Tairawhiti) ist die am östlichsten gelegene Stadt Neuseelands, eine historische und doch zugleich jugendliche Stadt am Meer – mit entspanntem Flair und beliebt bei Familien und Surfern. Im kompakten Stadtzentrum säumen niedrige Holzhäuser, unterbrochen von Parkanlagen, die breiten Straßen.

Geschichte

Im Oktober 1769 setzte **James Cook** hier erstmals einen Fuß auf den Boden von Aotearoa – und verursachte sofort viel Leid unter den einheimischen Maori. Eine Statue am Ufer erinnert heute an dieses Ereignis. Die Landestelle nannte er **Poverty Bay** („Bucht der Armut"), da „sie nicht einen einzigen Gegenstand bot, den wir haben wollten, außer etwas Brennholz".

Bis Anfang des 19. Jhs. war Poverty Bay fest in Maori-Hand, und nur wenige Pakeha zogen hierher, da sie sowohl von der Hauhau-Rebellion als auch vom Aufstand unter Führung Te Kootis abgeschreckt wurden. Erst in den 1870er-Jahren fühlten **Europäer** sich sicher genug, in größerer Zahl hierher zu kommen. Nachdem in den 1920ern ein ordentlicher Hafen gebaut war, ging es mit der Schafzucht und dem Gemüseanbau rasch bergauf. In jüngster Zeit kamen noch Weinbau und Forstwirtschaft hinzu.

Heute ist das Zahlenverhältnis von Gisbornes Maori- und Pakeha-Bevölkerung fast genau 50 : 50. Nicht zuletzt der weite Strand macht die Stadt zum begehrten Ziel von Urlaubern auf der Suche nach Sonne und Meer.

Statuen von Cook und Young

Die Statuen von Cook und Young stehen beide im Park am Westufer der Flussmündung

Die meisten Highlights hier haben mit der historisch bedeutsamen Landung von James Cook und den daraus folgenden Kontakten zwischen der Maori- und der Pakeha-Kultur zu tun. Der Erste von Cooks Crew, der die Berge von Aotearoa erspähte, war der zwölfjährige Schiffsjunge Nick Young. Zum Dank hielt Cook die weiße, felsige Landspitze 10 km südlich von Gisborne auf der anderen Seite der Poverty Bay auf seiner Karte als „Young Nick's Head" fest. Dem scharfsichtigen Young wurde mit einer Statue auf der Westseite der Flussmündung in Gisborne ein Denkmal gesetzt. Nicht weit davon steht eine **Statue von James Cook** auf einer steinernen Halbkugel.

Cooks Landungsstelle und Kaiti Hill

Die Cook's Landing Site befindet sich östlich vom Fluss an der Kaiti Beach Rd ▪ Der Kaiti Hill ist über den Queens Drive oder den Titirangi Drive zu erreichen

Ein grauer Obelisk am östlichen Flussufer kennzeichnet die Stelle, wo Cook an Land ging. Dahinter klettert der Titirangi Drive den **Kaiti Hill** hinauf zur **Cook Plaza**, wo eine Skulptur steht, die Cook darstellen soll, die aber in eine italienische Uniform gekleidet ist. Vom höchsten Punkt des Kaiti Hill bieten sich weite Ausblicke über die Poverty Bay bis zu den Klippen von Young Nick's Head, von etwas weiter unten auf die Stadt und den Hafen.

Te Poho-o-Rawiri Meeting House

Queens Drive ▪ Anmeldung beim Hausmeister unter ✆ 06 868 5364 ▪ Eintritt gegen Spende

Auf der östlichen Seite des Kaiti Hill befindet sich das **Te Poho-o-Rawiri Meeting House**, eines der größten des Landes. Das großartige Innere ist mit kunstvollen Holzschnitzereien, durchsetzt mit wunderbar abwechslungsreichen geometrischen *tukutuku* (Wandverkleidungen), verziert. Am Fuß der beiden Stützpfeiler bilden kunstvoll geschnitzte Kriegerstatuen einen schönen Kontrast zu den jüngeren Arbeiten an den Wänden.

Tairawhiti Museum

10 Stout St ▪ ⏲ Mo–Sa 10–16, So 13.30–16 Uhr ▪ Eintritt ▪ 💻 www.tairawhitimuseum.org.nz

Am anderen Ufer ein gutes Stück weiter nördlich liegt das **Tairawhiti Museum**. In den maritimen Flügel wurden das originale Ruderhaus und die Kapitänsunterkunft der 12000 t schweren *Star of Canada*, die 1912 am Riff vor Gisbornes Kaiti Beach auf Grund lief, geschickt integriert. Exponate zur Bedeutung der Schifffahrt und ein Devotionalienschrein für den hiesigen Surfsport runden die Ausstellung ab.

Draußen stehen mehrere nicht mehr genutzte Häuser aus der gesamten Region, besonders hervorzuheben sind darunter das **Wyllie Cottage** von 1872, das älteste erhaltene Haus der Stadt, und das **Sled House**, das zur Zeit des Hauhau-Aufstands auf Kufen erbaut wurde, damit es beim ersten Anzeichen von Unruhen von einem Ochsengespann fortgezogen werden konnte.

Toihoukura

80 Cobden St, nahe der Kreuzung mit der Gladstone Rd ▪ ⏲ Mo–Fr 8.30–16.30 Uhr ▪ Eintritt frei ▪ 💻 www.toihoukura.com

Die auffällige Skulptur einer Walschwanzflosse kündet von der **Toihoukura**, einer Akademie für Maori-Kunst. Hier werden u. a. alte Schnitzereien der Maori restauriert. Neuinterpretationen mit modernen Materialien und Techniken werden gefördert. Die Ergebnisse sind lebendige wie eindrucksvolle Werke. Die Ausstellungsstücke sind in der Regel verkäuflich; ein großartiges Souvenir!

Harvest Cidery

91 Customhouse St ▪ ⏲ Mo–Fr 9–16.30 Uhr ▪ Eintritt frei ▪ 💻 www.harvestcider.co.nz

In der kleinsten Anlage der Kelterei Bulmer Harvest kann man den freundlichen Mitarbeitern durch eine Glaswand bei der Arbeit zusehen. Sie stellen das inzwischen berühmte Getränk hier seit 30 Jahren aus regionalen Äpfeln her. Wer mag, kann sich Proben der köstlichen Thomas & Rose-Cider-Sorten (u. a. in den Geschmacksnoten Wassermelone und Gurke) oder Honigwein aus Manuka-Honig kredenzen lassen.

ÜBERNACHTUNG

Karte S. 419

Die palmenbestandene Hauptstraße Gladstone Road und die Uferstraße Salisbury Road säumen zahlreiche Motels. In den vier Wochen nach Weihnachten ist jedoch nur schwer eine Unterkunft zu bekommen.

Ahi Kaa, 61 Salisbury Rd, 💻 www.ahikaa.co.nz. Das kleine familiengeführte Motel mit Studios und Selbstversorger-Units zeichnet sich durch sein persönliches Flair und seine tolle Lage gegenüber vom Strand aus. Die Maori-Eigentümer können eventuell auch Dorfbesuche arrangieren. ❶

The Green House, 9 Hinaki St, ✉ ruth@the-green-house.co.nz. Uriges und behagliches B&B in einem Vorort 5 Min. mit dem Auto von der Innenstadt entfernt, mit nur 1 Zimmer mit eigenem Bad. Frühstück gibt's in der Küche oder draußen im Cottage-Garten. Kostenlose Nutzung von Fahrrädern. ❷

Knapdale Eco Lodge, 114 Snowsill Rd, Waihirere, 13 km nordwestlich von Gisborne, 💻 www.knapdale.co.nz. Luxuslodge auf einer beschaulichen Farm mit Hühnern, Rotwild und Pferden. Der Hof wird überwiegend nach Permakultur-Prinzipien bewirtschaftet. Morgens kündigt ein Vogelkonzert aus dem nahen Wald an, dass es Zeit zum Aufstehen ist – es wartet ein üppiges Frühstück. Feinschmecker sollten sich fürs exquisite Dinner anmelden. ❹

Surf City Lodge, 139 Rutene Rd, 💻 http://surfcitylodge.co.nz. Geräumiges, zentral gelegenes Budget-Hotel in einem Bungalow im kalifornischen Stil der 1920er-Jahre mit Rasenfläche, Grill, Leseraum – und Angestellten, die sich mit den örtlichen Surf-Hotspots gut auskennen. Gäste der Surf City Lodge können zudem Fahrräder und Surfbretter leihen, und ein gut ausgestattetes Fitnessstudio ist ebenfalls vorhanden. Es gibt hier nur

4 Zimmer, bei allen handelt es sich um gemütliche und komfortable DZ. ❶

Waikanae Beach Motel, 19 Salisbury Rd, 🖳 www.waikanaebeachmotel.co.nz. Das Waikanae Beach Motel ist ein entspanntes, preisgünstiges Hotel, nur einen Steinwurf von Gisbornes berühmtem Strandweg entfernt. Es bietet eine Reihe von Unterkünften zur Selbstverpflegung, von einfachen Studios mit Küchenzeile bis hin zu geräumigen Apartments mit einem Schlafzimmer und großem Wohnbereich. ❷

Waikanae Beach Top 10 Holiday Park, Grey St, 🖳 www.gisborneholidaypark.co.nz. Campingplatz in idyllischer Lage direkt am Hauptstrand von Gisborne gelegen, nur 5 Min. vom Stadtzentrum. Einige der gemütlichen Cabins haben ein Bad. Auch Selbstversorger- und Motel Units. ❶

ESSEN

Karte S. 419

Crawford Road Kitchen, Gisborne Wine Centre, Shed 3, Inner Harbour, 🖳 www.facebook.com/crawfordroadkitchen. Präsentiert die Gisborner Weinszene mit einem Probierset (3 Weine) und gibt Tipps zu geöffneten Kellereien (und nimmt auch Buchungen vor). Oder man kauft einfach eine Flasche Wein und genießt sie draußen mit Blick aufs Wasser – dazu Probierteller zum Teilen oder auch ausgewachsene Mahlzeiten wie Muscheln in Ingwer und Kokosnuss. $$$

Gisborne Cosmopolitan Club, 190 Derby St, 🖳 www.gisbornecossie.co.nz. Bitte nicht von dem etwas seltsamen Namen täuschen lassen: Das „Cossie" ist ein durch und durch bodenständiges Lokal, dessen Speisekarte Klassiker wie Fish 'n' Chips, Surf and Turf und Hamburger umfasst. Gutes Preis-Leistungs-Verhältnis. $$

Gisborne Farmers' Market, Parkplatz der Army Hall, Fitzherbert, Ecke Stout St, 🖳 www.gisbornefarmersmarket.co.nz. Auf dem gut besuchten Markt gibt's leckeres Obst und Gemüse, Fleisch, Käse, Bio-Lebensmittel und Backwaren. $$

Muirs Bookshop Café, 62 Gladstone Rd, 🖳 www.muirsbookshop.co.nz. Ein kleines Café über dem besten Buchladen von Gisborne neben der Secondhand-Abteilung. Vom sonnigen Balkon lässt sich bei Panini, Salaten und leckerem Kuchen das Treiben auf der Straße beobachten. $

Off the Hook, The Esplanade, Höhe Crawford Rd, ✆ 06 868 1644. Im besten Fish 'n' Chip-Takeaway der Stadt wird Fisch entsprechend den Kundenwünschen zubereitet, darunter Schnapper und Terakihi (mit Pommes), alles frisch von den eigenen Booten. Samstags kann man am Fischwagen auf dem Markt auch selbst frischen Fisch kaufen. $

Tatapouri Sports Fishing Club, The Esplanade, 🖳 www.gtsfc.co.nz. Nettes Vereinslokal direkt am Kai. An Tischen auf der Veranda gibt es Seafood, Steaks oder Burger. Nichtmitglieder sind hier willkommen, sie müssen sich nur eintragen: Anmeldung an der Bar. $$

Verve Café, 121 Gladstone Rd, 🖳 www.facebook.com/people/Verve-Cafe. Ein cooles, aber unprätentiöses Café und Restaurant, das tagsüber ausgezeichnetes Essen zu moderaten Preisen bietet, darunter Hühnchen-Sandwiches, Muffins und Kuchen. Zeigt Wanderausstellungen mit Werken aufstrebender lokaler Künstler. $

UNTERHALTUNG

Karte S. 419

Lone Star, 60 Esplanade, Wharfside, 🖳 www.sohobar.co.nz. Tagsüber ist dieser entspannte Ort am Hafen ein Café, das Fish 'n' Chips, Steaks und andere Lieblingsgerichte serviert und bis spät in die Nacht für Getränke und Musik geöffnet bleibt.

The Rivers, Gladstone Rd, Ecke Reads Quay, 🖳 www.therivers.co.nz. Geselliger Irish Pub mit gutem Guinness und einer Auswahl an herzhaften Gerichten, darunter Steak, Hühnchen und Fisch. Beliebt bei Familien.

Smash Palace, 24 Banks St, 🖳 www.smashpalacebar.com. Wunderbar kauzige Bar in Wellblechschuppen-Ambiente, wo sich Arbeiter des nahen Industriegebiets ebenso wie Angestellte in Anzug und Krawatte wohlfühlen. Das Essensangebot umfasst hauptsächlich Snacks und liebevoll zubereitete Burger, darunter auch vegetarische und glutenfreie. Livemusik von Blues bis Heavy Metal, meistens an den Wochenenden und im Sommer.

Kinos

Dome Cinema, The Poverty Bay Club, 38 Childers Rd, www.domecinema.co.nz. Ausgezeichnetes Independentkino mit Sitzsäcken, Bar und einer erlesenen Auswahl sehenswerter Filme. Auf die Leinwand kommen sie im alten Billardzimmer.

SONSTIGES

Einkaufen

Stone Studio, 237 Stanley Rd, www.stonestudio.co.nz. Familiengeführtes Geschäft und Atelier, in dem Besucher zwei Kunsthandwerkern bei der Arbeit zusehen können. Es wird ausschließlich Grünstein aus Neuseeland verwendet. Auch Auftragsarbeiten.

Informationen

i-SITE, 209 Grey St, www.i-site.nz. Die Touristeninformation bietet kostenlosen Internetzugang, vermietet für Cycle Gisborne (s. Nahverkehr) Fahrräder, gibt Tipps zu freiem Campen und hat Informationen zu Wanderungen und DOC-Hüttenpässen. ⌚ Mo–Fr 8.30–17, Sa und So 10–17 Uhr.

Internet

Internetzugang und kostenloses WLAN in der **Stadtbibliothek**, 34 Bright St, ⌚ Mo–Fr 9.30–17.30, Sa 9.30–13 Uhr. Kostenloses WLAN gibt's auch im **CBD**.

Touren

Gisborne Tours, www.gisbornetours.nz. Der alteingesessene Gisborner Nisbet Smith bietet eine flexible 5-stündige Tour zu 3 Weingütern inkl. Verkostung (auf einem Gut gibt es Mittagessen) sowie zu historischen und kulturellen Sehenswürdigkeiten unterwegs (tgl. 11.15 Uhr; im Voraus buchen!).

NAHVERKEHR

Innerhalb der Stadt ist alles gut zu Fuß zu erreichen.

Cycle Gisborne, www.cyclegisborne.com, vermietet auch Fahrräder und Mountainbikes und bietet Pakete für geführte oder eigenständige Touren durch die Weingüter (S. 423). Räder können am i-SITE abgeholt werden.

TRANSPORT

Busse

Die Busse von InterCity halten am i-SITE.

Busse nach:
AUCKLAND 1x tgl., 9 1/2 Std.;
HASTINGS 1x tgl., 5 Std.;
NAPIER 2x tgl., 4 Std.;
OPOTIKI via SH2 1x tgl., 2 Std.;
ROTORUA 1x tgl., 5 Std.;
WAIROA 1x tgl., 1 1/2 Std.;
WELLINGTON 1x tgl., 10 Std.;
WHAKATANE 1x tgl., 3 Std.

Flüge

Air New Zealand bietet Direktverbindungen von Gisborne nach Auckland und Wellington. Die Regionallinie Sunair, www.sunair.co.nz, hat Flüge nach Rotorua, Hamilton und Tauranga im Programm.
Der **Flughafen** liegt 2 km westlich des Zentrums und ist per Taxi ($20) erreichbar, z. B. Gisborne Taxis, ✆ 06 867 2222.

Flüge nach:
AUCKLAND 5x tgl., 1 Std.;
HAMILTON Mo–Fr 2x tgl., 1 Std.;
ROTORUA Mo–Fr 2x tgl., 45 Min.;
TAURANGA Mo–Fr 2x tgl., 45 Min.;
WELLINGTON 1–4x tgl., 1 1/4 Std.

Die Umgebung von Gisborne

In der Nähe von Gisborne lassen sich gut ein, zwei schöne Tage verbringen. An erster Stelle bietet sich natürlich ein Besuch auf einem

Weingut an. Außerdem kann man kleine Wanderungen unternehmen und alle möglichen Sehenswürdigkeiten besichtigen.

Die Weingüter, www.gisbornewine.co.nz, liegen in einer Schwemmlandebene im Schutz der Raukumara Range und sind mit intensivem Sonnenschein und einer kühlen Meeresbrise gesegnet. Die Region hat sich zum Wein-Mekka entwickelt, das riesige Mengen an süffigem Chardonnay produziert. Auf vielen der Weingüter sind Besucher willkommen, man sollte allerdings vorher anrufen. Einige Güter haben im Sommer auch regelmäßig für Weinproben geöffnet.

Wer kein Auto hat, mietet am besten ein **Fahrrad** oder schließt sich einer Tour durch die Weingüter an.

Bushmere Estate

166 Main Rd South, 6 km nordwestlich von Gisborne ▪ Verkostung Sep–Mai Mi–So 11–15 Uhr, April–Aug nur n. V.; vorsichtshalber anrufen ▪ www.bushmere.com

Seitdem die Nachfrage nach Chardonnay zurückgegangen ist, haben sich viele der kleineren Weinbauern der Poverty Bay auf den Anbau anspruchsvollerer Reben (zusammen mit Viognier und Gewürztraminer) verlegt und produzieren inzwischen hochwertigere Weine. Eines dieser Weingüter ist das **Bushmere Estate**. Hier gibt es auch ein gutes Café, das wunderschön zwischen Weinreben liegt und bei den Einheimischen eine beliebte Adresse sonntags zum Mittagessen ist.

Millton

199 Papatu Rd, 11 km südwestlich von Gisborne ▪ Verkostung tgl. 10–16 Uhr ▪ www.millton.co.nz

Millton ist eines der wenigen ökologischen Weingüter Neuseelands, die biodynamisch unterwegs sind. Die Zeit des Pflanzens, Erntens und der Flaschenabfüllung wird jeweils von den Mondphasen diktiert, was dazu beiträgt, dass hier köstliche Weine produziert werden (insbesondere Chardonnay, Chenin Blanc und Viognier), die laut Hersteller auch von Leuten, die auf andere Weine allergisch reagieren, bedenkenlos genossen werden können. Bei einer Käse- oder Wurstplatte lässt sich der Wein hier in aller Ruhe genießen.

Tatapouri Reef

Tatapouri, 14 km nordöstlich von Gisborne ▪ Eintritt; eine Buchung ist erforderlich ▪ www.divetatapouri.com

Auf Führungen wird bei Ebbe das **Tatapouri Reef** erkundet. Die Teilnehmer können Stachelrochen, Königsmakrelen und Tintenfische füttern oder inmitten der Stachelrochen schnorcheln.

Eastwoodhill Arboretum

Wharekopae Rd, 35 km nordwestlich von Gisborne ▪ tgl. 9–17 Uhr ▪ Eintritt ▪ www.eastwoodhill.org.nz

Neuseelands größte Sammlung an Bäumen der nördlichen Hemisphäre im **Eastwoodhill Arboretum** besucht man am besten mit einer Flasche Wein und einem vollen Picknickkorb ausgerüstet. Die Anpflanzung begann 1918 und wurde zum Lebenswerk von William Douglas Cook, der während des Ersten Weltkriegs einen Erholungsaufenthalt in England verbracht und eine Vorliebe für britische Gärten und Parks entwickelt hatte. Cook starb 1967. Zahlreiche Wege führen durch eine einzigartige Parklandschaft mit mehr als 3500 Baumarten, in der sowohl Bäume aus warmen als auch kalten Klimazonen gedeihen.

Rere Falls und Rere Rockslide

12 km hinter dem Eastwoodhill Arboretum, Zufahrt von der Wharekopae Rd

Hinter den 10 m hohen **Rere Falls** des Wharekopae River führt ein Spazierpfad entlang. Das eigentliche Highlight ist aber die **Rere Rockslide**, rund 2 km flussaufwärts (frei zugänglich). Dort stürzt der Fluss einen 20 m breiten und 60 m langen, glatt geschliffenen Felshang hinunter – eine geniale Rutschbahn. Im Sommer gibt es wenig Wasser und viele Algen, deshalb rutscht man rasend schnell ins Becken hinab. Die Rutschunterlage muss mitgebracht werden – dazu eignen sich ein Boogie Board, ein Autoreifen oder einfach ein altes Plastikteil. Bevor es losgeht, sollte man sich von den Einheimischen ein paar Insider- und Sicherheitstipps geben lassen.

Von Gisborne nach Napier

Der **SH2** führt von Gisborne nach Süden, wobei die Weingärten der Poverty Bay dem Hügelland des Wharerata State Forest Platz machen, ehe **Morere** erreicht ist. Von dort ist es nur ein Katzensprung Richtung Süden bis zum Abzweig nach Osten zu den einsamen Stränden der **Mahia Peninsula**. Auf dem SH2 Richtung Westen geht es in das urige Flussstädtchen **Wairoa**: Von dort aus hat man Zugang zur großartigen Region **Te Urewera** mit ihren atemberaubenden Aussichtspunkten und ihren vielen Wanderwegen rund um den Lake Waikaremoana (S. 426). Oder man fährt weiter nach **Napier**, 214 km südlich von Gisborne und leicht im Rahmen einer Tagesfahrt zu erreichen. Unterwegs kann man noch einen Abstecher zum **Boundary Stream Scenic Reserve** mit seiner endemischen Flora einschieben.

Morere und Morere Hot Springs

SH2, 50 km südlich von Gisborne ▪ tgl. 10–18 Uhr, im Sommer bei Betrieb länger ▪ Eintritt ▪ www.morerehotsprings.co.nz

Das winzige **Morere** ist vor allem für sein extrem salzhaltiges und angenehm schwefelfreies Wasser bekannt: Fossiles Meerwasser wird hier tief unter der Erde erhitzt und sammelt sich konzentriert. Dieses Wasser steigt dann entlang eines kleinen Bachs, der sich durch einen der letzten Küstenurwälder der Ostküste windet, nach oben. Um die Becken herum finden sich Grillplätze, von denen viele Pfade an Tawa-, Rimu-, Totara- und Matai-Bäumen vorbei in alle Richtungen abgehen. Ein kurzer Spaziergang am Fluss entlang (10 Min.) führt zu den Nikau Plunge Pools, mineralhaltigen Teichen. Sehr schön ist auch der Mangakawa Track (3 km; rund 2 Std.): von den Quellen aus durch unberührten Wald zu einem Birkenwäldchen und wieder zurück.

ÜBERNACHTUNG

Morere Hot Springs Lodge, SH2, www.morerelodge.co.nz. Ein herrlich entspanntes Plätzchen mit Selbstversorger-Unterkünften auf einem gepflegten Bauernhof mit einem schönen, erfrischenden Badeteich. Fast alles Notwendige muss von den Gästen der Lodge mitgebracht werden. ❷

Whiorau Farmstay, 5 km nördlich von Nuhaka am SH2, www.whioraustation.co.nz. Eine friedliche Ruhe herrscht auf dieser bewirtschafteten Schafs- und Rinderfarm, die auch Heimat von Ponys, Pferden und Damhirschen ist. Die Unterkunft in naturnaher Umgebung verfügt über 3 gemütliche Schlafzimmer sowie Campingplätze. Freundliche Atmosphäre. ❶

Mahia Peninsula

In Nuhaka, 8 km südlich von Morere, streift die Schnellstraße kurz die Küste und biegt dann nach Westen Richtung Wairoa ab, während die Nuhaka-Opoutama Road nach Osten zur **Mahia Peninsula** führt, einer prominenten Landzunge, die die Hawke's Bay von der Poverty Bay trennt. Die größte Siedlung der Halbinsel, **Mahia Beach**, liegt auf der windgeschützten Seite der schmalen Halbinsel, sodass man an den ruhigen **Stränden** gefahrlos baden und Boot fahren kann. Surfer lieben die rauere, dem Wind ausgesetzte Seite nur 3 km weiter nördlich. Abgesehen vom *mad month* nach Weihnachten ist dies ein total entspanntes Plätzchen für einen Zwischenstopp.

ÜBERNACHTUNG UND ESSEN

Rocket Café, 476 Mahia East Coast Rd, www.facebook.com/TeMahiaRocketCafe. Hier werden hervorragender, vor Ort gerösteter Kaffee sowie hausgemachte Speisen wie herzhafte Lammeintöpfe, saftige Burger und Steak-Sandwiches aufgetischt. Das Rocket ist ein freundliches und äußerst beliebtes Café auf der Ostseite der Halbinsel. $

Mahia Beach Holiday Park, 43 Moana Drive, Mahia Beach, 💻 www.mahiaholidaypark.nz. Weitläufiger Campingplatz und einfache Motel Units auf einer Wiese in der Nähe vom Strand, wo es im Sommer rappelvoll wird. ❷

Sunset Point Bar and Grill, Newcastle St, Ecke Ratau St, ☎ 06 837 5071. Das einzige betriebsame Lokal in Mahia bietet herzhafte Mahlzeiten – Steaks, Langusten etc. – und einen großen Biergarten. Der Spirituosenverkauf schließt um 23, die Küche um 20 Uhr. $

Wairoa

Das verschlafene Bauernstädtchen **Wairoa**, etwa 40 km westlich der Nuhaka-Kreuzung, ist der Ausgangspunkt für Abstecher zum Lake Waikaremoana (S. 426). Es liegt am Ufer des breiten, von Trauerweiden gesäumten Wairoa River, 2 km von der Flussmündung entfernt, und war früher ein Handelshafen, wo die Erzeugnisse der Milchvieh- und Schaffarmen der Umgebung verladen wurden. Heute bietet der freundliche, bodenständige Ort ein interessantes Museum sowie Gelegenheit zu einem Spaziergang auf dem historischen Pfad am Fluss entlang zum Whakamahia Beach (7 km). Für Tageswanderungen am Lake Waikaremoana ist Wairoa ein guter Ausgangspunkt; wer länger wandern möchte, kann sich im Ort mit Campingausrüstung, Proviant und Benzin versorgen.

Wairoa Museum

142 Marine Parade ▪ 🕒 Mo–Fr 10–16 Uhr ▪ Eintritt gegen Spende

Das ausgezeichnete **Wairoa Museum** erzählt in drei kleinen, sorgsam gestalteten Ausstellungsräumen von den faszinierenden Ereignissen vergangener Tage. Eines der wichtigsten Stücke ist die Pai-Marire-Fahne, das Emblem einer Maori-Widerstandsbewegung während der Taranaki-Kriege der 1860er-Jahre. Interessant sind auch ein Lindauer-Porträt des regierungstreuen Malers Ihaka Whaanga und eine wunderschön geschnitzte Maori-Figur aus dem frühen 18. Jh.

ÜBERNACHTUNG

Wairoa wartet nur mit einer eher eintönigen Ansammlung von Straßenmotels auf, vermarktet sich jedoch als Paradies für Wohnmobilreisende, mit zahlreichen Stellen zum freien Campen, u. a. am Fluss in der Stadt und beim atemberaubenden Whakamahia Beach Wildlife Reserve.

Riverside Motor Camp, 19 Marine Parade, 💻 www.riversidemotorcamp.co.nz. Altmodischer, aber sauberer Campingplatz auf einem kleinen Grasgelände beim Fluss nur 2 Min. zu Fuß von der Innenstadt entfernt – mit Stellplätzen mit Strom, Cabins und einem sehr einfachen Dorm mit kleiner Lounge und Terrasse. ❶

Whakamahia Lodge, 4 km südlich von Wairoa an der Whakamahi Rd, 💻 www.whakamahialodge.co.nz. Diese reizende Unterkunft liegt auf einem grasbewachsenen Hügel nicht weit vom wilden Strandreservat entfernt und bietet herrliche Panoramablicke aufs Meer. Es gibt 3 geräumige Zimmer mit Bad, jedoch stören sich einige Gäste vielleicht an den zahlreichen Jagdtrophäen. Fischen mit Harpunen, Wildschweinjagden und Ausritte können vom zuvorkommenden Personal arrangiert werden. ❸

ESSEN

Café 87, 3 km westlich am SH2, 💻 www.2ate7.co.nz. Der Imbiss am Straßenrand hat köstliches hausgemachtes Frühstück, frisch gemahlenen Kaffee und gesundes Mittag- und Abendessen von Fettuccini bis Steaks. Es gibt auch 3 DZ in einem Häuschen. $$

Osler's Bakery & Café, 116 Marine Parade, ☎ 06 838 8299. Örtliche Institution, seit 5 Generationen geführt von derselben Familie. Eine von einem Dutzend hausgemachter leckerer Pasteten (alle unter $7) ist die Lamm-Minz-Pie, oder man sucht sich was Nettes in der Kuchentheke aus. $$

Wairoa Club Inc, 60 Marine Parade, ☎ 06 838 7414. Hier kann man sich an riesigen Steaks, leckerer Pizza und warmem Frühstück satt essen. Das Bier vom Fass stammt aus der Region, und am Wochenende erklingt Live-Country-Musik. $

UNTERHALTUNG

The Gaiety Cinema and Theatre, 252 Marine Parade, 💻 www.gaietytheatre.co.nz. Renoviertes altes Filmtheater mit einer Mischung aus Kinohits, Maori-Filmen und Live-Unterhaltung. Am ersten Montag im Juni findet hier jedes Jahr das Maori Film Festival statt.

INFORMATIONEN

i-SITE, SH2, Ecke Queen St, 💻 www.visitwairoa.govt.nz. Verkauf von DOC-Hüttentickets und Buchung eines Shuttleservice zum/vom Lake Waikaremoana. Hat auch Infos zu kostenlosen Campingplätzen in der Umgebung. 🕒 Mo–Fr 8.30–17, Sa und So 10–16 Uhr.

NAHVERKEHR

Big Bush Lake Waikaremoana Shuttle Service, 📞 06 837 3777. Befördert Passagiere auf Anfrage zum See und zurück ($50 p. P., je nach Passagierzahl).

TRANSPORT

Die InterCity-**Busse** halten tgl. vor dem i-SITE.

Busse nach:
GISBORNE 1x tgl., 1 1/2 Std.;
NAPIER 1x tgl., 2 1/2 Std.

Te Urewera

Te Urewera, 65 km nordwestlich von Wairoa, einst ein staatlicher Nationalpark, wurde 2014 als juristische Person anerkannt, sodass das Gebiet die gleichen Rechte besitzt wie eine lebende Person. Die Bedürfnisse von Te Urewera werden von einer Art Vormundschaftsgremium verwaltet, bestehend überwiegend aus Vertretern der Tuhoe, denen das Land hier ursprünglich unterstanden hatte. Das Gremium ermöglicht auch weiterhin den freien Zugang zu dem Gebiet.

Das Gebiet erstreckt sich quer über das gebirgige Rückgrat der Nordinsel und umschließt das mit 2120 km² größte Urwaldgebiet außerhalb von Fiordland. Durch das Unterholz streifen Hirsche und Wildschweine, und in den herabstürzenden Flüssen wimmelt es von Forellen. Zwar führt eine Straße, der SH38, durch das Innere, aber um einen echten Eindruck von Te Urewera zu bekommen, muss man hier Wanderungen unternehmen. Viele wählen hierfür den Lake Waikaremoana Track, der zu den schönsten viertägigen Wanderrouten der Nordinsel zählt. Der Pfad führt um den **Lake Waikaremoana**, den „See des sich kräuselnden Wassers", am südlichen Ende des Parks. Der See ist das unbestrittene Highlight der Region: Mit seinem tiefen, klaren Wasser, den weißen Sandstränden und Felsklippen ist er ein idealer Ort zum Schwimmen, Tauchen, Angeln und Paddeln.

Die Gegend ist äußerst spärlich besiedelt. Aber 15 % der Tuhoe leben noch hier, überwiegend in der Umgebung des Dorfes **Ruatahuna** 20 km nördlich des Sees. Die meisten Touristen steuern aber gleich das Visitor Centre am Seeufer in **Waikaremoana** an; hier gibt es außerdem einen Campingplatz mit kleinem Laden und Tankstelle. Das 15 km südlich gelegene, stille Dörfchen **Tuai** bietet grundlegende Services sowie Unterkünfte. Ansonsten ist man auf sich selbst gestellt.

Lake Waikaremoana

Der von Waldland umschlossene **Lake Waikaremoana** nimmt ein großes Becken in einer Höhe von über 582 m ein. Er wird nur mit Mühe von den Panekiri- und Ngamoko-Bergen aufgehalten. Der See entstand vor etwa 2200 Jahren, als sich eine riesige Felsbank aus Sandstein vom Ngamoko-Gebirge löste und den Fluss blockierte, der einst die Täler bewässerte. Inzwischen wurden zwei der Halbinseln, Whareama und Puketukutuku, mit Raubtierzäunen versehen, und es sind erfolgreich **Kiwis** neu an-

TÖLPEL, CAPE KIDNAPPERS (S. 439)

gesiedelt worden. Die Umgebung des Sees ist mit ihren zahlreichen kurzen **Wanderwegen** und Pfaden zu **Aussichtspunkten** sowie einer tollen 46-km-Wanderstrecke am Westufer zwischen Onepoto und Hopuruhine ein wahres Paradies für Wanderer.

Die meisten **kurzen Wandermöglichkeiten** bestehen zwischen Onepoto und Aniwaniwa am Ostufer des Sees; dies ist auch die einzige Seeseite mit einer allerdings überwiegend unbefestigten Straße. Die schönsten Wege sind der Hinerau Track (1 km; 20 Min. hin und zurück, 50 m Anstieg), der beim alten Visitor Centre in Aniwaniwa beginnt und u. a. zu den Aniwaniwa Falls führt; der Weg zum spektakulären Lou's Lookout (1 km, 45 Min. hin und zurück, 200 m steiler Anstieg) mit einem der schönsten Ausblicke auf den See; sowie der stille Lake Waikareiti Track (17 km, 5–6 Std., 300 m Anstieg) – am See kann man dann Ruderboote mieten ($20/Tag). Rund 9 km südlich des Visitor Centre den SH38 entlang beginnt der beliebte Onepoto Caves Track (4 km, 2 Std. hin und zurück) – für die Erkundung der Kalksteinhöhlen eine Taschenlampe mitnehmen!

Der **Lake Waikaremoana Track** (46 km) ist eine Viertageswanderung und einer der beliebtesten Great Walks auf der Nordinsel. Die abgesehen von der kräftezehrenden Klettertour über den Panekire Bluff relativ einfache Wanderung bietet zahlreiche Gelegenheiten zum Angeln und Schwimmen. Detaillierte Wanderinformationen finden sich in der DOC-Broschüre *Lake Waikaremoana Track*. Wer will, kann sich zusätzlich die beiden *Topo50*-Karten im Maßstab 1:50 000 besorgen, in denen die gesamte Rundwanderung eingezeichnet ist.

Die meisten Wanderer wählen die **Route im Uhrzeigersinn** um den See; sie beginnt bei einem Unterstand am Seeufer in der Nähe des SH38 in Onepoto. Die erste Tagesetappe mit dem Anstieg zum Panekire Bluff ist die anstrengendste, landschaftlich aber sehr reizvoll. Leute, die sich auskennen, scheinen jedoch die Wanderung **gegen den Uhrzeigersinn** zu bevorzugen, ab dem Hopuruahine River am Nordufer des Sees. Diese Richtung wartet beim Abstieg vom Panekire Bluff mit den schönsten Ausblicken auf den See auf. Die Ausgangspunkte in beiden Richtungen sind jeweils am besten mit einem **Wassertaxi** vom Anleger beim Besucherzentrum aus zu erreichen, wo man auch kostenlos parken kann. Jedoch führen an beiden Startpunkten auch Straßen vorbei, wo man ebenfalls par-

ken kann. Wem der ganze Great Walk zu lang ist, der kann sich mit dem Wassertaxi irgendwo am Weg absetzen lassen und nur eine **Tageswanderung** unternehmen oder auch nur eine einzige Nacht am Weg verbringen.

Abseits der fünf ausgewiesenen Zeltplätze ist das Campen in der Umgebung des Sees verboten. Da es außer rund um Onepoto auf der gesamten Wanderung keinen Handyempfang gibt, ist es ratsam, sich beim Visitor Centre einen Notfunksender *(personal locator beacon)* auszuleihen ($15 für einen Tag, $50 für bis zu 7 Tage).

Die Wintermonate (Juni–Sep) können kalt und feucht ausfallen, deshalb sind der Frühling und Herbst die besten Zeiten für den Track. Wanderer müssen aber zu jeder Jahreszeit damit rechnen, dass es schneit, und entsprechend ausgerüstet sein. Jede Hütte verfügt über Trinkwasser, Toiletten und einen Heizofen, doch ein **Kocher**, **Brennstoff und Essen** müssen mitgebracht werden. Auf den Campingplätzen gibt es nur Wasser und Toiletten.

Von Onepoto zur Panekire Hut

■ 9 km; 4–5 Std.; 750 m Steigung; 150 m Gefälle

Ausgangspunkt ist ein Unterstand am Seeufer nahe dem SH38. Der Pfad steigt steil an und passiert dabei eine von den Soldaten der Armed Constabulary zur Verfolgung von Te Kooti errichtete Redoute. Weiter bergauf geht es bis zum Pukenui-Markierungspunkt und ab dort am Bergkamm entlang. Stufen führen eine Felsklippe hinauf zur Panekire Hut. Sie befindet sich in atemberaubender Lage am Rande der Felsen, die zum See tief unten abfallen. Wer unbedingt zelten möchte, muss weiter bis nach Waiopaoa gehen – vom Startpunkt anstrengende acht Stunden Fußmarsch entfernt.

Von der Panekire Hut zur Waiopaoa Hut

■ 7,5 km; 3–4 Std.; 600 m Gefälle

Auf der Westseite des Panekire Bluff geht es rapide abwärts durch ein oft matschiges Gebiet, wo aus dem Boden ragende Baumwurzeln willkommenen Halt bieten. Gelegentliche Seeblicke und der Übergang von Birkenwäldern zu üppigem Steineibenwald machen diesen Abschnitt bis zur Waiopaoa Hut und dem Zeltplatz hinunter zu einer reizvollen, wenngleich anspruchsvollen Wanderung.

Von der Waiopaoa Hut zur Marauiti Hut

■ 11 km; 4–5 Std.; 100 m Steigung

Der Weg folgt überwiegend dem Seeufer, zu Beginn über Grasland und durch Kanuka-Dickicht, wo ein Nebenpfad zum Korokoro-Zeltplatz (gleich hinter der Abzweigung, 1 1/2 Std. von der Waiopaoa Hut entfernt) und von dort weiter zu den eindrucksvollen 20 m hohen Korokoro Falls (45–60 Min. hin und zurück) führt. Der Hauptpfad steigt unterdessen leicht an und führt an kaum zugänglichen Buchten vorbei, bis er schließlich den Maraunui-Zeltplatz erreicht und, nachdem er den niedrigen Ausläufer Whakaneke Spur erklommen hat, zur Marauiti Hut am Ufer hinabsteigt.

Von der Marauiti Hut zur Waiharuru Hut

■ 6 km; 2 Std.; 150 m Steigung

Hinter der Marauiti Hut führt der Pfad über die Brücke des Flusses, der in die Marauiti Bay fließt, und am reizenden weißen Sandstrand der Te Kopua Bay vorbei. Dann steigt er einen leichten Bergsattel hinauf, bevor er zur Te Totara Bay abfällt und dem See bis zur Waiharuru Hut mit Zeltplatz folgt – mit 40 Betten ist dies die größte der fünf Hütten.

Von der Waiharuru Hut zur Whanganui Hut

■ 5,3 km; 2–3 Std.; 100 m Steigung

Eine kurze Wanderung über die Landenge bis zum Tapuaenui-Zeltplatz und noch ein Stück weiter. Der Weg folgt dem Seeufer bis zur romantischen alten Whanganui Hut, der kleinsten Hütte mit nur 18 Betten. Sie steht an einem Fluss.

Von der Whanganui Hut nach Hopuruahine

■ 5 km; 2–3 Std.; 50 m Steigung

Die letzte Etappe ist die kürzeste und gemütlichste. Der Track zieht sich am See entlang bis zum Abholungspunkt der Wassertaxis (45 Min.).

Anschließend führt er an der mit Gras bewachsenen Niederung am Hopuruahine River entlang und verläuft schließlich über eine Hängebrücke.

ÜBERNACHTUNG

Lake Waikaremoana

Lake Whakamarino Lodge, 15 km südlich vom Visitor Centre im Ort Tuai, 💻 www.lakelodge.co.nz. Die Lodge verfügt über schlichte Zimmer und edlere Selbstversorger-Units – schön gelegen am forellenreichen Lake Whakamarino. Schnell ausgebucht, daher zeitig reservieren. ❷

Mokau Landing Campsite, SH38, 11 km nordwestlich vom Visitor Centre. Mokau Landing ist großer, mit Gras bewachsener DOC-Campingplatz zwischen Wald und See mit fließendem Wasser und Toiletten. Die Anlage befindet sich nur 1,5 km von den Mokau Falls. ❶

Ohuka Lodge, 33 Ohuka Rd, unmittelbar abseits des SH38, auf halber Strecke zwischen dem Visitor Centre und Wairoa Town, 💻 www.ohukalodge.com. Das umgebaute Bauerncottage ist im Inneren modern mit Küche und 2 Schlafzimmern ausgestattet. Die ländliche Lage ist wunderbar ruhig; am Waikaretaheke River kann man gut angeln. ❸

Waikaremoana Holiday Park, am SH38, neben dem Visitor Centre, 🖂 waikaremoanahp@doc.govt.nz. Die Anlage ist professionell geführt, mit Campingbereich am See, einfachen Holzhütten und neuen Selbstversorger-Chalets für bis zu 5 Pers. Ein praktischer Laden, eine Gemeinschaftsküche sowie ein Essbereich sind vorhanden. Duschen stehen auch für Nichtgäste zur Verfügung. ❷

Lake Waikaremoana Track

Die **DOC-Hütten und Campingplätze** Panekiri, Waiopaoa, Marauiti, Waiharuru und Whanganui, 💻 www.doc.govz.nz, sind allesamt Great-Walk-Hütten und müssen im Voraus reserviert werden, ebenso die anderen Campingplätze. Das lässt sich problemlos online unter 💻 www.doc.govt.nz erledigen. Allerdings führt kein Weg am Te Urewera Visitor Centre vorbei, denn dort muss das Great Walks Ticket abgeholt werden. Außerhalb der Osterwoche und Weihnachten stehen die Chancen auf einen freien Platz sehr viel besser. Backcountry-Hüttenpässe gelten hier nicht. Unter 18-Jährige frei. ❶

ESSEN

Das am nächsten gelegene richtige Restaurant ist 55 km entfernt: The Tavern im winzigen Frasertown, 8 km östlich von Wairoa. Um die **Verpflegung** muss man sich also weitgehend selbst kümmern. Im Waikaremoana Holiday Park gibt es einige Lebensmittel. Man kann sich vielleicht auch beim District Club in Tuai, ✆ 06 837 3885, anmelden: Hier gibt es Bier und kleine Gerichte. Ansonsten sind auf Anfrage Mahlzeiten in der Lake Whakamarino Lodge erhältlich. Am besten ist es, eigene Vorräte mitzubringen.

SONSTIGES

Angeln

David Dods, 4939 Main Rd (SH38), 🖂 fishdods@extra.co.nz. Der Waikaremoana-See ist weltweit einer der besten Fanggründe für braune Forellen. $170 für einen einfachen Ausflug, $780 für rund 5 Std., inkl. Mittagessen (geräucherte Forelle und Wein). Betreibt auf dem Hügel oberhalb des Tuai Village auch ein schönes B&B.

Geführte Wanderungen

Walking Legends, 💻 www.walkinglegends.co. Dieser Veranstalter bietet 4-tägige geführte Wanderungen mit begeisterten, fachkundigen Führern. Übernachtet wird in denselben DOC-Hütten, die auch die anderen Wanderer nutzen. Los geht's in Rotorua, ausgezeichnete Mahlzeiten und Wein gehören zum Service. Einzig einen kleinen Rucksack muss man selbst tragen. Die längste angebotene Tagesroute nimmt 7 Std. in Anspruch, und meist bleibt sogar noch genügend Zeit, um die eine oder andere Forelle zu angeln.

Informationen

Te Urewera Visitor Centre, im Tuhoe Tribal Authority Building neben dem Waikaremoana Holiday Park, ✆ 06 837 3803, ✉ teurewera vc@doc.govt.nz. Das Besucherzentrum bietet Hüttenbuchungen, Karten und Notfunksender. ⌚ Di–Sa 8–16.30 Uhr.

NAHVERKEHR

Man kann die beiden Ausgangspunkte des Lake Waikaremoana Track mit dem **Auto** erreichen, aber dort ist es schon mehrfach zu Diebstählen gekommen. Deshalb stellen viele Leute ihr Fahrzeug lieber auf dem kostenlosen Parkplatz beim Waikaremoana Holiday Park ab und nehmen von dort ein Wassertaxi. Die einzige **Tankstelle** zwischen Wairoa und Murupara befindet sich im Waikaremoana Holiday Park.

TRANSPORT

Am einfachsten lässt sich der Lake Waikaremoana von Wairoa mit dem **Auto** auf dem SH38 erreichen, der weiter nach Murupara und Rotorua führt. Zwischen Lake Waikaremoana und Murupara liegen jedoch fast 100 km knochenharter Schotterpiste. Wer diese Route bereisen möchte, sollte sich zuvor vor Ort beraten lassen, die Broschüre *Te Urewera Rainforest Route* zur Hand nehmen und, besonders wichtig, langsam fahren.

Shuttle Service, David Dods (S. 430) bietet sowohl einen Shuttleservice als auch Rundfahrten auf dem See an.

Boundary Stream Scenic Reserve

Bei Tutira (43 km nördlich von Napier) vom SH2 landeinwärts auf die Matahorua Rd wechseln und dann 15 km Richtung Nordwesten auf der Pohakura Rd

Hinter Wairoa wird die Straße Richtung Napier erheblich schmaler, steiler und kurviger. Autofahrer sollten es langsam angehen lassen und für die Strecke gute anderthalb Stunden einplanen. Man sollte sich auch Zeit für den Besuch des idyllischen **Boundary Stream Scenic Reserve** nehmen, einer „Festlandinsel", auf der unter anderem braune Nordinsel-Kiwis, Nordinsel-Kakas und selten auch Neuseelandfalken nisten. Das Reservat durchziehen mehrere Wanderwege, darunter einer zum Aussichtspunkt Bell Rock (5 km hin und zurück; 3 Std.). Es führt auch einer bis zum entlegenen Ende des Reservats zu den 58 m hohen **Shine Falls** inmitten üppiger Vegetation.

Napier

Die Hafenstadt **Napier** ist dank des mediterranen Klimas, der erschwinglichen Preise und einer der weltweit schönsten Ansammlungen von Art-déco-Häusern eine der liebenswertesten „Metropolen" Neuseelands. Die sehenswerten Gebäude der Stadt wurden nach dem schrecklichen Erdbeben von 1931 erbaut. Mit einer Bevölkerungszahl von 65 000 ist Napier die größte Stadt in Hawke's Bay.

In Napiers gitternetzartig angelegtem Geschäftszentrum wurden die Straßen auf Geheiß des Land Commissioners Alfred Domett Mitte des 19. Jhs. nach britischen Schriftstellern benannt: Tennyson, Thackeray, Byron usw. Mitten hindurch führt die teilweise in eine Fußgängerzone mit Terrakottapflaster und Palmen verwandelte Hauptstraße **Emerson Street**, die vom Clive Square Richtung Meer auf die von Norfolk-Tannen gesäumte **Marine Parade** stößt, den Hauptstrand von Napier.

Östlich des Bluff Hill liegt ungefähr 5 km vom Zentrum entfernt **Ahuriri**, die Siedlung, der Napier seine Existenz verdankt. Heute gibt es hier einen Jachthafen und es wimmelt von trendigen Restaurants, Cafés und Bars.

Mit seinen zahlreichen Hotels am Meer und seiner recht guten Ansammlung von Restaurants ist Napier ein guter Stützpunkt für Ausflüge zur Tölpelkolonie am Cape Kidnappers

(S. 439) sowie zu den zahlreichen Weingütern in den Ebenen ringsum. Näher bei beidem liegen jedoch Hastings und Havelock North (S. 445) nur 20 km weiter südlich.

Geschichte

1769 segelte James Cook an **Ahuriri**, dem heutigen Napier, vorbei und bemerkte dabei den vom Meer umgebenen Bluff Hill, hinter dem sich eine großartige Salzwasserlagune verbirgt – der einzige nennenswerte geschützte Ankerplatz zwischen Gisborne und Wellington. Dennoch ankerte er ein Stück weiter südlich, nachdem er zuvor erfolglos versucht hatte, vor dem traditionell dem Volk der Ngati Kahungunu zustehenden Land festzumachen. Er wählte dafür das aufgrund einer alles andere als freundlichen Begegnung mit den **Ngati Kahungunu** später Cape Kidnappers genannte Kap. Etwa 30 Jahre später war Ahuriri beinahe komplett verlassen, da die Ngati Kahungunu von mit Gewehren ausgestatteten Rivalen vertrieben worden waren. Während des unsicheren Friedens der ersten Kolonialjahre kehrten einige Maori in die Gegend um Napier zurück. Die **Landkriege** der 1860er-Jahre überstand die Stadt aber relativ unbeschadet. Der Hafen florierte, doch bis Anfang des 20. Jhs. war alles vorhandene Land erschöpft.

Das Erdbeben

Alles änderte sich schlagartig am Morgen des 3. Februar 1931, als die Stadt von einem **Erdbeben** der Stärke 7,8 erschüttert wurde, einem der stärksten in der Geschichte Neuseelands. In den nächsten zwei Wochen folgten sage und schreibe mehr als 600 Nachbeben. 258 Menschen kamen in der Bucht ums Leben, 162 davon allein in Napier. Viele der Holzbauten haben jedoch – bis auf die Schornsteine – überlebt. Der Rest wurde indes von den Bränden zerstört, die hier unkontrolliert wüteten. Dass die Six Sisters an der Marine Parade vor dem Feuer gerettet wurden, verdankten sie nur der Meeresbrise. 300 km^2 Neuland waren bei dieser Naturkatastrophe gewaltsam dem Ozean entrissen worden – genug Platz, um hier den Flughafen der Hawke's Bay zu bauen und gleichzeitig die Stadt zu erweitern.

Napier ergriff die Gelegenheit, um nach der Katastrophe neu anzufangen: Die Straßenbahn verschwand, die Telefonleitungen wurden unterirdisch verlegt, die Straßen wurden deutlich verbreitert. Dem Geist der Zeit entsprechend wurde fast alles nach den Ideen der **Art-déco-Bewegung** gestaltet. Dieser zeitgleich erfolgte Wiederaufbau hat Napier in Sachen Baustil eine Uniformität verliehen – und es zu einer der weltweit größten Ansammlungen von Art-déco-Häusern gemacht.

Marine Parade

Napiers Hauptanziehungspunkt ist die **Marine Parade**, ein 2 km langer Boulevard, den stattliche Norfolk-Tannen säumen. Auf der einen Seite begrenzen die Promenade Hotels, Motels, B&Bs, Hostels, Geschäfte und Restaurants, auf der anderen ein dunkelgrauer Kieselstreifen. Dies ist der **Hauptstrand** von Napier, aber zum Schwimmen ist es hier zu gefährlich – 30 km weiter nördlich in Waipatiki bzw. 35 km südlich in Waimarama oder Ocean Beach sind die Strände dafür deutlich besser geeignet. Ein viel genutzter Fuß- und Radweg auf der dem Meer zugewandten Seite der Marine Parade verbindet eine Reihe von Attraktionen miteinander. Er beginnt am Hafen von Napier am Nordende der Stadt und führt am Fuß des Bluff Hill vorbei bis zum **Ocean Spa**.

Ocean Spa

42 Marine Parade ▪ 🕒 Mo–Sa 6–22, So 8–22 Uhr ▪ Eintritt ▪ 💻 www.oceanspanapier.co.nz

Der weitläufige Komplex aus Glas und Beton direkt am Wasser namens **Ocean Spa** lockt mit einem Fitnessstudio und entspannenden warmen Salzwasserbecken (36–38 °C). Zum Rundum-Verwöhnprogramm gehören außerdem Whirlpools, Unterwassermassagen, Hamam, Sauna, ein Anwendungsraum für Massagen, Schönheitsbehandlungen und ein sogenannter Lap Pool (26 °C) für Gymnastikübungen, alles mit Blick aufs Meer. Dank der langen Öffnungszeiten und dem herrlich warmen Wasser lässt sich hier ein äußerst entspannter Sommerabend verbringen.

MTG

1 Tennyson St ▪ tgl. 10–17 Uhr ▪ Eintritt ▪ www.mtghawkesbay.com

Gegenüber der Pania-Statue (s. Kasten S. 434) lockt ein schickes Museum mit Kunstgalerie, das **MTG**. Der helle, geräumige Bau bietet eine schöne Aussicht auf die Stadt und die Bucht. Im Untergeschoss befindet sich eine ständige Ausstellung über das Erdbeben mit Berichten von Überlebenden – wie etwa den Seeleuten, die plötzlich mit einem vom Meeresboden hochgeschleuderten „Geisterschiff" konfrontiert waren. Der Rest der Räume ist Wechselausstellungen mit dem Schwerpunkt Design und dekorativer Kunst gewidmet.

National Aquarium of New Zealand

546 Marine Parade ▪ ⌚ tgl. 9–17 Uhr; Fütterungszeiten stehen auf der Website; „Behind the Scenes"-Tour tgl. nach Reservierung ▪ Eintritt ▪ 💻 www.nationalaquarium.co.nz

Das **National Aquarium of New Zealand** gehört zu den besten des Landes und präsentiert charakteristische Meereslandschaften aus allen Erdteilen.

Die größte Attraktion ist das **Ozeanbecken**, durch dessen Tunnel Rochen und verschiedene Haie von Nahem zu erblicken sind – nach Vereinbarung können Interessierte auch mit ihnen schwimmen. Handfütterungen finden im **Riffbecken** statt. Außerdem gibt es in dem Becken für kleine, gerettete Pinguine dreimal am Tag Fütterungen mit Liveübertragung aus ihren Höhlen sowie Fenstern, durch die man sie beobachten kann.

Das Museum umfasst auch interessante Abteilungen zu den neuseeländischen Brückenechsen *(tuatara)* und ein interessantes Kiwi-Nachthaus.

Pania of the Reef

Südlich des Ocean Spa (S. 432) erblickt man eine Bronzestatue von **Pania**. Einheimische Maori erzählen gern die Geschichte von der wunderschönen Meerjungfrau, die jeden Abend vom Wasserreich des Tangaroa, dem Gott des Ozeans, zu einer Süßwasserquelle nahe dem Fuße des Bluff Hill schwamm, um dort ihren Durst zu stillen und am nächsten Morgen wieder zu ihrem Volk zurückzukehren. Eines Abends wurde sie von einem jungen Häuptling entdeckt, der um sie warb und wollte, dass sie an Land bliebe. Sie heirateten schließlich, doch als Pania ihrer Verwandtschaft einen Abschiedsbesuch abstattete, hielt diese sie gewaltsam in den salzigen Tiefen des Meeres zurück, und sie verwandelte sich in einen Stein, der heute als **Pania Reef** bekannt ist. Fischer und Taucher behaupten immer noch, sie könnten sie sehen, wie sie ihre Arme zum Ufer ausstreckt.

Bluff Hill

Im Norden stößt das Zentrum Napiers an die steilen Hänge des **Bluff Hill**, eines 3 km langen Hügels, der eine begehrte Wohngegend ist. Am nördlichen Gipfel kann man vom **Bluff Hill Domain Lookout** (⌚ tgl. 7 Uhr bis zur Abenddämmerung) den Blick über den Hafen von Napier und die Hawke's Bay zur Mahia Peninsula schweifen lassen.

Ahuriri

5 km nordwestlich der Innenstadt

Die europäischen Ursprünge Napiers liegen am heutigen Hafen in **Ahuriri**. James Cook entdeckte dort in der Flussmündung einen sicheren Liegeplatz für die *Endeavour*, und um diesen natürlichen Hafen wuchs die neue Ansiedlung. Als später der Industriehafen um die Landzunge weiter nach Süden zog, fiel Ahuriri in die Bedeutungslosigkeit. Erst seit in den letzten Jahren die alten Wollmagazine und Lagerhäuser im inneren Hafen (genannt „Iron Pot") sowie die Uferpromenade durch schummrige Bars und Cafés neu belebt worden sind, herrscht ab Donnerstagabend das ganze Wochenende hindurch wieder reges Treiben.

ÜBERNACHTUNG

Karte S. 433

Abgesehen von dem üblichen Mangel an Unterkünften in den vier Wochen nach Weihnachten und während der Feste im Februar (s. Kasten S. 437) dürfte es keine Probleme geben, in Napier unterzukommen. Es gibt Dutzende **Motels**, und die Marine Parade im Zentrum bietet preiswerte **Hostels**, noble **Hotels** und vornehme **B&Bs**. Es gibt vier ausgewiesene Plätze für *freedom camping*, allesamt auf Parkplätzen; die besten sind der am Perfume Point an der Nordspitze von Ahuriri abseits des Nelson Quay und der an der Te Awa Foreshore ein paar Kilometer südlich des Stadtzentrums.

415 Marine Parade, 415 Marine Parade, 💻 www.415marineparade.co.nz. 4 Zimmer teilen sich einen Balkon mit Meerblick in einem uralten Holzhaus. Die Zimmer sind wunderschön und luxuriös eingerichtet und die Besitzer des Hauses, Esther und Tom, äußerst hilfsbereit. ❸

The Art House, 259 Marine Parade, 💻 www.yha.co.nz. Die Zimmer hier sind in einem bescheidenen cremefarbenen Haus mit Blick auf die Küste untergebracht, und auch die Schlafsäle bieten Meerblick. Die Gemeinschaftsbäder sind indes alle recht klein. Es gibt eine gut ausgestattete Küche und einen sonnigen Garten auf der Rückseite der Unterkunft. ❶

The County Hotel, 12 Browning St, 💻 www.countyhotel.co.nz. Elegantes, hübsch eingerichtetes Business- und Touristenhotel im ehemaligen Rathaus aus der Zeit König Edwards, eines der wenigen Häuser, die das Erdbeben von 1931 überstanden haben. Es hat 18 luxuriöse Zimmer (teilweise mit altmodischer Badewanne), ein gutes Restaurant und eine Bar. Interessierte sollten nach saisonalen Sonderangeboten fragen. ❸

Criterion Art Deco, 48 Emerson St, 💻 www.criterionartdeco.co.nz. Zentral gelegenes 60-Betten-Hostel in einem Art-déco-Gebäude, einem ehemaligen Hotel. Zum Angebot zählen preiswerte Dorms (z. T. nach Geschlechtern getrennt) und DZ, einige davon mit Bad. Zur Ausstattung gehren große Gemeinschaftsbereiche (sogar mit Billardtisch), aber kleine Küche. Kleines Frühstück inkl. ❶

Gardner Court Motel, 16 Nelson Crescent, 💻 www.gardnercourtmotel.co.nz. Old-School-Motel mit einem mittels Sonnenenergie beheizten Pool und schlichten Motelzimmern zu unschlagbaren Preisen. Das ganz große Plus der Unterkunft sind die Überschwänglichkeit und die Freundlichkeit der langjährigen Besitzer. ❷

Kennedy Park Top 10 Resort, 11 Storkey St, abseits der Kennedy Rd, 💻 www.kennedypark.co.nz. Der nur 2 km von der Innenstadt entfernte große und familienorientierte Campingplatz hat jede Menge Stellplätze mit Anschlüssen, einen Pool, eine Grillstelle, einen Kinderspielplatz, zahlreiche Cabins und Units sowie ein Restaurant. Campingplätze mit Stromanschluss ❶, Cabins ❷

Napier Beach, 10 Gill Rd, Bay View, 9 km Strand nördlich von Napier, 💻 www.napierbeach.co.nz. Der einladende Campingplatz am Strand mit seiner peppiger Rezeption und WLAN hat nur im Sommer geöffnet und ist ein gutes Pendant zu der tristen Atmosphäre im Kennedy Park. Wer ein paar Dollar mehr hinlegt, bekommt einen Stellplatz am Strand mit grandioser Aussicht. Für noch ein bisschen mehr Geld gibt's sogar ein Motel Unit am Strand. Camping ❶, Strandmotel ❸

The Nautilus, 387 Marine Parade, 💻 www.nautilusnapier.co.nz. Vom Art déco inspiriertes Motel, alle Zimmer mit Meerblick, Jacuzzi oder Spa-Badewanne, Balkon und Zimmerservice. Zur Anlage gehört ein kleines Restaurant. ❸

Sea Breeze B&B, 281 Marine Parade, 💻 www.seabreezebnb.net. Viktorianische Villa am Wasser mit 3 opulent nach Themen eingerichteten Gästezimmern mit Bad. Fürs kleine Frühstück bedienen sich die Gäste selbst in der Gästeküche; die Lounge bietet Meerblick. ❷

Stables Lodge, 370 Hastings St, 💻 www.booking.com. Kleines, freundliches, gemütliches 34-Betten-Hostel mit Zimmern rund um einen Patio. Hängematten, Büchertausch und Grillstelle als Ausweichmöglichkeit zur kleinen, aber voll ausgestatteten Küche tragen zu der geselligen Atmosphäre bei. ❷

ESSEN

Karte S. 433

Sowohl im Zentrum von Napier als auch im Vorort Ahuriri kann man gut essen. Es gibt zwei große, zentrale Supermärkte in der Munroe St: Countdown, Hausnr. 1, und Pak 'n Save, Hausnummer 25, beide ⌚ tgl. 7–22 Uhr.

Ajuna, 53 Hastings St, ☏ 06 835 6218. Das Café mit Schanklizenz und Tischen an einer geschäftigen Straßenecke ist mit seinen gesunden, hausgemachten Filoteigtaschen und Wraps, einem himmlischen *seafood chowder* und anderen billigen Frühstücks- und Mittagsgerichten bei Einheimischen und Touristen gleichermaßen beliebt. $

Bistronomy, 40 Hastings St, 💻 www.bistronomy.co.nz. Das schicke Feinschmeckerrestaurant bietet zu jeder Jahreszeit eine andere Karte, sodass nur die allerfrischesten Zutaten verarbeitet werden. Hier gibt's von allem ein bisschen, doch die Glanzlichter sind der verführerische Käseteller und das 6-Gänge Chefkoch-Menü. $$$

Boardwalk, 8 Hardinge Rd, Ahuriri, 💻 www.boardwalknapier.co.nz. Sieht von außen wie eine ganz gewöhnliche Strandbar mit Café aus. Dahinter verbirgt sich aber eine wunderschöne Freiluftbar mit überdachter Restaurantterrasse, beide mit tollem Meerblick. Die Speisekarte hat Menüs mit Fixpreis, die aber angesichts des Ausblicks und der Atmosphäre erstaunlich günstig sind. $$$

Groove Kitchen Espresso, 112 Tennyson St, 💻 www.groovekitchen.co.nz. Die Groovy Kitchen ist cooles Café mit unwiderstehlichem Kaffee und leckerem Essen – gut ist z. B. der Jammin' Salmon mit Rösti, Spinat, frischem Pesto und pochierten Eiern oder auch die Räucherfischpastete. In den Sommermonaten werden hin und wieder DJ-Abende veranstaltet. $

Hunger Monger, 129 Marine Parade, 💻 www.hungermonger.co.nz. Die beste Adresse für Fisch und Meeresfrüchte! Schön präsentierte Gerichte zu vernünftigen Preisen, z. B. pikante Fisch-Tacos und *fish tataki* mit Artischockenpüree. Zu einem guten Preis-Leistungs-Verhältnis gibt's Fish 'n' Chips zum Mitnehmen. $$

Kilim, 193 Hastings St, 💻 www.kilimcafenapier.com. Dank BYO-Wein ohne Entkorkungsgebühr und preiswertem türkischem Essen (auch zum Mitnehmen) immer gut besucht. Hauptgerichte, z. B. Lamm-*guvech*, gegriller Halloumi und Spinat-Börek. Der Service ist nicht gerade berauschend, aber die Gerichte sind lecker und sättigend. $$

Kork N Barrel, 58 West Quay, Ahuri, 💻 www.korknbarrel.co.nz. Diese trendige Weinbar mit Restaurant ist in einem riesigen Lagerhaus untergebracht. Auf der gut sortierten Speisekarte stehen herzhafte Köstlichkeiten aus der Region wie exquisite Grünschalmuscheln in Weißweinsoße, während das Weinangebot eine große und erlesene Auswahl hauptsächlich neuseeländischer Weine enthält, bei denen man nichts falsch machen kann. $$

Master of India, 79 Bridge St, Ecke Waghorne St, Ahuriri, 💻 www.masterofindianapier.co.nz. Stilvolles Curry-Restaurant mit Schanklizenz. Die Speisekarte umfasst eine große Auswahl authentischer Speisen, darunter auch viele vegetarische sowie ungewöhnlichere Spezialitäten mit Ziegenfleisch. Auch Takeaway. $$

Mister D, 47 Tennyson St, 💻 www.misterd.co.nz. Tolle Zutaten in liebevoller Zubereitung. Wer Fleisch liebt, sollte Napier nicht verlassen, ohne die Markravioli probiert zu haben, während Süßschnäbel ihre Vorliebe mit hausgemachten Donuts zum Selberfüllen (Vanillecreme, Gelee oder Schoko) befriedigen können. $$

The Tennyson, 28 Tennyson St, 💻 www.thetennysonpizzeria.com. Das Lokal trägt den Namen eines britischen Dichters aus dem viktorianischen Zeitalter, und mit seiner Art-déco-Fassade ist das Tennyson ganz vom Geiste des klassischen Napier geprägt. Auf der Speisekarte aber steht eine herzhafte Auswahl neapolitanischer Pizzas, außerdem sind Brunchgerichte und Cocktails im Angebot. $$

Three Doors Up, 3 Waghorne St, Ahuriri, 💻 www.threedoorsup.co.nz. Ein gutes Restaurant mit Alkoholausschank, legerem Ambiente und erschwinglichen Preisen, daher steht es auch bei den Anwohnern hoch im

Kurs. Beliebt sind die deftigen Fleischgerichte, auch wenn sie teils etwas schwer sind (*Scotch fillet* mit Blaukäse und Sherry-Pilzen), aber alles ist äußerst lecker. Nebenan liegt die Four Doors Lounge Bar, ⏲ Mi–So, die am Freitagabend und Sonntagnachmittag Livemusik bietet. $$

UNTERHALTUNG

Karte S. 433
Das Unterhaltungsangebot der Stadt ist nicht besonders aufregend, es sei denn, man ist gerade in Napier, wenn eines der lohnenden **Festivals** stattfindet (s. Kasten). In einigen Bars gibt es jedoch am Wochenende manchmal auch **Livemusik**.
Das **Veranstaltungsprogramm** ist in den Donnerstags- und Freitagsausgaben der Zeitung *Hawke's Bay Today* nachzulesen.
Amber Bar, 24a Hastings St, www.amberbar.co.nz. Das Amber ist eine ultracoole Cocktail- und Whiskybar, die zweifellos die besten Drinks der Stadt serviert und dabei jederzeit tolle Musik spielt. Außerdem gibt es regelmäßige Verkostungs-Events und Vinyl-Musikabende. Die gigantische Whiskykarte muss man mit eigenen Augen gesehen haben, sonst wird man es kaum glauben.
The Cabana, 11 Shakespeare Rd, www.cabana.net.nz. Dieser Veranstaltungsort für Gastbands und -shows stellt so manches Großstadtangebot in den Schatten. Wer nicht wenigstens einmal reingeschaut hat, ist nicht in Napier gewesen. Je nach Veranstaltung wird an manchen Abenden Eintritt verlangt.
The Thirsty Whale, 62 West Quay, Ahuriri, www.thethirstywhale.co.nz. Am Wochenende ist das Restaurant die munterste Location der Stadt. Tolle Auswahl an Fassbieren von Black Dog aus Wellington. Am Wochenende verwandelt sich der Laden in einen Club mit 2 unterschiedlichen Bereichen: dem Barbereich mit altmodischen Klängen und dem kleineren Veranstaltungsraum mit R 'n' B.

Napier: Festivals und Events

Das **Mission Concert**, www.missionconcert.co.nz, findet normalerweise zwischen Januar und März statt. Dabei treten internationale Stars auf der Mission Estate Winery open-air vor etwa 25 000 Gästen auf. Hier gaben sich schon die Dixie Chicks, Eric Clapton und Rod Stewart die Ehre.
Art Deco Weekend, www.artdeconapier.com. Zum Jugendstil-Festprogramm gehören Stadtführungen, Besichtigungen von ansonsten nicht zugänglichen Art-déco-Privathäusern, Picknicks, zu denen man im Stil der 1930er-Jahre gekleidet erscheinen soll, Stummfilme und Ähnliches. Normalerweise am 3. Februarwochenende.

Kinos

Globe Theatrette, 15 Hardinge Rd, Ahuriri, www.globenapier.co.nz. Das winzige Kino mit Ledersitzen zeigt eine Mischung aus Mainstream und Programmkino.
Reading Cinema, 154 Station St, www.readingcinemas.co.nz. Zeigt die üblichen Kassenschlager.

SONSTIGES

Autovermietungen

Auto Rental, www.autorentalvehicles.co.nz, und **Pegasus**, www.rentalcars.co.nz, bieten zuverlässige Fahrzeuge zur tageweisen Anmietung.

Informationen und Internet

i-SITE, 100 Marine Parade, www.hawkesbaynz.com. Die Mitarbeiter geben Auskunft darüber, wann die Gezeiten für den Besuch der Tölpelkolonie günstig sind, haben Infos zu Wandermöglichkeiten und reservieren Reise- und Wanderwege/Hüttentickets. ⏲ tgl. 9–17 Uhr.

Touren

Art Deco Shop, 7 Tennyson St, www.artdeconapier.com. Echte Art-déco-Liebhaber treffen sich zu Führungen durch die Stadt (tgl. 10 und 14 Uhr), die das Napier der 1930er-Jahre anhand zahlreicher Anekdoten wieder zum Leben erwecken und Gelegenheit bieten, sich ungeniert im Innern der Läden und Banken umzuschauen. In den Sommermonaten gibt es um 16.30 Uhr zusätzlich eine Abendführung (Okt–März, 2 Std.). Oder man besorgt sich alternativ im Laden die interessante Broschüre *Art Deco Walk* bzw. lädt sie sich kostenlos von der Website herunter: Sie ermöglicht einen informativen Rundgang durch das Zentrum der Stadt Napier auf eigene Faust (Länge 1,5 km, Dauer 1 1/2–2 Std.).

Napier Maori Tours, 🖳 www.maoritourism.co.nz. Diese Führung durch das Otatatra Pa, ein

Die Tölpel von Cape Kidnappers

Tölpel sind große Vögel, die an ihrer goldgelb-schwarzen Kopfzeichnung zu erkennen sind. Sie können bis zu 30 Jahre alt werden und kommen im Juni zum Nisten ans Cape Kidnappers. Die Eier legen sie von Anfang Juli bis Oktober; die Jungen schlüpfen etwa sechs Wochen später. Sobald sie flügge sind, ungefähr im Alter von 15 Wochen, begeben sich die jungen Tölpel auf ihren Jungfernflug, ein Marathon über 3000 km bis nach Australien. Während der **Brutzeit** (Juli–Mitte Okt) ist das Kap für die Öffentlichkeit nicht zugänglich. Außerhalb dieser Zeit dürfen die beiden Kolonien Plateau und Black Reef besucht werden. Bei Ersterer kommt man bis auf einen Meter an die Vögel heran.

Praktische Informationen

Es gibt drei verschiedene Möglichkeiten, die Tölpel zu besuchen: zu Fuß oder im Rahmen von zwei Touren, die in den Touristeninformationen von Napier, Hastings und Havelock gebucht werden können. Alle beginnen in **Clifton**, 20 km südöstlich von Napier; gegen Aufpreis kann man sich vom Veranstalter auch abholen lassen. Die meisten Touren hängen von den Gezeiten ab, da sie unterhalb von 100 m hohen Klippen am Strand entlangführen.

Am billigsten ist es, die 11 km von Clifton unter 100 m hohen Felsen (Vorsicht: Steinschlag) am Strand entlangzuspazieren (Ende Okt–April; etwa 6 Std. hin und zurück). Eine Genehmigung ist nicht erforderlich, aber man muss den **Gezeitenplan** studieren und sich in den i-SITEs in Hastings oder Napier den nützlichen *Guide to Cape Kidnappers* besorgen, den man sich auf der DOC-Website auch als PDF herunterladen kann. Aufbruch ist in Clifton etwa drei Stunden nach der Flut. Zurück geht es auf keinen Fall später als anderthalb Stunden nach Ebbe. Am Strand angekommen, geht es 25 schweißtreibende Minuten nach oben zur Plateau Colony. Der Pfad führt über Privatgelände, ist aber deutlich zu erkennen.

Gannet Beach Adventures, 🖳 www.gannets.com. Das ist die traditionelle Tölpel-Tour, eine Fahrt in von einem Traktor gezogenen Anhängern über den Strand. Dabei bietet sich reichlich Gelegenheit, die Landschaft zu studieren und die Vögel aus nächster Nähe zu beobachten. Die Tour endet an einem DOC-Unterstand, von wo man 25 Minuten zum Plateau hochkraxeln muss. Dort bleibt eine halbe Stunde Zeit, um die Vögel zu studieren. Für eine zusätzliche Gebühr können sich Wanderer auch am i-SITE in Napier, Havelock North oder Hastings abholen lassen. (🕒 tgl. Ende Okt–Anfang Mai; 4 Std.).

Gannet Safaris, 🖳 www.gannetsafaris.com. Wer keine Lust auf die Kraxeltour hat, mehr Zeit bei den Vögeln verbringen und Genaueres über die luxuriöse Unterbringung auf der spektakulären Summerlee Station erfahren möchte, ist hier genau richtig. Per Minibus geht es über das Gelände der Station und weiter durch eine malerische Landschaft mit fantastischen Ausblicken auf die Vogelkolonien. Dort bleibt fast eine Stunde zum Tölpelgucken (3 Std., Abholung in Napier oder Hastings möglich).

wieder aufgebautes befestigtes Dorf, bietet eine schöne Einführung in die Kultur der Maori mit Erläuterungen zum althergebrachten Leben auf dem Land. Außerdem gibt es tolle Ausblicke vom Aussichtspunkt. Buchung erforderlich (mind. 2 Pers.).

NAHVERKEHR

Busse

Die lokalen Busse von **GoBay**, 💻 www.hbrc.govt.nz/services/public-transport/bus-timetables, fahren ab Dalton St und sind vor allem dann praktisch, wenn man nach Hastings und Havelock North will. Außerdem bedient die Linie die Church Rd und die Mission Estate Winery.

Fahrräder

Napiers zentrale Sehenswürdigkeiten lassen sich gut zu Fuß besuchen.
Die Stadt und ihre Umgebung kann man aber auch wunderbar auf insgesamt 130 km Radwegen erkunden.
Zuverlässige Stahlesel (einschließlich bequemere Elektroräder) ab $40 pro Tag verleiht z. B. der Vermieter **Fish Bike**, 22 Marine Parade, 💻 www.fishbike.co.nz. 🕒 tgl. 9–17 Uhr.

Taxis

Hawkes Bay Taxis, 💻 www.hawkesbaytaxis.nz.

TRANSPORT

Busse

InterCity-Busse halten in der Carlyle Street am Civil Square.

Busse nach:
AUCKLAND 2x tgl., 7 1/2 Std.;
GISBORNE 1x tgl., 4 3/4 Std.;
HASTINGS 5x tgl., 1/2 Std.;
PALMERSTON NORTH 2–3x tgl., 2 3/4 Std.;
ROTORUA 2x tgl., 3 3/4 Std.;
TAUPO 3x tgl., 2 Std.;
WELLINGTON 2x tgl., 5 1/2 Std.

Flüge

Flüge von Air New Zealand und Jetstar aus Auckland, Wellington und Christchurch sowie von Sounds Air, 💻 www.soundsair.com, aus Blenheim kommen am Hawke's Bay Airport, 5 km nördlich der Stadt am SH2, an. Busse vom Anbieter **Super Shuttle**, 💻 www.supershuttle.co.nz, fahren für rund $25 in die Stadt.

Flüge nach:
AUCKLAND 11–15x tgl., 1 Std.;
BLENHEIM 4x wöchentl., 1 Std.;
CHRISTCHURCH 2–3x tgl., 1 1/2 Std.;
WELLINGTON 3–5x tgl., 1 Std.

Cape Kidnappers

Als James Cook in diese Gegend kam, bemerkten Maori-Händler zwei junge tahitianische Dolmetscher an Bord der *Endeavour* und glaubten, diese würden gegen ihren Willen dort festgehalten. Daher entführten sie einen von ihnen und ruderten auf und davon. Der Junge floh jedoch anschließend zum Schiff zurück, doch Cook kennzeichnete den Ort auf seiner Karte als Cape Kidnappers.

Weder Cook noch Joseph Banks, die beide sorgfältig über die gesehene Flora und Fauna Buch führten, erwähnten **Tölpel** auf den zahlreichen Felsspitzen, die das Ende der Halbinsel bilden. Doch hundert Jahre später wurde von etwa 40 Vögeln berichtet, heute sind es über 5000 Brutpaare. Kein Besuch in Napier und Hastings wäre vollständig ohne einen Abstecher zu dieser weltweit am besten zugänglichen Festlandkolonie (s. Kasten S. 438).

Das Weinanbaugebiet der Hawke's Bay

Napier und Hastings werden fast gänzlich vom **Wine Country** der Hawke's Bay umschlossen, einem der größten und meistgelobten Weinanbaugebiete Neuseelands. 1851 pflanzten fran-

ÖSTLICHE NORDINSEL

zösische Maristen-Missionare hier die ersten Weinstöcke. Die hügelige Region mit vorwiegend Kleinerzeugern beherbergt neben rund 70 Weingütern auch Zitrusobst- und Olivenplantagen. Die meisten Weingüter bieten Weinproben, einige auch ein Restaurant oder zumindest die Möglichkeit zu picknicken.

Das Klima der Hawke's Bay ist ganz ähnlich wie das der französischen Bordeaux-Region, deshalb werden hier ausgezeichneter **Chardonnay** und viel **Merlot** gekeltert. Inzwischen arbeiten viele Winzer daran, Hawke's Bay zum neuseeländischen Avantgardehersteller von Syrah zu machen, einer edleren Version des australischen Shiraz (obwohl er aus der gleichen Rebsorte hergestellt wird), der aber den ursprünglichen europäischen Namen trägt.

TOUREN

Man kann natürlich mit dem Auto zu den Weingärten fahren. Aber wer sich einer organisierten Tour anschließt, braucht keinen enthaltsamen Fahrer zu suchen. Es werden mindestens ein halbes Dutzend Touren angeboten. Die meisten besuchen im Laufe eines Vor- oder Nachmittags vier oder fünf Weingüter. Die Veranstalter sind überwiegend in Napier angesiedelt, holen Teilnehmer aber auch in Hastings und Havelock North ab, normalerweise kostenlos. Es besteht auch die Möglichkeit, nach Anleitung, aber auf eigene Faust, mit dem Rad loszustrampeln.

Grape Escape, 💻 www.grapeescapenz.co.nz. Halbtägige Ausflüge mit Besuch von 4 oder 5 Weingütern und Verkostung von etwa 30 verschiedenen Weinen mit Käse. Pick-up und Drop-off bei Unterkünften in Napier, Hastings und Havelock.

On Yer Bike, 12543 SH50, Hastings, 💻 www.onyerbikehb.co.nz. Eine tolle Alternative zu einer traditionellen Weintour: eine leichte Radtour abseits der Straßen zu 7 Weingütern auf einem 20 km langen Rundkurs. Anmietung der Fahrräder (Tandems verfügbar) tageweise, inklusive Streckenkarte und Pannendienst.

Vince's World of Wine, 💻 www.worldofwinetours.co.nz. Der Guide ist unterhaltsam und kennt sich gut aus, und der Zeitplan ist flexibel. Ein Halbtagestrip umfasst 4 bis 5 Weingüter (mit Gourmetbuffet) inkl. Abholung in Napier oder Hastings.

INFORMATIONEN

Bei den **i-SITE-Büros** der Region ist die kostenfreie Broschüre *Hawke's Bay Food & Wine Map* mit Informationen zu den Weingütern, Spezialitätengeschäften und Kellereirestaurants erhältlich; auf der Website der Hawke's Bay Winegrowers, 💻 www.hawkesbaywine.co.nz, steht sie außerdem zum Download bereit. Die besten Weingüter sind im Kasten auf S. 445 gelistet.

Im kostenlosen Heft *Hawke's Bay Art Guide*, 💻 www.hawkesbayartguide.co.nz, sind die Adressen und Wegbeschreibungen zu den Studios, Werkstätten und Galerien einiger der talentiertesten Maler, Bildhauer, Töpfer und Kunsthandwerker der Gegend aufgeführt.

Hastings

Früher machte Hastings, das durch das umliegende Ackerland und die vielen Obstgärten reich geworden ist, dem 20 km nördlich gelegenen Napier seine Rolle als wichtigste Stadt von Hawke's Bay streitig. Doch seitdem Napier zum Touristenzentrum aufgestiegen ist, muss Hastings sich trotz seines hübschen Stadtkerns mit dem zweiten Platz begnügen, obwohl sein Umland landschaftlich sehr viel reizvoller ist, besonders rund um das eher vornehm wirkende **Havelock North**.

Nach dem Erdbeben von 1931, das auch Napier erschütterte, orientierte Hastings sich am kalifornischen **Spanish-Mission-Baustil**. Ein paar Schlüsselgebäude mit roh verputzten Außenwänden, Bogenfenstern, kleinen Balkonen, Säulen und mit Terrakotta-Ziegeln gedeckten Dächern gaben den Ton an. Die schönsten Beispiele sind auf einem einstündigen Rundgang auf eigene Faust zu besichtigen, indem man die Broschüre *Art Deco Hastings* ($2 im i-SITE) zu Hilfe nimmt. Bei Zeitmangel kann man sich auf die Heretaunga Street East beschränken. Dort

steht das **Westerman's Building** mit seinen einmaligen Bronzearbeiten und prächtigen Bleiverglasungen.

Das **Hawke's Bay Opera House**, an der Ecke zur Hastings Street, wurde 15 Jahre vor dem Erdbeben erbaut, erhielt aber nach einem Umbau die schönste Fassade der Region im Spanish-Mission-Stil.

Sowohl Hastings als auch Havelock North sind gute Ausgangspunkte für eine Tour durch

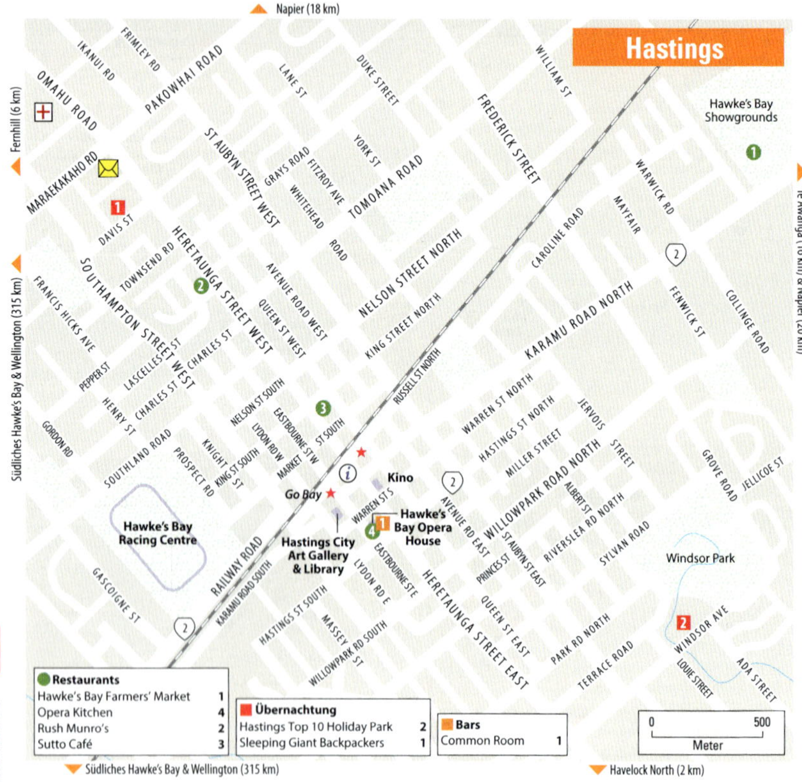

das Weinanbaugebiet von Hawke's Bay, denn die meisten Weingärten sind von hier aus einfach zu erreichen.

Te Mata Peak

2 km südlich von Havelock North, zu erreichen über die Simla Rd und Te Mata Peak Rd ▪ www.tematapark.co.nz

Auf dem Weg von Hastings Richtung Süden nach Havelock North rückt die Kette von Kalksteinfelsen ins Blickfeld, die den 399 m hohen **Te Mata Peak** bilden. Die Te Mata Peak Road windet sich den Hügel hinauf zu einem wunderschönen Aussichtspunkt, der sich vor allem zum Sonnenauf- und -untergang lohnt. Der Blick reicht über die fruchtbaren Ebenen Richtung Hawke's Bay und nach Osten zum Cape Kidnappers. Es gibt mehrere Parkplätze in der Gegend; der praktischste befindet sich am Saddle Lookout fast ganz oben an der Te Mata Peak Road. Von hier zweigen nicht allzu anspruchsvolle **Spazierwege** ab: Sie führen an Graten rund um den Gipfel entlang und durch Haine mit einheimischen Bäumen nach unten (1–3 Std. hin und zurück).

Ocean Beach und Waimarama

32 km südlich von Hastings über die Waimarama Rd; zum Ocean Beach führt an einer Kreuzung die Ocean Beach Rd

Der schöne **Ocean Beach** und der Strand von **Waimarama** sind die wichtigsten **Badestrände** bei Hastings und Havelock North und lohnen schon wegen der Anfahrt durch eine spektakuläre Landschaft einen Abstecher. Der Ocean Beach liegt etwas näher, etwa eine halbstündige Autofahrt südlich von Hastings, und ist abgesehen von dem hübschen Maori-Dorf an der Küste so gut wie unerschlossen. Waimarama zehn Autominuten weiter südlich ist etwas besser erschlossen: Hier gibt's ein paar Wohnstraßen. Beide Strände warten mit viel weichem Sandstrand vor Sandsteinklippen auf – am Ocean Beach kann man in beiden Richtung 7 km weit auf Erkundung gehen, perfekt für einen langen Spaziergang.

ÜBERNACHTUNG

Karten S. 441 und S. 442
Die Unterkunftslage hängt stark von der Erntezeit ab: Von Mitte Feb bis Mai hat man kaum eine Chance, in einer der billigeren Unterkünfte ein Bett zu finden, es sei denn, man bucht schon Monate vorher. **Freedom Camping** ist begrenzt auf dem Parkplatz des Pakowhai Country Park am Nordrand von Hastings möglich sowie am Meer im Te Awanga Reserve, 20 Minuten Fahrt Richtung Cape Kidnappers. Anspruchsvollere Quartiere gibt es in Havelock North, wo **B&Bs** und schicke **Häuser** für Selbstversorger das Gros stellen. Wer mit einem eigenen Fahrzeug unterwegs ist und in Strandnähe nächtigen möchte, findet in Waimarama zwei Übernachtungsmöglichkeiten.

Hastings

Bluebell Lodge, 137 Longlands Rd East, 5 km südwestlich von Hastings, 💻 www.bluebell cottage.co.nz. Kleines Studiozimmer und größere Selbstversorger-Cottages, davon eins mit 2 Schlafzimmern, also ideal für Familien mit Kindern, auf einer netten Obstplantage. Mit Swimming Pool. Studio ❷

Hastings Top 10 Holiday Park, 610 Windsor Ave, 💻 www.hastingstop10.co.nz. Praktischer, aber nicht sonderlich ansprechender Campingplatz in der Stadt, mit Zeltplätzen, einer Reihe moderner Units und guten Einrichtungen; zur Obstpflücksaison ist es hier jedoch sehr voll. Zeltplatz ❶, Units ❸

Hawthorne Country House, 1420 Railway Rd South (SH2), 6 km südwestlich von Hastings, 💻 www.hawthorne.co.nz. Elegantes und einladendes B&B in einer prachtvollen Villa aus der Zeit König Edwards, umgeben von Krocketflächen und Ackerland. Die 5 stilvoll eingerichteten Zimmer mit Bad, das köstliche Frühstück, der Nachmittagstee und die Getränke mit Canapés machen daraus eine echte Wohlfühloase. ❸

Sleeping Giant Backpackers, 109 Davis St, 💻 www.hastingsbackpackers.co.nz. Die beste Option für Rucksacktouristen in Hastings (mit einem zugegebenermaßen etwas beengten Platzangebot) ist diese entspannte Unterkunft in einem alten Holzhaus mit einem sonnigen Grillplatz im Freien und Schlafsälen, die wochenweise zu buchen sind. Die Unterkunft ist perfekt für Reisende, die vorhaben, auf einer der Obstplantagen zu arbeiten. ❶

Havelock North

Endsleigh Cottages, 22 Endsleigh Rd, 3 km südwestlich der Middle Rd, 💻 www.endsleighcottages.co.nz. Makellos saubere Cottages mit Klauenfuß-Badewannen und alten Möbeln sowie jeweils eigener Veranda zum Genießen des friedvollen Ambientes. Das Bushman's Cottage inmitten eines schönen Gartens mit kleinem Obstgarten und vielen Vögeln ist das einzige der 3 Cottages ohne Küche, aber dafür gibt's einen Grill. Den Gästen stehen Fahrräder zur Verfügung. Bushman's Cottage ❷, Cottages ❸

Village Motel, Te Aute, Ecke Porter St, 💻 www.villagemotel.co.nz; Karte S. 441. Zentral gelegenes Motel unter freundlicher Leitung. Die 12 Studios haben alle Klimaanlage und Spa-Pool, wirken ansonsten jedoch ein wenig leer. Die größeren Apartments haben recht geräumige Küchen. Frühstück kostet extra. ❸

Waimarama

Airini Retreat, 63 Airini Rd, 💻 www.airbnb.com. Das empfehlenswerte Retreat ist in einer wunderschönen weiß getünchten Holzvilla in einem üppig grünen

ÖSTLICHE NORDINSEL

Garten untergebracht, nur einen Steinwurf vom Strand entfernt. Es bietet 3 Schlafzimmer, eine sonnige Terrasse und eine luftige, offene Küche sowie einem Wohnbereich. Die Unterkunft ist perfekt für Familien. Der Mindestaufenthalt beträgt 3 Nächte. ❸

Waimarama Holiday Park, Foreshore, Waimarama Rd, 💻 www.waimarama holidaypark.co.nz. Altmodischer Campingplatz, auf dem in der Erntezeit Obstpflücker die Hälfte der Plätze einnehmen. Einfache Einrichtungen wie Küche, Waschmaschinen und Duschen; direkt am Strand! ❶

ESSEN

Karten S. 441 und S. 442

Für einen Ort seiner Größe hat Hastings relativ wenige gute Lokale. Aber in dem nahe gelegenen Havelock North machen ständig neue Restaurants auf, und außerdem kann man auch auf den **Weingütern** ringsum nicht billig, aber gut essen (s. Kasten S. 445).

Hastings

Bay Espresso, 141 Karamu Rd, 3 km östlich von Hastings, 💻 www.bayespresso.co.nz. Besonders am Wochenende ist das rustikale Café mit vielen Sitzgelegenheiten im Garten ein begehrtes Ausflugsziel für Einheimische. Hier gibt's vorzüglichen Kaffee und *lunch specials*. Besonders Hungrige sollten sich ans Orchardists Big Breakfast mit Chorizo und Blutwurst halten. $

Hawke's Bay Farmers' Market, Hawke's Bay Showgrounds, Kenilworth Rd, 💻 www.hawkesbayfarmersmarket.co.nz. An einem schönen Wochenende sollte man das Frühstück ausfallen lassen und gleich nach dem Aufstehen diesen tollen Markt aufsuchen. Er beherbergt unzählige Stände (im Winter in der Halle) mit unzähligen frischen Produkten aus der Region, Kaffee und Backwaren. Auch auf dem Clive Square in Napier (Sa 9–13 Uhr). $$

Opera Kitchen, 312 Eastbourne St East, 💻 www.eatdrinksharehb.co.nz. In dem klassischen Café mit Alkoholausschank werden Erzeugnisse der Region zu einfachen, aber köstlichen Gerichten verarbeitet und fachgerecht serviert. $

Rush Munro's, 704 Heretaunga St West, 💻 www.rushmunro.co.nz. Diese kleine Eisdiele mit Tischen im Garten ist seit mehr als 90 Jahren ein Renner im Ort. Nostalgische Gefühle unter Eiskennern weckt das Hokey-Pokey-Eis. $

Sutto Café, 103-5 King St, 💻 www.facebook.com/suttocafe. Das Suttos hat draußen bunte Sitzgelegenheiten und neben der üblichen Auswahl an Essen von der Theke interessante Tagesgerichte wie griechische *spanakopita* und Blätterteigtaschen mit Huhn und Cranberrys. $

Havelock North

Mamacita, 12 Havelock Rd, 💻 www.mamacita.co.nz. In diesem Laden gibt's viel chaotische Kunst und eine gute Karte mit Tacos und *quesadillas*. Daneben gibt es natürlich die üblichen Margaritas und Sangrias. $

Origin Earth, 393 Te Mata Rd, 💻 www.originearth.co.nz. Spezialisiert auf Käse, Cracker und Chutney aus eigener Herstellung, was man alles probieren kann. 10 Käsestangen und ein Probierteller mit 3 Käsesorten für 2 Pers. Es gibt ausgezeichneten frisch gemahlenen Kaffee und eine fantasievolle Karte mit z. B. Polenta-Pfannkuchen und Tortillas mit Pulled Pork und Feta, alles zu einem guten Preis-Leistungs-Verhältnis. $$

Pipi, 16 Joll Rd, 💻 www.cafe.pipi.co.nz. Das pinkfarbene und sehr populäre Café mit Pizzeria ist echt lässig. Nichts passt hier zusammen, und trotzdem ist das Gesamtbild stimmig. Die Gäste holen ihre Getränke selbst aus dem Kühlschrank und geben beim Bezahlen an, was sie getrunken haben. Auch das Essen ist klasse, z. B. Fishcakes mit Püree aus weißen Bohnen oder ausgezeichnete Pizza. Dazu gibt's eine gigantische Auswahl an neuseeländischen Weinen. $$

Die Weingüter der Hawke's Bay

In der Region gibt es über 70 Weingüter. Im Folgenden nur eine Auswahl der beliebtesten, mit dem Schwerpunkt auf solchen, die sich für ein Mittagessen empfehlen oder die neben der obligatorischen Weinprobe noch andere Reize bieten. Es ist allerdings durchaus möglich, dass der gleiche Wein im Supermarkt billiger ist als beim Hersteller selbst.

Die am nächsten bei Napier gelegenen Weingüter befinden sich 8 km südwestlich im Vorort **Taradale**, doch verströmen sie nicht denselben ländlichen Reiz wie diejeningen um **Hastings**. Die schönsten Weingüter befinden sich unmittelbar östlich von **Havelock North** und an der Küste in Te Awanga. Das am schnellsten wachsende Weinanbaugebiet der Hawke's Bay erstreckt sich rund um **Fernhill** 10 km nordwestlich von Hastings. Die meisten Weingüter haben im Sommer tgl. von 10–17 Uhr geöffnet, aber wenn nicht viel los ist, sind sie manchmal am Mo, Di und sogar Mi geschlossen – eventuell also zuerst anrufen! Die hervorragendsten **Weingutrestaurants** sind die von Elephant Hill und Black Barn.

Black Barn, Black Barn Rd, Havelock North, www.blackbarn.com. Wunderschönes Designer-Weingut mit kostenloser Weinprobe, einem Mittagsbistro und angeschlossenem Café, einer kleinen Kunstgalerie, Bauernhofmarkt und Amphitheater mit Veranstaltungen im Sommer, inkl. Freiluftkino.

Elephant Hill, 86 Clifton Rd, Te Awanga, www.elephanthill.co.nz. Modernes minimalistisches Weingut an der Küste mit preisgekröntem, zum Mittag- und Abendessen geöffnetem Restaurant mit Meerblick. Am renommiertesten sind der Chardonnay, Rosé und Syrah des Guts. Die Verkostungsgebühr wird beim Kauf einer Flasche ersetzt.

Hawkes Ridge, 551 Kereru Rd, Hastings, www.hawkesridge.co.nz. Dieses renommierte Weingut, dessen ausgedehnte Weinberge von Olivenhainen umgeben sind, versprüht einen Hauch von Mittelmeeratmosphäre. Im Kellergewölbe können Gäste in entspannter Atmosphäre die berühmten Weine verkosten – besonders beliebt sind übrigens Tempranillo und Rosé – und dazu köstliche Pizzas genießen.

Mission Estate, 198 Church Rd, Taradale, www.missionestate.co.nz. Im ehemaligen Priesterseminar wurden 1851 Messweine sowie kleine Stärkungen für die Geistlichen gekeltert. Heute umfasst das Weingut mehrere Weinberge in der Region mit unterschiedlicher Bodenbeschaffenheit sowie zwei weitere in Marlborough. Sämtliche Weine werden hier produziert. Zur Weinprobe gehört, dass man sein Weinglas anschließend mit nach Hause nehmen kann. Das Mittag- und Abendessen wird auf der Terrasse oder im alten Klostergebäude eingenommen. Geboten werden fachkundig präsentierte Klassiker wie Lammkarree und Huhn im Schinkenmantel.

Te Awanga, 376 Parkhill Rd, Te Awanga, www.teawangaestate.co.nz. Mit Blick aufs Meer und über das Te Awanga-Becken, ist dieses renommierte Syrah- und Chardonnay-Weingut der wohl schönste Ort für eine Weinprobe. An einem Sonntag im Monat finden im Sommer Live-Musikveranstaltungen auf der Weindomaine statt.

UNTERHALTUNG

Karten S. 441 und S. 442

Common Room, 227 Heretaunga St East, www.facebook.com/commonroomhb. Die gemütliche Weinbar mit abgenutzten Sofas hat eine einfache Einlassregelung: Idioten verboten. Hin und wieder legen DJs auf, aber meist spielen Livebands alles von Electronica bis Country. Aus der Küche kommen sehr gute kleine Speisen und Steakburger.

Roosters Brewhouse, 1470 Omahu Rd, 7 km nordwestlich von Hastings, www.roosters.co.nz. Die Mikrobrauerei bietet natürlich gebrautes Bier, das man am besten im netten Café oder draußen an Gartentischen probiert. Außerdem kostenlose Proben ihres englischen Ales sowie ihrer Lager- und dunklen Biere. Hin und wieder Livemusik.

Rose & Shamrock, 15 Napier Rd, Havelock North, 🖳 www.roseandshamrock.co.nz. Dieser Laden ist eine einigermaßen gelungene Nachahmung eines Pubs mit 24 irischen, englischen und neuseeländischen Bieren vom Fass. Daneben gibt es preiswerte *bar meals*, Quizabende und gelegentlich irische Folk-Livemusik.

Kino und Oper

Focal Point, 126 Heretaunga St East, 🖳 www.hastings.focalpointcinema.co.nz. Das Kino mit seinen 3 Sälen zeigt in der Regel Mainstream-Streifen.

Hawke's Bay Opera House, 101 Hastings St South, 🖳 www.hawkesbayoperahouse.co.nz. Dieses großartige Jugendstil-Opernhaus wurde 2020 nach mehrjährigen Renovierungsarbeiten wiedereröffnet und erstrahlt heute wieder mit einer Reihe von Musical-, Theater- und Comedy-Aufführungen in seinem alten Glanz.

SONSTIGES

Informationen

i-SITE Hastings, 100 Heretaunga St East, 🖳 www.visithastings.co.nz. Infobroschüren zu den Weingütern, Souvenirshop und Busfahrkarten. ⌚ Mo–Fr 9–17, Sa 9–15, So 10–14 Uhr.

i-SITE Havelock North, Middle Rd, Ecke Te Aute Rd, 🖳 www.havelocknorthnz.com. Hilft auch bei Zimmerbuchung und Mietfahrrädern. ⌚ Mo–Fr 10–17, Sa 9–16, So 9–15 Uhr.

Internet

Hastings Library, Eastbourne, Ecke Warren St. Bietet begrenzt kostenloses WLAN sowie Internetstationen. ⌚ Mo 10–18, Di 9–20, Mi–Fr 9–18, Sa 10–16, So 13–16 Uhr. Kostenloses WLAN gibt's auch im CBD (Stadtzentrum).

Obsternte

Die lokale Obsternte beginnt im Februar und dauert 3 oder 4 Monate. Sie bietet Gelegenheit, sich als **Saisonarbeiter** zu verdingen – sofern man Lust hat, in mühsamer Plackerei und für wenig Geld Obst zu pflücken, nachzulesen oder abzupacken.

Der Job kann leicht vor Ort organisiert werden; die Hostels sind diesbezüglich die beste Informationsquelle. Interessierte Reisende sollten sich jedoch im Klaren darüber sein, dass sie in Konkurrenz zu arbeitssuchenden Einheimischen und erfahrenen Wanderarbeitern stehen. Näheres zur Saisonarbeit auf S. 56.

NAHVERKEHR UND TRANSPORT

Taxis

Hastings Taxis, 🖳 www.hastingstaxis.co.nz. Taxis für die nähere Umgebung.

Busse

Fernbusse halten an der Russell Street North, ein paar Schritte vom i-SITE. Die Busse des städtischen Anbieters **GoBay**, ✆ 06 878 9250, fahren nach Napier (Mo–Fr 30x tgl., Sa und So 5x tgl., 1 Std.) und Havelock North (Mo–Fr 15x tgl., Sa und So 3x tgl., 15 Min.), Abfahrt an der Bibliothek.

Busse nach:
AUCKLAND 2x tgl., 8 Std.;
GISBORNE 1x tgl., 4 1/4 Std.;
NAPIER 5x tgl., 1/2 Std.;
PALMERSTON NORTH 2–3x tgl., 2 1/4 Std.;
ROTORUA 2x tgl., 4 1/4 Std.;
TAUPO 3x tgl., 2 1/2 Std.;
WELLINGTON 2x tgl., 5 Std.

Flüge

Am **Hawke's Bay Airport**, rund 20 km nördlich der Stadt am SH2, landen regelmäßig Direktflüge von den Fluggesellschaften Air New Zealand und Jetstar aus Auckland, Wellington und Christchurch sowie Flüge von Sounds Air, 🖳 www.soundsair.com, aus Blenheim.

Zum Flughafen fahren der **Super Shuttle**, 💻 www.supershuttle.co.nz, der für die Fahrt nach Hastings $43 und nach Havelock North $45 verlangt, sowie der **Village Shuttle**, 💻 www.villageshuttle.co.nz, für ein paar Dollar weniger.

Flüge nach:
AUCKLAND 11–15x tgl., 1 Std.;
BLENHEIM 4x wöchentl., 1 Std.;
CHRISTCHURCH 2–3x tgl., 1 1/2 Std.;
WELLINGTON 3–5x tgl., 1 Std.

WOHNEN AM HANG: IN WELLINGTON WEIT VERBREITET

9 Wellington und der Süden

Die kosmopolitische Hauptstadt Wellington, traumhaft am Wasser gelegen, ist die lebendigste Stadt des Landes. Östlich davon erstreckt sich das Wairarapa, eine Agrarregion mit urigen Marktflecken und kleinen Weingütern. Das Cape Palliser an der Südspitze der Nordinsel wiederum erinnert mit seiner dramatischen Küste daran, wie außergewöhnlich die Landschaften Neuseelands sind.

Stefan Loose Traveltipps

Cuba Street Leute beobachten, Café-Hopping und Schaufensterbummel auf der alternativsten Flaniermeile der Stadt. S. 451

Te Papa Natur- und Kulturgeschichte Neuseelands – und die herausragendste Kunstsammlung des Landes. S. 453

Parliamentary District Beim Besuch des Regierungsviertels kann man Original-Dokumente betrachten, die Meilensteine auf dem Weg zur Nation waren. S. 457

Southern Walkway Eine schöne Halbtageswanderung führt durch Wald zum Aussichtspunkt auf dem Mount Victoria und zur Küste von Wellington. S. 462

Kapiti Island Auf der Insel lockt eine herrliche Landschaft mit Spazierwegen; mit Glück lassen sich Kiwis erspähen. S. 478

Weingüter Rund um Martinborough lassen sich per Rad und zu Fuß mehrere kleine Weingüter abklappern. S. 483

Cape Palliser Nach 250 Stufen genießt man vom Leuchtturm weite Ausblicke und kann die Pelzrobben in den Felsenbuchten beobachten. S. 484

PELZROBBE, CAPE PALLISER

CUBA STREET

Inhalt

Neuseelands unterschätzte Hauptstadt **Wellington** ist nicht nur schön, sondern sie besitzt eine relaxte Atmosphäre: Ihre **Kaffeekultur**, ihre gastronomische Szene und ihr buntes Nachtleben zeugen von einer großen Offenheit. Der Außenwelt ist „Wellywood" eher für sein stürmisches und regnerisches Wetter sowie als führende digitale Filmwerkstatt bekannt – diesen Status verdankt Wellington dem phänomenalen Erfolg der *Herr-der-Ringe*-Trilogie.

Wenn sich die Sonne zeigt, wird deutlich, wie hoch die Lebensqualität hier ist: Ob man in freier **Natur** in den Bergen mountainbiken, zu Aussichtspunkten mit einer reichen Vogelwelt wandern, in der Hafenbucht Kajaktouren machen oder die nahe ländliche Umgebung ansteuern möchte: Outdoor ist hier angesagt. Und man hat das Gefühl, in einer ganz anderen Welt zu sein.

Nordwestlich von Wellington säumen einige Satellitenstädte die **Kapiti Coast** bis hoch nach Palmerston North. Paekakariki und **Paraparaumu** verfügen über die schönsten **Strände**, beliebt bei Familie und Surfern, sodass hier an sonnigen Wochenenden und in den Sommerferien jede Menge los ist. Ansonsten fesselt hier eigentlich nur noch **Kapiti Island**, ein Naturschutzgebiet mit Kiwis und anderen einheimischen Vögeln.

Unmittelbar nördlich von Wellington erstrecken sich am SH2, der schöneren der beiden Verbindungsstraßen nach Norden, die stets weiter wachsenden Pendlerstädte des **Hutt Valley**. Hinter Upper Hutt windet sich die Straße über die majestätische Rimutaka Forest Range, um schließlich ins flache Agrarland des **Wairarapa** hinabzuführen. Hier bieten einige Marktstädtchen interessante Museen und Antiquitätenläden; dazu kommen rund um das hübsche **Martinborough** kleine Weingüter, sehr beliebt am Wochenende bei den Wellingtonern. Die abgeschiedene wilde Küstenlandschaft des **Cape Palliser** an der Südspitze der Nordinsel bietet sich für lange, windumtoste Spaziergänge am Meer an, hier kann man zudem **Pelzrobben** beobachten.

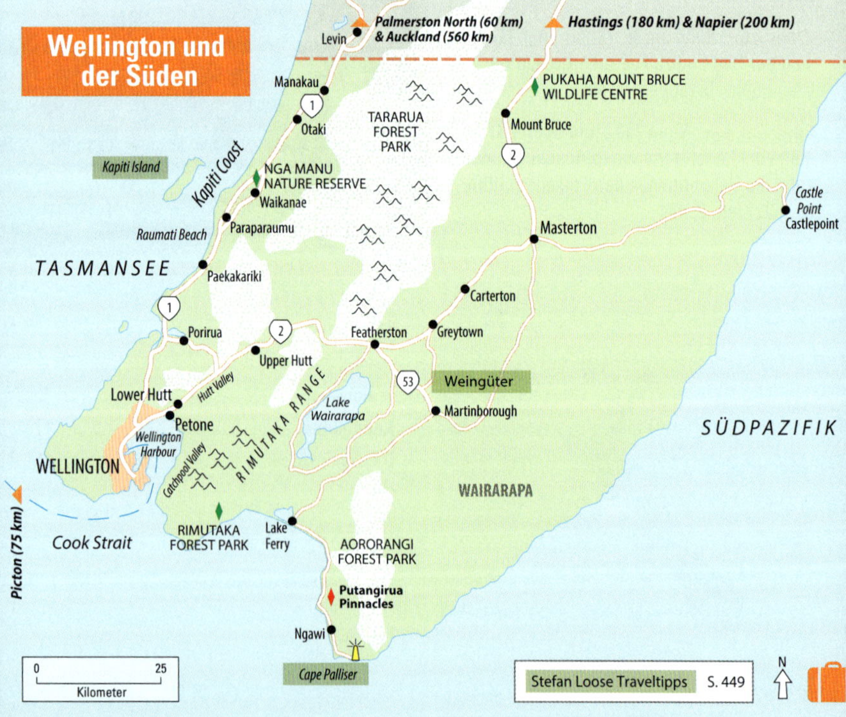

Wellington

Mit gut 212 000 Einwohnern (fast 530 000 im städtischen Großraum) ist Wellington die drittgrößte Stadt Neuseelands. Während jedoch in Auckland hauptsächlich die Wirtschaft wächst – und mit ihr das Selbstbewusstsein seiner Einwohner – strebt Wellington nach Höherem: Die „Wellingtonians" haben die beste **Café-, Ausgeh-** und **Kunstszene** des Landes hervorgebracht. Das wird besonders im Spätsommer deutlich, wenn verschiedene Kunst- und Kleinkunst-**Festivals** (s. Kasten S. 472) für viel Unterhaltung sorgen.

Zwischen dem glitzernden Wellington Harbour und der rauen Cook Strait zwingen die umliegenden Hügel Wellington zu einem kompakten Zentrum, das überwiegend auf dem Meer abgewonnenem Land erbaut ist. Eine anziehende Mischung aus historischer und moderner Architektur erstreckt sich bis in die lebendige Uferzone mit ihren Stränden, Jachthäfen und restaurierten Lagerhäusern. Viktorianische und edwardianische Holzvillen und Bungalows ziehen sich die steilen Hänge bis zum umliegenden Park- und Waldgürtel hoch. Dieser bildet eine natürliche Barriere gegen weitere Bebauung. Viele Häuser sind nur über schmale Serpentinen zugänglich, einige sogar nur über eine steile Treppe, die bisweilen von einer kleinen Seilbahn flankiert wird, um Lebensmittel und alles mögliche andere zum Haus zu befördern.

„Welly" ist als Neuseelands **Windy City** berüchtigt. Die Cook Strait zwischen Nord- und Südinsel wirkt wie ein riesiger Trichter, der den Wind bündelt und dabei auch die Luft in Wellington aufpeitscht – ein Effekt, der durch die Korridore zwischen den hoch aufragenden Bürotürmen noch verstärkt wird.

Geschichte

Der mündlichen Überlieferung der Maori zufolge zog der Halbgott **Maui** die Nordinsel wie einen Fisch aus dem Meer, wobei der Wellington Harbour das Maul des Fisches bildete. Zahlreiche *iwi* siedelten rund um die Bucht, darunter die Ngati Tara, welche die reichen Fischgründe und die geschützte Lage zu schätzen wussten. Sowohl Abel Tasman (1642) als auch Kapitän Cook (1773) wurden von heftigen Stürmen daran gehindert, in den Wellington Harbour einzulaufen. Abgesehen von ein paar Robben- und Walfängern hielt die erste Welle **europäischer Siedler** erst 1840 Einzug. Die Neuankömmlinge ließen sich auf einem großen Stück Land in der Bucht nieder, das die New Zealand Company erworben hatte.

Die erste Siedlung, Britannia genannt, entstand am Nordostufer im heutigen Petone. Doch bald darauf führte der Hutt River Hochwasser und zwang die Menschen zum Umzug in sicherere Gebiete: Zum einen auf die andere Seite der Bucht nach Lambton Harbour (wo schließlich die Innenstadt sich entwickelte) und zum anderen in die relativ flache Gegend bei Thorndon, das damals noch dicht am Wasser lag. Die Siedlung wurde nach dem Herzog von Wellington (dem „Eisernen Herzog"), britischer Feldmarschall und Minister, umbenannt, und man begann damit, dem Meer neues Land abzutrotzen – ein Prozess, der über 100 Jahre andauerte.

1865 löste das prosperierende Wellington Auckland als **Hauptstadt** Neuseelands ab. Um die Jahrhundertwende war die ursprüngliche Küstenlinie von Lambton Harbour praktisch nicht mehr erkennbar, sondern übersät von Lagerhäusern und Geschäften. Wellington war zum Dreh- und Angelpunkt der Küstenschifffahrt geworden und ist seither eine wohlhabende Stadt.

Das Stadtzentrum

Wellingtons Stadtkern lässt sich prima zu Fuß erkunden. Das Herzstück von Wellingtons Innenstadt zieht sich vom Bahnhof durchs Geschäfts- und Shoppingzentrum **Lambton Quay** nach Süden bis **Courtenay Place**. Die Hauptgegenden zum Aus- und Essengehen liegen in der Umgebung der Willis Street, des Courtenay Place, der flippigen **Cuba Street** und der Queens Wharf mit ihrer lebendigen Promenade am Wasser. Vom **Civic Square** in der Mitte ist die Promenade in beiden Richtungen von Sehenswürdigkeiten gesäumt, darunter das absolute Highlight der Stadt, das wegweisende Nationalmuseum **Te Papa**.

Civic Square und City-to-Sea Bridge

Der **Civic Square**, ein beliebter Ort für Veranstaltungen unter freiem Himmel, wurde Anfang der 1990er-Jahre von Neuseelands einflussreichstem und begabtestem modernem Architekten, **Ian Athfield**, umfassend erneuert. Der Platz ist eine gelungene Synthese aus Alt und Neu, geraden und geschwungenen Linien. Zahlreiche interessante **Skulpturen** schmücken die Freifläche. Eine davon ist *Ferns* von Neil Dawson, eine aus Metallfarnwedeln geformte Kugel, die förmlich über dem Platz zu schweben scheint. Vom Platz zum Wasser führt die breite **City-to-Sea Bridge**: Die Brücke ist mit Holzskulpturen von Vögeln, Walen und religiösen Motiven des Maori-Künstlers Para Matchitt verziert und symbolisiert die Ankunft der Maori und der europäischen Siedler.

City Gallery Wellington

101 Wakefield St ▪ Eintritt gegen freiwillige Spende ▪ www.citygallery.org.nz

Im Herzen des Civic Square beherbergt ein eindrucksvolles Gebäude aus dem Jahr 1939 die **City Gallery Wellington**, wo in drei Abteilungen zeitgenössische Arbeiten nationaler und internationaler Künstler ausgestellt werden. Die Ausstellungen sind alle kostenlos, nur für Veranstaltungen im Auditorium muss manchmal Eintritt gezahlt werden. Das elegante Nikau Gallery Café (S. 468) besitzt eine Terrasse.

Wellington Museum

3 Jervois Quay ▪ tgl. 10–17 Uhr ▪ Eintritt frei; Museumsführung n. V., Eintritt ▪ www.museumswellington.org.nz

In einem alten viktorianischen Lagerhaus (The Bond Store) hinter der **Queens Wharf** ist das vielfältige **Wellington Museum** untergebracht. Am interessantesten für Touristen ist die Darstellung der Stadtgeschichte im Erdgeschoss. Im 1. und 2. Stock wird in gespenstisch beleuchteten Nebenräumen anhand von Audio- und Video-Exponaten von der Rolle der Maori und der Europäer in der Entwicklung der Stadt erzählt. Die neueste Abteilung des Museums, der Attic, ist ein echtes Sammelsurium von Kuriositäten, von fliegenden Untertassen bis zu King Dick, einem ausgestopften Löwen aus dem Wellingtoner Zoo.

Uferpromenade

Water Whirler stdl. 10–15 (jedoch nicht um 14) und 18–22 Uhr; 5–10 Min.

Der Reiz von Wellingtons Hafenbucht offenbart sich an der **Uferpromenade** mit ihren **Seefahrtsrelikten** zwischen Queens Wharf im Norden und dem Südstrand der Stadt in der Oriental Bay. Vor dem Kinderspielplatz im Frank Kitts Park befindet sich der **Water Whirler**, eine Wasserskulptur von Len Lye (S. 381). Südlich Richtung Te Papa sind 23 **Skulpturen** verteilt, einige davon recht versteckt, jede mit einer Inschrift, die von der Verbindung einiger der bedeutendsten Schriftsteller Neuseelands zu Wellington erzählen. Am wichtigsten ist dabei natürlich Katherine Mansfield, die in Thorndon geboren wurde und aufwuchs. Kaum zu übersehen ist an der Taranaki Wharf die **Hikitia**, das wahrscheinlich weltweit älteste betriebsbereite dampfbetriebene Kranschiff; daneben befindet sich die 8,5 m hohe **Waterfront Jump Platform**, von der sich Wagemutige ins Wasser stürzen können. Von hier ist es nur noch ein Katzensprung zum Te Papa (S. 453).

Te Wharewaka O Poneke

Odlins Square, zwischen City-to-Sea Bridge und Te Papa ▪ April–Sep Mo–Fr 8–16, Sa und So 9–16, Okt–März Mo–Fr 7.30–21, Sa und So 8–21 Uhr ▪ Eintritt frei ▪ www.wharewakaoponeke.co.nz

Das Konferenzzentrum mit Galerie gegenüber der Hikitia beherbergt zwei wunderschöne zeremonielle *waka* (Kanus) sowie das Karaka Café. Der Komplex ist in drei Bereiche aufgeteilt: *Wharewaka* (*waka*-Haus), *Wharewaka Tapere* (Veranstaltungshaus) und *Wharekai* (Restaurant), in dem zahlreiche Maori-Speisen serviert werden, darunter ein Hangi. Moderne Versionen traditioneller Maori-Designs und -Schnitzereien verwandeln den gesamten Bau in ein symbolisches *waka* mit Verbindung zu Kupe, dem großen Steuermann der Maori-Legenden.

Stadttouren

Hammonds, 💻 www.wellingtonsightseeingtours.co.nz. Dieser hervorragend bewertete Veranstalter bietet Ausflüge durch die Stadt an, vom Botanischen Garten bis zum Mount Wellington und alles dazwischen.
Movie Tours, 💻 www.adventuresafari.co.nz. Touren mit Filmthemen, z. B. die halbtägige Wellington Movie Tour mit *Herr-der-Ringe*-Locations und Besuch der Weta Cave.
Walk Wellington, 💻 www.walkwellington.org.nz. Tägliche Spaziergänge zu Wellingtons kulturellen und historischen Sehenswürdigkeiten, mit dem zusätzlichen Vorteil, dass man nicht an einen bestimmten Wochentag gebunden ist (vorab online buchen, um Enttäuschungen zu vermeiden).
Te Wharewaka o Pōneke, 💻 www.wharewakatours.maori.nz. Dieses Unternehmen bietet die beste Stadtrundfahrt zum Verständnis der lokalen Maori-Geschichte und darüber hinaus kulturelle Spaziergänge an, bei denen man unter anderem die archäologischen Überreste eines Whareponga-Hauses entdeckt.
Zozo Travel, 💻 www.zozotravel.co.nz. Gourmet-Wandertouren zu Weingütern, Olivenöl- und Schokoladenproduzenten, Käse- und Honigverkostungen etc.

Te Papa: Museum of New Zealand

55 Cable St ▪ 🕒 tgl. 10–18 Uhr; kostenlose Führungen tgl. April–Okt 10.15, 12 und 14, Nov–März 10.15, 11, 12, 13, 14 und 15 Uhr; Maori Highlights Tour tgl. 14 Uhr ▪ Eintritt ▪ 💻 www.tepapa.govt.nz

Das **Te Papa: Museum of New Zealand** wird ständig erweitert. Es ist mehrere Abstecher wert, denn die Ausstellungen bieten locker Unterhaltung für einen ganzen Tag. Ein paar Cafés sorgen zwischendurch für neue Energie. Das fünfstöckige Gebäude am Wasser feiert alles Neuseeländische. Nach eingehenden Konsultationen mit verschiedenen *iwi* (Stämmen) öffnete das Museum Anfang 1998 seine Pforten. Mit seiner Kombination aus neuester Technologie und interaktiven Ausstellungsstücken richtet es sich nicht nur an Erwachsene, sondern auch an Kinder. Für Letztere wurden eigens bestimmte „Discovery"-Zonen mit Sachen zum Anfassen geschaffen.

Am interessantesten präsentiert sich Te Papa auf **Level 2**. Zu den Highlights gehören eine interaktive Ausstellung über Erdbeben und Vulkane, in der die Besucher ein täuschend echtes Erdbeben in einem Haus miterleben, den Ausbruch des Mount Ruapehu verfolgen und erfahren, wie die Maori sich derlei Naturgewalten erklären. Level 2 bietet außerdem Zugang zu **Bush City**, einer Art Neuseeland im Miniaturformat unter freiem Himmel mit einheimischen Pflanzen, Höhlen und einer Hängebrücke.

Die Hauptausstellung setzt sich auf **Level 4** mit einer hervorragenden Maori-Abteilung fort. Verschiedene *iwi* stellen in wechselnden Ausstellungen ihre ureigenste Kunst und Kultur vor. Der Bummel durch die angrenzenden Räume zu den Themen Land und Leute, Geschichte, Handel und Kultur führt auch an einem Ochsen aus Cornedbeef-Dosen von Michel Tuffery vorbei. Es gibt sogar einen **aktiven Marae** mit einem symbolischen modernen Versammlungshaus. Es unterscheidet sich wesentlich von den klassischen *marae* im Land und wird von einem heiligen Block aus *pounamu* (Neuseeländische Jade) geschützt.

Level 5 ist der **nationalen Kunstsammlung** vorbehalten. Zu sehen ist eine wechselnde Ausstellung von Gemälden und Skulpturen, in der sämtliche Lichtgestalten der neuseeländischen Kunst aus Vergangenheit und Gegenwart vertreten sind – Colin McCahon, Rita Angus, Ralph Hotere, Don Binney, Michael Smither und Shane Cotton, um nur einige zu nennen, deren Arbeiten eine nähere Betrachtung wert sind.

Nairn Street Cottage

68 Nairn St ▪ 🕒 Sa und So 12–16 Uhr; Führungen stdl. 12–15 Uhr ▪ Eintritt ▪ 💻 www.museumswellington.org.nz

Das niedliche **Nairn Street Cottage** ist das älteste Gebäude im Zentrum von Wellington. Obwohl es von 1858 datiert (zwei Dekaden ins viktoria-

Wellington Zentrum

Übernachtung	
Apollo Lodge Motel & Majoribanks Apartments	9
Bolton Hotel	1
Booklovers B&B	16
Cambridge Hotel	11
Copthorne Oriental Bay	6
Cuba Street Motorhome Park	8
Halswell Lodge	10
Hotel Waterloo & Backpackers	2
Naumi Studio	13
Nomads Capital	4
QT Museum	5
Trek Global Backpackers	3
U Boutique	14
Wellington City Accommodation	12/15
YHA Wellington City	7

Bars und Clubs	
The Backbencher Pub	1
Bedlam & Squalor	8
Crumpet	6
Fork and Brewer	3
Foxglove	2
Garage Project	18
Hanging Ditch	7
Hawthorn Lounge	16
Heyday Beer	19
The Library	12
Little Beer Quarter	5
The Malthouse	9
Meow	4
Rogue and Vagabond	10
S&M's	15
San Fran	14
Sassy loves Cash	11
Southern Cross	20
Valhalla	17
Whistling Sisters	13

Restaurants	
Aro Coffee	19
Beach Babylon	7
The Chippery	12
Curry Heaven	5
Dragons Chinese Restaurant	11
Ekim	23
Fidel's	22
Floriditas	13
Hangar	6
L'affare	24
Little Penang	2/9
MariLuca	1
Midnight Espresso	17
Mojo	3
Moore Wilson's	21
Mystic Kitchen	20
Nikau Gallery Café	4
Olive	14
Ortega	16
Shepherd	10
Sweet Mother's Kitchen	15
Swimsuit Coffee	8
Trisha's Pies	18

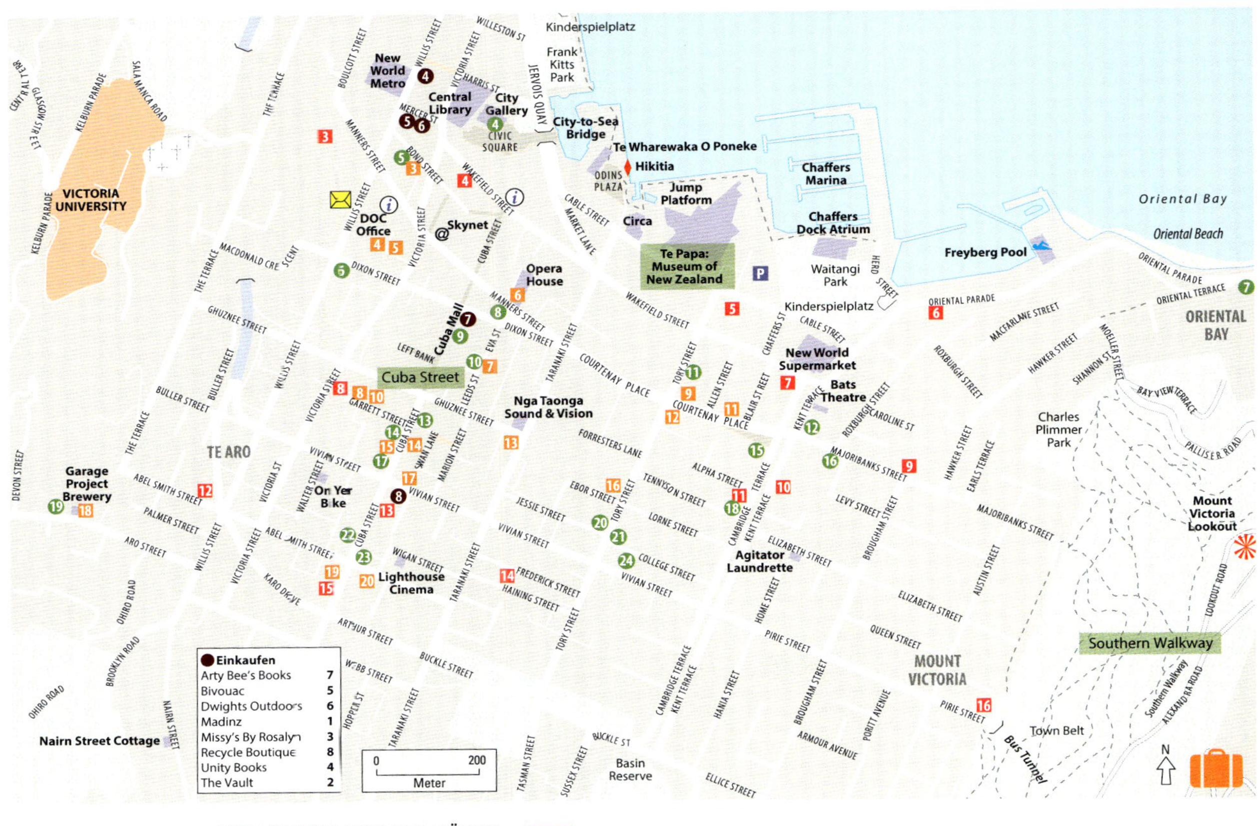
Kinderspielplatz
Frank Kitts Park
New World Metro
Central Library
City Gallery
CIVIC SQUARE
City-to-Sea Bridge
Te Wharewaka O Poneke
Hikitia
ODINS PLAZA
Jump Platform
Chaffers Marina
Chaffers Dock Atrium
Oriental Bay
Oriental Beach
Freyberg Pool
VICTORIA UNIVERSITY
DOC Office
Skynet
Circa
Te Papa: Museum of New Zealand
Waitangi Park
Opera House
Kinderspielplatz
Cuba Mall
New World Supermarket
ORIENTAL BAY
Cuba Street
Bats Theatre
Nga Taonga Sound & Vision
Charles Plimmer Park
TE ARO
Garage Project Brewery
On Yer Bike
Mount Victoria Lookout
Agitator Laundrette
Lighthouse Cinema
Southern Walkway
MOUNT VICTORIA
Nairn Street Cottage
Town Belt
Bus Tunnel
Basin Reserve
WILLESTON ST
WILLIS STREET
VICTORIA STREET
HARRIS ST
BOULCOTT STREET
MERCER ST
JERVOIS QUAY
MANNERS STREET
BOND STREET
WAKEFIELD STREET
CABLE STREET
MARKET LANE
CUBA STREET
DIXON STREET
MACDONALD CRESCENT
THE TERRACE
GHUZNEE STREET
LEFT BANK
EVA ST
TARANAKI STREET
COURTENAY PLACE
TORY STREET
ALLEN STREET
BLAIR ST REET
CHAFFERS ST
HERD STREET
ORIENTAL PARADE
ORIENTAL TERRACE
MACFARLANE STREET
HAWKER STREET
SHANNON ST
MOELLER STREET
BAY VIEW TERRACE
PALLISER ROAD
ROXBURGH STREET
KENT TERRACE
CAROLINE ST
MAJORIBANKS STREET
EARLS TERRACE
LEEDS ST
GARRETT STREET
BULLER STREET
VIVIAN STREET
SWAN LANE
MARION STREET
FORRESTERS LANE
ALPHA STREET
TENNYSON STREET
EBOR STREET
LEVY STREET
CAMBRIDGE TERRACE
ABEL SMITH STREET
WALTER STREET
JESSIE STREET
LORNE STREET
ELIZABETH STREET
BROUGHAM STREET
AUSTIN STREET
LOOKOUT ROAD
PALMER STREET
ARO STREET
WIGAN STREET
KARO DRIVE
FREDERICK STREET
HAINING STREET
COLLEGE STREET
HOME STREET
QUEEN STREET
OHIRO ROAD
BROOKLYN ROAD
ARTHUR STREET
WEBB STREET
BUCKLE STREET
PIRIE STREET
HOPPER ST
NAIRN STREET
HANIA STREET
PORITT AVENUE
ARMOUR AVENUE
BUCKLE ST
TASMAN STREET
SUSSEX STREET
ELLICE STREET
ALEXANDRA ROAD
Southern Walkway
DEVON STREET
KELBURN PARADE
SALAMANCA ROAD
GLASGOW STREET
CENTRAL TERR
Einkaufen
Arty Bee's Books 7
Bivouac 5
Dwights Outdoors 6
Madinz 1
Missy's By Rosalyn 3
Recycle Boutique 8
Unity Books 4
The Vault 2
0
200
Meter
N
WELLINGTON UND DER SÜDEN

nische Zeitalter hinein), ist es im spätgeorgianischen Stil erbaut. Die Einrichtung vermittelt den Eindruck, als sei die Familie bloß mal schnell zum Sonntagsgottesdienst gegangen.

Oriental Parade und Umgebung

Unmittelbar östlich von Te Papa liegt der **Waitangi Park**, ein kleines urbanes Feuchtgebiet mit einem schönen Kinderspielplatz. Am Ende der Herd Street erstreckt sich das aufpolierte **Chaffers Dock**. Abgesehen von Cafés befindet sich hier auch ein Atrium, in dem sonntagmorgens der lohnende Wellingtoner Bauernmarkt stattfindet.

Am Park beginnt die **Oriental Parade**, Wellingtons elegante Uferpromenade. Die von Norfolk-Tannen gesäumte Prachtstraße zieht sich an der **Oriental Bay** entlang. Es gibt hier sogar einen **Sandstrand**, der 2003 mit Sand von der anderen Seite der Cook Strait angelegt wurde. Von Interesse sind der Freyberg-Pool (s. „Schwimmbäder" S. 475) und einige Restaurants, aber Sehenswürdigkeiten als solche gibt es nicht. Wer will, kann den Spaziergang auf einen ganzen Nachmittag ausdehnen und bis zum Charles Plimmer Park und über den Southern Walkway (s. Kasten S. 462) auf den Gipfel des **Mount Victoria** laufen.

Mount Victoria Lookout

Mit 196 m Höhe ist der **Mount Victoria Lookout** einer der schönsten Aussichtspunkte Wellingtons. Von hier eröffnet sich ein weites Panorama auf die Stadt, die Hafenbucht, die Docks und weiter bis zum Hutt Valley. Den Weg zum Gipfel erreicht man am besten vom Ende der Majoribanks Street; von dort sind es 20 Minuten auf einem gut instandgehaltenen beschilderten Pfad durch lichten Wald. Zu Fuß ist der Weg zwar schöner, aber man kann den Gipfel auch mit dem Bus (Nr. 20, nur Mo–Fr) erreichen. Wer mit dem eigenen Auto unterwegs ist, folgt der Hawker Street (eine Seitenstraße der Majoribanks Street) und biegt dann in die Palliser Road ein, die sich zum Aussichtspunkt nach oben windet. Der Gipfel ist jedoch nicht der einzige Aussichtspunkt: Fünf Gehminuten östlich genießt man am Fuß des Funkturms gleichermaßen eindrucksvolle Ausblicke auf die Evans und Lyall Bay. Zwischen den beiden Aussichtspunkten führt ein beschilderter Weg hinunter zur Oriental Bay, sodass man zurück zur Stadt eine schöne Schleife laufen kann. Oder man geht auf dem Southern Walkway (ebenfalls ausgeschildert) 10 km Richtung Süden zur Lyall Bay (4 Std.).

Botanic Gardens

Eingänge an Glenmore St, Salamanca Rd, Upland Rd und an der Cable Car ▪ Bus Nr. 3 oder 13 ▪ ⏲ tgl. Sonnenauf- bis Sonnenuntergang; Visitor Centre nur im Sommer ▪ Eintritt frei ▪ 💻 www.wellingtongardens.nz

Am einfachsten erkundet man die **Botanic Gardens**, indem man mit der Standseilbahn bis ganz nach oben fährt und anschließend durch die Gärten hinunter zurück in die Stadt bummelt. Vom Aussichtspunkt an der Bergstation der Cable Car eröffnen sich schöne Ausblicke auf die Stadt. Eine kostenlose Broschüre mit Karte ist im Cable Car Museum erhältlich sowie im Treehouse Visitor Centre, fünf Minuten zu Fuß vom Haupteingang an der Glenmore Street entfernt.

Space Place at Carter Observatory

⏲ Di und Fr 16–23, Sa 10–23, So 10–17.30 Uhr; Planetariumsvorführung: Mo–Fr 11, 12.30 und 15, Sa und So 10.15 Uhr und danach zur vollen Stunde; Abendvorführungen Di und Sa 18, 19 und 20 Uhr (reservieren!) ▪ Eintritt ▪ 💻 www.museumswellington.org.nz

Zwei Minuten zu Fuß von der Endhaltestelle der Cable Car wartet das fantastische **Carter Observatory** von 1941, wo Vorführungen zum südlichen Sternenhimmel über Neuseeland gezeigt werden. Zu den behandelten Themen zählen u. a. die Astronomie der Maori und der pazifischen Inselbewohner, astronomische Navigation und moderne Planetenforschung. Besonders interessant sind ein Stück Mondgestein, das man anfassen darf, sowie eine Aus-

Eine Fahrt mit der Cable Car

Auch wer ansonsten keine öffentlichen Verkehrsmittel in Wellington benutzt, sollte auf keinen Fall die recht kurze und landschaftlich schöne Fahrt mit der **Cable Car** auslassen, die den herrlich grünen Vorort Kelburn und den oberen Abschnitt des Botanischen Gartens zum Ziel hat. Die leuchtend roten Wagen beginnen ihren beschwerlich-steilen Aufstieg alle zehn Minuten an der Talstation in der unmittelbar vom Lambton Quay abzweigenden Cable Car Lane. ⌚ Mo–Fr 7–22, Sa 8.30–22, So 8.30–21 Uhr.

An der Bergstation an der Upland Road lockt ein entspanntes Café, oder man genießt von den kleinen Wegen rund um den Gipfel den Panorama-Ausblick auf die Stadt. Das **Cable Car Museum** neben der Endstation beherbergt den alten elektrischen Antriebsmotor, ein Gewirr von Kabeln, 200 Jahre alte Waggons und ein Info Centre mit jeder Menge Hintergrundinformationen zu dieser und anderen Seilbahnen aus aller Welt. ⌚ tgl. 9.30–17.30 Uhr, Eintritt frei. Der schönste Weg zurück in die Stadt ist ein Spaziergang durch die Botanical Gardens (20 Min.) zur Bolton Street im **Parliamentary District**.

stellung darüber, wie die alten Maori einst mithilfe der Sterne auf dem Meer navigierten. Auch die Planetariumsvorführungen mit Blick in den Nachthimmel sollte man sich auf keinen Fall entgehen lassen.

Lady Norwood Rose Garden und Begonia House

⌚ Begonia House April–Aug tgl. 9–16, Sep–März bis 17 Uhr ▪ Eintritt frei

Der meistbesuchte Bereich des Botanischen Gartens ist der duftende **Lady Norwood Rose Garden**: 300 verschiedene Rosenarten umschließen einen Brunnen und sind selbst von einem mit Kletterrosen bewachsenen Säulengang umgeben. Das benachbarte **Begonia House** besteht aus zwei Abteilungen: einer tropischen mit einem romantischen Seerosenteich und einer gemäßigten, wo im Sommer Begonien und Gloxinien und im Winter Alpenveilchen, Orchideen und Springkraut blühen.

Parliamentary District

Das nördliche Ende des Lambton Quay markiert den Anfang des **Parliamentary District** – besonders schön sind die Fußgängerampeln mit der Silhouette der Frauenrechtlerin Kate Sheppard. Der Stadtteil wird von den grandiosen **Old Government Buildings** beherrscht. Auf den ersten Blick scheinen sie aus cremefarbenem Stein zu bestehen, erst bei näherer Betrachtung offenbart sich, dass die Gebäude aus Holz sind. Die Planung stammt aus der Feder des Architekten William Clayton (1823–77). Heute nutzt die Juristische Fakultät der Victoria University das Gebäude, und es ist daher nur von außen zu besichtigen.

Die Parliament Buildings

⌚ tgl. 10–16 Uhr ▪ Kostenlose 1-stündige Führung zur vollen Stunde; Buchung ratsam ▪ 💻 www.parliament.nz

Auf der anderen Seite des Lambton Quay stehen die **Parliament Buildings**, Sitz der neuseeländischen Regierung. Die drei Bauwerke sind höchst eigenwillig, fügen sich aber auf harmonische Weise zusammen. Das auffälligste Gebäude ist der modernistische **Beehive** („Bienenstock"), ein aus sieben Stufen bestehender, stumpfer Kegel, in dem das Kabinett und die Büros der Minister untergebracht sind. Das Gebäude wurde 1964 von dem britischen Architekten Sir Basil Spence konzipiert, doch die Bauarbeiten dauerten bis 1982 an, sechs Jahre nach dem Tod des Architekten. Der Beehive ist direkt mit dem edwardianisch-neoklassizistischen **Parliament House** verbunden, einem großartigen, autoritär wirkenden Regierungssitz – ein besonders krasser architektonischer Gegensatz zu der verspielt-neugotischen **Parliamentary Library**, die eher pompös und sakral wirkt.

Katherine Mansfield

Katherine Mansfield Beauchamp (1888–1923) ist Neuseelands berühmteste Verfasserin von Kurzgeschichten. Im Laufe ihres kurzen Lebens revolutionierte sie dieses Genre, indem sie nicht die Handlung, sondern die poetische Erzählkunst in den Mittelpunkt rückte. Virginia Woolf schrieb, Mansfields Werke seien „die einzige literarische Leistung, auf die ich jemals neidisch war".

Mansfield lebte fünf Jahre lang in Wellington in der Tinakori Road, zusammen mit ihren Eltern, drei Schwestern und der geliebten Großmutter. Die Örtlichkeiten sind in mehreren ihrer Geschichten beschrieben, besonders in *Prelude* und *A Birthday*. Später siedelte die Familie in ein wesentlich eleganteres Haus im heutigen westlichen Vorort Karori über. Mit 19 Jahren zog Katherine nach Europa. Sie starb im Alter von 34 Jahren in Frankreich an Tuberkulose.

Zu den Highlights der einstündigen Führungen gehört z. B. der beeindruckende **Maori Affairs Select Committee Room**.

National Library of New Zealand

70 Molesworth St ▪ ⌚ Mo–Sa 9–17 Uhr ▪ Eintritt frei ▪ 💻 www.natlib.govt.nz

Hauptgrund für einen Besuch in der **National Library of New Zealand** sind drei der bedeutendsten historischen Dokumente der Geschichte Neuseelands, die hier in dem stilvollen He-Tohu-Raum aus Rimu-Holz zu sehen sind. Das bekannteste Dokument ist das Original des in Maori-Sprache abgefassten **Vertrags von Waitangi** (s. Kasten S. 113 und S. 230). Es hat die Wasserschäden und Nagetierangriffe im Untergrund der Old Government Buildings nur knapp überlebt, bevor es 1908 wiedergefunden wurde. Acht weitere Kopien waren im Umlauf, um die Unterschriften aller Maori-Häuptlinge zu sammeln – ein ziemlich planloser Vorgang.

Bei den beiden anderen Dokumenten handelt es sich um die Unabhängigkeitserklärung der nördlichen Häuptlinge von 1835 und die **Petition für das Frauenwahlrecht aus dem Jahr 1893**, organisiert von der berühmten Frauenrechtlerin Kate Sheppard, die auch auf der Zehndollarnote zu sehen ist. Dies war ihr dritter Versuch, bei dem sie 32 000 Unterschriften zusammenbrachte (ein Viertel der weiblichen Bevölkerung). In der Folge erteilte Neuseeland als erstes Land der Welt Frauen das Wahlrecht.

Old St Paul's Cathedral

Mulgrave, Ecke Pipitea St ▪ ⌚ tgl. 9.30–17 Uhr ▪ Eintritt frei; kostenpflichtige Führungen (45 Min.) ▪ 💻 www.visitheritage.co.nz

Von 1866 bis 1964 fungierte die bescheiden wirkende **Old St Paul's Cathedral** als Pfarrkirche von Thorndon. Nachdem der heutige Parliamentary District von neuseeländischen Ministerien vereinnahmt wurde, konnten nur noch anhaltende öffentliche Proteste in den 1960er-Jahren das Gotteshaus, eine der schönsten europäischen Holzkirchen des Landes, vor dem Abriss bewahren. Ungewöhnlich für ein Gotteshaus im Stil der englischen Frühgotik, wurde es aus nachdunkelnden einheimischen Hölzern errichtet. Schöne Buntglasfenster tauchen den Innenraum in vielfarbiges Licht.

St Paul's Cathedral

Molesworth, Ecke Hill St ▪ ⌚ Mo–Fr 8.30–16.30, Sa 10–16, So 7.30–16.15 Uhr ▪ tgl. Gottesdienst, Eintritt frei ▪ 💻 www.wellingtowncathedral.org.nz

Old St Paul's steht in auffallendem Kontrast zu ihrem modernen Nachfolger, der **St Paul's Cathedral**. Die kuriose Stilmischung aus Byzanz und Santa Fé wurde in den 1930er-Jahren von dem berühmten Kirchenarchitekten Cecil Wood aus Christchurch entworfen. Queen Elizabeth II. legte 1954 den Grundstein, doch vollendet wurde die Kathedrale erst 1998. Die auffällige Orgel wurde übrigens in London gebaut. Sie stand ursprünglich in der Old St Paul's.

Katherine Mansfield Birthplace

25 Tinakori Rd ▪ ⌚ Di–So 10–16 Uhr ▪ Eintritt ▪ Bus Nr. 14 hält in der nahe gelegenen Park St ▪ 💻 www.katherinemansfield.com

Läuft man 10 Min. zu Fuß von der St Paul's Cathedral durch Thorndon nach Norden, erreicht man das **Geburtshaus von Katherine Mansfield**. In diesem bescheidenen Holzhaus mit kleinem

Garten verbrachte die weltberühmte Autorin (s. Kasten S. 458) ihre Kindheit. Das Haus, das einen viktorianisch-edwardianischen Charme ausstrahlt, weist ein ungewöhnliches, für die damalige Zeit avantgardistisches Dekor auf, stark beeinflusst von der Kultur Japans und dem Ästhetizismus.

Ein Raum im Obergeschoss beleuchtet das Leben der Autorin näher und zeigt Schwarz-Weiß-Fotos sowie Videos, darunter das exzellente *A Woman and a Writer*.

Die Vororte

Wellingtons Vororte lassen sich vom Zentrum aus problemlos erreichen. Ein paar Kilometer nördlich vom wegweisenden Schutzgebiet **Zealandia: Te Mara a Tane** befindet sich das schöne Waldstück **Otari-Wilton's Bush**. Durch den grünen Town Belt verlaufen einige schöne Wanderwege. Oder man begibt sich auf eine Fahrt entlang der geschlängelten Küste der **Miramar Peninsula**, wo sich die Wellingtoner Filmindustrie niedergelassen hat. Außerdem locken hier hübsche Örtchen am Meer, Spazierwege und Aussichtspunkte mit Blick auf die Hafenbucht.

Die schönste Aussicht der Stadt

Wem das Panorama vom Mount Victoria noch nicht ausreicht, der findet weiter westlich den **Brooklyn Hill**, leicht zu erkennen an seiner 67 m hohen **Windkraftanlage**. Unter dem Surren der Propeller bietet sich ein fantastischer Blick über die Stadt bis zu den Kaikoura Ranges auf der Südinsel.

Um den Brooklyn Hill mit dem Auto zu erreichen, biegt man von der Brooklyn Road am Ende der Victoria Street links in die Ohiro Road und anschließend beim Einkaufszentrum rechts in die Todman Street ein, wo Schilder den Weg zum Windrad weisen. Die Straße ist von April bis September von 8 bis 17 und von Oktober bis März von 7 bis 20 Uhr geöffnet. Bus Nr. 8 fährt von der Willis Street im Zentrum zur Karepa Street in Ashton – am Ashton Fitchett Drive aussteigen, 2 km vom Gipfel entfernt.

Zealandia: Te Mara a Tane

Waiapu Rd ▪ tgl. 9–17 Uhr ▪ Eintritt; Führung am Tag 2 Std., Nachtführung 2 1/2 Std. (buchen!) ▪ www.visitzealandia.com ▪ 2 km zu Fuß von der oberen Endhaltestelle der Cable Car, mit dem kostenlosen Shuttle vom i-SITE (ab 9.30 Uhr etwa stdl.; 10 Min.) oder mit der Buslinie 3 von Lambton Quay oder Willis St, der Linie 18 von der Ecke Cuba und Ghuznee St oder der 21 von der Ecke Cuba und Manners St

Nur etwa 3 km westlich der Innenstadt liegt im Vorort Karori eine Oase: das Schutzgebiet **Zealandia**. Es ist nach dem neuseeländischen Mikrokontinent benannt, der sich vor rund 85 Mio. Jahren von Gondwanaland abgespalten hat. Seit Ende der 1990er-Jahre arbeitet das 2,25 km² große Schutzgebiet mit Erfolg an der Wiederherstellung des ursprünglichen Naturzustands. Doch der Trust hat das Gebiet nicht nur mit einheimischen Bäumen bepflanzt, sondern hier auch einheimische Vögel angesiedelt: u. a. die äußerst seltenen flugunfähigen Takake, Saddlebacks, Kakas und Fächerschwänze – sowie die Tuatara, eine Leguanart, die auf der Hauptinsel ausgestorben ist, aber von Kapiti aus wieder angesiedelt wurde.

Man kann auf dem größten Teil der insgesamt 32 km langen Spazierwege (teils eben, teils recht felsig) wandern, ohne jemandem zu begegnen; nur auf dem Hauptweg vom Besucherzentrum zum Damm (1 1/2 Std.) ist gewöhnlich etwas mehr los. Teils locken Futterplätze die mutigeren Vögel an den Weg, doch ansonsten ist hier alles komplett naturbelassen – eine Welt voller Vogelstimmen.

Otari-Wilton's Bush

160 Wilton Rd, 5 km nordwestlich des Zentrums ▪ tgl. Sonnenauf- bis untergang; Besucherzentrum 9–16 Uhr ▪ Eintritt frei ▪ Zu Fuß 3 km von Zealandia oder Bus 14 vom Lambton Interchange (alle 30 Min.) ▪ www.wellingtongardens.nz

Wer den neuseeländischen Wald so erleben möchte, wie er sich vor Ankunft der Menschen präsentierte, sollte sich den **Otari-Wilton's Bush** ansehen. Was heute vom ursprünglichen

Wald aus Podocarpaceen und Nördlichen Ratabäumen noch übrig ist (einschließlich eines 800 Jahre alten Rimu-Baums), wurde 1860 von einem gewissen Job Wilton eingezäunt und bildet den Kern des 0,8 km² großen Schutzgebiets.

Wellington Harbour

Vom Wasser aus präsentiert sich der **Wellington Harbour** am schönsten. Entsprechend gut ist das Angebot an Wassersportaktivitäten (s. Kasten S. 463). Segelangebote für Touristen sind allerdings spärlich. Eine andere Möglichkeit, die Aussicht auf den Hafen zu genießen, ist eine Fährfahrt zur **Matiu/Somes Island**.

Matiu/Somes Island

Dominion Post Ferry (Mo–Fr 3x tgl., Sa und So 6x tgl.; 20 Min. pro Strecke) ▪ Kostenpflichtig ▪ 💻 www.eastbywest.co.nz ▪ Abfahrtszeiten telefonisch checken!

Einer der schönsten Tagesausflüge von Wellington aus führt zu dem in den nördlichen Ausläufern des Wellington Harbour gelegenen Eiland **Matiu/Somes Island**. Im 19. Jh. diente die Insel als Quarantänestation für mit Krankheiten wie Pocken infizierte Reisende. Während der beiden Weltkriege wurden hier all diejenigen interniert, die dem neuseeländischen Staat irgendwie verdächtig vorkamen – also so gut wie alle Deutschen, Italiener und Japaner, die damals im Land lebten.

Anfang der 1980er-Jahre erkannte man das Naturschutzpotenzial der Insel. Inzwischen steht sie unter Verwaltung des DOC, das sich unermüdlich um die **Regeneration der einheimischen Flora und Fauna** kümmert und die historisch wertvollen alten Gebäude instandhält. Bereits jetzt fühlen sich hier acht Reptilienarten, der Kakariki (Ziegensittich), North Island Robins, Zwergpinguine, die Langfühlerschrecke Weta und die urzeitliche Brückenechse Tuatara heimisch und vermehren sich eifrig. Die Insel ist mit der Dominion Post Ferry zu erreichen, die auf ihrer Fahrt über den Harbour zur Days Bay hier anlegt. Man hat dann etwa fünf Stunden Zeit, um die Wege der Insel zu erkunden (Picknickzutaten mitnehmen!), bevor es mit der Fähre wieder zurück nach Wellington geht.

Hutt Valley

34 km nordöstlich des Zentrums am SH2 ▪ Informationen beim i-SITE in Upper Hutt Valley, Arts and Entertainment Centre, Ferguson Drive, ⌚ Mo–Fr 9–16, Sa und So 9.30–16 Uhr ▪ 💻 www.huttvalleynz.com

Am nördlichen Ende des Hafens beginnt das Flachland des **Hutt Valley**, durch Pendlerzüge und Busse über den SH2 mit der Stadt verbunden. Das **Petone Settlers Museum** erinnert an die Gründung von Wellington, während **Lower Hutt** mit dem stadtnächsten Campingplatz (S. 465) und einer hervorragenden Kunstgalerie aufwartet. Außerdem liegt es auf dem Weg zum wilden **Rimutaka Forest Park**.

Petone Settlers Museum

The Esplanade, 2,5 km östlich des Bahnhofs von Petone ▪ ⌚ Mi–So 10–16 Uhr ▪ Eintritt frei ▪ Bus 81, 83, 84 oder der orangefarbene Flyer (91) ab Courtenay Place und Lambton Quay ▪ 💻 www.petonesettlers.wordpress.com

Die Vorstadt Petone befindet sich an dem Ort der ersten – wenngleich kurzlebigen – europäischen Besiedlung in der Region Wellington. Das **Petone Settlers Museum** ist in einem auffälligen alten Badepavillon untergebracht, welcher anlässlich der hundertjährigen Ankunft der ersten britischen Einwanderer gebaut wurde und mit wunderschönen Mosaiken geschmückt ist. Das Museum erzählt von den Lebensumständen der ersten hier ansässigen Maori, den später hinzugekommenen kolonialen Siedlern und dem Verhältnis zwischen den beiden Gruppen.

Dowse Art Museum

45 Laings Rd, 2 km westl. des Bahnhofs Waterloo ▪ ⌚ tgl. 10–17 Uhr; Café Mo–Mi 8–16, Do und Fr 8–20, Sa und So 9–16 Uhr ▪ kostenlose 20-min. Führungen Sa und So 11 und 14 Uhr ▪ Eintritt gegen freiwillige Spende ▪ 💻 www.dowse.org.nz ▪ Bus 81, 83 oder der orangefarbene Flyer ab Courtenay Place und Lambton Quay

6 km nördlich von Petone, im weitläufigen **Lower Hutt**, liegt das 2006 von Ian Athfield umwerfend modernisierte **Dowse Art Museum**. Die sorgfältig konzipierten Räume zeigen Wechselausstellungen, erstaunlich avantgardistisches Kunsthandwerk aus der eigenen Sammlung sowie ein Zier-*pataka* (ein erhöhtes Vorratshaus). Empfehlenswert ist außerdem ein Besuch im **Bellbird**, dem lohnenden hauseigenen Café mit Schanklizenz.

Rimutaka Forest Park

Haupteingang direkt südlich von Lower Hutt und 20 km von Wellington entlang der Coast Rd ▪ ⌚ Mai–Sep 6–18, Okt–April 6–20 Uhr ▪ Das DOC in Wellington verkauft die Broschüre Catchpool Valley/

Orongorongo Valley ▪ Keine Buslinie hält in der Nähe; am besten selbst fahren oder ein Taxi nehmen

Der **Rimutaka Forest Park** ist ein beliebtes Naherholungsgebiet für die Bewohner von Wellington. Der Park lädt zu Spaziergängen und leichten **Tageswanderungen** sowie Mountainbike-Touren im attraktiven **Catchpool Valley** ein und besitzt Picknick- und Grilleinrichtungen sowie einen **DOC-Campingplatz** (S. 465). Vom ausgeschilderten Haupteingang aus schlängelt sich die Catchpool Road zum Parkplatz weitere 2 km hinauf. Hier beginnen die meisten Wanderungen.

ÜBERNACHTUNG

Karte S. 454/455, S. 461

In der Innenstadt von Wellington gibt es jede Menge Unterkünfte, darunter ein paar ausgezeichnete **Hostels**. **B&Bs** werden immer seltener, aber dafür steigt die Zahl gut ausgestatteter **Apartments**. Frühstücken (oder brunchen) gehen gehört zum Besuch von Wellington unbedingt dazu. Daher muss es vielleicht keine Unterkunft sein, bei der das Frühstück im Preis enthalten ist. Zentral gelegene **Motels** sind Mangelware, aber zahlreiche auf Geschäftsleute ausgerichtete **Hotels** haben günstige Sonderangebote, besonders am Wochenende. **Freedom camping** ist erlaubt am Südende des Marina-Parkplatzes an der Evans Bay, 2 km südöstlich des Stadtzentrums, doch es gelten einige Einschränkungen – Informationen auf der Website des Wellington City Council, 💻 www.wellington.govt.nz. Ansonsten kann man über Nacht beim **Cuba Street Motorhome Park** oder beim **Capital Gateway Motor Inn** parken. Ersteres befindet sich direkt in der

Aktivitäten rund um Wellington

Der bewaldete, die Stadt umgebende Town Belt bietet ausgezeichnete Wandermöglichkeiten, großartige Ausblicke auf Wellington und die Gelegenheit zur Robbenbeobachtung an der Südküste. Die Windbedingungen im Hafen sind ideal zum Kitesurfen.

Am Charles Plimmer Park am Ende der Oriental Parade beginnt der **Southern Walkway** (11 km, 4–5 Std.): Er bietet ausgezeichnete Ausblicke auf den Harbour und die Innenstadt, in der Island Bay kann man zudem baden. Der kürzere **Red Rocks Coastal Walk** (4 km pro Strecke, 2–3 Std. hin und zurück) erkundet die Südküste Wellingtons von der Owhiro Bay bis zum Sinclair Head, wo jedes Jahr von Mai bis Oktober Neuseeländische Seebären zugegen sind. Detaillierte Broschüren zum Thema sind kostenlos im i-SITE erhältlich (S. 474).

Bei gutem Wetter gibt es nichts Schöneres als eine **Radtour** über die Küstenstraßen östlich der Stadt. Zahlreiche **Offroad-Strecken** sind in der kostenlosen Broschüre *Mountain Biking in Wellington City* (kostenlos erhältlich im i-SITE, PDF-Download auf 💻 www.wellington.govt.nz) verzeichnet. Sie enthält Karten der am besten geeigneten und nach einer kurzen Fahrt von der Stadt aus erreichbaren Gegenden. Besonders toll sind z. B. die Küstenstrecke nach Red Rocks (s. o.) und die Wanderwege um den Mount Victoria (S. 456).

Auf dem Land sind Quadbikes, Inline-Skates und Klettern beliebt. Ferg's Kayaks (s. u.) verleiht Inline-Skates, perfekt für den nahe gelegenen Frank Kitts Park oder das Gebiet um die Oriental Parade. Ferg's hat auch eine gute und beliebte Kletterhalle.

Radfahren und Quadfahren

Makara Peak Mountain Bike Park, 116-122 South Karori Rd, etwa 8 km westlich des Zentrums, 💻 www.makarapeak.bike. Passionierte Mountainbiker sollten das 2,5 km² große Gebiet mit Wäldern, Wiesen und Feldern ansteuern, in dessen Mittelpunkt der 412 m hohe Makara Peak steht, der etwa 8 km westlich von Downtown Wellington jenseits von Karori liegt. Der Eintritt ist kostenlos, und streckenmäßig ist für jeden Geschmack was dabei.

Stadt und Letzteres etwas außerhalb des Highway 1.

Apollo Lodge Motel & Majoribanks Apartments, 49 Majoribanks St, www.apollo-lodge.co.nz. Ansprechendes, renoviertes Motel mittlerer Größe mit modernen Zimmern (manche sind im edwardianischen Stil gestaltet). Die Apartments eignen sich auch sehr gut für längere Aufenthalte. Preise auf Anfrage. ❸

Bolton Hotel, 12 Bolton St, www.boltonhotel.co.nz. Stilvolles unabhängiges Hotel um die Ecke vom Parlament, benannt nach einem britischen Kutter, der hier 1840 vor Anker lag. Im Angebot sind geräumige Zimmer, viele mit Blick auf die Botanical Gardens. In jedem der 19 Zimmer gibt's Kunst der Wellingtoner Künstlerin Rita Angus. Das Restaurant Artisan ist eines der wenigen angesagten in dieser Gegend der Stadt. ❹

Booklovers B&B, 123 Pirie St, Mount Victoria, www.booklovers.co.nz. Klassisches B&B in viktorianischem Haus mit viel Flair. In den 3 Zimmern mit Bad stehen überall Bücher; zu jeder halbwegs vertretbaren Tageszeit wird ein üppiges warmes Frühstück serviert. Kostenlose Parkplätze auf dem Grundstück. ❸

Cambridge Hotel, 28 Cambridge Terrace, www.cambridgehotel.co.nz. Das renovierte Hotel aus den 1930er-Jahren dient einerseits als Backpacker-Hostel, andererseits als Unterkunft für Langzeitmieter und Arbeiter. Bar und Restaurant sind beliebt und günstig, die 4- bis 8-Bett-Dorms sind geräumig und die Hotelzimmer zwar etwas klein, dafür aber preiswert. ❷

Mud Cycles, 424 Karori Rd, 2 km vor dem Makara Peak Mountain Bike Park, www.mudcycles.co.nz. Verleiht Hardtail-Mountainbikes und Fullys. Ein längerer Verleih ist auch möglich. Helm und Trailkarten sind im Preis inklusive.

Wellington Adventures, 1960 Coast Rd, Wainuiomata, www.wellingtonadventures.co.nz. Ambitionierte Kilometerfresser mit Vorliebe für atemberaubende Aussichten sind hier genau richtig. Die Tour beginnt auf einer Farm, wo der erste Ausblick schon absolut spektakulär ist. Sie gehört zu den günstigsten, besten und technisch anspruchsvollsten Quadbike-Angeboten in ganz Neuseeland. Die Fahrt durch ursprünglichen Küstenbusch, Ackerland, Wald, Flussbetten und Strand bietet zahlreiche Highlights.

Wassersport

Dive Wellington, 432 The Esplanade, Island Bay, www.divewellington.co.nz. Tauchcharter zur Fregatte Wellington, die 2005 fünf Minuten Bootsfahrt vor der Küste in 21 m Tiefe versenkt wurde. Man kann aber auch einfach über die Straße ins Meeresschutzgebiet laufen. Weitere Angebote richten sich an Taucher mit nur einer Berechtigung bis 18 m. Außerdem gibt es Kurse für jedes Schwierigkeitsniveau, auch für Anfänger. Eine der wenigen Aktivitäten in der Region, die unabhängig von Wind und Wetter ist.

Ferg's Kayaks, Shed 6, Queens Wharf, www.fergskayaks.co.nz. Verleiht Stand-Up-Paddleboards und Sit-on-Top-Kajaks (Einsitzer und Zweisitzer). Auch unterhaltsame Paddeltouren: die beste heißt *Lights at Night* und führt bei gutem Wetter nachts durch die Bucht, tolle Stadtansichten, Fotomotive und leichtes Abendessen inklusive (18.30–21 Uhr, ab 4 Pers., bei 2 Pers., mind. 3 Tage im Voraus buchen).

Wildwinds, 36 Customhouse Quay, www.wildwinds.co.nz. Bietet einen Windsurf-Schnupperkurs (2 Std.) sowie einen Anfängerkurs. Außerdem gibt's Unterricht im Kitesurfen (3 Std.), es wird aber keinerlei Ausrüstung verliehen.

 **Copthorne Oriental Bay**,100 Oriental Parade, www.millenniumhotels.com. Direkt am Wasser gelegen, ist dieses moderne und professionell geführte Hotel eine preiswerte 4-Sterne-Option mit hübschen Zimmern, die mit dunklem Holz ausgestattet sind. Viele davon bieten Blick auf den Hafen. Es gibt auch Studios mit Kochnische, sodass auch Selbstversorger auf ihre Kosten kommen. ❸

Halswell Lodge, 21 Kent Terrace, www.halswell.co.nz. Komfortables, zentral gelegenes, einladendes Haus mit schlichten, günstigen Hotelzimmern (einige mit Spa) und Motel Units in einer von der Straße zurückversetzten Lodge. Kostenlose, von der Straße entfernte Parkplätze. ❸

Hotel Waterloo and Backpackers, 1 Bunny St, www.hotelwaterloo.co.nz. Großes Art-déco-Hostel im Waterloo Hotel. Günstig gelegen für Zug, Bus und Fähre. Die Dorms und Zimmer (z. T. mit Bad) sind in Ordnung, außerdem gibt's eine günstige Bar sowie ein Café im Ballsaal des einst glanzvollen Hotels. ❷

Naumi Studio, 213 Cuba St, www.naumihotels.com. Dieses kunstvoll gestaltete Hotel sieht aus, als sei es geradewegs dem Filmschneideraum von Wes Anderson entsprungen, und beschreibt sich selbst als „einen Ort der Launen". Wer so etwas mag, wird ganz sicher die skurrilen Kunstwerke, auffälligen Farben und floralen Tapeten lieben, die die luxuriösen Zimmer und Suiten schmücken. ❸

Nomads Capital, 118 Wakefield St, www.nomadsworld.com. Lebendiges 180-Betten-Hostel (die obersten Stockbetten sind nichts für Leute mit Höhenangst) mit toller Atmosphäre in der Innenstadt mit Backpacker-Bar/Café namens **Blend**, Reiseschalter, Grillbereich und Schwarzen Brettern. Es gibt Frauen-Dorms (Aufpreis). ❷

QT Museum, 90 Cable St, www.qthotels.com. Schickes, künstlerisch angehauchtes Hotel mit jeder Menge einzigartiger Kunst im Rezeptionsbereich, der in eine große Lounge mit Bar übergeht. Gleichermaßen stilvolle Zimmer mit Gelbetten und Bose-Musikanlagen. ❹

Trek Global Backpackers, 9 O'Reilly Ave, www.trekglobalbackpackers.nz. Beliebtes Hostel unweit der Bucht mit einer Reihe von einfachen, aber gepflegten Schlafsälen (2 bis 6 Betten), auch solche nur für Frauen. Es werden auch Privatzimmer angeboten, darunter auch einige mit eigenem Bad. Es gibt kostenloses WLAN im gesamten Gebäude und eine entspannte Lounge, einen Spielbereich mit Tischfußball, einen Swimming Pool und einen Grillbereich. ❶

U Boutique, 25 Frederick St, www.uhotelgroup.com. Das U Boutique ist ein freundliches Hotel in 2 Gebäuden, wobei das prächtigste Zimmer – das King Studio – eine überdachte Holzterrasse mit Whirlpool bietet. Es stehen kleinere Zimmer und Studios zur Verfügung, die alle im modernen Stil eingerichtet sind und über eine Küchenzeile verfügen. ❸

Wellington City Accommodation, 130 Abel Smith St, www.wellingtoncityaccommodation.co.nz. 2 Apartments in der Nähe der quirligen Cuba Street, aber mit Vorortflair. Im urigen Stadthaus mit 2 Schlafzimmern und komplett eingerichteter Küche haben bis zu 10 Pers. Platz; das moderne Studio unter dem Haus des Eigentümers hat eine Küchenzeile. In der Nähe gibt's in der Tonks Grove noch 2 renovierte Arbeiterhäuschen von 1880 mit kleiner Küche. Last-Minute-Specials zum halben Preis s. Website. ❷

YHA Wellington City, 292 Wakefield St, www.yha.co.nz. Die preisgekrönte 320-Betten-Herberge ist eines der besten – und umweltfreundlichsten – Hostels Neuseelands. Sie liegt mitten im Stadtzentrum, und von einigen Zimmern im oberen Stockwerk hat man einen tollen Blick auf die Hafenbucht. Geräumige Gemeinschaftsbereiche inklusive Tischfußball und Großbildfernsehzimmer, eine gut ausgestattete Küche, Fahrradaufbewahrung, Espressobar, Info- und Reisebüroschalter. Regelmäßig finden unterhaltsame Aktivitäten wie Filmabende statt. Viele der DZ, 2-Bettzimmer und 4- oder 6-Bett-Dorms verfügen über ein eigenes Bad. ❶

Camping

Catchpool Valley, Rimutaka Forest Park, 30 km östlich von Wellington. Ein einladender Drive-in-Campingplatz des DOC am Ufer des Catchpool mit warmen Duschen, Toiletten, Wasseranschlüssen und Grillstellen. Die 150 Stellplätze ohne Strom verteilen sich unter hohen Bäumen. ❶

Cuba Street Motorhome Park, 25 Garrett St, 💻 www.cubastreetmotorhomepark.co.nz. Der winzige unbeaufsichtigte Platz mit Stromanschlüssen am Ende einer Nebenstraße im Herzen der Stadt bietet 9 Wohnmobilen mit Toiletten Platz. Gäste müssen am Automaten bezahlen! ❶

Matiu/Somes Island, 💻 www.doc.govt.nz, DOC-Campingplatz für 12 Pers. im Tierschutzgebiet auf Matiu/Somes Island (S. 460) in der Mitte des Wellington Harbour mit toller Aussicht auf die Stadt. WC, Wasserhähne und Küche mit Gasflammen vorhanden, alles andere muss man selbst mitbringen. Reservierungen laufen über den DOC, nähere Infos zum Platz gibt's beim i-SITE in Wellington. ❶

Wellington Top 10 Holiday Park, 95 Hutt Park Rd, Lower Hutt, 💻 www.wellingtontop.co.nz. Der Wellington am nächsten gelegene Campingplatz befindet sich 15 km nördlich vom Zentrum am nordöstlichen Ufer der Bucht. Strände, Geschäfte und Waldwanderungen in der Nähe, Anfahrt mit Bus Nr. 81–85 von Courtenay Place und Lambton Interchange. Gute Auswahl an Unterkünften, vom Camping-Stellplatz bis zum Motel Unit mit Sky TV. ❹

ESSEN

Karte S. 454/455, S. 461

Wellington besitzt pro Kopf mehr Speiselokale als New York. Der Standard ist bemerkenswert hoch, und zwar in jeder Preisklasse. Eigentlich ist es nicht notwendig, das Stadtzentrum zu verlassen; ein paar gute außerhalb gelegene Optionen sind dennoch hier aufgeführt.

In der selbst ernannten **Kaffee**-Hauptstadt (Wellington hat inzwischen fast 30 unabhängige Röstereien) ist das edle Gebräu natürlich überall zu haben.

Interessante Ecken für Leute, die gern mal abseits der viel besuchten Gegenden essen gehen, sind z. B. Newtown und das Aro Valley.

In den Straßen im Umkreis von **Courtenay Place** und **Cuba Street** wimmelt es von Restaurants – von Studentencafés bis zu noblen, preisgekrönten Gourmettempeln, wo die Crème de la Crème der neuseeländischen Küchenchefs den Kochlöffel schwingt. In zahlreichen Restaurants gibt es preiswerte Mittagsmenüs. Der beste der billigen internationalen Foodcourts ist der Capital Market, 151 Willis St. Innovatives und meistens sehr günstiges Essen haben auch viele Pubs und Bars (S. 469).

Freitag- und samstagabends wird auf dem Wellington Night Market rund um die Cuba Street **Streetfood** geboten. Samstagvormittags findet vor Old St Paul's an der Hill Street der Thorndon Farmers' Market statt. Der größte **Lebensmittelmarkt** der Stadt ist der Harbourside Market am Sonntagvormittag auf dem Parkplatz bei Te Papa mit Imbisswagen und Lebensmittelständen.

Zentrum

Aro Coffee, 90 Aro St, 💻 www.arocafe.co.nz. Das beste der Cafés in den Holzhäusern des Aro Valley bietet selbst gerösteten Kaffee aus handveredelten Bohnen. Dazu gibt's eine kleine, aber feine Brunchkarte, auf der z. B. hausgemachte *baked beans* mit Spiegelei und Chorizo stehen. Auf der mediterran beeinflussten Abendkarte stehen leichte Bruschettas sowie deftigere Schlemmergerichte wie leckeres Wildkaninchen. $$

Beach Babylon, Erdgeschoss, 232 Oriental Parade, 💻 www.beachbabylon.co.nz. Das im Stil einer Kiwi-Ferienhütte gestaltete Lokal bietet alles vom ungezwungenen Brunch bis zum stilvollen Dinner mit Retrotouch: Kiever Kotelett oder gebratene Polenta-Küchlein, zum Nachtisch Bananensplit. Die Cocktails sind gut, aber Alkoholika dürfen auch mitgebracht werden. $$

The Chippery, 5 Majoribanks St, 💻 www.thechippery.co.nz. Munterer kleiner Fish 'n'

WELLINGTON UND DER SÜDEN

Chips-Laden mit den köstlichsten Pommes der Stadt (in 5 Sorten von Süßkartoffel bis Agria) und dazu marktfrischem Fisch oder Weichschalenkrabben-Burgern. Man kann sich das Essen auch liefern lassen; Filiale in der 10 Murphy St in Thorndon. $

Curry Heaven, 136 Riddiford St, www.newtown.curryheaven.co.nz. Schnörkelloses indisches Restaurant mit Fokus auf dem Essen, von klassisch bis innovativ, alles perfekt zubereitet, ob dezent würzig oder brüllendscharf. Tipp: das Nawabi mit Joghurt und Kokosnuss; wer beim Essen gerne Hand anlegt, kann auch die sehr schmackhafte Ziege am Knochen bestellen. Jede Menge vegane und glutenfreie Gerichte. Alkoholausschank und BYO. $$

Dragons Chinese Restaurant, 25 Troy St, www.wellingtondragons.co.nz. Das gewöhnlich aussehende, große Restaurant ist schon seit Langem der Favorit bei den Chinesen der Stadt, besonders wegen des üppigen Yam Char (mittags und abends) und der *sharing plates*. Ausgezeichnete Pekingente; die meisten Hauptgerichte auf der 24-seitigen Karte kosten allerdings weniger. $$

Ekim, 257 Cuba St. Vom Wohnwagen und der Hütte (mit Schanklizenz) aus werden Milchshakes und Burger zum Mitnehmen oder Verspeisen im Hof verkauft. Zur Auswahl stehen neben Burgern mit Fleisch sage und schreibe 6 vegetarische, alle veredelt mit Mikes nach Geheimrezept zubereiteter Soße. Manchmal gibt's im Ekim auch DJs oder Livemusik. $

Fidel's, 234 Cuba St, www.fidelscafe.com. Das ewig coole und belebte Café am unkonventionellen Südende der Cuba St ist mit alten Castro-Bildern tapeziert und breitet sich auch im Friseurladen nebenan sowie im sonnigen Innenhof aus. Auf der Karte stehen Havana-Kaffee aus regionaler Röstung, vegane Muffins und supergünstiges Essen. $

Floriditas, 161 Cuba St, www.floriditas.co.nz. Das schicke, luftige Café ist immer gut besucht. Wenn es hier zu voll ist, kann man ins Schwestercafé Loretta ein paar Türen weiter ausweichen. Neben dem wunderbaren Frühstück stehen auf der kurzen, aber innovativen Karte Mittagsgerichte wie Gruyère-Frittata mit Minzesalat, Abendgerichte wie Lammspieße und die guten Pastaspezialitäten des Hauses. $$

Hangar, 119 Dixon St, Ecke Willis St, www.hangarcafe.co.nz. Kaffeekenner können hier ihren Gaumen testen, denn jede sortenreine Röstung hat eine eigene Probierkarte. Zur Auswahl stehen auch kalt gebrühter Kaffee und Filterkaffee. *Duck Benedict* ist eine hauseigene Variante von Eggs Benedict: geschmorte Ente mit Sauce Hollandaise und Grünkohl. Schanklizenz. $$

Little Penang, 175 Victoria, www.facebook.com/LittlePenang. Gutes, billiges asiatisches Essen wie Mee-Siam-Nudeln und mit Tamarinde gewürztes Papas-Curry – wer sitzen möchte, muss früh da sein. Mittags gibt es 2 Gerichte zum Preis von einem; köstliche Brötchen mit gegrilltem Schweinefleisch. Ableger in 44 The Terrace – nicht ganz so quirlig, aber mit gleich gutem Essen. Kein Alkohol. $$

MariLuca, 55-57 Mulgrave St, www.mariluca.co.nz. Guter und günstiger Italiener, der dem Motto sizilianischer Großväter folgt: „Fleisch macht Fleisch, Brot macht Bauch, Wein macht Tanz". Die Speisekarte ist saisonal ausgerichtet, alles wird selbst und hauptsächlich aus Biozutaten hergestellt, und die Weinkarte ist schier unendlich. Ein guter Boxenstopp bei der Besichtigung des Parlamentsviertels. $$

Midnight Espresso, 178 Cuba St, www.facebook.com/midnightespressowlg. In dem angesagten Künstlertreff und Paradies für Koffeinjunkies mit Postern und Flyern an der Info-Pinnwand, Kunstwerken, Wandgemälden und Spielautomat kommen Havana-Kaffee sowie Snacks von der Lebensmitteltheke und warme Speisen (viele vegetarisch oder vegan) für wenig Geld auf den Tisch. $

Moore Wilson's, Tory, Ecke College St, www.moorewilsons.co.nz. Der etwas versteckte Feinkostladen samt Fleischerei und Bäckerei ist eine super Adresse für hochwertige Picknickzutaten, darunter lang gereifter Hausmacherkäse. Am Quellwasser-

brunnen draußen vor der Tür können Passanten kostenlos ihre Wasserflaschen mit Trinkwasser auffüllen. $$

Mystic Kitchen, 37 Jessie St, www.bit.ly/GipsyKitchen. Ein gemütlicher Rückzugsort mit einigen Tischen draußen auf dem Bürgersteig, an denen die Gäste bei einer Tasse Kaffee (mit Bio-Milch) die köstlichen hausgemachten Kuchen und Torten genießen können. Für den Hunger zwischendurch kann man sich auch am gut gefüllten Thekendisplay bedienen, wo unter anderem Halloumi-Brötchen, leckere Quiches oder aber würzige Pilz-Bohnen-Burritos um die Aufmerksamkeit der Gäste buhlen. $

Nikau Gallery Café, City Gallery Wellington, Civic Square, www.nikaucafe.co.nz. Stilvoll-modernes Tagescafé mit Terrasse, ausgezeichnetem Kaffee und preiswerten Mahlzeiten aus saisonalen Zutaten. Tipp: Salat mit Ziegenkäse und Pilzen, dazu gibt es hausgemachte Limo oder einer der guten Weine. $

Olive, 170 Cuba St, www.oliverestaurant.co.nz. Entspanntes und gemütliches Café mit einer schlichten Holzeinrichtung, das vorwiegend Bioprodukte auf den Tisch bringt und bei den Einheimischen beliebt ist. Hervorragend für Kaffee und Kuchen, aber auch leckere Brunchgerichte wie scharf angebratenen Lachs mit Joghurt. Tipp für den Abend: die Pilzpastete. $$

Ortega, 16 Majoribanks St, www.ortega.co.nz. Die selbst ernannte „Fischhütte" im Bistrostil bietet exzellente Meeresfrüchte in äußerst entspannter Atmosphäre. Es gibt Abendessen und Nachtisch mit Dessertwein. Man kann aber auch einfach auf ein Gläschen Oloroso-Sherry an der Bar hereinschauen. $$$

Shepherd, 1/5 Eva St, www.shepherdrestaurant.co.nz. Eines der

Kaffee und Bier

Die Wellingtoner **Kaffeeszene** ist mittlerweile so etabliert, dass angehende Baristas aus aller Welt hierherkommen, um zu lernen, wie man einen perfekten Espresso oder Flat White zubereitet. In der neuseeländischen Hauptstadt ist außerdem der **Craft-Bier**-Gigant Tuatara ansässig; stets kommen neue urige Brauereien hinzu – ein Verzeichnis und eine Brauereikarte, die auch in den vorgestellten Bars erhältlich ist, gibt's auf www.craftbeercapital.com.

Kaffee

L'affare, 27 College St, www.laffare.co.nz. Jeden Donnerstagnachmittag findet ein 2-stündiger Kurs zur Herstellung espressobasierter Getränke statt. Im Preis enthalten ist das Buch *How to Make Really Good Coffee*.

Mojo, Shed 13, 37 Customhouse Quay, www.mojo.coffee. Fast jeden Tag kann man hier im Hauptquartier einer der renommiertesten Wellingtoner Röstereien zusehen, wie die Bohnen geröstet und gemischt werden, und im Laden Bohnenkaffee kaufen. In dem Gebäude dahinter ist das röstereieigene Café untergebracht.

Craft-Bier

Whistling Sisters, 100 Taranaki St, www.whistlingsisters.co.nz. Diese beliebte Mikrobrauerei bietet jede Menge verschiedene Biere zum Mitnehmen an. Bierkenner kommen hier voll auf ihre Kosten. Das Kernsortiment der Sisters an Lagerbieren, IPAs und APAs erlaubt vielfältige Geschmacksexkursionen in die Welt der Beerenaufgüsse, sauren Biere und Old English Bitter.

Garage Project, 68 Aro St, www.garageproject.co.nz. An der alten Tankstelle stehen heute keine Autos, sondern Bierfans, die ihre Flaschen wieder mit Venusian Pale Ale oder Day of the Dead (mit Chili) auffüllen wollen.

angesagtesten Restaurants in der Wellingtoner Gastroszene mit funkiger Einrichtung und kleiner, aber sorgsam zusammengestellter Karte mit Hauptgerichten. Tipps: die leckeren Klaffmuscheln in Schweinefleischbrühe und das in Kaffee gebackene Wurzelgemüse, aber auf jeden Fall Platz lassen für einen der Doughnuts! $$$

Sweet Mother's Kitchen, 5 Courtenay Place, www.sweetmotherskitchen.co.nz. Zum Frühstück Beignets, als Zwischenmahlzeit ein Po Boy (belegtes Baguette), zum Aufwärmen eine Schüssel *gumbo* und als Nachspeise Pecan- und Bourbon-Pie – kein Wunder, dass das Lokal so beliebt ist. Schanklizenz. $$

Swimsuit Coffee, Lombard St, Ecke Bond St, 022 428 3748. Eigentlich liegt sie an der Straßenecke, aber wer die Lombard Street hinaufschlendert, kann diese unscheinbare Kaffeebar schnell übersehen, die sich unter einem Parkplatz versteckt. Swimsuite Coffee wird von freundlichen, aber komplett besessenen Kaffeeliebhabern betrieben, die sich auf milden Vakuumkannenkaffee und drucklosen V60-Filterkaffee spezialisiert haben. $

Trisha's Pies, 5 Coutts St, 021 550 431. Der traditionelle Pie-Laden ist in Wellington längst eine Institution mit einer Riesenauswahl hausgemachter Pies. Sehr gut sind die Steak-Varianten und die vegetarischen Pasteten. Gutes Preis-Leistungs-Verhältnis! $

Vororte

Chocolate Fish Café, 100 Shelly Bay Rd, gegenüber dem Propeller Studio, Shelly Bay, www.chocolatefishcafe.co.nz. Das Café im Schuppenstil auf dem ehemaligen Luftwaffenstützpunkt in der Shelly Bay präsentiert sich als Familientreff mit Tischen drinnen und draußen sowie einer großen Rasenfläche mit Blick auf die Bucht.
Es gibt Sandwiches direkt vom Grill sowie leckere selbst gebackene Muffins, Kuchen und Gebäck. Schanklizenz. $

CoCo at the Roxy, 5 Park Rd, Miramar, www.cocoattheroxy.co.nz. Stilvolle Bar und Speisesaal im großen Foyer des Kinos Roxy (S. 473). Das gute Essen übertrifft sogar fast das atemberaubende Ambiente. Der Fokus liegt auf regionalen und saisonalen Zutaten, die zum Teil exotisch verarbeitet werden, wie bei den mongolischen Lammrippchen mit Crème fraîche oder dem globalen Street Feast für 2 Pers. $$

Maranui Surf Club Café, Maranui Surf Life Saving Club, The Parade, Lyall Bay, www.maranuicafe.co.nz. Das Café im obersten Stock mit Balkon zum Strand und zur Einflugschneise des Flughafens ist der Liebling der Einheimischen. Das buntes Retrodekor im Strandlook, großzügiges Frühstück, tolle Salate, leckerer Schoko-Kokoskuchen und Schanklizenz sorgen für gute Stimmung. Fast nirgends sonst kann man so gemütlich den Fliegern nachträumen, vor allem am Wochenende. $

UNTERHALTUNG UND KULTUR

Karte S. 454/455, S. 461

Der Unterschied zwischen Bars und Clubs ist oft fließend; in vielen Bars gibt's abends Tanz bei Livemusik zum Nulltarif, vor allem am Wochenende. Rund um die Cuba Street tobt das beste Nachtleben im ganzen Land. Meist nur wenige Schritte voneinander entfernt liegen Nachtcafés, Bars und Clubs.

Wellingtons **LGBTQ+-Szene** verteilt sich auf die Lokale in der Innenstadt, reiht sich aber größtenteils nahtlos in die allgemeine Café-/Bar-Szene ein. Aktuelle Infos bringen www.gaynz.com und die kostenlose, monatlich erscheinende Zeitung *express*, www gayexpress.co.nz. Jedes Jahr beginnt Ende Februar das zweiwöchige Wellington Pride Festival, www.wellingtonpridefestival.org.nz, mit dem althergebrachten Hauptevent, dem Fest Out in the Park.

The Backbencher Pub, 34 Molesworth St, Ecke Kate Sheppard St, www.backbencher.co.nz. Ein Favorit bei den Parlamentsabgeordneten und Beamten, nicht nur wegen der satirischen Cartoons, sondern v. a. wegen der gemütlichen Atmosphäre, gut einem Dutzend Biersorten vom Fass und der herzhaften Pasteten.

Crumpet, 109 Manners St, www.facebook.com/crumpetbar. Diese niedliche Retrobar serviert hervorragende Crumpets und tollen Kaffee. Der Knüller sind jedoch die Drinks des Hauses. Gut ist z. B. der Gin Shrubb, aber man kann dem netten Barkeeper auch einfach sagen, wie man sich gerade fühlt und bekommt dazu etwas Passendes gemixt.

Fork and Brewer, 14 Bond St, www.forkandbrewer.co.nz. Eine schlichte Treppe führt in den Himmel der Biertrinker – allein schon der Hopfengeruch! Bei etwa 30 regelmäßig wechselnden Bieren und 2 Apfelweinen vom Fass (darunter ein hausgemachter) ist ein Probierset mit 4 Sorten die beste Wahl. Die Biere passen ideal zum guten Pubessen (Gerichte meist recht günstig). Das stärkste Gebäu ist das malzige Murder of Crows (9,8 %), aber es gibt auch zahmere Spezialitäten wie das Raspberry and Lemon Berliner (3,7 %).

Foxglove, 33 Queens Wharf, www.foxglovebar.co.nz. Beliebte Weinbar mit ein paar Bieren vom Fass, aber die Hauptattraktion ist die große Sonnenterrasse mit Hafenblick. Oben lockt eine gemütliche Lounge mit Sesseln und Brettspielen für Regentage. Das noble Restaurant unten ist etwas teuer, aber es gibt auch Tacos und Burger von der Barkarte (günstig!).

Hanging Ditch, 14 Leeds St, www.hangingditch.co.nz. Gemütliche Cocktailbar mit bequemen Ledersesseln – gut für ein Pläuschchen – und hippen Barkeepern. Von der Decke hängen leere Flaschen.

Hawthorn Lounge, 82 Tory St, www.hawthornlounge.co.nz. Eine unauffällige Treppe führt zu der Cocktailbar mit dunklem Holz und weichen Sesseln. Die Getränkekarte mit witzig benannten und fachmännisch gemixten Drinks wechselt oft.

Heyday Beer, 264a Cuba St, www.heydaybeer.com. Ein Besuch in dem lebhaften Schankraum dieser beliebten Brauerei lohnt sich immer. Vor Ort kann man eine Auswahl an farbenfrohen IPAs und bernsteinfarbenen Ales genießen, die hier stilecht serviert werden. Außerdem gibt es einen schönen Sitzbereich im Freien, wenn das Wetter es zulässt.

The Library, Level 1, 53 Courtenay Place, www.thelibrary.co.nz. Ultracoole Cocktailbar voller Bücherregale in mehreren Zimmern. Hier findet jeder ein gemütliches Eck, um bei Livemusik an einem Cocktail zu nippen. Die Bedienung ist nicht gerade für Geschwindigkeit bekannt.

Little Beer Quarter, 6 Edward St, www.littlebeerquarter.co.nz. Eine angemessen schummrige Bar, in der man gemütlich ein paar Pommes in Bierteig knabbern und dazu ein Mikrobier zischen kann.

The Malthouse, 48 Courtenay Place, www.themalthouse.co.nz. In dem kuschligen Biertrinkerparadies mit tiefen Sofas, hohen Hockern und polierten Holztischen werden rund 30 verschiedene Biere gezapft und dazu rund 150 unterschiedliche Flaschenbiere geköpft. Jedes einzelne ist mit einer ausführlichen Geschmacksbeschreibung des führenden neuseeländischen Bierexperten Neil Miller versehen. Außerdem gibt es eine großartige Auswahl an Malt Whisky.

Rogue and Vagabond, 18 Garrett St, www.rogueandvagabond.co.nz. Gute Auswahl an Mikrobieren, sättigendes Kneipenessen und mindestens 4x die Woche Livemusik (Jazz, Blues, Funk). Außerdem liegt das Lokal im Glover Park und hat für seine Gäste dort Sitzsäcke hingestellt.

S&M's, 176 Cuba St, www.scottyandmals.co.nz. Schicke und angesagte alternative Bar mit freundlicher Atmosphäre, DJ am Fr und Sa. Hin und wieder spielt eine Liveband auf der Eckbühne, im Untergeschoss finden private Events statt. Essen wird bei Midnight Espresso (S. 466) bestellt.

Southern Cross, 35 Abel Smith St, www.thesoutherncross.co.nz. Diese riesige schwulenfreundliche Bar ist in gemütliche Bereiche unterteilt, darunter eine beheizte Pergola im balinesischen Stil (im Winter gibt's Wärmflaschen und warme Decken), und bietet Veranstaltungen für jeden Geschmack, vom Buchclub (Mo) über Musik-

„Wellywood“ und Weta-Workshop

Wellington ist die Hauptstadt der neuseeländischen **Filmindustrie**, die sich auf die etwa 12 km südöstlich des Zentrums gelegene Miramar Peninsula konzentriert – hier sind rund 3000 Personen beschäftigt. Die im Zweiten Weltkrieg errichteten, schon lange verwaisten Verteidigungsanlagen boten sich regelrecht für den Umbau in Filmstudios an. Die traumhafte Landschaft ringsum diente als **Kulisse** für zahlreiche Streifen, darunter *Herr der Ringe, King Kong* und *Der Hobbit. Herr-der-Ringe*-Produzent Peter Jackson wohnt immer noch hier draußen. Seine Special-Effects-Firma Weta, die er sich mit Richard Taylor, Tania Rodger und Jamie Selkirk teilt, ist in Miramar beheimatet. Sie ist zwar die zweitgrößte **Digitalschmiede** der Welt, aber dennoch erfrischend bescheiden, obwohl sie schon an fast 100 Filmhits beteiligt war, von *Avatar* bis zu *Blade Runner 2049*.

Beim Besuch des Studios **Weta Cave**, Camperdown Rd, Ecke Weka St, 💻 www.wetanz.co.nz, 🕒 tgl. 9–17.30 Uhr, Eintritt frei, Anfahrt mit der Buslinie 2 vom Zentrum, bekommt man einen faszinierenden 20-minütigen Film übers Filmemachen zu sehen. Außerdem können Besucher vor dem Eingang den Fußabdruck von King Kong bestaunen, einen Blick ins kleine Museum werfen und im Museumsshop handgefertigte Figuren, Limited-Edition-Sammlerstücke sowie *Herr-der-Ringe-* und *Der-Hobbit-*Movie-Locationguides kaufen. Wer etwas über die Vorgänge hinter den Kulissen erfahren möchte, schließt sich einer der drei spannenden **Workshop-Touren** an, die von einem Crewmitglied geleitet werden. Da Parkplätze auf der Peninsula rar sind, bucht man am besten eine Weta's There and Back Again Tour (inkl. Abholung vom i-SITE, Einführungs-DVD und ein wenig Location-Sightseeing unterwegs) oder einer **Movie Tour**, s. S. 453.

Mehr über die faszinierende neuseeländische Filmindustrie erfährt man bei **Nga Taonga Sound and Vision** (S. 473) in der Innenstadt Wellingtons. Dort werden auf Wunsch auch kostenlos Neuseelandfilme gezeigt.

quiz-Abende (Do) bis zum Sonntagsbraten (So) und Livemusik (Mi und Wochenende). Dazu eine beachtliche Auswahl neuseeländischer Biere vom Fass und vielfältige Kneipenkost.

Clubs und Livemusik

Regelmäßig treten in der ganzen Stadt Livebands auf. Es lohnt sich also, die oben aufgeführten Bars und die unten aufgeführten Clubs abzuklappern, aber auch die kleineren Lokale oder größeren Hallen wie die TBS Bank Arena. Hin und wieder gibt's im Frank Kitts Park am Hafen oder auf dem Civic Square kostenlose Konzerte. Über das aktuelle Konzertprogramm kann man sich gut informieren bei Rough Peel Music, 173 Cuba St.

Bedlam & Squalor, 18 Garrett St, 💻 www.bedlamandsqualor.co.nz. Kunstvolles Chaos herrscht in dieser angesagten Cocktailbar, die gleichzeitig ein Veranstaltungsort für Livemusik ist. Junge Bands sorgen hier am Abend für den richtigen Soundtrack. Serviert werden im Bedlam & Squalor Rinderbrust und Tacos.

Meow, 9 Edward St, 💻 www.meow.nz. Behaglicher Retroclub mit Antiquitäten und originellen Lampenschirmen. Hier spielen neuseeländische Musiker alles von Jazz bis Rap, und manchmal treten auch auswärtige Bands auf. Eintritt bis $20, teils auch frei.

San Fran, 171 Cuba St, 💻 www.sanfran.co.nz. Die begehrteste Indie-, Alternative Rock- und Reggae-Adresse, mit einem Balkon, der einen Blick auf das bunte Treiben der Cuba Street erlaubt. Erstklassige Kiwi-Bands und die eine oder andere internationale Gruppe auf Tournee geben sich hier die Ehre. Für die meisten Gigs wird Eintritt verlangt, manche sind kostenlos.

Sassy loves Cash, 24 Courtenay Place, 💻 www.sassyloves.cash. Cooler kleiner Club mit munterem Dancefloor und niedlicher

Festivals und Events in Wellington

In Wellington ist es jederzeit gut möglich, dass der Besuch mit irgendeinem Festival zusammenfällt. Das Visitor Centre hat sämtliche Informationen, im Folgenden sind die größten Anlässe chronologisch gelistet.

Summer City Festival, 💻 www.wellington.govt.nz. Von der Stadtverwaltung geförderte, kostenlose Konzert- und Veranstaltungsreihe in der ganzen Stadt. Januar–März.

Wellington Fringe Festival, 💻 www.fringe.org.nz. Das energiegeladene Kunstfestival läuft etwa parallel zum International Arts Festival und belebt die Innenstadt von Wellington mit Theateraufführungen drinnen und draußen. Meist Ende Februar oder Anfang März.

New Zealand International Arts Festival, 💻 www.nzfestival.nzpost.co.nz. Das größte Kulturevent des Landes zieht Top-Künstler aus aller Welt an. Nach dem Vorbild des Edinburgher Fringe Festivals umfasst das Programm Kunstausstellungen aller Richtungen, klassische Musik, Jazz und Pop, Opern, Puppenspiel, Cabaret, Dichterlesungen, traditionellen Maori-Tanz, modernes Ballett und experimentelle Werke. Die meisten Veranstaltungsorte liegen in der Innenstadt. In geraden Jahren meist im Februar und März.

Wellington Film Festival, 💻 www.nziff.co.nz. Der Wellingtoner Teil des landesweiten Festivals zeigt in der ganzen Stadt Filme abseits des Massengeschmacks. Das Festival findet meist Ende Juli bis Anfang August statt.

Wellington on a Plate, 💻 www.visawoap.com. Mit diesem charmanten Festival feiert die Hauptstadt ihre berühmten kulinarischen Erzeugnisse mit Verkostungen, interessanten Talkshows und Gourmet-Führungen sowie preisreduzierten Menüs in Toprestaurants. In den letzten beiden Augustwochen.

World of WearableArt (WOW), 💻 www.worldofwearableart.com. Die Tickets für dieses Spektakel gehen weg wie warme Semmeln. Deshalb sollte man sich frühzeitig darum bemühen. Beim WOW werden bei bizarren Modenschauen verrückte Klamotten vorgeführt. Üblicherweise in den letzten beiden Septemberwochen.

Terrasse. Außerdem gibt es hervorragende Cocktails. Eintritt frei.

Valhalla, 154 Vivian St, 💻 www.valhallatavern.com. Gutbesuchte, renommierte Musikbühne mit Metal-Tradition. Aber auch sonst wird alles Mögliche geboten von Hardcore und Goth bis hin zu Ukelele-Musik, dargeboten vom Newcomer bis zum Star. Gelegentlich wird Eintritt verlangt.

Klassische Musik und Theater

Die **darstellenden Künste** sind in Wellington gut vertreten. Die Stadt besitzt 4 Theater und ist die Heimat des Royal New Zealand Ballet, des New Zealand Symphony Orchestra und verschiedener Opern- und Tanzensembles. Die beste Infoquelle für derartige Veranstaltungen ist die Broschüre *Wellington – What's On*, die im i-SITE und in vielen Unterkünften ausliegt. Einen ausführlichen Überblick über laufende Ausstellungen, Events und Workshops bietet außerdem die kostenlose Wochenzeitung *The Wellingtonian*, 💻 www.thewellingtonian.co.nz, sie ist erhältlich in allen New-World-Supermärkten.

Tickets sind direkt am Veranstaltungsort erhältlich, außerdem gegen eine kleine Vorverkaufsgebühr bei **Ticketek**, am Michael Fowler Centre, 111 Wakefield St, 💻 www.ticketek.co.nz.

Bats Theatre, 1 Kent Terrace, 💻 www.bats.co.nz. Theater mit Schwerpunkt auf alternativen Stücken zu erschwinglichen Preisen, das durch Peter Jackson vor der Abrissbirne gerettet wurde. Besitzer eines YHA- oder Studentenausweises bekommen Rabatt.

Circa, 1 Taranaki St, Ecke Cable St, 💻 www.circa.co.nz. Das Circa ist eines der innovativsten professionellen Theater des Landes, das einige der berühmtesten neuseeländischenRegisseure und Schauspieler hervorgebracht hat.

Michael Fowler Centre, 111 Wakefield St, 🖳 www.venueswellington.com. In dem preisgekrönten Bau stehen Comedy, klassische Musik und Ballett auf dem Programm.

Sky Stadium, Featherston St, 🖳 www.skystadium.co.nz. In der „Keksdose", wie Spötter das moderne, zweckdienliche Stadion wegen seiner Eisenverkleidung nennen, werden Rugby-, Cricket- und auch Fußballspiele ausgetragen. Gelegentlich finden hier auch Rockkonzerte statt.

Kinos

Lighthouse, 29 Wigan St, 🖳 www.lighthousecuba.co.nz. Das Lighthouse ist ein sehr luxuriöses, modernes Kino mit 3 kleinen Leinwänden und einem gemischten Programm aus Theater- und Opernübertragungen sowie Mainstream- und Programmkino. Leckere Pasteten.

Nga Taonga Sound and Vision, 84 Taranaki St, Ecke Ghuznee St, 🖳 www.ngataonga.org.nz. Mit ausschließlich neuseeländischen Filmen und Fernsehsendungen; Vorführungen teils kostenlos; großes Archiv.

Reading Cinemas, 100 Courtenay Place, 🖳 www.readingcinemas.co.nz. Bedient größtenteils den Massengeschmack. Karten für die plüschigen Gold-Lounge-Sitze sind besonder begehrt, mit Essen- und Getränkeservice am Platz.

The Roxy, 5 Park Rd, Miramar, 🖳 www.roxycinema.co.nz. Toller Filmpalast im Stil der 1930er-Jahre mit 2 Kinosälen sowie Cocktailbar und Restaurant CoCo (S. 460). Liebevolle Details wie die Bronzeskulptur von Gollum, aber auch die Türgriffe und Toiletten sind ein Augenschmaus für alle Fans.

EINKAUFEN

Karte S. 454/455

Die großen Modeketten sind zumeist am Lambton Quay und in der Willis Street zu finden, in Wellington aber nicht so stark vertreten wie in Auckland. Dafür gibt's aber zahlreiche kleinere Geschäfte, vor allem an der Cuba Street. Erschwinglichen Schnickschnack kann man auf dem Harbourside Market, Ecke Barrett St und Cable St, 🖳 www.harboursidemar-ket.co.nz, 🕒 So 7.30–13 Uhr, im Sommer bis 14 Uhr, kaufen. Auch ein Besuch beim Thorndon Farmers' Market, 🖳 www.facebook. com/thorndonfarmersmarket, 🕒 Sa 8.30–12.30 Uhr, in der Hill Street lohnt sich. Hier gibt's die besten lokalen Produkte der Stadt und Streetfood.

Buchläden

Arty Bee's Books, 106 Manners St, 🖳 www.artybees.co.nz. Sparfüchse finden hier Secondhand-Bücher, Antiquitäten, eine ausgezeichnete Maori-Sammlung und jede Menge Neuseeland-Bücher.

Unity Books, 57 Willis St, 🖳 www.unitybooks.co.nz. Hat die beste Auswahl an Sach- und Reisebüchern, darunter finden sich auch tagesaktuelle Titel.

Camping- und Outdoor-Ausrüstung

Bivouac, 39 Mercer St, 🖳 www.bivouac.co.nz. Dies ist eine neuseeländische Kette mit großem Angebot an Campingausrüstung und Outdoor-Mode.

Dwights Outdoors, 35 Mercer St, 🖳 www.dwights.co.nz. Alteingesessenes Familiengeschäft mit hilfsbereiten Mitarbeitern und größtenteils hochwertigen und -preisigen Produkten.

Kunst- und Kunsthandwerk sowie Souvenirs

Madinz, 28 Waterloo Quay, 🖳 www.madinz.co.nz. Das kleine Kunststudio ist ein verstecktes Juwel mit sehr hochwertigen Souvenirs von Skulpturen bis zu Ziertellern.

The Vault, 2 Plimmer St, 🖳 www.thevaultnz.com. Stylischer Geschenkeladen mit modernem Schmuck aus Neuseeland, Kleidung, Maori-Drucken und -Karten sowie einzigartigen Wohnaccessoires.

Mode

Missy's by Rosalyn, Old Bank Arcade, 233 Lambton Quay, 🖳 www.facebook.com/missys.

room. Die unabhängige Boutique bietet ein hippes Sortiment an Bekleidung, Accessoires und Schmuck, teils von neuseeländischen Designern, teils aus eigenen bunten Materialien.
Recycle Boutique, 143 Vivian St, 💻 www.unitybookswellington.co.nz. Stylischer Secondhand-Laden mit u. a. Retrokleidung und anderen modischen Accessoires.

SONSTIGES

Apotheken

Urgent Pharmacy, 17 Adelaide Rd, Newtown, ✆ 04 385 8810. ⏲ Mo–Fr 9–23, Sa, So, an Feiertagen 8–23 Uhr.

Automobilclub

Automobile Association (AA), 342-352 Lambton Quay, ✆ 04 931 9999.

Autovermietungen

Wellingtons Elektroauto-Carsharing-Initiative wird von dem engagierten Unternehmen **Mevo**, 💻 www.mevo.co.nz, betrieben. Die gut gewarteten Fahrzeuge sind u. a. auf dem Parkplatz am Clyde Quay beim Te Papa und auf dem Parkplatz an der Queens Wharf stundenweise mietbar.
Neben den in diesem Buch unter „Traveltipps" (S. 81) aufgeführten Vermietungen haben folgende neuseeländische Anbieter relativ gute Preise:
Ace Rental Cars, Freight Drive, Flughafen Wellington, ✆ 0800 502 277, 💻 www.acerentalcars.co.nz.
RaD, 24 Tacy St, Kilbirnie, ✆ 0800 736 823, 💻 www.radcarhire.co.nz.
Besonders im Sommer bieten die meisten Autovermietungen von Zeit zu Zeit die Möglichkeit, Pkw und Wohnmobile gratis zu mieten, um sie nach Auckland zurückzubringen – nachfragen!

Bibliothek

Wellington Central Library, 65 Victoria St, ✆ 04 801 4040. ⏲ Mo–Fr 9.30–20.30, Sa 9.30–17, So 13–16 Uhr.

Fahrräder

On Yer Bike, 81 Vivian St, ✆ 04 384 8480, verleiht Stadträder für $35/Tag sowie Straßenräder und Mountainbikes für $45/Tag und hat Tipps zu Touren parat. Informationen zu Mountainbikeverleih und Makara Peak Mountain Bike Park S. 462.

Informationen

i-SITE, 111 Wakefield St, gegenüber Cuba St, 💻 www.wellingtonnz.com. Hat die üblichen Broschüren und Karten sowie das praktische Gratisheft *Wellington: Official Visitor Guide*. Das i-SITE musste hastig umziehen, nachdem das alte Gebäude beim Erdbeben 2016 beschädigt worden war; eventuell gibt's in naher Zukunft also einen anderen festen Standort. ⏲ Mo–Fr 8.30–17, Sa und So 9–17, Fei 9–16 Uhr.
DOC, 18 Manners St, ✆ 04 384 7770. Diese praktische Informationsstelle bietet stapelweise Infos zu Wanderungen rund um Wellington, verkauft Hüttentickets und vergibt die Erlaubnis zum Besuch der Kapiti Island (beides auch online). ⏲ Mo–Fr 9–17, Sa 10–15.30 Uhr.

Internet

Im **CBD** (Hauptgeschäftsviertel) und an vielen Hotspots im Stadtzentrum von Wellington gibt's kostenloses WLAN. Ansonsten wartet die **Central Library** (S. 474) mit kostenlosem Internet und Computern auf. Schnelles WLAN steht auch in den meisten Restaurants und Cafés zur Verfügung.

Medizinische Hilfe

Accident & Urgent Medical Centre, 17 Adelaide Rd, Newtown, nahe Basin Reserve, ✆ 04 384 4944. ⏲ tgl. 8–23 Uhr.
Wellington Hospital, Riddiford St, Newtown, ✆ 04 385 5999.

Notfälle

Polizei, Feuerwehr und Krankenwagen
✆ 111. Die Wellington Central Police Station liegt an der Victoria St, Ecke Harris St, ✆ 04 381 2000.

Post

Es gibt mehrere Postämter in der Innenstadt. Ein Poste-Restante-Schalter findet sich in der 2 Manners Street.

Schwimmbäder

Freyberg Pool and Fitness Centre, 139 Oriental Parade, ✆ 04 801 4530. Der Komplex umfasst ein Hallenbad (33 m), Dampfbad, Fitnessbereich (auch Kurse), Spas, Saunas und Massagen. ⌚ tgl. 6–21 Uhr.

Thorndon Pool, 26 Murphy St. Das Freibad mit einem beheizten, rund 30 m langen Becken liegt in der Nähe des Parliamentary District. ⌚ Okt–April Mo–Do 6.30–20, Fr 6.30–19, Sa und So 7.30–18.30 Uhr.

Waschsalon

Agitator Laundrette, 24 Elizabeth St, ✆ 04 385 1999. ⌚ Mo–Fr 8–17.30, Sa 9–17, So 10–17.30 Uhr.

NAHVERKEHR

Wellingtons Stadtbusse und -bahnen betreibt **Metlink**, 💻 www.metlink.org.nz. Das **Explorer-Ticket** erlaubt seinem Käufer unbegrenzte Bus- und Zugfahrten im ganzen Stadtgebiet – außer auf der Wairarapa-Linie – wochentags ab 9 Uhr und am Wochenende ganztägig (s. Kasten S. 476).

Auto

Das Fahren im Zentrum von Wellington ist ziemlich einfach, wenn man sich erst einmal an das ausgedehnte Einbahnstraßensystem gewöhnt hat.

In Downtown finden sich unter der Woche keine kostenlosen **Parkplätze**. Dafür darf am Samstag bis zu 2 Std. und am Sonntag den ganzen Tag umsonst geparkt werden. Gebührenpflichtige Parkplätze sind reichlich vorhanden, die meisten städtischen kosten unter der Woche um $5/Std. (nachts und am Wochenende meistens weniger). Oft beträgt die Höchstgebühr für einen ganzen Tag $18, vorausgesetzt, man stellt sein Auto vor 9 Uhr ab. Der Parkplatz am Te Papa Museum eignet sich besonders gut für Wohnmobile, mehrere andere gibt es in der Nähe. Wer sein eigenes Fahrzeug nicht dauernd von einem Parkplatz zum nächsten bewegen möchte, findet auch einige Parkplätze, die $50–60 für 24 Std. verlangen.

Die meisten Straßen in der Innenstadt sind mit **Parkuhren** versehen (in der Regel Mo–Do und am Wochenende 8–18, Fr 8–20 Uhr, je nach Straße, sonst kostenlos), wo die maximale Standzeit 2 Std. beträgt. Etwas weiter außerhalb kann man mit **Coupon** parken (Mo–Fr 8–18 Uhr), d. h. die ersten 2 Std. sind gratis, danach muss ein Parkschein hinter die Windschutzscheibe des Fahrzeugs gelegt werden. Die Coupons sind in einigen Lebensmittelgeschäften und an Tankstellen erhältlich.

Nahverkehrszüge

Vorortzüge fahren ab dem Bahnhof Bunny Street. Züge ins Hutt Valley (S. 460) und zur Kapiti Coast (S. 478) fahren von hier ungefähr halbstündlich nach WATERLOO (Ausgangspunkt für Lower Hutt; 20 Min.) und weiter nach UPPER HUTT (45 Min.) sowie nach PARAPARAUMU (1 Std.). Die Strecke nach JOHNSONVILLE (Raroa, 20 Min.) ist praktisch für Leute, die den Northern Walkway gehen möchten. Fahrten außerhalb der Stoßzeiten (meist nicht vor 9 Uhr oder zwischen 16 und 19 Uhr) sind etwas günstiger als zu den Hauptverkehrszeiten.

Bahntickets wurden vor Kurzem in das sogenannte **Snapper-Kartensystem** (s. S. 476) integriert. Seitdem werden an den Bahnhöfen keine Papiertickets mehr verkauft, sondern nur noch Snapper-Karten. Einzelfahrkarten können jedoch weiterhin im Zug erworben werden. Und auch Fahrräder dürfen in den Zügen weiterhin kostenlos mitgeführt werden.

Stadtbusse

Die Stadt Wellington verfügt über ein umfangreiches Bus- und Trolleybusnetz mit dem gleich westlich des Bahnhofs gelegenen Busbahnhof **Lambton Quay Interchange** als Zentrum.

Fahrscheine können direkt beim Busfahrer in den Fahrzeugen gekauft werden. Die Tarife richten sich nach einem Zonensystem innerhalb des Zentrums und in den äußeren Bezirken. Es lohnt sich außerdem der Kauf der **Snapper**-Guthabenkarte (erhältlich im Bus), die jede Einzelfahrt um ungefähr 20 % billiger macht und um 50 % außerhalb der Hauptverkehrszeiten. Der praktische **After-Midnight**-Bus (Sa und So stdl. 1–3 Uhr) für Nachtschwärmer fährt rund um den Courtenay Place.

Taxis

Taxis bekommt man fast überall in der Stadt, aber die offiziellen Taxistände befinden sich am Bahnhof, an der Whitmore St zwischen Lambton Quay und Featherston St, vor dem James Smith Hotel am Lambton Quay, Willis St, Ecke Bond St, am Courtenay Place, Ecke Taranaki St, sowie an der Kreuzung Willis St und Aro St. Zwei der bekannteren Taxiunternehmen sind **Green Cabs**, ✆ 0800 464 7336, und **Wellington Combined Taxis**, ✆ 04 384 4444.

TRANSPORT

Auto

Sowohl der SH1 von Norden her durch Porirua als auch der SH2 (Teil des mit einem Weintraubensymbol gekennzeichneten Classic New Zealand Wine Trail) durch Lower Hutt münden jeweils in kurze Stadtautobahnen und vereinigen sich dann zu einer Schnellstraße, die bei schöner Aussicht am Hafen entlang direkt ins Zentrum führt.
Wer von der Südinsel herkommt oder dorthin möchte, findet rechts Näheres zum Überqueren der Cook Strait.

Busse

Busse von InterCity halten neben Bahnsteig 9 am Hauptbahnhof.
Busse nach:
AUCKLAND 5x tgl., 11 1/4 Std.;
NAPIER 3x tgl., 5 1/2 Std.;
NEW PLYMOUTH 1–2x tgl., 7 Std.;
PALMERSTON NORTH 12–14x tgl., 2 1/4 Std.;

Fahrscheine für den Nahverkehr

Der nützliche **Metlink Explorer** erlaubt seinem Käufer unbegrenzte Bus- und Zugfahrten im ganzen Stadtgebiet ab 9 Uhr wochentags und am Wochenende ganztägig. Erhältlich ist er bei Busfahrern und Zugbegleitern, an den Fahrkartenschaltern von Metlink und in den Fix-Läden.
Informationen zu **Regionalzügen und -bussen** bieten die kostenlose *Metlink Network Map* sowie alle Einzelfahrpläne, die im Besucherzentrum und am Bahnhof ausliegen. Weitere Informationen können Besucher auch telefonisch und im Internet unter 💻 www.metlink.org.nz einholen.

PARAPARAUMU 13–15x tgl., 50 Min.;
ROTORUA 4–7x tgl., 7 Std.;
TAUPO 5–6x tgl., 6 Std.

Eisenbahn

Der **Hauptbahnhof** liegt in der Bunny Street.
Kiwi Rail, 💻 www.kiwirail.co.nz, betreibt den *Northern Explorer* (S. 178) von AUCKLAND nach Wellington: Der Zug verkehrt 1x tgl. und kommt Mo, Do und Sa aus Auckland an und fährt Di, Fr und So zurück.
Der Pendlerzug *Capital Connection* von Wellington nach PALMERSTON NORTH fährt nur unter der Woche; er hält in Paraparaumu und Waikanae.
Metlink, 💻 www.metlink.org.nz, betreibt die Regionalzüge von Wellington zu den Städten Paekakariki, Paraparaumu und Waikanae an der Kapiti Coast sowie nach Upper Hutt und zu den wichtigsten Orten im Wairarapa wie Featherston und Masterton.

Züge nach:
AUCKLAND Di, Fr und So 1x tgl., 11 Std.;
HAMILTON Di, Fr und So 1x tgl., 8 1/2 Std.;
MASTERTON 2–6x tgl., 1 3/4 Std.;
NATIONAL PARK–TONGARIRO Di, Fr und So 1x tgl., 5 1/4 Std.;
OTAKI Mo–Fr 1x tgl., 1 1/4 Std.;
PALMERSTON NORTH So–Fr 1–2x tgl., 2 Std.;

PARAPARAUMU alle 30 Min., 1 Std.;
UPPER HUT alle 30 Min., 45 Min.

Fähren

Der Fähranleger von **Interislander**, www.interislander.co.nz, befindet sich 1 km nördlich des Bahnhofs, der von **Bluebridge**, www.bluebridge.co.nz, gleich gegenüber dem Bahnhof. Beide Anbieter fahren ganzjährig über die Cook Strait nach PICTON (6–7x tgl., 3 Std.). Die Überfahrt kann mitunter, je nach Wetterlage, allerdings schon einmal etwas rau sein, dafür führt sie durch den berühmten Marlborough Sound. Beide Anbieter haben verschiedene Preiskategorien mit variierender Flexibilität; Stornobedingungen sollten vor der Buchung geprüft werden!

Bei **Interislander** liegen die Fahrpreise um $66–85 pro Passagier, $19–280 für ein Auto mit Fahrer und $20 für ein Fahrrad.

Bei den Fähren **Kaitaki**, **Kaiarahi** und **Aratere** von Interislander gibt's den „Plus"-Service ($65 Aufpreis, nur für Fahrgäste über 18 J.), der eine private Lounge, Gratis-Snacks und -Getränke (inkl. Wein und Bier), Zeitungen und Internet beinhaltet.

Zum Fährableger von Interislander fahren kostenlose Shuttlebusse (Abfahrt jeweils 50 Min. vor der Abfahrt der Fähre nahe Bahnsteig 9 am Bahnhof) und der Interislander-Bus, Abfahrt ab Cambridge Terrace am YHA um 7.30 Uhr und vor dem Nomads in der Wakefield St ein paar Minuten später. Der Bus ist auf die Fähre um 8.30 Uhr abgestimmt und kann auf Wunsch auch über die Hostels gebucht werden.

Bei Bluebridge liegen die Preise meist bei $60–80 pro einfache Fahrt und Fahrgast, $185–260 pro Auto bis 5,5 m Länge mit Fahrer (2er-Kabinen kosten $50 extra) und $15 pro Fahrrad. Die Autovermietungen Ace, Apex, Maui (nur Wohnmobile) und Jucy erlauben die Überfahrt per Fähre mit ihren Fahrzeugen.

Flüge

Der **Wellington International Airport**, www.wellingtonairport.co.nz, befindet sich 10 km südöstlich des Stadtzentrums und ist die Drehscheibe für etwa 17 Flughäfen in ganz Neuseeland sowie für internationale Flüge aus Australien. Wer mit dem Flugzeug unterwegs ist, spart sich möglicherweise eine unruhige Fahrt mit der Fähre, verpasst aber so natürlich auch die Passage durch den wunderschönen Malborough Sound.

Die wichtigste Fluggesellschaft für den Flughafen Wellington ist Air New Zealand; auch Jetstar fliegt von Wellington nach Auckland, Nelson und Dunedin. **Soundsair**, www.soundsair.com, fliegt von Wellington nach PICTON und BLENHEIM, NELSON und Westport.

Taxis vom Flughafen ins Zentrum kosten etwa $40. Das Unternehmen **Green Cabs**, 800 464 7336, verwendet Hybridautos, die **Wellington Combined Taxis**, 04 384 4444, sind als CO_2-neutral zertifiziert. Die **Busse** des **Airport Flyer** (tgl. 6.35–21.25 Uhr, Mo–Fr alle 10–20 Min., Sa und So 7–20.45 Uhr alle 20–30 Min.) verlangen $9 für die 15-minütige Fahrt ins Zentrum von Wellington.

Super Shuttle, www.supershuttle.co.nz, berechnet ab $25 für den ersten Fahrgast ins Zentrum und $5 für jeden weiteren zum gleichen Ziel.

Flüge nach:
AUCKLAND 24–26x tgl., 1 Std.;
BLENHEIM 6–9x tgl., 30 Min.;
CHRISTCHURCH 13x tgl., 1 Std.;
DUNEDIN 2–4x tgl., 1 1/4 Std.;
GISBORNE 2–3x tgl., 1 Std.;
HAMILTON 4–6 tgl., 1 1/4 Std.;
INVERCARGILL 1x tgl., 2 1/4 Std.;
NAPIER/HASTINGS 3–5x tgl., 1 Std.,
NELSON 10–16x tgl., 40 Min.;
NEW PLYMOUTH 2–3x tgl., 1 Std.;
PALMERSTON NORTH 0–2x tgl., 35 Min.;
PICTON 4–8x tgl., 25 Min.;
QUEENSTOWN 1x tgl., 1 1/4 Std.;
ROTORUA 2–3x tgl., 1 1/4 Std.;
TAUPO 1–2x tgl., 1 Std.;
TAURANGA 3–4x tgl., 1 1/4 Std.;
TIMARU 2x tgl., 1 1/4 Std.;
WESTPORT 1–2x tgl., 45 Min.

Kapiti Coast

Der schmale Landstreifen zwischen der zerklüfteten, unwirtlichen **Tararua Range** und der Tasmansee ist als Kapiti Coast bekannt, ein von Wellingtons Pendlervorstädten und Golfplätzen geprägter Küstenstreifen. Doch es gibt auch weite Strände, einige kleinere Sehenswürdigkeiten sowie rund 5 km vor der Küste die bewaldete **Kapiti Island**, ein wunderbares Vogelschutzgebiet.

Durch die Küstenstädte verläuft die Bahnlinie von Auckland nach Wellington. Sehr viel mehr Züge verkehren im Pendlergebiet südlich von Waikanae. Die Küstenorte werden auch von den größeren Busgesellschaften angefahren; abseits des SH1 sind die Transportmöglichkeiten jedoch sehr eingeschränkt.

Paekakariki und Umgebung

Ganz im Süden der Kapiti Coast liegt das winzige, aber quicklebendige Dorf **Paekakariki**. Familien sollten sich gleich zum 6,5 km² großen **Queen Elizabeth Park** auf den Weg machen. Dieser ist von MacKays Crossings am SH1 und von der Esplanade in Raumati zugänglich. ◷ tgl. 8 Uhr bis Sonnenuntergang. Am Parkeingang MacKays Crossings befindet sich das **Tramway Museum**, 💻 www.wellingtontrams.org.nz, von dem aus historische Straßenbahnen der Stadt Wellington über eine etwa 2 km lange Gleisstrecke zum Strand fahren. ◷ Sa und So 11–16.30 Uhr, im Jan tgl.

Die benachbarten **Kapiti Stables**, Anfrage im Tramway Museum, bieten Ausritte und Ponyreiten für Kinder an. ◷ Sa 10–16, So 10–15 Uhr.

Pataka Museum of Arts and Cultures

22 km südlich von Paekakariki, Norrie St, Ecke Parumoana St ▪ ◷ Mo–Sa 10–17, So 11–16.30 Uhr ▪ Eintritt frei ▪ 💻 www.pataka.org.nz

Nur 20 km nördlich von Wellington liegt die rasch wachsende Satellitenstadt **Porirua**. Hier lohnt sich ein kurzer Zwischenstopp beim hervorragenden **Pataka Museum of Arts and Cultures**. Es zeigt wechselnde Ausstellungen von führenden Vertretern der zeitgenössischen neuseeländischen Kunst und hin und wieder Maori-Tanzdarbietungen. Außerdem gibt's einen recht guten Laden für Kunst- und Kunstgewerbeartikel.

ÜBERNACHTUNG UND ESSEN

Brony's Beachfront, 2 Bath St, Plimmerton, 💻 www.bronysbeachfront.com. Freundliches Hotel, geführt von Eigentümer Brony, der dieses schöne Haus aus dem Jahr 1897 mit Blick auf den Strand restauriert hat. Kajaks und Stand-Up-Paddleboards stehen zur Verfügung; Gäste können sogar den Pizzaofen im Garten nutzen. ❷

Finn's, 2 Beach Rd, Paekakariki, 💻 www.finnshotel.co.nz. Schönes, entspanntes Hotel mit geräumigen Gästezimmern, von 1-Bett-Studios bis hin zu 2-Bett-Apartments mit eigenem Balkon und Blick auf den Strand. Das hoteleigene Restaurant serviert ein herzhaftes Frühstück und großartige Fish 'n' Chips sowie Rippchen zum Abendessen. ❷

Paekakariki Holiday Park, 180 Wellington Rd, Paekakariki, 💻 www.paekakarikiholidaypark.co.nz. Sehr beliebter und gut ausgestatteter Platz am Südrand des QE Park mit gutem Zugang zu einem sicheren Badestrand. ❶

The Perching Parrot, 5 Beach Rd, Paekakariki, 💻 www.facebook.com/PerchParrot. Schön eingerichtetes Café mit ausgezeichnetem Kaffee und Kuchen. Köstlich sind auch die hausgemachten Suppen und die Spinat-Feta-Bratlinge. $

Kapiti Island

Kapiti Island, 💻 www.kapitiisland.com, gehört zu den schönsten und am leichtesten zugänglichen **Inselschutzgebieten** Neuseelands, nur eine 15-minütige Bootsfahrt vom Paraparaumu Beach entfernt. Das 10 x 2 km große Eiland ist ein zauberhafter Flecken Erde, der seltenen Vögeln Zuflucht bietet.

1824 eroberte der legendäre Maori-Häuptling **Te Rauparaha** (der Erfinder des bekanntesten *haka*-Tanzes) mit seinem Stamm Ngati Toa die Insel, die bis dahin von anderen Maori bewohnt worden war, und nutzte sie bis zu seinem Tod 1849 als Stützpunkt. Die Insel hat für die Maori eine enorme spirituelle Bedeutung und wurde bereits 1897 zum Schutzgebiet erklärt.

Die zweite Januarhälfte und der Februar eignen sich am besten für einen Besuch, da sich die **Vogelwelt** dann von ihrer aktivsten Seite zeigt. Zu den Arten, die das ganze Jahr über zu sehen sind, zählen Kaka (ein Waldpapagei, der sich bisweilen sogar auf Kopf oder Schulter von Wanderern niederlässt), Wekaralle, Ziegensittich, Weißköpfchen, Tui, Makomako, Graufächerschwanz, Ringeltaube und Langbeinschnäpper. Wer Glück hat, erspäht sogar einen der 300 Takahe, die es auf der Welt noch gibt. Wer in der Lodge übernachtet, bekommt vielleicht sogar einen der 1400 nachtaktiven Zwergkiwis zu sehen, die hier in der unmittelbaren Umgebung leben.

Das **North End** der Insel (das ungefähr ein Zehntel ihrer Gesamtfläche einnimmt) gehört ebenfalls zum Kapiti Nature Reserve, steht allerdings unter einer anderen Verwaltung und besitzt einen eigenen gesonderten Eingang. An der **Okupe Lagoon** leben eine Königslöffler-Kolonie sowie zahlreiche seltene Waldvögel und Kiwis.

Wandern auf Kapiti Island

Die Insel kann auf zwei ziemlich steilen **Wanderwegen** erforscht werden, dem **Trig Track** und dem **Wilkinson Track**, die zusammen eigentlich einen Rundwanderweg bilden, da sie in der Nähe des höchsten Punktes der Insel, des Tuteremoana (521 m), aufeinandertreffen. Von seinem Gipfel genießt man einen spektakulären Ausblick.

Die größte Vogelvielfalt findet sich allerdings in den tieferen Lagen und zeigt sich am wahrscheinlichsten demjenigen, der sich Zeit lässt, keinen Lärm macht und häufige Zwischenstopps einlegt (insgesamt 3 Std. sollten mindestens veranschlagt werden).

Die Meeresenge zwischen Kapiti Island und Paraparaumu wurde zum Meeresschutzgebiet erklärt, dessen außergewöhnlich klares Wasser großartige Bedingungen zum **Schnorcheln** zwischen den ufernahen Felsen bietet (wer keine eigene Ausrüstung dabeihat, kann sich eine bei der Kapiti Nature Lodge leihen). Westlich und nördlich der Insel finden sich die schönsten **Tauchreviere**; die Tauchausrüstung muss man selbst mitbringen.

ÜBERNACHTUNG UND ESSEN

Kapiti Nature Lodge, Waiorua Bay, www.kapitiisland.com. Am Rande des nördlichen Reservats liegt ein Stückchen Privatland, das den Nachfahren von Te Rauparaha gehört. Hier befindet sich die einzige, aber ausgezeichnete Unterkunft der Insel, eine einfache, aber sehr gemütliche Lodge für bis zu 6 Pers., in der auch die Mahlzeiten für alle Gäste serviert werden. Dazu kommen 2 Campingbereiche inmitten des Waldes in Tälern in der Nähe, einer mit 5 Holzcabins, der andere mit 2 Safarizelten. Im Preis inbegriffen sind Fähre, DOC-Permit, Mahlzeiten und eine abendliche Wanderung auf der Suche nach Kiwis. ❹

TRANSPORT

Kapiti Island, www.kapitiisland.com, bietet Bootsfahrten zur Insel. Die Überfahrt dauert eine Viertelstunde. Die Boote legen i. d. R. etwa um 9 Uhr am Strand von Paraparaumu beim Kapiti Boating Club ab und kehren entweder am Nachmittag oder am Abend zurück. Es werden auch geführte Touren über die Insel sowie Kiwi-Beobachtungsausflüge über Nacht angeboten. Auf der Insel gibt's Toiletten und am Anleger einen Unterstand; Proviant und Wasser muss man selbst mitbringen und allen Abfall wieder mit zurücknehmen.

Paraparaumu

7 km südlich von Waikanae und 45 km nördlich von Wellington liegt **Paraparaumu** („Parapa-

ram“), die größte Stadt an der Kapiti Coast und einziger Ausgangspunkt für eine Überfahrt nach Kapiti Island. Diese erstreckt sich gegenüber dem langen Sandstrand **Paraparaumu Beach**, 3 km vom Ort an der Kapiti Road. Paraparaumu bietet sichere Bademöglichkeiten, Unterkünfte und einige Restaurants.

ÜBERNACHTUNG

Wohnmobile mit eigener Toilette können am Paraparaumu Beach gegenüber Marine Parade Nr. 54, 62 und 69 campen.

Kapiti Court Motel, 341 Kapiti Rd, www.kapiticourtmotel.co.nz. Bei den Geschäften, 2 Gehminuten vom Strand, ruhig, mit Pool. Die netten Zimmer haben 2 Einzelbetten oder ein Doppelbett, manche eine Küche. ❷

Tudor Manor B&B, 10 Tudor Court, www.tudormanor.co.nz. Das B&B bietet 3 geräumige Zimmer im ländlichen Stil im Haus eines freundlichen Paars, das sich bestens auskennt, in einer ruhigen Vorortsackgasse. 10 Min. zu Fuß zum Boot nach Kapiti Island und zum Strand. Außerdem gibt's einen Pool. ❷

Wrights by the Sea, 387/389 Kapiti Rd, Paraparaumu Beach, www.wrightsmotel.co.nz. Sehr angenehmes, preisgünstiges Hotel am Strand mit einer Reihe von recht gut ausgestatteten Zimmern, von DZ bis hin zu Studios mit Sitzecken und Balkonen mit Meerblick. ❶

ESSEN

Boundary Tap & Kitchen, 3 Raumati Rd, Raumati Beach, 3 km südlich von Paraparaumu Beach, www.boundarykapiti.co.nz. Beliebter Gastropub mit herzhaften Gerichten aller Art, von Fish 'n' Chips und Pizza bis hin zu gesalzenem Tintenfisch und guten mediterranen Salaten. $$

Marine Parade Eatery, 50 Marine Parade, www.marineparadeeatery.co.nz. Hippes Café mit ganztägig serviertem Frühstück mit z. B. Linsen-Gemüse-Bowls sowie größeren Hauptgerichten wie Meeresfrüchte-Laksa oder in Kokosmilch pochiertem Huhn, alles relativ günstig. $$

INFORMATIONEN

i-SITE, 240 Main Rd, auf dem Parkplatz des Mediterranean Food Warehouse, ✆ 04 298 8195. Informationen zu lokalen Attraktionen und Einrichtungen des DOC und Hilfe bei der Beschaffung von Zugangsgenehmigungen für Kapiti Island. ⌚ Mo–Fr 9–17, Sa und So 10–16 Uhr.

TRANSPORT

Busse

InterCity-Busse halten am Bahnhof.

Busse nach:
AUCKLAND 3x tgl., 10 1/2 Std.;
WELLINGTON stdl., 1 Std.

Eisenbahn

Der *Northern Explorer* und die Wellingtoner Metlink-Pendlerzüge halten gegenüber vom Einkaufszentrum Coastlands.

Züge nach:
AUCKLAND 3x wöchentl., 8 3/4 Std.;
PAEKAKARIKI alle 30 Min., 17 Min.;
PLIMMERTON alle 30 Min., 1/2 Std.;
PORIRUA alle 30 Min., 3/4 Std.;
WELLINGTON alle 30 Min., 1 1/4 Std.

Flüge

Der **Paraparaumu Airport**, www.kapiticoastairport.co.nz, auf halber Strecke zwischen dem SH1 und dem Strand, wird von den Fluggesellschaften Air New Zealand und Sounds Air, www.soundsair.com, angeflogen.

Flüge nach:
AUCKLAND 1–2x tgl., 1 1/4 Std.;
BLENHEIM 1–2x tgl., 35 Min.;
NELSON Fr und So, 45 Min.

Waikanae

7 km nördlich von Paraparaumu liegt **Waikanae**, das aus einer Ortschaft am Highway und einem 4 km entfernten Strandort besteht. Letzterer ist über die Te Moana Road zu erreichen. Der von Dünen gesäumte **Strand** lädt zum gefahrlosen Baden ein.

Nga Manu Nature Reserve

Ngarara Rd, Anfahrt über die vom SH1 abzweigende Te Moana Rd, nach gut 1 km rechts in die Ngarara Rd abbiegen, dann sind es weitere 3 km bis zum Schutzgebiet ▪ ⌚ tgl. 10–17 Uhr ▪ Eintritt ▪ 💻 www.ngamanu.org.nz

Das nahe gelegene **Nga Manu Nature Reserve** ist ein ausgedehntes, künstlich angelegtes Vogelschutzgebiet mit leichten Spazierwegen und einigen Picknickplätzen. Ein 1,5 km langer Rundwanderweg führt durch verschiedene Lebensräume, von Teichen und Waldland bis zu Sumpf und Küstenwald. Außerdem gibt es ein Nachttierhaus mit Kiwis, Kuckuckskäuzen und der seltenen Reptilienart *tuatara* (Brückenechse) und mehrere begehbare Vogelgehege, in denen sich Keas und Kakas tummeln. Täglich um 14 Uhr findet eine Aalfütterung statt.

Southward Car Museum

Otaihanga Rd, 3 km südlich von Waikanae ▪ ⌚ tgl. 9–16.30 Uhr ▪ Eintritt ▪ 💻 www.southwardcarmuseum.co.nz

Das **Southward Car Museum** unterhält mit über 250 Fahrzeugen eine der größten Sammlungen von Autos, Feuerwehrwagen und Motorrädern in ganz Australasien. Zu den Schmuckstücken zählen Marlene Dietrichs Rolls-Royce, ein Stutz Racher von 1915 und ein Mercedes-Benz mit Flügeltüren von 1955.

Das Wairarapa

Der größte Teil der Region **Wairarapa** nordöstlich der Wellingtoner Rimutaka Range ist urtypisches neuseeländisches Schafzuchtgebiet: mit weißen Tupfen durchsetzte grüne Hügel bis zum Horizont. In den letzten Jahren profitiert die südliche Hälfte dieser Region jedoch zunehmend von Tagesausflüglern und Wochenendtouristen, die von Boutiquehotels und guten Restaurants angelockt werden – und nicht zuletzt von den zahlreichen Weingütern rund um **Martinborough**, der Weinhauptstadt der Region. Das **Cape Palliser** an der Südspitze der Nordinsel ist der ideale Ort für Spaziergänge inmitten toller Küstenlandschaften, bei denen man den Kopf wieder freikriegt.

Nördlich von Martinborough führt der SH2 mitten durch die Region, vorbei an einer Kette ländlicher Ortschaften – am ansprechendsten ist **Greytown**, während **Masterton** das kommerzielle Zentrum der Region ist. Von Masterton erreicht eine asphaltierte Straße nach 50 km das relaxte Küstenörtchen **Castelpoint**: Mit seinem recht guten Bade- und Surfstrand ist dies der einzige Ferienort in der gesamten Umgebung und an der zerklüfteten und zumeist unzugänglichen Ostküste.

Nördlich von Masterton bietet das **Pukaha Mount Bruce National Wildlife Centre** an den ansonsten unspektakulären 200 Kilometern Richtung Norden nach Hastings und zur Hawke's Bay eine hervorragende Gelegenheit, ein aktives Vogelschutzzentrum zu erleben. Ein lohnender Abstecher.

Geschichte

In den 1840er-Jahren wurde auf dem fruchtbaren Schwemmland in der Nähe des heutigen Martinborough die erste Schaffarm Neuseelands errichtet. Damit war auch ein erster Schritt zur Erschließung des Landes durch die progressive **Small Farms Association** (SFA) getan. Diese Organisation hatte Joseph Masters, ein Böttcher aus Derbyshire, ins Leben gerufen, um landlosen Siedlern die Gelegenheit zu verschaffen, Kleinbauern zu werden. Er gewann die Unterstützung des liberalen Gouverneurs George Grey, auf dessen Vorschlag hin die SFA den Maori 1853 Ländereien für die Gründung von zwei Ortschaften abkaufte: Masterton und Greytown.

Anfangs blühte **Greytown**, doch die Streckenführung der Bahn begünstigte **Masterton**, das heute in erster Linie für seinen alljährlichen Golden Shears-Schafscherwettbewerb weltweit berühmt ist.

Martinborough

Der kleine Ort **Martinborough**, 80 km nordöstlich von Wellington, hat sich zum Zentrum einer erstaunlichen Weinregion gemausert, die einige der besten Rotweine Neuseelands produziert. Da die Ortschaft nur einen Steinwurf von Wellington entfernt ist, kommt an Wochenenden die städtische Schickeria hierher, um ihre auf Hochglanz polierten Geländewagen in den Weingütern vollzuladen. Am Montag und Dienstag ist dann allerdings fast alles geschlossen, weil Martinborough sich vom Wochenende erholen muss.

Viel los ist auch beim **Toast Martinborough**, www.toastmartinborough.co.nz, einem Weinfest im November mit internationalen Liveauftritten, sowie während der beiden Jahrmärkte des **Martinborough Fair** (erster Samstag im Februar und März, www.martinboroughfair.org.nz) – zwei riesigen ländlichen Festen, bei denen die Hauptstraßen mit Kunsthandwerksständen vollgestellt sind.

Wenn nicht gerade ein Festival stattfindet, empfiehlt sich als erste Anlaufstelle das **Martinborough Wine Village**.

Geschichte

Das Örtchen Martinborough fristete über ein Jahrhundert lang ein Dasein als unbedeutendes landwirtschaftliches Zentrum, bis die ersten vier Weingüter das Gebiet als die kühlste, trockenste und am stärksten den Winden ausgesetzte Weinanbauregion der Nordinsel neu erfanden: Ata Rangi, Dry River, Chifney und Martinborough produzierten alle ihre ersten Jahrgänge im Jahr 1984.

Dank ausgeklügelter windabwehrender Schutzpflanzungen können die Weingüter dieser Region herausragenden Pinot Noir, sehr guten Sauvignon Blanc, fruchtigen Chardonnay und aromatischen Riesling herstellen. Weinproben lohnen auf jeden Fall.

Martinborough Wine Village

6 Kitchener St ▪ tgl. 9.30–18 Uhr ▪ www.martinboroughwinemerchants.com

In dieser Weinhandlung dürfen potenzielle Kunden kostenlos monatlich wechselnde Tropfen hiesiger Weingüter probieren. Außerdem stehen 15 weitere regionale Weine für Proben zur Auswahl. Man kann sich auch auf Bänken im Hof niederlassen und geruhsam ein ganzes Glas leeren oder sich geführten Rundgängen anschließen, bei denen auf einigen der aufstrebenden Weingüter ein Blick hinter die Kulissen geworfen wird.

ÜBERNACHTUNG

Während der Festivals und an Sommerwochenenden sind freie Betten in Martinborough Mangelware.

Martinborough Hotel, Memorial Square, www.martinboroughhotel.co.nz. Das hübsch restaurierte Grandhotel von Martinborough bietet Zimmer im Obergeschoss des alten Gebäudes (mit Glastüren auf eine Veranda hinaus) und moderne Einheiten rund um den schönen Garten, alle gepflegt und geräumig. Zu dem Hotel gehören auch ein gutes Restaurant und eine bei Weingutbesitzern und Bauern gleichermaßen beliebte Bar. ❸

Martinborough Top 10 Holiday Park, 10 Dublin St West, www.mtop10.nz. Vorbildlich gepflegter und ruhiger Campingplatz bei den Weinbergen und nur 10 Min. Fußweg vom Ortskern entfernt mit kostenlosem und unbegrenztem WLAN, Pétanque und Fahrradverleih. Die Zeltplätze sind von den Wohnwagenstellplätzen getrennt, außerdem gibt's gemütliche Cabins. Der Inhaber ist über alle Veranstaltungen im Ort bestens informiert. ❷

Pinot Villas, 4 Cambridge Rd, www.pinotvillas.co.nz. Die Pinot Villas bilden eine ansehnliche Gruppe von Holzhäusern, von Studio-Suiten (mit Whirlpool-Badewanne) bis hin zu Villen mit 2 Schlafzimmern. Alle bieten eine traditionell-luxuriöse Atmosphäre mit polierten Holzböden und -möbeln sowie

Weingüter

Mehr als 20 **Weingüter** lassen sich zu Fuß oder mit dem Fahrrad erreichen. Die dafür notwendigen Informationen finden sich im fast überall erhältlichen Gratisheftchen *Wairarapa Wine Trail*. Im Sommer haben die Kellereien normalerweise am Wochenende von 11–16 Uhr geöffnet, in der Wochenmitte kürzer. Sie verlangen meist eine Eintrittsgebühr, die manchmal bei Weinkauf wieder erstattet wird.

Ata Rangi, 14 Puruatanga Rd, www.atarangi.co.nz. Einer der besten neuseeländischen Pinot-Noir-Hersteller. Er keltert aber auch den ausgezeichneten Célèbre, eine Mischung aus Merlot und Syrah, sowie ein paar süffige Chardonnays. Ein guter erster Anlaufpunkt, da zentral gelegen. Winziger, aber sehr gemütlicher Verkostungskeller.

Margrain Vineyard, Huangarua, Ecke Ponatahi Rd, www.margrainvineyard.co.nz. Hier kann man erstklassigen Wein einfach an der Kellertür kaufen. Margrain Vineyard serviert zudem erschwingliche Gerichte im tollen kleinen Vineyard Café, normalerweise Mi–So mittags, mit Blick auf die Weinstöcke. Hat äußerst amüsante Verkostungsnotizen. Nach der Verkostung werden auch Touren angeboten.

Muirlea Rise, 50 Princess St, www.muirlearise.co.nz. Eines der ersten Weingüter von Martinborough und immer noch eines der kleinsten, mit Verkauf nur hier vor Ort. Der Eigentümer Shawn führt den Betrieb fast im Alleingang, kennt sich bestens aus und spricht gerne über seinen Pinot Noir, seine Likörweine und die Weinbranche im Allgemeinen.

Palliser, 96 Kitchener St, www.palliser.co.nz. Dieses berühmte und wegbereitende Weingut von Martinborough bemüht sich um eine umweltschonende Produktion und bringt dabei hervorragende Spitzenweine hervor. Das Unternehmen veranstaltet auch Kochkurse. Für Weinproben zahlen Gäste eine Gebühr.

bequemen Sitzbereichen. Sehr gemütliche Atmosphäre. ❸

Swan House, 87 Dublin St, www.swanhouse.co.nz. Eine Trauerweide in der Einfahrt kündigt den Gästen ihre Ankunft in dieser Oase der Ruhe an: eine zitronenfarbene Holzvilla mit großen, komfortablen Suiten, deren Interieur moderner gestaltet ist, als das Äußere vermuten lässt. Die Gärten sind wunderschön angelegt, und Fahrräder stehen den Gästen zur freien Verfügung. ❸

ESSEN UND UNTERHALTUNG

Zu einem Besuch in Martinborough gehört unbedingt ein Mittagessen mit Häppchen zwischen Weinreben. Aber auch im Ort gibt es ein paar vorzügliche, mehr oder weniger teure Restaurants.

Café Medici, 9 Kitchener St, www.facebook.com/cafemedici1. In dem gut besuchten, zum Frühstück und Mittagessen geöffneten Café mit hervorragendem Service erfreuen sich die Gäste an Köstlichkeiten wie Bruschetta und leckeren klassischen Abendgerichten wie Fish 'n' Chips oder Lamm-Tajine für unter. Freitagabends Jazz. $$

Circus Cinema Restaurant and Bar, 34 Jellicoe St, www.circus.net.nz. In der bezaubernden Bar werden die Gäste mit erstklassigem Kaffee verwöhnt. Das geschmackvoll schlichte Restaurant ist auf Pizza spezialisiert, aber es werden auch andere Gerichte wie vietnamesische *pho*-Suppe mit Huhn oder himmlische Desserts serviert. Obendrein gibt es ein schönes HD-Kino mit 2 Sälen und einer Vorliebe für besondere Arthouse-Klassiker. Gäste können sich also genüsslich zurücklehnen, einen Film gucken und ab und zu ein Schlückchen Wein nehmen – ein Schulterklopfen bedeutet, dass die Nachspeise im Anmarsch ist. $$

The Grocer, 3 Kitchener St, 💻 www.thegrocer.nz. Feinkostgeschäft mit Picknickzutaten wie Oliven, Käse und Aufschnitt. $$$

Pinocchio, 83 Main St, Greytown, 💻 www.pinocchio.greytown.co.nz. Das Pinocchio ist ein wunderbar unaufdringliches Restaurant mit schattigem Hof sowie feinem Abendmenü (z. B. Entenschlegelconfit auf Süßkartoffelgratin) und zahlreichen Weinen von den hiesigen Winzern. Reservieren lohnt sich. $$

Martinborough Brewery, 8 Ohio St, 💻 www.martinboroughbeer.com. In dieser Boutiquebrauerei steht den Gästen ein Verkostungsraum zur Verfügung. Gut ist das Black Nectar, ein *oyster stout*, das wie die meisten traditionellen Biere mit regionalem Wasser gebraut wird.

Mesita, 14c Ohio St, 💻 www.mesita.net. Winzige Weinbar mit ebenso kleinem Hinterhof, die eine erlesene Auswahl an lokalen und internationalen Weinen sowie Spitzencocktails serviert – den Mezcal Old Fashioned sollte man probiert haben. Wenn nicht zu viel los ist, lohnt sich auch eine Weinprobe.

SONSTIGES

Fahrradverleih

Ein Fahrrad für die Tour durch die Weinberge bekommt man beim Martinborough Wine Village ($40/Tag) oder beim Anbieter **Green Jersey**, hinter dem i-SITE, 💻 www.greenjersey.co.nz.

Informationen

i-SITE, 18 Kitchener St, 💻 www.wairarapa.com. Informationsmaterial zu den Weingütern der Umgebung, darunter auch die Broschüre *Wairarapa Wine Trail*. Die Mitarbeiter vermitteln auch Hotelzimmer und Leihräder. 🕒 Di–Sa 9–17, So und Mo 10–16 Uhr.

TRANSPORT

Die Pendlerzüge von **Metlink**, 💻 www.metlink.org.nz, aus WELLINGTON halten am Bahnhof von Featherston; von dort pendelt der Metlink-Bus 205 Richtung Süden nach Martinborough, wo er schräg gegenüber vom i-SITE sowie am Martinborough Wine Village hält. Bus 200 verkehrt 3x tgl. zwischen MASTERTON und Martinborough.

Cape Palliser

Coast with the Post ▪ Abfahrt ab Featherstone Mo–Fr 8.30 Uhr ▪ 💻 www.wairarapanz.com/cape-palliser

Die relative Betriebsamkeit von Martinborough steht in starkem Kontrast zur einsamen und windgepeitschten Küste um das **Cape Palliser** 60 km weiter südlich, wo das Wetter legendär wechselhaft ist. Das Kap, der südlichste Punkt der Nordinsel, wurde nach James Cooks Mentor, Konteradmiral Sir Hugh Palliser, benannt. Abgesehen von einigen leichten Wanderungen an der atemberaubenden Küste zwischen Ngawi und dem Cape Palliser und der Gelegenheit, Pelzrobben aus nächster Nähe zu sehen, gibt es nicht viel zu tun, zumal Schwimmen hier gefährlich ist und es keine organisierten Aktivitäten gibt.

Putangirua Pinnacles

13 km südlich von Martinborough

Die Straße nach Cape Palliser schlängelt sich nun 13 km weit durch die Küstenhügel, bis sie nahe den **Putangirua Pinnacles** aufs Meer stößt. Diese bis zu 50 m hohen grauen, weichen Felstürme und Klippen wurden von Wind und Regen geformt.

Am Parkplatz gibt es Grillstellen und einen DOC-**Campingplatz**. Von hier aus führt ein leichter, rund zweistündiger Spaziergang durchs Flussbett zum Fuß der Pinnacles, dann zu einer Aussichtsstelle hoch und anschließend auf einem schönen Waldpfad am Felsrand wieder zurück zum Ausgangspunkt.

Ngawi

Hinter den Pinnacles verläuft die asphaltierte Straße 15 km an der zerklüfteten, ungeschützten Küste entlang nach **Ngawi**, einem kleinen beschaulichen Fischerdorf. Bis zum eigentlichen Kap sind es von dort noch fünf anstrengende Kilometer.

Hier ist in der Nähe der Straße eine **Pelzrobbenkolonie** zuhause, überragt von dem hundert Jahre alten **Cape Palliser Lighthouse**, das auf einem Hügel 60 m über dem Meer am Ende von etwa 250 Stufen steht. Es ist nicht schwer, bis auf 20 m dicht an die plüschigen Robben heranzukommen, aber wenn sie sich bedroht fühlen, werden sie durchaus aggressiv. Von Robbenjungen sollte man daher ausreichend Abstand halten, sonst beißen die Eltern zu. Man darf auch niemals einer Robbe den Weg zum Meer versperren.

ÜBERNACHTUNG UND ESSEN

Putangirua Pinnacles Campsite. Zwischen Lake Ferry und Cape Palliser. Der einzige Luxus dieses fußläufig zu den Pinnacles gelegenen DOC-Campingplatzes sind die Aussicht auf die Cook Strait und ein Kieselstrand gleich auf der anderen Straßenseite. Hier kann es ziemlich windig werden. Es gibt aber fließendes Wasser und Toiletten. ❶

Palliser Bay Beach House, 34 Seaview Ave, Ngawi, 💻 www.palliserbreak.com. Das altmodische Ferienhaus am Hügel im Dorf Ngawi bietet ein gutes Preis-Leistungs-Verhältnis und herrliche Meerblicke, eine recht große Lounge mit Küche und 2 Schlafzimmer. Das Beach House ist eine gute Basis für Erkundungen entlang der Küste und für erholsame Spaziergänge zum Leuchtturm. ❸

The Captain's Table, Cape Palliser Rd, Ngawi, 💻 www.facebook.com/www.captainstable.co.nz. Beim Captain's Table werden frische Burger, Fish 'n' Chips und Kaffee an einem Wohnwagen am Park in der Dorfmitte gefertigt. $$

Waimeha Camping Village, 2805 Cape Palliser Rd, 3 km nördlich von Ngawi, 💻 www.waimehacamping.co.nz. Nagelneue Cabins und Campingeinrichtungen neben einer Farm vor der Kulisse atemberaubender Berge und gegenüber von einem Kieselstrand. In den 10 Cabins haben jeweils 4 Pers. Platz. Die freundlichen Betreiber des Village führen auch einen kleinen Laden für unverderbliche Lebensmittel und halten außerdem Leihräder bereit. ❷

Greytown

Das hübsche **Greytown** am SH2 zwischen Wellington und Napier im Herzen des Wairarapa wurde 1853 angelegt. Die ehemals größte Siedlung im Wairarapa verfiel, als sie beim Bau der Eisenbahnlinie links liegen gelassen wurde. Erst als die Einwohner von Wellington Greytowns Urlaubspotenzial entdeckten, erwachte der Ort wieder zum Leben. Die zweigeschossigen Holzgebäude verleihen dem Ort das Flair eines viktorianischen Landstädtchens; sie beherbergen heute Kunstgalerien, Antiquitätenläden, Boutiquen, ausgezeichnete Cafés und schicke B&Bs sowie in der 67 Main Street einen tollen Metzger.

Cobblestones Early Settlers Museum

169 Main St ▪ 🕒 Juni–Sep Mo und Fr 10–16, in den Schulferien tgl., Okt–Mai tgl. 10–16 Uhr ▪ Eintritt ▪ 💻 www.cobblestonesmuseum.org.nz

Historische Gebäude aus der Region sind hier neben den ursprünglichen Stallungen von Greytown inmitten eines schönen Gartens neu aufgebaut worden – eines davon beherbergt das Schoc, eine Chocolaterie, die sich allein schon wegen des Geruchs lohnt.

Es macht Spaß, ein oder zwei Stunden herumzulaufen, in alle Fenster zu schauen und die Funktion alter Werkzeuge zu erraten. Zur Anlage gehören eine **Druckerei** und ein schickes neues Eingangsgebäude mit Kutschen und einem *waka*-Kanu.

ÜBERNACHTUNG

Ein großer Teil der Übernachtungsoptionen zielt auf die Schickeria ab – trotzdem ist hier noch mehr Auswahl für Traveller mit kleinem Budget als etwa in Martinborough.

WELLINGTON UND DER SÜDEN

Greytown Camp Ground, Kuratawhiti St, www.greytowncampground.co.nz. Einfacher Campingplatz mit 2 Versorgungsblöcken. Direkt nebenan befinden sich ein großer Kinderspielplatz sowie das städtische Schwimmbad und Tennisplätze. ❶

Greytown Hotel, 33 Main St, www.greytownhotel.co.nz. Das Herz der örtlichen Gemeinde ist dieses historische Gebäude, das das beliebte Top Pub und das Restaurant 1860 sowie 4 sehr einfache, aber saubere und komfortable Zimmer mit Gemeinschaftsbad umfasst. ❷

Shy Cottage & Pequillo, 39 Main St, www.shycottage.co.nz. 2 historische Selbstversorger-Cottages hinter dem Haus der Eigentümer in einem hübschen Garten, beide mit kleiner Küche, gemütlicher Lounge und Schlafzimmer mit breitem Doppelbett. Das Shy Cottage verfügt außerdem über eine eigene Terrasse mit Grill. ❷

ESSEN UND UNTERHALTUNG

Die Restaurants in Greytown sind tendenziell eher fein, es gibt aber auch ein paar gute, einfache Lokale.

1860 Restaurant, 33 Main St, www.greytownhotel.co.nz. Dieses Restaurant befindet sich im selben Gebäude wie das alteingesessene Greytown Hotel und hat einen ungewöhnlichen Star auf seiner Speisekarte: lokalen Strauß, serviert in Filet- und Burgerform. $$

Cahoots Café, 97 Main St, 06 304 8480. Das kleine Nachbarschaftscafé ist vielleicht nicht so cool und stylish wie die neuere Konkurrenz, hat aber hervorragenden Kaffee, und die freundlichen Mitarbeiter zaubern in der winzigen Küche großzügige Essensportionen. $

Cuckoo, 128 Main St, www.facebook.com/cuckoo.pizza.greytown. Peppiger Pizza-Pasta-Schuppen (gut ist die Pizza „Kiwi" mit Süßkartoffeln und Lamm-Chorizo). Es gibt sogar Frühstückspizza. Immer noch nicht satt? Keine Sorge, auch *cheesecake* ist zu haben. $$

INFORMATIONEN

Information Centre, in der Bücherei, 89 Main St. Hat massenhaft gut strukturierte Informationen zu regionalen Aktivitäten. Auch außerhalb der Personalzeiten geöffnet, damit man sich mit Material eindecken kann. Büro besetzt Fr 14–16, Sa und So 11–15 Uhr, unbesetzt Mo–Fr 9.30–17 Uhr.

TRANSPORT

Die Pendlerzüge von Metlink, www.metlink.org.nz, aus WELLINGTON halten am **Bahnhof Woodside**; von dort fährt der Metlink-Bus 204 die 5 km bis zum Dorfzentrum von Greytown und weiter bis hinein nach MASTERTON.

Masterton und Umgebung

Obgleich es mit seinen 26 800 Einwohnern die größte Stadt des Wairarapa ist, hat **Masterton** am Fuß der Tararua Range Touristen nicht besonders viele Attraktionen zu bieten. Das Geschäftsviertel erstreckt sich über die Parallelstraßen Chapel, Queen und Dixon. Der **Queen Elizabeth Park** im Osten der Stadt lädt zu einem entspannten Spaziergang zwischen Blumenbeeten ein.

Aratoi

Bruce St, Ecke Dixon St, gegenüber dem Queen Elizabeth Park ▪ tgl. 10–16.30 Uhr ▪ Eintritt gegen Spende ▪ www.aratoi.co.nz

Das Museum gewährt in einer ehemaligen wesleyanischen Kirche, die hierher versetzt wurde, Einblicke in die Geschichte der Wairarapa-Region. Unter anderem ist die Stätte des ältesten Maori-Hauses (1180 n. Chr.) in Neuseeland zu sehen, Teil einer archäologischen Ausstellung von Fundstücken aus Omoekau an der Palliser Bay. Zu den interessantesten Stücken der Kunstabteilung zählen frühe Porträts von hiesigen Maori von Gottfried Lindauer und ein Kupfer-und-Bronze-Werk von Barbara Hepworth von 1956.

Golden Shears

Die größte Veranstaltung der Stadt ist der jährliche **Golden-Shears-Schafscherwettbewerb**, 💻 www.goldenshears.co.nz, praktisch die Olympischen Spiele der Wollbranche. Er wird an drei Tagen bis zum ersten Samstag im März abgehalten. Die Wettkämpfer strömen aus der ganzen Welt herbei, um ihre Geschicklichkeit mit dem Handapparat zu demonstrieren. Ein erstklassiger Schafscherer kann ein Schaffell in weniger als einer Minute entfernen, doch um die höchste Punktzahl zu bekommen, ist nicht nur Schnelligkeit, sondern auch Können gefragt. Der Eintritt zu den Vorentscheidungen beträgt nur ein paar Dollar; um die spannenden Finalkämpfe am Freitag- und Samstagabend mitzuerleben, ist eine Buchung lange im Voraus erforderlich.

Wool Shed (National Museum of Sheep and Shearing)

12 Dixon St ▪ ⌚ tgl. 10–16 Uhr ▪ Eintritt ▪ 💻 www.thewoolshednz.com

Das ausgezeichnete Museum ist ganz der Wolle gewidmet; mittwochs kann man sogar weben lernen. Untergebracht in zwei 100 Jahre alten Schurschuppen, die aus dem ländlichen Wairarapa hierher verfrachtet wurden, zeigt es alle möglichen Utensilien und nostalgisches wie neueres Filmmaterial über die richtige Technik der Schur. Auch die Nachbildung eines Umhangs aus dem *Herrn der Ringe* ist zu sehen.

Tararua Forest Park

Anfahrt vom SH2, 25 km westlich von Masterton ▪ Hüttenbuchung 💻 www.doc.govt.nz

Der **Tararua Forest Park**, der die Hügel im Westen der Stadt bedeckt, bietet einige ausgezeichnete Wandermöglichkeiten durch Birken- und Steineibenwälder bis in subalpine Höhen. Aber Vorsicht: Die Gegend ist für ihr wechselhaftes Wetter berühmt-berüchtigt. Erfahrene Wanderer sollten den **Holdsworth–Jumbo Tramp** erwägen, eine lohnenswerte zwölfstündige Rundwanderung. Sie lässt sich in zwei oder mehr bequeme Tagesmärsche aufsplitten, mit Übernachtung in einer der Hütten ($15, reservieren!), die in gleichmäßigen Abständen am Wegrand stehen. Der Wanderpfad beginnt bei der rustikalen Holdsworth Lodge. Tagesausflügler können gemütliche Spaziergänge am Flussufer (1–2 Std.) unternehmen oder in drei Stunden über einfaches Gelände zur gemütlichen, mit Stockbetten versehenen Atiwhakatu Hut hinüberwandern.

ÜBERNACHTUNG

Gallin Farmstay, 143 Matapihi Rd, 9 km nordöstlich des Stadtzentrums, 💻 www.gallinfarmalpacas.co.nz. 2 moderne Zimmer mit Bad auf einer Alpakafarm in umwerfender Umgebung mit Panorama-Bergblicken. Inbegriffen ist ein Schlemmerfrühstück mit Eiern vom Hof und selbst gemachter Marmelade. ❸

Mawley Park Motor Camp, 55 Oxford St, 💻 www.mawleypark.co.nz. Mastertons beste Budgetunterkunft. Der Platz am Fluss hat Stellplätze zwischen Bäumen, einige neue Units mit Bad sowie eine ganze Palette altmodischer Cabins und Motel Units. ❷

U Studios, 119 Cornwall St, 2 km westlich des Ortszentrums, 💻 www.uhotelgroup.com. Ein modernes, professionell geführtes Budget-Hotel mit einer Reihe von Zimmern, von Studios mit eigenem Bad (mit Kochnische) bis hin zu einer großen, unabhängigen Villa mit 4 Schlafzimmern. ❷

ESSEN UND UNTERHALTUNG

Café Strada, 232 Queen St, ✆ 06 378 8450. Das Café im Regent Theatre – es sind Film-und-Essen-Deals erhältlich – nimmt den Spitzenplatz unter den Esslokalen und Kneipen der Stadt ein. Tagsüber gibt's schmackhafte Tresenkost und abends hochwertiges, erschwingliches Essen wie Lachs von der Südinsel. Alkoholausschank und kostenloses WLAN. $

Entice, im Aratoi, Bruce, Ecke Dixon St, 💻 www.aratoi.co.nz. Das Café des Museums hat hervorragende kleine Gerichte, darunter sündhaft leckere Muffins und Pasteten sowie tollen Kaffee. $$

Ten O'clock Cookie Bakery & Café, 180 Queen St, www.tenoclockcookie.co.nz. Großes und geschäftiges Café mit fantastischem Kuchen, Croissants, Bratlingen und Mehrkornbrot. Preisgekrönt ist die Shearer's Pie, sehr beliebt auch der gebratene Halloumi. $$

INFORMATIONEN

i-SITE, Bruce St, Ecke Dixon St, www.wairarapanz.com. Die hilfsbereiten Mitarbeiter bieten neben den üblichen Dienstleistungen auch Infos zu den Wanderwegen der Gegend an. Mo–Fr 9–16.30, Sa und So 10–16 Uhr.

TRANSPORT

Busse

InterCity-Busse, 04 385 0520, verkehren Richtung Norden nach PALMERSTON NORTH; sie halten in der 316 Queen Street nicht weit vom i-SITE.

Das Unternehmen **Metlink**, 0800 801 700, bietet Busse Richtung Süden nach MARTINBOROUGH.

Busse nach:
GREYTOWN Mo–Fr 6x tgl., Sa 3x tgl., 25 Min.;
MARTINBOROUGH Mo–Fr 1x tgl., Sa 3x tgl., 1 Std.;
PALMERSTON NORTH Di–Fr 1x tgl., 1 1/2 Std.

Eisenbahn

Züge von **Metlink**, www.metlink.org.nz, verkehren zwischen Wellington und dem Bahnhof von Masterton, 15 Min. zu Fuß vom Zentrum am Ende der Perry St, oder man ruft ein Taxi vom Rideshop, 06 377 4231.

Züge nach:
FEATHERSTON Mo–Fr 5x tgl., am Wochenende 2x tgl., 3/4 Std.;
WELLINGTON Mo–Fr 5x tgl., am Wochenende 2x tgl., 1 3/4 Std.

Castlepoint

Die 300 km lange Küste vom Cape Palliser bis zum Cape Kidnappers nahe Napier ist öde, verlassen und fast gänzlich unzugänglich – abgesehen von **Castlepoint**, 65 km östlich von Masterton, wo frühe Forschungsreisende eine willkommene Unterbrechung in der „senkrechten Reihe von Klippen" fanden.

Ein **Leuchtturm** beherrscht den Felsenhügel, der durch einen schmalen, wie eine Sanduhr geformten doppelten **Strand** mit dem Festland verbunden ist. Dieser umschließt eine **Lagune**, die The Basin genannt wird. Im Sommer wimmelt es von Surfern und Familien aus dem Wairarapa, die zum Baden hierherkommen, aber wenn das Wetter umschlägt, verwandelt sich der Strand in eine ziemlich raue Küstenlandschaft. Abgesehen von Surfern unternehmen die meisten Leute nur einen Tagesausflug nach Castlepoint. Wer bleiben will, muss alles Notwendige mitbringen.

ÜBERNACHTUNG

Castlepoint Holiday Park & Motels, 1 Jetty Rd, www.castlepoint.co.nz. Der typische Kiwi-Urlauber-Campingplatz liegt in traumhafter Lage und in Hörweite der wilden Brandung. Er bietet eine breite Palette von Unterbringungsmöglichkeiten, die allesamt einigermaßen gut in Schuss gehalten werden, darunter sowohl Cottages als auch Motel Units. ❷

Pukaha Mount Bruce National Wildlife Centre

SH2, 28 km nördl. von Masterton ▪ tgl. 9–16.30 Uhr; Uhrzeiten der Fütterungen und Vorträge stehen auf der Website ▪ Eintritt ▪ Führung; Nachtwanderung; „Look-out Lunch" inkl. Picknick; Führung hinter den Kulissen ▪ www.pukaha.org.nz

Das **Pukaha Mount Bruce National Wildlife Centre** ist einer der besten Orte des Landes, um bedrohte einheimische Vogelarten zu beobachten, u. a. Graulappenvogel (Kokako), Saumschnabelente (Whio), Kakariki, Hihi, Kiwi und Takahe. Sie leben in Volieren entlang einem 1 km langen Weg durch den Wald. Im nachtaktiven **Kiwihaus** wohnt Manukara (ein seltener weißer Kiwi), außerdem gibt es eine **Kiwizucht** (nach den Küken fragen!).

Jenseits der Volieren wird ein riesiges Waldstück dafür genutzt, Vögel wieder an das Leben in Freiheit zu gewöhnen. Besucher können ihr mitgebrachtes eigenes Essen im Picknickbereich verspeisen oder aber in dem hauseigenen Café einkehren – aber Vorsicht: Die frechen Kakas werfen einem schon mal gern den Kaffee um.

ZWISCHEN MEER UND SEAWARD KAIKOURA RANGE VERLÄUFT EINE SENSATIONELLE KÜSTENSTRASSE.

Marlborough, Nelson und Kaikoura

Der nördliche Teil der Südinsel verzaubert nicht wenige Besucher im Handumdrehen: tief eingeschnittene Buchten in den abgeschiedenen Fjorden der Marlborough Sounds, Bilderbuchstrände in der Umgebung von Nelson, eine beeindruckende Vielfalt an Nationalparks, erstklassige Weingüter in Marlborough und Naturwunder in Kaikoura.

Stefan Loose Traveltipps

Queen Charlotte Track Unterwegs in tollen Hostels und B&Bs übernachten und das Gepäck transportieren lassen. S. 499

Marlborough Wine Country In der berühmtesten Weinregion Neuseelands ist eine Weinprobe ein Muss. S. 506

Nelson Künstlergemeinde, Weinberge, tolles Klima: Nelson gehört zum Pflichtprogramm jeder Marlborough-Reise. S. 512

10 **Abel Tasman National Park** Kristallklares Wasser und goldgelbe Strände sind die Belohnung für Wanderungen entlang des Coast Track oder nach einer Kajaktour. S. 529

Farewell Spit Eine herrlich abgelegene Gegend, die sich im Rahmen einer geführten Tour erkunden lässt. S. 545

Heaphy Track Die spektakuläre Landschaft macht den Wanderweg zu einem der schönsten im Land. S. 546

11 **Kaikoura** Das hübsche Städtchen ist Ausgangspunkt für Walbeobachtungstouren und Schwimmen mit Delphinen und Seehunden. S. 552

ABEL TASMAN NATIONAL PARK

CAFÉ KUSH, NELSON

Inhalt

Obwohl es von der Nordinsel aus viele Billigflüge gibt, legen die meisten Touristen immer noch mit der Fähre in **Picton** an. Dieser im Winter recht trostlose Ort erwacht erst im Sommer zum Leben und gewährt wunderschöne Ausblicke auf die **Marlborough Sounds**. Das Wasser der Buchten umspült winzige Strände und wacklige Schiffsmolen, während das Ufer zu steilen, bewaldeten Hügeln und kargen Weiden ansteigt. Südlich von Picton empfiehlt sich eine feuchtfröhliche Tour durch Marlborough, Neuseelands berühmteste Weinregion mit den bescheidenen Städtchen **Blenheim** und **Renwick**. Hier bieten sich ein bis zwei Übernachtungen in einem ländlichen B&B zum Erkunden der Weingüter an. Im Westen trifft man auf das lebendige **Nelson**, Ausgangspunkt für Abstecher in die wilde Schönheit des **Abel Tasman National Park** mit einigen der schönsten Küstenwanderwege und herrlichsten Strände Neuseelands. Und noch weiter nördlich garantiert die relativ abgeschiedene **Golden Bay** einige friedliche Tage bei durchgehend recht gutem Wetter. An ihrem westlichen Ende läuft die geschwungene Bucht

in der langen Sandbank **Farewell Spit** aus, die einen einmaligen Lebensraum für die unterschiedlichsten Tiere bietet. Sie grenzt an den **Kahurangi National Park**, durch den sich der anspruchsvolle und spektakuläre **Heaphy Track** bis zur Westküste zieht.

Die am wenigsten besuchte der herrlichen Landschaften ist der **Nelson Lakes National Park**, der in erster Linie für einsame Wanderungen zu den alpinen Seen oder zum Angeln interessant ist. Der nahe gelegene **Buller River** lockt auch Rafting- und Kajakfreunde an.

Die Aktivitäten in den Nationalparks sind die richtige Einstimmung auf ein paar Tage Ökotourismus in **Kaikoura** mit zwei großen Attraktionen: der Walbeobachtung und dem Schwimmen mit Delphinen und Robben.

Das **Klima** der Region ist das ganze Jahr über angenehm mild und von viel Sonnenschein geprägt. Vor allem Blenheim und Nelson streiten sich regelmäßig um die Ehre, die Stadt mit den meisten Sonnentagen in Neuseeland zu sein.

Die Marlborough Sounds

In den malerischen **Marlborough Sounds** lassen sich vor lauter Buchten, Inseln und Halbinseln das Festland und dessen üppige Wildnis kaum ausmachen. Große Teile dieser Region sind nur übers Meer zugänglich, das den vermutlich besten Aussichtspunkt darstellt. In der Gegend gibt es neben einigen Farmen auch Zuchtanlagen für Lachse und Muscheln sowie Schutzgebiete – eine Mischung aus Inseln, Küstenabschnitten und Landflächen.

Dreh- und Angelpunkt der Marlborough Sounds ist **Picton** mit seinem immensen Angebot an Touren – sei es per Boot oder zu Fuß auf dem **Queen Charlotte Sound**, wo Kreuzfahrtschiffe und Wassertaxis Zugang zum lohnenden und sehr gut zu bewältigenden **Queen Charlotte Track** bieten. Richtung Westen windet sich der landschaftlich schöne Queen Charlotte Drive zur kleinen Gemeinde **Havelock** hinauf, die für ihre Grünlippenmiesmuscheln berühmt ist. Danach bieten sich der spektakuläre **Pelorus Sound** für eine Erkundungstour und eine Fahrt über Nebenstraßen bzw. eine Bootsfahrt zum Bestaunen der Gezeitenwellen des **French Pass** an.

Picton

Das kleine **Picton**, Ziel der Fähren aus Wellington, liegt landschaftlich schön zwischen Bergen und dem Queen Charlotte Sound. Viele legen hier vor der Weiterreise nur eine Kaffeepause ein, dabei eignet sich Picton wunderbar als Basis für eine Erkundung des **Queen Charlotte Track**, der mit Wassertaxis zu erreichen ist. Ansonsten haben die örtlichen Veranstalter tolle **Kreuzfahrten** und **Kajaktouren** im Programm.

Picton selbst hat ebenfalls einige Sehenswürdigkeiten zu bieten und ist auch keine schlechte Basis für Abstecher in die **Weinregion** um Blenheim, die nur 25 Autominuten südlich liegt.

Geschichte

Bereits 1827 gab es eine europäische Walfangstation in der Region, doch zu einer richtigen Siedlung wuchs Picton erst heran, nachdem die New Zealand Company den Standort der heutigen Stadt im Jahre 1848 für 300 britische Pfund erworben hatte. Picton erlebte eine Blütezeit als Hafen und **Versorgungszentrum** für die südlich gelegenen Wairau Plains, v. a. aber als günstigster Hafen für den Queen Charlotte Sound und den Reiseverkehr zwischen Nord- und Südinsel.

Die Edwin Fox

In der Nähe des Fähranlegers ▪ ⌚ tgl. Okt–Mai 9–17, Juni–Sep 9–15 Uhr ▪ Eintritt ▪ 💻 www.edwinfoxship.nz

Am westlichen Ende der mit Phönixpalmen aufgepeppten Uferstraße liegt der Rumpf der in Kalkutta gebauten **Edwin Fox**. Das 1853 vom Stapel gelassene Schiff diente im Krimkrieg als Truppentransporter und verfrachtete Strafgefangene nach Australien, bevor es Siedler nach Neuseeland brachte. Es ist das älteste erhaltene Handelsschiff der Welt. 1967 strandete es in der nahe gelegenen Shakespeare Bay und wurde später nach Picton geschleppt, wo es heute im Trockendock zu bestaunen ist.

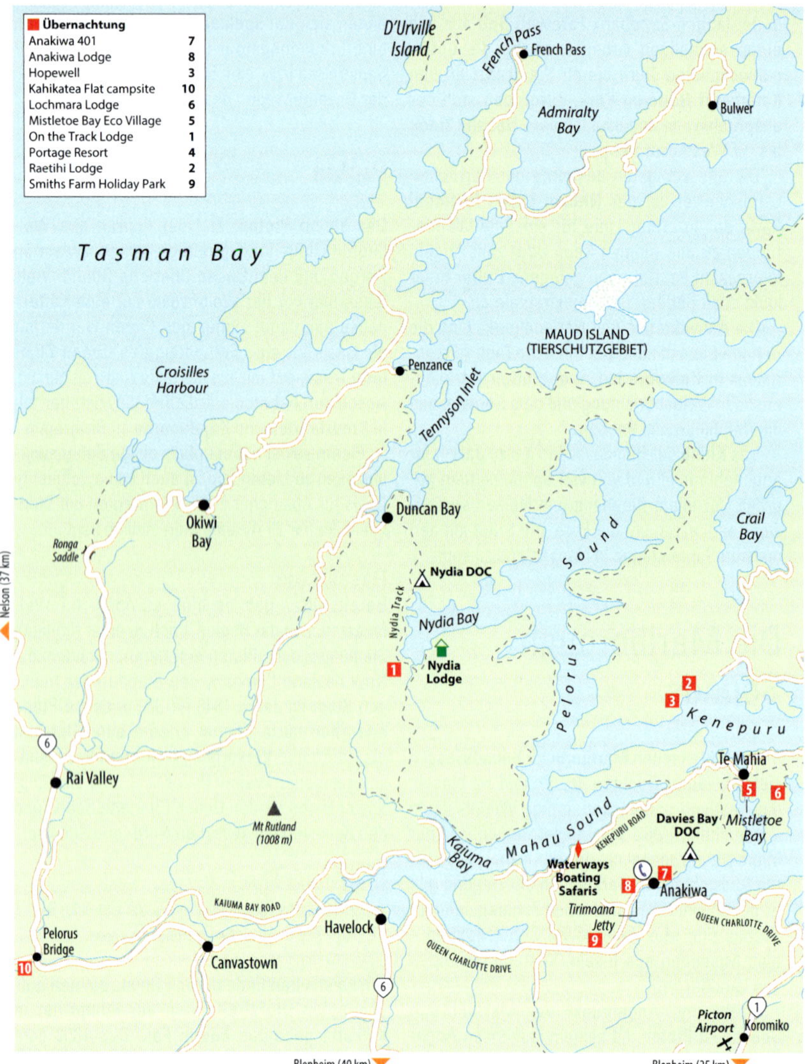

Shelley Beach

Auf der anderen Seite der Bay gegenüber der Edwin Fox ▪ 🕒 tgl. 24 Std. ▪ 💻 www.ecoworld nz.co.nz

Ein schöner 15-minütiger Spaziergang vom Edwin Fox Museum aus um den Hafen herum führt über von Bäumen gesäumte Uferwege zum Kiesstrand **Shelley Beach** nahe einem kleinen Jachthafen. Der Strand eignet sich perfekt für ein Picknick oder für ein Bad – auch wenn das Wasser kalt sein kann. Auch Robben sind in der Umgebung kein seltener Anblick.

Picton Heritage and Whaling Museum

9 London Quay ▪ tgl. 10–16 Uhr ▪ Eintritt ▪ www.pictonmuseum-newzealand.com

Glanzpunkt der Ausstellungen im **Picton Heritage and Whaling Museum** sind die Exponate zur Perano Whaling Station im Queen Charlotte Sound, die bis 1964 in Betrieb war. Hier sind Fotos, Walfangwerkzeuge wie eine Harpunenkanone und einige Schnitzereien aus Walknochen zu sehen. Außerdem werden historische Fotos, *taonga* (Artefakte) der Māori und andere Nutzgegenstände sowie interessante Exponate, die über den harten Alltag der frühen Kolonisatoren informieren, ausgestellt.

Auch wenn es auf den ersten Blick etwas bescheiden daherkommt, handelt es sich bei diesem lohnenden Museum um eine wichtige Forschungseinrichtung. Wer mehr über die lokale Geschichte erfahren möchte, kann mit einem Historiker vor Ort tiefer in die Materie eintauchen; zu einem sehr günstigen Preis von $30 pro Stunde.

ÜBERNACHTUNG

Karte S. 497

Atlantis, London Quay, www.atlantishostel.co.nz. Zentral gelegenes Hostel in der Nähe des Fähranlegers in einer alten Tauchschule mit verschiedenen bunt dekorierten Dorms (darunter ein billiges mit 6 Etagenbetten für Übernachtungen mit eigenem Schlafsack). Außerdem: gemütliche DZ, kostenloses Frühstück, Nachtisch, Filme und Badezimmer im Art déco-Stil. ❶

Broadway Motel, 113 High St, im Stadtzentrum, www.broadwaymotel.co.nz. Attraktive und moderne Motel Units im Zentrum mit großen Fenstern und der üblichen Ausstattung inkl. Sky TV. Sauber und gepflegt. Gutes Recycling-Programm. ❷

Escape to Picton, 33 Wellington St, www.escapetopicton.com. Das schicke Boutiquehotel mischt die Szene mächtig auf: Alles hier ist auf höchstem Niveau, beispielsweise gibt es in 2 der 3 Suiten frei stehende Badewannen. Preise variieren erheblich, also am besten die Website checken. ❸

The Gables, 20 Waikawa Rd, www.thegables.co.nz. Angenehmes, einladendes B&B mit 3 Zimmern im Haus (2 mit Bad) und 2 Cottages für Selbstversorger hinter dem Gebäude (mit Frühstück auch für die Cottage-Gäste). Kinder und Hunde sind im Gables willkommen. ❷

Harbour View Motel, 30 Waikawa Rd, www.harbourviewpicton.co.nz. 13 geräumige, geschmackvoll eingerichtete Units mit toller Aussicht über den Hafen, alle mit Balkon. Außerdem Waschküche und Gepäckaufbewahrung. ❷

Jasmine Court, 78 Wellington St, www.jasminecourt.co.nz. Hochmodernes Motel mit Luxus-Units, dessen alteingesessenes Besitzerehepaar sich liebevoll um die Gäste kümmert. Die schicken, renovierten Zimmer haben DVD und CD-Player, einige auch Whirlpool und sogar eine Terrasse. ❷

Jugglers' Rest, 8 Canterbury St, www.jugglersrest.com. Kleines, sehr einladendes relaxtes Hostel ca. 10 Min. zu Fuß vom Fähranleger mit geräumigen Dorms ohne Etagenbetten und 2 ruhigen Cabins im Garten. Ökologisch ausgerichtet; der Gemüsegarten steht den Gästen offen. Ein Frühstück mit hausgemachter Marmelade und frischem Brot ist gesondert buchbar. Juni–Sep geschl. ❶

Picton Holiday Park, 78 Waikawa Rd, www.pictonholidaypark.co.nz. Zentral gelegener Campingplatz mit Swimming Pool, Kinderspielplatz, Cabins und Motel Units für Selbstversorger. Bäume sorgen für Schatten. ❷

Piwaka Lodge, 75 High St, www.piwakalodge.nz. Einladendes, entspanntes Hostel mit einer Handvoll Schlafsälen mit jeweils 3 bis 5 Betten – auch Schlafsäle nur für Frauen sind verfügbar, ebenso wie 2 private DZ und 4 Familienzimmer, die sowohl über Doppelbetten als auch über Etagenbetten verfügen. Zu den Gemeinschaftseinrichtungen gehören eine saubere Küche und ein gemütlicher Freizeitbereich, wobei das Haus insgesamt eine sehr gemütliche Atmosphäre ausstrahlt. ❶

Sennen House, 9 Oxford St, www.sennenhouse.co.nz. Prächtige Villa von 1886, 10 Min. zu Fuß von der Stadt entfernt, geschmackvoll umgewandelt in ein B&B mit 3 Zimmern, alle mit einfachen Kochnischen. Es gibt einen Frühstückskorb und nachmittags Tee. ❸

Sequoia Lodge, 3a Nelson Sq, www.sequoialodge.co.nz. Gut geführtes Hostel 10 Min. zu Fuß vom Zentrum entfernt und mit kostenloser Abholung von der Fähre auf

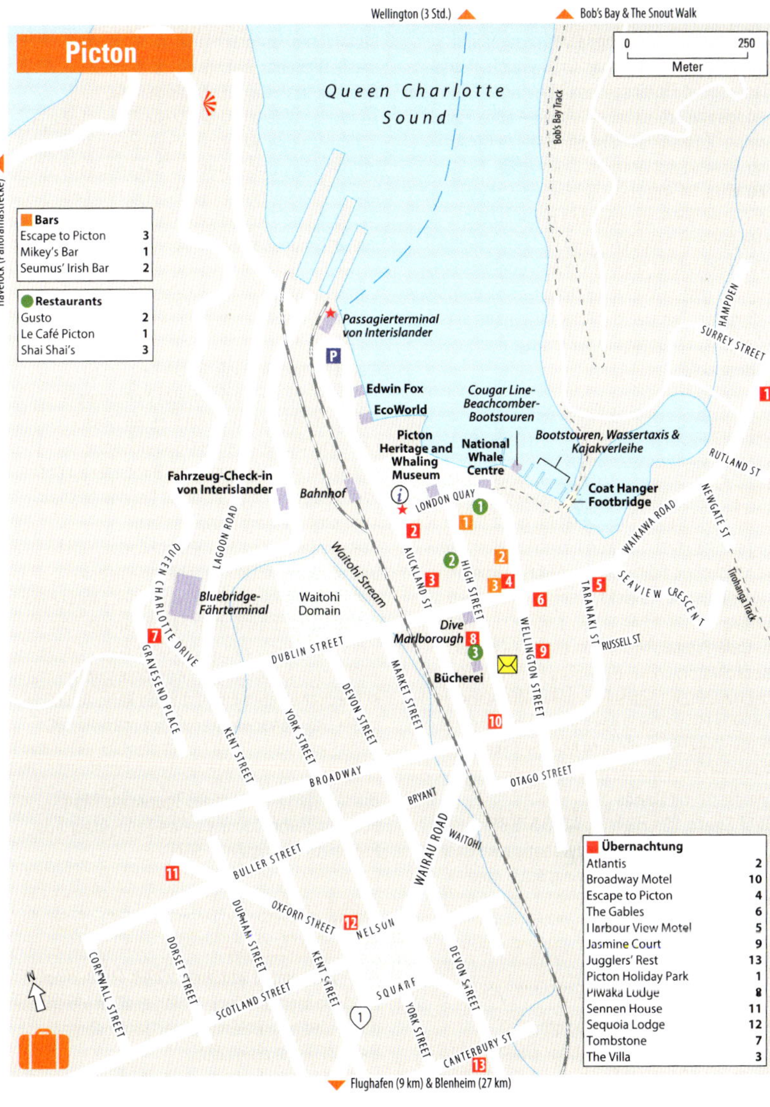

Anfrage. Tischchen und Lampen gehören zur Ausstattung an allen Betten (auch in den Dorms), auch ein separater Schlafsaal für Frauen mit eigenem Bad ist vorhanden. Inkl. Frühstück (Mai–Okt.), Whirlpool, abends Nachtisch und Eis sowie Heimkino. ❶

Tombstone, 16 Gravesend Place, www.tombstonelodge.co.nz. Freundliches, gut geführtes Hostel ggü. dem Fähranleger Bluebridge (neben dem Friedhof). Zur Stadt sind es 10 Min. zu Fuß. Die moderne, zweckmäßig eingerichtete Unterkunft hat

MARLBOROUGH, NELSON UND KAIKOURA

Teppichböden und Doppelverglasung und super Blick aufs Wasser. Grillbereich, Piano, Tischtennis, Fitnessgeräte, Whirlpool, Fahrräder und frische Frühstücks-Scones – alles inbegriffen. Kostenloser Shuttle-Service für An- und Abfahrt auf Anfrage. Dorms ❶

The Villa, 34 Auckland St, 💻 www.thevilla.co.nz. Gutes, YHA-assoziiertes Hostel, zentral in 2 Häusern mit modernerem Nebengebäude. Wenn es voll ist, kann es etwas eng werden, aber es gibt zahlreiche Extras zum Nulltarif wie Fahrräder, Jacuzzi und Apple Crumble im Winter. Auch Dorm nur für Frauen mit 6 Betten. ❶

ESSEN

Karte S. 497

Gusto, 33 High St, 💻 www.gustocafe.co.nz. Das beliebte, gemütliche Tagescafé ist zur Straße hin offen. Hier gibt es köstliches Frühstück und Mittagsmenüs, hausgemachte Snacks, Kuchen und guten Kaffee. $

Le Café Picton, 14 London Quay, 💻 www.lecafepicton.co.nz. Beliebtes Café und Bar mit Tischen unter freiem Himmel in Ufernähe, serviert köstliche Steaks mit hausgemachter Chilimarmelade und jede Menge frisches Seafood. Im Sommer gibt es regelmäßig Livemusik mit Bands. $

Shai Shai's, 83a High St, ✆ 03 573 6115. Fish 'n' Chips, Burger und Kebabs zum Essen vor Ort oder zum Mitnehmen; auch gute vegetarische Optionen. $

UNTERHALTUNG

Karte S. 497

Escape to Picton, 33 Wellington St, 💻 www.escapetopicton.com. Dieses ehemalige Bankgebäude ist gut für ein Bier (nur hier gibt's Heineken vom Fass) oder typische Bistrogerichte wie leckere Fish 'n' Chips in der Luxusversion. Fr und Sa Livemusik.

Mikey's Bar, 18 High St, ✆ 03 573 5164. Moderne Bar mit sehr günstigem Essen, Pool-Billard, Spielezimmer und scheunenartigem Club hinten. Unterschiedliche Live-musik tagsüber und am frühen Abend.

Seumus Irish Bar, 25 Wellington St, 💻 www.seumusirishbar.co.nz. Gemütliche irische Kneipe, wegen der günstigen Preise für Getränke und Essen bei Backpackern beliebt. Kostenloses WLAN, Transport auf Anfrage und Tische draußen, abends fast immer Livemusik.

AKTIVITÄTEN

Tauchen

GoDive Marlborough, 66 Wellington St, 💻 www.godive.co.nz. Bietet Schnuppertauchen im Fischreservat Double Cove, geführte Tauchtage mit Doppelflasche sowie 24-stündige geführte Bootstouren mit Wracktauchen an. Letzteres bei der *Mikhail Lermontov*, einem sowjetischen Kreuzfahrtschiff, das 1986 auf Grund lief und so zum größten Taucherwrack der südlichen Hemisphäre wurde (inkl. Mahlzeiten, Ausrüstung, 2 geführten Tauchgängen und einer Übernachtung in der *Lermontov Lodge*). Außerdem bietet das Unternehmen unterschiedliche Tauchkurse an und kann Ausflüge in die Gewässer vor Kaikoura organisieren.

Touren

Die meisten Anbieter der Touren ins Marlborough Wine Country holen Teilnehmer aus Picton ab (s. Kasten S. 507).

SONSTIGES

Autovermietungen

Am Fährterminal und in der Stadt findet man Niederlassungen der meisten großen internationalen und neuseeländischen Unternehmen. Der i-SITE hat eine Liste.

Gepäckaufbewahrung

Beim i-SITE gibt es große Schließfächer.

Informationen

Das kombinierte **i-SITE Visitor Centre** und **DOC-Büro**, 💻 www.marlborough.com, 5 Min. zu Fuß vom Fährterminal am Ufer des Sounds.

Die Hauptanlaufstelle für Touristen in der Region hat Unmengen von praktischen Informationen und Broschüren zur Stadt und über die Südinsel, u. a. kostenlose Stadtpläne von Picton und Blenheim und eine kostenlose DOC-Broschüre zum Queen Charlotte Track. ⌚ Mo–Fr 9–17, Sa und So 8–16 Uhr; im Sommer bis 17 Uhr.

Internet

Kostenloser Zugang in der **Bücherei**, 67 High St, ⌚ Mo–Fr 8–17, Sa 10–13, So 13.30–16.30 Uhr. Außerdem Gratis-WLAN im Stadtzentrum.

NAHVERKEHR

Rural Mail Bus Service

Bei diesem Busdienst, ✆ 022 187 7532, handelt es sich um einen Minivan der Post, der Orte wie Havelock und Anakiwa am südlichen Ende des QCT anfährt. Es gibt tgl. mehrere Touren.

Taxis

Picton Shuttles, 💻 www.pictonshuttles.nz.

Wassertaxis

Einige Unternehmen steuern Ziele am Sound an und bieten auch Rundfahrten an (S. 502).
Arrow, 💻 www.arrowwatertaxis.co.nz
Beachcomber Cruises, 💻 www.beachcombercruises.co.nz;
Cougar Line, 💻 www.cougarline.co.nz.

TRANSPORT

Busse

Alle Busse halten direkt vor dem Fährterminal und am i-SITE.
Die Fahrzeuge der zuverlässigen Transportunternehmen **Atomic Shuttles**, 💻 www.atomictravel.co.nz, und **InterCity**, 💻 www.intercitycoach.co.nz, verkehren zwischen Picton und Christchurch.
Richies, ✆ 03 578 5467, bringt einen nach Blenheim, ebenso InterCity (die 30-minütige Fahrt kostet ca. $15).

Busse nach:
BLENHEIM 8x tgl., 30 Min.;
CHRISTCHURCH 4–5x tgl., 5–5 1/2 Std.;
KAIKOURA 4–5x tgl., 2 1/4 Std.;
NELSON 5x tgl., 2 Std.

Eisenbahn

1x tgl. (Okt–April) verkehrt der **Coastal Pacific** über Blenheim und Kaikoura nach Christchurch. Die Interislander-Fähren sind auf die Abfahrtszeiten der Züge abgestimmt.

Fähren

Interislander-Fährpassagiere ohne Fahrzeug kommen in der Nähe des Stadtzentrums an, Passagiere von **Bluebridge** und alle Passagiere mit Fahrzeugen etwa 1 km westlich des Stadtzentrums.
Täglich gibt es 6–9 Verbindungen nach WELLINGTON.

Flüge

Der **Flughafen** liegt 9 km südlich der Stadt.
Soundsair, 💻 www.soundsair.com, fliegt 6x tgl. nach Wellington (1/2 Std.).
Ein Bus bringt Neuankömmlinge für $7 nach Picton.
Nähere Informationen zum Transport zwischen Nord- und Südinsel auf S. 476–477.

Queen Charlotte Sound

Picton ist ein hübsches kleines Städtchen, aber die wahre Schönheit der Region entfaltet sich erst im **Queen Charlotte Sound**. Die wild zerklüftete Landschaft besticht durch stimmungsvolle, malerische Buchten mit lauschigen Sandstränden, Landzungen und abgeschiedenen Inseln. Mehrere Halbinseln bieten Schutz vor den Stürmen und viele einsame Plätzchen für Fischer und Kajakfahrer.

Um einen ersten Eindruck von den Wasserwegen zu gewinnen, empfiehlt sich einer der vielen Bootsausflüge von Picton. Wer die Landschaft ausgiebig genießen möchte, sollte eine **Kajaktour** durch die Buchten oder eine **Wanderung** über den Queen Charlotte Track unternehmen. Auch **Tauchen** bietet sich an, z. B. am

Queen Charlotte Track

Der **Queen Charlotte Track** (QCT, 70 km einfach, 3–5 Tage, ganzjährig), 🖳 www.qctrack.co.nz, ist ein von spektakulärer Landschaft gekennzeichneter Fernwanderweg mit zum Teil traumhaften Ausblicken auf die Bergketten und Küstenwälder am Queen Charlotte und Kenepuru Sound. Der Weg ist breit, relativ leicht zu bewältigen und unterscheidet sich von anderen mehrtägigen Wanderungen durch zahlreiche schöne **Unterkünfte** entlang der Route. Es gibt jedoch keine DOC-Hütten.

Die An- und Abfahrt erfolgt im Allgemeinen von und nach Picton per Wassertaxi, das auch den täglichen **Gepäcktransport** von einem Etappenziel zum nächsten übernehmen kann. Da die Boote unterwegs in zahlreichen Buchten anlegen, können weniger ambitionierte Wanderer sich auch mit kürzeren Abschnitten begnügen, Tageswanderungen von Picton aus unternehmen oder den Track im Rahmen einer geführten Wanderung erkunden.

Informationen, Eintrittsgeld und Zugang

Das **i-SITE in Picton** kann bei der Planung der Wanderung behilflich sein, und hier gibt es auch die kostenlose Broschüre *Marlborough Sounds Visitor Guide*. Weitere Infos und Aktuelles zum Zustand der Wege auf 🖳 www.doc.govt.nz und 🖳 www.qctrack.co.nz. Der Track verläuft teilweise über privates Land, weshalb von Personen über 15 Jahren auf diesen Abschnitten eine Gebühr erhoben wird. Die Queen Charlotte Track Land Cooperative Passes sind in den i-SITEs in Picton und Blenheim und in einigen Unterkünften am Track erhältlich.

Wanderer legen die Strecke im Normalfall **von Norden nach Süden** (also von Ship Cove nach Anakiwa) zurück und lassen sich von Wassertaxis absetzen und abholen. Einige Abschnitte des QCT sind auch **von der Kenepuru Road** zugänglich, doch es gibt keine öffentlichen Verkehrsmittel. In Anakiwa besteht keine Möglichkeit, das Auto über Nacht abzustellen, man gelangt jedoch mit dem Rural Mail Bus Service (S. 499) hierher. Alle **Wassertaxi-Unternehmen** bieten Standardpakete mit Transfer zur Ship Cove, Gepäcktransport und Abholung aus Anakiwa (Fahrpläne vergleichen).

Geführte Wanderungen, Kombis und Tagestouren

Marlborough Sounds Adventure Company (S. 502) hat die sogenannten *Freedom Walks* im Programm (täglich Lunchpakete), mit Übernachtungen in der Furneaux Lodge, im Punga Cove Resort und im Portage Resort. Bei den geführten Wanderungen (4 oder 5 Tage) mit voller Verpflegung gibt's einen Abstecher zum Motuara Island und die Möglichkeit zum Kajakfahren. Beim 3-tägigen *Ultimate Sounds Adventure* ist jeweils ein Tag mit Wandern, Kajakfahren und Radfahren vorgesehen. **Beachcomber Fun Cruises** (S. 502) hat eine Reihe von Tageswanderungen im Programm. **Cougar Line** bietet 1- bis 5-stündige Wanderungen an.

Übernachtung

Karte S. 494/495

Eine **Reservierung** ist unerlässlich. Viele der kleineren Unterkünfte akzeptieren keine Zahlung per Kreditkarte, weshalb genügend **Bargeld** mitgeführt werden muss. Die 6 **DOC-Campingplätze** haben

riesigen Wrack eines sowjetischen Kreuzfahrtschiffes, der *Mikhail Lermontov* (S. 498).

Motuara Island

Zwei Sehenswürdigkeiten am Ende des Queen Charlotte Sound haben in den meisten Reiseplänen ihren Platz. Eine ist **Motuara Island**, ein vom DOC verwaltetes, raubtierfreies Tierschutzgebiet, in dem sich Sattelstare, Grauschnäpper, Makomakos und einige Okarito-Streifenkiwis heimisch fühlen. Die Vögel sind in der Regel relativ furchtlos und wagen sich nahe an die neu-

fließend Wasser und Toiletten, aber nur 4 haben einen Zugang für Wassertaxis. Die folgenden Unterkünfte sind geografisch von Nord nach Süd aufgelistet. Die Kilometerangaben beziehen sich auf die Entfernung von Ship Cove.

Anakiwa 401, 401 Anakiwa Rd, Km 70, www.anakiwa401.co.nz. Wunderbares, renoviertes Gästehaus für Selbstversorger mit Hängematten im schönen Garten, einem kleinen entspannten Hain, kostenlosen Kajaks, Espressomaschine und einem Kaffeewagen direkt darunter (nachmittags geöffnet). Das Anakiwa-Gästehaus ist eine tolle Basis für Wanderungen auf dem südlichen Teil des Tracks. Neben einem 2-Bettzimmer und den DZ gibt es auch ein Apartment für Selbstversorger mit Platz für 4 Pers. ❷

Anakiwa Lodge, 9 Lady Cobham Grove, Anakiwa, www.anakiwa.co.nz. Gemütliche Lodge 400 m vom Ende des Tracks mit 15 Betten, kostenlosen Kajaks und großem Whirlpool (kleine Gebühr für Dormgäste). ❷

Furneaux Lodge, Endeavour Inlet, Km 14, www.furneauxlodge.co.nz. Eine der größeren Lodges auf einem 100 Jahre alten Anwesen mit attraktiven Gärten. Unterkünfte von einfachen Dorms bis zu Cottages für Selbstversorger. Hervorragendes Restaurant, gesellige Bar, kostenloses WLAN im Barbereich und Telefon. Bunk Rooms ❶, Cottages ❹

Lochmara Lodge, Lochmara Bay, Km 58, www.lochmara.co.nz. Schöne Öko-Unterkunft mit Café, Bar und Kunstgalerie an der Lochmara Bay. Im neuen Unterwasser-Observatorium kann man Stachelrochen füttern und andere Fische streicheln Kajaks können umsonst genutzt werden. Außerdem gibt es ein Badehaus, und es werden von Dezember bis März Massagen angeboten. Alle Zimmer verfügen über ein Bad. Die Lodge liegt fast eine Stunde Fußmarsch vom QCT entfernt; ab Picton kommt man in 20 Min. mit dem Wassertaxi hierher (Abfahrt in Picton tgl. um 9, 12.15 und 15.15 Uhr). Juni–Aug geschl. ❸

Mistletoe Bay Eco Village, Mistletoe Bay, Km 65, www.mistletoebay.co.nz. Familienfreundliche, rustikale Anlage mit Straßenanbindung. Luxusunterkünfte: Whare (8 Cabins mit Gemeinschaftsküche), Vogel Cottage (bis zu 6 Pers.) oder The Lodge (bis zu 6 Pers.). Einfache Unterbringung: Bett oder Zelt (für 2 Pers.) mit Camper-Küche und Münzduschen. Kleiner Laden für Grundnahrungsmittel, Fleisch, Eier und Kaffee. Camping ❶, Cottages ❸

Portage Resort, Kenepuru Rd, Km 51, www.theportage.co.nz. Schönes Resorthotel mit unterschiedlichen Unterbringungsmöglichkeiten. zum Angebot zählen ein Pool, ein Restaurant und eine Bar am Sound sowie eine Glühwürmchengrotte. 30 Min. zu Fuß von Torea Bay oder Taxi schicken lassen. ❸

Smiths Farm Holiday Park, 1419 Queen Charlotte Drive, 3,7 km südwestlich von Anakiwa, www.smithsfarm.co.nz. Dieser einladende Ferienpark liegt auf einem grünen Bauernhof, nur eine kurze Autofahrt von Anakiwa entfernt und bietet eine große Auswahl an Unterkunftsmöglichkeiten, von Campingplätzen ohne oder mit Stromanschluss über Schlafsäle mit Etagenbetten bis hin zu komplett ausgestatteten Cottages. Es werden zahlreiche Wanderungen durch die bewirtschaftete Rinderfarm und den umliegenden Busch angeboten. ❷

gierigen Besucher heran. Die hiesigen Zwergpinguine benutzen übrigens statt eigener Nester lieber die bereitgestellten Kästen. Von Oktober bis Dezember kann man die Deckel der Behausungen vorsichtig hochheben und die Pinguinbabys bestaunen.

Direkt gegenüber von Motuara Island befindet sich die **Ship Cove**, jene Bucht, in der Kapitän Cook auf seinen drei Neuseelandreisen insgesamt 168 Tage verbrachte. Ein großes Denkmal – ein ziemlich langweiliger Klotz mit Kanonen drum herum – erinnert an seine fünf Aufenthalte.

TOUREN UND AKTIVITÄTEN

Auf dem Queen Charlotte Sound flitzen ständig Wassertaxis (S. 499) hin und her. Sie befördern Wanderer zum Queen Charlotte Track oder Gäste zu den Lodges und versteckten Hütten. Wer nur einmal kurz aufs Wasser hinaus möchte, ist damit möglicherweise schon ausreichend bedient, doch mehrere Veranstalter bieten auch **Kreuzfahrten** durch die Fjordlandschaft an.

Kreuzfahrten

Beachcomber Cruises, 💻 www.beachcombercruises.co.nz. Mehrere Veranstalter bieten Kreuzfahrten durch den Queen Charlotte Sound und den Pelorus Sound an, doch etwas ganz Besonderes sind die sogenannten **Rural Mail Runs**, die beispielsweise an einem entlegenen Gehöft halten, um dort die Post und andere Güter abzuliefern. Die Fahrten führen entlang goldgelber Strände und bewaldeter Küstenabschnitte, und bisweilen wird der Zustelldienst sogar von Delphinen eskortiert. Der Nachteil ist, dass man nicht aussteigen oder zwischendurch baden gehen kann. Der vierstündige **Magic Mail Run** (Mo–Sa 13.30 Uhr, 4 Std.) startet ab Picton. Zwar werden drei unterschiedliche Routen an verschiedenen Tagen der Woche bedient, sie unterscheiden sich aber nicht groß. Im Sommer fahren alle ins Endeavour Inlet, an einer Lachszuchtfarm vorbei und bieten Gelegenheit zu einem viertelstündigen Landgang in der Ship Cove. Weitere Postbootrouten werden im **Pelorus Sound** ab Havelock (S. 504) angeboten. Außerdem bietet das Unternehmen Beachcomber Cruises Ausflüge in die Ship Cove (3 Std.) und nach Motuara Island (3 Std.).

Cougar Line, 💻 www.cougarline.co.nz. Der Konkurrent der Beachcomber Cruises bietet ähnliche Touren, darunter eine Ship Cove Cruise sowie fahrplanmäßige und Charter-Wassertaxiverbindungen.

E-ko Tours, London Quay, 💻 www.e-ko.nz. Der Veranstalter bietet Naturtrips vom Feinsten, darunter Delphintouren (2–4 Std.) mit Dunklen Delphinen, Gewöhnlichen Delphinen, Großen Tümmlern oder den endemischen Hectordelphinen. Wer neben Delphinen auch noch etwas anderes sehen möchte, kann an einem Ausflug nach Motuara Island (45 Min.) oder zur Ship Cove (1 Std.) teilnehmen und sich bei beiden Touren auch zum ausgiebigen Wandern auf dem QCT absetzen lassen. Für alle Vogelfreunde gibt's die lohnende Birdwatchers Expedition, tgl. 13.30 Uhr.

Princess Cruises, 💻 www.princess.com. Veranstalter von unvergesslichen Katamaranfahrten rund um den Sound. Während der Fahrten können Große Tümmler und Hectordelphine beobachtet werden. Fütterung von Kabeljau und Meeräsche in der Double Cove. Tee, Kaffee und leichte Erfrischungen werden an Bord bereitgestellt.

Tuatara Tours, 💻 www.tuataratours.co.nz. Bei dieser schönen sechstägigen Tour, die ausschließlich im Sommer stattfindet, beziehen die Teilnehmer ein wohnliches kleines Schiff für Exkursionsfahrten über den Sound. Tagsüber stehen Spaziergänge in der Natur auf dem Programm. Abends kehrt man zum Boot zurück, um in einer komfortablen Kabine zu nächtigen.

Kajaktouren

Viele Touristen machen sich ohne Umschweife auf den Weg zum Abel Tasman National Park und übersehen dabei die atemberaubende Landschaft, die sich bei Kajaktouren im Queen Charlotte Sound eröffnet. Außerdem sind hier vergleichsweise wenige andere Boote unterwegs.

Marlborough Sounds Adventure Company, London Quay, 💻 www.marlboroughsounds.co.nz. Sympathischer, professioneller Veranstalter, der eine enorme Vielfalt an geführten Kajaktouren anbietet, darunter Halbtags-Paddeltouren ab Picton (Okt–April tgl., 4 Std.), eine gemächliche Tagestour (7 Std.), eine nur am ersten Tag begleitete 2-tägige Tour und eine gänzlich begleitete 3-tägige Tour in die entlegenen Winkel der Fjordlandschaft.

Kajaks werden an Interessierte auch zur Miete angeboten.

Sea Kayak Adventures, im großen grünen Schuppen bei der Abzweigung nach Anakiwa, www.nzseakayaking.com. Kleiner, aber gut geführter Anbieter mit viel Engagement. Geführte Halbtages- und Tagestour (inkl. Mittagessen), 2-tägige geführte Tour mit Mahlzeiten sowie verschiedene Kombination aus Paddeln und Wandern oder Radfahren. Hier kann man wirklich die Ruhe der Sounds erleben. Kajaks werden auch zur Miete angeboten.

Queen Charlotte Drive

Der 35 km lange **Queen Charlotte Drive** zwischen Picton und Havelock verläuft durch das Flachland am Rande des Queen Charlotte Sound nach Westen und erklimmt dann einen Hügel mit Blick über den Pelorus Sound, bevor er zum SH6 und nach Havelock hinunterführt. Die kurvenreiche Fahrt geht nur langsam voran, doch manch einer lässt es absichtlich noch ruhiger angehen, um einige Wanderungen durch die geschützten Buchten oder den Cullen Track – mit spektakulären Ausblicken nach nur 10 Min. – in den Ausflug einzubauen.

Angesichts der Tatsache, dass Wassertaxis für einen bequemen Zugang zu herrlich abgelegenen Zielen sorgen, erscheint es ein wenig abwegig, die Marlborough Sounds mit dem Auto erkunden zu wollen. Das trifft erst recht zu, wenn man die größtenteils asphaltierten, aber schmalen und kurvenreichen Straßen der Gegend bedenkt, auf denen durchschnittlich kaum mehr als 40 km/h zu schaffen sind. Wer es den noch versucht, wird mit zauberhaften Ausblicken durch die Farnbäume hindurch auf die Buchten mit türkis schimmerndem Wasser entschädigt.

Etwa 18 km westlich von Picton zweigt eine schmale Straße vom Queen Charlotte Drive Richtung Norden nach **Anakiwa** zum südlichen Endpunkt des QCT ab. Dort befinden sich ein Bootssteg, von dem praktische Wassertaxis zurück nach Picton fahren, außerdem die lohnenden Unterkünfte Anakiwa Lodge und Anakiwa 401 (beide S. 501).

Kenepuru Road

Zurück auf dem Queen Charlotte Drive zweigt nach ein paar Kilometern die **Kenepuru Road** nach rechts ab und führt anschließend 75 km an der Küste des Kenepuru Sound entlang. Es gibt viele malerische Buchten und Ausblicke an der Strecke, und die Straße bietet an mehreren Stellen Zugang zum QCT und führt an einigen DOC-Campingplätzen und Unterkünften vorbei. Die Straße endet am Hostel Hopewell Backpackers (s. u.).

ÜBERNACHTUNG

Karte S. 494/495

Hopewell, Double Bay, Kenepuru Sound, www.hopewell.co.nz. In diesem tollen Hostel braucht man schon mehrere Nächte, um die traumhafte und ruhige Umgebung richtig genießen zu können. Die freundlichen Gastgeber bieten: Whirlpool am Wasser, Kajaks, Angeln, Mountainbikes, ab und zu ein kostenloses Abendessen mit *kai moana* sowie Ausflüge zu einer Muschelzuchtanlage und Segeltörns. Die Anreise erfolgt entweder per Auto (eine anstrengende Fahrt über die Kenepuru Road, 2–3 Std.), mit mehreren Wassertaxis ab Picton oder per Wassertaxi ab Temahia: Gäste können die Details vorab im Hostel genau erfragen. Mai–Aug geschl. ❶

Raetihi Lodge, Double Bay, Kenepuru Sound, www.raetihilodge.co.nz. Neue Besitzer haben die kleine Raetihi Lodge engagiert mit internationalem Strandflair aufgemöbelt. Den Gästen stehen unterschiedliche Betätigungsmöglichkeiten zur Verfügung: Angelzeug-, SUP Board- und Kajakverleih, Mountainbiking, Krocket auf der Wiese oder eine entspannende Massage vor einem Gourmet-Abendessen. Die Zimmer sind u. a. mit Bergblick oder mit Meerblick verfügbar. ❹

Havelock und der Pelorus Sound

Die verschlafene Ortschaft **Havelock**, 35 km westlich von Picton, ist eigentlich nur wegen des sensationellen **Pelorus Sound** von Interesse, ein aufregendes Labyrinth aus steilen Buchten, geschwungenen Stränden und tief eingeschnittenen Wasserwegen, umgeben von Wäldern und majestätischen Bergen. Fast jede Bucht beherbergt eine Zuchtstation für Grünlippenmiesmuscheln, weshalb Havelock als Hauptstadt dieser zweischaligen Weichtiere gilt. Kaum einer verlässt den Ort, ohne einen dieser erlesenen Happen probiert zu haben. Selbstversorger können sich im **Supermarkt Four Square** mit frischen Muscheln eindecken. Für einen Abendspaziergang empfiehlt sich die gut besuchte Marina des Orts.

Pelorus Mail Boat

Abfahrt Nov–April tgl. 10 Uhr ▪ Eintritt, Kinder unter 15 J. frei ▪ 💻 www.themailboat.co.nz ▪ Zubringerbusservice in Blenheim und Picton

Einige der entlegensten und schwer zugänglichen Buchten des Pelorus Sound lassen sich bei einer Fahrt mit dem Postschiff **Pelorus Mail Boat** kennenlernen, das täglich Post, Lebensmittel, Frachtgut und sogar Unterlagen für den Fernschulunterricht ausliefert. Bei einem Halt an einem abgelegenen Café kann man etwas essen, alternativ bringt man sich selbst etwas mit. Meistens bietet sich auch die Gelegenheit zu einer kurzen Waldwanderung, dem Besuch einer Schaffarm oder im Sommer einem Bad im Sound.

Mit etwas Glück beinhaltet die Fahrt auch einen Besuch auf der Greenshell Mussel Farm, von der aus man meistens Basstölpel, blaue Pinguine und Delphine sehen kann. Gegen 16 Uhr kehrt das Schiff nach Havelock zurück.

Pelorus Bridge Scenic Reserve

18 km westlich von Havelock

Das **Pelorus Bridge Scenic Reserve** wartet mit einem großartigen Baumbestand auf, der unzähligen Tuis, Riroriros und Makomakos einen Lebensraum bietet. Das Landschaftsschutzgebiet ist im Sommer verständlicherweise sehr beliebt. Zu den Besuchereinrichtungen gehören ein einfacher **DOC-Campingplatz** sowie ein **DOC-Büro** neben einem kleinen Tagescafé.

Die Spazierwege sind zumeist relativ flach und gut markiert, für ein wenig Nervenkitzel sorgt eine Hängebrücke: Der **Totara Walk** (1,5 km hin und zurück, 1/2 Std.) und der **Circle Walk** (1 km hin und zurück, 1/2 Std.) führen durch das tiefer gelegene Waldland, für das die Gegend bekannt ist, während der **Trig K Track** (2,5 km einfach, 2 Std.) nach einem steten Anstieg auf 417 m einen herrlichen Ausblick auf das gesamte Gebiet eröffnet. Wer das alles vom Wasser aus erleben möchte, kann auch mit Pelorus Eco Tours den Fluss hinunterbrausen.

Der SH6 führt Richtung Westen vorbei am Abzweig zum French Pass beim kleinen Ort Rai Valley und dann hinter Happy Valley Adventures (S. 516) über die Berge in Richtung Nelson.

French Pass

Von Rai Valley winden sich schmale Straßen Richtung Norden zum French Pass, eine zweistündige, 60 km lange Fahrt durch vereinzelte Waldbestände in einer von Schafzucht und von Kiefernplantagen geprägten Landschaft. Schließlich erreicht man den French Pass, einen schmalen Tidekanal zwischen dem Festland und D'Urville Island. Hier entkam der französische Entdecker Dumont d'Urville mit seinem Boot nur mit größter Mühe den kräftigen Strudeln. Wer zur Mittagszeit hier ist, kann leicht nachvollziehen, warum diese Gewässer so gefürchtet waren. Am besten ist das Schauspiel von zwei kurzen Wegen in der **French Pass Scenic Reserve** zu beobachten, 1 km vor dem Ende der Straße in French Pass.

Die winzige Siedlung **French Pass** besteht eigentlich nur aus dem Bootsanleger, einem kleinen Laden, einem einfachen DOC-**Campingplatz** (s. unten) und den **Beachfront Villas**.

ÜBERNACHTUNG

Havelock

Blue Moon Lodge, 48 Main Rd, 💻 www.booking.com. Zentral gelegenes Hostel mit kleinen, gemütlichen Zimmern und guten

Gemeinschaftseinrichtungen. Ein Pluspunkt der Unterkunft sind die freundlichen und sehr hilfsbereiten Gastgeber. ❶

Havelock Garden Motel, 71 Main Rd, www.gardenmotels.com. Dieses Motel bietet etwas ältere, gepflegte Units für Selbstversorger in einem schönen Garten mit Bäumen. Hilfsbereite Gastgeber kümmern sich um ihre Gäste. ❶

Havelock Holiday Park, 24 Inglis St, www.havelockholidaypark.kiwi, von der Main Rd ab, fast mitten im Ort. Familien- und haustierfreundlicher Platz mit guten Einrichtungen für den Camper-Bedarf. Sehr beliebt; im Sommer empfiehlt es sich vorauszubuchen. ❶

Pelorus Bridge Scenic Reserve

Karte S. 494/495

Kahikatea Flat Campsite, 03 571 6019. Einfacher DOC-Platz mit toll gelegenem Küchenblock sowie Toiletten, warmen Duschen und Leitungswasser. ❶

Pelorus Sound

Karte S. 494/495

On the Track Lodge, Nydia Bay, Pelorus Sound, www.onthetracklodge.org.nz. Liegt direkt am Nydia Track und ist nur per Boot, Fahrrad oder zu Fuß erreichbar. Der Besuch lohnt sich auch für Nichtwanderer. Die Gäste werden auf herzliche Kiwi-Art willkommen geheißen und können leckeren Kuchen genießen und in einem modernisierten Rundzelt-Dorm, Chalets oder einem Eisenbahnwagen nächtigen. Es gibt heißes Wasser und eine holzbefeuerte Zentralheizung. Die Nutzung des Whirlpools, von Kajaks, Angelruten und Dinghis ist für Gäste gratis. Verköstigung: frisch gekochte Mahlzeiten, kontinentales Frühstück und großes Lunchpaket. ❷

French Pass

Beachfront Villas, www.beachfrontvillas.co.nz. Frisch renovierte Unterkunft am Strand mit Selbstversorger-Units, alle Einheiten mit Blick aufs Meer, wo sich häufig Delphine tummeln. Auf Wunsch ist auch B&B mit Mahlzeiten möglich. Juni–Sep geschl. ❸

French Pass Campsite. Ein einfacher DOC-Platz mit 16 Stellplätzen, Wasseranschluss, Toiletten und kalten Duschen. Einen Laden für das Nötigste gibt's gleich gegenüber. Buchung ist erforderlich zwischen 1. Dez und 28. Feb. ❶

ESSEN

Havelock Hotel, 54 Main Rd, Havelock, 03 574 2412. Einfache Gerichte und Sattmacher, darunter Steak und Chips, Fish 'n' Chips und Burger und Chips sowie Muschelgerichte. $$

Mussel Pot, 73 Main Rd, Havelock, www.themusselpot.co.nz. Hierher kommt man gern für Selfies mit den riesigen Grünschalmuscheln oder den Schellfisch in allen möglichen Variationen: dampfgegart, geräuchert, mariniert, gegrillt, im Teigmantel oder als Eintopf. Es gibt auch einen Probierteller für 2 Pers. $$

Slip Inn, Havelock Marina, www.slipinnhavelock.com. Das einladende Lokal am Hafen mit großen Fenstern und Veranden serviert hervorragende Muschelgerichte und außerdem etwas weniger fantasievollere Gerichte wie Pizzas. Dieser Laden ist auch gut für einen Kaffee oder einen abendlichen Drink. $$

AKTIVITÄTEN

Foxy Lady Cruises, 021 440 215. Mit seiner 18 m langen *Foxy Lady* (an Bord gibt es 9 Schlafplätze) veranstaltet Bruce Angelausflüge, Panoramafahrten mit Übernachtung und BBQ-Fahrten.

Pelourus Sound Water Taxi and Cruises, www.pelorussoundwatertaxis.co.nz. Bietet Panoramatouren, Kreuzfahrten, einen Wassertaxiservice und Transport zum Nadia Track.

Pelorus Eco Adventures, 48 Main Rd, Havelock, www.kayak-newzealand.com. Veranstaltet Touren in aufblasbaren Kajaks den Pelorus River hinunter. Auf der leichtgängigen Tour wird öfter Halt gemacht, um die schöne Natur zu erkunden. Bevor die Totara Flats erreicht werden, dürfen Hobbitfans eine Stelle bewundern, an der eine berühmte Szene gedreht wurde.

TRANSPORT

Alle **Busse** zwischen PICTON und NELSON halten auch in Havelock.
Nahverkehrsbusse und **Wassertaxis** bieten Verbindungen zum KENEPURU SOUND und zum PELORUS SOUND.

Das Marlborough Wine Country

Noch Anfang der 1970er-Jahre galt es als unwahrscheinlich, dass in dieser Gegend jemals Wein produziert würde. Inzwischen hat der hiesige **Sauvignon Blanc** der neuseeländischen Weinwirtschaft auch zu internationalem Ruhm verholfen, und heute ist das Marlborough Wine Country mit fast 60 % der nationalen Traubenernte das größte Weinanbaugebiet des gesamten Landes.

Im Schutz der Berge der Richmond Range erhalten die fruchtbaren Ebenen am Wairau River um die 2500 Stunden Sonnenschein pro Jahr, unter dem die Trauben heranreifen. Man schätzt dieses Anbaugebiet besonders für den Sauvignon Blanc, aber es wird auch leckerer Chardonnay und Pinot Noir produziert (auch für leckeren Sekt). Darüber hinaus hat sich die Region als Produzent von vorzüglichem Olivenöl einen Namen gemacht.

Viele Weinkellereien unternehmen alle möglichen Anstrengungen, um Besucher anzulocken, und werben mit auffälliger Architektur, noblen Restaurants, Kunst und raffinierter Küche. Die vielen Wochenendausflügler sorgten für die Entstehung exklusiver B&Bs in der Region, die sich gegenseitig durch ein immer größeres Luxusangebot auszustechen versuchen. Wer so etwas sucht, braucht sich gar nicht lange in **Blenheim** selbst aufzuhalten, zumal die meisten Weingüter ohnehin näher an der unauffälligen Kleinstadt **Renwick** 10 km weiter westlich liegen. Die besten Weingüter sind auf S. 510/511 aufgeführt.

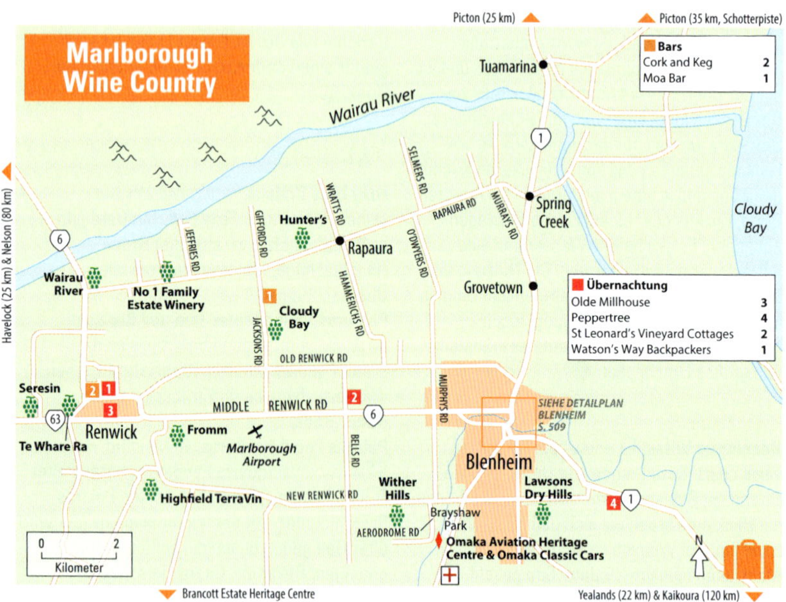

Weinproben und Touren in Marlborough

Die Weinbauregion erschließt sich am besten bei Weinproben und Touren. Es bringt nichts, sich zu viele Weingüter an einem Tag vorzunehmen, denn bei den meisten geht es eher um eine gemütliche Weinprobe, für die man Zeit mitbringen sollte. Zwar versenden die meisten Weingüter ihren Wein auch kistenweise ins Ausland, jedoch ist der finanzielle Aufwand meist zu hoch, sodass man sich besser darauf beschränkt, den Wein bei einem Picknick oder in einem BYO-Restaurant zu genießen.

Weinproben

Rund 55 **Weinkellereien** bieten in dieser Region Weinverkostungen an (meistens gegen einen geringen Unkostenbeitrag, der, sollte man sich zum Kauf von Wein entschließen, auf den Kaufpreis angerechnet wird). Einige Weingüter veranstalten auch kurze Führungen, betreiben ein Restaurant auf dem Gelände oder arbeiten mit anderen Produzenten, beispielsweise von Olivenöl, zusammen. Die meisten namhaften Weinkellereien befinden sich in der Nähe von Renwick oder etwas weiter nördlich an der Raupara Road. Sie sind alle (mit Öffnungszeiten und Einrichtungen) in dem kostenlosen Blatt *Marlborough Wine Trail* und der entsprechenden App (💻 www.wine-marlborough.co.nz) aufgeführt.

Die **Öffnungszeiten** der Kellereien sind im Allgemeinen tgl. 10–16 oder 17 Uhr, im Winter jedoch stark eingeschränkt.

Mit diesen Informationen ist man bestens gerüstet für einen Tag in den Weinreben, vorzugsweise mit einem Mittagessen in einem der Weingutrestaurants. Es gibt hier nur wenige Weine, die deutlich unter $25 pro Flasche kosten, und da die Kellereien ihre Restaurants auch zur Selbstdarstellung nutzen, muss man dort in der Regel ebenfalls tief in die Tasche greifen.

Weintouren

Eine Besichtigung mehrerer Kellereien bringt einen offensichtlichen Nachteil für den Fahrer mit sich. Die Alternative ist eine organisierte Weintour.

Highlight Wine Tours, 💻 www.highlightwinetours.co.nz. Das bescheidene Unternehmen eines Einheimischen veranstaltet Nachmittags-, Halbtages- und Ganztagestouren (mit Lunchstopp, Essen muss aber selbst bezahlt werden).

Marlborough Wine Tours, 💻 www.marlboroughwinetours.co.nz. Bietet einige der günstigsten Touren, z. B. 3 Std., 5 Std. und 6 Std. mit Zeit zum Mittagessen (nicht im Preis inbegriffen) bei einer der Kellereien.

Sounds Connection, 💻 www.soundsconnection.co.nz. Halbtägige Tour mit 4–5 Weinkellereien, ganztägige Rundfahrt mit 4–5 Weingütern (ohne Mittagessen).

Wine Tours by Bike, 💻 www.winetoursbybike.co.nz. Relativ teurer Fahrradverleih, dafür sind aber die Abholung von den Unterkünften und eventuelle Hilfe im Falle von Fahrradpannen im Preis mit inbegriffen.

Ausflüge in die Natur

Wer die Landschaft aus einer anderen kulturellen und geologischen Perspektive betrachten möchte, sollte sich einer Ökotour von Driftwood anschließen.

Driftwood Retreat and Eco-Tours, 💻 www.driftwoodecotours.co.nz. Kajak- und Van-Touren mit freundlichen und kenntnisreichen Guides (4 Std.) In der Baumhausunterkunft in der schönen Feuchtlandschaft kann der Tag angenehm ausklingen. Die Abholung von Blenheim ist kostenlos, von Picton wird ein Aufpreis verlangt.

Blenheim

Anfang der 70er-Jahre lag das 27 km südlich von Picton entfernte **Blenheim** noch inmitten ausgedehnter Weideflächen. Heute ist das ziemlich verschlafene Städtchen auf allen Seiten von Weinbergen umgeben, die zu den fruchtbarsten und qualitativ besten im Land zählen. Da daher viele Besucher in die Gegend kommen, hat sich in Blenheim inzwischen eine passable Cafészene entwickelt, jedoch besitzt der Ort abgesehen von den Weingütern kaum nennenswerte Sehenswürdigkeiten.

Omaka Aviation Heritage Centre

79 Aerodrome Rd, 4 km südwestlich der Stadt
▪ Eintritt ▪ www.omaka.org.nz

Die bei Weitem unterhaltsamste Sehenswürdigkeit in Blenheim ist das neben einem Flugfeld gelegene **Omaka Aviation Heritage Centre**. In drei großen Hangars sind zwei Spitzenausstellungen untergebracht. In „Knights of the Sky" werden 21 Flugzeuge aus dem Ersten Weltkrieg präsentiert. Einige davon sind Originale und oft noch voll flugfähig, andere sind authentische Nachbildungen. Einzigartig sind das klassische Flugboot Curtis MF und die deutsche Halberstadt D.IV. Viele sind mit erstaunlich realistischen Dioramen in Szene gesetzt, die von der Firma Weta Workshop des Regisseurs Peter Jackson angefertigt wurden. Neu ist die Ausstellung „Dangerous Skies" zum Thema Zweiter Weltkrieg. Die als Guides engagierten Flugzeugliebhaber machen den Besuch zu einem besonderen Erlebnis. Jedes zweites Osterwochenende gibt es die unbedingt sehenswerte Airshow „Yealand's Classic Fighters" im jährlichen Wechsel mit „Warbirds over Wanaka".

Brayshaw Heritage Park und Marlborough Museum

New Renwick Rd, 2,5 km südlich von Blenheim
▪ ⌚ Museum tgl. 10–16 Uhr ▪ Eintritt (einige Weingüter vergeben Gutscheine)

Der beste Teil des **Brayshaw Heritage Park** ist das **Marlborough Museum** mit einer kleinen Maori-Sammlung und einer Ausstellung über den erfolgreichen Weinanbau der Region. Der Rest des Parks beherbergt alte Gebäude, Fahrzeuge und landwirtschaftliche Geräte, deren Benutzung meistens am Wochenende demonstriert wird.

ÜBERNACHTUNG

Die Weinregion wartet mit zahlreichen teuren Luxusunterkünften in Blenheim selbst auf. Budget-Unterkünfte sind meistens mit Saisonarbeitern belegt, aber es gibt auch ein sehr gutes Hostel in Renwick (S. 510). In der ersten Februarwoche sind fast alle Zimmer schon lange im Voraus ausgebucht, denn dann ist Festivalsaison. Also: entweder frühzeitig planen oder woanders hinfahren.

Blenheim

Karte S. 509

Bings Motel, 29 Maxwell Rd, www.bingsmotel.co.nz. Das von freundlichen Besitzern geführte Motel im Zentrum bietet unterschiedliche Unterkünfte: geräumige Selbstversorger-Apartments mit einem oder zwei Schlafzimmern, je ein Dorm für Frauen und Männer sowie Caravanstellplätze mit und ohne Stromanschluss, Waschmaschine, Duschen und Toiletten zu günstigen Preisen. Alles ist sauber, und es gibt genug Platz zum Parken abseits der Straße. ❷

Blenheim Top 10 Holiday Park, 78 Grove Rd, www.blenheimtop10.co.nz. Zentral, aber ein wenig zu nah an der Hauptstraße und der Eisenbahnstrecke ist das Blenheim gelegen. Es bietet jedoch die üblichen Einrichtungen sowie Tretautos, Elektroräder, gute Zeltstellplätze, gemütliche Selbstversorger-Units und Cabins. ❷

Hotel d'Urville, 52 Queen St, www.hoteldurville.com. Früher ein Public Trust Office, jetzt ein schickes und stilvolles Boutiquehotel mit gepflegter Bistrobar (Di–Sa) direkt im Stadtzentrum. Die beste Unterkunft der Stadt und eine gute Location zum Essen und Partymachen. Sehenswert: das riesige Gewölbe. Auch kostenloses WLAN steht für Gäste zur verfügung. ❸

Palms Motel, 78 Charles St, Ecke Henry St, www.blenheimpalmsmotel.co.nz. Das Palms ist ein schön eingerichtetes zentrales Motel mit

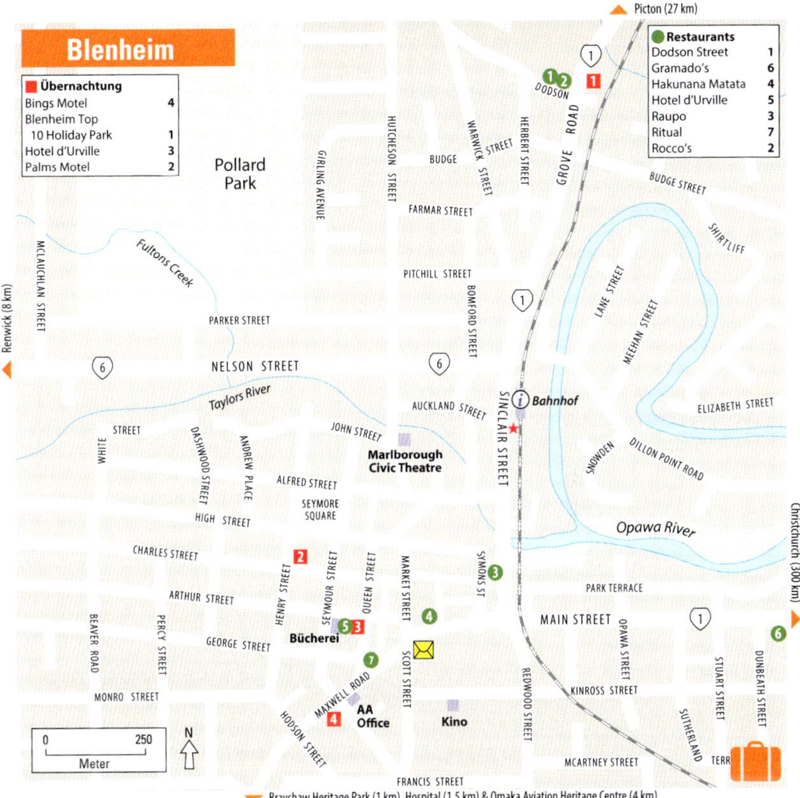

kostenlosem Sky-TV und diversen Units, darunter einige mit Whirlpool. Warmes Frühstück erhältlich. ❷

Wine Country

Karte S. 506

Olde Millhouse, 9 Wilson St, Renwick, 💻 www.oldemillhouse.co.nz. Ein reizendes B&B mit 3 Zimmern in einem Bauerngarten, wo ein kleines Frühstück serviert werden kann. Fahrradverleih (auch an Nichtgäste, für Gäste kostenlos), Whirlpool und kostenloser Flughafentransfer. ❸

Peppertree, 3284 SH1, 💻 www.thepeppertree.co.nz. Luxuriöses Boutique-B&B mit 5 individuell gestalteten Zimmern in einem fachgerecht restaurierten viktorianischen Haus. Die baumbestandene Anlage umfasst kunstvoll angelegte Gärten, einen Weingarten (Chardonnay), einen Olivenhain, Petanque-Platz, Pool, eine Krocketwiese und einen großen Ententeich. Die äußerst zuvorkommenden schweizerischen Besitzer servieren zum im Preis enthaltenen Frühstück Bircher-Müsli, selbst gebackenes Brot und Eingemachtes. ❹

St Leonard's Vineyard Cottages, 18 St Leonard's Rd, 💻 www.stleonards.co.nz. 5 rustikale Selbstversorger-Unterkünfte für 2–5 Pers. Sie sind alle mit voll eingerichteter Küche, Wärmepumpe und Flachbildschirm-TV ausgestattet. Außerdem gibt's einen beheizten Pool, kostenlosen Radverleih und Grillbereiche, und das alles auf einem Gelände inmitten der

Weingüter

Das Wairau Valley ist für seinen Sauvignon Blanc bekannt. In den 1970er-Jahren begann Montana Wines hier mit dem Weinanbau. Heute gibt es in der Region, deren Weine inzwischen zu den am meisten geschätzten des Landes gehören, über 130 Weingüter.

Brancott Estate, 180 Brancott Rd, 5 km südlich von Renwick am SH1, 💻 www.brancottestate.com. Guter Startpunkt für die Erkundung der Weinregion. Montana gab Anfang der 70er-Jahre den Startschuss für den Weinanbau und betreibt hier heute das größte Weingut Neuseelands. Es wird bevorzugt von Reisebussen angefahren. Kostenlose Weinproben (bei Kauf der probierten Weine), Probe von Sauvignon Blanc mit Erklärungen (tgl. 11 und 14 Uhr) und Fahrradtour durch die Weingärten (nur mit Vorausbuchung, tgl. 11.30 Uhr). Auch die Begegnung mit einem Falken, bei der Sie dem Raubvogel direkt gegenüberstehen, ist hier möglich und eine interessante Erfahrung. Schön ist auch das auf einer Anhöhe gelegene Restaurant und das Heritage Centre; hier werden gutes Essen und Ausblicke geboten.

Cloudy Bay, 230 Jacksons Rd, 💻 www.cloudybay.com. Mit dem Sauvignon Blanc aus Marlborough gelang Neuseeland Ende der 1980er-Jahre der internationale Durchbruch als anerkanntes Weinland, und der Sauvignon aus Cloudy Bay war das Flaggschiff dieser Entwicklung. Die Nachfrage ist auch heute noch so groß, dass die Produktion nicht mithalten kann. Das höchst charaktervolle Weingut besitzt einen eleganten Hof, der in eine schattige Rasenfläche mit gemütlichen Sofas übergeht. Auch die Weinproben gestalten sich auf höchstem Niveau (CB Experience mit 4 Weinen). Neben dem Verkauf von Spitzenweinen bietet das hervorragende Mittagsrestaurant Jack's Raw Bar im Hof frische Austern, entweder roh oder in leichtem Tempurateig mit Wasabi-Mayonnaise (6 Stück), gebratene Nori und Reh mit Reiskruste, marinierten Thunfisch, Lachs und gebratene Ente sowie göttliche Desserts. Wer während seiner Reise nur Zeit für einen Weingutbesuch hat, sollte sich hierfür entscheiden.

Dog Point, Brookby Rd, 💻 www.dogpoint.co.nz. Das Anwesen Dog Point ist ein wunderschön gelegener alter Bauernhof, einschließlich einer hölzernen französischen Scheune, die von Gästen zum Übernachten gemietet werden kann. Informative Führungen und Verkostungen finden Mo–Fr um 11 Uhr statt; eine Online-Reservierung ist allerdings unbedingt erforderlich, da es keinen öffentlichen Zugang zum Areal gibt.

Weinreben. Zutaten fürs Frühstück (inkl. frische Eier von den eigenen Hühnern) werden gestellt. ❸

Watson's Way Backpackers, 56 High St, Renwick, 💻 www.bbh.co.nz. Das mit Abstand beste Hostel in Marlborough: gemütliche Unterkunft in der Nähe zahlreicher Weingüter. Garten mit BBQ, schicke Zimmer, günstiger Fahrradverleih, Pool im Freien. Sehr hilfsbereite Besitzer, öffentlicher Tennisplatz nebenan. 🕒 Sep geschl. ❶

ESSEN UND UNTERHALTUNG

Eine Besichtigung der Weingüter lässt sich gut mit einem Mittagessen verbinden, besonders bei Hunter's, Herzog und Wairau River. Abends haben dagegen nur wenige Restaurants auf den Weingütern geöffnet, sodass Blenheim zu späterer Stunde eine gute Alternative ist.

Blenheim

Karte S. 509

Dodson Street, 1 Dodson St, 💻 www.dodsonstreet.co.nz. Kombination aus Bistro, Weinlokal und Bierkneipe. Neben dem üblichen Kneipenessen gibt es auch schmackhafte Pizzas. Zum Trinken empfehlen sich ein Probierset oder ein Renaissance aus der Bierbrauerei nebenan. $

Gramado's, 74 Main St, 💻 www.gramadosrestaurant.com. Kaum zu glauben: ein brasilianisches Restaurant. Die

Fromm, Godfrey Rd, www.frommwinery.co.nz. Weingut mit überwiegend Rotweinen: hervorragender Pinot Noir, würziger Syrah sowie Malbec. Begeistert wahre Weinliebhaber – die Produkte können mit Erzeugnissen aus aller Welt mithalten.
Hunter's, Rapaura Rd, www.hunters.co.nz. Jane Hunter gilt als eine der besten weiblichen Weinproduzenten der Welt. Weinproben, Kunstgalerie, Gartenanlage und Weinladen. Die Weinprobe mit Snack-Platte bietet einen guten Überblick zum Angebot.
Lawsons Dry Hills, Alabama Rd, www.lawsonsdryhills.co.nz. Ein vielfach ausgezeichnetes Weingut mit hervorragendem Pinot Noir, Pinot Gris, Gewürztraminer und Sauvignon Blanc. Kostenlose Weinproben.
No 1 Family Estate, 196 Rapaura Rd, www.no1familyestate.co.nz. Dies ist die bekannteste und beste Sektkellerei der Gegend, wo noch nach der traditionellen Methode gearbeitet wird. Kostenlose Proben zählen zum Angebot.
Seresin, Bedford Rd, www.seresin.co.nz. Stilvolles Weingut mit einem auffälligen Handabdruck als Logo. Die Weine kommen ausschließlich aus biologisch-organisch angebauten Trauben. Gutes Olivenöl, außerdem Marmelade und Seife. Kostenlose Weinproben.
Te Whare Ra, 56 Anglesea St, Renwick, www.twrwines.co.nz. Wunderbares kleines Weingut, auf dem die Besitzerfamilie die Trauben immer noch per Hand erntet und verarbeitet. Auf den kostenlosen Weinproben kann man u. a. Riesling und Syrah verkosten.
Wither Hills, 211 New Renwick Rd, www.witherhills.co.nz. Auffallende Weinkellerei mit viel Beton und Tussockgras. Weinproben (Gebühr wird bei Kauf verrechnet), beliebt sind besonders der Chardonnay, Pinot Noir und Sauvignon Blanc (darunter v. a. der Rarangi aus Trauben von einem einzigen Weinberg). Täglich Spaziergang durch die Rebstöcke 10, 10.45 und 14.30 Uhr (30 Min.). Außerdem kann man bei einem einstündigen Seminar lernen, wie Wein verschnitten wird.
Yealands, Awatere Valley, www.yealands.co.nz. Bei der Fahrt auf der weißen Straße tut sich die neuseeländische Vision eines Weinguts auf: 1500 Babydoll-Schafe, eine Unmenge von Hühnern und klassische Musik, die die Reben bis hinunter zum Meer beschallt. Nicht nur die Geschichte des Guts überzeugt, sondern auch der hervorragende Wein. Eine Weinprobe ist kostenlos (u. a. „Portwein" und Tempranillo).

Inhaber haben sich geschmacklich auf Neuseeländer eingestellt. Neben einem Aged Wakanui-Steak mit Fritten gibt's auch köstliche *feijoada* mit mehreren Chilisorten, die einem nicht die Schuhe ausziehen. Zum Dienst am Gast gehört Saulos kleine Weinprobe zum Aussuchen des richtigen Weins zum Essen. Gäste sollten unbedingt Platz für eine Nachspeise lassen! $$
Hakunana Matata, 1c Main St, www.hakunamatata.co.nz. Das Konzept dieses Ladens ist so einfach wie erfolgreich: Primo-Espresso neben frischen Sandwiches, Frittata-Scheiben und Kuchen in minimalistischem Ambiente. $
Hotel d'Urville, 52 Queen St, www.hoteldurville.com. Sehr gutes Restaurant mit stilvoller moderner Einrichtung und erstklassiger Küche, die das Beste aus dem saisonalen Angebot macht. Im Voraus reservieren! $$$
Raupo, 6 Symons St, www.raupocafe.co.nz. Das Raupo ist ein tolles Café-Bistro mit Konditorei und einer gemütlichen Terrasse mit schönem Blick auf den Taylor River. Das hervorragende Mittagessen, darunter herzhafte Steak-Sandwiches, und das Abendessen im Bistro-Stil lohnen auf jeden Fall einen Besuch. $$
Ritual, 10 Maxwell Rd, 03 578 6939. Geselliges, lizenziertes Café mit gemütlichen Nischen, serviert Burritos mit Tempeh und Miso und ein täglich wechselndes Überraschungsgericht im Bowl. $$

Rocco's, 5 Dodson St, ✆ 03 578 6940. Das nette Restaurant ist zweifellos der beste Italiener am Ort. Täglich frische Pasta, Spezialität des Hauses: Kiev alla Rocco – Hühnerbrust gefüllt mit Schinken, Knoblauchbutter und Käse, eingehüllt in ein Kalbsschnitzel. Alkoholausschank und BYO. $$

Renwick

Karte S. 506

Cork and Keg, Inkerman St, www.corkandkeg.co.nz. Freundliche Kneipe mit guter Auswahl an Bieren von Kleinbrauereien der Südinsel, u. a. dem örtlich gebrauten Moa-Bier. Pubgerichte ganztägig.

Moa Bar, 258 Jacksons Rd, ein paar Kilometer nordöstlich des Ortes, www.moabeer.com. Die kleine, moderne Bar führt Biere (mind. 20 Sorten) und Cider der Moa-Brauerei. Tipp: Ein Five Hop mit Renwick Pie. Bierproben.

SONSTIGES

Fahrradverleih

Fahrradverleih bei mehreren Hostels und bei **Spokesman Cycles**, 61 Queen St, ✆ 03 578 0433, ab $45 für einen Tag.

Informationen

i-SITE Visitor Centre, gegenüber dem Bahnhof, 8 Sinclair St, www.marlboroughnz.com. Das Zentrum hält verschiedene Broschüren bereit, darunter die praktische Karte *Marlborough Wine Trail* (kostenlos). Mo–Fr 8.30–17, Sa und So 9–15 Uhr.

Internet

Freies WLAN steht im Ortszentrum zur Verfügung und in der **Bücherei**, 33 Arthur St, Mo–Fr 9–18, Sa 10–13, So 13.30–16.30 Uhr.

TRANSPORT

Busse

Alle Fernbusse halten vor dem **i-SITE Visitor Centre**, direkt vor dem Bahnhof.

Busse nach:
CHRISTCHURCH 3x tgl., 5 Std.;
NELSON 1–2x tgl., 1 3/4 Std.;
PICTON 4x tgl., 1/2 Std.

Eisenbahn

1x tgl. fährt ein Zug nach CHRISTCHURCH über Kaikoura (Okt–April) und nach PICTON (Okt–April).

Flüge

Der **Flughafen** liegt 7 km westlich der Stadt. **Marlborough Taxis**, ✆ 03 577 5511, nimmt $35 für die Fahrt in die Stadt.

Flüge nach:
AUCKLAND 3x tgl., 1 Std. 25 Min.;
CHRISTCHURCH 2–3x tgl., 50 Min.;
PARAPARAUMU 1–2x tgl., 25 Min.;
WELLINGTON 11–13x tgl., 25 Min.

Nelson

In einer ausgedehnten Küstenebene zwischen der Arthur Range und der Richmond Range liegt das lebendige Städtchen **Nelson**. Auf den ersten Blick erscheint der Ort gar nicht so sehenswert, doch die Region um Nelson zählt inzwischen zu den beliebtesten Urlaubszielen Neuseelands. Das warme und sonnige Klima, gute Strände in der Nähe und eine Fülle lohnender Weinkellereien in der Umgebung sind starke Argumente sowohl für Besucher als auch für Künstler. Daneben eignet sich Nelson auch hervorragend als Ausgangspunkt für Ausflüge zur Golden Bay und in drei Nationalparks.

Die **Suter Art Gallery** und der **Saturday Market** im Zentrum von Nelson sind ebenfalls gute Gründe für einen Aufenthalt in der Stadt, doch die meisten zieht es schon bald in die Umgebung, besonders an den **Tahunanui Beach** und in den westlichen Vorort **Stoke** mit seinem faszinierenden Museum **World of WearableArt**. Selbst ein **Tagesausflug** in den Abel Tasman ist von Nelson möglich: Wer einen frühen Bus nimmt, hat Zeit für eine Wassertaxifahrt und ein paar Stunden Wandern auf dem Coast Track.

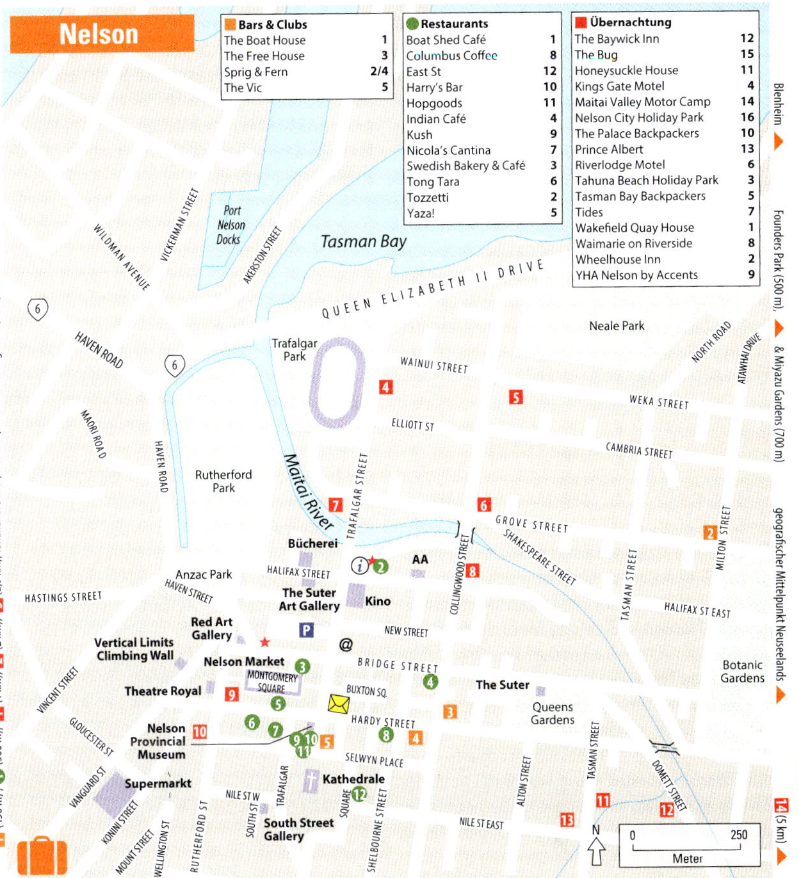

Mitte Oktober bietet das **Nelson Arts Festival**, www.nelsonfestivals.co.nz, Kulturveranstaltungen wie Theater, Lesungen, Musik und Straßenkunst, entweder kostenlos oder sehr günstig (12 Tage). Das **Nelson Jazz & Blues Festival**, www.nelsonjazzfest.co.nz, an verschiedenen Orten der Stadt beginnt Anfang Januar (5 Tage).

Geschichte

Als eine der ältesten Siedlungen Neuseelands ist Nelson von großer historischer Bedeutung. Mitte des 16. Jhs. besiedelten die **Ngati Tumatakokiri** große Teile der Gegend um Nelson. Einige fingen **Abel Tasmans** Langboot in der Murderer's Bay (heute Golden Bay) ab und töteten vier Männer aus der Mannschaft des holländischen Entdeckers. Als die Europäer schließlich mit ernsteren Absichten zurückkehrten, hatte sich die Zahl der Maori durch blutige Stammeskriege bereits drastisch reduziert.

Obwohl sich das nächste *pa* erst bei Motueka befand, konnten Landstreitigkeiten mit den britischen Kolonisten nicht verhindert werden. Sie versuchten, das Land der Maori zu stehlen, was erbitterten Widerstand auslöste, der zu Gewalt eskalierte und 1843 in der **Wairau-Affäre** gipfelte.Trotz Zusicherung seitens der Häuptlinge Te Rauparaha und Te Rangihaeata, der Einsetzung eines Landkommissars zuzustimmen und dessen Entscheidungen zu akzeptieren, sandte die New Zealand Company präventiv Landvermesser nach Süden in die Wairau Plains. Bei den dadurch ausgelösten Gefechten wurde Te Rangihaeatas Frau getötet, woraufhin der Häuptling und seine Männer 22 Europäer töteten – was den Rest jedoch nicht davon abhielt, auch weiterhin Land zu erwerben. Und die Zahl der europäischen Siedler in der Region stieg in der Folgezeit wieder durch die Ankunft von Einwanderern aus Deutschland.

Christ Church Cathedral

Trafalgar St ▪ ⌚ tgl. 9–17 Uhr (wenn kein Gottesdienst stattfindet) ▪ Spende erbeten

Nelsons ebenmäßiges Straßenbild wird von der grauen **Christ Church Cathedral** beherrscht, die auf einem Hügel thront und ungewöhnlicherweise nach Norden in Richtung Meer ausgerichtet ist. Der ursprüngliche Entwurf des englischen Architekten Frank Peck von 1924 wurde im Laufe der Zeit mehrfach abgeändert, nicht nur weil das Geld fehlte, sondern auch weil man fürchtete, dass ein hoher Turm bei einem Erdbeben zerstört werden könnte. Dann kam auch noch der Zweite Weltkrieg, und selbst heute noch sieht der Kirchturm aus, als wäre er noch nicht fertig. Das Innere wird von wunderschönen Buntglasfenstern erhellt – zehn bemerkenswerte Beispiele verstecken sich in einer kleinen Kapelle rechts des Hauptaltars.

Nelson Provincial Museum

Hardy St, Ecke Trafalgar St ▪ ⌚ Mo–Fr 10–17, Sa und So 10–16.30 Uhr ▪ Eintritt ▪ 💻 www.nelsonmuseum.co.nz.

Das **Nelson Provincial Museum** zeigt Exponate, die auf interessante, frische Weise die lokale Geschichte sehr informativ und lebendig präsentieren. Besonderes Augenmerk verdienen die kostbaren Gegenstände verschiedener *iwi* wie eine schöne Keule aus Knochen, ein Umhang aus Neuseeland-Flachs und Federn sowie die *tukutuku*-Paneele und eine Sammlung traditioneller Musikinstrumente der Maori. Im Obergeschoss wird eine Ausstellung zum Thema Erster Weltkrieg und dessen Auswirkungen auf die Bevölkerung gezeigt.

Suter Art Gallery

208 Bridge St ▪ ⌚ tgl. 9.30–16.30 Uhr ▪ Eintritt frei, Spende erbeten ▪ 💻 www.thesuter.org.nz

Die **Suter Art Gallery** liegt unmittelbar östlich des Zentrums an den hübschen viktorianischen **Queen's Gardens**. Die inzwischen von Grund auf restaurierte und um moderne Räume erweiterte Galerie stammt ursprünglich aus dem späten 19. Jh. In ihrer Architektur verbinden sich historische und zeitgenössische Elemente. Die Ausstellungen umfassen sowohl Stücke aus dem alten Fundus als auch Werke von heutigen Künstlern. Zu dem Komplex gehört auch ein Laden, in dem für Nelson typisches Kunsthandwerk verkauft wird: Keramik, Schmuck und Textilien. Außerdem gibt es ein Café bei den Queen's Gardens, einen mit Skulpturen geschmückten Rundweg und ein Gebäude für Filmvorführungen und Liveauftritte.

Botanical Reserve

Zugang Milton St, Ecke Hardy St ▪ ⌚ 24 Std. ▪ Eintritt frei

Am östlichen Ende der Bridge Street liegt das **Botanical Reserve**, wo 1870 das erste Rugby-Match von Neuseeland stattfand. Vom Hügel dahinter, der die geografische Mitte Neuseelands markiert, bietet sich ein guter Ausblick auf die Stadt.

Founders Park und Miyazu Gardens

87 Atawhai Drive ▪ ⌚ tgl. 10–16.30 Uhr, Miyazu Gardens ⌚ tgl. 8 Uhr bis Sonnenuntergang ▪ Eintritt frei

Etwa 1 km nördlich des Botanischen Gartens befindet sich der **Founders Park**, der anhand von hierher versetzten Originalgebäuden und Nachbauten die frühe neuseeländische Kolonialgeschichte nachzuzeichnen versucht. Eine Oase der Ruhe mit Teichen, Kirschbäumen und traditionellen Brücken sind die benachbarten reizvollen **Miyazu Gardens** im japanischen Stil, ein Symbol für die Freundschaft zwischen Nelson und der Partnerstadt Miyazu.

Tahunanui Beach

4 km nordwestlich der Innenstadt ▪ gute Busanbindung auf dem SH6

Die Haven Road (SH6) führt Richtung Nordwesten aus dem Zentrum heraus und heißt in ihrer Verlängerung **Wakefield Quay**, eine beliebte Uferpromenade zum Bummeln. Hier dominiert das Boat Shed Café (S. 517), das malerisch über das Wasser ragt.

Ein schöner Spaziergang führt zum **Tahunanui Beach Reserve**, einem lang gezogenen, goldenen Sandstrand vor der Kulisse von Grasland und Wanderdünen. An dem sicheren Badestrand entspannt sich Nelson an sonnigen Wochenenden. In der Parklandschaft dahinter verbergen sich ein Vergnügungspark, ein Zoo sowie mehrere Kinderspielplätze.

World of WearableArt (WOW) and Classic Cars

95 Quarantine Rd ▪ 🕒 tgl. 10–17 Uhr ▪ Eintritt ▪ 💻 www.worldofwearableart.com

Rund 3 km außerhalb von Nelson erreicht der SH6 das ausgeschilderte Museum **World of WearableArt and Classic Cars (WOW)**, ein Schaukasten für chromblitzende Automobile älterer und neuerer Bauart sowie für die besten Modelle der jährlich stattfindenden WearableArt Shows, bei denen Kleidungskunstwerke aus den ungewöhnlichsten Materialien präsentiert werden. Die Beleuchtung, zum Teil mit UV-Licht, und die Erzählungen über die Entwickler bringen die Autos auf einmalige Weise zur Geltung. In einem Nebentrakt gibt es eine fantastische Ausstellung von klassischen Modellen aus der zweiten Hälfte des vorigen Jahrhunderts, u. a. findet sich hier der schnellste Mini der Welt.

ÜBERNACHTUNG

Karte S. 513

Nelson hat eine sehr breite Auswahl an Unterkünften, die meisten davon liegen direkt in der Innenstadt. Schöne B&Bs und tolle Hostels sind in Hülle und Fülle vorhanden, und auch Campingplätze findet man nicht weit von der Stadt entfernt.

The Baywick Inn, 51 Domett St, 💻 www.baywicks.com. Reizend restaurierte, 2-stöckige Villa Baujahr 1885 in friedlicher Lage mit Blick auf den Maitai River. Luxuriös ausgestattetes Cottage hinter der Villa. Die Gäste werden herzlich mit Nachmittagstee empfangen und können Platten mit regionalen Antipasti vorbestellen. ❸

The Bug, 226 Vanguard St, 💻 www.booking.com. Tolles, einladendes 46-Betten-Hostel etwa 1 km von der Innenstadt, geschmückt mit VW-Käfer-Erinnerungsstücken. Fahrradnutzung gratis, Hängematte, Tischfußball, kein TV. ❶

Honeysuckle House, 125 Tasman St, 💻 www.honeysucklehouse.weebly.com. Hübsches altes, weiß getünchtes Holzhaus, das sorgfältig in ein preisgünstiges Hotel und eine Herberge für Rucksacktouristen mit einer Reihe von 2-Bett-, Doppelzimmern und Schlafsälen verwandelt wurde. Rob und Lynn sind sehr freundliche Gastgeber. Wer ein Party-Hostel bevorzugt, ist hier allerdings an der falschen Adresse. ❶

Kings Gate Motel, 21 Trafalgar St, 💻 www.kingsgatemotel.co.nz. Zentral gelegenes Motel mit 12 gemütlichen, gepflegten Studios und Units mit Küche. Whirlpool in der Honeymoon-Suite. Einen Pool gibt's auch. ❷

Maitai Valley Motor Camp, 472 Maitai Valley Rd, ✆ 03 548 7729. Einfacher Campingplatz in Waldlage am Maitai River 7 km

Aktivitäten in und um Nelson

Quads und Skywire

Cable Bay Adventure Park, 194 Cable Bay Rd, 17 km nordöstlich von Nelson am SH6, 🖳 www.cablebayadventurepark.com.com. Das riesige hügelige Waldgelände mit 40 km Tracks wird mit Quads erkundet. Es geht vorbei an gigantischen Matai-Bäumen mit informativen Zwischenstopps zum Thema Wald, bis schließlich der höchste Punkt erreicht ist, von dem sich ein weites Panorama auf die Cable Bay eröffnet. Die beliebteste Tour ist Bayview Circuit (2 Std.). **Happy Valley Adventures** betreiben auch den Skywire, eine viersitzige, etwa 80 km/h schnelle Seilbahn, die ca. 1 km über ein bewaldetes Tal „fliegt" und dann wieder zurück zum tollen Café mit Panoramaterrasse. Der Ausblick von der Seilbahn ist spektakulär, die Rückfahrt, bei der man rückwärts unterwegs ist, finden manche Teilnehmer jedoch etwas beängstigend. Des Weiteren werden Trekking zu Pferd und Paintball angeboten.

Tandem-Paragliding

Nelson Paragliding, 🖳 www.nelsonparagliding.co.nz. Bei der haarsträubenden Anfahrt zum Startpunkt auf dem Berg entfaltet sich eine absolut spektakuläre Landschaft. Dann rennt man los, was das Zeug hält, um plötzlich von ruhigen Aufwinden zu einem gespenstisch stillen Flug hinausgetragen zu werden, der eine gute Viertelstunde dauert. Ein Tandemflug kostet $250, ein Tag Einführungsunterricht $280.

Kajakfahren und Segeln

Cable Bay Holiday Park, bei Happy Valley, 🖳 www.cablebayholidaypark.nz. Bietet eine erfrischende Alternative zum Trubel am Abel Tasman. Der zuverlässige Cable Bay Holiday Park vermietet Kajaks, womit die Teilnehmer Gelegenheit haben zur Erkundung der Höhlen an der schönen Küste und zum Schnorcheln (inkl. Ausrüstung).
Sail Nelson, 🖳 www.sailnelson.co.nz. Bietet tolle 5-tägige Segelkurse mit Vollverpflegung (Zertifikatskurse) auf einer 11-m-Jacht, gewöhnlich um D'Urville Island und den Abel Tasman herum. Die Kurse für 2–4 Pers. finden zu festen Terminen statt.

Klettern

Vertical Limits, 34 Vanguard St, 🖳 www.verticallimits.co.nz. Bei schlechtem Wetter bietet sich die Felskletterhalle an für einen Ausflug an, für Klettern im Freien werden außerdem Ganztagestouren angeboten.

südöstlich von Nelson. Gute Bademöglichkeiten. ❶
Nelson City Holiday Park, 230 Vanguard Rd, 🖳 www.nelsoncitytop10.co.nz. Kleiner, sehr gepflegter und gut gelegener Caravanpark mit nur begrenztem Platz für Zelte, aber dafür verschiedenen Unterkünften von einfachen bis besseren Cabins mit Küche und Units mit separatem Schlafzimmer. ❷
The Palace Backpackers, 114 Rutherford St, 🖳 www.thepalace.co.nz. Netter Backpacker mit gemütlichen Wohn- und Essbereichen mit weichen Sofas und Gitarren an den Wänden. In Nelson ist diese Adresse ein Favorit unter Rucksacktouristen, die am Grillplatz im Freien und in schaukelnden Hängematten Reisegeschichten austauschen. Die kleinen Schlafsäle verfügen über Einzelbetten statt Etagenbetten. Doppel- und 2-Bett-Zimmer sind hier ebenfalls verfügbar. ❶
Prince Albert, 113 Nile St, 🖳 www.theprincealbert.co.nz. Traditionelle Stadtteilkneipe mit Backpacker-Zimmern, alle mit Bad. In einem kleinen Hof gibt es Hängematten, und die

netten Betreiber geben sich viel Mühe, den Aufenthalt angenehm zu gestalten. Parkplatz, Frühstück, Fahrradverleih und WLAN kostenlos. ❶

Riverlodge Motel, 31 Collingwood St, www.riverlodgenelson.co.nz. Eines der besseren Motels, alle Units sind sauber, komfortabel und mit gutem Preis-Leistungs-Verhältnis. Alle verfügen über Sky-TV, Zugang zu einer Gästewaschküche und gute Duschen, einige über einen Whirlpool. Kontinentales Frühstück erhältlich. ❷

Tahuna Beach Holiday Park, 70 Beach Rd, Tahunanui, www.tahuna.nz. Ein riesiger Campingplatz nur 5 Gehminuten vom Tahunanui Beach. Große Auswahl an Unterkünften, außerdem jede Menge Einrichtungen, u. a. Minigolf- und Kinderspielplatz sowie Gokarts zum Treten. Im Sommer weit im Voraus buchen. ❷

Tasman Bay Backpackers, 10 Weka St, www.tasmanbaybackpackers.co.nz. Das komfortable Hostel ist nur einen Katzensprung vom Zentrum entfernt und eine gute Wahl. Saubere, große Zimmer (einige mit Bad) und ein engagiertes, freundliches Management. Kostenlose Fahrradbenutzung und jeden Abend Schokoladenpudding gratis. ❶

Tides, 66 Trafalgar St, www.tideshotel.co.nz. Dieses Stadthotel liegt einmalig schön am Maitai River und ist zu Fuß nur 1 Min. entfernt vom Geschäftszentrum. Die 47 Zimmer haben alle Balkon und Blick entweder auf den Fluss, den Pool oder die Stadt. Es gibt auch miteinander verbundene Zimmer für Familien. Die Mitarbeiter sind superfreundlich, und im eigenen Restaurant Tides kann man köstlich speisen. ❷

Wakefield Quay House, 385 Wakefield Quay, www.wakefieldquay.co.nz. Tolles B&B mit atemberaubenden Ausblicken aufs Meer und Haulashore Island sowie den Hafen von Nelson bis hin zum Abel Tasman, aber auch etwas Straßenlärm. 2 schön eingerichtete Zimmer. Um 18 Uhr gibt's Getränke, außerdem ist das Frühstück sehr gut. Der Mindestaufenthalt beträgt 2 Nächte. ❸

Waimarie on Riverside, 45 Collingwood St, www.waimariehotel.co.nz. Dieses preiswerte Hotel mit Blick auf den Maitai River ist zu Recht wegen seiner Auswahl an Suiten und Apartments beliebt, die von einfachen, aber komfortablen Apartments mit einem Schlafzimmer und Kochnische bis hin zu Suiten mit privatem Balkon und Blick auf den Fluss reichen. Am exklusivsten ist das luxuriöse private Stadthaus mit einem Schlafzimmer. ❸

Wheelhouse Inn, 41 Whitby Rd, www.wheelhouse.co.nz. 5 modernisierte Apartments für Selbstversorger auf einem Hügel 2 km westlich der Innenstadt, mit tollem Ausblick auf die Bucht. Alle Apartments mit komplett ausgestatteter Küche, Waschmaschine, TV/DVD und Grill. Weit im Voraus buchen. ❸

YHA Nelson by Accents, 59 Rutherford St, www.accentshostel.nz. Das beste Hostel in Nelson, mit 2 Küchen, vielen Gemeinschaftsbereichen, Tischfußball, Tischtennis und einer Infrarotsauna; verschiedene Unterkünfte, darunter Familienzimmer mit Verbindungstür und 2 Units für Behinderte. Sehr hilfsbereites Personal. ❶

ESSEN

Karte S. 513

Der beneidenswerte Lebensstil von Nelson spiegelt sich in der großen Auswahl guter Lokale wider, die sich alle rund um das Stadtzentrum konzentrieren. Abseits davon gibt es exzellentes Essen am Wasser, an der Mapua Wharf sowie auf den **Weingütern**.

Boat Shed Café, 350 Wakefield Quay, www.boatshedcafe.co.nz. Umgebauter Bootsschuppen auf Stelzen mit schönem Blick auf die Tasman Bay und dazu fabelhaftem Essen – grandios für romantische Abendessen bei Sonnenuntergang sowie für ein entspanntes Mittagsmahl. Das lohnende Probiermenü „Trust the Chef" umfasst 4 kleine Gänge mit Dessert. $$$

Columbus Coffee, 244 Hardy St, www.columbuscoffee.nz. Hübsches Café mit sehr köstlichem Brunch, Mittagessen und Snacks.

MARLBOROUGH, NELSON UND KAIKOURA

Viele Gerichte sind glutenfrei und beinhalten auch keine Milchprodukte. Die Wände schmückt Kunst aus der Gegend, und auch draußen gibt's genügend Platz zum Probieren der interessanten Gerichte und für den hervorragenden Kaffee. Besonders beliebt bei Locals, die sattmachende Burger, Sausage Rolls und Halloumi-Salate zu schätzen wissen. $$

East St, 8 Church St, www.facebook.com/Eaststeats. Funkiges vegetarisches Café mit Bar und Tischen im Freien im Untergeschoss eines Hostels. Daher sind die Essensportionen auch üppig und günstig. Ab und zu Livemusik. Auch die Getränkepreise sorgen dafür, dass sich Einheimische und Backpacker hier wohlfühlen. $$

Harry's Bar, 296 Trafalgar St, www.harrysnelson.co.nz. Lässig-coole Cocktailbar, angeschlossen an ein asiatisches Restaurant mit sehr gutem, preisgünstigem Essen wie hervorragender knuspriger Ente oder würzigem Chilisalz-Tintenfisch. $$$

Hopgoods, 284 Trafalgar St, www.hopgoods.co.nz. Eines von Nelsons nobelsten Restaurants mit regem Betrieb auch an den Tischen draußen und saisonal wechselnder Speisekarte. Der Koch verarbeitet die einheimischen Produkte aus biologischem Anbau zu traditionellen, europäisch angehauchten Gerichten, darunter Entenconfit mit Maronenpolenta, Pastinaken, karamellisierten Äpfeln, Pflaumen und Walnüssen. Schnell sind alle freien Tische belegt, auf jeden Fall reservieren! $$$$

Indian Café, 94 Collingwood St, www.theindiancafe.co.nz. Das beste indische Restaurant der Stadt, in einer historischen Villa untergebracht, bietet alle Klassiker der indischen Küche sowie 2 sehr fantasievolle Variationen, alles relativ günstig. Außerdem gibt's eine Karte für Gerichte zum Mitnehmen. $$

Kush, 5 Church St, www.kush.co.nz. Abgedrehtes Café mit Schanklizenz, das nach dem gleichnamigen Königreich in Äthiopien benannt ist, in dem die ersten Kaffeetrinker der Welt residiert haben sollen. Die Einrichtung aus den 1970er-Jahren ist nicht mehr ganz so kitschig, aber der Kaffee ist immer noch spitze. Einfache, aber köstliche Tresenkost und sonntags legendärer Brunch. WLAN. $

Nicola's Cantina, 6 Church St, www.facebook.com/nicolascantina. Hier werden mexikanische Standards serviert (Tacos, Burrito, *quesadillas*, *Huevos rancheros*). Alles zu einem guten Preis-Leistungs-Verhältnis, auch Cocktails. $$

Swedish Bakery & Café, 54 Bridge St, www.facebook.com/TheSwedishBakeryandCafe. Dieser Laden ist ein sympathisches und winziges Café mit schwedischen Marzipanspezialitäten und leckeren Sandwiches, z. B. belegt mit schwedischen Fleischklößchen und Roter Bete. $$

Tong Tara, 142 Hardy St, www.tongthai.co.nz. Das Tong Tara ist ein traditionelles Thai-Restaurant der Oberklasse. In entspannter Atmosphäre genießt man hier u. a. *moo kum wan* oder *tom yum* mit einheimischen Muscheln. Alle Gerichte sind preislich mehr als okay. BYO. $$

Tozzetti, 14 Vanguard St, www.tozzetti.co.nz. Tolles Esscafé samt Bäckerei mit frischen Sandwiches, guten Pasteten, Muffins und köstlichem Kuchen sowie Brot. Besonders gut sind die Fischpasteten. $

Yaza!, Montgomery Square, www.Yazacafe.co.nz. Angesagtes, extrem cooles Café mit Schanklizenz und ausgezeichnetem Frühstück und Mittagessen (alles vor Ort frisch zubereitet), berühmt sind hier aber vor allem die leckeren *cheese scones*. Gelegentlich interessante Veranstaltungen wie Lyriklesungen, Livemusik und Vorträge. $

UNTERHALTUNG

Wenn in den Nachbarorten die Gehsteige hochgeklappt werden, tobt in Nelson das Leben – zumindest am Wochenende. Am meisten los ist in den Lokalen am Trafalgar Square und in der Bridge Street zwischen Trafalgar Street und Collingwood Street. Häufig gibt es hier Livemusik, Karaoke und DJ-Nächte. Informationen im Veranstaltungsblatt der *Star Times*.

The Boat House, 326 Wakefield Quay, www.theboathousenelson.co.nz. Dieser Laden liegt nicht weit vom Boat Shed Café, mit tollem Blick auf die Tasman Bay: Es ist ein privater Club mit Alkohollizenz, gegründet in den 1980er-Jahren zur Rettung eines Ruderclubhauses von 1906, eines großen Schuppens auf Stelzen über dem Wasser. Heute ist der Club für die Öffentlichkeit zugänglich und ein renommierter und sehr stimmungsvoller Veranstaltungsort für Konzerte (meist gegen Eintritt, gelegentlich frei), außerdem wird köstliches Kneipenessen serviert.

The Free House, 95 Collingwood St, www.thefreehouse.co.nz. Toller Pub in einer ehemaligen Kirche mit Handpumpen – ideal für die Biere aus den Kleinbrauereien der Region. Es gibt auch Essen, aber man bestellt besser an der Bar etwas vom Indian Café gegenüber.

Sprig & Fern, 280 Hardy St, www.sprigandferntaverns.co.nz. Ableger der Nelsoner Institution im Zentrum (s. unten), mit großem Hof hinterm Haus. Der Laden punktet mit tollem Bier vom Fass (Probiersets mit 6 Bieren sind erhältlich), einer guten Atmosphäre und mit Pubessen. Beliebt bei Einheimischen und etwas günstiger als die meisten anderen Kneipen. Livemusik mehrmals die Woche.

Sprig & Fern, 134 Milton St, www.sprigandferntaverns.co.nz. In eine gemütliche Bar umgebaute Vorortvilla mit prasselndem Kaminfeuer und vor Ort gebrauten, preisgekrönten Sprig & Fern-Bieren, z. B. Pilsner, limitierte Pale Ales, Porter und Stout sowie Cider und Weinen aus der Region. Außerdem gibt es hervorragenden vor Ort gerösteten Kaffee und Proper Crisps, die in Nelson hergestellten Kartoffelchips.

The Vic, 281 Trafalgar St, www.thevicpub.co.nz. Sehr gute Version der Mac's-Brauereikneipen, die es inzwischen im ganzen Land gibt. Lebendige Atmosphäre, gutes Bier und preisgünstiges Kneipenessen, jedoch gewöhnlich eher nicht so tolle Livemusik (Fr und Sa).

Kino und Theater

Nelson Theatre Royal, 78 Rutherford St, www.theatreroyalnelson.co.nz. Schön restauriertes Theater mit bequemen Sitzen auf 2 Ebenen, bietet traditionelle Gastspiele, eigene Produktionen und Varietétheater.

State Cinema 6, 91 Trafalgar St, www.statecinemas.co.nz. Zeigt die aktuellen Hits und ab und zu auch ausgefallene Filme.

SONSTIGES

Apotheke

Life Pharmacy Prices, Hardy St, Ecke Collingwood St. Mo–Fr 8–20, Sa 9–20, So 10–18 Uhr.

Autovermietungen

Die Tagesmiete beginnt bei $80 und reduziert sich bei einer Woche Mietdauer auf $40 pro Tag.

Apex, 03 546 9028;
Hardy Cars, 03 548 1681;
Nelson Car Hire, Mindestmietdauer: 3 Tage, www.nelsoncarhire.co.nz;
Rent-a-Dent, 03 546 9890;
Thrifty, 03 547 5563.

Fahrradverleih/Radwege

A2B Ecycle, 12 South St, www.a2b-ecycle.co.nz, Elektrofahrräder für $40/halber Tag, $70/ganzer Tag.

The Crank Case, 114 Hardy St, 03 548 1666, Fahrräder ab $35/halber Tag je nach Modell, Mountainbikes $50. Auch Informationen zu Wanderwegen.

Gepäckaufbewahrung

In Schließfächern im **i-SITE** (12 Std.) und bei **Aurora** (tgl.) möglich.

Informationen

i-SITE Visitor Centre, Trafalgar St, Ecke Halifax St, www.nelsonnz.com. Mo–Fr 8.30–17, Sa und So 9–16 Uhr.

DOC Visitor Centre, im selben Gebäude, ✆ 03 546 9339, Buchungen für Tracks und alle Infos zu den Nationalparks der Umgebung, einschließlich Gezeitentabellen für den Abel Tasman National Park. ⌚ wie i-SITE.

Internet

Gratis in der **Stadtbücherei**, 27 Halifax St, ⌚ Mo–Fr 10–18, Sa 10–13, So 13–16 Uhr, sowie in den meisten Cafés.

Medizinische Hilfe

Ärztliche Hilfe: Nelson Region After Hours and Duty Doctor, 96 Waimea Rd, ✆ 03 546 8881, ⌚ tgl. 8–22 Uhr; Termine ab 8.30 Uhr.

Post

209 Hardy St, ⌚ Mo–Fr 8–17.30, Sa 9–13 Uhr.

NAHVERKEHR

Busse

SBL, Terminal in der 27 Bridge St, 💻 www.nelsoncoaches.co.nz, fährt zum Tahunanui Beach und nach Stoke.
Abel Tasman Coachlines, 💻 www.abeltasman.co.nz, fährt von Nelson tgl. im Sommer um 7.30 Uhr nach Marahau über Motueka; von dort gehen Anschlussbusse weiter in den Abel Tasman National Park.
Goldenbay Coachlines, 💻 www.goldenbaycoachlines.co.nz, fährt auch nach Takaka in Golden Bay; in der Saison gibt es von dort täglich Verbindungen zum Heaphy Track und zurück nach Nelson.

Taxis

Nelson City Taxis, ✆ 03 548 8225.

TRANSPORT

Busse

Die Fernbusse halten nahe dem Zentrum von Nelson. Von dem Busstopp aus sind die meisten Unterkünfte problemlos fußläufig erreichbar.
Die Busse von Abel Tasman Coachlines halten in der 27 Bridge Street; die anderen Unternehmen setzen ihre Passagiere vor dem i-SITE Visitor Centre ab.

Busse nach:
BLENHEIM 3–4x tgl., 1 1/4 Std.;
COLLINGWOOD 1x tgl., 3 Std.;
FOX GLACIER 1–2x tgl., 10 1/2 Std.;
FRANZ JOSEF 1–2x tgl., 9 Std.;
GREYMOUTH 1–2x tgl., 6 Std.;
HEAPHY TRACK (ab Brown Hut) 1x tgl., 3 1/2 Std.;
KAWATIRI JUNCTION (für Nelson Lakes) 1–2x tgl., 1 Std.;
MOTUEKA 3x tgl., 1 Std.;
MURCHISON 1–2x tgl., 2 Std.;
PICTON 3–4x tgl., 2 1/4 Std.;
PUNAKAIKI 1–2x tgl., 4 3/4 Std.;
TAKAKA 1x tgl., 2 1/2 Std.;
WESTPORT 1–2x tgl., 3 1/2 Std.

Flüge

Der **Flughafen** von Nelson befindet sich 8 km westlich des Stadtzentrums.
Zu den meisten der regelmäßigen Flügen verkehren Minibusse von **Super Shuttle**, ✆ 0800 748 885.
Oder man nimmt ein Taxi zum Flughafen, ✆ 03 548 8225, $35.

Flüge nach:
AUCKLAND 9–13x tgl., 1 Std. 25 Min.;
CHRISTCHURCH 9–11x tgl., 50 Min.;
WELLINGTON 9x tgl., 35 Min.

Die Straße zum Abel Tasman

Ein Aufenthalt in Nelson macht auch deshalb so viel Spaß, weil viele lohnende Attraktionen unmittelbar vor der Haustür liegen. Das gilt vor allem für die ausgezeichneten **Weingüter** westlich der Stadt, von denen man zumindest eines unbedingt besucht haben sollte. Die hiesigen Reben schätzen die Kombination aus natürlichem Quellwasser, dem sonnigsten Klima Neuseelands und fruchtbaren Böden, während das

stimmungsvolle Licht, die natürlichen Rohstoffe in Form von Lehm und die herrliche Landschaft der Region viele **Künstler** aus nah und fern angezogen haben.

Fast alle interessanten Punkte liegen am oder in unmittelbarer Nähe des SH60, der von Richmond nordwärts in Richtung Motueka durch eine ländliche Landschaft mit Ausblicken aufs Meer führt.

Einige Kilometer weiter nördlich zweigt vom SH60 der Moutere Highway nach links Richtung Upper Moutere ab. Dies ist auch eine Alternativroute nach Motueka. Fast direkt gegenüber der Abzweigung führt die Redwood Road an der schönen Weinkellerei Seifried vorbei und weiter zur **Rabbit Island**, einem der beliebtesten Strände der Gegend. Einheimische nutzen diesen Uferabschnitt insbesondere für ein Picknick am Wochenende.

Auf der Fahrt von Nelson nach Motueka zeigt sich die Region von ihrer schönsten Seite und bietet genügend Reize und Möglichkeiten für Aktivitäten für ein paar entspannte Tage. Wer sich gründlicher informieren möchte, sollte sich entsprechende Broschüren wie *Nelson Wine Guide, Nelson Craft Beer Trail, Art & Craft Nelson* und *Nelson's Creative Pathways* besorgen, die alle kostenlos in den Visitor Centres erhältlich sind. Das einige Kilometer nördlich gelegene **Motueka** dient als praktischster Stützpunkt für Touren in den Abel-Tasman-Nationalpark.

Waimea Inlet und Umgebung

Unter den ersten Immigranten, die von Europa nach Nelson kamen, waren viele talentierte Künstler und Handwerker. Auch heute gibt es in der Region verteilt noch eine stattliche Anzahl an Studios, Galerien und einsam gelegenen Ateliers.

Höglund Art Glass

52 Lansdowne Rd ▪ tgl. 10–17 Uhr ▪ www.hoglundartglass.com

Der Highway 6 erreicht 15 km südwestlich von Nelson die Stadt Richmond, wo der SH60 nach Norden Richtung **Waimea Inlet** und Motueka abzweigt. Näher am Wasser verläuft teilweise die alte Straße nach Motueka. Freunde des Kunsthandwerks schauen sicher bei **Högl und Art Glass** vorbei, Neuseelands sehr schickem Glasbläserzentrum von internationalem Rang. Man fährt etwa 5 km auf dem SH60 und biegt dann in eine Seitenstraße. In der Galerie ist eine erstaunliche Vielfalt der hier entstandenen skandinavisch beeinflussten Arbeiten zu bestaunen. Das Glasmuseum bietet eine Einführung in die Geschichte und Technik der Glasbläserei. In der Hauptwerkstatt kann von Dezember bis April der Produktionsprozess verfolgt werden. Die Preise beginnen bei etwa $59 und schnellen von dort in die Höhe.

Playhouse Café and Theatre

171 Westdale Rd ▪ Sommer Di–So 11–23 Uhr, Winter meist nur am Wochenende (s. Website) ▪ Eintritt bei Livemusik ▪ Kostenlose Abholung von Mapua (plus Rückfahrt) ▪ www.playhousecafe.co.nz

Vom SH60 zweigt nach rechts die Westdale Road ab. Hier befindet sich eine Einrichtung, die durchaus einen Abstecher lohnt: Das **Playhouse Café and Theatre** ist ein Veranstaltungsort mit Alkoholausschank und tagsüber interessantem Essen sowie abends einem vielfältigen Veranstaltungsprogramm. Der höhlenartige Konzertsaal mit Ausstattung im Hundertwasser-Stil bietet nicht nur Konzerte, sondern auch Vorträge, Themenabende, Theater, Kabarettabende und Gastspiele international renommierter Künstler.

Bronte Gallery

122 Bronte Rd East ▪ tgl. 9–17.30 Uhr ▪ www.brontegallery.co.nz

Vom SH60 gelangt man dann über die Bronte Road East nach 1,5 km zur **Bronte Gallery**, wo der international anerkannte Keramikkünstler Darryl Robertson seine individuellen Töpferwaren kreiert und auch interessante Ölgemälde von Lesley Jacka Robertson zu sehen sind.

Das Weingebiet um Upper Moutere

Ein schöner Tagesausflug führt in die Weinanbaugebiete um Nelson (s. Kasten); am besten bewaffnet mit der kostenlosen Broschüre *Nelson Wine Guide*, die eine Karte enthält und die Öffnungszeiten der Weingüter verzeichnet (im Sommer gewöhnlich tgl. 10–16.30 Uhr). Den Mittelpunkt der Weingegend bildet das winzige Dorf **Upper Moutere**. Hier gibt's im Old Post Office bei **Moutere Gold**, 1381 Moutere Hwy, lokal hergestellte Waren wie Eingemachtes und Käse; tgl. 10–16 Uhr, im Winter Sa und So geschl.

Mapua

Rund 34 km von Nelson entfernt und wenige Kilometer abseits des SH60 liegt **Mapua** mit Blick auf Rabbit Island und das malerische Waimea Estuary. Der idyllische Ort lädt zu einem Spaziergang oder Imbiss ein. Nachdem man einen Blick in die Coolstore Gallery geworfen hat, kann man sich dem Hauptzweck des Besuchs hier widmen, nämlich dem Essen und Trinken. Am historischen Uferbereich wurden Geschäfte und Restaurants gebaut, und besonders am Wochenende ist hier einiges los.

Rabbit Island

Vom Mapua Wharf setzt die Mapua Ferry Sep–Mai tgl. jede Std. von 10–17 Uhr zur Insel über; Juni–Aug Sa und So sowie an schulfreien Tagen 10–16 Uhr ▪ Eintritt ▪ 03 540 3095 ▪ Trail Journeys, www.trailjourneys.co.nz, verleiht Fahrräder zum Erkunden der Insel

Weingüter in der Umgebung von Upper Moutere

In dieser Region gibt es ein paar großartige Weingüter, die einen Besuch lohnen und mit Weinproben in authentischer Atmosphäre locken.

Glover's, Gardner Valley Rd, www.glovers-vineyard.co.nz. Kleiner Betrieb unter Leitung des etwas exzentrischen Weinbauern, der einst auf sich aufmerksam machte, indem er eine Wagner-CD in jedes nach Übersee verschickte Paket steckte. Wagner läuft auch heute noch meist im Hintergrund, während man kostenlos europäisch anmutende Tropfen probiert, darunter tanninhaltige Rotweine (Pinot Noir und Cabernet Sauvignon) und säurehaltige Weißweine (Sauvignon Blanc und Riesling).

Kahurangi, 4 Sunrise Rd, www.kahurangiwine.com. Angesehene Weinkellerei mit Probiermöglichkeit. Beliebt wegen des Cafés mit Holzofenpizza. Nicht zu verachten ist auch das hier produzierte Olivenöl.

Moutere Hills, 42 Eggers Rd, www.mouterehills.co.nz. Dieser sympathische Weinkeller ist von Mittwoch bis Sonntag geöffnet und bietet Verkostungen seiner berühmten Weine in der wunderschönen Umgebung des Sunrise Valley an. Die alte Hopfenscheune verwandelt sich jeden Freitagabend in eine Kneipe, das „Fox 'n' Grapes".

Neudorf, Neudorf Rd, Upper Moutere, www.neudorf.co.nz. Diese Weinkellerei ist in einem niedrigen, mit Ranken bedeckten Holzgebäude untergebracht; Sitzgelegenheiten unter freiem Himmel im Schatten hoher Bäume laden zum Verweilen ein. Das Anwesen ist ein reizender Ort für kostenlose Proben der Weine, von denen einige aus über 30 Jahre alten Reben gewonnen wurden. Eine Probe des Moutere Chardonnay und des Pinot Noir, zwei der besten des Landes, lohnt auf jeden Fall (das eingenommene Geld geht an Wohltätigkeitsorganisationen).

Seifried, SH60, Kreuzung Redwood Rd, www.seifried.co.nz. Die größte Weinkellerei der Gegend bietet Proben (5 Weine) ihrer reichen Auswahl an Weinen (etwas Besonderes für Neuseeland sind der österreichische Gewürztraminer und Zweigelt) und teures Essen im Restaurant, das ziemlich edel wirken möchte.

Vor oder nach einem guten Essen in Mapua bietet sich eine Fahrt mit der Fähre hinüber nach **Rabbit Island** (Moturoa) an. Wer auf der Insel nicht an Land geht und nur die Bootsfahrt macht, zahlt bloß $5. Die Fährverbindung entstand im Rahmen des Nelson Tasman Cycle Trail; auf der Insel gibt es 14 km Radwege.

Motueka

47 km nordwestlich von Nelson liegt das wachsende Städtchen **Motueka**, das sich inzwischen fest als Basis für Ausflüge in den Abel Tasman National Park (S. 531) etabliert hat und mit einem umfassenden Buchungssystem sowie vielen Unterkünften und Ausrüstungsverleihern aufwartet. In letzter Zeit hat sich der Ort auch selbst einige eindrucksvolle Attraktionen zugelegt, vor allem rund um den Flugplatz, wo man Fallschirm springen und **Flüge** mit Ultraleichtflugzeugen und Hubschraubern unternehmen kann.

Der Name Motueka bedeutet „Insel der Weka", ein Hinweis darauf, dass diese hier in Hülle und Fülle vorkommenden Vögel für die Maori eine wichtige Nahrungsquelle darstellten. 1842 kamen die ersten europäischen Siedler in die Gegend und etablierten Landwirtschaft und Gartenbau; zunächst wurde vor allem Hopfen und später Tabak angebaut, inzwischen ergänzt durch Steinobst und Wein. Für die Erntearbeit werden oft, besonders von Dezember bis März, **Saisonarbeiter benötigt.**

Motueka Quay

Motueka erstreckt sich entlang des SH60, von dem einige ruhigere und malerische Nebenstraßen abzweigen. Etwa fünf Gehminuten die alte

Touren und Aktivitäten in und um Motueka

In der Umgebung von Motueka befinden sich einige wunderbare Wanderwege, die zum Teil durch atemberaubende Landschaften verlaufen, aber auch Aktivitäten wie Fallschirmspringen und Tandem-Paragliding erfreuen sich großer Beliebtheit.

Wandern

Einige der besten subalpinen Wanderungen im Norden der Südinsel führen um den 1795 m hohen **Mount Arthur** und das dazugehörige Hochplateau mit der Bezeichnung **Mount Arthur Tableland**. Informationen hierzu liefert die im Visitor Centre von Motueka erhältliche DOC-Broschüre *The Cobb Valley, Mount Arthur and the Tableland.* Es verirren sich traditionell nur wenige Besucher hierher, sodass man sich größtenteils in tierischer Gesellschaft wiederfindet.

Hauptausgangspunkt ist der Flora-Parkplatz in 930 m Höhe am Ende der Graham Valley Road, die 30 km südwestlich von Motueka vom SH61 abzweigt. Vom Parkplatz bietet sich eine zwei- bis dreistündige Rundwanderung an: Innerhalb einer Stunde erreicht man die **Mount Arthur Hut** (Hüttenpass $15), von der sich faszinierende Ausblicke auf das Tiefland eröffnen, dessen südliche Kulisse vom Mount Arthur beherrscht wird. Von hier folgt man einem Kamm hinunter zur **Flora Hut** (gratis) und dann einer Schotterstraße zurück zum Parkplatz. Von der Mount Arthur Hut ist der Gipfel des Mount Arthur in drei Stunden zu erreichen.

Fallschirmspringen

Skydive Abel Tasman, Flugplatz Motueka, 3 km südwestlich der Stadt, 💻 www.skydive.co.nz. Die Gegend um Motueka gilt als eines der zehn besten Fallschirmreviere der Welt, hauptsächlich weil hier Sprünge aus 16 500 Fuß (etwa 5000 m; 75 Sek. freier Fall), 13 000 Fuß (knapp 4000 m; 50 Sek. freier Fall) und 9000 Fuß (knapp 2750 m; 35 Sek. freier Fall) angeboten werden, und das vor wunderbarer Kulisse.

Hubschrauber- und Ultraleichtflüge sowie Tandem-Drachenfliegen

Nelson Tasman Air, Queen Victoria St, Flugplatz Motueka, 3 km südwestlich der Stadt, 💻 www.nelsontasmanair.co.nz. Nach kurzer Einweisung übernimmt man die Kontrolle über einen zweisitzigen R22-Hubschrauber (20 Min., 30 Min. oder 1 Std.) und übt selbständig einfaches Vorwärtsfliegen und Schweben.

Golden Bay Air, an den Flughäfen Motueka and Nelson, 💻 www.goldenbayair.co.nz. Kleine Rundflüge (jeder Passagier bekommt einen Fensterplatz) über die herrliche Golden Bay, mit der Option, auch ins Landesinnere zu fliegen, um die Aussicht auf die Kahurangi Peaks zu genießen. Die Flüge dauern zwischen 15 und 75 Minuten.

Wharf Road hinunter gelangt man zum alten **Motueka Quay**, wo der Geist des einst so geschäftigen Hafens zwischen den kargen Überresten der alten Molen noch deutlich zu spüren ist. Nur etwa 1500 m die Old Wharf Road hinunter rostet der mächtige Schiffsrumpf der in Schottland gebauten *Janie Seddon* vor sich hin. Benannt wurde das abgemusterte Schiff einst nach der Tochter von Richard Seddon, der von 1893 bis zu seinem Tod 1906 Premierminister von Neuseeland war.

Nahe dem Public Wharf in der Motueka Beach Reserve ist Campen für eine Nacht mit voll ausgestattetem Wohnmobil gestattet.

Motueka District Museum

140 High St ▪ 🕒 Dez–März Mo–Fr 10–15, Sa und So 10–14, April–Nov Di–Fr 10–15, So 10–14 Uhr ▪ Eintritt frei, Spende erbeten

Das winzige **Motueka District Museum** zeigt u. a. einige Maori- und europäische Artefakte aus der Gegend. Im Foyer findet man die *Mo-*

tueka Carvings, einen modernen Fries aus vier Paneelen mit den Darstellungen der Gewerbe, die die Menschen an der Tasman Bay traditionell ernährten.

ÜBERNACHTUNG

Karte S. 521

Mapua

Te Koi Lodge, 118 Bronte Rd East, www.tekoithelodge.com. Äußerst luxuriöse Unterkunft an der Straße zur Bronte Gallery. Im exklusiven Angebot sind komfortable Suiten und Villen. Ein schöner Garten sorgt für angenehme Atmosphäre. Speisen und Aperitifs werden auf der Holzterrasse serviert. Die Lodge ist extrem kostspielig – aber eine Aufenthalt lohnt sich für Reisende, die es sich leisten können. ❹

The Boot, 320 Aporo Rd, 7 km nördlich von Mapua in Tasman, www.jesterhouse.co.nz. Zum Café Jester House gehört The Boot, ein riesiger roter Märchenstiefel mit luxuriösem Loungebereich, romantischem Schlafzimmer und kleiner gemütlicher Gartenterrasse. ❸

Mapua Leisure Park, 33 Toru St, www.nelsonholiday.co.nz. Verschiedene Unterkünfte (teilweise vor Kurzem modernisiert), darunter Cabins und Motel Units, in wunderbarer Umgebung. Im Sommer hat auch das Boatshed Café mit Bar geöffnet. Im Feb und März kann man sich hier aller Kleidung entledigen, aber es kommen auch jede Menge Nicht-FKKler her. ❷

Motueka

Avalon Manor Motel, 314 High St, www.avalonmotels.co.nz. Gut ausgestattetes modernes Motel mit 16 geräumigen und gemütlichen Units mit Sky TV, gepflegtem Garten und kostenlosem DVD-Verleih. ❷

Eden's Edge, 137 Lodder Lane, Riwaka, www.edensedge.co.nz. Sehr gemütliches und preisgünstiges Hostel in ländlicher Umgebung an einem Apfelgarten 3 km nördlich vom Ort. Garten, Teich, Unterstellmöglichkeit für Fahrräder und sehr nett eingerichtete Zimmer mit Bad. ❷

Equestrian Lodge Motel, 2 Avelon Court (nahe Tudor St), www.equestrianlodge.co.nz. Gepflegtes, edleres Motel in einem Wohngebiet, 5 Min. vom Ortszentrum, mit behaglichen Units an einer großen Rasenfläche mit beheiztem Pool. ❷

Happy Apple Backpackers, 500 High St, www.happyapplebackpackers.co.nz. Freundliches Hostel mit Schlafsälen für 3 bis 6 Pers. sowie Einzel-, Doppel- und Familienzimmern. Viele Möglichkeiten zum geselligen Austausch mit anderen Reisenden, mit einem Spielzimmer und Entspannungsbereichen im Freien. Camping und Parkplatz für Wohnmobile sind auch verfügbar. ❶

Hat Trick Lodge, 25 Wallace St, www.hostelworld.com. Das moderne Hostel gegenüber vom i-SITE bietet einen hohen Standard. Geräumige, gut ausgestattete Küche und Lounge, kostenlose Gepäckaufbewahrung, separater Frauen-Dorm sowie Familienzimmer mit Bad und Küche. ❶

Motueka Beach Reserve, Wharf Rd, 4 km südöstlich der Stadt. Parkplätze für Wohnmobile am Wasser, Toiletten und kalte Duschen nebenan, außerdem Grillstellen und Picknicktische. Jeweils nur für 1 Nacht erlaubt. ❶

Motueka Top 10 Holiday Park, 10 Fearon St, www.motuekatop10.co.nz. Campingplatz nur 1 km nördlich der Ortsmitte, mit verschiedenen Unterkünften auf grünem Gelände. Gepflegte Einrichtungen, darunter ein beheizbarer Pool und ein Whirlpool sowie ein Hüpfkissen. ❶

Nautilus Lodge, 67 High St, www.nautiluslodge.co.nz. Beliebtes und professionell geführtes Hotel mit einer Reihe geräumiger Suiten; einige verfügen über einen eigenen Balkon oder Innenhof und Whirlpool-Badewannen. Viele Tourveranstalter holen ihre Kunden direkt von hier ab, und die Eigentümer helfen gern bei der Planung von Aktivitäten. ❷

W.F. Moss Scenic Campground, Riwaka Valley Rd, 12 km nordwestlich der Stadt, www.doc.govt.nz. Wer mit dem eigenen Wohnmobil oder Wohnwagen unterwegs ist, für den gibt es keinen ruhigeren Ort zum

Übernachten als diesen wunderschön gelegenen Campingplatz direkt am Riuwaka River, der rundum von Vogelgezwitscher erfüllt ist. Die Aufenthalte sind allerdings auf 4 Nächte pro Kalendermonat begrenzt. ❶

YHA Motueka, 310 High St, www.laughingkiwi.co.nz. Freundliche, zentral gelegene Backpacker-Unterkunft in 3 Häusern. Die Dorms und Zimmer sind geräumig, außerdem gibt es ein Selbstversorger-Cottage, viele Tische und Stühle im Freien, kostenloser Fahrrad- und Kajakverleih (unter bestimmten Bedingungen), BBQ und Whirlpool. Dorm ❶, DZ ❷, Cottages ❹

ESSEN

Karte S. 521

Mapua

Jester House, 7 km nördl. von Mapua in Tasman, www.jesterhouse.co.nz. Dieses ausgezeichnete Tagescafé mit Schanklizenz ist sehr beliebt, denn es bietet leckeres Essen, Tische und Kunst im Garten, Rosenlauben und für die Kinder ein Riesenschachspiel und zahme Aale. Die Speisen sind alle hausgemacht und erschwinglich, und der Kaffee ist stark. $$

The Smokehouse, 6 Aranui Rd, www.smokehouse.co.nz. Verkauft köstlichen über Manukaholz geräucherten Fisch, eine weithin bekannte Fischpastete und hervorragende Fish 'n' Chips. Am besten bringt man einen Laib Brot und eine Flasche Wein mit und veranstaltet ein Picknick auf einer der Bänke am ruhigen Ende der Anlegestelle. $$

Motueka

Chinese Takeaways, 172 High St, 027 246 0680. Nicht gerade das Restaurant mit dem einfallsreichsten Namen im Ort, aber gegen das Essen lässt sich nichts sagen – das Riesengarnelen-Ei-Foo-Yung sollte man probiert haben. Gute Fish 'n' Chips sind ebenfalls erhältlich. $

Chokdee, 109 High St, www.chokdeemotueka.co.nz. Zuverlässige, leckere thailändische Küche zum Essen oder Mitnehmen, mit allen üblichen Thai-Suppen, Currys und Nudelgerichten zu moderaten Preisen. Lizenziert. $$

Elevation, 218 High St, www.elevationmotueka.co.nz. Café mit Alkohollizenz und dem besten Essen des Orts, darunter tolles Frühstück und Hauptgerichte wie Steak und tagesfrischer Fisch direkt vom Hafen. $$

Little Dynamite, 488 Main Rd, Riwaka, www.facebook.com/littledynamite488, rund 7,5 km von der Stadt entfernt. Nach einem Brand 2015 wurde dieses Café in 2 Containern wieder aufgebaut. Jeder, der exzellenten Kaffee, preisgekrönte Pies und Kuchen sowie einen super Service liebt, muss hier einfach einkehren. Unbedingt probieren sollte man die Räucherfischpastete oder ein Steak mit Ale – beides sensationell! Der 50er-Jahre-Kitsch ist noch da, aber selbst aus dem Pappbecher schmeckt der Kaffee himmlisch. $

Mrs Smiths Café and Vegetables, 524 Main Rd, Riwaka, www.facebook.com/mrssmithscafe.co.nz. Mr und Mrs Smith verkaufen schon seit Jahren frisches Gemüse aus ihrem Garten, aber neuerdings gibt es hier auch Frühstück, Kuchen und getoastete Sandwiches (alles zu einem guten Preis-Leistungs-Verhältnis). $

Muses Café, 136 High St, www.facebook.com/MusesCafe. Entspanntes Café in einem hellen, hübschen alten Gebäude mit bunten lokalen Kunstwerken an der Wand (einige davon zum Verkauf) und einer klassischen Café-Speisekarte – das frittierte Frühstück ist legendär, ebenso wie die Fish 'n' Chips und die ausgezeichneten Käse-Scones. $

Riwaka Hotel, Main Rd, Riwaka, www.riwakahotel.co.nz. Typische Stadtteilkneipe mit entsprechendem Essen, aber gleichzeitig treten hier auch die Topbands des Landes auf. Wer schick essen gehen möchte, geht nach hinten ins Nobelrestaurant und genießt z. B. Lammkotelett mit geräucherter Paprikapolenta. $$

TOAD Hall, 502 High St, 3 km südlich vom Stadtzentrum entfernt Richtung Nelson, www.toadhallmotueka.co.nz.

Verkauf von Bio-Obst und Gemüse, leckerem Brot und vorzüglichem hausgemachtem Eis; auch Pasteten, Bagels, ordentliches Frühstück und guter Kaffee, der in einem hübschen Garten genossen werden kann. Kann im Sommer schon mal brechend voll sein. Freitag- und Samstagabend Livemusik (im Sommer). $$

UNTERHALTUNG

Karte S. 521

Upper Moutere

Moutere Inn, 1406 Moutere Hwy, www.moutereinn.co.nz. Behauptet von sich, die älteste Kneipe Neuseelands zu sein, und hält heute erfolgreich die Balance zwischen Dorfkneipe, Brauerei und Tempel für Connaisseurs mit 16 Zapfhähnen. Neben guten Snacks und Hauptgerichten kann man auch ein Probierset mit 4 Bieren oder einfach ein Glas Wein genießen – im Angebot sind rund 30 verschiedene Weine, dazu 13 Single-Malt-Whiskys und 6 Sorten Tequila.

Mapua

Golden Bear Brewing Company, 501/6 Aranui Rd, www.goldenbearbrewing.com. Erstklassige Mikrobrauerei mit eleganten Lager- und spritzigen Pale Ales vom Fass, die man im Innenraum vor der Kulisse von Brauereitanks oder draußen auf der Terrasse mit Blick aufs Wasser trinken kann. Es werden auch ein paar mexikanische Speisen, Burger und Rippchen serviert. Genaue Öffnungszeiten auf der Website checken.

Motueka

The Hop Federation, 483 Main Rd, Riwaka, www.hopfederation.co.nz. Die mit Sorgfalt hergestellten Craft-Biere dieser kleinen Brauerei kann man vor Ort verkosten oder auch mitnehmen, darunter das hervorragende Red IPA.

Kino und Theater

Gecko, 23b Wallace St, www.gecko theatre.com. Kino mit 2 kleinen Sälen, Di und Mi Ermäßigung. In bequemen Sitzen kann man hier neben den gängigen Hits auch Arthouse-Filme sehen.

State Cinema, Old Wharf Rd, www.statecinemamotueka.co.nz. Hier herrscht der aktuelle Mainstream.

SONSTIGES

Informationen

i-SITE Visitor Centre, Motueka, Wallace St, www.abeltasmanisite.co.nz. Anlaufstelle für die Organisation einer Exkursion in den Nationalpark und zum Heaphy Track ohne Buchungsgebühr. WLAN ($5/24 Std.) und Hilfe bei der Suche nach Gelegenheitsjobs. Voller Internet-Service, aber 1 Std. kostenloses WLAN gibt's auch im Ortszentrum. Dez–März Mo–Fr 8.30–17.30, Sa und So 9–17, April–Nov Mo–Fr 9–17, Sa und So 9–16.30 Uhr.

Fahrradverleih

Trail Journeys, Mapua Wharf, www.trailjourneys.co.nz. Verleiht unterschiedliche Fahrradtypen.

Wheelie Fantastic, Mapua Wharf, www.wheeliefantastic.co.nz. Beide Unternehmen helfen bei der Routenplanung und geben Hinweise zum Taste Trail.

Touren

Bay Tours Nelson, www.baytoursnelson.co.nz, bietet u. a. Nachmittagstouren zu Weingütern (4 Güter) oder Ganztagestouren (3–4 Weingüter und Besuch bei Künstlern).

Outdoor-Ausrüstung

Hostels verleihen oft Ausrüstung. Alles Notwendige zu kaufen und Infos über die Gegend gibt es bei **Coppins**, 255 High St, 03 528 7296. Labour-Wochenende bis Ostern Mo–Fr 8.30–17.30, Sa 9–16, So 10–16, im Winter Mo–Fr 9–17.30, Sa 9–14 Uhr.

TRANSPORT

Zwar verkehren Busse auf der Straße zum Abel Tasman, jedoch halten sie nur in Motueka. Für alle anderen Ziele benötigt man also ein eigenes Fahrzeug oder schließt sich organisierten Touren an, die teilweise auch eine Kombination aus Weingütern und Kunstgalerien beinhalten.

Die **Busse** halten in der Wallace Street in der Nähe des i-SITE Visitor Centre.

Busse nach:
COLLINGWOOD 1x tgl., 1 1/2 Std.;
HEAPHY TRACK 1x tgl., 2 1/4 Std.;
KAITERITERI 3x tgl., 20 Min.;
MARAHAU 4x tgl., 40–50 Min.;
NELSON 5x tgl., 1 Std.;
TAKAKA 2x tgl., 1 1/4 Std.;
TOTARANUI 1x tgl., 2 1/4 Std.

Abel Tasman National Park und Umgebung

Der wunderschöne, 60 km nördlich von Nelson gelegene Abel Tasman National Park genießt internationale Anerkennung und lockt den ganzen Sommer über Scharen von Wanderern, Kajakfahrern und Tagesausflüglern an. Obwohl er mit einer Größe von 18 x 25 km Neuseelands kleinster Nationalpark ist, nimmt er die Massen noch erstaunlich gut auf. Seine einzigartige Schönheit verdankt der Park den goldenen Sandstränden, dem kristallklaren Wasser und dem üppig grünen Wald, der immer wieder von Granitfelsen unterbrochen wird und eine vielfältige Vogelwelt beheimatet.

Ziel der meisten Besucher sind die Küstenabschnitte. Andere bewandern den **Abel Tasman Coast Track** mit seiner pittoresken Mischung aus dichtem Küstenwald, sanften Anstiegen zu Aussichtspunkten und einigen idyllischen Stränden. Die vielen regelmäßig verkehrenden Wassertaxis machen es möglich, bestimmte Kurzabschnitte zum Wandern auszuwählen oder sich zurückfahren zu lassen, wenn man erschöpft ist.

Außerdem lässt sich der Park wunderbar per **Kajak** erkunden, unterbrochen von einem gemütlichen Mittagessen an einem schönen Sandstrand, bevor man am Nachmittag langsam Richtung Campingplatz oder Hütte paddelt. Wandern und Kajak fahren lassen sich auch kombinieren, und daneben bietet das klare Wasser Gelegenheit zum **Segeln**. Eine luxuriösere Unterbringung als die Hütten und Zeltplätze bieten die schönen Lodges im Park.

Wer seinen Ausflug in den Abel Tasman im Voraus plant, kann sich von Nelson direkt in den Park bringen lassen, sodass es dann unnötig ist, zunächst in einem der Orte in der Nähe des Parks zu übernachten. Jedoch sind auch diese Orte durchaus einen Aufenthalt wert. Für die Organisation eines Parkbesuchs auf eigene Faust eignet sich am besten das Versorgungszentrum **Motueka** (S. 523), die meisten Kajaktouren und Wassertaxis starten jedoch vom winzigen **Marahau** am Südende des Parks. Einige Touren beginnen auch im kleinen **Kaiteriteri**, das viele Übernachtungsmöglichkeiten und einen schönen Strand hat. Die nördlichsten Ausläufer des Abel Tasman sind von **Takaka** (S. 538) aus zugänglich, von wo der Abel Tasman Drive zu den am nördlichen Teil des Coast Track gelegenen Orten **Wainui**, **Awaroa** und **Totaranui** führt.

Geschichte

Seit etwa 1500 bevölkern **Maori** diese Gegend. Sie lebten in saisonalen Lagern entlang der Küste sowie in einigen permanenten Siedlungen um die Mündung des Awaroa River. 1642 ankerte **Abel Tasman** mit seinen beiden Schiffen nahe Wainui in der Golden Bay und verlor vier seiner Männer, nachdem sie in das Land der Ngati Tumatakokiri eingedrungen waren. Kurz darauf kehrte er der Küste wieder den Rücken. Im Jahre 1827 erkundete der Franzose **Dumont d'Urville** das Gebiet zwischen Marahau und der Torrent Bay. Eine ernsthafte **europäische Besiedlung** sollte jedoch erst 23 Jahre später beginnen. Die Siedler hackten, förderten, verbrannten und fällten, bis nur noch Stechginster und Farn übrig waren. Glücklicherweise hat ihre Invasion kaum bleibende Spuren hinterlassen, und die Vegetation konnte sich über die Jahre hinweg weitgehend erholen.

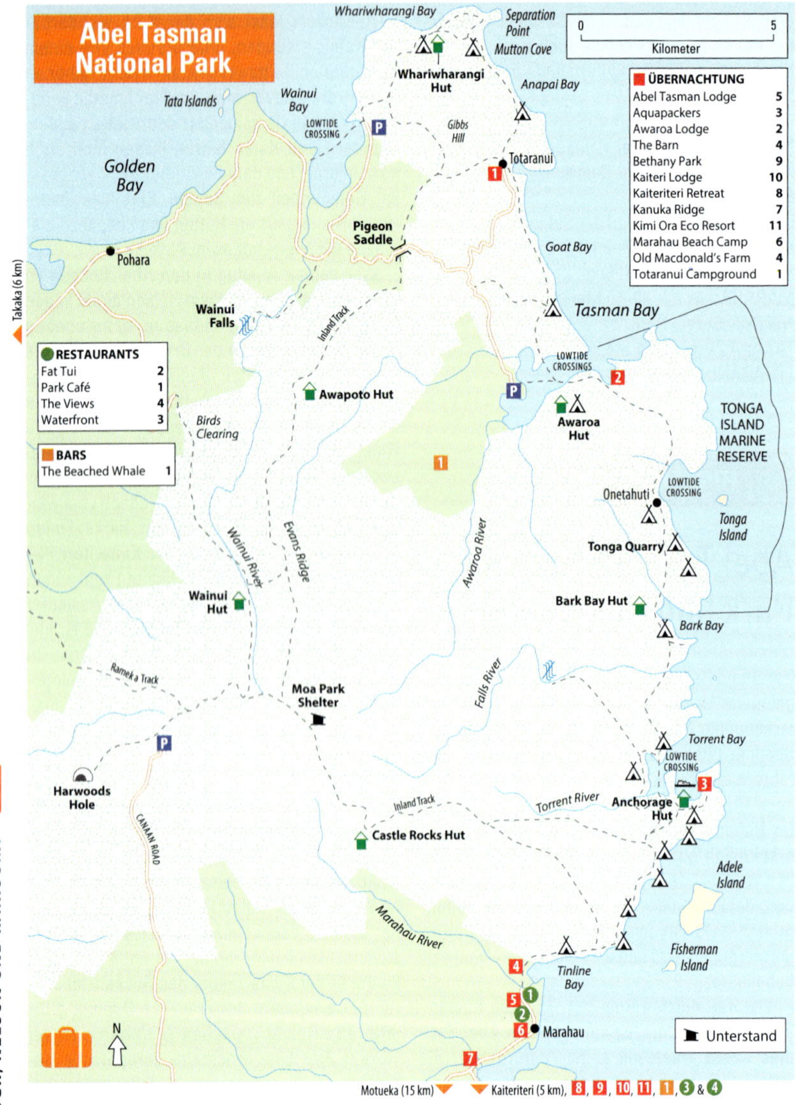

Flora und Fauna

Der Abel Tasman National Park bietet eine reiche **Pflanzenwelt**. Die feuchten Schluchten werden von Buchen dominiert, und in rauerer Umgebung gedeihen vor allem Kanuka-Bäume.

Zu den hier beheimateten **Vögeln** zählen Tuis, einheimische Tauben, Makomakos (zu erkennen sind sie an ihrem unverwechselbaren Ruf) und Graufächerschwänze, die sich von Insekten ernähren. Mit etwas Glück erspäht man auch die flugunfähigen Wekarallen. An den Stränden sieht man bisweilen Austernfischer mit ihrem orangefarbenen Schnabel sowie Kormorane, die auf der Jagd nach Fischen ins Meer abtauchen.

Vor der Küste liegt das **Tonga Island Marine Reserve**, ein Meeresschutzgebiet, das neben der **Pelzrobbenkolonie** auf der Insel auch die Küstengewässer mit ihrem vielfältigen Tierleben schützt.

Kaiteriteri

Der kleine Ferienort **Kaiteriteri**, 15 km nördlich von Motueka und unmittelbar südlich vom Abel Tasman National Park, steht ganz oben auf der Rangliste der beliebtesten Sommerferienziele der Kiwis. Von Weihnachten bis Ende Januar droht er aus allen Nähten zu platzen, danach ist es bis Mitte März immer noch recht voll. Die Beliebtheit ist nachvollziehbar angesichts der schönen und relativ ungefährlichen Badestrände an der Tasman Bay, die durch zwei kleine Inseln noch einen zusätzlichen Reiz erhalten. Nachdem es mittlerweile in Marahau vielen zu voll geworden ist, hat sich Kaiteriteri auch zu einer Ausweichbasis für Boots- und Kajaktouren durch den Nationalpark entwickelt.

Marahau

Der kleine Ort **Marahau** liegt etwa 8 km nördlich von Kaiteriteri direkt am Südtor zum Abel Tasman National Park. Die meisten Tourveranstalter, Wassertaxibetreiber und Kajakverleiher, die nicht in Kaiteriteri oder Motueka ansässig sind, haben hier ihre Büros und machen aus Marahau einen sehr beliebten Anlaufpunkt für die letzte Nacht (bzw. die erste zurück) in der Zivilisation. Die Straße zieht sich durch die Siedlung und endet direkt am Parkeingang. Hier befindet sich ein unbesetzter **DOC-Infostand** mit Toiletten.

Abel Tasman National Park

Es gibt unzählige Möglichkeiten, den Abel Tasman National Park zu entdecken. Für welche Kombination von Aktivitäten man sich auch entscheidet – es gibt fast immer einen Veranstalter, der sie möglich macht. Nur relativ wenige Besucher wandern über den **Inland Track**, die meisten bleiben auf dem **Coast Track**, an dem die Küste von klarem Wasser und guten Möglichkeiten zum Schnorcheln in idyllischen Buchten gekennzeichnet ist. Hier finden sich in Küstennähe auch die meisten Unterkünfte, die vom Campingplatz am Strand bis hin zur exklusiven Lodge reichen.

Wassertaxis setzen ihre Fahrgäste auf Wunsch an der Küste bis hinauf nach Totaranui ab und geben unterwegs häufig sogar informative Kommentare ab, doch es gibt auch spezielle **Kreuzfahrten**, z. B. zur Robbenkolonie im Tonga Island Marine Reserve oder zum Split Apple Rock, einem großen Felsen, der in zwei Hälften zerplatzt ist.

Die verwirrende und unübersichtliche Küstenlinie lässt sich am besten per **Kajak** erkunden (s. Kasten S. 534), entweder im Rahmen einer organisierten Tour oder durch Anmietung eines Kajaks, um die Gewässer in Eigenregie abzupaddeln. Am schönsten ist es vielleicht, **Kajak fahren und Wandern** zu kombinieren.

Der Parkabschnitt nördlich von Totaranui ist für Wassertaxis und organisierte Kajaktouren tabu, sodass es in diesem Teil erheblich ruhiger zugeht als im restlichen Gebiet.

Abel Tasman Coast Track

Der **Abel Tasman Coast Track** (60 km, 3–5 Tage) zählt zu den leichtesten Great Walks in Neuseeland und ist selbst von Leuten zu bewältigen, die so gut wie nie wandern. Empfehlenswert ist auf jeden Fall die DOC-Broschüre *Abel Tasman Coast Track*. Mangelnde Fitness ist kein Hinderungsgrund, kann man doch jederzeit bestimmte Abschnitte per Wassertaxi überbrücken oder sich zum Wandern einfach nur die Rosinen herauspicken. Die Zugänge zu den Strandabschnitten sind klar gekennzeichnet, und man befindet sich nie mehr als vier Stunden von einer Hütte bzw. zwei Stunden von einem Campingplatz entfernt. Bei trockener Witterung sind nicht einmal feste Wanderschuhe Bedingung, denn dann lässt sich der Track auch problemlos in Turnschuhen bewältigen.

Aus den genannten Gründen ist der Coast Track extrem beliebt, besonders zwischen Dezember und Ende Februar, wenn einige Abschnitte wie eine „Wanderautobahn" anmuten. Der Abschnitt nördlich von Totaranui ist in der Regel weniger überlaufen.

Die **Route** passiert breite, goldfarbene Strände, an denen sich smaragdgrüne Wellen brechen. Bizarre Granitformationen und Landzungen trennen die einzelnen Buchten. Zwischendurch muss man immer wieder einen der Küstenhügel überwinden, was auf den sanft ansteigenden Zickzackwegen jedoch kein Problem darstellt.

Die größte Schwierigkeit bei der Planung bildet der **gezeitenabhängige Abschnitt** über das Awaroa Estuary. Es empfiehlt sich, bei Ebbe am Nachmittag gen Süden bzw. am Vormittag gen Norden aufzubrechen. Selbst bei Ebbe wird man sich aber ein Paar nasse Füße holen. Zuvor sollte man sich auch um den Rücktransport kümmern (S. 537). Im Winter (Mai–Sep) kann man die Strecke von Totaranui bis hinauf zur Wainui Bay mit dem Mountainbike zurücklegen. Unterkünfte am Track s. S. 533.

Marahau nach Anchorage

■ 12,4 km, 4 Std.

Wegen des direkten Zugangs von Marahau ist dieser Abschnitt besonders beliebt. Die Vegetation mit großen Waldflächen ist hier nicht so schön, jedoch hat man Zugang zu einigen wunderbaren Stränden. Es geht zunächst über einen Plankenweg über das Delta und dann weiter zur Tinline Bay. Danach gelangen die Wanderer zu einem Aussichtspunkt mit Blick auf Fisherman Island und Adele Island. Der Weg schlängelt sich nun durch Täler mit Buchenwald und hohen Kanuka-Bäumen, bevor er in Anchorage (Hütte, Campingplatz und im Sommer geöffnetes Hostel vor der Küste) wieder aus dem Wald auftaucht.

Anchorage nach Bark Bay

■ 8,7 km, 3 Std.

Es empfiehlt sich, die Torrent Bay zwei Stunden vor oder nach Ebbe zu durchqueren, denn sonst muss man eine zusätzliche Stunde um den Priel herumlaufen, um die kleine Siedlung Torrent Bay zu erreichen. Nach der Bucht klettert der Weg durch Kiefernwald nach oben zum herrlichen Falls River, der auf einer 47 m langen Hängebrücke überquert wird. Von dort sind die Bark Bay Hut und Campingplätze nur noch eine Stunde entfernt.

Bark Bay nach Awaroa

■ 11,5 km, 4 Std.

Nach Überquerung oder Umgehung des Bark Bay Estuary geht man zunächst landeinwärts, erreicht aber schon bei Tonga Quarry wieder die Küste. Hier gibt es einen Campingplatz und Ausblicke auf Tonga Island und den Marine Reserve. Bald darauf ist der Strand bei Onetahuti erreicht. Anschließend klettert der Weg auf den Tonga Saddle, um wieder zum Awaroa Inlet hinunterzuführen, wo es einige Häuser und eine DOC-Hütte mit Campingplatz gibt. Von dort ist es auch nicht mehr weit zur Awaroa Lodge (auf der anderen Seite der Landepiste) mit Restaurant und Bar.

Awaroa nach Totaranui

■ 7,1 km, 2 1/2 Std.

Zunächst muss das Awaroa Estuary durchquert werden, was nur 1 1/2 Stunden vor bzw. nach Ebbe möglich ist. Anschließend geht es entlang der Goat Bay zu einem Aussichtspunkt am Skinner Point und hinunter nach Totaranui mit einem tollen Strand und einem großen Campingplatz. Viele beenden ihre Küstenwanderung hier.

Totaranui nach Whariwharangi

■ 9,8 km, 3 1/2 Std.

Nach Umrundung des Totaranui Estuary geht es über felsige Landspitzen bis zur Mutton Cove. Danach wechseln Strauchwerk und Strände einander ab, und es bietet sich ein Abstecher zum Separation Point mit Aussichtspunkt und Pelzrobbenkolonie an. Schließlich führt der Weg zur Hütte in Whariwharangi, einem umgewandelten historischen Gehöft.

Whariwharangi nach Wainui

■ 5,5 km, 1 1/2 Std.

Eine leichte Wanderung führt zur Straße östlich der Wainui Bay, wo Busse bereitstehen, doch es ist auch möglich, die Wainui Bay zu durchqueren (2 Std. vor bis 2 Std. nach Ebbe) oder zu umlaufen. Wer sich für letztere Option entscheidet, kann unterwegs noch die kurze Wanderung zu den Wainui Falls in Angriff nehmen.

Inland Track

Der anstrengende **Inland Track** (41 km, 3 Tage) zwischen Marahau und Totaranui ist weitaus weniger beliebt als der Coast Track. Er erfordert eine gute Kondition und ordentliche Wanderausrüstung. Die Route lässt sich mit dem Coast Track zu einem Rundwanderweg von knapp einer Woche kombinieren und ist in einer DOC-Broschüre beschrieben. Der Weg führt vom Meer zur **Evans Ridge** hinauf und passiert unterwegs sehr schöne Aussichtspunkte – zu den Highlights zählen der **Pigeon Saddle**, das Sumpfgebiet **Moa Park** und die mondähnliche Landschaft Canaan. Unterwegs besteht die Möglichkeit zu einem Abstecher zum Harwoods Hole (S. 538).

Auf dem Inland Track ist Camping nicht zu empfehlen, dafür gibt es drei nicht reservierbare **DOC-Hütten** ($5 oder Hütten-Jahrespass). Wasservorräte und Toiletten sind vorhanden, Kochgelegenheiten dagegen nicht.

ÜBERNACHTUNG

Karte S. 530

Kaiteriteri

Bethany Park, 88 Martin Farm Rd, 🖳 www.bethanypark.co.nz. Anlage mit guter Auswahl an Unterkünften ein kleines Stück hinter dem Strand (15 Min. zu Fuß), modernisierte Wasch- und Kücheneinrichtungen, Wasserrutsche und Spielbereiche. Günstig als Ausgangspunkt für die Mountainbiketracks. ❷

Kaiteri Lodge, Inlet Rd, 🖳 www.kaiterilodge.co.nz. Die Unterkunft liegt in unmittelbarer Strandnähe und ist eine Mischform aus Motel und Hostel mit 8er-Dorms und DZ mit Bad. Die Lodge direkt beim Beached Whale (s. unten) ist der wichtigste Anlaufpunkt für alle Tourbusse wie etwa Kiwi Experience. ❸

Kaiteteriteri Retreat, 23 Sandy Bay Rd, Kaiteriteri, 🖳 www.kaiteriteriretreat.co.nz. Fantastisches Boutiquehotel in der nördlichen Ecke von Kaiteriteri Beach, mit ein paar vornehmen Suiten (einschließlich Zugang zu einer Gemeinschaftsküche und einer komfortablen Gästelounge) und einem kleineren Studiozimmer, das auf einen Balkon führt. ❷

Kimi Ora Eco Resort, Martin Farm Rd, 1 km hinter der Strandstraße ausgeschildert, 🖳 www.kimiora.com. Komfortable und sehr erholsame Unterkunft mitten im Wald, mit Dampfsauna, finnischer Sauna und beheizten Pools drinnen und draußen. In dem gesamten Resort liegt die Betonung auf Fitness und Wellness. ❸

Marahau

Abel Tasman Lodge, 295 Sandy Bay-Marahau Rd, 🖳 www.abeltasmanlodge.co.nz. Entspannte Lodge mit geschmackvoll modernisiertem Studio und größeren Chalets jeweils mit eigener Terrasse auf begrüntem Gelände. Whirlpool und Sauna. Das gute Frühstück wird auf Wunsch aufs Zimmer gebracht. ❸

The Barn, Harvey Rd, 🖳 www.barn.co.nz. Munteres Hostel am Parkeingang mit Feuerstelle und Badebecken draußen auf dem Gelände. Neben Dorms auch 2-Bettzimmer und DZ, zumeist in einfachen Hütten. Auch für Camper geeignet, mit Kochgelegenheit draußen. ❶

Kanuka Ridge, 21 Moss Rd, 🖳 www.abeltasmanbackpackers.co.nz. Friedvolles Hostel an einem Hang oberhalb des Strands mit nur einem Dorm und mehreren Zimmern mitten im Wald. Fahrradverleih ist kostenlos, ebenso die guten Infos zu Trails. 🕒 Mai–Sep geschl. ❶

Marahau Beach Camp, Franklin St, 🖳 www.marahaubeachcamp.co.nz. Gepflegte Zeltstellplätze, Backpacker-Unterkünfte und unterschiedliche Cabins. Ein eigener Busservice verkehrt nach Nelson und Motueka. ❶

Old Macdonald's Farm, Harveys Rd, am Parkeingang, 🖳 www.oldmacs.co.nz. Familienfarm mit Cabins, Cottages und einem Studio für Selbstversorger, ansonsten aber vor allem Campingplatz am Wald mit Badegelegenheiten.

Aktivitäten und Touren im Abel Tasman National Park

Zwar werden hier auch Aktivitäten wie Tauchen, Bootsrundfahrten und geführte Wanderungen angeboten. Doch zu den schönsten Arten, die abgelegeneren Küstenstriche des Parks zu erkunden, zählen eindeutig Seekajaktouren.

Kajaktouren

Das Erlebnis, sanft durch kleine Buchten zu paddeln und sich dabei vielleicht von Robben oder Delphinen begleiten zu lassen, ist nur schwer zu toppen. Eine kurze Pause zum Baden an einem goldgelben Strand, und weiter geht es zu einem Campingplatz, wo man das Bierchen in einem Bach kalt stellt. Marahau am südlichen Ende des Parks ist das Zentrum der Kajakszene. Die meisten Veranstalter bieten ein ähnliches Programm aus ein- bis fünftägigen geführten Touren sowie „Freedom Rentals". Der Anfangsabschnitt der Kajakroute, nördlich von Marahau, trägt den Spitznamen „Mad Mile", doch der Stau löst sich relativ schnell auf.

Bei den **geführten Trips** wird das Kajakfahren normalerweise mit Wandern und Wassertaxifahrten kombiniert, zuweilen auch mit Übernachtungen und dem Besuch einer Robbenkolonie. Wer eine mehrtägige Tour unternimmt, erhält obendrein Übernachtung und Verpflegung sowie mehr Zeit für Erkundungen.

Bei den „Freedom Rentals" erhält man gewöhnlich an Land eine Einführung und wird dann in Doppelkajaks aufs Meer geschickt. Es ist nicht erlaubt, solo zu fahren oder über Abel Head am Nordende des Tonga Island Marine Reserve hinaus nach Norden vorzudringen. Die Bedingungen für das Paddeln sind normalerweise gut, sodass auch relative Anfänger keine Probleme haben sollten. Wer sich trotzdem nicht sicher ist, sollte sich für einen geführten Trip entscheiden. Die **Tagesmietpreise** liegen bei $100–120 p. P. am ersten Tag, $150 für 2 Tage. Wer das Kajak nicht zum Mietort zurückbringen möchte, paddelt nur hin und kommt mit dem Wassertaxi zurück ($250 für 3 Tage). Die meisten Veranstalter bieten außerdem den Verleih von Campingausrüstung und Abstellmöglichkeiten für Fahrzeuge und sind das ganze Jahr über tätig, allerdings mit eingeschränktem Angebot im Winter.

Anbieter von Abenteuertrips

Abel Tasman Canyons, 💻 www.abeltasmancanyons.co.nz. Das machen nicht so viele: Abseilen und sich Wasserfälle herunterstürzen, -rutschen oder zip-linen. Der Torrent River ($299 inkl. Mittagessen und Wassertaxi) bietet sich als Einstieg an. Wer möchte, kann 8 m tief springen und dann auf einem Boot von Aquapackers übernachten, bevor es zu Fuß und per Kajak weitergeht. Für Canyoning-Fortgeschrittene bietet sich der Waterfall Creek an; hier geht es den Awaroa River stromaufwärts. Sämtliche Ausrüstung wird gestellt.

Abel Tasman Charters, 💻 www.abeltasmancharters.co.nz. Startet mit zwei komfortablen Katamaranen in der Nähe von Kaiteriteri; der Fahrplan ist flexibel und kann von den Fahrgästen mitgestaltet werden (nur Nov–April). In der Regel werden Robben und der Split Apple Rock besichtigt. Es gibt auch die Möglichkeit, Kajak zu fahren, zu schnorcheln und Zeit an Land zu verbringen. Mindesttourdauer 6 Std. inkl. Mittagessen, nur Okt–April.

Sichere Parkmöglichkeit, gut ausgestatteter Laden und Gepäckaufbewahrung. ❶

Abel Tasman National Park

Im Gegensatz zu vielen anderen neuseeländischen Nationalparks bietet der Abel Tasman eine ganze Reihe von Übernachtungsmöglichkeiten, die entweder mit dem Boot oder über den Coast Track zugänglich sind. Die meisten Besucher übernachten in den vier **DOC-Hütten**, die jeweils ca. 4 Std. Fußweg voneinander entfernt an der Küste verstreut liegen. Abgehärtete Wanderer bevorzugen die **DOC-Campingplätze**, von denen sich

Abel Tasman Kayaks, 273 Sandy Bay Rd, Marahau, 🖳 www.abeltasmankayaks.co.nz. Spezialisten für Kajaktouren mit Sitz in Marahau. Halbtags- und Ganztagstouren plus Halbtagestouren zum Robbenschutzgebiet, alle mit Wassertaxifahrt am Park entlang. Außerdem Touren mit Übernachtung und Verpflegung (ab $529) sowie Kajakverleih (pro Tag $90).

Abel Tasman Sailing Adventures, 🖳 www.sailingadventures.co.nz. Segeltörns auf einem von drei Katamaranen, auch mit Wanderungen, Robbenbeobachtung und Kajakfahrten. Außerdem Touren mit Übernachtung und Bootscharter.

Abel Tasman Sea Shuttles, 🖳 www.abeltasmanseashuttles.co.nz. Wassertaxis ab Kaiteriteri sowie Rundfahrten (halber Tag $65, ganzer Tag $99). Weitere Optionen sind der Transport zu und von Awaroa Lodge and Café ($99) sowie spezielle geführte Kajaktouren zu den Inseln Tonga und Adele.

Abel Tasman Aquataxi, 🖳 www.aquataxi.co.nz. Wassertaxis ab Marahau und Kaiteriteri sowie Rundfahrten.

Golden Bay Kayaks, 🖳 www.goldenbaykayaks.co.nz. Sehr empfehlenswerter Anbieter mit Sitz am Tata Beach und der einzige, der sich auf den ruhigeren Norden des Parks spezialisiert hat. Geführte Halbtagstrips und ungeführte Trips mit Übernachtung. Auch Kajakverleih: Zweierkajaks halber Tag $120, ganzer Tag $150, Sit-on-top-Kajaks $50/2 Std.; außerdem Standup-Paddleboards $35/ Std./$45 2 Std./$60 4 Std.

Kahu Kayaks, 🖳 www.kahukayaks.co.nz. Anbieter in Marahau, der beim Kajakverleih und den organisierten Touren oft ein wenig günstiger ist als die Konkurrenz. Hier gibt es die Tour Swingers Delight ($195) mit einer Fahrt per Wassertaxi bis Torrent Bay, einer Wanderung bis Bark Bay (2 1/2 Std.), danach mit dem Wassertaxi bis Observation Beach und eine geführte Kajaktour zurück nach Marahau (3 Std.).

Kaiteriteri Kayaks, 🖳 www.seakayak.co.nz. Geführte Touren ab Kaiteriteri, z. B. eine Halbtagestour zum Split Apple Rock, eine Ganztagstour mit Wassertaxifahrt zum Onetahuti Beach, Paddeln zum Tonga Island und den Robben, Mittagessen und Paddeln zur Anchorage Bay, um von dort mit dem Wassertaxi zurückzufahren. Außerdem verschiedene Kombitouren. Das Hauptgewicht liegt auf Spaß und Nähe zur Natur.

The Sea Kayak Company, 506 High St, Motueka, 🖳 www.seakayaknz.co.nz. Der in Motueka ansässige Familienbetrieb bietet 14 verschiedene Touren von Halbtagesverleih bis zu Mehrtagesexkursionen. Im Service inbegriffen sind: Warmwasserduschen, WLAN, Parkplatz und Abholung in Motueka. Bustransfer ab Nelson.

Wilsons Abel Tasman, 🖳 www.abeltasman.co.nz. Alteingesessener Veranstalter mit breitem Angebot, u. a. einer halbtägigen Kajaktour zum Split Apple, einer fünftägigen Wandertour mit drei Tagen Wandern und zwei Tagen Entspannung bei luxuriösen Strandlodges ($2400, mit allen Mahlzeiten). Außerdem im Programm: Ausflüge auf einem geräumigen Katamaran von Kaiteriteri nach Totaranui (1–2x tgl.; 4 Std.; $99) und zurück und die Tour *Seals and Beach* (6–8 Std., $88) mit einer Fahrt um die Robbenkolonie auf Tonga Island herum und viel Zeit für die Wanderung von Tonga Quarry zum Medlands Beach und zum Baden.

insgesamt 19 an der Küste verteilen und die allesamt am Strand oder in der Nähe einer DOC-Hütte liegen (deren Einrichtungen allerdings nicht mitbenutzt werden dürfen). Das ganze Jahr über muss für alle Hütten und Zeltplätze eine **Buchung** vorgenommen werden; im Sommer sollte diese mindestens eine Woche im Voraus erfolgen. Zu Spitzenzeiten muss man damit rechnen, dass nichts mehr frei ist. Buchung online auf 🖳 www.doc.govt.nz oder bei einem i-SITE Visitor Centre. Außerdem sind private Unterkünfte vorhanden, und es werden Mehrtagestouren angeboten. Wilsons (s. Kasten) bietet 3- bis 5-tägige geführte

Wander- und Kajaktrips mit komfortabler Übernachtung in den beiden am Track gelegenen Lodges des Unternehmens (Torrent Bay und Awaroa).
Hütten: In den Hütten gibt es Wasser, Heizung, gute Toiletten, einfache, aber bequeme Etagenbetten, aber keine Kochgelegenheiten; daher einen Schlafsack, Campingkocher, Geschirr und Besteck, Lebensmittel und eine Taschenlampe mitbringen. Der Aufenthalt ist im Sommer auf maximal 2 Nächte beschränkt. ❶
Campingplätze: Auf allen 18 DOC-Plätzen gibt es Wasser und Toiletten. Wer sich für das Zelten entscheidet, muss mehr Ausrüstung mitführen und benötigt einen Riesenvorrat an Insektenschutzmittel gegen die Sandfliegen. Der Aufenthalt ist im Sommer auf zwei Nächte beschränkt. Nur auf den Zeltplätzen Anchorage und Bark Bay dürfen Lagerfeuer entzündet werden. ❶
Aquapackers, Anchorage, www.aquapackers.co.nz. Das relativ teure Hostel bietet Dorms mit Bett-zeug und DZ auf einem umgebauten Boot, das während des Sommers vor der Küste von Anchorage Bay ankert (kostenlose Fähre vom Strand zum Boot). Das Pauschalangebot beinhaltet abendliches Barbecue, ein einfaches Frühstück und BYO. ❸
Awaroa Lodge, Awaroa, www.awaroalodge.co.nz. Im Wald verborgene, mehrfach umgestaltete Lodge mit schönen Zimmern inkl. Bad, Suiten und großartigen Ausblicken auf das umliegende Feuchtgebiet. Das erstklassige Restaurant bereitet Speisen mit biologisch-organischen Zutaten aus dem eigenen Garten zu. Wanderer, Wassertaxigäste und Kurzbesucher können hier einen Kaffee am riesigen Kamin trinken. Im Sommer gibt es hinter dem Garten sogar einen Pizzaofen. Hier lässt es sich ein bis drei Tage gut ausspannen. ganzjährig; auf der Website gibt's günstige Angebote außerhalb der Saison. ❹
Totaranui Campground, Totaranui, www.doc.govt.nz. Der riesige Campingplatz mit Platz für 850 Pers. ist die einzige mit dem Auto erreichbare Übernachtungsmöglichkeit an der Küste des Abel Tasman Parks. Im Sommer wird es hier so voll, dass Stellplätze für die Zeit von Weihnachten bis Ende Januar nur online gebucht werden können. In einem separaten Bereich für Wanderer auf dem Campingplatz gibt es jedoch gewöhnlich noch ein freies Plätzchen (max. 1 Nacht). ❶

ESSEN UND UNTERHALTUNG

Karte S. 530

Kaiteriteri

The Views, 99 Martin Farm Rd, www.kimiora.com. Im Restaurant des Resorts werden gute vegetarische Gerichte serviert. Zu trinken gibt es regionale Weine, Biere und Säfte. $$
Waterfront, Inlet Rd, an der Kaiteriteri–Sandy Bay Rd, www.experiencekaiteriteri.co.nz/waterfront-restaurant. Das Waterfront bietet Strandblick von der Terrasse und ziemlich gute Mahlzeiten (einschließlich Golden Bay-Muscheln) – und das alles zu einem angemessenen Preis-Leistungs-Verhältnis. $$
The Beached Whale, Inlet Rd, www.kaiterilodge.co.nz. Familienfreundliche Partykneipe mit schmackhaftem Essen und Livemusik.

Marahau

Fat Tui, 11 Marahau Valley Rd, bei Kahu Kayaks, 03 527 8420. An diesem Imbisswagen werden leckere Fish 'n' Chips, Salate und wunderbare Hamburger (z. B. mit marokkanischem Lammfleisch) an die zufriedene Laufkundschaft verkauft. $$
Park Café, 350 Sany Bay Kaiteriteri Rd, www.parkcafe.co.nz. Legendäres Café für erschöpfte Wanderer am Eingang zum Abel Tasman National Park. Das Park Café bietet gutes Mittagessen, aromatischen Kaffee, erfrischendes Bier und köstliches Abendessen sowie leckere Desserts. Das frische Bio-Gemüse wächst im Garten. Donnerstags Open Mic und Samstagabend meist Livemusik. $$

INFORMATIONEN

Die Hauptinformationsquellen zum Abel Tasman National Park sind die **i-SITEs** von Nelson, Motueka und Takaka, wo Boote, Kajaks, Hütten- und Camping-Tickets, Transportmittel und Unterkünfte reserviert werden können. An den Parkeingängen von Marahau und Totaranui gibt es zudem **unbesetzte DOC-Unterstände** mit Gezeitentabellen und Sicherheitshinweisen.

TRANSPORT

Der Zugang zum Abel Tasman National Park erfolgt im Allgemeinen zu Fuß oder mit dem Boot, doch es führen auch zwei Straßen zu den Eingängen, im Süden nach Marahau und im Norden nach Totaranui.

Busse

Die besten Busverbindungen in der Region bieten **ScenicNZ Abel Tasman**, Nelson, www.scenicnz.co.nz, deren Busse 2x tgl. zwischen Motueka, Kaiteriteri und Marahau verkehren. Eine praktische Verbindung bietet der Bus, der um 7.30 Uhr in NELSON abfährt und Motueka (1 Std.) sowie Marahau (1 3/4 Std.) ansteuert. Wer mag, kann von hier ein Boot zu Zielen im Park nehmen.
Die Busse von **Golden Bay Coachlines**, www.goldenbaycoachlines.co.nz, verkehren zwischen Takaka und Motueka (tgl. 12.15 Uhr) sowie von Totaranui bis Motueka und weiter bis Nelson.

Wassertaxis

Mithilfe der Wassertaxis ab KAITERITERI und MARAHAU lassen sich ausgesuchte Abschnitte des Tracks abwandern, oder man kann sich einfach zu einem Strand schippern lassen und später wieder zurückfahren.
Haltestellen sind die 6 Strände an der Küste – **Anchorage**, **Torrent Bay**, **Bark Bay**, **Onetahuti**, **Awaroa** und **Totaranui**. Es gibt hauptsächlich 3 Anbieter, die fahrplanmäßig 2–5x tgl. vom Südende des Parks nach Totaranui und zurück fahren und sich auch preislich kaum unterscheiden.
Am besten nimmt man einfach, was einem am besten in den Reisezeitplan passt, oder man wendet sich direkt an **Aquataxi** www.aquataxi.co.nz.

Golden Bay

An der Nordwestspitze der Südinsel beschreibt die **Golden Bay** einen eleganten Bogen vom nördlichen Rand des Abel Tasman National Park bis zum **Farewell Spit**, einem Sandstreifen, der 25 km weit ins Meer hinausragt und eine faszinierende Tierwelt beheimatet. Auf drei Seiten von bewaldeten Bergen eingeschlossen, konnte sich die traumhafte Bucht dank ihrer Unzugänglichkeit viel von ihrer Ursprünglichkeit bewahren.

Die Wainui Bay, etwas östlich von **Takaka**, dem Hauptort an der Golden Bay, ist wahrscheinlich der Ort, an dem Abel Tasman das erste Mal vor der neuseeländischen Küste vor Anker ging und sich damit als erster Europäer in Aotearoa einen Platz in den Geschichtsbüchern sicherte.

Der **Takaka Hill** schirmt die Gemeinden in der Bucht nach außen hin ab, hält ihre Größe überschaubar und erklärt zum Teil auch ihren Geist der Unabhängigkeit und die Tatsache, dass sich so viele Kunsthandwerker, Künstler und andere Menschen auf der Suche nach einem alternativen Lebensstil von der Gegend angezogen fühlen. Besonders beliebt war und ist die Golden Bay bei deutschsprachigen Migranten, die 3–4 % der 5250 Bewohner ausmachen. Sonnig, schön und voller faszinierender Sehenswürdigkeiten, lohnt die Golden Bay sicher einen mehrtägigen Aufenthalt und verführt Besucher auch durchaus zum längeren Verweilen.

Takaka Hill

Ngarua Caves Okt.–April tgl. 10–16 Uhr ▪ Eintritt ▪ 45-min. Führungen immer zur vollen Stunde
Die einzige Verbindung zur Golden Bay außer per Flugzeug ist der durchgehend asphaltierte, aber sehr kurvenreiche SH60 über den **Takaka**

Hill am Rande des Abel Tasman National Park. Während der Fahrt bieten sich prächtige Aussichten auf die Berge und die Meereslandschaft zwischen Nelson und D'Urville Island. Auf dem Takaka Hill, etwa 20 km nördlich von Matueka, finden Führungen durch die **Ngarua Caves** statt, eine Höhle mit beleuchteten Tropfsteinformationen und Moa-Skeletten, die durch die Löcher in der Deckenhöhle hier reingefallen sind.

Harwoods Hole

Zugang von der Canaan Rd, 500 m nördl. der Ngarua Caves

Die unbefestigte Canaan Road führt nach 11 km zu einem Parkplatz. Von hier gelangt man zum **Harwoods Hole**, einem riesigen Höhlenschacht von 176 m Tiefe und über 50 m Durchmesser, der die Verbindung zu einem ausgedehnten Höhlensystem mit der schön ausgeleuchteten Starlight Cave bildet. An den Rand des landesweit tiefsten senkrechten Schachts führt ein Wanderweg (5,8 km hin und zurück, 1 1/2 Std., größtenteils eben) durch Buchenwald und dann ein ausgetrocknetes Flussbett entlang bis zum Hole. Es gibt weder eine Aussichtsplattform noch Schutzgeländer, und nur besonders Tollkühne wagen sich an den Rand des Schachts! Ein Gelände an der Canaan Road, 3 km vor dem Parkplatz, war einer von mehreren Drehorten der Gegend für *Herr der Ringe* und die Hobbit-Filme.

Rameka Track

5 km, 3 Std. einfach, 750 m Abstieg

Mountainbiker haben hier oben die Qual der Wahl: Am Parkplatz am Ende der Straße beginnt der tolle **Canaan Downs Track**; der ausgeschilderte **Rameka Track** folgt einer der ersten vermessenen Strecken ins Takaka Valley. Unterwegs führt er durch das mit einheimischen Bäumen bepflanzte Gebiet Great Expectations. Wer Glück hat, findet unten einen netten Autofahrer, der ihn wieder mit auf den Berg nimmt.

Takaka und Umgebung

Der kleine Ort **Takaka** knapp 60 km nördlich von Motueka ist mit 1500 Einwohnern die größte Siedlung an der Golden Bay und richtet sich zunehmend auf Sommertouristen aus, dient aber nach wie vor auch als Versorgungszentrum für einheimische Farmer. Richtung Nordwesten führt der SH60 parallel zur wunderschönen Bucht über Collingwood zum Farewell Spit. Östlich der Stadt windet sich der Abel Tasman Drive am sicheren Badestrand **Pohara** und einigen kleineren Sehenswürdigkeiten vorbei zum nördlichen Abschnitt des Abel Tasman National Park.

Das Herz von Takaka schlägt in der Commercial Street (SH60), wo Golden Bay Organics (Nr. 47), das Wholemeal Café (Nr. 60) und die Monza Gallery (Nr. 25) einen guten Eindruck vom Geist des Ortes vermitteln.

Golden Bay Museum

73 Commercial St ▪ ⌚ Mo–Fr 10–16, Sa und So 10–13 Uhr ▪ Eintritt gegen Spende

Das **Golden Bay Museum** zeigt ein detailliertes Diorama von Abel Tasmans Landung in der Wainui Bay (1642) und alle möglichen Stücke von Kontaktlinsen aus den 1950er-Jahren bis hin zum Skelett eines Pilotwals. Außerdem behandelt es die Geschichte der Maori und der Wirtschaft der Gegend.

Te Waikoropupu Springs

4 km nördlich von Takaka, abseits des SH60

Die **Te Waikoropupu Springs** sind die größten Süßwasserquellen in Neuseeland. Zwischen alten Goldstollen und nachwachsendem Wald verstecken sich Unmengen von kristallklarem Süßwasser (Austrittsmenge durchschnittlich 14 m^3 pro Sekunde); eine Quelle erzeugt die Dancing Sands, so genannt, weil der vom aufsprudelnden Wasser bewegte Sand regelrecht zu tanzen scheint. Daran entlang führt ein Weg, der zu einem Spaziergang einlädt (hin und zurück 1 km, 30 Min.). Es geht durch leicht bewaldetes Gebiet, vorbei an den Fish Creek Springs. In diesem riesigen artesischen Quellsystem staut sich das Grundwasser bis zu zehn Jahre lang.

Anatoki Salmon

230 McCallum Rd, 6 km südöstlich von Takaka ▪ ⌚ Weihnachten–Feb tgl. 9–18, März–Dez Mo–So 9.30–16 Uhr ▪ Eintritt frei ▪ 💻 www.anatokisalmon.co.nz

Bei **Anatoki Salmon** können Besucher in der Zuchtstation aufgezogenen Fisch angeln. Man zahlt nur für den Köder und das, was man fängt ($28/kg Königslachs). Der gefangene Fisch kann als Sashimi zubereitet, geräuchert oder gegrillt und anschließend vor Ort verzehrt oder auch mitgenommen werden. Wer beim Angeln so gar kein Glück hatte, kann im Café mit Schanklizenz alles kaufen, was mit Lachs zu tun hat.

Zur Anlage gehört auch der urige Farmpark **Anatoki Tame Eels** (dieselben Öffnungszeiten). Die Stars sind hier die Anatoki-Aale, die frei im Fluss leben, aber seit 1914 gefüttert werden. Sobald man Futter an einem Stock ins Wasser hält, tauchen die dicken schwarzen Aale auf. Wer den Lamas, Eseln, Emus, Frischlingen, Kaninchen, Jaks und anderen Tieren eine Freude machen will, kauft etwas Futter für sie. Im Eels Café gibt es hervorragenden Kaffee und leckere Snacks.

Abel Tasman Drive

Östlich von Takaka führt der **Abel Tasman Drive** zunächst vorbei an der kleinen, am Wasser gelegenen Siedlung Pohara und dann weiter bis zu den Zugangspunkten zum Abel Tasman Coast Track: Awaroa und Totaranui.

Rawhiti Cave

3 Std. hin und zurück ▪ Infoblatt beim DOC

Vom Abel Tasman Drive führt die Packards Road zu einem ausgeschilderten Weg, der bei nassem Wetter gefährlich rutschig sein kann. Vom Parkplatz aus überquert man den Dry River und folgt dem Weg (1 Std.) bis zu einer Aussichtsplattform über der **Rawhiti Cave**. In deren gähnendem Schlund sind unzählige Stalaktiten zu bewundern. Wanderschuhe anziehen, Taschenlampe und Ersatzbatterien mitnehmen.

Grove Scenic Reserve

7 km von Takaka ▪ 🕒 unbeschränkter Zugang ▪ Eintritt frei

In Takaka ist das tolle **Grove Scenic Reserve ausgeschildert**. An diesem mystisch anmutenden Ort, der direkt aus der Artussage stammen könnte, sprießen mächtige Rata-Bäume aus eigenartig geformten Kalksteinfelsen empor. Ein zehnminütiger Spaziergang führt zu einem schmalen Spalt in einer Felswand, wo ein Aussichtspunkt weite Ausblicke auf die Küste und Strände in der Umgebung von Pohara freigibt.

Tarakohe Marina

Pohara, 10 km östlich von Takaka, bietet ein paar Unterkünfte und Lokale sowie einen Sandstrand und in Tarakohe einen Bootsanleger gegenüber einer hässlichen ehemaligen Zementfabrik. Hier starten die Locals ihre Boote zwischen den vor Anker liegenden Fischerbooten und Jachten. Mit Nistkästen an der Mole locken Umweltschützer die kleinen blauen Pinguine ans Ufer und verhindert so, dass sie zum Nisten die Straße überqueren müssen.

Gleich um die Ecke liegt die Ligar Bay, wo sich goldener Sand ausbreitet und sich die kleine Lagune als perfekter Ort präsentiert, um in mondlosen Sommernächten die Biolumineszenz zu beobachten. Dahinter folgt **Tata Beach** und ein Stück weiter führt ein kurzer Abzweig zum Parkplatz und zum Ausgangspunkt für die Wanderung zu den **Wainui Falls** (40 Min. hin und zurück), wo Nikau-Palmen die Ufer des Flusses beschatten. Wer die hängende Brücke hinter sich gelassen hat, wird schon den Gischtvorhang bemerken, der die hübschen Wasserfälle umgibt. An heißen Tagen ist dieser kühle, schattige Ort ein Paradies, geschützt vor der Sonne unter der dschungelartigen Vegetation. Das Palmville Café in einem privaten Garten neben dem Parkplatz ist nur im Sommer geöffnet (🕒 10–17 Uhr) und serviert großartigen Eiskaffee, getoastete Sandwiches nach türkischer Art und frisch gebackene Leckereien. Gäste dürfen ihr eigenes Picknick mitbringen und auf dem Rasen unter Palmen verzehren.

Tui Community

Die McShane Road zur Wainui Bay passiert die **Tui Community**, eine spirituelle Kommune, die in den frühen 1980er-Jahren an der Golden Bay gegründet wurde, und endet gleich hinter dem Eingangstor der Kommune am nördlichsten Zugangspunkt zum Abel Tasman Coast Track. Ein paar Kilometer davor zweigt die kurvenreiche Totaranui Road zum Awaroa Estuary und zum goldenen **Totaranui Beach** ab. Hier beim Totaranui Campground (S. 536) starten oder beenden viele Besucher ihre Küstenwanderung.

ÜBERNACHTUNG

Die Golden Bay gilt sowohl bei Kiwis als auch bei ausländischen Touristen als beliebtes Ferienziel. Dementsprechend gibt es in und um Takaka viele gute Unterkünfte, vom Hostel bis zur schicken Lodge. Die Campingmöglichkeiten reichen von großen, offiziellen Plätzen bis zu kleinen Stellplätzen am Straßenrand, wo man sein Wohnmobil über Nacht parken kann.

Takaka

Autumn Farm Lodge, 3 km südlich von Takaka, Central Takaka Rd nahe dem SH60, www.autumnfarm.com. LGBTQ-Lodge mit FKK, Heteros willkommen. Lodge-Zimmer, Cabins, Dorm, Campingplatz und Pool in weitläufiger Anlage mit Gemeinschaftseinrichtungen. Reservierung wird im Sommer dringend empfohlen. ❶

Golden Bay Motel, 132 Commercial St, www.goldenbaymotel.co.nz. Gepflegtes kleines Boutiquemotel mit eigenen Parkplätzen und unschlagbar preisgünstigen, großzügig bemessenen, gemütlichen und sauberen Zimmern, 3 Fußminuten vom Zentrum entfernt. Eingeschränktes WLAN kostenlos. Studio und Motel Units ❷

Kiwiana, 73 Motupipi St, www.kiwianabackpackers.co.nz. Sehr gepflegtes und gut geführtes Hostel in einer großen Villa. Pool-Billard und Tischtennis, Grillbereich/Küche auf der großen Terrasse im gepflegten Garten, außerdem kostenlose Fahrradbenutzung. ❶

Mohua Motels, SH60, am südlichen Ortseingang, www.mohuamotels.com. Moderne Motel-Apartments für Selbstversorger am Stadteingang. Alles Nötige für einen angenehmen Aufenthalt gibt es in direkter Umgebung. ❷

Shady Rest, 139 Commercial St, www.shadyrest.co.nz. Hübsches, zentral gelegenes B&B in einem alten ehemaligen Arzthaus. Gemütliche, holzvertäfelte Zimmer mit Bad. Reichhaltiges Frühstück, solarbeheiztes Bad draußen und hübscher Garten bis hinunter zu einem friedvollen Bach. ❸

YHA Golden Bay, 25 Motupipi St, www.yha.co.nz. Engagiert geführte Jugendherberge in der Stadt mit gemütlicher Atmosphäre, 2 Küchen, schönem Garten mit vielen Sitzgelegenheiten und Plattenspieler, kostenlosen Fahrrädern und Privatzimmern (darunter 3 attraktive Garten-DZ). ❶

Umgebung von Takaka

Adrift, 52 Tukurua Rd, 17 km nördlich von Takaka, www.adrift.co.nz. 5 wunderhübsche Cottages für Selbstversorger und ein Studio, alle schick und modern eingerichtet, mit direktem Zugang über den Rasen zum Strand. Alle Zimmer haben Meerblick, toll für ein entspanntes Frühstück im Bett! Es gibt Doppel-Whirlpools und eine kleine Pinguinkolonie – hier möchte man nie wieder weg! ❸

Golden Bay Hideaway, 220 Mc Shane Rd, Wainui Bay, 23 km östlich von Takaka, www.goldenbayhideaway.co.nz. Wunderbares Plätzchen nahe dem nördlichen Ende des Abel Tasman Coast Track. 2 ökofreundliche Häuser, ein „Hippie"-Haus für 4 Pers. und ein schöner Wohnbus. Großartige Ausblicke, ein Bad draußen und Zutaten für Frühstück und Abendessen runden das tolle Angebot ab. ❸

Mohua Motels, 22 Willow St, www.mohuamotels.co.nz. Zu Recht beliebtes Budget-Hotel direkt am Fluss südlich von Takaka mit modernen, geräumigen Studios und Suiten – teilweise mit stylischen Bädern und Balkonen mit Blick in die weite Landschaft. ❷

Pohara Beach Top 10 Holiday Park, 809 Abel Tasman Drive, www.poharabeach.com. Beliebter, gut ausgestatteter Campingplatz am Strand mit verschiedensten Unterkünften, auch Cabins, hervorragenden Gemeinschaftseinrichtungen und sehr hilfsbereiten Betreibern. ❷

Ratanui Lodge, 818 Abel Tasman Drive, Pohara Beach, 10 km östlich von Takaka, www.ratanuilodge.com. Bezaubernder Hotelkomplex im Grünen, nur einen Steinwurf vom Meer entfernt. Nur 10 Zimmer, von denen jedes auf den blumenbestandenen Garten des Hotels hinausgeht. Das Restaurant serviert traditionelle Gerichte mit lokalen Zutaten. ❸

Shambhala, SH60, 16 km nördlich von Takaka in Onekaka, www.shambhala.co.nz. Einladendes, spirituell angehauchtes Hostel mit kostenlosen Yoga- und Meditationsstunden, 2 km einen Weg hinunter, der fast genau gegenüber vom Mussel Inn abzweigt, von wo Gäste abgeholt werden können. Dorms im Haupthaus, außerdem geräumige 2-Bettzimmer und DZ mit schönem Meerblick in separatem Gebäude mit solarbeheizten Duschen und Kompostklos. Schöner verwilderter Garten, Teepavillon mit Grillplatz und Strandzugang. Juni–Okt geschl. ❶

Totaranui Campground, 26 km östlich von Takaka. Großer, sehr beliebter Campingplatz im Abel Tasman National Park, mit Laden, Wasseranschluss, Toiletten, Picknicktischen und kalten Duschen. Unbedingt vorausbuchen! ❶

Waitapu Bridge, 4 km nördlich von Takaka am SH60. Kostenloser Campingplatz am Fluss für Wohnmobile mit eigener Toilette. Höchstaufenthalt 2 Nächte. ❶

ESSEN, UNTERHALTUNG UND KULTUR

In Takaka gibt es einige gute Lokale, weitere ein paar Kilometer außerhalb. Drinks und Musik sind am besten im Wholemeal Café, Roots, Dada Manifestó und Mussel Inn.

Takaka

Bay Takeaway, 65a Commercial St, www.facebook.com/baytakeaway. Ein richtig guter Fish-and-Chip-Laden – und das in Neuseeland! (keine Selbstverständlichkeit). Auch frischer Fisch für Grillabende oder Selbstversorger. $

Dada Manifestó, 90 Commercial St, www.dadamanifesto.co.nz. Charaktervolles Restaurant mit kleiner Speisekarte mit sehr fein angerichtetem Rinderschmorbraten, Lammspießen, wöchentlicher Pasta vom Küchenchef und würzige Auberginen. Es gibt auch gute Fischgerichte und das Lokal eignet sich auch hervorragend nur für einen Drink. $$

Dancing Sands Distillery, 46a Commercial St, (ein Stück die Hoddy Lane hoch) im Stadtzentrum, www.dancingsands.com. Die Stadtbrennerei stellt feinen Wodka, Gin und Rum her und verwendet dabei Quellwasser aus den reinsten Quellen der Welt. Außerdem gibt es einen Weltklasse-Whisky, Rum, der die meisten karibischen in den Schatten stellt, sowie außergewöhnliche Liköre und Sekt mit Manuka-Honig zubereitet. $

Dangerous Kitchen, 46a Commercial St, www.thedangerouskitchen.co.nz. Großes, preisgünstiges, sehr beliebtes Café mit Tischen unter freiem Himmel, spezialisiert auf exotische Pizza-Varianten, Wraps, gutes Frühstück und Salate. Auch Gerichte zum Mitnehmen. $$

De-Lish Delicatessen, 30 Commercial St, www.facebook.com/delish.delicatessen. Dieses hervorragende Feinkostgeschäft macht seinem Namen alle Ehre und serviert fantastische herzhafte und süße Torten, Sandwiches, Kuchen, Salate etc. Der angebotene Schinken und der Käse eignen sich perfekt zum Mitnehmen für ein Picknick. $

Kiwi Spirit Distillery, 430 Abel Tasman Drive, in Motupipi 4 km von der Stadt entfernt, www.kiwispirits.co.nz. Neue große Brennereianlage von Kiwi Spirit. Terry Knight wird hier von der landesweit einzigen Frau in der Branche unterstützt. Ihr Ziel: etwas von der natürlichen Vielfalt der Golden Bay in Flaschen abzufüllen. Die Verwendung von reinstem Wasser aus der tiefsten Wasserschicht von Takaka hat ihren mit Honig aromatisierten Waitui Whisky, den goldhaltigen Wodka Juijui und ihr Tonic Bite Me mit Manuka-Honig und Cideressig zu Exportschlagern gemacht. Berühmt werden dürften die beiden auch wegen ihrer großen Plantagen mit Blauagaven und Tequiliana, die allein schon eine Attraktion sind. Unbedingt probieren: ihren superweichen Tequila Te Kiwi; er ist der einzige außerhalb Mexikos hergestellte Tequila dieser Art. $

Roots Bar, 1 Commercial St, www.rootsbar.co.nz. Ein liebevoll zubereiteter Feinschmecker-Burger nach Kiwi-Art sowie Bier und Cider von Sprig & Fern in Nelson, zu genießen rund um einen offenen Kamin. Dazu ertönt Reggae, Roots oder Drum 'n' Bass. Am Wochenende spielen bis spät in die Nacht Bands oder legen DJs auf (meist frei, manchmal wird Eintritt verlangt). $

Village Theatre, 32 Commercial St, www.villagetheatre.org.nz. Kleines, unkommerzielles Kino, spielt Arthouse-Filme und Blockbuster. Für Liveaufführungen s. Website.

Wholemeal Café, 60 Commercial St, www.wholemealcafe.co.nz. Eine Institution in Takaka, die immer für ein halbes Stündchen bei Kaffee und Kuchen gut ist. Pizza, bunte und gesunde Salate, Fisch-, Fleisch- und vegetarische Gerichte im geräumigen Speisesaal dieses ehemaligen Kinos oder auf der Terrasse. Alkoholausschank. $

Umgebung von Takaka

Molly B's Café and Bar, 800 Abel Tasman Drive, Pohara, www.facebook.com/MollyBs.22. Die mit Fransen verzierten Lampenschirme erinnern vielleicht an Omas Wohnzimmer zuhause, aber diese freundliche Bar und das Restaurant haben durchaus eine eigenwillige und sympathische Atmosphäre und (angesichts der fairen Preise) überraschend hochwertiges Essen, wobei die fantastische Meeresfrüchtesuppe und der Hähnchenburger besonderes Lob verdienen. $$

Mussel Inn, 1259 Takaka-Collingwood Hwy, 16 km nördlich von Takaka, www.musselinn.co.nz. Ein absolutes Muss – schönes Holzgebäude im Grünen, eingerichtet mit handgefertigten, aber gemütlichen Holzmöbeln und Werken einheimischer Künstler. Hier kann man essen, Wein, Cidre oder hausgebrautes Bier trinken, lesen, Schach spielen oder Livemusik hören. Aufgetischt wird stets einfaches, frisches und gesundes Essen (keine Fritten), Tipps: frisch gedämpfte Muscheln mit würzigem Knoblauchbrot, Pasteten, offene Burger mit Fisch, Fleisch oder Falafel sowie sehr guter Kuchen. Im Winter flackert ein gemütliches Kaminfeuer. $$

Takaka Infusions Street Life Café, 792 Abel Tasman Drive, Pohara Beach, 10 km östlich von Takaka, 042 7766 0927. Angesichts des Mangels an „Straßenleben" auf dieser ruhigen Strandstraße ist der Name dieser Hütte (auf einem Spa-Parkplatz) eher seltsam. Sie ist jedoch bei den Locals ausgesprochen beliebt, vor allem wegen ihres erstklassigen Kaffees und ihrer leichten Snacks – Bananenpfannkuchen, Gemüsequiches und Ähnliches. $

Toto's Café & Pizzeria, Totoranui Rd, Wainui Bay, 20 km östlich von Takaka, davon 2 km über eine Schotterstraße, www.facebook.com/totoscafepizzeria. Cob-Café und Galerie, mit Wasserkraft betrieben, fantastische Ausblicke. Die hervorragende Pizza kommt aus dem Lehmofen. Gut ist auch der Anatoki-Räucherlachs mit frischem Oregano aus dem Blumenbeet. Wunderbar an einem schönen Tag, bietet aber bei Wetterumschwung nicht genug Schutz. $$

SONSTIGES

Fahrradverleih

Die meisten Hostels verleihen kostenlos Fahrräder an ihre Gäste.

The Quiet Revolution, 11 Commercial St, 03 525 9555. Stadträder $25/Tag, vollgefederte Räder für den Gebrauch abseits der Straßen $55–75/Tag. Außerdem wird hier die Broschüre *Fat Tyre Fun* ($3) verkauft mit über einem Dutzend erstklassiger Mountainbikestrecken in der Golden Bay. Sa nachmittags und So geschl.

Informationen

Golden Bay Visitor Centre, am SH60 (von Süden kommend bei der Ortseinfahrt), www.goldenbay.co.nz. Buchungsservice für die Hütten im Nationalpark und Organisation von Mietwagen.

DOC, 62 Commercial St, 03 525 8026. Hier gibt's sämtliche Auskünfte zum Wandern, Radfahren, Angeln in der Umgebung und zum Thema Umweltschutz. Die zuverlässigen Mitarbeiter kennen den aktuellen Zustand der Wegstrecken und geben Tipps.

Ostern–Dez Mo–Fr 10.30–12.30 und 13.30–15, Dez–Ostern 9–16 Uhr.

Internet

Takaka Memorial Library, 3 Junction St, 03 525 0059. Bietet neben Terminals 1 Std. kostenloses WLAN. Mo–Do 9.30–17, Fr 9.30–18, Sa 9.30–12.30 Uhr.
Unlimited Copies, 29 Commercial St.
Auch die Telefonzellen von Spark am nördlichen Ende der Geschäfte verfügen über einen WLAN-Zugang.

TRANSPORT

Busse

Golden Bay Coachlines, www.goldenbaycoachlines.co.nz, fährt von Nelson via Takaka nordwärts nach Collingwood und zum Heaphy Track sowie Richtung Osten nach Totaranui. In Takaka halten die Busse beim i-SITE am SH60.

Busse nach:
COLLINGWOOD 2x tgl., 20 Min.;
HEAPHY TRACK 1x tgl., 1 Std.;
MOTUEKA 1x tgl., 1 1/4 Std.;
NELSON 1x tgl., 2 1/4 Std.;
TOTARANUI 1x tgl., 1 Std.

Flüge

Golden Bay Air, www.goldenair.co.nz, fliegt nach WELLINGTON (1–4x tgl., 50 Min.), NELSON (1x tgl., 30 Min.) und KARAMEA (1x tgl., 30 Min.).

Collingwood und Umgebung

Collingwood Museum und Aorere Centre, tgl. 9–18 Uhr ▪ Eintritt gegen Spende

Die nördlichste nennenswerte Siedlung in der Region der Golden Bay ist **Collingwood** auf einem Streifen Land zwischen dem offenen Meer und dem Ruataniwha Inlet. Der Ort besteht aus kaum mehr als einem Laden, zwei Cafés, einem netten Pub und einigen Unterkünften. Er ist vor allem als Basis für Touren zum **Farewell Spit** (s. Kasten S. 544) von Interesse. Dabei war das heutige Collingwood in den 1850er-Jahren sogar kurzzeitig als neuseeländische Hauptstadt im Gespräch. Es wurden bereits Straßenpläne angefertigt, doch mit dem langsam versiegenden Gold schwand auch der Enthusiasmus. Über die Details unterrichten das **Collingwood Museum** und das **Aorere Centre**. Letzteres präsentiert anhand von Multimedia-Displays naturkundliche und kulturhistorische Informationen.

Devil's Boots

Südwestlich von Collingwood zieht sich das Aorere Valley zum Beginn des Heaphy Tracks. Nach 7 km stützen zwei Kalksteinsockel zu beiden Seiten der Straße einen bizarren Felsüberhang, **Devil's Boots** genannt, weil sein Aussehen an zwei Füße erinnert, die aus dem Boden emporragen und an ihren Sohlen mit Sträuchern bewachsen sind. 4 km weiter beginnt am Ende der Carter Road der schöne **Kaituna Track** (2 Std. hin und zurück), ein Waldweg vorbei an alten Goldwaschanlagen zu den Kaituna Forks.

Langford's Store

Bainham, 18 km südwestlich von Collingwood ▪ 2. Weihnachtsfeiertag–Ostern tgl. 9–18, sonst Sa–Do 8.30–16.30 Uhr, Juli und Aug geschl.

Der wundervolle **Langford's Store** ist eine Kombination aus Lebensmittelladen und Postamt und wurde 1928 von den Vorfahren der heutigen Besitzer erbaut. Hier scheint sich seitdem wenig verändert zu haben: Die Betreiber halten sogar die handbetriebene Rechenmaschine für zu modern und stellen die Rechnung lieber auf Papier aus. Außerdem gibt es hier guten Kaffee oder Devonshire-Tee und Kuchen, die im Garten hinter dem Haus oder im musealen Lagerraum genossen werden können. Allein wegen der freundlichen Besitzer lohnt schon der Besuch. Schwimmen kann man in den beliebten **Salisbury Falls**, 5 km von hier.

ÜBERNACHTUNG

Collingwood Holiday Park, 6 William St, Collingwood, www.collingwoodholidaypark.co.nz. Ein traditioneller, einfacher Campingplatz, im Sommer sehr voll (vorausbuchen!), mit

Touren zum Farewell Spit

Eine Tour zum Farewell Spit, etwa 22 km nördlich von Collingwood, ist etwas typisch Neuseeländisches, das man nicht versäumen sollte. Zur Zeit der Recherche war allerdings nur ein Tourveranstalter empfehlenswert.

Farewell Spit Eco Tours, Tasman St, Collingwood, 💻 www.farewellspit.com. Dieser Veranstalter ist seit 1946 im Gewerbe. Die *Farewell Spit Eco Tour* (6 1/2 Std.) führt in einem Allradfahrzeug über die sandige Landspitze bis zum Leuchtturm. Unterwegs werden die interessanten Kommentare mit lokalen Überlieferungen gewürzt. Tagsüber bekommt man jede Menge Vögel, Robben (und manchmal auch Seelöwen) und Fossilien zu sehen, erklimmt eine gigantische Sanddüne und sieht bei Ebbe Schiffswracks aus dem Schlick ragen.

Die eher ökologisch ausgerichtete *Gannet Colony Tour* (6 1/2 Std.) beinhaltet einen Großteil der oben genannten Attraktionen und wird durch einen 20-minütigen Spaziergang zur großen Tölpelkolonie am äußersten Ende der Sandbank ergänzt.

Die Touren finden ganzjährig statt, wobei die Abfahrtszeiten gezeitenabhängig sind (der Website entnehmen!). Auf beiden Touren bekommt man gegen Aufpreis auch Mittagessen.

einigen Holzcabins und sehr viel schickeren Selbstversorger-Units. ❶

Collingwood Park Motel, 1 Tasman St, Collingwood, 💻 www.collingwoodpark.co.nz. Preisgünstige Units auf einem kleinen, modernen, zentral gelegenen Gelände an der Flussmündung. Im schotenförmigen „Eco Pod" können 2 Pers. urig übernachten. Die Zimmer sind gemütlich und sauber, die Betreiber freundlich. ❷

Station House Motel, 7 Elizabeth St, Collingwood, 💻 www.accommodation collingwood.co.nz. Ein schlichtes, preisgünstiges Hotel in einem charmanten mintgrünen Bungalow mit ein paar freistehenden Cottages, die sich zu einer Rasenfläche hin öffnen. Außerdem gibt es kleinere Studiozimmer, von denen eines über ein Esszimmer verfügt. ❷

Te Hapu Coastal Cottages, 429 Te Hapu Rd, Collingwood 7073, 💻 www.tehapu.co.nz. Die spektakuläre Anlage mit einer Fläche von rund 400 ha bietet Karstlandschaft und 8 Strände. Das Erkunden dieses unverfälschten Küstenabschnitts ist ein wunderbares Erlebnis. Besonders beeindruckend sind die Rockpools auf der weitläufigen Felsebene bei Niedrigwasser. Es gibt 3 Unterkunftsmöglichkeiten mit insgesamt 15 Betten: Chalet, Cottage und Shearing Shed Retreat in jeweils einzigartiger Lage. ❷

Westhaven Retreat, 336 Te Hapu Rd, Westhaven Inlet, 💻 www.westhavenretreat.com. Traumhafte Lodge auf einer bewirtschafteten Farm, die auf einer spektakulären Halbinsel liegt. Es gibt 5 luxuriöse Zimmer und 2 große Luxussuiten, alle mit großartigem Blick auf das Tai Tapu Marine Reserve und den Kahurangi National Park. In dem Übernachtungspreis eingeschlossen sind reichliches Frühstück, Picknick-Lunch, nachmittags Tee mit selbst gemachtem Kuchen, abends 4-Gänge-Menü und Aktivitäten. Beheizter Hallenpool und Whirlpool. Luxus pur fernab von der Welt! ❹

ESSEN

Collingwood Tavern, Tasman St, Collingwood, 💻 www.tinkystavern.co.nz. In dieses exzellente Bistro kommen gern die Einheimischen, denn es gibt ausgezeichnete Fish 'n' Chips und Gerichte. Diese verzehrt man entweder drinnen am Tisch oder draußen auf der überdachten Veranda mit herrlichem Blick auf das Ruataniwha Inlet. Äußerst freundliches Personal. $$

Courthouse, 11 Elizabeth St, Collingwood, 💻 www.thecourthousecafecollingwood.com. In dem kleinen, bei Einheimischen und Besuchern beliebten Café gibt es Tresenessen und ein paar Spezialitäten, z. B. gegrillten

Halloumi-Käse mit Kapernsalsa. Abends machen sie Gourmet-Pizza zum Mitnehmen. $$

Old School Cafe and Restaurant, 1115 Collingwood-Puponga Main Rd, ✆ 03 524 8457. Die ehemalige Schule ist jetzt eine Kombination aus Café, Bar und Restaurant am Strand. Geboten werden einfache, aber sehr gut zubereitete Gerichte wie z. B. Steak und Pizza sowie eine ansehnliche Auswahl an Getränken. Die freundlichen Besitzer verleihen dem alten Klassenzimmer und dem vor der Sonne geschützten Schulhof ein besonderes Flair. $$

Die Straße zum Farewell Spit

Nördlich von Collingwood umrundet die Straße das Ruataniwha Inlet und passiert nach 10 km das Hostel The Innlet (S. 547). Anschließend folgt die Straße weiter der Küste, bis nach 11 km der Ort **Puponga** an der Nordspitze der Südinsel erreicht ist. Eine Übernachtungsmöglichkeit bietet hier das Farewell Gardens Motor Camp. 2 km weiter befindet sich der **Puponga Farm Park**, eine öffentlich zugängliche Schaffarm; nähere Informationen sind im Visitor Centre erhältlich.

Farewell Spit

Vom Puponga Farm Park eröffnen sich schöne Ausblicke auf die Landzunge **Farewell Spit**, die sich über 26 km nach Osten erstreckt und oft mit Treibholz und Baumstämmen übersät ist, die von der Westküste hochgeschwemmt wurden. Ihren Namen erhielt sie 1770 von Kapitän Cook, der damit das Ende seines Besuchs markierte.

Die riesige Sandbank ist ein international bedeutendes **Naturschutzgebiet** mit einer Vielzahl an Lebensräumen für Vögel: Salzsumpf, offenes Watt, Frisch- und Brackwasserseen und Sanddünen.

Mit über 100 Vogelarten, darunter Keas und Löffler, gilt Farewell Spit als Paradies für Ornithologen. Jedes Jahr legen Tausende von Watvögeln – z. B. Uferschnepfen, Große Brachvögel und Regenpfeifer – die 12 000 km lange Strecke von Sibirien zurück, um dem harten arktischen Winter zu entgehen. Auf der Sandbank leben Kolonien von brütenden Raubseeschwalben. Außerdem kann man Falken, Wekarallen, Große Raubmöwen (Skuas) sowie eine große Anzahl von Trauerschwänen erspähen. Auf andere Tierarten scheint die Sandbank dagegen eine fatale Anziehungskraft auszuüben: An ihrer Küste stranden besonders häufig Wale, und es scheint, als leide deren Navigationssinn unter der ungewöhnlichen Form von Farewell Spit. Dies passiert meist um den Januar herum; dann helfen Hunderte von Urlaubern und Einheimischen dabei, sie wieder ins Wasser zu schaffen.

Zwei kurze **Wanderwege** (2,5 km bzw. 4 km) beginnen direkt am Visitor Centre und eröffnen eine schöne Aussicht auf die außergewöhnliche Landschaft. Ansonsten darf die Landzunge nur im Rahmen von organisierten Touren ab Collingwood (S. 543) betreten werden.

Cape Farewell

Von der Landzunge weg nach Westen führen Wanderwege zum **Cape Farewell**, dem nördlichsten Punkt der Südinsel, zum atemberaubend gelegenen Leuchtturm **Pillar Point Lighthouse** und weiter zum wellenumtosten **Wharariki Beach**. Wer innerhalb von zwei Stunden vor oder nach Ebbe hierher kommt, kann zu einigen Seehöhlen gehen, in denen es sich Robben gemütlich machen. Lieblingsstrand der Extremsurfer ist der nahe gelegene Fletcher's Beach am Ende eines gewundenen Pfades.

INFORMATIONEN UND AKTIVITÄTEN

Das **Farewell Spit Café**, neben dem Puponga Farm Park, fungierte als Visitor Centre für den Farewell Spit, bis es 2019 einem Feuer zum Opfer fiel. Zurzeit gibt es daher keine Adresse mit einem Touristenbüro. Informationen finden sich auf 💻 www.doc.govt.nz, wo man auch die Broschüre *Farewell Spit and Puponga Farm Park* herunterladen kann.

Cape Farewell Horse Treks, 💻 www.horsetreksnz.co.nz. Dieser Anbieter veranstaltet **Ausritte**, die zu den landschaftlich spektakulärsten auf der Südinsel zählen. Im Programm sind zwar keine Ausritte zum Farewell Spit, dafür aber zum Wharariki Beach

Kahurangi National Park: Heaphy Track

Der riesige **Kahurangi National Park**, 4520 km^2 des nordwestlichen Teils der Südinsel, liegt zwischen der feuchten Westseite der **Wakamarama Range** bis hinüber zu **Mount Arthur** im Osten und den beiden Kalksteingipfeln des **Mount Owen**, des höchsten Bergs im Park. Das Gebiet beheimatet mehr als die Hälfte aller einheimischen Pflanzenarten Neuseelands sowie einen Großteil der alpinen Flora des Landes. Im einsamen Innern des Parks haben Vögel und andere Tiere Zuflucht gefunden, darunter eine sehr seltene, Fleisch fressende Schneckenart und die riesige Höhlenspinne Gradungula.

Landschaftlich am reizvollsten ist der **Heaphy Track** (78 km, 4–5 Tage), einer von Neuseelands Great Walks. Er verbindet das Aorere Valley in Golden Bay mit dem Kohaihai Bluff an der Westküste. Die Wanderung ist erheblich anspruchsvoller als der Abel Tasman Coast Track, entschädigt dafür aber mit der Schönheit seiner vielfältigen Landschaften: wilde Flüsse, ausgedehnte Tussock-Ebenen, üppige Wälder sowie Nikau-Palmenhaine. Benannt wurde der Weg nach Charles Heaphy, dem ersten Europäer, der die Strecke 1846 in Begleitung von Thomas Brunner und dem Maori-Führer Kehu bewältigte. Maori pflegten die Gegend schon seit Langem auf ihrem Weg ins zentrale Westland zu durchwandern, um an der Westküste nach *pounamu* zur Herstellung von Waffen, Schmuck und Werkzeugen zu suchen. Der Track lässt sich innerhalb von zwei bis drei Tagen auch mit dem **Mountainbike** absolvieren, allerdings nur außerhalb der Saison (Mai–Nov).

Transport

Das westliche Ende des Heaphy Track ist mehr als 400 km Autofahrt vom östlichen Ende entfernt. Wer einen Teil seines Gepäcks oder sein Fahrzeug am Weganfang zurücklässt, muss den gesamten Weg wieder zurücklaufen, eine lange Busfahrt antreten oder zum Ausgangspunkt in Nelson, Motueka oder Takaka zurückfliegen. Die Transportmöglichkeiten zum/vom Track bestehen nur von Ende Oktober bis Mitte April. Im Winter verkehren auf der Strecke nur Taxis.

Auf der Ostküstenseite beginnt der Track bei der **Brown Hut**, 28 km südwestlich von Collingwood. **Golden Bay Coachlines** bedient den Ausgangspunkt von Nelson (Abfahrt 15.15 Uhr), Motueka (16.30 Uhr), Takaka (9.15 Uhr) und Collingwood (9.35 Uhr) aus.

Endpunkt an der Westküste ist der **Kohaihai Shelter**, 16 km nördlich von Karamea. Selbst mit den besten Verbindungen muss man sowohl in Karamea als auch in Nelson übernachten, bevor man wieder nach Takaka zurückkommt. Vermeiden kann man dies mit den im Folgenden genannten Veranstaltern.

Adventure Flights, 💻 www.adventureflightsgoldenbay.co.nz. Per Flugzeug ist es möglich, noch am Tag der Beendigung der Tour zum eigenen Auto zurückzukommen. Die Leute von Adventure Flights holen oder setzen die Wanderer bzw. Biker an beiden Enden ab.

Trek Express, 💻 www.trekexpress.co.nz. Zunächst geht es von einem der vielen Startpunkte (am billigsten von Mapua aus) zur Brown Hut, einige Tage später erfolgt die Abholung am Kohaihai Shelter mit Rückfahrt am selben Abend.

Informationen und geführte Touren

Die **DOC-Broschüre** *Heaphy Track* ist in den Touristeninformationen oder im Internet erhältlich und enthält eine Karte, die zum Wandern ausreicht, doch kann es auf keinen Fall schaden, die *Kahurangi Park Map* im Maßstab 1:150 000 mitzunehmen.

(3 Std.), Old Man Range (2 1/2 Std.) und Puponga Beach (1 1/2 Std.). Als Kombination gibt es u. a. die Puponga Beach/Old Man Range Combo (2 1/2 Std.) und die Ultimate Combo (5 Std.).

ÜBERNACHTUNG

Farewell Gardens Motor Camp, 37-39 Seddon St, Puponga, 💻 www.farewellgardensco.nz. Ein idyllisches Fleckchen am Meer am Anfang des

Der Anbieter **Bush and Beyond Guided Walks**, 💻 www. heaphytrackguidedwalks.co.nz, veranstaltet hervorragende geführte Wanderungen über den Track und durch andere Gebiete des Parks. Ökologisch ausgerichtete, mehrtägige Ausflüge.

Übernachtung

Über die Strecke verteilen sich sieben **Hütten**, die ganzjährig im Voraus gebucht und bezahlt werden müssen ($32, Online-Buchung auf 💻 www.doc.govt.nz), allesamt ausgestattet mit Heizung, Wasser und Toiletten (zumeist Spülklosetts); alle außer der Brown Hut und der Gouland Downs Hut bieten Kochgelegenheiten, doch einen Kocher und Campinggeschirr muss man selbst mitbringen. Daneben gibt es neun ausgewiesene **Campingplätze**, die ebenfalls zwingend vorab gebucht werden müssen, größtenteils in der Nähe der Hütten, deren Einrichtungen man allerdings nicht nutzen darf. Der Aufenthalt beschränkt sich auf zwei Nächte pro Hütte oder Zeltplatz. Versorgungsstellen gibt es unterwegs keine, sodass man alle Vorräte mitbringen muss. Vorsicht ist geboten angesichts der plötzlichen Wetterumschwünge und Legionen von Sandfliegen.

Die Route

Rund 90 % aller Wanderer begehen den **Heaphy Track** von Osten nach Westen, um den harten Anstieg schon gleich am ersten Tag zu bewältigen und an den folgenden Tagen leichteres Terrain vor sich zu haben.

Von der **Brown Hut zur Perry Saddle Hut** (17 km, 5 Std., 800 Höhenmeter) geht es auf einer alten Kutschenstraße stetig bergan, am Aorere-Campingplatz vorbei zu Flanagans Corner hinauf, mit 915 m der höchste Punkt des Tracks.

Danach erwartet die Wanderer ein leichtes Stück: Von der **Perry Saddle Hut zur Gouland Downs Hut** (7 km, 2 Std., 200 Höhenmeter) geht es über den Perry Saddle durch Tussock-Grasland ins Tal, bevor man über natürliche Kalksteinbrücken die schöne kleine Hütte mit acht Schlafplätzen erreicht.

Anschließend wird Gouland Downs durchquert. Auf einen bezaubernden Abschnitt mit Buchenwald folgt eine mit Flachs und Tussock-Gras bewachsene Ebene, bis man zur **Saxon Hut** gelangt (5 km, 1 1/2 Std., 200 m Abstieg).

Auf dem Weg von hier zur **James Mackay Hut** (12 km, 3 Std., 400 Höhenmeter) passiert man weite Grasflächen und quert mehrmals kleine Bäche, die in den Heaphy River münden. Wer die nötige Energie aufbringt, kann am selben Tag noch die **Lewis Hut** (12,5 km, 3–4 Std., 700 m Abstieg) erreichen, ein Paradies für Nikau-Palmen – und nervtötende Sandfliegen. Es ist möglich, von hier aus an einem Tag das Ende des Tracks zu erreichen, doch mehr Spaß macht es, sich etwas Zeit zu lassen und in der **Heaphy Hut** (8 km, 2–3 Std., 100 Höhenmeter) einzukehren, die nahe der Stelle liegt, wo sich der Heaphy River mit viel Getöse ins Meer ergießt.

Am letzten Tag geht es dann gemütlich an der Küste entlang zum **Kohaihai Shelter** (16 km, 5 Std., 100 Höhenmeter). Am Crayfish Point führt der Weg für kurze Zeit am Strand entlang, den man allerdings eine Stunde vor bzw. nach der Flut meiden sollte – länger, wenn es stürmisch ist. Vom Scott's Beach muss man schließlich über den Kohaihai Bluff zum Parkplatz Kohaihai Shelter am anderen Ende marschieren, wo hoffentlich schon ein Fahrzeug zur Abholung bereitsteht.

Farewell Spit, mit verschiedenen Übernachtungsmöglichkeiten, sowohl für Familien als auch für individuell reisende Backpacker. 2 Küchen, Lounge, Grill, Waschmaschine und Trockner sowie warme Duschen und kostenlose Fahrrad- und Kajakbenutzung. ❶

The Innlet, 839 Collingwood-Puponga Rd, 💻 www.theinnlet.co.nz. Das ausgezeichnete Hostel bietet ein paar zauberhafte Garten-

Cottages, mehrere beheizte Badebecken im Wald und viel Platz zum Campen. ❶

Westhaven Retreat Luxury Lodge, 336 Te Hapu Rd, www.westhavenretreat.com. Gut ausgestattete Luxuslodge, einzigartig auf einer Landzunge gelegen mit dem Tasmanischen Meer auf der einen und einem Meeresschutzgebiet auf der anderen Seite. Ungestört durch Nachbarn haben die Besucher das riesige Farmareal ganz für sich. Die insgesamt 7 Zimmer mit Bad, ein Wellnessbereich und ein 25 m langer beheizter Innenpool deuten auf die europäische Familie hin, die die Anlage gebaut hat und betreibt. Alle Gourmetmahlzeiten sind im Preis inbegriffen. ❹

Wharariki Holiday Park, Wharariki Beach, Cape Farewell, www.whararikibeachholidaypark.co.nz. 30 Zeltstellplätze, eine Backpacker-Lodge, Cabins sowie zahlreiche Einrichtungen wie Gemeinschaftsküche, Kühl- und Gefrierschrank, Grill, warme Duschen (mit Münzeinwurf), Waschmaschinen sowie Kaffee- und Imbisswagen. im Sommer tgl. 9–19 Uhr. ❶

Nelson Lakes National Park und Umgebung

Der knapp 120 km südwestlich von Nelson an der Nordgrenze der Neuseeländischen Alpen gelegene **Nelson Lakes National Park** ist durch zwei Gletscherseen, **Rotoiti** („Kleiner See") und **Rotoroa** („Langer See"), gekennzeichnet. Beide sind von Bergen umgeben und in dunkle Wälder aus Südbuchen und Steineiben gebettet. Gemeinsam bilden sie die Quelle des Buller River, und in den Wäldern und Hügeln ihrer Umgebung tummeln sich unzählige Vögel. Wandern ist zweifelsohne die Hauptaktivität, mit der sich hier gut und gern eine Woche verbringen lässt.

St Arnaud

St Arnaud ist ein kleines Nest am Nordufer des Lake Rotoiti mit ungefähr 100 Einwohnern, aber über 400 Häusern, die größtenteils von neuseeländischen Urlaubern genutzt werden. Der Ort dient Anglern, Kajakfahrern und Bootfahrern als Basis. Einmal im Jahr finden auf dem See Motorbootrennen sowie ein Treffen von Oldtimer-Booten statt.

ÜBERNACHTUNG UND ESSEN

Alpine Lodge, gegenüber dem Village Alpine Store, www.alpinelodge.co.nz. Der Besitzerfamilie liegen die Seen besonders am Herzen. Bis zum Lake Rotoiti sind es nur 10 Min. zu Fuß. In mehreren Holzgebäuden gibt es Dorms, Budget-Zimmer und Hotelzimmer, außerdem ein Restaurant, eine Bar und ein Spa. Im Café werden starker Kaffee, hausgemachte Kuchen, Snacks und Abendessen wie Steaks, Fisch und Burger serviert. Juni sowie Mo und Di im Winter geschl. ❸

Kerr Bay Campsite, am Seeufer, 500 m vom Alpine Village Store. Einfacher DOC-Platz mit Münzduschen, Toiletten, Wasseranschluss und Kochgelegenheiten. ❶

Nelson Lakes Motels und **Travers-Sabine Lodge**, SH63, 150 m vom Village Alpine Store entfernt, www.nelsonlakes.co.nz. Dies ist eine moderne, zweckmäßige Backpacker-Lodge mit DZ, 2-Bett- und Familienzimmern, großer Küche, Sky TV und vielen Informationen von den freundlichen Besitzern. Zur selben Anlage gehören komfortable und zeitgemäße Holz-Motels für Selbstversorger. Bis zum See sind es nur 5 Min. zu Fuß durch den Wald. Dorms ❸

St Arnaud Village Alpine Store, 74 Main Rd, 03 521 1854. Dies ist der kommerzielle Mittelpunkt des Orts. Hier gibt's Benzin, Alkohol, Lebensmittel – auch frische – und Fish 'n' Chips (Fr und Sa). ❶

Tophouse, Tophouse Rd, 8 km nordöstlich von St Arnaud, www.tophouse.kiwi. Ehemaliges Viehtreiber- und Kutschenstopp-Gasthaus von 1887 mit gemütlichem Kaminfeuer und viktorianischer Einrichtung. Morgentee und Mittagessen nach Vereinbarung. Außerdem gibt es den kleinsten Pub des Landes mit super Bier aus der Region. Unterbringung in Zimmern mit Gemeinschafts-

Wanderungen um die Nelson Lakes

Mit 270 km Wanderwegen und 20 Cabins bietet die Gegend jede Menge Optionen für Naturfreunde. Für Tageswanderungen gibt es die DOC-Broschüren *Walks in Nelson Lakes National Park*. Für die beiden mehrtägigen Wanderungen sind eigene Informationsbroschüren sowie die Karte *Nelson Lakes National Park* im Maßstab 1:100 000 erhältlich. Der Blue Lake hat angeblich das klarste Wasser der Welt; die Wanderung von der West Sabine Hut dorthin schließt eine Übernachtung ein.
Bei den beiden längeren Wanderungen handelt es sich um alpine Tracks, die gutes Schuhwerk und warme, Wasser abweisende Kleidung erfordern (Schneefälle sind das ganze Jahr über möglich); zwischen April und November sind zudem Steigeisen nötig. Beide Tracks beginnen 7 km vom Ort entfernt beim Parkplatz am Mount Robert. Da es auf dem Parkplatz schon einige Einbrüche in Autos gab, ist die Gepäckaufbewahrung im DOC-Zentrum ratsam. Die folgenden Wanderungen sind in etwa nach ihrem Schwierigkeitsgrad sortiert.

Bellbird Walk

■ Ab Kerr Bay, St Arnaud, 10–15 Min., Rundwanderweg, eben
In einfachen Windungen geht es durch Südbuchenwald, der vom Gesang der Tuis, Makomakos und Graufächerschwänze widerhallt – dank dem Rotoiti Nature Recovery Project, einem Versuch, die einheimische Tier- und Pflanzenwelt mittels Fallen und Gift vor eingeschleppten Plagen wie Possums, Ratten, Hermelinen oder Wespen zu schützen. Seit Ende der 90er-Jahre werden in ganz Neuseeland zahlreiche solcher isolierten Gebiete, sogenannte *mainland islands* („Festlandinseln"), eingerichtet und beginnen augenscheinlich Früchte zu tragen. Am frühen Abend singen die Vögel besonders laut.

Mount Robert Circuit

■ Ab Mt Robert Trailhead, 9 km, 3–4 Std., Rundwanderweg, 600 Höhenmeter
Der ausgezeichnete Track um die sichtbare Stirnseite des Mt Robert erklimmt vom Parkplatz aus zunächst den steilen Pinchgut Track und durchquert dann den Wald zur Bushline Hut ($15), bevor er im Zickzack den Paddy's Track hinunter wieder zum Ausgangspunkt führt.

Angelus Hut Loop

■ Ab Mt Robert Trailhead, 28 km, 2 Tage, Rundwanderweg, 1000 Höhenmeter
Eine der beliebtesten Wanderungen mit Übernachtung führt über die ungeschützte Robert Ridge zum schönen Angelus Basin mit einer schicken neuen Hütte (Okt–April $20, Buchung erforderlich, Camping $10; Mai–Sep $15) und einem kleinen Bergsee, dem Lake Angelus. Zwei Wege vervollständigen die Rundroute: der steile Cascade Track sowie der Speargrass Track, eine Ausweichroute bei schlechtem Wetter.

Travers-Sabine Circuit

■ Ab Kerr Bay, St. Arnaud, 80 km, 4–7 Tage, 1200 Höhenmeter
Der Fernwanderweg wird nicht in einem Atemzug mit Neuseelands Great Walks genannt und ist folglich weniger überlaufen, aber nicht minder spektakulär. Er dringt tief in abgelegene Regionen mit Seen, Tussock-Feldern, 2000 m hohen Bergen und dem Travers Saddle (1780 m) vor. Im Hochsommer blühen am Wegrand Butterblumen, Gänseblümchen, Sonnentau und Glockenblumen. Der Weg erfordert ein gutes Maß an Fitness, ist aber gut zu verfolgen, und über die meisten Bäche gibt es Brücken. Entlang des Wegs gibt es insgesamt elf Hütten ($15), von denen alle bis auf drei bewirtschaftet sind ($5, Tickets beim DOC erhältlich), außerdem drei Zeltplätze. Offenes Feuer ist nicht gestattet – also Kocher und Brennstoff mitbringen.

bad oder draußen in recht modernen motelähnlichen Cabins. ❷

West Bay Campsite, 1,5 km von St Arnaud entfernt. Einfacher DOC-Platz mit 2 separaten Campingbereichen mit kleinem Baumbestand sowie Wasseranschluss, kalten Duschen und Toiletten. ⌚ Mai–Nov geschl. ❶

INFORMATIONEN UND AKTIVITÄTEN

DOC Visitor Centre, View Rd, ✆ 03 521 1806, liefert sämtliche Infos zu Aktivitäten und Unterkünften in der Gegend. **Aufbewahrung** von Kleingepäck und Wertsachen für Wanderer $1/Tag. ⌚ tgl. 8–16.30, im Sommer bis 17 Uhr.

Rotoiti Water Taxis, 💻 www.rotoitiwatertaxis.co.nz. Die Agentur bietet nach Vereinbarung Seerundfahrten ($25–40 p. P., mind. $160, weniger für Kurzfahrten), und man kann auch Kajaks (halber Tag $50) und Kanus (halber Tag $75) leihen.

NAHVERKEHR

Rotoiti Water Taxis, 💻 www.rotoitiwatertaxis.co.nz, fahren von St Arnaud zum Südende des Lake Rotoiti ($120 für bis zu 3 Pers., dann $30 p. P.), sodass man nicht den ganzen Weg laufen muss, wenn man am Südende des Sees wandern möchte. Regelmäßiger Betrieb im Sommer und individueller Service.

TRANSPORT

Zu erreichen ist die Gegend mit den Bussen von **Nelson Lakes Shuttles**, 💻 www.nelsonlakesshuttles.co.nz. Das Unternehmen bietet einen Busservice von NELSON ($50 p. P., Dez–April 4x wöchentl.) sowie Verbindungen zwischen St Arnaud und dem Parkplatz am MOUNT ROBERT und LAKE ROTOROA.

Lake Rotoroa

20 km westlich von St Arnaud, zu erreichen über die Gowan Valley Rd

Der reizende **Lake Rotoroa** wirkt noch abgeschiedener als die Gegend um St Arnaud. An der Spitze des Sees liegt ein DOC-Campingplatz, wo ein paar kurze Wanderwege beginnen. Lake Rotoroa Water Taxis, ✆ 03 523 9199, befahren den See in ganzer Länge (bei 3 Pers. $45 p. P., bei 4 oder mehr Pers. $40 p. P., mind. $160 Wassertaxipreis) zur Sabine Hut am Travers-Sabine Circuit (S. 549).

Murchison

Murchison, 125 km südwestlich von Nelson und 60 km westlich von St Arnaud, ist eine kleine ehemalige Goldgräber- und Postkutschenstadt und heute in erster Linie bei Anglern und Jägern sowie bei Raftern und Kajakern beliebt. Der nahe Buller River wird von mehreren Nebenflüssen gespeist und bietet beste Bedingungen für Wildwasserrafting und zahlreiche Gelegenheiten zum Lachsfischen.

Hinter Murchison führt der SH6 am Fluss entlang durch die Buller Gorge nach Westport an der **Westküste**.

Murchison Museum

60 Fairfax St ▪ ⌚ Mo–Sa 11–15 Uhr ▪ Spende erbeten

Alles, was in Murchison wichtig ist, befindet sich am SH6, der Murchison als **Waller Street** durchläuft, und an der ihn kreuzenden **Fairfax Street**. Geschichten aus der Region füllen das im ehemaligen Postamt von 1911 untergebrachte **Murchison Museum**. Zur Sammlung gehören neben Fotos und Zeitungsausschnitten auch Maori-Axtköpfe, chinesische Töpferwaren und Opiumflaschen aus der rauen Zeit des Goldrauschs.

ÜBERNACHTUNG UND ESSEN

Commercial Café, 37 Fairfax St, 💻 www.thecommercialhotel.co.nz. Umgestalteter Kiwi-Pub, der sich jetzt mehr dem Essen als dem Trinken widmet. Neben einem Restaurant im Zebrastreifen-Look gibt es ein separates Café mit Kinderspielecke. Alle Gerichte von den leckeren Burgern und Pies bis zur Aioli werden frisch und liebevoll zubereitet. ❶

Cowshed Restaurant, 37 Waller St, 💻 www.lazycow.co.nz. Das kleine Café mit BYO hinter dem Lazy Cow serviert frisches, schmackhaftes Mittagessen und Pizza. Tgl. wechselnde Speisekarte. $$

Kiwi Park Motels & Cabins, 170 Fairfax St, 1 km südlich vom Stadtzentrum, 💻 www.kiwipark.co.nz. Holiday Park mit Streichelzoo, gepflegten Cabins und guten Einrichtungen. ❷

Lazy Cow, 37 Waller St, 💻 www.lazycow.co.nz. Kleines Hostel in der Ortsmitte mit geselliger Atmosphäre, sauberen und gemütlichen Zimmern, Pizzaofen und Whirlpool. ❶

Mataki Motel, 34 Hotham St, ca. 1 km vor der Stadt, 💻 www.booking.com. Sauberes und ruhiges Motel mit recht gemütlichen, geräumigen Zimmern; Units zum Teil mit voll ausgestatteter Küche. ❷

Murchison Lodge, 15 Grey St, 💻 www.murchisonlodge.co.nz. Komfortable und gesellige Öko-Lodge mit großzügigen Zimmern, Willkommensdrinks und leckerem, warmem Frühstück, zubereitet mit Produkten aus der Region. ❸

Rivers Café, 51 Fairfax St, 💻 www.facebook.com/riverscafemurchison. Bietet in entspanntem Ambiente neben gutem Kaffee auch Mahlzeiten wie Lammkeule/fangfrischer Fisch oder großes Ribeye-Steak. Schanklizenz. $$

Riverside Holiday Park, SH6, 1,5 km östlich des Orts, 💻 www.riversidemurchison.co.nz. Einfacher, bei Raftern und Kajakfahrern beliebter Campingplatz am wilden Buller River, mit zahlreichen Stellplätzen, guten Einrichtungen, verschiedenen gepflegten und preisgünstigen Cabins, einem Café sowie hilfsbereiten Betreibern. $$

INFORMATIONEN UND AKTIVITÄTEN

Geld

Es gibt 2 Geldautomaten in der Stadt, einen in der Waller St 32, nahe der Bushaltestelle, und einen im Supermarkt Four Square.

Goldwäsche

Murchison ist einer der wenigen Orte in Neuseeland, in denen man Gold waschen kann: Die Broschüre *Recreational Gold Panning* ist im Museum erhältlich. Die notwendige Ausrüstung (z. B. Pfanne für $10/15) gibt's bei **H. Hodgson & Co**, 46 Fairfax St, 🕒 Mo–Fr 8–17, Sa 10–13, So 10–14 Uhr.

Informationen

Das **Murchison Info Centre**, 47 Waller St, ☎ 03 523 9350, hat diverse Broschüren und engagierte Mitarbeiter.

Kajakfahren

Ultimate Descents, 38 Waller St, 💻 www.rivers.co.nz. Der Veranstalter bietet von Anfang Sep bis Ende Mai regelmäßig Touren auf dem Buller River (Schwierigkeitsgrad III–IV, 4 1/2 Std., $160). Man verbringt mind. 2 Std. auf dem Wasser. Daneben gibt es die sanfteren Raftingtouren für Familien (Schwierigkeitsgrad II–III, 4 1/2 Std., $130). Infos über mehrtägige Trips auf den Flüssen Mokihinui und Karamea und Zugang per Helikopter gibt es per Telefon und auf der Website des Unternehmens.

Tageswanderungen

Die DOC-Broschüre *Murchison Day Walks* informiert über den **Skyline Walk** (3 km hin und zurück, 1 1/2 Std.): Durch einheimischen Wald geht es hinauf zum Höhenrücken über Murchison, von wo man eine herrliche Aussicht über den Ort und den Zusammenfluss von Buller, Matakitaki, Maruia und Matiri genießt. Die Strecke beginnt an der Kreuzung des SH6 mit der Matakitaki West Bank Rd.

TRANSPORT

Busse halten am westlichen Ende der Waller St.

Busse nach:
GREYMOUTH 1x tgl., 4 Std.;
NELSON 1x tgl., 2 Std.;
PUNAKAIKI 1x tgl., 2 Std. 50 Min.;
WESTPORT 1x tgl., 1 1/2 Std.

Die Straße zur Kaikoura Coast

Der 130 km lange Abschnitt des SH1 von Blenheim nach Kaikoura, wo man die Küste zur Linken und die Seaward Kaikoura Range zur Rechten hat, zählt zu den spektakulärsten Küstenstraßen Neuseelands. Große Abschnitte der Straße und der parallel verlaufenden Haupteisenbahnverbindung wurden beim Erdbeben im November 2016 (Stärke 7,8) völlig zerstört, aber seit 2017 ist alles wieder hergestellt. Es empfiehlt sich, unterwegs häufiger anzuhalten, um die herrliche Landschaft, zu der auch die neu geschaffenen Erdverwerfungen gehören, zu bewundern. Teile der Küste wurden vom Erdbeben ganze fünf Meter angehoben. Rund 20 km südlich von Blenheim weist ein Schild den Weg zur **Molesworth Station** (s. Kasten) und nach **Hanmer Springs**.

Der **Lake Grassmere** 50 km südlich von Blenheim ist ein riesiger, seichter Salzsee, aus dem jedes Jahr 70 000 t Tafelsalz gewonnen werden. Radfahrer übernachten gern 20 km südlich der Salzfabrik im kleinen, aber sehr hübschen Pedallers Rest Cycle Stop.

Hinter dem Lake Grassmere folgt der SH1 der Küste mit grauen Kieselstränden, die an mehreren Stellen zugänglich sind. Knapp 90 km südlich von Blenheim ragt der felsige **Kekerengu Point** ins Meer und bietet sich als perfekter Zwischenstopp an, nicht nur wegen der malerischen Küste, sondern auch, um in The Store einen Happen zu essen.

Ohau Point

35 km südlich des Kekerengu Point

Den schönsten Abschnitt der Küste markiert der **Ohau Point** mit der größten Robbenkolonie der gesamten Südinsel, wo sich (meistens) in weniger als 20 m Entfernung Dutzende – wenn nicht gar Hunderte – Robben auf den Felsen lümmeln. Direkt vor dem Ohau Point führt der **Ohau Stream Walk** (15 Min. hin und zurück) durch den Wald zu einem schönen Wasserfall und Becken, wo in den Monaten Oktober und November manchmal junge Robben zu finden sind. Dann sollte man sich leise nähern, Abstand halten (10 m) und der Robbe nicht den Weg zum Wasser abschneiden.

Die hiesige Küste ist auch ein idealer Lebensraum für Langusten, die von den Einheimischen an der Straße verkauft werden, vor allem in **Rakautara**.

ÜBERNACHTUNG UND ESSEN

Nin's Bins, Rakautara, 3 km südlich des Ohau Point. Hier bietet ein Wagen an der Straße köstliche gekochte Langusten. $$

Pedallers Rest Cycle Stop, 9 km südlich von Ward, 1,5 km abseits des SH1, ✉ pedallers@ruralinzone.net. Kleine, freundliche und sehr gemütliche Unterkunft, die gern von Radlern angesteuert wird, aber auch Nichtradler willkommen heißt. Die Abzweigung zur Unterkunft ist an einem Wassertank und einem Schild an der Straße zu erkennen. Mit kleinem Geschäft. ❶

The Store, Kekerengu Point, ☎ 03 575 8600. Café in toller Lage mit Burgern, Fish 'n' Chips, Kuchen und Kaffee. Mit Alkoholausschank; beliebt bei Tourbussen. $

11 HIGHLIGHT

Kaikoura

130 km südlich von Blenheim und 180 km nördlich von Christchurch liegt, von der **Kaikoura Peninsula** geschützt, in spektakulärer Lage zwischen Bergen und Meer die kleine Stadt Kaikoura. Vor der Küste fällt der Meeresboden jäh in den 1 km tiefen Kaikoura Canyon ab. Hier treffen warme subtropische und kalte subantarktische Strömungen aufeinander und bilden ein nährstoffreiches Gemisch, das Fische und mit ihnen Seevögel und Meeressäugetiere in großer Zahl und Vielfalt anlockt. Über die Jahre kamen immer mehr Touristen in den klei-

nen Ort, sodass **Walbeobachtung** und **Schwimmen mit Delphinen** zu einem großen Geschäft geworden sind.

Die Anwesenheit erwartungsfroher Touristen hat auch zur Entstehung mehrerer ökologisch ausgerichteter Unternehmen gesorgt, die Schwimmen mit Robben, Seekajaktouren und Wandern anbieten.

Geschichte

Kaikoura verdankt seinen Namen einem alten **Maori**-Entdecker, der hier eine Rast einlegte, um Langusten zu verspeisen. Diese schmeckten ihm so gut, dass er den Ort *kai* (Essen) *koura* (Langusten) nannte.

Die **Ngai Tahu** lebten hier vom Reichtum an Land und im Meer, bis sie um 1830 durch den kriegerischen Te Rauparaha dezimiert wurden. Die ersten **europäischen Siedler** in der Region waren Walfänger, die hier Anfang der 1840er-Jahre landeten und denen alsbald Farmer folgten – ihr mühsamer Alltag wird im Kaikoura Museum sowie im faszinierenderen Fyffe House dokumentiert.

Kaikoura dämmerte bis Ende der 1980er-Jahre so vor sich hin, bis die **Walbeobachtung** die Stadt plötzlich für den Tourismus interessant machte. Seither ist der Ort stetig gewachsen und kommerzieller geworden, hat sich aber die kleinstädtische Atmosphäre nach wie vor bewahrt.

Kaikoura Museum

96 Westend ▪ 🕒 Mo–So 10–17 Uhr ▪ Eintritt ▪ www.kaikora-museum.co.nz

Das Kaikoura Museum befindet sich jetzt in einem neuem Gebäude gegenüber dem i-SITE. Zu den Highlights gehören ein Gefängnis vom Beginn des 20. Jhs., das bis 1980 genutzt wurde, und die Erdbebenausstellung mit dem Titel „New Normal". Daneben gibt es eine große Maori- und Meeresabteilung.

Neben den permanenten Sammlung werden in unregelmäßigen Abständen immer wieder Wechselausstellungen präsentiert. In jüngster Zeit wurde u. a. eine Ausstellung zur Unterzeichnung des Vertrags von Waitangi gezeigt, die auch den Blickwinkel der Maori berücksichtigte. Beleuchtet wurden dabei die unterschiedlichsten Perspektiven, aus denen dieses umstrittene Dokument, das oft als „Gründungsdokument" Neuseelands bezeichnet wird, seit dem 19. Jh. wahrgenommen wurde. Andere Ausstellungen konzentrierten sich auf die lokale Literaturtradition oder die Feier von Mataraiki, dem Māori-Neujahr.

Fyffe House

62 Avoca St ▪ 🕒 Okt–April tgl. 10–16, Mai–Sep Mo und Do–So 10–16 Uhr ▪ Eintritt ▪ ✆ 03 319 5835

Auf der Halbinsel lohnt ein Besuch des **Fyffe House**. Das wunderschön gelegene Walfänger-Cottage ist das älteste Gebäude der Stadt. Es gehörte ursprünglich zur 1842 von Robert Fyffe gegründeten Waiopuka Whaling Station und ruht noch immer auf dem alten Walknochenfundament. 1860 wurde es von Fyffe erweitert; einige Räume sehen noch so aus wie in jener Zeit, während andere zeigen, wie das Haus aussah, als 1980 der letzte Bewohner auszog.

Vom Cottage kann man der Avoca Street bis zu einem Parkplatz (Ausgangspunkt für den Wanderweg Kaikoura Peninsula Walkway, s. Karte S. 554) folgen, wo sich des Öfteren **Pelzrobben** auf den flachen Meeresfelsen lümmeln. Die Stelle eignet sich auch zum Beobachten der verschiedenen Vögel, die in den Felsenpools auf die Suche nach Nahrung gehen.

Maori Leap Cave

2 km südlich von Kaikoura am SH1 ▪ 45-minütige Touren tgl. 10.30–15.30 Uhr jeweils zur halben Stunde ▪ Eintritt ▪ ✆ 03 319 5023

Die **Maori Leap Cave** mit einigen bemerkenswerten Kalksteinformationen ist nach einem Maori-Krieger benannt, der sich auf der Flucht vor Kriegern eines verfeindeten Stammes vom Hügel oberhalb der Höhle in den Tod stürzte. Außerdem findet man hier interessante Höhlenkorallen und -algen, die in der feuchten Höhle überleben, indem sie Dunkelheit in Energie verwandeln.

ÜBERNACHTUNG

Karte s. oben

Das Angebot an Unterkünften in Kaikoura ist recht breit. Die meisten liegen am SH1 (Beach Road) gleich nördlich der Ortsmitte, an der Esplanade und auf der Halbinsel östlich der Stadt.

Albatross Backpacker Inn, 1 Toruquay St, www.albatross-kaikoura.co.nz. Coole Unterkunft in einem umgewandelten Post- und Fernmeldeamt mit hell gestrichenen Zimmern,

z. B. dem hübschen Hobbit-Dorm, und einem Frauen-Dorm mit 4 Betten. Die gepflegten Außenanlagen mit BBQ sorgen an schönen Tagen für Wohlbefinden. ❶

Alpine-Pacific Motels & Holiday Park, 69 Beach Rd, www.alpine-pacific.co.nz. Schattiger Platz in zentraler Lage. Viel Komfort (Pool und Whirlpool unter freiem Himmel) und Unterbringung in verschiedenartigen Unterkünften. ❷

Anchor Inn Motel, 208 Esplanade, www.anchorinn.co.nz. Luxuriöses Motel mit geschmackvoll eingerichteten AC-Units, einige mit Whirlpool. ❸

Bay Cottages, 29 South Parade, South Bay, www.baycottages.co.nz. Motelähnliche Selbstversorger-Units in ruhiger Lage, rund 2 km außerhalb der Stadt auf der Südseite der Halbinsel. Der Besitzer ist außergewöhnlich herzlich. ❸

Bendamere House, 37 Adelphi Terrace, www.bendamere.co.nz. Auf dem Grundstück einer großen Villa auf einem Hügel 5 gehobene Zimmer mit Blick über die Bucht. Herzhaftes Frühstück, hilfsbereiter Besitzer. In fußläufiger Nähe zum Zentrum. Spezialangebote s. Website. ❸

Dusky Lodge, 67 Beach Rd, www.duskylodge.co.nz. Ein gut geführtes Hostel mit über 120 Betten sowie Sauna, Whirlpool, Swimming Pool, Restaurant, Kaminfeuer und großer Terrasse. Zudem eine Etage mit Deluxe-Zimmern mit Bad und Flachbildschirm-TVs, eigener Lounge und Küche. Besonders beliebt bei Gruppen. Kostenlose Abholung auf Anfrage. ❶

Kaikoura Coastal Camping, SH1, etwa 15 km südlich von Kaikoura, www.kaikouracamping.co.nz. Eine Kette von schönen Familien-Campingplätzen (davon 3 am Meer). Das Hauptcamp liegt in Goose Bay. Der nördlichste, Paia Point, hat keinen Strom; die anderen bieten Stellplätze mit Anschlüssen und Duschen. ❶

Kaikoura Peketa Beach Holiday Park, 665 SH1, 7 km südlich von Kaikoura, www.kaikourapeketabeach.co.nz. Friedlicher Campingplatz am Strand, bei Familien und Surfern beliebt, die von den ausgezeichneten Wellen angelockt werden. Minigolf, Flying Fox, kleiner Laden und WLAN. ❶

The Lazy Shag, 37 Beach Rd, www.thelazyshag.com. Funktionales Hostel, in dem der Komfort der Gäste an erster Stelle steht. Ruhige Zimmer, große, gut ausgestattete Aufenthaltsräume; alle Dorms, 2-Bettzimmer und DZ mit Bad. ❶

Lobster Inn, 115 Beach Rd, wwwlobsterinn.co.nz. Dieses angenehme, moderne Hotel mit Blick aufs Meer auf der einen Seite und die Berge auf der anderen bietet eine Reihe von unterschiedlichen Zimmern, von Studios bis hin zu Suiten mit Küchenzeile. Behindertengerechte Unterkunft ist ebenfalls verfügbar. ❷

Nikau Lodge, 53 Deal St, www.nikaulodge.com. Reizendes Holzhaus von 1925 mit 5 Zimmern mit Bad; 4 davon bieten einen großartigen Blick auf die Berge oder das Meer. Kostenloses WLAN, Jacuzzi, gutes Frühstück. ❸

Panorama Motel, 266 Esplanade, www.panoramamotel.co.nz. Saubere Units mit Chalet-Atmosphäre und fantastischem Ausblick; die Units im Obergeschoss haben die bessere Aussicht und sind $25 teurer. ❸

Waves on the Esplanade, 78 Esplanade, www.wavesluxuryapartments.co.nz. Luxuriöse motelähnliche Apartments mit 2 Schlafzimmern, Balkon, Meerblick, komplett ausgestatteter Küche, Zugang zu einem Whirlpool und Waschmaschine. Verleih von Fahrrädern und Sit-on-Top-Kajaks kostenlos. ❸

ESSEN

Karte S. 554

Obwohl Kaikoura ein kleiner Ort ist, sorgt der stete Besucherstrom für ein ordentliches Angebot an Cafés und Restaurants. Allerdings sind die Preise eher gehoben, besonders wenn man die örtlichen Langusten probieren möchte. Diese werden aber auch fertig zubereitet am Stand am SH1 nördlich der Stadt angeboten.

Beach House Café, 39 Beach Rd, www.beachhousecafe.co.nz. Treffpunkt der Coolen

Touren und Aktivitäten in und um Kaikoura

Nur 1 km vor der Halbinsel versammeln sich im nahrungsreichen, 1000 m tiefen Kaikoura Canyon unzählige Meeressäugetiere, darunter 14 Walarten, und dementsprechend viele Touristen, um sie zu beobachten. Hier zeigen sich regelmäßig gigantische **Pottwale** (ganzjährig), **Delphine** (ganzjährig), vorbeiziehende **Buckelwale** (Juni, Juli) und **Schwertwale** (Dez–Feb).
Da sich „Whale Watching" und „Dolphin Swimming" sehr großer Beliebtheit erfreuen, buchen viele Besucher bereits lange im Voraus. Bei **schlechtem Wetter** wird die See aber leider sehr unruhig, sodass Touren oft abgesagt werden müssen. Wer das Erlebnis auf keinen Fall verpassen möchte, sollte sich mit ein paar Tagen Aufenthalt etwas Flexibilität verschaffen.

Walbeobachtung

Whale Watch Kaikoura, The Whaleway Station, Whaleway Rd, 🖳 www.whalewatch.co.nz. Vom Büro des von Maori geführten Unternehmens am Bahnhof geht es mit dem Bus zur neuen Marina in South Bay, wo ein schneller Katamaran einige Kilometer aufs Meer hinausfährt (2 1/2 Std. auf See). Wenn alles normal läuft, lassen sich unterwegs ein oder zwei Wale sichten, dazu Delphine und Seevögel. Wenn sich keine Wale zeigen, erhlten Teilnehmer 80 % des Fahrpreises erstattet. Im Büro sind Tabletten und Armbänder gegen Seekrankheit erhältlich – besonders nachmittags durchaus eine gute Investition.
Wings Over Whales, 🖳 www.whales.co.nz. Eine Alternative ist die Walbeobachtung aus der Luft im Rahmen eines 30-minütigen Rundflugs. Zwischen Ortszentrum und Flugplatz verkehrt ein Shuttle ($10 p. P. je Strecke). Fernglas mitnehmen, aber Vorsicht bei Reisekrankheit!
Kaikoura Helicopters, 🖳 www.kaikourahelicopters.com. Bietet 30-minütige und 40-minütige Hubschrauberflüge sowie andere Hubschraubertouren. Der Vorteil eines Hubschraubers gegenüber einem Flugzeug besteht natürlich darin, dass er über besonders schönen Stellen längere Zeit schweben kann. Am meisten Glück hat man 6 bis 10 km vom Land entfernt.

Schwimmen mit Delphinen und Robben

Dolphin Encounter, 96 Esplanade, 🖳 www.dolphinencounter.co.nz. Die Boote des sehr professionellen Anbieters brechen tgl. von 7.30 bis 17.30 Uhr zu Touren auf, mit Schwimmen $175, nur Beobachtung $95. Je mehr man umhertaucht, desto neugieriger werden die Delphine. Mit Vorliebe lauschen sie den Geräuschen, die man durch den Schnorchel ausstößt. Man sollte sich allerdings nicht zu sehr mitreißen lassen: Delphine neigen dazu, immer kleinere Kreise zu ziehen, sodass man leicht die Orientierung verlieren kann. Für die Hochsaison von Dezember bis Februar sollte man drei bis vier Wochen im Voraus buchen, auch wenn manchmal kurzfristig noch Plätze frei werden.

in Kaikoura, trotz des katastrophalen Service. Guter Kaffee zum umfangreichen Frühstück sowie u. a. *seafood chowder* und Panini zum Mittagessen. Alkoholausschank. $$
Café Encounter, 96 Esplanade, 🖳 www.encounterkaikoura.co.nz. In diesem Café mit Schanklizenz gibt es wahrscheinlich den besten Kaffee der Stadt. Ein Besuch lohnt sich, nicht nur vor oder nach dem Schwimmen mit den Delphinen. Alle Backwaren werden frisch vor Ort zubereitet. $
Green Dolphin, 12 Avoca St, ✆ 03 319 6666. Die großen Fenster mit schönem Meerblick machen das Restaurant zu einer angenehmen Adresse. Die wenigen Gerichte auf der Speisekarte beinhalten normalerweise eine hervorragende Fischsuppe und Flusskrebse. Nur im Sommer geöffnet. $$
Kaikoura Seafood BBQ, Jimmy Armers Beach, ✆ 027 376 3619. Essen im Freien in seiner einfachsten Form, am Strand. Ein paar verstreute Tische am Straßenrand neben einem

Seal Swim Kaikoura, 58 Westend, 💻 www.sealswimkaikoura.co.nz. Mit Robben zu schwimmen macht genauso viel Spaß wie das Schwimmen mit Delphinen, da Robben in der Regel noch neugieriger sind. Touren von der Küste aus $80, flexiblere Bootstouren (2 1/2 Std.) $130. Es muss recht viel geschwommen werden, von daher ist es also nicht schlecht, wenn man Erfahrung im Schnorcheln hat. ⌚ nur Okt–Mai.

Vogelbeobachtung, Seekajakfahren und Tauchen

Albatross Encounter, 96 Esplanade, 💻 www.albatrossencounter.co.nz. Fans von Meeresvögeln kommen voll auf ihre Kosten, wenn es mit einem kleinen Boot 1–2 km aufs Meer hinaus geht (2–3x tgl., 2–3 Std., $145). Dort werden Köder ausgeworfen, um alle möglichen Seevögel anzulocken, darunter Krähenscharben, Mollymauks, Tölpel, Sturmvögel und Albatrosse, die alle erstaunlich nah kommen. Wegen der relativ geschützten Lage finden die Touren oft auch dann statt, wenn die größeren Boote nicht auslaufen können.

Kaikoura Kayaks, 19 Killarney St, 💻 www.kaikourakayaks.co.nz. Bietet ganzjährig und z. T. auch bei schlechteren Wetterbedingungen Touren an. Am lohnendsten sind wohl die halbtägigen Seal-Kayaking-Touren ($130), erfahrene Paddler können jedoch auch Kajaks leihen ($55 halber, $90 ganzer Tag) oder ein Sit-on-Top-Kajak ausleihen ($40/2 Std., $55/halber Tag, $80/ganzer Tag). Kein Verleih Juni–Aug.

Dive Kaikoura, 13 Yarmouth St, 💻 www.divekaikoura.co.nz. Tauchtrips für Anfänger und für Taucher mit Tauchschein (geführt vom Ufer aus, 3 Std./$165, mit Doppelflasche 4 1/2 Std./$235).

Maori-Kultur

Maori Tours Kaikoura, 💻 www.maoritours.co.nz. Dieser verlässliche Anbieter veranstaltet verschiedene Touren zum Thema Maori-Kultur, die von dem ehemaligen Skipper eines Walbeobachtungsbootes und seiner Familie geleitet werden. Die halbtägigen Touren ($140) beinhalten verschiedene Sehenswürdigkeiten, Geschichten, interessante Erläuterungen kultureller Unterschiede und das Erlernen eines Liedes.

Fliegen

Pilot a Plane, Kaikoura Airfield, SH1, 💻 www.airkaikoura.co.nz. Wer immer schon gerne Pilot spielen wollte, kann hier 20 Min. lang das Ruder übernehmen – ein Adrenalinschub vor der Kulisse einer großartigen Landschaft ($150). Das Unternehmen bietet auch verschiedene Charterflüge zur Walbeobachtung.

Imbisswagen bilden einen tollen Rahmen für einfache Meeresfrüchte, die alle mit Salat und Reis serviert werden. $$

Sime's Kitchen, 33 Beach Rd, 💻 www.facebook.com/people/Simes-Kitchen-Kaikoura. Das beste Café in Kaikoura und zweifellos ein Muss, wenn es Kaffee und Kuchen sein soll. Daneben gibt es Bio-Mahlzeiten (teilweise auch vegetarisch und/oder glutenfrei), schmackhaftes Seafood, tgl. frisch gebackenes Brot und Weine. Geöffnet ist Sime's Kitchen zum Frühstück, Mittagessen und am Wochenende auch zum Abendessen. ❷

Tiki's Takeaways, 18 West End, ✆ 03 319 5637. Der Imbiss, dessen Fisch- und Langustengerichte mit köstlichen Pommes jedes Picknick oder den Sonnenuntergang am Wasser perfekt machen, hat schon einige Auszeichnungen erhalten. Auch die Chicken Nuggets sind superlecker. $

Whaler Bar and Restaurant, 49-51 Westend, 💻 www.thewhaler.co.nz. Die Montieth's Bar bietet billiges Essen in großen Portionen (das Porterhouse Steak-Special ist nicht zu toppen), verschiedene Biere, und im Sommer finden hier auch Livemusikabende statt. $$

Zephyr, 40 West End, www.zephyrrestaurant.co.nz. Das beste Restaurant der Stadt (ohne Übertreibung) serviert erstklassige Gerichte wie saftiges Wildbret, Confit-Ente und Fisch des Tages. Allerdings ist das Zephyr nicht tagsüber, sondern nur zum Abendessen geöffnet. Eine Reservierung wird auf jeden Fall empfohlen. $$$

SONSTIGES

Fahrradverleih

Coastal Sport, 24 Westend, 03 319 5028, $30 halber, $40 ganzer Tag.

Informationen

i-SITE Visitor Centre, Westend, 03 319 5641, www.kaikoura.co.nz. Erledigung der meisten DOC-Anfragen; Gepäckaufbewahrung $2. tgl. 9–17 Uhr.

Internet

Bücherei, in der Harakeke Mall, 134 Beach Rd., $6/Std.

Taxis

Kaikoura Shuttles, 03 319 6166.

TRANSPORT

Busse

InterCity- und Atomic-Busse der Route Picton–Blenheim–Christchurch halten am großen Parkplatz in der Straße Westend, nahe dem Visitor Centre.

Busse nach:

CHRISTCHURCH 3–4x tgl., 2 Std. 50 Min.; PICTON 3x tgl., 2 1/4 Std.

Eisenbahn

Der TranzCoastal (Okt–April 1x tgl.) zwischen PICTON und CHRISTCHURCH hält in der Whaleway Station Road.

Südlich von Kaikoura

Von Kaikoura aus führt der SH70 südlich am Skigebiet von Mount Lyford vorbei nach Hanmer Springs. Der SH 1 hingegen folgt zunächst einem 20 km langen Abschnitt entlang der reizvollen Felsküste, wendet sich dann landeinwärts und führt für den Rest der Strecke durch Farmland bis Christchurch.

Wer mehr von der Küste sehen möchte, kann über den ausgezeichneten, in Privatbesitz befindlichen Kaikoura Coast Track wandern. Weinfreunde sollten im **Waipara Valley**, 130 km südlich von Kaikoura, einen Zwischenstopp einlegen. Die Kreuzung von SH 1 und SH 7 (führt nach Hanmer Springs) markiert den Mittelpunkt einer Gegend, die zu den am schnellsten wachsenden Weinanbaugebieten Neuseelands zählt und sehr gute Weine hervorbringt, vor allem Pinot Noir und Riesling. Etwa ein Dutzend Weingüter bietet Weinproben, und einige haben auch Restaurants. Rund 10 km südlich befindet sich der aufstrebende Ort **Amberley**, die größte Ansiedlung zwischen Kaikoura und Christchurch.

ESSEN UND UNTERHALTUNG

Die **Weingüter** befinden sich alle im Umkreis von 5 km um Waipara.

Black Estate, 614 Omihi Rd, nahe SH1, 8 km nördlich der Kreuzung mit SH 7, www.blackestate.co.nz. Freundliches Slow-food-Restaurant an einem Berghang mit Blick auf die Weinreben. Es gibt Gerichte wie Entenkeulen-Confit und Salat mit Babymöhren und warmen Linsen, dazu ein Glas Pinot Noir oder Riesling aus biodynamischem Eigenanbau. Weinproben kostenlos bei Verzehr. Die Website informiert über Winteröffnungszeiten. $$$

Little Vintage Espresso, 20 Markham St, Amberley, www.facebook.com/LittleVintageEspresso. In diesem bei Einheimischen beliebten Café wird praktisch alles selbst gemacht. Man trinkt einfach nur einen Kaffee oder genießt eine Zimtschnecke, eine Eisschokolade oder ein Frühstücks-Burrito. $

Paris Bakery, 96b Carters Rd, Amberley, ✆ 03 975 3125. Ein Juwel unter den Cafés in Amberley, das für seine französische Patisserie, die süßen und herzhaften Kuchen und für seinen Kaffee große Beliebtheit erlangt hat. Unbedingt probieren: die Käse-Zwiebel-Tarte, gefolgt von einem Vanillepudding. $

Pegasus Bay, 4 km südlich der Kreuzung, dann 3 km Richtung Osten, www.pegasusbay.com. Dieses Weingut präsentiert sich relativ nobel: Hier sind die Gäste in einem der besten Weingutrestaurants des Landes von moderner Kunst umgeben. Wie wär's mit Reh und Black Pudding sowie Pastinaken-Püree, Austernpilzen, Rhabarber- und Süßholz-Granola? Zu jedem Gang gibt es eine Weinempfehlung (alle Weine können auch verkostet werden). $$$

Waipara Springs, 4 km nördlich von Waipara, www.waiparasprings.co.nz. Das älteste noch existierende Weingut der Region, allerdings besteht es auch erst seit 1982. Das familienfreundliche Gartenrestaurant bietet zu seinen Tagesgerichten immer frisch gebackenes Vollkornbrot. $$

DIE PANCAKE ROCKS BEI PUNAKAIKI SIND DIE HAUPTATTRAKTION IM PAPAROA NATIONAL PARK.

Westküste

Das Rückgrat der Südinsel bilden die Neuseeländischen Alpen, welche die Westküste zugleich bestimmen und isolieren. Der kaum 30 km breite und 400 km lange Küstenstreifen ist von nur 33 000 Menschen bewohnt. Wilde Flüsse schießen durch üppigen Wald, vorbei an kristallklaren Seen und dunkelgrünem Weideland hinunter zur Tasmansee. Die Küste selbst ist durch ihre stimmungsvollen Strände geprägt, an die fortwährend hohe Wellen schlagen.

Stefan Loose Traveltipps

Karamea und Oparara Basin Das einsame Karstgebiet lockt mit großen Kalksteinbögen, Höhlen mit uralten Moa-Knochen und erfrischenden Bädern in sanft dahinplätschernden Bächen. S. 570

Pancake Rocks Die seltsame Felsformation sieht aus wie ein Stapel Pfannkuchen und ist besonders bei starkem Seegang beeindruckend, wenn das Wasser in hohen Fontänen aus den Blowholes schießt. S. 574

Jade kaufen in Hokitika Die Südinsel ist berühmt für ihre *pounamu* (Jade), am besten kauft man ein *greenstone*-Souvenir in Hokitika – alternativ kann man sich auch selbst ein Jadestück kreieren! S. 586

Okarito Kiwis in freier Natur beobachten und eine Bootsfahrt auf der glasklaren Lagune unternehmen. S. 590

12 **Gletscherabenteuer** Wandertouren um und über die Eislandschaften der Gletscher Franz Josef und Fox sind einzigartige Erlebnisse. S. 591

Gillespie Pass Tramp Auf einer dreitägigen Trekkingtour erlebt man die großartige Landschaft der Westküste. S. 602

GILLESPIE PASS

FOX GLACIER

Inhalt

Was „The Coast", wie die Westküste im Volksmund kurz genannt wird, wirklich einzigartig macht, sind ihre Bewohner und deren Naturverbundenheit. Die sogenannten **Coasters**, viele davon Nachfahren früher Goldgräber und Bergarbeiter, rühmen sich schon seit langer Zeit ihrer Fähigkeit, in dieser wilden Landschaft klarzukommen – und ihr Ruf als unabhängigkeitsliebende, zügellose Biertrinker ist legendär.

Das in der Vergangenheit stetige Auf und Ab der Region, verursacht vor allem durch Gold und Kohle, hat zahlreiche Geisterstädte, aber auch drei bedeutendere Orte hervorgebracht – **Westport**, **Greymouth** und **Hokitika**.

Am schönsten aber sind die kleineren Orte wie z. B. **Karamea** an der Südgrenze des Kahurangi National Park, **Reefton**, ein Städtchen im Landesinneren mit einer spannenden Goldgräbervergangenheit, oder auch **Okarito** an einer klaren Lagune.

Mit Ausnahme einiger passabler Museen und einer Handvoll Sehenswürdigkeiten liegt die Anziehungskraft der Westküste hauptsächlich in ihrer landschaftlichen Schönheit: Die Fahrt an der Küste entlang, ganz egal, in welcher Richtung, ist sensationell und zählt ganz ohne Zweifel zu den schönsten Straßenstrecken der Welt.

Im **Oparara Basin** bei Karamea und im **Paparoa National Park** südlich von Westport stehen einige der schönsten Kalksteinformationen des Landes, darunter riesige Felsbögen und die berühmten Pancake Rocks, während im Westland National Park die eisigen weißen Zungen der beiden Gletscher **Franz Josef** und **Fox** von den Flanken der Neuseeländischen Alpen bis in tiefgrünen Wald, beinahe auf Meereshöhe, hinunterreichen.

Natürlich herrscht auch kein Mangel an Möglichkeiten für **Outdoor-Aktivitäten**, allen voran **Raftingtrips** auf einsamen Wildwasserflüssen, deren Ausgangspunkte oftmals nur per Hubschrauber zu erreichen sind. Die Karstlandschaften bieten fantastische Möglichkeiten für **Höhlentouren**, und Wanderer haben die Qual der Wahl zwischen zahlreichen ausgeschilderten **Trekkingpfaden**, z. B. dem Heaphy Track im Norden, zahlreichen Wanderwegen bei Punakaiki und den Pfaden rund um die Gletscher weiter südlich.

Die meisten Besucher kommen zwischen November und April an die Westküste, aber auch ein Besuch im **Winter** hat seine Vorteile: Die Temperaturen sind zu dieser Zeit relativ mild, und es gibt mehr klare Tage. Auch die nervigen Sandfliegen halten sich in dieser Zeit eher zurück. An der Westküste ist es eigentlich nie so richtig voll, in der Nebensaison sind jedoch eindeutig mehr freie Unterkünfte zu finden. Allerdings schließen dann auch manche Einrichtungen, und **Exkursionen**, für die eine Mindestteilnehmerzahl erforderlich ist, finden eventuell nicht statt.

Insbesondere die Motels liegen etwas über dem sonst auf der Südinsel üblichen Preisniveau. Da die Gegend abgeschieden ist, sind auch die Preise für den täglichen Lebensbedarf etwas höher, und in manchen Fällen lohnt es sich, das Notwendigste schon vorher einzukaufen.

Transport

Die einfachste und beste Art der Fortbewegung entlang der Westküste ist ein eigenes **Auto**. Wind und Wetter können das **Radfahren** sehr mühsam machen, aber die Entfernungen zwischen den einzelnen Orten sind nicht allzu groß. Außerdem mangelt es unterwegs nicht an Unterkünften.

Öffentliche Verkehrsmittel sind nur eingeschränkt vorhanden: **Zugverbindungen** existieren nur bis Greymouth, **Busse** sind ebenfalls rar, und Haltestellen gibt es darüber hinaus nur an Ortschaften entlang des SH6. Mit etwas Geduld und Vorausplanung kann man trotzdem viele Sehenswürdigkeiten abklappern – vorausgesetzt, man ist bereit, von der Haltestelle zu Fuß zu gehen.

Die wichtigsten Busverbindungen entlang der Westküste sind die von Nelson zum Fox Glacier und zwischen Franz Josef und Queenstown. Beide Strecken werden von InterCity und Atomic täglich im Verbund bedient. Auf der Linie Greymouth–Christchurch setzt Atomic allerdings eigene Busse ein.

Westport und Umgebung

Trotz der staatlichen Finanzspritzen, der Einnahmen durch den Tourismus und den Modernisierungsversuchen der Stadtverwaltung bleibt **Westport** in der Vergangenheit kleben. Zu den wenigen Sehenswürdigkeiten zählen die Robbenkolonie am **Cape Foulwind**, der erfrischende Spaziergang zum alten Leuchtturm dahinter und die geisterhaften ehemaligen Kohlestädte des **Rochford Plateau**. Wäre Westport kein Verkehrsknotenpunkt, würde wohl kaum jemand in dem Fischerhafen übernachten – die Verlockungen des Heaphy Tracks und von Karamea 100 km weiter nördlich sind zu stark. Immerhin findet man hier preisgünstige Unterkünfte, ein interessantes Museum und ein paar Abenteueraktivitäten.

Geschichte

Westport war die erste der Westküsten-Städte und wurde 1861 an der Mündung des Buller River von einem gewissen **Reuben Waite** gegründet. Seinen Lebensunterhalt verdiente Waite mit den Goldgräbern in der Buller Gorge, denen er Lebensmittel verkaufte. Später wendete sich Westport der Kohle zu, und Ingenieure kanalisierten den Fluss, um einen **Hafen** zu schaffen. Heute sind die Kohle- und Zementindustrie als wichtige Arbeitgeber so gut wie ganz weggebrochen, und Westport kämpft mit einer recht großen Fischereiflotte und dem einen oder anderen Frachter und Kreuzfahrtschiff, die hier anlegen, um sein Überleben als Hafenstadt.

Coaltown

Im i-SITE-Büro, 123 Palmerston St ▪ 🕒 tgl. Dez–März 9–17, April–Nov Mo–Fr 9–16.30, Sa und So 10–16 Uhr ▪ Eintritt ▪ ✆ 03 789 6658

Westports Bergbauvergangenheit erwacht in **Coaltown** zum Leben, einem spannenden und fantasievoll gestalteten Museum, das sich dem Kohlerevier am Buller widmet. Gute Filme und Fotografien werden durch riesige Ausstellungsstücke wie eine Lore auf Schienen, einen nach-

WESTKÜSTE

gebauten Stollen und kleinere Gegenstände plastisch ergänzt.

Shortjaw Brewing

10 Lyndhurst St ▪ Mo und Di 9.30–17, Mi–Fr 9.30–18 Uhr ▪ Führungen Mo–Fr 15.30 Uhr ▪ Eintritt ▪ www.shortjaw.co.nz

Bevor man die Stadt verlässt, sollte man die hervorragenden Biere der **Shortjaw Brewing Co.** probiert haben. Auf dem Gelände einer historischen Brauerei hat das Unternehmen das jahrzehntealte Equipment zu neuem Leben erweckt und nutzt es nun, um eine kleine, aber feine Auswahl an Craft-Bieren zu kreieren – ein Pils, ein helles und ein dunkles Bier. Im Schankraum gibt es unterschiedliche Verkostungen sowie Wein für all jene, die keine Bierfans sind.

Cape Foulwind und Tauranga Bay Seal Colony

12 km westlich der Stadt an der Cape Foulwind Rd

Westports spektakulärster Küstenabschnitt verdankt den vielsagenden Namen **Cape Foulwind** Kapitän Cook, der hier im März 1770 mit den Unbilden des Wetters zu kämpfen hatte. Die herrliche Landschaft lässt sich am besten auf dem Cape Foulwind Walkway erkunden, wie geschaffen für einen Spaziergang bei Sonnenuntergang zwischen dem alten Leuchtturm, einer Replik von Abel Tasmans Astrolabium und der **Tauranga Bay Seal Colony**, wo man von Aussichtsplattformen eine übel riechende Kolonie von Pelzrobben beobachten kann, die sich am Südende des Wegs befindet. Zwischen Oktober und Januar ist die Zahl der Tiere am höchsten, oft geht sie in die Hunderte – ein Beweis dafür, dass sich die Population nach 150 Jahren Robbenjagd wieder erholt hat.

Der Strand an der Tauranga Bay mag vielleicht verlockend aussehen, die See ist hier jedoch tückisch. Empfehlenswert dagegen sind die Verlockungen des Bay House Restaurant.

ÜBERNACHTUNG

Karte S. 565

Wer Mitte Februar in Westport weilt, sollte eine Unterkunft reservieren, da dann der Buller Marathon stattfindet.

Archer House, 75 Queen St, www.archerhouse.co.nz. Eine hübsche Villa (Baujahr 1890) mit einer Lounge voller Antiquitäten, schönem Garten und zahlreichen viktorianischen Schnörkeln, darunter eine umlaufende Veranda. 3 Zimmer mit Bad. Alle Preise inkl. kleines Frühstück. ❸

Bazil's, 54-56 Russell St, www.bazils.com. Fröhliches, stets belebtes Hostel mit Doppelzimmern, 2-Bettzimmern und massenhaft Dorms (teilweise sehr beengt). Außerdem Fernsehraum, hübscher Garten mit einem Bereich zum Zelten und überdachter Grillplatz. Auch Surfkurse werden angeboten, und es werden Surfbretter und E-Bikes ($50/Tag) verliehen. ❶

Bella Vista Motels, 314 Palmerston St, www.bellavista.co.nz. Modernes, geschäftsmäßiges Motel nach dem üblichen Strickmuster der Bella-Vista-Motel-Kette. Angenehme, aber anonyme Zimmer. Satelliten-TV, beschränkte Kochmöglichkeit. ❷

Carters Beach Top10 Holiday Park, 57 Marine Parade, Carters Beach, 5 km westlich der Stadt, www.top10westport.co.nz. Geräumige, voll ausgestattete Anlage mit Cabins und bequemen Motel Units nur einen Katzensprung von einem breiten Strand und 10 Min. mit dem Auto von der Robbenkolonie entfernt. ❶

Westport KIWI Holiday Park and Motels, 37 Domett St, www.westportholidaypark.co.nz. Kleinerer, einfacher Platz in einem Wohngebiet, teils durch Wald begrenzt und 10 Min. zu Fuß vom Zentrum. Eigener Minigolf-Platz. ❶

YHA TripInn Hostel Westport, 72 Queen St, www.yha.co.nz. Freundliche Besitzer und eine Runderneuerung haben dem riesigen YHA-Hostel in einem alten Wohnhaus neues Leben eingehaucht. Ruhig und entspannt mit toller Terrasse, Grill, gut ausgestatteter Küche und TV-Zimmer. Camping im Garten. Nachts ruhig. ❶

ESSEN UND UNTERHALTUNG

Karte S. 565

Die Pubs sind für die alte Westküstentradition rauer Wochenend-Saufgelage berüchtigt.

Wer es etwas entspannter und schicker mag, sollte ins **Bay House** im nahen Tauranga Bay gehen.

Bay House, Tauranga Bay, 12 km von Westport, www.bayhouse.co.nz. Kann die Seehundkolonie einen nicht hier heraus locken – dieses tolle Restaurant und Café auf der bewaldeten Halbinsel sollte es auf jeden Fall tun! Auf der Terrasse und mit herrlichem Blick auf die Bucht schwelgen die zufriedenen Gäste in appetitlichen Gerichten wie Lachs-Bruschetta mit Meerrettichsahne, *salsa verde*, Kapern und Salatbeilage oder Fischsuppe mit Brot des Hauses. Das Bay House ist beliebt bei Einheimischen und Besuchern gleichermaßen aufgrund der fantastischen Lage und des erstklassigen Service. $$

Denniston Dog, 18 Wakefield St, www.dennistondog.co.nz. Die einzige Café-Bar, die nicht nur ein Pub mit Kaffeemaschine ist, bietet eine große Bierauswahl, Kaffee und exzellente kleinere und größere Mahlzeiten, die mit kreativen Beilagen serviert werden. Auch ein beschränktes Angebot an vegetarischen Gerichten hat der Denniston Dog auf der Karte. $$

Portside Bistro & Bar, 13 Cobden St, www.portsidebistro.co.nz. Frühstück, Mittag- und Abendessen, alles frisch vor Ort zubereitet – es wird täglich gebacken. Außerdem tolle Fish 'n' Chips und dazu eine breite Auswahl an Bier, Wein, Spirituosen und Cocktails. $$

Quarry Restaurant, 284 Palmerston St, ✆ 03 789 5579. Familienfreundliches, erschwingliches Restaurant mit Tischen draußen, kostenlosem Billardtisch in der Bar, großem Fernseher, toller Musik und behaglichem Kamin. $$

NBS Theatre, 105 Palmerston St, 💻 www.nbstheatre.co.nz. Wem das Nachtleben in Westport zu wüst ist, der kann in dieses moderne Kino mit 2 Leinwänden gehen, wo neuseeländische und internationale Streifen gezeigt werden.

SONSTIGES

Informationen

i-SITE, 123 Palmerston St, 💻 www.isite.nz. Es beherbergt das Coaltown Museum, hat kostenloses WLAN und erledigt für $5 Heaphy-Track-Reservierungen (S. 568). 🕒 Okt–April tgl. 9–17, Mai–Sep Mo–Fr 9–16.30, Sa und So 10–16 Uhr.

Touren

Outwest Tours, 💻 www.outwest.co.nz. Bietet eine Allradtour ins nahe gelegene Denniston (6 Std.), eine heute größtenteils verlassene Bergbaustadt, und ins einsame Mackley Country mit seinen reißenden Flüssen, tiefen Schluchten und vielen Wasserfällen (8 Std.). Und obendrein eine Fahrt ganz ohne das Thema Kohle zur abgelegenen Region um den Awakiri River (6 Std.).

NAHVERKEHR

Bei **Buller Taxis**, ✆ 03 789 6900, und **Westport Shuttles**, ✆ 03 789 8294, bekommt man bei Bedarf ein Taxi.

Habitat Sports, 204 Palmerston St, 💻 www.habitatsports.co.nz. Verleiht Mountainbikes ab $15/Std. (mit kostenloser Abholung am Flughafen). Auch eine Anmietung der Räder für mehrere Tage möglich.

TRANSPORT

Busse

Die Busse von **Karamea Express**, 💻 www.karameaexpress.co.nz, und **InterCity** halten am i-SITE.

Busse von **East-West**, 💻 www.eastwestcoaches.co.nz, fahren von der Caltex-Tankstelle an der 197 Palmerston St ab.

Busse nach:
CHRISTCHURCH 6x wöchentl., 4 1/2 Std.;
GREYMOUTH 1–2x tgl., 2 1/4 Std.;
KARAMEA 5–6x wöchentl., 2 Std.;
MURCHISON 1–2x tgl., 1 1/2 Std.;
NELSON 1–2x tgl., 4 Std.;
PUNAKAIKI 2x tgl., 1 Std.

Reefton

Am Ufer des Inangahua River, dort wo die Straßen von Westport, Greymouth und Christchurch aufeinandertreffen, liegt **Reefton**, das seine Existenz reichen Gold führenden Quarzgängen (engl. *reef*) zu verdanken hat. Diese wurden in den 1870er-Jahren so intensiv ausgebeutet, dass Reefton von einigen als „lebendigster und geschäftstüchtigster Ort der Kolonie" bezeichnet wurde. Reefton avancierte zum ersten Ort in Neuseeland (und einem der ersten Orte der Welt) mit einer Straßenbeleuchtung, gespeist von einem hydroelektrischen Generator. Doch diese zukunftsweisenden Aktivitäten ließen bald nach, und in der Folge ging es mit dem Städtchen zumeist eher bergab, wenn auch die Wiedereröffnung einer alten Goldmine am Ortsrand 2007 neue Hoffnung und Geld gebracht hat. Allerdings soll sie bald geschlossen werden.

Wer die historischen Rundgänge und das Museum abgeklappert hat, fährt normalerweise zügig weiter zum Grey Valley. Passionierte Angler finden hier jedoch hervorragende Möglichkeiten zum Flugangeln.

Stadtspaziergänge

Die Sehenswürdigkeiten rund um die Stadt sind über zwei Wege miteinander verbunden. Der etwas trostlose **Reefton Heritage Walk** (30 Min.)

führt durch die Straßen von Reefton, vorbei an den Fassaden einst prächtiger Gebäude. Die Streckenbeschreibung findet man in einer Broschüre, die im i-SITE erhältlich ist. In der Ortsmitte, an der Ecke von Walsh Street und Broadway, zeigen die „Bearded Miners" in einem alten **Goldgräber-Cottage** mit Schmiede ihre Schmiedekünste und greifen den Besuchern beim Goldwaschen unter die Arme (tgl. je nach Lust und Laune der „bärtigen Goldgräber"; Eintritt per Spende).

Der nette **Bottled Lightning Powerhouse Walk** (40 Min.) führt an dem kaputten Generator vorbei, der einst die berühmten Straßenlaternen von Reefton mit Strom versorgt hat. Der Weg ist nicht ganz so deprimierend, vielleicht weil er am Inangahua River entlang verläuft. Die ausgeschilderte Route beginnt am Reefton Visitor Centre und führt den Broadway hinauf zu einer Brücke über den Inangahua River. Zurück geht's über die Rosstown Road und die Brücke an der Hauptstraße.

Blacks Point Museum

Blacks Point, am SH7 Richtung Springs Junction ▪ 🕒 Okt–April Mi–Fr und So 10–12 und 12–15, Sa 13–16 Uhr ▪ Eintritt ▪ ✆ 03 732 8391

Das Wasser für Reeftons ursprüngliches hydroelektrisches System wurde am 2 km entfernten **Blacks Point** abgeleitet, wo in einer ehemaligen Methodistenkapelle das Blacks Point Museum untergebracht ist. Das Museum beleuchtet die Kultur- und Bergbaugeschichte der Gegend und zeigt auf Wunsch eine Werbe-DVD für den heutigen Bergbau am Ort.

ÜBERNACHTUNG

Brewer's Night Inn, 2 Smith St, 💻 www.canopycamping.co.nz/brewers-night-inn. Hübsches altes Ferienhaus aus den 1870er-Jahren, das zu einer luxuriösen Ein-Bett-Ferienwohnung umgebaut wurde. Das Schlafzimmer verfügt über eine gemütliche alpine Atmosphäre mit Holzwänden, und das Badezimmer ist mit einer schönen Betonbadewanne ausgestattet. ❸

The Old Nurses Home, 104 Shiel St, 💻 www.booking.com. Das riesige, etwas streng wirkende Haus war einst Reeftons Schwesternheim und ist vor allem bei einheimischen Touristen beliebt. Es hat kleine, angenehme 2-Bett- und Doppelzimmer mit Gemeinschaftsbad. ❷

Reef Cottage B&B Inn, 51-55 Broadway, 💻 www.booking.com. Die schickste Bleibe der Stadt in einem Rechtsanwaltshaus von 1887 hat 4 sehr schön eingerichtete Doppelzimmer im viktorianischen und 1920er-Jahre-Stil (alle mit Bad) sowie ein hübsches Café, wo das im Preis enthaltene Frühstück serviert wird. ❷

Reefton Domain Motor Camp, 1 Ross St, am oberen Ende des Broadway, ✆ 03 732 8477. Der zentral gelegene Campingplatz mit beliebtem Skatepark in der Nähe hat Zelt- und Wohnmobilstellplätze am Inangahua River ganz in der Nähe des örtlichen Schwimmbads. ❶

Die Wet Coast

Kein Gespräch über die Westküste wäre vollständig ohne eine Erwähnung der sturzbachartigen **Regenfälle**, die hier mit tropischer Intensität, manchmal gar mehrere Tage am Stück, niedergehen – überall ergießen sich Wasserfälle über die Felsen, und der Wald leuchtet in tiefem Grün. So viel Wasser auf einmal hat allerdings schädliche Auswirkungen auf den Boden, da sich dadurch der Verwesungsprozess verzögert und eine torfartige obere Schicht entsteht, aus der alle Mineralien herausgewaschen sind. Das Ergebnis nennt man *pakihi*, ausgelaugte und kümmerlich aussehende Weiden, die einen Großteil der gerodeten Landschaft der Westküste ausmachen.

Aber nach Regen kommt bekanntlich Sonne, die hier genauso intensiv ist – im Frühling herrscht ein ideales Klima für **Whitebait**, Jungfische, die sich in dieser Jahreszeit in großen Schwärmen in den Flussmündungen tummeln. Bei Hochwasser schwärmen die Fischer aus und hoffen auf einen guten Fang der sich steigender Beliebtheit erfreuenden Delikatesse.

Slab Hut Creek, 1 km abseits des SH7, 8 km südlich von Reefton. Der einfache DOC-Campingplatz liegt südlich im Grey Valley, östlich des SH7 in einem ehemaligen Goldgräbergebiet; Gäste können auch heute noch auf Goldsuche gehen. Der Platz ist eine tolle Basis für Spaziergänge im Victoria Forest Park. ❶

ESSEN

Alfresco's Eatery, 16 Broadway, 💻 www.alfrescos.co.nz. Einladendes Lokal mit originellen „Bergbau-Gerichten" wie „Snowy Battery" (Ribeye-Steak mit panierten Muscheln) oder „Prohibition Pork" (heiße Schinkenscheiben mit Ananassoße). Die Pizzas sind ebenso treffend benannt, z. B. die Meeresfrüchte-Pizza „Quartz Reef" ❷

Reef Cottage Café, 51-55 Broadway, ☏ 03 732 8440. Das stimmungsvolle Holz-Cottage mit offenem Kamin hat englisches Frühstück und leichte Mahlzeiten wie hausgemachte Suppen, Quiches und leckere Sandwiches mit knusprigem Bacon. ❷

Shazzas Shack, 54 Broadway, ☏ 03 732 8458. Imbiss mit guter kalorienreicher Kost wie Fisch und Meeresfrüchten, aber am beliebtesten sind die Burger. ❶

SONSTIGES

Geld

Bank of New Zealand, 67-69 Broadway, ⌚ Mo–Fr 9–12.30 und 13.30–16.30 Uhr, Geldautomat draußen vor der Tür.

Informationen und Internet

i-SITE/DOC-Büro, 67-69 Broadway, 💻 www.reefton.co.nz. Hat Internetzugang, zeigt einen kleinen Nachbau einer Goldmine und vermietet Goldwaschpfannen und Spaten ($5/Tag, eine zusätzliche Pfanne $2). Hier bekommt man auch eine Broschüre mit den historischen Spaziergängen und Minenwegen, die in Wander- und Mountainbikestrecken umgewandelt wurden. ⌚ Mo–Fr 9–16.30, Sa 9.30–14, So 9.30–13 Uhr.

TRANSPORT

Die **Busse** von **East West Coaches**, 💻 www.eastwestcoaches.co.nz, halten auf ihrer Fahrt von Westport nach Christchurch in der Nähe des i-SITE am Broadway, der Hauptstraße von Reefton.

Verbindungen bestehen nach CHRISTCHURCH (6x wöchentl., 4 Std.) und WESTPORT (6x wöchentl., 1 Std.).

Von Westport nach Karamea

Die Karamea Road (SH67) verläuft parallel zur Küste von Westport nach Karamea, eingezwängt zwischen Tasmansee und dicht mit Wald bewachsenen Hügeln. Die Fahrt dauert knapp zwei Stunden und führt durch winzige Weiler, unter denen viele nicht einmal einen Pub, geschweige denn einen Laden besitzen. Ein paar interessante Sehenswürdigkeiten gibt es trotzdem – allen voran die Kohlestädte um Westport (z. B. **Denniston**). Unterwegs locken abgelegene Unterkünfte.

Nördlich des **Mokihinui River** verlässt die Straße den Küstenstreifen und klettert auf den **Karamea Bluff**, bevor es in ein typisches Milchwirtschaftsgebiet hinuntergeht, das von Hügeln mit einer eher subtropischen Vegetation – charakterisiert durch *Cabbage Trees* und Nikau-Palmen an der Küste – umgeben ist. Am Fuß der Felsklippe markiert **Little Wanganui** die Abzweigung zum Startpunkt der **Wangapeka** (52 km, 3–5 Tage) und **Leslie–Karamea Tracks** (62 km, 6–9 Tage), die durch die Südhälfte des Kahurangi National Park führen.

1846 nahmen Charles Heaphy und Thomas Brunner die Region unter die Lupe und bereiteten den Weg für Goldsucher, die 20 Jahre später Einzug hielten. Es folgten Pioniere, die sich in **Karamea** niederließen, heute eine Basis für Ausflüge zum sehenswerten Kalksteingelände des **Oparara Basin** und zum letzten Abschnitt des **Heaphy Track**.

Achtung: Zwischen Westport und Karamea gibt es **keine Tankstellen** und das Mobilfunknetz ist schlapp, und in Karamea besteht eine einzige Tankmöglichkeit (im Karamea Visitor Centre, aber nur zu den Öffnungszeiten). Es empfiehlt sich also, in Westport vollzutanken.

Denniston

Museum/Besucherzentrum ganzjährig nach Vereinbarung 11–15 Uhr ▪ Eintritt per Spende ▪ 03 789 9755

Westports Funktion als Versorgungsposten hing völlig vom Handel mit den Kohlestädten ab, die in solch ungastlichen Regionen lagen, dass man weder Gemüse ziehen noch Schafe züchten konnte – allen voran **Denniston**. Die heute nahezu verlassene Stadt hoch auf dem Rochford Plateau liegt 9 km östlich von Waimangaroa abseits des SH67 und war einst berühmt für seine schwerkraftbetriebene Grubenbahn. 1859 entdeckte John Rochford das Coalbrookdale-Flöz, und schon bald füllte sich die vorher menschenleere Hochebene mit Leben, beschleunigt durch den Bau einer beeindruckenden, durch Schwerkraft betriebenen Grubenbahn im Jahre 1879, die täglich über 1000 t Kohle transportierte – mit der erstaunlichen Geschwindigkeit von 70 km/h.

Zur Blütezeit um 1910 zählte der Ort rund 2500 Einwohner, aber Ende der 1960er-Jahre waren die Kohlevorräte schließlich gänzlich erschöpft. Das Terrain der abgebauten Häuser hatte der Wald schnell zurückerobert. Übrig blieb ein einzigartiger industriehistorischer Schatz. An schönen Tagen ist der Blick fantastisch; bei schlechtem Wetter verleiht feuchter Nebel dem trostlosen Ort eine noch entrücktere Note.

Neben der Aussicht ist die einzige echte Sehenswürdigkeit das alte Schulhaus, heute ein kleines **Museum** und **Visitor Centre**. Ausgestellt sind historische Fotos und Gerätschaften, denen der Kurator Gary James (der mit Begeisterung durch das Museum führt) Leben einzuhauchen vermag.

Granity

Die winzige Ortschaft **Granity**, 12 km nördlich von Waimangaroa, bietet eine gute Gelegenheit für eine Rast auf dem Weg nach Norden auf dem SH67. Unterwegs lohnt sich ein Halt im **Northern Buller Museum**, www.nzmuseums.co.nz, einem Heimatmuseum, das die Geschichte des Bergbaus und der traditionellen Sägewerke der Region beleuchtet. Auch die nahe gelegenen farbenfrohen **Torea Gallery and Studios**, die Werke lokaler Künstler zeigen, sind einen Abstecher wert. Kuchen und Kaffee gibt es im Sommer im „RG's Food Truck" direkt an der Autobahn.

Gold und Kohle

Kapitän Cook segelte 1770 an der Westküste entlang und beschrieb sie als „ungastliches Ufer". Es gab nur wenig zu entdecken für die frühen europäischen **Forschungsreisenden** wie Thomas Brunner und Charles Heaphy, die 1846 und 1847 unter Führung des Maori Kehu einen Vorstoß wagten. Sie kehrten zurück, ohne das kultivierbare Land gefunden zu haben, von dem sie träumten. Nach einer kürzeren Reise 1861 schrieb Henry Harper, der erste Bischof von Christchurch: „Ich bezweifle, dass eine solche Wildnis jemals kolonisiert wird, außer vielleicht aufgrund der Entdeckung von **Gold**" – prophetische Worte, denn schon zwei Jahre später kursierten Gerüchte über Goldfunde in den Flüssen der Westküste, und ein Jahr später erlebten Greymouth und Hokitika einen Goldrausch der klassischen Art. Der Boom war schnell vorüber, aber inzwischen haben moderne Abbautechniken (und die relativ hohen Goldpreise) die Ausbeutung der Goldminen bei Reefton und Ross wieder profitabel gemacht.

Mit der Abnahme der Goldvorräte wurde **Kohle** zum wichtigsten Bodenschatz und zur Grundlage für langlebigere Städte: Auch heute stammt die Hälfte der Kohle Neuseelands von der Westküste. In den letzten Jahrzehnten ist auch das Bewusstsein für die empfindlichen Ökosysteme der Küste gewachsen, was zu Spannungen zwischen Coasters und Regierung führte – vor allem in Bezug auf das Abholzen einheimischer Hölzer und dessen Auswirkung auf die Umwelt.

Ngakawau und Umgebung

Ungefähr 3 km nördlich von Granity markiert ein Kohledepot den Beginn des schönen **Charming Creek Walk** (5 km einfach, 2 Std., 100 Höhenmeter) entlang einem alten Schienenstrang, der zwischen den Jahren 1914 und 1958 der Beförderung von Holz und Kohle diente. Die erste halbe Stunde der Wanderung ist eher langweilig, erst nach dem s-förmigen Irishman's Tunnel genießt man faszinierende Ausblicke auf den mit Steinen übersäten Fluss in der Tiefe und – nach Überqueren einer Brücke – auf die Mangatini Falls. Am interessantesten ist der nun folgende Abschnitt bis zum Picknickplatz bei den Überresten der **Watson's Mills** (hin und zurück 2–3 Std.).

ÜBERNACHTUNG

Granity

Ghost Lodge, Granity 94, Torea St, www.ghostlodge.co.nz. Schönes altes Holzhaus, nur wenige Schritte vom Strand entfernt, mit nur 6 sehr kuscheligen und geräumigen Gästezimmern. Eine gemütliche Lounge, ein Spielzimmer für die kleinen Gäste, ein Whirlpool und ein schön gestalteter Garten gehören ebenfalls dazu. ❷

Ngakawau und Umgebung

Ngakawaus beste Unterkunft steht am anderen Flussufer nördlich des Dorfs.

Gentle Annie, 15 km nördlich von Ngakawau am SH67, dann 3 km in eine Seitenstraße hinein, www.gentleannie.co.nz. Entspannte, wunderschön gelegene Bleibe an der Mündung des Mokihinui River neben Gentle Annie Beach. Die Unterkunftspalette reicht von Camping (keine Buchung erforderlich) bis zu gut ausgestatteten Family-Cottages mit Meer- oder Flussblick. Im hauseigenen Cowshed Café (saisonal geöffnet, Öffnungszeiten telefonisch erfragen) werden Kaffee und Holzofenpizza serviert. Außerdem gibt's Wandermöglichkeiten, ein Labyrinth und Kajakverleih. Haustierfreundliche Adresse. ❷

Ngakawau Tavern, 31 Main Rd, Ngakawau, 03 782 8035. Freundlicher lokaler Pub mit regelmäßigen (und oft lauten) Karaoke-Abenden sowie spontanen Billardwettbewerben. Oberhalb des Pubs gibt es einfache, aber passable (und preiswerte) Zimmer. Reisende können aber auch ihr Wohnmobil oder Zelt draußen aufstellen. ❶

The Old Slaughterhouse, 2 km nördlich von Hector am SH67, www.oldslaughterhouse.co.nz. Das ruhige Hostel in einem hübschen Holzhaus schmiegt sich oberhalb einer alten Schlachterei an einen Hang und bietet einen herrlichen Ausblick über die Küste. In der Gegend lassen sich wunderbare Waldwanderungen unternehmen, und am nahen Strand spielen häufig Hector-Delphine in der Brandung. Es wäre eine Sünde, die Ruhe durch Fernseher, Waschmaschinen und Haartrockner zu stören – also gibt es sie hier auch nicht. Internet ist begrenzt verfügbar. Allerdings gelangt man nur zu Fuß zur Unterkunft (10 Min. vom SH67). Bei vorheriger Anmeldung holen die freundlichen Besitzer das Gepäck jedoch mit dem Quad ab. ❷

Karamea und Umgebung

In **Karamea** (100 km nördlich von Westport) ist im wahrsten Sinne des Wortes das Ende der Straße erreicht: Weiter nach Norden geht's nur zu Fuß auf dem Heaphy Track. Trotz der isolierten Lage wird es hier nicht langweilig. Allein der südliche Teil des **Kahurangi National Park** lohnt einen ein- bis zweitägigen Aufenthalt, aber auch das **Oparara Basin** wartet auf Entdeckung.

1874 war dies ein klassisches **Grenzterritorium**, in dem der Hafen am Karamea River die einzige Verbindung zur Außenwelt darstellte. Die Siedler verdienten sich ihren Lebensunterhalt mit **Gold** und **Flachs**. Sie bauten die erste Straße nach Westport, gerade rechtzeitig vor dem **Erdbeben** von 1929 in Murchison, das den Hafen verlanden ließ und die einzige Straßenverbindung zur Siedlung für Jahre zerstörte. Die letzte große Naturkatastrophe kam 2014 mit dem Zyklon Ita, der große Baumbestände auf den umliegenden Hügeln entwurzelte.

Oparara Basin

Kahurangis schönste Kalksteinformationen liegen 10 km nördlich von Karamea und 15 hügelige Kilometer von der Straße Karamea–Kohaihai im **Oparara Basin** Richtung Binnenland entfernt. Das übersichtliche **Karstgebiet** in einem wundervollen Regenwald charakterisieren Senken, unterirdische Ströme, Höhlen und Felsbögen, die über Jahrtausende hinweg durch das leicht säurehaltige Wasser geschaffen wurden. Die Region ist die Heimat von Neuseelands größter einheimischer **Spinne**, der harmlosen Gradungula mit einem Durchmesser von rund 15 cm (nur in Höhlen im Kahurangi-Nationalpark anzutreffen), sowie einer seltenen, uralten und primitiven fleischfressenden **Schnecke**, die bis zu 7 cm groß wird und von Regenwürmern lebt. Teefarbene Flüsse bahnen sich ihren Weg über ausgeblichene, weiße Felsen. In schneller fließenden Abschnitten geht die seltene **Saumschnabelente** auf Nahrungssuche. Selbst wer nur ein marginales Interesse an Geologie hat, kann hier einen wunderbaren Nachmittag verbringen – sei es bei einer **Wanderung** oder einem **Picknick** (Insektenschutz aber bitte nicht vergessen).

Honeycomb Hill Caves

10 km nördlich von Karamea, dann 16 km östl. entlang der McCallums Mill Rd ▪ Touren tgl. um 10 und 13.30 Uhr ab Parkplatz Upper Oparara am fernen Ende der McCallums Mill Rd, 2 1/2 Std., mind. 2 Pers. ▪ Eintritt ▪ Transferfahrten werden angeboten und starten von Karamea aus ▪ 💻 www.oparara.co.nz

Ebenfalls im Oparara Basin liegen die **Honeycomb Hill Caves**, ein wertvoller Schlüssel zum Verständnis neuseeländischer Fauna. Dank der Sediment-Ablagerungen auf dem Höhlenboden blieben die Skelette uralter Vögel erhalten. Die Höhlen können nur im Rahmen der exzellenten **Honeycomb Hill Caves Tour** besucht werden, wobei man nur einen Teil des ca. 15 km langen Tunnelsystems erkundet. Die Höhlentrips konnten bisher mit der **Honeycomb Hill Arch Kayak Tour**, einer tollen Fahrt durch den Wald und unter einem breiten Kalksteinbogen hindurch, kombiniert werden.

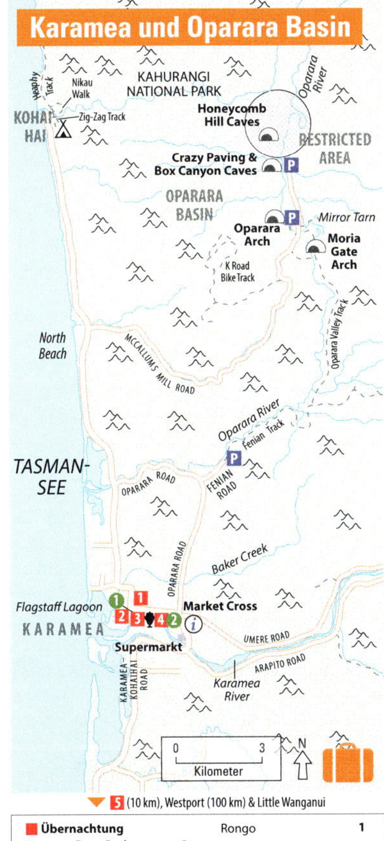

Übernachtung		Restaurants	
Karamea Farm Baches	2	Rongo	1
Karamea Memorial Domain	3		
The Last Resort	4	Karamea Village Hotel	1
Little Wanganui Hotel	5	The Last Resort	2

Crazy Paving und Box Canyon Caves

Zugang zu Fuß vom Parkplatz Upper Oparara (5 Min.)

Wie in Kalksteingebieten üblich, wechseln die Flüsse auch hier häufig ihren Lauf und hinterlassen trockene Höhlen wie die **Crazy Paving** und die größeren **Box Canyon Caves** nahe den Honeycomb Hill Caves (hin und zurück ca. 10 Min.). Beide sind wie geschaffen für das Betrachten von Spinnen und Fossilien (Taschenlampe mitnehmen und auf die rutschigen Böden achten).

Oparara Arch und Moria Gate Arch

3 km vor den Höhlen ab Oparara-Parkplatz ausgeschildert

Die beiden spektakulärsten Kalksteinformationen sind das Ziel zweier schöner, kurzer Waldwanderungen in der Nähe des Oparara River. Am beeindruckendsten ist der **Oparara Arch** (2 km, hin und zurück 50 Min.), ein riesiger, zweistöckiger Felsbogen, 43 m hoch, 79 m breit und 219 m lang, der aus dem Wald emporragt. Fotos kann man gleich vergessen – das passt auf kein Bild.

Am Hauptparkplatz beginnt außerdem der Rundweg zum Moria Gate und Mirror Tarn (4,1 km, 1 1/2 Std.). Der sehr hübsche **Moria Gate Arch** ist kleiner als der Oparara Arch, 19 m hoch und 43 m breit; seinen Namen erhielt er, lange bevor das Herr-der-Ringe-Fieber das Land ergriff. Der Weg endet nach einer kleinen Kraxelei durch eine Höhle (eine Taschenlampe ist sinnvoll) an einem sandigen Flussufer unter dem Bogen. Der Weg führt weiter über den Bogen; nach dem Abzweig zum Oparara Valley Track wartet der **Mirror Tarn** mit spektakulären Reflektionen des umliegenden Regenwaldes auf. Weiter geht's zum Parkplatz Mirror Tarn und dann ein kurzes Stück an der Straße entlang zurück zum Oparara-Parkplatz. Wer nicht den gesamten Weg laufen möchte, sollte hinter der kleinen Höhle wenigstens noch bis zum Aussichtspunkt weitergehen, wo sich ein herrlicher Blick auf die Felsformation auftut.

Kohaihai River

Am Ende der Straße, 17 km nördlich von Karamea

Wer nicht den gesamten Heaphy Track gehen möchte, kann zumindest die letzten paar an der Küste verlaufenden Kilometer des Tracks ab der Mündung des Kohaihai River genießen. Bei der Mündung kann man im Fluss schwimmen, und es gibt einen schön gelegenen **DOC-Campingplatz** sowie massenweise Sandfliegen (das i-SITE in Westport verkauft engmaschige Jacken und diversen anderen Mückenschutz).

In der Tagesmitte bietet der schattige **Nikau Walk** (1 km, 40 Min. Rundweg) etwas Abkühlung: Er windet sich durch ein Wäldchen voller Nikau-Palmen, Baumfarne und großartiger alter Rata-Bäume, die von Aufsitzerpflanzen überwuchert sind. Ansonsten kann man auf dem Heaphy Track bis zum **Scott's Beach** (5 km, hin und zurück 2 Std.) gehen oder auf der Südseite des Kohaihai River bleiben und über den **Zig-Zag Track** (1,2 km, hin und zurück 40 Min.) zu einem Aussichtspunkt hochsteigen.

ÜBERNACHTUNG

Karte S. 571

Karamea Farm Baches, 17 Wharf Rd, 💻 www.facebook.com/KarameaFarmBaches. Die 7 originellen, bunten Units im Motelstil haben eine voll ausgestattete Küche und geräumige Schlafzimmer. Gleiche Betreiber wie die vom Rongo. Auch Abendessen, Bed & Breakfast sowie saisonale Lebensmittel aus dem eigenen Permakulturgarten. Nur im Sommer geöffnet. ❷

Karamea Memorial Domain, Waverley St (SH67), zwischen The Last Resort und Karamea Village Hotel, ✆ 03 782 6069. Sehr einfacher Platz; die Gäste benutzen die Duschen und Toiletten der städtischen Sportanlagen. Es gibt eine Küche, einen Aufenthaltsraum und ein Zimmer mit Etagenbetten. Duschen kostet für Nicht-Gäste $5 (Vertrauenskasse). ❶

The Last Resort, 71 Waverley St (SH67), 💻 www.lastresortkaramea.co.nz. Unterkünfte um eine fantasievoll entworfene Lodge herum mit Restaurant und Bar; 5-Bett-Dorms, schlichte, aber attraktive Lodge-Zimmer, ein paar preiswerte Zimmer mit Gemeinschaftsbad und attraktive Studios mit einfachen Küchenzeilen. ❷

Little Wanganui Hotel, 476 Wangapeka Valley Rd, 💻 www.littlewanganuihotel.co.nz. Eine Reihe von attraktiven grau getünchten Holzhütten, mit den Kahurangi-Hügeln im Rücken und dem Strand vor der Haustür – ein wunderbarer Ort zum Aufwachen am Morgen. Die Hütten verfügen über eine Küche, und es gibt auch ein Restaurant und einen Pub, in dem einfache Gerichte serviert werden. ❷

Rongo, 130 Waverley St (SH67), 💻 www.rongo.nz. Das Hostel mit Regenbogenanstrich hat Holzböden, ein Grundstück mit Biogemüsegarten und einem (sehr) rustikalen Freiluftbad. Betreibt auch den lokalen Radiosender (107.5FM) – Kunst und Musik bilden einen Bestandteil des täglichen Lebens. Frühstück und Abendessen sind inbegriffen. ❷

ESSEN

Karte S. 571

Karamea Village Hotel, Waverley St, Ecke Wharf Rd, 💻 www.karameahotel.co.nz. Der runderneuerte Pub ist das beste Esslokal von Karamea, denn es hat riesige Portionen Kneipenkost, preiswerte Fish 'n' Chips und köstliche Whitebait-Frikadellen. $$

The Last Resort, 71 Waverley St (SH67), 💻 www.lastresortkaramea.co.nz. Das förmlichste Restaurant von Karamea (auch wenn das nichts heißen muss) hat Burger und Steaks. Es gibt aber auch etwas Abwechslung auf der Speisekarte, etwa durch thailändisches Hühnercurry oder Entenconfit. Snacks werden den ganzen Tag über serviert. Abends sollte man reservieren. $$

Für Selbstversorger wartet ein kleiner **Supermarkt** am Market Cross.

SONSTIGES

Informationen und Internet

Touristeninformation, Market Cross, 2 km östlich des Zentrums, 💻 www.karameainfo.co.nz. Internetzugang, um die Hütten am Heaphy Track online zu buchen. Der Heaphy Track wird normalerweise von Norden nach Süden gegangen (Details auf S. 546). Außerdem gibt es hier die informative, vom DOC herausgegebene Broschüre *Karamea* mit der Beschreibung von gut einem Dutzend Wanderungen in der Umgebung.

Fahrräder und Kajaks

Karamea Outdoor Adventures, Market Cross, gegenüber der Touristeninformation, ✆ 027 782 6161. Verleiht Räder, Kajaks und anderes Equipment zur Erforschung der Flagstaff Lagoon und der umliegenden Flüsse. Auch Ausritte in der Gegend – das aktuelle Angebot steht auf der Website. Die Betreiberin Sylvia Raikes kennt sich bestens aus und kann jedem das passende Abenteuer empfehlen.

TRANSPORT

Auf der Strecke zwischen Karamea und WESTPORT verkehren die Minibusse von **Karamea Express**, ✆ 03 782 6757 (Mo–Sa, $35 pro Strecke). Abholung von der Unterkunft in Karamea gegen 8 Uhr, Rückfahrt von Westport um 11.30 Uhr. Die Busse von **Karamea Connections**, ✆ 03 782 68380, fahren auf Anfrage zum Start- bzw. Endpunkt des **Heaphy Track** in KOHAIHAI, aber auch zu weiteren Wanderwegausgangspunkten.

Paparoa National Park und Umgebung

Südlich von Westport überquert der SH67 den Buller River und mündet in den SH6, die wichtigste Straße der Westküste. An diesem Küstenstrich liegt die 1500 m hohe Paparoa Range. 1987 wurde das Kalksteingebiet zum **Paparoa National Park** erklärt, einem der kleinsten und vielleicht am wenigsten bekannten Parks des Landes. Seine Hauptattraktion sind die **Pancake Rocks**, die ihrem Namen alle Ehre machen und an aufeinandergestapelte Pfannkuchen erinnern, wobei die Elemente spektakuläre Löcher in den verwitterten Kalk gegraben haben, durch die bei Flut das Wasser in regelrechten Fontänen nach oben schießt.

Die restlichen Sehenswürdigkeiten des Parks außer Acht zu lassen, hieße jedoch, auf die mysteriöse Welt verschwindender Flüsse, Senkgruben, Höhlen und Kalksteinklippen zu verzichten, die alle miteinander auf den vorzüglichen Wanderwegen der Region zu erreichen sind. Besucherservices finden sich hauptsächlich in **Punakaiki** und bei den Pancake Rocks, wo Buspassagiere einen kurzen Blick auf die Felsformationen erhaschen oder halten, um die obligatorischen Fotos zu schießen. Ein paar Tage

Aufenthalt ermöglichen jede Menge toller Wanderungen, Ausritte oder Kanufahrten in den Kalksteinschluchten.

Punakaiki und die Pancake Rocks

SH6, 32 km südlich von Charleston

Die **Pancake Rocks** bei Punakaiki sind häufig alles, was die Besucher vom Paparoa National Park zu sehen bekommen. Ein geteerter Rundweg führt an der Hauptstraße in 20 Minuten zu den Felsen, wo verschiedene Schichten Kalkstein derart verwittert sind, dass sie großen Türmen aufeinandergestapelter Pfannkuchen ähneln. Ursache hierfür ist ein chemischer Prozess, bei dem durch den Druck von übereinander gelagerten Sedimenten abwechselnd feste und weichere Zwischenschichten entstehen. Das ganze Felsgebäude ist untergraben von riesigen Meereshöhlen mit sogenannten **Blowholes**, großen Löchern, durch die bei Flut das Wasser nach oben schießt und immense Fontänen produziert.

Weitere Beispiele von Paparoas Karstlandschaft entdeckt man auf verschiedenen anderen Spaziergängen. Bei der **Punakaiki Cavern**, 500 m weiter nördlich, gibt es ein paar Glühwürmchen (am Abend hingehen und Taschenlampe mitnehmen), und 2 km weiter kann man auf dem **Truman Track** (hin und zurück 30 Min.) von der Hauptstraße zu einem kleinen Strand mit interessanten Felsformationen laufen. Neben den Felsen bietet die Umgebung auch diverse Möglichkeiten für Wasserratten, z. B. zum **Schwimmen** in den Flüssen Pororari und Punakaiki sowie am südlichen Ende des Pororari Beach – auch ein guter Ort zum **Surfen**.

Der Straßenabschnitt zwischen Punakaiki und Greymouth verläuft teilweise direkt entlang den Klippen und verspricht eine spektakuläre Fahrt. 2010 kam es zu einer Katastrophe in dieser Region, als eine Explosion im Kohlebergwerk von Pike River 29 Bergarbeiter begrub. Außer zum Fotografieren lohnt einen Stopp eigentlich nur der **Barrytown Knife Maker**, 2662 Coast Rd/SH6, 💻 www.barrytownknifemaking.com, der Besuchern beibringt, ein eigenes Messer herzustellen (etwa 9.30–16 Uhr). Das winzige **Rapahoe**, 34 km südlich von Punakaiki, hat den vermutlich sichersten Badestrand an der gesamten Küste und ist für seine Edelsteine berühmt. Ein Weg führt zum schönen **Point Elizabeth** (5 km, hin und zurück 2 Std.).

ÜBERNACHTUNG

Karte S. 575

Hydrangea Cottages, SH6, 💻 www.pancakerocks.co.nz. Diese Unterkunft besteht aus 6 traumhaften, geschmackvoll eingerichteten Selbstversorger-Cottages aus einheimischem Holz und Stein, mit Meerblick. Einige haben eine Badewanne im Freien sowie eine Terrasse. ❸

Punakaiki Beach Camp, 5 Owen St, SH6, 💻 www.punakaikibeachcamp.co.nz. Der schöne Wiesencampingplatz ist von Wekarallen und Purpurhühnern bevölkert und hat Zelt- und Wohnwagenstellplätze sowie eine Handvoll Cabins. In praktischer Nähe zu Strand und Punakaiki Tavern gelegen. ❶

Punakaiki Beach Hostel, 4 Webb St, 💻 www.punakaikibeachhostel.co.nz. Luftiges Holzhostel im Strandhauslook mit schönen Gemeinschaftsbereichen mit Brettspielen und TV. In dem hauseigenen Kiosk können die Gäste frisches Brot, Muffins und einige Grundnahrungsmittel kaufen. Es gibt verschiedene Zimmertypen (ein DZ befindet sich sogar in einem fantastischen umgebauten Lastwagen) und bequeme Dorm-Betten mit jeweils eigener Leselampe und Steckdose. ❷

The Rocks, Hartmount Place, 💻 www.therockshomestay.com. Nettes Homestay mit 3 gemütlichen Zimmern, alle mit Bad. Es lohnt sich, etwas mehr für den „Sea Room" mit Meerblick auszugeben, ansonsten bieten die Bibliothek und der Wintergarten ebenfalls Panorama-Ausblicke. Alle Preise inkl. Frühstück. Keine Einrichtungen für Selbstversorger. ❸

Woodpecker Hut, 5297 SH6, Woodpecker Bay, Fox River (5 Min. nördlich von Punakaiki), www.canopycamping.co.nz/woodpecker-hut. Diese beiden kleinen Hütten (eine beherbergt das Schlafzimmer, die andere die Lounge) auf einem Klippengrundstück an der Küste sind nicht ans Versorgungsnetz angeschlossen und durch eine überdachte Küche miteinander verbunden. Wer sich vorm Haus in die beheizbare Wanne lümmelt, genießt eine wunderbare Aussicht auf die Küste. ❸

YHA Punakaiki Te Nikau Retreat, 19 Hartmount Place, 200 m nördlich des Truman Track (10 Min. zum Strand) und 3 km nördlich des i-SITE, www.tenikauretreat.co.nz. YHA-assoziiertes Hostel in einer ländlichen Gegend mit Gebäuden, die um einen Hügel voller Nikau-Palmen gruppiert sind. Die meisten Zimmer haben die Bäder und Küchen in unmittelbarer Nachbarschaft. 5 Cottages für Selbstversorger. Es gibt Dorms und attraktive Doppelzimmer sowie ein paar freistehende Cottages. Auf dem Gelände werden frisches Brot, Muffins und Eier verkauft. Vorausbuchung sehr zu empfehlen. ❶

ESSEN

Karte s. rechts

Punakaiki bietet nur wenige Optionen zum Essengehen. Einen Laden gibt's auch nicht, Selbstversorger müssen also alles, was sie für ihre Versorgung brauchen, mitbringen.

Jacob's Grill, Punakaiki Resort, SH6, 700 m südlich des i-SITE, www.punakaiki-resort.co.nz. Der mit Abstand schickste Laden in Punakaiki, mit Meerblick und elegant präsentierten Kreationen wie Jakobsmuscheln in Weißwein-Sahnesoße, gefolgt von Hirschmedaillons mit Kartoffelgratin. Wenn sehr viel Andrang herrscht und das Lokal gut besucht ist, bekommt man allerdings nur als Gast des Resorts einen Tisch. $$

Pancake Rocks Café, 4300 SH6, neben i-SITE, www.pancakerockscafe.com. Auf den Tisch kommen „West Coast"-Frühstück (Speck, Eier, Würstchen, Hash Brown und Toast), hausgemachte Pancakes, Pasteten, Sandwiches und Kuchen. Besonders lecker ist der lockere Pfannkuchen mit Kompott oder Speck und Ahornsirup. Beliebter Stopp bei Tourbussen. $$

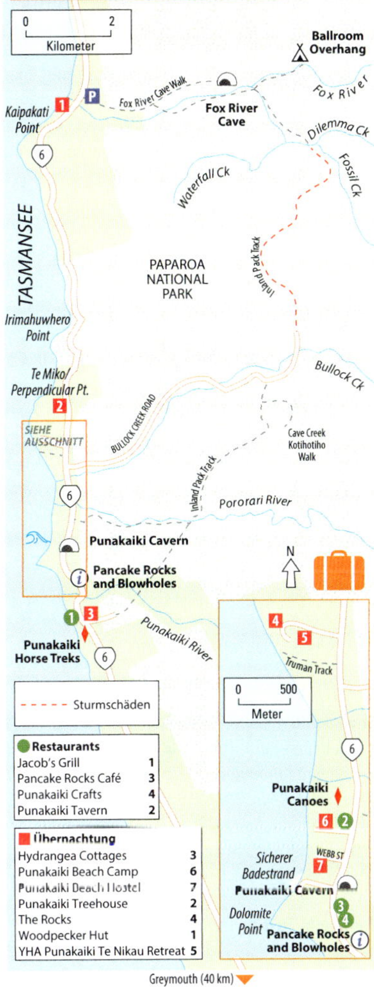

Punakaiki Crafts, SH6, beim i-SITE. Ein empfehlenswerter Kunsthandwerksladen mit kleinem Café, der Kaffee, Kuchen und Sandwiches serviert. $

WESTKÜSTE

Paparoa National Park und Inland Pack Track

Die besten Eindrücke von der dramatischen Kalksteinlandschaft im Paparoa National Park gewinnt man auf einer der vielen möglichen Wanderungen in dem Gebiet. Der längste und beste Wanderweg, der **Inland Pack Track** (27 km, 2–3 Tage), wurde 2014 durch den Zyklon Ita so schwer in Mitleidenschaft gezogen, dass der Abschnitt zwischen Bullock Creek und Fossil Creek monatelang gesperrt werden musste, doch jetzt ist er wieder offen. Beim DOC-Büro in Punakaiki kann man sich über den Stand der Dinge informieren. Wenn landeinwärts Wege gesperrt sein sollten – was im Sommer passieren kann, wenn Stürme von der Tasmansee hier durchfegen –, bieten sich auch andere, kürzere Wanderungen an.

Praktische Informationen zum Inland Pack Track

Der Startpunkt für den Inland Pack Track liegt 800 m südlich des Visitor Centre von Punakaiki am Südufer des **Punakaiki River** (nach der Waikori Road Ausschau halten). Ein weiterer Startpunkt befindet sich am Parkplatz des Pororari River Track, 1 km nördlich des Visitor Centre. Die DOC-Broschüre *Inland Pack Track* enthält alle nötigen Infos für die Wanderung; gut ist auch die Karte *Paparoa National Park* (Maßstab 1:50 000). Der 1867 während des Goldrausches angelegte Weg bietet Zugang zu einigen der schönsten Abschnitte des Paparoa National Park.

Der Inland Pack Track ist am besten von Süden nach Norden zu begehen, was den Vorteil hat, dass man die etwas problematische Abzweigung am Fossil Creek nicht verpasst. Entlang dem Weg gibt es keine Hütten; am Ende des ersten langen Tages kann man auch unter einem **Felsüberhang** namens Ballroom Overhang übernachten. Wanderer sollten zum Schutz vor den lästigen Sandfliegen ein **Zelt** einpacken. Sollten die Flüsse Hochwasser führen und ein Fortkommen überraschend vereiteln, muss man außerdem keine feuchte Nacht im Freien verbringen. **Lagerfeuer** sind am Ballroom Overhang erlaubt, aber das DOC empfiehlt die Mitnahme eines Kochers, da brauchbares Holz rar ist. Auf jeden Fall sollte man sich vor dem Aufbruch beim DOC über die **Wetterlage** informieren. Hier liegen auch **Formulare zur Registrierung** bereit, die zur eigenen Sicherheit unbedingt ausgefüllt werden sollten.

Kürzere Wanderungen

Punakaiki–Pororari Rivers Loop (12 km, 3 1/2 Std., 100 Höhenmeter). Diese angenehme Route folgt dem Inland Pack Track, der an dieser Stelle begehbar ist, bis zum Pororari River, an dessen Ufer es zwischen fantastischen Kalksteinklippen nach Punakaiki zurückgeht.

Fox River Cave Walk (10 km, 2 1/2 Std., 100 Höhenmeter). Die Wanderung stimmt mit dem letzten Abschnitt des Inland Pack Track überein und reicht von der Mündung des Fox River bis zu den Höhlen; zurück geht es auf demselben Weg.

Punakaiki Tavern, Owen St, Ecke SH6, 1 km nördlich des i-SITE, www.punakaikirocks. Die Taverne ist ein schnörkelloses Pub mit günstigem, schlichtem Essen und ordentlichen Portionen. $$

SONSTIGES

In Punakaiki gibt es weder Benzin noch Geldautomaten – also vorsorgen!

Informationen

DOC/i-SITE SH6, SH6, www.doc.govt.nz. Das DOC-Besucherzentrum im Paparoa National Park ist gleichzeitig ein i-SITE mit Exponaten zu sämtlichen Aspekten des Nationalparks, Informationen zu unterschiedlichsten Aktivitäten in der Umgebung, Wanderkarten und Hilfe bei Buchungen. tgl. Dez–April 9–18, Mai–Nov 9–16.30 Uhr.

Kajaks

Punakaiki Canoes, SH6, 1 km nördlich der Pancake Rocks, www.riverkayaking.co.nz. Der freundliche Laden am Pororari River vermietet Kajaks ($40/2 Std., danach $5/Std.) und organisiert auf Anfrage geführte Touren (ab $70).

Touren

Paparoa Guided Walks, 5 Owen St, Punakaiki, www.paparoaguidedwalks.com. Wer in die herrliche Landschaft der Umgebung erlebnisreich eintauchen möchte, sollte sich auf diese 4-tägige geführte Wanderung entlang dem Paparoa Track begeben. Die Leitung der lohnenden Tour übernehmen Experten, die die Teilnehmer kenntnisreich auf die reiche Tierwelt hinweisen. Die Übernachtungen während der Wanderung erfolgen in einfachen Hütten.

TRANSPORT

Die **Busse** von InterCity halten auf ihrem Weg nach Norden bzw. Süden eine halbe Stunde gegenüber der Pancake Rocks am DOC/i-SITE – genügend Zeit für eine kurze Besichtigung.

Greymouth und Umgebung

Der Grey River bahnt sich seinen Weg durch einen Einschnitt in der küstennahen Rapahoe Range und über eine tückische Sandbank, bis er bei **Greymouth** ins Meer fließt. Die graue, trostlose Stadt ist zwar die größte Siedlung an der Westküste, besitzt aber nur wenige Sehenswürdigkeiten. Doch immerhin ist Greymouth die Endstation des Touristenzugs **TranzAlpine** (immer mehr Reisende kommen mit dem Zug aus Christchurch und mieten hier ein Fahrzeug). Und für Autofahrer ist Greymouth ein willkommener Halt.

Wie Hokitika genießt auch Greymouth einen Ruf für hochwertige Jadeschnitzerei. Wer die Jadegalerien, den obligaten Spaziergang am Flussufer und die Brauerei abgehakt hat, sollte sich aber bald wieder auf den Weg machen, vor allem im Winter, wenn der rasiermesserscharfe, kalte Wind, genannt **„The Barber"**, durch das Grey Valley pfeift und die Stadt in eisigen Nebel gehüllt ist.

Geschichte

Greymouths Entwicklung begann in den frühen Jahren des **Goldrauschs**, nachdem man auf dem Land fündig geworden war, das James Mackay 1860 für 150 britische Goldmünzen von den Poutini Ngai Tahu gekauft hatte. Seinen Charakter verdankt die Stadt dem Fluss, der nach starken Regenfällen zu einem reißenden Strom werden kann. Immer wieder wurde die Stadt von verheerenden Überschwemmungen heimgesucht.

Shades of Jade

16 Tainui St ▪ Mo–Fr 9–17, Sa und So 10–14 Uhr ▪ www.shadesofjade.co.nz

Der reizende, besuchenswerte Laden gehört einem einheimischen Jadeschleifer, der seine eigenen, modernen, aus neuseeländischem *pounamu* gefertigten Waren verkauft, daher die guten Preise. Neben bearbeiteten Stücken gibt's auch eine große Auswahl an polierten Steinen und Anhängern. Der Besitzer freut sich, wenn er Besuchern seine Schnitztechniken vorführen kann.

History House Museum

27 Gresson St ▪ Mo–Fr 10–16, Sa 10–14 Uhr ▪ Eintritt ▪ www.greydc.govt.nz

Das **History House Museum** unternimmt einen recht gelungenen Versuch, seinen Besuchern die Geschichte des Grey District zu vermitteln, vor allem die Zeit vor 1920. Allerdings sind viele der ausgestellten Dokumente einfach nur Fotokopien. Gezeigt werden Erinnerungsstücke aus der Seefahrer-, Gold-, Kohle- und Holzverarbeitungsära sowie Fotografien aus der Blütezeit der Stadt.

Auch der Kampf der Bewohner gegen Überschwemmungen in der Region wird umfassend behandelt.

Monteith's Brewing Company

Turumaha St, Ecke Herbert St ▪ 🕒 Nov–April 11–21, Mai–Okt 11–20 Uhr ▪ kostenpflichtige Führungen ▪ 💻 www.monteiths.co.nz

Die **Monteith's Brewing Company** ist eine neue Brauerei, die einen steten Strom von Bierliebhabern anzieht. Die Einheimischen kommen wegen des guten Essens, aber man kann auch an einer Führung teilnehmen und zuschauen, wie die Craft-Biere der „Brewer's Series" hergestellt werden. Vor allem morgens besteht die Gelegenheit, den Braumeistern bei der Arbeit zuzuschauen; später am Tag gibt es meist nur die Produktionsstätten zu sehen. Im Preis sind vier Gläser Bier a 0,2 l enthalten, aber Vorsicht: Schon ein Glas Doppelbock kann zur Fahruntüchtigkeit führen.

Touren und Aktivitäten

Die Möglichkeiten für Aktivitäten rund um Greymouth sind vielfältig. Inzwischen ist auch der **West Coast Wilderness Trail**, 💻 www.westcoastwildernesstrail.co.nz, fertiggestellt, eine 132 km lange Radstrecke (Schwierigkeitsgrad 2) zwischen Ross, Hokitika und Greymouth – das Terrain umfasst dichten Regenwald, Gletscherflüsse, Seen und weite Feuchtgebiete (ca. 4 Tage).

On Yer Bike, 511 SH6, Coal Creek, 5 km nördlich von Greymouth, 💻 www.onyerbike.co.nz. Adrenalingeladene Aktivitäten auf einem privaten Gelände mit Quads und 2-, 4- und 6-sitzigen Gokart-Buggys. Kostenloser Transfer ab Greymouth.

Shantytown, Rutherglen Rd, Paroa, 12 km südlich der Stadt, 💻 www.shantytown.co.nz. Wer mit Kindern auf Reisen ist, sollte diesen Nachbau einer Goldgräberstadt mit Aktivitäten wie Dampflokfahrten und Goldwaschen nicht verpassen.

TranzAlpine Train, 164 MacKay St, Greymouth, 💻 www.greatjourneysnz.com. Neuseelands ultimative Panorama-Zugreise verläuft zwischen Greymouth und Christchurch und startet jeden Tag in der Woche am historischen Holzbahnhof von Greymouth. Der Zug zwischen Greymouth und Christchurch verkehrt am Nachmittag. Man kann die Strecke von diesem Ausgangspunkt also nicht an einem Tag hin und zurück fahren. Die Gletscher, Seen und Berge sorgen unterwegs für unvergessliche Anblicke.

Point Elizabeth Track

6 km nördlich der Stadt ▪ hin und zurück 5 km, 1 1/2 Std.

Ein sehr schöner Abendspaziergang ist der beliebte **Point Elizabeth Track**. Er folgt der Küste durch malerische Nikau-Wälder bis zu einem Aussichtspunkt, von dem aus man manchmal Hector-Delphine und Seebären beobachten kann. Danach können Wanderer zurückgehen oder noch 3 km weiter bis Rapahoe (S. 574) spazieren und von dort mit dem Bus zurück in die Stadt (2x tgl.) fahren. Infos zur Geschichte und Geografie bietet die Broschüre *Point Elizabeth Walkway* ($2), erhältlich beim i-SITE in Greymouth.

ÜBERNACHTUNG

Karte S. 579

Greymouth hat ein paar gute Hostels, aber ansonsten nur wenig erbauliche Unterkünfte. Im Voraus buchen sollte man während folgender Veranstaltungen: den Kumara Races (2. Wochenende im Jan), dem Coast to Coast Race (2. Wochenende im Feb), dem Hokitika Wildfoods Festival (2. Wochenende im März) und dem Around Brunner Cycle Race (3. Wochenende im April).

Breakers, 1367 SH6, Rununga, 14 km nördlich von Greymouth, 💻 www.breakers.co.nz. B&B in atemberaubender Lage am Strand mit 4 Zimmern, 2 davon oben im Haus, 2 im Garten. Wer von der wilden Küste nicht genug kriegen kann, ist im Breakers genau richtig! ❹

WESTKÜSTE

Coleraine, 61 High St, 💻 www.coleraine greymouth.co.nz. Preiswertes Hotel an der Hauptstraße. Die Unterkünfte reichen von 1-Bett-Studios mit Spa-Badezimmern bis hin zu großen Apartments mit 2 Schlafzimmern, Küche und Wohnzimmer. Alle Einheiten sind gemütlicher eingerichtet, als man es von durchschnittliches Budget-Hotels gewohnt ist. ❷

Duke Hostel, 27 Guinness St, 💻 www.duke.co.nz. Gut geführtes, schrill purpur und grün gestrichenes Hostel im Stadtzentrum, mit ausreichend ausgestatteten Doppelzimmern, bequemen Betten und gut informierten,

Rafting auf den Wildflüssen der Westküste

Kajaker und Rafter kommen gern an die Westküste, weil sie hier einige der weltweit spannendsten und landschaftlich schönsten Wildwasserflüsse vorfinden. Oft beängstigend steile Wasserläufe (Wildwasser-Schwierigkeitsgrad WW III–V) bahnen sich ihren Weg vom Gebirge zum Meer und führen dank starker Niederschläge fast das ganze Jahr über ausreichend Wasser zum Kajakfahren und Raften.

Zugang

Bevor man in den 1980er-Jahren erstmals Hubschrauber für den Transport zum Einstieg einsetzte, wurden nur wenige Flussoberläufe dieser Region jemals befahren. Auch heute noch gelangt man zumeist nur auf dem Luftweg ins wilde Landesinnere, sodass die Kosten für eine solche Tour relativ hoch sind. Der Preis ist zumeist abhängig von der Anzahl der Teilnehmer.

Buchung und Saison

Trotz ihrer zunehmenden Beliebtheit werden Trips auf diesen Flüssen nach wie vor eher selten angeboten. Um Enttäuschungen zu vermeiden, sollte man daher so rechtzeitig wie möglich reservieren (Hauptsaison Nov–April, normalerweise ist Rafting aber von Anfang Sept–Ende Mai möglich). Das Mindestalter für Raftingtrips liegt bei 13 und für einige der schwierigeren Flüsse bei 15 Jahren.

Flüsse

Die beliebtesten Flüsse für Raftingfans sind (von Norden nach Süden): Karamea (WW IV–V), Mokihinui (WW IV), Arahura (WW IV), Whitcombe (WW V), Hokitika (WW III–IV), Wanganui (WW III), Perth (WW V) und Whataroa (WW IV).

Anbieter

Eco-Rafting Adventures Franz Josef, www.ecorafting.co.nz. Engagierte Guides leiten Touren mit kleinen Gruppen in der Wildnis, u. a. auf dem Whataroa River nahe Franz Josef. Raftingtouren mit Autoanfahrt sind im Angebot, aber spannender sind zweifellos die Touren mit Helitransfer und die Trips mit Übernachtung.

Explore West Coast, MacKay St, Greymouth, www.explorewestcoast.co.nz. Wer das Wasser lieber aus der Ferne bewundern möchte, sollte die geführten Wandertouren dieses Veranstalters in Betracht ziehen: Es geht rund um die Hokitika-Schlucht über Wanderwege und Hängebrücken.

Ultimate Descents, 38 Waller St, Murchison, www.rivers.co.nz. Dieser Anbieter ist ein Spezialist für Raftingtouren in der oberen Hälfte der Südinsel, mit allem von halbtägigen (4 Std.) Touren auf dem Buller River bis zu eintägigen Heli-Raftingtouren auf dem Karamea und zweitägigen Touren auf dem Mokihinui.

Wild Rivers Rafting, New Creek Rd, Upper Buller Gorge, www.wildriversrafting.co.nz. Sehr spannende Rafting-Abenteuer auf dem Abschnitt mit den Earthquake Rapids des Buller River, mit tollem Kommentar von den engagierten Guides Bruce und Marty. Wenn man eine Kamera dabeihat, kann der Fahrer dem Raft auf der Straße folgen und Fotos machen – kostenlos. Insgesamt 4 Std., davon 2 Std. auf dem Fluss.

hilfsbereiten Gastgebern, die ihren Gästen jeden Abend eine Suppe (kostenlos) zubereiten. Morgens gibt es Toast und Marmelade. Gratis-WLAN. ❷

Global Village, 42 Cowper St, www.globalvillagebackpackers.co.nz. Helles, geräumiges und gut ausgestattetes Hostel, das an Parkland und einen Fluss grenzt. Kreative

Zimmer und viele Aktivitäten: kostenloser Fahrrad- und Kajakverleih, Sauna, Spa, kleiner Fitnessraum, an den meisten Abenden wird gegrillt. Alle Betten mit Bettzeug, und es gibt ein paar nach Geschlechtern getrennte Dorms. ❷

Greymouth Seaside Top 10 Holiday Park, 2 Chesterfield St, 💻 www.top10greymouth.co.nz. Der zentraler gelegene und bessere der beiden Motor Parks, direkt am Strand und mit sehr guten Einrichtungen (Abenteuerspielplatz, Spieleraum usw.). ❷

Noah's Ark, 16 Chapel St, 💻 www.facebook.com/NoahsArkBackpackers. Großes und gemütliches Hostel in 2-stöckiger Villa. Tolle Veranden, Aufenthaltsraum mit Satelliten-TV, kostenloser Radverleih, Spa. ❷

ESSEN

Karte S. 579

Im ruhigen Zentrum von Greymouth gibt es zahlreiche gute Cafés, aber nur wenige echte Restaurants. Das bedeutet, dass Besucher sich vor allem abends meist selber versorgen müssen.

DP One Café, 104 Mawhera Quay, 💻 www.facebook.com/dp1cafe. Cooles Café mit Bildern örtlicher Künstler an den Wänden und ausrangierten Möbeln als Einrichtung. Es gibt englisches Frühstück, gefüllte Bagels und Salate, dazu Kaffee, Tee und Smoothies. $

Monteith's Brewing Company, Turumaha St, Ecke Herbert St, 💻 www.thebrewery.co.nz. Das beliebte Café gehört zur Brauerei und bietet Sitzgelegenheiten drinnen und draußen. Das Angebot an Speisen ist überraschend groß, es reicht von Tapas über Wild bis zu Rippchen und frittierten Snacks in Bierteig. Dazu trinkt man natürlich ein Bier des Hauses. $$

Sevenpenny, 9 Tainui St, 💻 www.sevenpenny.co.nz. Beliebtes Restaurant und angeschlossene Bar, den ganzen Tag über geöffnet. Das Frühstück beinhaltet u. a. Eggs Benedict. Der marokkanische Lammsalat ist ein Volltreffer zum Mittagessen, und am Abend kann man den leckeren Short Ribs nur schwer widerstehen. $$

Speight's Ale House, 130 Mawhera Quay, 💻 www.speightsalehousegreymouth.co.nz. Große Restaurant-Bar in ehemaligem Verwaltungsgebäude von 1909 mit herzhaften Gerichten wie Whitebait-Frikadellen, Rumpsteak und paniertem Kohlenfisch von Stewart Island, meist serviert mit einem der hauseigenen Biere. $$

Woodstock, 31 Mackay St, 💻 www.woodstockbrewing.co.nz. Wer gerne gutes gegrilltes Fleisch mag, sollte sich dieses entspannte Restaurant nicht entgehen lassen. Das Woodstock serviert einige der besten Burger der Stadt. Es ist ein Schwesterlokal der Woodstock Brewery und verkauft hier auch die großartigen Craft-Biere des Unternehmens. $$

SONSTIGES

Fahrräder

Mann Cycles, 37 Mackay St, ✆ 03 768 0255. Vermietet Fahrräder für $20/2 Std. Die Hostels verleihen an ihre Gäste kostenlos Räder.

Informationen und Internet

Touristeninformation, im Bahnhof an der Mackay Street, 💻 www.greydistrict.co.nz. Das gemeinsame Büro von i-SITE und West Coast Travel Centre hat kostenlosen Internetzugang und die Broschüre *West Coast* mit gutem Stadtplan. ⌚ Mo–So 9–17 Uhr.

TRANSPORT

Auto

Viele große **Autovermietungen** haben ein Büro im Bahnhof.

Busse

Die **InterCity**-Busse Richtung Hokitika, Franz Josef, Westport und Nelson fahren nach Eintreffen des TranzAlpine ab. **Atomic** und **InterCity** halten am Bahnhof Mackay St.

Busse nach:
ARTHUR'S PASS 2x tgl., 1 1/2 Std.;
CHRISTCHURCH 2x tgl., 4 1/2 Std.;

FOX GLACIER 2x tgl., 3 3/4–4 1/2 Std.;
FRANZ JOSEF 1–2x tgl., 3–3 1/2 Std.;
HOKITIKA 3–5x tgl., 3/4 Std.;
MURCHISON 1x tgl., 4 Std.;
PUNAKAIKI 1–2x tgl., 1 Std.;
WESTPORT 1–2x tgl., 2 1/2 Std.

Eisenbahn

Der TranzAlpine (s. Kasten S. 631), Greymouths einziger Personenzug, hält am Bahnhof an der Mackay Street.

Züge nach:
ARTHUR'S PASS 1x tgl., 2 1/4 Std.;
CHRISTCHURCH 1x tgl., 4 1/4 Std.

Blackball und Umgebung

Das verschlafene **Blackball** ist ein ehemaliger Goldgräber- und Kohlebergbauort auf einer Ebene am Fuße der Paparoa Range. Pendler, Neo-Hippies und verschrobene Typen, die noch immer im Wald auf Jagd gehen und nach Gold suchen, scheinen hier harmonisch zusammenzuleben. Blackball gilt als einer der Geburtsorte der neuseeländischen **Arbeiterbewegung** – der Bergbau wurde jedoch 1964 eingestellt.

Heute zieht Besucher neben der berühmten Salami (s. Essen) hauptsächlich die ländliche Ruhe an, aber auch die schönen Wanderungen durch die Goldminengebiete um Blackball Creek und über den **Croesus Track** auf die windgepeitschten Gipfel der Paparoa Range haben ihren Reiz. Neben dem Formerly The Blackball Hilton (s. Übernachtung) gibt es ein kleines Infozentrum, wo man eine kostenlose Kartenskizze der Gegend erhält.

WESTKÜSTE

Moana und Lake Brunner

In Stillwater zweigt die Teerstraße von Arnold Valley nach Lake Brunner Richtung Südosten ab und stößt nach 55 km zwischen Greymouth und Arthur's Pass auf den SH73. Etwa auf halber Strecke passiert man den Lake Brunner, eine mit Wasser gefüllte Gletschermulde, die besonders bei Forellenanglern sehr beliebt ist. Am nördlichen Seeufer liegt der kleine Ort **Moana**, wo die Kiwis gerne Urlaub machen. Sehenswürdigkeiten und Versorgungseinrichtungen sind allerdings eher dünn gesät. Im Spätsommer, wenn sich der See erwärmt hat, lässt es sich herrlich baden, oder man erkundet die kurzen Wanderwege der Umgebung. Am Ende des Ortes, hinter dem Motor Camp, führt eine Hängebrücke über den Arnold River zum **Rakaitane Track** (hin und zurück 45 Min.) und zum **Lake Side Track** (hin und zurück 60 Min.), Letzterer mit Bergblick.

ÜBERNACHTUNG

Formerly The Blackball Hilton, 26 Hart St, Blackball, www.blackballhilton.co.nz. Das letzte Hotel aus der Ära des Bergbaus eröffnete 1910 unter dem Namen „Dominion" und nannte sich danach „Hilton", bis eine internationale Hotelkette gleichen Namens dagegen protestierte. Abgesehen von lautstarken Trinkgelagen mit Einheimischen bietet das Hotel eine Reihe ordentlicher Zimmer mit Gemeinschaftsbädern. Ein Frühstück ist inkl. Im Pub gibt's Kaffee, Mittag- und Abendessen, teilweise mit Blackball-Salami. ❷

Hotel Lake Brunner, 34 Ahau St, Moana, www.hotellakebrunner.co.nz. Eine Anlage mit eleganten Studio Units, teilweise mit Seeblick. Die Zimmer haben einfache Küchenzeilen, und es gibt eine Bar/Restaurant. ❷

ESSEN

Blackball Salami Co, 11 Hilton St, Blackball, www.blackballsalami.co.nz. Dieser ausgezeichnete Laden hat die besten Picknickzutaten, vom Würstchen aus Wildbret bis zu diversen Salamis. $

Station House Café, 40 Koe St, Moana, www.lakebrunner.net. Das Restaurant/Café gegenüber vom Bahnhof öffnet sich auf eine Holzterrasse mit Sonnenschirmen und bietet einen atemberaubenden See- und Bergblick. Es bietet Alkoholausschank und das beste Essen weit und breit. Serviert werden verführerisches Mittag- und Abendessen. Sehr empfehlenswert! $$

TRANSPORT

Da Blackball und Waitua keine regelmäßigen Verkehrsverbindungen haben, müssen Besucher sich hier anders behelfen.

Busse

Der tägliche Bus von **Atomic Shuttles**, 💻 www.atomictravel.co.nz, auf der Route Christchurch–Greymouth hält am Bahnhof von MOANA in der Ana Street.

Eisenbahn

Der TranzAlpine-Zug hält am Bahnhof von MOANA in der Ana Street um 11.47 Uhr auf der Fahrt von Christchurch nach Greymouth und um 14.42 Uhr in der Gegenrichtung.

Hokitika und Umgebung

Südlich von Greymouth verläuft der SH6 durch einen recht einsamen Küstenabschnitt, der bis zum 40 km entfernten **Hokitika** keine Sehenswürdigkeiten bietet. „Hoki", wie es liebevoll genannt wird, liegt an einem langen, windgepeitschten und mit Treibholz übersäten dunklen Sandstrand und ist deutlich interessanter als Greymouth. Die Umgebung hat auch für Wanderer einiges zu bieten – z. B. die Hokitika Gorge. Die Stadt ist für ihre Kunsthandwerkszene bekannt und hat sich zu einer Künstlerenklave mit vielen Studios, Galerien und Läden entwickelt.

Bewaffnet mit der kostenlosen Broschüre *Hokitika Heritage Walk* ($0,50) vom i-SITE kann man auf eigene Faust die historischen Wahrzeichen der Stadt erkunden. Der restaurierte Hafen am Gibson Quay ist perfekt für einen gemütlichen Abendspaziergang.

Geschichte

Wie die anderen Städte an der Westküste verdankt auch Hokitika seine Existenz dem **Goldrausch** in den 60er-Jahren des 19. Jhs. Hokitika boomte nach den ersten Entdeckungen bei Greymouth und zählte innerhalb von zwei Jahren bereits 6000 Einwohner – heute sind es immerhin noch 3850. Trotz einer gefährlichen Sandbank in der Mündung des Hokitika River avancierte der **Hafen** kurzzeitig zum geschäftigsten des Landes.

Als das Gold schließlich seltener wurde und man immer mehr Wasser zum Auswaschen benötigte, wurde das Unternehmen zu unwirtschaftlich und in der Folge durch Milchwirtschaft und Holzindustrie ersetzt. 1954 schloss man den Hafen, der jedoch in den 90er-Jahren für den Heritage Walk der Stadt wieder hergerichtet wurde.

Hokitika Museum

Carnegie Building, 17 Hamilton St ▪ 🕒 Sommer Mo–Fr 10–17, Winter 10–14 Uhr ▪ Eintritt ▪ 💻 www.hokitikamuseum.nz

Hokitikas führende Rolle während des Goldrausches bestimmt zu Recht einen großen Teil des **Hokitika Museum**, wo in Endlosschleife ein spannender Film über jene Zeit zu sehen ist. Interessant sind auch die Abteilungen, die sich mit *pounamu* und dem Fischfang an der Westküste beschäftigen, ebenso die Fotos, die das gefährliche Umschiffen der Sandbank in der Flussmündung und die Schwierigkeiten beim Straßenbau in dieser Region dokumentieren.

Sock World Hokitika

27 Sewell St ▪ 🕒 tgl. 9–17 Uhr ▪ Eintritt frei ▪ 💻 www.autoknitter.com

Ein Besuch der **Sock World Hokitika**, gleichzeitig ein Geschäft für Wollprodukte, ist eine reizende und ausgefallene Sache. Zu bewundern sind hier alte Strickmaschinen sowie eine tolle Auswahl an Fußwärmern aus Wolle. Das freundliche, kenntnisreiche Personal gibt gern eine Einführung in die größte Sammlung von voll funktionsfähigen alten Sockenstrickmaschinen – einige Maschinen schaffen bis zu zehn Paare pro Stunde.

National Kiwi Centre

64 Tancred St ▪ 🕒 Sommer tgl. 9–17, Winter tgl. 9.30–16.30 Uhr, Aal-Fütterung 10, 12 u. 15 Uhr ▪ Eintritt ▪ 💻 www.thenationalkiwicentre.co.nz

Das private **National Kiwi Centre** steht auf dem Programm aller Busreisen und verfügt über ein schwach erleuchtetes Noctarium, in dem man ein paar Kiwis dabei beobachten kann, wie sie

WESTKÜSTE

in den Blättern nach Insekten suchen. Im Aquarium nebenan sind Tuataras zu sehen, „lebende Dinosaurier", die sich in der Sommersonne wärmen. Und zu festgesetzten Zeiten dürfen die Besucher große Aale füttern.

ÜBERNACHTUNG

Karte S. 585

Unterkünfte sind in Hokitika meist leicht zu finden. Nur während der Kumara Races (2. Wochenende im Jan) und den ganzen Februar über, einschließlich der Zeit des Coast to Coast Race sowie während des Wildfoods Festival, ist eine Reservierung ratsam.

252 Beachside, 252 Revell St, 🖳 www.252beachside.co.nz. Altmodisches Motel mit Wohnmobilpark einen Block vom Strand, mit Swimming Pool, eingezäuntem Kinderspielplatz und diversen verstaubten, aber bequemen Studios und einer Handvoll Cabins. Die freundlichen Inhaber haben viele Infos zu Aktivitäten in Stadt und Umgebung. ❷

Awatuna Homestead, SH6, 13 km nördlich von Hokitika, 🖳 www.awatunahomestead.co.nz. Das einladende B&B mit 4 gemütlichen, stilvoll eingerichteten Zimmern und einem Selbstversorger-Apartment eignet sich hervorragend zum Entspannen – es gibt selbst angebautes Gemüse und viele Bücher, und in 10 Min. ist man zu Fuß am Strand. Auf Wunsch wird ein Abendessen serviert. Gäste müssen 24 Std. im Voraus reservieren. ❹

Beachfront Hotel, 111 Revell St, 🖳 www.beachfronthotel.co.nz. Hokititas größtes Hotel hat 50 Zimmer auf 2 Gebäude verteilt. Die Zimmer im älteren Block sind sehr durchschnittlich, aber dafür haben es die modernen Zimmer im Erdgeschoss des „Oceanview"-Gebäudes in sich: raumhohe Fenster und Balkone, nur 50 m vom Wasser entfernt. ❸

Drifting Sands, 197 Revell St, 🖳 www.driftingsands.nz. Eine elegant gestaltete Boutique-Ferienwohnung mit hervorragenden Betten, einer voll ausgestatteten Küche und einem Kiesweg direkt zum Strand. Besonders gemütlich ist die mit Holzwänden verkleidete, ofengewärmte Lounge. ❷

Evergreen Escape, 124 Kumara Junction, SH6, 3 km nördlich der Stadt, 🖳 www.facebook.com/evergreenescapehokitika. Wunderschönes, nachhaltig wirtschaftendes Hotel auf dem Gelände eines langjährigen YHA-Hostels. Die Zimmer sind gemütlich eingerichtet und wurden vom Eigentümer mit Gemälden und Schnitzereien dekoriert. Sehr schön gestaltet sind auch die Gartenanlagen, die das Haus umgeben. ❷

Hokitika Fire Station, 9 Hamilton St, 🖳 www.hokitikafirestation.co.nz. Dieses Hotel bietet die seltene Gelegenheit, in einer ansehnlichen historischen Feuerwache (komplett mit rotem Vintage-Feuerwehrauto) zu übernachten. Sie besteht aus äußerst stilvollen Apartments für 1 bis 6 Personen. Ein schöner Ort zum Übernachten in der Nähe der Küste. ❸

Shining Star, 16 Richards Drive, 🖳 www.accommodationwestcoast.co.nz. Den gepflegten und gut geführten Campingplatz trennt noch nicht einmal eine Straße vom Strand. Die stilisierten geometrischen Holzhütten haben alle ein Bad und manche einen tollen Meerblick sowie eine Kochgelegenheit. Außerdem gibt es ein Lama, Schafe und 2 nette Schweinchen sowie einen Spielplatz. ❸

Wildfoods Festival

Seit etwa 15 Jahren wird Hokitika mit dem jährlichen **Wildfoods Festival** (2. Sa im März, Eintritt, 🖳 www.wildfoods.co.nz) assoziiert, das die Einwohnerzahl des Ortes schlagartig aufs Vierfache anschwellen lässt. Ungefähr 50 Stände am Cass Square verkaufen Walddelikatessen wie marinierte Ziegenspieße, Wantan mit Räucheraal, *huhu*-Käferlarven, „Bergaustern" (Schafshoden) und natürlich Whitebait – und dazu gibt's hausgebrautes Bier und Wein von der Südinsel. Außerdem kann man hier wunderbar ein echtes Maori-*hangi* erleben.

Teichelmann's B&B, 20 Hamilton St, 💻 www.teichelmanns.co.nz. Gemütliches, gut ausgestattetes B&B in zentraler Lage mit viel historischem Flair. Die freundlichen Gastgeber vermieten verschiedene Zimmer mit Bad und ein romantisches Garten-Cottage mit Doppel-Whirlpool. Morgens gibt's ein herzhaftes Frühstück. ❸

ESSEN UND UNTERHALTUNG

Karte S. 585

Kostenlose Abendunterhaltung bietet das **Glowworm Dell** („Glühwürmchen-Tal") rund 1 km nördlich des Zentrums am SH6. Der *Hokitika Guardian* (kostenlos beim i-SITE und in der ganzen Stadt erhältlich) enthält einen Veranstaltungskalender.

Fat Pipi Pizza, 83a Revell St, 💻 www.fatpipi.nz. Der Laden ist berühmt für seine leckeren Pizzakreationen, beispielsweise „Greenpiece" (mit Zucchini, Spinat, Pilzen und Feta, Oliven und Pesto aus gebratener roter Paprika) und den riesigen „Whitebait": ein Viertelpfund Whitebait in Rührei mit Mozzarella, Kapern und Zitrone. Alle Gerichte werden zum Mitnehmen angeboten, können aber auch drinnen oder im Garten mit Blick aufs Meer verspeist werden. $$

Hokitika Sandwich Company, 83a Revell St, 💻 www.hokitikasandwichcompany.com. Wenn Sie sich auf den Weg zu einem „Roadie" machen – die englische Bezeichnung für einen Roadtrip –, gibt es zuvor kein besseres Mittagessen als eines der

Jade

Auf Maori heißt die gesamte Südinsel **Te Wahi Pounamu** („Jadeort"). Die Fundstätten konzentrieren sich jedoch ausschließlich auf die Gebiete zwischen Greymouth und Hokitika in den Flüssen Taramakau und Arahura, in Anita Bay von Fiordland – wo der wunderschön gesprenkelte *tangiwai* vorkommt – und um die Region des Lake Wakatipu nahe Queenstown.

Der Wert von Jade *(greenstone)* hat sich über die Jahre kaum vermindert. Ausgrabungsstätten werden schwer bewacht, der Export von Jade ist verboten, und in Nationalparks darf man generell nicht auf die Suche gehen; Zuwiderhandlungen gegen diese Auflagen können bis zu $200 000 Strafe und zwei Jahre Gefängnis nach sich ziehen. Der **Preis** hängt entscheidend von der Qualität ab, wobei Summen von etwa $100 000 pro Tonne Jade keine Besonderheit darstellen – und bei Jadeskulpturen und -schmuck ist die Skala nach oben offen. Am anderen Ende der Preisskala kann man bereits für $15 einen einfachen Anhänger erwerben.

Hokitika gilt als Zentrum des Jadehandels. Interessierte sollten jedoch immer im Hinterkopf behalten, dass die größeren **Läden** und **Galerien** fest in die Routen der Tourbusse integriert und die Preise entsprechend hoch sind. In diesen Geschäften kann man einiges über die Qualität des Steins und seine Bearbeitung lernen, aber vor einer Kaufentscheidung lohnt der Blick in einen der vielen kleineren Läden, die oft günstigere Preise haben. Man sollte sich auch nach der Herkunft des Rohmaterials erkundigen – es wird häufig vermutet, dass viele in Neuseeland verkaufte Jade-Produkte aus billigerem ausländischem Stein gefertigt sind.

Kunsthandwerk in Hokitika

Das i-SITE hat einen kostenlosen Stadtplan, auf dem Hokitikas Kunsthandwerksläden, Studios und Galerien eingezeichnet sind. Wer nicht nur einkaufen, sondern auch den Künstlern bei der interessanten Arbeit zusehen und hinter die Kulissen schauen möchte, tut das am besten in einem der folgenden Läden:

Bonz 'n' Stonz Carving Studio, 16 Hamilton St, 💻 www.bonz-n-stonz.co.nz. Jadeliebhaber mit eigenen Ambitionen können in diesem tollen Studio selbst das Schnitzen lernen: Der sympathische Inhaber Steve Gwaliasi bietet Interessierten eine persönliche und unvergessliche Einführung in Design und Praxis (3–6 Std.).

Hokitika Glass Studio, 9 Weld St, www.hokitikaglass.co.nz. Die Glasbläser haben in Hoki ebenfalls eine lange Tradition, am besten wochentags in diesem Studio zu sehen. Hier werden u. a. erlesene Glaspinguine und -wale produziert.

Mountain Jade, 41 Weld St, 💻 www.mountainjade.co.nz. Eine der größten Jadewerkstätten und -galerien Neuseelands: Hier kann man sich den gesamten Produktionsprozess vom Schneiden bis zum Polieren der wunderschönen Steine anschauen. Ein halbes Dutzend Schnitzer sind hier bei der Arbeit zu sehen, und die Besucher betreut tolles Personal. Kostenlose Atelierführungen 9.30 und 14.30 Uhr.

Tectonic Jade, 67 Revell St, 💻 www.tectonicjade.com. Eines der interessanteren Jadegeschäfte der Stadt mit einer Sammlung von traditionellen und originellen Designs, die aus ungewöhnlichen *pounamu*-Stücken geschnitzt werden. Im Geschäft befindet sich ein gutes Café, das zwar eher potenzielle Käufer zum Bleiben anregen soll, aber immerhin gibt es für den Einkauf einen guten Kaffee als Dreingabe.

fantastischen Sandwiches dieses beliebten Lokals. Versuchen Sie es mit dem „New Yorker". Der Kaffee ist übrigens auch ganz hervorragend. $

Ocean View, 111 Revell St, 💻 www.beachfronthotel.co.nz. Restaurant im Beachfront Hotel, mit stilvollem Abendessen à la carte, z. B. Schweinskarree mit Kruste,

Knoblauchmus und Kartoffeln sowie viele gute leichte Gerichte (z. B. Räucherlachs). Fensterplätze und Terrasse bieten einen tollen Meerblick. $$

Stations Inn, 7 Blue Spur Rd, www.stationsinnhokitika.co.nz. Hokitikas einziges Gourmetrestaurant befindet sich 5 km östlich der Stadt auf dem Weg zum Lake Kaniere. Die hervorragende Speisekarte wechselt je nach Saison, und es werden ausschließlich neuseeländische Zutaten verwendet. Zu den Spezialitäten des Hauses zählen beispielsweise geschmortes Kaninchen im Teigmantel mit Süßkartoffelbrei, hausgeräucherter Marlborough-Lachs mit selbst gebackenem Roggenbrot sowie Rind- und Lammgerichte. $$$

Stumpers, 98 Revell St, www.stumpers.co.nz. Das Stumpers ist eine bei Einheimischen wie Touristen beliebte Bar mit Café. Das Lokal besticht mit rustikalen Holzbalkendecken, reichlich Topfpflanzen und einer lebhaften Atmosphäre. Zum Angebot des gemütlichen Ladens zählen Pool-Billard, eine gute Auswahl an Bieren und gutes Essen – die leckeren Lamm-Wan-Tans sollte man probiert haben. $$

SONSTIGES

Geld

Die Banken in der Revell Street sind die letzten vor Wanaka, das mehr als 400 km weiter südöstlich gelegen ist. Allerdings gibt es entlang der Strecke inzwischen 2 Geldautomaten.

Informationen

i-SITE, 36 Weld St, www.hokitika.org. Erledigt DOC-Buchungen und ist die beste Informationsquelle für den Westland Wilderness Trail, einen viertägigen Offroad-Mountainbiketrail zwischen Greymouth und Ross. ⌚ Dez–März tgl. 9–18, April–Nov tgl. 9–17 Uhr.

Touren

Wilderness Wings, am Flughafen, ✆ 03 755 8118, bietet diverse landschaftlich schöne Flüge an, unter anderem über die Gletscher (35 Min., $285, mind. 2 Pers.) und zum Milford Sound (3 Std., $975).

TRANSPORT

Auto

Benzin wird Richtung Süden immer teurer, also am besten in Hokitika volltanken!

Busse

InterCity-Busse halten vor dem i-SITE an der Weld St.

Busse nach:
ARTHUR'S PASS 1–2x tgl., 3 1/2 Std.;
CHRISTCHURCH 1x tgl., 5 1/2 Std.;
FOX GLACIER 1–2x tgl., 2 1/2 Std.;
FRANZ JOSEF 1–2x tgl., 2 Std.;
GREYMOUTH 2x tgl., 3/4 Std.;
NELSON 1–2x tgl., 7 Std.;
PUNAKAIKI 1–2x tgl., 1 3/4 Std.;
ROSS 1–2x tgl., 1/2 Std.;
WHATAROA 1–2x tgl., 1 1/2 Std.

Flüge

Der kleine **Flughafen** befindet sich rund 2 km östlich des Zentrums. Von hier bestehen Verbindungen nach CHRISTCHURCH (2–4x tgl., 35 Min.).

Lake Kaniere

Eine der schönsten Waldlandschaften und die herrlichsten **Wanderwege** dieser Gegend liegen landeinwärts, wo das Hinterland, in dem vor allem Milchwirtschaft betrieben wird, auf die Ausläufer der Neuseeländischen Alpen trifft. Kleinere Nebenstraßen (zunächst der Stafford Street stadtauswärts folgen) ermöglichen eine etwa 70 km lange Spazierfahrt vorbei am 18 km von Hokitika entfernten **Lake Kaniere**.

Der bei Anglern, Wasserskiläufern und Wanderern beliebte **Lake Kaniere** bietet mehrere Picknick- und einfache Campingplätze an der Hans Bay ($8). Ausführliche Informationen zum Angebot um den See bietet die DOC-Broschüre *Central West Coast: Hokitika*.

WESTKÜSTE

Zu den beliebtesten Wanderungen zählt der **Kaniere Water Race Walkway** (9 km einfach, 3 1/2 Std., 100 Höhenmeter), der am nördlichen Ende des Sees beginnt und an einem Kanal entlangführt, der einst die Goldfelder mit Wasser versorgte.

Hokitika Gorge

35 km östlich von Hokitika

Die Straße am Ostufer des Lake Kaniere passiert die bemoosten Felsen und überirdischen Grüntöne der zauberhaften Dorothy Falls und verläuft schließlich westwärts zu einer Abzweigung Richtung Hokitika Gorge, wo ein leicht zu gehender Pfad (1,2 km, 30 Min. hin und zurück) durch Rimu-Bäume zu einer Hängebrücke über den türkisfarbenen Hokitika River führt.

Von Hokitika zu den Gletschern

Der Highway verläuft für den Großteil der 135 km bis Franz Josef Glacier am Rand der Neuseeländischen Alpen entlang. Auf der Strecke liegen die kleinen Orte **Ross**, **Pukekura** und **Harihari**. Die beliebtesten Attraktionen in dieser Region sind **Whataroa** mit seiner **Reiherkolonie** und **Okarito** mit einer sehr hübschen Lagune und der Gelegenheit, **Kiwis** in freier Wildbahn zu erleben.

Etwa 10 km **südlich** von Hokitika am SH6 erreicht man die **Mananui Tramline** (12 km hin und zurück, 4 Std., überwiegend flach; DOC-Broschüre im i-SITE von Hokitika $2), wo sich eine einfache Wanderung oder Radtour mit Picknickmöglichkeit am See unternehmen lässt. Radfahrer können den See umrunden. Nochmals 2 km südlich auf dem SH6 führt der **Mananui Bush Walkway** (hin und zurück 20 Min.) durch Überreste von Küstenwald zu den Dünen. Wer mit Zelt oder Wohnmobil unterwegs ist, findet am **Lake Mahinapua** (1 km südlich, abseits des SH6) einen sehr schönen DOC-**Campingplatz** ($6), wer mit Kindern unterwegs ist, wird vielleicht am Westcoast Treetop Walk Halt machen wollen. Der hohe Eintrittspreis schreckt aber die meisten Leute ab.

Ross

Das Dorf **Ross**, 26 km südlich von Hokitika, liegt unmittelbar auf einem von Neuseelands reichsten **Seifengoldfeldern**, das 2004 allerdings erschöpft war. Inzwischen wurde das Areal umgestaltet und ein See geschaffen. Besucher sollten sich für den gut beschilderten **Water Race Walk** (4 km Rundweg, 1 Std.) Zeit nehmen, der eine Reihe historischer Gebäude und die Stätte des ersten Streiks in einer Goldmine miteinander verbindet.

De Bakker Cottage

Bold St ▪ 🕒 tgl. Dez–März 9–16, April–Nov 9–14 Uhr ▪ Eintritt frei

In der Hochphase des Goldrausches zählte Ross über 3000 Einwohner, aber schon Anfang des 20. Jhs. hatte sich der Boom wieder gelegt. Man war bereits dabei, alles aufzulösen, als ein paar Goldgräber im Jahr 1909 rund 500 m vom heutigen Visitor Centre entfernt auf den größten Goldklumpen stießen, der in Neuseeland jemals gefunden wurde: den 3,1 kg schweren **„Honourable Roddy"**, benannt nach dem damaligen Bergbauminister. Das Nugget wurde von der Regierung gekauft und 1911 George V. als Krönungsgeschenk überreicht. Eine Nachbildung des faustgroßen Goldklumpens befindet sich im **Miner's Cottage** (1885), wo darüber hinaus viele Fotos aus der Zeit des Goldrausches zu sehen sind.

Pukekura

Bushman's Centre ▪ 🕒 tgl. 9–17 Uhr ▪ Eintritt frei, Museum Eintritt ▪ 💻 www.pukekura.co.nz

Eine riesige Sandfliege hängt von der Dachtraufe des **Bushman's Centre** im Weiler **Pukekura**, 23 km südlich von Ross. Das dazugehörige, von Spinnweben bedeckte **Museum** erzählt ganz unbekümmert, wie sich manche Menschen dieser Region ernähren, indem sie Holz fällen, Wild einfangen, Jagd auf Possums machen und Torfmoos für ostasiatische Orchideenzüchter anbauen. Das Museum mag nicht jedermanns Geschmack sein, aber das **Café** des Zentrums

FRANZ JOSEF GLACIER, HOKITIKA (S. 592)

und die Picknickplätze am schönen **Lake Ianthe**, etwa 6 km weiter südlich, sind durchaus einen Halt wert.

Harihari

Beim winzigen **Harihari** 23 km weiter südlich landete Guy Menzies, der 1931 als Erster einen Soloflug von Sydney nach Neuseeland unternahm. Ein Nachbau von Menzies' Flugzeug steht beim südlichen Ortseingang im **Guy Menzies Park**. Die teils ungeteerte Whanganui Flat Road verläuft an Menzies' Landeplatz vorbei Richtung Küste und erreicht nach 20 km den Startpunkt des hübschen **Hari Hari Coastal Walkway** (7,6 km Rundweg, 2 3/4 Std., kaum Anstiege), der an Whitebait-Angelplätzen vorbei zum Doughboy Lookout (60 m) führt, von dem sich tolle Ausblicke auf die Küste und die Neuseeländischen Alpen bieten. Nach einem Stück an der eindrucksvollen Küste verläuft der Weg durch Kahikatea-Wald und an der Gleistrasse einer ehemaligen Holzfällerbahn entlang zurück. Einige Abschnitte sind nur ab zwei Stunden vor und bis zwei Stunden nach dem Tiefststand der Ebbe zugänglich.

Whataroa und Waitangiroto-Naturschutzgebiet

SH6, 30 km südlich von Harihari ▪ White Heron Sanctuary Tours Okt–Feb 4x tgl., 2 1/2 Std. ▪ Eintritt, Reservierung empfohlen ▪ www.whiteherontours.co.nz

Zwischen September und Ende Februar findet sich der elegante Silberreiher (Kotuku) im Waitangiroto Nature Reserve bei **Whataroa** zum Brüten ein, denn hier liegt der landesweit einzige Nistplatz dieser Vögel. Überdies gesellt sich zu den rund 40 Kotuku-Nistpaaren eine etwas größere Zahl von Königslöfflern. Das Schutzgebiet liegt nahe Whataroa, 30 km südlich von Harihari, aber der Zugang wird streng kontrolliert. Ein Besuch ist nur möglich mit den professionellen **White Heron Sanctuary Tours**, die vom Büro in Whataroa starten. Der Ausflug beinhaltet eine Fahrt im Jetboot auf dem hübschen Waitangiroto River sowie eine 30-minütige Beobachtung der Vögel; Ferngläser werden gestellt. Abholung von Franz Josef ist möglich (vorher nach dem Preis erkundigen).

Okarito

Im Jahr 1642 bekam Abel Tasman als erster Europäer Aotearoa, und zwar bei **Okarito**, einer heute abgeschiedenen Siedlung an der Südseite der gleichnamigen Lagune, 13 km südlich von Whataroa und 10 km abseits des SH6. Mitte des 19. Jhs. löste die Entdeckung von Gold einen 18-monatigen Boom aus, in dessen Verlauf entlang der Bucht 50 Läden und Hotels entstanden. Wie in anderen Gebieten auch wurde das Geschäft mit Gold später durch Holzverarbeitung und Flachsproduktion ersetzt, aber die Gemeinde ging dennoch unter und übrig blieben lediglich eine Handvoll Ferienhäuser, ein paar Dutzend ständige Einwohner und die Lagune mit ihrem wundervollen Strand.

ÜBERNACHTUNG UND ESSEN

Pukekura

Bushman's Centre Café, www.pukekura.org.nz. Serviert als Teil seines „Roadkill-Menüs" auch Kaninchen, Tahr und Hase. Auf der anderen Straßenseite kann man auch übernachten, und zwar entweder auf dem Zeltplatz oder in einem der Doppelzimmer mit Gemeinschaftsbad und Kochgelegenheit. Außerdem wird ein Ferienhaus vermietet. ❶

Harihari

Glenalmond, SH6, www.glenalmond.co.nz. Wen Park und Küstenwanderweg zu einem Aufenthalt bewegen, sollte sich vielleicht eine Übernachtung an diesem einladenden Ort gönnen. Das niedrige Holzhaus bietet schöne Suiten mit weichen Teppichen, alle mit Kochnische ausgestattet. ❷

Okarito

Okarito Natur Tours verkauft in seinen Büros heiße Getränke, ansonsten hat der Ort weder Cafés noch Läden. Besucher sollten also eigene Vorräte mitbringen.

Okarito Beach House & Royal Hostel, The Strand, www.okaritobeachhouse.com. In den Gebäuden befinden sich Okaritos angenehmste Unterkunftsmöglichkeiten. Die komfortablen DZ mit Bad und das „Hutel" –

ein Cottage für Selbstversorger – sind alle im *beach style* eingerichtet. ❷

Okarito Community Campground, Russell St. Grasbedeckter Zeltplatz am Strand mit Tagesraum, Münzduschen und Feuerstellen – wunderbar geeignet für ein Lagerfeuer aus Treibholz. ❶

The School House, The Strand, 💻 www.doc.govt.nz. Ehemaliges Schulhaus von 1860 neben dem Denkmal zur Erinnerung an die Siedler von Okarito. Hier können bis zu 12 Pers. in Einzelbetten (Bettzeug mitbringen) unterkommen. Allerdings muss das gesamte Haus gebucht werden. Es gibt ein WC und eine voll ausgestattete Küche, aber wer duschen möchte, muss rüber zum Campingplatz. ⌚ Juni–Aug geschl. ❷

SONSTIGES

Informationen

Die **Touristeninformation**, 4 Aylmer St, Ross, ✆ 03 755 4077, ⌚ tgl. Dez–März 9–16, April–Nov 9–14 Uhr, mit Museum (Eintritt) zeigt einen interessanten Film zum Goldrausch von 1865, verleiht Goldwaschpfannen und bietet Gästen ein spannendes Goldwaschen mit Treffergarantie an.

Touren

Okarito Kayaks, 1 The Strand, 💻 www.okarito.co.nz. Bietet günstige geführte Kajaktouren (2 Std., mind. 2 Pers.) und vermietet 2er-Kajaks (2 Std. oder halber Tag, auch längere Mietzeiten möglich), mit denen man die Lagune und ihre bewaldeten Seitenarme erforschen kann. Am schönsten ist es früh am Morgen, wenn das Wasser ruhig ist und die Vögel am aktivsten sind.

Okarito Kiwi Tours, 53 The Strand, 💻 www.okaritokiwitours.co.nz. Diese hervorragenden und umweltschonenden Waldwanderungen haben den Kiwi im Visier (3–5 Std.). Wenn alles gut geht, beginnt die Tour kurz vor Sonnenuntergang und zeigt Teilnehmern den extrem seltenen braunen Okarito-Kiwi. Die ohnehin hohe Trefferquote (95 %) kann man noch mit unauffälliger Kleidung und guten Stiefeln verbessern. Reservieren!

Die Gletscher

Etwa 150 km südlich von Hokitika bahnen sich zwei weiße Eiszungen ihren Weg vom Gebirge bis zum dichten Regenwald der Küstenebene – Grund genug, diese Region in Te Wahipounamu, die South West New Zealand World Heritage Area, einzuschließen. Innerhalb weniger Kilometer fällt das Gelände von über 3000 m fast auf Meereshöhe ab und trägt zwei der größten und faszinierendsten der rund 60 recht ausgedehnten Gletscher, die vom eisigen Rückgrat der Südinsel nach unten strömen und zusammen das Herzstück des zerklüfteten **Westland National Park** bilden: den **Franz-Josef-Gletscher** und den **Fox-Gletscher**.

Das Gebiet ist durch die ungeheuren **Niederschläge** der Westküste geprägt, die mit durchschnittlich mehr als 5000 mm im Jahr zu den stärksten des Landes gehören. Gemeinsam mit dem extremen Neigungswinkel der Westhänge der Neuseeländischen Alpen bereiten diese Bedingungen den Boden für einige der am schnellsten wachsenden Gletscher der Welt – eine halbe Stunde am Fuße der beiden riesigen Eiswände genügt, um irgendwo einen Eisklotz abbrechen zu sehen.

Trotzdem konnten diese atemberaubenden Geschwindigkeiten beim Wachstum den Schmelzprozess nicht aufhalten, und beide Gletscher haben sich mehr als 3 km zurückgebildet, seitdem Cook sie kurz nach der „Kleinen Eiszeit" erstmals zu Gesicht bekam. Weltweit sind Gletscher zwar auf dem Rückzug, aber diese beiden folgen nicht immer dem allgemeinen Trend, sondern wachsen von Zeit zu Zeit – üblicherweise rund fünf Jahre nach besonders heftigen Schneefällen in den Bergen. Außerdem waren diese Gletscher schon stark auf dem Rückzug, als die ersten Reisenden sie erblickten. Anfangs hießen sie Victoria und Albert, aber 1865 benannte der Geologe Julius von Haast den Franz-Josef-Gletscher nach dem österreichisch-ungarischen Herrscher, und 1872, nach einem Besuch des Premierministers Wil-

WESTKÜSTE

liam Fox, wurde der andere Gletscher entsprechend umgetauft.

Das Geschehen rund um die Eiszungen konzentriert sich auf zwei kleine **Dörfer**, die fast gänzlich vom Tourismus leben. Beide liegen in der Nähe der gleichnamigen Gletscher und haben ein vergleichbar großes Angebot an guten **Flugzeug- und Hubschrauber-Flügen**, die mit geführten **Gletscherwanderungen** kombiniert werden. Das bessere Angebot an Unterkünften und Restaurants gibt es in Franz Josef, während Fox Glacier ruhiger ist.

Franz Josef Glacier

Franz Josef Glacier (Waiau) ist der etwas größere der beiden Gletscherorte. Der Franz-Josef-Gletscher ist vom Dorf aus nicht mehr zu sehen, aber die Neuseeländischen Alpen bilden eine wunderbare Kulisse, und die Stadtplaner haben alles getan (u. a. mithilfe steiler Giebeldächer und Holzverkleidungen), um dem Dorf einen alpinen Charakter zu verleihen.

In Franz Josef kann man zum, auf oder um den Gletscher wandern, auf dem nahen Lake Mapourika paddeln oder einen Rundflug über die Berge unternehmen. Früher konnte man zu Fuß auf den Gletscher hinaufsteigen, aber mittlerweile ist das Eis an seinen Enden instabil geworden und so setzen einen die Hubschrauber weiter oben in stabilerem Gelände ab. Entsprechend herrscht auf dem Flugfeld bei gutem Wetter viel Betrieb. Die geführten Wanderungen durch das Gletschertal und Kajaktouren finden mehr oder weniger bei jedem Wetter statt, Rundflüge fallen bei nebligem oder sehr regnerischem Wetter allerdings aus.

Glacier Hot Pools

63 Cron St ▪ ⌚ tgl. 13–21 Uhr, letzter Einlass 20 Uhr ▪ Eintritt ▪ 💻 www.glacierhotpools.co.nz

Bei Regen nimmt man am besten ein Bad in den **Glacier Hot Pools**. Die drei öffentlichen Becken werden künstlich auf 36 °C, 38 °C bzw. 40 °C erhitzt und sind von einheimischem Wald umgeben, der größtenteils hierher verpflanzt wurde. Zu den Privatbecken gehören kleine Schuppen mit Duschen. Besonders schön ist ein Bad nach einer anstrengenden Wanderung; Franz Josef Glacier Guides bieten Kombi-Angebote (s. Kasten S. 594).

West Coast Wildlife Centre

Cowan St, Ecke Cron St ▪ ⌚ tgl. ab 9 Uhr, Öffnungszeiten tel. erfragen ▪ Eintritt ▪ 💻 www.wildkiwi.co.nz

Der riesige Bau, in dem sich einst das Hukawai Glacier Centre befand, beherbergt heute das hochmoderne **West Coast Wildlife Centre** mit Neuseelands seltensten Kiwis, dem *rowi* und dem *Haast tokoeka*. Als Teil der Operation Nest Egg können Besucher, die sich der „Behind the Scenes"-Tour anschließen, etwa von Juli bis Februar Kiwi-Eier im Inkubator betrachten.

ÜBERNACHTUNG

Karte S. 593

Dank der Popularität der Gegend und dank Busfahrplänen, die viele Reisende zu einer Übernachtung hier zwingen, kann es im Sommer zu Engpässen kommen – zwischen November und März (vor allem im Feb) sollte man daher mind. eine Woche im Voraus reservieren, bei den nobleren Unterkünften auch länger im Voraus.

58 On Cron, 58 Cron St, 💻 www.58oncron.co.nz. Stilvolle Units mit italienischen Dekostoffen und Queensize- oder Super-Kingsize-Betten, manche mit Whirlpool. Gäste haben Zugang zu einem Gasgrill im Garten mit schönem Baumbestand. ❸

Chateau Franz, 8-10 Cron St, 💻 www.chateaufranz.co.nz. Beliebter, auf Backpacker eingestellter Komplex mit viel Atmosphäre. Die geselligen Gemeinschaftsbereiche zieren alte Fotografien und Erinnerungsstücke. Die Dorms gehören zu den preiswertesten der Stadt und wurden kürzlich saniert, aber auch die DZ sind preiswert. Kostenlose Suppe und Popcorn sowie ein umfangreicher Eventkalender komplettieren das Angebot. ❶

Franz Josef Top 10 Holiday Park, SH6, 1 km nördlich des Orts, 💻 www.franzjoseftop10.co.nz. Gut ausgestatteter Campingplatz mit Zelt- und Wohnmobilstellplätzen auf Gras. Außerdem

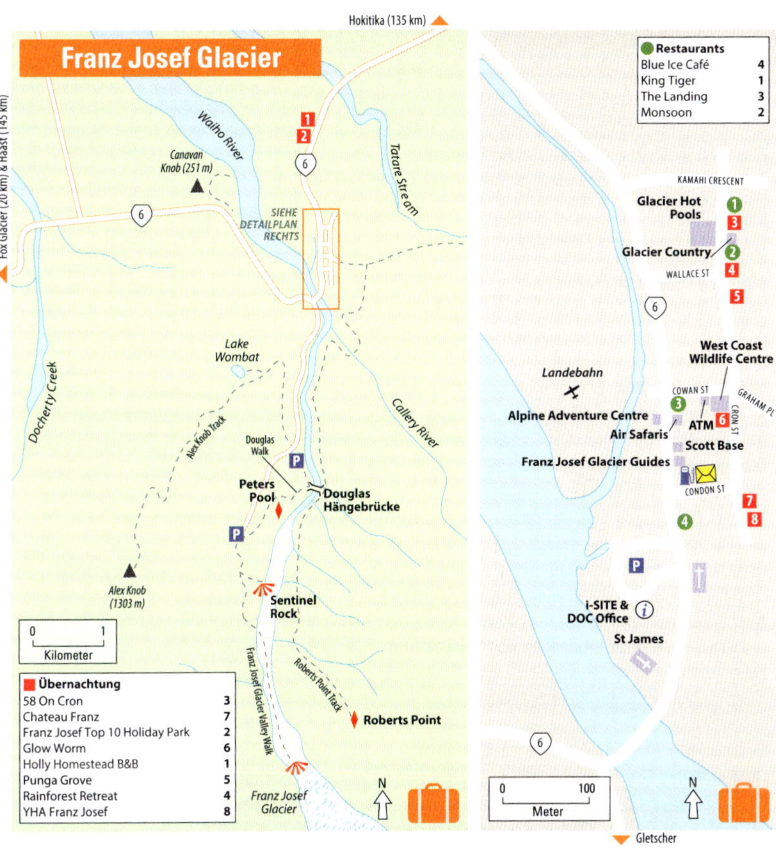

zählen Cabins und Units zum Angebot des Platzes. ❶

Glow Worm, 27 Cron St, www.glowwormfranz.co.nz. Kleines, gemütliches Hostel unter der gleichen Leitung wie Chateau Franz mit gut ausgestatteter Küche, 6-Bett-Dorms, 4-Bettzimmer mit Bad und bequemen Motelzimmern. Suppe, Popcorn und Spa kostenlos. ❶

Holly Homestead B&B, SH6, 1,5 km nördlich des Orts, www.hollyhomestead.co.nz. Luxus in einem schönen 2-stöckigen Haus aus den 1920er-Jahren. Die 5 Zimmer, eines davon eine Super Deluxe King Suite, haben alle ein Bad, eines sogar eine Badewanne. Die Inhaber sind freundlich, die Terrasse hat Bergblick, und im Preis ist ein üppiges Frühstück enthalten. Nachteile: eignet sich nicht für Kinder unter 12 und ist nur im Sommer geöffnet (saisonale Öffnungszeiten auf telefonische Anfrage). ❸

Punga Grove, 40 Cron St, www.pungagrove.co.nz. Auswahl an modernen DZ bis hin zu riesigen Apartments mit 2 Betten, alle hübsch möbliert. Am besten sind die Regenwaldstudios, die nach hinten auf den Wald hinaus gehen und mit Gaskamin, Fußbodenheizung und Whirlpool ausgestattet sind. ❷

Rainforest Retreat, 46 Cron St, www.rainforestretreat.co.nz. Ausgedehnter

WESTKÜSTE

Touren und Aktivitäten in Franz Josef Glacier

Es ist zwar möglich, allein zum Aussichtspunkt auf den Gletscher zu spazieren, wer aber auf dem Gletscher eine Wanderung machen will, braucht einen Führer. An schönen Tagen wimmelt der Himmel über dem Gletscher von Helikoptern und Leichtflugzeugen, und es herrscht ein ziemlicher Lärm. Kajaktouren in entlegenere Gebiete werden ebenfalls angeboten und sind ein deutlich ruhigeres Erlebnis.

Wanderungen

Glacier Valley Walk (hin und zurück 6 km, 1 1/2 Std.). Diese Route beginnt am Parkplatz 5 km südlich des Ortes und steht ganz oben auf der Liste der Wanderungen. Der Pfad quert Kiesbetten, die von vergangenen Gletscherrückzügen herrühren, und bietet ausreichend Gelegenheit zur Beobachtung kleiner Gletscherseen und einer Verwerfungslinie, die quer durchs Tal verläuft und von tiefen, einander gegenüberliegenden Einschnitten markiert wird. Einer der besten Ausblicke auf den Gletscher bietet sich vom glatt geschliffenen Sentinel Rock, der rund zehn Minuten vom Parkplatz entfernt liegt.

Douglas Walk (Rundweg 4 km, 1 Std.). Von einem Parkplatz auf halbem Weg der Zugangsstraße zum Gletscher führt diese Rundwanderung durch Waldgebiete bis zum Peter's Pool, einem Toteis-See, und zur Douglas-Hängebrücke.

Roberts Point Track (hin und zurück 12 km, 5 1/2 Std., 950 Höhenmeter). Erfahrene Wanderer folgen diesem von der Douglas-Hängebrücke abzweigenden Track an der Hendes Hut vorbei zum Roberts Point. Hier oben, hoch über dem Eis, eröffnen sich grandiose Ausblicke. Der Weg ist manchmal recht rutschig und anstrengend, aber die Mühe lohnt sich.

Alex Knob Track (hin und zurück 12 km, 8 Std., 1000 Höhenmeter). Diese Route klettert auf der anderen Seite des Gletschertals Richtung Roberts Point durch mehrere Vegetationszonen über den Gletscher hinaus und bietet eine fantastische Aussicht auf das Tal. Der Weg ist zwar länger, aber technisch einfacher als der Roberts Point Track.

Wandern, Heli-Wandern und Eisklettern

Glacier Valley Eco Tours, Scott Base (6 Main Rd), 🖳 www.glaciervalley.co.nz. Organisiert sehr informative Naturwanderungen durch die Gletschertäler von Franz Josef und Fox (beide 3 Std.). Dabei erklimmt man die Moränen und erkundet die Gletscherzungen. Außerdem im Programm: eine Tour zum Lake Matheson (3 Std.), Touren nach Okarito (3 Std.) und eine Kombitour zum Lake Matheson und Fox-Gletscher (9–12 Std.).

Franz Josef Glacier Guides, SH6, 🖳 www.franzjosefglacier.com. Der angewiesene Veranstalter für Leute, die auf den Gletscher selbst hinauf möchten. Das Know-how der Veranstalter hat allerdings seinen Preis. Der beliebteste Ausflug ist der „Ice Explorer" (4 Std.). Er startet mit einem kurzen Hub-

WESTKÜSTE

Komplex mit Hotel, Backpackerunterkunft und Wohnmobilstellplätzen. Zum großen Angebot zählen auch die Monsoon Bar und ein Restaurant. Die Backpackerzimmer sind bei Tourgruppen äußerst beliebt, während die Hotelzimmer glücklicherweise ruhiger und ansprechend im Stil von luxuriösen Blockhütten eingerichtet sind. Im wunderschönen Regenwald Retreat verbergen sich außerdem 19 neue Luxuszimmer – alles hat gut auf dem großen Gelände Platz. Außerdem gibt es ein Spa und eine Sauna. ❷

YHA Franz Josef, 2 Cron St, 🖳 www.yha.co.nz. Moderne, gut geführte Jugendherberge am Ortsrand; die südlichsten Zimmer bieten einen schönen Blick auf den Wald. Es gibt eine große Küche, saubere, komfortable Zimmer (z. T. mit Bad) und einen Barbecue-Bereich. Kostenlose Saunanutzung: ein guter Deal für den Preis! ❷

schrauberflug zum oberen Teil des Gletschers, wo man drei Stunden lang das Eisfeld und faszinierende Eistunnel erkundet, dann fliegt man zurück und kann sich in den Hot Pools aufwärmen. Das Unternehmen veranstaltet auch Heli-Hiking-Touren (3x tgl., 3 Std.) mit einem längeren Panoramaflug und einem einfachen Spaziergang sowie abenteuerlichere Klettertouren im Eis (5 Std.).

Rundflüge und Fallschirmspringen

Aus Sicherheitsgründen müssen bestimmte Flugbahnen eingehalten werden, was das Angebot der Unternehmen begrenzt. Jugendliche, Studenten, Senioren sowie YHA-Mitglieder erhalten häufig einen Rabatt, und auch alle anderen sollten danach fragen, was zumeist von Erfolg gekrönt ist, wenn sich eine Gruppe von 4–6 Pers. findet. Die meisten Leute bevorzugen einen Rundflug mit dem Hubschrauber. Diese landen alle auf einem Schneefeld hoch über dem Gletscher und lassen während des „Landgangs" die Rotoren laufen: Von einer friedlichen Stimmung kann dabei also nicht die Rede sein. Rundflüge im Flugzeug sind länger und kosten weniger für eine längere Strecke. Mit dem Kufenflugzeug im Schnee zu landen ist außerdem sehr lohnenswert – vor allem, nachdem der Motor aus ist.

Air Safaris, 6 Main Rd, www.airsafaris.co.nz. Die Sightseeing-Rundflüge mit Turboprop-Maschinen sind ruhiger als die der anderen Anbieter, aber ohne Landung. Ein besonderer Tipp ist die Tour Grand Traverse (50 Min.).

Fox & Franz Josef Heliservices Alpine Adventure Centre, Main Rd, www.heliservices.nz. Der günstigste Anbieter vor Ort. Im Angebot: ein Gletscher plus Landung (20 Min.), zwei Gletscher plus Landung (30 Min.), zwei Gletscher plus Landung und Mount Cook sowie ein kurzer Abstecher, um einen Blick auf den Tasman-Gletscher zu erhaschen (40 Min.).

Skydive Franz, Scott Base, www.skydivefranz.co.nz. Das ultimative Abenteuer ist ein Tandemsprung. Dies ist einer der wenigen Orte in Neuseeland, wo kommerzielle Tandemsprünge aus 5490 m Höhe erlaubt sind (2750 m, 4000 m und 5000 m).

Kajakfahren

Glacier Country Kayaks, 64 Cron St, www.glacierkayaks.com. Bietet wunderbare geführte Kajaktouren auf dem schwarzen Wasser des von Kahikatea-Bäumen und Neuseeland-Flachs umgebenen Lake Mapourika 8 km nördlich der Stadt an. Der beliebte „Classic Trip" (3x tgl., 3 Std.) ist morgens – bei Sonne oder Regen – am schönsten, weil sich dann besonders viele Möglichkeiten zum Fotografieren bieten. Außerdem kann man per Kajak über den See fahren und an einer geführten Regenwaldwanderung teilnehmen (4 Std.). Es besteht auch die Möglichkeit, Kajaktouren mit Helikopterflügen zu kombinieren.

ESSEN UND UNTERHALTUNG

Karte S. 593

Die relativ isolierte Lage sorgt in Franz Josef für notorisch hohe Preise. Auch Selbstversorger müssen damit rechnen, für den Einkauf ungewöhnlich viel hinzublättern.

Blue Ice Café, Main Rd, zwischen Cowan St und Condon St, www.blueicefranzjosef.com. Das moderne und angenehme Restaurant unten serviert einfallsreiche Gerichte und leckere Pizzas zum Mitnehmen oder zum Essen in der Bar im 1. Stock, wo Billard (kostenlos) und Musik für lebhaften Betrieb sorgen. $$

King Tiger, 70 Cron St, www.kingtiger.co.nz. An der Wand hängen Bilder von Gandhi und Mao, da ist es nicht weiter verwunderlich, dass die Speisekarte in diesem „Eastern Eating House" von Indien bis China

WESTKÜSTE

mit einem Umweg über Bangkok reicht. Am besten sind allerdings die indischen Gerichte, vor allem die köstlichen Currys, die eine überraschende Abwechslung von der Norm bieten. $$

The Landing, Main Rd, Ecke Cowan St, 💻 www.thelandingbar.co.nz. Beliebtes, edel aussehendes Café mit Bar und vielen Tischen im Außenbereich (Terrassenheizung und Feuerstelle vorhanden). Gehaltvolle Hauptgerichte, eine gute Auswahl an vegetarischen Speisen und leichte Mahlzeiten wie gedämpfte Muscheln in Weißwein sollten die unterschiedlichsten Geschmäcker zufriedenstellen. $$

Monsoon, 46 Cron St, 💻 www.rainforest.nz. Gesellige Café-Bar im Rainforest Retreat (S. 593) mit sättigenden neuseeländischen Gerichten wie gefülltem Hähnchen mit Bratkartoffeln und Krautsalat sowie Pizza und Burgern. Essen wird bis 21 Uhr serviert, dann beginnt die große Sause. $$

SONSTIGES

Geld

Es gibt einen Geldautomaten, aber keine Banken.

Informationen

i-SITE/DOC, SH6, ✉ westlandnpvc@doc.govt.nz. Das hervorragende Büro hat stapelweise Broschüren zu Wanderungen in der Region und aktuelle Wetterberichte – vor größeren Touren sollten sich Wanderer immer hier informieren. 🕒 tgl. Nov–März 8.30–18, April–Okt 8.30–17 Uhr.

Internet

Internetzugang hat die **Scott Base** am SH6. $4/Std., 🕒 tgl. 9–18 Uhr.

NAHVERKEHR

Glacier Shuttles & Charters, 💻 www.glaciershuttlescharters.co.nz, bietet einen **Shuttleservice** nach Fahrplan von der Scott Base (bzw. von der Unterkunft) zum Ende der Gletscherstraße (im Sommer 6x tgl., hin und zurück). Auf Anfrage gibt es auch bei **Fox Bus**, 📞 0800 369 287, einen Shuttleservice: Die Fahrt hin und zurück von Franz Josef nach Fox Glacier kostet $35, vom Ort Fox zum Gletscher $20.

TRANSPORT

Die Busse von **InterCity** halten am SH6, die hier im Ort als „Main Road"bekannt ist, neben dem i-SITE/DOC-Büro. Bustickets können in der Scott Base oder bei i-SITE gekauft werden.

Busse nach:
FOX GLACIER 4x tgl., 1/2 Std.;
GREYMOUTH 1–2x tgl., 3–3 1/2–4 Std.;
HOKITIKA 1–2x tgl., 1 3/4–2 1/2 Std.;
MAKARORA 2x tgl., 3–5 Std.;
QUEENSTOWN 2x tgl., 6–8 Std.;
WANAKA 2x tgl., 5–6 1/2 Std.

Fox Glacier

Die Ortschaft **Fox Glacier** (Weheka), 25 km südlich von Franz Josef Glacier, verteilt sich über eine Ebene mit den Flüssen Fox und Cook und dient als Dienstleistungszentrum für die hiesige Landwirtschaft und viele Touristen. Alle wichtigen Einrichtungen liegen am SH6 oder in der Cook Flat Road, die auf dem Weg zum ehemaligen Goldgräberort Gillespies Beach und dessen Robbenkolonie den schönen Lake Matheson passiert. Die Gletscherzunge des Fox-Gletschers befindet sich 7 km südöstlich vom Ort.

Das gute und informative **DOC**-Büro am SH6, ✉ foxglacier@doc.govt.nz, zeigt Exponate mit Schwerpunkt auf Tieflandwäldern und Gletscherbildung und hat zudem aktuelle Informationen zu den Wetter- und sonstigen Bedingungen im Glacier Valley und in der Umgebung. 🕒 Mo–Fr 10–14 Uhr.

ÜBERNACHTUNG

Karte S. 597

Das Unterkunftsangebot in Fox ist begrenzt. Wer trotzdem übernachten will, sollte möglichst

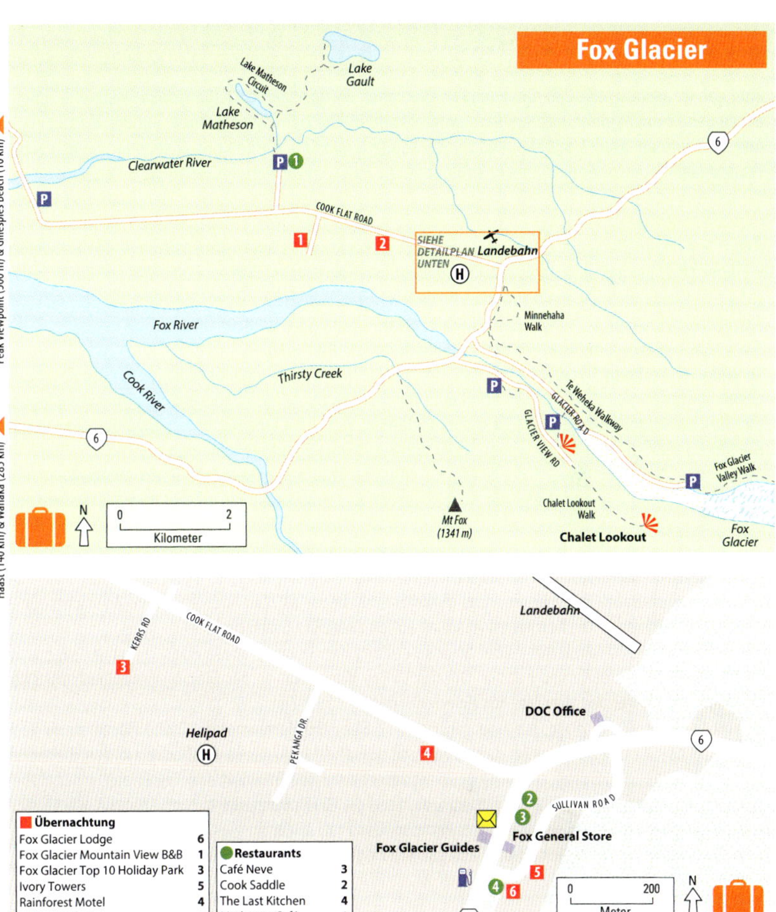

früh buchen und auf hohe Preise gefasst sein. Der einfache, kostenlose DOC-Campingplatz in Gillespies Beach ist vor allem im Sommer beliebt.

Fox Glacier Lodge, Sullivan Rd, 💻 www.foxglacierlodge.com. Das Chalet im alpinen Stil hat hübsch eingerichtete Zimmer mit Bad (Frühstücksbuffet inkl.) sowie Apartments und Wohnmobilstellplätze. ❶

Fox Glacier Mountain View B&B, 1 Williams Drive, 2 km abseits des SH6, 💻 www.foxglaciermountainview.co.nz. In dem einladenden, modernen B&B gibt's auf einem eigenen Grundstück am Stadtrand mit tollem Bergblick 3 Gästezimmer mit Bad und ein Cottage. Die Einrichtung ist zwar etwas altmodisch, aber die Zimmer und Betten sind ausgezeichnet. Das Frühstück ist im Preis inkl. ❷

Fox Glacier Top 10 Holiday Park, Kerrs Rd, 💻 www.top10.co.nz. Der Holiday Park bietet eine große Auswahl an Wohnmobilstellplätzen und geräumigen Units mit tollem Bergblick. ❷

Touren und Aktivitäten am Fox Glacier

2014 gab es einige große Eisbrüche am Fox-Gletscher, die dazu geführt haben, dass zahlreiche Touren durch das Eis nicht mehr durchgeführt werden können. Die sicherste Methode, auf das Eis zu gelangen, ist heute per Flug. Flughafen und Hubschrauberlandeplatz werden etwas seltener genutzt als in Franz Josef, haben aber ein ähnliches Angebot. Die Flüge von Mount Cook sind preiswerter.

Wanderungen

Den Franz-Josef-Gletscher schon gesehen? Das ist kein Grund, den Fox auszulassen! Das Fox-Tal ist weniger steil, beeindruckt dafür aber mit gewaltigen Felsstürzen. Dadurch ist nicht nur die Wanderung zum Gletscher völlig anders, sondern auch der Gletscher selbst. Bevor man sich auf den Weg ins Tal macht, sollte man sich im *Glacier Update* des DOC (hängt bei den Fox Glacier Guides und im DOC-Büro aus) kundig machen, ob die Straßen und Wege geöffnet sind.

Te Weheka Walkway/Cycleway. Während Autofahrer vom Dorf entlang der Glacier Access Road zum Gletscher durchrauschen, können fitte Leute die Strecke auch laufen oder mit dem Rad bewältigen. Ein Schotterweg verbindet beide Orte und schlängelt sich 4 km lang durch Regenwald, bevor er auf die Straße trifft, die manchmal wegen Unterspülungen umgeleitet werden muss.

Minnehaha Walk (Rundweg, 1 km, 20 Min.). Der flache Weg zweigt vom Te Weheka Walkway ab und führt durch einen üppigen Wald, der nach Einbruch der Dunkelheit von zahlreichen Glühwürmchen bevölkert wird.

Fox Glacier Valley Walk. Die Wanderung zum Rand des Gletschers beginnt beim Parkplatz am Ende der Glacier Access Road. Der unebene, 1,3 km lange Pfad (1 Std.) führt über eine Reihe von Erdrutschen verursachte Geröllhaufen und durch Bäche, bevor es steil hoch zu einem Aussichtspunkt geht. Oben hat man einen herrlichen Ausblick auf das vereiste Gletscherende.

River Walk (2 km, 30 Min.). Auf halber Strecke entlang der Glacier Access Road kreuzt der Weg eine historische Hängebrücke und hat den **Glacier Valley Viewpoint** an der Glacier View Road (die 3 km am gegenüberliegenden Ufer des Fox River entlangführt) zum Ziel.

Chalet Lookout Walk (4 km, hin und zurück 1 1/2 Std., 150 Höhenmeter). Diese Route steigt vom Glacier Valley Viewpoint langsam nach oben und gewährt fantastische Ausblicke auf den Gletscher und die umliegenden Berge. Der Weg passiert den ehemaligen Standort des The Chalet, einer Hütte, von der aus viktorianische Touristen beim Lunch auf die Gletscherzunge blicken konnten. Heute sind sowohl die Hütte als auch das Eis verschwunden. Der Pfad endet an einem Übergang über den Mills Creek, an dem es keine Brücke gibt. Nach starken Regenfällen ist er oft überflutet und wird dann zeitweise gesperrt.

Ivory Towers, Sullivan Rd, 🖳 www.ivorytowers.co.nz. Das einzige echte Backpacker-Hostel in Fox ist freundlich, sauber und farbenfroh. Die meisten Dorms haben Betten und Stockbetten, die schönen Doppelzimmer sind mit Gemeinschaftsbädern ausgestattet. Abgesehen von der großen Küche gibt's auch eine Sauna, ein Spa, ein TV-Zimmer für Regentage und Leihräder. ❶

Rainforest Motel, 15 Cook Flat Rd, 200 m abseits des SH6, 🖳 www.rainforestmotel.co.nz. Holzhütten mit hübschen, günstigen Studios und größeren 1-Zimmer-Units, alle mit voll ausgestatteter Küche und viel Platz. ❷

Reflection Lodge, 141 Cook Flat Rd, 1,5 km abseits des SH6, 🖳 www.reflectionlodge.co.nz. Das romantische Homestay verdankt seinen Namen einem großen Gartenteich, in dem sich das Bergpanorama spiegelt. Es hat nur 3 schöne Zimmer in einer weitläufigen Anlage. ❸

ESSEN

Karte S. 597

In dem **Fox General Store** gibt es ein erstaunlich großes Angebot an Lebensmitteln für den

Lake Matheson Walk und Peak Viewpoint (Rundweg 4,5 km, 1 Std.). Fast jeder Bildband über Neuseeland enthält ein Foto des Lake Matheson, 5 km westlich der Stadt an der Cook Flat Road, in dem sich Mount Cook und Mount Tasman spiegeln. Ein gut ausgeschilderter Pfad führt durch herrliche Landschaft einmal rund um den See, der durch das Schmelzen eines Eisbergs entstand, den der Fox-Gletscher bei seinem Rückzug vor rund 14 000 Jahren hinterließ. Der Rundgang bietet jedem die Möglichkeit, das berühmte See-Bild zu schießen. Die beste Chance haben Frühaufsteher, die schon vor dem Frühstück losziehen – den Hunger kann man anschließend mit dem hervorragenden Essen im **Matheson Café** am Parkplatz stillen.

Peak Viewpoint. Etwa 5 km hinter dem Lake Matheson an der Straße nach Gillespies Beach bietet der Peak Viewpoint an klaren Tagen einen tollen Blick auf das obere Ende des Fox Glacier und die schneebedeckten Berge.

Wanderungen vom Gillespies Beach. Nach weiteren 20 km vom Fox Glacier Village entlang der Cook Flat Road kommt **Gillespies Beach** in Sicht, eine ehemalige Goldgräbersiedlung mit kleinem Friedhof und einem einfachen DOC-Campingplatz. Vom Campingplatz führt eine wunderschöne Wanderung parallel zum Strand in nördliche Richtung, vorbei an den Überresten eines ausgedienten Goldbaggers aus den 1940er-Jahren, der Gillespies Lagoon und einem kurzen Minentunnel über einen oft matschigen Weg zum **Galway Beach** mit dessen **Pelzrobbenkolonie** (3,6 km, hin und zurück, zurück 3 1/2 Std.).

Gletscherwandern, Heli-Wandern und Eisklettern

Fox Glacier Guides, 44 Main Rd/SH6, 💻 www.foxguides.co.nz. Die Instabilität des Fox-Gletschers hat leider dazu geführt, dass aktuell nur leichte Wanderungen am Ende der Gletscherzunge (2 Std.) oder reine Heli-Touren angeboten werden (Heli-Wandern 4 Std., Heli-Eisklettern 8–9 Std.), bei denen alle kritischen Stellen überflogen werden. Die Fox Glacier Guides haben aber auch eine „Extreme"-Tour im Angebot.

Rundflüge und Fallschirmspringen

Fox & Franz Josef Heliservices, im Gebäude der Fox Glacier Guides, 💻 www.scenic-flights.co.nz. Hat ein ähnliches Angebot wie in Franz Josef. Zusätzlich kann man auch einen Flug zur Westflanke des Mt Cook (30 Min.) buchen.

Skydive NZ, 💻 www.skydivefox.co.nz. Bietet Tandemsprünge aus 2750 m, 3700 m und 5000 m Höhe. Die Flüge starten von der kleinen Flugpiste in Fox Glacier.

täglichen Bedarf zu (weniger erstaunlich) hohen Preisen. 🕒 tgl. 0–20 Uhr.

Café Neve, 37 Main Rd (SH6), ✆ 03 751 0110. Dieses entspannte Lokal befindet sich in einem roten Wellblechgebäude und ist perfekt für einen Kaffee und ein Stück Kuchen oder aber etwas Herzhaftes wie Burger und Pommes vor oder nach den Abenteuern auf dem Gletscher. $$

Cook Saddle, SH6, 💻 www.cooksaddle.co.nz. Bei den Einheimischen beliebter Saloon, im Wildweststil gestaltet, mit gutem Essen und Riesenportionen, von Linsenburger bis hin zu Spareribs. Im Sommer findet hier regelmäßig Livemusik statt. $$

The Last Kitchen, Sullivans Rd, Ecke SH6, ✆ 03 751 0058. Dank seiner attraktiven Inneneinrichtung verströmt das an einer sonnigen Ecke gelegene Restaurant deutlich mehr Atmosphäre als die Konkurrenz. Das übliche Angebot auf der Speisekarte kommt in interessanten Variationen und oft asiatisch angehaucht daher. Zum Beispiel wird der Sandbarsch mit Koriander- und Cashew-Pesto verziert und zusammen mit gebratenem Wok-Gemüse serviert. Alkoholausschank. $$

Matheson Café, Cook Flat Rd, www.lakematheson.com. Fantastisches Café am Beginn des Wanderwegs um den Lake Matheson mit tollem Bergblick. Super für ein Frühstück, aber auch mittags können sich Wanderer mit einem guten Lammburger belohnen. Nachmittags Kaffee und Kuchen. Wer im Sommer ein Abendessen genießen will, z. B. langsam gegarte Lammschulter mit Erbsenpüree, sollte vorher reservieren. $$

NAHVERKEHR

Fox Glacier Shuttles & Tours, 0800 369 287, fährt zum Gletscher und zum Lake Matheson. Auch Gillespies Beach wird angefahren (Preis auf Anfrage, je nach Passagierzahl).

TRANSPORT

Busse von **InterCity** halten bei Fox Glacier Guides im Dorfzentrum.

Busse nach:
FRANZ JOSEF 4x tgl., 1/2 Std.;
GREYMOUTH 1–2x tgl., 4 Std.;
HAAST 2x tgl., 2 1/2 Std.;
HOKITIKA 1–2x tgl., 3 Std.;
MAKARORA 1x tgl., 4 Std.;
NELSON 1–2x tgl., 11 Std.;
QUEENSTOWN 2x tgl., 7 1/2 Std.;
WANAKA 2x tgl., 5–6 Std.

Südliches Westland und Haast Pass

Südlich der Gletscher wird die Westküste immer einsamer. Viele Reisende bringen die Strecke von den Gletschern nach Wanaka oder Queenstown an einem Tag hinter sich. Dabei verpassen sie jedoch wunderbare Landschaften. Natürlich gibt es auch hier einige Einrichtungen: Die meisten Übernachtungs- und Einkehrmöglichkeiten findet man rund um **Haast**, aber auch unterwegs laden immer mehr Orte zu einem Zwischenstopp ein. Bis 1965 führte nicht einmal eine Straße durch diese Gegend, und erst 1995 wurde der letzte Abschnitt über den Haast Pass asphaltiert.

Der SH6 verläuft größtenteils durchs Landesinnere, passiert den Startpunkt der Wanderung zu den **Welcome Flat Hot Springs** und führt durch moosbedeckte Rimu-Wälder zurück zum Meer, das er am **Knight's Point** erreicht. Am Rande der Haast Coastal Plain mit ihren beeindruckenden **Dünen**, die Seen und einzelnen Kahikatea-Beständen Schutz bieten, geht es nun am Wasser entlang nach Haast. Nach den verstreuten Häusern von Haast führt die Straße Richtung Süden vorbei an **Jackson Bay**, einer alten Siedlung aus Kolonialzeiten. Der SH6 wendet sich von Haast wieder ins Landesinnere und bahnt sich einen Weg über den **Haast Pass** zur ehemaligen Holzfällerstadt **Makarora**, die nicht wirklich zur Westküste gehört, aber feucht genug ist, um einige Charakteristika mit ihr zu teilen. Makarora ist außerdem der Startpunkt für eine tolle Wanderung über den **Gillespie Pass**.

Paringa River und Lake Paringa

SH6, 17 km südlich von Bruce Bay

Dort, wo der SH6 den **Paringa River** überquert, erinnert eine Plakette an den südlichsten Punkt, den Thomas Brunner 1846–48 bei seinen Forschungsreisen erreichte. Ganz in der Nähe ist eine **Lachsfarm**, wo Tourbusse zu einem überteuerten Imbiss einkehren. Besser ist es, den leckeren Räucherlachs warm oder kalt mitzunehmen und 8 km weiter südlich im einfachen, aber wunderbar gelegenen **DOC-Campingplatz** am Nordufer des Lake Paringa ($8) zu essen.

Monro Beach Walk

SH6, 18 km südlich von Lake Paringa
▪ 5 km, 1 1/2 Std.

Der **Monro Beach Walk** führt durch einen wunderschönen Wald voller Farne zu einer felsigen Küste, wo man die seltenen **Fjordlandpinguine** sehen kann (vor allem frühmorgens und spätnachmittags). Sie zeigen sich hauptsächlich während der Brutzeit im Frühling, manchmal aber auch während der Mauser zwischen Januar und März. Aber auch ohne Pinguine ist die Wanderung landschaftlich reizvoll und Balsam für die Seele.

Knight's Point und Ship Creek

Knight's Point liegt am SH6, 23 km südlich von Lake Paringa

Am **Knight's Point** kehrt der SH6 zur Küste zurück, wo eine Wegmarkierung der 1965 geschaffenen Straßenverbindung zwischen Westland und Otago gedenkt. Zehn kurvige Kilometer weiter, am teefarbenen **Ship Creek**, beginnt die **Haast-Küstenebene**, wo ein Picknickplatz und Schilder an einem einsamen, wilden Strand auf zwei schöne Spaziergänge hinweisen (beide dauern rund 20 Min.): den **Kahikatea Swamp Forest Walk** (rollstuhlgeeignet), der flussaufwärts durch Kahikatea-Wald zu einem Aussichtspunkt führt, und den **Dune Lake Walk** entlang der Küste zu einem von Dünen umgebenen See voller Schilf.

Vom Ship Creek, der den Beginn der Haast Coastal Plain markiert, sind es nur noch 15 km zu der 750 m langen Haast River Bridge, ihres Zeichens die längste einspurige Brücke des Landes.

Haast

Auf den ersten Blick erscheint **Haast** ziemlich verwirrend, da gleich drei winzige Gemeinden denselben Namen tragen: Kurz nach der Haast River Bridge, an der Kreuzung des SH6 mit der Nebenstraße nach Jackson Bay, liegt **Haast Junction**. Fährt man auf der Jackson Bay Road noch 4 km weiter, erreicht man **Haast Beach**, die größte Siedlung. **Haast Township** wiederum liegt am SH6 Richtung Haast Pass und Wanaka, 3 km hinter Haast Junction. Tankstellen befinden sich in Haast Junction (24 Std.) und in Beach. In Haast Township gibt es einen kleinen Supermarkt mit dem einzigen Geldautomaten des Ortes.

ÜBERNACHTUNG UND ESSEN

Von Weihnachten bis Ende Februar sollte man in Haast seine Unterkunft im Voraus buchen. Die Öffnungszeiten der Restaurants variieren.

Collyer House B&B, Jacksons Bay Rd, 13 km südlich von Haast Junction, ✉ neroli@collyerhouse.co.nz. Einladende Luxusunterkunft mit 4 modernen Zimmern mit Bad und entferntem Meerblick, Preis inkl. großem englischen Frühstück. ❸

Hard Antler Bar, Marks Rd, Haast Township, ☎ 03 750 0034. Die Lieblingsbar der Einheimischen mit Geweihen an den Dachsparren hat große Essensportionen, z. B. einen herzhaften Wildeintopf, und günstiges Bier. $$

Heritage Park Lodge, Marks Rd, Haast Township, 💻 www.heritageparklodge.co.nz. Das gut geführte Motel ist die beste Unterkunft im Ort, mit komfortablen, geräumigen Studios, echten Wolldecken und Einrichtungen für Selbstversorger. ❷

Spiker Café, Marks Rd, Haast Township, ☎ 03 750 0055. Freundliche, aber alltägliche Teestube, verteilt auf mehrere Räume. Das Spiker Café serviert Frühstück (einschließlich Bacon Butties), Whitebait-Pastetchen, Kuchen, Sandwiches und Kaffee. $

Wilderness Accommodation, Haast Township, 💻 www.wildernessaccommodation.co.nz. Günstige Bleibe, die Hostelzimmer und verschiedene Motel Studio Units kombiniert. Alle haben Zugang zu einem Gemeinschaftsbereich mit Brettspielen und Küche. Der Inhaber kennt sich in der Gegend bestens aus und verleiht Motorroller – ideal für einen Ausflug zur Jackson Bay. $

SONSTIGES

Informationen

DOC Visitor Centre, SH6, Ecke Jackson Bay Rd, Haast Junction, ✉ haastvc@doc.govt.nz. Infotafeln zu allen Aspekten der Umgebung sowie den 20-minütigen Film *Edge of Wilderness* (auf Anfrage, $3). ⏲ tgl. Nov–April 9–18, Mai–Okt 9–16.30 Uhr.

Weitere Informationen auf der **Website** unter 💻 www.haastnz.com.

Touren

Waiatoto River Nature Safaris, 1975 Haast–Jackson Bay Rd, 💻 www.riversafaris.co.nz. Organisiert Jetbootsafaris (Okt–Ende April 3x tgl., 2 Std., im Winter 1x tgl. um 11 Uhr) von der Küste bis ins Herz der Berge, mit Betonung auf Geschichte und Landschaft.

TRANSPORT

InterCity-Busse halten vor dem Spiker Café, aber ohne eigenes Auto ist man hier schlecht dran.

Die Straße nach Jackson Bay

Die 50 km lange Strecke ins Fischerdorf Jackson Bay wird nur von einer bescheidenen Anzahl neugieriger Touristen befahren. Ungefähr 4 km hinter Haast Junction ist **Haast Beach** erreicht, das einen kleinen Laden und eine Zapfsäule besitzt.

Hapuka Estuary Walk und Umgebung

Gegenüber dem **Haast Beach Holiday Park** folgt der **Hapuku Estuary Walk** (1 km, 20-minütiger

Gillespie Pass: Wilkin–Young Valley Circuit

Der Track über den 1501 m hohen Gillespie Pass verbindet das Tal des oberen Young River mit dem des **Siberia Stream** und des **Wilkin River**. Landschaftlich gesehen kann diese Wanderung mit jeder der wesentlich berühmteren Routen weiter südlich mithalten. Ende 2007 entstand durch einen Erdrutsch ein See, und das Tal wurde nur unter der Bedingung wieder für Wanderer geöffnet, dass man es bei starken Regen meidet, da der instabile Damm brechen kann. Bevor man sich auf den Weg macht, sollte man sich daher im DOC-Büro über den Zustand erkundigen.

Die DOC-Broschüre *Gillespie Pass, Wilkin Valley Tracks* ($2) enthält alles Wissenswerte. Hilfreich sind auch die Karten *Makarora* und *Mount Pollux* von Topo50. Die Wanderung kann in kleinere Etappen aufgeteilt werden, indem man Flugzeuge und Jetboote nutzt. Für die gesamte Strecke (58 km) benötigt man drei Tage zu Fuß; vier Tage, wenn man den Abstecher zum Lake Crucible einbaut.

Zugang und Übernachtung

Alle **Hütten** ($15, keine Reservierung möglich) in den Tälern Wilkin und Young sind mit Matratzen und Heizung ausgestattet, besitzen aber keine Kochmöglichkeit. **Hüttentickets** und die ein Jahr gültigen **Hüttenpässe** bekommt man im DOC-Büro von Makarora. Üblicherweise beginnt man die Wanderung im Young Valley und läuft das Wilkin Valley wieder hinunter. Zu Beginn muss der verzweigte **Makarora River** durchquert werden; wer keine nassen Füße bekommen möchte oder keine Erfahrung im Überqueren von Flüssen hat, kann mit dem Jetboat zum Ausgangpunkt fahren. Oder man nutzt den **Blue-Young Link Track**, eine Verlängerung des Blue Pools Track, der 9 km nördlich von Makarora den Fluss über eine Hängebrücke überwindet. Bei dieser Variante muss man zusätzlich 7 km bzw. zwei Stunden Wanderung am ersten Tag einplanen.

Außerdem ist es eine gute Idee, bereits vor Antritt der Tour eine Abholung per Jetboot in Kerin, dem Endpunkt der Wanderung, zu organisieren, will man sich nicht mit Flussdurchquerungen herumschlagen. Oder man versucht, im Siberia Valley spontan einen Platz im Flieger zu ergattern.

Die Route

- **Tag 1: Vom Zusammenfluss von Young und Makarora zur Young Hut**
  (20 km, 6–7 Std., 500 Höhenmeter)

Das Young Valley ist linker Hand am SH6 (2,5 km nördlich von Makarora) ausgeschildert. Nach dem Zaunübertritt folgt man orangefarbenen Stangen bis zum Zusammenfluss von Young und Makarora. Sobald man den Makarora überwunden hat, folgt der Weg dem linken Ufer des Young River durch Südbuchenwald nach Young Forks (kostenloser Campingplatz) und, nach der Brücke, dem South

Rundgang) einem erhöhten Plankenweg über eine Brackwasser-Lagune und durch Kowhai-Wald. Besonders schön ist der Spaziergang im Oktober und November, wenn die Bäume leuchtend gelb blühen. Sanddünen bieten dem Rimu- und Kahikatea-Wald Schutz, und man genießt einen Blick auf die **Open Bay Islands**, einst ein Robbenjagdgebiet, heute ein **Schutzgebiet** mit einer recht großen Kolonie von Pelzrobben und Fjordlandpinguinen. Nach der Arawhata Bridge abbiegen und der Straße 3 km bis zum Anfang einer leichten, einstündigen Rundwanderung um **Lake Ellery** folgen.

Jackson Bay

Rund 50 km südlich von Haast, an der Straße von Haast nach Jackson Bay, liegt die ehemalige Robbenfangstation **Jackson Bay** im Schutz von Jackson Head, der die heftigen Westwinde etwas abschwächt. Wem die Sandfliegen nichts ausmachen, der kann auf dem **Wharekai Te Kou Walk** (1,6 km, hin und zurück 40 Min.) über die flache Landenge hinter dem Jackson Head zum Ocean Beach spazieren, wo sich neuseeländische Seebären tummeln. Der **Smoothwater Track** (9,4 km, hin und zurück 3–4 Std.) folgt einem alten Siedlerpfad

Branch. Ein steilerer Abschnitt (100 Höhenmeter) führt, u. a. über mehrere instabile Erdrutsche, zum Stag Creek. Von hier geht es stetig durch den Wald bergan zur neuen Young Hut (20 Betten).

■ **Tag 2: Young Hut–Siberia Hut** (12 km, 6–8 Std., 700 m Aufstieg, 1000 m Abstieg)
Der nächste anstrengende Tag führt zunächst hinauf zur Baumgrenze, überragt vom 2202 m hohen Mount Awful. Es folgt der steile und lange Aufstieg zum Gillespie-Pass. Erst nach 3 Std. ist der Sattel erreicht, ein faszinierender Ort, der Ausblicke bis auf die schneebedeckten nördlichen Gipfel des Mount Aspiring National Park gewährt. Auf grasbewachsenen Abhängen geht es nun steil hinunter zum Gillespie Stream, dem man bis zu seinem Zusammenfluss mit dem Siberia Stream folgt. Nach einer weiteren Stunde flussabwärts kommt endlich die Siberia Hut in Sicht, in der es im Sommer einen Aufseher gibt. Ganz Konditionsstarke unternehmen zuvor eventuell noch den Abstecher zum Lake Crucible (hin und zurück 4–5 Std.) und laufen erst dann zur Hütte hinunter. Man kann aber auch zwei Nächte in der Hütte verbringen und die Wanderung zum Lake Crucible (14 km, hin und zurück 6–7 Std., 500 Höhenmeter) am nächsten Tag machen.
Abstecher zum Lake Crucible (14 km, hin und zurück 6–7 Std., 500 Höhenmeter).
Von der Siberia Hut folgt man dem linken Ufer des Siberia Stream für kurze Zeit, bis man am anderen Flussufer den kataraktartigen Crucible Stream entdeckt. Dann durchquert man den Siberia Stream und steigt über den Pfad auf, der vom linken Ufer des Crucible Stream in den Wald führt. Die Etappe ist anstrengend, und die Wegmarkierungen sind auf den Wiesen weiter oben manchmal schwer zu finden, aber der Anblick des tiefen Sees mit seinen Eisbergen zu Füßen des Mount Alba lohnt die Mühe auf jeden Fall. Vom **Flugplatz im Siberia Valley** starten regelmäßig Flugzeuge, und vielleicht hat man Glück und kann einen der freien Restplätze ergattern.

■ **Tag 3: Siberia Hut–Kerin Forks** (7 km, 2–3 Std., 100 Höhenmeter)
Am südlichen Ende der Siberia Flats betritt man den Wald und steigt auf der linken Uferseite des Siberia Stream im Zickzack abwärts (der Weg führt vom Fluss weg) zum Wilkin River und der **Kerin Forks Hut** (10 Betten), wo sich viele Wanderer von einem Jetboot abholen lassen – da der Makarora River nach heftigen Regenfällen für Fußgänger unpassierbar wird, sollte man diese Art des Rücktransports nutzen. Als Alternative läuft man den letzten Abschnitt von **Kerin Forks nach Makarora** (15 km, 4–5 Std., 100 m Aufstieg, 200 m Abstieg), indem man dem linken Ufer des Wilkin River folgt, den Makarora River oberhalb des Zusammenflusses überquert und an seinem Flussufer zurück nach Makarora läuft.

zum gleichnamigen Fluss und führt dann am Smoothwater River entlang zur abgelegenen Smoothwater Bay.

ESSEN

Die Versorgungseinrichtungen in **Jackson Bay** beschränken sich auf den rustikalen Diner **The Cray Pot**, 💻 www.thecraypotnz.com, in einem alten Eisenbahnwaggon. Zum Essen gibt es Fish 'n' Chips, Fischsuppe u. Ä. sowie Tee und Kaffee. Saisonale Öffnungszeiten variieren – an der Straße steht eine Hinweistafel. $$

Haast Pass

Von Haast sind es fast 150 km über den niedriger als Arthur's und Lewis Pass gelegenen **Haast Pass** und durch die **Gates of Haast** nach Wanaka. Die Ngai Tahu benutzten diese Route für den Handel mit Jade und zeigten sie vermutlich dem Goldsucher Charles Cameron, der den Haast Pass 1863 als erster Pakeha überquerte. Bald darauf folgte der einflussreichere **Julius von Haast**, der, bescheiden wie er war, die Strecke nach sich selbst benannte.

Von Haast verläuft die Strecke zunächst entlang dem breiten **Haast River** und windet sich dann in vielen Kurven den Pass hinauf. Vor der Abfahrt sollte man sich die Wettervorhersage anschauen: Das Wetter kann hier schnell umschlagen, und die Gegend ist sehr wild – im Notfall hat man so gut wie keinen Handyempfang. Zahlreiche kurze und gut ausgeschilderte Wege, meistens zu Wasserfällen an Nebenflüssen des Haast River, zweigen unterwegs von der Straße ab.

Zu den beliebtesten Zielen gehören die **Thunder Creek Falls**, die **Fantail Falls** gleich neben der Straße und der **Blue Pools Walk** zu einem leuchtend blauen Bach, der aus einer engen, eisigen Schlucht sprudelt. Übernachtungsmöglichkeiten an der Strecke bieten die einfachen **DOC-Campingplätze** ($10 p. P.) **Pleasant Flat**, 45 km hinter Haast, und **Cameron Flat**, 10 km vor Makarora.

Makarora

Die Handvoll Häuser, die sich **Makarora** nennt, liegt auf der Hälfte der Strecke zwischen Haast und Wanaka, am nördlichen Rand des **Mount Aspiring National Park**. Wer schon in Vorfreude auf den Komfort in Wanaka und Queenstown ist, wird in diesem Ort kaum verweilen wollen, aber unternehmungslustige Reisende mit ein paar Extra-Tagen im Gepäck können einen der hiesigen Wanderwege ins Auge fassen. In der Nähe von Makarora gibt es zwei **kurze Wanderwege**. Der **Makarora Bush Nature Walk** (15 Min. Rundwanderung) beginnt in der Nähe des DOC-Büros; davon zweigt der **Mount Shrimpton Track** (hin und zurück 5 km, 4–5 Std., 900 Höhenmeter) ab, der durch Silberbuchen steil ansteigt bis zur Baumgrenze, von wo aus man einen fantastischen Blick über das Makarora Valley hat.

ÜBERNACHTUNG UND ESSEN

Boundary Creek, SH6. Ruhiger Campingplatz am oberen Ende des Lake Wanaka. Viele Zeltstellplätze auf der Wiese oder auf Kies in idyllischer Lage. Mit Toiletten und Wassertank. $

Makarora Tourist Centre, SH6, 💻 www.makarora.co.nz. Makaroras Epizentrum. Hier gibt's Sprit und eine kleine Auswahl an Lebensmitteln (🕒 Laden tgl. Sommer 8–19, Winter 8–17 Uhr) sowie eine Café-Bar (🕒 tgl. 8 Uhr bis spät) mit Frühstück, Sandwiches, Mittagsbuffet und einfachen Abendgerichten (tgl. 17.30–20.30 Uhr) mit Steak, Hühnchen und Vegetarischem. Campingmöglichkeiten und andere günstige Unterkünfte in A-Frame-Hütten. ❷

INFORMATIONEN UND TOUREN

DOC, SH6, ✉ mtaspiringgvc@doc.govt.nz. Das Büro hat Informationen und Hüttenpässe für Wanderungen, vor allem für den Gillespie Pass. 🕒 Dez–Feb tgl. 8–17 Uhr, sonst unregelmäßig besetzt.

Siberia Experience, 💻 www.siberiaexperience.co.nz. Die 4-stündige Siberia-Experience-Tour

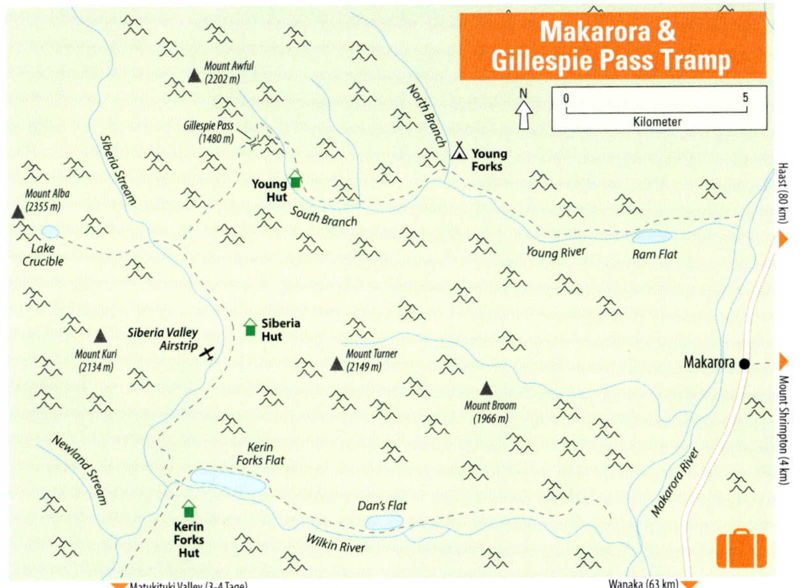

umfasst einen Flug in das abgelegene Siberia Valley, eine 3-stündige Wanderung zum Wilkin River und eine Jetbootfahrt zurück nach Makarora. Das Gleiche mit 25-minütigem Flug kostet $495.

Wilkin River Jets, 💻 www.wilkinriverjets.co.nz. Betreibt Jetboot-Taxis von und zu den Wanderwegausgangspunkten am Gillespie Pass ($35 zur Mündung des Young River, mind. 3 Pers., $120 von Kerin Forks, mind. 5 Pers.). Auf dem Programm stehen auch eine Reihe Standardtouren mit dem Jetboot sowie Kombinationen aus Helikopterflügen und Jetbootfahrten.

GANZJÄHRIG WEISS: DER GIPFEL DES AORAKI/MOUNT COOK (3754 M)

Christchurch und Canterbury

Canterbury ist eine der atemberaubendsten Regionen Neuseelands, mit weiten Weideflächen zwischen schneebedeckten Bergen und zerklüfteter Küste. Das 2011 von einem Erdbeben heimgesuchte Christchurch erfindet sich gerade neu. Das Landesinnere ist geprägt durch den eisigen Kamm der Neuseeländischen Alpen mit dem höchsten Berg des Landes, dem Aoraki/Mount Cook.

Stefan Loose Traveltipps

13 **Christchurch** Eine neue Stadt entsteht, eine kreative Mischung aus Coffeeshops, Kunstgalerien und zeitgenössischer Architektur. S. 609

Akaroa und Summit Road Auf der Panoramastraße bis Akaroa, wo man mit Delphinen schwimmen kann. S. 636

Arthur's Pass Am höchsten Bergpass der Südinsel genießt man eine tolle Alpenkulisse. S. 650

Mount Hutt Im Winter Skilaufen, im Sommer Mountainbiken. S. 657

Rangitata Das beste Wildwasserrevier Neuseelands. S. 659

Tekapo Abends blickt man vom Mount John auf einen umwerfend klaren Sternenhimmel. S. 661

Omarama Vom Segelflugmekka des Landes sind herrliche Flüge über die Neuseeländischen Alpen möglich. S. 666

14 **Aoraki/Mount Cook** Rund um Neuseelands höchsten Berg bieten sich tolle Wandermöglichkeiten, oder man inspiziert den Tasman-Gletscher. S. 668

COLLIE DOG MONUMENT, TEKAPO

CHRISTCHURCH, NEW REGENT STREET

Inhalt

Christchurch und Canterbury
Kaikoura (70 km)
Maruia Springs
Lewis Pass (907m)
Hanmer Springs Ski Area
Hanmer Springs
Springs Junction
HANMER FOREST PARK
Waiau River
LAKE SUMNER FOREST PARK
Lake Sumner
Hurunui River
Greymouth
Lake Brunner
Waipara
Pegasus Bay
ARTHUR'S PASS NATIONAL PARK
Otira
Temple Basin
Arthur's Pass (920 m)
Arthur's Pass Village
Hokitika
Lake Kaniere
CRAIGIEBURN FOREST PARK
Lake Pearson
CAVE STREAM SCENIC RESERVE
Porters, Mount Cheeseman
Broken River Craigieburn Valley
Kura Tawhiti
Christchurch
Springfield
Waimakariri River
KOROWAI/TORLESSE TUSSOCKLANDS PARK
Lake Lyndon
Porters Pass (939 m)
Lake Coleridge
Darfield
Akaroa und Summit Road
Akaroa
SOUTHERN ALPS
Mount Hutt
Washpen Falls
MOUNT HUTT FOREST
Rakaia Gorge
Lake Ellesmere
Rakaia River
Methven
Ashburton River
AWA AWA RATA RESERVE
Sharplin Falls
Staveley
Mt Somers
Mt Somers
Rangitata River
Mt Sunday
PEEL FOREST
Ashburton
Franz Josef Glacier
Rangitata
Peel Forest
AORAKI/MOUNT COOK NATIONAL PARK
(3754 m)
Arundel
Lake Tekapo
Aoraki/Mt Cook
Roundhill
GERALDINE DOWNS
Geraldine
Aoraki/Mount Cook
Mt Dobson
Fairlie
Mount John
Lake Tekapo
Lake Pukaki
Timaru
OHAU FOREST
Mt Brewster (2423m)
Lake Ohau
Twizel
Ohau
Lake Benmore
Omarama
Lake Aviemore
Lake Waitaki
Clay Cliffs
Otematata
Kurow
Waitaki River
Duntroon
Lindis Pass (971 m)
Stefan Loose Traveltipps S. 607
0 30 Kilometer
Oamaru
N
Cromwell (70 km)
Naseby (40 km)

Südöstlich von Christchurch ragt die hügelige Halbinsel **Banks Peninsula** mit ihren zahlreichen Buchten und Naturhäfen und dem schmucken „französischen Dorf" **Akaroa** in den Pazifik. Richtung Nordwesten liegen an der Straße zum bewaldeten **Lewis Pass** der beschauliche Kurort **Hanmer Springs** und ein Stück weiter die heißen Quellen von **Maruia Springs**. Im Süden erklimmen Straße und Eisenbahn den spektakulären **Arthur's Pass National Park** mit einer Vielzahl von Wanderwegen.

Südwestlich von Christchurch führen Straßen über die Canterbury Plains nach, im Winter das Tor zum Skigebiet und im Sommer das Tor zum Wanderrevier am – hier ist es oft trocken, wenn der Arthur's Pass in feuchten Nebel gehüllt ist.

Die südliche Hälfte der Region geht in das **Mackenzie Country** über, eine sonnenverbrannte Graslandschaft. In wunderschönen Türkistönen spiegeln sich hier die gletschergespeisten Seen **Lake Tekapo**, **Pukaki** und. Das **Aoraki/Mount Cook Village** am Fuße des gleichnamigen Bergs ist Ausgangspunkt für zahlreiche Wanderungen, Gletscherseetouren sowie per Hubschrauber zugängliche Ski- und Wanderrouten. Noch weiter südlich führt die Straße auf dem Weg nach Wanaka und Queenstown durch die Segelflughauptstadt Neuseelands, **Omarama**, und anschließend über den tollen Lindis Pass. An der Küste wiederum liegt das aufstrebende **Timaru** ganz in der Nähe von **Felsmalereien der Maori**.

13 HIGHLIGHT

Christchurch

Christchurch (Otautahi auf Maori), die größte Stadt der Südinsel und die drittgrößte des Landes, wurde am 22. Februar 2011 von einem **Erdbeben** erschüttert, bei dem 185 Menschen ums Leben kamen. Ein Großteil der Innenstadt wurde in der Folge abgerissen, und viele der schönen alten viktorianischen Gebäude sind verschwunden. Zwar sind einige wichtige historische Sehenswürdigkeiten restauriert worden, doch nun erheben sich in der Stadt Vorzeigebauten moderner Architektur, Türme aus Glas und Stahl, und es sind opulente Wandbilder und fußgängerfreundliche Parks und Promenaden entstanden. Für alle, die vor dem Erdbeben schon einmal hier waren, sind die Veränderungen sicher verstörend. Ein großer Teil des Stadtzentrums wird noch bis weit in die 2020er-Jahre hinein eine riesige Baustelle bleiben – der Wiederaufbau von Christchurch hat so viele Investitionen angezogen, dass er als wichtiger Beitrag zum wirtschaftlichen Wachstum Neuseelands seit 2014 gilt.

Vieles von dem, was Christchurch vor den Beben anziehend machte, ist immer noch da. Ein Gang (oder eine Fahrt im Stechkahn) durch den **Botanischen Garten** lässt sich wunderbar mit einem Besuch des fabelhaften viktorianischen **Canterbury Museum** und einer Besichtigung des neugotischen **Arts Centre** kombinieren. Besonders interessant ist aber das neu Entstandene: Sehenswert sind etwa die herrliche **Cardboard Cathedral**, die Neuerschließung der **Cashel Street Mall** und die **New Central Library**. Darüber hinaus stolpert man im Zentrum überall über gestalterischen Erfindungsgeist engagierter Bürgerprojekte wie **Gap Filler**, 💻 www.gapfiller.org.nz, und **Rekindle**, 💻 www.rekindle.org.nz, vom **Dance-O-Mat**, einer münzbetriebenen Tanzfläche, und der Super Street Arcade bis zu Minigolflöchern und Skulpturinstallationen. In den kommenden Jahren könnte Christchurch zu einer der spannendsten Städte der Welt werden.

Geschichte

Das benachbarte Lyttelton hatte sich schon in den 1830er Jahren als Walfanghafen etabliert. Hier legten 1850 auch die **First Four Ships**, die ersten vier Schiffe, an und brachten 773 Pilger mit, die am Südende der Pegasus Bay eine neue Siedlung gründen wollten. Die *Charlotte Jane*, *Randolph*, *Sir George Seymour* und *Cressy* waren von der **Canterbury Association** geschickt worden, einer 1849 von Edward Wakefield, der schon bei der Gründung der Kolonie Wellington mitgewirkt hatte, und John Godley, einem Absolventen des Christ Church College in Oxford, unter Schirmherrschaft der Church of England gegründeten Kolonialgesellschaft mit dem Erz-

Erdbeben und Wiederaufbau

Da es in der zweiten Hälfte des 20. Jhs. in der Umgebung von Christchurch kein wirklich schweres Erdbeben mehr gegeben hatte, war niemand darauf gefasst, und das Beben der Stärke 7,1, das die Stadt am 4. September 2010 um 4.35 Uhr erschütterte, kam völlig unerwartet. Ein paar Schornsteine stürzten ein, aber es entstanden keine größeren Schäden und es gab keine Toten. Doch beim nächsten Beben (Stärke 6,3 auf der Richterskala), das sich am 22. Februar 2011 um die Mittagszeit ereignete, sah die Sache ganz anders aus. Zwar war es schwächer, dafür befand sich das Epizentrum des Bebens aber nicht so tief unter der Erdoberfläche (nur 5,95 km statt 11 km wie im Jahr 2010) und nur 6,7 km entfernt (statt wie 2010 37,9 km). Es zerstörte fast die komplette Innenstadt und forderte 185 Todesopfer; mehr als 7000 Menschen wurden verletzt.

Die älteren, wohlhabenderen Vororte im Westen außerhalb des Zentrums waren auf gutem Boden erbaut worden und überstanden die Beben ziemlich unbeschadet. Viele Gebäude in den östlichen Vororten dagegen standen auf befestigtem Sumpf, der zu **Liquefaktion (Verflüssigung)** neigte: Untergrund, der sich bei dem Erdbeben in eine Art Treibsand verwandelte. Häuserfundamente versanken in der Erde, Straßen warfen sich auf, und aus geborstenen Wasserrohren schoss eine Mischung aus Grundwasser und Geröll.

In der Innenstadt wurde eine 3 km² große **Sperrzone** eingerichtet, die fast das gesamte Zentrum umfasste, um Gebäude abzureißen und die Straßen wieder benutzbar zu machen. Länger als zwei Jahre hat es gedauert, bis das, was vom Zentrum übrig war, der Öffentlichkeit wieder zugänglich gemacht werden konnte. Die Regierung berief den durchsetzungsstarken Gerry Brownlee zum Minister und übertrug ihm die Verantwortung für die für den **Wiederaufbau** zuständige Canterbury Earthquake Recovery Authority (CERA).

Wiederaufbau

Trotz umfassenden Einsatzes geht es mit dem Wiederaufbau der Stadt frustrierend langsam voran. 2016 wurde CERA durch **Otakaro Limited**, 💻 www.otakaroltd.co.nz, und **Regenerate Christchurch**, 💻 www.regeneratechristchurch.nz, ersetzt, um die Gesamtentwicklung voranzutreiben. Anfang 2019 wurden der neu angelegte Victoria Square, die Turanga (New Central Library), das Arts Centre, die Christchurch Town Hall of the Performing Arts und das ambitionierte **Promenaden-Projekt** (S. 615) allesamt fertiggestellt. Das **Te Pae Convention Center** am Cathedral Square wurde 2021 eröffnet, aber die Fertigstellung der riesigen **Christchurch Metro Sports Facility** verzögert sich aufgrund verschiedener baulicher und finanzieller Probleme weiterhin. Das Gebiet East Frame mit Parks und Wohnhäusern wird wohl nicht vor 2026 fertig, obwohl der **Rauora Park** 2018 eröffnet wurde; und bis die neue Kathedrale ihre Arbeit aufnimmt, wird es noch länger dauern. Auch private Projekte haben vermehrt Fahrt aufgenommen: Im Stadtzentrum haben zahlreiche schicke Hotels eröffnet, Vodafone und PWC haben sich neue Südinsel-Hauptsitze errichten lassen, an der Cashel Street (S. 614) sind Einkaufszentren und Unterhaltungskomplexe entstanden sowie in **151 Cambridge Terrace** ein neues Wahrzeichen des Christchurcher Architekturbüros Jasmax. Das Wissenschaftszentrum **Science Alive!**, 💻 www.sciencealive.co.nz, geht einen anderen Weg und gestaltet den alten Christchurch Court House-Komplex mit virtuellen Angeboten neu, hier finden nun Kurse, Workshops und Outreach-Programme statt.

bischof von Canterbury an der Spitze. Die Gesellschaft verfolgte das utopische Ziel, eine anglikanische Mustergesellschaft der Mittelklasse zu schaffen, in der die von moralischen Werten geprägte Kultur des viktorianischen Englands blühen und gedeihen konnte. Ende 1851 befanden sich schon rund 3000 britische Siedler in der Region, doch nach den religiös angefachten Heilserwartungen der Anfangstage machte sich schon bald Ernüchterung breit angesichts der

Mühen, mit denen der Aufbau einer neuen Existenz in einer völlig fremden Umgebung verbunden war – zum Hauptexportartikel, von dem das Wohl der neuen Stadt abhing, entwickelte sich rasch **Wolle**. Jedoch hatten die Ideale der Canterbury Association einen tiefgreifenden Einfluss auf die kulturelle Identität der Stadt, und die direkten Nachfahren dieser ersten Ankömmlinge genießen auch heute noch ein gewisses Prestige in der feinen Gesellschaft von Christchurch.

Das Stadtzentrum

Auf dem **Cathedral Square** schlägt seit jeher das Herz von Christchurch; seinen Mittelpunkt bildet die ChristChurch Cathedral – dies ist immer noch der Ort der Stadt, an dem das Ausmaß des Erdbebens von 2011 am eindringlichsten zutage tritt. Die Kathedrale wird noch lange eine Ruine bleiben, und das italienisch anmutende **Chief Post Office** von 1879 ist nach wie vor mit Brettern vernagelt – seine Zukunft ist ungewiss, da noch über Versicherungsangelegenheiten gestritten wird. Jedoch wird der Platz sein Aussehen durch neue Projekte radikal verändern, etwa durch das neue Hotel **Distinction Christchurch**, das **Christchurch Convention Centre** (Whare Runanga) und die **Turanga (New Central Library)**, die allesamt in den letzten Jahren eröffnet wurden. Einige der Monumente auf dem Platz haben jedoch überlebt, z. B. Neil Dawsons 18 m hohe Skulptur *Chalice*, im Jahr 2000 errichtet zur Feier des neuen Jahrtausends und des 150. Geburtstags von Canterbury.

ChristChurch Cathedral

Cathedral Square ▪ derzeit geschlossen ▪ 💻 www.christchurchcathedral.org.nz

Nach dem Erdbeben von 2011 eine Ruine, die mehr oder weniger ihrem Schicksal überlassen blieb, wurde über die Zukunft der neugotischen **ChristChurch Cathedral** erst 2017 entschieden: Die Anglikanische Kirche entschied sich schließlich, das Gebäude zu erhalten. Das größte Problem stellten die Restaurierungskosten in Höhe von etwa $104 Mio. dar – ein neues Gebäude wäre erheblich billiger gewesen (die Versicherung hat nur $42 Mio. gezahlt). Viele Christchurcher setzten sich lautstark für den Erhalt der Kathedrale ein, und zuletzt sah es so aus, als würde durch staatliche Unterstützung und private Spenden genug Geld für das Projekt zusammenkommen. Das **neue Gotteshaus**, wahrscheinlich eine Mischung aus viktorianischer und moderner Architektur, wird vermutlich jedoch nicht vor Ende 2027 fertig sein.

Die Kathedrale wurde im Jahr 1858 von George Gilbert Scott (Architekt der Londoner St Pancras Station) ursprünglich in Holzbauweise geplant. Der Entwurf wurde später vom englischstämmigen Architekten **Benjamin Mountford** überarbeitet, die Kirche aus Stein gebaut und 1904 fertiggestellt. Viele der hübschesten Bauten der Stadt sind übrigens das Werk von Benjamin Mountford, der mit Vorliebe vulkanischen Blaustein und cremefarbenen Oamaru-Kalkstein für seine englisch-neugotischen Entwürfe verwendete.

New Regent Street

Die erste Einkaufsstraße, die im Zentrum wieder aufmachte, war die kleine **New Regent Street**, eine in den 1930er-Jahren im spanischen Missionsstil erbaute, in Nord-Süd-Richtung verlaufende Häuserzeile. Dazwischen rattert die historische Straßenbahn entlang. Die hübschen pastellfarbenen Häuser wirken angesichts all der vielen glitzernden Neubauten ringsum zwar etwas verloren, aber der Besuch lohnt sich,

Christchurch Pass

Vier der beliebtesten Aktivitäten in Christchurch – eine Fahrt mit der Straßenbahn, eine Tour durch den Botanischen Garten, eine Fahrt mit der Seilbahn und eine Stocherkahnfahrt auf dem Avon – sind im **Christchurch Pass** inbegriffen, erhältlich auf 💻 www.christchurchattractions.nz und in der 109 Worcester St (Shop 13, ☏ 03 366 7830) in der Cathedral Junction. Wer alle vier Aktivitäten unternimmt, spart insgesamt $25. Sie können an unterschiedlichen Tagen absolviert werden; ein kostenloser Shuttle zur Gondola (Seilbahn) ist im Ticket inbegriffen.

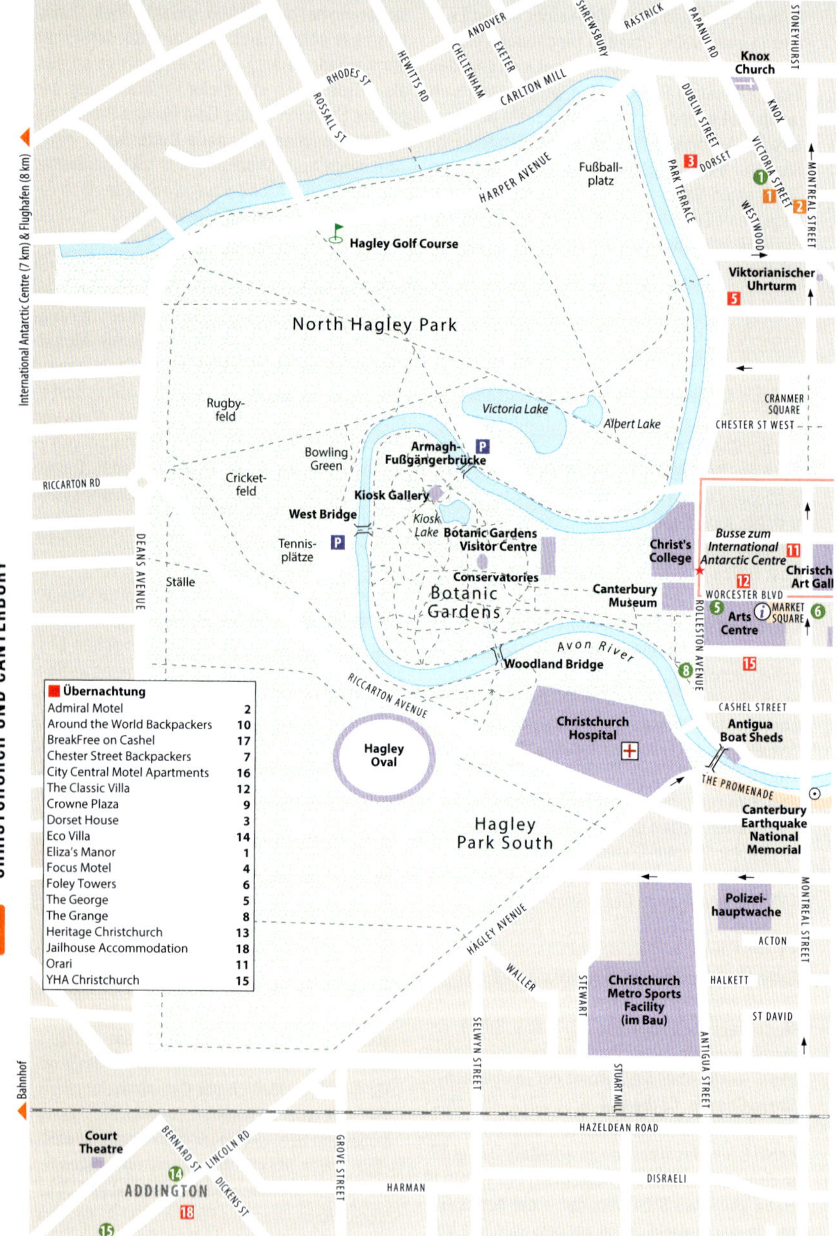
North Hagley Park
Hagley Golf Course
Rugby-feld
Bowling Green
Cricket-feld
Tennis-plätze
Ställe
Victoria Lake
Albert Lake
Armagh-Fußgängerbrücke
Kiosk Gallery
West Bridge
Kiosk Lake
Botanic Gardens Visitor Centre
Conservatories
Botanic Gardens
Canterbury Museum
Christ's College
Avon River
Woodland Bridge
Christchurch Hospital
Hagley Oval
Hagley Park South
Fußball-platz
Knox Church
Viktorianischer Uhrturm
Busse zum International Antarctic Centre
Christch Art Gall
Arts Centre
MARKET SQUARE
Antigua Boat Sheds
THE PROMENADE
Canterbury Earthquake National Memorial
Polizei-hauptwache
Christchurch Metro Sports Facility (im Bau)
Court Theatre
ADDINGTON
International Antarctic Centre (7 km) & Flughafen (8 km)
Bahnhof
RHODES ST
ROSSALL ST
HEWITTS RD
CHELTENHAM
ANDOVER
EXETER
SHREWSBURY
RASTRICK
PAPANUI RD
STONEYHURST
CARLTON MILL
HARPER AVENUE
DUBLIN STREET
PARK TERRACE
DORSET
KNOX
VICTORIA STREET
WESTWOOD
MONTREAL STREET
CRANMER SQUARE
CHESTER ST WEST
RICCARTON RD
DEANS AVENUE
WORCESTER BLVD
ROLLESTON AVENUE
RICCARTON AVENUE
CASHEL STREET
HAGLEY AVENUE
WALLER
STEWART
SELWYN STREET
ACTON
HALKETT
ST DAVID
STUART MILL
ANTIGUA STREET
HAZELDEAN ROAD
DISRAELI
HARMAN
GROVE STREET
BERNARD ST
LINCOLN RD
DICKENS ST
Übernachtung
Admiral Motel 2
Around the World Backpackers 10
BreakFree on Cashel 17
Chester Street Backpackers 7
City Central Motel Apartments 16
The Classic Villa 12
Crowne Plaza 9
Dorset House 3
Eco Villa 14
Eliza's Manor 1
Focus Motel 4
Foley Towers 6
The George 5
The Grange 8
Heritage Christchurch 13
Jailhouse Accommodation 18
Orari 11
YHA Christchurch 15

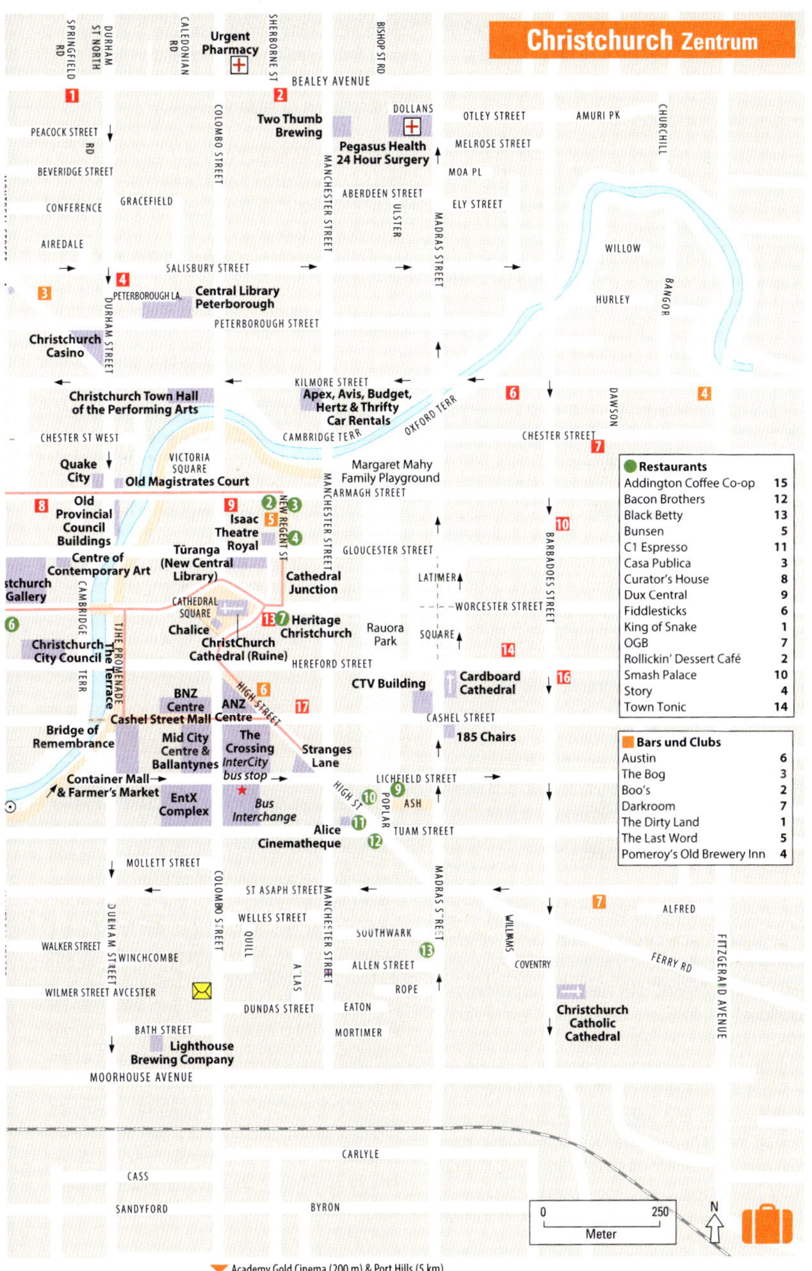
Christchurch Zentrum
Restaurants
Addington Coffee Co-op 15
Bacon Brothers 12
Black Betty 13
Bunsen 5
C1 Espresso 11
Casa Publica 3
Curator's House 8
Dux Central 9
Fiddlesticks 6
King of Snake 1
OGB 7
Rollickin' Dessert Café 2
Smash Palace 10
Story 4
Town Tonic 14
Bars und Clubs
Austin 6
The Bog 3
Boo's 2
Darkroom 7
The Dirty Land 1
The Last Word 5
Pomeroy's Old Brewery Inn 4
Urgent Pharmacy
Two Thumb Brewing
Pegasus Health 24 Hour Surgery
Central Library Peterborough
Christchurch Casino
Christchurch Town Hall of the Performing Arts
Apex, Avis, Budget, Hertz & Thrifty Car Rentals
Quake City
Victoria Square
Old Magistrates Court
Margaret Mahy Family Playground
Old Provincial Council Buildings
Isaac Theatre Royal
Tūranga (New Central Library)
Centre of Contemporary Art
Christchurch Art Gallery
Cathedral Junction
Cathedral Square
Chalice
ChristChurch Cathedral (Ruine)
Heritage Christchurch
Rauora Park
Christchurch City Council
CTV Building
Cardboard Cathedral
BNZ Centre
ANZ Centre
Cashel Street Mall
185 Chairs
Bridge of Remembrance
Mid City Centre & Ballantynes
The Crossing
InterCity bus stop
Strangers Lane
Container Mall & Farmer's Market
EntX Complex
Bus Interchange
Alice Cinematheque
Lighthouse Brewing Company
Christchurch Catholic Cathedral
SPRINGFIELD RD
DURHAM ST NORTH
CALEDONIAN RD
SHERBORNE ST
BISHOP ST RD
BEALEY AVENUE
DOLLANS
OTLEY STREET
AMURI PK
CHURCHILL
PEACOCK STREET
BEVERIDGE STREET
COLOMBO STREET
MANCHESTER STREET
MELROSE STREET
MOA PL
ABERDEEN STREET
ULSTER
MADRAS STREET
ELY STREET
CONFERENCE
GRACEFIELD
AIREDALE
WILLOW
HURLEY
BANGOR
SALISBURY STREET
PETERBOROUGH LA.
DURHAM STREET
PETERBOROUGH STREET
KILMORE STREET
OXFORD TERR
CAMBRIDGE TERR
CHESTER ST WEST
CHESTER STREET
DAWSON
ARMAGH STREET
NEW REGENT ST
GLOUCESTER STREET
LATIMER
WORCESTER STREET
SQUARE
BARBADOES STREET
CAMBRIDGE TERR
THE PROMENADE
The Terrace
HEREFORD STREET
HIGH STREET
CASHEL STREET
LICHFIELD STREET
HIGH ST
POPLAR
ASH
TUAM STREET
MOLLETT STREET
ST ASAPH STREET
WELLES STREET
SOUTHWARK
WILLIAMS
COVENTRY
ALFRED
FERRY RD
FITZGERALD AVENUE
WALKER STREET
WINCHCOMBE
QUILL
A'LAS
ALLEN STREET
ROPE
WILMER STREET AVCESTER
DUNDAS STREET
EATON
MORTIMER
BATH STREET
MOORHOUSE AVENUE
CARLYLE
CASS
SANDYFORD
BYRON
0
250
Meter
N
Academy Gold Cinema (200 m) & Port Hills (5 km)

denn neben einigen verlockenden Geschäften sind hier die interessantesten Cafés und Bars im Zentrum zu finden.

Cardboard Cathedral

234 Hereford St, mit Blick auf den Latimer Square ▪ ◷ Nov–März Mo–Sa 9–17, So 7.30–19, April–Okt Mo–Sa 9–17, So 7.30–17 Uhr ▪ 💻 www.cardboardcathedral.org.nz

Das erste größere Gebäude, das sich aus den Trümmern erhob, war die **Transitional Cathedral**, erbaut nach einem kostenlosen Entwurf des japanischen „Katastrophenarchitekten" Shigeru Ban. Die wegen ihres eleganten Dachs aus 98 Kartonagenröhren **Cardboard Cathedral** (Pappkathedrale) genannte Kirche ersetzt die Gemeindekirche St John's, die bis zum Beben hier stand. Das helle Gotteshaus mit 700 Sitzplätzen öffnete seine Tore im Jahr 2013 und sandte damit eine Hoffnungsbotschaft aus, die weit mehr Gläubige als nur die Anhänger der anglikanischen Kirche erreichte.

Nicht nur die Dachkonstruktion, sondern auch das Kreuz hinter dem Altar und die Kanzelfront sind aus massiven Pappröhren. Die Wände wurden aus Schiffscontainern gefertigt, Holz und Stahl halten alles aufrecht, und lichtdurchlässiges Polycarbonat als Verschalung dient als Wetterschutz. Das Ganze sieht sehr viel schöner aus, als es klingen mag, und das Bauwerk soll mehr als eine Übergangslösung sein und könnte geschätzt noch 50 Jahre erhalten bleiben.

185 Chairs und der Platz des CTV Building

Die zerstörte Gegend rund um die Pappkathedrale wird langsam in Parks und Gärten verwandelt. Eine Straße südlich befindet sich Peter Majendies **185 Chairs**, das vielleicht ergreifendste **Denkmal** für die Toten des Bebens vom Februar 2011. Um die 185 weiß gestrichenen Sessel, Stühle, Bürostühle usw. kümmern sich die Anwohner. Sie ersetzen die Stühle, wenn einer gestohlen wird, und geben ihnen an jedem Jahrestag einen neuen Anstrich. Gegenüber stand bis zum Erdbeben das Gebäude von **Canterbury Television (CTV)**: Als es einstürzte, kamen 115 Menschen ums Leben, darunter 71 ausländische Studenten, die hier Englisch lernten, vor allem aus China und Japan. Die Stätte wird zu einer Reihe von Gärten umgestaltet, u. a. mit einem Kirschbaumhain in der Mitte, auch um der Verstorbenen zu gedenken.

Riverside Market

Cashel St, mit Blick auf Avon River ▪ ◷ Mo–Mi 7.30–18, Do–Sa 7.30–21, So 7.30–17 Uhr ▪ 💻 www.riverside.nz

Die Fußgängerzone **Cashel Street Mall** ist in den letzten Jahren umgestaltet worden: Einige stylische neue Einkaufszentren haben größtenteils die Container des Projekts Re:START, das nach dem Beben ins Leben gerufen wurde, ersetzt. Die Ansammlung an bunten Läden, Cafés und Imbisswagen der **„Container Mall"** wurde offiziell Anfang 2018 geschlossen, doch einige der Händler, Container und Imbisswagen sind nun Bestandteil des neuen **Riverside-Market-Komplexes** mit Essensständen, Bars and Cafés. 2017 eröffnete in der Cashel Street **The Crossing**, 💻 www.thecrossing.co.nz, mit noblen Läden, einem auffallenden weißen Parkhaus und Paul Dibbles Skulptur *Sleepwalker* von 2008, einer Bronzeplastik von Maui, einer Figur aus der polynesischen My-

Christchurch mit der Straßenbahn

Eine der beliebtesten Touristenattraktionen der Stadt ist die historische **Straßenbahn**. Die Tram nahm erst 1995 ihren Betrieb wieder auf, doch die Wagen sind überwiegend liebevoll restaurierte Originale, die zwischen 1908 und 1925 erbaut wurden. Die Straßenbahn beschreibt einen Bogen am Arts Centre vorbei über die New Regent Street, an der Cashel Street Mall und dem Cathedral Square vorbei (alle 15–20 Min., Sep–März 9–18, April–Aug 10–17 Uhr, 💻 www.christchurchattractions.nz). Mit dem Ticket kann man einen ganzen Tag lang unbegrenzt aus- und zusteigen, Kinder bis 15 Jahre fahren kostenlos (max. 3 Kinder pro Erw.). Es gibt sogar eine **Restaurant-Tram** (tgl. März–Okt 19–21.30, Nov–Feb 19.30–22 Uhr), die ihre Runde dreht, während die Fahrgäste dinieren, Abfahrt Cathedral Junction.

thologie. **The Terrace**, 💻 www.theterrace.co.nz, weiter Richtung Avon, umfasst eine Reihe stilvoller moderner Gebäude, die durch Gassen und Fußgängerbrücken voller Bars und Restaurants miteinander verbunden sind. Eine Straße weiter, in der Lichfield und Colombo Street, beherbergt der Entertainment-Komplex **EntX** (Entertainment Central Christchurch), 💻 www.entx.co.nz, noch mehr Restaurants, ein luxuriöses Hoyts-Kino und Geschäfte.

Bridge of Remembrance

Am westlichen Ende der Cashel Street erhebt sich an der **Bridge of Remembrance** ein 1924 errichteter Bogen, der an die Christchurcher Gefallenen des Ersten Weltkriegs erinnert; die Namen derjenigen, die in späteren Kriegen den Tod fanden, wurden später hinzugefügt. Unmittelbar nördlich beherbergt der **Park of Remembrance** auf der anderen Seite des Avon eine Bronzestatue von **Henry Nicholas**, einem aus Christchurch stammenden Soldaten, der mit dem Victoria Cross ausgezeichnet wurde, bevor er 1918 fiel.

The Promenade

Im Zuge eines der ambitioniertesten Projekte der Zeit nach dem Erdbeben, **The Promenade**, wurde die Straße Oxford Terrace am Ostufer des **Avon** in eine 2 km lange Fußgängerzone verwandelt, die sich nördlich und südlich der Bridge of Remembrance durch die Stadt zieht. Zu den Kunstwerken und Installationen auf beiden Seiten des Flusses zählen 13 **Nga Whariki Manaaki**, die Muster gewebter Maori-Willkommensmatten gedruckt auf Steinmosaikkacheln – sie erinnern an die Geschichte der Ngai Tahu in der Region.

Canterbury Earthquake National Memorial

Promenade, Höhe Montreal St ▪ 🕒 tgl. 24 Std. ▪ 💻 www.canterburyearthquakememorial.co.nz

Das 2017 eingeweihte **Canterbury Earthquake National Memorial** säumt in der Nähe der Montreal Street das Südostufer des Avon. Die 111 m lange Mauer ist mit Marmorplatten verkleidet, auf denen die Namen der Menschen verzeichnet sind, die bei dem Beben von 2011 ums Leben kamen.

Stechkahnfahren auf dem Avon

Vielleicht die stärkste sichtbare Verbindung Christchurchs zu seinen vornehmen englischen Wurzeln ist das Stechkahnfahren, das seit dem frühen 20. Jh. beliebt ist und an geruhsame Nachmittage in Oxford und Cambridge erinnert. Allerdings kann man, um all dem Unfug, der in England bei diesen Touren üblich ist, einen Riegel vorzuschieben, in Christchurch nicht selbst fahren. Stattdessen bietet **Avon River Punting**, 2 Cambridge Terrace, 💻 www.christchurchattractions.nz, professionelle Bootsführer auf: Adrett mit Blazern und Strohhüten bekleidet, staken sie die Passagierboote eine halbe Stunde lang von den Antigua Boat Sheds aus im Botanischen Garten sanft über den Fluss. Im Sommer gibt's auch Fahrten ab Mona Vale (S. 618). Tgl. Okt–März 9–18, April–Sep 10–16 Uhr.

Antigua Boat Sheds

2 Cambridge Terrace ▪ 🕒 Okt–April 9–17.30, Mai–Sep 9–17 Uhr, Boat Shed Café tgl. 7–17 Uhr ▪ Eintritt ▪ 💻 www.boatsheds.co.nz

Den Avon kann man von den **Antigua Boat Sheds** aus per gemietetem Kanu, Tret- oder Ruderboot erkunden. Wer es ganz entspannt mag, schließt sich einer Tour mit einem Stechkahn an oder gönnt sich im Boat Shed Café einfach nur einen guten Kaffee.

Christchurch Art Gallery

Worcester Blvd, Ecke Montreal St ▪ 🕒 Mo, Di und Do–So 10–17, Mi 10–21 Uhr ▪ Eintritt frei ▪ 💻 www.christchurchartgallery.org.nz

Die 2003 fertiggestellte **Christchurch Art Gallery** überstand das Beben von 2011 größtenteils unbeschadet. Heute zählt sie wieder zu den besten des Landes, mit überwiegend moderner Kunst, die alle drei bis sechs Monate wechselt. Die ständige Sammlung mit 6000 Werken kommt in nach Themen arrangierten Abteilungen zum Zuge. Die Exponate wechseln, aber die einfühlsamen Maori-Porträts von **Charles Goldie** sollten sicher irgendwo zu sehen sein, genauso wie die modernen Werke von **Colin McMahon** und der ergreifende *Little Emigrant* von **Laura Her-**

ford. *Cass* von **Rita Angus** zeigt einen einsamen Reisenden auf einem abgeschiedenen Bahnhof (der heute an der *TranzAlpine*-Strecke liegt), während **Bill Hammonds** naturwüchsige Arbeiten zahlreiche der für ihn typischen menschenähnlichen Wesen mit Vogelkopf aufweisen. Die kleine europäische und britische Sammlung des Museums umfasst zumeist Werke von eher unbedeutenden Künstlern des 18. und 19. Jhs. wie William Havell, Alfred East und Charles Eastlake – darunter verbergen sich jedoch auch einige Schätze wie *Among the Sandhills* von **Adrian Stokes**.

Centre of Contemporary Art

66 Gloucester St ▪ 🕒 Di–So 10–17 Uhr ▪ Eintritt frei ▪ 💻 www.coca.org.nz

Kunstfreunde sollten dem **Centre of Contemporary Art** (CoCA) hinter der Art Gallery einen Besuch abstatten: Hier werden einige der bedeutendsten neuseeländischen Gegenwartskünstler ausgestellt, von **Ruth Watson** bis zu Projekten der Stiftung **Paemanu Ngai Tahu**.

Quake City

299 Durham St N, Höhe Armagh St ▪ 🕒 tgl. 10–17 Uhr ▪ Eintritt ▪ 💻 www.canterburymuseum.com/whats-on/quake-city

Wer sich eine Vorstellung davon machen möchte, welche Stimmung unter der Bevölkerung in Christchurchs finstersten Stunden herrschte, besucht das vom Canterbury Museum verwaltete **Quake City**. Natürlich sind sämtliche Statistiken aufgeführt – Daten, Stärke der Erdstöße, Grad der Zerstörung –, aber im Grunde dreht sich die Ausstellung um die Berichte der Menschen, die Toten, die Hilflosen und die Helfer, die auftauchten, als die Not am größten war. Die Fernsehberichte, Aufnahmen vom 2011er-Beben und ergreifenden Augenzeugenberichte sind wirklich sehr anrührend. Ein aus der Ferne aufgenommenes Foto zeigt die Stadt sieben Minuten nach dem Beben eingehüllt von Staubwolken. Es sind Türme, Glocken und Statuen aus der eingestürzten anglikanischen und katholischen Kathedrale zu sehen, und eine Abteilung blickt hoffnungsvoll in die Zukunft.

Die Crusaders

Die **Canterbury Crusaders** (bzw. BNZ Crusaders), 💻 www.crusaders.co.nz, zählen zu den weltweit erfolgreichsten Rugby-Mannschaften. Seit dem Beben von 2011 tragen sie ihre Heimspiele im **AMI Stadium** in Addington aus. Die Crusaders haben 13-mal die Super-Rugby-Trophäe gewonnen (u. a. 2022) – ein Rekord! Gespielt wird meist von Februar bis Anfang August, Näheres auf der Website.

The Arts Centre

301 Montreal St ▪ Great Hall 🕒 tgl. 10–17, Central Art Gallery Di–So 10–17 Uhr ▪ Eintritt frei ▪ 💻 www.artscentre.org.nz

Das neugotische Erbe Christchurchs überdauert im **Arts Centre**, das einen gesamten Häuserblock einnimmt und einst die University of Canterbury beherbergte. Der von Benjamin Mountfort entworfene und in den 1870er-Jahren errichtete Komplex wurde nach dem Beben von 2011 zu einem der größten Denkmalschutzprojekte Neuseelands, und die meisten der 23 denkmalgeschützten Gebäude hier sind nach umfassender Sanierung wiedereröffnet worden. Die schattigen Höfe entwickeln sich jetzt wieder zum kulturellen Herzstück der Stadt, mit Bühnen und Ausstellungsflächen, Studios, einem Programmkino, der **i-SITE**-Touristeninformation und immer mehr kleinen Galerien, Geschäften und Cafés.

Das Kernstück der Anlage ist die **Great Hall** von 1882 mit ihrem Buntglas-Memorial Window von 1938, das an wichtige Persönlichkeiten „im Dienste der Menschheit" erinnert, von Shakespeare bis Captain Cook. Die alte Bibliothek (1915) beherbergt heute die **Central Art Gallery** mit interessanten wechselnden Ausstellungen von führenden zeitgenössischen neuseeländischen Künstlern.

Rutherford's Den

2 Worcester Blvd ▪ 🕒 Mi–So 10–17 Uhr (letzter Einlass 16.30 Uhr), in den Unterrichtszeiten auch Mo und Di 14.30–17 Uhr ▪ Eintritt ▪ 💻 www.rutherfordsden.org.nz

Die **Rutherford's Den** im altehrwürdigen Clock Tower Building (1877) erinnert an den Nobelpreisträger und Atomkernentdecker Ernest Rutherford (1871–1937), dessen Arbeiten schließlich zur Erfindung des Fernsehens, Radios, Sonars und Telefons führten und dessen Porträt die neuseeländische $100-Banknote ziert. Drinnen erwecken interaktive Exponate das Werk in genau den Räumlichkeiten zum Leben, in denen Rutherford in den frühen 1890er-Jahren wirkte. Der in Nelson im Norden der Südinsel geborene Wissenschaftler lebte und forschte später in Kanada und Großbritannien und wurde 1908 mit dem Nobelpreis ausgezeichnet. Das angeschlossene Café Bunsen (S. 626) bietet sich für einen Kaffee oder einen Imbiss an.

Teece Museum of Classical Antiquities

3 Hereford St ▪ Mi–So 11–15 Uhr (zwischen Installationen/Ausstellungen oft geschl.) ▪ Eintritt frei ▪ www.arts.canterbury.ac.nz

Im **Teece Museum of Classical Antiquities** im Old Chemistry Building (1910) ist die Logie Collection der University of Canterbury mit Stücken aus dem alten Griechenland, Rom, Ägypten und Nahen und Mittleren Osten untergebracht. Die Ausstellungsstücke wechseln, aber zu den Glanzlichtern zählen der „Logie Cup", ein griechischer Zierkelch von 525 v. Chr., und ein seltener etruskischer Weinkrug aus dem späten 7. bis frühen 6. Jh. v. Chr.

Canterbury Museum

Rolleston Ave, Höhe Worcester Blvd ▪ tgl. Okt–März 9–17.30, April–Sep 9–17 Uhr ▪ Eintritt frei ▪ www.canterburymuseum.com

Benjamin Mountfords neugotisches **Canterbury Museum** von 1870 unternimmt einen Streifzug durch die Geschichte der Provinz und darüber hinaus. Das überraschend große Museum bietet sowohl altmodische Exponate als auch innovativere Abteilungen, und man kann hier gut einen halben Tag verbringen. Im Erdgeschoss zeigen klassische Dioramen die ersten Bewohner Neuseelands, die Moa jagen, fischen und Gravuren an Höhlenwänden anbringen. Sie bilden den Hintergrund für die ausgezeichnete **Maori-Sammlung** mit wunderschönen Schnitzereien und Jade- und Webarbeiten. Man kann durch eine nachgebaute Christchurcher Einkaufsstraße aus der Zeit von 1870 bis 1901 bummeln und sich eine schöne Abteilung mit viktorianischer dekorativer Kunst anschauen. Ein Schrein für Kiwi-Kitsch ist **Fred and Myrtle's Paua Shell House**, das ursprünglich in Bluff stand.

Im Obergeschoss veranschaulichen ein recht wackliger Motortraktor, der 1914–17 bei den Expeditionen von Shackleton zum Einsatz kam, und ein Ferguson-Traktor, der im Rahmen von Edmund Hillarys Vorstoß 1958 das erste Fahrzeug war, das den Pol erreichte, Canterburys Verbindungen zur **Polarforschung**. Hier oben befindet sich auch eine „Discovery"-Abteilung für Kinder ($2), eine eher trockene Zurschaustellung von Dinosauriern, ausgestopften Vögeln und geologischen Besonderheiten, sowie eine sehr viel spannendere Abteilung mit einer **ägyptischen Mumie** von etwa 150 v. Chr. Die Abteilung **„Living Canterbury"** schließlich befasst sich mit Problemen der Gegenwart. Vom **Café** ganz oben im Gebäude bieten sich hübsche Ausblicke auf den Botanischen Garten.

Christ's College

33 Rolleston Ave, Höhe Gloucester St ▪ Führungen Mitte Okt–April Mo–Fr 10 Uhr (1 1/4 Std.) ▪ Eintritt ▪ www.christscollege.com

Das 1850 gegründete **Christ's College** ist heute eine der elitärsten Privatschulen Neuseelands mit rund 620 Schülern. Mit ihrem schönen Innenhof und ihren neugotischen Sälen und dem neugotischen Bauschmuck erinnert die Schule an ihre englischen Vorbilder. Besichtigen können Besucher das Gelände nur im Rahmen einer Führung.

Botanic Gardens

Haupteingang Rolleston Ave ▪ tgl. April–Sep 7–18.30, Okt und März 7–20.30, Nov–Feb 7–21 Uhr ▪ Eintritt frei ▪ Führung kostenpflichtig

In den **Botanic Gardens** arbeitet man seit 1863 nach Kräften daran, dass Christchurch seinem Ruf als „Garden City" gerecht wird. Hier findet sich eine beachtliche Vielfalt an einheimischen und exotischen Pflanzen und Bäumen. Im Sommer und Herbst stellen die mehrjährigen Pflanzen regelmäßig ein strahlend schönes Farbenmeer zur Schau. Zu dem Komplex gehört auch ein Kräutergarten mit verschiedenen Gewürz- und Heilpflanzen, die bezaubernde Düfte verströmen. Einen erholsamen Bummel ermöglicht der ab Dezember erblühende Rose Garden mit mehr als 250 Rosenarten. Auf der anderen Seite des Avon River ist der Botanische Garten auf drei Seiten vom **Hagley Park** umschlossen, der sich über 2 km² gleich westlich der Innenstadt ausbreitet.

Visitor Centre und Ilex Café

⌚ tgl. Sep–Mai 9–17, Juni–Aug 9–16 Uhr ▪ Eintritt frei ▪ ✆ 03 941 7590

Das lange, weiße und auffallend moderne **Visitor Centre** umfasst ein luftiges Café (Ilex), einen Andenkenladen sowie Gewächshäuser. In einer kleinen Ausstellung wird erforscht, wie die Totara- und Kahikatea-Wälder der Canterbury Plains von den Maori in Anbauflächen für Neuseeland-Flachs, *kumara* (Süßkartoffeln) und *raupo* (Binsen) umgewandelt wurden, dann durch die Europäer in Farmen und englische Gärten, die mit den trockenen Sommerwinden zu kämpfen hatten.

The Conservatories

⌚ tgl. 10.15–16 Uhr ▪ Eintritt frei

Gleich hinter dem Besucherzentrum befinden sich die **Conservatories**, historische Gewächshäuser voller tropischer Pflanzen. Das neoklassizistische Cunningham House von 1924 wartet mit einer Galerie für einen besseren Blick aufs Blattwerk auf. Von diesem Gewächshaus gelangt man zum kleineren Townend House, zum winzigen Garrick House voller Kakteen und zum Gilpin House mit Orchideen und fleischfressenden Pflanzen.

Die Vororte

Zwischen dem **Hagley Park** und dem Flughafen mit dem spannenden **International Antarctic Centre** liegen die Gartenanlage **Mona Vale** und der alte **Riccarton Bush**. Wem der Sinn nach Strandleben steht, sollte sich nach **Sumner** am Pazifik aufmachen.

Mona Vale

40 Mona Vale Ave, Fendalton ▪ ⌚ Gelände tgl. von 7 Uhr bis Sonnenuntergang; Homestead 9 Uhr bis später Nachmittag ▪ Eintritt frei ▪ 💻 www.monavale.nz ▪ Bus 29 hält beim Eingang an der Fendalton Rd

Ein Picknickkorb und eine Flasche Rosé sind die perfekten Begleiter für einen Besuch dieser kompakten, sehr englischen Gartenanlage am Ufer des trägen Avon River. Rings um das Arts-and-Crafts-Gebäude aus den 1890er-Jahren, heute ein erstklassiges Restaurant mit Café und Veranstaltungsräumen, liegen wunderbare Rabatten mit Rosen und Fuchsien zwischen Magnolien und Rhododendronbüschen.

Riccarton Bush

16 Kahu Rd, Riccarton, 3 km westlich der Innenstadt ▪ ⌚ tgl. Sonnenauf- bis Sonnenuntergang ▪ Eintritt frei ▪ Bus P fährt ganz in der Nähe in der Riccarton Rd vorbei

Der südwestlich im Vorort Riccarton gelegene **Riccarton Bush** ist ein Waldstück mit mehreren 500 Jahre alten und bis zu 25 m hohen Kahikatea-Bäumen. Das Überleben dieses wertvollen Bestands hat die Nachwelt vor allem den schottischen Brüdern William und John Deans zu verdanken, die 1843 (sieben Jahre vor der Stadtgründung) in die Gegend kamen. Heute führt ein Betonpfad (20–30 Min.) durch den von einem Raubtier-Schutzzaum umgebenen Wald, Schilder benennen die hier wachsenden Arten. Samstags ist hier jede Menge los, denn dann findet der Farmers' Market statt.

Deans Cottage

⌚ tgl. 6–21 Uhr ▪ Eintritt frei

Ein paar Monate nach ihrer Ankunft 1843 errichteten die Gebrüder Deans aus Matai-Holz das winzige **Deans Cottage**, heute das älteste Gebäude Canterburys. In den 1970er-Jahren wurde es an den Eingang zum Riccarton Bush geschafft und ist eingerichtet wie zu Lebzeiten der Deans.

Riccarton House

Führung Mo–Fr und So 14 Uhr, 1 Std., Sa 10–12 Uhr alle 30 Min., 30 Min. ▪ Eintritt ▪ 💻 www.riccartonhouse.co.nz

John Deans Frau Jane und ihr gemeinsamer Sohn John waren die treibende Kraft hinter der Entstehung der prunkvollen viktoriani-

Christchurch Farmers' Market

Auf dem historischen Anwesen Riccarton House findet jede Woche der **Farmer's Market**, 💻 www.christchurchfarmersmarket.co.nz, mit mehr als 80 Ständen statt. Vertreten sind hier einheimische Lebensmittelerzeuger, Bäcker und Brauer, es gibt Hummingbird-Kaffee, köstliche Pasteten, edlen Porridge, goanische Spezialitäten, Bagels, Blumen, Craft-Bier und Räucherlachs. Besucher sollten auf jeden Fall Hunger mitbringen! 🕒 Sa 9–13 Uhr.

schen Villa **Riccarton House** gleich neben dem Deans Cottage. Mit dem Bau der schmucken Villa wurde 1856 auf einem von Ngai Tahu gemieteten Grundstück begonnen. Das Gebäude wurde zweimal erweitert und nach den Erdbeben gründlich restauriert und so in das elegante, dreistöckige Holzhaus von heute verwandelt – im Grunde ist es der Wohnsitz von Christchurchs Gründerfamilie.

International Antarctic Centre

38 Orchard Rd, ein 10-minütiger Spaziergang vom Flughafen – immer den Pinguinfußstapfen nach ▪ 🕒 tgl. 9–17.30 Uhr ▪ Eintritt, Rabatt bei Onlinekauf ▪ Pinguinfütterung 10.30, 13 und 15.30 Uhr ▪ 💻 www.iceberg.co.nz ▪ Der kostenlose Shuttlebus fährt vom Christ's College an der Rolleston Ave stdl. hierher (Okt–März tgl. 9–15, April–Sept 10–15 Uhr, letzter Bus zurück um 16 Uhr)

Seit Mitte der 1950er-Jahre dient der Flughafen von Christchurch als Ausgangspunkt für Flüge in die US-amerikanischen und neuseeländischen Forschungsstationen in der Antarktis. Wer sich für das Polargebiet interessiert, kann im **International Antarctic Centre** locker einen halben Tag zubringen, ohne sich zu langweilen. Zwar ist der Eintrittspreis recht hoch, aber die Ausstellungsstücke sind faszinierend und werden ansprechend präsentiert. Außerdem können Besucher bei der Fütterung der **Zwergpinguine** zuschauen.

In der Abteilung *Antarctic Storm* ziehen sich die Besucher eine Daunenjacke an und setzen sich einem eher zahmen simulierten Sturm bei minus 18 °C Eiseskälte aus. Ein weiteres Highlight des Antarktiszentrums ist *Beyond the Frozen Sunset*, ein wunderbares HD-Video (17 Min.) mit fantastischen Filmaufnahmen endloser Eiswüsten. Das Eintrittsticket gilt auch für eine unterhaltsame 4D-Vorstellung sowie beliebig viele Fahrten mit dem **Hägglund Ride**, einer spannenden zehnminütigen Holperfahrt (Start alle 20 Min.) in einem fünf Tonnen schweren Polarbuggy.

Sumner

13 km südöstlich des Zentrums von Christchurch (Bus P vom Zentrum, 45 Min.) befindet sich der schönste Strandvorort der Stadt: **Sumner**, eine von Norfolk-Araukarien gesäumte Ansiedlung mit Läden, Restaurants, Cafés, Weinbars und Surf-Buden, alle mit Blick auf einen breiten, goldenen Sandstrand. Der Ort wurde nach Dr. J. B. Sumner benannt, seines Zeichens Erzbischof von Canterbury und in den 1850er-Jahren Präsident der Canterbury Association. Auch Sumner wurde von den Erdbeben stark in Mitleidenschaft gezogen, hat sich davon aber schneller erholt als andere Gegenden. Im Mittelpunkt des Geschehens steht immer noch das Strandleben mit seiner Hauptattraktion, dem wie ein Schweizer Käse von Höhlen durchlöcherten **Cave Rock**.

Das beste **Surfrevier** der Stadt liegt in **Taylor's Mistake** 4 km südöstlich von Sumner, zu erreichen über die Nayland Street. Der Ort mit dem schmalen Strand wurde der lokalen Legende zufolge nach einem Schiff benannt, das hier auf Grund lief, nachdem der Kapitän die Bucht mit der Einfahrt zum Naturhafen Lyttelton Harbour verwechselt hatte.

Christchurch Gondola

10 Bridle Path Rd, Heathcote, 10 km südöstlich des Zentrums ▪ 🕒 tgl. 10–17 Uhr ▪ Eintritt ▪ 💻 www.christchurchattractions.nz ▪ Anfahrt mit einem Shuttle ab Canterbury Museum um 9.30, 10.30, 11.30, 13, 14, 15 und 16 Uhr oder dem Bus Nr. 28

Den schnellsten Zugang zu großartigen Ausblicken und leichten Wanderwegen bietet eine Fahrt mit der 945 m langen Seilbahn **Christchurch Gondola**. Die Gondeln erklimmen den 448 m hohen Gipfel des **Mount Cavendish**, der zum Kraterrand des erloschenen Vulkans im jetzigen Lyttelton Harbour gehört. Wer die Neuseeländischen Alpen im besten und schönsten Licht erstrahlen sehen möchte, muss früh aufbrechen. Auf dem Gipfel angekommen, laden einige Spazierwege zur Erkundung der Umgebung ein. Ansonsten kann man auch mit der Seilbahn hochfahren und mit einem von der Mountain Bike Adventure Company (s. Kasten S. 623) geliehenen Bike runterdüsen. Im Seilbahnticket in-

begriffen ist der **Time Tunnel**, eine dramatische Rekonstruktion der Geschichte der Region an der Bergstation der Seilbahn. Für Stärkung sorgen das Red Rock Café und das formellere Gondola Restaurant.

Port Hills

Eine abendliche Fahrt auf der Panoramastraße **Summit Road** auf den **Port Hills** ist eine der schönsten Aktivitäten, die Christchurch zu bieten hat. Inzwischen ist die Straße wieder größtenteils für den Verkehr freigegeben – außer dem 2 km langen Abschnitt unterhalb der Gondola zur Mount Pleasant Road, der nur für Fußgänger und Radfahrer zugänglich ist. Außerdem ist die Sumner Road, die von der Summit Road an der Küste entlang zur Ostseite von Lyttelton führt, auf absehbare Zeit für den Verkehr gesperrt. Die Summit Road war das Lieblingskind des liberalen Parlamentariers und Umweltschützers Harry Ell, der sich fürs Gemeinwohl einsetzte und u. a. davon träumte, zwischen Christchurch und Akaroa 14 Raststätten einzurichten. Bei seinem Tod 1934 waren nur vier gebaut worden. Wer über die **Dyers Pass Road** (zwischen der Stadt und Governors Bay) fährt, kommt an der schönsten davon vorbei: Das **Sign of the Takahe**, ein schlossähnlicher Bau in neugotischem Stil, wurde 2017 in alter Pracht restauriert und dann Ende 2019 als nobles Restaurant wiedereröffnet.

ÜBERNACHTUNG

Allmählich werden in Christchurch die bei den Erdbeben zerstörten Unterkünfte ersetzt: Es sind inzwischen einige neue Hotels eröffnet worden. Als Ausweichquartiere dienen die zahlreichen **Motels**, die vor allem die Papanui Road nordwestlich der Innenstadt sowie die Riccarton Road westlich des Hagley Park säumen. Die meisten **Campingplätze** befinden sich in fußläufiger Nähe zu einer Bushaltestelle, und **Freedom Camping** (wildes Campen) in Campervans mit Chemietoilette und Wassertank ist überall möglich. Alle aufgeführten Unterkünfte verfügen, wenn nicht anders angegeben, über kostenlose Parkplätze.

Zentrum

Karte S. 612/613

Admiral Motel, 168 Bealey Ave, www.admiralmotel.co.nz. Sehr preisgünstiges Motel mit Grill, Picknicktischen und Spielplatz im Garten für die kleinen Gäste sowie makellos sauberen Zimmern. ❷

Around the World Backpackers, 314 Barbadoes St, www.aroundtheworld.co.nz. Das gut gemanagte, kompakte Hostel hat Dorms und 2 gemütliche DZ. Billiger Fahrradverleih, Hängematten und Grill im Garten sowie Waschmaschinen ($5 Waschen und Trocknen). ❷

BreakFree on Cashel, 165 Cashel St, www.breakfree.com.au/on-cashel. Urige preiswerte Unterkunft im Herzen der Stadt mit kompakten, aber stylischen modernen Zimmern mit Samsung-Smart-TVs (mit kabelloser Tastatur) und Stimmungsbeleuchtung. ❷

Chester Street Backpackers, 148 Chester St East, www.chesterst.co.nz. Das kleinste Hostel der Stadt mit nur 13 Betten in gemütlichen, farbenfrohen DZ, einem 3-Bett-Dorm und einem Selbstversorger-Cottage. Den Gästen stehen ein kleiner Parkplatz und ein netter Garten zur Verfügung. Der Betreiber des Hostels verkauft auch Wohnmobile. ❷

City Central Motel Apartments, 252 Barbados St, www.citycentral.co.nz. Modernisiertes Motel mit stilvollen Zimmern. Das City Central Motel liegt an einer verkehrsreichen Kreuzung, aber die Fenster sind doppelverglast. Das Frühstück kostet extra. ❷

The Classic Villa, 17 Worcester Blvd, www.theclassicvilla.co.nz. Das rosafarbene viktorianische Stadthaus von 1899 ist nicht zu übersehen, und die zentrale Lage ist nur schwer zu toppen. Das Zimmerangebot reicht von Luxussuiten bis zu gemütlichen EZ. Recht gutes kleines Frühstück und Kaffee/Tee inbegriffen. ❹

Crowne Plaza, 764 Colombo St, www.crowneplaza.com. Im ehemaligen Büroturm von Forsyth Barr residiert seit 2017 das größte Businesshotel der Stadt mit extrem gut ausgestatteten Zimmern und tollen Ausblicken über die Region. Parkplätze für Gäste sind verfügbar. ❸

Dorset House, 1 Dorset St, www.dorset.co.nz. Das geräumige Hostel in einem hübsch renovierten Haus von 1871 bietet stabile Betten (keine Stockbetten) und sogar einen Bademantelverleih. Außerdem zählen zum Angebot des Dorset House Sky TV und in einer riesigen Lounge mit Buntglasfenstern ein Billardtisch. ❷

Touren und Aktivitäten in und um Christchurch

Bustouren

Hassel-free Tours, 🖳 www.hasselfreetours.co.nz. Unterhaltsame Touren in einem offenen Doppeldeckerbus. Zur Wahl stehen die Christchurch Hop On Hop Off Tour (die Tickets sind 24 Std. gültig; Abfahrt der Busse tgl. 10–17 Uhr, Nov–April alle 30 Min., Mai–Okt stdl., Kinder unter 15 J. frei) mit zwei Linien (rot und blau) zu den meisten Sehenswürdigkeiten im Innenstadtbereich und die Discover Christchurch Tour (1x tgl. um 9 Uhr, ab Canterbury Museum, 3 3/4 Std.), die auch Sumner und die Port Hills einschließt.

Hochlandtour

Alpine Safari, 🖳 www.hasslefree.co.nz. Eine prima Alternative zu einem ganzen Tag im *TranzAlpine*-Zug besteht darin, 10 Std. im Jetboat auf dem Waimakariri River zu verbringen, in einem Geländewagen querfeldein über eine Schaf- und Rinderfarm im Hochland zu holpern und von Arthur's Pass mit dem *TranzAlpine* wieder zurückzufahren.

Segway- und Radtouren

Christchurch Bike Tours, 🖳 www.chchbiketours.co.nz. Neben der 2-stündigen Rebuild Bike Tour (tgl. 10 und 14 Uhr) gibt's am Samstagmorgen eine Tour zum Christchurch Farmers' Market (2 Std.) und die Gourmet Bike Tour (4 Std., tgl. 9 und 12 Uhr) inklusive Mittagessen in einem spannenden Lokal.

Mountain Bike Adventure Company, 🖳 www.cyclehire-tours.co.nz. Dieser Fahrradvermieter ist auf die Kombination von Seilbahnfahrt und Abfahrt per Rad spezialisiert. Das Ticket gilt für eine Gondelfahrt hinauf und die Abfahrt. Oben bleibt genügend Zeit, um sich umzuschauen und dann mit dem Rad die 16 Straßenkilometer zurückzulegen oder mit dem Mountainbike *offroad* herunterzufahren. Unbedingt vorbuchen.

Urban Wheels, 🖳 www.urbanwheels.co.nz. Segwaytouren mit allen Vorteilen eines Fahrrads, aber schneller, unkonventioneller und lustiger. Man kann sich entweder für die Rebuild Zone Tour entscheiden oder für die Combo Tour (beide tgl. 9.30, 10.30 und 13.30 Uhr, 2 Std.), die den Hagley Park und Mona Vale umfasst.

Abenteuersport

Adrenalin Forest, 105 Heyders Rd, Spencerville, 🖳 www.adrenalin-forest.co.nz/christchurch. 7 Hochseilparcours durch den Wald mit bis zu 20 m Höhe, mit verschiedenen Schwierigkeitsgraden; Maximaldauer 3 Std. (Kinder unter 18 J. erhalten einen Rabatt).

Ballooning Canterbury, 🖳 www.ballooningcanterbury.co.nz. Romantische Ballonfahrten am frühen Morgen mit herrlicher Aussicht auf Christchurch, Berge und Küste.

Crate Escape, 196 Armagh St, 🖳 www.crateescape.co.nz. Mit einer Gruppe kann man sich eine Stunde lang in einen Raum voller Hinweise und Rätsel einsperren lassen (je nach Gruppengröße ab $25 p. P.).

Flip Out Trampoline Park, 230 Maces Rd, Bromley, 🖳 www.flipout.co.nz/christchurch. Sowohl Kinder als auch Erwachsene springen hier gern auf Trampolinen und Schaumstoff herum; ab $20 (1 Std.). ⏲ Mo–Sa 9–21, So 9–19 Uhr.

Eco Villa, 251 Hereford St, 🖳 www.ecovilla.co.nz. Komfortables Boutiquehotel bei der Cardboard Cathedral mit 8 mit allerlei recycelten Materialien individuell ausgestatteten Zimmern, Gemeinschaftsküche, Biogarten, in dem die Gäste sich bedienen dürfen, und Freiluftbädern. Kostenlose Nutzung von Fahrrädern. ❷

Eliza's Manor, 82 Bealey Ave, 🖳 www.elizas.co.nz. Luxus-B&B in prächtigem Haus von 1861 mit 8 Zimmern, alle im Stil der damaligen Zeit eingerichtet und mit Wärmepumpen ausgestattet. Empfehlenswert sind die geräumigeren Heritage-Zimmer. Frühstück ist im Preis inbegriffen, und es wird ein exzellenter *high tea* serviert. ❸

Focus Motel, 344 Durham St North, 🖳 www.focusmotel.com. Motel in zentraler Lage mit modernen Studios und größeren Units, teils mit Whirlpool, alle mit Ledersofas und Küche. ❸

Foley Towers, 208 Kilmore St, 🖳 www.foleytowers.co.nz. Das recht große, um 2 alte Häuser aufgebaute Hostel, ein Backpacker-Pionier aus den 1980er-Jahren, hat es geschafft, sich eine intime Atmosphäre zu bewahren; dazu tragen auch die sehr aufmerksamen Angestellten und der attraktive Garten bei. ❷

The George, 50 Park Terrace, 🖳 www.thegeorge.com. Eines der schönsten städtischen Boutiquehotels des Landes, elegant renoviert. Tolle Kunst, coole Bar und edles Restaurant Pescatore mit Blick auf den Hagley Park. ❹

The Grange, 56 Armagh St, 🖳 www.thegrange.co.nz. Ein nobles 6-Zimmer-B&B in einem denkmalgeschützten viktorianischen Wohnhaus von 1874. Dahinter gibt's noch einen schicken Motelanbau mit Studios und größeren Apartments rund um einen geschützten Hof. ❸

Heritage Christchurch, 28-30 Cathedral Square, 🖳 www.heritagehotels.co.nz. Das 1913 eröffnete Hotel, ein Wahrzeichen im prächtigen Stil der Hochrenaissance, ist auch heute wieder die Top-Bleibe am Cathedral Square, mit Luxussuiten (alle mit komplett ausgestatteter Küche und Lounge) und allen Annehmlichkeiten wie noblen Restaurants und Bars, Fitnesscenter, Pool, Whirlpool und Sauna. Auch ein Parkservice gehört zu den Annehmlichkeiten des Hotels. ❸

Orari, 42 Gloucester St, 🖳 www.orari.net.nz. Zwanglos geführtes, mit Kunst geschmücktes B&B in einem großzügigen Haus von 1893. Es gibt 10 sonnige Zimmer, alle mit Kunst an den Wänden und Bad (eins davon mit Wanne). Die zufriedenen Gäste erfreuen sich an einem Willkommenswein. Das Frühstück ist im Preis inkl. ❸

YHA Christchurch, 35 Hereford St, 🖳 www.yha.co.nz. Die makellose 120-Betten-YHA-Herberge in einem gepflegten Holzhaus verfügt über jede Menge 4er-Dorms, 6er-Dorms (u. a. nur für Frauen) und Zimmer (einige mit Bad) sowie geräumige Lounges zum Lesen und Fernsehen. Kostenloses WLAN bis 2 GB/Tag gehört zum Service. Keine Parkplätze. Um die Ecke befindet sich das YHA Rolleston House (5 Worcester Blvd). ❶

Addington

Karte S. 612/613

Jailhouse Accommodation, 338 Lincoln Rd, 🖳 www.jail.co.nz. Das viktorianische Gefängnis, das von 1874 bis 1999 genutzt wurde, ist mit viel Fantasie in ein stimmungsvolles Hostel mit DZ und Dorms umgebaut worden. Die freundlichen Mitarbeiter sind sehr hilfsbereit, und die Benutzung des Billardtischs ist kostenlos. Ein paar der Zellen wurden im ursprünglichen Zustand belassen. Praktisch: Der Orange Bus fährt bis vor die Tür. ❷

Merivale

Karte S. 620/621

Merivale Manor, 122 Papanui Rd, 🖳 www.merivalemanor.co.nz. Im Mittelpunkt der luxuriösen Unterkunft steht eine Villa von 1882 mit 3 im Stil der damaligen Zeit möblierten Suiten und mehreren Studioapartments. Die Spa-Studios in einem separaten Gebäude sind moderner eingerichtet, und alle sind für Selbstversorger gedacht; Cerealien, Milch, Brot und Aufstrich werden bereitgestellt, aber in der Nähe gibt es auch zahlreiche gute Frühstückslokale. ❸

Randolph Motel, 79 Papanui Rd, 🖳 www.randolphmotel.co.nz. Ausgezeichnetes modernes Motel auf einem Grundstück im Schatten einer riesigen Buche. Die Zimmer sind extrem gut ausgestattet, unter anderem mit praktischer Kochgelegenheit, TV/DVD, Stereoanlage und Waschmaschine. Die Deluxe-Zimmer verfügen über einen Doppel-Whirlpool, und es gibt sogar ein kleines Fitnesscenter für Gäste. ❷

Riccarton

Karte S. 620/621

Fyffe on Riccarton, 208 Riccarton Rd, www.fyffeonriccarton.co.nz. Gäste erwartet hier ein stilvolles Motel mit extrabreiten Betten, Doppelverglasung an den Fenstern und DVD-Playern. Die teureren Units haben einen Whirlpool. ❷

Lorenzo Motor Lodge, 36 Riccarton Rd, www.lorenzomotorlodge.co.nz. Schickes Hotel mit recht großen Studio-Units sowie Suiten mit 2er-Whirlpools. Hotelgäste haben freien Zutritt zum Fitnesscenter auf der anderen Straßenseite. ❷

Cashmere Hills

Karte S. 620/621

Dyers House, 85 Dyers Pass Rd, Cashmere, 6 km südlich des CBD, www.dyershouse.co.nz. Schönes Hotel in einer wunderschönen weiß getünchten Holzvilla mit nur 3 geräumigen Zimmern, die in einem luxuriösen und traditionellen Stil eingerichtet sind. Der schöne Blumengarten des Hauses ist ein wunderbarer Pluspunkt, und das Frühstück ist herzhaft und lecker. ❷

Östliches Christchurch und Sumner

Karte S. 620/621

Bayview TreeHouse Suite, 16 Starwood Ln, Clifton, www.bayviewtreehouse.com. Äußerst stilvolles Boutique B&B in einem modernen, holzverkleideten Gebäude auf einem Hügel oberhalb von Sumner Beach. Nur eine Suite für 3 Personen ist im Angebot, dafür mit allem Komfort ausgestattet, einschließlich angenehmer Fußbodenheizung und Nespresso-Maschine. ❸

Cave Rock Guesthouse, 16 Esplanade, Sumner, www.caverockguesthouse.co.nz. Attraktive Villa im traditionellen Stil in der Nähe des Meeres mit Blick aufs Wasser und verschiedenen Zimmertypen – von DZ bis Studios und Apartments. Geführt wird das Cave Rock Guesthouse vom liebenswerten Pärchen Gayle und Norm. Sie kennen die Gegend wie ihre Westentasche und sind ihren Gästen gerne bei der Tour- und Reiseplanung behilflich. ❷

Haka Lodge, 518 Linwood Ave, Woolston, www.hakalodge.com. Dieses chillige Haus aus den 1970er-Jahren kompensiert seine ungünstige Lage durch äußerst faire Preise, ein gemütliches Kaminfeuer in der Lounge, einen ausgezeichneten Gemüsegarten, DZ mit Balkon und sogar ein Apartment mit 2 Schlafzimmern. Es gibt auch kostenlose Parkplätze ganz in der Nähe. ❶

The Old Countryhouse, 437 Gloucester St, www.oldcountryhouse.co.nz. Ruhiges, edles Hostel, bestehend aus 3 geräumigen Bungalows mit Holzfußboden unmittelbar außerhalb des CBD. Jede Einheit verfügt über eine eigene Küche und Lounge und einige Doppelzimmer mit Bad. Es gibt eine Menge Platz, kostenlose Kräuter und Zitronen, solide Tische und Betten (übrigens vom Eigentümer selbst gezimmert), einen Spa-Pool und eine Sauna. Gewöhnlich 2 Nächte Mindestaufenthalt. Zu erreichen mit Bus Nr. 60. ❷

Sumner Bay Motel, 26 Marriner St, Sumner, www.sumnermotel.co.nz. Das stilvolle Motel bietet einen Block vom Strand entfernt Studios und Apartments mit 1 und 2 Schlafzimmern, Balkon oder Terrasse, Sky TV und DVD-Player. ❷

Camping

Karte S. 620/621

Amber Kiwi Holiday Park, 308 Blenheim Rd, Upper Riccarton, www.amberpark.co.nz. Großer, grasbewachsener Platz mit allen Annehmlichkeiten und Motel Units mit Bad, nur 4 km südwestlich vom Zentrum. Zu erreichen ist der Platz mit Bus 80; der Bahnhof liegt in der Nähe. ❷

Christchurch Top 10 Holiday Park, 39 Meadow St, Papanui, www.top10.co.nzz. Der Holiday Park liegt rund 6 km nördlich des Stadtzentrums am SH74, zu erreichen mit dem Blue Bus vom Zentrum aus. Ein großer Platz in

CHRISTCHURCH UND CANTERBURY

der Nähe von Supermärkten und Restaurants, mit allen möglichen Einrichtungen wie Selbstversorger-Chalets, Motel Units und einem beheizten Hallenbad. Kostenloses WLAN in den öffentlichen Bereichen ist ebenfalls vorhanden. ❷

ESSEN

Mit dem voranschreitenden Wiederaufbau kehrt die kulinarische Szene ins Zentrum zurück: Wenn die Bauprojekte rund um Cashel Street, The Terrace und The Promenade in Gang kommen, gibt's in der Innenstadt immer mehr Auswahl.

Zentrum

Karte S. 612/613

Bacon Brothers, 181 High St, www.baconbrothers.co.nz. Der Burger-spezialist mit dem vielversprechenden Namen, der als Stand auf dem Farmers' Market (leider jetzt geschlossen) begann, beeindruckt mit einer ungeheuren Auswahl an Burgern. Außerdem gibt's Schinken-Bananen-Pfannkuchen und als Beilage z. B. frittierten Blumenkohl. $$

Black Betty, 165 Madras St, www.facebook.com/blackbettycafe. Das beste Café in diesem Teil der Stadt. Das Ambiente wird bestimmt durch ganz viel Sperrholz, und es gibt ordentlichen Kaffee. Zum Brunch kommen Speisen wie geschmorter Schweinebauch mit knusprigem Kartoffelküchlein und pochiertem Ei auf den Tisch. Limitiertes Gratis-WLAN vorhanden. $$

Bunsen, 2 Worcester Blvd, ✆ 03 260 2272. Der Coffeeshop im alten Clock Tower Building des Arts Centre huldigt den chemischen Experimenten, die einst hier stattfanden – gleich nebenan ist Rutherford's Den. Die Gäste sitzen an Holztische und in gemütlichen Ecken, im Sommer stehen Tische draußen. Geboten werden köstliche Kuchen sowie kleine Gerichte. $

C1 Espresso, 185 High St, www.c1espresso.co.nz. Fabelhaftes, lizenziertes Café in einem eleganten ehemaligen Postamt aus dem Jahre 1930. Morgens gibt's ausgezeichneten Kaffee und Frühstück, z. B. Corn Fritters mit Grünkohl und Koriander, später am Tag kann man drei *sliders* (Sandwiches) bestellen, die per Druckluft durch eine Röhre bis an den Tisch „geschossen" werden. $$

Casa Publica, 180 Armagh St, Höhe New Regent St, www.casapublica.co.nz. Hippes lateinamerikanisches Restaurant mit über 160 Sorten Rum und abends Livemusik (Mo Soul und Jazz, Sa 80er-Jahre-Musik, sonntags wird lateinamerikanische Gitarrenmusik geboten). Auf der Karte stehen internationale Gerichte aus Peru (Ceviche), Mexiko (Tacos) und Brasilien (*feijoada*-Eintöpfe und fleischlastige *espetadas*) sowie kubanische Sandwiches und gegrillte Maiskolben. $$

Curator's House, 7 Rolleston Ave, www.curatorshouse.co.nz. Edle spanische Küche vom aus Barcelona stammenden Koch Albert Alert in wunderschönem altem English-Tudor-Revival-Haus von 1920. Zu den Hauptgerichten zählen ein opulenter *cordero asado* (geschmorte Lammschulter) und eine traditionelle Paella, ergänzt durch eine umfangreiche Tapaskarte, auf der Gerichte wie in Weißwein gekochten Cloudy-Bay-Venusmuscheln stehen. Bei gutem Wetter können die Gäste schön draußen sitzen, mit wunderbarem Blick auf den Avon und in den Botanischen Garten. $$

Dux Central, 10 Poplar St, www.duxcentral.co.nz. Hipper Restaurant- und Barkomplex. Ein toller Ort, um sich unter die Modefans und Macher der Stadt zu mischen, sich mit zu Recht gefeiertem knusprigem Brathähnchen und Pulled-Pork-Burgern zu stärken oder eines von rund 200 Craft-Bieren zu probieren. Bei Sonnenschein ist die efeubewachsene Upper-Dux-Terrasse wirklich klasse. Spätabends legen dann DJs auf. $$

Fiddlesticks, 48 Worcester Blvd, www.fiddlesticksbar.co.nz. Schickes modernes Restaurant gleich gegenüber der Art Gallery mit moderner neuseeländischer

Küche und besonders mittags beliebter Terrasse. Zu essen gibt's beispielsweise gebratenen Blumenkohl, leckeren Akaroa-Lachs, Schulter vom Canterbury-Lamm oder schmackhafte Lamm-Sandwiches. $$

King of Snake, 79 Cashel St, 🖳 www.kingofsnake.co.nz. Das dunkle, gemütliche Innere dieses oft rappelvollen Lokals ist typisch für eine urige Kneipe. Aber die asiatische Fusionskost ist erstklassig und reicht vom Kreuzkümmel-Lamm aus der Pfanne bis hin zum schmackhaften Penang-Curry. Das Ganze kann man sich versüßen durch den Zitronenpudding mit Kokosmilch. $$

OGB, 28 Cathedral Square, 🖳 www.ogb.co.nz. Das elegante und zugleich moderne Restaurant mit einer Bar im Heritage Christchurch (Old Government Buildings, S. 624) wartet mit Eichentischen, stilvollen Lampenschirmen aus Rimu-Holz und einer wechselnden saisonalen Karte auf. Vielleicht gibt es ja gerade Wild mit Wacholder und schwarzem Pfeffer, Lamm aus North Canterbury und in der Bar Falafelburger. Außerdem dürfen sich die Gäste auf sehr opulente Frühstücksgerichte freuen. $$

Rollickin' Dessert Café, 35 New Regent St, 🖳 www.rollickin.co.nz. Hier gibt's die besten Leckereien der Stadt, von hausgemachtem leckerem Bio-Eis bis zur süchtig machenden *banoffee pie*. Am praktischen Chocolate Tap kann man sein Eis mit einem Schuss Schokolade verzieren. $

Smash Palace, 172 High St, 🖳 www.thesmashpalace.co.nz. Das Smash Palace serviert saftige Burger in einem alten ausgedienten Bus (mit Tischen drinnen und draußen), dazu Wedges, nepalesische Klöße und die eigenen Bodgie-Biere. Bei den Thursday Bike Nights kommen jede Menge Liebhaber alter Motorräder zusammen – selbstverständlich mit ihren Maschinen. $$

Story, 8 New Regent St, 🖳 www.storynz.com. Elegantes Gourmetrestaurant mit einem regelmäßig wechselnden Degustationsmenü (1, 2 oder 3 Gänge), das die besten Zutaten aus der Region von Canterbury auf den Teller bringt. Zu den fantastischen Kreationen des Hauses zählen etwa Tai Tapu-Wild mit Austernpilzen und Pilzravioli mit in Holzkohle geschmortem Spinat. $$

Addington

Karte S. 612/613

Town Tonic, 335 Lincoln Rd, 🖳 www.towntonic.com. Gut besuchtes Café und Restaurant mit offener Küche, in der innovative Gerichte aus frischen, zumeist regionalen Zutaten gezaubert werden. Zu den Hauptgerichten, die am Abend serviert werden, zählen Cloudy-Bay-Venusmuscheln und Chorizo an einer pikanten Tomatensoße, außerdem vegane Speisen wie in Orange und Sternanis pochierter Fenchel mit Quinoa. Mittwochabends gibt's ein günstiges Angebot mit leckerem Curry und einem Getränk. $$

Östliches Christchurch und Sumner

Karte S. 620/621

Addington Coffee Co-op, 297 Lincoln Rd, 🖳 www.addingtoncoffee.org.nz. Fabelhaftes Indie-Café in einer ehemaligen Mechanikerwerkstatt, die den Erdbeben glücklicherweise standgehalten hat und weiterhin existiert. Die Gäste können sich hier auf alten Sofas niederlassen und den Jailbreaker-Kaffee probieren oder Fischfrikadellen bzw. eine leckere Pilzauswahl genießen. Das Addington-Café gibt 70 % seines gesamten Gewinns an die örtliche Gemeinde weiter und unterstützt einige seiner bevorzugten Fairtrade-Kaffee- und Kakaolieferanten. Gäste können sogar ihre Wäsche während des Essens waschen (S. 630). $$

The Brewery, 3 Garlands Rd, Woolston, 🖳 www.cassels.nz. Das Aushängeschild für die herrlichen Craft-Ales von Cassels & Sons, die hier auf dem Gelände in einem holzbefeuerten Kessel gebraut werden. Ein paar Krüge passen perfekt zu einer Holzofenpizza, dem Hühnchen mit würziger Kruste oder dem Fisch im Bierteigmantel mit Pommes. Montags ist Quizabend, und später in der Woche gibt's DJs oder Livemusik. $$

Joe's Garage, 19 Marriner St, Sumner, www.joes.co.nz. Funkiges Café mit hervorragendem Espresso, kostenlosem WLAN und leckeren Gerichten wie *jose burritos* (mit Schinken, Ei, Spinat, Bohnen und Kartoffelpüree), Rindfleischburgern und handgeschnittenen Pommes oder thailändischem Rindfleischsalat. Abends werden auch Pizzas gebacken. $$

Smoke 'n' Barrel, 616 Ferry Rd, Woolston, www.smokenbarrel.com. In diesem Laden kommt köstliches Soul Food auf den Tisch, von Nachos und saftigen Schweinerippchen bis hin zu kreativen Burgern (probieren sollte man unbedingt das „Brisket Reuben"). Grillfleisch zählt neben einigen wunderbaren Craft-Bieren zu den Spezialitäten des Hauses. $$

Under the Red Verandah, 29 Tancred St, Linwood, www.utrv.co.nz. In diesem Lokal, das die Beben überlebt hat und mittags sehr begehrt ist, wird alles hausgemacht. An Tischen im teilweise wiederhergestellten Gebäude an der Originalstätte oder draußen im Hof kann man sich das köstliche Essen von der Theke schmecken lassen: Zu den Highlights des Speisenangebots zählen beispielsweise Broccoli- und Blauschimmelkäse-Tarte, *spanakopita* und *chicken and mushroom pie* – oder ein Mittagsgericht wie *corn fritter stack* mit Bacon. $$

UNTERHALTUNG

Obwohl das Christchurcher Nachtleben nach dem Beben schnell wieder auf die Beine kam, erlebte es 2017 einen Einbruch, in dessen Folge mehrere Bars und Veranstaltungsläden schlossen. Nicht zuletzt die Covid-19-Pandemie hinterließ deutliche Spuren. Und neben dem zögerlich vonstatten gehenden Wiederaufbau waren auch gestiegene Mieten in den neuen Gebäuden, fortdauernde Straßenbaustellen im Zentrum und strengere Alkoholgesetze dafür verantwortlich. Am besten vergewissert man sich, ob die folgenden Läden noch geöffnet haben, bevor man sich auf den Weg hierher macht.

Bars

Karte S. 612/613

Austin, 236 High St, www.austinclub.co.nz. Stilvolle Kellerbar mit freiliegenden Ziegelwänden, gedämpftem Licht und einer fantastischen Cocktailkarte.

The Bog, 50 Victoria St, www.thebog.co.nz. Auffallend in Blau gehaltene irische Bar mit schönem Interieur – u. a. edle Holzböden, Tische und Decken – und einigen der besten Guinness-Biere der Stadt sowie annehmbaren Pub-Gerichten.

Boo's, 98 Victoria St, www.boos.bar. Whisky ist die Spezialität dieses düsteren, stilvollen Lokals, wo auch kleine Sandwiches, Probierteller und Live-Rock'n'Roll aufgetischt werden.

Darkroom, 336 St Asaph St, www.darkroom.bar. In der Studentenbar plus Musikbühne treten überwiegend neue Musiktalente auf.

The Dirty Land, 131 Victoria St, www.thedirtyland.co.nz. In dieser gut besuchten, aber angenehm entspannten, gemütlichen Bar schnappen sich die Gäste einen *Frangelico sour* und lassen sich gemütlich in einer Nische nieder, wo das Essen direkt aus der Küche des benachbarten Mexicano's serviert wird. Zu den Leckereien,

Christchurcher Craft-Brauereien

Bierfreunde sollten die Christchurcher Craft-Brauer ansteuern wie **Two Thumb**, 352 Manchester St, www.twothumb.com, Mi und Fr 15–18 Uhr, die **Three Boys Brewery**, 592 Ferry Rd, Woolston, www.threeboys-brewery.co.nz, Mo–Mi 8–16.30, Do und Fr 8–18, Sa 11–16.30 Uhr, und **Lighthouse**, 18 Bath St, www.facebook.com/lighthousebrewing-company. Sie verkaufen direkt vor Ort ihre Biere und bieten auch Verkostungen – es handelt sich bei ihnen jedoch nicht um reguläre Kneipen (nur das Lighthouse ist eher eine Bar als eine Brauerei).

die hier auf den Tisch kommen, gehören beispielsweise Tacos mit Schweinefleischstreifen und Thunfisch-Tostadas.

The Last Word, 31 New Regent St, 💻 www.lastword.co.nz. Bei mehr als 200 Single-Malt- und Blend-Whiskys (abgesehen von den üblichen Ländern auch aus Wales, Schweden und Indien) reicht ein einziger Besuch in dieser heimeligen Bar längst nicht aus. Man muss schon öfter kommen, wenn man eine Idee vom riesigen Angebot bekommen möchte.

Pomeroy's Old Brewery Inn, 292 Kilmore St, 💻 www.pomspub.co.nz. Englisches Pub-Flair verströmt die solide Backsteinkneipe, in der neben anderen neuseeländischen Bieren auch die hausgebrauten Pomeroy's-Craft-Biere ausgeschenkt werden. Außerdem gibt's hervorragende Whiskys und Weine als Begleiter der leckeren Kneipenkost: Aus der Küche kommen Leckereien wie Hühnchen- und Schweinefleischterrine, Rib-Eye-Steak mit Entenfett-Pommes und Fish 'n' Chips mit Erbspüree. An mehreren Abenden in der Woche sorgen Bands für die musikalische Untermalung.

Theater

Court Theatre, Bernard St (abseits der Lincoln Rd), Addington, 💻 www.court theatre.org.nz. Christchurchs wichtigstes Theater ist nun in diesem Fabrikgebäude mit großer Hauptbühne und Studio zu Hause. Karten sind normalerweise an der Kasse erhältlich, Abendbesucher sollten also einfach hingehen. Am Wochenende kann man sich auch die unterhaltsame Impro-Comedy-Show *Scared Scriptless* (Fr und Sa 22.15 Uhr) anschauen.

Isaac Theatre Royal, 145 Gloucester St, 💻 www.isaactheatreroyal.co.nz. Auf die Bühne dieses prächtigen Theaters von 1908, das mit Unterstützung von Sir Ian McKellen wieder aufgebaut wurde, kommen Musicals, Ballett, Pantomime und unterschiedlichste Livemusik-Darbietungen. Abgesehen vom Bühnenportal, einer reich verzierten Deckenkuppel und der Fassade aus Backstein und Oamaru-Stein ist kaum noch etwas vom Originalzustand des Gebäudes erhalten, aber das sehenswerte neue Stuckwerk und die zeitgemäßen Einrichtungen konnten dem alten Geist des Theaters nichts anhaben. Die hintere Außenmauer des Gebäudes ziert Owen Dippies fantastisches Wandgemälde *Ballerina*.

SONSTIGES

Apotheken

Urgent Pharmacy, 931 Colombo St, Höhe Bealey Ave, 🕒 Mo–Fr 6–23, Sa und So 9–23 Uhr.

Geld

Die meisten Banken haben jetzt wieder eigene Filialen mit Geldautomaten im Stadtzentrum, u. a. die **ANZ**, 127 Cashel St, 🕒 Mo–Sa 9–16.30 Uhr, und die **BNZ**, 111 Cashel St, 🕒 Mo–Fr 9–16.30 Uhr.

Gepäckaufbewahrung

Die meisten Hostels bieten Gepäckaufbewahrung an (in der Regel nicht mehr als $5 pro Tag). Auch das i-SITE bewahrt Gepäck auf (halber Tag $5 pro Gepäckstück, ganzer Tag $10, bis 17 Uhr). Gepäckaufbewahrung am Flughafen s. S. 632.

Informationen

i-SITE Visitor Centre, im Arts Centre, 28 Worcester Blvd, 💻 www.christchurchnz.com. Die Mitarbeiter des i-SITE erledigen Buchungen für einen Großteil der Südinsel. 🕒 tgl. 8.30–18 Uhr.

Medizinische Hilfe

Christchurch Hospital, Oxford Terrace, Ecke Riccarton Ave, 📞 03 364 0640.

24 Hour Surgery von Pegasus Health, 401 Madras St, Nähe Bealey Ave, 💻 www.24hoursurgery.co.nz. Hier bekommt man jederzeit ärztliche Hilfe ohne Voranmeldung. Die Kosten für den Arztbesuch betragen ca. $85–190.

Notruf

Central Police Station, 40 Lichfield St, 📞 105.

Post

Post Office, 111 Cashel St, ✆ 03 595 1289, ⏲ Mo–Fr 8.30–17, Sa und So 10–16.30 Uhr.

Waschsalon

Im **Addington Coffee Co-op** (S. 627), 297 Lincoln Rd, kann man Wäsche waschen ($3, mit Waschpulver) und trocknen ($2/20 Min., nur Münzen). ⏲ Mo–Fr 7.30–16, Sa und So 9–16 Uhr.

NAHVERKEHR

Auto

Als Autofahrer hat man es in Christchurch trotz der durch die Beben verursachten Schäden nicht allzu schwer; Straßensperrungen sind ausreichend gut ausgeschildert. Die meisten **Parkplätze** in der Innenstadt sind mit Parkuhren versehen und gebührenpflichtig (an Sonn- und Feiertagen gratis). Günstige Parkplätze gibt es im Hagley Park, Eingang Armagh St (die erste Std. und am Wochenende ganztags kostenlos). Es gibt Dutzende Autovermietungen in Christchurch, die meisten befinden sich am Flughafen.

Fahrrad

Antigua Boat Sheds Bike Hire, 2 Cambridge Terrace, 🖳 www.boatsheds.co.nz. Fahrräder können geliehen werden für 2 Std. oder für einen ganzen Tag.

Natural High, 690a Harewood Rd, 🖳 www.vintagepeddler.co.nz. Gut geführter Fahrradverleih direkt vor dem Flughafen. Natural High organisiert auch Fahrradtouren im ganzen Land.

Stadtbusse

Die meisten Metro-Stadtbusse, 🖳 www.metroinfo.org.nz, fahren am neuen **Bus Interchange** („Central Station") in der Colombo St südlich der Lichfield St ab, u. a. Bus 28 (Lyttelton), 29 und P (Flughafen, Riccarton und Sumner). Infoschalter ⏲ Mo–Sa 7–19, So 9–19 Uhr. Auf der Website findet sich ein guter Routenplaner. Der Busbahnhof verfügt über mehrere Imbisslokale, Streckenpläne, einen Geldautomaten und Gepäckschließfächer ($2, nur Münzen; max. 24 Std.). Taxis warten an der Lichfield St.

Mit Ausnahme des Flughafenbusses ($8,50) beträgt der **Fahrpreis** in der City Zone einschließlich Sumner und Lyttelton $4. Bei mehrtägigem Aufenthalt lohnt sich der Kauf einer **Metrocard** (Gebühr $10 plus mind. $10 Aufladegebühr), die bei der City Bus Exchange erhältlich ist. Der normale Fahrpreis reduziert sich damit auf $2,55 (auch zum Flughafen), und wer an einem Tag schon zweimal bezahlt hat, fährt den Rest des Tages umsonst. Ein Ticket ist bis zu 2 Std. und nur in eine Fahrtrichtung gültig (außer zum Flughafen).

Taxis

Blue Star, ✆ 03 379 9799;
Gold Band, ✆ 03 379 5795.

TRANSPORT

Busse

Die meisten Fernbusse halten in der 72-78 Lichfield St vor der Bus Interchange im Stadtzentrum. Das Büro von InterCity im Terminal verkauft Fahrkarten für die meisten unten aufgeführten Verbindungen; ⏲ Mo–Do und Sa 6.30–17, Fr und So 6.30–17.30 Uhr. Einige Busse fahren auch am Canterbury Museum in der Rolleston Ave ab.

Busgesellschaften

Akaroa French Connection, 🖳 www.akaroabus.co.nz. Tgl. um 9 Uhr nach Akaroa (Rückfahrt um 16 Uhr) ab dem Canterbury Museum, Rolleston Ave; hält in Little River, an der Hilltop Tavern und an der Barry's Bay Cheese Factory, wo man guten Käse verkosten kann.

Akaroa Shuttle, 🖳 www.akaroashuttle.co.nz. Okt–April tgl. um 8.30 Uhr nach Akaroa (Rückfahrt um 15.45 Uhr), ab Rolleston Ave und Lichfield St.

Atomic Shuttles, 🖳 www.atomictravel.co.nz. Richtung Süden nach Timaru, Oamaru, Dunedin; Richtung Westen nach Greymouth, ins

Der TranzAlpine

Einer der beliebtesten Tagesausflüge von Christchurch ist eine Fahrt mit dem TranzAlpine, 💻 www.greatjourneysofnz.co.nz/tranzalpine. Dieser beliebte **Touristenzug** fährt durch die Southern Alps nach Greymouth an der Westküste. Fahrtdauer 4 1/2 Std. pro Strecke; um die Hälfte ermäßigte, termingebundene Tickets erhält man bei langer Vorausbuchung. Die wunderschöne Landschaft auf der 231 km langen **Strecke**, die über zahlreiche Viadukte und durch 19 Tunnel führt, können die Fahrgäste durch die großen Panoramafenster und vom seitlich offenen Aussichtswaggon aus genießen. Nach einer lohnenden Pause am höchsten Punkt der Fahrt, Arthur's Pass, geht es anschließend wieder hinunter durch den 8,5 km langen Otira Tunnel, der unter dem 920 m hohen Pass zur Westküste führt.

Wer mit dem eigenen oder gemieteten Auto unterwegs ist, steigt am besten in Darfield, 45 km westlich von Christchurch, in den Zug ein (9 Uhr) und spart sich die Fahrt durch die Vororte und das Flachland – der Preis ist allerdings derselbe. Es gibt auch die Möglichkeit, in Moana auszusteigen (12.05 Uhr), dort am See ein entspanntes Mittagessen zu genießen und den Zug auf seiner Rückfahrt wieder zu besteigen (15 Uhr) – besser als ein hastiger Snack in Greymouth (auch bleibt der Preis gleich).

Der Zug fährt jeden Morgen um 8.15 Uhr in Christchurch ab, hat in Greymouth eine Stunde Aufenthalt und fährt um 14.05 Uhr wieder nach Christchurch zurück, wo er gegen 18.30 Uhr ankommt. Die Fahrt mit dem TranzAlpine kann auch im Rahmen einer Hochlandtour (s. Kasten S. 623) unternommen werden.

Landesinnere über Geraldine und Twizel nach Queenstown; Richtung Norden nach Kaikoura, Blenheim und Picton. Haupthaltestelle in der Lichfield St.

East West Coaches, 💻 www.eastwestcoaches.co.nz. Tgl. von Greymouth um 7.30 Uhr nach Christchurch und zurück am Nachmittag um 14.15 Uhr. Die Bushaltestelle befindet sich in der Lichfield St.

Hanmer Connection, 💻 www.atsnz.com. Tgl. um 9 Uhr geht es nach Hanmer Springs, Rückfahrt um 16.30 Uhr. Die Busse starten an verschiedenen Haltestellen, u. a. Rolleston Ave und Lichfield St.

Hanmer Shuttle, 💻 www.akaroabus.co.nz. Tgl. von Hanmer Springs nach Christchurch (8 Uhr) und zurück (13 Uhr). In Christchurch geht's los ab Flughafen und Colombo St (Höhe Bealey Ave).

InterCity/Newmans, 💻 www.intercitycoach.co.nz. Richtung Norden nach Kaikoura, Blenheim, Picton und Nelson; Richtung Süden nach Timaru, Oamaru, Dunedin und Invercargill; ins Landesinnere nach Methven, Aoraki Mount Cook, Wanaka und Queenstown. Täglich um 8.30 Uhr nach Queenstown ab Rolleston Ave; alle anderen Verbindungen starten ab Lichfield St.

Methven Travel, 💻 www.methventravel.co.nz. Im Winter tgl. vom Zentrum und Flughafen nach Methven, Mitte Okt–Juni Mo, Mi, Fr und So 1x tgl. (genaue Zeiten siehe Website), Juli–Mitte Okt 3x tgl. (1x nur vom Flughafen). Ab Rolleston Ave.

Snowman Shuttles, 💻 www.facebook.com/snowmanshuttles. In der Wintersportsaison (Juni–Mitte Okt) starten Busse tgl. von Christchurch (7 Uhr) nach Mt Hutt, Rückfahrt um 16 Uhr. In Christchurch ab Lichfield St.

Busse nach:
AKAROA 2x tgl., 1 1/2–2 Std.;
AORAKI/MOUNT COOK 1x tgl., 5 1/4 Std.;
ARTHUR'S PASS 2x tgl., 2 1/2 Std.;
BLENHEIM 2–3x tgl., 4 3/4–5 1/2 Std.;
DUNEDIN 5x tgl., 6 Std.;
GERALDINE 3x tgl., 2 Std.;
GREYMOUTH 3x tgl., 4 3/4 Std.;
HANMER SPRINGS 5x tgl., 2 1/4 Std.;

HOKITIKA 1x tgl., 7 Std.;
MOUNT HUTT Juni–Okt 1x tgl., 2 1/4 Std.;
KAIKOURA 2–3x tgl., 2 1/2 Std.;
LYTTELTON alle 15–30 Min., 35 Min.;
METHVEN 1–3x tgl., 1 1/2 Std.;
OAMARU 4x tgl., 4 1/4 Std.;
PICTON 2–3x tgl., 5–5 1/2 Std.;
QUEENSTOWN 3–4x tgl., 7–11 Std.;
TEKAPO 3x tgl., 3 1/2 Std.;
TIMARU 5x tgl., 2 1/2 Std.;
TWIZEL 3–4x tgl., 5 Std.

Eisenbahn

Der **Bahnhof**, Fahrplaninformationen ✆ 0800 872 467, liegt 4 km südwestlich des Cathedral Square am Troup Drive, abseits der Whiteleigh Ave in Addington. Von hier verkehren auf landschaftlich sehr reizvollen Strecken zwei Passagierzüge: Der nur im Sommer eingesetzte Coastal Pacific (mit Panoramafenstern) fährt über Kaikoura (3 Std.) nach Picton (1x tgl., 5 1/4 Std.) und hat Anschluss an die Fähren zur Nordinsel; Fahrplaninfos siehe 💻 www.greatjourneysofnz.co.nz. Der TranzAlpine fährt innerhalb eines Tages nach Greymouth und zurück.
Steve's Airport Shuttle, ✆ 0800 101 021, bedient auch den Bahnhof ($7 kostet die Fahrt ins Zentrum).

Züge nach:
ARTHUR'S PASS 1x tgl., 2 1/4 Std.;
GREYMOUTH 1x tgl., 4 1/2 Std.;
MOANA 1x tgl., 3 3/4 Std.

Flüge

Der **Christchurch Airport**, 💻 www.christchurchairport.co.nz, liegt 10 km nordwestlich des Stadtzentrums. In der Ankunftshalle für internationale Flüge gibt es Geldautomaten, Wechselstuben, unbegrenzt kostenloses WLAN, einen Vodafone-Kiosk (🕒 tgl. 8–18 und 22–2 Uhr) für sämtliche Mobilfunk-Dienstleistungen und einen informativen i-SITE-Schalter, ✆ 03 741 3980, 🕒 tgl. 8–18 Uhr.
Gepäckaufbewahrung bei Luggage Solutions, in der Check-in-Halle, Erdgeschoss, Koffer oder Rucksack $15 pro Tag, $30 über Nacht, 🕒 tgl. 4.30–18.30 Uhr. Auch Fahrradaufbewahrung für $30.

Flughafentransport
Der Bus **29** fährt vom Flughafen direkt in die Stadt (alle 30 Min., Fahrzeit 40 Min.), während die **Purple Line** (alle 30 Min., Fahrzeit 55 Min.) eine längere Strecke nimmt und an der Universität vorbei über die Riccarton Rd und durch den Hagley Park fährt.
Steve's Airport Shuttle, 💻 www.steveshuttle.co.nz, bringt Fahrgäste zur gewünschten Adresse. Wer **zum Flughafen** fahren möchte, bucht am Abend zuvor ein Shuttle und wird am nächsten Tag abgeholt.
Ein **Taxi** vom Flughafen in die Stadt oder umgekehrt kostet ungefähr $55–75 (15–20 Min.).

Flüge nach:
AUCKLAND 2x tgl., 1 1/4 Std.;
BLENHEIM 1–3x tgl., 50 Min.;
DUNEDIN 6x tgl., 1 Std.;
HOKITIKA 2–4x tgl., 40 Min.;
INVERCARGILL 4–6x tgl., 1 1/2 Std.;
NAPIER/HASTINGS 2x tgl., 1 1/2 Std.;
NELSON 4–6x tgl., 50 Min.;
PALMERSTON NORTH 2–3x tgl., 1 1/4 Std.;
QUEENSTOWN 4x tgl., 1 Std.;
ROTORUA 3x tgl., 1 3/4 Std.;
WELLINGTON 12x tgl., 1 Std.

Banks Peninsula

Die raue, zerklüftete Topografie der **Banks Peninsula**, die südöstlich von Christchurch daumenförmig ins Meer ragt, bildet einen spektakulären Kontrast zu den flachen Canterbury Plains im Westen der Halbinsel. Als James Cook 1769 an der Halbinsel vorbeisegelte, kartografierte er sie versehentlich als Insel und benannte sie nach seinem Expeditionsbotaniker Joseph Banks. Der Naturhafen Lyttelton Harbour, der erste von zwei unter Wasser liegenden Kraterkesseln, beherbergt rund 12 km südöstlich von Christchurch den kleinen Ort Lyttelton, der sich bis hinunter zum Wasser zieht. Am Ufer

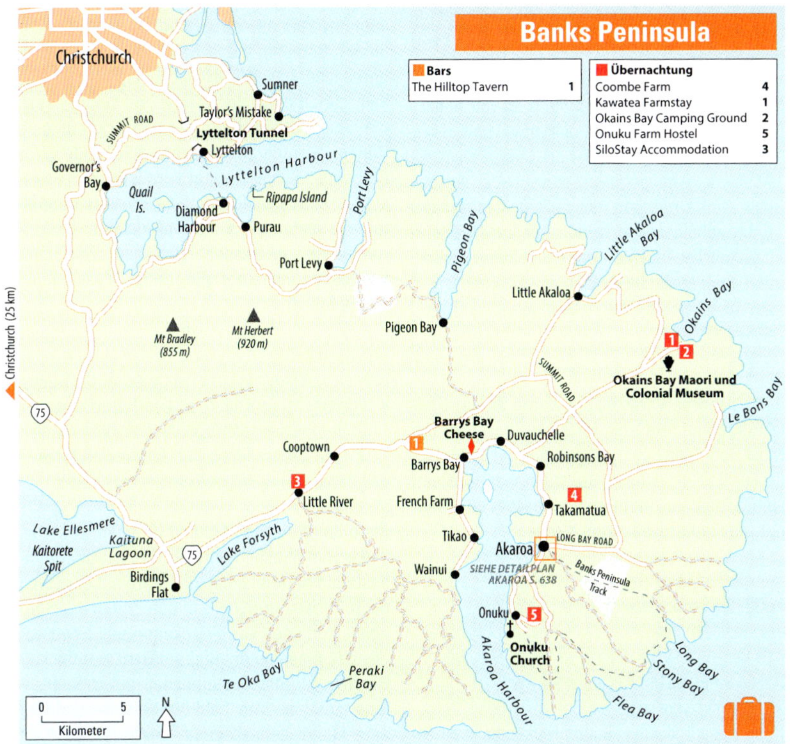

des zweiten Kessels liegt das malerische, gern von Touristen besuchte Städtchen **Akaroa**. Sein anmutiges Flair verdankt es den französischen Stadtgründern.

Die Banks Peninsula wird von einem Netz schmaler, kurvenreicher Landstraßen durchzogen, die sich an den Kraterrändern entlangwinden und in herrlich ruhige Buchten hinabführen. Früher wimmelten sie von Schiffswerften, Wal- und Robbenfangschiffen – heute bilden sie eine sommerliche Spielwiese für die Bewohner von Christchurch und für Touristen.

Lyttelton

Der Hafenort **Lyttelton** wurde von den Erdbeben von 2010 und 2011 schwer getroffen und verlor viele historische Sehenswürdigkeiten – nicht zuletzt die **Timeball Station** aus dem 19. Jh. – der Turm des viktorianischen Wahrzeichens wurde 2019 wieder aufgebaut und eröffnet (siehe 💻 www.timeball.co.nz). Auch die Infrastruktur des Orts wurde von den Beben stark in Mitleidenschaft gezogen. Die Reste der zerstörten Gebäude sind längst weggeschafft worden, und die alteingesessenen Geschäfte sind wieder in die Hauptgeschäftsstraße **London Street** zurückgekehrt. Auch das alternative Flair des Orts floriert wie eh und je.

Für das **Lyttelton Museum**, 💻 www.teuaka.org.nz, ist ein neuer Standort vorgesehen, und ein weiteres wichtiges Symbol des Wiederaufbaus, die Kirche **St Saviour's at Holy Trinity**, wurde 2015 geweiht. Die anglikanische Kirche in der 17 Winchester Street ist eine kunstvolle Rekonstruktion der 1885 erbauten Kirche St Saviour's, die in Stücken von Christchurch herü-

Lyttelton Farmers' Market

In der London Street zwischen Canterbury und Oxford Street findet jeden Samstag von 10 bis 13 Uhr der beliebte **Farmers Market** von Lyttelton statt. In dieser Zeit ist die Straße für den Autoverkehr gesperrt, und es wird auch immer gute Musik geboten, die für stimmungsvolle Untermalung sorgt. Neben allen möglichen frischen Lebensmitteln aus der Region werden auch köstliche Snacks wie Fleischpasteten, belgische Waffeln und frisch gebackene Kekse geboten.

bertransportiert wurde; sie wurde an der Stelle aufgebaut, wo seit 1860 die Church of the Most Holy Trinity gestanden hatte, die in der Folge der Beben zusammengestürzt war. Getrennt vom Gotteshaus steht im Kirchgarten der Original-Glockenturm der alten Kirche.

Torpedo Boat Museum

19/32 Park Terrace; vom Charlotte Jane Quay ausgeschildert, rund 2 km südwestlich der Ortsmitte ▪ 🕒 Dez–April Di, Do, Sa und So 13–15, Mai–Nov Sa und So 13–15 Uhr ▪ Eintritt ▪ 💻 www.lytteltoninfocentre.co.nz

Beim Besuch dieses kleinen Museums in einem 1874 erbauten ehemaligen Sprengstoffmagazin erschließt sich die maritime Bedeutung von Lyttelton. Im 19. Jh. verbreitete sich im Westpazifik die Furcht vor einer weiteren Expansion Russlands. Neuseeland antwortete darauf 1883 mit dem Kauf von vier britischen Torpedobooten, von denen eines den Lyttelton Harbour schützen sollte. Das für einen Angriff auf ein feindliches Schiff gerüstete Schnellboot kam nie zum Einsatz, aber seine restaurierten Überreste sind hier zusammen mit einem spannenden 36-minütigen Video zu sehen.

Steam Tug Lyttelton

No. 2 Wharf ▪ Rundfahrten normalerweise von Weihnachten bis April So 14.30 Uhr ▪ 90 Min. ▪ Eintritt; Reservierung erforderlich ▪ 💻 www.tuglyttelton.co.nz

Wer ein Stück lebende Geschichte erfahren möchte, nimmt an einer Rundfahrt auf diesem wunderbaren alten Schiff teil, dem älteren der beiden Dampfer, die in Neuseeland noch fahrbereit sind. Das 1907 in Glasgow gebaute Schiff kam gleich nach dem Stapellauf zum Einsatz, um Shackletons *Nimrod* ein Stück auf dem Weg in die Antarktis zu ziehen. 1970 endete der Dienst des Schleppers, er wird jedoch von passionierten Freiwilligen voll einsatzbereit gehalten; sie bieten auch die interessanten Hafenrundfahrten an. Besonders eindrucksvoll ist der Heizungsraum: lauter glänzendes Messing und geölte Kolben.

Quail Island

Überfahrt zur Insel mit Black Cat Cruises ab der B Jetty in Lyttelton Okt–April tgl. 10.20, Dez–Feb außerdem 12.20 Uhr; Rückfahrt um 15.30 Uhr, Dez–Feb außerdem 12.30 Uhr ▪ kostenpflichtig (inkl. Karte der Insel), nur Barzahlung ▪ 💻 www.blackcat.co.nz/quail-island-adventures

Die unberührte **Quail Island** (Otamahua) mitten in der Hafenbucht diente ab 1875 als Quarantänestation für Menschen und Tiere auf dem Weg nach Christchurch, und in den Zeiten der Südpolexpeditionen von Shackelton und Scott sowie des Amerikaners Richard Byrd wurden hier Hunde und Ponys ausgebildet und in Quarantäne gehalten. Von 1906 bis 1925 bestand hier eine kleine Leprakolonie, doch seit 1975 ist das kaum 1 km^2 große Eiland in erster Linie ein Ziel für Tagesausflügler, die zum Wandern und Schwimmen hierherkommen. Einpacken sollte man Proviant, unbedingt ausreichend Trinkwasser (auf der Insel gibt es keins) und Regenkleidung.

Zwei **Rundwanderwege** (1 Std. und 2 1/2 Std.) beginnen am Bootssteg und führen zum **Heritage Centre**, einem alten Bauernhaus mit Infotafeln zur Geschichte und Ökologie der Insel, zu zwei sicheren Badestränden (Walkers und Whakamaru) und dem Nachbau der Hütte eines Leprapatienten sowie vorbei an mehreren Schiffswracks, die bei Ebbe zu sehen sind.

Diamond Harbour

Fähren alle 30–60 Min.; Fahrdauer 8 Min. ▪ kostenpflichtig ▪ 💻 www.diamondharbour.org.nz

Bei gleißendem Sonnenlicht funkelt das Wasser wie eine Million Diamanten vor dem **Diamond**

Harbour direkt gegenüber von Lyttelton auf der anderen Seite der Bucht. Zu dem Ort verkehrt eine **Personenfähre**. In Diamond Harbour angekommen, wird ein 500 m langer Spaziergang bergauf mit einem fantastischen Blick auf die Bucht belohnt. Oder man wandert auf den **Mount Herbert**, mit 919 m die höchste Erhebung auf der Bank Peninsula, um sensationelle Ausblicke auf die Hafenbucht zu genießen (etwa 4–5 Std. hin und zurück).

ESSEN

Everest Indian Restaurant, 2 London St, 💻 www.everestindian.co.nz. Gutes südasiatisches Essen gibt es nicht nur im kosmopolitischen Christchurch, wie dieses ausgezeichnete Restaurant in Lyttelton unter Beweis stellt. Nepalesische und indische Spezialitäten werden hier mit Bravour und schmackhaft auf den Tisch gezaubert, darunter Dal Bhat und ausgezeichnete Biryanis. $$

Glamour Cake/Lyttelton Bakery, 8 Norwich Quay, 💻 www.facebook.com/breeglamourcake. Der Glamour-Cake-Tresen in der ansonsten eher durchschnittlichen Lyttelton Bakery bietet leckeren Käsekuchen sowie einzigartige Donuts in fantasievollen Geschmacksrichtungen wie Salzkaramell-Brandy-Snap, Zitronenbaiser und Nutella. $

Lyttelton Coffee Co, 29 London St, 💻 www.lytteltoncoffee.co.nz. Zur großen Freude der Einheimischen ist diese feste Institution von Lyttelton 2014 wieder an ihren angestammten Platz zurückgekehrt, und nach wie vor kann man hier am besten in das alternative Flair des Orts eintauchen. Coffee Co hat ausgezeichneten Kaffee und kleine Gerichte im Angebot sowie eine Panoramaterrasse mit Blick auf den Hafen. Aus den 70er-Jahre-Lautsprechern ertönt fast immer etwas Interessantes. $

Nomnom Kitchen, 47 London St, 💻 www.nomnomkitchen.co.nz. Abgesehen vom niedlichen Namen ist dies ein beliebtes Restaurant (Teil einer kleinen lokalen Kette) mit großer Fangemeinde, das auf würzige südostasiatische Gerichte spezialisiert ist. Unbedingt probieren sollte man das reichhaltige singapurische Laksa. $$

Sherpa Kai, 10 Oxford St, 💻 www.facebook.com/Sherpakai81. Hoffentlich kann sich der zu Recht beliebte nepalesische Imbissstand halten (oder sich irgendwo häuslich niederlassen) – der aus Darjeeling stammende Thendup Sherpa bietet köstliche Rindfleischcurrys, Dhal, Gemüse-Thalis sowie tibetische Rindfleisch-*momos* (Teigtaschen), zu genießen an Tischen draußen neben dem British Hotel. $$

Spooky Boogie, 54 London St, 💻 www.facebook.com/spookyboogies. Das Spooky Boogie ist eines der originelleren Cafés des Orts, mit sensationellem Kaffee und Keksen sowie Verkauf von Schallplatten, Büchern und schräger Kunst. $

UNTERHALTUNG

Lyttelton spielte eine Schlüsselrolle bei der Wiederauferstehung der Musikszene nach den Beben von 2011, indem neuseeländische Rock- und Folk-Musiker wie The Eastern, Delaney Davidson, Marlon Williams (Leadsänger von The Unfaithful Ways) und Tiny Lies in der Wunderbar auftraten. Auch heute noch wird viel Livemusik geboten.

The Loons Club, 16 Canterbury St, 💻 www.theloons.org.nz. In diesem bei Einheimischen äußerst beliebten Musik- und Veranstaltungsort werden allwöchentlich mehrere Shows veranstaltet, die von aufstrebenden jungen Bands bis hin zu etablierten Singer-Songwritern und Retro-Tribute-Acts bestritten werden.

Wunderbar, 19 London St, 💻 www.wunderbar.co.nz. Hinter dem Supermarkt führt eine eiserne Feuerleiter zu dieser Spätnacht-Absturzkneipe und Club, „geschmückt" mit zerknittertem Velour, gruseligen Puppenkopflampen u. Ä. Die Terrasse mit Aussicht auf die Anlegestellen ist prima für einen ruhigen Drink abseits des Geschehens, das *open mike* (Di), Dichterlesung, Livemusik (Mi–Sa), Stand-up Comedy oder ein *Film-noir*-Abend sein kann.

INFORMATIONEN

Lyttelton Harbour Information Centre, 20 Oxford St, www.lytteltoninfocentre.nz. Mo–Sa 10–16, So 11–15 Uhr.

TRANSPORT

Der schnellste Weg von CHRISTCHURCH nach Lyttelton dauert nur rund 20 Autominuten und führt durch den 1,97 km langen Lyttelton Tunnel (eröffnet 1964 und noch immer Neuseelands längster Straßentunnel).
Buslinie Nr. 28 fährt alle 20–60 Min. vom Stadtzentrum von Christchurch ab (ca. 30 Min.) und hält am Norwich Quay.

Little River und Duvauchelle

Rund 53 km von Christchurch bietet sich der kleine Ort **Little River** am SH75 für eine entspannte Pause auf der Fahrt nach Akaroa an: Das beschauliche Örtchen hat einige einladende Unterkünfte und ein paar Sehenswürdigkeiten in petto. Die **Little River Gallery**, www.littlerivergallery.com, zeigt interessante Kunst und Kunsthandwerk und bietet leckeren Kaffee, tgl. 9–17 Uhr.

Im benachbarten Duvauchelle, 15 km weiter, hat **Barry's Bay Cheese**, www.barrysbaycheese.co.nz, fabelhaften Käse im Angebot. Die Käsespezialitäten werden produziert aus Milch von Kühen von der Banks Peninsula, tgl. 9–17 Uhr.

ÜBERNACHTUNG UND ESSEN

Karte S. 633

SiloStay Accommodation, Christchurch–Akaroa Rd (SH75), www.silostay.kiwi.nz. SiloStay ist vielleicht eine der bizarrsten Unterkünfte in ganz Neuseeland, mit 8 Units für je 2 Pers. in Silos aus Wellblech, in denen die Spülbecken der Küchenzeilen speziell an die gewellten Wände angepasst sind. Geheizt wird mit Holz-Pellets. Mit Satelliten-TV und iPod-Docks. $$$

Akaroa

Der Küstenort **Akaroa** („Langer Hafen") befindet sich 85 km von Christchurch entfernt am Ostufer der French Bay (Akaroa Harbour) und trägt das Etikett **Neuseelands französische Siedlung**. Gewiss, die ersten Siedler kamen aus Frankreich, und einige französische Bauwerke sind ebenso erhalten wie ein paar französische Straßennamen, aber damit hat es sich auch eigentlich schon.

Doch Akaroa ist ein reizender, relaxter Ort, der sich am Ufer entlang erstreckt und leicht zu Fuß erkundet werden kann. Es gibt sogar einen kleinen **Strand**, an dem sich die Wochenendausflügler tummeln. Zu den angebotenen Ökotourismus-Aktivitäten zählen ein einzigartiges Schwimmerlebnis mit Delphinen – Hector-Delphine, die kleinsten Delphine der Welt, sind hier recht stark vertreten –, „NightSUP" (Stehpaddeln mit Beleuchtung am Abend), Pinguin- und Robbenbeobachtung sowie schöne Wanderungen auf dem leicht zugänglichen **Banks Peninsula Track**. Zwei Drittel der Häuser in Akaroa sind *baches* (Feriendomizile), die Zahl der permanenten Dorfbewohner beträgt nur ungefähr 650.

Tagsüber stören jetzt immer wieder **Kreuzfahrtschiffe** die Ruhe Akaroas (zumeist Ende Okt–Anfang April, mit bis zu 4000 Passagieren pro Schiff). Während die Passagiere per Bus nach Christchurch geschafft werden, eine Delphinbeobachtungstour unternehmen oder einfach in den Galerien und Geschäften stöbern, liegen die Schiffe im Hafen vor Anker.

Geschichte

Einst war diese Gegend die Domäne des obersten Häuptlings der **Ngai Tahu**, Temaiharanui. 1838 erwarb der französische Walfänger **Jean Langlois**, so glaubte er zumindest, die gesamte Halbinsel im Tauschhandel für Waren. Dann kehrte er nach Frankreich zurück und ermutigte risikofreudige Siedler dazu, eine neue französische Kolonie zu gründen. Jedoch wussten die Franzosen nichts davon, dass die Maori-Häuptlinge der Südinsel im Februar 1840 mit den Briten den **Vertrag von Waitangi** (S. 230)

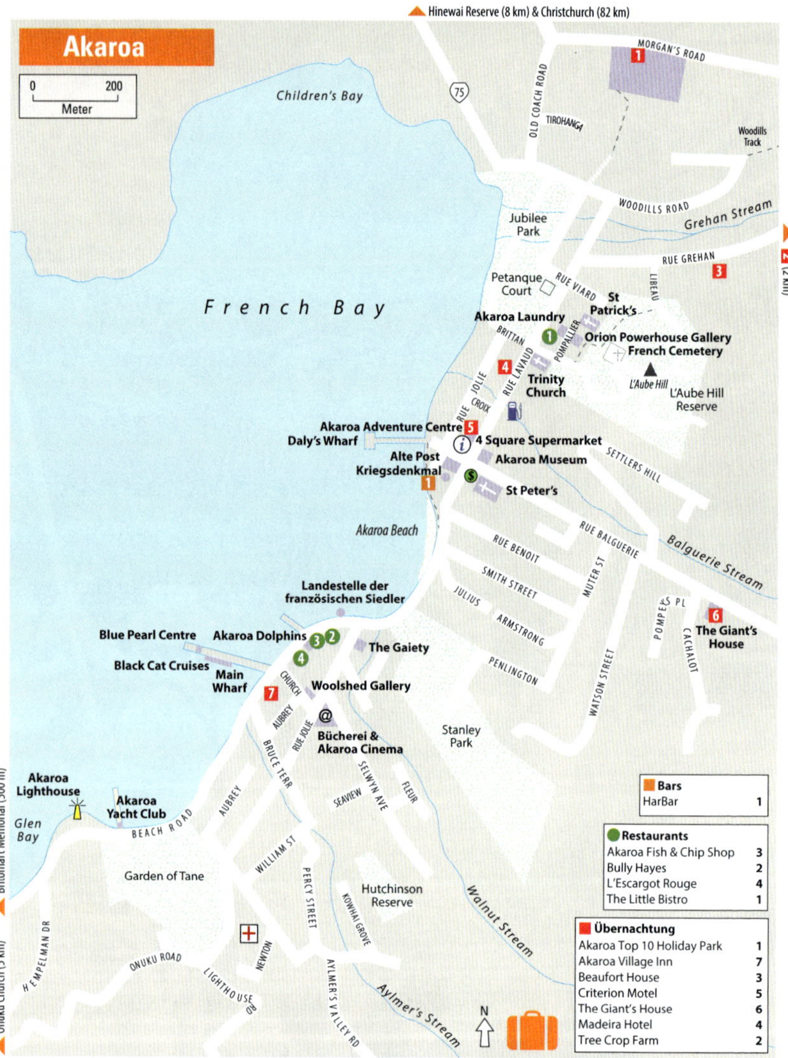

schlossen. Die Briten hingegen erfuhren von den Plänen der Franzosen und sandten Captain Owen Stanley mit der **HMS Britomart** nach Akaroa, um hier die britische Fahne zu hissen, nur einige wenige Tage, bevor das französische Kriegsschiff *Aude* unter Befehl von **Charles François Lavaud** hier ankam, und einen Monat, bevor am 16. August 1840 die ahnungslosen französischen Siedler auf der *Comte de Paris* in der Hafenbucht einliefen. Lavauds Passagiere entschlossen sich trotzdem zu bleiben, sodass die erste offizielle Siedlung unter britischer Oberhoheit aus 57 Franzosen und sechs Deutschen bestand.

Die Stelle, an der sie angeblich an Land gingen, markieren eine **Gedenktafel** und ein **Fahnenmast** mit französischer Flagge in der Beach Road. Frankreich erkannte die britische Hoheit über die Banks Peninsula offiziell erst 1846 an. Alle zwei Jahre wird gewöhnlich im Oktober mit dem **French Fest** drei Tage lang die Ankunft der Siedler im Jahr 1840 gefeiert.

Akaroa Museum

71 Rue Lavaud ▪ ⌚ Okt–April tgl. 10.30–16.30, Mai–Sep 10.30–16 Uhr ▪ Eintritt frei ▪ 💻 www.akaroamuseum.org.nz

Die Exponate im **Akaroa Museum** drehen sich um die Geschichte der Walfänger und die Besiedlung der Halbinsel und umfassen faszinierende Fotografien der frühen französischen und deutschen Kolonisten.

Zum Museum gehören auch das ehemalige **Court House** von 1880 und das **Langlois-Eteveneaux Cottage** aus den frühen 1840er-Jahren, das wohl zumm Teil noch in Frankreich zusammengebaut und dann nach Neuseeland verschifft wurde.

The Giant's House

68 Rue Balguerie ▪ ⌚ tgl. Nov–24. Dez 12–15, 26. Dez–April 12–17, Mai–Okt 14–16 Uhr ▪ Eintritt ▪ 💻 www.thegiantshouse.co.nz

Auf keinen Fall verpassen sollte man **The Giant's House**, das aus dem Jahr 1881 stammende Haus der Bildhauerin Josie Martin und seit 1993 ein lebendiges Zeugnis ihres Schaffens. Alle Räume, der Garten und sogar die Garagenauffahrt sind Plattformen, auf denen sie ihr Talent demonstriert. Mosaike, Betonskulpturen und Plastiken als Sitzgelegenheiten in den versteckten Winkeln des Grundstücks bestechen allesamt durch ihre äußerst frische und positive Ausdruckskraft. Im Sommer hat ein kleines Café geöffnet, und Josie stellt in einer Galerie ihre Kunstwerke aus.

French Cemetery

Der winzige **French Cemetery** am nördlichen Ortsrand ist über eine kurvige Straße oder einen kürzeren, aber steileren Fußweg erreichbar, der von der Rue Pompallier zum Schutzgebiet L'Aube Hill führt. Der 1842 angelegte Friedhof war die erste geweihte Begräbnisstätte Canterburys, wurde jedoch arg vernachlässigt, bis die Leichname 1925 an einen zentralen Platz umgebettet wurden, der durch einen einzigen Gedenkstein gekennzeichnet ist.

Akaroa Lighthouse

Beach Rd ▪ ⌚ Mo–Sa 12.30–15.30, So 13.30–16.30 Uhr ▪ Eintritt ▪ 💻 www.akaroa.com

1980 ließ die örtliche Lighthouse Preservation Society das von 1880 stammende Akaroa Lighthouse von den Akaroa Heads an seinen jetzigen Standort versetzen, sodass man sich den sechsseitigen, 8,5 m hohen Holzbau ganz aus der Nähe anschauen kann.

ÜBERNACHTUNG

Karte S. 638

Akaroa Top 10 Holiday Park, 96 Morgan's Rd, über Old Coach Rd, 💻 www.akaroa-holidaypark.co.nz. Der Campingplatz erstreckt sich über einen terrassenförmigen Hang mit schönem Blick auf Hafen und Hauptstraße. Der Holiday Park bietet moderne Einrichtungen, einen Pool sowie Selbstversorger-Familien-Units. ❶

Akaroa Village Inn, 81 Beach Rd, 💻 www.akaroavillagein.co.nz. Das Akaroa Village ist ein größerer Komplex mit wahrscheinlich dem breitesten Angebot an Unterkünften im Ort, darunter zahlreiche Selbstversorger-Apartments, mehrere davon mit 2 Schlafzimmern und einige mit schönem Blick auf den Hafen, u. a. das Old Shipping Office. ❸

Beaufort House, 42 Rue Grehan, 💻 www.beauforthouse.co.nz. Das entzückende B&B in einem wunderschönen alten Wohnhaus hat 5 mit Antiquitäten eingerichtete Zimmer, entweder mit angeschlossenem oder privatem Bad am Gang (2 davon mit tiefen Badewannen). Den Gästen steht eine herrliche Lounge zur Verfügung, und das Frühstück ist eine üppige Angelegenheit, die oft mit einem Kaffee auf der Veranda abgeschlossen wird. Um das Ganze noch zu toppen, gibt es sogar einen kleinen Weingarten; der dort angebaute Pinot Noir und Chardonnay wird den Gästen normalerweise zusammen mit Schnittchen als Willkommensgruß gereicht. ❹

Coombe Farm, 18 Old Le Bons Track, 4 km nördlich von Akaroa, www.coombefarm.co.nz; Karte S. 633. Es gibt zwar eine Gästelounge voller Bücher und DVDs, aber der eigentliche soziale Mittelpunkt des einladenden B&B auf einer betriebsamen Farm ist die Küche. Es gibt 2 sehr geräumige Zimmer im Bauernhaus sowie die rustikale Shepherd's Hut mit eigenem Bad im Freien und Dusche auf dem Sonnendeck über dem Fluss. Das Frühstück stellt man sich selbst aus einem Korb voller Zutaten zusammen. Ein absolutes Muss ist der 5-minütige Spaziergang am Fluss

Touren und Aktivitäten in Akaroa

Schwimmen mit Delphinen, Hafenrundfahrten und Segeln

Akaroa Dolphins, 65 Beach Rd, www.akaroadolphins.co.nz. Weniger Teilnehmer und kleinere Boote als bei Black Cat lassen diese 2-stündigen Hafenrundfahrten (tgl. Okt–April 10.15, 12.45 und 15.15, Mai und Sep 10.15 und 12.45, Juni–Aug 12.45 Uhr) familiärer wirken. Der Verlauf ist derselbe wie bei Black Cat, und meistens sind Delphine zu sehen. Der Veranstalter legt den Fokus auf regionale Geschichte, Maori-Erbe und das Beobachten von Meeresvögeln.

Black Cat, Main Wharf, Beach Rd, www.blackcat.co.nz. Der erfahrene Veranstalter bietet 3-stündige Ausflüge zum Schwimmen mit Delphinen (Dez–März 6.30, 8.30, 11.30 und 13.30 Uhr, Sep–Nov, April und Mai 11.30 und 13.30 Uhr; falls sich keine Delphine blicken lassen, gibt's einen Teil des Betrags zurück). Nachdem das Boot draußen auf dem Meer bei den Delphinen angekommen ist, beobachten die Veranstalter die Tiere erst einmal, um zu sehen, ob man wirklich ins Wasser gehen kann. Black Cat veranstaltet auch 2-stündige Hafenrundfahrten (ganzjährig um 11 und 13.30 Uhr, Mitte Dez–Mitte März auch um 15.40 Uhr) in großen Booten zur Mündung der Bucht; unterwegs sieht man eine sehr schöne vulkanische Meereshöhle mit hohen Wänden, Tüpfelkormorane und Höhlen, in denen sich manchmal Zwergpinguine aufhalten.

EcoSeaker, www.ecoseaker.co.nz. Dieser speziellere Veranstalter von Touren zum Schwimmen mit Delphinen nimmt jeweils nur 6 Schwimmer in einem robusten Schlauchboot mit und bleibt dafür mehr als 2 Stunden auf dem Wasser. Die lohnenden Ausflüge starten täglich Okt–April um 10.30 Uhr ab Daly's Wharf.

Fox II Sailing Adventures, www.akaroafoxsail.co.nz. Ein Törn mit der 1922 aus Kauri-Holz erbauten Ketsch mit ihren roten Segeln ist eine stimmungsvolle und umweltfreundliche Alternative zu den anderen Rundfahrten. Normalerweise wird Richtung Akaroa Heads gefahren; unterwegs kann man häufig Delphine und Robben erspähen. Ende Dez–Mai tgl. um 10.30 und 13.30 Uhr, Abfahrt an der Daly's Wharf.

Kajakfahren, SUP und Radfahren

Akaroa Adventure Centre, 74a Rue Lavaud, www.akaroaadventurecentre.co.nz. Organisiert Stand-up-Paddelbrettverleih (1 Std./$20, 4 Std./$45), Fahrradverleih (1 Std./$15), auch Ganztagsausleihe möglich, bei der man hoch über der Stadt abgesetzt wird und die 13 km zurück bergab fährt ($65). Kajaks $20/Std. oder $60/Tag, Paddelboote (für 2 Pers.) $20 für 30 Min., $20/Std.

Akaroa Guided Sea Kayaking Safari, Treffpunkt vor dem The Green Café, 37 Rue Lavaud, www.akaroakayaks.com. Geführte Kajaktouren in kleinen Gruppen mit Gelegenheit zum Schwimmen und der Chance, Delphine zu sehen. Harbour Highlights Safari (1 1/2 Std.) um 11.30 Uhr, die längere Scenic Cruiser Safari (3 Std.) auch um 11.30 Uhr. Nur Nov–April.

Nightsup Akaroa Safaris, 58 Rue Lavaud, www.nightsupakaroa.co.nz. Abendliches Stehpaddeln (SUP; 1 1/2 Std.), wobei der Meeresboden durch LED-Lampen unter den Boards erhellt

direkt beim Haus oder eine etwas anstrengendere Wanderung zu einem Wasserfall hoch. ◷ Juni–Sep geschl. ❸

Criterion Motel, 75 Rue Jolie, 🖳 www.holidayakaroa.com. Tiptop geführtes modernes Motel mit geräumigen Zimmern, von denen jedes Fußbodenheizung, Doppelverglasung und einen Balkon besitzt. Den besten Hafenblick haben die Zimmer im obersten Stock. Dank spätem Check-out ein echt guter Deal. ❸

The Giant's House, 68 Rue Balguerie, 🖳 www.thegiantshouse.co.nz. Unterkunft in einer lebendigen Kunstgalerie (S. 639) in und um ein Haus aus dem Jahr 1881. Die großen Zimmer (mit und ohne Bad) sind kühn konstruiert, z. B. mit einem Schiff als Bett oder

wird – ein zauberhaftes Erlebnis. Abfahrt täglich kurz vor Sonnenuntergang. Außerdem SUP-Unterricht. Nur Mitte Nov–April.

Pinguin- und Robbenbeobachtung

Pohatu Penguins, 🖳 www.pohatu.co.nz. Wer Pinguine aus nächster Nähe sehen möchte, sollte diese Tour zu der Farm an der Flea Bay am Banks Peninsula Track buchen. Dort kümmern sich Shireen und Francis Helps seit Jahrzehnten um Weißflügelpinguine. Ihre Abendtour (2–3 Std.) beginnt vor Einsetzen der Dämmerung und ist lang genug, um in Ruhe die Pinguine auf ihrer täglichen Heimkehr vom Fischefangen beobachten zu können. Bei der nachmittäglichen Nature Tour (2 Std., 13.30 Uhr) sieht man die Pinguine in ihren Nistkästen und erfährt viel über den Alltag auf einer Schaffarm. Beide Touren werden von September bis April angeboten, im Winter nur auf Anfrage – dann ist es weniger wahrscheinlich, Pinguine zu Gesicht zu bekommen. Wer Pinguine (und wahrscheinlich auch Hector-Delphine) vom Wasser aus sehen möchte, schließt sich einer der angebotenen Kajaktouren an (4 Std., tgl. um 8 Uhr, um 12 Uhr; 8-Uhr-Tour nur Okt–April). Alle Ausflüge umfassen die Abholung von Akaroa. Billiger wird's, wenn man selbst zur Farm fährt, aber die Straße dorthin ist steil und nur mit einem Allradfahrzeug zu bewältigen.

Wanderungen

Wer während seines Neuseeland-Trips keine Zeit für den gesamten Banks Peninsula Track hat, kann einige kürzere Wanderungen unternehmen, die ebenfalls ihren Reiz haben. Nähere Auskünfte dazu gibt es unter 🖳 www.bankspeninsulawalks.co.nz; detaillierte Karten werden im Akaroa Adventure Centre verkauft.

Skyline Circuit (10 km, 4 Std. hin und zurück). Die beste Wanderung um Akaroa umrundet die Hügel über der Stadt auf dem Purple Peak Track, auf dem es zum wunderschönen Wald des Hinewai Reserve geht.

Beach Road–Glen Bay Red House Bay (5 km einfach, 1 1/4 Std.). Der Spaziergang am Ufer entlang auf der Beach Road führt Richtung Glen Bay und zum Akaroa Lighthouse. Eine Viertelstunde weiter Richtung Akaroa Head folgt die Bucht **Red House Bay**, die 1830 Schauplatz eines blutigen Massakers war: Der berüchtigte Häuptling Te Rauparaha von der Nordinsel bestach damals den Kapitän der englischen Brigg *Elizabeth* mit Flachs, seine Maori-Krieger an Bord des Schiffs zu verstecken und seine nichts ahnenden, von Te Maiharanui angeführten Feinde unter einem Vorwand an Bord zu locken, wo Te Rauparaha und seine Männer sie niedermetzelten, um ihre Opfer dann am Strand zu verspeisen.

Onuku Road (5 km einfach, 1 1/4 Std.). Die landschaftlich reizvolle Onuku Road führt landeinwärts zum empfehlenswerten Onuku Farm Hostel (S. 642) und zum Onuku Marae mit einer hübschen kleinen Kirche aus dem 19. Jh.

einem Treibhaus als Wintergarten. Morgens wird ein köstliches Frühstück serviert. Es gibt erhebliche Preisnachlässe bei mehrtägigen Aufenthalten. 4

Madeira Hotel, 48 Rue Lavaud, www.madeirapub.co.nz. Für die Gäste des Madeira Hotel besteht keine Notwendigkeit, ihre Unterkunft jemals zu verlassen. Denn hier werden großartige Biere gezapft, Pub-Essen serviert und regelmäßige Livemusik gespielt. Auch recht ordentlich übernachten kann man hier, in Backpacker-Schlafsälen, die durchaus passabel, wenn auch nicht gerade besonders schick sind. 1

Onuku Farm Hostel, 6 km südlich der Stadt, zu erreichen über die Onuku Rd, www.onukufarm.com; Karte S. 633. Abgeschiedene, herrliche Unterkunft oberhalb der Bucht auf einer Schaffarm. Übernachtungsmöglichkeiten im Hauptgebäude in DZ (manche mit schönem Ausblick) und Dorms (darunter ein 6-Stockbetten-Schlafsaal mit Bad, nur für Frauen). Kein TV, aber kostenloses WLAN. Draußen gibt's einen Zeltplatz mit Hängematten, außerdem ein weiteres Dorm mit Outdoor-Küche und -duschen, sowie mehrere *stargazers* – eine Art hölzerne Zelte (Schlafsack muss mitgebracht werden), einige davon mit traumhafter Aussicht. Ringsherum gibt es Wanderwege, und im Sommer veranstaltet das Hostel Touren zum Schwimmen mit Delphinen ($130 für Gäste, max. 6 Pers.). Nur Barzahlung. Mai–Sep geschl. 1

Tree Crop Farm, Rue Grehan, www.romanticretreatsakaroa.com. Romantische Unterkunft mit Kerzenlicht 2 km außerhalb von Akaroa in 4 rustikalen Cabins auf einer privaten Farm. Das Verwöhnprogramm umfasst mit Holz beheizte Bäder unter Sternen. Nicht jedermanns Geschmack, aber einzigartig. Bei der „Farm" ringsum handelt es sich eher um eine gezähmte, von Pfaden durchzogene Wildnis. 3

ESSEN

Karte S. 638

Akaroa hat einige sehr gute Restaurants. Die Abhängigkeit vom Sommertourismus bringt es allerdings mit sich, dass viele Lokale im Winter begrenzte Öffnungszeiten haben oder schließen. Selbstversorger können beim altmodischen **Akaroa Butcher & Deli**, 67 Rue Lavaud, www.facebook.com/AkaroaButchery, selbst gemachte Wurst sowie z. B. Barry's-Bay-Käse und Olivenöl aus der Region einkaufen. Ein **Four Square Supermarket** befindet sich in der Rue Lavaud neben dem Akaroa Adventure Centre, Mo–Do und So 8–18.30, Fr und Sa 8–19 Uhr.

Akaroa Fish & Chip Shop, 59 Beach Rd, 03 304 7464. Hier gibt es gute Fish 'n' Chips am Wasser, Tische sowohl drinnen als auch draußen und weitere köstlich knusprige Fischgerichte, z. B. *blue cod* (Sandbarsch) mit Kumara-Pommes – auf der sicheren Seite ist man immer mit dem frischen Tagesfisch. $

Bully Hayes, 57 Beach Rd, www.bullyhayes.co.nz. Das nach dem amerikanischen Piraten William Henry „Bully" Hayes, der im 19. Jh. in den hiesigen Gewässern sein Unwesen trieb, benannte und stets gut besuchte Restaurant serviert neben reichhaltigem Frühstück sensationelle Seafood-Platten, u. a. mit saftigem Akaroa-Lachs, und andere feine Abendgerichte wie exquisites Brathühnchen in Trüffelbutter. $$

L'Escargot Rouge, 67 Beach Rd, www.lescargotrouge.co.nz. Schickes Lokal mit französischem Frühstücksangebot. Zu den „Pariser" Frühstücksoptionen gehören beispielsweise eine Platte mit Baguette, Croissant und Pain au Chocolat, serviert mit frischem Kaffee, sowie Croque Monsieur (Brioche mit Dijon-Senf, Schinken und Käse). Tagsüber gibt es eine verlockende Auswahl an Thekenspeisen im Feinkost-Stil. $$

The Little Bistro, 33a Rue Lavaud, www.thelittlebistro.co.nz. Ein klassisches Restaurant, dessen 30 Sitzplätze so dicht beisammenstehen, dass die Gäste sehr gesellig Schulter an Schulter sitzen. Die Küche verarbeitet Produkte der Region und zaubert daraus etwa Schweinskarree oder eine Seezunge, dazu gib es gute Weine, überwiegend aus Canterbury. Als Nachtisch empfiehlt sich die hauseigene Version von *Eton mess.* $$

UNTERHALTUNG

Bars und Kneipen

HarBar, 83 Rue Jolie, www.facebook.com/harbarakaroa. Die Strandbar ist der perfekte Ort, um mit einem Craft-Bier in der Hand den Sonnenuntergang zu genießen. Wenn's dann so langsam kühl wird, gesellt man sich um den Kamin und bestellt etwas von der verlockenden Tapas-Karte.

The Hilltop Tavern, 5207 Christchurch Akaroa Rd (SH75), www.thehilltop.co.nz; Karte S. 633. Die traumhafte Aussicht auf den 450 m weiter unten liegenden Akaroa Harbour ist der Hauptanreiz dafür, dieses hervorragende Pub ungefähr auf halbem Weg zwischen Little River und Akaroa aufzusuchen. Im Sommer sind die Stühle auf dem Sonnendeck und die Sitzsäcke im Gras voller Gäste, die Nachos oder Holzofenpizza verdrücken und hiesige Craft-Biere trinken oder ausgezeichnete Eiscreme löffeln. An den Wochenenden kommen die Leute von fern und nah, um erstklassige lokale Bands zu hören: Programm siehe Website. *Self-contained* Campervans, also solche mit eigenem Wasser und Entsorgungssystem, dürfen über Nacht auf dem Parkplatz bleiben.

Kinos

Akaroa Cinema, Rue Jolie, Ecke Selwyn Ave, www.cinecafé.co.nz. Wer nicht so auf Blockbuster steht, dem könnte das Programm dieses kleinen Kinos zusagen, das Kunstfilme, ausländische, klassische und neue Filme zeigt. Im Foyer befindet sich das Ciné Café, wo man ein Glas Wein kaufen und mit in den Saal nehmen kann.

SONSTIGES

Geld

BNZ, 73 Rue Lavaud, Bank mit Geldautomat gegenüber dem Akaroa Adventure Centre, Mo–Fr 9.30–16.30 Uhr.

Informationen

Akaroa Adventure Centre, 74a Rue Lavaud, www.akaroaadventurecentre.co.nz. Das kommerzielle Informationszentrum promotet die Stadt, verkauft Wanderkarten und bietet unaufdringlich eigene Abenteueraktivitäten an. Im selben Gebäude ist auch das Postamt, außerdem gibt es eine Gepäckaufbewahrung. tgl. 9–17 Uhr.

Internet

In der **Akaroa Library**, 2 Selwyn Ave, Mo–Fr 10–16.30, Sa 10–13 Uhr, gibt es kostenloses WLAN, ebenso im angrenzenden Kinocafé und an der Uferpromenade.

Waschsalon

Akaroa Laundry, Rue Pompallier, 10–14 Uhr (Mi und Sa geschl.), Münzwaschmaschinen tgl. 8–20 Uhr.

TRANSPORT

Auto

Die Hauptstraße von Christchurch nach Akaroa ist der Highway **SH75**. Hinter Little River wird die Straße sehr kurvenreich und stellenweise steil. Die Fahrt von Christchurch nach Akaroa dauert insgesamt ca. 1 1/2 Std. Bei der Hilltop Tavern kann man vom SH75 auf die lange und landschaftlich reizvolle Summit Road abbiegen, die am Kraterrand nach Akaroa führt.

Busse

Ab Christchurch: **Akaroa Shuttle**, www.akaroashuttle.co.nz, Okt–April tgl. 8.30 Uhr, Rückfahrt 15.45 Uhr, ab Rolleston Ave und Lichfield St; **Akaroa French Connection**, www.akaroabus.co.nz, tgl. 9 Uhr, Rückfahrt 16 Uhr; ab Canterbury Museum. In Akaora halten beide am Akaroa Adventure Centre.

Rund um Akaroa: die Buchten

Für einen schönen Tagesausflug in die Gegend östlich von Akaroa bietet sich eine Fahrt auf der **Summit Road** an, die am Krater des 600 m hohen Akaroa verläuft. Von der Hochebene (wo im November der Ginster blüht) zweigen kurvenreiche Straßen ab, die hinunter zu romantischen Buchten mit einsamen Stränden führen. Von einst vielleicht blühenden Orten ist oft nur noch ein Schulhaus oder ein Laden übrig, die beide ums Überleben kämpfen. Da es kaum direkte Verbindungsstraßen gibt, dauert die Erkundung der Gegend wahrscheinlich länger als erwartet.

Das grüne **Le Bons Bay** ist eine friedliche kleine Gemeinde mit einigen Ferienhäusern und einem herrlichen **Sandstrand**, der zu beiden Seiten von Klippen eingerahmt wird und zum Spazierengehen und relativ gefahrlosen Baden einlädt.

Okains Bay (25 km von Akaroa über die Summit Rd) ist besonders im Januar ein beliebtes Urlaubs- und Ausflugsziel mit einigen wenigen ständigen Einwohnern. Das Dorf liegt 2 km landeinwärts vom Strand und der von dem Flüsschen **Opara Stream** gebildeten, friedlichen Lagune. Der Ort ist hervorragend geeignet zum Schwimmen und Bootfahren. Doch der triftigste Grund für einen Abstecher in die Bucht ist das Museum.

Okains Bay Maori and Colonial Museum

1146 Okains Bay Rd ▪ 🕒 tgl. 10–17 Uhr ▪ Eintritt ▪ 💻 www.okainsbaymuseum.co.nz

Der einheimische Sammler Murray Thacker hat in einer alten Käserei eine der besten Sammlungen von Maori-Artefakten auf der Südinsel zusammengetragen, die hier gezeigt werden, darunter wunderbare *hei tiki* (Anhänger mit einer geschnitzten menschlichen Figur) verschiedener Stilrichtungen. Weitere Ausstellungsstücke sind ein „Gottesstock" von 1400, ein Kriegskanu *(waka)* aus dem Jahr 1867 und ein schönes Versammlungshaus mit erlesenen symbolischen Figuren, geschnitzt von dem herausragenden Künstler John Rua. Zu den im Freien aufgebauten europäischen Gebäuden zählen ein Bretterstall und ein Cottage aus großen Totaraholzplanken. Außerdem wird detailreich die Geschichte der ersten europäischen Siedler in der Okains Bay erzählt, von denen viele Maori-Frauen heirateten – der erste Thacker kam hier in den 1850er-Jahren an.

ÜBERNACHTUNG UND ESSEN

Karte S. 633

Kawatea Farmstay, 1048 Okains Bay Rd, 💻 www.booking.com. Die ca. 100 Jahre alte Pionierfarm inmitten üppiger Gärten wird durch einen 5 km langen, landschaftlich schönen Küstenstreifen begrenzt. Vermietet werden 3 Zimmer und ein hübsches Loft, Abendessen gibt es auf Wunsch. ❷

Okains Bay Camping Ground, 1357 Okains Bay Rd, 💻 www.okainsbaycamp.co.nz. Ruhiger, das ganze Jahr über geöffneter Campingplatz am Ende der Straße am Strand. Zur Ausstattung gehören Toiletten, Wascheinrichtungen, Münzduschen und ausgezeichnete Küchen. ❶

Nord-Canterbury

Durch die Berge von **Nord-Canterbury** führt der SH7, der in etwa dem Verlauf einer Route folgt, die sowohl den Maori als auch den frühen Pakeha als nützliche Verbindung zwischen Ost- und Westküste diente. Eine Nebenstraße führt zum Kurort **Hanmer Springs**, im Sommer eine beliebte Ausgangsbasis für Wanderungen und im Winter für Wintersportbegeisterte. Rund 60 km weiter westlich erreicht der SH7 den **Lewis Pass**. Auf dem Weg hinunter zur Westküste lockt **Maruia Springs** mit seinen dampfenden Thermalquellen.

Hanmer Springs

Rund 125 km von Christchurch zweigt eine Nebenstraße, der SH7A, vom SH7 zum 9 km entfernten Kurort **Hanmer Springs** ab, der malerisch am Rand eines breiten, fruchtbaren Talkessels am Fuß der Neuseeländischen Alpen liegt. Die Thermalquellen werden von Regenwasser gespeist, das durch Felsspalten in den Hanmer Mountains sickert. Dabei absor-

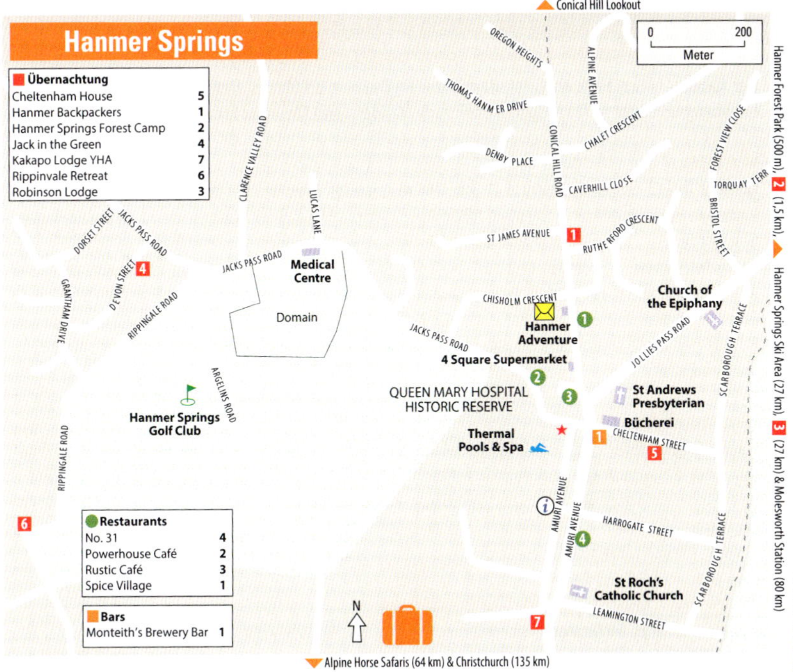

biert es Mineralien und wird durch die natürliche Erdwärme erhitzt – ein Prozess, der fast zwei Jahrhunderte dauert –, bevor das Wasser in den berühmten Thermalquellen von Hanmer an die Oberfläche tritt. Den Ortsmittelpunkt bildet die von Eichen gesäumte **Amuri Avenue**; sie führt an den Quellen, am i-SITE Visitor Centre, an den Geschäften und an dem schattigen Park vorbei, dem die Stadt ihr ruhiges und beschauliches Flair verdankt.

Hanmer Springs Thermal Pools and Spa

42 Amuri Ave ▪ Becken tgl. 10–21 Uhr, Spa tgl. 10–19 Uhr, Café tgl. 10–20.30 Uhr ▪ Eintritt ▪ www.hanmersprings.co.nz

Egal wie das Wetter ist, ein entspannender Besuch in den **Hanmer Springs Thermal Pools and Spa** ist immer eine gute Idee. Man kann in zwölf landschaftsarchitektonisch gestalteten Thermalbecken, deren Wasser zwischen 33 °C und 42 °C heiß ist, baden oder sich in zwei Frischwasser-Schwimmbecken im etwa 29 °C warmen Wasser „abkühlen". Außerdem locken drei Wasserrutschen, ein halbes Dutzend Einzelbecken sowie das Garden House Café. Nebenan bietet ein schickes **Spa** Verwöhnprogramm, darunter verschiedene Massagen.

ÜBERNACHTUNG

Karte S. 645

Hanmer Springs wartet mit einem guten Angebot an Unterkünften auf. Da es aber ein beliebtes Ziel für Wochenendausflüge ist, sollte man das ganze Jahr über rechtzeitig eine Unterkunft reservieren. Neben dem Campingplatz bieten auch Hanmer Backpackers und Jack in the Green die Möglichkeit, ein Zelt aufzubauen.

Cheltenham House, 13 Cheltenham St, www.cheltenham.co.nz. Das Cheltenham House ist das beste B&B der Stadt. 4 große Zimmer in einem Haus aus

Outdoor-Aktivitäten in Hanmer Springs

Der **Hanmer Forest Park** am Ortsrand mit seinem Bestand an Matais, Rotfichten, Douglastannen und Laubbäumen bietet beste Möglichkeiten zum Wandern und Mountainbikefahren.

Wandern

Conical Hill (2 km hin und zurück, 1 Std., 150 m Anstieg). Dies ist eine kurze, steile, aber durchaus lohnende Waldwanderung zu einem tollen Aussichtspunkt mit Blick über Hanmer und die umliegenden Berge.

Waterfall Track (2,5 km hin und zurück, 2 1/2 Std., 400 m Anstieg). Wunderschöne Wanderung durch Buchenwald, recht steil bergauf, zum 41 m hohen Dog Stream Waterfall. Der Weg beginnt an einem Parkplatz mitten im Forest Park. Um hinzukommen, fahren Wanderer über die Jollie's Pass Rd aus der Stadt hinaus und biegen nach 2 km links ab in die McIntyre Rd. Dieser folgt man dann bis zum Ende.

Mountainbiking

Hanmer Adventure, 20 Conical Hill Rd, 💻 www.hanmeradventure.co.nz. Verleiht Räder zur Erkundung der Schotterwege und des kurvenreichen Singletrails im Hanmer Forest Park. Das Centre übernimmt außerdem den Transport von Bikern auf den Jacks Pass, von wo aus man dann in Eigenregie über die „Twin Passes-Route", ein Weg, der bis auf einen kleinen Anstieg zum Jollies Pass zumeist bergab führt, wieder zurückfährt.

Bungy-Jumping, Rafting und Jetbootfahren

Hanmer Springs Attractions, 839 Hanmer Springs Rd, 💻 www.hanmerspringsattractions.nz. Die Waiau Ferry Bridge (8 km südwestlich des Orts) ist der Ausgangspunkt für eine ganze Reihe von Aktivitäten. Angeboten werden landschaftlich reizvolle, 2-stündige Wildwasserfahrten auf dem Waiau River (Schwierigkeitsgrad II, 70–90 Min. auf dem Wasser, Rückfahrt mit dem Jetboat), Jetbootfahrten durch die steilen Schluchten der Waiau River Gorge (30 Min.), Bungy-Jumping (inkl. T-Shirt) von einer 35 m hohen Plattform sowie Quadtouren (2 Std.). Die Touren lassen sich auch kombinieren. Buchen kann man online oder im Büro in Hanmer, 🕒 tgl. 9–17.30 Uhr.

Reiten

Alpine Horse Safaris, Waitohi Downs, Hawarden, 65 km südlich von Hanmer, 💻 www.alpinehorse.co.nz. Es werden hier zwar auch kurze Ausritte (2 Std. oder halber Tag) angeboten, im Mittelpunkt stehen jedoch 3- bis 12-tägige Querfeldeinritte über Hochlandfarmen und sogar bis hinunter nach Tekapo; dabei wird in Viehtreiberhütten übernachtet und an Lagerfeuern gegessen. Näheres auf der Website.

Skifahren

Die winzige **Hanmer Springs Ski Area**, 💻 www.skihanmer.co.nz, abseits der Clarence Valley Rd, 17 km nördlich der Stadt, verfügt nur über einen Schlepplift (den längsten Neuseelands) und einen Übungslift sowie einen Anfängerhang, sechs Abfahrten für Fortgeschrittene und fünf Pisten für erfahrene Skifahrer. Die Saison dauert von Mitte Juli bis September. Da die Zufahrtsstrecke berüchtigt schwierig ist, nimmt man besser einen der Shuttlebusse von Hanmer Adventure, wo man auch Skiausrüstung leihen kann. Wer mit dem eigenen Auto anfährt, benötigt Schneeketten. Oben am Berg bietet die **Robinson Lodge** (s. rechts) Ausrüstungsverleih und einfache Backpacker-Unterkünfte.

den 30er-Jahren. Billard-Zimmer und 2 Cottages in dem liebevoll gepflegten Garten. Abendliche Drinks und Whirlpool. Das ausgezeichnete Frühstück wird auf den Zimmern serviert. Außerdem gibt es 2 moderne Häuser für Selbstversorger mit 4 Schlafzimmern. ❹

Hanmer Backpackers, 41 Conical Hill Rd, www.hanmerbackpackers.co.nz. Ein herzerwärmend gemütliches, chaletartiges Hostel mitten im Ort mit TV-freier Lounge voller Bücher, makellosen Einrichtungen, geselliger Terrasse mit Grill und allerlei kostenlosen Dreingaben wie Kaffee aus der Presskanne. ❶

Jack in the Green, 3 Devon St, nur 10 Min. zu Fuß vom Zentrum, www.jackinthegreen.co.nz. Freundliches, geschmackvoll eingerichtetes Hostel mit geräumigen Zimmern in 2 umgebauten Häusern und Chalets mit schönem großem Garten. Außerdem gibt es jede Menge Platz für Zelte und Wohnmobile sowie Dorms ohne Etagenbetten. ❶

Kakapo Lodge YHA, 14 Amuri Ave, www.kakapolodge.co.nz. Großes, sonnendurchflutetes YHA-assoziiertes Hostel mit modernen, großzügigen Dorms und einem Gemeinschaftsbalkon zum gemeinsamen Relaxen. In der Eingangshalle gibt es einen Kamin und einen Kiosk. Auch Motel-Units sind vorhanden. ❶

Rippinvale Retreat, 68 Rippingale Rd, www.hanmersprings.net.nz. Nobles B&B am Ortsrand mit nur 2 Suiten, beide schön eingerichtet und mit eigener Terrasse. Das gesunde Gourmet-Frühstück besteht nur aus Bio-Zutaten und wird aufs Zimmer serviert, außerdem gibt's einen Whirlpool und eine Feuerstelle. ❹

Robinson Lodge, Hanmer Springs Ski Area, www.rippinvaleretreat.co.nz. Während der Skisaison können Wintersportler in dieser einfachen Backpacker-Lodge mit Schlafsälen und Gemeinschaftsduschen übernachten (4 *bunkrooms*, 4 Familienzimmer). Proviant und Schlafsack müssen mitgebracht werden, Kochgelegenheiten sind vorhanden und Betttücher und Kissen werden gestellt. ❶

Camping

Hanmer Springs Forest Camp, 243 Jollies Pass Rd, 2 km östlich von Hanmer, www.hanmerforestcamp.co.nz. Empfehlenswerter Gemeinde-Campingplatz, der an das Hanmer Forest Reserve grenzt. Auf dem Gelände finden Gäste zahlreiche einfache, aber gepflegte Cabins vor. Außerdem ist viel Platz für Zelte vorhanden. Es gibt jedoch keine Stellplätze mit Stromanschluss. ❶

ESSEN UND UNTERHALTUNG

Karte S. 645

No. 31, 31 Amuri Ave, www.restaurant-no31.nz. Fine-Dining im Stil von Hanmer Springs. In der Küche werden wunderschön arrangierte neuseeländische Gerichte zubereitet, zu denen man lokale Weine aus der Weinkarte auswählen kann. Empfehlenswert ist Angus-Rinderfilet mit einer Glasur aus schwarzem Knoblauch und Pilzen. Vegetarische Gerichte stehen ebenfalls zur Auswahl. $$

Powerhouse Café, 8 Jack's Pass Rd, www.powerhousecafe.co.nz. Das moderne Café in einem Gebäude von 1926 hat den besten Kaffee im Ort, leckere, oft glutenfreie Kleinigkeiten, dekadentes Frühstück mit Klassikern wie French Toast und *kedgeree* (schmackhafte Reisgericht mit Fisch und Eiern) und reichhaltige Mittagsgerichte wie Steak-Sandwiches und *coq au vin*. $$

Rustic Café, 8 Conical Hill Rd, www.facebook.com/RusticCafeHanmerSprings. Tolles kleines Tapas Restaurant mit Köstlichkeiten wie in der Pfanne gebratene Chorizo mit gerosteter Paprika, Garnelen in Kokosnusspanade und Halloumi-Bruschetta. $$

Spice Village, 5 Conical Hill Rd, www.spicevillage.co.nz. Modernes indisches Restaurant mit einer gut sortierten klassischen Speisekarte. Auf die Gäste warten moderne Variationen von Gerichten aus Indien und dem weiteren Subkontinent wie Canterbury-Lamm Rogan Josh und herzhaftes Dopiaza. $$

Monteith's Brewery Bar, 47 Amuri Ave, www.mbbh.co.nz. Die munterste Kneipe des Orts mit Sport-TV und Monteith's vom Fass hat solide Kost wie warmen marokkanischen Lammsalat und Kürbis-Gnocchi mit Blauschimmelkäse.

SONSTIGES

Geld

Im Visitor Centre gibt es eine kleine **BNZ-Filiale**, Mo–Fr 10–14 Uhr.
Ein weiterer **Geldautomat** der BNZ befindet sich draußen beim Supermarkt Four Square, 12 Conical Hill Rd.

Informationen

i-SITE Visitor Centre, 40 Amuri Ave, neben den heißen Quellen, www.visithanmersprings.co.nz. Hier gibt's die ausgezeichneten Faltblätter *Hanmer Springs Walks* und *Hanmer Springs Mountain Bike Tracks* (je $3). tgl. 10–17 Uhr.

TRANSPORT

Zwei Busgesellschaften, **Hanmer Connection**, www.hanmerconnection.co.nz, und **Hanmer Tours & Shuttle**, www.hanmertours.co.nz, setzen Busse zwischen CHRISTCHURCH (2x tgl., 2 Std.) und Hanmer ein. Die Ankunft und Abfahrt der Busse erfolgt an der Haltestelle gleich nördlich der Quellen. Für KAIKOURA muss man zunächst nach Amberley zurückfahren und dort einen Bus nach Norden nehmen. Zur Zeit der Recherche gab es keine Verbindung über den Lewis Pass nach Nelson.

Maruia Springs

SH7, 75 km westlich von Hanmer Springs ▪ tgl. 8–21 Uhr ▪ Eintritt, Handtuchverleih kostet extra ▪ www.maruiahotsprings.nz

Rund 77 km westlich von Hanmer Springs sowie 8 km hinter dem 907 m hohen Lewis Pass liegt Maruia Springs, ein weiterer friedlicher Kurort mit **heißen Quellen** am Fluss. Zum Bäderkomplex gehören separate Männer- und Frauen-Badehäuser im japanischen Stil, Einzel-Spas und Pools unter freiem Himmel, deren Wasser je nach Mineralgehalt schwarz bis milchig-weiß aussieht.

Eine empfehlenswerte **Unterkunft** bietet das Maruia Springs Resort, www.maruiahotsprings.nz, mit einfachen, gut ausgestatteten Zimmern mit separaten oder Gemeinschaftsbalkonen mit Blick auf den Garten und die Berge. Der Strom für das Hotel wird vom nahen Maruia River generiert. Gäste dürfen sich kostenlos und unbegrenzt in den Thermalquellen aalen. Im Restaurant des Resorts kommen japanische und europäische Mahlzeiten auf den Tisch. ❸

Zentrales Canterbury

Die Region **Zentral-Canterbury** unmittelbar westlich von Christchurch umfasst den Übergang zwischen den flachen Canterbury Plains hin zu den zerklüfteten, spektakulären Neuseeländischen Alpen weiter südlich. Sowohl der SH73, der Great Alpine Highway, als auch der Touristenzug TranzAlpine von Christchurch zum Arthur's Pass führen zunächst durch die fruchtbaren Ebenen und dann am **Waimakariri River** entlang, bevor es durch die **Torlesse Range** hinaufgeht. Dahinter erreicht man ein schönes Hochland, das von kahlen Hügeln umgeben ist.

Oder man nutzt für die Fahrt Richtung Süden die **Inland Scenic Route 72** mit dem Wintersportort **Methven**, dem Tor zum Skigebiet **Mount Hutt**. Im Sommer werden z. B. Fallschirmspringen und Jetbootfahrten angeboten, und rund um den Mount Somers bieten sich einige wunderbare **Wandermöglichkeiten**.

Springfield

Von Christchurch verläuft der SH73 bis ins 65 km entfernte **Springfield** mehr oder weniger eben. Das kleine Dorf ist das Tor zu vier Skigebieten in der Umgebung (s. Kasten S. 646); in der Nähe locken außerdem Jetbootfahrten auf dem schmalen **Waimakariri River** mit seinem klaren Wasser.

ÜBERNACHTUNG UND ESSEN

Kowai Pass Reserve Campground, Domain Rd (1,5 km südlich von Springfield beim SH73), ✆ 03 818 4887. Einfacher, ruhiger Platz in geschützter Lage mit Stellplätzen mit und ohne Anschlüsse; Anmeldung beim Verwalter auf der anderen Seite der Straße. Münzduschen. ❶

Smylies, 5653 West Coast Rd (SH73), 🖳 www.smylies.co.nz. Freundliches, von einem japanisch-neuseeländischen Park geführtes YHA-assoziiertes Hostel (auch mit Motelzimmern) mit kostenlosen japanischen Bädern (im Winter tgl., im Sommer auf Wunsch), einer kaminbeheizten Lounge, gemütlichen Zimmern und köstlichen japanischen oder neuseeländischen Abendmahlzeiten sowie kleinem *(continental)* oder warmem Frühstück. Skiverleih vorhanden. Auch Shuttlebusse zu den Skigebieten werden geboten. ❷

Taste of Kiwi Café, 5666 West Coast Rd (SH73), 🖳 www.facebook.com/tasteofkiwinz. Dunkelgrün dekoriert und mit vielen Topfpflanzen ausstaffiert, ist dieses Café ein willkommenes friedliches Plätzchen, wo großartige Hackfleisch- und Potato Cakes serviert werden. Auf den Tisch kommen auch üppig portionierte Pommes Frites, Nachos, die bei den Locals besonders beliebten „Tranz Alpine"-Muffins und guter Espresso. $$

Yello Shack Café, SH73, 🖳 www.facebook.com/yelloshack. Fröhliches Café neben der gigantischen Springfield-Donut-Skulptur, wo an den Wochenenden abends Holzofenpizza auf den Tisch kommt. Die übrige Zeit muss man sich mit leckeren Thekengerichten und hausgemachten Pasteten begnügen, die man bei einem guten Kaffee verspeist. Alkoholausschank. $

AKTIVITÄTEN

Rubicon Valley Horse Treks, 🖳 www.rubiconvalley.co.nz. Bietet preisgünstige **Ausritte**, von leichten Farmtouren (1 Std.) bis zu einer abenteuerlichen Bergtour (mind. 2 Pers., 4 1/2 Std.). Wer sich für das Kulturerbe der Region interessiert, kann an einer Tour mit der Postkutsche teilnehmen. Abholung in Springfield.

Waimak Alpine Jet, Rubicon Rd, 🖳 www.alpinejetthrills.com. Bietet preisgünstige Jetboottouren auf den seichten Verästelungen des Waimakariri und durch die enge Waimakariri Gorge. Die Boote folgen der Strecke der TranzAlpine-Zugstrecke. Buchung sehr ratsam. Am besten ist die Canyon Safari (1 Std.), aber auch die Adventure Tour (30 Min.) hat einiges zu bieten.

INFORMATIONEN

Das **Station 73 Café** fungiert als Informationszentrum.

Kura Tawhiti (Castle Hill Conservation Area)

Hinter dem 939 m hohen Porter's Pass führt der SH73 hinunter in das Castle-Hill-Becken, gesäumt von der Craigieburn Range mit einigen Skigebieten. Die grasbewachsenen Hänge sind im unteren Bereich mit grauen Kalksteinfelsen gespickt, die bis zu 30 m hoch sind und sich zu einem Zentrum für das sogenannte **Bouldering**, eine Art Felsklettern ohne Seil, entwickelt haben und sogar international bekannte Kletterer anlocken. Die Felsen sind für die Maori von spiritueller Bedeutung. Vom Parkplatz der **Castle Hill Conservation Area** winden sich mehrere Wege zwischen den Felsen und grasbewachsenen Hügeln hindurch.

Cave Stream Scenic Reserve

Das Naturschutzgebiet **Cave Stream Scenic Reserve** rund 6 km nördlich von Kura Tawhiti am SH7 wird ebenfalls von Kalksteinfelsen beherrscht. Von hier hat man Ausblicke auf die Bergketten Craigieburn Range und Torlesse Range und die seltene Gelegenheit, auf eigene Faust eine **Kalksteinhöhle** zu besichtigen. Felskunst, Hinweise auf jahreszeitlich vorhandene

Lager und der Fund eines uralten, holzgerahmten Flachsrucksacks sowie anderer über 500 Jahre alter Artefakte deuten darauf hin, dass Maori sich einst in der Region aufhielten. Die Höhle enthält große, aber harmlose Weberknechtspinnen, die nur hier und in einer weiteren Höhle auf der Südinsel vorkommen.

Für die **Höhlenerkundung** sollte man zu jeder Jahreszeit warme Kleidung tragen, nicht allein aufbrechen und pro Person mindestens zwei gute Taschenlampen – in der Höhle ist es stockdunkel – und trockene Kleidung zum Wechseln dabeihaben. Die Höhlendurchquerung (594 m, 1 Std.) beginnt an der flussabwärts gelegenen Seite der Höhle mit der Durchquerung eines tiefen Beckens; wenn das Wasser höher als bis zur Hüfte reicht, schnell fließt, aufschäumt und verfärbt ist, sollte die Durchquerung der Höhle nicht unternommen werden. Ansonsten geht man anschließend weiter flussaufwärts. Zwei Hindernisse gilt es entlang des Wegs zu überwinden: eine 1,50 m hohe Felskante etwa auf halber Strecke und ganz am Ende einen 3 m hohen Wasserfall, der mithilfe von Eisensprossen und einer Eisenkette erklommen wird.

ÜBERNACHTUNG UND ESSEN

Craigieburn Shelter Campsite, 5 km nördlich des Cave Stream Scenic Reserve, zu erreichen über eine am SH73 ausgeschilderte Schotterstraße. Hübscher kleiner DOC-Platz an einem Bach mit Plumpsklos, Wassertank (Wasser entkeimen) und Unterstand. Leider auch viele Sandfliegen. ❶

Flock Hill Homestead , SH73, 10 km nördlich des Cave Stream Scenic Reserve, 💻 www.flockhillnz.com. Unterkünfte auf einer wunderschön gelegenen Hochland-Schaffarm, praktisch für Kletterer, Skifahrer und Wanderer – und sehr beliebt als Ort für Hochzeiten. Die Zimmer befinden sich in einem modernen Anwesen aus Holz und Glas, das einen schönen Kontrast zur natürlichen Landschaft bildet und mit seinen großen Fenstern herrliche Blicke auf die Berge und den Fluss ermöglicht. Es gibt nur 4 Zimmer, und alle sind modern und äußerst luxuriös eingerichtet – der Preis ist dementsprechend hoch. ❹

Craigieburn-Skigebiete

Das Südufer des Waimakariri River säumt die majestätische **Craigieburn Range** mit vier einfachen Skigebieten, die gewöhnlich von Juli bis September geöffnet sind und leicht vom SH73 zwischen Springfield und Arthur's Pass zu erreichen sind.

Am nächsten (33 km westlich von Springfield) liegt die **Porters Ski Area**, 💻 www.portersalpineresort.com, mit Pisten für alle Schwierigkeitsgrade sowie Café und Bar, einer Lodge und Ausrüstungsverleih. Die **Broken River Ski Area**, 💻 www.brokenriver.co.nz, 11,5 km nordwestlich des Cave Stream, bietet Abfahrten abseits der Pisten, Snowboarding und drei rustikale Lodges – in der Palmer Lodge wird Craft-Bier und -Cider vom Fass serviert – für erfahrenere Skifahrer.

Die **Mount Cheeseman Ski Area**, 💻 www.mtcheeseman.co.nz, rund 12,5 km nordwestlich der Cave Stream Scenic Reserve, ist ein familienfreundliches Skigebiet vor allem für Anfänger und Fortgeschrittene, mit Skiverleih und zwei Lodges.

Die **Craigieburn Valley Ski Area**, 💻 www.craigieburn.co.nz, 12,5 km nördlich des Cave Stream, lockt mit längeren Abfahrten, unglaublichen Ausblicken, nicht überlaufenen Pisten mit schmalen, steilen Rinnen und weiten offenen Pulverschneekesseln sowie Möglichkeiten zu Skitouren ebenfalls erfahrenere Skifahrer an; jedoch müssen die Gäste Ausrüstung selbst mitbringen.

Im **Sommer** sind viele der Lodges für **Wanderer** und **Mountainbiker** geöffnet – Näheres auf den Websites.

Arthur's Pass National Park

Die spektakulärste der drei Routen über die Neuseeländischen Alpen verbindet Christchurch mit Greymouth und führt über den **Arthur's Pass**, zum einen als landschaftlich schöne Eisenbahnlinie, zum anderen als der nicht minder atemberaubende SH73. Den Pass umgibt der 950 km² großen **Arthur's Pass National Park** mit seiner bemerkenswerten alpinen Landschaft und ei-

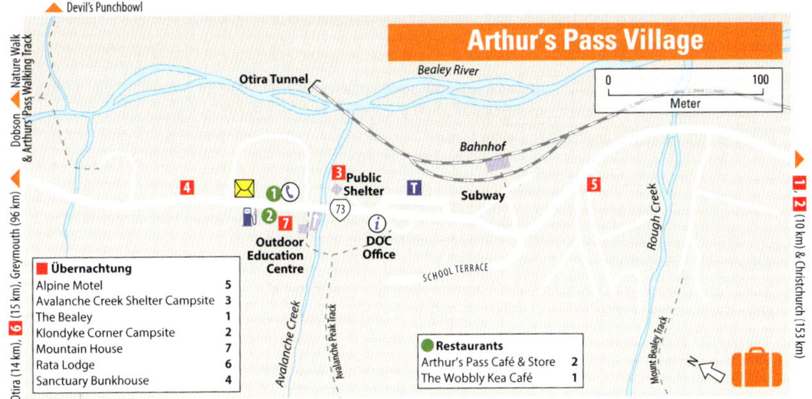

nigen wunderschönen Wanderrouten. Inmitten des Parks, am SH73, liegt in einem waldreichen U-förmigen Tal auf 737 m Höhe das winzige **Arthur's Pass Village**.

Der Park befindet sich in der Übergangszone zwischen der feuchten Westküste und der erheblich trockeneren Ostseite der Südinsel: Während das unmittelbar westlich des Passes gelegene Otira ca. 6000 mm Niederschläge pro Jahr erhält, fällt im 15 km weiter östlich gelegenen Bealey nur 2000 mm Regen. Daher liegt Arthur's Pass Village oft unter einer Nebeldecke. Das Dorf hält nur wenige Unterkünfte und Speiselokale bereit: Wer einige Zeit in der Gegend bleiben möchte, sollte sich mit Proviant versorgen. Nachts ist es hier oben oft kühl, und manchmal blockiert Schnee den Pass.

Der **Arthur's Pass** selbst liegt 4 km nördlich des Dorfs und mit einer Höhe von 920 m fast 200 m höher. Die Passhöhe markiert ein Obelisk, der dem Bauingenieur **Arthur Dudley Dobson** gewidmet ist. Maori erzählten ihm von dieser Route, die ihnen seit Langem als Verbindung von der Westküste in die Canterbury Plains diente. Dobson vermaß die Passroute 1864.

Gleich westlich des Passes fällt die Straße steil ab über den **Otira Viaduct**, eine 1999 fertiggestellte Betonbrücke über den Fluss in der Tiefe. Die Nebenflüsse sind so wasserreich, dass einer von ihnen als eine Art Wasserfall über die Straße geleitet werden muss – am besten zu sehen ist das von einem kleinen Aussichtspunkt.

ÜBERNACHTUNG

Karte S. 651

Es gibt eine überschaubare Auswahl an Unterkünften mit gutem Preis-Leistungs-Verhältnis im Dorf **Arthur's Pass** – v. a. in der Hauptstraße. In der Hochsaison (Dez–März) ist eine Vorausbuchung sinnvoll.

Alpine Motel, 52 Main Rd (SH73), www.apam.co.nz. Ein kleines Stück südlich vom Dorf gelegene alte, aber gepflegte Motel Units im Chalet-Stil mit Küche, DVD-Player und Heizdecken. In der Nebensaison Rabatte. Kostenloses WLAN. ❷

The Bealey, SH73,10 km südöstlich des Arthur's Pass Village, www.bealeyhotel.co.nz. Das historische Hotel auf einer Anhöhe mit tollem Blick auf den breiten Waimakariri River bietet Zimmer im Motelstil. Das Restaurant ist mit Erinnerungsstücken an die Geschichte des Hotels als Station für die Pferdekutschen von Cobb & Co vollgestopft. Auf dem Gelände erinnern lebensgroße Moa-Skulpturen an die angeblichen Sichtungen des lange ausgestorbenen Moas hier in dieser Gegend in den vergangenen Jahrzehnten. ❷

Mountain House, www.yha.co.nz. Das mit dem YHA-assoziierte Hostel hat das größte und vielfältigste Angebot im Dorf. Neben dem adretten Haupthaus gibt es 2 Selbstversorger-Eisenbahner-Cottages aus den 1920er-Jahren mit 4 Schlafzimmern. Im

Wanderungen in der Umgebung des Arthur's Pass

Abseits der kürzeren, einfachen Spazierwege um das Arthur's Pass Village herum ist der Arthur's Pass National Park erheblich unwegsamer als die meisten anderen Parks in Neuseeland und eignet sich deshalb nicht für unerfahrene Wanderer.

Sicherheit, Informationen und Ausrüstung

Die meisten mehrtägigen Routen sind nicht ausgeschildert (auf jeden Fall Kompass mitnehmen!), und es müssen Bäche durchwatet werden – man sollte also angemessen vorbereitet sein (s. Traveltipps S. 65) und sich auf 💻 www.adventuresmart.org.nz registrieren. Praktisch ist die kostenlose Broschüre *Tramping in Arthur's Pass National Park*, die Wanderer auf 💻 www.doc.govt.nz herunterladen können. Außerdem braucht man topografische **Landkarten** im Maßstab 1:50 000, die man im DOC-Büro kaufen oder leihen kann. Das Visitor Centre verkauft außerdem Fotokopien von Karten der meisten Wanderrouten mit Übernachtung sowie 230-g-Gaskartuschen. Auch eine Gepäckaufbewahrung wird hier geboten.

Zugang und Übernachtung

Bei **West Coast Shuttle** und **Atomic** (Kontaktadressen S. 654) kann man die Anfahrt und Abholung zu und von den Start- und Endpunkten der Wanderung arrangieren. Wichtig ist eine rechtzeitige Anmeldung der Fahrt. Bei einigen Wanderungen muss man zelten oder in DOC-Hütten übernachten, die nicht buchbar sind. Hüttentickets gibt's beim DOC-Büro in Arthur's Pass, oder man benutzt einen Backcountry Hut Pass.

Kurze Wanderungen

Devil's Punchbowl (2 km, 1 Std. hin und zurück, 100 m Anstieg): Der beliebteste kurze Spaziergang in Dorfnähe ist eine Allwetter-Kletterpartie zum Fuß eines 131 m hohen Wasserfalls über zwei Fußgängerbrücken und Zickzackstufen hinauf.

Sommer (gewöhnlich Dez–März) öffnen die Betreiber auch die „Historic Lodge", die stimmungsvolle Original-Jugendherberge aus den 1950er-Jahren. Anspruchsvollere Gäste, die es etwas schicker mögen, können auch eines der beiden Motel Units mit Küchenzeilen, Doppelbetten und Satelliten-TV beziehen. Außerdem gibt es Stellplätze mit Elektro-Anschlüssen. ❷

Rata Lodge, SH73, Otira, 15 km nördlich des Arthur's Pass Village, 💻 www.ratalodge.co.nz. Ein geräumiges, cooles BBH-Hostel am Westrand des Nationalparks. 4-Bett-Dorm, 2 DZ mit Bad und TV sowie ein kleiner Waldweg mit Glühwürmchen. Proviant selbst mitbringen. ❷

Sanctuary Bunkhouse, 126 Main Rd, SH73, 💻 www.thesanctuary.co.nz. Schlafsaalunterkunft mit insgesamt 8 Betten (Schlafsack erforderlich). Es gibt eine annehmbare Küchenausstattung, einen Aufenthaltsraum und ein Bad mit Glasdach für Sternegucker. Warme Münzduschen, 24 Std. Internetzugang und Wäscheservice sind für alle zugänglich und zahlbar per Geldeinwurf in die Sammelbox. Kein Personal. ❶

Camping

Avalanche Creek Shelter Campsite, Main Rd (SH73), ✆ 03 318 9211. Einfacher DOC-Platz gleich gegenüber dem DOC-Büro, der eigentlich nur aus einer Rasenfläche und einem Schotter-Parkplatz für Wohnmobile besteht. Trinkwasser, Toiletten und Unterstand. Keine Reservierung möglich, nur Barzahlung. ❶

Klondyke Corner Campsite, SH73, 8 km südöstlich vom Dorf Arthur's Pass, ✆ 03 318 9211. Einfacher, zwischen Straße und Fluss gelegener DOC-Campingplatz mit schöner Aussicht, Plumpsklo und Flusswasser (entkeimen!). ❶

Dobson Nature Walk (1 km hin und zurück, 30 Min.). Entlang diesem einfachen Spaziergang auf der Passhöhe des Arthur's Pass werden auf Tafeln Erläuterungen zu subalpinen Kräutern, Tussock-Gräsern und Sträuchern geliefert; die schönste Zeit für diese Pflanzen ist Nov–Feb, wenn sie teilweise erblühen. Der Naturlehrpfad ist zu Fuß über den Arthur's Pass Walking Track erreichbar.
Arthur's Pass Walking Track (6,8 km hin und zurück, 3 Std., 200 m Anstieg). Peppiger Waldwanderweg, der das Dorf mit dem Dobson Nature Walk und Arthur's Pass verbindet. Der hübsche Pfad windet sich durch Buchenwald an den Bridal Veil Falls vorbei und passiert die Jack's Hut, eine grüne Wellblechhütte, die einst von Straßenarbeitern genutzt wurde.

Tages- und Mehrtageswanderungen

Avalanche Peak Track (5 km hin und zurück, 6–8 Std., 1000 m Anstieg). Anstrengende Tageswanderung, die sagenhafte Ausblicke auf die umliegende Bergwelt eröffnet. Teile des Tracks sind Wind und Wetter ungeschützt ausgesetzt, daher sollte der Weg nur von gut ausgerüsteten, erfahrenen Wanderern und bei guten Witterungsbedingungen in Angriff genommen werden. Die beste Variante besteht in einem Aufstieg über den spektakulären Avalanche Peak Track, der sich zu einem Rundwanderweg erweitern lässt, indem man über den **Scotts Track** zurückkehrt.
Casey Saddle zum Binser Saddle (RG10, 40 km, 2 Tage, 400 m Anstieg). Mäßig schwerer Rundweg mit großartigen Ausblicken; über leichte Bergrücken und gut gekennzeichnete Wege durch lichten Südbuchenwald mit Übernachtung im Zelt – die Casey Hut ist 2015 abgebrannt.
Mingha–Deception (RG6, 25 km, 2 Tage, 400 m Anstieg, 750 m Abstieg). Tolle, aber anspruchsvolle Wanderung mit Übernachtung, die der Route der beschwerlichen Bergetappe beim Coast to Coast Race folgt. Der Abschnitt vom Mingha Valley zum Goat Pass ist markiert, aber der Weg hinab durch das Deception Valley ist es nicht und verlangt außerdem 20–30 Flussdurchquerungen (Wasserstände beobachten!). Zur Übernachtung stehen entweder die Goat Pass Hut (20 Etagenbetten) oder die Upper Deception Hut (6 Etagenbetten, kostenlos) zur Verfügung.

ESSEN UND UNTERHALTUNG

Karte S. 651
Arthur's Pass Café and Store, 85 Main Rd (SH73), 💻 www.arthurspasscafe.co.nz. In diesem Laden gibt es Frühstück, Pasteten, Sandwiches und ausgezeichneten Kaffee. Außerdem gehören Internetzugang und ein Geldautomat zum Service. Lebensmittel sind nur sehr begrenzt erhältlich. $
The Wobbly Kea Café, 108 Main Rd (SH73), 💻 www.wobblykea.co.nz. Das nette Café ist ein bevorzugter Treffpunkt für die einheimische Gemeinde. Hier gibt's alles, was glücklich und satt macht: heiße Schokolade, guten Kaffee und kreativ zubereitete Mittagsspeisen, dazu abends herzhafte Mahlzeiten in großen Portionen; die Pizzas sind riesig. Das Wobbly Kea Café ist gleichzeitig eine Bar mit gelegentlicher Livemusik. $$

SONSTIGES

Geld und Einkaufen

Im Laden von Arthur's Pass (Adresse s. links) gibt es einen **Geldautomaten**. Das Geschäft betreibt übrigens auch die einzige **Zapfsäule** im Gebiet zwischen Springfield und der Westküste.

Informationen

Arthur's Pass National Park Visitor Centre, SH73, 💻 www.arthurspass.com. Hervorragende Touristeninformation mit umfangreicher Ausstellung zu Flora und Fauna, Geologie und regionaler Geschichte. Auf Wunsch wird auch ein Video zur Geschichte der Postkutschen und der Eisenbahn gezeigt. Wetterinfos sind angeschlagen. 🕒 Nov–April 8–17, Mai–Okt 8.30–16.30 Uhr.

TRANSPORT

Busse

West Coast Shuttle, www.westcoastshuttle.co.nz. Bietet eine tägliche Verbindung von Greymouth nach Christchurch und zurück mit Halt gegen 9.10 Uhr in Arthur's Pass auf der Fahrt nach Osten und am Nachmittag (16.45 Uhr) auf der Fahrt nach Westen.
Atomic Shuttles, www.atomictravel.co.nz. Fahren in die andere Richtung: von Christchurch nach Greymouth und zurück. Die Busse halten jeweils vor dem Arthur's Pass Store/Mountain House Lodge.

Busse nach:
CHRISTCHURCH 1x tgl., 2 1/2 Std.;
GREYMOUTH 1x tgl., 1 1/4 Std.

Eisenbahn

Der **TranzAlpine** hält in Arthur's Pass gleich südlich vom Ortszentrum. Den Bahnsteig erreicht man durch die Unterführung gleich gegenüber vom DOC-Büro. Nach CHRISTCHURCH (2 1/2 Std.) sowie nach GREYMOUTH (2 Std.) jeweils 1x tgl.

Methven

100 km westlich von Christchurch liegt **Methven**, die Wintersporthauptstadt von Canterbury und in der **Skisaison** von Juni bis Oktober die wichtigste Basis für Ausflüge in das Skigebiet am **Mount Hutt**. Während des restlichen Jahres kann es hier recht ruhig sein, aber im Sommer nutzen viele Besucher den Ort als Ausgangspunkt für Aktivitäten rund um die nahe gelegene **Rakaia Gorge** und die Farm **Washpen Falls** im Norden sowie den **Mount Somers** im Westen. In dem kleinen Zentrum von Methven gibt es Banken, eine Post, ein Ärztezentrum, Supermärkte und Ausrüstungsgeschäfte.

NZ Alpine und Agriculture Encounter

Methven Heritage Centre, 160 Main St ▪ tgl. 9–17Uhr ▪ Eintritt ▪ www.methvenheritagecentre.co.nz
Seine Lage am Übergang zwischen Ebene und Bergen zelebriert Methven mit diesem neuen, interaktiven **Museum**, das sich mit Wintersport und Landwirtschaft befasst. Besucher können Merino-Wolle spinnen, einen Bagger-Simulator ausprobieren und erhalten Informationen zur Lawinenkontrolle und zur Entstehung des Skigebiets Mount Hutt.

ÜBERNACHTUNG

Karte S. 655
Abisko Lodge und Campground, 74 Main St, www.abisko.co.nz. Eine zuverlässige Unterkunft in der Ortsmitte mit Campingmöglichkeiten, DZ mit Bad und gemütlichen Selbstversorger-Apartments, mit Sauna und Heißwasserbecken (Extragebühr). ❷
Big Tree Lodge, 25 South Belt, www.bigtreelodge.co.nz. Waschmaschinenbenutzung und Internet sind im Übernachtungspreis dieses heimeligen, von Snowboardern geführten Hostels enthalten. Die Zimmer im Haupthaus teilen sich eine Küche und die Bäder. Es gibt auch ein Selbstversorger-Cottage für 3 Pers. ❷
Blue Pub, 1 Barkers Rd, www.thebluepub.com. Großzügige, moderne Zimmer zu sehr guten Preisen, die sich zu Gemeinschaftsbalkonen hin öffnen. Dazu gehören auch ein beliebtes Bistro und eine Bar vor Ort mit regelmäßiger Livemusik. ❷
Brown Pub, 137 Main St, www.brownpub.co.nz. Auf der anderen Straßenseite des Blue Pubs befindet sich das Gegenstück mit ähnlichem Namen, von denselben Betreibern, aber mit günstigeren Zimmern, die besser für Rucksacktouristen geeignet sind. Keine Schlafsäle, aber einige Mehrbettzimmer, alle mit Gemeinschaftsbad. Es gibt auch eine Gemeinschaftslounge und eine Küchenzeile. ❶
Skibo House, 82 Forest Drive, 03 302 9493. Freundliches B&B in modernem Haus. Toller Bergblick von den meisten Zimmern (ohne Bad). Whirlpool im Freien und hervorragendes Frühstück inkl. Bircher-Müsli, Eiern etc. ❷

ESSEN UND UNTERHALTUNG

Karte S. 655
The Blue Pub, 2 Barkers Rd, www.thebluepub.co.nz. Das kobaltblau gestrichene

Hotel von 1918 ist eine beliebte Anlaufstelle zum Après-Ski. In der belebten Kneipe sind am Wochenende Bands und DJs zu Gast. Das Café/ Restaurant serviert herzhafte Gerichte wie Lammhaxe mit Honig-Kürbispüree und Würste aus Wild mit Fenchel und Datteln. $$

The Dubliner, 116 Main St, 🖳 www.dubliner.co.nz. Bistroküche mit tollen Pizzas (verschiedene Größen) und ein paar wärmende irische Gerichte, darunter Irish Stew, serviert im alten Postamt mit altem Safe. $$

Molecule, 131 Main St, 🖳 www.cafe131.com. Luftiges Art-déco-Café, perfekt geeignet, um Leute beim Genuss des besten Kaffees in Methven zu beobachten. Große Kuchenauswahl (unbedingt probieren: „Cookies and Cream"), ein ganztägig erhältliches Frühstück und sättigende, preiswerte Mittagessen wie BLT-Sandwiches und Pommes. $$

Primo & Secundo, 38 McMillan St, ✆ 03 302 9060. Uriges Café in einem Klamotten- und Trödelladen; ganztägig Frühstück, hervorragenden Kaffee, köstliche hausgemachte Kuchen und Gerichte wie beispielsweise Suppen, herzhafte Crêpes und *shepherd's pie*. Hinterm Café kann man draußen sitzen. $$

Thai Chilli, Main Rd, Ecke Forest Drive, 🖳 www.thaichillimethven.blogspot.com. Authentische, sorgfältig zubereitete und servierte Thai-Gerichte. Kleine Karte mit *pad Thai*, grünem Curry und mehr, alles zu einem guten Preis-Leistungs-Verhältnis. In der Skisaison lohnt vor allem das Buffet. $$

Cinema Paradiso, 112 Main St, 🖳 www.cafe131.com. Wunderbares digitales Kino mit Bar und 2 kleinen Räumen, in denen neu erschienene und Art-House-Filme gezeigt werden.

SONSTIGES

Informationen

i-SITE, Methven Heritage Centre, 160 Main Rd, 🖳 www.midcanterburynz.com. Bietet kostenloses WLAN und einen „snow desk", der

Aktivitäten rund um Methven

Braided Rivers Fishing Guides, 🖳 www.salmonfishingguide.co.nz. Der professionelle Angelführer Ben Haywood begleitet Touren zum Angeln von Lachs und Forellen (ab $675, alles inklusive) auf dem Rakaia und Waimakariri River.

Mt Hutt Helicopters, 38 McMillan St, Methven, 🖳 www.way2go.co.nz. Die Hubschrauber-Rundflüge über die Canterbury Plains und die Neuseeländischen Alpen sind besonders im Winter einfach zauberhaft. Von 6-minütigen Kurzflügen über das Skigebiet Mt Hutt bis zu Flügen über die Neuseeländischen Alpen (1 1/4 Std.) und zum Mount Cook (2 1/4 Std.). Der Hangar für die Helikopter befindet sich am Rangiora Airfield.

Skydiving Kiwis, Ashburton Airport, Seafield Rd, Ashburton, 35 km südlich von Methven, 🖳 www.skydivingkiwis.com. Der äußerst professionelle Anbieter veranstaltet Tandem-Fallschirmsprünge, bei denen man fantastische Bergpanoramen genießen kann.

in der Skisaison mit Leuten von der Mt Hutt besetzt ist. 🕒 Sep–Mai Mo–Fr 9–17, Sa und So 11–15, Juni–Okt tgl. 8.30–15.45 Uhr.

Post

Postamt, 129 Main St, 🕒 Mo–Fr 8–17 Uhr.

Waschsalon

Love Laundry, ✆ 027 629 5475, an der Mall, mit rund um die Uhr zugänglichen Waschmaschinen (pro Wasch- oder Trockengang zahlt man $6).

Wintersportausrüstung und Fahrradverleih

Alpine Sports, 87 Main St, 🖳 www.alpinesports.co.nz. Vermietet und verkauft Skier und andere Skiausrüstung. 🕒 Mai–Okt tgl. 7.30–19 Uhr.

Big Al's, Forest Drive, Ecke Main St, 🖳 www.bigals.co.nz. Verleiht Skier und Snowboards sowie im Sommer Fahrräder (Hardtail oder voll gefedert); außerdem Informationen zu einem einfachen Rundweg um die Stadt und zum Mount Hutt Bike Park. 🕒 Nov–Mai Di–Fr 9–13 und 15–17.30, Sa 9–13, Juni–Okt tgl. 7.30–19.30 Uhr.

TRANSPORT

Methven Travel, 🖳 www.methventravel.co.nz, Büro im Methven Heritage Centre, bietet **Busse** ab Christchurch (im Sommer 3–4x wöchentl., in der Skisaison 3x tgl., 1 1/2 Std.). Methven Travel und Snowman Shuttles, 🖳 www.snowmanshuttles.co.nz, fahren auch zum Skigebiet.

Washpen Falls

590 Washpen Rd (abseits des SH77), Windwhistle, 25 km nordöstlich von Methven ▪ Eintritt ▪ 🖳 www.washpenfalls.co.nz

Eines der noch weithin unbekannten Juwele der Region ist die Familienfarm **Washpen Falls**. Hier bietet sich die Gelegenheit zu einer wunderbar vielfältigen Wanderung auf eigene Faust durch einheimischen Wald und über Farmland. Der **Wanderweg** führt zu einem Aussichtspunkt, von dem sich tolle Ausblicke über die Canterbury Plains eröffnen. Zu den Höhepunkten am Wegrand zählen eine uralte Schlucht vulkanischen Ursprungs, in der die Maori Moas fingen, schöne Abschnitte mit nachwachsendem Wald und natürlich der Wasserfall. Im Büro, einem Wellblechschuppen, gibt es Broschüren mit einer Wegbeschreibung. Der Weg ist kurz, aber teils recht steil: Man sollte dafür zwei Stunden veranschlagen und vielleicht Zutaten für ein Picknick mitnehmen.

Rakaia Gorge

Der milchige Rakaia River tritt 16,5 km nördlich von Methven aus der gleichnamigen Schlucht hervor, die vor Urzeiten von einem Lavastrom geschaffen wurde und heute an vielen Stellen von nachwachsendem Wald gesäumt wird. Die Schlucht kann man zu Fuß erkunden, aber auf dem Rakaia River werden auch **Jetbootfahrten**

(S. 646) angeboten. Der landschaftlich schöne Teil des Flusses beginnt an der einspurigen Rakaia Gorge Bridge (SH77) von 1882 über den Rakaia River: Auf beiden Seiten der Brücke gibt's Parkplätze mit schönen Ausblicken auf die Berge und das umwerfend aquamarinfarbene Wasser, doch wer die Schönheit des Flusses wirklich erleben möchte, muss sich in die Schlucht begeben.

Discovery Jet, Rakaia Gorge Bridge, SH77, 💻 www.discoveryjet.co.nz, bietet preisgünstige Jetbootfahrten zum oberen Ende der Rakaia Gorge; man kann hin und zurück (45 Min.) oder nur einen Weg mitfahren (15 Min.) und dann über den Rakaia Gorge Walkway zurückgehen und dabei vielleicht noch ein Picknick unterwegs einschieben.

Hoch über dem Südufer des Flusses befindet sich am SH77 16 km nördlich von Methven der **Campingplatz Rakaia Gorge** mit Ausblick über die Ebene, Toiletten (ganzjährig) und warmen Duschen (Okt–April). Fußweg zum Fluss vorhanden. ❶

Rakaia Gorge Walkway

Der **Rakaia Gorge Walkway** (10 km, 4 Std. hin und zurück) beginnt an einem Parkplatz am östlichen Ufer des Flusses gleich auf der anderen Seite der **Rakaia Gorge Bridge** und windet sich das bewaldete Ufer hinauf, bevor er auf einen von Ginster gesäumten Weg trifft, der einst von den Fährleuten benutzt wurde. Dieser Weg folgt dem Rand der Schlucht und führt an einer alten Kohlemine und spektakulären geologischen Erscheinungsformen vorbei, darunter erstarrte Lavaströme aus Rhyolith, Pechstein und Andesit, zum Aussichtspunkt am oberen Ende der Schlucht. Von dort aus beschreibt er einen Bogen zurück. Wer nicht ganz so bewegungsfreudig ist, kann auch nur bis zum unteren Aussichtspunkt über dem Fluss spazieren (3,4 km, 1 Std. hin und zurück).

Mount Hutt

25 km nordwestlich von Methven ▪ 💻 www.nzski.com

Mount Hutt gilt seit seiner Eröffnung 1973 als eines der besten Skigebiete Neuseelands. Der Höhenunterschied beträgt stattliche 683 m, und es bietet sich eine große Vielfalt an Abfahrten aller Schwierigkeitsgrade. Außerdem gibt es hier die längste Saison (etwa von Juni bis Okt) sowie Sessellifte und zahlreiche Schneekanonen. Zwar wird am Berg Ausrüstung verliehen, es gibt jedoch keinerlei Unterkünfte, sodass sich die meisten eine Bleibe in Methven suchen und mit den **Shuttlebussen**, 💻 www.methven travel.co.nz, hin und her fahren (2–3x tgl., 45 Min.); Tickets gibt's direkt im Bus oder beim i-SITE, von wo die Busse abfahren.

Im Sommer verwandelt sich ein großer Teil des Skigebiets in den **Mount Hutt Bike Park**, 💻 www.bikemethven.co.nz, mit 30 km Trails, von familienfreundlichen Querfeldeinschleifen bis zu Abfahrten und anspruchsvollen Singletrails. Eine Übersicht über die Routen gibt's auf 💻 www.trailforks.com sowie im i-SITE und bei Big Al's in Methven.

Mount Somers

Der 1687 m hohe Mount Somers erhebt sich jenseits der Ortschaften **Staveley**, 21 km südwestlich von Methven auf der Inland Scenic Route 72, und **Mount Somers**, 9 km weiter südlich, aus dem Flachland. Der komplett um den Berg herumführende **Mount Somers Track** verläuft als Hochlandwanderweg oft oberhalb der Strauchgrenze und liegt praktischerweise im Regenschatten der Southern Alps. Wenn es in Arthur's Pass regnet und der Mount Cook in Wolken gehüllt ist, bestehen gute Aussichten, dass man hier bei schönem Wetter die Stiefel für eine Wanderung schnüren kann.

Das für Südinsel-Verhältnisse sanfte Gelände besteht größtenteils aus Südbuchenwald und offenem Tussock-Grasland, aus dem hier und da Felsinseln hervorragen. Daneben finden sich hier große Flächen relativ unfruchtbaren Bodens, die sich nach starken Regengüssen in Sümpfe verwandeln. Infolge derartiger Bedingungen sind hier neben der Berg-Podocarpacee „Bog Pine" auch Alpentotara, Toatoa, Bergflachs und (wenngleich weniger zahlreich) die seltene Saumschnabelente zuhause. Die Besteigung des Mount Somers selbst ist eine anstrengende, aber unkomplizierte Tageswanderung vom Parkplatz bei den Sharplin Falls mit einer 4,7 km langen Klettertour (ein Weg je nach Fitness 3 1/2–5 Std.). Im Winter sollten die Besteigung nur erfahrenere Bergsteiger in Angriff nehmen.

ÜBERNACHTUNG UND ESSEN

Staveley

Staveley Village Store, 2 Burgess Rd, www.staveleystore.co.nz. Der typische Dorfladen von 1876 bietet einen tollen Kaffee, schmackhaftes Frühstück und Mittagessen, verlockende Eiscreme, Lebensmittel und tolle *sausage rolls* in 8 verschiedenen Varianten. $

Mount Somers

Mt Somers Domain Camping Ground, Hoods Rd, rund 1 km abseits der Inland Scenic Route 72, 021 176 0677. Hier finden Outdoor-Liebhaber einen sehr preisgünstigen Campingplatz. Er befindet sich neben dem Schwimmbad; mit einfacher Toilette und Duschen (kosten extra). Camping ❶

Mount Somers Holiday Park, Hoods Rd, 1 km abseits der Inland Scenic Route 72, www.mountsomers.co.nz. Gemütlicher, schattiger Platz mit Stellplätzen mit Stromanschluss, einfachen Cabins (Bettzeug kann geliehen werden) und Cabins mit Bad und Bettzeug. ❶

Mount Somers Store, 59 Pattons Rd, 03 303 9831. Der klassische Dorfladen verkauft DOC-Hüttentickets, Eiscreme, Pasteten, *sausage rolls* und auch ein paar Lebensmittel für Selbstversorger. Draußen gibt es 2 Tanksäulen. $

Stronechrubie, 8 Hoods Rd, Höhe Inland Scenic Route 72, www.stronechrubie.co.nz. Hier warten herrliche Selbstversorger-Chalets in ländlicher Umgebung und das einzige echte Restaurant der Gegend. Auf den Tisch

Mount Somers Track

Der subalpine Wanderweg Mount Somers Track (26 km Rundwanderweg, 2–3 Tage, 1000 Höhenmeter Anstieg) ist eine anstrengende Wanderung um den Berg herum, die an verlassenen Kohlebergwerken, vulkanischen Formationen und einem tief eingeschnittenen Canyon vorbeiführt. Der gesamte **Rundweg** ist am besten gegen den Uhrzeigersinn von Staveley aus anzugehen. Im Westen führt eine Straße zum Picknickplatz Woolshed Creek (13,5 km vom Dorf Mount Somers), im Osten zum Parkplatz Sharplins Falls (4 km von Staveley über die Flynns Rd). Wer also nicht den gesamten Weg gehen möchte, kann eine der Hälften in Angriff nehmen und sich sein Fahrzeug zum Endpunkt der Wanderung bringen lassen.

Tickets und Ausrüstung

Bevor man losgeht, muss man in den Läden in Staveley oder Mount Somers, in einem i-SITE Visitor Centre oder einem DOC-Büro die **Hüttentickets** für die DOC-Hütten kaufen (es gibt kein Buchungssystem). Kocher, Töpfe und Proviant müssen mitgenommen, das Wasser in den Hütten entkeimt werden. Unterwegs weisen in der Regel Markierungsstangen den Weg, oben auf den Hügeln kann man bei Nebel allerdings leicht die Orientierung verlieren, sodass **Karte und Kompass** unbedingt ins Gepäck gehören.

Transport

Staveley Horse Treks in Ashburton: Wanderer werden am Woolshed Creek abgesetzt; anschließend wird das Auto zu einer sicheren Stelle beim Parkplatz Sharplin Falls gefahren und steht dort somit bereit, wenn man die Wanderung beendet hat (bitte vor Ort prüfen, ob das Angebot aktuell noch existiert). Außerdem bietet Methven Travel, www.methventravel.co.nz, einen **Shuttleservice** zum Parkplatz Woolshed Creek und zum Parkplatz Sharplin Falls.

des Stronechrubie kommen beispielsweise Rindfleisch aus der Region oder Austern von der Clevedon Coast. Zum Essen passt auch die hervorragende Weinkarte des Hauses. Günstige Pakete mit Abendessen und B&B sind im Angebot. Reservierung erforderlich. $$

SONSTIGES

Aktivitäten

Staveley Ice Rink, 294 Flynns Rd, 2 km von Staveley Richtung Sharplin Falls, 💻 www.facebook.com/StaveleyIceRink. Wenn es das Wetter im tiefsten Winter zulässt, wird diese Ecke von Sharplin Falls zu einer gepflegten Eisbahn. Einfach wunderbar *oldschool* und ein großer Spaß.

Informationen

Der Staveley Village Store und der Mount Somers Store halten viele Informationen über die Gegend bereit.

Peel Forest und Rangitata Gorge

45 km südlich von Mount Somers und 12 km westlich der Inland Scenic Route 72 liegt das winzige Dorf Peel Forest beim **Peel Forest Park**, einem der letzten Gebiete mit ursprünglichem einheimischem Wald und einzelnen uralten Bäumen auf der Ostseite der Südinsel. Hier locken zahlreiche Wanderwege sowie Möglichkeiten zum Reiten und für **Rafting**-Trips durch die Rangitata Gorge.

ÜBERNACHTUNG UND ESSEN

Peel Forest Campground, Peel Forest Rd, ✆ 03 696 3567. Herrlicher, waldiger DOC-Campingplatz am Ufer des Rangitata River. Es gibt Stellplätze mit und ohne Strom und 4 einfache Öko-Cabins. Der Platz ist Ende April–Ende Sep geschl., in den Monaten von Dez–

Die Route

Vom Parkplatz Sharplin Falls zur Pinnacles Hut (5,2 km, 3 Std., 470 Höhenmeter Anstieg). Der 500 m lange Sharplin Falls Track, der 500 m hinter dem Parkplatz Sharplin Falls vom Hauptweg abzweigt, ist wegen der Gefahr von Steinschlägen inzwischen dauerhaft geschlossen, sodass der Wasserfall-Aussichtspunkt nicht mehr erreichbar ist. Hinter der Abzweigung führt der Hauptweg stetig durch Buchenwald bergauf, um an der Pinnacles Hut (19 Betten) die Baumgrenze zu erreichen. Die Hütte liegt unterhalb von Felsen, die oft von Kletterern erklommen werden.

Von der Pinnacles Hut zur Woolshed Creek Hut (6,2 km, 3 Std., 265 Höhenmeter Anstieg). Auf der nächsten Etappe geht es von der Hütte zumeist über baumloses Tussock-Grasland auf den 1170 m hohen Sattel. Unterwegs eröffnen sich freie Ausblicke auf die Berge und die Ebene. Beim Abstieg lohnt sich ein fünfminütiger Abstecher zu den Water Caves, wo sich ein Bach durch hausgroße Felsen zwängt. Danach sind es nur noch zehn Minuten zur modernen Woolshed Creek Hut (26 Schlafplätze auf Podesten), wo man gut auch zwei Nächte verbringen und den Tag zur Erkundung der umliegenden kleinen Täler und Canyons nutzen kann.

Von der Woolshed Creek Hut zum Parkplatz Sharplin Falls (13,5 km, 8 Std., 400 Höhenmeter Anstieg). Der Weg um die Südseite des Berges präsentiert sich ganz anders als vorher, da man über flaches Land bis zum Meer blicken kann. Es geht durch eine Landschaft aus Hochlandsträuchern (teilweise stark den Elementen ausgesetzt) und Buchenwald. Gleich nach Verlassen der Hütte bietet sich ein kurzer Abstecher zu den Howden Falls an. Danach führt der Weg auf einen Bergrücken, dann über eine grasbewachsene Hochebene; auf halber Strecke dieser Etappe steht ein neuer Unterstand. Nach einem steilen Anstieg durch Buchenwald beginnt der lange Abstieg, zunächst über einen Bergkamm mit tollem Ausblick, dann hinunter in den Wald und zum Parkplatz Sharplin Falls.

März ist eine Vorausbuchung zwimgend erforderlich. ❶

Green Café and Bar, 1202 Peel Forest Rd, 💻 www.thegreenmanpeelforest.co.nz. Das beliebte Dorfcafé serviert leckere Pizza, Burger und Gebäck, die Bar ist perfekt für ein kaltes Bier und Snacks. An den meisten Wochenenden gibt es Livemusik. $$

SONSTIGES

Peel Forest Horse Trekking, 💻 www.reelkiwihorsetrekking.com. Die wunderbaren Ausritte zur Erkundung des Parks reichen von einer gemächlichen Tour am Fluss entlang (1 Std.) bis zu einer Ganztagesexkursion auf den Mount Peel (6 Std.) und schönen Mehrtagestouren.

Rangitata Rafts, Rangitata Gorge Rd, 13 km nördlich des Peel Forest, 💻 www.rafts.co.nz. Der hochprofessionelle Anbieter veranstaltet in einer steilen Schlucht des Rangitata River mit die besten **Wildwasser-Raftingtrips** Neuseelands (Schwierigkeitsgrad IV–V, Okt–Mai tgl. 12 Uhr). Die Touren umfassen 2 Std. auf dem Wasser, ein Mittag- und ein Abendessen vom Grill. Der Transport von Christchurch (2 Std. Fahrt je Strecke) kostet ein wenig extra. Rechtzeitig buchen!

Geraldine

Das prosperierende Agrarzentrum **Geraldine**, 50 km südlich von Mount Somers und 35 km nördlich von Timaru, lohnt mit seinen Kunsthandwerksläden, Galerien und Delikatessenläden, in denen Käse, Marmelade, Wein und Schokolade verkauft werden, einen Zwischenstopp.

In Neuseeland ist Geraldine vielleicht am besten als Heimat der kreativen Familie Linton bekannt: Die ist im Guinness-Buch der Rekorde mit dem „größten Strickpullover der Welt" und seit 2012 mit dem „größten Stahlmosaik der Welt" verewigt, einer 64 m langen Nachbildung des **Wandteppichs von Bayeux** als Mosaik, das vollständig aus kleinen Stahlplättchen zusammengesetzt ist. Seit 2016 tourt das Mosaik durch die Welt, und es ist eher unwahrscheinlich, dass es zeitnah nach Neuseeland zurückkehrt. Der 5,5 kg schwere Strickpullover, der **Giant Jersey**, jedoch kann im Kiwi Country Complex bewundert werden.

ÜBERNACHTUNG

Andorra Motels, 16 McKenzie St, 💻 www.andorramotelgeraldine.co.nz. Dieses zentral gelegene, preisgünstige Hotel wird von dem zuvorkommenden Ehepaar Brendan und Sally geführt und besteht aus einer Reihe von spartanischen (von gestrichenen Betonwänden geprägten), aber sehr komfortablen Wohneinheiten. Alle sind mit Küche und Bad ausgestattet. ❷

Geraldine TOP 10 Holiday Park & Motel, 39 Hislop St, 💻 www.geraldinetop10.co.nz. Gepflegter Platz mit großzügigem Baumbestand und der üblichen Auswahl an Cabins und Selbstversorger-Units. Vermietung von Fahrrädern, mit denen man die Stadt erkunden kann. ❷

ESSEN UND UNTERHALTUNG

The Running Duck, 1 Peel St, Höhe SH79, 💻 www.facebook.com/therunningduckNZ. Retro-Burgerbar in der alten Tankstelle an der Peel Street mit köstlichen Burgern, gleichermaßen schmackhaften Shakes und recht gutem Kaffee. $

Verdé Café Deli, 45c Talbot St (SH79), 💻 www.verdegeraldine.co.nz. Untergebracht ist das Café in einem geschützten Garten voller Rosen, eine Straße von der Hauptstraße entfernt. Tagsüber die beste Möglichkeit, sich mit guten Tresenspeisen und verlockendem Brunch zu verpflegen, z. B. Paella mit Erbsen, Spargel und Halloumi oder Lachs auf Feta-Kartoffel-Küchlein. $$

Geraldine Cinema, 74 Talbot St, 💻 www.geraldinecinema.co.nz. Ein ganz wundervolles Kino, das sich völlig neu erfunden hat. Das Interieur des Geraldine Cinema besticht durch Sofas, weiche Sitzsäcke und kuschelige Bettdecken im Winter. Gelegentlich treten hier am Abend auch Live-Bands auf, und manchmal werden in dem Kino sogar Opern aufgeführt!

INFORMATIONEN

i-SITE Visitor Centre, im Kiwi Country Complex, 38 Waihi Terrace (die nördliche Verlängerung der Talbot St/SH79), ✆ 03 693 1101, ⏲ tgl. 8–18 Uhr.

TRANSPORT

Die **Busse** von Intercity/Newmans halten am Kiwi Country Complex. Die Busse des Anbieters Atomic halten in der Cox St, nicht weit von der Hauptstraße (Talbot St/SH79) entfernt.

Busse nach:
AORAKI/MOUNT COOK 1x tgl., 2 3/4 Std.;
CHRISTCHURCH 4x tgl., 2 1/4–2 3/4 Std.;
QUEENSTOWN 3x tgl., 6–8 1/2 Std.;
TIMARU 1x tgl., 1/2 Std.

Mackenzie Country

Zwischen den Canterbury Plains und den schneebedeckten Gipfeln der mittleren Südinsel erstreckt sich das **Mackenzie Country**, eine vor allem von Schafen bevölkerte Graslandschaft, die ganzjährig in einem Goldbraunton schimmert. Im November und Dezember wird dieses Bild ergänzt durch violette, rosafarbene und weiße **Lupinen**, die bei den Farmern zwar als Unkraut gelten, aber einen herrlichen Anblick bieten.

Schillerndes Licht, das von winzigen Steinpartikeln reflektiert wird, verleiht den gletschergespeisten **Seen** Lake Tekapo, Lake Pukaki und Lake Ohau, die alle in das **Waitaki-Bewässerungssystem** eingebunden sind, einen milchigen Blauschimmer. Die herrlich **klare Luft** der auf rund 700 m Höhe gelegenen Region ist in der südlichen Hemisphäre beispiellos; an klaren Tagen bieten sich fantastische Ausblicke auf die Neuseeländischen Alpen, besonders rund um **Tekapo**.

Tekapo

Der 83 km² große **Lake Tekapo** wird von den Flüssen Cass und Godley gespeist. Den Ausfluss des Sees bildet der **Tekapo River**, der sich anschließend durchs Mackenzie Basin windet. Im Wasser gelöstes Gesteinsmehl – ultrafeine Felspartikel – verleihen dem Fluss sein milchig-türkisfarbenes Aussehen.

Der Ort **Tekapo** am Südufer des atemberaubenden Lake Tekapo erfreut sich mit seinen Cafés und Souvenirgeschäften am See wachsender Beliebtheit. Reisende verbringen am Seeufer gerne einen sonnigen Nachmittag bei einem Picknick, genießen von einem Whirlpool den Sonnenuntergang und bestaunen den Abendhimmel.

Church of the Good Shepherd

Pioneer Drive ▪ ⏲ tgl. 9–17 Uhr ▪ Eintritt per Spende

Die erste Anlaufstelle der meisten Besucher in Tekapo ist die winzige **Church of the Good Shepherd**. Die auf einem kleinen, erhöhten Fundament mit herrlichem Blick auf den See gerichtete Steinkapelle wurde im Jahr 1935 zum Gedenken an die Pioniere des Mackenzie Country erbaut.

Ungefähr 50 m östlich der Kirche steht das **Collie Dog Monument**, das 1968 von den Schaffarmern des Mackenzie Country als Zeichen ihres tiefen Respekts und ihrer Zuneigung für die Hunde errichtet wurde, ohne die an eine Weidewirtschaft in diesem unwirtlichen Gelände nicht zu denken wäre.

Tekapo Springs

6 Lakeside Drive ▪ ⏲ tgl. 10–21 Uhr ▪ Eintritt ▪ 🖳 www.tekaposprings.co.nz

Der Freiluftkomplex umfasst ultramoderne warme Becken, die wie Seen geformt und 36 °C bis 40 °C warm sind. Dazu gibt's ein Wellnesscenter (30-minütige Massagen), im Sommer (Dez–Feb) eine Wasserrutsche, im Winter (April–Sep) eine Eisbahn und das ganze Jahr über Rodeln mit

Touren und Aktivitäten in Tekapo

Wanderungen

Mt John Summit (1 km einfach, 1 Std., 300 m Anstieg). Die Wanderung besteht aus einem kurzen, aber steilen Anstieg und führt von den Tekapo Springs über einen Serpentinenweg durch Lärchenwald voller Vögel.

Mt John Lakeshore & Summit (6 km einfach, 3 Std., 300 m Anstieg). Einfacher Spaziergang Richtung Norden am Seeufer entlang, dann langsam über einen langen, windgepeitschten Kamm mit weiten Ausblicken bergauf zum Gipfel.

Sternwartentouren

Wer keine Lust auf eine späte Tour hat, sollte **frühzeitig buchen** (im Sommer gibt es Abfahrten ab 1.30 Uhr in der Früh). Die Teilnehmer werden zwar mit dicken roten Parkas und heißer Schokolade versorgt, trotzdem kann es auf dem Berg empfindlich kalt werden. Los geht's im **Earth & Sky Village Office**, 💻 www.earthandsky.co.nz, am westlichen Parkplatz im Zentrum von Tekapo neben dem Supermarkt; von hier fährt ein Shuttlebus hinauf zum Observatorium. Die Touren finden auch bei Nebel statt. Eine Erstattung des Preises gibt es nur, wenn der Ausflug aufgrund von Wind oder Regen ausfallen muss.

Observatory Night Tour (tgl. nach Sonnenuntergang, ca. 20 Uhr im Winter, 22 Uhr im Sommer, 2 Std.). Bei der beliebtesten Tour können die Teilnehmer durch das größte Teleskop, ein 61-cm-Teleskop, schauen und mit etwas Glück das Kreuz des Südens oder die Große Magellansche Wolke bewundern. Außerdem wird Besuchern hier gezeigt, wie man die besten Fotos vom Sternenhimmel macht. Bei bedecktem Himmel wird einem die Arbeit der Astronomen von den Universitäten Canterbury und Nagoya erläutert.

dem Reifenschlauch (im Winter auf Schnee, im Sommer auf Teppichen).

University of Canterbury Mount John Observatory

2 km Fußweg, 9 km nordwestlich von Tekapo entlang der Straße ▪ Zugang zum Gipfel und Café ⌚ Juli–Sep tgl. 10–17, Okt–Juni tgl. 9–18 Uhr ▪ kostenpflichtig ▪ 💻 www.earthandsky.co.nz

Die weitgehende Abwesenheit von künstlichem Licht liefert perfekte Bedingungen zur Betrachtung des Nachthimmels (Tekapo liegt innerhalb des **Aoraki Mackenzie International Dark Sky Reserve**), und daher befindet sich auf dem 1000 m hohen Mount John das **University of Canterbury Mount John Observatory**. Auf den Berg führen zwei schöne Wanderungen (s. Kasten); für die Mühe kann man sich nach dem Aufstieg oben im Astro Café belohnen. Höhepunkte sind die verschiedenen Sternwarten- und Himmelsbeobachtungstouren (s. Kasten). Bei schlechtem Wetter können Zufahrtsstraße und Café geschlossen sein – auf die Hinweise am Beginn des Weges zum Gipfel achten. Auf eigene Faust kann man nur während der Öffnungszeiten des Cafés zum Gipfel fahren und wandern; für die Abendführungen muss man ab Tekapo den Shuttlebus nehmen. Das Observatorium selbst ist tagsüber nicht zugänglich.

ÜBERNACHTUNG

Die meisten Unterkünfte in Tekapo sind eher teuer und die wenigen billigeren oft voll – reservieren! Das ausgezeichnete **YHA Lake Tekapo** wurde im Mai 2019 in neuem Gewand eröffnet – in 5 Motuariki Lane, siehe auch 💻 www.yha.co.nz.

The Chalet Boutique Motel, 14 Pioneer Drive, 💻 www.thechalet.co.nz. 7 wunderschöne und individuell eingerichtete Selbstversorger-Apartments mit Blick auf den See, in hübscher Lage 100 m entlang dem Ufer von der Church of

Twilight Tour (tgl. bei Sonnenuntergang, nur im Sommer, 2 Std.). Wem die Night Tour zu spät endet, der kann auf dieser Tour einen tollen Sonnenuntergang genießen und anschließend durch Teleskope auf den sich verdunkelnden Himmel schauen.
Cowan's Observatory Star Tour (tgl. an klaren Abenden nach Sonnenuntergang, nur im Sommer, 1 1/4 Std.). Eine günstigere Tour, die nicht zum Mount John führt, sondern zu Teleskopen auf einem anderen Hügel abseits der – wenigen – Lichter von Tekapo. Wenn es bedeckt ist, bekommt man den gesamten Preis erstattet.

Rundflüge

Air Safaris, Lake Tekapo Airport, SH8, 4 km westlich von Tekapo, www.airsafaris.co.nz. Für Leute mit wenig Zeit bietet die „Grand Traverse" einen Rundflug über die Neuseeländischen Alpen zur Westküste mit Ausblicken auf die Gletscher Franz Josef, Fox, Tasman und Mueller sowie auf den Aoraki/Mount Cook (50 Min.). Nur Fensterplätze.
Tekapo Helicopters, SH8, 7 km westlich von Tekapo (Büro an der Hauptstraße in Tekapo), www.tekapohelicopters.co.nz. Veranstaltet Rundflüge (20–60 Min.) mit Landung im Schnee. Am beliebtesten ist der Flug „Mount Cook Adventure" (40 Min.), bei dem man auch auf dem ganzjährig zugeschneiten Liebig Dome landet.

Reiten

Mackenzie Alpine Horse Trekking, Balmoral Station, Godley Peaks Rd (800 m nördlich des SH8), www.maht.co.nz. Der Anbieter organisiert Ausritte von 1 Std. bis 3 1/2 Std. durch atemberaubende Landschaften.

the Good Shepherd. Kostenloser Wäscheservice. ❸
Lakes Edge Holiday Park, 2 Lakeside Drive, www.lakesedgeholidaypark.co.nz. Großer und gut ausgestatteter Holiday Park 1 km von Tekapo an der Südwestecke des Sees. Das breite Angebot an Unterkunftsarten reicht von Dorms, die sich im separaten Gebäude der ehemaligen Lakefront Lodge Backpackers befinden, über Zeltplätze bis zu Cabins und Motel Rooms. Es gibt kostenloses WLAN, aber nur bis 100 MB pro Tag. Auch eine Fahrradvermietung steht den Gästen zur Verfügung. ❷
Tailor Made Tekapo Backpackers, 11 Aorangi Crescent, www.tekapohostelnz.com. Ein freundliches BBH-Hostel in einem Haus, 5 Min. zu Fuß von der Bushaltestelle und den Geschäften. Gemütliche Zimmer, gepflegter Garten mit Grillbereich. Leider kein Ausblick. Kostenloses WLAN (500 MB/Tag). ❷

ESSEN

Astro Café, auf dem Mt John Summit, www.darkskyproject.co.nz. Das Café mit atemberaubenden Ausblicken auf See und Berge bietet wunderbaren Kuchen, leckere Sandwiches, Suppe und sehr guten Kaffee. $
Kohan, Rapuwai Lane (gleich beim SH8), www.kohannz.com. Funktionales Ambiente, aber fabelhafte Ausblicke und erschwingliches, erstklassiges japanisches Essen. Die Bento-Box ist hervorragend, Wild-*tataki* (scharf angebratene Scheiben) und Lachs-*don* (Sashimi-Lachs und Lachskaviar auf Reis) sind exzellent. BYO und Alkohollizenz. $$
Reflections, SH8, www.reflectionsrestaurant.co.nz. Solides Restaurant mit Terrasse am Rand des Sees. Umfangreiche Speisekarte, z. B. Lachs, Lamm und Rindfleisch. Lecker sind auch der doppelte Rindfleisch-

Skifahren im Mackenzie Country

Mount Dobson, von Tekapo auf dem SH8 28 km Richtung Osten, dann 15 km auf einer Schotterstraße Richtung Norden, www.mtdobson.co.nz. Das Skigebiet ist für seinen schönen Pulverschnee, viel Sonne und relativ leere Pisten bekannt und eignet sich für Wintersportfreunde aller Stufen (2 Abfahrten für Anfänger, 6 für Fortgeschrittene und 4 für erfahrene Skifahrer). Es gibt einen Schlepp-, einen Teller- und einen Sessellift. Am Wochenende und in den Ferienzeiten fährt ab Fairlie ein Shuttlebus – Fahrpläne können online eingesehen werden.

Roundhill, 32 km nördlich von Tekapo, zu erreichen über die Lilybank Rd, www.roundhill.co.nz. Vor allem bei Familien beliebtes Skigebiet mit einem langen Schlepplift, zwei Übungsliften und dem weltweit längsten und steilsten Seillift (1,4 km); damit erreicht man einen Gesamthöhenunterschied von 783 m. Die meisten Hänge sind jedoch sanft (aber mit 4 Abfahrten für Experten).

burger und der Lachs mit Kartoffelbrei und eingelegten roten Zwiebeln. $$.

Run 76, SH8, www.run76laketekapo.co.nz. Das tolle Geschäft verkauft wunderbare Feinkostprodukte und beherbergt das beste Tagescafé im Ort, mit hervorragendem Kaffee und frisch gebackenen kleinen Köstlichkeiten und einigen warmen Mahlzeiten. Besonders lecker ist das Mackenzie High Country Breakfast. $$

SONSTIGES

Geld

Tekapos einziger Geldautomat draußen am Restaurant Reflections an der Hauptstraße (SH8) akzeptiert die meisten gängigen Kreditkarten.

Informationen

Kiwi Treasures & Info Centre, am SH8 im Ortszentrum, www.laketekaponz.co.nz, Sommer tgl. 10–18, Winter tgl. 9.30–17 Uhr.

TRANSPORT

Die zwischen Christchurch und Queenstown verkehrenden **Busse** halten im Ortszentrum am SH8: InterCity/Newmans/Great Sights auf dem Parkplatz neben der Lake Tekapo Tavern, Atomic vor dem Four Square Supermarket. Busse von The Cook Connection, www.cookconnect.co.nz, nach Aoraki/Mount Cook holen die Fahrgäste ebenfalls auf dem Parkplatz neben der Lake Tekapo Tavern sowie am Tekapo Holiday Park ab.

Busse nach:
AORAKI/MOUNT COOK 2x tgl., 1 1/4–2 1/4 Std.;
CHRISTCHURCH 3x tgl., 3 3/4 Std.;
QUEENSTOWN 3x tgl., 4–7 1/2 Std.;
TWIZEL 3x tgl., 3/4–1 1/4 Std.

Twizel

Der 60 km südwestlich von Tekapo gelegene Ort **Twizel** entstand 1968 als Unterkunft für die Bauarbeiter des **Waitaki-Wasserkraftprojekts** und sollte eigentlich nach Fertigstellung des Projekts 1983 dem Erdboden gleichgemacht werden, doch genügend Bewohner wollten bleiben, weshalb die Siedlung erhalten blieb. Inzwischen hat sich Twizel als Basis für Abstecher in den 45 Minuten Autofahrt entfernten Mount Cook National Park, zum malerischen Lake Ohau und zum Segelflugzentrum Omarama etabliert.

ÜBERNACHTUNG

Twizel wartet mit einem guten Angebot an Unterkünften auf, aber aufgrund der Nähe zum Aoraki/Mount Cook ist von Weihnachten bis mindestens Ende Februar eine Reservierung sehr zu empfehlen. Alle aufgeführten Unterkünfte bieten kostenloses WLAN.

Mountain Chalet Motels, Wairepo Rd, www.mountainchalets.co.nz. Das Motel bietet von Licht durchflutete, separat stehende A-frame-Chalets mit tollem Preis-Leistungs-Verhältnis. In der benachbarten Lodge stehen etwas verwohnte, aber durchaus gemütliche Backpacker-Unterkünfte zur Verfügung. ❷

Omahau Downs, SH8, 2 km nördlich des Orts, www.booking.com. In dieser hübschen Unterkunft wohnen die Gäste in einem von 4 modernen Zimmern mit Bad und großartigem Blick auf den Aoraki/Mount Cook. Außerdem gehören zum Angebot 3 Selbstversorger-Cottages auf dem Farmgelände. ❷

Twizel Central, 32 Mackenzie Drive, www.twizelcentral.co.nz. Zeitgemäß moderne Studio-Unterkunft, eher schlicht gehalten, aber außerordentlich komfortabel. Außerdem steht ein freistehendes Haus mit 2 Schlafzimmern, Lounge und Garten zur Verfügung. Praktisch: Beide Wohneinheiten sind nur 5 Gehminuten vom Stadtzentrum entfernt. ❸

Twizel Holiday Park, 122 Mackenzie Drive, www.twizelholidaypark.co.nz. Twizels Holiday Park ist ein großer Campingplatz mit Stellplätzen mit Strom. Zusätzlich warten einige Cabins, Cottages und Zimmer mit Bad auf die Gäste. Der Platz befindet sich am Nordrand des Orts. ❶

ESSEN UND UNTERHALTUNG

The Musterers Hut, 20 Ruatanihwa Place, www.mustarershut.co.nz. Von außen erinnert dieses Restaurant an den Wilden Westen, aber im Inneren geht es sehr entspannt zu, mit fantastischem Kaffee und einer Auswahl an kunstvoll präsentierten Kuchen, Sandwiches, Eierspeisen und Salaten. Es gibt auch einen 18-Loch-Minigolfplatz. $$

Poppies Café, 1 Benmore Place, www.poppiescafe.com. Elegantes Lokal mit Böden aus poliertem Beton und Regalen voller Feinkostartikel; tolle Café-

Der The Alps 2 Ocean Cycle Trail

Der **Alps 2 Ocean Cycle Trail**, www.alps2ocean.com, verläuft über 300 km von den Southern Alps zum Pazifik und ist damit der längste durchgehende Radweg im Nga Haerenga-Wegenetz (S. 84). Die gesamte Strecke ist ausgeschildert und befahrbar – sogar mit dem Hochrad, wie eine furchtlose Gruppe aus Timaru 2013 bewies.

Radler können entweder im Mount Cook Village (Helikopter-Hopser über den Tasman River, www.heliworks.nz) oder vom Lake Tekapo starten. Die beiden lohnenden Touren treffen sich am Lake Pukaki und führen dann um den Lake Ohau herum. Weiter geht es anschließend Richtung Südosten an einigen Seen und Staudämmen vorbei, die das Waitaki-Wasserkraftprojekt bilden, bevor sich die Strecke durch das schöne Weinland um Kurow windet und schließlich bei Omaru die Küste erreicht.

Am besten lassen sich die teilweise sehr holprigen Wege mit einem Mountainbike bewältigen. Jeder, der halbwegs fit ist, kann die Route fahren, die in acht Tagesetappen mit jeweils durchschnittlich 30–40 km Länge eingeteilt ist. Zahlreiche örtliche Veranstalter vermieten Räder und organisieren den Gepäcktransport entlang der einzelnen Abschnitte, aber die Tour kann auch sehr gut in Eigenregie gemacht werden.

Fahrradvermietung

Cycle Journeys, 3 Benmore Place, Twizel, www.cyclejourneys.co.nz. Bietet eine breite Palette an Dienstleistungen und Touren, angefangen bei geführten Mehrtagestouren über Transferdienste, Gepäcktransport und Fahrradvermietung.

Kiwi Bike Tours, 23 Fraser Crescent, www.kiwibiketours.nz. Das Angebot dieses Veranstalters umfasst Touren zum Lake Dunstan, nach Akaroa etc. Zu den Dienstleistungen gehören ein Fahrrad- und Packtaschenverleih, verschiedene Transportmöglichkeiten und All-Inclusive-Pakete. Auch E-Bikes können gemietet werden.

Speisen sowie ausgezeichnetes Mittagessen wie Wild-Cannelloni und Burritos mit Bohnen aus meist biologisch erzeugten Zutaten aus dem eigenen Garten des Betreibers. Abends ist die Auswahl ähnlich, aber die Preise sind höher. $$

SONSTIGES

Geld und Post

Post, **Bank** (🕒 Mo–Fr 9–16.30 Uhr) und Geldautomat (🕒 24 Std.) befinden sich im Marketplace Shopping Centre.

Informationen

Touristeninformation, Marketplace, 💻 www.twizel.info. 🕒 Mo–Fr 8.30–17, Sa 10.30–14.30 Uhr.

Touren

Red Carpet Lord of the Rings Tours, 💻 www.redcarpet-tours.com.com. Mit diesem Veranstalter (der auch andere Schauplätze der *Herr-der-Ringe*-Trilogie im ganzen Land ansteuert) kommt man aus dem eher wenig ansehnlichen Twizel hinaus in das wunderschöne umliegende Flachland, wo die Schlachtenszenen auf den Pelennor-Feldern gefilmt wurden (tgl. 8.15 Uhr, 1 1/2 Std. mit Frühstück; 10 und 14.30 Uhr, 2 Std.). Außerdem auf dem Programm steht die Laketown Hobbit Film Tour am Lake Pukaki (12.15 Uhr, 1 1/2 Std., mit Lunchpicknick). Juni–Aug geschl., es werden außerdem private Touren angeboten.

TRANSPORT

Die **Busse** von Atomic und InterCity/Newmans/Great Sights halten am Twizel Bus Shelter gegenüber vom Four Square Supermarket. Cook Connection bietet Busse über Glentanner nach Aoraki/Mount Cook.

Busse nach:
AORAKI/MOUNT COOK 2–3x tgl., 3/4–1 Std.;
CHRISTCHURCH 3x tgl., 5 1/4–8 Std.;
OMARAMA 3x tgl., 1/4 Std.;
QUEENSTOWN 3x tgl., 3 1/4 Std.

Lake Ohau und Ohau Snow Fields

25 km westlich von Twizel erreicht die schmale Lake Ohau Road den idyllischen **Lake Ohau**, der versteckt inmitten von Südbuchenwäldern liegt. In der Umgebung des Sees finden sich einige auffällige Naturerscheinungen, z. B. die „kettle lakes" (kleine Vertiefungen, die vom geschmolzenen Eis eines geschrumpften Gletschers hinterlassen werden) und Uferterrassen, die bei Sonnenuntergang im Sommer das Licht reflektieren.

Die **Ohau Forests** nordwestlich des Sees werden von zahlreichen Wanderwegen (1/2–4 Std.) durchzogen, die in der DOC-Broschüre *Ruataniwha Conservation Park* beschrieben sind. Erhältlich ist die Broschüre z. B. in der wundervoll gelegenen **Lake Ohau Lodge**, Lake Ohau Rd, 💻 www.ohau.co.nz, im Sommer ein beliebter Haltepunkt auf den Routen vieler Bustouren; abends ist es hier sehr viel ruhiger. Gäste der 62-Betten-Lodge wie auch andere Besucher können sich hier Frühstück (einfach oder warm) und Abendessen vorbestellen, und die gut bestückte Bar lädt zu einem Drink ein. Die Lake Ohau Lodge verkauft auch Benzin und hat hinterm Haus Stellplätze mit Stromanschluss – die Camper können alle Einrichtungen der Lodge nutzen. Außerdem organisiert die Lodge im Winter einen Shuttle zum Skigebiet Ohau (während der Saison tgl. 9.15 Uhr); weder Fernsehen noch Handyempfang. ❷

Das Skigebiet **Ohau Snow Fields**, 9 km westlich der Lodge, 💻 www.ohau.co.nz, erwacht im Winter (Juli–Sep) zum Leben. Das kleine Areal wartet mit zuverlässigem Pulverschnee und nicht überlaufenen Pisten auf, darunter Abfahrten für Anfänger, Fortgeschrittene und erfahrene Skifahrer. Ausrüstungsverleih und Skischule vor Ort.

Omarama

Südlich von Twizel durchquert der SH8 Tussock-Gras- und Schafweideland, bis er 30 km weiter **Omarama** (Maori für „Ort des Lichts") erreicht. Der Ort ist bekannt für seine wunderschönen **Clay Cliffs** gleich außerhalb des Orts sowie die fantastischen Bedingungen zum **Segelfliegen**.

Omarama Hot Tubs

25 Omarama Ave (SH8) ▪ tgl. 11–22 Uhr ▪ www.hottubsomarama.co.nz

Bei den **Omarama Hot Tubs** gibt es keine heißen Quellen, lediglich zehn sehr schön gestaltete individuelle Becken im Freien, die mit über Holz erhitztem Bergwasser gefüllt sind. Obwohl alles sehr offen wirkt, haben Fremde keinen Einblick in die eigene Bade-Idylle. In den Massageräumen kann man sich ab für 30 Minuten eine Massage gönnen. Außerdem gibt's hier ein kleines **Informationszentrum**, das auch Hotelreservierungen und Buchungen für Transporte vornimmt. Weitere Infos auf www.discover omarama.co.nz.

Clay Cliffs Scenic Reserve

15 km von Omarama, 5 km nördlich von Omarama von der SH8 nach Westen abbiegen ▪ jederzeit ▪ Eintritt $5

Eine unbefestigte Straße führt zum **Clay Cliffs Scenic Reserve**, wo der verzweigte Ahuriri River eine malerische Kulisse bildet für eine bizarre Ansammlung von kahlen Pfeilern und kantigen Graten, die durch Schluchten getrennt sind. Die Felsformationen entstanden, als das Land durch die Ostler-Verwerfung um 100 m angehoben wurde und damit Schottergesteine an die Oberfläche gelangten, die in unterschiedlicher Weise auf die Witterungseinflüsse reagierten. Ein steiniger Pfad windet sich um den Fuß der Felslandschaft, und schmalere Pfade führen hinauf.

In einem Land, das derart mit bemerkenswerten Naturdenkmälern gesegnet ist wie Neuseeland, machen sich nur wenige Menschen auf den Weg zu den Clay Cliffs. Anderswo wären sie zweifellos eine Sensation – ein Beweis für die atemberaubenden Naturschönheiten des Landes. Aber in der Tat: Die Cliffs sind durchaus einen Besuch wert, denn die Hoodoo-ähnlichen Felsformationen sind einzigartig auf dem Kiwi-Touristenpfad und scheinen eher in die bizarren Nationalparks von Utah oder Arizona zu passen.

ÜBERNACHTUNG UND ESSEN

Ahuriri Bridge Campsite, SH8, 3 km nördlich von Omarama. Hübscher, friedlicher, schattiger DOC-Platz am Ahuriri River, perfekt für Leute mit Zelt oder Wohnmobil. Mit Plumpsklos und Wasser aus dem Fluss. ❶

Ahuriri Motels, 85 Clay Cliff Lane, www.ahuririmotels.co.nz. Ein gut geführter Komplex am östlichen Rand der Stadt. Große Auswahl an Stellplätzen mit Strom (Juni–Aug geschl.), ungewöhnlich große 2- und 3-Bettzimmer für Backpacker, hübsch eingerichtete Gemeinschaftsbereiche sowie eine Handvoll Motel Units für Selbstversorger mit den besten Betten weit und breit. Dorms (Juni–Aug geschl.) ❷

ASURE Sierra Motels, 8 Omarama Ave (SH8), www.omarama.co.nz. Bei Radlern auf der Alps-to-Ocean-Route beliebtes, freundliches Motel mit 14 gepflegten Units mit kleiner oder kompletter Küche und eigenem Laden für Anglerbedarf. ❸

Buscot Station, 1,5 km östlich des SH8 über eine Schotterstraße (Abzweigung 9 km nördlich des Orts), www.bbh.co.nz. Ruhige Unterkünfte auf einer kunterbunten Farm inmitten von Gemüsebeeten. Die meisten Zimmer haben Blick aufs Tal, und es gibt einen Schlafsaal mit 10 Betten. Abholung kann bei vorheriger Anmeldung arrangiert werden. Kein WLAN, nur Barzahlung. ❷

Pink Glider Café, Omarama Airfield, 027 673 1381. Was gibt es Besseres, um die Nerven vor einem Flug in einem Segelflieger zu beruhigen (vielleicht auch danach), als eine Mahlzeit in diesem Café direkt am Flughafen. Schönes Frühstück, hervorragende *Scones* und überdachte Sitzgelegenheiten im Garten. $$

The Wrinkly Rams, 24-30 Omarama Ave (SH8), www.thewrinklyrams.co.nz. Das beste Essen in Omarama mit erstklassigen Café- und Kneipenspeisen sowie Alkoholausschank. Außerdem regelmäßig interessante Schafschervorführungen (30 Min.). Aufgetischt werden erstklassige Steaks, köstliche Suppen und hervorragende Lammhaxe. $$

TRANSPORT

Die Busse halten auf dem Parkplatz von Merino Country Crafts, 7 Chain Hills Hwy (SH83).

Busse nach:
CHRISTCHURCH 3x tgl., 5 3/4–8 1/4 Std.;
QUEENSTOWN 3x tgl., 2 1/2 Std.;
TWIZEL 3x tgl., 1/2 Std.

Aoraki/Mount Cook

Der höchste Gipfel des Landes, der spektakuläre, 3754 m hohe **Mount Cook**, ist immer häufiger auch unter seinem Maori-Namen **Aoraki** („Wolkenaufspießer") bekannt, und die beiden Namen werden oft zu Aoraki/Mount Cook kombiniert. Der Bergriese beherrscht den 700 km² großen **Aoraki/Mount Cook National Park**, der 1986 zum **Weltnaturerbe der Unesco** erklärt wurde. Mit seinen 22 Dreitausendern beherbergt der Nationalpark den Löwenanteil der Hochgebirgslandschaft Neuseelands, die sich auf Wanderungen zu großartigen Aussichtspunkten leicht erschließt, und den 27 km langen **Tasman-Gletscher**, der von den Eisfeldern der stark vergletscherten umliegenden Gipfel gespeist wird.

Der Name Mount Cook wurde dem Berg 1851 zu Ehren des großen englischen Seefahrers verliehen. Der Gipfel wurde erstmals 1894 bezwungen, doch weil der Berg den Maori heilig ist, werden Kletterer dazu angehalten, den eigentlichen Gipfel nicht zu betreten.

Das **Wetter** ist für seine plötzlichen Umschwünge bekannt – oft kündigt eine tief liegende Wolkendecke Regenfälle an, und die frische Bergluft reizt die Lungen.

Aoraki/Mount Cook Village

Die einzige Siedlung im Nationalpark ist das winzige **Aoraki/Mount Cook Village**; es liegt 760 m ü. d. M. vor einer traumhaften Kulisse. Es ist hufeisenförmig von Bergen umringt, darunter ist auch der Aoraki/Mount Cook selbst. Fast alles im Dorf wird entweder vom Hotel The Hermitage (mit dem Sir Edmund Hillary Alpine Centre) oder vom DOC (u. a. ein faszinierendes Visitor Centre) betrieben.

Aoraki/Mount Cook National Park Visitor Centre

1 Larch Grove Rd ▪ tgl. 8.30–17 Uhr (Mai–Sep bis 16.30 Uhr) ▪ Eintritt frei ▪ 03 435 1186

Hier kann man seine Wanderabsichten registrieren lassen, Wander- und Wetterinformationen sowie Karten bekommen und erhält einen Einblick in die fesselnde Natur- und Sozialgeschichte der Region – eine schöne Ergänzung zum Sir Edmund Hillary Alpine Centre. Für die Erkundung der auf zwei Etagen verteilten **Ausstellungen** über Klima, Gletscherdynamik, die Geschichte des Alpinismus und die Bedeutung der Region für Forschungsreisende, Wissenschaftler und Kartografen der frühen Pionierzeit sollte man sich eine Stunde Zeit nehmen.

Sir Edmund Hillary Alpine Centre

Neben dem Hotel The Hermitage ▪ tgl. 8–20 Uhr (Mai–Sep bis 19 Uhr) ▪ Eintritt ▪ www.hermitage.co.nz

Die Geschichte des Hotels The Hermitage und seiner Rolle im neuseeländischen Alpinismus wird in diesem kleinen Museum erzählt, und dazu informiert es über die Erschließung der Region und die Bergsteigerkarriere des Namensgebers. Außerdem gibt es hier ein **3-D-Kino** und **Planetarium**; so klärt *Mount Cook Magic in 3D* anhand einer Mischung aus Originalfilmsequenzen und Computergrafiken über die Geologie und die Entwicklung der Bergregion in puncto Kultur und Sport auf.

Wanderungen im Aoraki/ Mount Cook National Park

Die schönen **Wandermöglichkeiten** im Park reichen von leichten Tageswanderungen in direkter Umgebung des Aoraki/Mount Cook Village bis zu spektakulären Bergtouren – den Mount Cook selbst zu besteigen, ist technisch sehr anspruchsvoll und außerdem teuer; dieses Abenteuer wird von erfahrenen Bergsteigern mithilfe von Bergführern in Angriff genommen, was in der Regel sechs Tage in Anspruch nimmt. Die DOC-Broschüre *Walking and Cycling Tracks in Aoraki/Mount Cook National Park* beschreibt elf ausgezeichnete Tageswanderungen (10 Min. bis 6 Std.). Von den genannten Basiswegen zweigen jeweils noch längere Wanderwege für ehrgeizigere Kandidaten ab. Das Betreten der Gletscheroberflächen ist nur denjenigen zu empfehlen, die über ausreichende Erfahrung verfügen oder sich in Begleitung einer Person mit entsprechender Erfahrung befinden.

Governors Bush Walk

■ 2 km hin und zurück vom Dorf, 1 Std.

Die leichteste Wanderung in dieser fantastischen Umgebung führt durch einen kleinen Silberbuchenwald mit einer vielfältigen Vogelwelt. Langsam gelangt man hinauf zu einem Aussichtspunkt mit Blick zurück Richtung Aoraki/Mount Cook. Bei schlechtem Wetter ist man relativ geschützt.

Blue Lakes and Tasman Glacier View

■ 1 km hin und zurück, 40 Min., 100 m Anstieg

Die wenig anstrengende Wanderung bietet gute Ausblicke auf die unteren Ausläufer des Tasman Glacier, der bis zu 600 m dick und bis zu 3 km breit ist und sich mit einer Geschwindigkeit von 20 cm pro Tag fortbewegt. Die Wanderung beginnt am Parkplatz des **Blue Lakes Shelter**, 8 km Fahrt über die Tasman Valley Road; ein eigenes Fahrzeug ist erforderlich.

Red Tarns Track

■ 4 km hin und zurück vom Dorf, 2 Std., 300 m Anstieg

Die ausgezeichnete, recht einfache Wanderung beinhaltet einen kurzen, steilen Abschnitt, entschädigt aber mit einigen hübschen Wasserbecken, die durch eine Pflanze rot gefärbt sind, und einem ungestörten Panoramablick auf den Aoraki, das Dorf und das Tasman Valley.

Kea Point Track

■ 7 km hin und zurück vom Dorf, 3 km vom Campingplatz Whitehorse Hill, 2 Std., 200 m Anstieg

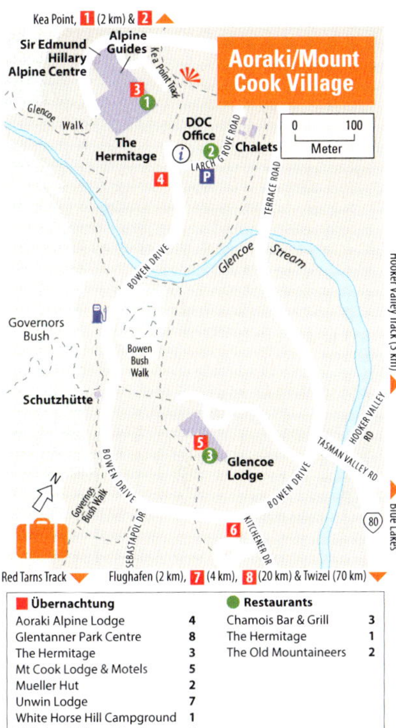

Die leichte, aber lohnende Wanderung führt über sanft gewelltes Grasland zu einem Aussichtspunkt auf der Moränenwand des Mueller Glacier. Von hier fällt der Blick auf den Mueller Lake, in das Tal Richtung Hooker Glacier und auf die Hängegletscher und Eisabbrüche am Mount Sefton.

Hooker Valley Track

■ 9 km hin und zurück ab dem Campingplatz White Horse Hill, 3 Std., 200 m Anstieg

Diese beliebte und ausgezeichnete Wanderroute muss man nicht in ihrer gesamten Länge schaffen. Es reicht auch der wunderschöne Teilabschnitt bis zum Alpine Memorial mit Blick auf die Westflanke des Aoraki/Mount Cook oder über eine Reihe von Hängebrücken bis zum Hooker Lake am Hooker-Gletscher. Wer im Dorf seine Wanderung startet, benötigt etwa 1 Std. länger.

Aoraki/Mount Cook
Ball Shelter (3 km)

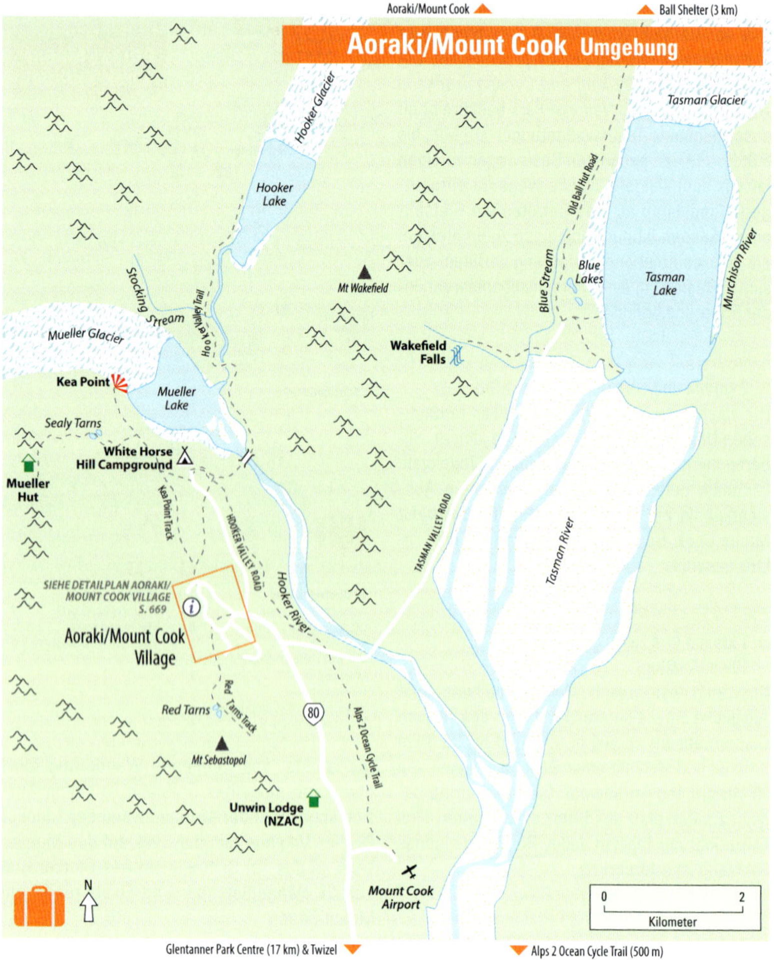

Glentanner Park Centre (17 km) & Twizel
Alps 2 Ocean Cycle Trail (500 m)

Mueller Hut Route

- 10,4 km hin und zurück vom Dorf, 6–8 Std., 1000 m Anstieg

Der anspruchsvolle Weg zweigt unmittelbar vor Erreichen des Gletschers vom Kea Point Track ab und führt als von Steinhaufen gekennzeichneter Sealy Tarn Track steil bergauf Richtung Westen. Nachdem man die kleinen Bergseen erreicht hat, wird der Weg zur Hütte alle 200 m von (weniger romantischen, aber deutlicher zu erkennenden) orangefarbenen Dreiecken markiert.

Die letzte Etappe führt über einen losen Schotterhang und einen Bergkamm zur 1800 m hoch gelegenen modernen **Mueller Hut**. Das Panorama hier oben ist sensationell, und die Stille wird nur durch das Plätschern des Wassers und das heisere Gekreische der frechen Keas durchbrochen. In der kälteren Jahreszeit sind Steigeisen, Eispickel und Erfahrung im winterlichen Bergsteigen erforderlich, jedoch ist die Route von Dezember bis Mitte April gewöhnlich eisfrei. Zu jeder Jahreszeit empfiehlt sich ein

Blick in die informative DOC-Broschüre *Mueller Hut Route* ($2).

ÜBERNACHTUNG

Karte S. 669
In der Hochsaison zwischen Oktober und April sollte man frühzeitig reservieren. Zu dieser Zeit ist das Preis-Leistungs-Verhältnis auch eher schlecht.

Aoraki Alpine Lodge, 101 Bowen Drive, www.aorakialpinelodge.co.nz. Recht gute Unterkunft mit 2-Bettzimmern und DZ, Lounge mit fantastischem Ausblick, voll ausgestatteter Küche, Terrasse mit Grill. ❸

Glentanner Park Centre, 18 km südlich vom Dorf, www.glentanner.co.nz. Ein gut ausgestatteter Komplex mit geschützten Stellplätzen, Dorm mit 10 Betten (Bettzeug wird gestellt) und Cabins mit Blick auf die Berge und das Tasman Valley. Geschützter Grillbereich mit Panoramablick. Zum Komplex gehört auch ein Café. ❷

The Hermitage, 89 Terrace Rd, www.hermitage.co.nz. 1864 gegründetes Hotel; nach mehrfachem Neubau heute ein moderner Gebäudekomplex. DZ und Suiten im mehrstöckigen Hauptgebäude (mit schönem Ausblick gegen Aufpreis); dazu kommen noch die Units in der Mt Cook Lodge & Motels. ❹

Mt Cook Lodge & Motels, www.hermitage.co.nzstay/mt-cook-lodge. Zur Hermitage gehörende Ansammlung von preiswerten Unterkünften, bestehend aus dem ehemaligen Backpacker-Hostel und Motel- und Lodge-Units sowie der Chamois Bar. 4-Bett-Dorms (alle mit Bad), DZ mit Bad und Units mit eigener Küche. ❷

Unwin Lodge, 5355 Mount Cook Rd (SH80), www.alpineclub.org.nz/product/unwin-lodge. Hütte des Alpine Club, auch für Nicht-Mitglieder offen. Einfache Unterkunft im Herbergsstil mit riesengroßem Gemeinschaftsbereich samt Küche. Waschmaschine, WLAN. Eigenes Bettzeug und Verpflegung muss mitgebracht werden. ❶

YHA Aoraki Mount Cook, 1 Bowen Drive, www.yha.co.nz. Ausgezeichnetes, wenn auch etwas beengtes Hostel mit 76 Betten in einem gemütlichen, modern eingerichteten Holzhaus. Abends Saunanutzung und gut sortierter Laden. Kostenloses WLAN. Ermäßigungen für YHA-Mitglieder. ❷

Camping und Hütten

Karte S. 670
Mueller Hut. Nur Wanderer auf der Mueller Hut Route (S. 670) nächtigen in der Hütte mit 28 Betten. Die Schlafplätze können im Sommer online reserviert werden. Bevor man zur Hütte loswandert, sollte man seine Wanderabsichten im Visitor Centre registrieren lassen. Buchung erforderlich Mitte Nov–April. $

White Horse Hill Campground, Hooker Valley Rd, 2 km nördlich des Dorfs. Friedlicher und zwangloser Campingplatz mit steinigem Untergrund, im Sommer ist das Wasser entkeimt. Er liegt unterhalb des Mount Sefton. Der Platz ist über eine Straße zugänglich oder in 30 Min. zu Fuß vom Dorf über den Kea Point Track. Nur Barzahlung. $

ESSEN

Karte S. 669
Chamois Bar & Grill, Mt Cook Lodge & Motels, www.hermitage.co.nzstay/mt-cook-lodge. Kneipe mit eher gewöhnlichen Mahlzeiten wie z. B. Fish 'n' Chips, Steaks und Pizza. $$

The Hermitage, 89 Terrace Rd, www.hermitage.co.nz. Hotel mit mehreren Cafés, Restaurants und Bars: Das Sir Edmund Hillary Café & Bar serviert auf einer Terrasse mit Mount-Cook-Blick leichte Gerichte, das Alpine Restaurant bietet Frühstück (*continental* oder warm), Mittag- und Abendessen im Buffet-Stil, und der noble Panorama Room, der in erster Linie für Hotelgäste gedacht ist, beeindruckt mit feiner Küche und tollen Panoramen (Hauptgerichte wie Aoraki-Lachs und Lamm). Die schöne Snowline Lounge wartet mit tiefen Ledersofas und zauberhaften Ausblicken auf. $$$

The Old Mountaineers, 3 Larch Grove, www.mtcook.com. Das Old Mountaineers ist zwar ein wenig teuer, aber zweifelsohne das beste Lokal im Ort, mit

Touren und Aktivitäten am Aoraki/Mount Cook

Solange das Wetter mitspielt, kommt am Aoraki/Mount Cook sicher keine Langeweile auf. Man kann über einen Gletschersee fahren, wunderbar wandern, in traumhafter Landschaft reiten oder Allradfahrten unternehmen sowie den Nachthimmel betrachten. Für alle Aktivitäten benötigt man warme Kleidung, Regenzeug und Sonnencreme.

Rundflüge sollten ein paar Tage im Voraus gebucht werden. Da sie wegen starken Windes oder schlechter Sicht ausfallen können, zahlt sich eine gewisse Flexibilität aus. Hauptsaison für Rundflüge ist die Zeit von November bis März; jedoch ist die Sicht im Winter (Juni und Juli) oft klarer, und die Ausblicke sind dann noch spektakulärer.

Es gibt keine erschlossenen Skigebiete in der Region des Aoraki/Mount Cook, man kann sich aber per Hubschrauber zu geführten **Ski- und Snowboardtouren** auf dem Tasman Glacier und den umliegenden Bergen absetzen lassen. Während der Saison (Juli–Sep oder Okt) warten steile, unberührte Pisten auf erfahrene Skifahrer und Snowboarder.

Tasman-Gletscher

Glacier Explorers, The Hermitage, 💻 www.glacierexplorers.co.nz. Dieser Anbieter veranstaltet fast schon schaurige einstündige Bootstouren (Anfang Sep–Ende Mai, 3–7x tgl., 2 1/2 Std.) auf dem Tasman Lake, dem Gletschersee am Fuße des Tasman Glacier mit seinen beeindruckenden Eisbergen. Die Tour besteht aus der Anfahrt vom Hermitage Hotel, einer halbstündigen Moränenwanderung und der Bootstour.

Southern Alps Guiding, Old Mountaineers Café, 💻 www.mtcook.com. Auf den einzigartigen und faszinierenden Paddeltrips auf Auslegerkajaks auf dem Tasman Lake (Anfang Okt–April tgl., 4–6 Std.) fühlt man sich gegenüber den Eisbergen als Zwerg. Außerdem im Angebot sind verschiedene Ski- und Heliski-Touren zum Tasman-Gletscher.

Geführte Wanderungen, Bergsteigen und Skifahren

Alpine Guides, 98 Bowen Drive, 💻 www.alpineguides.co.nz. Der Veranstalter bietet Bergsteigern die Begleitung erfahrener Bergführer an und verleiht diverse Ausrüstungsgegenstände wie z. B. Steigeisen und Eispickel. Außerdem werden tgl. Helitrekking-Touren (3 Std.), Kurse im Bergsteigen

Kaminfeuer, echter Berghütten-Atmosphäre, bequemen Stühlen, tollen kleinen Speisen wie herzhaften Bio-Burgern und „Sir Edmund Hillarys" Schweinswürsten sowie ausgezeichnetem Kaffee, Bier und Wein. ❸

SONSTIGES

Einkaufen

Grundnahrungsmittel bekommt man im The Hermitage, YHA-Hostel oder auch in der Alpine Lodge.

Geld

Es gibt weder eine Bank noch einen Geldautomat.

Informationen

Aoraki/Mt Cook National Park Visitor Centre (S. 668). Hier bekommt man alle möglichen Informationen zu Wanderungen, Hütten und dem Dorf. Außerdem kann man hier seine Wanderpläne registrieren lassen. 🕒 tgl. 8.30–17 Uhr.

TRANSPORT

Auto

Die Selbstbedienungs-**Tankstelle** 200 m südöstlich des Zentrums akzeptiert die meisten internationalen Kreditkarten. Im Notfall kann man sich aber an die Rezeption des Hermitage wenden und bekommt dann gegen eine kleine Extragebühr Benzin.

(9 Tage), Skitouren (im Winter) angeboten. Angebote für Bergführungen auf den Mount Cook werden auf Wunsch maßgeschneidert.

Alpine Recreation, 🖳 www.alpinerecreation.com. Professionell geführte Trekkingtouren wie der Ball Pass Trek, eine dreitägige Bergwanderung nahe am Aoraki/Mount Cook mit Überquerung des 2222 m hohen Kaitiaki Peak und Übernachtung in der privaten Caroline Hut.

Rundflüge

Helicopter Line, Glentanner Park, 20 km südlich des Mount Cook Village, 🖳 www.helicopter.co.nz. Mehrere landschaftlich schöne Hubschrauberrundflüge an Talwänden und Gipfeln entlang, mit Ansichten des Gletscherbruchs Hochstetter Icefall und Landungen im Schnee. Zur Auswahl stehen Alpine Vista (20 Min.), Alpine Explorer (35 Min.) und Mountain High (40 Min.) sowie Mount Cook and Glaciers (50 Min.) mit Schleife um den Aoraki und Ausblicken zur Westküste, bevor der Tasman Glacier überflogen wird.

Mount Cook Ski Planes & Helicopters, Aoraki/Mt Cook Airport, 🖳 www.mtcookskiplanes.com. Rundflüge mit Flugzeug und Hubschrauber (25 Min.), im Hubschrauber bis zum Grand Circle (65 Min.), im Hubschrauber oder Flugzeug mit Schleife um den Aoraki, kurzer Überquerung der Main Divide, Flug durch enge Täler und Landung auf dem stillen Tasman Glacier zu einem Spaziergang auf dem jungfräulichen Schnee.

Allradfahrten

Tasman Valley 4WD Tours, The Hermitage, 🖳 www.hermitage.co.nz. Das Hotel The Hermitage bietet Allradtouren auf der Tasman-Moräne zu ansonsten unzugänglichen Aussichtspunkten (ganzjährig, 2–5x tgl., 1 1/2 Std.) – eine gute Alternative bei schlechtem Wetter.

Himmelsbeobachtung

Big Sky, The Hermitage, 🖳 www.bigskystargazing.co.nz. Nach einer Einführung im Planetarium folgt draußen eine Betrachtung des südlichen Sternenhimmels durch Ferngläser oder Teleskop. Ganzjährig nach Einbruch der Dunkelheit (2 Std.).

Busse

Intercity/Great Sights bietet eine tägliche Verbindung von Queenstown und Christchurch zum Aoraki/Mount Cook Village, während Cook Connection, 🖳 www.cookconnect.co.nz, Aoraki/Mount Cook mit Twizel und Tekapo verbindet (nur Mitte Sep–Mai).

Alle Busse halten am Parkplatz unweit von The Hermitage und auf Wunsch unterwegs auch am Glentanner Park Centre, an der Unwin Lodge und am YHA-Hostel.

Busse nach:
CHRISTCHURCH 1x tgl., 5 Std.;
QUEENSTOWN 1x tgl., 4 Std.;
TEKAPO 1–2x tgl., 1 1/4–1 1/2 Std.;
TWIZEL 2–3x tgl., 3/4–1 Std.

Timaru

Von Christchurch Richtung Süden bahnt sich der SH1 in schnurgerader Linie seinen Weg durch die **Canterbury Plains** und führt durch kleine Ortschaften, die als Versorgungszentren der umliegenden Farmen des fruchtbaren Flachlands dienen. Viele von ihnen sind durch intensive Milchwirtschaft zu Reichtum gekommen. Schließlich erreicht man die 27 500 Einwohner zählende Hafenstadt **Timaru** (von Te Maru, Maori für „Schutzort"). Bis vor Kurzem ließen die meisten Touristen das Städtchen links liegen, doch das Museum, die Gemäldegalerie und das **Rock Art Centre** lohnen jeweils etwa eine Stunde Besichtigungszeit. Und abends kann man ganz in der Nähe Pinguine beobachten.

Das einst als Seebad beliebte Timaru platzt um Neujahr aus allen Nähten und produziert einige bekannte klassische neuseeländische Lebensmittel und Biere.

Te Ana: Ngai Tahu Maori Rock Art Centre

2 George St ▪ tgl. 10–17, Mai–Okt 10–15 Uhr ▪ 1-stündige Führung, 3-stündige Führung durchs Centre und zur Opihi-Felskunststätte Nov–April 14 Uhr (inkl. Transport und Erfrischungen; reservieren!) ▪ www.teana.co.nz

Die Felsenkunst an originaler Stelle zu sehen, ist ein großartiges Erlebnis, aber mehr über die Hintergründe erfährt man in diesem Museum im 1876 aus vulkanischem Blaustein erbauten **Landing Service Building**. Luftaufnahmen vermitteln einen geografischen Eindruck von der Lage der Felskunststätten, die Fotos von Fiona Pardington (sie hat Ngai-Tahu-Wurzeln) zeigen die Malereien selbst, und Displays illustrieren den Alltag jener Zeit. Es gibt sogar eine modernere Version eines Binsengeflechtkanus, wie es früher benutzt wurde. Eine weitere Abteilung beschäftigt sich mit der Verbreitung von Maori-Design in den 1960er- und 1970er-Jahren und präsentiert Streichholzschachteln, Aschenbecher und Erdnussbutterdosen, die mit Felskunst-Abbildungen verziert sind.

South Canterbury Museum

4 Perth St ▪ Di–Fr 10–16.30, Sa und So 13–16.30 Uhr ▪ Eintritt frei ▪ museum.timaru.govt.nz

Die meisten Besucher dieses kleinen Regionalmuseums wollen in erster Linie die fragile Nachbildung des **Flugzeugs** aus dem Jahr 1902 sehen, mit dem der aus Temuka stammende **Richard Pearse** seinen viel beachteten Versuch des ersten motorbetriebenen Fluges der Welt unternahm. Das war im Jahr 1902, einige Monate vor dem Flug der Gebrüder Wright. Das Flugzeug von Pearse war dem seiner Rivalen technisch um ein Vielfaches überlegen, doch Pearse fand, dass sein erster Flug weder ausreichend kontrolliert noch lang genug war, um als gelungen zu zählen.

Ansonsten erzählt das Museum die Geschichte der hiesigen Maori (die ein ausgeprägteres Jäger-und-Sammler-Leben führten als ihre nördlichen Verwandten) und der Walfangstation, die sich in den späten 1830er- und frühen 1840er-Jahren am Patiti Point befand.

Aigantighe Art Gallery

49 Wai-iti Rd ▪ Di–Fr 10–16, Sa und So 12–16 Uhr ▪ Eintritt frei ▪ www.facebook.com/aigantigheartgallery

In einer vornehmen edwardianischen Villa, die früher den gälischen Namen Aigantighe („zu Hause") trug, ist die **Aigantighe Art Gallery** untergebracht. Viele der ursprünglichen Merkmale des historischen Gebäudes blieben erhalten und bilden den passenden Rahmen für eine ausgezeichnete permanente Sammlung, die nach dem Rotationsprinzip gezeigt wird. Zum Bestand gehören vier bedeutende Werke des in Timaru geborenen Künstlers Colin McCahon sowie Arbei-

Felsenkunst der Maori

Vor rund 500 Jahren durchstreiften Moa-Jäger die Küstenebene im südlichen Canterbury und nördlichen Otago. Die Maori hinterließen Spuren ihres Aufenthalts an den Wänden und Decken einiger offener Kalksteinhöhlen. In der Umgebung von Timaru, Geraldine und Fairlie gibt es mehr als 300 **Felszeichnungen**.

Die besten Höhlenzeichnungen sind in den Museen der Region zu bewundern, allen voran das **Te Ana Maori Rock Art Centre** in Timaru und das North Otago Museum von Oamaru. Rund 95 % der noch an Ort und Stelle verbliebenen, oft schwierig auszumachenden Zeichnungen befinden sich auf privatem Grund und Boden und wurden z. T. im Zuge falsch verstandener Restaurierungsbemühungen im 19. Jh. entstellt. Das lohnendste Ziel ist Te Manunui (Frenchman's Gully) bei der Pareora Gorge, wo unterhalb eines Kalksteinvorsprungs Moas und eine stilisierte Vogelmenschenfigur zu sehen sind. Die frei zugänglichen Felsmalereien liegen an der geschotterten Frenchman's Gully Road, 32 km westlich von Timaru via SH1, Pareora River Road und Craigmore Valley Road.

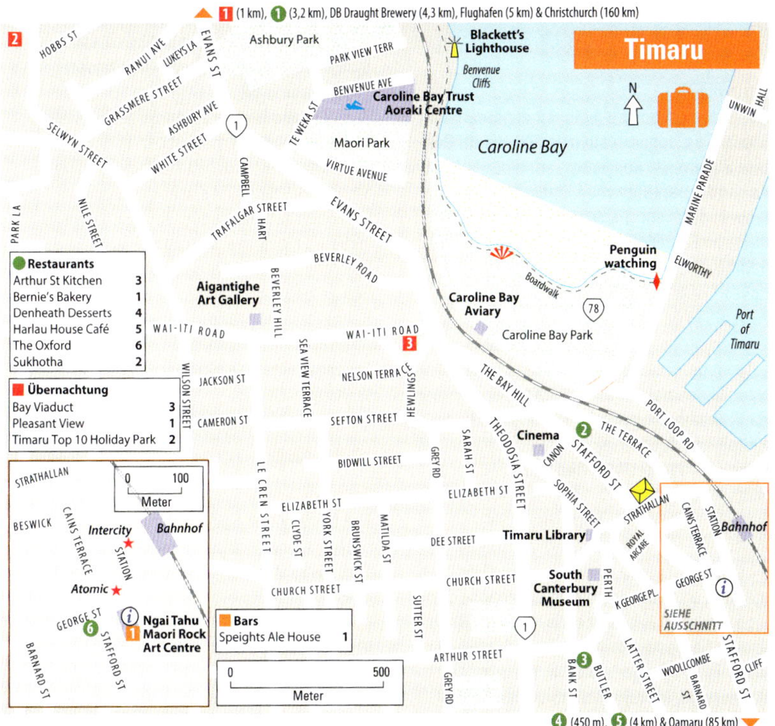

ten von Frances Hodgkins, C. F. Goldie und dem Landschaftsrealisten Austen Deans.

DB Draught Brewery

Sheffield St, Washdyke (6 km nördlich des Zentrums) ▪ Shop ⏲ Mo–Fr 8.30–16.30 Uhr, Führungen Mo–Sa 13 Uhr ▪ Eintritt (Führungen) ▪ 💻 www.db.co.nz

Die Einheimischen sind stolz auf ihr DB Draught, das hier seit den 1930er-Jahren gebraut wird; die Brauerei gehört heute jedoch Heineken. Einen Einblick in den Brauprozess gewähren die Führungen durch die **DB Draught Brewery**.

ÜBERNACHTUNG

Karte s. oben

Bay Viaduct, 6 Wai-Iti Rd, 💻 www.bayviaduct.co.nz. Das Bay Viaduct ist ein preiswertes und äußerst zuverlässiges Motel unweit der Autobahn mit herrlicher Aussicht über Caroline Bay. Die Zimmer verfügen über Sky-TV und Whirlpools. Ein *Continental*-Frühstück wird den Gästen auch persönlich auf dem Zimmer serviert. Das empfehlenswerte Motel bietet außerdem Balkone und Küchenzeilen. ❷

Pleasant View, 2 Moore St, 💻 www.pleasantview.co.nz. 2 schöne Zimmer mit Bad in einem sehr stilvollen neuen Haus, eines davon mit großartigem Meerblick. Weitere Pluspunkte: kostenloses WLAN und Gästewohnzimmer. ❷

Timaru Top 10 Holiday Park, 154a Selwyn St, 💻 www.timaruholidaypark.co.nz. Der Holiday Park in Timaru ist ein sehr gepflegter Campingplatz in der Nähe des Golfplatzes und des Maori Park. Geboten werden ein hoher Standard und ein hervorragendes Preis-Leistungs-Verhältnis. ❷

ESSEN UND UNTERHALTUNG

Karte S. 675

Aus Timaru stammen nicht nur die berühmten **May's Pies**, sondern auch das **Denheath Custard Square**, ein köstliches, cremiges Törtchen: Es wurde ursprünglich in Pleasant Point 19 km landeinwärts von Timaru hergestellt und ist heute im Fabrikladen von Denheath Desserts, 3 Mill St, Parkside (bei High St), und verschiedenen Cafés der Stadt erhältlich.

Arthur St Kitchen, 8 Arthur St, www.arthurstkitchen.co.nz. In dem relaxten Café mit zahlreichen Tischen auch vor und hinter dem Haus bilden pastellgrüne Wände den Rahmen für Ausstellungen lokaler Künstler. Es gibt Kaffee und Kuchen, eine Frühstückskarte mit eher unauffälliger Auswahl und Mittagsgerichte. $$

Bernie's Bakery, 187 Hilton Hwy (SH1), Washdyke (6 km nördlich des Zentrums), www.bernies.nz. Diese moderne Bäckerei mit Café ist heute das offizielle Zuhause der legendären May's Mince Pie, die seit 1914 in Timaru hergestellt wird. Außerdem bekommt man hier McGregor's Mutton Pie aus Palmerston, leckere Wurstbrötchen und verschiedene köstliche Backwaren und Kuchen. $

Harlau House Café, 253 Beaconsfield Rd, 4 km südwestlich der Stadt, www.harlauhousecafe.co.nz. Herrliches Landcafé mit Sitzgelegenheiten in und um alte umgebaute Wirtschaftsgebäude, die mit landwirtschaftlichen Geräten ausstaffiert sind. Ästheten werden die schönen, in Pastelltönen gehaltenen Innenräume lieben, während alle anderen den ausgezeichneten Kaffee und den Kuchen schätzen. Auf der Speisekarte stehen beispielsweise gebratenes Karage-Hähnchen mit Reis und Kewpie-Mayonnaise. $$

The Oxford, Stafford und George St, www.theoxford.co.nz. Timarus bestes Feinschmeckerrestaurant verfügt über eine elegante Bar, eine lockere Brasserie und einen formelleren Speiseraum, allesamt mit einer vielfältigen Karte im Bistro-Stil mit Gerichten wie panierten Rotzungen-Filets, einem Blumenkohl-Cashew-Curry und Stewart-Island-Lachs. 3

Speights Ale House, 2 George St, www.speightsalehousetimaru.co.nz. In der beliebten Kneipe im historischen Landing Service Building gibt's sehr großzügige Portionen sattmachender Kneipenkost wie leckere Lammhaxe, Wildfleisch auf Polentapüree und hausgemachte Schweinebauchpastete. $$

Sukhothai, 303 Stafford St. Gutes Thai-Restaurant mit bekannten Klassikern; mittags Tagesgerichte zu einem guten Preis-Leistungs-Verhältnis. $$

SONSTIGES

Fahrradverleih

The Cyclery, 106 Stafford St, www.thecyclery.co.nz. Mo–Do 7.45–17.30, Fr 7.45–18, Sa 9.30–15 Uhr.

Informationen

Visitor Centre, 2 George St, im Rock Art Centre, www.southcanterbury.org.nz. Mo–Fr 10–16, Sa und So 10–15 Uhr, im Sommer länger.

Internet

Die Bibliothek in der Sophia St bietet kostenlose Computerbenutzung und WLAN. Mo, Mi und Fr 9–20, Di und Do 9–18, Sa 10–13, So 13–16 Uhr.

NAHVERKEHR

Betreiber des **lokalen Busnetzes** von Timaru ist **Metro**, www.metroinfo.co.nz/timaru. Einzelfahrschein innerhalb der Stadt und in die Vororte $2,40, nach Temuka $4,80. Tickets im i-SITE.

TRANSPORT

Busse

InterCity-Busse halten vor dem Bahnhof (wo übrigens keine Personenzüge halten), die

Busse von Atomic halten vor dem Visitor Centre in der George Street.

Busse nach:
CHRISTCHURCH 4x tgl., 2 1/2–2 3/4 Std.;
DUNEDIN 4x tgl., 2 3/4–3 1/2 Std.;
OAMARU 4x tgl., 1 1/4 Std.

Flüge

Der **Richard Pearse Airport** liegt 13 km nördlich des Stadtzentrums an der Falvey Road. Bei **Timaru Taxis**, ✆ 03 688 8899, im Voraus ein Taxi für die Fahrt ins Zentrum bestellen.
Flüge nach WELLINGTON starten 2–3x tgl., 1 1/4 Std.

AM STRAND VON MOERAKI STEHEN DIE CHANCEN GUT, GELBAUGENPINGUINE UND PELZROBBEN ZU SICHTEN.

Otago

Nur wenige Regionen Neuseelands sind so vielseitig wie Otago. Die quirlige Hafenstadt Dunedin mit der ältesten Universität des Landes bewahrt ihr lebendiges schottisches Erbe, die Otago Peninsula ist ein Tierparadies mit Pinguinen, Pelzrobben und Albatrossen. Das Herz von Otago wartet mit Goldgräbergeschichte und Weingütern auf, und Queenstown zieht Adrenalinjunkies mit Bungysprüngen, Skigebieten und seiner Partyszene an.

Stefan Loose Traveltipps

15 **Dunedin** Bunte Street Art und mehr und mehr hippe Cafés lassen Dunedin immer cooler erscheinen. S. 691

16 **Otago Peninsula** Bei einer Umrundung der bezaubernden Küste per Kajak, Boot oder auf der Straße bekommt man zahlreiche Tiere aus nächster Nähe zu sehen. S. 706

17 **Queenstown** Neuseelands Mekka des Funsports: von Bungy-Jumping bis Jetbootfahren, Nervenkitzel pur! S. 711

18 **Routeburn Track** Alpine Landschaften und dichter Wald machen diesen Wanderweg zu einem der schönsten in Neuseeland. S. 733

Wanaka Cafés, Wanderwege und Wasserfälle – der entspannte Ort am See hat für jeden etwas zu bieten. S. 744

Weingüter In Central Otago laden über 20 Weingüter zu einer Verkostung insbesondere von Pinot Noir ein. S. 759

Otago Central Rail Trail Dreitägige Radtour entlang einer stillgelegten Bahnlinie. S. 764

OTAGO CENTRAL RAIL TRAIL

WANAKA

Inhalt

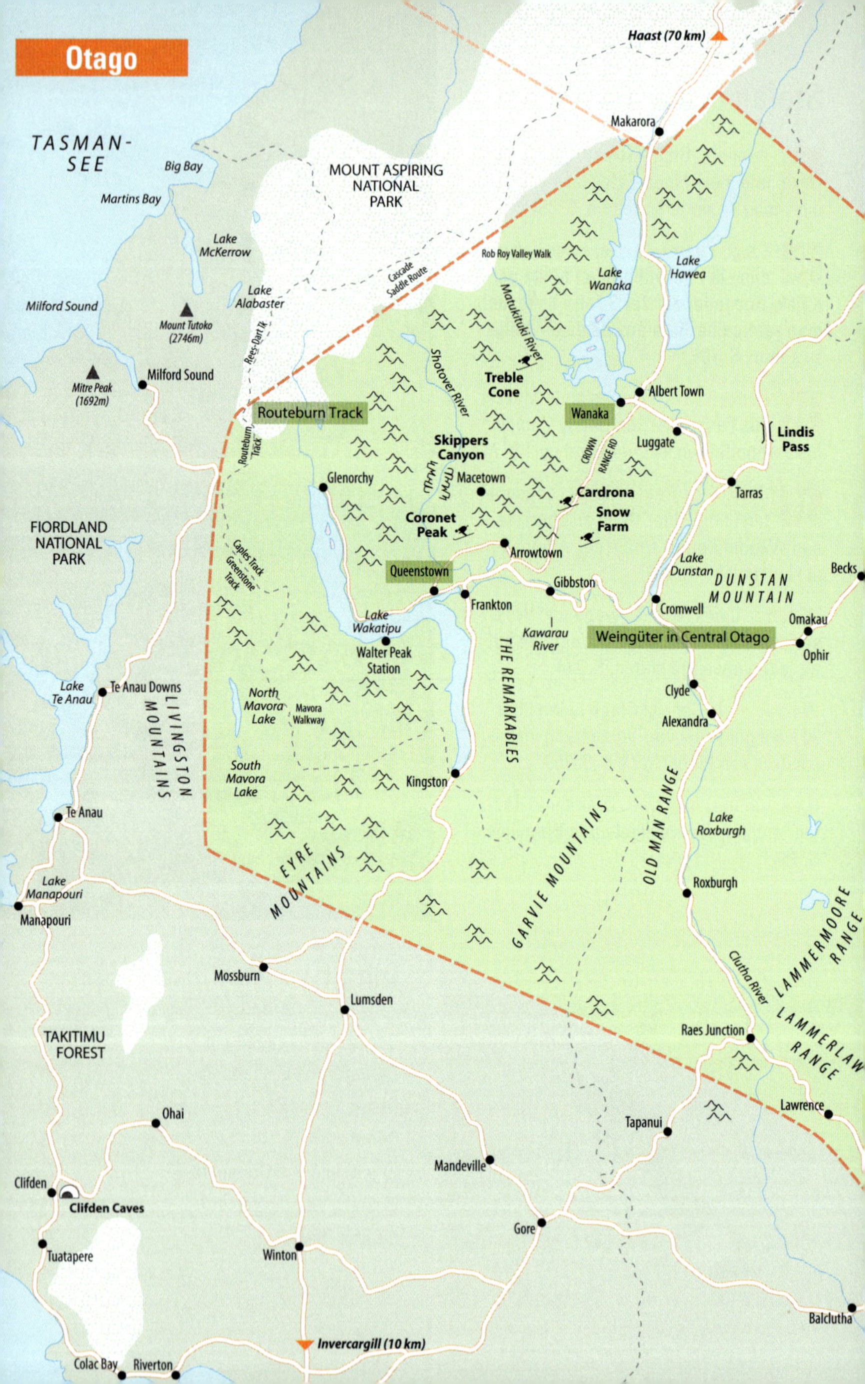
Otago
TASMAN-SEE
Haast (70 km)
Makarora
MOUNT ASPIRING NATIONAL PARK
Big Bay
Martins Bay
Lake McKerrow
Lake Alabaster
Milford Sound
Mount Tutoko (2746m)
Mitre Peak (1692m)
Milford Sound
Rees-Dart Tk
Cascade Saddle Route
Rob Roy Valley Walk
Lake Wanaka
Lake Hawea
Matukituki River
Shotover River
Treble Cone
Routeburn Track
Wanaka
Albert Town
Luggate
Lindis Pass
Routeburn Track
Skippers Canyon
Crown Range Rd
Glenorchy
Macetown
Cardrona
Tarras
Coronet Peak
Snow Farm
FIORDLAND NATIONAL PARK
Caples Track
Greenstone Track
Arrowtown
Queenstown
Lake Dunstan
DUNSTAN MOUNTAIN
Becks
Gibbston
Frankton
Cromwell
Lake Wakatipu
Kawarau River
Omakau
Weingüter in Central Otago
Ophir
Walter Peak Station
Lake Te Anau
Te Anau Downs
LIVINGSTON MOUNTAINS
North Mavora Lake
Mavora Walkway
THE REMARKABLES
Clyde
Alexandra
South Mavora Lake
Kingston
Te Anau
Lake Roxburgh
OLD MAN RANGE
GARVIE MOUNTAINS
EYRE MOUNTAINS
Lake Manapouri
Manapouri
Roxburgh
LAMMERMOORE RANGE
Clutha River
Mossburn
Lumsden
TAKITIMU FOREST
Raes Junction
LAMMERLAW RANGE
Lawrence
Ohai
Tapanui
Mandeville
Clifden
Clifden Caves
Gore
Tuatapere
Winton
Balclutha
Invercargill (10 km)
Colac Bay
Riverton

Aoraki/Mount Cook (55 km)
Christchurch (125 km)
Lake Pukaki
Lake Ohau
Twizel
Lake Benmore
Timaru
Omarama
Lake Aviemore
Lake Waitaki
Kurow
Waitaki Valley
Duntroon
St Bathans
Dansey's Pass
Otago Central Rail Trail
Naseby
Oturehua
Oamaru
Ranfurly
Kyeburn
THE MANIOTOTO
85
Patearoa
SÜDPAZIFIK
Paerau
ROCK AND PILLAR RANGE
Dunback
Palmerston
Middlemarch
Otago Central Rail Trail
Pukerangi
Taieri Gorge Railway
Clarks Junction
Aramoana
Port Chalmers
Otago Peninsula
Outram
Mosgiel
Dunedin
Stefan Loose Traveltipps
S. 679
Milton
0
25
Kilometer
N

Otago wird geprägt durch Flüsse und Seen. Schmelz- und Regenwasser füllen den rund 70 km langen **Lake Wakatipu**, von dem Queenstown und Umgebung den Beinamen **Wakatipu Basin** erhalten haben. Im Osten des Sees liegt die Quelle des Kawarau River, der durch die faszinierende Kawarau Gorge fließt. Unterwegs nimmt er noch das Wasser des Shotover River aus dem Gebiet der ehemaligen Goldfelder bei Skippers auf, das mit den Hinterlassenschaften des Goldrausches des 19. Jhs. übersät ist, bevor er sich in **Cromwell** mit dem mächtigen Clutha River vereint, der aus dem **Lake Wanaka** herausfließt. Etwas weiter südlich treffen sich in **Clyde** und **Alexandra** Radfahrer zu Touren auf dem **Otago Central Rail Trail** durch das Maniototo nach **Middlemarch**, von wo die **Taeiri Gorge Railway** durch eine zerklüftete Schlucht nach **Dunedin** fährt. Die Örtchen südlich von Alex wie das verschlafene **Lawrence**, Otagos erste Goldgräberstadt, wirken, als lägen sie am Rande der Zivilisation.

Nordwestlich von Queenstown lässt die urwüchsige, raue Landschaft rund um das winzige Örtchen **Glenorchy** leicht erahnen, warum sie im Lauf der Jahre als Kulisse für Filme wie *Der Herr der Ringe* und *Der Hobbit* und andere Hollywood-Blockbuster gedient hat.

Oamaru und Umgebung

Die 85 km südlich von Timaru am SH1 gelegene frühere Hafenstadt **Oamaru** ist eine der verführerischsten Provinzstädte Neuseelands, in der sich ohne Weiteres ein bis zwei erholsame Tage verbringen lassen. Am reizvollsten sind zunächst die Kolonien von sowohl Zwerg- als auch Gelbaugenpinguinen unmittelbar außerhalb der Stadt. Die Stadt selbst hat aber auch ihren Reiz, vor allem der gut erhaltene, kompakte **Victorian Precinct** mit vornehmen öffentlichen Bauten und Handelshäusern, die aus dem auffälligen, cremefarbenen Kalkstein gebaut wurden, der in der Umgebung von Oamaru häufig anzutreffen ist.

Wer es einrichten kann, sollte Oamaru zwischen November und Januar besuchen, dann sind die Pinguine am zahlreichsten zur Stelle. Eine gute Zeit ist im November. Dann finden die **Victorian Heritage Celebrations** (💻 www.vhc.co.nz) statt: Die Straßen des Victorian Precinct werden in eine Rennstrecke für Hochräder umfunktioniert, die von Einheimischen in viktorianischer Kleidung angefeuert werden.

Geschichte

In der Vergangenheit boten die Kalksteinfelsen der Umgebung den Maori Schutz und lieferten später das Rohmaterial für die ehrgeizigen Bauvorhaben der europäischen Einwanderer. Als Versorgungszentrum für die Glücksritter während des Goldrauschs und dank verschiedener wirtschaftlicher Standbeine (Holzgewinnung, Landwirtschaft und Steinbrüche) gelangte Oamaru zu einigem Wohlstand. 1874 wurde der Hafen für **Einwanderer** geöffnet. Allerdings kenterten viele Schiffe in den tückischen Gewässern. Nach der Blütezeit ging es wirtschaftlich mit der Stadt bergab (wie es auch in den Werken der aus Oamaru stammenden Schriftstellerin **Janet Frame** zum Ausdruck kommt), und erst in jüngerer Vergangenheit erwachte Oamaru wieder zu neuem Leben.

Thames Street

In der Thames Street zeigt Oamarus **Victorian Precinct** sein repräsentatives Gesicht und versammelt den Großteil der öffentlichen Gebäude. Auf der einen Seite reihen sich das Opera House von 1906, das palladianische Courthouse, das klassisch proportionierte Athenaeum (in dem jetzt das North Otago Museum untergebracht ist), das First Post Office sowie das Former Post Office, dessen Turm 1903 von Thomas Forrester, dem Sohn des Architekten, hinzugefügt wurde.

Gegenüber stehen zwei elegante Gebäude von R. A. Lawson: Die imposante **National Bank** weist die wahrscheinlich stilechteste neoklassizistische Fassade der ganzen Stadt auf; in ihrem nobleren Nachbargebäude ist jetzt die **Forrester Gallery** untergebracht.

Waitaki Museum

60 Thames St ▪ 🕒 Mo–Fr 13–16.30 Uhr ▪ Eintritt frei ▪ 💻 www.culturewaitaki.org.nz/waitaki-museum

Das 1882 erbaute Athenaeum beherbergt das **Waitaki Museum** mit einer eher bescheidenen Sammlung zur Geschichte von Nord-Otago mit Gegenständen aus Oamaru-Stein und zur Felskunst der Maori. In dem Gebäude war früher eine Leihbibliothek untergebracht, in der die aus der Stadt stammende Schriftstellerin Janet Frame während ihrer Jugendjahre viel Zeit verbrachte. Ihre Schreibmaschine steht noch hier und bildet das Kernstück einer Ausstellung über ihr Leben und Werk. Die Ausstellungen konzentrieren sich auf alle Aspekte der lokalen Geschichte, von der Landwirtschaft bis zur Kultur. Gezeigt werden u. a. Exponate zu traditionellen Textilien, zur Geologie sowie persönliche Gegenstände der Māori-Iwi und der europäischen Kolonisatoren.

First Post Office

Ein wenig unstimmig fügt sich das italienisch anmutende **First Post Office**, 12 Thames St, aus dem Jahr 1864 ein, das älteste aller Whitestone-Bauwerke Oamarus und das einzige in der Stadt noch verbleibende Werk des in Australien geborenen Architekten W. H. Clayton (1823–77, er immigrierte 1863). Clayton entwarf Dunedins All Saints' Church und Edinburgh House, ehe er zum ersten – und einzigen – Kolonialarchitekten des Landes berufen wurde.

Forrester Gallery

9 Thames St ▪ Mo–Fr 10.30–16.30, Sa und So 13–16.30 Uhr ▪ Eintritt frei ▪ www.forrestergallery.com

Oamaru Whitestone

Sein besonderes Erscheinungsbild verdankt Oamaru dem lokalen **Kalkstein**, der vor den Toren der Stadt immer noch geschlagen wird. Dieser Stein, der umso härter wird, je mehr er den Elementen ausgesetzt ist, lässt sich im frisch gehauenen Zustand leicht mit herkömmlichen Handwerkzeugen aus Metall bearbeiten. Unter Berücksichtigung des damals vorherrschenden neoklassizistischen Stils ließen die Architekten ihrer Fantasie freien Lauf, und die Handwerker hatten weitgehend freie Hand bei der Gestaltung kannelierter Pilaster, detailverliebter Giebeldreiecke und eleganter korinthischer Säulen, die mit ganzen Wäldern aus Akanthusblättern verziert wurden.

Den Charakter Oamarus prägten vor allem der Architekt **R. A. Lawson** und die Firma **Forrester and Lemon**, die gemeinsam zwischen 1871 und 1883 die meisten der prächtigen Bauwerke schufen. Oamaru-Kalkstein wird auch heute noch für den Bau moderner Gebäude verwendet, z. B. für das Waitaki Aquatic Centre im Takaro Park.

In R. A. Lawsons neoklassizistischem Bankgebäude ist jetzt die wichtigste **Kunstgalerie** der Stadt untergebracht. Sie präsentiert ein ansehnliches Programm aus Wanderausstellungen zeitgenössischer und traditioneller Kunst. Daneben ist fast immer etwas Spannendes zu sehen, darunter ausgewählte Stücke aus der eigenen Sammlung. Besondere Beachtung verdienen die Arbeiten des bedeutenden neuseeländischen Künstlers Colin McCahon und des aus Oamaru stammenden Malers Colin Wheeler.

Tyne Street und Harbour Street

Südlich der Thames Street Richtung Wasser kommt man durch die Itchen Street ins ehemalige Geschäftsviertel der Stadt, das ebenfalls von Whitestone-Architektur beherrscht wird. Die Gegend entwickelt sich immer mehr zum Szeneviertel, wo man gut einen Kaffee oder ein Bier trinken kann, um danach in den Läden, Kunstgalerien und kleinen Museen herumzustöbern. Einen Besuch sollte man möglichst aufs Wochenende legen, wenn mehr los ist.

Am Beginn der **Tyne Street** liegen der **Woolstore Complex** und das Criterion Hotel, gefolgt von Oamarus eleganten alten Union Offices von 1877. Der stattliche, 1882 von dem Steinmetz James Johnson errichtete **Smiths Grain Store** nebenan gilt als der am reichsten verzierte Getreidespeicher im Land.

In der parallel zur Tyne Street verlaufenden **Harbour Street** finden sich weitere ehemalige Handelshäuser. Das 1876 erbaute **Harbour Board Office** war eines der ersten öffentlichen Gebäude Oamarus, das von den äußerst produktiven Architekten Forrester und Lemon entworfen wurde. Die Straße endet an dem massiven, 1882 erbauten Woll- und Getreidespeicher **Loan & Mercantile**, der einmal der größte von ganz Neuseeland war.

Steampunk HQ

1 Itchen St ▪ tgl. 10–17 Uhr ▪ Eintritt ▪ www.steampunknz.co.nz

Dank diesem herrlich skurrilen Museum hat sich Oamaru zur neuseeländischen Steampunk-Hauptstadt gemausert. Draußen steht eine gepimpte Dampfmaschine, die (für $2) dampft und blinkt, und innen eröffnet sich eine Welt, die das

Werk eines modernen Jules Verne oder H. G. Wells sein könnte. Vieles davon ist eigentlich Müll, der in einer fantasievollen Synthese aus pseudo-viktorianisch und retro-futuristisch ein neues Gesicht bekommt. Besondere Highlights sind die *Infinity Portal Experience* und die beiden Kurzfilme. Steampunk hat sogar angekündigt, einen **Kinderspielplatz** anzulegen und will am Hafenende der Wansbeck Street ein Café einrichten.

Woolstore Complex und Oamaru Auto Collection

1 Tyne St ▪ 🕒 Andenkenladen und Oamaru Auto Collection tgl. 9.30–17, Galerien So 10–16, Café Casa Mia Di–So 8–15 Uhr ▪ Auto Collection Eintritt, Galerien frei ▪ ✆ 04 3434 1556

Der **Woolstore Complex** beherbergt ein Café, einen Andenkenladen und oben Galerien und Boutiquen. Motorsportfans zieht es zur **Oamaru Auto Collection**, wo rund 30 Vintage-, historische und klassische Fahrzeuge zu sehen sind, darunter vielleicht ein als Rennwagen zurechtgemachter Audi Quattro.

Whitestone City

12 Harbour St ▪ 🕒 tgl. 9.30–17 Uhr ▪ Eintritt ▪ 💻 www.whitestonecity.co.nz

In einem alten Getreidespeicher erweckt **Whitestone City** das Oamaru der viktorianischen Epoche zum Leben, und zwar mit interaktiven Exponaten, die zusammen eine Art Kolonialstadt ergeben, mit Barbier, Schulzimmer, Apotheke und Gemischtwarenladen. Da man hier alles anfassen darf, ist das Museum toll für Kinder, doch auch nur wenige Erwachsene können einer Runde auf dem weltweit ersten Hochradkarussell widerstehen. Engagiertes Personal in Kleidung der Zeit tragen weiter zum Flair des späten 19. Jhs. bei.

Janet Frame House

56 Eden St ▪ 🕒 Nov–April tgl. 14–16 Uhr ▪ Eintritt ▪ 💻 www.jfestrust.org.nz

Das **Janet Frame House** ist das bescheidene Haus, in dem eine der bedeutendsten Schriftstellerinnen Neuseelands ihre Kindheit verbrachte. Nach einem Rundgang durch das in den Zustand der 1930er-Jahre zurückversetzte Gebäude kann man sich anhören, wie die Autorin selbst einen Ausschnitt aus *Owls Do Cry* (dt. *Wenn Eulen schreien*) liest, der von eben jenem Sofa handelt, auf dem man gerade sitzt. Fans der Autorin können außerdem dem **Janet Frame Trail** folgen; eine Broschüre hierzu ist im i-SITE erhältlich.

Die Pinguinkolonien

Oamaru ist insofern einzigartig, als sich in unmittelbarer Nähe der Stadt zwei Kolonien mit **Gelbaugen-** und **Zwergpinguinen** befinden, die zu Fuß vom Zentrum aus zu erreichen sind. Normalerweise ist es möglich, beide Kolonien an einem Abend zu sehen, denn die Gelbaugen kommen gewöhnlich etwas früher an Land als die Zwerge. Da Pinguine äußerst scheu und leicht zu verschrecken sind, sollte man keinen Lärm machen und zu den Tieren mindestens 10 m Abstand halten. Sind die Pinguine verängstigt, kehren sie häufig mehrere Stunden nicht zu ihren Nestern zurück, selbst wenn sie Küken zu füttern haben.

Zwergpinguinkolonie

2 Waterfront Rd, 1,5 km südöstlich des Stadtzentrums ▪ 🕒 tgl. 10 Uhr bis 2 Std. nach Einbruch der Dunkelheit ▪ Eintritt; 15 % Ermäßigung für Senioren, Studenten usw. ▪ 💻 www.penguins.co.nzam

Zwergpinguine *(blue penguins, fairy penguins* oder *korora)* sind die kleinsten unter den Pinguinen. Sie kommen überall an der Küste Neuseelands sowie an den Ufern Südaustraliens vor, lassen sich aber am besten in der Umgebung von Oamaru beobachten. Manche nisten sogar unter den Gebäuden am Wasser, und wer gleich nach Sonnenuntergang am Ufer ist, sieht höchstwahrscheinlich ein paar Pinguine vorbeiwatscheln. In einem organisierteren und informativeren Rahmen sieht man die Vögel bei der **Blue Penguin Colony**. Bei einem Besuch tagsüber erblickt man mit etwas Glück auch brütende Pinguine. Lohnenswerter ist wahrscheinlich eine **abendliche Beobachtung** *(evening viewing)* von der 350 Plätze bietenden Tribüne aus.

Wer während der Brutsaison (Juni–Dez) hier ist, bekommt auch Küken zu Gesicht und hört sie nach ihren Eltern schreien, die im Meer nach Nahrung jagen. Wenn die erwachsenen Pinguine in der Dämmerung grüppchenweise zurückkehren, klettern sie das steile Ufer hinauf und watscheln an der Tribüne vorbei zu ihren Nestern. In der Hochsaison (Nov–Mitte Feb) zeigen sich manchmal bis zu 300 Pinguine an einem Abend; im März, Juni und August dagegen oft nur ein Dutzend.

Wem das Standardprogramm ein wenig zu trubelig ist, kann etwas mehr Geld ausgeben und das abendliche **Premium Viewing** wählen, bei dem man bequemere Sitzgelegenheiten näher bei den Tieren bekommt und direkt durch die Pinguinkolonie marschiert.

Gelbaugenpinguinkolonie

Bushy Beach, zu erreichen über die Bushy Beach Rd

Die wesentlich größeren **Gelbaugenpinguine** nisten in kleineren Gruppen (die Bestände haben sich etwas erholt, nachdem es nach einem verheerenden Ausbruch der Vogeldiphtherie 2016 nur noch eine Handvoll Nistpaare gab), halten dafür aber zivilere Zeiten ein, denn sie kehren meist schon am späten Nachmittag oder frühen Abend zurück (die besten Monate, um die Pinguine zu beobachten, sind Okt–Feb).

Die Gelbaugenpinguine kommen meist am Strand **Bushy Beach** an, 2 km südlich von Oamaru. Am Strand kann man von einigen Aussichtspunkten an den Klippen aus verfolgen, wie die Gelbaugenpinguine über den Strand watscheln (der Strand ist täglich von 15 bis 9 Uhr gesperrt). Am besten ist man mindestens eine Stunde vor Sonnenuntergang hier, und das Teleobjektiv nicht vergessen! Zu Fuß braucht man vom Stadtzentrum etwa eine Dreiviertelstunde hierher.

ÜBERNACHTUNG

Karte S. 683

In Oamaru eine Unterkunft zu finden, ist selten schwierig; von Dezember bis März lohnt es sich allerdings, ein oder zwei Tage im Voraus zu buchen.

Ambassador Motor Lodge, 296 Thames St, www.ambassadoroamaru.co.nz. Das gepflegte und recht zentral gelegene Motel hat unterschiedliche Units, darunter einige mit Jacuzzi. Bei der Ankunft gibt es sogar frisch gebackene Muffins. ❷

Criterion Hotel, 3 Tyne St, www.criterionoamaru.co.nz. Das 1877 aus Whitestone erbaute Hotel ist die einzige Übernachtungsmöglichkeit im Victorian Precinct. Es hat schlichte Zimmer (die meisten mit Gemeinschaftsbad, mit eigenem Bad kostet extra) über der Bar (kann am Wochenende ein wenig lauter werden) und einen Frühstücksraum, wo sich die Gäste selbst bedienen. ❷

Empire Hotel Backpackers, 13 Thames St, www.bbh.co.nz. Es ist hier ein bisschen düster und schmuddelig, aber das passt zur Umgebung im Victorian Precinct. Die Schlafsäle sind sauber und komfortabel, und die Gäste lieben den Billardtisch, das Klavier und die Videothek. Einzel- und Doppelzimmer sind ebenfalls verfügbar. ❶

Glencoe Campsite, Tulliemet Rd, 2 km westlich von Herbert, das 22 km südlich von Oamaru liegt. Der sehr angenehme, grasbewachsene DOC-Campingplatz befindet sich in günstiger Lage zu den Moeraki Boulders und hat einen Pfad, der zu einer Badestelle im Fluss führt. Um hinzukommen: In Herbert die Ord St nehmen, dann den Wegweisern zur Glencoe Domain folgen. ❶

Northstar, 495a SH1, www.northstarmotel.co.nz. Runderneuertes Motel 3 km nördlich der Stadt mit geschmackvoll eingerichteten Selbstversorger-Units und gutem Restaurant, das auch Nichtgästen offensteht. ❸

Oamaru Backpackers, 47 Tees St, www.oamarubackpackers.co.nz. Das zentral gelegene Haus ist eines der besten neuen Hostels der Südinsel, mit 6 schön eingerichteten Mottozimmern mit unterschiedlicher Ausstattung an Betten, u. a. der „Penguin Colony" mit robusten Stockbetten und Vorhängen an den Betten und dem metallischen EZ „Steampunk". Alle Zimmer außer dem „Quarry Room" mit eigenem Bad teilen sich 2 Bäder. Außerdem gibt's eine große Lounge und einen lichtdurchfluteten Sonnenraum. Die Früchte im Garten darf man essen! ❶

Oamaru Harbour Tourist Park, Esplanade, 🖳 www.oamaruharbour.co.nz. Befestigter Campervanplatz sowie Zeltstellplätze unweit vom Meer mit Stromanschlüssen sowie Küchenbenutzung und warmen Duschen. Das unbegrenzte WLAN kostet $2 pro Stellplatz. ❶

Oamaru Top 10 Holiday Park, 30 Chelmer St, 🖳 www.top10.co.nz. Campingplatz in geschützter Lage in der Nähe der Oamaru Gardens mit breitem Angebot an Unterkünften, darunter Selbstversorger-Units. Für Kinder gibt's einen Spielplatz, Minigolf und ein Trampolin. ❶

Old Bones Lodge, 468 Beach Rd, Kakanui, 🖳 www.oldbones.co.nz. Hostel der gehobenen Klasse an der Küste knapp 7 km südlich der Stadt, zu erreichen über die Wharf St. Nur 8 DZ und 2-Bettzimmer mit Fußbodenheizung und Gemeinschaftsbad. Geräumige, gemütliche Lounge/Küche ohne TV. Für Gäste ist die Nutzung der 6 Outdoor-Whirlpools billiger, und Camper können sämtliche Einrichtungen nutzen. ❷

The Vicarage, 24 Reed St, 🖳 www.thevicarageoamaru.com. Dieses charmante historische Haus mit rotem Dach stammt aus dem Jahr 1901 und diente einst, wie der Name schon sagt, als Pfarrhaus der Stadt. Heute ist es ein einladendes B&B mit nur 3 komfortablen Zimmern, jedes im luxuriösen Landhausstil eingerichtet und mit einem schönen eigenen Badezimmer ausgestattet. ❸

ESSEN

Karte S. 683

Die meisten Lokale der Stadt befinden sich in der Umgebung der Thames Street. Wer einen Ausflug zu den Moeraki Boulders macht, kann in der fabelhaften Moeraki Tavern (S. 690) einkehren. Richtung Norden eignet sich die Riverstone Kitchen gut für ein Mittagsmahl.

Criterion Bar, im Criterion Hotel, 3 Tyne St, 🖳 www.criterionoamaru.co.nz. Das Criterion ist eine Bar im Stil eines viktorianischen englischen Pubs mit langem Holztresen. Preiswertes Essen in großen Portionen, z. B. *bangers and mash* und frischer Aoraki-Lachs auf Fladenbrot mit Pesto, Spinat und Frischkäse sowie einige altbewährte Biersorten, darunter das Emerson's Bookbinder oder das hiesiges Craftwork. $$

The Galley, 1 Esplanade, 🖳 www.facebook.com/TheGalleyOamaru. Auffälliges Café, das in verrosteten alten Schiffscontainern untergebracht ist und das dem Namen seines Viertels an der Friendly Bay alle Ehre macht. Die Speisekarte ist voller wohlschmeckender, bodenständiger Gerichte, von würzigen gebackenen Kartoffeln bis hin zu leckeren Zimtschnecken. $

Harbour St Bakery 1871, 4 Harbour St, 🖳 www.facebook.com/Harbourstbakery.b.k.s. Winzige Bäckerei mit leckeren Pasteten zum Mitnehmen. $

Harbour Street Collective Café, 8 Harbour St, 🖳 www.facebook.com/harbourstreetcollective. Großes Café mit viel Flair, schön fürs Frühstück, für Kaffee und Kuchen oder eine kleine Mahlzeit, außerdem freitag- und samstagabends Livemusik. $

Riverstone Kitchen, 1431 SH1, 19 km nördlich von Oamaru, 66 km südlich von Timaru, 🖳 www.riverstonekitchen.co.nz. Mit die besten Speisen überhaupt, serviert in aufgeräumt-ländlichem Ambiente. Mittags werden vor allem leichtere Gerichte gereicht wie frittierte Zucchiniblüten mit persischem Feta oder scharf angebratener Tintenfisch mit Chili, grüner Papaya und gerösteten Erdnüssen, abends dann herzhaftere Kost wie Wild mit sautierten Kartoffeln, Brokkoli und Rote Bete Marmelade. $$

Star and Garter, 9 Itchen St, 🖳 www.facebook.com/StarAndGarterOamaru. Es ist kein Problem, mehrere Stunden in diesem entspannten und beliebten Café zu verbringen, das für seine Speisekarte mit herzhaften lokalen Gerichten zum Mittag- und Abendessen bei Einheimischen wie Touristen verdiente Anerkennung gefunden hat. Besonders zu empfehlen sind der Kabeljau blau und Lammleber mit Speck, doch es gibt noch viele andere Leckereien zu entdecken. $$

Tees St, 3 Tees St, 💻 www.teesstreet.com. Helles, modernes Café mit etwa einer Acai-Mango-Bowl mit hausgemachtem Müsli, Banane, Kokosjoghurt und frischem Obst zum Brunch oder auch köstlichen pikanten Hühnchen-Tacos. Auch Kaffee und Espresso sind überragend gut. $$

UNTERHALTUNG

Karte S. 683

Scotts Brewing Co, 1 Wansbeck St, 💻 www.scottsbrewing.co.nz. Hier wird u. a. hervorragendes glutenfreies Bier gebraut. Besucher können sich eine Flasche zum Mitnehmen abfüllen lassen oder direkt vor Ort ebenfalls fünf Biere probieren. Außerdem wird hier die köstlichste Pizzas der Stadt gebacken, die man am besten auf der sonnigen Terrasse verzehrt.

EINKAUFEN

Karte S. 683

Grainstore Gallery, 9 Harbor St, ☎ 027 366 6201. Dieses exzentrische Einkaufszentrum quillt über vor Gemälden, Skulpturen und obskuren Büchern und dient gleichzeitig als stimmungsvoller Veranstaltungsort für Live-Events.

Mirrorcity Letterpress, 7 Tyne St, ☎ 04 3434 5007. Hier kann man Michael dabei zusehen, wie er zwischen seinen traditionellen Druckermaschinen im stimmungsvollen alten Union-Büro kostbare Bücher bindet und restauriert. Neue handgebundene Bücher gibt es in verschiedenen Größen und Ausführungen zu kaufen, manche im Ledereinband. Wer beim Zuschauen Lust bekommen hat, selber buchbinderisch tätig zu werden, kann sich nach den angebotenen eintägigen Buchbindekursen erkundigen.

New Zealand Whisky Company, 14 Harbour St, 💻 www.thenzwhisky.com. Als 1997 die südlichste Whiskybrennerei Neuseelands dichtmachte, blieben fast 500 Fässer des guten Stoffs in einem Lagerschuppen in Oamarus Historic District zurück. Die Vorräte schwinden, aber es steht immer noch eine faszinierend große Auswahl Single Malts und Blends (bis ins Jahr 1987 zurückgehend) zum Verkauf; manche für bis zu $400. Zum Probieren gibt's Gläschen einzeln oder im Viererpack.

Oamaru Farmers' Market, Wansbeck St, Ecke Tyne St, 💻 www.oamarufarmersmarket.co.nz. Der bunte Markt umfasst zwei Dutzend Stände, ein Kaffeeausschank und Livemusik bringen Leben in den Historic District.

Slightly Foxed, 11 Tyne St, 💻 www.slightlyfoxed.co.nz. Sagenhafte Auswahl an gut erhaltenen Secondhandbüchern und Klassikern sowie eine Kiste mit Erstausgaben von Janet Frame.

Whitestone Cheese, 3 Torridge St, 💻 www.whitestonecheese.com. Die Käserei verfügt über ein Ladencafé mit Alkoholausschank, in dem man kostenlos den Käse des Tages probieren kann; oder man bestellt sich eine Probierplatte mit sechs Sorten, die gewöhnlich auch den cremigen Windsor Blue umfasst, für den Whitestone berühmt ist. Montag bis Freitag werden außerdem um 10 Uhr Käsereiführungen angeboten (1 Std.). Führungen mit Käseverkostung inklusive Bier- oder Weinbegleitung können ebenfalls gebucht werden.

SONSTIGES

Büchereien

Oamaru Public Library, 62 Thames St, ⌚ Mo–Mi und Fr 9.30–17.30, Do 10–17.30, Sa 10–12.30 Uhr.

Fahrradverleih

Hub & Sprocket, 4 Wansbeck St, 💻 www.hub-and-sprocket-cycles.business.site. Bietet alle möglichen Fahrradreparaturen und vermietet auch E-Bikes – eine entspannte (und einigermaßen weniger anstrengende) Art, die umliegende Landschaft zu erkunden. ⌚ Di–Fr 10–17.30, Sa 10–13 Uhr.

Martyns Cycles, 51 Thames St, ☎ 03 434 8416. Dieser zuverlässige Vermieter verleiht Fahrräder stunden- oder tageweise. ⌚ Mo–Fr 8–17.30, Sa 9.30–12.30 Uhr.

Informationen

i-SITE, 1 Thames St, 🖳 www.waitakinz.com. Bietet nützliche Broschüren für Stadtrundgänge in Eigenregie. ⌚ tgl. 9–17 Uhr.

Internet

Kostenloses WLAN gibt's im i-SITE und in der Bücherei.

TRANSPORT

Die auf der Strecke Christchurch–Dunedin verkehrenden Busse von InterCity halten in der Eden St, Ecke Thames St.
Das in Oamaru ansässige Unternehmen Coastline Tours, 🖳 www.coastline-tours.co.nz, fährt nach Dunedin und lässt Passagiere in Moeraki aussteigen.

Busse nach:
CHRISTCHURCH 3–4x tgl., 4 Std.;
DUNEDIN 4–5x tgl., 2 Std.;
MOERAKI 1x tgl., 40 Min.;
TIMARU 3–4x tgl., 1 Std.

Totara Estate

SH1, 8 km südlich von Oamaru ▪ ⌚ Sep–Mai tgl. 10–16 Uhr ▪ Eintritt ▪ 🖳 www.facebook.com/TotaraEstate

Es ist durchaus keine schlechte Idee, eine halbe Stunde auf dem **Totara Estate** zu verbringen, dem Geburtsort der neuseeländischen Fleischindustrie. Bis Anfang der 1880er-Jahre war Neuseeland ein großer Wollexporteur mit einem Fleischüberschuss, während in den aufstrebenden Industriestädten Großbritanniens die Menschen hungerten. Die Lösung des Problems kam 1882, als der Dreimaster *Dunedin* mit kohlengefeuerten Gefriergeräten ausgerüstet und mit Lammfleisch vom Totara Estate beladen wurde.

Das Estate präsentiert sich heute als historischer Park mit Rasenflächen und soliden Kalksteingebäuden, in denen ein kleines Museum sowie im Originalzustand erhaltene Ställe, Kornspeicher und eine Schmiede untergebracht sind. Das Fundament und die Überreste des ehemaligen Schlachthauses bilden die Basis für weitere Rekonstruktionen, die eine Vorstellung davon vermitteln, wie der Alltag hier einmal ausgesehen haben mag.

Clarks Mill

SH1, 13 km südlich von Oamaru ▪ ⌚ Ende Okt–April So 13–15 Uhr, Mühlenbetrieb jeden letzten So um 14 Uhr, Jan–März Do und So 10–13 Uhr, Mühlenbetrieb So 14 Uhr sowie jeden letzten So des Monats um 13, 14 und 15 Uhr ▪ Eintritt ▪ 🖳 www.visitheritage.co.nz

Bei richtigem Timing lässt sich der Besuch des Totara Estate mit dem der vierstöckigen **historischen Getreidemühle** auf dem Farmgelände verbinden, der einzigen noch im Original erhaltenen wasserbetriebenen Mühle des Landes. Das Wasserrad ist längst verschwunden, doch sonst hat sich seit 1866 nicht viel verändert. Damals brachte ihre Fertigstellung endlich Mehl für ein Land, das im Getreide ertrank; davor musste Mehl aus Australien importiert werden. Ein geführter Rundgang ist durchaus stimmungsvoll und informativ, aber längst nicht so toll, wie ein Besuch zu den Zeiten, wenn sich die Mühle ächzend und klappernd dreht.

Moeraki Boulders

SH1, 38 km südlich von Oamaru und 3 km südlich von Hampden ▪ Zugang von einem DOC-Parkplatz aus über einen 300 m langen Fußweg oder über einen kürzeren Privatweg ($2 in eine „honesty box"); für die Gäste des benachbarten Cafés, ⌚ tgl. 9–17 Uhr, ist der Zutritt kostenlos

Die großen runden grauen **Moeraki Boulders**, 2 km vor dem Dorf Moeraki, liegen teilweise versunken an der Gezeitenlinie im Sand. Unter der glatten Oberfläche verbirgt sich ein wabenförmig ausgehöhlter Kern, der bei einigen zerbrochenen Steinen zu sehen ist. Die Felsen ruhten einst tief in den Schieferklippen an Land. Während die Brandung die Klippen auswusch, fielen die glatten Steinkugeln heraus und bildeten als Folge weiterer Erosion ihre auffällige, „aderige" Oberfläche heraus. Ursprünglich bestanden die Felsen aus einem Kalkkristallkern, der Minerale aus der näheren Umgebung anzog und sich so vergrößerte. Dieser Prozess setzte vor über 60 Mio. Jahren ein, als sich schlammige Sedimente mit Muschel- und Pflanzenresten auf dem Meeresboden ablagerten. In der Größe reichen die Moeraki-Felsen von kleinen Kügelchen bis zu großen, runden Steinkugeln (manche haben fast 2 m Durchmesser), doch über die Jahre wurden viele kleinere Exemplare von Souvenirjägern fortgeschafft, sodass nur diejenigen übrig blieben, die nicht zu transportieren sind.

Die Maori nannten die Felsen „Te Kaihinaki" (Vorratskörbe) und glaubten, dass sie von dem Wrack eines Kanus stammten, dessen Besatzung sich auf der Suche nach *pounamu* (Jade) befunden hatte. Einige der Moeraki Boulders wurden als *hinaki* (Körbe) angesehen, die runderen als Kalebassen und die unregelmäßiger geformten ein Stückchen weiter am Strand als versteinerte Kumara aus dem Nahrungsvorrat des Kanus.

Moeraki

Vom malerischen und friedvollen Fischerdorf **Moeraki**, 2 km weiter südlich, hat man über den Strand Zugang zu den Boulders. Hier bieten sich gute Chancen, Gelbaugenpinguine aus der Nähe zu sehen. Dazu fährt man zum weißen Holzleuchtturm am **Katiki Point** (1 km vom SH1 Richtung Meer, dann 4 km über eine meist unbefestigte Straße) und folgt weiter den Schildern einen Pfad hinunter zu einem Hort. Dort lässt sich der Strand überblicken, an den die Gelbaugenpinguine nach einem harten Arbeitstag als Fischer auf See zwischen etwa 15.30 Uhr und Einbruch der Dunkelheit zurückkehren. Auch rekeln sich hier an den Stränden Pelzrobben. Ein zweiter Pfad führt zu einer Stelle, wo früher ein befestigtes Maori-Dorf *(pa)* stand. Seine Bedeutung wird auf einer Tafel erklärt.

OTAGO

ÜBERNACHTUNG

Moeraki Beach Motels, Cleddy St, Ecke Haven St, www.moerakibeachmotels.co.nz. Nur 100 m vom Strand entfernt. Alle 4 lichtdurchfluteten Selbstversorger-Units mit 2 Schlafzimmern haben Blick zur Bucht und Platz für 5 Gäste. ❷

Moeraki Boulders Kiwi Holiday Park, 2 Lincoln St, Hampden, 6 km nördlich von Moeraki, www.moerakibouldersholiday park.co.nz. Einladender Campingplatz, nur ein paar Schritte vom Strand, über den man in 30 Min. zu den Moeraki Boulders spazieren kann. Es gibt eine Menge grasbewachsener Stellplätze, eine ordentliche Auswahl überdachter Unterkünfte (Cabins, Apartments und Motel Units), gute Duschen und einen überdachten Grillbereich. ❶

Moeraki Village Holiday Park, 114 Haven St, www.moerakivillageholidaypark.co.nz. Gute Lage oberhalb des Jachthafens und nur 50 m vom Strand entfernt; verschiedene Unterkünfte, z. B. Motel Units. ❶

Heart of Moeraki, 132 Haven St, www.airbnb.com. Dies ist eine entzückende, unabhängige Wohneinheit auf einem Hügel über dem Strand mit Erkerfenstern im Schlafzimmer und herrlichem Blick auf das Meer. ❷

ESSEN

The Fishwife, 145 Haven St, www.facebook.com/MoerakiFishWife. Wie der Name schon sagt, sind Meeresfrüchte die Spezialität dieser Strandhütte, wo der frische Fang des Tages in einfachen oder anspruchsvolleren Gerichten zubereitet wird. Es gibt unter anderem Flusskrebsbraten, Kabeljau und Chips, Knurrhahn und Hummer sowie zahlreiche andere köstliche Gerichte. Gäste sollten sich einfach vom Tagesfang überraschen lassen, den die Boote morgens mit in den Hafen gebracht haben. The Fishwife ist eine unschlagbare Wahl für ein Mittagessen im Freien im Sand. $

Moeraki Tavern, 144 Haven St, www.moerakitavern.com. Wer bei Fleur's keinen Tisch ergattern konnte oder einfach nur ein Bier trinken möchte: Dies ist ein schönes Plätzchen für Kneipenkost und das eine oder andere Bierchen auf der Sonnenterrasse an der Bucht. $$

TRANSPORT

Die meisten **Busse** halten nicht in Moeraki. Aber die Busse von Coastline Tours, 💻 www.coastline-tours.co.nz, bringen Fahrgäste auf der Fahrt von OAMARU nach DUNEDIN (nur Mo–Fr) bis in die Dorfmitte und holen sie rund 6 Std. später auf dem Rückweg Richtung Norden wieder ab.

Shag Point und Matakaea Scenic Reserve

10 km südlich vom Dorf Moeraki biegt eine Nebenstraße vom SH1 ab und führt zum windgepeitschten **Shag Point** und zum **Matakaea Scenic Reserve**. Auf den Felsen am Meer tummeln sich oft Pelzrobben, und von einer Aussichtsplattform sind in der Ferne Gelbaugenpinguine zu sehen.

Dunedin und Umgebung

Dunedin, das „Edinburgh des Südens", wurde in den 1840er-Jahren von schottischen Siedlern gegründet und entwickelte sich innerhalb nur weniger Jahrzehnte zum Versorgungszentrum für die Goldgräberstädte des Landesinneren. So entstanden zahlreiche stattliche **neugotische Gebäude** aus vulkanischem *bluestone* und cremefarbenem Kalkstein. Zu ihren rund 129 000 Einwohnern gesellen sich zusätzlich 18 000 Studenten der **University of Otago** – der ältesten Universität des Landes –, die zur lebendigen **Kulturszene** und zu einem munteren **Nachtleben** beitragen, besonders während des Semesters.

Dunedin erstreckt sich zwar bis zu den Vororthügeln und Surfstränden, aber der Stadtkern rund um **The Octagon** ist kompakt und überschaubar. In der Umgebung des Platzes kann man sich neugotische Architektur zu Gemüte führen oder sich in der **Speight's Brewery** stärken. Ein Stückchen südlich befindet sich der einst heruntergekommene **Warehouse District**, der sich immer mehr zu einer Bühne für Straßenkünstler verwandelt und kreative Unternehmen und hippe Cafés anzieht. Nördlich des Octagon erstreckt sich der **Botanic Garden** hoch zum Aussichtspunkt auf dem **Signal Hill**, von wo sich Ausblicke auf den **Otago Harbour** bieten. Nach einer kurzen Busfahrt ist die steilste Straße der Welt erreicht: die **Baldwin Street**. Und auch zu den Sandstränden von **St Clair** und **St Kilda** gelangt man mühelos per Stadtbus. Am Stadtrand von Dunedin gibt sich **Port Chalmers** einen Hauch alternativ; ein Abstecher hierher lässt sich leicht mit einem Besuch im Orokonui Ecosanctuary kombinieren.

Geschichte

Seit etwa 1300 n. Chr. gingen **Maori** in den reichen Küstengewässern nahe gelegener Buchten auf Fischfang, jagten etwas weiter im Landesinneren Moa, Enten und Süßwasserfische und handelten mit den *iwi* weiter im Norden. Schließlich gründeten sie eine Siedlung nahe der Hafeneinfahrt und tauften sie Otakou (ausgesprochen „O-tar-go"), die Landspitze am Eingang der Bucht nannten sie nach ihrem großen Häuptling Taiaroa.

In den 1820er-Jahren gelangten europäische **Wal- und Robbenfänger** in die Bucht, der einzige geschützte Ankerplatz entlang dieses Küstenabschnitts. Durch die eingeschleppten Krankheiten wurde die einheimische Bevölkerung auf spärliche 110 Einwohner dezimiert; später sorgten Mischehen für einen Wiederanstieg der Bevölkerungszahl.

Bereits 1840 wählte die New Zealand Company den Otago Harbour für die Gründung einer **schottischen Siedlung** aus und kaufte Land von den einheimischen Maori. 1848 kamen die ersten Einwanderer an, angeführt von Captain William Cargill und Reverend Thomas Burns. Die Schotten waren jedoch schon bald in der Minderzahl, da im folgenden Jahr englische und irische Siedler eintrafen. Nichtsdestotrotz hatte ihr Eifer bereits ausgereicht, um der Stadt ihren Stempel aufzudrücken – Dunedin verdankt seinen Namen der gälischen Version von Edin-

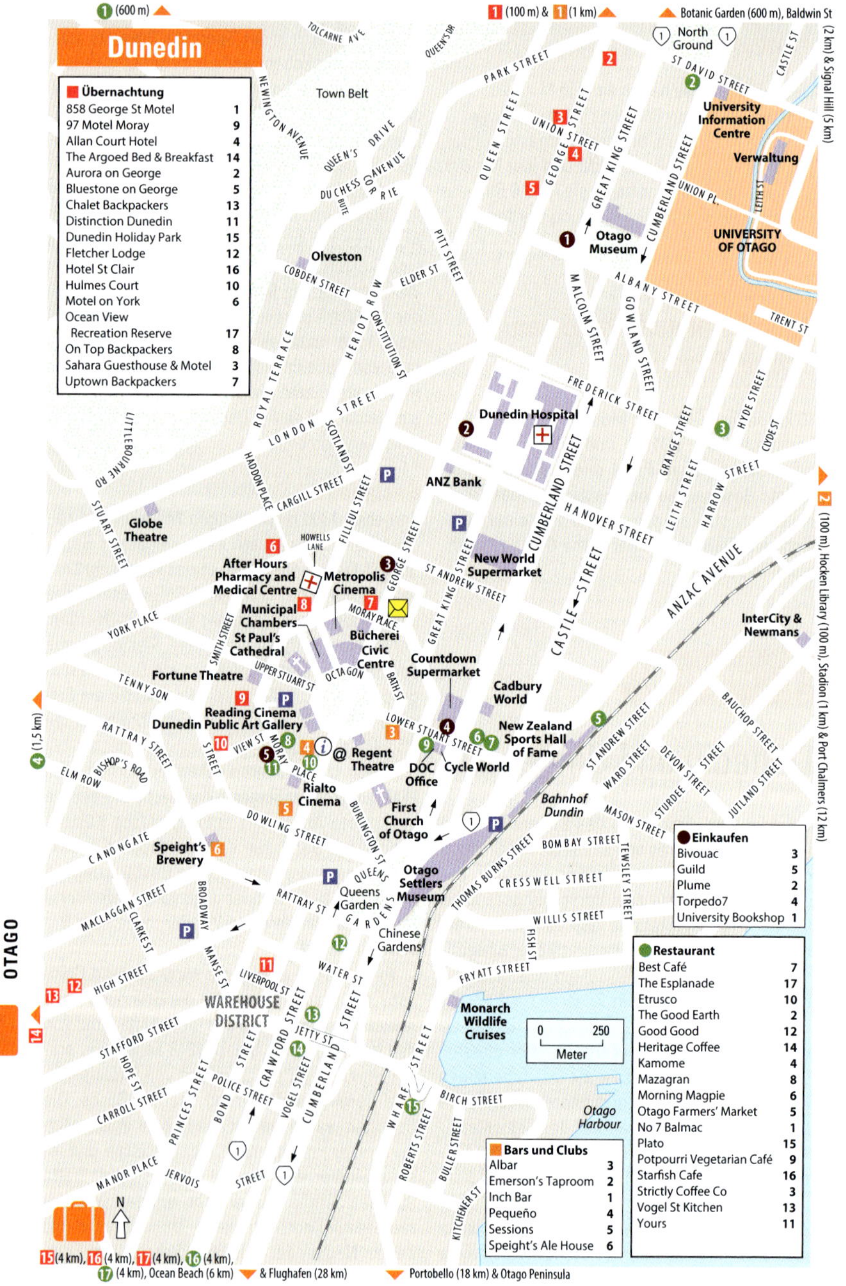

Dunedin

1 (600 m)

1 (100 m) & 1 (1 km)

Botanic Garden (600 m), Baldwin St

(2 km) & Signal Hill (5 km)

2 (100 m), Hocken Library (100 m), Stadion (1 km) & Port Chalmers (12 km)

4 (1,5 km)

14

15 (4 km), 16 (4 km), 17 (4 km), 16 (4 km), 17 (4 km), Ocean Beach (6 km) & Flughafen (28 km)

Portobello (18 km) & Otago Peninsula

Übernachtung

858 George St Motel	1
97 Motel Moray	9
Allan Court Hotel	4
The Argoed Bed & Breakfast	14
Aurora on George	2
Bluestone on George	5
Chalet Backpackers	13
Distinction Dunedin	11
Dunedin Holiday Park	15
Fletcher Lodge	12
Hotel St Clair	16
Hulmes Court	10
Motel on York	6
Ocean View Recreation Reserve	17
On Top Backpackers	8
Sahara Guesthouse & Motel	3
Uptown Backpackers	7

Einkaufen

Bivouac	3
Guild	5
Plume	2
Torpedo7	4
University Bookshop	1

Restaurant

Best Café	7
The Esplanade	17
Etrusco	10
The Good Earth	2
Good Good	12
Heritage Coffee	14
Kamome	4
Mazagran	8
Morning Magpie	6
Otago Farmers' Market	5
No 7 Balmac	1
Plato	15
Potpourri Vegetarian Café	9
Starfish Cafe	16
Strictly Coffee Co	3
Vogel St Kitchen	13
Yours	11

Bars und Clubs

Albar	3
Emerson's Taproom	2
Inch Bar	1
Pequeño	4
Sessions	5
Speight's Ale House	6

Town Belt
North Ground
University Information Centre
Verwaltung
UNIVERSITY OF OTAGO
Otago Museum
Olveston
Dunedin Hospital
ANZ Bank
Globe Theatre
After Hours Pharmacy and Medical Centre
Metropolis Cinema
New World Supermarket
Municipal Chambers
St Paul's Cathedral
Bücherei
Civic Centre
Countdown Supermarket
Cadbury World
InterCity & Newmans
Fortune Theatre
Reading Cinema
Dunedin Public Art Gallery
New Zealand Sports Hall of Fame
Regent Theatre
DOC Office
Cycle World
Rialto Cinema
First Church of Otago
Bahnhof Dundin
Speight's Brewery
Otago Settlers Museum
Queens Garden
Chinese Gardens
WAREHOUSE DISTRICT
Monarch Wildlife Cruises
Otago Harbour

0 250 Meter

N

OTAGO

burgh; mit der schottischen Stadt teilt Dunedin die Namen seiner Straßen und Vororte.

1861 entdeckte ein einsamer australischer Glücksritter **Gold** in einem Bach nahe dem heutigen Lawrence, etwa 100 km westlich von Dunedin. Innerhalb von drei Monaten strömten zahlreiche Goldgräber aus Australien herbei, und plötzlich war Dunedin als wichtigster Eingangshafen das Zentrum eines Goldrauschs. Für eine kurze Zeit war sie sogar die größte Stadt Neuseelands. Dieser neu gewonnene Reichtum löste einen Bauboom aus, in dessen Folge die meisten der wichtigen Gebäude der Stadt entstanden wie etwa die Universität.

In den 1870er-Jahren war es mit dem Goldrausch im Wesentlichen vorbei, doch Otago bewahrte sich seine wirtschaftliche Vormachtstellung dank der Reedereien, dem Eisenbahnbau und der Landwirtschaft. Der Niedergang setzte Anfang des 20. Jhs. ein, als sich der Seehandel Großbritanniens mit Eröffnung des Panamakanals im Jahre 1914 nach Auckland verlagerte. In den 1880er-Jahren kam es durch gestiegene Goldpreise auf dem Weltmarkt und die Entwicklung neuer Geräte zu einer Renaissance des **Bergbaus** im Landesinneren. Heute kann man eine Autostunde nördlich von Dunedin in Macraes die größte Goldmine Neuseelands besichtigen.

Stadtzentrum

Dunedins Zentralplatz, das **Octagon**, wurde 1846 angelegt. Ihn umgibt eine bunte Palette aus alten und modernen Gebäuden. Über dem abschüssigen Platz thront eine Statue des Dichters Robert Burns, ein Symbol für die schottischen Wurzeln der Stadt. Wenn im Sommer Kreuzfahrtschiffe im Hafen liegen, wird von 9 bis 16 Uhr an zahlreichen **Marktständen** Kunsthandwerk verkauft. Dominiert wird das Octagon von dem Gebäude der **Municipal Chambers**, einem prächtigen Bauwerk mit einem Glockenturm im italienischen Stil, das 1880 eingeweiht wurde. Der mit Kalkstein-Brekzien aus Port Chambers errichtete Bau ist ein Paradebeispiel für das Werk des schottischen Architekten Robert A. Lawson, dessen Architektursprache das Aussehen vieler öffentlicher Gebäude in Dunedin geprägt hat.

Dunedin Public Art Gallery

30 The Octagon ▪ tgl. 10–17 Uhr ▪ Eintritt frei ▪ www.dunedin.art.museum

Die 1884 gegründete **Dunedin Public Art Gallery** ist zwar das älteste Kunstmuseum des Landes, ihre heutige Erscheinung stammt jedoch von 1996, als sechs viktorianische Gebäude geschmackvoll renoviert und in helle, moderne Ausstellungsräume verwandelt wurden.

Die Wendeltreppe in der Eingangshalle stammt noch aus dem Kaufhaus, das hier früher residierte. In der Galerie wird eine wechselnde Ausstellung früher und zeitgenössischer neuseeländischer Kunst gezeigt. Es gibt auch einen Spielbereich für Kinder.

St Paul's Cathedral

tgl. 10–16 Uhr ▪ Eintritt frei

Neben den Municipal Chambers ragen die steinernen weißen Zwillingstürme der **St Paul's Cathedral** empor, eines der schönsten Bauwerke von Dunedin und Mittelpunkt der anglikanischen Gemeinde der Stadt. Das neugotische Kirchenschiff ist vollständig aus Oamaru-Kalkstein errichtet und wurde 1919 eingeweiht.

Regent Theatre

17 The Octagon ▪ www.regenttheatre.co.nz

Gegenüber der Kathedrale, auf der anderen Seite des Octagon, befindet sich in einem 1876 erbauten Haus das **Regent Theatre**, einst ein Hotel, dann ein Kino und schließlich ein Theater. Das Regent dient als Bühne für internationale Produktionen, das Royal New Zealand Ballet und für Livemusik.

First Church of Otago

415 Moray Place ▪ Heritage Centre Okt–Mai Mo–Fr 10–16, Sa 10–14, Juni–Sep Mo–Sa 10.30–14.30 Uhr ▪ Eintritt frei ▪ www.firstchurchotago.org

Der 60 m hohe steinerne Turm der **First Church of Otago** ist von jedem Punkt der Stadt leicht auszumachen. Der Bau wurde im neugotischen Stil von Robert A. Lawson entworfen und gilt allgemein als die eindrucksvollste neuseeländische Kirche des 19. Jhs. Von besonderem Interesse sind die Holzdecke und die bunte Fensterrosette über dem Altar.

Toitu Otago Settlers Museum

31 Queens Gardens ▪ ⌚ tgl. 10–17 Uhr ▪ Eintritt frei ▪ 💻 www.toituosm.com

Ein $38 Mio. teurer Umbau hat das **Toitu Otago Settlers Museum** 2012 zu einer der größten Sehenswürdigkeiten der Stadt gemacht. Die Sammlung dokumentiert 200 Jahre Kolonial- und Sozialgeschichte mit Exponaten, die von Walfangbooten bis zu Waschmaschinen reichen. Besondere Beachtung verdient die Abteilung, die sich mit Transportmitteln beschäftigt. Vermittelt wird das Ganze durch innovative Technologien und viele interaktive Ausstellungen.

Der weitläufige Museumskomplex besteht aus drei Hauptgebäuden: dem neugeorgianischen Original-Ziegelsteingebäude, einem Jugendstil-Busdepot Baujahr 1939 und dem spektakulären verglasten Eingangsgebäude, in dem die älteste Lok Neuseelands steht – *Josephine*, die restaurierte Fairlie-Dampflokomotive von 1872.

Chinese Gardens

Rattray, Ecke Cumberland St ▪ ⌚ tgl. 10–17 Uhr ▪ Eintritt, Audioguide kostenlos ▪ 💻 www.dunedinchinesegarden.com

Die **Chinese Gardens** eröffneten 2008 als Abschluss eines Projekts, das die Verdienste der chinesischen Goldgräber und deren Nachkommen würdigte. Außerhalb Chinas gibt es nur eine Handvoll klassischer chinesischer Gärten, und dieser ist einer davon. Alles – angefangen von den 970 t Kalkstein bis zu den Gebäuden – wurde von Shanghai hierher verschifft.

Dunedin Railway Station

Die dank ihrer Türme und Türmchen nicht zu übersehende **Dunedin Railway Station** in der Anzac Avenue ist ein imposantes Bauwerk, dessen Fertigstellung 20 Jahre gedauert hat. Der 1906 eröffnete Bahnhof wurde auf einem Grundstück errichtet, das dem Sumpf abgewonnen worden war. Die Haupteingangshalle, die prima erhalten ist, schmücken Majolika-Wandkacheln in sanften Grün-, Gelb- und Creme-Tönen, die Royal Doulton eigens für die New Zealand Rail anfertigte. Der Mosaikboden besteht aus über 700 000 winzigen Quadraten aus Porzellan. Passagierzüge halten hier nicht mehr, nur noch die Taieri Gorge Railway (S. 704).

Otago Art Society

22 Anzac Ave, in der Dunedin Railway Station ▪ ⌚ tgl. 10–16 Uhr ▪ Eintritt frei ▪ 💻 www.otagoartsociety.co.nz

Ein weiterer Grund, den historischen Bahnhof zu besuchen, ist neben seiner architektonischen Schönheit auch der Besuch der Ausstellungsflächen der **Otago Art Society**, der ältesten Organisation dieser Art in Neuseeland. In einer Galerie mit angeschlossenem Laden im ersten Stock finden Kunstinteressierte eine Sammlung von Werken der Mitglieder der Society, hauptsächlich klassische bildende Kunst. Im Shop werden einige Exponate verkauft, falls man nach dem Galerierundgang Lust verspürt, das eine oder andere Werk mit nach Hause zu nehmen.

Speight's Brewery Tour

200 Rattray St ▪ Okt–März 12, 14, 16, 17, 18 und 19 Uhr, April–Sep 12, 14 und 16 Uhr ▪ Eintritt ▪ 💻 www.thealehouse.co.nz

Ein hoher Backsteinschornstein mit einem steinernen Bierfass obendrauf weist den Weg zur **Speight's Brewery**, einer der ältesten Brauereien Neuseelands. Speight's Gold Medal Ale, das neuseeländische „flüssige Gold", wird seit den späten 1880er-Jahren in Dunedin gebraut und ist bis heute das meistverkaufte Bier des Landes. Eine Kostprobe davon – und von fünf weiteren Bieren – empfiehlt sich als Abschluss der informativen eineinhalbstündigen Führungen. Die Touren beginnen bei einem **Trinkbrunnen**, der dasselbe süßlich schmeckende Wasser enthält, das auch fürs Brauen verwendet wird. Die Anwohner füllen hier regelmäßig ihre Wasserflaschen.

Nördlich des Zentrums

Nördlich des Stadtzentrums bietet die Villa **Olveston** einen Einblick in das Dunedin der Blütezeit der Stadt, und diese Zeit wird dann im

Otago Museum näher erforscht. Der **Botanische Garten** zieht sich hinauf zum Aussichtspunkt auf dem **Signal Hill**. Von hier blickt man auf den **Otago Harbour**, eine 22 km lange geschützte Bucht, die teils nicht breiter als ein Fluss ist. Vom Meer ist die Bucht durch die **Otago Peninsula** getrennt, ein Mekka für allerlei Tiere.

Olveston

42 Royal Terrace, 15 Min. zu Fuß nordwestl. des Octagon ▪ tgl. 9.30, 10.45, 12, 13.30, 14.45 und 16 Uhr nur für 1-stündige Führungen, Reservierung empfohlen ▪ Eintritt ▪ www.olveston.co.nz

Olveston ist die historische Vorzeige-Villa Dunedins. Der hochherrschaftliche, vierstöckige

Touren und Aktivitäten in Dunedin

Die geführten oder eigenständig unternommenen Dunedin-**Spaziergänge** sind eine ausgezeichnete Möglichkeit, die verborgenen Seiten der faszinierenden Stadt kennenzulernen. Am Stadtrand eignet sich St Clair zum Surfen. Nur 3 km nordöstlich des Octagon durchziehen **Mountainbike**-Trails das bewaldete Signal Hill Reserve. In der Gratisbroschüre *Fat Tyre Trails* (erhältlich in den meisten Fahrradläden sowie per Download auf www.dunedin.gov.nz) sind Halb- und Ganztagestouren aufgeführt.

Touren

City Walks, www.citywalks.co.nz. Der Anbieter organisiert geführte *Heritage Walks* durch die Innenstadt (Mo–Sa 10.30 und 13.30 Uhr, 2 Std.). Nachmittags wird eine verkürzte Version der morgendlichen Tour angeboten und mit einem Snack aus Whisky und Haggis aufgepeppt (Mo–Sa 16 Uhr, 1 Std.).

Dunedin Literary Walking Tours, www.facebook.com/literarytours. Die Schriftstellerin und Dramatikerin Beverly Martens leitet Führungen zum literarischen Erbe der Stadt an der Otago University (2 Std., Di, Do und So 14 Uhr) und im Stadtzentrum (1 1/2 Std., tgl. 10.30 Uhr).

Dunedin Segway Tours, www.segwayguidedtours.com. Auf einer einstündigen Tour durch die Innenstadt erfahren interessierte Teilnehmer viel Wissenswertes über die koloniale Vergangenheit Dunedins. Wer noch tiefer in die Thematik eintauchen möchte, entscheidet sich für eine der 1 1/2- bis 3-stündigen Touren.

Hair Raiser Tours, www.hairraisertours.com. Veranstaltet witzige Geister-Touren wie den Crime Walk (Mo–Fr 10.30 und 20 Uhr), den Ghost Walk (tgl. Okt–März 20, April–Sep 18 Uhr) und einen Rundgang über den Friedhof im Norden der Stadt (tgl. Okt–März 21.30, April–Sep 20 Uhr).

Street Art Trail, www.dunedinstreetart.co.nz. Mit der Karte vom i-SITE kann man sich auch selber auf den Weg machen und die tollen Street-Art-Werke der Stadt erkunden, viele davon von bekannten internationalen Künstlern wie ROA aus Belgien und Phlegm aus Großbritannien. Der von tollen Cafés und Restaurants gesaumte Weg erstreckt sich vom Octagon bis zum Warehouse District, wo die Straßenkunst besonders zur Geltung kommt.

Schwimmen und Surfen

Esplanade Surf School, am östlichen Ende der Esplanade bei der St Clair Surf Rescue Station, www.espsurfschool.co.nz. Surfunterricht, Wetsuit und Brett werden gestellt (Gruppenunterricht und Einzelunterricht 90 Min.). Wer möchte, kann auch bloß Wetsuit und Brett mieten.

Mountainbiking

Offtrack, www.offtrackrentals.co.nz. Bietet tolle begleitete Halbtagsfahrten auf der Otago Peninsula und einigen der schönsten Singletrails Dunedins sowie landschaftlich reizvolle Tagesfahrten in den Catlins und einen anstrengenden, aber vergnüglichen Tagesausflug auf der Dunstan Road in der Maniototo-Ebene.

Prachtbau aus der Zeit König Edwards wurde um 1906 für den jüdischen Geschäftsmann und Kunstsammler David Theomin erbaut. Das letzte Mitglied der Familie, seine Tochter Dorothy, vermachte vor ihrem Tod 1966 das Haus und dessen Inventar der Stadt Dunedin. Es sieht heute noch so aus, wie sie es zurückließ, und hütet einen Schatz an Kunstwerken und Antiquitäten.

Otago Museum

419 Great King St ▪ ⌚ tgl. 10–17 Uhr, Führungen tgl. 11, 13, 14 und 15 Uhr ▪ Eintritt frei, Führungen kostenpflichtig ▪ 💻 www.otagomuseum.govt.nz

Der wichtigste Teil des fesselnden **Otago Museum** ist die faszinierende Abteilung „Southern Land, Southern People" über die Naturgeschichte und das Leben auf der südlichen Südinsel und den subantarktischen Inseln. Es werden interessante Zusammenhänge hergestellt wie zwischen Geologie und Architektur, Klima und Kleidung der Maori oder dem Fischvorkommen und den Erlebnissen der Whitebait-Fischer. Das „Animal Attic" präsentiert sich als zutiefst viktorianisches Sammelsurium von makabren Skeletten und präparierten Tieren. Die Pacific-Cultures-Galerie zeigt einige hervorragende Exponate aus Polynesien und Melanesien. Im Tangata-Whenua-Saal sind Maori-Artefakte zu sehen. Das 2017 eröffnete **Wissenschaftszentrum Tuhura** beherbergt ein hypermodernes Planetarium für Rundumvorstellungen, und an einem kalten Tag ist der 28 °C (feucht) warme **Tropical Forest** ein herrliches Plätzchen, um sich aufzuwärmen.

University of Otago

Zugang zum Campus von der Cumberland, Ecke Union St ▪ Information Centre Mo–Fr 9–16.30, Sa 10.30–15 Uhr

Die **University of Otago**, Neuseelands älteste Universität, wurde 1869 von schottischen Siedlern gegründet. Sie wurde nach dem Vorbild der Glasgow University gestaltet und bald zu einem Komplex von imposanten neugotischen Gebäuden aus blauem Tonsandstein erweitert, unter denen besonders das Verwaltungsgebäude im Herzen des Campus mit seinem neugotischen **Uhrenturm** hervorsticht. Ein Bummel über den Campus entlang der Leith Street führt an den wichtigsten Gebäuden vorbei. Wer mehr sehen und erfahren möchte, kann sich beim Information Centre der Universität oder im i-SITE die Broschüre *University Tour* holen.

Hocken Library

90 Anzac Ave ▪ ⌚ Do–So 10–17 Uhr, Führungen Mi 11 und 14 Uhr (keine Reservierung nötig) ▪ Eintritt frei ▪ 💻 www.otago.ac.nz/library/hocken

In der auch für die Öffentlichkeit zugänglichen **Hocken Library** befindet sich die Wissenschaftsabteilung der Universität mit einer beachtlichen Neuseeland- und Pazifiksammlung, die im späten 19. Jh. zusammengetragen wurde. Abgesehen von der im Art-déco-Gebäude einer ehemaligen Molkerei untergebrachten Bücherei gibt es faszinierende Wechselausstellungen zu sehen, und jeden Mittwoch können Besucher bei einer Führung hinter die Kulissen blicken.

Dunedin Botanic Garden

2 km nördlich vom The Octagon entlang der Great King St ▪ ⌚ Sonnenauf- bis -untergang ▪ Eintritt frei ▪ Infozentrum und Winter Garden ⌚ tgl. 10–16 Uhr, Alpine House tgl. 9–16 Uhr ▪ 💻 www.dunedinbotanicgarden.co.nz

Der stille **Dunedin Botanic Garden** am Fuß des Signal Hill wurde 1863 angelegt. Er wird durch den Lindsay Creek in zwei Bereiche geteilt; die Besuchereinrichtungen konzentrieren sich im flachen **Lower Garden**. Der steile **Upper Garden** umfasst ein ausgedehntes Rhododendrontal und ein Arboretum. Weiter den Hügel hinauf gibt es ein Aviarium mit zahlreichen einheimischen Vögeln und plappernden Papageien.

Im Lower Garden befindet sich der feuchtwarme **Winter Garden**, in dessen Treibhäusern tropische Pflanzen gedeihen. Draußen kann man durch Rosen- und Kräutergärten spazieren. Eine weite Parklandschaft trennt den Garten von der Stadt ringsum. Zwischen dem Teekiosk und dem Winter Garden steht ein Infozentrum.

Signal Hill

Signal Hill Rd, 8,5 km nordöstl. vom The Octagon ▪ Anfahrt mit Opoho-Bus Nr. 11 ab George St bis letzte Haltestelle, dann die Straße hochgehen

Östlich des Botanischen Gartens bietet sich vom Landschaftsschutzgebiet oben auf dem

393 m hohen **Signal Hill** ein großartiger Ausblick auf Dunedin, die obere Bucht und das Meer. Am Aussichtspunkt erhebt sich das **Centennial Memorial**, ein Denkmal zur Erinnerung an die 100 Jahre britischer Herrschaft (1840–1940), die auf die Unterzeichnung des Vertrags von Waitangi folgten. Die beiden Bronzestatuen sollen die Vergangenheit und die Zukunft symbolisieren.

Baldwin Street

4,5 km nördlich des Zentrums: Anfahrt über die Great King St, bis diese zur North Rd wird und ab dort der Beschilderung folgen ▪ Der Normanby-Bus Nr. 8 ab George St fährt am Fuß der Baldwin St vorbei

Die **Baldwin Street** stellt einen Weltrekord auf – laut dem *Guinness Buch der Rekorde* stellt sie mit einer höchsten Steigung von 38 % die steilste Straße der Welt dar. Die Aussicht von oben ist nicht schlecht, aber der Weg ist das Ziel; die Anwohner schauen dem fünfminütigen Aufstieg der Touristen amüsiert zu.

Im Rahmen des mittlerweile nicht mehr stattfindenden Chocolate Carnival in Dunedin wurde auf der Straße viele Jahre lang das jährliche Cadbury Jaffa Race ausgetragen, bei dem Tausende riesiger „Jaffas" (mandarinenfarbene, mit Bonbons überzogene Schokoladenkugeln) für wohltätige Zwecke bergab gerollt werden. Leider wurde dieser große Spaß eingestellt, nachdem das Cadbury-Werk im Jahr 2018 schließen musste.

Ocean Beach und Umgebung

Die benachbarten Vororte St Clair und St Kilda 5 km südlich des Stadtzentrums säumen den langen, unberührten **Ocean Beach**, den zwei vulkanische Landspitzen umschließen. Das Strandende bei **St Clair** eignet sich hervorragend zum Surfen und das weiter östlich bei **St Kilda** gelegene ist prima zum Schwimmen. Beide Strände lassen sich mit zahlreichen Bussen vom The Octagon erreichen.

St Clair Hot Salt Water Pool

The Esplanade ▪ 🕒 Okt–Ende März Mo–Fr 6–19, Sa und So 7–19 Uhr ▪ Eintritt ▪ ✆ 03 455 6352

Neben der Felsspitze am westlichen Strandende befindet sich der **St Clair Hot Salt Water Pool**, das letzte Freibad dieser Art im Land. Das mit auf 28 °C warmem Salzwasser gefüllte Becken ist ein beliebter Freizeittreff. Von dem kleinen Café aus bietet sich die beste Aussicht am ganzen Strand.

St Kilda und Tomahawk Beach

Etwa 1 km östlich des Salzwasserbads erreicht der St Clair Beach **St Kilda**, wo der Strand relativ sichere Bademöglichkeiten bietet, sofern man zwischen den Flaggen bleibt. Hier patrouillieren im Sommer Rettungsschwimmer. Am östlichen Ende des Strandes trennt eine Landspitze den Ocean Beach vom kleineren **Tomahawk Beach** (zu gefährlich zum Schwimmen). Hier sind oft Pferde und Einspännern unterwegs, die sich auf Trabrennen bei Ebbe vorbereiten.

Tunnel Beach

Die Busse 33 und 50 halten in der Middleton Rd in Corstorphine; von der Ecke Stenhope Crescent ist es eine halbe Stunde zu Fuß zum Beginn des Wegs

Knapp fünf Straßenkilometer südlich von St Clair führt ein enger Tunnel durch die Sandsteinklippen zu einem spektakulären abgeschiedenen Strand. Der Tunnel wurde in den 1870er-Jahren von John Cargill, Sohn von Captain William Cargill, dem Gründer der Kolonie Otago, gegraben, damit die Angehörigen der Familie Cargill in St Clair vor neugierigen Augen geschützt baden konnten. Der Eingang zum Tunnel ist nach einem 15-minütigen Spaziergang vom Parkplatz **Tunnel Beach** abseits der Blackhead Road zu erreichen. Am besten kommt man bei Ebbe zu diesem sehr romantischen Fleckchen. Hier sind Fossilien und rätselhafte Graffiti zu finden, und wer baden möchte, sollte auf die unberechenbaren Strömungen achten.

ÜBERNACHTUNG

Karte S. 692

Es gibt eine große Auswahl an Unterkünften in Dunedin, die meisten davon liegen im oder nahe dem Zentrum. Wer es ländlich mag, sucht sich eine Unterkunft auf der **Otago Peninsula**. Auf allen Parkplätzen des Dunedin City Council dürfen außer in einigen Schutzzonen auf der Otago Peninsula kostenlos Wohnmobile abgestellt werden, vorausgesetzt, man bringt alles Notwendige mit. Im Umkreis von 50 m dürfen aber nicht mehr als drei Campervans stehen.

Zentrum

858 George St Motel, 858 George St, 🖳 www.858georgestreetmotel.co.nz. Ein hübsches, modernes Motel, dessen Architektur an alte viktorianische Häuser erinnert, mit 13 großen, luxuriösen Units und noch größeren Suiten, die über eigene Küchen verfügen. ❸

97 Motel Moray, 97 Moray Pl, 🖳 www.97motel.co.nz. Von außen sieht es nicht besonders attraktiv aus, aber dieses kastenförmige Budget-Hotel verfügt über eine Reihe von preiswerten, komfortablen Zimmern, von einfachen Studios mit Kochnische bis hin zu großen Familienzimmern für bis zu 5 Pers. ❷

Allan Court Motel, 590 George St, 🖳 www.allancourt.co.nz. Zentral gelegenes, gepflegtes Motel aus den 1980ern mit geräumigen Zimmern, 1- und 2-Bett-Apartments, frisch modernisierten Bädern und netten Details wie Sky TV und einem kleinen Goodie-Korb zur Begrüßung. ❷

The Argoed Bed & Breakfast, 504 Queens Drive, ✆ 021 891 210. Ein reizendes B&B in einem stattlichen Wohnhaus von R. A. Lawson, rund 15 Gehminuten vom Zentrum entfernt mit 3 schön renovierten Zimmern, eines davon mit Bad. Das opulente warme Frühstück wird entweder im Speisezimmer oder im dem hübschen Wintergarten serviert. Außerdem gut bestückte Bibliothek und Stutzflügel im Speiseraum. ❷

Aurora on George, 678 George St, 🖳 www.auroradunedin.co.nz. Schicke Studios und Suiten im ehemaligen Cargills Hotel, das 2016 nach umfassender Renovierung als Aurora wiedereröffnet wurde – die sanften Blau- und Grüntöne des Polarlichts *(aurora borealis)* finden sich in der Einrichtung wieder. Fitnessraum, Münzwaschmaschinen, Café und Thai-Restaurant Buddha Stix. Die meisten Zimmer bieten einen Blick auf den stillen Garten. ❸

Bluestone on George, 571 George St, 🖳 www.bluestonedunedin.co.nz. 15 Apartments mit hochmoderner Küche, elegantem Bad (meist mit Whirlpool), Waschmaschine und geschmackvoller Einrichtung. Kleiner Fitnessraum, Hof und Lounge. ❸

Chalet Backpackers, 296 High St, 🖳 www.chaletbackpackers.co.nz. Lichtdurchflutetes Hostel in einem ehemaligen Krankenhaus von 1904 mit schönem Hafenblick, recht guter Küche, gemütlichen EZ, DZ und Dorms sowie Billardtisch, Klavier und mehreren Gemeinschaftsbereichen. Ein bisschen heruntergekommen, aber dafür mit coolem Flair. ❶

Distinction Dunedin, 6 Liverpool St, 🖳 www.distinctionhotels.co.nz. Dunedins neuestes Hotel, im Chief Post Office von 1937, liegt perfekt für Erkundungen des Warehouse District. Schicke Zimmer mit allen modernen Annehmlichkeiten wie Mikrowelle und Wäschetrockner, außerdem angeschlossenes Restaurant. ❸

Fletcher Lodge, 276 High St, 🖳 www.fletcherlodge.co.nz. Der Gast ist König in dieser eleganten Lodge in einem Haus im englischen Adelsstil, das 1924 erbaut wurde. Abgesehen von 5 Zimmern gibt es noch 2 Apartments ohne Küche. Außerdem Whirlpool und eichenholzvertäfelte Gästelounge. ❹

Hulmes Court, 52 Tennyson St, 🖳 www.hulmes.co.nz. Architektonisch sind die beiden Häuser (eins im edwardianischen, eins im prächtigeren viktorianischen Stil) ein Stückchen oberhalb vom Octagon nicht ganz stimmig. Aber dafür stimmt der Preis. Große, individuell eingerichtete Zimmer (mehrere mit Bad) und Parkplatz. Preis inkl. Frühstück im sonnigen Salon. ❷

Motel on York, 47 York Pl, 🖳 www.motelonyork.co.nz. Hervorragende Sammlung moderner Studio-Apartments, die jeweils mit komfortablen Möbeln und Balkonen ausgestattet sind. Einige verfügen über einen eigenen Terrassengarten. Selbst die kleinsten Studio-Zimmer sind mit

OTAGO

einer Küchenzeile versehen, sodass sich Gäste bequem selbst versorgen können. ❷

On Top Backpackers, Filleul St, Ecke Moray Place, www.ontopbackpackers.co.nz. Großes, zentral gelegenes Hostel mit 6- bis 8-Bett-Dorms und mehreren DZ, teils mit eigenem Bad. Zum Angebot dieser Backpacker-Unterkunft zählen ein Minikino, eine Grillterrasse und eine Küche mit Aufenthaltsbereich. Kleines Frühstück inkl. Rabatte für YHA- und BBH-Mitglieder. ❶

Sahara Guesthouse & Motel, 619 George St, www.dunedin-accommodation.co.nz. Großes Gästehaus von 1863. Die meisten der nüchtern eingerichteten Zimmer haben Gemeinschaftsbad (mit Bad kostet extra). Angeschlossen ist ein Motel, dessen Standard-Units über eigene Bäder und Kochgelegenheiten verfügen. Dazu gibt's einige neu wirkende komfortable Deluxe-Studios. Parkplätze vorhanden. ❶

Uptown Backpackers, 243 Moray Place, www.uptownbackpackers.com. Dieser Backpacker-Hotspot ist ein effizient geführtes BBH-Hostel mit 42 Betten und farbenfroh gestrichenen Gemeinschaftsräumen. Neben einer TV-Lounge mit Netflix und einem im Preis inbegriffenen kontinentalen Frühstück gibt es rucksackgroße Schließfächer und schnelles WLAN. ❶

St Clair

Hotel St Clair, 24 Esplanade, www.hotelstclair.com. Das moderne, stilvoll gestaltete Hotel bietet 26 geräumige Zimmer in 4 Kategorien, alle mit Minibar, die meisten auch mit Badewanne und Meerblick. Die billigsten Zimmer mit Meerblick sind schnell ausgebucht. ❸

Camping

Dunedin Holiday Park, 41 Victoria Rd, www.dunedinholidaypark.co.nz. Gut ausgestatteter Platz am St Kilda Beach, 5 Automin. vom Zentrum. Zusätzlich großes Angebot an alternativen Unterkunftsmöglichkeiten, falls das Wetter mal nicht mitspielt. Spielplatz. Camping ❶, Cabins ❷

Ocean View Recreation Reserve, Ocean Drive, 12 km westlich des Stadtzentrums, www.aaronlodgetop10.co.nz. In diesem friedlichen Naturschutzgebiet am Meer gibt es einen kleinen ausgewiesenen Bereich zum freien Campen, was in diesem Fall bedeutet, dass Outdoor-Fans mit einem Wohnmobil für maximal zwei Nächte hier parken dürfen (Zelte sind nicht erlaubt). ❶

ESSEN

Karte S. 692

Dunedin hat eine ordentliche Auswahl an Esslokalen, von gemütlichen Cafés bis zu feinen Restaurants, besonders in der Umgebung des Octagon, an der George Street und vermehrt auch im Warehouse District. Spannende Optionen gibt's auch im Vorort Roslyn und im Strandort St Clair. Lebensmittel bekommt man im Supermarkt **Countdown**, 309 Cumberland St.

Zentrum

Best Café, 30 Lower Stuart St, 03 477 8059. Eine lokale Institution im Retrolook. Auf der Speisekarte stehen 8 Sorten frischer Fisch, dazu Fritten und Weißkohlsalat, zudem je nach Saison Austern und Whitebait-Bratlinge. Alkoholausschank und BYO. $$

Etrusco, First floor, 8 Moray Place, www.etrusco.co.nz. Preisgünstige und beliebte, von Italienern geführte Pizzeria und Pastaria in einer eleganten Ecke des edwardianischen Savoy Building untergebracht, mit Kronleuchtern und grünen ionischen Säulen. Oft Livemusik, und im Winter wärmt ein Kaminfeuer. $$

The Good Earth, 765 Cumberland St, www.facebook.com/goodearthdunedin. Das auf Bio- und Fairtrade-Produkte spezialisierte Café in Uninähe kann von den Gerichten auf der Karte auch milchprodukt- und/oder glutenfreie Versionen zaubern. Geboten werden z. B. Biomüsli mit pochiertem Steinobst und Joghurt ($10) sowie Hühnchen aus Freilandhaltung auf Zitronen-Couscous mit Biosalat. $$

Good Good, 22 Vogel St, 🖳 www.goodgood.co.nz. In einem umgebauten Lagerhaus gibt's an einem einfachen Wohnwagen gute Burger. Zur Auswahl stehen sie z. B. in den Variationen Rindfleisch, Huhn oder Käsemakkaroni. Hinter dem Schokoladenladen und Café Ocho. $

Heritage Coffee, Vogel St, Ecke Jetty St, 🖳 www.heritagecoffee.co.nz. Das Heritage Coffee ist eines der neuesten Lokale im Warehouse District: Im großen, schön ausstaffierten Café kann man sich mit köstlichen hausgemachten *crumpets*, frischen Säften und Smoothies, Backwaren und köstlichen Salaten für den Tag stärken. Die Gäste genießen das alles in einer gemütlichen Ledersitznische oder draußen auf dem sonnigen Gehweg. $

Mazagran, 36 Moray Place, 🖳 www.facebook.com/mazagrancafe. Das winzige Café bietet tadellosen Espresso und verfügt über eine eigene Rösterei. Der Barista entscheidet jeden Morgen, welche Mischung gerade angesagt ist. Auch Verkauf. $

Morning Magpie, 46 Stuart St, 🖳 www.morningmagpie.co.nz. Bunt zusammengewürfeltes Mobiliar, schräge Kunst und unterschiedlichste Kuriositäten aus den 1970er-Jahren schaffen in diesem Café im Zentrum von Dunedin ein einladendes, gemütliches Flair. Auf der Karte stehen u. a.: ausgezeichneter Kaffee aus eigener Röstung, Bio-Tee, Backwaren, handgerollte Bagels und größere Brunchgerichte wie *huevos rancheros*. $

Otago Farmers' Market, auf dem Parkplatz der Dunedin Railway Station, 🖳 www.otagofarmersmarket.org.nz. Samstagmorgens stellen auf dem entspannten Farmers' Market bis zu 75 Lebensmittel- und Getränkehändler aus der gesamten Region ihre begehrten Stände auf. Sehr gut für einen zwanglosen Brunch. $$

No 7 Balmac, 7 Balmacewen Rd, 🖳 www.no7balmac.co.nz. Der Weg hinauf auf den Maori Hill zu diesem schicken Vorort-Café-Restaurant lohnt sich auf jeden Fall: Hier gibt's erstklassige moderne neuseeländische Bistrospeisen, zumeist vom Holzkohlegrill. $$

Plato, 2 Birch St, 🖳 www.platocafe.co.nz. Die Fisch- und Meeresfrüchte-Feinschmecker von Dunedin scheuen weder die Straßenüberführungen noch die Bahnschienen, um in diesem erstklassigen Bistro – ein niedriger rechteckiger Raum mit Regalen voller skurriler *tchotchkes* (Kleinigkeiten, Tand) – in einem ehemaligen Matrosenheim der 1960er-Jahre einzukehren. Die Speisekarte wechselt laufend, aber immer darf man mit erlesenen Genüssen rechnen. Sogar die Fish 'n' Chips werden mit einer Algenkruste und köstlicher Zitronenbutter verfeinert. $

Potpourri Vegetarian Café, 97 Lower Stuart St, 🖳 www.facebook.com/potpourrivegetariancafenznz. Man muss kein Veggie sein, um in diesem etablierten vegetarischen Café mit botanischen Zeichnungen an den nackten Ziegelwänden auf seine Kosten zu kommen. Es serviert leckere Körner-Fruchtschnitten, preiswerte leichte Mahlzeiten (beispielsweise die Falafel, die sehr gut sind) und herzhafte Gerichte wie etwa vegetarische Nachos im Angebot. $$

Strictly Coffee Co, 137 Frederick St, 🖳 www.strictlycoffee.co.nz. Hier gibt's wohl einen der besten Kaffees der Stadt. Auf jeden Fall spielt das Gebräu in der obersten Liga mit. In diesem angesagten und zu Recht beliebten Café wird er pro Tasse oder gleich kiloweise verkauft. Bei einem interessanten Kaffeekurs kann man lernen, wie die perfekte Tasse Kaffee zubereitet wird. $

Vogel St Kitchen, 76 Vogel St, 🖳 www.vogelstkitchen.nz. Ein riesiger Fisch, der eine kleine Flotte von Maori-*waka* verschluckt, gestaltet vom britischen Street-Art-Künstler Phlegm, ziert den Eingang zu diesem großen Restaurant mit nackten Backsteinwänden, einem der hippsten Lokale in Dunedin. Es bietet eine hervorragende Frühstückskarte mit zahlreichen vegetarischen Speisen, mittags werden Sandwiches vom Holzkohlegrill und Pizza sowie tagsüber stets Supreme-Kaffee serviert. Alkoholausschank und Emerson's vom Fass. $$

Roslyn

Kamome, 300 Highgate, ✆ 03 474 9222. Neu in der Roslyn-Szene ist dieses japanische Café mit Bar, wo Besucher aufgrund der kleinen Portionen und niedrigen Preise gleich mehrere Leckereien aus dem üppigen Angebote der Speisekarte probieren können – beispielsweise Sushi-Rollen, Katsu-Curry oder Lachssalate. $

St Clair

The Esplanade, 2 Esplanade, www.esplanade.co. Dieses schicke italienische Café und Restaurant wartet mit einem guten Angebot an Brunchgerichten auf, doch das Highlight ist die normale Karte (ab 11 Uhr) mit hervorragend zubereiteten italienischen Klassikern von Antipasti bis zu Pizza und Pasta. Als stilvoller Aperitif bietet sich ein erfrischender Aperol Spritz an. $$

Starfish Café, 7/240 Forbury Rd, www.starfishcafe.co.nz. Das Starfish ist ein helles, quirliges Café auf 2 Ebenen mit toller Brunchkarte. Darauf finden sich leckere Gerichte wie z. B. Avocadopüree und pochiertem Ei, Tomate und Chili auf Toast oder Hühnchensalat. Guter Kaffee, außerdem Smoothies, Bier und Wein. $$

UNTERHALTUNG UND KULTUR

Karte S. 692

Wie in allen anständigen Unistädten wird auch hier gern und oft ins Glas geschaut. In vielen der Dutzenden von **Kneipen und Bars** werden verschiedenste Biere der besten Kleinbrauerei der Stadt, Emerson's, gezapft. Am Wochenende treten in den hier genannten Lokalitäten oft **Bands** aus der Stadt auf – in den Semesterferien sind manche Tanzflächen allerdings verwaist.

Pubs, Bars und Clubs

Albar, 135 Stuart St, ✆ 03 479 2468. Winzige, beliebte, auf Schottisch getrimmte Bar mit gutem Angebot an Whisky, europäischem und neuseeländischem Flaschenbier sowie neuseeländischen Craft-Bieren vom Fass. In den gemütlichen Sitznischen kann man sich im Winter gut einigeln, während im Sommer natürlich die Tische draußen sehr beliebt sind.

Emerson's Taproom, 70 Anzac Drive, www.emersons.co.nz. Fans der Emerson's-Biere können diese jetzt in diesem schönen neuen Brauhaus mit Restaurant direkt neben der Brauerei genießen. Auf einem der Ledersofas im großen, im Industrieschick gehaltenen Raum kann man sich durch die 16 Biere vom Fass arbeiten und dazu eine tolle Auswahl an Barsnacks, *sharing plates* und herzhaften Hauptgerichten genießen. Auch Brunchgerichte.

Inch Bar, 8 Bank St, www.facebook.com/inch-bar. Die gemütliche Eckkneipe ist eine Abwechslung zu den Downtownlokalen. Hier gibt's Fassbiere (darunter Emerson's und Tuatara), köstliche Tapas sowie regelmäßig Livemusik.

Pequeño, an der Gasse neben 12 Moray Place, www.facebook.com/PequenoLoungeBar. Schummrige Bar mit Ledersofas und Bänken um den Kamin.

Rugby in Dunedin

Wer Dunedin in bunter Partystimmung erleben möchte, begibt sich zu einem **Rugbymatch** in das 30 000 Plätze umfassende Forsyth Barr Stadium, www.forsythbarrstadium.co.nz, 130 Anzac Ave, 2 km östlich vom The Octagon. Die Stadt ist stolz darauf, das einzige komplett überdachte Naturrasen-Stadion zu besitzen, doch die Baukosten von $200 Mio. für die rechtzeitig zum Rugby World Cup 2011 fertig gewordene Anlage stießen nicht überall auf Begeisterung. Highlanders-Super-15-Games finden während der Spielzeit (Ende Feb–Juli) regelmäßig statt, manchmal auch Spiele der All Blacks (meist Mai–Okt). Spielpläne und Tickets gibt's online auf www.thehighlanders.co.nz und www.allblacks.com sowie im Laden The Champions of the World, 8 George St, ✆ 03 477 7852. ⌚ Mo–Fr 9–18, Sa 10–17, So 11–16 Uhr.

Festivals und Events in Dunedin

Arts Festival Dunedin, 💻 www.artsfestivaldunedin.co.nz. Findet alle zwei Jahre statt, mit Opern-, Theater- und Musikvorführungen. Ende Sep–Anfang Okt in geraden Jahren.

Baseline Festival. Das als „One-day dance Marathon" beworbene Festival gibt auf zwei Bühnen lokalen und internationalen DJs die Chance, ihr Können unter Beweis zu stellen. Einige fantastische Essens- und Getränkestände sorgen für das kulinarische Wohl. Anfang April

Craft Beer & Food Festival, 💻 www.dunedinbeerfest.org.nz. Eintägiges Festival im Forsyth Barr Stadium mit über 90 Ständen und mehr als 400 Bieren sowie jeder Menge köstlichem Essen als Grundlage. November.

Fringe Festival, 💻 www.dunedinfringe.org.nz. 10-tägiges Kunst- und Kulturfestival mit Straßenkünstlern, Kurzfilmen, Comedy und Ausstellungen. Normalerweise Mitte März.

New Zealand International Film Festival, 💻 www.nzedff.co.nz. Eine Mischung aus Independent- und Prerelease-Mainstream-Filmen, die im Regent und im Rialto gezeigt werden. Anfang–Mitte August.

Exzellente Weine und meist südamerikanische Cocktails, Emerson's vom Fass und regelmäßig Live-Jazz.

Sessions, 138 Princes St, 📞 03 972 7832. Fantastische Craft-Beer-Bar mit den besten Brauereierzeugnissen aus Dunedin und darüber hinaus. Das Personal an der Bar kennt sich bestens mit der lokalen Bierszene aus, und es gibt auch eine Auswahl an Weinen und Spirituosen, falls man keine Lust auf Bier hat.

Speight's Ale House, 200 Rattray St, 💻 www.thealehouse.co.nz. Der geräumige Pub von Speight's direkt bei der Brauerei hat gutes Bier und Essen, auch wenn die Einrichtung eher ein wenig kitschig daherkommt.

Kinos

MetroCinema, Town Hall Building, Moray Place, 💻 www.metrocinema.co.nz. Mit nur 53 Sitzen ein toller Ort, um Arthouse- und Mainstream-Filme für anzuschauen (Mo–Fr vor 17 Uhr gibt es einen Sonderpreis). Popcorn ist out, aber einen Kaffee kann man mit reinnehmen.

Reading Cinemas, 33 The Octagon, 💻 www.readingcinemas.co.nz. Multiplex-Kino, in dem die aktuellen Blockbuster laufen. Außerdem ist eine Bar mit Alkoholausschank vorhanden.

Rialto, 11 Moray Place, 💻 www.rialto.co.nz. Hinter einer fabelhaften Retro-Fassade zeigt das Rialto in 6 Sälen im Stadionstil Mainstream-Filme, aber auch den einen oder anderen Kunstfilm.

Theater und klassische Musik

Abgesehen von den Festivals weist Dunedin das ganze Jahr über ein pulsierendes Theaterleben auf, und der Fachbereich Musik der University of Otago veranstaltet hin und wieder öffentliche Konzerte.

Globe, 104 London St, 💻 www.globetheatre.org.nz. Ein sehr kleines Theater. Es bringt sowohl zeitgenössische Stücke als auch klassische Dramen sowie experimentelle Arbeiten zur Aufführung.

Mayfair Theatre, 100 King Edward St, 💻 www.mayfairtheatre.co.nz. Das älteste erhaltene Kino in Dunedin stammt aus dem Jahr 1914 und erlebte somit in der Stadt das Goldene Zeitalter des Kinos. Heutzutage wird es von der Gemeinde betrieben und ist eher ein Theater- und Musikveranstaltungsort mit Tribute-Acts und Tourbands als ein Lichtspielhaus.

Regent, 17 The Octagon, 💻 www.regenttheatre.co.nz. Das größte und prächtigste Theater der Stadt dient als internationale Bühne für Musicals, Ballett, Gastaufführungen, Comedy, das New Zealand Symphony Orchestra, die Dunedin's Southern Sinfonia und das New Zealand International Film Festival.

EINKAUFEN

Karte S. 692

Der Outdoor-Ausrüster **Bivouac**, 💻 www.bivouac.co.nz, und die Fahrradkette

Torpedo7, www.torpedo7.co.nz, haben Filialen in Dunedin.
Guild, 45 Moray Pl, www.guilddunedin.co.nz. Die niedliche Boutique gibt einen Überblick über die Arbeit der besten aufstrebenden Designer der Region, mit Bekleidung, Accessoires und Haushaltswaren, von zwölf Stammdesignern und wechselnden Gästen.
Plume, 310 George St, www.plumestore.com. Das hervorragende Damenmodengeschäft – es gibt auch ein bisschen Herrenbekleidung – wird von Margi Robertson geführt, der Begründerin des Kiwi-Toplabels Nom*D.
University Bookshop, 378 Great King St, gegenüber dem Otago Museum, www.unibooks.co.nz. Eine gut sortierte, unabhängige Buchhandlung auf 2 Etagen. Sonderangebote im Obergeschoss.

SONSTIGES

Apotheke

Urgent Pharmacy, 95 Hanover St, 03 477 6344. tgl. 10–22 Uhr.

Autovermietungen

Neben den großen internationalen Verleihern gibt es einige gute lokale Mietwagenfirmen, z. B. **Hirepool**, 66 Cumberland St, www.hirepool.co.nz, und **Ace**, am Dunedin Airport, www.acerentalcars.co.nz.

Fahrräder

In der Stadt wird gerade ein Radwegnetz angelegt, das das Radeln künftig attraktiver machen wird. Bisher ist allerdings erst die Hälfte der Strecke bis Port Chalmers befahrbar.
Cycle World, 67 Stuart St, www.cycleworld.co.nz. Vermietet Räder aller Art ab $35/halber Tag oder $50/Tag; auch vollgefederte Räder.
Dunedin Bike Hire, www.bikehire.co.nz. Hat E-Bikes und Standardräder. Kostenlose Lieferung und Abholung.

Geld

Filialen aller großen **Banken** finden sich in der George Street und Princes Street – alle mit Geldautomaten.
Wer samstags Bargeld benötigt, geht zur **ANZ**, George St, Ecke Hanover St. Sa 10–14 Uhr.

Informationen

Dunedin unterhält mit www.dunedinnz.com eine gute Website voller Infos zu Events und Aktivitäten.
i-SITE, 50 The Octagon, 03 474 3300. Reservierung von Unterkünften, Touren und Transportmitteln. Führt außerdem viele Wander- und Radbroschüren, u. a. *Dunedin Walks* ($5, kostenloser Download auf www.dunedin.govt.nz) mit Beschreibung von 28 Stadtspaziergängen. Kostenloses WLAN. Nov–März Mo–Fr 8.30–18, Sa und So 8.45–18, April–Nov Mo–Fr 8.30–17, Sa und So 8.45–17 Uhr.
DOC, 50 The Octagon, 03 474 3300. wie i-SITE.

Internet

Kostenloses WLAN und Besucher-Computer gibt's in der **Dunedin Public Library**, John St, Ecke Stewart St, 03 474 3690. Mo–Fr 9.30–20, Sa und So 11–16 Uhr.

Medizinische Hilfe

Dunedin Hospital, 201 Great King St, 03 474 0999, nur für Notfälle. Außerhalb der üblichen Sprechzeiten stehen Ärzte bei **Dunedin Urgent Doctors**, 18 Filleul St, 03 479 2900, www.dunedinurgentdoctors.co.nz, zur Verfügung.

Post

Postamt, 310 Moray Place. Mo–Fr 9–17.30, Sa 9–13 Uhr.

NAHVERKEHR

Auto

In Dunedins Stadtkern herrscht ein Einbahnstraßensystem, das in Nord-Süd-Richtung durch die Innenstadt verläuft und die Straßen Cumberland, Castle, Great King und Crawford betrifft.
An **Parkplätzen** herrscht in Dunedin kein Mangel. Im Zentrum der Stadt gibt es einige ausgewiesene Parkverbotszonen, aber

OTAGO

auch viele günstige Stellplätze mit Parkuhren. Außerhalb der Innenstadt sind Parkplätze sowieso kostenlos.

Stadtbusse

Dunedin besitzt ein äußerst effizientes Stadtbusnetz (Mo–Fr 6.30–23 Uhr, Sa und So eingeschränkt), www.orc.govt.nz. Die Busse sind nummeriert, aber die Nummer ändert sich je nach Fahrtrichtung. In der Regel steht die Fahrtroute vorn auf dem Bus, z. B. Normanby–St Clair (Nr. 28 Richtung Norden, Nr. 8 Richtung Süden). Das ist die nützlichste Strecke; sie führt vom Strand einmal quer durch die Stadt am Botanischen Garten vorbei bis zur Baldwin St.
Der **Fahrpreis** richtet sich nach Zonen: Das Zentrum ist Zone One ($2,60), Portobello liegt in Zone Four ($10,20). Mit einer GoCard ($5 für die Karte, $10 Mindestguthaben aufladen; erhältlich im i-SITE und direkt beim Busfahrer) spart man rund 20 %. Alle Busse passieren das Zentrum und halten an Stationen rund um den Octagon oder an der Princes und George St.

Taxis

Funktaxis bietet **Dunedin Taxis**, 03 477 7777.

TRANSPORT

Busse

Dunedin ist ein regionaler Busverkehrsknotenpunkt. **InterCity/Newmans** (7 Halsey St) fährt via Oamaru und Timaru nach Christchurch, via Alexandra und Cromwell nach Queenstown und via Gore nach Wanaka und Te Anau.
Atomic fährt ebenfalls nach Queenstown,
Ritchies, www.ritchies.co.nz, verkehrt ab der Dunedin Railway Station bis nach Wanaka.
Catch-A-Bus South, www.catchabussouth.co.nz, bietet einen Tür-zu-Tür-Service zwischen Dunedin, Gore und Invercargill;
Knightrider, www.knightrider.co.nz, hat Verbindungen nach Christchurch und Invercargill.

Busse nach:
ALEXANDRA 3–5x tgl., 3 Std.;
BALCLUTHA 2–4x tgl., 1 Std.;
CHRISTCHURCH 7x tgl., 6 Std.;
CROMWELL 5–6x tgl., 3 1/2 Std.;
GORE 3–5x tgl., 3 Std.;
INVERCARGILL 4–5x tgl., 3 1/2 Std.;
LAWRENCE 3–4x tgl., 1 1/2 Std.;
OAMARU 5–7x tgl., 2 Std.;
QUEENSTOWN 5x tgl., 4–5 Std.;

Die Taieri Gorge Railway

Die reizvolle Tour mit der **Taieri Gorge Railway**, www.dunedinrailways.co.nz, führt nordwestlich von Dunedin 116 km durch zerklüftetes Hügelland. Die Bahnlinie wurde zwischen 1879 und 1921 angelegt, um Vorräte von Dunedin in die 235 km entfernte alte Goldgräberstadt Cromwell zu befördern. Der Handelsverkehr wurde 1990 komplett eingestellt und ein Großteil der Strecke in den Otago Central Rail Trail (s. Kasten S. 764) verwandelt; der spektakulärste Abschnitt durch die Schieferfelsen der Taieri Gorge blieb jedoch bestehen und erfreut heute zu jeder Jahreszeit die Reisenden.
Der klimatisierte Zug setzt sich aus modernen Stahlwaggons mit großen Panoramafenstern und restaurierten Holzwagen aus den 1920er-Jahren zusammen. Für Rucksäcke und Fahrräder gibt es einen Stauraum, zudem verfügt der Zug über eine Snackbar mit Schanklizenz.
Im Sommer fahren normalerweise zwei Züge tgl. von Dunedin nach Pukerangi (Okt–April tgl. außer Fr und So 9.30 und 14.30 Uhr, hin und zurück 4 Std.), einer einsamen Haltestelle nahe dem höchsten Punkt der Bahnlinie (250 m). Zweimal in der Woche fährt der Zug von Pukerangi noch weiter bis zum 38 km entfernten Middlemarch (Okt–April Fr und So 9.30 Uhr, hin und zurück 6 Std.). Im Winter fährt tgl. um 9.30 Uhr ein Zug nach Pukerangi; sonntags verkehrt er weiter nach Middlemarch. Die Zeiten vorher auf der Website checken!

TE ANAU 1x tgl., 4 1/2 Std.;
WANAKA 2x tgl., 4 3/4 Std.

Eisenbahn

Dunedin liegt nicht an einer der Hauptlinien, nur an der **Taieri Gorge Railway** (s. Kasten).

Flüge

Der **Flughafen** von Dunedin befindet sich 21 km südwestlich des Stadtzentrums und 7 km von der SH1 an der SH86. Mehrere Shuttlebusunternehmen, z. B. **Super Shuttle**, 💻 www.supershuttle.co.nz, verkehren vom Flughafen ins Zentrum und setzen Passagiere bei Unterkünften in der Innenstadt ab. Ein Taxi kostet etwa $90.

Flüge nach:
AUCKLAND 4x tgl., 1 3/4 Std.;
BRISBANE 3x wöchentl., 3 1/2 Std.;
CHRISTCHURCH 7x tgl., 1 Std.;
WELLINGTON 3x tgl., 1 3/4 Std.

Port Chalmers

Am Westufer des Otago Harbour, 13 km nordöstlich von Dunedin, liegt Port Chalmers, eine kleine historische Stadt mit Containerhafen und einem Anleger für Kreuzfahrtschiffe. Der Ort ist nicht nur für seine Künstler bekannt, sondern auch für den **Hotere Sculpture Garden** am Ende der Constitution Street, ein Erbe des Malers und Bildhauers **Ralph Hotere**, dessen Wahlheimat Port Chalmers war.

Über dem Ort schwebt ein Hauch von Nostalgie. Viele der aus dem 19. Jh. stammenden Gebäude in Port Chalmers, vor allem entlang der Hauptverkehrsstraße George Street, wurden aufgehübscht und beherbergen hippe Geschäfte und Cafés. Und neben dem **Port Chalmers Maritime Museum** am Hafen lenken zwei spätviktorianische Kirchen die Aufmerksamkeit von den Containerkränen ab: die elegante presbyterianische **Iona Church** in der Mount Street mit ihrem spitz zulaufenden Steinturm und die von Robert A. Lawson geschaffene anglikanische **Holy Trinity** aus vulkanischem Naturstein in der Scotia Street.

Orokonui Ecosanctuary

600 Blueskin Rd, 6 km nördlich von Port Chalmers ▪ 🕒 tgl. 9.30–16.30 Uhr, 1- und 2-stündige Führungen tgl. 11 und 13.30 Uhr, Buchung erforderlich ▪ Eintritt ▪ 💻 www.orokonui.nz

Das nach dem Vorbild des Zealandia in Wellington gestaltete **Orokonui Ecosanctuary** ist Teil der breiten Angebotspalette an Tierbeobachtungsmöglichkeiten im Umkreis von Dunedin.

Das umweltfreundlich gestaltete Visitor Centre bietet jede Menge Informationen, und vom Café genießen die Gäste wunderbare Ausblicke aufs Tal. Aber die wirklichen Highlights warten hinter dem 8,7 km langen Raubtierschutzzaun in einem 3 km² großen nachwachsenden Waldgebiet: ausgesiedelte einheimische Vögel, Tuataras und Glattechsen. Besucher können auf eigene Faust entlang gut ausgeschilderter Wege durch das Schutzgebiet streifen – ein langer Pfad führt beispielsweise das Tal hinab zu Neuseelands höchstem Baum, einem riesigen Eukalyptus. Aber wer sich einer Führung anschließt, lernt und sieht wesentlich mehr.

Anfahrt entweder mit dem eigenen Fahrzeug (30 Min. von Dunedin) oder im Rahmen einer Wildlifetour (S. 711). Öffentliche Verkehrsmittel halten hier nicht.

ÜBERNACHTUNG UND ESSEN

Karte S. 707

Abgesehen von den aufgelisteten Esslokalen stehen auch mehrere reizvoll gelegene Picknickstellen entlang der Peninsula Beach Road zur Verfügung, gleich hinter dem Hafen.

Billy Browns, 423 Aramoana Rd, Hamilton Bay, 5 km nördlich von Port Chalmers, 💻 www.billybrowns.co.nz. Die witzig designte Lodge liegt isoliert auf einer Schaffarm in einer Gegend, in der nur wenige Leute absteigen würden, wäre die Unterbringung nicht so fantastisch. Die Herberge punktet mit umwerfender Aussicht, Kaminfeuer und haufenweise Schallplatten, und ein kleines Frühstück ist im Preis inkl. Nur 8 Betten (davon 4 in einem *bunkroom*, einem Schlafsaal), daher vorausbuchen! ❷

Café Santosha, 36 George St, 💻 www.facebook.com/thegalleycafeandbar. Auf der

Sonnenterrasse mit Kamin kann man schön einen Kaffee oder ein Glas Wein schlürfen oder auch einen *cheese scone* oder eine Holzofenpizza verspeisen. $

Carey's Bay Historic Hotel, 17 Macandrew Rd, 1 km nördl. der Stadt, 💻 www.careysbayhotel.co.nz. Auf Seafood spezialisierter Pub in einem Gebäude von 1874; Tipps: der *poisson cru* oder die großzügig gefüllten Platten mit Venusmuscheln, Jakobsmuscheln, Tintenfisch und Garnelen. $$

Union Co Café, 2 George St, ✆ 021 158 5165. Das sonnendurchflutete, babyblaue Eckcafé ist ein Top-Plätzchen für einen Flat White oder ein kleines Frühstück (Cheddar-Schinken-Bagel). Im Tresen finden sich sehr viele vegetarische und vegane Backwaren. $

INFORMATIONEN

Chalmers Library, 20 Beach St, ✆ 03 474 3690. In der Bücherei des Ortes gibt es Broschüren zur Region und kostenlosen Internetzugang. 🕒 Mo–Mi und Fr 9.30–17.30, Do 9.30–20, Sa 11–14 Uhr.

TRANSPORT

Bus 14 von DUNEDIN nach Port Chalmers fährt vom Stand 4 und 5 in der Cumberland St und hält 30 Min. später in der George St, der Hauptstraße von Port Chambers.

Otago Peninsula

Nordöstlich von Dunedin trennt eine 35 km lange, gebogene Landzunge den Otago Harbour vom Pazifischen Ozean: die **Otago Peninsula**. Vor ihrer spektakulären Bergkulisse bietet die Halbinsel weite Ausblicke auf die Bucht, das Meer und Dunedin und das ganze Jahr über die besten Möglichkeiten, Neuseelands **Meeresbewohner** zu beobachten.

Die lohnendsten Tierbeobachtungsspots liegen an der Spitze der Halbinsel, **Taiaroa Head** (weniger als eine Autostunde von Dunedin). Dort produziert das durch den Kontinentalschelf nach oben gepresste Wasser ständig ein üppiges Nahrungsangebot. An diesem Ort brütet in der weltweit einzigen Festlandkolonie von Albatrossen der majestätische **Königsalbatros**.

Am Ufer tummeln sich außerdem **Pinguine** (Zwergpinguine und die seltenen Gelbaugenpinguine) sowie Neuseeländische Pelzrobben, während die Klippen weitere Seevögel beheimaten, darunter drei Arten von **Scharben**, **Dunkle Sturmtaucher** und verschiedene Möwenarten. An den anderen Stränden und kleinen Buchten der Halbinsel finden sich eine große Vielfalt an Stelz- und Wasservögeln sowie gelegentlich **Neuseeländische Seelöwen**. Vor der Küste sind bisweilen Killer- und andere **Wale** zu sehen. Highlights, die nicht direkt mit Tieren zu tun haben, sind die wunderbare Parklandschaft von **Glenfalloch**, das vornehme **Larnach Castle** und eine Reihe von **Wanderwegen** zu faszinierenden Aussichtspunkten und ungewöhnlichen, von Lavaströmen geformten Landschaften.

Das wichtigste Zentrum zum Übernachten und Einkehren ist **Portobello** (S. 710).

Larnach Castle

145 Camp Rd, Company Bay ▪ 🕒 tgl. Okt–März 9–19, April–Sep 9–17 Uhr ▪ Eintritt ▪ 💻 www.larnachcastle.co.nz ▪ Anfahrt mit Bus 18 vom Bussteig 5 in der Cumberland St bis Broad Bay; von dort steile 2 km Fußweg (40 Min.)

In **Company Bay** sind es noch 4 km landeinwärts auf der Castlewood Road zum neugotischen **Larnach Castle** von1871. Das Bauwerk erhebt sich auf einem Hügel, von dem der Blick weit über den Otago Harbour und bis nach Dunedin schweift.

Das kleine, von Robert A. Lawson entworfene Schloss war Wohnsitz des aus Australien stammenden Bankiers und Politikers William Lanarch. Nach Jahren des Verfalls wurde es Ende der 1960er-Jahre von der Familie Barker gerettet und in der Folge schrittweise restauriert.

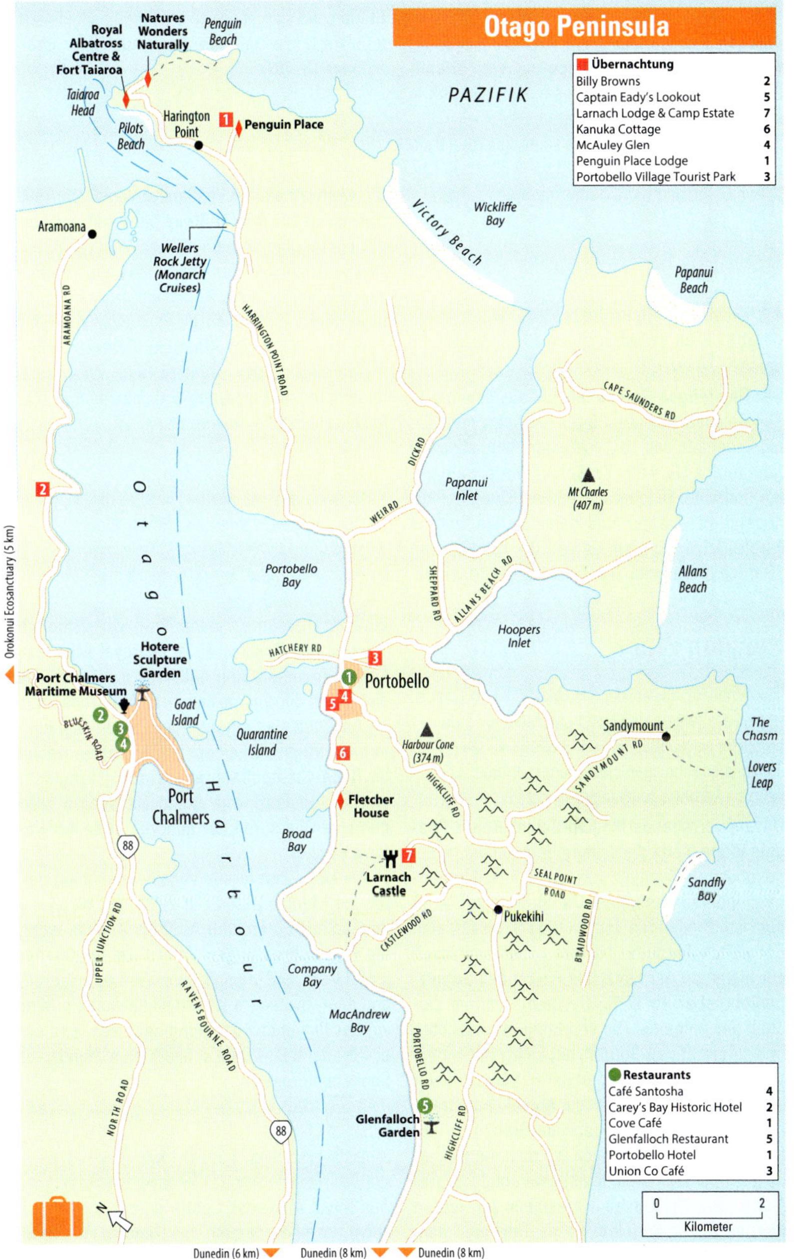

Otago Peninsula
Übernachtung
Billy Browns 2
Captain Eady's Lookout 5
Larnach Lodge & Camp Estate 7
Kanuka Cottage 6
McAuley Glen 4
Penguin Place Lodge 1
Portobello Village Tourist Park 3
Restaurants
Café Santosha 4
Carey's Bay Historic Hotel 2
Cove Café 1
Glenfalloch Restaurant 5
Portobello Hotel 1
Union Co Café 3
PAZIFIK
Royal Albatross Centre & Fort Taiaroa
Natures Wonders Naturally
Penguin Beach
Taiaroa Head
Pilots Beach
Harington Point
Penguin Place
Aramoana
Wellers Rock Jetty (Monarch Cruises)
Victory Beach
Wickliffe Bay
Papanui Beach
ARAMOANA RD
HARRINGTON POINT ROAD
CAPE SAUNDERS RD
DICK RD
Papanui Inlet
Mt Charles (407 m)
WEIR RD
Otago Harbour
Portobello Bay
SHEPPARD RD
ALLANS BEACH RD
Allans Beach
Hoopers Inlet
HATCHERY RD
Orokonui Ecosanctuary (5 km)
Hotere Sculpture Garden
Port Chalmers Maritime Museum
Portobello
Goat Island
Quarantine Island
BLUESKIN ROAD
Harbour Cone (374 m)
Sandymount
SANDYMOUNT RD
The Chasm
Lovers Leap
HIGHCLIFF RD
Port Chalmers
Fletcher House
Broad Bay
88
Larnach Castle
SEAL POINT ROAD
Sandfly Bay
Pukekihi
CASTLEWOOD RD
BRAIDWOOD RD
UPPER JUNCTION RD
Company Bay
RAVENSBOURNE ROAD
MacAndrew Bay
PORTOBELLO RD
Glenfalloch Garden
HIGHCLIFF RD
NORTH ROAD
N
0 2 Kilometer
Dunedin (6 km)
Dunedin (8 km)
Dunedin (8 km)
OTAGO

Die in neun Gärten untergliederten **Außenanlagen** sind wunderschön. Wer die Augen offen hält, findet einige Alice-im-Wunderland-Statuen, darunter eine Grinsekatze, die sich in einer uralten Atlas-Zeder versteckt.

Das ausgezeichnete Café im ehemaligen Ballsaal lädt zur Stärkung ein; ⌚ tgl. 9.30–16.30 Uhr. Wer möchte, kann auch übernachten (S. 709).

Glenfalloch Garden

430 Portobello Rd, 10 km östlich von Dunedin ▪ ⌚ tgl. 8 Uhr bis Sonnenuntergang ▪ Eintritt gegen Spende ▪ 💻 www.glenfalloch.co.nz

Der **Glenfalloch Garden** besteht aus einem großen Gelände mit alten Gärten und Wald rings um ein Landhaus von 1871 mit einem fantastischen Restaurant (S. 710). Zwischen Mitte September und Mitte Oktober entzünden blühende Rhododendren, Azaleen und Kamelien ein wahres Farbfeuerwerk in dem Garten, der kürzlich zum „Garden of National Significance" gekürt wurde.

Penguin Place

45 Pakihau Rd, abseits der Harington Point Rd, 3 km südlich des Taiaroa Head ▪ ⌚ Okt–März 10.15 Uhr bis später Nachmittag und April–Sep 15.45 Uhr 90-minütige Führungen, Reservierung erforderlich ▪ Eintritt ▪ 💻 www.penguinplace.co.nz

Das hervorragende Pinguin-Schutzprojekt **Penguin Place** bietet die seltene Gelegenheit, einen geschützten Nistplatz von rund 25 Gelbaugenpinguinen zu besuchen. Die im Sommer tagsüber stattfindenden Touren – dann lassen sich nur selten Pinguine blicken – befassen sich vor allem mit der Flora und Fauna des Schutzgebiets, aber ab 17.15 Uhr steht alles im Zeichen der Pinguine: Die sorgfältig überwachten und informativen Touren beginnen mit einem Vortrag über Pinguine und deren Schutz, bevor ein Führer die Teilnehmer zur Kolonie am Strand bringt. Dort führen gut getarnte Gräben zu Verstecken in den Dünen, von wo man die Pinguine aus nächster Nähe beobachten und fotografieren kann. Mit den Einnahmen aus den Touren werden Schutzprojekte für die Tiere und eine Station, die sich um verletzte Pinguine kümmert, finanziert. Wer möchte, kann auch hier übernachten (S. 709).

Taiaroa Head

Die weltweit einzige Festlandskolonie von Albatrossen ist am **Taiaroa Head** beheimatet, einem vor Eindringlingen geschützten Vogelparadies. An Land kann man von jeder Stelle aus das ganze Jahr hindurch die Königsalbatrosse im Flug bewundern. Zudem wurde ein kurzer Weg vom Parkplatz des **Royal Albatross Centre** zu einer Aussichtsplattform angelegt (dem Wegweiser folgen), die faszinierende Einblicke in eine Tüpfelscharben-Kolonie erlaubt.

Royal Albatross Centre

1260 Harington Point Rd ▪ ⌚ tgl. 10.15 Uhr bis Sonnenuntergang ▪ Eintritt frei, 60-minütige Albatross Tour und 90-minütige Unique Tour kostenpflichtig, Reservierung empfohlen ▪ 💻 www.albatross.org.nz

Eine interessante Ausstellung zur örtlichen Tierwelt und Geschichte ist im **Royal Albatross Centre** zu sehen. Hier bekommt man auch das Ticket für die ausgezeichnete Albatross Tour. Im Anschluss an einen einführenden Film können die Vögel von einem abgegrenzten Gebiet im Reservat beobachtet werden (Ferngläser werden gestellt); auf einem Bildschirm werden Live-Bilder von der anderen Seite der Kolonie gezeigt.

Als **beste Zeit** für die Vogelbeobachtung gelten die Monate Januar und Februar, wenn die Jungen schlüpfen, und April bis August, wenn die Eltern ihre Jungen füttern. Im September sind Eltern und Jungen zum Aufbruch bereit, und neue Brutpaare treffen allmählich ein. Wer vor der Pinguinbeobachtung noch etwas zu essen braucht: Das Café schließt eine Stunde vor Sonnenuntergang.

Fort Taiaroa

30-minütige Führung 11.30 Uhr sowie 12–20 Uhr stdl. nach Bedarf ▪ Eintritt ▪ 💻 www.albatross.org.nz

Das Royal Albatross Centre ist der Ausgangspunkt für einen Besuch des **Historic Fort Taia-**

roa, ein Labyrinth von Tunneln und Kanonenstellungen, das ursprünglich aus dem Jahr 1885 stammt (als man einen Angriff des zaristischen Russlands fürchtete), aber im Zweiten Weltkrieg neu aufgerüstet wurde. Man erreicht das Fort über ein Tunnelnetz unter der Albatroskolonie und kann es in Eigenregie oder im Rahmen der Unique Taiaroa Tour besichtigen.

Pilots Beach

Blue Penguin Encounter: tgl. bei Abenddämmerung ▪ Eintritt ▪ 💻 www.bluepenguins.co.nz

Viele Sommer lang konnte man ungehindert zum **Pilots Beach** an der Westseite des Taiaroa Head (vom Parkplatz des Royal Albatross Centre folgt man dem Pfad zur Küste) runterlaufen und dort ganz nah an die Südlichen Seebären herankommen, die sich tagsüber am Strand lümmeln, während abends über hundert Zwergpinguine an Land kommen. Tagsüber ist der Strand immer noch frei zugänglich, aber abends muss man an der offiziellen Blue Penguin Encounter Tour teilnehmen. Sie beinhaltet den kurzen Spaziergang vom Albatross Centre, wo man auch die Tickets kauft, zu einer Reihe von Aussichtsplattformen in den Sanddünen.

Natures Wonders Naturally

Taiaroa Head, 1,5 km hinter dem Albatross Centre ▪ 🕒 1-stündige Führungen tgl. 10.15 Uhr bis 1 Std. vor Sonnenuntergang ▪ Eintritt ▪ 💻 www.natureswonders.co.nz

Die Halbinselstraße endet am **Natures Wonders Naturally**. Perry Reid, der enthusiastische Besitzer dieser Farm, hat das Gelände in einen Ort verwandelt, an dem sich wunderbar Tiere aus nächster Nähe beobachten lassen. Dabei gibt es keine Tierfütterungen oder Nistkästen, nur ungezähmte Natur und freilebende Tiere, die manchmal fast bis auf Armlänge herankommen. Die geländegängigen Argo-Amphibienfahrzeuge, in denen Besucher auf insgesamt 6 km langen, oft steilen Feldwegen herumgefahren werden, fallen etwas aus dem Rahmen. Aber sie bringen die Fahrgäste zu einem sensationellen Aussichtspunkt auf eine Tüpfelscharben-Kolonie, mitten in eine Pelzrobbenkolonie sowie zu einem Versteck über einem unberührten Strandabschnitt, wo fast zu jeder Tageszeit Zwerg- und Gelbaugenpinguine gesichtet werden können. Die Tour lässt sich auch im normalen Bus unternehmen.

ÜBERNACHTUNG

Karte S. 707

Captain Eady's Lookout, 2 Moss St, Portobello, 💻 www.capteady.co.nz. Gemütliches B&B mit Meerblick und nur 2 Schlafzimmern – eines mit Fenstern zum Hafen und eines mit Blick auf den schönen Garten. Das Haus ist wunderschön mit Möbeln eingerichtet, die die Eigentümer auf Reisen durch Asien erstanden haben, und das Frühstück ist hervorragend. ❷

Larnach Lodge & **Camp Estate**, Larnach Castle, 💻 www.larnachcastle.co.nz. 6 gemütliche Zimmer mit Gemeinschaftsbad in umgebauten Ställen und sehr individuell eingerichtete, luxuriösere Zimmer in der Larnach Lodge. Direkt außerhalb des Anwesens bietet das Camp Estate glamouröse Zimmer mit eigenem Kamin in einem modernen, pseudo-schottischen Herrenhaus mit weitem Hafenblick. Alle Gäste des Hauses erhalten freien Eintritt zum Castle sowie Frühstück. Auch ein stilvolles 3-Gänge-Abendessen im Speisesaal des Schlösschens kann gebucht werden. ❷

Kanuka Cottage, 21 Oxley Crescent, 💻 www.kanukacottage.co.nz. Hübsches Cottage-Refugium inmitten aromatischer Kräutergärten mit Blick auf den Hafen vom Rasen aus. Das Cottage mit 3 Schlafzimmern ist unwiderstehlich gemütlich und es gibt auch ein unabhängiges Studio für 3 Pers. ❷

McAuley Glen, 13 McAuley Rd, Portobello, 💻 www.mcauleyglen.co.nz. Wunderschönes B&B in einem Garten voller Blumen, geführt von einem freundlichen Paar. Es gibt nur 2 Suiten, „Ambrosia" und „Laurelie", beide in einem traditionellen, aber schlichten Stil eingerichtet (und mit noch mehr Blumen). Der Garten lockt mit einem schönen Pavillon, einer Pergola und einem Whirlpool. ❸

Penguin Place Lodge, 45 Pakihau Rd, 💻 www.penguinplace.co.nz. Einfaches, aber komfortables Backpacker-Hostel auf dem

OTAGO

Wandern auf der Otago Peninsula

Die Broschüre *Dunedin Walks* (für $5 erhältlich im i-SITE in Dunedin oder kostenloser Download auf www.dunedin.gov.nz) beschreibt kurz acht Wanderungen auf der Halbinsel, darunter die beiden folgenden. Zu beachten ist, dass sie z. T. ziemlich steil, aber meist gut ausgewiesen sind. Außerdem kann es hier ganz plötzlich kalt oder feucht werden, selbst an den sonnigsten Tagen.

The Chasm and Lovers Leap (2,5 km, 1 Std., in der Ablammsaison von Sep–Okt geschl.). Leicht zugänglicher, mühelos begehbarer Rundweg über Farmland zu schroffen Klippen, die 200 m zum Meer hinabfallen; zu sehen sind eingestürzte Meereshöhlen und Felswände aus mehreren Schichten vulkanischer Lavaströme. Der Weg beginnt 8 km südlich von Portobello am Ende der Sandymount Road, 25 Min. Fahrt vom Zentrum von Dunedin.

Sandfly Bay (hin und zurück 3 km, 1 1/2 Std.). Netter Spaziergang über Farmgelände und Dünen hinab zum Strand. Dort lassen sich am Spätnachmittag Gelbaugenpinguine beobachten – wenn man einen sieht, Abstand halten und sich ducken! Die Tiere leben am südlichen Strandende, wo es einen Ausguck gibt und im Sommer Ranger anwesend sind, die dafür Sorge tragen, dass die Pinguine von den Besuchern nicht gestört werden. Ausgangspunkt ist das Ende der Seal Point Rd, 7 km südwestlich von Portobello.

Hügel über dem Penguin Place. Viele der farbenfrohen 2-Bettzimmer und DZ bieten tollen Blick auf den Hafen. Bettwäsche kann mitgebracht oder pro Aufenthaltsdauer geliehen werden. Der Check-in muss bis 18 Uhr erfolgen. Kein WLAN. Nur im Sommer geöffnet. ❶

Portobello Village Tourist Park, 27 Hereweka St, Portobello, www.portobellopark.co.nz. Schlichter Campingplatz mit einfachen, aber gepflegten Einrichtungen und verschiedenen Unterkünften wie luxuriöseren Ferienwohnungen mit Bad, TV und Küchenzeile. Für die billigeren Zimmer Bettwäsche mitbringen oder leihen. ❷

ESSEN

Cove Café, 1726 Highcliff Rd, Portobello, www.facebook.com/covecafeportobello. Wenngleich die Inneneinrichtung eher schlicht gehalten ist, serviert dieses Café ausgezeichneten Mazagran-Kaffee und eine große Auswahl an Tees, Kuchen, Keksen in Pinguinform und warmen Gerichten, darunter ein großes Frühstück und Toasts. $$

Glenfalloch Restaurant, 430 Portobello Rd, MacAndrew Bay, www.glenfalloch.co.nz. Der deutsche Chefkoch Hannes Bareiter hat das ehemalige Restaurant Chalet in eines der kultiviertesten Dunedins verwandelt. Auf der kurzen Mittags- und Abendkarte stehen Gerichte, bei denen die besten saisonalen Zutaten aus der Region kreativ verarbeitet wurden. Ein besonders guter Deal ist das 2-gängige Mittagsmenü unter der Woche. $$$

Portobello Hotel, 2 Harington Point Rd, Portobello, www.portobellohotelandbistro.com. Typischer Kiwi-Pub, wo die Gäste an den Tischen draußen oder im Wintergarten Sandbarsch in Bierteig mit Salat und Pommes frites oder einen Halloumi-Salat verzehren. ❷

INFORMATIONEN

Im **i-SITE** in Dunedin gibt's den kostenlosen *AtoZ Dunedin Guide.*

TOUREN

Ability Adventures, www.abilityadventures.co.nz. Angeboten werden barrierefreie Touren für Reisende mit Behinderung und Menschen mit eingeschränkter Mobilität, auch für Senioren. Die Touren werden auf die jeweils speziellen Bedürfnisse der Betroffenen zugeschnitten; im Programm von Ability Adventures sind auch Touren für Selbstfahrer.

Elm Wildlife Tours, 💻 www.elmwildlifetours.co.nz. Exzellente, unter ökologischen Gesichtspunkten geführte Nachmittagsbustour von Dunedin aus (in der Regel 6–6 1/2 Std.), bei der die Teilnehmer ein privates Schutzzentrum besuchen und zahlreiche Tiere beobachten können. Wer möchte, kann zusätzlich einen Besuch im Royal Albatross Centre, eine 1-stündige Bootsfahrt auf der *Monarch* oder eine Kombi aus allem buchen (8 Std.). Kinder und Studenten erhalten auf allen Ausflügen $10 Rabatt.

Monarch Wildlife Cruises & Tours, 💻 www.wildlife.co.nz. Veranstaltet kurze Fahrten auf einem umgebauten Fischerboot mit Kombüse und Alkoholausschank um Taiaroa Head (Okt–März 5x tgl., April–Sep 1–2x tgl., 1 Std.) herum. Abfahrt an der Wellers Rock Jetty am Zipfel der Otago Peninsula. Kombinierbar mit einem Abstecher zum Royal Albatross Centre oder Penguin Place. Wer nicht vorhat, in Eigenregie auf die Halbinsel hinauszufahren, entscheidet sich am besten für die Wildlife Tour (Sommer 8.30 und 15.30, Winter 13 Uhr, 4 Std.). Der Ausflug beginnt an der Anlegestelle in Dunedin, umrundet den Taiaroa Head und endet am Wellers Rock, von wo es per Bus nach Dunedin zurückgeht. Es sind auch verschiedene Kombinationen mit dem Larnach Castle möglich.

Wild Earth Adventures, 💻 www.wildearth.co.nz. Eine oft geradezu magische Perspektive der Küste und der Tierwelt bietet sich auf Seekajaktouren um den Taiaroa Head oder Portobello (beide 4 Std., davon rund 2 Std. auf dem Wasser). Besonders schön ist auch die Twilight Tour (Okt–März, 3–5 Std.) mit Tierbeobachtung und wunderbaren Sonnenuntergängen.

TRANSPORT

Auto

Mit eigenem Transportmittel ist die Halbinsel am besten zu erreichen, entweder über die kurvenreiche **Portobello Road**, die am westlichen Ufer entlangführt, oder über die **Highcliff Road**, die im Innern der Halbinsel über die Hügel verläuft.

Busse

Der Peninsula Bus Nr. 18 (13–21x tgl.) fährt von Bussteig 5 vor dem New World Supermarket an der Cumberland Street in DUNEDIN entlang der Küstenstraße bis Portobello (35 Min.). Drei bis fünf Busse weiter geht es bis Harington Point, 2 km vom Taiaroa Head entfernt.

Queenstown

Queenstown, der wichtigste Ferienort Neuseelands, liegt wunderschön inmitten zerklüfteter Berge am tiefblauen Lake Wakatipu. Die Besuchermassen im Sommer und Winter wirken auf einige sicher abschreckend, aber wer kann es den Leuten schon verübeln, dass sie sich von einem Ort angezogen fühlen, der so viel zu bieten hat. Queenstown eignet sich als Ausgangsbasis für längere Abstecher in die Natur oder um an einer der zahllosen Abenteueraktivitäten teilzunehmen. Am begehrtesten ist zweifellos **Bungy-Jumping**; in der Umgebung der Stadt gibt es drei Basen, die als landschaftlich reizvollste Absprungstellen weltweit gepriesen werden. Abenteuerlustige können das Bungy-Jumping entweder als Einzelaktivität oder als Teil eines Pakets buchen, sei es zusammen mit **Whitewater Rafting** oder **Jetboating** auf dem Shotover River.

Aber auch Besucher, denen mehr nach Entals nach Anspannung zumute ist, kommen auf ihre Kosten. Sie können Spaziergänge am Seeufer entlang und hinauf zu Aussichtspunkten unternehmen, mit der *TSS Earnslaw*, dem einzigen noch erhaltenen Dampfer auf dem **Lake Wakatipu**, eine Kreuzfahrt unternehmen, mit der Seilbahn auf **Bob's Peak** fahren und die sagenhafte Aussicht genießen oder sich einer geführten **Weintour** zu den südlichsten Winzereien der Welt anschließen (S. 726). Auch der **Milford Sound** ist von Queenstown aus gut zu erreichen.

OTAGO

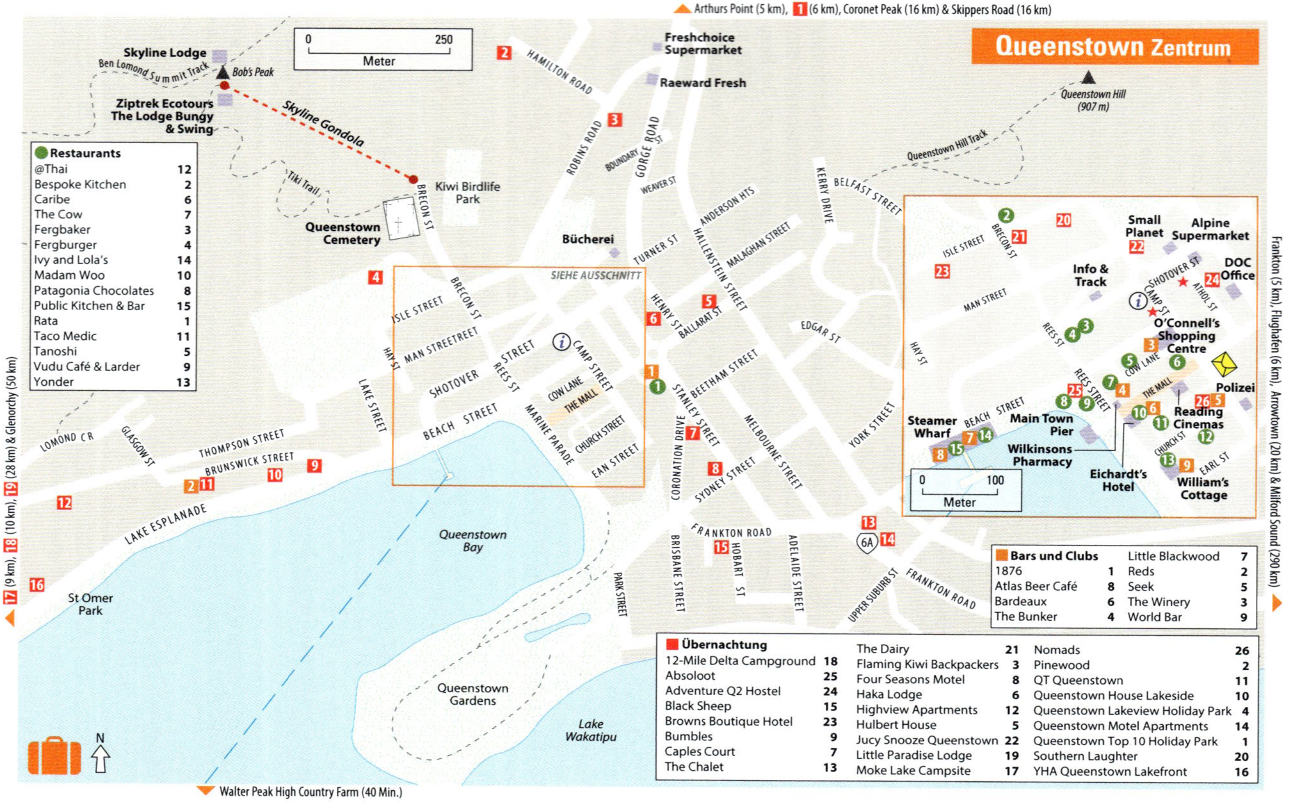

Queenstown Zentrum
Arthurs Point (5 km), 1 (6 km), Coronet Peak (16 km) & Skippers Road (16 km)
Frankton (5 km), Flughafen (6 km), Arrowtown (20 km) & Milford Sound (290 km)
17 (9 km), 18 (10 km), 19 (28 km) & Glenorchy (50 km)
Walter Peak High Country Farm (40 Min.)
0 250 Meter
0 100 Meter
Skyline Lodge
Ben Lomond Summit Track
Bob's Peak
Ziptrek Ecotours
The Lodge Bungy & Swing
Skyline Gondola
Tiki Trail
Kiwi Birdlife Park
Queenstown Cemetery
Freshchoice Supermarket
Raeward Fresh
Bücherei
Queenstown Hill (907 m)
Queenstown Hill Track
SIEHE AUSSCHNITT
Queenstown Bay
Queenstown Gardens
Lake Wakatipu
St Omer Park
Steamer Wharf
Main Town Pier
Wilkinsons Pharmacy
Eichardt's Hotel
William's Cottage
Small Planet
Alpine Supermarket
Info & Track
DOC Office
O'Connell's Shopping Centre
Polizei
Reading Cinemas
HAMILTON ROAD
ROBINS ROAD
BOUNDARY
GORGE ROAD
WEAVER ST
ANDERSON HTS
TURNER ST
HALLENSTEIN STREET
MALAGHAN STREET
KERRY DRIVE
BELFAST STREET
EDGAR ST
HENRY ST
BALLARAT ST
BEETHAM STREET
STANLEY STREET
CORONATION DRIVE
MELBOURNE STREET
YORK STREET
SYDNEY STREET
FRANKTON ROAD
BRISBANE STREET
HOBART ST
ADELAIDE STREET
UPPER SUBURB ST
PARK STREET
6A
ISLE STREET
BRECON ST
MAN STREET
HAY ST
SHOTOVER ST
REES ST
CAMP STREET
COW LANE
THE MALL
CHURCH STREET
EAN STREET
MARINE PARADE
BEACH STREET
ATHOL ST
EARL ST
LAKE STREET
THOMPSON STREET
BRUNSWICK STREET
LAKE ESPLANADE
GLASGOW ST
LOMOND CR
N
Restaurants
@Thai 12
Bespoke Kitchen 2
Caribe 6
The Cow 7
Fergbaker 3
Fergburger 4
Ivy and Lola's 14
Madam Woo 10
Patagonia Chocolates 8
Public Kitchen & Bar 15
Rata 1
Taco Medic 11
Tanoshi 5
Vudu Café & Larder 9
Yonder 13
Bars und Clubs
1876 1
Atlas Beer Café 8
Bardeaux 6
The Bunker 4
Little Blackwood 7
Reds 2
Seek 5
The Winery 3
World Bar 9
Übernachtung
12-Mile Delta Campground 18
Absoloot 25
Adventure Q2 Hostel 24
Black Sheep 15
Browns Boutique Hotel 23
Bumbles 9
Caples Court 7
The Chalet 13
The Dairy 21
Flaming Kiwi Backpackers 3
Four Seasons Motel 8
Haka Lodge 6
Highview Apartments 12
Hulbert House 5
Jucy Snooze Queenstown 22
Little Paradise Lodge 19
Moke Lake Campsite 17
Nomads 26
Pinewood 2
QT Queenstown 11
Queenstown House Lakeside 10
Queenstown Lakeview Holiday Park 4
Queenstown Motel Apartments 14
Queenstown Top 10 Holiday Park 1
Southern Laughter 20
YHA Queenstown Lakefront 16

Von Mitte Juni bis Anfang Oktober fallen in- und ausländische Skifahrer in Massen ein, um am **Coronet Peak** und in den **Remarkables** – zwei hervorragenden, 45 Min. von Queenstown entfernten Wintersportgebieten – ihrer Leidenschaft zu frönen. Den absoluten Höhepunkt dieser Jahreszeit bildet das jährliche **Queenstown Winter Festival** Ende Juni.

Das Seeufer und das Stadtzentrum

An warmen Tagen kann man wunderbar am See relaxen, z. B. auf der Rasenfläche an der Marine Parade. Ganz Hartgesottene nehmen auch ein Bad im See – allerdings liegt die sommerliche Temperatur des Wassers bei nur ca. 11 °C. Man kann den Fallschirmseglern zuschauen und am Abend den Sonnenuntergang über den Bergen genießen, während die *TSS Earnslaw* zu ihrer letzten Tagesfahrt Richtung Walter Peak ausläuft. Die Marine Parade führt Richtung Osten zu den **Queenstown Gardens**, einem hübschen Park auf der Halbinsel zwischen Queenstown Bay und dem Rest des Lake Wakatipu.

Von den Zeiten des Goldrauschs ist im Zentrum von Queenstown nur noch wenig zu sehen. Das am See gelegene historische **Eichardt's Hotel**, 2 Marine Parade, das teilweise aus dem Jahr 1871 stammt, haben jedoch schon die Goldsucher frequentiert. Bis Mitte der 1990er-Jahre war im Haus eine Kneipe untergebracht, heute beherbergt es ein superexklusives Boutiquehotel mit einer angemessen schicken Bar. Gegenüber steht eine Statue des Gründers von Queenstown, William Rees – inklusive Schafsbock.

Das **Williams Cottage** von 1866 weiter die Straße hinunter ist das älteste Haus von Queenstown. Es weist viele ursprüngliche Elemente auf und ist heute ein Designshop.

Kiwi Birdlife Park

Brecon St, am Fuß von Bob's Peak ▪ Okt–April tgl. 9–18, Mai–Sep 9–17 Uhr; Conservation Show tgl. 11, 13.30 und 16 Uhr; Kiwi-Fütterung tgl. 10, 12, 14, 15 und 17 Uhr ▪ Eintritt für 2 aufeinanderfolgende Tage, inkl. Audioguide ▪ www.kiwibird.co.nz

Der familiengeführte Wildpark hat sich dem Erhalt der endemischen neuseeländischen Fauna verschrieben. Er liegt auf einem Landstück aus heimischem und exotischem Wald mit Pfaden, Teichen und Rasenflächen, dazwischen stehen Volieren und Reptilienhäuser. Der Schwerpunkt liegt – in Zusammenarbeit mit dem Department of Conservation – auf der Nachzucht einiger der seltensten Vögel und Reptilien Neuseelands mit dem Ziel der Auswilderung. Kiwis, Saumschnabelenten, Pateke (Neuseelandente), Wekarallen und Otago Skinks werden so lange aufgezogen, bis sie für sich selbst sorgen und in die Wildnis Neuseelands entlassen werden können.

Man sollte den Besuch so legen, dass er in die Zeit der **Kiwi-Fütterung** im Nachttierhaus und der äußerst unterhaltsamen 30-minütigen **Conservation Shows** fällt, bei denen Kakarikis (einheimische Sittiche), Kererus (neuseeländische Tauben) und Neuseeland-Stelzenläufer den Zuschauern etwas „vorspielen". Wer eins dieser „Encounters" verpasst, kann mit der gleichen Eintrittskarte an einem anderen Tag noch mal herkommen.

TSS Earnslaw

Steamer Wharf ▪ tgl. Anfang Juli–Mitte Mai, 1,5 Std., kostenpflichtig ▪ www.realjourneys.co.nz

Das 1912 gebaute Dampfschiff **TSS Earnslaw** ist der letzte und größte Seedampfer Neuseelands und zählt zu den bleibenden Eindrücken von Queenstown. Von den Bergen ringsherum wird das tiefe Tröten des Schiffshorns zurückgeworfen, wenn der liebevoll restaurierte Dampfer überraschend sanft an der Steamer Wharf ablegt. Auf Hochglanz poliertes Messing und Holz bestimmen das Bild, selbst die Dampfmaschine erstrahlt noch wie am ersten Tag und darf während der Überfahrt einer näheren Inspektion unterzogen werden.

Walter Peak High Country Farm

Rundfahrt u. Farmtour ▪ Rundfahrt, Farmtour und BBQ-Lunch ▪ Rundfahrt, Dinner und Farmshow ▪ Rundfahrt und Ausritt Mitte Sep–April ▪ geführte Radtour Nov–April ▪ Geführte Tour mit Electric Farm Bikes ▪ www.realjourneys.co.nz

OTAGO

Die *Earnslaw* tuckert von Queenstown zur **Walter Peak High Country Farm**, einer Touristenenklave am südwestlichen Seeufer. Die Bootsfahrt kann mit allerlei Aktivitäten kombiniert werden. Die meisten Besucher nehmen an der **Farmtour** teil, einer unterhaltsamen, aber geschönten Darstellung vom Leben auf dem Bauernhof, bei der gezeigt wird, wie Hunde abgerichtet und Schafe geschoren werden. Inbegriffen sind auch Tee und Scones auf der Terrasse am See, umgeben von wunderbar gepflegten Gärten. Wer mehr Geld ausgeben möchte, bekommt ein ausgezeichnetes BBQ-Mittagessen mit perfekt gegrilltem Fleisch (und vielen leckeren Salaten). Beim Abend-BBQ gibt's im Prinzip das Gleiche; es findet im Anschluss an eine Schafschervorstellung o. Ä. statt.

Außerdem wird eine Mischung aus **Reiten** plus Tee und Scones geboten sowie eine **Radtour** mit Mittagspicknick.

Bob's Peak

Zu erreichen vom Ende der Brecon St ▪ ⌚ Seilbahn tgl. 9–22 Uhr, Sommerrodelbahn 10 Uhr bis Sonnenuntergang, Mountainbiken 9–19 Uhr (Sep–Anfang Mai) ▪ 💻 www.skyline.co.nz

Den schönsten Panoramablick auf Queenstown, den Lake Wakatipu, die Remarkables sowie Cecil und Walter Peak bietet zweifellos **Bob's Peak**, der unmittelbar hinter der Stadt aufragt und innerhalb weniger Minuten mit der 450 Höhenmeter überwindenden **Skyline Gondola** erreichbar ist. Die Bahn endet am Skyline Complex, der Basis für eine Reihe von Aktivitäten wie Sommerrodeln und Mountainbiken.

Bei den Aktivitäten am Bob's Peak wie **Bungy Jumping, Swinging** und **Tandemfallschirmspringen** ist die Seilbahnfahrt nicht im Preis enthalten. Wer Geld sparen und gleichzeitig etwas für seine Fitness tun möchte, nimmt den steilen **Tiki Trail** (1 Std., 450 m Anstieg) durch die Bäume nach oben.

Ziptrek Ecotours

Touren mehrmals tgl. ▪ 💻 www.ziptrek.co.nz

Eine etwas action-reichere Möglichkeit, von Bob's Peak wieder nach unten zu gelangen, bietet **Ziptrek Ecotours**. Das ist eine etwas merkwürdige Mischung aus Abenteuer – auf Seilrutschen (Ziplines) geht es durch Douglasfichten – und Appell ans Umweltbewusstsein. Das Ganze ist nicht wirklich abenteuerlich, doch wer möchte, kann lernen, verkehrt herum seilzurutschen. Auf einer Abenddämmerungstour (Juni–Aug) kann man außerdem in die Dunkelheit stürzen.

Bei der **Moa-Tour** rutscht man über die ersten vier Ziplines (mit bis zu 240 m Länge) und kommt nicht weit entfernt von der Bergstation der Seilbahn an. Bei der **Kea-Tour** kommen zwei weitere und sehr viel längere und steilere Seilrutschen hinzu, bis man schließlich in der Nähe der Talstation der Seilbahn ankommt. Unbedingt geschlossene Schuhe anziehen. Hoch geht's entweder zu Fuß auf dem Tiki Trail oder mit der Seilbahn (gegen Gebühr).

ÜBERNACHTUNG

Karte S. 712

Queenstown besitzt viele Unterkünfte der unterschiedlichsten Kategorien. Trotzdem übersteigt die Nachfrage im Hochsommer und Winter manchmal das Angebot, und die Preise ziehen dann empfindlich an. Das Angebot an **Budget- und Luxusunterkünften** ist hervorragend, nur in der mittleren Preislage ist es nicht so gut, da die Stadt nur wenige **Motels und B&Bs** in günstiger Lage vorzuweisen hat. In der Nebensaison (Mai und Okt) bieten einige Hotels gute Deals. Fast alle Unterkünfte liegen nicht weit vom Zentrum entfernt, aber vielleicht möchte man auch lieber weiter draußen in Richtung Glenorchy oder gar in **Arrowtown** nächtigen.

Zentrum

Absoloot, 50 Beach Rd, 💻 www.absoloot.co.nz. Lebendiges Hostel mitten im Zentrum mit geselliger Lounge und fantastischem Seeblick von einigen Zimmern. 6- und 4-Bett-Dorms, Letztere mit Bad, TV und Kühlschrank. Die DZ ($140) haben auch eine Mikrowelle. Waschmaschinen vorhanden, freitags Pizzaabend, Kneipentouren sowie Fahrrad- und Skilagerung. ❷

Goldrausch in Queenstown

Im Jahre 1862 war Thomas Arthur und Harry Redfern das Glück beim heutigen **Arthur's Point** am Shotover River 5 km nördlich von Queenstown hold, und aus Neuseeland und Australien setzte anschließend ein Massenexodus zu den neuen Feldern am „reichsten Fluss der Welt" ein.
Die Hauptgoldader erstreckt sich unter dem **Mount Aurum**, und das Gold wird durch die Zuflüsse des Shotover zu den Goldfeldern transportiert. Bis 1864 waren die Flussufer ausgebeutet, und immer raffiniertere Schürfmethoden mussten entwickelt werden.
Während im Skippers Canyon weiter nach Gold gesucht wurde, wurde man auch im heutigen **Arrowtown** fündig, der letzten großen Goldgräberstadt. Innerhalb weniger Jahre gingen die Erträge jedoch zurück. Als keine großen Schätze mehr zu holen waren und die Händler ihre Gewinne schwinden sahen, wurden **chinesische Gastarbeiter** angeheuert. Sie durchforsteten die von den Europäern hinterlassenen *tailings* (durchsiebtes Geröll). Die Goldgräber hinterließen eine Landschaft voller verlassener Stollen, gefährlicher Schächte und merkwürdig aussehender Gerätschaften. Als sich **Schafzucht** und **Obstanbau** zu den wichtigsten Erwerbszweigen entwickelten, rostete die verlassene Technik jahrzehntelang einfach vor sich hin. Heute stellt die Goldgräberzeit eine wichtige Einnahmequelle für den **Tourismus** der Region dar.

Adventure Q2 Hostel, 5 Athol St, 💻 www.adventurehostels.co.nz. Das 2016 eröffnete, superzentrale Schwesterhostel des alteingesessenen Adventure Queenstown Hostel bietet alle modernen Annehmlichkeiten (Aufzug, Klimaanlage und Ladestationen) sowie jeden Abend Aktivitäten. ❷

Black Sheep, 13 Frankton Rd, 💻 www.blacksheepbackpackers.co.nz. Das Black Sheep ist ein alteingesessenes Hostel, untergebracht im Gebäude eines ehemaligen Motels, mit toller Terrasse mit BBQ und Whirlpool. Die Dorms sind zumeist mit 6 Betten ausgestattet und bieten eine entspannte Atmosphäre (nach 20.30 Uhr kein Alkohol). Jede Menge Parkplätze. ❷

Browns Boutique Hotel, 26 Isle St, 💻 www.brownshotel.co.nz. Sehr edle, ruhige Lodge nicht weit vom Zentrum. Zur Auswahl stehen 10 Zimmer mit kleinen Balkonen und tollem Blick über die Stadt auf die Remarkables. Luxuriöse Gästelounge mit offenem Kamin, im Sommer wunderschönes Frühstück auf der Terrasse. ❹

Bumbles, Lake Esplanade, Ecke Brunswick St, 💻 www.bumblesbackpackers.co.nz. Das Bumbles zählt sicher zu den besten Hostels der Stadt, dazu befindet es sich in günstiger Lage nahe dem See, mit tollem Blick von den meisten Zimmern und Gemeinschaftsbereichen. Große Küche, Grillstelle, Parkplätze abseits der Straße, Gratis-WLAN und ein paar kostenlose Leihfahrräder. ❷

Caples Court, 20 Stanley St, 💻 www.caplescourt.co.nz. Alle 9 Zimmer dieses komfortablen Motels im Zentrum Queenstowns verfügen über Kühlschrank und Mikrowelle, und die meisten haben eine eigene Terrasse und Blick über Stadt und/oder See. Wenn besonders viel los ist, gelten 2 Nächte Mindestaufenthalt. ❸

The Chalet, 1 Dublin St, 💻 www.chaletqueenstown.co.nz. Dieses stilvolle und ruhige B&B mit 7 Zimmern befindet sich in einem Haus im Schweizer Stil. Makellose Einrichtung, alle Zimmer mit kleinem Balkon, einige mit Blick auf See und Berge. Eindeutig eine der besten Unterkünfte im Ort. ❸

The Dairy, 10 Isle St, 💻 www.naumihotels.com. 13-Zimmer-Boutiquehotel mit hübschen, mit neuseeländischer Kunst geschmückten Gemeinschaftsbereichen und einer gut bestückten Selbstbedienungsbar. Im Angebot sind gut ausgestattete, geschmackvoll-modern eingerichtete Zimmer, teilweise mit Badewanne. Das Frühstück wird in der ehemaligen *dairy* (Eckladen) serviert. Die 7 besonderen Zimmer, die Seeblick bieten, lohnen den Aufpreis. ❹

Flaming Kiwi Backpackers, 39 Robins Rd, www.flamingkiwi.co.nz. Schließfächer mit Ladestation und kostenlos nutzbare Fahrräder, Gratis-Tee und -Kaffee und kostenlose internationale Telefongespräche in 21 Länder verraten, dass in diesem zentral gelegenen Hostel viel Wert aufs Detail gelegt wird. Feiern geht allerdings nur bis zu einem gewissen Grad (ab 22.30 Uhr ist Nachtruhe). 3 Küchen und gute Parkplätze abseits der Straße sorgen für Backpacker-Komfort. ❷

Four Seasons Motel, 12 Stanley St, www.queenstownmotel.com. Renoviertes Motel in der Innenstadt mit Einzel-Units; angemessene Preise, eigener Parkplatz, gut ausgestattete Küchen, blitzblanke neue Bäder, Bergblick, Pool (leider an der Hauptstraße), Spa. ❸

Haka Lodge, 6 Henry St, www.hakalodges.com. Eines der moderneren Backpacker-Hostels der Stadt ist der Hit bei preisbewussten Reisenden, die die gemütlichen Gemeinschaftsbereiche (saubere Küche, bequeme Sofas, Grillplatz im Garten) und Schlafsäle lieben. Die Etagenbetten sind aus Holz. Sichtschutzvorhänge und Leselampen sorgen für eine angenehme Atmosphäre und Privatsphäre. Auch Privatzimmer verfügbar. ❷

Highview Apartments, 66 Thompson St, www.highviewapartments.co.nz. Die eleganten Apartments, einige davon mit spektakulärem Blick auf den See, bieten ein komfortables Interimszuhause, insbesondere für längere Aufenthalte. Der Komfort der Wohneinheiten variiert von bequemen Studios bis hin zu 2-Bettzimmern. Alles verfügen über ein modernes Interieur und gut ausgestattete Küchen. ❷

Hulbert House, 68 Ballarat St, www.hulberthouse.co.nz. 6-Zimmer-B&B in einer sehr schön restaurierten viktorianischen Villa mit bunten Tapeten, gefliesten Bädern im altmodischen Stil und opulenter Ausstattung. Abendliche Aperitifs und Schnittchen tragen weiter zum Luxusflair bei. Tipp für Schnäppchenjäger: günstigere Preise auf Buchungsportalen. ❹

Schlechtwetter-Programm

Falls das Wetter sich von seiner schlechten Seite zeigt und man keine Lust auf die Virtual-Reality-Rides und das Geisterhaus an der Shotover Street hat, gibt es viele weitere Möglichkeiten für ein unterhaltsames Ausflugsprogramm in Queenstown. Bei folgenden Adressen kommt garantiert keine Langeweile auf:

Alpine Aqualand, 33 Joe O'Connell Drive, Frankton, www.sportrec.qldc.govt.nz. Hallenbad mit Hydroslides, „Lazy River" und 39-°C-Pool.

Caddyshack City, 25 Brecon St, www.caddyshack.co.nz. Indoor-Minigolf.

Game Over, 14 Red Oaks Drive, Frankton, www.gameoverqt.co.nz. Ein Indoor-Entertainment-Komplex mit Gokartbahn (14-Runden-Rennen) und Lasertag (mit 1 oder 2 Missionen).

Onsen Hot Pools, 160 Arthur's Point Rd, www.onsen.co.nz. Romantische, elegante, künstlich erhitzte Badebecken an einem Hang mit Blick auf den Shotover River. Nach dem Bad kann man sich jetzt auch noch eine Massage gönnen. Vorbuchen und den kostenlosen Shuttle nehmen, der in der Shotover St abfährt.

Jucy Snooze Queenstown, Camp, Ecke Memorial St, www.jucysnooze.co.nz. Der Hotelzweig der Wohnmobilfirma ist 2018 nach Queenstown expandiert. Für ein paar Dollar mehr als in normalen Hostels bieten die Kojen *(pods)* in den Dorms erheblich mehr Privatsphäre. Jede Koje in den 4-, 8- und 12-Bett-Dorms verfügt über Schließfach, Ladestationen, Staunetze, Jalousie und Ventilator. Außerdem gibt's ein Behinderten- bzw. Familienzimmer sowie eine Dachlounge, ein Café und eine Bar. ❷

Nomads, 5 Church St, www.nomadsworld.com. Großes, recht edles Hostel mit kleiner Küche. Im größten Schlafsaal stehen 12 Betten, es gibt aber auch 4-Bett-Gemeinschaftszimmer und DZ mit Sky TV und Kühlschrank. Außerdem große Lounges, Billardtisch und kostenlose Saunabenutzung. In dieser Unterkunft ist Alkohol nicht erlaubt! ❷

Pinewood, 48 Hamilton Rd, 💻 www.pinewood.co.nz. Mehrere ältere und neuere Selbstversorger-Gebäude inmitten von Grünflächen bilden dieses Mountainbiker-freundliche Hostel 7 Gehminuten außerhalb des Zentrums. Zum Angebot zählen ein Spa mit Aussicht und DZ mit Bad, die sich eine eigene Küche und Lounge teilen. Restaurant und Lounge können für Gruppen gebucht werden. ❷

QT Queenstown, 30 Brunswick St, 💻 www.qhotels.com. Der Ende 2017 eröffnete Queenstowner Ableger der originellen australischen Boutiquehotelkette wartet mit einem wunderbaren alpinen Spaßflair auf, mit mit Schneeflocken bedruckten Teppichen und Zimmernummern in Form von Miniseilbahngondeln. Die schön mit neuseeländischen Stoffen und einigen Töpferwaren ausgestatteten Zimmer haben zumeist herrlichen Seeblick. ❹

Queenstown House Lakeside, 8 Lake Esplanade, 💻 www.queenstownhouselakeside.co.nz. Hier warten wunderbar renovierte Apartments am Seeufer (vom kompletten Studio bis zum 3-Zimmer-Apartment) mit Küche, Waschküche und Parkplatz auf Gäste. Die meisten Wohneinheiten bieten eine gute Aussicht auf den See. ❸

Queenstown Motel Apartments, 62 Frankton Rd, 💻 www.qma.co.nz. Preiswertes Motel in Stadtnähe mit 4 schön renovierten Units und 18 neueren Einheiten, alle geschmackvoll eingerichtet. Die Unterkunft ist umweltfreundlich ausgerichtet. Nur für Gäste ab 18 Jahren. ❸

Southern Laughter, 4 Isle St, 💻 www.stayatsouthern.co.nz. Insgesamt bietet das Southern Laughter 3 Gebäude mit unterschiedlichen Zimmern (einige mit gemeinsamer Küchennutzung). Zum Service zählen u. a. kostenlose Suppe, Whirlpool und Parkplätze. ❶

YHA Queenstown Lakefront, 88 Lake Esplanade, 💻 www.yha.co.nz. Eines der YHA-Vorzeigehäuser Neuseelands bietet alles, was das Backbacker-Herz begehrt: von großen Schließfächern in den Zimmern bis zu Leselampen und Ladestationen an den Betten sowie eine große Küche und einen geselligen Speisebereich mit Seeblick. Außerdem gibt es in der großzügig angelegten Herberge ein Fernsehzimmer, eine Lounge und jede Menge Bäder. Zum Hostel ist es ein 7-minütiger Spaziergang am See entlang. ❶

Richtung Glenorchy

Little Paradise Lodge, Meilejohn Bay, 28 km außerhalb an der Glenorchy Rd, 💻 www.littleparadise.co.nz. Exzentrisches, alternatives, reizendes Gästehaus nahe dem See inmitten der Paradise Gardens (S. 730), mit schönen handgefertigten Möbeln und Ziegenfellen auf dem Fußboden. Unterbringung in einem 2-Bettzimmer (auch als EZ buchbar), 2 DZ mit Gemeinschaftstoilette oder in einem Chalet mit Bad. ❸

Camping und Holiday Parks

Wildes Zelten ist nur beschränkt möglich (s. Kasten S. 718), aber der Bezirk Queenstown unterhält ein paar kleine Campingplätze mit Cabins, und es gibt mehrere einfache DOC-Plätze, auf denen es allerdings im Jan, Feb und März recht voll wird.

12-Mile Delta Campground, 11 km westlich von Queenstown Richtung Glenorchy, 💻 www.12miledelta.co.nz. DOC-Platz am See mit Platz für 100 Zelte oder Wohnmobile, einfachen Toiletten, Solardusche und fließend Wasser. Nicht der schönste Platz, aber mit Bergpanorama und Zugang zum See. Keine Reservierung. ❶

Moke Lake Campsite, 6 km Richtung Glenorchy, dann 4 km die Moke Lake Rd entlang, 💻 www.12miledelta.co.nz. Der beste der DOC-Plätze in schöner, ruhiger Lage am Berg mit 50 Stellplätzen ohne Stromanschlüsse, Kochhäuschen, Leitungswasser und Toiletten. Keine Reservierung. ❶

Queenstown Lakeview Holiday Park, 45 Brecon St, 💻 www.holidaypark.net.nz. Großer und sehr gut ausgestatteter Platz am Fuß von Bob's Peak mit begrünten, aber nicht

Freedom Camping in der Umgebung von Queenstown und Arrowtown

Freies Campen ist in Queenstown und Arrowtown sowie fast am gesamten Seeufer in der Umgebung von Queenstown **nicht gestattet**. An den Zugängen zu bebautem Gelände stehen überall unübersehbar die Schilder: „No Freedom Camping Zone". Außerhalb dieser Gebiete dürfen Campervans mit Chemietoilette und Wassertank üblicherweise maximal zwei Nächte bleiben. Nähere Informationen sind auf www.qldc.govt.nz zu finden. Sehr gut ist auch die kostenlose Camping-App Rankers, www.rankers.co.nz. Wer innerhalb einer Sperrzone campiert oder mit einem Wohnmobil ohne Chemieklo und -tank beim Freedom Camping erwischt wird, muss wahrscheinlich eine sofort fällige Strafe von $200 bezahlen.

Es gibt genügend wunderbare Stellen für einen Aufenthalt; im Sommer ist es allerdings ratsam, früh aufzutauchen, um einen guten Platz zu erwischen. Hier ein paar gute Locations:

Glenorchy Road, zahlreiche kleine Parkplätze säumen die Straße am Lake Wakatipu Richtung Glenorchy; man muss sich aber mindestens 8 km außerhalb von Queenstown befinden, um nicht mit dem Gesetz in Konflikt zu geraten.

Lake Hayes Reserve, Platz für eine Handvoll Vans am Nordostufer des Lake Hayes abseits der Straße Arrowtown–Lake Hayes.

Parkplatz Shotover River East, Shotover Delta Rd. Ein kiesbestreuter Parkplatz abseits der Tucker Beach Rd für 4–5 Wohnmobile am breiten Unterlauf des Shotover River. Zwar in der Nähe des SH6, nachts aber ziemlich ruhig.

sehr schattigen Stellplätzen für Zelte und Wohnmobile (Duschen kostenpflichtig) sowie Studios ohne Küche, Selbstversorger-Units und relativ luxuriösen Apartments, viele mit wunderbarem Bergblick. Kostenloses WLAN in der Rezeption nur für Camper. ❶

Queenstown Top 10 Holiday Park, 70 Arthur's Point Rd, 6 km nördlich von Queenstown, www.qtowntop10.co.nz. Großer, familienorientierter Holidaypark, eine kurze Autofahrt von der Stadt entfernt, aber auch mit einem oft verkehrenden Bus und dem kostenlosen Shuttle zu erreichen. Der Park hat ein breit gefächertes Angebot an Unterkünften wie Selbstversorger-Cabins und Motel Units für 6 Pers. mit tgl. Reinigungsservice sowie eine gut ausgestattete Küche mit Essbereich. ❶

OTAGO

ESSEN

Karte S. 712

Bezüglich des Angebots an Esslokalen kann es in Otago nur Dunedin mit Queenstown aufnehmen. Viele Restaurants machen das Beste aus dem Klima der Stadt und laden in den Fußgängerzonen und am Wasser auf ihre Terrassen. Die Frühstücks- und Imbisslokale schließen meist gegen 17 Uhr, manche servieren aber auch ein frühes Abendessen, und viele Restaurants verwandeln sich zu fortgeschrittener Stunde in Bars.

@Thai, 3. Stock, 24 Church St, www.atthai.co.nz. Wunderbar aromatisches Essen, darunter alle Curry- und Nudel-Klassiker, außerdem Garnelen-Tintenfisch-Glasnudelsalat und *choo chee* – frittierter Sandbarsch mit cremiger roter Currypaste und Kaffernlimetten-Blättern. $$

Bespoke Kitchen, 9 Isle St, www.bespokekitchen.co.nz. Das lichte und luftige Café hinter dem Stadtzentrum bei der Skyline-Seilbahnstation bietet mit den besten Brunch der Stadt, u. a. mit kreativ komponierten veganen Speisen, außerdem verführerische Backwaren und köstliche Sandwiches. Im Winter sorgt ein Kamin für Gemütlichkeit, im Sommer sitzen die Gäste gern draußen auf der Terrasse. $$

Caribe, 36 The Mall, www.caribelatinkitchen.com. Sonnige Klänge ertönen aus der Latino-Küche mit Takeaway und schlichten Esstischen. Zu empfehlen sind die mexikanischen Gerichte und die venezolanischen *arepas*, flache, gefüllte Maismehlbrote, am besten mit Hühnchen und Avocado oder gekochtem Schweinebauch. $$

The Cow, Cow Lane, www.thecowpizza.co.nz. Alteingesessene Pizzeria, in der man sich mit anderen einen Tisch teilt. Einfache Pastagerichte und traditionelle Pizzas (verschiedene Größen). $$

Fergbaker, 40 Shotover St, www.fergbaker.com. Das benachbarte Schwesterlokal des Fergburger bietet alles von köstlichen Pasteten (ab ca. $6) bis zu gutem Brot, Bagels und Süßem. Alles zum Mitnehmen, auch der Kaffee. $

Fergburger, 42 Shotover St, www.fergburger.com. Wem Schlangestehen nichts ausmacht (es geht schneller voran als gedacht), der wird feststellen, dass sich das Warten durchaus gelohnt hat. Die verschiedenen Burgervarianten mit oder ohne Fleisch sollte man probiert haben. Drinnen gibt es nur wenige Sitzplätze. $

Ivy and Lola's, 88 Beach St, www.ivyandlolas.com. Gut besuchtes Restaurant und Bar am See, das tagsüber viel Sonne abbekommt. Auf der interessanten Karte steht z. B. indonesischer Salat mit pochiertem Huhn, eingelegter Ananas und Satay-Dressing, aber man kann hier auch schön bei einem Glas Wein oder Bier den ganzen Nachmittag vertrödeln. $$

Madam Woo, 5 The Mall, www.madamwoo.co.nz. Modernes malaysisches Street Food trifft in diesem hippen Restaurant im Zentrum der Stadt auf Queenstown-Schick – es ist so beliebt, dass es seit seiner Eröffnung 2013 inzwischen vier Ableger in Neuseeland gibt. Auf einen Tisch voller Schüsselchen, aus denen sich alle bedienen, gehören auf jeden Fall Garnelen-Koriander-Klöße, Hühnchen-Satay-Spieße und Schweinebauch aus dem Wok mit scharf gewürzter Knusperkruste. Den Abschluss könnte ein Eis mit Salzkokos und Mango bilden. $$

Patagonia Chocolates, 50 Beach St, www.patagoniachocolates.co.nz. Sehr entspanntes Café mit Seeblick und leckeren kalorienreichen Schokodrinks (z. B. mit Ingwer, Lavendel oder Chili). Außerdem gibt's köstlichen Kuchen sowie Eis und handgemachten Pralinen. Weitere Filiale in der 2 Rees St. $

Public Kitchen & Bar, Steamer Wharf, www.publickitchen.co.nz. In dem klassischen, aber entspannten Restaurant, das auch Tische auf der Veranda am See hat, gibt's lokale Fleischspezialitäten auf *sharing plates* (in verschiedenen Größen). Man darf sich auf Leckerbissen wie schmackhaftes Wild-Ossobuco mit gebackenem Kürbispüree oder gebackene Flunder mit Fenchel und Orange freuen. $$

Rata, 43 Ballarat St, www.ratadining.co.nz. Das moderne Toprestaurant von Promikoch Josh Emet serviert in schlichtem, an Industrieschick erinnerndem Ambiente komplexe moderne neuseeländische Gerichte wie Merino-Lamm mit Panzanella-Auberginen-Püree. Dazu fast 30 verschiedene Weine (viele aus Central Otago). Das empfehlenswerte Mittagsmenü (tgl. 12–15 Uhr) ist ein echtes Schnäppchen. $$

Taco Medic, 3 Searle Lane, www.tacomedic.co.nz. Einst war es nur ein kleiner Foodtruck, jetzt ist daraus eine richtige Taqueria geworden: Hier stillen ausgezeichnete glutenfreie Tacos wie der „Fisherman" (Fisch mit Oaxaca-Gewürz und Kohlsalat, Zitrustatar, eingelegten Zwiebeln und Koriander) und der „Producer" (schwarze Bohnen mit Knoblauch und Thymian, gerösteter Kürbis und Ziegenfeta) den Hunger. Interessant sind auch die würzigen hausgemachten Salsas. $

Tanoshi, Cow Lane, www.tanoshi.co.nz. Das elegante Tanoshi ist eines der besseren japanischen Restaurants in Queenstown: Es ist auf tapasartige Gerichte wie gegrillte Jakobsmuscheln mit Wasabi-Mayonnaise und knuspriges Schweinefleisch mit Räuchersoße spezialisiert. Außerdem gibt's Ramen-, Udon- und Bento-Mahlzeiten sowie Kirin-Bier vom Fass. $$

Vudu Café & Larder, 16 Rees St, www.vuducafe.co.nz. Das Retro-Café im Industrieschick ist mit einem großen Foto von Queenstown in den 1950er-Jahren geschmück und bietet tolle

OTAGO

Smoothies und Kaffees sowie Speisen wie gegrillten Halloumi mit pochierten Eiern, Erbsen-Bohnen-Püree, getrockneten Tomaten und knusprigem Grünkohl, eine vegane Quinoa-Bowl und jede Menge gutes Gebäck. Ein paar Plätze am See. $$

Yonder, 14 Church St, 💻 www.yonderqt.co.nz. Die Karte der niedlichen Café-Bar in einem alten Stein-Cottage bedient sich bei Küchen aus aller Welt. Zum Brunch bietet sich vielleicht eine Kimchi-Bowl an, zum Abendessen ein Fladenbrot mit Pulled Lamb, oder man entspannt einfach auf der Terrasse bei einem guten Kaffee oder einem Limonaden-Cocktail. Außerdem gibt's einen Veranstaltungsbereich für Yoga, Livemusik u. Ä. $$

Lebensmittel

Lebensmittel führen z. B. der **Alpine Supermarket**, 6 Shotover St (🕒 tgl. 7–22 Uhr), **Fresh Choice**, 64 Gorge Rd (🕒 tgl. 7–23 Uhr) oder der eher auf Feinschmecker ausgerichtete Laden **Raeward Fresh**, 53 Robins Rd (🕒 Mo–Sa 8–18.30, So 10–18 Uhr). Außerdem gibt's in Remarkables Park, unmittelbar südlich des Flughafens in Frankton, den großen Supermarkt **New World Wakatipu**, 1/12 Hawthorne Drive (🕒 tgl. 7.30–22 Uhr) und den **Remarkables Market**, abseits des Hawthorne Drive, 💻 www.remarkablesmarket.co.nz, eine Art Bauernmarkt mit vielen leckeren Lebensmitteln, Kunsthandwerk und Kunstgewerbe; 🕒 Ende Okt–Anfang April Sa 9–14 Uhr.

UNTERHALTUNG

Karte S. 712

Queenstown hat angeblich mehr Kneipen pro Kopf als jede andere Stadt des Landes, und zwar für jeden Geschmack.

1876, 45 Ballarat St, 💻 www.1876.co.nz. Lebendiger Pub im alten Gerichtsgebäude mit zahlreichen sonnenbeschienenen Tischen auf dem Gehweg und einigen der billigsten Getränke in Queenstown. An Imbissgerichten gibt's etwa Pommes mit Topping und gegrillten Halloumi, oder man teilt sich ein paar kleinere Teller. DJs legen Mi–So auf.

Atlas Beer Café, Steamer Wharf, Beach St, 💻 www.atlasbeercafe.com. Gemütliche, bei Einheimischen beliebte altmodische Bar mit lockerer Atmosphäre und 22 Craft-Bieren vom Fass von z. B. Emerson's, Altitude, Moa und Parrotdog. Auch die Tapas sind gut, absolutes Highlight und Spezialität des Lokals ist aber Rumpsteak mit Pommes und Salat. Einiges aus dem Bierverkaufserlös geht in die Unterstützung eines lokalen Mountainbikeclubs.

Bardeaux, 5 Eureka Arcade, 💻 www.goodgroup.co.nz. Verführerische kleine Cocktailbar mit Kaminfeuer, wuchtigen Ledersofas und großer Wein- und Whiskyauswahl. Am frühen Abend eher ruhig, ab 23 Uhr viel Trubel.

The Bunker, Cow Lane, 💻 www.thebunker.co.nz. Stilvolle und trendige Cocktailbar mit Kamin und DJs.

Little Blackwood, 5 Eureka Arcade, 💻 www.littleblackwood.com. Leicht zu übersehende schmale, holzvertäfelte Bar an der Steamer Wharf mit toller kleiner Cocktailkarte mit hausgemachten Sirupen sowie Craft-Bier und Wein, zumeist aus Central Otago. Zu den Drinks passt bestens ein Teller mit Gibbston-Käse und Aufschnitt von der Queenstowner Firma Zamora.

Reds, 38 Lake Esplanade, 💻 www.rydges.com. Große, sonnige Bar im neuen Hotel QT Queenstown mit absolut spektakulärer Aussicht auf die Remarkables, gut für einen eleganten abendlichen Drink, besonders wenn man eine Schwäche für gute und originelle Cocktails hat.

Seek, 12b Church St, 📞 021 736 581. Intimer Club im Keller unter der World Bar, mit DJs oder Livemusik (Rock, Hip-Hop, Dubstep), freundlichen Mitarbeitern und Billardtisch.

The Winery, 9 Ballarat St, 💻 www.thewinery.co.nz. Wer keine Zeit hat, den Winzereien in Gibbston oder Bannockburn einen Besuch abzustatten, kann hier über 80 Weine probieren, die einem aus Zapfautomaten serviert werden und im Probierglas), im halben oder ganzen Glas probiert werden können. Wer möchte, kann sich dazu auch eine Käseplatte gönnen.

Whiskys gibt's ebenfalls in unterschiedlich großen Gläsern.

World Bar, 12 Church St, www.theworldbar.co.nz. Nachdem sie 2013 abgebrannt war, ist die World War jetzt wieder voll da, mit einem hippen Industrie-Ambiente, einem gemütlichen Biergarten, einer riesigen Tanzfläche und einer neuen Karte mit den berühmten Teekannen-Cocktails. Bis 21.30 Uhr gibt's Essen zu sehr vernünftigen Preisen – eine riesige Portion Nachos für 2 Pers. –, und freitagabends spielt immer eine Band.

Maori-Konzerte und Kino

Es gibt kein Theater, aber ein paar kleinere Galerien im Zentrum. Was los ist, steht aufgelistet im Kulturkalender auf der praktischen Website Queenstown NZ, www.queenstownnz.co.nz.

Reading Cinemas, 11 The Mall, www.readingcinemas.co.nz. Zeigt die Mainstream-Streifen. Anspruchsvollere Filme laufen in Arrowtown (S. 743).

Remarkable Theatre, 18 Hall Rd, www.remarkabletheatre.org.nz. Queenstowns einzige Theatergruppe bietet unterhaltsame „kleine" Stücke, die von den Zuschauern per Voting ausgesucht werden.

AKTIVITÄTEN UND TOUREN

Queenstown gilt nicht umsonst als die Abenteuerhauptstadt der Welt. Ganz oben auf der Liste vieler steht Bungy-Jumping (s. Kasten S. 722) oder nasses Vergnügen auf den Flüssen Shotover und Kawarau (s. Kasten S. 725). Noch mehr Touren und Aktivitäten werden weiter unten vorgestellt.

Bei diesem Riesenangebot ist mancher versucht, an anderer Stelle zu sparen und sein Geld in Queenstown zu verschwenden, doch sollte man wissen, dass die meisten Freizeitaktivitäten hier teurer sind als anderswo im Land. Wer die größtmögliche Leistung fürs Geld haben möchte, sollte die zahlreichen **Kombiangebote** unter die Lupe nehmen, die zwei bis fünf der begehrtesten Aktivitäten beinhalten. So umfasst z. B. das Angebot Awesome Foursome den 134 m hohen Nevis-Bungy-Sprung, eine Spritztour mit dem Shotover Jet, einen Hubschrauberflug und einen Rafting-Trip auf dem Shotover River.

Ballonfahrten

Sunrise Balloons, www.ballooningnz.com. Gestartet wird früh am Morgen, um rechtzeitig in 2000 m Höhe aufzusteigen und die Bergkulisse zu bestaunen. Nach der Landung wird ein Sektfrühstück serviert (3–4 Std., davon ca. 1 Std. in der Luft, ganzjährig tgl., wenn es das Wetter zulässt).

Canyoning

Canyoning Queenstown, 39 Camp St, www.canyoning.co.nz. Mit Neoprenanzug, Helm und Klettergurt ausgerüstet schwimmt man durch Teiche, rutscht Felsen hinab und springt von Klippen in schmale Schluchten. Bei der Queenstown Adventurer Tour (Okt–April 1–4x tgl., 4 Std.) wird das Twelve Mile Delta direkt außerhalb der Stadt erforscht. Etwas mehr Ausdauer brauchen Teilnehmer für die Routeburn Explorer Tour (Okt–April 1x tgl., 8 Std.) mit 30-minütiger Wanderung über den Routeburn Track, um dann einen schmalen Canyon zu erkunden, teils springend und rutschend.

Drachenfliegen, Gleitschirmfliegen und Fallschirmspringen

An Schönwettertagen mit einer leichten Brise wimmelt es am Himmel über Queenstown von Tandem-Paragлidern, die von Bob's Peak aus starten. In den Genuss längerer Flüge kommt man 10 km nordöstlich der Stadt vom Coronet Peak zum Flight Park an der Malaghans Rd. 2018 wurde der erste Hallen-Skydiving-Windtunnel Neuseelands eröffnet, iFly Queenstown.

Extreme Air, www.extremeair.co.nz. Hier können Interessierte das Drachen- und Gleitschirmfliegen erlernen. Auch Tageskurse sind im Angebot.

G Force Paragliding, www.nzgforce.com. Wer zu einer bestimmten Zeit fliegen möchte, sollte auf jeden Fall vorher buchen, ansonsten

OTAGO

Bungy-Jumping und Swinging

Selbst Besucher, die eigentlich gar nicht vorhatten eine Menge Geld dafür hinzulegen, am Ende eines dicken Latexseils zu baumeln, gehen in Queenstown plötzlich zum **Bungy-Jumping**: Der traumhaften Landschaft zusammen mit der unermüdlichen Werbung können nur wenige widerstehen. Der Bungy-Pionier **A. J. Hackett** betreibt drei Bungy-Stationen um Queenstown und veranstaltet auch **Swinging**, eine nicht minder adrenalinfördernde Alternative mit dem zusätzlichen Kick des weiten Hin- und Herschaukelns in der Luft. T-Shirts zum Angeben und Swingcaps sind im Preis enthalten, und der Ruhm wird in allen möglichen Formaten festgehalten, die man nach dem Abenteuer erwerben kann.

The Ledge Bungy + Swing, AJ Hackett, 💻 www.bungy.co.nz. Sich nahe der Bergstation der Seilbahn von einer 47 m hohen Plattform zu stürzen, fühlt sich an wie eine Art Tauchflug gen Queenstown. Dank Körpergurt kann man in allen möglichen Stilen springen. An gleicher Stelle befindet sich auch der Ledge Swing. Zu erreichen entweder zu Fuß auf dem Tiki Trail (kostenlos) oder gegen Gebühr mit der Skyline Gondola.

Kawarau Bungy + Zipride, AJ Hackett, 💻 www.bungy.co.nz. Sie misst zwar nur bescheidene 43 m, ist aber die erste kommerzielle Bungy-Location und die einzige in der Gegend von Queenstown, wo man ins Wasser tauchen kann. Auch ein Zipride mit drei miteinander verbundenen Ziplines wird angeboten. Zu erreichen entweder mit eigenem Fahrzeug oder kostenfrei mit einem der „Bungy Bus"-Shuttles von Queenstown (2 1/2 Std. hin und zurück).

The Nevis Bungy + Swing, AJ Hackett, 💻 www.bungy.co.nz. Dies ist zwar nicht mehr der weltweit höchste Bungy-Sprung wie einst, doch mit einer Höhe von 134 m und acht Sekunden freiem Fall ist der Nevis Bungy noch immer ein unglaubliches Abenteuer. Die Springer lassen sich von einer teilweise mit Glasboden versehenen Kabine heraus weit über dem Nevis River fallen, einem 32 km östlich von Queenstown gelegenen Zufluss des Kawarau. Man erreicht die Absprungstelle auf dem Weg über ein Privatgelände, daher müssen sogar Zuschauer $50 hinblättern, bekommen dafür aber eine spektakuläre Fahrt hinaus zur Sprungkabine und eine wundervolle Aussicht obendrein. Bei der benachbarten Nevis Swing stürzt und „schaukelt" man in einem 300 m weiten Bogen. Von Queenstown verkehrt der Bungy Bus zur Absprungstelle; insgesamt sollte man für den Ausflug mit 4 Std. rechnen.

Shotover Canyon Swing & Canyon Fox, 37 Shotover St, 💻 www.canyonswing.co.nz. Eine direkte Konkurrenz für AJ Hacketts kleinere oder weiter abseits gelegene Swings, mit einer totalen Fallhöhe von 60 m und weitem Schaukelradius (109 m) über dem Shotover River. Wenn nicht so viel los ist, kann man sogar mit allen möglichen Sachen wie Fahrrädern und Stühlen springen. Die 2016 eröffnete Seilrutsche Canyon Fox hoch über der Swing beginnt mit 5 m freiem Fall. Zuschauer können gegen eine kleine Gebühr mitkommen, und das Ganze dauert nur 2–2 1/2 Std. für eine Aktivität bzw. 3 1/2 Std. für beide. Tgl. bis zu 10 Abfahrten.

wartet man an der Bergstation der Seilbahn einfach, bis man an der Reihe ist und seinen 10- bis 15-minütigen Gleitschirmflug antreten kann. Wie viele akrobatische Manöver man ausführt, hängt in erster Linie von einem selber, vom jeweiligen Jumpguide und dem Wetter ab. Wer zu den Hauptbetriebszeiten keine Paraglider am Himmel herumfliegen sieht, braucht erst gar nicht hochzufahren, denn dann herrschen höchstwahrscheinlich ungünstige Wetterbedingen.

NZone, 35 Shotover St, 💻 www.nzone.biz. Queenstown ist kein billiges Pflaster für Tandem-Fallschirmsprünge, doch der Blick über den Lake Wakatipu und die Landung am Fuß der Remarkables entschädigt für die hohen Ausgaben. Im Angebot dieses Veranstalters sind Sprünge von ca. 2750 m, 3650 m und 4570 m.

Teilnehmer sollten für die Aktion etwa 3 1/2 Std. einplanen.

Skytrek, 45 Camp St, 💻 www.skytrek.co.nz. Von erfahrenen Tandem-Experten durchgeführte Paragliding- (20 Min. Flug) und Hang-Gliding-Flüge (20 Min. Flug) gibt's im Sommer von der Ausgangsstation auf dem Coronet Peak. Im Winter findet Paragliding von der Bergstation der Coronet-Peak-Skilifte aus statt.

Jetbootfahren

Vieles spricht dafür, Jetboot-Dollars für günstigere Wildnisfahrten anderswo auszugeben, allerdings lockt Queenstown mit den folgenden ausgezeichneten Optionen.

Dart River Adventures, 💻 www.dartriver.co.nz. Hervorragende und sehr begehrte Jetboottouren (3 Std. von Glenorchy, 6 Std. von Queenstown) durch verschlungene Flussarme zwischen schneebedeckten Berggipfeln an der Grenze des Mount Aspiring National Park. Bei der Funyak Safari (7 Std. von Glenorchy, 9 Std. von Queenstown) kommt noch eine flussabwärts führende, stromschnellenfreie Paddeltour im Kanu dazu, einschließlich Buffet-Lunchstopp an der wunderbaren Rockburn Chasm.

Shotover Jet, Camp St, Ecke Shotover St, 💻 www.shotoverjet.com. Schick, touristisch und teuer, aber auch sehr aufregend. Mit kostenlosen Bussen werden Teilnehmer zum Arthur's Point gebracht, 5 km nördlich von Queenstown, und dann geht es mit PS-starken Jetbooten flussabwärts durch den Shotover Canyon. Die Beulen in den Booten zeugen von zahlreichen engen Kontakten mit Felsen. 25 Min. mit rasanten Drehungen um die eigene Achse und obligatorischen Duschen sind den allermeisten Teilnehmern lang genug. 🕒 tgl. 8.30–17 Uhr. Insgesamt sollte man dafür 1 Std. veranschlagen.

Skippers Canyon Jet, 💻 www.skippers canyonjet.com. Eine tolle Möglichkeit, die Erkundung der Skippers Road (S. 729) mit Jetboating zwischen den alten Goldminen des oberen Shotover River zu verbinden. Trips finden 2–3x tgl. statt und dauern ca. 3 Std. Für eine zusätzliche Gebühr bekommt man noch das Beste von der Scenic Tour des Veranstalters dazu, mit exklusivem Zugang zu Winky's Museum und zum Sainsbury Gold Claim.

Klettersteige und Felsklettern

Climbing Queenstown, 36 Shotover St, 💻 www.climbingqueenstown.com. Halb- oder ganztägige (nur im Sommer) Klettertouren, die an die Fertigkeiten der Teilnehmer angepasst werden können. Außerdem werden Kletterunterricht sowie Bergwanderungen und Bergsteigen sowie Schneeschuhwanderungen angeboten.

Via Ferrata Queenstown, 39 Camp St, 💻 www.viaferrata.co.nz. Wer die Felswände um Queenstown erobern möchte, aber keinerlei Klettererfahrung hat, kann sich auf einer Via Ferrata (Klettersteig) einen Eindruck von der Kletterei verschaffen (tgl. 9.15 und 13.30 Uhr, 4 Std.). Diese Art der Klettersteige stammt ursprünglich aus Europa und ermöglichte es den Truppen während der beiden Weltkriege, gebirgiges Terrain zu überwinden. Perfekt ausgestattet, klettert man über Stahlsprossen, die in Felswände oberhalb von Queenstown gebohrt wurden, nach oben. Zur Sicherung klinkt man sich in ein langes Stahlkabel ein, das neben dem Trail verläuft. Vorkenntnisse sind für diese Kletterpartie nicht erforderlich.

Radfahren

Queenstown ist inzwischen ein Rad-Hotspot mit allem, was dazugehört, von gemütlichen Fahrten auf weichen Seeuferpfaden und erstklassigen Überland-Radwegen bis zu rasanten Abfahrten (hoch geht's mit der Seilbahn) und wunderbarem gefühltem Heli-Biking. In allen Fahrradshops in Queenstown (sowie zwei weiteren in Arrowtown) findet man Experten, die gerne den Weg zu den besten Trails erklären.

Alta, 8 Duke St, 💻 www.alta.co.nz. Der erstklassige Anbieter vermietet Hardtailbikes und Mountainbikes.

Around the Basin Bike Tours, 💻 www.aroundthebasin.co.nz. Verleiht Hardtailbikes (halber Tag oder ganzer Tag) und bietet einen Shuttleservice zum Queenstown Trail (inkl.

Leihrad). Toll für One-way-Fahrten, beispielsweise von Queenstown nach Arrowtown oder Gibbston.

Charge About Queenstown, 🖳 www.chargeabout.co.nz. Mit einem Elektrobike geht es über den Queenstown Trail (halber Tag oder ganzer Tag). Oder man bucht das Halbtagespaket mit Leihrad, Wassertaxifahrt und Shuttle zurück nach Queenstown von den Gibbston-Weingütern. Unterwegs kann man sich an einer Handvoll Ladestationen einen Kaffee gönnen, während das Rad „aufgetankt" wird.

Cycle de Vine, 🖳 www.aroundthebasin.co.nz. Geführte gemächliche 4-stündige Touren über den Queenstown Trail auf Retrorädern mit Picknicksnack und einer kleinen Weinverkostung in Gibbston.

Heli Bike NZ, 🖳 www.helibikenz.com. Der Veranstalter organisiert sehr reizvolle geführte Helibiking-Touren auf Trails in den umliegenden Bergen (Nov–Mai, 2–3 Std.) sowie 2 Singletrail-Touren im Hochland von Central Otago (Okt–Mai, 5 Std.).

Outside Sports, 9 Shotover St, 🖳 www.outsidesports.co.nz. Großer Fahrradverleiher mit entsprechendem Angebot, von Hardtails über Fullys und anspruchsvolle Downhill-Bikes bis zu Highspec-Demos. Dieser zuverlässige Anbieter hat für jeden Biker das richtige Fahrrad im Angebot.

QBT, 🖳 www.queenstownbiketaxis.co.nz. Radshuttleservice, in erster Linie für Downhillers und Cross-Country-Mountainbiker. Abfahrt um 9 und 13 Uhr zum Coronet Peak für die Kombination aus Rude Rock, Zoot und Skippers.

Rabbit Ridge, 1820 SH6, Gibbston, 🖳 www.rabbitridge.co.nz. Familienorientierter Radpark mit insgesamt 40 km Radwegen. Zum guten Service zählen auch ein Fahrradverleih und Shuttles zurück nach oben. Eintritt nur $10 für einen Tag.

Station 2 Station, 🖳 www.southerndiscoveries.co.nz. Tour in Eigenregie mit Bootsfahrt zur Mt Nicholas Farm auf der *Spirit of Queenstown*, gemächlicher 2 1/2-stündiger Radtour über sanft gewelltes Farmland zur Walter Peak Farm und lohnender Rückfahrt mit der *Earnslaw* nach Queenstown. Bei dieser Tour bieten sich unterwegs immer wieder atemberaubende Panoramablicke!

Torpedo7, Camp St, Ecke Shotover St, 🖳 www.torpedo7.co.nz/queenstown-bike-rental. Torpedo7 bietet ordentliche Mieträder zu erschwinglichen Preisen: Im Angebot sind Hardtails (halber Tag oder ganzer Tag), Full Suspensions, Downhill. Günstiger wird es bei diesem Vermieter mit einem Gondola-Kombipaket.

Tuatara Tours, 🖳 www.tuataratours.co.nz. Unterhaltsame, entspannte Touren für fünf Tage entlang des Queenstown Cycle Trail mit Übernachtung in Unterkünften am See (immer Hotels; Verpflegung inbegriffen). Der Veranstalter organisiert auch Touren entlang der Roxburgh Gorge und des Lake Duncan.

Vertigo, 4 Brecon St, 🖳 www.vertigobikes.co.nz. Der Downhill- und Cross-Country-Experte bietet Fahrrad-Shuttleservice, Instruktionen und Verleih von hochwertigen Hardtails, Freeride- und Downhill Bikes. Außerdem bietet er einen „gravity shuttle" mit 3 Std. Zeit für Fahrten auf den Trails am Coronet Peak (mit eigenem Rad oder mit Leihrad).

Reiten

Moke Lake Horse Treks, 🖳 www.mokelakehorsetreks.co.nz. Ausritte für Reiter mit etwas Erfahrung in herrlicher Landschaft – vom leichten Ritt um den Moke Lake (1 1/2 Std.) bis zu den Relikten der alten Goldgräberstätten (2 1/2–3 Std.). Kostenlose Abholung in und Rücktransport nach Queenstown. Tgl. Okt–April.

Rundflüge

Viele Veranstalter bieten Rundflüge in Flugzeugen oder Hubschraubern an. Oft beinhalten auch Abenteueraktivitäten einen Hubschrauberflug. Per Flugzeug oder Helikopter gelangt man auch zum Milford Sound.

Air Milford, 🖳 www.airmilford.co.nz. Der Milford-Sound-Flugspezialist hat ein breites Angebot, darunter den klassischen *fly/cruise/fly* (4 Std.).

Rafting

Rafting findet zumeist auf dem **Shotover River** (Schwierigkeitsgrad III–V) statt, auf Stromschnellen mit vielsagenden Namen wie The Squeeze, The Anvil und The Mother-in-Law. Das Wasser der 14 km langen Raftstrecke kommt direkt aus den Bergen, weswegen der Pegel übers Jahr gesehen erheblich schwankt. Zur Zeit der Schneeschmelze im Oktober und November geht es auf dem Fluss ordentlich zur Sache, im Spätsommer hingegen wird er zahmer und eignet sich dann vor allem für unerfahrene Rafter. Der Oberlauf des Shotover ist erheblich ruhiger (Schwierigkeitsgrad I–II) und ideal für Familien-Rafting.

Family Adventures, 🖳 www.familyadventures.co.nz. Bieten einen Trip, bei dem man nach einer spektakulären Fahrt per Auto in den Skippers Canyon rund 90 Min. auf dem oberen Shotover River im Schlauchboot auf dem überwiegend ruhigen Wasser (Grad I–II) an Goldgräberrelikten vorbeitreibt. Großartig für Familien, aber genauso unterhaltsam, wenn man ohne Kinder mitmacht. Teilnehmer müssen noch nicht mal selber paddeln. Sep–April tgl., 5 Std.

Queenstown Rafting, 35 Shotover St, 🖳 www.raft.co.nz. Auch wenn es drei Wildwasser-Raftingunternehmen in der Stadt zu geben scheint, werden in Wirklichkeit alle Rafts von Queenstown Rafting durchgeführt. Anfahrt zum Shotover über die Skippers Road (halber Tag), oder Hinflug per Hubschrauber. Im Winter ist es den meisten Leuten zu kalt, dann fallen alle Touren kürzer aus und umfassen den Flug im Helikopter. Der Veranstalter bietet ganzjährig auch Rafting auf dem zahmeren (WW II–III) Kawarau (halber Tag, ohne Hubschrauberflug) und Mitte Nov–März freitags auf dem Landsborough (3 Tage) einen *fly-in, raft-out*-Wildnistrip mit Camping am Fluss.

Serious Fun Riverboarding, 🖳 www.riverboarding.co.nz. Zweimal Bodyboarden auf einem 7 km langen Abschnitt des Kawarau River (WW II–III; Sep–Juni tgl.), oder eine Abfahrt auf einem maßgeschneiderten Sledge (Dez–März tgl.), gefolgt von einem Picknick. In jedem Fall dauert der Ausflug 4 1/2 Std., rund 1 1/2 Std. davon ist man auf dem Wasser.

Glenorchy Air, 🖳 www.glenorchyair.co.nz. Dieses Unternehmen übernahm einen Großteil der Fliegerei für die *Herr der Ringe*-Filmcrew. Abgesehen von Flightseeingtrips in den Milford Sound, zum Aoraki/Mt Cook und zu den imposanten Fox- und Franz-Josef-Gletschern steht auch die an *Herrn der Ringe*-Drehorten vorbeiführende Two Ring Tour (2 1/2 Std.) auf dem Programm.

Heliworks, 🖳 www.heliworks.co.nz. Dieses Unternehmen flog die Crew der *Herr der Ringe*-Verfilmungen herum und bietet jetzt eine Reihe von *Herr der Ringe*-Rundflügen (45-min. Mittelerde-Flug) sowie verschiedene andere Rundflüge.

Scenic Tours, Offroad- und Geländewagentouren

Lord of the Rings Tours, 🖳 www.lordoftheringstours.com. Kulissen, Kostüme und verschiedene Drehorte sind im Rahmen der Touren in die Umgebung von Queenstown (3 1/2 Std. oder 7 Std.), am See hoch nach Glenorchy (6 Std.) oder bei Ausflügen inkl. Helikopterflug (7Std.) zu sehen.

Nomad Safaris, 37 Shotover St, 🖳 www.nomadsafaris.co.nz. Der größte Anbieter von spannenden Geländewagentouren veranstaltet Landroverfahrten nach Macetown (S. 740), in den Skippers Canyon (S. 729) und mehrere *Herr der Ringe*-Touren zu Drehorten rund um Queenstown (4 Std.) und Glenorchy (4 1/4 Std.) sowie einen ganztägigen Ausflug zu beiden Zielen (9 1/2 Std.). Für begeisterte Offroad-Fahrer gibt es spezielle Selbstfahrer-Trips, bei denen sie selbst das Lenkrad eines Landrovers übernehmen können (4 1/2 Std.).

Off Road Adventures, 61a Shotover St, 🖳 www.offroad.co.nz. Hier zuckelt man nicht einfach in einer Reihe von Quadbikes hintereinander her, sondern erlebt echten Offroadspaß auf ganz unterschiedlichen Terrains. Das Angebot reicht von ein-

Herr der Ringe- und Hobbit-Touren

Queenstown und seine Umgebung ist die Region mit den meisten *Herr der Ringe*- und *Der Hobbit*-Drehorten des Landes. Einige Kulissen sind sofort wiederzuerkennen, andere wurden digital so stark manipuliert, dass man schon Standbilder aus den Filmen sehen muss, um sie zu erkennen. Mit den Filmen wird eine ganze Tourenindustrie am Leben erhalten, und mit dem *Hobbit* hat dieser Trend noch einmal Auftrieb bekommen. Praktisch jeder Veranstalter von Abenteuertrips im Wakatipu Basin bewirbt seine Touren als „wie in *Herr der Ringe* gesehen" oder „Ausflug nach Mittelerde". Wer unbedingt an einen Ort möchte, an dem auch schon Frodo war, kann sich an einen der unter Jetbootfahren (S. 723), Offroad- und Geländewagentouren (S. 725) und Scenic Flights (S. 724) aufgeführten Veranstalter wenden.

fachen, familientauglichen Quad-Ausflügen (Fahrzeit 1 Std.) bis zur anspruchsvollen Adventure Tour (1 1/2 Std.), bei der man auf einer Hochlandfarm mit dem Motorrad steile Wege erklimmt. Darüber hinaus bestehen jede Menge weiterer adrenalinkickreicher und landschaftlich reizvoller Optionen. Der empfehlenswerte Veranstalter bietet auch Geländemotorradtouren (1 1/2 Std.).

Segway-Touren

Segway on Q, 💻 www.segwayonq.co.nz. Eine tolle, lustige Möglichkeit, sich in der Stadt zu orientieren, sind diese Touren, bei denen innerhalb 1 Std. ordentliche Entfernungen bewältigt werden. Wer sich für die 2-stündige Tour entscheidet, bekommt noch ein paar interessante Anekdoten und Geschichten mehr zu hören.

Weintouren

Appellation Central Wine Tours, 💻 www.appellationcentral.co.nz. Organisiert den informativen und unterhaltsamen Besuch der Weingüter im Gibbston Valley sowie bei Bannockburn und Cromwell in kleinen Gruppen. Zur Auswahl stehen eine interessante halbtägige Tour (11.30–16.30 Uhr) zu 4 Weingütern mit kleinem Mittagessen, eine Nachmittagstour (13–17 Uhr) mit 3 Weinproben und einem kleinen Nachmittagstee und eine ganztägige Feinschmeckertour (9.30–16.30 Uhr) zu 4 Weingütern mit Käse- und Schokoladenverkostung und Mittagessen bei Wild Earth (S. 760). Private und Kombitouren sind ebenfalls möglich.

Queenstown Wine Trail, 💻 www.queenstownwinetrail.co.nz. Das von einer ortsansässigen Familie, die sich in der Region bestens auskennt, geführte Unternehmen bietet eine Nachmittagstour (13.30–17.30 Uhr) mit angeleiteter Verkostung auf 3 Weingütern im Gibbston Valley und Käseplatte sowie eine Ganztagestour (10–18 Uhr) mit 5 Weinproben und Gourmet-Mittagessen auf dem Gut Mount Difficulty in Bannockburn. Wer nicht so viel Zeit hat, aber trotzdem zu Mittag essen möchte, zieht vielleicht die Food & Wine Tour (12.30–17 Uhr) mit Lunch mit Weinbegleitung und Weinproben bei 2 Kellereien vor. Es werden auch spezielle maßgeschneiderte Touren angeboten.

SONSTIGES

Apotheken

Wilkinsons Pharmacy, The Mall, Ecke Rees St, ✆ 03 442 7313, ⌚ tgl. 8.30–22 Uhr.

Autovermietungen

Viele Autoverleiher konkurrieren mit guten Deals in der Stadt und am Flughafen; wer Interesse hat, hält Ausschau nach den Angeboten. Parkplätze im Zentrum sind rar, aber schon ein paar Straßen weiter außerhalb gibt es kostenlose Parkmöglichkeiten.

Bücherei

10 Gorge Rd, ✆ 03 441 0600, ⌚ Mo–Fr 9–17.30, Sa 10–17 Uhr.

Fahrrad- und Segway-Verleih

Das Fahrrad bietet eine der besten Möglichkeiten, die Gegend zu erkunden. Allein der **Queenstown Trail**, 💻 www.queenstowntrail.co.nz, umfasst 120 km leichte Radwege.

Geld

Alle großen Banken unterhalten im Zentrum eine Filiale mit Geldautomaten.

Gepäckaufbewahrung und -transfers

Zahlreiche Unterkünfte bieten Gepäckaufbewahrung, besonders wenn man auf dem Rückweg noch einmal dort übernachtet.
Info&Track, 37 Shotover St, 💻 www.infotrack.co.nz, verlangt für die Aufbewahrung $5/Gepäckstück/Nacht ($3/Tag).
Am Queenstown Airport gibt es Schließfächer ($10–15/24 Std.).
Track-Wanderer, die Gepäck von einem Ort zum anderen befördert haben möchten, wenden sich an **Info&Track**, die in Zusammenarbeit mit dem Anbieter Tracknet, 💻 www.tracknet.net, Gepäckstücke von Queenstown nach Te Anau ($15 pro Stück) oder Milford Sound ($30) transportieren.

Informationen

i-SITE, Camp St, Ecke Shotover St, 💻 www.queenstownisite.co.nz. Übernimmt Buchungen und gibt objektive Ratschläge. 🕒 tgl. Nov–April 8.30–21, Mai–Okt 8.30–20 Uhr. In der Shotover St reiht sich außerdem ein kommerzielles Informations- und Reservierungsbüro ans andere.
DOC, 50 Stanley St, im 1. Stock des Geschäfts Outside Sports, 💻 www.doc.govt.nz, ✉ queenstownvc@doc.govt.nz, 🕒 Nov–April tgl. 8.30–18 und Mai–Okt 8.30–16.30 Uhr. Die richtige Adresse für Informationen zum Wandern allgemein sowie zu den Great Walks und Nationalparks.
Destination Queenstown, 💻 www.queenstowninformation.co.nz. Die Website des örtlichen Tourismusamts bietet sich gut für die Reiseplanung an, mit Routenvorschlägen und umfassenden Informationen zu Aktivitäten, Unterkünften, Restaurants u. v. m.

Internet

Queenstown hat kostenlose WLAN-Hotspots in The Village Green, in The Mall, im Earnslaw Park und in der Beach St (1 GB pro Gerät und Tag). Die meisten Infocenter an der Shotover St haben ebenfalls Gratis-WLAN. MCinternet, im Obergeschoss des O'Connell's Shopping Centre, 30 Camp St, bietet Computer und Internetzugang für wenig Geld. 🕒 tgl. 8.30–23 Uhr.

Medizinische Hilfe

Queenstown Medical Centre, 9 Isle St, 📞 03 441 0500, und **Lakes District Hospital**, 20 Douglas St, Frankton, 📞 03 441 0015.

Outdoor-Ausrüstung

Info&Track (s. Kasten S. 732). Verleiht Ausrüstung wie Rucksäcke, Schlafsäcke, Campingkocher und Zelte.

Wintersport in Queenstown

Die Queenstown am nächsten gelegenen Skigebiete, **Coronet Peak** und **The Remarkables**, werden vom selben Unternehmen betrieben; Liftpässe können in beiden Skigebieten benutzt werden. Ein paar Geschäfte für Outdoor-Ausrüstung in Queenstown verleihen in der Wintersportsaison (Anfang Juni–Ende Sep oder Anfang Okt) Skiausrüstung. Man kann selbst zu beiden Skigebieten hochfahren (Schneeketten erforderlich) oder einen Shuttlebus nehmen.
Coronet Peak, 💻 www.nzski.com, 18 km nördlich von Queenstown, wurde 1947 eröffnet und war damit das erste richtige Skigebiet Neuseelands. Das Gebiet ist bekannt für sein breites Angebot an Terrains für alle Fertigkeiten und seine hervorragenden Schneemaschinen. Auch abendliches Skifahren bei Flutlicht möglich.
The Remarkables, 💻 www.nzski.com, 28 km östlich von Queenstown, ist ein Skigebiet, zu dem drei auf der Rückseite der Remarkables gelegene Täler gehören. Es gilt in erster Linie als gutes Übungsgelände für Anfänger, bietet aber auch ein paar anspruchsvollere Pisten für Geübte sowie tolle Möglichkeiten für Skitouren (bei guter Schneedecke kann man den Homeward Run zurück hinunter zur Zufahrtsstraße nehmen).

Small Planet, 15 Shotover St, 💻 www.smallplanetsports.co.nz. Verkauft neue und gebrauchte Sachen, darunter Snowboards, Ski- und Kletterausrüstung sowie Campingzubehör zu guten Preisen (auch Rückkauf sowie Ankauf von gebrauchten Sachen für 25 % Abzug). Außerdem verleiht Small Planet Ausrüstung wie Zelte, Klettergurte, Klettereisen sowie ein Set mit Rucksack, Schaufel, Lawinenpiepser usw.

Polizei

11 Camp St, ✆ 03 441 1600.

Post

13 Camp St, mit Poste restante.
🕒 Mo–Fr 9–17, Sa 10–14 Uhr.

NAHVERKEHR

Alle Sehenswürdigkeiten in der Innenstadt von Queenstown lassen sich gut zu Fuß erreichen. Die meisten Abenteueraktivitäten finden außerhalb der Stadt statt, doch sämtliche Organisatoren unterhalten kostenlose Shuttles zwischen Stadtzentrum und Veranstaltungsort und holen die Teilnehmer in der Stadt oder auf Wunsch auch direkt von ihren Unterkünften ab.

Busse

Ritchies, 💻 www.ritchies.co.nz. Abfahrt bei der O'Connells Mall an der Camp St. Der nützlichste Bus fährt von Queenstown nach Frankton (alle 15 Min., 15–20 Min.) und weiter zum Flughafen. Vom Arthur's Point gibt es eine Verbindung über Queenstown und Frankton nach Arrowtown (6.05–22.05 Uhr stdl.). Mit einer GoCard ($5, Mindestaufladung $10, beim Busfahrer erhältlich) kosten alle Fahrten $2. Die Kosten für eine einfache Fahrt ab Queenstown ohne GoCard bis zum Flughafen liegen bei $10, für alle anderen Ziele bei $5.

Taxis

Taxistände in der Camp St am oberen Ende der Mall sowie in der Shotover Street.
Blue Bubble Taxis, ✆ 03 450 3000;
Green Cabs, ✆ 0800 464 7336.

TRANSPORT

Busse

Alle Busse halten im Zentrum von Queenstown nahe der Kreuzung Camp St und Shotover St, von wo das i-SITE weniger als 100 m entfernt ist und die meisten Unterkünfte in weniger als 15 Min. zu Fuß erreichbar sind.
Atomic verkehrt nach Christchurch und Dunedin;
InterCity/Newmans, das größte Busunternehmen, fährt alle größeren Zielorte an;
Ritchies bietet sich für Fahrten nach Arrowtown und Wanaka an.

Günstig für Wanderer:
Tracknet, 💻 www.tracknet.net, fährt relativ regelmäßig nach Te Anau, zum Milford Sound und Milford Track, zum Routeburn Track und nach Invercargill;
Info&Track, 💻 www.infotrack.co.nz, betreibt Busse nach Glenorchy und zum Rees-Dart, Greenstone/Caples und dem Routeburn Track.

Busse nach:
ALEXANDRA 4x tgl., 1 1/2 Std.;
AORAKI/MOUNT COOK 2x tgl., 4–5 Std.;
ARROWTOWN 19x tgl., 30–40 Min.;
CHRISTCHURCH 3–4x tgl., 7–8 Std.;
CROMWELL 12x tgl., 1 Std.;
DUNEDIN 4x tgl., 4–5 Std.;
FRANZ JOSEF GLACIER 2x tgl., 7–8 Std.;
GLENORCHY 3–5x tgl., 1 Std.;
INVERCARGILL 3–4x tgl., 3 Std.;
TE ANAU 8x tgl., 2 1/4 Std.;
TEKAPO 3–4x tgl., 3–4 Std.;
WANAKA 8x tgl., 1 1/2 Std.

Flüge

Der **Flughafen** von Queenstown, 💻 www.queenstownairport.co.nz, liegt bei Frankton, 7 km nordöstlich der Innenstadt. Abgesehen von Inlandflügen landen hier auch Maschinen von Air New Zealand, Qantas, Jetstar und Virgin Australia aus Ostaustralien. Für den **Transport vom Flughafen** in die Stadt bietet sich der Super Shuttle an; auch mit Ritchies (s. Nahverkehr) gelangt man in die Stadt.

Queenstowns Taxis fahren zum Normaltarif in das Stadtzentrum; viele der großen Mietwagenfirmen haben ein Büro am Flughafen oder ganz in der Nähe.

Flüge nach:
AUCKLAND 12x tgl., 1 3/4 Std.;
CHRISTCHURCH 4x tgl., 1 Std.;
WELLINGTON 1x tgl., 1 3/4 Std.

Umgebung von Queenstown

Nur wenige Kilometer von Queenstown entfernt ist der Kommerz schnell vergessen, besonders wenn man die Straße Richtung Westen vorbei am **Moke Lake** nach **Glenorchy** und weiter zum berühmten **Routeburn Track** nimmt. Weitere Erkundungsmöglichkeiten bietet das zerklüftete Ufer des tosenden **Shotover River** östlich von Queenstown, einst ein Paradies der Glücksritter. Früher wurde hier Gold gefunden, heute finden jede Menge Abenteueraktivitäten statt. Der Shotover entspringt in den Richardson Mountains nördlich von Queenstown, fließt durch den beeindruckenden **Skippers Canyon** und mündet unterhalb des Lake Wakatipu in den Kawarau River. Die Skippers Road, die dem Shotover River nur an seinem Oberlauf folgt, zweigt 12 km nördlich von Queenstown von der Coronet Peak Road ab. Man erreicht sie über die Malaghans Road via **Arthur's Point**, 5 km nördlich von Queenstown, wo die parabelförmige **Edith Cavell Bridge** den Shotover River überspannt. In der Schlucht darunter führt der Shotover Jet Kunststücke vor, und hier enden die Rafting-Touren auf dem Fluss.

Das urige **Arrowtown** am Arrow River, nur ein paar Kilometer nordöstlich vom unteren Shotover, wartet mit einigen guten Spazierwegen, einem tollen Museum und ein paar Gebäuden aus der Goldgräberzeit auf, die heute Cafés beherbergen, in denen man gut einen Nachmittag verbringen kann. Nicht weit entfernt laden die Weingüter des **Gibbston Valley** zu Weinproben ein.

Skippers Road

Nördlich von Queenstown, abseits der Coronet Peak Rd

Auf der gefährlichen **Skippers Road**, einer schmalen und kurvenreichen unbefestigten Straße, genießen Mietfahrzeuge keinen Versicherungsschutz; die Einheimischen fahren hier ohne Rücksicht auf Verluste und lassen entgegenkommenden Fahrzeugen kaum Platz. Das ist sehr bedauerlich, da die Straße Zugang zu einem Gebiet voller faszinierender Zeugnisse aus der Goldgräberzeit bietet. Einen Eindruck von der Gegend vermitteln die Rafting- und Jetboottouren auf dem Fluss (S. 723), da diese entlang der Skippers Road beginnen. Das Gebiet lässt sich jedoch nur mit einer historisch ausgerichteten Allradtour vollständig erkunden (S. 725).

Nach ihrer Abzweigung von der Coronet Peak Road erreicht die Skippers Road nach vielen Serpentinen den Fluss und eine Stelle namens **Pinchers Bluff**, wo chinesische und europäische Arbeiter die Straße in einen fast senkrecht abfallenden Felsvorsprung trieben, und führt dann zu dem Ort Skippers. Geschäfte, Cafés oder Ähnliches gibt es an der Straße nicht.

Die Skippers Road führt flussaufwärts zur **Skippers Bridge**. Sie wurde 1901 in ausreichender Höhe gebaut, um dem Winterhochwasser trotzen zu können, das alle vorherigen Brücken weggeschwemmt hatte. Auf der anderen Seite der Brücke befinden sich die Überreste des Orts **Skippers** mit einst 1500 Einwohnern, die am Ende des Goldrauschs praktisch komplett den Ort verließen. Das alte Schulhaus wurde restauriert, und ringsum liegen die Ruinen einiger anderer Gebäude; insgesamt aber ist Skippers eine gespenstisch wirkende, menschenleere Siedlung.

Glenorchy

Glenorchy liegt malerisch an der Mündung der Flüsse Rees und Dart in den Lake Wakatipu und ist wie geschaffen für eine Auszeit vom 46 km weiter südöstlich gelegenen Queenstown. Viele Besucher nutzen Glenorchy jedoch nur als Zwischenstation auf dem Weg zu einigen der schönsten **Wanderwege**, die Neuseeland zu bieten hat – sei es eine Rundwanderung auf dem Rees-Dart Track oder Touren auf dem Routeburn Track, dem Greenstone Track und dem Caples Track. Zwar kommen hier jeden Tag zahlreiche Touristen durch – viele davon, um eine Tour mit dem Dart River Jet zu unternehmen –, doch das winzige Glenorchy hat im Grunde genommen nicht viel mehr zu bieten als eine Tankstelle, ein Postamt, ein Lebensmittelgeschäft, ein paar Kneipen und Cafés sowie eine Handvoll Unterkünfte. Wem auch das noch zu viel Trubel ist, der mietet sich in **Paradise** 18 km nördlich eine rustikale Hütte oder fährt nach **Kinloch**, einem Selbstversorger-Retreat, das auf dem Wasserweg nur 3 km von Glenorchy entfernt ist, auf dem Landweg jedoch 26 km.

Der See und die Berge der Umgebung sind in zahlreichen Werbevideos für teure Autos zu sehen, dienen als Kulisse von Hollywoodfilmen und kommen natürlich auch in Jackson/Tolkien-Streifen vor. Wer an speziellen Drehorten interessiert ist, sollte sich der von Nomad Safaris in Queenstown angebotenen *Herr der Ringe*-Tour anschließen (S. 725).

Moke Lake

Von Queenstown 6 km Richtung Glenorchy, dann 4 km auf der teilweise unbefestigten Moke Lake Rd

Der traumhafte kleine **Moke Lake** wird von Bergen eingerahmt. Wenn der DOC-Campingplatz (S. 732) und die angrenzenden Moke Lake Horse Treks (S. 724) nicht zu sehr überlaufen sind, stellt er ein erstklassiges, friedliches Picknickplätzchen dar, das Lichtjahre vom hektischen Queenstown entfernt zu sein scheint. Im Januar ist es hier für gewöhnlich warm genug zum Baden, und wer seine eigene Ausrüstung mitbringt, kann hier wunderbar paddeln und angeln.

Little Paradise Gardens

Glenorchy Rd, 30 km westlich von Queenstown ▪ 🕒 9–17 Uhr oder später; wenn das Schild draußen steht, ist geöffnet ▪ Eintritt, inkl. Tee oder Kaffee und Keks ▪ 💻 www.littleparadise.co.nz

Das faszinierende halbwilde kleine Paradies ist eine Schöpfung des Schweizer Eigentümers Thomas Schneider, der einen Sinn für alles Ausgefallene hat. Die Anlage mit einer unendlichen Fülle von Pflanzen präsentiert sich fast immer als ein Meer aus Farben, doch nichts ist hier steril oder formell angelegt. Der Garten liegt auf dem 45. Breitengrad, auf halber Strecke zwischen Äquator und Südpol.

Paradise Trust

1771 Paradise Rd, Paradise ▪ 🕒 ganzjährig, Eintritt per Spende ▪ 💻 www.paradisetrust.nz

Dieses historische Gehöft wurde 1883 von William Mason entworfen und erbaut – er war Neuseelands erster Staatsarchitekt und der erste Bürgermeister von Dunedin. 1998 vermachte es der damalige Besitzer David Miller dem gemeinnützigen **Paradise Trust**, um es vor den Immobilienhaien zu schützen. Das malerische Anwesen nur 1 km nördlich des Diamond Lake bietet Platz für reizende Picknicks und einige Tageswanderungen. Das nach einem verheerenden Brand 2016 wieder aufgebaute Haus umfasst auch Unterkünfte; wer wirklich mal abschalten möchte, kann in einer von acht rustikalen Hütten übernachten, die auf dem dicht bewaldeten Anwesen verstreut sind (S. 733).

ÜBERNACHTUNG

Außer in Glenorchy kann man auch am Seeufer in Kinloch absteigen, einem erstklassigen, idyllischen Rückzugsort unweit von den Startpunkten der Wanderwege Greenstone, Caples und Routeburn – am Ausgangspunkt des Letzteren befindet sich auch ein Campingplatz.

Glenorchy

Camp Glenorchy, 42 Oban St, Glenorchy, 💻 www.theheadwaters.co.nz. Glenorchys alteingesessenste Unterkunft ist jetzt ein sehr energieeffizienter Komplex mit mehrräumigen Cabins, teuren, aber stilvollen 4-Bett-*bunkrooms* und Stellplätzen mit Stromanschluss, allesamt mit Zugang zu einer Gemeinschaftsküche, einem Esszimmer und Grills. ❷

Glenorchy Hotel, 42 Mull St, Glenorchy, 💻 www.glenorchynz.com. Komfortable, wenn auch eher schlicht gehaltene und funktionale Zimmer mit eigenem Bad und Gemeinschaftsoptionen verfügbar. Bar/Restaurant vor Ort.

Paraflights

Touren und Aktivitäten um Glenorchy

Dart River Adventures, 45 Mull St, www.dartriver.co.nz. Tolle Jetboottouren (3 Std.) und „Funyak"-Safaris (7 Std.) auf dem Dart River sowie spannende Ausritte auf *Herr der Ringe*-Terrain (1 Std. oder 2 Std.).
Glenorchy Journeys, www.glenorchyjourneys.co.nz. In Glenorchy ansässiger Anbieter mit Verbindungen von Glenorchy und Queenstown zu allen *trailheads* zu guten Preisen.
High Country Horses, Priory Rd, 10 km nördlich des Orts, www.high-country-horses.co.nz. Glenorchy ist schon immer ein pferdefreundlicher Ort gewesen, und die Landschaft hier ist wirklich atemberaubend. Zur Auswahl stehen ein Ausritt auf dem Rees River Trail (2 1/2 Std. Reiten) mit einigen Flussüberquerungen und Besichtigung zahlreicher *Herr der Ringe*-Locations und die anstrengendere Exkursion Mountain High, River Deep (5–6 Std. Reiten) mit Bergbesteigung und Besuch einer Goldmine. Die Ausflüge werden das ganze Jahr über durchgeführt.
Info&Track, www.infotrack.co.nz. Hauptanbieter von Transfers von Queenstown nach Glenorchy und weiter zu den Ausgangspunkten der Tracks (Dart, Greenstone/Caples, Rees und Routeburn). Das Routeburn-Paket ist besonders beliebt. Bestimmte Strecken nur Ende Okt–Anfang Mai, außerhalb der Wandersaison auf Nachfrage.
Kinloch Lodge, www.kinlochlodge.co.nz. Betreibt ein Boot von Glenorchy (Dez–März Mo–Sa um 12.30 Uhr und auf Anfrage für Gruppen von mind. 2 Pers.).

Am besten fragt man nach einem Zimmer mit Seeblick. Gutes Preis-Leistungs-Verhältnis. ❷
Glenorchy Lake House, 13 Mull St, www.glenorchylakehouse.co.nz. Zentral gelegene Lodge mit 2 üppig ausgestatteten Zimmern mit geräumiger Lounge, wunderbaren Bergblicken und großem Whirlpool im Freien. Die Gäste des Lake House erhalten ein Tablett mit Frühstückszutaten und haben das ganze Haus für sich. Die Rezeption der Lodge befindet sich nebenan im Trading Post; Abendessen bietet die Kinloch Lodge, mit Bootstransfer über den See. ❹
Mrs Woolly's Campground, 60 Oban St, Glenorchy, www.theheadwaters.co.nz. Dieser Campingplatz wird von denselben Leuten betrieben wie das Camp Glenorchy nebenan. Mrs Woolly's Campground bietet Zeltstellplätze und Stellplätze für Wohnmobile mit Anschlüssen sowie eine Handvoll luxuriöse Glamping-Zelte – Kaffee und frische Backwaren werden praktischerweise vom angeschlossenen Mrs Woolly's General Store direkt ans Zelt geliefert. Im Laden gibt es auch Zutaten für Leute, die statt ins Restaurant zu gehen lieber selbst in der großen Küche kochen möchten. Stellplatz (2 Pers.) ❷

Precipice Creek, 48 Nereus Way, Rees Valley, 6 km nördlich von Glenorchy, www.experienceglenorchy.co.nz. Das B&B bietet viele Annehmlichkeiten, spektakuläre Ausblicke von den bezaubernden, außerhalb vom Haupthaus untergebrachten Zimmern und köstliches, hausgemachtes Frühstück. ❸
Sylvan Campsite, 23 km nordwestlich von Glenorchy in der Nähe des Ausgangspunkts des Routeburn. Sehr angenehmer DOC-Platz neben dem gurgelnden Route Burn mit Grillstellen, Picknicktischen und Toilette. Buchen spenden Schatten, ein einfacher Spaziergang führt zum Lake Sylvan. ❶

Kinloch

Kinloch Campsite. Schöner kleiner DOC-Platz am See gegenüber der Kinloch Lodge. Mit Zeltplätzen unter Bäumen, Toilette, Barbecue-Bereich, Picknicktischen und Leitungswasser (entkeimen). Für $5 kann man in der Lodge duschen. ❶
Kinloch Lodge, 862 Kinloch Rd, www.kinlochlodge.co.nz. 26 km außerhalb von Glenorchy. Die engagierte Leitung sorgt für Wohlfühlatmosphäre. Die Zimmer sind klein, aber komfortabl, im viktorianischen Stil eingerichtet und mit Gemein-

schaftsbad in der Heritage Lodge von 1868; auch eine gemütliche Lounge gehört zur Ausstattung. Daneben liegt die dem YHA angeschlossene Wilderness Lodge mit sauberen Selbstversorger-Stockbettzimmern rund um einen gepflegten Rasen. 2 luxuriöse, umweltfreundliche „EcoScapes"-Studios runden das Übernachtungsangebot ab. Fahrradverleih, Angelrutenverleih, geführte Kajaktrips, Transport zum Ende der Tracks. Auch Transfers zum Routeburn und Greenstone/ Caples Track. ❷

Paradise

Paradise Trust, 1771 Paradise Rd, www.paradisetrust.co.nz. In den 8 hundert Jahre alten Hütten für bis zu 8 Pers. auf dem historischen Anwesen ist Abschalten Pflicht – sie sind alle nicht ans Stromnetz angeschlossen. Ob man selbst Bettwäsche, Gasflasche oder Feuerholz mitbringen muss, verrät die Website der Unterkunft. Im denkmalgeschützten Miller House und in The Annexe haben 8 bzw. 4 Pers. Platz, sie sind komfortabler. ❶

ESSEN UND UNTERHALTUNG

Einfache Essenszutaten hält Mrs Woolly's General Store bereit, doch besser deckt man sich in Queenstown ein.

Kinloch Lodge Restaurant, www.kinlochlodge.co.nz. Das Herz der Lodge ist dieses heimelige Lokal mit Seeblick-Veranda, wo es eine große Auswahl an Frühstücksgerichten und mittags Speisen wie langsam gegartes Wildragout und einen *ploughman's platter* gibt. Abends (mit Reservierung, 2 oder 3 Gänge) stehen bei herzhaften Gerichten wie Cardrona-Merino-Lamm mit geröstetem Gemüse regionale Zutaten im Rampenlicht. $$

Mrs Woolly's General Store, 64 Orban St, www.mrswoollysgeneralstore.nz. Dieses entspannte Lokal, teils Café, teils Gemischtwarenladen, fühlt sich an wie das Herz von Glenorchy. Neben einer Reihe lokal hergestellter Textilien, Kunsthandwerkserzeugnissen und Haushaltswaren gibt es fantastischen Kaffee und eine Speisekarte, die ganz auf Frische und Qualität setzt – die Wraps sind fantastisch, und der Eisbecher ist legendär. Einfach ins Café setzen und genießen oder die Zutaten für ein Picknick einkaufen. $$

The Trading Post, 13 Mull St, www.facebook.com/glenorchytradingpost. Freundlicher kleiner Laden mit Fairtrade-Biokaffee, Frucht-Smoothies und tollen Brownies. Esstische drinnen und draußen auf der Wiese. $

INFORMATIONEN

Nichts Offizielles, aber Infos bekommt man im Trading Post (Café), 13 Mull St, www.facebook.com/glenorchytradingpost.

TRANSPORT

Es ist eine schöne Autofahrt von Queenstown nach Glenorchy, und von hier kann man weiter zu den Ausgangspunkten der wichtigsten Wanderwege fahren, wo es überall Parkplätze gibt. Jedoch enden viele Wanderungen weit entfernt von ihrem Ausgangspunkt, sodass man sein Fahrzeug besser in Queenstown oder Glenorchy stehen lässt und sich mit **Shuttlebussen** zum entsprechenden Startpunkt begibt.

Busse nach:
DART TRACK 1–2x tgl., 40 Min.;
GREENSTONE/CAPLES TRACK 3x tgl., 50 Min.;
QUEENSTOWN 5x tgl., 1 Std.;
REES TRACK 2x tgl., 40 Min.;
ROUTEBURN SHELTER 3x tgl., 30 Min.

18 HIGHLIGHT

Routeburn Track

Die Berühmtheit des 32 km langen **Routeburn Track**, www.doc.govt.nz/routeburntrack, wird nur von der des Milford Track übertroffen. Viele Leute sind der Meinung, dem Routeburn sei der Vorzug zu geben: Die Landschaft gestaltet sich abwechslungsreicher, die Abstände zwi-

OTAGO

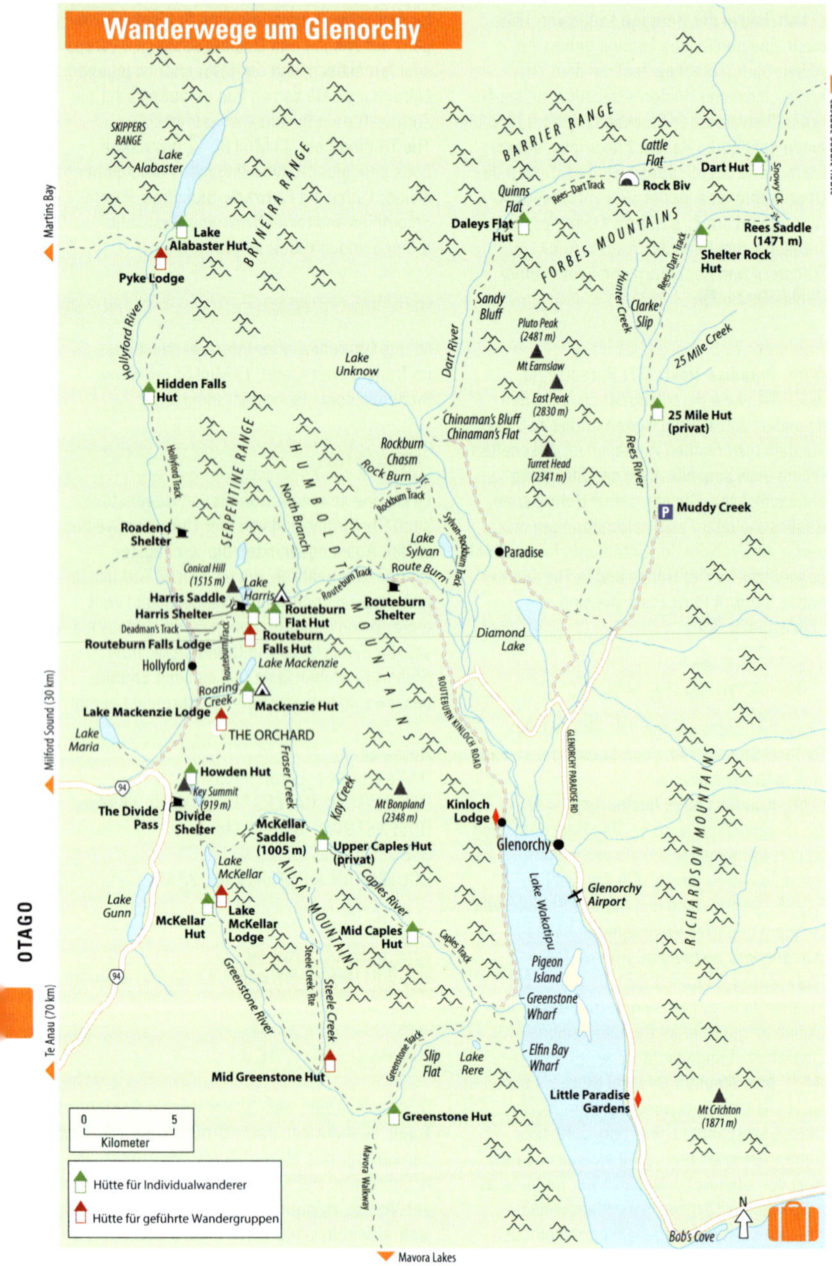

Wanderwege um Glenorchy

SKIPPERS RANGE
Lake Alabaster
Lake Alabaster Hut
Pyke Lodge
Martins Bay
BRYNEIRA RANGE
BARRIER RANGE
Cattle Flat
Dart Hut
Rock Biv
Rees–Dart Track
Quinns Flat
Daleys Flat Hut
Snowy Ck
Rees Saddle (1471 m)
Shelter Rock Hut
Cascade Saddle Route
FORBES MOUNTAINS
Hunter Creek
Rees–Dart Track
Clarke Slip
Sandy Bluff
Pluto Peak (2481 m)
Mt Earnslaw
East Peak (2830 m)
Turret Head (2341 m)
25 Mile Creek
25 Mile Hut (privat)
Rees River
Muddy Creek
Hollyford River
Hidden Falls Hut
Lake Unknow
Dart River
Chinaman's Bluff
Chinaman's Flat
Rockburn Chasm
Rock Burn
Rockburn Track
Sylvan-Rockburn Track
Hollyford Track
SERPENTINE RANGE
HUMBOLDT MOUNTAINS
North Branch
Roadend Shelter
Lake Sylvan
Paradise
Route Burn
Routeburn Track
Conical Hill (1515 m)
Lake Harris
Harris Saddle
Harris Shelter
Deadman's Track
Routeburn Falls Lodge
Routeburn Track
Routeburn Flat Hut
Routeburn Shelter
Routeburn Falls Hut
Diamond Lake
Hollyford
Lake Mackenzie
Roaring Creek
Mackenzie Hut
Lake Mackenzie Lodge
THE ORCHARD
ROUTEBURN KINLOCH ROAD
GLENORCHY PARADISE RD
Lake Maria
Milford Sound (30 km)
Fraser Creek
Howden Hut
94
Key Summit (919 m)
Kay Creek
Mt Bonpland (2348 m)
Kinloch Lodge
The Divide Pass
Divide Shelter
McKellar Saddle (1005 m)
Upper Caples Hut (privat)
Glenorchy
RICHARDSON MOUNTAINS
Lake McKellar
AILSA MOUNTAINS
Caples River
Lake Wakatipu
Glenorchy Airport
Lake Gunn
McKellar Hut
Lake McKellar Lodge
Mid Caples Hut
Caples Track
OTAGO
94
Greenstone River
Steele Creek Rte
Steele Creek
Pigeon Island
Greenstone Wharf
Te Anau (70 km)
Greenstone Track
Slip Flat
Lake Rere
Elfin Bay Wharf
Mid Greenstone Hut
Little Paradise Gardens
Mt Crichton (1871 m)
Greenstone Hut
0 5 Kilometer
Mavora Walkway
Hütte für Individualwanderer
Hütte für geführte Wandergruppen
N
Bob's Cove
Mavora Lakes

schen den Hütten sind besser durchdacht, und der Wanderweg verläuft länger oberhalb der Waldgrenze, weswegen es weniger Sandfliegen gibt. Zweifellos ist der Routeburn ein Great Walk und einer der schönsten Wanderwege Neuseelands. Er führt über die Humboldt Mountains und gewährt Zugang zu Regionen, die für die Wildnis des Südwestens ganz typisch sind: bewaldete Täler mit zahlreichen Vögeln und rauschenden Wasserfällen, Flussebenen, Seen und atemberaubende Gebirgslandschaften.

Die Beschaffenheit des Geländes macht den Routeburn zu einem mittelschweren dreitägigen Wanderweg, wobei die kurzen Entfernungen zwischen den Hütten die Sache wesentlich erleichtern. Wer einigermaßen Kondition besitzt und fünf oder sechs Stunden pro Tag einen vollen Rucksack schleppen kann, dürfte kaum Probleme bekommen. Infolge der heftigen Regenfälle in dieser Region kann es allerdings wegen Erdrutschen oder Überschwemmungen zu Schließungen kommen, sogar im Sommer – dann werden oft über das DOC buchbare Hubschraubertransfers angeboten. Der Routeburn kann das ganze Jahr über begangen werden, die **Hauptwandersaison** ist jedoch Oktober bis Ende April. Im **Winter** zeigt sich der Routeburn von einer gänzlich anderen Seite, weshalb eine Begehung gut überlegt sein will: Der Weg ist oft schneebedeckt und extrem rutschig; es herrscht eine große Lawinengefahr, und die Hütten haben keine Heizung. Sehr viel empfehlenswerter sind zu dieser Jahreszeit die Tagestouren vom Routeburn Shelter zur Routeburn Falls Hut sowie von The Divide zur Mackenzie Hut.

Einige Wanderer meinen, dass es etwas einfacher ist, den Routeburn Track von The Divide gen Osten in Richtung Glenorchy zu gehen. Wer in Glenorchy losgeht und von The Divide nicht die fast 300 km zurück nach Queenstown fahren möchte, kann den Routeburn mit dem Greenstone oder Caples zu einer der- bis fünftägigen **Rundwanderung** kombinieren.

Vom Routeburn Shelter zur Routeburn Falls Hut

8,8 km, 2 1/2–4 Std., 550 m Anstieg

Die ersten 6,5 km folgen dem Route Burn – einem Zufluss des Dart River – und führen stetig bergan, sind jedoch leicht begehbar. Eine abwechslungsreiche Landschaft mit Wasserfällen und lichtem Buchenwald charakterisiert diese erste Etappe bis zur **Routeburn Flats Hut** und dem nahen Campinglatz, der wunderschön am Rand einer Hochebene liegt. Hier dürfen nur wenige Zelte aufgestellt werden, und den Campern stehen eine offene Feuerstelle sowie ein kleiner Unterstand zur Verfügung.

Bei Übernachtung in Hütten ist man gut beraten, am ersten Tag etwas länger zu wandern und den längeren, steileren und schwierigeren 2,3 km langen Weg zur traumhaft schön gelegenen **Routeburn Falls Hut** zu nehmen. Sie thront oberhalb der Baumgrenze auf einem Felsvorsprung und erlaubt nach Osten hin Ausblicke zurück auf die Routeburn Flats und den Sugar Loaf (1329 m).

Von der Routeburn Falls Hut zur Lake Mackenzie Hut

11,3 km, 4 1/2–6 Std., 300 m Aufstieg, 350 m Abstieg

Am längsten und anstrengendsten ist der zweite Tag – man verbringt fast den ganzen Tag ungeschützt oberhalb der Waldgrenze, überquert den mit subalpinem Tussock-Gras bewachsenen Harris Saddle (1255 m) und marschiert durch sumpfiges Gelände, auf dem Sonnentau, Wasserschlauch und Orchideen gedeihen. Der Pfad steigt langsam zum **Harris Saddle Shelter** (2–3 Std.) an, wo es Toiletten gibt. An einem klaren Tag sollte man hier den Rucksack abstellen und einen Abstecher auf den 1515 m hohen **Conical Hill** (2 km hin und zurück, 1 1/2–2 Std., 260 m Aufstieg) machen, um die sagenhafte Aussicht ins Hollyford Valley sowie bis zur Martins Bay und der Tasmansee zu genießen.

Hinter dem Shelter überquert man die Grenze zwischen dem Mount Aspiring National Park und dem Fiordland National Park und wandert eine ganze Weile oben am Hollyford Valley entlang, bevor es in Spitzkehren zwischen Buchen, Fuchsien und Ribbonwood (einem neuseeländischen Malvengewächs) hindurch zur **Lake Mackenzie Hut** (50 Betten) geht. Der Campingplatz liegt etwas entfernt von der Hütte nahe dem See.

Von der Lake Mackenzie Hut zum Divide Shelter

12 km, 4–5 Std., 300 m Abstieg

Der Pfad verläuft 8,6 km weit am Berghang entlang durch The Orchard, ein mit Ribbonwood bewachsenes Fleckchen, und an den Earland Falls vorbei zur **Howden Hut** an der Kreuzung von Greenstone Track und Caples Track (Letzterer eignet sich prima dazu, die Tour in eine fünftägige Wanderung mit Start- und Endpunkt in Glenorchy zu verwandeln). Auf der letzten Etappe geht es die ersten 20 Minuten steil bergauf zu einem Punkt, an dem sich ein einstündiger Abstecher auf den **Key Summit** (919 m) mit herrlichen Aussichten über die drei Flusstäler Hollyford, Eglinton und Greenstone unternehmen lässt. Von der Abzweigung zum Key Summit führt der reguläre Pfad durch Scheinbuchenwald zum Divide Shelter und zum Parkplatz hinunter.

ÜBERNACHTUNG

Buchung

Für die Hütten und die Campingplätze des Routeburn Track sind während der Wandersaison **Reservierungen erforderlich**. Das Buchungssystem, mit dem Wanderern ein Bett garantiert wird, lässt aber einigen Spielraum. Wer an einem bestimmten Tag losmarschieren will oder mit einer größeren Gruppe unterwegs ist, sollte drei Monate im Voraus reservieren.

Man bucht entweder online unter www.doc.govt.nz/routeburntrack (und zwar ab etwa Anfang Mai für die kommende Saison), telefonisch oder persönlich bei den DOC-Büros. Falls der Track aufgrund schlechter Witterung oder Unbegehbarkeit geschlossen sein sollte, werden die Kosten voll erstattet – eine erneute Buchung ist aber nur möglich, wenn noch Plätze frei sind. Änderungswünsche bezüglich bestehender Reservierungen (je $10) sind bis mindestens drei Tage vor Beginn der Wanderung anzumelden, können aber nur erfüllt werden, wenn die Kapazitäten dies zulassen und man persönlich in einem DOC-Büro nachfragt.

Hütten

Die vier Hütten am Track haben Toiletten mit Spülung, Leitungswasser (das gefiltert oder abgekocht werden muss) und Gasherde, jedoch weder Koch- noch Essgeschirr. Auch Proviant muss mitgebracht werden. In der Hauptwanderzeit von Oktober bis Ende April gibt es in den Hütten einen Aufseher und weder der Backcountry Hut Pass noch einzelne Backcountry Hut Tickets (je $5) sind dann gültig. Außerhalb der Hauptsaison sind die Hütten nicht beheizt, werden auch nicht mit Gas und fließendem Wasser versorgt (man kann aber mit Kohle heizen) und können nicht im Voraus gebucht werden, aber der Backcountry Hut Pass und die Hüttentickets sind weiterhin gültig. ❶

Camping

Nahe den Hütten Routeburn Flats und Lake Mackenzie liegen einfache **Campingplätze** (mit Plumpsklos und Wasser); Camper dürfen die Einrichtungen der Hütten jedoch nicht benutzen. ❶

TOUREN

Ultimate Hikes, www.ultimatehikes.co.nz. Wer den Routeburn möglichst bequem erkunden und dabei noch einiges lernen möchte, sollte sich diesem Anbieter anvertrauen. Geboten werden Bustransfers ab Queenstown, 3 Tage geführtes Wandern, alle Mahlzeiten, warme Duschen und 2 Übernachtungen in Lodges mit 4-Bett-Zimmern und Gemeinschaftsbad, Bettdecken und einer Bar. Bei Übernachtung in einem eigenen Zimmer mit Bad. Das Tempo ist gemächlich, und die Wanderer müssen nur ihre persönlichen Sachen tragen. Wer den Routeburn nur auf einer Tageswanderung kennenlernen möchte, kann sich der Tageswanderung Routeburn Encounter (Nov–Ende April tgl., 10 Std.) anschließen. Es werden auch längere Kombitouren mit dem Greenstone und Milford Track angeboten.

SONSTIGES

Fahrzeugtransfers

Für 2 oder mehr Pers., die zusammen den Routeburn gehen und dann nach Queenstown zurückkehren möchten, kann es billiger und praktischer sein, sich sein Fahrzeug vom Anbieter **EasyHike**, www.easyhike.co.nz, vom Routeburn Shelter zu The Divide bringen zu lassen, damit es dort wartet, wenn man seine Wanderung beendet.

Gepäcktransport

Einige Hotels und Hostels in Queenstown bieten Gepäcktransfers (S. 727).

Informationen

Das **DOC** in Queenstown informiert über die aktuellen Wetterbedingungen und den Zustand der Wege; siehe auch www.doc.govt.nz/routeburntrack.

Die **DOC-Broschüre** *Routeburn Track* ist okay, besser ist jedoch die *Routeburn, Greenstone and Caples* von NewTopo (1:40 000, $23).

Das DOC kümmert sich nicht um den Verbleib von Wanderern, daher sollte man seine Wanderpläne auf www.adventuresmart.org.nz registrieren.

TRANSPORT

Zwar kann man mit dem Auto zum Startpunkt des Routeburn fahren, doch wenn man nicht nur einen Tagesausflug macht, ist es besser, die **Busse** zu benutzen. Diese setzen Wanderer gegen 9.45, 14 und – in der Hauptsaison – auch um 18.15 Uhr am Routeburn Shelter ab, und es bleibt noch genügend Zeit, um die Routeburn Flats Hut oder, falls man mit dem ersten Bus gekommen ist, die Routeburn Falls Hut zu erreichen. Fahrten zum Routeburn Shelter sind ab GLENORCHY und ab QUEENSTOWN möglich.

An **The Divide** (dem westlichen Ende des Routeburn Track) kann man einen der Busse nehmen, die zwischen TE ANAU und dem MILFORD SOUND pendeln. Am besten ist der Anbieter Tracknet, www.tracknet.net, mit Bussen nach Te Anau (10.10, 13.30, 15.15 und 17.45 Uhr) und nach Milford Sound (8.30, 11 und 14.45 Uhr).

Tracknet, www.tracknet.co.nz. Tracktransfer zum Routeburn Shelter, sodass man früh losgehen kann (Ankunft 9.15 Uhr, ab Queenstown oder Te Anau, ganzjährig für mind. 3 Pers.). Außerdem gibt es eine Verbindung von dem anderen Ende des Routeburn Track nach Queenstown (Ankunft an der Divide 11 Uhr, Abfahrt 14 Uhr) sowie ein Paket mit Hin- und Rücktransport. Ganzjährig für mind. 5 Pers.

Greenstone Track und Caples Track

Der **Greenstone Track** (36 km, 2–3 Tage) und der **Caples Track** (27 km, 2 Tage) verlaufen grob parallel. Beide sind leicht zu bewältigende Pfade und führen durch sanft ansteigende, parallel verlaufende Flusstäler, wo statt reiner Wildnis friedlich weidende Kühe anzutreffen sind. Der Greenstone Track zieht sich durch ein breites, U-förmiges Tal, das einst von einem Seitenarm des gewaltigen Hollyford Glacier geformt wurde. Der Caples Track verläuft über den subalpinen McKellar Saddle ins engere Caples Valley, in dem der Weg sehr nahe am Fluss entlangführt.

Der Greenstone und der Caples können vom Parkplatz Greenstone, 6 km südlich der Kinloch Lodge, zu einer Schleife kombiniert werden, gewöhnlich wird jedoch der Routeburn Track mit dem Greenstone oder dem Caples kombiniert. Die Tracks sind das ganze Jahr über offen.

Im **Winter** sind die niedriger verlaufenden Greenstone und Caples Tracks nicht ganz so unwirtlich wie der Routeburn, wenngleich auf dem McKellar Saddle oft Schnee liegt. Dafür haben die Hütten Holzöfen.

ÜBERNACHTUNG

Ganzjährig sind für die DOC-Hütten Mid Caples, McKellar und Greenstone keine Reservierungen notwendig. Die Hütten Upper Caples und Mid Greenstone müssen vorher über das Internet gebucht werden, www.southernlakesnzda.org.nz. ❶

Die **Hütten** (2 auf dem Caples, 3 auf dem Greenstone) haben Holzöfen, jedoch gibt es in den DOC-Hütten keine Gasherde oder Kochutensilien, sodass man neben Proviant und Geschirr auch einen Kocher mitnehmen muss. Für die DOC-Hütten braucht man Übernachtungstickets oder eine Jahreskarte (Backcountry Pass). ❶

Camper dürfen in Nähe der DOC-Hütten campen und deren Außeneinrichtungen nutzen. In beiden Tälern darf man am Rand des Waldes, nicht aber auf offenem Gelände, zelten. Wildcamper sollten mindestens 50 m entfernt vom Weg ihr Zelt aufschlagen. ❶

INFORMATIONEN

Das **DOC Visitor Centre** in Queenstown informiert über die aktuellen Wetterbedingungen und den Zustand der Wege; s. auch www.doc.govt.nz.

Nützlich sind die **DOC-Broschüren** *Greenstone and Caples Tracks* sowie die NewTopo-Karte *Routeburn, Greenstone and Caples* (1:40 000).

Zur eigenen Sicherheit sollte man seine Wanderpläne auf www.adventuresmart.org.nz registrieren.

TRANSPORT

Bei der Greenstone Wharf gibt's einen Parkplatz, der für Wanderer, die eine Greenstone-Caples-Schleife absolvieren wollen, praktisch ist. Wer einen der Tracks mit dem Routeburn kombiniert, sollte die *trailhead*-Busse benutzen. Die Fahrzeuge von Info&Track (nach Glenorchy, Queenstown) und Kinloch Lodge kommen beide gegen 12 Uhr vorbei, die von Glenorchy Journeys um 10, 12 und 16 Uhr. Wer hier vom Track kommt und abgeholt werden möchte, sollte den Bus vorausbuchen.

OTAGO

Rees-Dart Track

Der **Rees-Dart Track** (63 km, 3–4 Tage) verläuft in einem weiten Bogen nördlich von Glenorchy und ist der schwierigste längere Wanderweg in dieser Gegend, was vor allem am gebirgigen Terrain und den Entfernungen zwischen den Hütten liegt: Mit sechs bis acht Stunden Wanderzeit pro Tag muss man schon rechnen. Hier lernt man einen klassischen Vertreter der neuseeländischen Wanderwege kennen, die einer einfachen Formel folgen: Fluss durchqueren, zum Pass hochklettern, ins nächste Tal hinuntersteigen, Fluss durchqueren etc. Ein lohnender Abstecher führt zum Cascade Saddle (10 km pro Strecke). Der zweite Tag ist der kürzeste, mit der Besteigung des 1471 m hohen Rees Saddle aber auch einer der schwierigsten. Die Route kann gewöhnlich gut zwischen Dezember und April begangen werden; im Winter ist sie nur etwas für erfahrene Bergsteiger.

ÜBERNACHTUNG

Die drei **Hütten** auf dem Rees-Dart Track können nicht gebucht werden. Sie haben Heizöfen, aber keine Gasherde. Proviant und sämtliches Kochgeschirr müssen mitgebracht werden. Hier gelten der Backcountry Pass, aber auch Backcountry-Hüttentickets. ❶

Zelten kann man bei den Hütten und überall am Weg (kostenlos), außer auf dem fragilen subalpinen Abschnitt zwischen Shelter Rock Hut and Dart Hut. ❶

INFORMATIONEN

Die DOC-Broschüre *The Rees-Dart Track* ist nicht schlecht, aber eine noch bessere Übersicht über das Terrain bietet die NewTopo-Karte (Maßstab 1:40 000) *Rees-Dart Track*.

Das **DOC Visitor Centre** in Queenstown informiert über die aktuellen Wetterbedingungen und den Zustand der Wege; s. auch www.doc.govt.nz.

Am besten registriert man seine Wanderpläne auf www.adventuresmart.org.nz.

TRANSPORT

Individualreisende können mit dem **Auto** zum Rees-*trailhead* am Parkplatz Muddy Creek, 20 km nördlich von Glenorchy, und zum Dart-*trailhead* am Parkplatz Paradise, 24 km von Glenorchy, fahren. Eine Allradpiste führt weiter zum Chinaman's Flat, 30 km nördlich von Glenorchy.

Gewöhnlich ist es jedoch einfacher, ab Queenstown oder Glenorchy einen **Shuttlebus** (S. 728) zu nehmen. Aufgrund der Fahrpläne der Zubringershuttles ist es praktischer, den Rees-Dart Track auf dem Hinweg am Rees River und zurück am Dart River zu begehen. Info&Track setzt Wanderer gegen 10 Uhr am Rees-*trailhead* ab und holt sie um 14 Uhr am Parkplatz Chinaman's Flat wieder ab (für beides ab Queenstown oder Glenorchy). Glenorchy Journeys ist um ungefähr 8 und 10 Uhr am Rees und holt Wanderer um 14 und 16 Uhr am Parkplatz Chinaman's Flat ab (nach/ab Glenorchy oder nach/ab Queenstown).

Arrowtown und Umgebung

Arrowtown, 23 km nordöstlich von Queenstown am Zusammenfluss des Arrow River und Bush Creek, verströmt noch etwas von der Atmosphäre einer alten Goldgräberstadt, wenngleich das verbliebene historische Flair im Sommer zeitweilig unter dem Ansturm der Touristen verschwindet. Arrowtown ist jedoch keine leere Kulisse, sondern eine ganz normale Ortschaft mit kleinen Lebensmittelläden, Kneipen, tollen Unterkünften und erstklassigen Restaurants. Die Einwohnerzahl von Arrowtown liegt bei etwa 2500, doch im Sommer, wenn die Ferienhäuser vermietet und die Busparkplätze randvoll sind, erreicht sie fast wieder ihren ehemaligen Spitzenwert von 7000 Einwohnern zur Zeit des **Goldrauschs**.

Arrowtown lässt sich am besten genießen, sobald die Massen abgezogen sind. Wer nur einen Ausflug von Queenstown unternimmt, kann zum Mittagessen herkommen und am Nachmittag wandern, im Fluss baden oder mit dem Rad zum ehemaligen Goldgräberort **Macetown** fahren, um sich abends einen Film anzuschauen oder essen zu gehen und schließlich mit dem Bus nach Queenstown zurückzufahren (um 22.02 Uhr).

Wer den Ort Ende April besucht, kann das einwöchige **Autumn Festival**, 💻 www.arrowtownautumnfestival.org.nz, miterleben, das historische Spaziergänge, Straßentheater und andere Veranstaltungen umfasst.

Geschichte

Im August 1862 entdeckte Jack Tewa oder **Maori Jack**, der als Schafscherer für William Rees arbeitete, Gold im Arrow River. Er war nicht gerade erpicht darauf, Gold zu schürfen, aber die Neuigkeit sprach sich schnell herum und erreichte Leute, die sehr wohl daran interessiert waren.

Darunter war auch der Amerikaner **William Fox**, der bald zur dominanten Goldgräberfigur wurde und es schaffte, seinen Claim geheim zu halten, bis er mehr als 100 kg Gold angehäuft hatte. Die Ortschaft wurde ursprünglich sogar nach ihm benannt, aber später in Arrowtown umgetauft.

Der Arrow River erlangte den Ruf, der weltweit goldreichste Fluss im Verhältnis zu seiner Größe zu sein. Das zog immense Scharen chinesischer Bergarbeiter an, die sich im **Arrowtown Chinese Settlement** niederließen, und lockte Glücksritter in die Hügel der Umgebung, wo die Brüder Charley und John Mace den Ort **Macetown** gründeten, heute eine Geisterstadt.

Avenue of Trees

Zwei Reihen von 1867 gepflanzten Platanen und Eichen beschatten die winzigen Goldgräberhütten entlang der malerischen **Avenue of Trees**, Arrowtowns begehrtestem Fotomotiv. Die meisten der ungefähr 60 damals erbauten Hütten sind extrem klein und stehen eng beieinander – was nicht zuletzt auf den Mangel an Bauholz zurückzuführen ist. Die schützenden Berge ringsum bescheren Arrowtown warme, trockene Sommer und schneereiche Winter. Besonders schön präsentiert sich der Ort im Herbst, wenn sich die vielen Laubbäume goldgelb verfärben. Einige der Goldgräberhütten sind in kleine Geschäfte und Cafés verwandelt worden.

Lakes District Museum

49 Buckingham St ▪ 🕒 tgl. 8.30–17 Uhr ▪ Eintritt ▪ 💻 www.museumqueenstown.com

Das ausgezeichnete **Lakes District Museum** beherbergt Gegenstände, die 1983 im Rahmen der Ausgrabung auf dem Gelände des Chinese Settlement zutage gefördert wurden, und vermittelt ein lebendiges Bild der Lokalgeschichte, besonders vom Leben der (chinesischen) Gold-

OTAGO

gräber und deren Familien. Dazu gehört auch eine Ausstellung über den Opiumkonsum, der in Neuseeland bis 1901 legal war. Technikfreunde können sich an Exponaten zu einem der frühesten Wasserkraftprojekte des Landes erfreuen, mit dem die Goldgräbergemeinden in Skippers und Macetown mit Strom versorgt wurden. Für viele befindet sich jedoch der interessanteste Teil des Museums im Untergeschoss, mit einer Brauerei, einer Bäckerei, einem Druckereiraum und einem Schulzimmer aus der Zeit des Goldrausches.

Arrowtown Chinese Settlement

Am westlichen Ende der Buckingham St ▪
🕒 24 Std. ▪ Eintritt frei

Diese Reihe umfassend restaurierter Gebäude an einem von Weiden gesäumten, schmalen Abschnitt des Bush Creek ist die besterhaltene chinesische Siedlung in Neuseeland. Sie bietet einen Einblick in eine faszinierende, aber auch traurige Episode der neuseeländischen Geschichte. Viele der Gebäude waren als vorübergehende Behausungen gedacht und wurden erst zu festen Unterkünften, als die Goldgräber älter wurden. Als 1983 mit Ausgrabungen begonnen wurde, stand hier kaum noch etwas. Einige solidere Behausungen haben jedoch überdauert, einige davon sind restauriert worden, und Erläuterungstafeln hauchen ihnen wieder ein wenig Leben ein.

Das besterhaltene Gebäude ist **Ah Lum's Store**, 1883 für Wong Hop Lee erbaut und von 1909 bis 1927 vermietet an Ah Lum, eine der wichtigsten Persönlichkeiten der chinesischen Gemeinde in ihren späteren Jahren. Ah Lum verkaufte chinesische und europäische Waren und betrieb eine Opiumhöhle und eine Bank.

Macetown

15 km nördlich von Arrowtown, zu erreichen zu Fuß (3–4 Std. pro Strecke), mit dem Fahrrad (2–4 Std. hin und zurück) oder einem Allradfahrzeug (2 Std. hin und zurück)

Als Anfang der 1860er-Jahre das Goldfieber den Distrikt Otago erfasste, schwärmten jede Menge Glücksritter aus und ließen kaum einen Flusslauf oder ein Tal unentdeckt. 1862 wurde bei Twelve Mile Seifengold gefunden, und sofort setzte der Run zu der Stelle ein, an der später **Macetown** entstehen sollte. Heute ist es eine Geisterstadt und ein beliebtes Ziel von Mountainbikern, Reitern und Wanderern.

Macetowns Vergangenheit ist die Geschichte von Aufstieg und Verfall: In seiner Glanzzeit besaß der Ort zwei Hotels, ein Postamt und eine Schule. Doch als der Boom vorbei war, konnte er sich nicht wie Queenstown der Landwirtschaft zuwenden, sondern war dem Untergang geweiht. Das Einzige, was von der Stadt erhalten blieb, sind zwei Steingebäude – das restaurierte Haus des Schulmeisters und die alte Bäckerei. Die Senken und Bachbetten ringsherum sind mit rostigen Gerätschaften übersät und eine Fundgrube für Liebhaber von Industrie-Archäologie.

Die Geländewagenstrecke führt über 23 Furten des Arrow River, und auf den ersten Blick wirkt der Ort etwas enttäuschend. Doch das mit Gras bewachsene Plateau gibt einen tollen Campingplatz (kostenlos) ab. Um die einzigartige Atmosphäre richtig genießen zu können, sollte man ein oder zwei Tage – ausgerüstet mit Zelt und ausreichend Vorräten – vor Ort verbringen und die Umgebung in aller Ruhe erkunden.

ÜBERNACHTUNG

Karte S. 741

Die meisten Unterkünfte in Arrowtown haben einen recht hohen Standard und sind weniger frequentiert als die in Queenstown. Derzeit gibt es kein Hostel, aber der Holiday Park hat Budget-Zimmer.

The Arrow, 63 Manse Rd, 💻 www.thearrow.co.nz. Das einladende Hotel präsentiert sich in einer perfekten Mischung aus historischem Steincottage (wo jeden Abend Wein serviert wird) und schicken, modernen Zimmern mit poliertem Zementfußboden. Große Fenster geben den schönen Blick auf die Berge frei, den man jeden Morgen in Ruhe genießen kann, denn das Frühstück wird aufs Zimmer gebracht. ❹

Arrowtown Born of Gold Holiday Park, 12 Centennial Ave, 💻 www.arrowtownholidaypark.co.nz. Großzügiger Campingplatz mit modernem Küchen- und Sanitärblock und

Tennisplatz, nicht weit vom öffentlichen Freibad des Ortes. Die Backpacker-Zimmer in der Lodge haben jeweils 4 Betten (Bettzeug mitbringen oder ausleihen), außerdem gibt es Selbstversorger-Studios und empfehlenswerte Ferienwohnungen mit 2 Zimmern für bis zu 5 Pers. Die Zimmerpreise gelten jeweils für 2 Pers. ❷

Arrowtown Motel Apartments, 48 Adamson Drive, 🖳 www.arrowtownmotel.co.nz. Renoviertes Motel aus den 1970er-Jahren mit 12 geschmackvoll eingerichteten Units für bis zu 5 Pers., meist ist eine kleine Küche dabei. Den Gästen stehen Waschmaschinen zur Verfügung. Praktisch: Der Queenstown-Bus hält direkt vor der Tür. ❸

Macetown Historic Reserve, von Arrowtown 15 km auf einer schwierigen Geländewagenpiste den Arrow River entlang. Ein kostenloser DOC-Platz mit Gras inmitten von Relikten der Goldgräberzeit, geschützt von niedrigen Steinmauern und Weiden, Platanen und Apfelbäumen. Plumpsklos, Wasser aus einem Bach. ❶

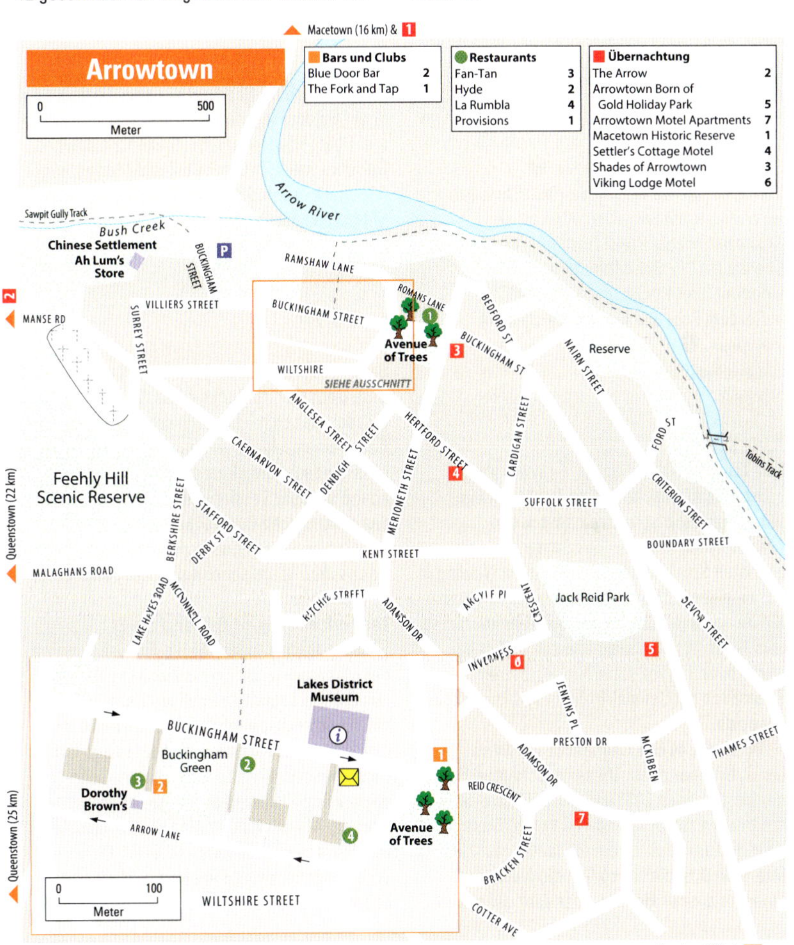

Settler's Cottage Motel, 22 Hertford St, www.settlerscottagemotel.co.nz. Eine Zeitreise zurück ins Arrowtown vergangener Tage ermöglichen diese niedlichen Cottages im kolonialen Stil. Zum Service-Angebot der Unterkunft zählen u. a. Waschmaschinen, Grill und Kinderspielplatz. Alle Zimmer verfügen außerdem über eine Mikrowelle für eine schnelle Mahlzeit zwischendurch. ❸

Shades of Arrowtown, 9 Merioneth St, www.shadesofarrowtown.co.nz. Stilvolles, gut geführtes, modernes Motel mit viel Grün mitten im Ortszentrum. Die Unterkunft bietet eine große Auswahl an Units für bis zu 4 Pers. (meist mit Kochnische oder kompletter Küche) sowie ein Selbstversorger-Cottage ebenfalls für 4 Pers. Auf dem schattigen Rasen vor dem Haus gibt's Grills und Tische für ein Picknick bei schönem Wetter. ❸

Viking Lodge Motel, 21 Inverness Crescent, www.arrowtownvikinglodge.co.nz. Ausgezeichnetes Preis-Leistungs-Verhältnis. Chalets mit 1–2 Schlafzimmern, komplett eingerichteter Küche und Satelliten-TV; außerdem Pool und Kinderspielplatz mit Trampolin. ❷

ESSEN

Karte S. 741

Fan-Tan, 54 Buckingham St, www.fantan.co.nz. Das asiatische Fusion-Restaurant im Industrieschick ist nach einem bei den Arrowtowner Chinesen der Goldgräberzeit beliebten Spiel benannt und ein toller Neuling in der hiesigen kulinarischen Szene. Die Speisen auf der kleinen Karte eignen sich wunderbar zum Teilen, z. B. Schweinefleisch und *puha gyoza* oder im Wok scharf angebratener Tintenfisch mit Sambal-Bohnen und knusprigen Zwiebeln. $$

Hyde, 44 Buckingham St, www.hydebar.co.nz. Dieser geschäftige Pub, der sich erst seit 2023 neu in der Gastro-Szene breitmacht, ist für Arrotowns Verhältnisse sehr modern – mit einem eleganten, dunklen Interieur, DJs, die bis spät in die Nacht auflegen, und einer kleinen, aber sehr verlockenden Auswahl an Pizzas, getoasteten Sandwiches und Mezze-Platten als Begleitung zu den hervorragenden Cocktails des Hauses. $$

La Rumbla, 54 Buckingham St, www.facebook.com/larumbla.arrowtown. Das Erfolgsrezept dieses unaufgeregten Lokals, das an ein Tapas-Restaurant erinnert, besteht in einer Kombination aus appetitlich angerichtetem Essen, das auf großzügig portionierten *shared plates* zu fairen Preisen serviert wird, guten Cocktails, preisgünstigen Weinen und manchmal DJs und Livemusik – das Angebot ist in Arrowtown wirklich kaum zu toppen. $$

Provisions, 65 Buckingham St, www.provisions.co.nz. Reizendes kleines Café in altem Goldgräberhäuschen mit Sonnenterrasse und Obstgarten. Köstliche Thekenspeisen und Gerichte wie Rührei mit Chili und Marlborough-Räucherlachs und exotische „Brunch-Bowls". Mit Schanklizenz. $$$

UNTERHALTUNG

Karte S. 741

Bars

Blue Door Bar, 18 Buckingham St, www.bluedoorbar.co.nz. Eine stylische und coole Bar in einem 140 Jahre alten Keller mit prasselndem Kaminfeuer. Wenn am Mittwochabend die Jam Session steigt, verschwindet das romantische Cocktailbarambiente und draußen, wo eine neue Outdoor-Bar für Nachschub sorgt, scheint sich der halbe Ort zu versammeln.

The Fork and Tap, 51 Buckingham St, www.theforkandtap.co.nz. Ein Lieblingstreff der Macetowner ist dieses Lokal in einem 1865 aus Stein erbauten ehemaligen Bankgebäude mit schattiger Gartenbar. Die Craft-Biere und eine exzellente Auswahl an Weinen aus Central Otago passen prima zu den Salaten, Sandwiches und Platten, die mittags serviert werden. Abends gibt es gute Kneipenkost wie Sandbarsch mit Pommes und Salat, Pizzas und Wildkanincheneintopf mit Pilzen. Mittwochabends ab 18.30 Uhr ist irische Musik angesagt, im Sommer wird auch sonntagnachmittags Livemusik geboten.

Kino

Dorothy Brown's, 18 Buckingham St, 💻 www.dorothybrowns.com. Wunderbares Kino mit 2 Sälen und sehr bequemen Sitzen im Hauptsaal. Dorothy Brown's zeigt Mainstream- sowie anspruchsvollere Filme. In der fantastischen Bar gibt's Alkohol und Snacks, die ins Kino mitgenommen werden dürfen. Der kleinere Saal, „the den", ist ein bisschen beengter.

TOUREN

Goldwaschen. Mit einer Pfanne gerüstet (gegen $5 für unbegrenzte Zeit beim Lakes District Museum auszuleihen) kann jeder sein Glück am Arrow River versuchen oder die Pfanne in die salzigen Tümpel beim Dudley's Cottage, 4 Buckingham St, neben dem Chinese Settlement, tauchen, um garantiert ein, zwei Goldflöckchen herauszufischen ($10 pro Versuch).

Geführte Wanderungen. Das Lakes District Museum ist Ausgangspunkt der Arrowtown Time Walks (auf Anfrage; 💻 www.arrowtowntimewalks.com), die einen unterhaltsamen Einblick in die Sozialgeschichte der Stadt bieten. Die Teilnehmer besichtigen das alte Gefängnis und erhalten die Möglichkeit, in die Fußstapfen von Nelson Mandela zu treten, der 1999 hier zu Besuch weilte. Das Museum selbst bietet auf Anfrage ebenfalls Führungen (💻 www.museumqueenstown.com) inkl. Eintritt zum Museum. Beide Führungen dauern 1 1/2 Std.

Nomad Safaris, 💻 www.nomadsafaris.co.nz. Die Ausflüge des großen Veranstalters beginnen in Queenstown (4 1/2 Std.), folgen dem Arrow River und durchqueren diesen auf der Holperpiste nach Macetown über 20 Mal. Auch Abholung in Arrowtown.

Spaziergänge. Rund um Arrowtown kann man einige tolle Wanderungen unternehmen. Neun davon sind in der Broschüre *Wakatipu Walks* beschrieben, die man sich auf der DOC-Website kostenlos herunterladen kann. Auf dem Parkplatz des Arrowtown Chinese Settlement sind auf einer Karte ebenfalls Spaziergänge verzeichnet.

SONSTIGES

Fahrradverleih

Arrowtown Bike Hire, 59 Buckingham St, 💻 www.arrowtownbikehire.co.nz, verleiht Mountainbikes (halber oder ganzer Tag $42/$52), die bestens für den Einsatz auf dem Queenstown Trail-Wegenetz geeignet sind. Eine Fahrt nach Gibbston ist der perfekte Radausflug, und falls sich jemand in den Winzerei-Probierstuben übernommen hat und nicht mehr zurückradeln möchte, holt die Verleihfirma den Radler samt Rad im Minibus ab ($50).

Die Radwerkstatt **Arrow Bikes**, 4/9 Bush Creek Rd, 💻 www.arrowbikes.co.nz, vermietet Hardtails (halber oder ganzer Tag) sowie vollgefederte Bikes (halber oder ganzer Tag). Guter Service: Die Räder werden auf Wunsch auch an die Unterkunftsadresse in Arrowtown geliefert.

Informationen

Information Centre, 49 Buckingham St, im Lakes District Museum, 💻 www.museumqueenstown.com. Hier gibt es u. a. die informativen Broschüren *Historic Buildings of Arrowtown, Arrowtown Chinese Settlement* und *Macetown and the Arrow Gorge*. Hat auch kostenl. WLAN und 10 Min. kostenl. Internetzugang.
🕒 tgl. 8.30–17 Uhr.

Umfassende Infos bietet auch die Website von Arrowtown, 💻 www.arrowtown.com.

TRANSPORT

Ritchies, 💻 www.ritchies.co.nz, bietet Busverbindungen im gesamten Wakatipu-Becken. Bus 2 fährt mind. 1x stdl. (6.02–22.02 Uhr) von Arrowtown über Queenstown zum Arthur's Point. Alle Fahrten außer zum Flughafen kosten bar $5 bzw. $2 mit der GoCard ($5 für die Karte, Mindestaufladung $10). Busse nach QUEENSTOWN 19x tgl., 30–40 Min.

Gibbston

Nachdem der **Kawarau River** den Lake Wakatipu verlassen hat, nimmt er das Wasser des Shotover River auf und stürzt sich später südöstlich von Arrowtown in die **Kawarau Gorge**. Das Flusstal ist ein wichtiges Ziel der Anbieter von Abenteuertouren aus Queenstown, doch das **Gibbston Valley** hat sich auch mit **Weinbau** einen Namen gemacht. Mehr als ein halbes Dutzend Kellereien bieten Weinproben, einige haben auch ausgezeichnete Restaurants. Alle Weingüter lassen sich mit dem eigenen Auto erreichen, doch schöner sind eine Radtour ab Arrowtown oder Queenstown oder eine geführte **Weintour** ab Queenstown (S. 726).

ESSEN UND WEINVERKOSTUNGEN

Die folgenden Weingüter bieten Weinproben an, und alle außer Peregrine verfügen über Restaurants. Wer lieber Bier trinkt, kann einen Zwischenstopp bei der Gibbston Tavern, 6 Coal Pit Rd, einlegen, die hervorragende Holzofenpizzas backt.

Amisfield & Kitchen, 10 Lake Hayes Rd, www.amisfield.co.nz. Das Amisfield bietet eines der Top-Speiseerlebnisse in ganz Neuseeland: Das hervorragende Restaurant ist auf erstklassige, täglich wechselnde Probiermenüs spezialisiert (mittags 3/5 Gänge, abends 7 Gänge). Natürlich kann jeder Gang auch mit einem tollen Tröpfchen vom Amisfield-Weingut in Cromwell begleitet werden. Wein-Interessierte können auch in der Probierstube 5 Weine für $10 verkosten. $$$

Gibbston Valley, 1820 Gibbston Valley Hwy (SH6), www.gibbstonvalley.com. Heutzutage ist hier manchmal einfach zu viel los, doch das erste Weingut des Gibbston Valley verfügt über den einzigen echten Weinkeller in der gesamten Region. Eine Führung durch den Keller und eine Verkostung von 3 Weinen ist absolut empfehlenswert (tgl. 5 Touren), oder man entscheidet sich für eine normale Verkostung (4 Weine). Außerdem gibt es ein gutes Restaurant sowie eine Käserei mit kostenlosen Proben. $$$

Kinross, 2300 Gibbston Valley Hwy (SH6), www.kinross.nz. Kinross umfasst Boutique-Unterkünfte (Studio-Cottage), ein Bistro und eine Probierstube zur Verkostung von Weinen von 5 kleinen Gütern der Gegend (Coal Pit, Domaine Thomson, Hawkshead, Valli und Wild Irishman) und ist eine gute Option, wenn man nur für ein Weingut Zeit hat. $$$

Mora, 265 Arrowtown-Lake Hayes Rd, www.mora.co.nz. Beim Weingut Bannockburn führt eine Kellertür in ein ausgezeichnetes neues Restaurant direkt an der SH6. Die zufriedenen Gäste kommen für ein köstliches Frühstück hierher oder verweilen bei einem Gourmet-Mittagessen, das aus den besten neuseeländischen Produkten zubereitet wird (darunter Mt.-Cook-Lachs, geräuchert über Zedernholz, mit Kräuter-Creme-Fraiche, Grieben, Zitrone und gerösteten Zucchini versehen). Wer keine Zeit für ein opulentes Mahl hat, kann trotzdem an einer der lohnenden Weinproben teilnehmen. $$

Peregrine, 2127 Gibbston Valley Hwy, www.peregrinewines.co.nz. Auf dem ultramodernen Weingut kann man nach der kostenlosen Verkostung von 4 Weinen eine Runde durch den interessanten Fassraum drehen. Das Highlight dieses Weinproduzenten ist der Pinot Noir, doch Peregrine keltert auch 5 hervorragende Weißweine, einen Rosé und einen Schaumwein nach der klassischen *méthode traditionelle*, wie sie in der Champagne entwickelt wurde, also mit Flaschengärung. $$$

Wanaka und Umgebung

Einige Leute bezeichnen das hübsche **Wanaka** inzwischen als ein „Mini-Queenstown". Zwar ist hier mittlerweile mehr los als früher, doch handelt es sich bei Wanaka nach wie vor um ein kleines, überschaubares Städtchen, das eher an ein über seine Grenzen hinausgewachsenes Dorf erinnert und ein wunderbares Gefühl von Helligkeit und Weite ausstrahlt – ein toller Ort für ein paar Tage Entspannung. Die Lage des Orts am Südufer des **Lake Wanaka** ist einmalig: Hier gehen die mit Pappeln bestandenen Hügel von Central Otago in die atemberaubenden Bergriesen des **Mount Aspiring National Park** über.

Wanaka entstand in den 1860er-Jahren als zentraler Versorgungsposten für hiesige Claim-Besitzer und umherziehende Goldgräber, kam aber erst gegen Mitte des 20. Jhs. so richtig in die Gänge, als die mit Campingausrüstungen und Wohnwagen anrückenden Kiwis das trocken-warme Sommerklima der Region für sich entdeckten.

Wanaka besitzt auch heute nicht mehr als rund 7500 Einwohner, doch in den letzten Jahren hat sich durch eine rege Bautätigkeit einiges in der Stadt getan, und Wanaka ist derzeit einer der am schnellsten wachsenden Orte Neuseelands. Der Ort bietet sich zwar bestens zum Entspannen in Cafés und am Seeufer an, aber es gibt hier außer dem That Wanaka Tree keine echten Sehenswürdigkeiten. Wer Museen, Mikrobrauereien und Weingärten besuchen möchte, muss die Stadt verlassen. Dasselbe gilt auch für Abenteueraktivitäten.

In den Wintermonaten gerät Wanakas relative Beschaulichkeit durch die **Ski- und Snowboardfahrer** aus den Fugen, die in Scharen einfallen und die Pisten der **Skigebiete Treble Cone und Cardrona** sowie das nordische Skiterrain **Snow Farm** (s. Kasten S. 727) bevölkern.

Am Ufer des Lake Wanaka

Ein Highlight in Wanaka sind die Rasenflächen, die sich über 1 km am Kieselstrand des Seeufers erstrecken. Dort kann man wunderbar entspannen und einfach die Ausblicke auf die Berge genießen. Im Sommer nutzen viele Menschen dieses Areal zum Sonnenbaden, Picknicken und Entenfüttern, und natürlich kann man alle möglichen Wassergefährte ausleihen, z. B. Kajaks und SUP-Bretter.

Wanaka Tree

Eine knorrige kleine Weide, die in der sanften Biegung der Roys Bay an der Wanaka–Mount Aspiring Road aus dem See zu wachsen scheint, ist vielleicht **der meistfotografierte Baum Neuseelands**. Der Baum erwuchs vor mehr als 80 Jahren, als der Wasserspiegel des Sees noch weitaus niedriger war, aus einem Holzzaun, und erlangte vor ein paar Jahren Berühmtheit auf Instagram. Somit finden sich heute zu jeder Tageszeit hier immer ein paar Interessierte auf der Suche nach dem perfekten Foto für #thatwanakatree.

Rippon Vineyard

246 Mount Aspiring Rd, 3 km westlich des Orts ▪ 🕒 tgl. 11–17 Uhr ▪ 💻 www.rippon.co.nz ▪ zu erreichen mit dem Auto von Wanaka oder in 40 Min. zu Fuß über den Waterfall Creek Track am See entlang, dann bergan durch die Weinstöcke

Eines der ältesten Weingüter in Central Otago, gegründet 1982, bietet in atemberaubender Landschaft Verkostungen seiner interessanten biodynamisch angebauten Weine. Vom modernen Verkostungsraum auf einem Hügel schweift der Blick über die Weinstöcke und den See auf die Berge. Wie bei den meisten Weingütern in Central Otago ist das Highlight der Pinot Noir (Spätburgunder), empfehlenswert sind jedoch auch der Riesling und der seltene Osteiner Riesling. Die Spenden für die Verkostungen kommen dem Restaurierungsprogramm für das heimische Habitat zugute.

Stuart Landsborough's Puzzling World

188 SH84, 2 km östlich des Orts ▪ 🕒 Nov–April tgl. 8.30–17.30, Mai–Okt 8.30–17 Uhr ▪ Eintritt, Kombitickets erhältlich für „The Great Maze" und die „Illusion Rooms" ▪ 💻 www.puzzlingworld.co.nz

Eine Reihe von Araukarien weist den Weg zur **Stuart Landsborough's Puzzling World**. Das Highlight ist „The Great Maze", ein 1500 m langes Holzlabyrinth. Wer sich in den Irrgarten begibt, muss alle vier Ecktürme erreichen, entweder nach dem Zufallsprinzip (30 Min.–1 Std.) oder in einer bestimmten Reihenfolge (mind. 1 Std.) und dann wieder hinausfinden. Der Großteil der übrigen Räumlichkeiten präsentiert optische Täuschungen und Spielereien, darunter die „Hall of Following Faces", eine Aufreihung von Köpfen berühmter Persönlichkeiten – Einstein, Mutter Teresa etc. –, deren Augen dem Besucher zu folgen scheinen. Toll für Reisende mit Kindern!

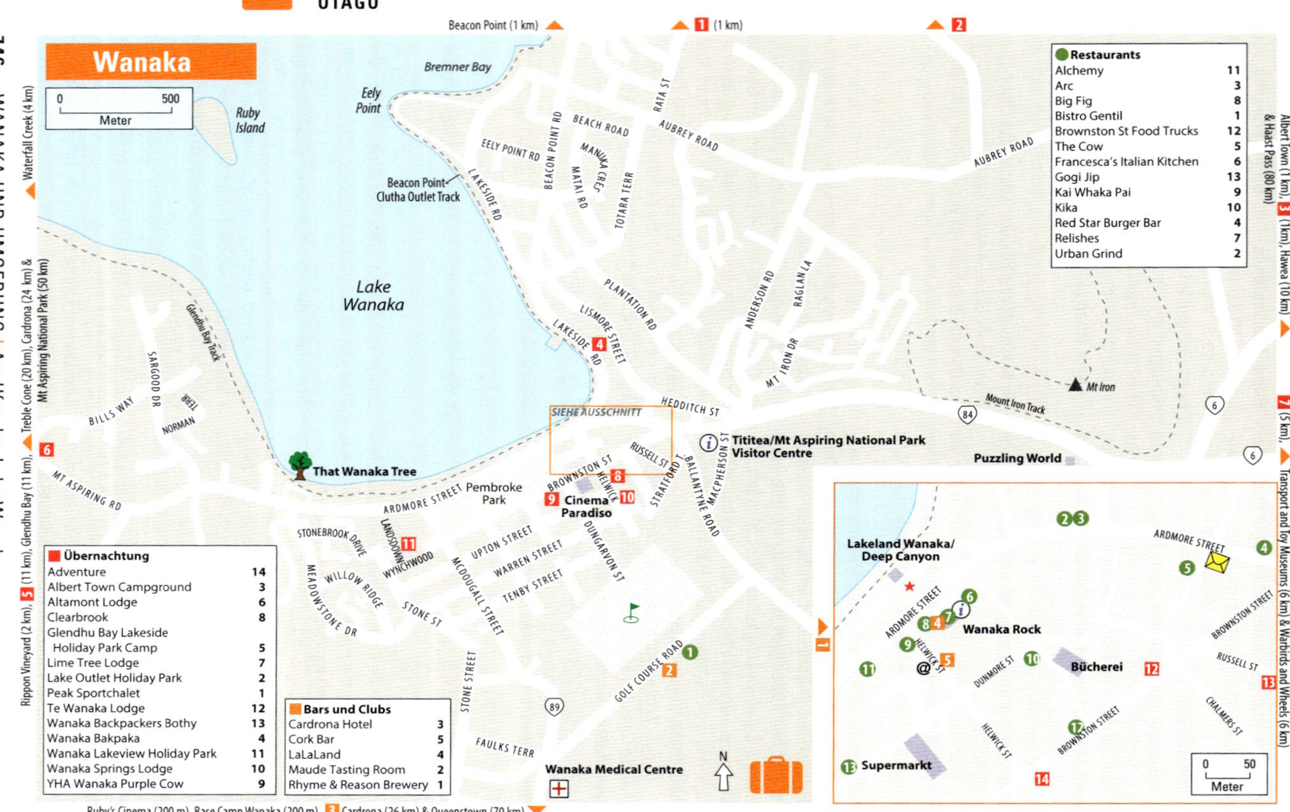
Wanaka
0 500 Meter
Beacon Point (1 km)
1 (1 km)
2
Albert Town (1 km), 3 (1km), Hawea (10 km) & Haast Pass (80 km)
7 (5 km), Transport and Toy Museums (6 km) & Warbirds and Wheels (6 km)
Waterfall Creek (4 km)
Treble Cone (20 km), Cardrona (24 km) & Mt Aspiring National Park (50 km)
Rippon Vineyard (2 km), 5 (11 km), Glendhu Bay (11 km),
Ruby's Cinema (200 m), Base Camp Wanaka (200 m), 3 Cardrona (26 km) & Queenstown (70 km)
Ruby Island
Bremner Bay
Eely Point
Lake Wanaka
Beacon Point-Clutha Outlet Track
Glendhu Bay Track
That Wanaka Tree
Pembroke Park
Cinema Paradiso
SIEHE AUSSCHNITT
Titirea/Mt Aspiring National Park Visitor Centre
Puzzling World
Mt Iron
Mount Iron Track
Wanaka Medical Centre
EELY POINT RD
BEACH ROAD
RATA ST
AUBREY ROAD
MANUKA CRES
MATAI RD
TOTARA TERR
BEACON POINT RD
LAKESIDE RD
PLANTATION RD
LISMORE STREET
ANDERSON RD
RAGLAN LA
MT IRON DR
HEDDITCH ST
MACPHERSON ST
BALLANTYNE ROAD
STRATFORD T.
RUSSELL ST
BROWNSTON ST
HELWICK
ARDMORE STREET
DUNGARVON ST
UPTON STREET
WARREN STREET
TENBY STREET
MCDOUGALL STREET
STONE ST
STONE STREET
FAULKS TERR
GOLF COURSE ROAD
LANDSDOWN
WYNCHWOOD
STONEBROOK DRIVE
WILLOW RIDGE
MEADOWSTONE DR
MT ASPIRING RD
BILLS WAY
SARGOOD DR
NORMAN TERR
Restaurants
Alchemy 11
Arc 3
Big Fig 8
Bistro Gentil 1
Brownston St Food Trucks 12
The Cow 5
Francesca's Italian Kitchen 6
Gogi Jip 13
Kai Whaka Pai 9
Kika 10
Red Star Burger Bar 4
Relishes 7
Urban Grind 2
Übernachtung
Adventure 14
Albert Town Campground 3
Altamont Lodge 6
Clearbrook 8
Glendhu Bay Lakeside Holiday Park Camp 5
Lime Tree Lodge 7
Lake Outlet Holiday Park 2
Peak Sportchalet 1
Te Wanaka Lodge 12
Wanaka Backpackers Bothy 13
Wanaka Bakpaka 4
Wanaka Lakeview Holiday Park 11
Wanaka Springs Lodge 10
YHA Wanaka Purple Cow 9
Bars und Clubs
Cardrona Hotel 3
Cork Bar 5
LaLaLand 4
Maude Tasting Room 2
Rhyme & Reason Brewery 1
Lakeland Wanaka/ Deep Canyon
Wanaka Rock
Bücherei
Supermarkt
ARDMORE STREET
HELWICK ST
DUNMORE ST
BROWNSTON STREET
RUSSELL ST
CHALMERS ST
0 50 Meter

National Transport and Toy Museum

891 Wanaka–Luggate Hwy (SH6), 9 km südöstlich des Orts ▪ tgl. 8.30–17 Uhr ▪ Eintritt ▪ www.nttmuseum.co.nz

Im **National Transport and Toy Museum** sind alle möglichen faszinierenden alten und neueren Fahrzeuge sowie Spielzeug (darunter mehr als 500 Barbie-Puppen) ausgestellt. So findet sich in diesem bunten Sammelsurium etwas für Jung und Alt.

Skydive Wanaka

Mustang Lane, Wanaka Airport, 9 km südwestlich des Orts ▪ tgl. Nov–April 9–17, Mai–Okt 9–16 Uhr ▪ Eintritt ▪ www.skydivewanaka.com

Der Absprung mit Start am Flughafen Wanaka ist die beste Fallschirmspringoption der Region und ermöglicht Adrenalin-Junkies einen Tandemflug über die Seen, Gletscher und Berge von Otago. Spektakuläre Ausblicke über die Southern Alps bis hin zum Mount Cook sind garantiert. Für die Sprünge stehen verschiedene Preisoptionen zur Verfügung. Die teureren Varianten beinhalten hochwertige Foto- und Videoaufnahmen des Flugerlebnisses, die von dem jeweiligen Fluglehrer individuell aufgezeichnet werden.

Cardrona Valley

Die Nachricht von den reichen Goldfunden bei Arrowtown zog schnell zahlreiche Glücksritter an, die sich entlang der Crown Range ins **Cardrona Valley** wühlten, wo noch im selben Jahr **Gold** entdeckt wurde. Fünf Jahre später wanderten die Europäer zu den neuen Goldfeldern an der Westküste ab und überließen es den chinesischen Immigranten, nach den übersehenen Resten zu graben. Um 1870 waren auch die Chinesen größtenteils wieder von dannen gezogen.

Die kleine Siedlung **Cardrona**, 24 km südlich von Wanaka, besteht aus einer Handvoll Cottages, einem verwilderten Friedhof, einer fantastischen Brennerei, dem Cardrona Hotel und einem alten Ensemble aus Post und Laden.

Die kürzeste und schnellste Verbindung von Wanaka nach Queenstown ist die südlich von hier verlaufende **Crown Range Road** (SH89). Im Winter ist die Straße nach Schneefällen manchmal gesperrt, und Autofahrern, die mit Wohnwagen oder Anhänger unterwegs sind, wird davon abgeraten, sie zu befahren. Aber an einem schönen Tag kommt man in den Genuss einer wunderbaren Fahrt durch das grasbewachsene Hochland, vorbei an den Überresten aus der Goldgräber-Vergangenheit des Cardrona Valleys. Auf der Passhöhe (1076 m) bieten sich von einem Aussichtspunkt wunderbare Blicke über Queenstown und den Lake Wakatipu. Danach geht es in steilen Haarnadelkurven hinunter zum SH6, nach Arrowton und Queenstown.

Cardrona Distillery

2125 Cardrona Valley Rd, Cardrona ▪ tgl. 9.30–17 Uhr ▪ www.cardronadistillery.com

Die weltweit südlichste Whiskybrennerei, untergebracht in einem von einem duftenden Rosengarten umgebenen Schiefergebäude, hat mit ihren Hagebutten-Gins schon Preise eingeheimst, während die ersten Single Malts erst 2025 abgefüllt werden. Wodka, Gin und Liköre können gratis verkostet werden, alternativ nimmt man an einer Führung teil (1 1/2 Std.). Das Rezeptionsgebäude soll demnächst ein Museum beherbergen. Wer nicht sofort nach Wanaka zurückfahren muss, kann die Spirituosen des Hauses auf dem Rasen vorm Gebäude noch in einem Cocktail probieren, am besten zusammen mit der Käseplatte.

Matukituki Valley und Mount Aspiring National Park

Das **Matukituki Valley** ist so etwas wie der Freizeitpark von Wanaka, ein 60 km langer Arm, der sich von der sonnenverbrannten Landschaft um den Lake Wanaka bis zu den alpinen Ausläufern des Mount Aspiring erstreckt. Skiläufer auf dem Weg zum Treble Cone durchqueren die Schafweiden am Flussufer; Kletterlustige zieht es zu den schroffen Felswänden links und rechts der Straße und Wanderer sowie Bergsteiger in den **Aoraki/Mount Aspiring National Park**. Der Park zählt zu den größten des Landes und reicht vom Haast Pass im Norden bis zum oberen Lake Wakatipu im Süden. Sein Herzstück bildet der pyramidenförmige **Mount Aspiring**, mit 3033 m Neuseelands höchster Berg außerhalb des Aoraki/Mount Cook National Park. Fährt man auf dem ungeteerten Abschnitt der Mount Aspiring Road am Matukituki River entlang, ist vom Mount Aspiring nicht viel zu sehen, da der Mount Avalanche und der Avalanche Glacier den Blick verstellen. Zerklüftete Berge bestimmen die Szenerie bis zum **Raspberry Creek**, wo ein Parkplatz und öffentliche Toiletten den Beginn mehrerer wunderschöner Wanderwege in den Park markieren.

Auf der 55 km langen Strecke zwischen Wanaka und dem Parkplatz am Raspberry Creek verkehren **Busse** von Ritchies (S. 757) (Okt–April 2x tgl., $40 einfach, $60 hin und zurück, Buchung ratsam); mit Stopps am Roy's Peak, am Diamond Peak und an der Glendhu Bay.

KT Sightseeing, 💻 www.facebook.com/KtSightseeingTaxiWanaka, bietet Transport hin und zurück zum Rob Roy Glacier Track und einfache Fahrten zum Mt Aspring Hut Track und zum Cameron Flat Track; die Abfahrt in Wanaka erfolgt um 9 Uhr.

ÜBERNACHTUNG

Karte S. 746

In den Hauptreisemonaten Januar, Februar, Juli und August und während großer Events unbedingt reservieren. Im Ort und am Seeufer ist wildes Camping nicht gestattet.

Adventure, 56 Brownston St, 💻 www.adventurehostels.co.nz. Kombination aus Hostel und Budget-Lodge mit einem ansprechenden Backpacker-Bereich mit Schlafsälen in verschiedenen Größen und einem winzigen, eigenständigen DZ. Der gehobenere Lodge-Bereich verfügt über moderne Doppel- und Familienzimmer mit eigenem Bad, TV und Kühlschrank sowie Zugang zu einer ausgezeichneten Küche und einer komfortablen Lounge. ❶

Altamont Lodge, 121 Mount Aspiring Rd, 💻 www.altamontlodge.co.nz. Hostelpreise ohne Dorms oder Backpacker-Flair in einer holzgetäfelten Wanderer- und Skilodge mit Gemeinschaftsküche, Aufenthaltsraum, Spa, Trockenräumen, weiten Rasenflächen mit Grills und Waschmaschinen. Zweckmäßige 2-Bett-, Doppel- und 3-Bettzimmer mit Gemeinschaftsbad. ❷

Clearbrook, 72 Helwick St, 💻 www.clearbrook.co.nz. Schickes Motel mit geschmackvoll eingerichteten Luxus-Units (Studios, Apartments mit 1–2 Schlafzimmern) am Bullock Creek; alle mit TV, Küche mit Geschirrspüler, Waschmaschine und Balkon mit Bergblick. Außerdem Häuser mit 3 Schlafzimmern für bis zu 8 Pers. ❹

Lime Tree Lodge, 672 Ballantyne Rd, 9 km östlich von Wanaka, 💻 www.limetreelodge.co.nz. Stilvolles B&B abseits des Trubels des Orts mit 4 Zimmern und 2 Suiten mit umfassender Ausstattung, von flauschigen Bademänteln, frischem Gebäck und Nachmittagsdrinks bis zu kostenlosen abendlichen Transfers nach Wanaka. Außerdem warten hier ein Swimming Pool, eine gemütliche Lounge mit offenem Kamin und sogar ein Hubschrauber-Landeplatz auf die Gäste. ❹

Peak Sportchalet, 36 Hunter Crescent, rund 2 km nördlich vom Ort, 💻 www.peak-sportchalet.co.nz. Umweltfreundliches Selbstversorger-Studio und Chalet mit 2 Schlafzimmern in einem stillen Teil des Orts, in Besitz eines netten deutschen Paars. Individuell eingerichtet, Bäder mit Fußbodenheizung, sehr gut isoliert. Frühstücksbuffet. Die Unterkunft ist perfekt geeignet für eine Familie oder 2 Paare. ❸

Te Wanaka Lodge, 23 Brownston St, 💻 www.tewanaka.co.nz. Eine einladende Lodge mit 13 luxuriösen Zimmern mit Bad, Sky-TV und separatem Eingang; von den Zimmern 9, 10, 11 und 12 bieten sich sehr schöne Ausblicke. Außerdem gibt es einen beheizten Whirlpool im schönen Garten, wo auch ein reizendes Cottage-Zimmer angesiedelt ist. Gäste genießen das herzhafte Frühstücksbuffet, kostenlosen Nachmittagstee und eine Hausbar mit Vertrauenskasse und einer wunderbaren Auswahl an Weinen. Die Gastgeber wissen viel über Outdoor-Aktivitäten. ❸

Wanderungen in der Umgebung von Wanaka

In der Umgebung von Wanaka gibt es tolle Wandermöglichkeiten, von leichten bis anspruchsvollen. Eine umfassende Outdoor-Ausrüstung braucht man nicht, lediglich robuste Schuhe, Regenbekleidung, Sonnenschutz und die DOC-Broschüre *Wanaka Outdoor Pursuits* ($3,50, kostenloser Download von der DOC-Website), die eine gute Karte enthält. Für einen einfachen Uferspaziergang eignet sich bestens der **Outlet Track** (3 km einfach, 1 Std. pro Strecke, meist flach). Wer lieber ein wenig himmelwärts strebt: Der **Mount Iron Track** (4,5 km hin und zurück, 1 1/2 Std., 240 m Anstieg), der von Wanaka am einfachsten erreichbare Bergpfad, führt durch Weideland sowie die vogelreichen Manuka-Wälder des Mount Iron Scenic Reserve.

Wanderungen im Matukituki Valley

Praktisch für diese anspruchsvolleren Wanderungen sind die DOC-Broschüren *Matukituki Valley Tracks* und *Rees and Dart Valleys* (als kostenloses Download von 💻 www.doc.govt.nz) sowie die topografische Topo50-Karte *Aspiring Flats* (erhältlich beim DOC). Die Strecken eignen sich nur für relativ sportliche und erfahrene Wanderer, zumal der Park extreme Klimaunterschiede aufweist: Im Matukituki Valley fällt pro Jahr durchschnittlich 500 mm Niederschlag, während auf der westlichen Parkseite rund 6000 mm niedergehen. Die Wanderungen beginnen am Parkplatz Raspberry Creek, rund eine Autostunde von Wanaka entfernt.

Die einfachste Wanderung hier ist der Weg vom **Raspberry Creek zur Aspiring Hut** (9 km einfach, 2 1/2–3 Std., 100 m Anstieg). Die populäre und meist sehr idyllische Tageswanderung beginnt auf einer Geländewagenpiste, die vom Parkplatz sanft ansteigt und am westlichen Arm des Matukituki River entlangführt. Der Weg wendet sich nur einmal vom Fluss ab, um die Klippen auf der Strecke zum Downs Creek zu umgehen, von wo sich tolle Ausblicke auf den Rob Roy Glacier und den Mount Avalanche eröffnen. Lohnenswert ist der kurze Abstecher zu den **Brides Veil Falls**. Wenig später erreicht man die historische Cascade Hut und nach weiteren 20 Minuten die relativ luxuriöse, aus Stein erbaute Aspiring Hut (NZAC, 38 Betten, keine Reservierung möglich), ein beliebtes Basislager für Bergsteiger, die es auf die Gipfel rund um den Mount Aspiring zieht. In Nähe der Hütte kann auch gezeltet werden, doch die Hütteneinrichtung einschließlich der Toiletten darf von Campern nicht benutzt werden.

Eine Alternative ist der **Rob Roy Valley Walk** (10 km hin und zurück, 3–4 Std., 300 m Anstieg). Diese zu Recht beliebte Strecke ist kürzer und steiler als die Wanderung zur Aspiring Hut, aber dafür spektakulärer: Durch Buchenwald geht es in herrliche Berglandschaften mit Blick auf Schneefelder und Gletscher. Eco Wanaka Adventures, 💻 www.ecowanaka.co.nz, bieten hier ganztägige geführte Wanderungen inkl. Picknicklunch.

Wanaka Backpackers Bothy, 21 Russell St, 💻 www.bothy.co.nz. Dies ist eine familiengeführte Backpacker-Lodge (ehemals Flying Kiwi Backpackers) mit freundlicher Atmosphäre und Schwerpunkt auf Wintersport. Die empfehlenswerte Lounge ist mit sehr gemütlichen Sofas ausgestattet, und es gibt eine praktische Gemeinschaftsküche sowie Fahrräder zum Ausleihen. Die Unterbringung erfolgt in kleinen Schlafsälen oder einfachen Privatunterkünften. ❶

Wanaka Bakpaka, 117 Lakeside Rd, 💻 www.wanakabakpaka.co.nz. Gepflegtes Hostel 5 Gehminuten außerhalb des Zentrums; herrlicher See- und Bergblick (DZ mit Aussicht kostet extra), geruhsame Atmosphäre, im Sommer Grillabende, außerdem Verleih von Fahrrädern und jede Menge Platz draußen zum Genießen der Nachmittagssonne. ❶

Wanaka Springs Lodge, 21 Warren St, 💻 www.wanakasprings.com. Edle Unterkunft in einer ruhigen Gegend mit komfortablen, schön eingerichteten Zimmern, stilvollen Gemeinschaftsräumen und Spa im Garten; gut informierte Besitzer. Etwas billiger ab 2 Übernachtungen. ❹

YHA Wanaka Purple Cow, 94 Brownston St, www.yha.co.nz. Großes, freundliches Hostel mit Dorms mit bis zu 6 Betten, alle mit Bad. Außerdem mehrere DZ mit Bad, einige mit Seeblick. Toller See- und Bergblick durch die großen Panoramafenster der Aufenthaltsräume. Billard (kostenlos), abends Filme, Leihräder, außerdem große Küche, schöner Grillbereich und Waschmaschinen. ❷

Campingplätze und Holiday Parks

Albert Town Campground, 6 km nordöstlich von Wanaka am SH6. Offener Campingplatz mit Wasser und Toiletten am Ufer des reißenden Clutha River. Viel Schatten. Während der 4 Wochen ab Weihnachten sehr voll. ❶

Glendhu Bay Lakeside Holiday Park, 1127 Mount Aspiring Rd, 12 km westlich von Wanaka, www.glendhubaymotorcamp.co.nz. Wunderschön am See gelegener Familienplatz mit zahlreichen Stellplätzen am Wasser, Cabins für bis zu 5 Pers., ein Haus für 10 Pers., einem *bunkhouse* mit 21 Schlafplätzen und tollem Blick Richtung Mount Aspiring. Außerdem gehört zum Service Gemeinschaftsküche, Münzduschen, Waschmaschinen, Spielplatz und Bootsrampe. ❶

Lake Outlet Holiday Park, 197 Lake Outlet Rd, 6 km von Wanaka, www.lakeoutlet.co.nz. Wunderbar gelegener, großzügig angelegter Campingplatz an der Mündung des Clutha River in den Lake Wanaka – ausgezeichnete Spaziermöglichkeiten am See oder Fluss. Zelt- und Wohnmobilstellplätze und einfache Cabins, teilweise mit Wohnbereich, und ein Cottage mit 6 Schlafgelegenheiten. Radverleih für Touren auf dem Outlet Track. ❶

Wanaka Lakeview Holiday Park, 212 Brownston St, www.wanakalakeview.co.nz. Der dem Ort am nächsten gelegene Campingplatz, nur 5 Gehminuten vom Zentrum entfernt, mit Zeltstellplätzen, Cabins und einem Selbstversorger-Apartment. ❶

ESSEN

Skifahrer und Sommerurlauber haben in Wanaka eine umfassende Restaurant- und Kneipenszene entstehen lassen.

Alchemy, 151 Ardmore St, www.alchemywanaka.nz. Pastellfarbenes Café mit entspanntem skandinavischem Flair, beliebt zum Brunchen (Tipp: „green eggs and ham"-Pesto-Rührei) oder für ein locker-elegantes Abendessen mit guter Auswahl an Snacks und kleinem Angebot an Hauptgerichten. $$

Arc, 74 Ardmore St, www.arcwanaka.co.nz. Dieses von Briten geführte Restaurant ist ein neue Favorit unter den Einwohnern von Wanaka. Dafür sorgen Gerichte aus der Region wie frische Austern, geschmorte Kalbskroketten, Fisch-Aguachile und mehr. Gäste sitzen im niedrigen, mit Lampen geschmückten Innenraum, der mit Upcycling-Möbeln aus einheimischem Rimu-Holz dekoriert ist, oder im „geheimen" Garten draußen (super, wenn das Wetter es zulässt). $$

Big Fig, 105 Ardmore St, www.bigfig.co.nz. Imbiss mit fantastisch gesundem Essen: Hier wird Slowfood *fast* serviert. Man wählt einfach seine Tellergröße (medium umfasst ein Fleischgericht und 4 Salate), dann sein Essen aus, von Granatapfel-Rinderbäckchen bis zu Lamm-Schawarma sowie rund 10 kreativen Salaten, sucht sich einen Tisch oder nimmt das Ganze mit. $$

Bistro Gentil, 76a Golf Course Rd, www.bistrogentil.co.nz. Nobles modernes französisches Restaurant mit eleganter Einrichtung (an den Wänden hängt zeitgenössische neuseeländische Kunst) und einer Terrasse mit weitem Blick Richtung See und Berge. Auf dem Speiseplan steht vielleicht Cardrona-Merino-Lammhüfte mit Lammschulterkrokette, Topinambur, Haselnüssen und Rosmarinjus. In Selbstbedienung kann man aus dem Weinspender mehrere Weine kosten, bevor man sich für einen entscheidet. $$$

Brownston Street Food Trucks, Brownston St. An der Brownston St tummelt sich mehr als ein halbes Dutzend Food Trucks, die meisten davon halbpermanent am oberen Ende der Straße. Hier kann man sich bei Francesca's eine Pizza holen oder bei Burrito Craft einen geschmacksintensiven Burrito. Außerdem gibt's Klöße sowie Kaffee und heiße Schokolade, auch ein paar Sitzbänke sind vorhanden. $

The Cow, 33 Ardmore St, www.thecowpizza.co.nz. Die beste Pizza der Stadt wird in diesem stimmungsvollen Restaurant mit einem rustikalen, schummrig beleuchteten Innenraum, der mit Kupfertöpfen und Kaminen in nackten Ziegelwänden dekoriert ist, aufgetischt. Zur traditionellen Trattoria-Atmosphäre tragen die leckeren Beilagen, hausgemachtes Brot, Salat und Suppen bei, während auch die Pasta-Karte fantastisch ist, insbesondere die Fisch- und Schalentierauswahl. Probieren sollte man unbedingt das Muschelrisotto. $$

Francesca's Italian Kitchen, 93 Ardmore St, www.fransitalian.co.nz. Hier wimmelt es immer von Gästen, die sich die berühmte gebratene Polenta mit Trüffelöl oder himmlische Pizzas schmecken lassen. In dieser modernen Ausgabe eines traditionellen italienischen Lokals werden auch kunstvoll knackfrische Zutaten in Vorspeisen wie Cloudy-Bay-Venusmuscheln mit Chili, Knoblauch, Prosecco und Schwarzlauchbutter verwandelt. Reservierung empfohlen. $$$

Gogi Jip, 31 Dunmore St, www.facebook.com/gogijipkoreanbbqrestaurantwanaka. Die koreanische Küche ist nach Wanaka gekommen, und sie ist gut! Dazu gehören prall gefüllte Schüsseln mit Bibimbap, gebratenem Kimchi-Reis, Jeyuk-Bokkeum (gebratenes Schweinefleisch und Gemüse) und mehr. Alles auch zum Mitnehmen. Am besten ist es aber, vor Ort zu essen, um das Ritual des Grillens auf einer heißen Platte am Tisch zu erleben – eine tolle Art zu schlemmen! $$

Kai Whaka Pai, Ardmore St, Ecke Helwick St, www.kaiwhakapai.nz. Das tagsüber bei Einheimischen sehr beliebte Lokal bietet herzhaftes Frühstück, Gebäck und guten Kaffee. An Sommerabenden sorgen Bier und Wein für guten Umsatz, auch an den Straßentischen, und dazu werden beispielsweise offene Steak-Sandwiches und dünnkrustige Pizza serviert. Es gibt auch mehrere Fassbiere der lokalen Brauerei Wanaka Beerworks. $

Kika, 33 Dunmore St, www.kika.nz. Tolle Karte mit tapasartigen Speisen aus frischen Zutaten der Region. Als Vorspeise könnte man Spargel, Estragon und Pancetta mit geräucherten Macadamia-Nüssen bestellen und sich dann eine große Portion Lammschulter mit Zitrone, Rosmarin und Chili teilen. Oder man lässt sich von den Kellnern die besten Gerichte des Tages empfehlen. $$

Red Star Burger Bar, 26 Ardmore St, www.redstarburgers.co.nz. Jede Kiwi-Stadt hat ihre eigene Burger-Bar, und in Wanaka ist es das Red Star, ein immer gut besuchtes Lokal, das saftige Burger (einschließlich Jalapeño- und Blauschimmelkäse-Varianten) mit Rind-, Lamm-, Hühnchenfleisch oder Gemüse serviert. $$

Relishes, 99 Ardmore St, www.relishescafe.co.nz. Alteingesessenes Café in Wanaka mit tollem Frühstück und mittags z. B. in Zitrone und Chili marinierten Garnelen, Gemüsenudelsalat, Vermicelli, Erdnüssen, *nam jim*-Dressing und abends Ziegenlende, Blumenkohlhummus, Puy-Linsen mit Kreuzkümmel, Oliven, Tomaten und Sumachbutterjoghurt. $$

Urban Grind, 72 Ardmore St, www.urbangrind.co.nz. Modernes Café mit nackten Backsteinwänden und übergroßen Lampenschirmen. Für einen guten Start in den Tag empfiehlt sich z. B. ein Sandwich mit Bacon und Ei oder ein japanischer Pfannkuchen mit geröstetem Schweinebauch und Spiegelei. Die Sandbarsch-Sandwiches und die *bao buns* mit Huhn sind ein guter Appetitanreger für eine dünnkrustige Pizza und dazu ein Bier aus der Region oder ein Krug Pimms. $$

UNTERHALTUNG

Cardrona Hotel, Cardrona, www.cardronahotel.co.nz. Das 1863 erbaute Hotel wurde nach Jahren des Verfalls renoviert und 1984 wiedereröffnet; die Fassade ist in der unsanierten Form erhalten geblieben. Im Winter lassen sich die Skifahrer auf den Sofas am Kamin nieder, im Sommer erwacht der Biergarten zum Leben. Tolle Auswahl an Getränken, moderne Kneipenkost wie Wild-und-Bacon-Burger mit Pommes und Nachos sowie B&B-Unterkünfte.

Cork Bar, 14 Helwick St, www.facebook.com/corkbar.co.nz. Mit mehr als 50 Gin-, über 60 Whisky- und 10 verschiedenen Biersorten vom Fass und Wanakas umfangreichster Weinkarte hat diese tolle neue Bar wirklich genügend Auswahl. Im kleinen Hof mit verschließbarem Dach wird oft Livemusik geboten.

LaLaLand, Level 1, 99 Ardmore St, www.lalas.co.nz. Nirgendwo in der Stadt wird so kunstvoll gemixt wie in dieser netten kleinen Cocktailbar. Man kann zum Sundowner herkommen und ihn auf der Veranda mit Seeblick schlürfen oder bis später warten, wenn der Laden richtig brummt.

Maude Tasting Room, 76a Golf Course Rd, www.maudewines.com. Das renommierte Weingut verfügt jetzt über eine Probierstube in fußläufiger Entfernung vom Zentrum. Auf der Allwetterterrasse kann man zum Seeblick die Maude Range (4 Weine) oder die Reserve Range (6 Weine) verkosten und dazu vielleicht einen Käse- oder Aufschnittteller verspeisen.

Rhyme & Reason Brewery, 17 Gordon Rd, www.rhymeandreason.beer. Dieses Brauhaus im langsam gentrifizierten Gewerbegebiet von Wanaka ist besonders samstagnachmittags eine super Adresse: Dann gibt es Livemusik und Essen von Food Trucks. An anderen Tagen kann man sich Essen kommen lassen, während man ein Probierset studiert; verantwortlich fürs Bier ist Jessica Wolfgang, eine von Neuseelands aufstrebenden weiblichen Brauern.

Kinos

Wenn nicht gerade ein Festival stattfindet oder eine Band gastiert, beschränkt sich das Unterhaltungsprogramm aufs Kino.

Cinema Paradiso, 72 Brownston St, www.paradiso.net.nz. Auch wenn das Leinwandgeschehen digital gesteuert wird, sitzen die Kinogänger immer noch auf durchgesessenen alten Sofas und Sesseln, auf Flugzeugsitzen und sogar in einem aufgeschnittenen alten Austin. Das witzige Kino mit 3 Leinwänden ist in einer ehemaligen katholischen Kirche untergebracht. Sein Programm reicht von Hollywood bis Arthouse, und in der Filmpause stärken sich die Besucher mit Eiscreme, Keksen, Kaffee oder Alkohol und einer Pizza aus dem angeschlossenen Café.

Ruby's, 50 Cardrona Valley Rd, www.rubyscinema.co.nz. Zwei schicke kleine digitale Kinos mit 37 bzw. 12 Plätzen und eine intime Cocktailbar. Ausgestattet mit einem Cocktail, einem Glas Wein oder einem Bier sowie ein paar Snacks kann man es sich auf den großen ledernen Fernsehsesseln im Kino bequem machen.

AKTIVITÄTEN UND TOUREN

Mit seiner traumhaften Landschaft, dem wolkenlosen Himmel und den erschwinglichen Preisen ist Wanaka ein ausgezeichneter Ort, um sich in die Lüfte zu erheben. Und dank dem wunderbaren See und mehrerer Flüsse bestehen auch zahlreiche Möglichkeiten, stilvoll nass zu werden.

Buchungen lassen sich über die meisten Unterkünfte, zahlreiche Agenturen oder direkt beim Veranstalter tätigen.

Angeln

Lake Wanaka und die umliegenden Seen und Flüsse sind beliebte Angelreviere für Quinnat-Lachs sowie Bach- und Regenbogenforellen. Es dürfen maximal sechs Fische pro Tag gefangen werden, und Angler benötigen einen Sportfischerschein, erhältlich online unter www.fishandgame.org.nz oder in Angelgeschäften wie **Southern Wild**, 10 Helwick St, www.southernwild.nz, wo man auch Angelruten und Köder bekommt. Für alle Arten von Angelunterricht gibt es auf der Website der New Zealand Professional Fishing Guides Association, www.fishandgame.org.nz, eine gute Liste lokaler Führer.

Ausflüge und Aktivitäten auf dem Wasser

Eco Wanaka Adventures, www.ecowanaka.co.nz. Sehr informative Rundfahrt (tgl. 9 und 13.30 Uhr, 4 Std.) über den Lake Wanaka zum Inselreservat Mou Waho mit seiner Wekarallen-Population. Das Highlight der Naturwanderung auf der Insel ist der Tee-Imbiss oberhalb des malerischen Sees der Insel, und man kann

Festivals und Events in Wanaka

Von Luftfahrtschauen bis zu Kunst- und Musikfestivals: Wanaka beeindruckt mit einem der dichtesten Festivalkalender des Landes. Für die Zeit der beliebtesten Events füllen sich die Unterkünfte weit im Voraus – vorausplanen!

Tuki Festival, 💻 www.tukifestival.nz. Eintägiges Rock-, Roots- und Reggae-Festival im Februar mit Top-Kiwi-Bands auf der schönen Glendhu Station.

A&P Show, 💻 www.wanakashow.co.nz. Landwirtschaftsschau im März am Seeufer mit allen möglichen Veranstaltungen, dazu jede Menge Essen und Trinken.

Warbirds Over Wanaka, 💻 www.warbirdsoverwanaka.com. Die größte Flugschau des Landes, auf dem Flugplatz von Wanaka mit über 50 000 Zuschauern. Drei Tage zu Ostern in geraden Jahren.

Festival of Colour, 💻 www.festivalofcolour.co.nz. Kulturfestival mit Ausstellungen, Tanz, Musik und Theater sowie Top-Acts aus Neuseeland, darunter Konzerte des Sinfonieorchesters, in der ganzen Stadt und in Hawea; auch jede Menge Gratis-Veranstaltungen. Im April in ungeraden Jahren.

Wanaka Beer Fest, 💻 www.facebook.com/wanakabeerfestival. Bei diesem noch recht jungen Festival im Dezember präsentieren die Craft-Brauer aus Wanaka – bei der letzten Zählung waren es fünf – und Gastbrauereien aus ganz Neuseeland ihre aktuellen Kreationen.

Rhythm & Alps, 💻 www.rhythmandalps.co.nz. Zahlreiche Besucher kommen zu diesem zweitägigen Musikfestival kurz vor Silvester im Cardrona Valley. Es gibt jede Menge tolle Musik (2022 traten Alice Agnes und Andy C auf), und die On-site-Campinglogistik wird von Jahr zu Jahr besser.

während der Tour sogar einen Baum pflanzen und so die Wiederaufforstung von Mou Waho unterstützen.

Go Jets Wanaka, 💻 www.gojetswanaka.co.nz. Wanakas neuster Anbieter von Jetboot-Touren bietet auf der Fahrt zu den reißenden Gewässern des „Devil's Nook" die üblichen Thrills zusammen mit einer interessanten Einführung in die Goldgräbergeschichte des Clutha (1 1/2 Std.).

Lakeland Wanaka, 100 Ardmore St, 💻 www.lakelandwanaka.com. Dieser Anbieter organisiert die unterschiedlichsten Aktivitäten auf dem Wasser, darunter eine geruhsame Seerundfahrt (1 Std.) und actionreichere Jetboottouren (1 Std.). Lakeland Wanaka verleiht außerdem Kajaks (p. P./Std.) und andere Wasserfahrzeuge.

Paddle Wanaka, 💻 www.paddlewanaka.co.nz. Der Kajak- und Paddleboard-Spezialist mit einer Verleihstation am Strand ($20 p. P. und Std.) führt Kajaktrips auf dem See (halber oder ganzer Tag inkl. Picknick-Lunch) und auf dem Clutha River (4 Std.) durch, für die keine Vorerfahrung notwendig ist. Zu den verschiedenen SUP-Angeboten zählen außerdem, SUP-Yoga (1 Std.) und ein Stehpaddelabenteuer auf dem Clutha River (Dauer 3 Std.).

Pioneer Rafting, 💻 www.ecorafting.co.nz. Bei diesen halb- und ganztägigen Rafting-Touren auf dem Upper Clutha (WWII, Sep–April tgl.) liegt das Hauptaugenmerk auf dem Genießen der Landschaft und Goldwaschen. Für Familien geeignet.

Wanaka River Journeys, 💻 www.wanakariverjourneys.co.nz. Preisgünstige Jetboot-Trips (1–2x tgl., 4 Std.) den Matukituki River hinauf, wobei man herrliche Blicke auf den Mount Aspiring, den Avalanche Glacier, den Mount Avalanche etc. genießt, der Führer weiß viel zu erzählen und unternimmt einen kurzen Spaziergang mit den Teilnehmern. Außerdem sind Packrafting-Touren (ganzer Tag) und Kombinationen mit Hubschrauberflügen im Angebot.

Canyoning

Deep Canyon, 100 Ardmore St, 💻 www.deepcanyon.co.nz, organisiert Exkursionen in kleinen Gruppen durch enge Canyons, bei denen gesprungen, gerutscht und abgeseilt wird. Warme Schutzkleidung wird gestellt, und am Ende gibt's ein Picknick. Für Neulinge eignet

OTAGO

Winter in Wanaka

Im Juni bereitet sich Wanaka auf die Wintersaison vor. Surflehrer mutieren zu Snowboardlehrern, und Shuttles fahren in kurzen Abständen zu den Skigebieten hinaus. Für eine Autofahrt in die Skigebiete sind **Schneeketten** erforderlich, die es an Tankstellen in Wanaka zu leihen gibt. Die Radverleiher (S. 756) verlegen sich im Winter auf den Skiverleih, bei Preisen ab $25/Tag für billige Skier oder für Snowboard, Boots und Stöcke. Mit Kombi-Liftpässen für mehrere Tage kann man zwischen Cardrona und Treble Cone hin und her wechseln.

Alpin und nordisch

Das **Cardrona Alpine Resort**, zu erreichen über eine 12 km lange unbefestigte Zufahrtsstraße, die 24 km südlich von Wanaka bei Cardrona abzweigt, 🖳 www.cardrona.com. Das vorwiegend familienorientierte Skigebiet erstreckt sich über drei Talsenken an den Südosthängen des 1934 m hohen Mount Cardrona und wartet mit jeder Menge einfachen Abfahrten, vier Terrainparks und zwei Pipes auf. Es gibt drei Schlepplifte für Skischüler, Quads und eine neue „Chondola" (Kombibahn). Der maximale Höhenunterschied misst 600 m. Wintersportler ohne eigenes Fahrzeug gelangen mit Bussen von Wanaka oder Queenstown hierher. Das Resort bietet eine begrenzte Übernachtungsmöglichkeit direkt am Skihang, entweder in luxuriösen Selbstversorger-Studios für zwei Personen oder in großzügigen Apartments mit zwei oder drei Schlafzimmern für maximal zehn Personen. 🕒 Ende Juni–Anfang Okt.

Snow Farm, 24 km südlich von Wanaka gegenüber von Cardrona, zu erreichen über eine 14 km lange, kurvige unbefestigte Straße, 🖳 www.snowfarmnz.com. Angesichts der Tatsache, dass viele Neuseeländer eingeschworene Abfahrtsläufer sind, stellen die Langlaufloipen hier eine Überraschung dar. Eine Tageskarte ist relativ günstig, Ausrüstung kann geliehen werden – eine billige Möglichkeit, sich auf den insgesamt 55 km umfassenden Loipen im Schnee zu tummeln. 🕒 Juli–Sep.

Treble Cone, 22 km westlich von Wanaka, zu erreichen über eine 7 km lange unbefestigte Zufahrtsstraße, 🖳 www.treblecone.co.nz. Geübte Skifahrer zieht es zu den Steilhängen hier. Die besondere

sich am besten der **Niger Stream** (8 Std.) entlang einem wunderschönen Fluss mit zahlreichen Sprüngen in tiefe Becken. Für die Tour **Big Nige** (8 Std.) benötigt man etwas Erfahrung im Abseilen. Sie findet auf dem gleichen Gelände statt wie der Niger-Stream-Trip, beginnt aber weiter flussaufwärts mit ein paar tiefen Abseilstrecken. Weitere noch wesentlich abenteuerlichere Ausflüge sind ebenfalls im Angebot.

Fallschirmspringen und Gleitschirmfliegen

Skydive Lake Wanaka, 🖳 www.skydivewanaka.com. Bei diesem Anbieter kann ein 10- bis 15-minütiger Rundflug mit einem Tandem-Fallschirmsprung mit 25–60 Sekunden im freien Fall kombiniert werden (von ca. 2750 m, ca. 3600 m und ca. 4500 m), mit Blick auf den Mount Cook an klaren Tagen. Auch eine kostenlose Abholung von Queenstown ist möglich.

Wanaka Paragliding, 🖳 www.wanakaparagliding.co.nz. Etwas weniger nervenaufreibend sind Tandem-Gleitschirmflüge vom Skigebiet Treble Cone hinunter zum See (800 m Höhenunterschied, 2 Std., davon 15–20 Min. in der Luft, inkl. Transport, bei eigener Anfahrt wird es billiger).

Geländewagenfahrten

Ridgeline Adventures, 🖳 www.ridgelinenz.com. Einen Eindruck vom Leben im Hochland vermittelt die Wild Hills Safari (4 Std.), bei der abgeschiedenes, hoch gelegenes Farmland mit weitem Blick über den Lake Wanaka besucht wird. In dem Angebot sind auch Fotografiertouren sowie kombinierte Touren aus Hubschrauberflug und Jetbootfahrt.

Anziehungskraft dieser Gegend liegt in ihren nicht überlaufenen Hängen in bezaubernder Lage oberhalb des Lake Wanaka mit einem Höhenunterschied von 700 m. Das Terrain ist sehr abwechslungsreich und umfasst zahlreiche natürliche und künstlich angelegte Abfahrten. Für Anfänger gibt es drei verbesserte, relativ neu präparierte Pisten, und auch Snowboarder kommen voll auf ihre Kosten. Von Wanaka starten morgens Zubringerbusse, und ein kleiner Shuttlebus bringt Skiläufer vom Beginn der Zufahrtsstraße an der Mount Aspiring Road zu den Skiliften hinauf. Lohnende Ausflugstouren ins Hinterland ab Treble Cone bietet **Aspiring Guides**, 💻 www.aspiringguides.com. 🕒 Ende Juni–Anfang Okt.

Heli-Skiing und Cat-Skiing

Heli-Skiing ist ein teurer Spaß, aber die einzige Möglichkeit, an den Ausgangspunkt der sieben bis zu 1200 Höhenmeter überwindenden Steilabfahrten durch Pulverschnee zu gelangen. Beim Cat-Skiing sind gewöhnlich mehr Abfahrten garantiert.

Harris Mountains Heli-Ski, 💻 www.heliski.co.nz. Bietet rund 400 verschiedene Flüge zu 200 verschiedenen Gipfeln, vor allem in die **Harris Mountains** zwischen der Crown Range bei Queenstown und dem Mount Aspiring National Park bei Wanaka. Erfahrene Skiläufer profitieren von diesem kostspieligen Erlebnis am meisten. Der Abflug ist auch von den **Witterungsbedingungen** abhängig, doch während der Saison kann man mit 70%iger Wahrscheinlichkeit abheben – i. d. R. folgt auf vier, fünf Schönwettertage eine Schlechtwetterperiode. Das begehrteste der zahlreichen Angebote ist „The Classic" mit 4 Abfahrten (Extra-Abfahrten können hinzugefügt werden).

Soho Basin, neben dem Cardrona Alpine Resort, 💻 www.sohobasin.com. Hier gibt's keine Lifte, also wird auf diesem 2015 eröffneten privaten Skigebiet sogenanntes Cat-Skiing betrieben – hoch auf den Berg geht's mit dem Schneemobil. Ein ganzer Tag inklusive vom Restaurant Amisfield geliefertem Mittagessen auf einer Berghütte kostet p. P. $700. Skiwanderern steht das Gebiet für eine Spende von $5 offen.

Klettern und Bergsteigen

Aspiring Guides, 💻 www.aspiringguides.com. Veranstaltet professionelle 5-tägige Bergtouren auf den Mount Aspiring (Okt–April) mit Helikopteranflug und Rückkehr zu Fuß sowie ausgezeichnete 7-tägige Summit Weeks, bei denen ein Guide beim Bezwingen aller möglichen Gipfel hilft oder das erforderliche Wissen vermittelt.

Basecamp Wanaka, 50 Cardrona Valley Rd, 2 km südlich des Orts, 💻 www.basecampwanaka.co.nz. Beim auf Kinder ausgerichteten Clip 'N Climb (Kinder $10–16, Turnschuhe mitbringen) kann man alle möglichen Kletterarten in einem Innenraum ausprobieren. Ein wenig realistischer ist die erstklassig geformte Kletterwand draußen (Preis mit Klettergurt). Auch Unterricht wird hier angeboten.

Wanaka Rock Climbing, 99 Ardmore St, 💻 www.wanakarock.co.nz, bietet lohnende eintägige Einführungskurse für mind. 2 Teilnehmer (halber oder ganzer Tag) sowie einen Ausflug für erfahrenere Kletterer. Stellt auch Bergführer für individuelle Klettertrips (tageweise).

Wildwire Wanaka, 💻 www.wildwire.co.nz. Dieser Klettersteig kreuzt einen atemberaubenden Wasserfall bei der Zufahrtsstraße zum Skigebiet Treble Cone und zählt zu den weltweit besten – und natürlich zu den landschaftlich schönsten. Man kann eine Teilstrecke (ca. 1 1/2 Std.) oder die Hälfte (ca. 3 Std.) klettern und über einen steilen Weg zurücklaufen oder bis ganz nach oben weiterklettern (ca. 5 Std.) und mit dem Hubschrauber zurückfliegen. Irgendwelche besonderen Klettererfahrungen sind dafür nicht erforderlich, doch nur recht fitte Teilnehmer sollten die gesamte Tour („Lord of the Rungs") in Angriff nehmen, die auch 2 kleine Überhänge umfasst. Ein toller kleiner Ausflug, der sich lohnt!

Radfahren

Mehrere Fahrradläden in Wanaka verleihen Räder und haben vielleicht auch die Trailkarten von Bike Wanaka vorrätig, dem örtlichen Mountainbike-Club (kostenloser Download auf www.bikewanaka.org.nz). Die schönsten Radrouten in der Broschüre *Wanaka Outdoor Pursuits* sind der ausgezeichnete Upper Clutha River Track und der schöne, sanfte Beacon Point–Outlet Track.

Cardrona Mountain Bike Park, www.cardrona.com. Mit der neuen „Chondola" (Kombibahn aus Sessellift und Gondelbahn) können Snowboarder (und Mountainbiker) zum Zugangspunkt zu über 25 km Mountainbike-Trails gelangen, die sich den Berg hinunterziehen, für Anfänger und Fortgeschrittene (Dez–März tgl. 10–16, Fr bis 20 Uhr; halber Tag oder ganzer Tag, Fr 16–20 Uhr). Fahrräder kann man im Ort oder am direkt Berg leihen (Downhill-Bike ganzer Tag), oder man versucht sich stattdessen im Mountain-Karting (2 Std. inkl. Gokart und Lift).

Wanaka Bike Tours, www.wanakabiketours.co.nz. Der sehr engagierte Anbieter veranstaltet begleitete Fahrten auf den Lakeside- und Clutha-Tracks, Backcountry-Radtouren und sogar Heli-Biking (verschiedene Optionen ab).

Reiten

Waterfall Equestrian Centre, 22 Wanaka–Mt Aspiring Rd, www.waterfallequestrian.com. Gemütliche Ritte über das Weingut Rippon Vineyard mit Verkostungsstopp (1 1/2 Std.). Sehr stilvoll!

Rundflüge

Die Flüge zum Milford Sound sind von Wanaka aus zwar etwas teurer als von Queenstown, dafür ist man etwa 30 Min. länger in der Luft und bekommt eine abwechslungsreichere Landschaft zu sehen – darunter der Mount Aspiring, das Olivine Ice Plateau und die unzugänglichen Seen Alabaster, McKerrow und Tutoko.

Alpine Helicopters, www.alpineheli.co.nz. Hubschrauberrundflüge über Wanaka (20 Min.), zum Milford Sound mit 1 Landung (1 1/2–2 Std.) oder 2 Landungen (2 1/2–3 Std.) sowie zahlreiche weitere Rundflüge.

Southern Alps Air, www.southernalpsair.co.nz. Eine hervorragende Kombination aus Flug/Rundfahrt/Flug zum Milford Sound (insgesamt 4 Std.), außerdem *scenic flights* um den Mt Aspiring (50 Min.) und Transport mit Anschluss an die ebenfalls von Southern Alps Air durchgeführten Ausflüge Siberia Experience und Blue Pools in Makarora.

SONSTIGES

Autovermietungen

Wanaka Rentacar, 2 Brownston St, www.wanakarentacar.co.nz, bietet die preiswertesten Mietwagen in Wanaka: ab rund $45 pro Tag ohne Kilometerbegrenzung bei längerer Mietdauer.

Fahrradverleih

Viele Läden in Wanaka vermieten Fahrräder, und zahlreiche Hostels und B&Bs halten für ihre Gäste eigene Zweiräder bereit. Aber wer eine richtige Radtour unternehmen möchte, wendet sich besser an einen der zuverlässigen Fahrradverleiher.

Outside Sports, 17 Dunmore St, www.outsidesports.co.nz. Vermietet Tourenräder, Hardtails, vollgefederte und Downhill-Räder. tgl. 8–19 Uhr, in der Hochsaison im Winter und Sommer länger.

Racers Edge, 99 Ardmore St, www.racersedge.co.nz. Verleih von Hardtail-Bikes und vollgefederten Bikes. tgl. Sommer 9–18, Winter 7.30–19 Uhr.

Beide Anbieter verleihen im Winter, wenn Schnee liegt, auch **Skier**.

Informationen

i-SITE, 103 Ardmore St, 03 443 1233, www.lakewanaka.co.nz. Dez–März tgl.

8.30–17.30 Uhr oder auch später, April–Nov 9–17 Uhr.
DOC Tititea/Mount Aspiring National Park Visitor Centre, SH84, Ecke Ballantyne Rd, 500 m östlich des Ortszentrums, ✆ 03 443 7660, ✉ mtaspiringvc@doc.govt.nz. Hier gibt es die üblichen DOC-Informationen. ⌚ Nov–April tgl. 8–17, Mai–Okt Mo–Fr 8.30–17, Sa 9.30–16 Uhr.

Internet

Wanaka Internet, 3 Helwick St, ✆ 03 443 7429, sehr günstige Preise. ⌚ gewöhnlich tgl. 9–18 Uhr.

Medizinische Hilfe

Apotheke: **Wanaka Pharmacy**, 41 Helwick St, ✆ 03 443 8000. ⌚ tgl. 8–20 Uhr.
Ärztliche Hilfe: **Wanaka Medical Centre**, 23 Cardrona Valley Rd, 💻 www.wanakamedicalcentre.co.nz. ⌚ Sprechstunde Mo–Fr 8–18 Uhr, darüber hinaus erreicht man hier einen 24-Std.-Notdienst.

Outdoor-Ausrüstung

Outside Sports, 17 Dunmore St, 💻 www.outsidesports.co.nz. Dieser Laden hat so gut wie alles vorrätig, was man für ein waschechtes Outdoor-Abenteuer benötigt: darunter Rucksäcke, Schlafsäcke, Regenjacken und Regenhosen, Wanderschuhe, Wanderstöcke und Kocher.

Post

39 Ardmore St, ✆ 03 443 8211, ⌚ Mo–Fr 9–17 Uhr.

Taxi

Yello!, ✆ 0800 443 5555.

NAHVERKEHR

Wanaka ist sehr überschaubar, und im Zentrum der Stadt lässt sich alles zu gut Fuß erreichen. Die meisten der hier erwähnten Unterkünfte liegen weniger als 15 Gehminuten davon entfernt, für längere Ausflüge empfiehlt sich jedoch ein eigenes individuelles Transportmittel.

TRANSPORT

Die **Busse** halten alle vor der Blockhütte in der 100 Ardmore St.
Ritchies, 💻 www.ritchies.co.nz, verkehrt zwischen den beiden Zielen Dunedin und Queenstown, zum Teil mit Anschlüssen in Cromwell.
Intercity/Newmans kommt auf der Strecke Queenstown–Cromwell–Franz Josef durch Wanaka.

Busse nach:
CROMWELL 4x tgl., 45 Min.;
DUNEDIN 2x tgl., 4 1/2 Std.;
FRANZ JOSEF GLACIER 2x tgl., 7 Std.;
QUEENSTOWN 11x tgl., 1 1/2 Std.

Central Otago

Die **Goldfelder von Central Otago** an den Windungen des Clutha River südöstlich von Queenstown und Wanaka warten mit zahlreichen Zeugnissen der Goldgräberzeit der 1860er-Jahre sowie Obstgärten und **Weingütern** mit teils exzellenten Tröpfchen auf. Viele Besucher unternehmen auch Radtouren auf dem **Otago Central Rail Trail** (S. 764), der durch das **Maniototo** führt, eine flache Region, die wie fernab der Zivilisation wirkt. Der Trail ist die interessanteste Route hinüber zur Ostküste.

Das 50 km östlich von Queenstown gelegene **Cromwell** mit der Rekonstruktion einer Siedlung des 19. Jhs. ist ein guter Ausgangspunkt für einen Abstecher in die ehemalige Goldgräbersiedlung **Bendigo** und die Weingüter um **Bannockburn**, verfügt aber auch selbst über ein paar tolle kleine Weingüter. Die beiden Orte **Clyde** und **Alexandra** haben sich als Ausgangspunkte für den beliebten Radfernweg Otago Central Rail Trail etabliert, und **Lawrence** vermarktet seine Rolle als Ort, an dem der Goldrausch seinen Anfang nahm. **St Bathans** und **Naseby** lohnen wegen ihrer stillen Abgeschiedenheit einen Besuch, und sie erinnern daran, wie die menschliche Gier das Land veränderte. Den besonderen Reiz der Gegend machen sogar noch kleinere Hinterlassenschaften der Goldgräberzeit aus wie das Postamt in **Ophir** oder die Goldwaschanlagen im **Ida Valley** und die Dutzende kleiner Cottages, von denen viele leer stehen – beredte Zeugnisse für das harte Leben in dieser Ecke des Landes.

Geschichte

Wie nicht anders zu erwarten, war es auch hier die Hoffnung auf Gold, die die ersten Europäer anlockte. Ihre Suche wurde in der Nähe von **Naseby** belohnt, aber die Ausbeute nahm schnell ab und bald erwies sich die Landwirtschaft als profitabler – erst recht, als sich die **Eisenbahnbauer** entschieden, die Schienenstrecke von Dunedin nach Alexandra durch die Taieri Gorge und das Maniototo zu führen. 1898 erreichte die Bahnlinie **Ranfurly**, das Naseby schnell als Verwaltungszentrum ablöste. Mit der Stilllegung der Bahnstrecke 1990 geriet die Region weiter ins Abseits; wiederbelebt wurde das Maniototo erst durch den **Otago Central Rail Trail**. In den vergangenen Jahren haben sich Umweltschützer für den Erhalt der Landschaft eingesetzt, die durch das groß angelegte **Project Hayes** bedroht war: Hier sollte Neuseelands größter Windpark entstehen. 2012 zog der Stromerzeuger Meridian Energy seine Pläne zurück.

Transport

Da in der Region nur sehr begrenzt öffentliche Verkehrsmittel verkehren, ist man hier am besten mit dem eigenen Fahrzeug, ob Auto oder Fahrrad, unterwegs. **Taieri Gorge Railway** (s. Kasten S. 704) fährt täglich von Dunedin zum Otago Rail Trail, freitags und sonntags bis Middlemarch, ansonsten nur bis Pukerangi, sodass man die 20 km bis Middlemarch auf der Straße radeln muss.

Der SH8 folgt dem Lauf des Clutha mehr oder weniger unmittelbar; in der Regel verkehren täglich vier **Busse** auf der Strecke zwischen Dunedin und Queenstown. Die meisten Busse zwischen Wanaka und Queenstown halten in Cromwell.

Trail Journeys, 🖳 www.trailjourneys.co.nz (Okt–April tgl., Mai–Sep auf Anfrage), unterhält einen Transportservice zwischen Clyde und Middlemarch, der in erster Linie von Radlern in Anspruch genommen wird, die den Otago Central Rail Trail befahren.

Cromwell

Cromwell, eine eher schmucklose Versorgungsstadt 60 km östlich von Queenstown, versucht sein Goldgräbererbe möglichst umfassend auszuschlachten und den Wein- und Restaurantboom der Region für sich zu nutzen. Durch den neuen 4 Barrels Walking Wine Trail wurde das Städtchen auch zu einem lohnenden Übernachtungsstopp. Leider befindet sich fast der gesamte historische Kern von Cromwell auf dem Grund des **Lake Dunstan** hinter dem 20 km flussabwärts gelegenen Clyde-Stausee (S. 762).

Cromwell liegt zwar nur 120 km von der Küste entfernt – doch in Neuseeland ist dies die größtmögliche Entfernung zum Meer, die sich erreichen lässt. Deshalb kann die Region eine Art Kontinentalklima vorweisen, das sich wunderbar für den Obstanbau eignet. Auf die Bedeutung des Anbaus von Nektarinen, Pfirsichen, Äpfeln und Birnen weist auch eine 13 m hohe **Obstskulptur** am Highway hin, heute haben jedoch Kirschen und Weintrauben einen größeren Stellenwert.

4 Barrels Walking Wine Trail

🕒 Micha's Vineyard tgl. 10–16, Aurum Wines, Scott Base und Wooing Tree Wines 10–17 Uhr ▪ 🖳 www.facebook.com/4barrelscromwell

Mithilfe einer schön illustrierten kostenlosen Karte, die im örtlichen i-SITE erhältlich ist, kann man an einem halben Tag die Weingüter von Cromwell auf einer 8 km langen Schleife abklappern: Sie verbindet vier Weingüter, und unterwegs gelangt man durch schöne Landschaften, u. a. beim Spaziergang an einem See entlang zwischen **Micha's Vineyard** und **Aurum Wines** mit einem tollen englischen Garten. Auf dem Gut Aurum ist die Verkostung gratis, bei den anderen drei Winzern wird eine kleine Gebühr erhoben, die man aber beim Kauf von Wein erstattet bekommt. Die Schleife kann man in beiden Richtungen gehen, doch wer bei Micha's beginnt, kann den Rundgang bei **Wooing Tree Wines** mit einem gemütlichen Lunch ausklingen lassen und

Ein Lob auf den Pinot Noir – die Weinstory von Central Otago

Erst in den 1980er-Jahren wurde in Central Otago mit dem kommerziellen Weinanbau begonnen. Die Güter liegen nahe dem 45. Breitengrad und wurden wegen ihrer Lage in der südlichsten Weinanbauregion der Welt lange Zeit als völlig indiskutabel abgetan. Die heißen, trockenen Sommer, langen, kalten Winter und großen Tagestemperaturschwankungen bringen schwierige Anbaubedingungen mit sich. Daher setzen die Weinbauern auf hochwertige, limitierte Produkte, deren Preise pro Flasche ungewöhnlich hoch erscheinen – bis man einmal einen dieser leckeren Tropfen probiert hat.

Schon 1864 erkannte der französische Minenbesitzer **Jean Désiré Feraud**, der das Interesse an seinem Goldclaim beim Frenchman's Point nahe Alexandra verloren hatte, dass sich die Steilhänge am Südufer des **Kawarau River** zum Weinanbau eigneten. Aus Australien brachte er Rebstöcke mit und produzierte bald Weine, die sogar auf Messen ausgezeichnet wurden. Anfang der 1880er-Jahre zog er jedoch nach Dunedin um und kehrte auch dem Wein den Rücken. Ein neuerlicher Anbau von Weinstöcken erfolgte erst 1975 mit der Anlage der Rippon-Weingärten vor den Toren von Wanaka (S. 744). Sechs Jahre später stellte sich heraus, dass auch in der Kawarau Gorge so hervorragende Sorten wie Pinot Gris, Riesling und ganz besonders **Pinot Noir** gediehen. Alan Brady brachte 1987 die ersten kommerziellen Weine seiner Winzerei Gibbston Valley Winery auf den Markt. Seitdem werden überall in der Gegend abschüssige Flussufer, die viel Sonne abbekommen, aber auch etwas Schutz vor dem Winterfrost bieten, zum Weinanbau genutzt. Inzwischen haben die Winzer im Tal zahlreiche Preise gewonnen, besonders für ihren eleganten, fruchtigen Pinot Noir, der den Löwenanteil der Produktion ausmacht. Riesig ist die Ausbeute aber nicht, und die gesamte Region Otago bringt nur verschwindend kleine 2,4 % des Landesertrags hervor.

Die Weine werden in Dutzenden Winzereien verkauft, die alle auf der kostenlosen, überall erhältlichen *Central Otago Wine Map*, 💻 www.nzwine.com, eingetragen sind. Man kann sie alle mit dem Auto anfahren, aber besser ist es, an einer der ab Queenstown und Cromwell angebotenen Weintouren teilzunehmen.

deren Blanc de Noir probieren. Ansonsten bietet **Scott Base** eine kleine Häppchenkarte und das von Allen Scotts Sohn Josh kreierte Moa-Bier vom Fass.

Cromwell Historic Precinct

Melmore Terrace ▪ 💻 www.cromwellheritageprecinct.co.nz

Cromwell Historic Precinct ist ein kurzer Straßenzug historischer Häuser am Lake Dunstan. Einige von Überflutung bedrohte Häuser wurden Stein für Stein abgetragen und später hier wiederaufgebaut. An einem schönen Tag kann man hier nett durch die Kunstgewerbe- und Delikatessenläden stöbern, bevor man sich bei Armando's eine Stärkung gönnt.

Goldfields Mining Centre

SH6, 7 km westl. von Cromwell ▪ 🕒 tgl. 9–17 Uhr ▪ Eintritt ▪ 💻 www.goldfieldsmining.co.nz

Eine Fußgängerbrücke über den Kawarau River führt zum **Goldfields Mining Centre**, einer alten Goldgräbermine an einem terrassierten Hang mit allerlei Hütten, Wasserrinnen und diversen rostigen Gerätschaften. Am interessantesten ist aber das chinesische Dorf – das allerdings erst in den 1990er-Jahren als Filmkulisse geschaffen wurde.

Wer möchte, kann innerhalb von rund einer Stunde mit einer Karte ausgestattet alles **auf eigene Faust** erkunden, informativer sind allerdings die 50-minütigen **Führungen**. Außerdem gibt es hier das Restaurant Wild Earth sowie die Möglichkeit, Wein zu verkosten.

Highlands Motorsport Park

SH6, Ecke Sandflat Rd, 3 km südöstlich von Cromwell ▪ 🕒 tgl. Sommer 8–18, Winter 9–17.30 Uhr ▪ 💻 www.highlands.co.nz ▪ National Motorsport Museum 🕒 tgl. 10–17 Uhr ▪ Eintritt

2013 wurde eine **Autorennstrecke** eingeweiht, auf der irgendwann einmal der New Zealand Grand Prix ausgetragen werden soll. In erster Linie stehen die beiden Bahnen jedoch allen zur Verfügung, die Spaß am schnellen Fahren haben. Es gibt alles Mögliche, von Selbstfahrer-Gokarts bis zu schnellen Runden in einem Ferrari 488 oder sogar einem Aston Martin Vulcan. Außerdem gibt's hier ein kleines **Motorsportmuseum**, in dem vor allem die Kiwi-Legenden Bruce McLaren (Gründer des Formel-1-Teams McLaren) und der Gewinner der Formel-1-Weltmeisterschaft von 1967 Denny Hulme im Mittelpunkt stehen. Meistens sind neben älteren Rennwagen aller Größen und Modelle auch ein paar neuere McLarens ausgestellt.

ÜBERNACHTUNG

Burn Cottage Retreat, 168 Burn Cottage Rd, 3 km nördlich des Orts, www.burncottageretreat.co.nz. 3 sehr gute Selbstversorger-Cottages plus 1 B&B-Zimmer inmitten von Weingärten und einem Funkiengarten. Die Cottages haben allesamt sonnige Terrassen und Grillgeräte. Gäste können erstklassige Frühstückskörbe mit frischen Eiern kaufen. ❸

Colonial Manor Motel, 14 Barry Ave, www.colonialmanor.co.nz. In dem sauberen, einladenden Motel ungefähr auf halbem Weg zwischen Ortszentrum und Historic Precinct ist man gut aufgehoben. Es hat eine ordentliche Auswahl an Zimmern, darunter auch Suiten mit Spa-Bad. ❷

Cromwell Backpackers, 33 The Mall, www.cromwellbackpackers.co.nz. Das supersaubere kleine Hostel in einem ehemaligen Ärztezentrum liegt günstig für Busse, Restaurants und den 4 Barrels Walking Wine Trail. Handtücher sowie Tee und Kaffee sind inbegriffen, und 2 Straßen weiter westlich befindet sich ein praktischer New-World-Supermarkt. ❶

Cromwell Top 10 Holiday Park, 1 Alpha St, www.top10.co.nz. Der große, gut ausgestattete Campingplatz am Stadtrand hat mehrere Cabins mit Bad und Motel Units im Angebot. Zum Service zählen Whirlpool, TV-Zimmer und für die Kleinen ein Kinderspielplatz mit Trampolin. ❶

Lowburn Freedom Camping, SH6, 4 km nördlich von Cromwell. Auf dem großen, ungeteerten Parkplatz (mit Toiletten) am Seeufer ist bis zu 3 Nächte Freedom Camping erlaubt. ❶

ESSEN

Amigos, 50 The Mall, www.amigosmexicangrill.co.nz. Die köstlichen weichen Tacos kosten bei Bestellung vor 18 Uhr nur $5 – ein echtes Schnäppchen! Aber es gibt auch noch zahlreiche andere mexikanische Klassiker: von Carnitas und Fisch-Tacos bis hin zu Pulled-Pork-Quesadillas und Hühnchen-Fajitas. Auch gute Margaritas werden hier gemixt. $$

Freeway Orchard, 166 State Hwy 8b, www.freewayorchard.co.nz. Von den Obstständen rund um Cromwell ist dies der beste für Leute, die gern Eingemachtes essen, da hier auch der beliebte Lebensmittelproduzent Provisions of Otago ansässig ist: Hier gibt's Chutneys, Salsas und frisches und getrocknetes Obst, Letzteres wird hier verarbeitet zu wunderbar fruchtigem Eis. $$

Grain & Seed, 71 Melmore Terrace, Altstadt von Cromwell, ✆ 03 445 1077. Das gemütliche Café in einer schön umgestalteten Samen- und Getreidehandlung aus den 1870er-Jahren ist ein tolles Örtchen für Kaffee und Kuchen oder ein leichtes Frühstück (z. B. Bacon-Sandwich) oder für ein Lachs-Sandwich. $

Pinot Junction, 71 Melmore Tce, Old Cromwell Town, www.pinotjunction.co.nz. In diesem netten Lokal kann man gut und gerne ein paar Stunden verbringen: dank der entspannten Weinbar mit Café-Atmosphäre, in der Pizza und Mezze-Platten passend zu einer großen Auswahl an Otago-Weinen angeboten werden. $$

Wild Earth Restaurant, Goldfields Mining Centre, www.wildearthwines.co.nz. Diese Probierstube für die sehr guten Wild-Earth-Weine, insbesondere den Pinot Noir, lässt sich über die Fußgängerbrücke über den Kawarau erreichen. Auf dem Rasen am Fluss werden zu den Weinen passende, in alten französischen Pinot-Noir-Fässern zubereitete Gerichte serviert, z. B. 5 *sharing plates* von einem Weinfassgrill, dem *stoaker*, oder man bestellt ein Einzelgericht wie die Schweinsrippchen. $$

INFORMATIONEN UND TOUREN

i-SITE, 2d The Mall, 💻 www.cromwell.org.nz. Die Haupt-Touristeninformation der Region hat neben jeder Menge weiterer Broschüren zur Gegend auch das Faltblatt zum 4 Barrels Walking Wine Trail vorrätig. Außerdem beherbergt es ein kleines **Museum** zur Goldgräbergeschichte. Interessant ist auch die Broschüre *Alexandria and Cromwell Tracks* (auf der DOC-Website auch als Downloads erhältlich). 🕒 26. Dez–17. April tgl. 9–19, 18. April–24. Dez 9–17 Uhr.

Roaring Wine Tours, 💻 www.roaringtours.co.nz. Die von einem Sommelier geleiteten fantastischen Exkursionen steuern bis zu 6 der besten kleinen Weingüter Central Otagos an, von denen einige gewöhnlich nicht öffentlich zugänglich sind. Hat außerdem eine Bierverkostungs-Tagestour mit Mittagessen im Angebot. Bei allen Touren ist die Abholung in Alexandra, Cromwell, Wanaka und Queenstown möglich. Zur Auswahl stehen Halbtagestouren und ganztägige Ausflüge (inkl. Lunch).

TRANSPORT

Cromwell dient als Drehscheibe für die **Busse** von InterCity/Newmans und Ritchies, Atomic und Catch-A-Bus.

Die Busse halten an der Lode Lane, in unmittelbarer Nähe zu The Mall. Eventuell muss man hier umsteigen. Ein Bus von Trail Journeys fährt täglich über Middlemarch nach Dunedin (Nov–März).

Busse nach:
ALEXANDRA 7x tgl., 30 Min.;
DUNEDIN 9x tgl., 3 1/2 Std.;
LAWRENCE 6x tgl., 2 Std.;
MIDDLEMARCH 1x tgl., 2 Std.;
QUEENSTOWN 10x tgl., 1 Std.;
WANAKA 6x tgl., 45 Min.

Bannockburn

In ganz Central Otago finden sich abgelegene, verfallene Siedlungen und Goldwaschanlagen, z. B. im **Nevis Valley** und in **Bendigo** (Informationen vor Ort). Die umfassendsten Goldwaschanlagen findet man jedoch im winzigen **Bannockburn** 9 km südwestlich von Cromwell, das heute allerdings mehr für seine **Weingüter** bekannt ist: Hier werden seit den frühen 90er-Jahren Weinstöcke angebaut, aus deren Trauben einige der besten Tropfen Neuseelands entstehen. Insgesamt laden fast ein Dutzend Weingüter zu Proben ein; im Winter sollte man seinen Besuch telefonisch ankündigen.

Bannockburn Sluicings

Felton Rd ▪ 🕒 24 Std. ▪ Eintritt frei

Ausgerüstet mit der von der Website des DOC downgeloadeten Broschüre *Banockburn Sluicings Track* lässt sich eine Erkundung der **Bannockburn Sluicings** unternehmen. In dieser narbenübersäten Landschaft durchpflügten einst 2000 Glücksritter jeden Zentimeter Boden nach dem kostbaren Metall. Ein anderthalbstündiger Rundgang über das Gelände, auf dem zahlreiche Schautafeln die nötigen Hintergrundinformationen liefern, beginnt 1,5 km außerhalb des Weilers in der Felton Road.

ESSEN

Black Rabbit Kitchen & Bar, 430a Bannockburn Rd, 💻 www.blackrabbit.nz. Das Café in einem Wellblechschuppen ist eine Top-Adresse für Allpress-Kaffee, einen herzhaften Brunch oder ein Mittagessen im Pubstil. Am Wochenende ist das Black Rabbit auch abends geöffnet. $$

Carrick, 247 Cairnmuir Rd, 💻 www.carrick.co.nz. Das Bio-Weingut am Bannockburn Inlet eignet sich hervorragend für eine Probe der ausgezeichneten Weine oder ein leckeres Mittagessen, z. B. Otago-Lammkoteletts mit Aubergine, Couscous, Sommergemüse, Zitronenthymian und Harissa. Das Carrick verkostet und verkauft sehr guten Pinot Noir sowie ausgezeichneten Chardonnay, Riesling, Rosé, Pinot Gris und sogar – äußerst

OTAGO

ungewöhnlich für diese südliche Lage – Sauvignon Blanc. $

Felton Road, Felton Rd, 💻 www.feltonroad.com. In dem Weinkeller mit Aussicht auf die Rebstöcke gibt es nichts zu essen – dafür aber kostenlose Weinproben mit 5 ausgezeichneten Weinen. Die Verkostungen finden nach vorheriger Vereinbarung unter der Woche für kleine Gruppen statt (gewöhnlich 2x tgl.) und richten sich eher an fortgeschrittene Weinkenner (ca. 2 Std.).

Mount Difficulty Winery Restaurant, 73 Felton Rd, 💻 www.mtdifficulty.co.nz. In dem wunderbaren Restaurant in Hanglage, in dem die Feinschmeckerplatten reißenden Absatz finden, kommen in Gerichten wie über Manuka-Holz geräuchertem Wild-Striploin mit Karotten, Zuckererbsen, gerösteten Zwiebeln, Mandelpüree und einer Glasur aus Pinot Noir, Himbeere und Balsamessig die Zutaten bestens zur Geltung. Natürlich kann zu allen Gerichten die passende Weinbegleitung gereicht werden. Gourmets kommen hier voll auf ihre Kosten. Wer nur Zeit für eine Weinprobe hat: Bei einem lohnenden Tasting können 5 Weine probiert werden (eine Buchung vorab ist empfehlenswert). $$$

Clyde

Südöstlich von Cromwell führt der SH8 rund 20 km durch die windige **Cromwell Gorge** und am Ufer des Lake Dunstan entlang ins beschauliche **Clyde**. Die ehemalige Goldgräberstadt wartet mit guten Unterkünften und Restaurants auf und eignet sich hervorragend als Basis für Erkundungstouren in die Umgebung und auf dem Otago Central Rail Trail.

Seit Mitte der 1980er-Jahre wird die Stadt von dem gewaltigen **Clyde Dam** 1 km nördlich beherrscht. Sein Wasser garantiert das Überleben der umliegenden Obstplantagen, und das dazugehörige Kraftwerk deckt 5 % des neuseeländischen Strombedarfs. Der Bau des Staudamms war ursprünglich sehr umstritten, gilt aber als technische Meisterleistung, vor allem wegen seiner speziellen Vorrichtungen zum Schutz vor Erdbeben.

Clyde Museum und Herb Factory Museum

5 Blyth St und 10 Fache St ▪ 🕒 beide Sep–April Di–So 14–16 Uhr ▪ Eintritt per Spende

Neben dem alten steinernen Gerichtsgebäude von 1864 steht das **Clyde Museum**. Es lohnt einen kurzen Abstecher, denn es zeigt eine spannende Ausstellung zu Clydes missglücktem Großen Goldraub von 1870, als ein gewisser George Rennie versuchte, sich mit Goldbarren und Banknoten im Wert von £13 000 aus dem Staub zu machen.

Ein paar Straßen weiter steht das **Herb Factory Museum**, untergebracht in der ersten Kräuterfabrik Neuseelands. Sie entstand in den 1930er-Jahren und verarbeitete den wilden Thymian, der in der Gegend auch heute noch üppig wächst und gedeiht.

ÜBERNACHTUNG

Dunstan House, 29 Sunderland St, 💻 www.dunstanhouse.co.nz. Nobles B&B mit viel Flair in einer alten Kutschenstation. Die Zimmer (die Hälfte mit Bad, einige mit Klauenfußwannen) sind fantasievoll eingerichtet und haben zum Teil Zugang zur umlaufenden Veranda im 1. Stock. Außerdem stehen jede Menge Unterstellplätze für Fahrräder und in der Lounge ein Klavier zur Verfügung. Das hübsche Frühstücksbuffet umfasst u. a. hausgemachte Marmeladen und eingekochtes Obst. ❷

Hartley Arms, 25 Sutherland St, 💻 www.hartleyarms.co.nz. Hier gibt's die billigsten Zimmer in Clyde: 1 DZ, 1 2-Bettzimmer und ein 4er-Zimmer mit Doppel- und Stockbett, alle mit Gemeinschaftsbad, außerdem stehen Waschmaschinen und Kochmöglichkeiten zur Verfügung. Es handelt sich um freundliche Gastgeber, die sich gut auskennen. Mit kleinem Frühstück. ❶

Olivers, 34 Sutherland St, 💻 www.oliverscentralotago.co.nz. Wunderschön umgebautes Haus mit insgesamt 11 Zimmern im Herzen von Clyde. 5 Zimmer, alle völlig unterschiedlich, befinden sich in den alten Stallungen und bieten eine tolle Balance zwischen traditioneller Einrichtung und modernem Komfort. Besonders ansprechend sind die 5 großzügigen Premium-Zimmer. Ein fabelhaftes Frühstück ist im Übernachtungspreis inbegriffen. ❸

ESSEN UND UNTERHALTUNG

The Old Clyde Bank Café, 31 Sunderland St, www.facebook.com/TheBankCafeClyde. Freundliches Café im Zentrum mit exzellentem Kaffee, Eggs Benedict und Gemüse-Burgern. $

Olivers, 34 Sunderland St, www.oliverscentralotago.co.nz. Der alte Lebensmittelladen vor dem Gästehaus Olivers ist wunderschön in ein elegantes Restaurant verwandelt worden, verbunden mit einem legeren Bäckereicafé (The Merchant of Clyde) und einer guten Bierbar (Victoria Store Brewery). Für das Abendessen sollte man reservieren – dann kann man vielleicht ein Ragout aus Pulled Beef und Pilzragout mit Papardelle, Rauke, Kapern und Pecorino und als Nachtisch eine Rhabarber-Crème brûlée schlemmen. $$

Paulina's, 6 Naylor St, www.paulinas.co.nz. In dieser zentralen Speisebar können die Gäste in roten Ledernischen mit lateinamerikanischem Einschlag verarbeitete heimische Zutaten genießen, vom Quinoasalat mit Garnelen, Chorizo, Mais, Avocado, Tomaten und Bohnen bis zum über Holz gerösteten halben Hühnchen mit Mais, Ananas, Feta und Koriandersalsa sowie handgeschnittenen Pommes. Von 15 bis 17 Uhr gilt eine kleine Barkarte. $$

Post Office Café & Bar, 2 Blyth St, www.postofficecafeclyde.co.nz. Das alte Postamt von 1865 hat einen fantastischen Biergarten, doch hier kann man auch gut und günstig speisen, von Nachos über hausgemachte Pasteten mit Salat und Fritten bis zu pfannengebratenem Manuherikia-Lachs gibt's einiges, was satt macht. $$

Clyde Cinema, 6a Naylor St, www.clydecinema.co.nz. In diesem schönen Kino kann man mit einem Glas Wein in der Hand in einen Ledersessel sinken und sich die neuesten Mainstream- und Independent-Streifen anschauen.

TRANSPORT

Auf Wunsch halten **Busse** in Clyde und lassen ihre Passagiere in der Hauptstraße, der Sunderland St, aus- oder einsteigen.

Der Catch-a-Bus von **Trail Journeys**, www.trailjourneys.co.nz, verkehrt tgl. von Dunedin über Middlemarch, Ranfurly, Alexandra und Clyde nach Cromwell und wieder zurück. Mitnahme von Gepäck und Fahrrädern kostet extra.

Alexandra

Die Ortschaft **Alexandra**, von Einheimischen liebevoll Alex genannt, liegt 10 km südöstlich von Clyde und verdankt ihre Entstehung dem Goldrausch von 1862. Der Ort erlebte vier bombastische Jahre, ehe er sich in ein beschauliches und wohlhabendes Versorgungszentrum für die Menschen im Obstanbaugebiet von Central Otago verwandelte. Im Sommer werden an zahlreichen Obstständen köstliche Aprikosen, Pfirsiche und Nektarinen verkauft, im Dezember und Januar Kirschen. Während das Zentrum von Alex nicht besonders viel Atmosphäre bietet, gibt's vor den Toren der Stadt einige ausgezeichnete Weingüter, darunter das Gut Two Paddocks des neuseeländischen Schauspielers Sam Neill; es ist jedoch leider nicht für Besucher geöffnet.

Central Stories

21 Centennial Ave ▪ tgl. 9–17 Uhr ▪ Eintritt per Spende ▪ www.centralstories.co.nz

Ein großes Wasserrad markiert das faszinierende **Central Stories**, das Exponate zur Natur- und Sozialgeschichte der Region zeigt, unter anderem zum Weinanbau im südlichsten Anbaugebiet der Welt.

ÜBERNACHTUNG

Alexandra Heights Motel, 125 Centennial Ave, www.alexandraheights.co.nz. Das rote Backsteingebäude beherbergt neben dem Asure ein weiteres zuverlässiges Motel im Stadtzentrum und bietet moderne, geräumige

OTAGO

Otago Central Rail Trail

Zu den schönsten Arten, das Maniototo zu erforschen, gehört eine **Radtour** auf dem Otago Central Rail Trail (OCRT), einer überwiegend flachen, 152 km langen Strecke von Clyde nach Middlemarch, die durch alle größeren Orte führt, mit Ausnahme von St Bathans und Naseby. Sie folgt dem befestigten Schienenbett der ehemaligen **Otago Central Branch Railway**, führt über umgebaute Eisenbahnbrücken und Viadukte (einige davon mehr als 100 m lang) und passiert wunderschöne Täler und landwirtschaftlich genutzte Ebenen.

Noch bis 1990 ratterten Passagierzüge durch das Maniototo, heute verkehrt hier nur noch die Taieri Gorge Railway (s. Kasten S. 704). Doch erst Anfang 2000 wurde der Otago Central Rail Trail eröffnet, wodurch die bis dahin strukturschwache Region einen ziemlichen Aufschwung erfuhr. Dort, wo die Strecke sich mit Straßen kreuzt, entstanden alle möglichen Unterkünfte sowie Bars und Cafés, die mit viel Reklame auf sich aufmerksam machen.

Die meisten Leute brauchen für den Trail drei bis vier Tage, und in Kombination mit der **Taieri Gorge Railway** ist das eine wunderbare Möglichkeit, die Strecke zwischen Clyde und Dunedin zu zurückzulegen.

Wer sich nur die **Highlights** herauspicken möchte, kann zwei 10 km lange Abschnitte mit Tunnels, Viadukten und interessanten Felsformationen ansteuern: die Strecke Lauder–Auripo im Nordteil und die Strecke Daisybank–Hyde im Ostteil. Für die Tunneldurchfahrten ist eine Taschenlampe praktisch.

Eine Beschreibung der Strecke findet sich in der überall erhältlichen, kostenlosen Broschüre *Otago Central Rail Trail*. Die umfassendsten Infos bietet die Website www.otagocentralrailtrail.co.nz; gute praktische Informationen haben auch kommerzielle Seiten wie www.otagorailtrail.co.nz und www.railtrail.co.nz.

Studios und Apartments, die alle über eine voll ausgestattete Küche und z. T. über schöne geräumige Wohnzimmer verfügen. ❷

Asure Avenue Motels, 117 Centennial Ave, www.avenue-motel.co.nz. Behagliches und zentral gelegenes Motel mit gut ausgestatteten Units (einige davon haben sogar einen Whirlpool). ❷

Shaky Bridge Boutique Guesthouse, 51 Graveyard Gully Rd, www.shakybridge.nz. Attraktives Cottage aus grauem Schieferstein mit einem charmanten Studio im Erdgeschoss eines Einfamilienhauses mit moderner Einrichtung, voll ausgestatteter Küche und privatem Innenhof. Der Weinberg Shaky Bridge befindet sich unmittelbar vor der Tür. Auf keinen Fall sollte man die Gelegenheit auslassen, ein oder vielleicht sogar zwei Flaschen Wein zu ergattern. ❸

ESSEN

Black Ridge, 76 Conroys Rd, www.blackridge.co.nz. Black Ridge, eines der ältesten Weingüter in Central Otago, liegt dramatisch auf einem Felsgrat mit hübschem Ausblick über die Weinstöcke. Bei den Verkostungen wird auch ein ausgezeichneter Rosé kredenzt. Aus Pinot-Noir-Trauben gekelterte Rosés bieten fast alle Weingüter Central Otagos, und sie sind meistens erheblich billiger als eine Flasche Pinot Noir.

Como Villa, 266 Earnscleugh Rd, www.comovilla.co.nz. Como Villa ist vielleicht das kleinste Weingut mit dem meisten Flair in Central Otago. Verkostungen werden im Steinhaus von 1865 durchgeführt, das heute vor Antiquitäten strotzt. Hier können 5 mindestens 3 Jahre gelagerte Weine für jeweils $1 probiert werden.

Courthouse Café, 8 Centennial Ave, 03 448 7818. In dem Lokal im alten Gerichtsgebäude von 1878 und auf dem sonnigen Rasen drum herum gibt es köstliches hausgemachtes Essen, z. B. einen Salat mit honigglasiertem Hühnchen, aber auch viele andere frische Salatkreationen, Smoothies, Kaffee und Kuchen. $$

Fahrradverleih und Tourenpakete

Altitude Bikes, www.altitudebikes.co.nz. Der in Alexandra beheimatete Veranstalter bietet ein eintägiges, 47 km langes OCRT-Highlights-Paket mit Transport und Radverleih, ein 4-Tages-Arrangement mit B&B-Übernachtung, alle möglichen Mieträder sowie individuell zugeschnittenen Pauschalpakete.

Bike It Now!, 23 Holloway St, Clyde, www.bikeitnow.co.nz. Verleiht erstklassige Räder (halber Tag oder ganzer Tag), die bei geführten oder selbst organisierten Touren auf allen Trails der Gegend eingesetzt werden können. Das 3-tägige OCRT-Paket mit Fahrrad, Transport und einfacher Unterbringung gibt's auch mit gehobener Unterbringung, jeweils inkl. Gepäcktransport. Die Version mit 5 Übernachtungen ist sehr beliebt.

Cycle Surgery, www.cyclesurgery.co.nz. Das in Middlemarch ansässige Unternehmen bietet Fahrradverleih (auch Tandems und Radtaschen), Minibus-Shuttles und maßgeschneiderte Pakete mit Taieri-Gorge-Railway-Tickets, Unterkünften, Gepäcktransport und Mahlzeiten, alles für unterschiedlich gefüllte Geldbeutel.

Not a Rail Trail, www.notarailtrail.co.nz. Ein Experte für geführte Touren mit einer 4-tägigen Clutha Gold/Roxburgh Gorge-Kombination mit Jetboottransfer zwischen dem Zentrum der Schlucht, inklusive Rücktransfer nach Queenstown.

Trail Journeys, www.trailjourneys.co.nz. In Clyde ansässiger großer Anbieter auf der OCRT-Szene, nutzt Avanti-Räder, die speziell für den Trail entwickelt wurden, und verfügt über ein Depot in Middlemarch. Er bietet Radverleih und Shuttletransporte, seine Spezialität ist jedoch die Gesamtplanung, d. h. Unterbringung, Gepäcktransport usw.

Tin Goose Café, 22 Centennial Ave, www.facebook.com/thetingoosecafealexandra. Das einladende Café gegenüber dem Büro des i-SITE ist gut für Kaffee und Kuchen oder ein kleines Mittagessen am Otago Central Rrail Trail. $

AKTIVITÄTEN

Altitude Bikes, 88 Centennial Ave, www.altitudebikes.co.nz. Die zahlreichen baumlosen Hügel in der näheren Umgebung eignen sich ausgezeichnet zum ausgiebigen Mountainbiking. Dieser Anbieter verleiht Mountainbikes und organisiert alles Notwendige für eine Radtour auf eigene Faust auf dem Otago Central Rail Trail (s. Kasten S. 765). Außerdem werden lohnende geführte Singletrail-Touren angeboten für mittelgute oder bessere Fertigkeiten. Am besten und deshalb auch sehr beliebt ist wohl die interessante Halbtagestour Knobby Range (mit Leihrad) über wunderschönes Tussock-Grasland und steile felsige Trails.

INFORMATIONEN

i-SITE, 21 Centennial Ave, im Central Stories, www.centralotagonz.com, Nov–Ostern tgl. 9–18, Ostern–Okt 9–17 Uhr.

TRANSPORT

Atomic und **InterCity** halten vor dem i-SITE Visitor Centre. **Catch-A-Bus** holt Fahrgäste ab, wo sie möchten.

Busse nach:
DUNEDIN 6x tgl., 3 Std.;
LAWRENCE 6x tgl., 1 1/4 Std.;
QUEENSTOWN 6x tgl., 1 1/2 Std.;
RANFURLY 1x tgl., 1 Std.

Roxburgh

40 km südlich von Alexandra liegt umrahmt von riesigen Obstplantagen die ruhige ehemalige Goldgräbersiedlung **Roxburgh**. Auf den Planta-

gen gedeihen Pfirsiche, Aprikosen, Äpfel, Himbeeren und Erdbeeren, die von Saisonarbeitern abgeerntet werden; das überschüssige Obst gibt es von Anfang Dezember bis in den Mai hinein an zahllosen Straßenständen zu kaufen. Ansonsten hält einen hier eher wenig.

ESSEN

Jimmy's Pies, 143 Scotland St, www.jimmyspies.co.nz. Die hier seit 1960 produzierten perfekt flockigen Pasteten werden auf der gesamten Südinsel verkauft. Außerdem werden verschiedenste andere Backwaren angeboten. $

Millers Flat Tavern, 5592 SH8, Millers Flat, www.facebook.com/faiganscafeandstore. 17 km südlich von Roxburgh in der kleinen Flussstadt Millers Flat ist die freundliche Millers Flat Tavern ein toller kleiner Boxenstopp am Clutha Gold Trail. Perfekt für einen Kaffee, einen Teller Fish 'n' Chips oder Lammkeule. Bei einem Pint lässt es sich wunderbar mit dem freundlichen Wirt plaudern. Camper sind auf dem Grundstück nebenan willkommen. $$

Lawrence

Von Roxburgh führt der SH8 ins 60 km östlich gelegene **Lawrence**. Es ist kaum zu glauben, dass dieses verschlafene Bauerndorf mit kaum 550 Einwohnern ab 1861, als der Australier Gabriel Read hier Gold fand, im Brennpunkt frenetischer Aktivitäten stand. 12 000 Goldschürfer versuchten ihr Glück im Gabriel's Gully. Von dem kurzlebigen Boom – er dauerte nur ein knappes Jahr – zeugen noch ein paar viktorianische Gebäude, die hastig aus verschiedenen Materialien und in unterschiedlichen Stilen errichtet wurden. Einige davon beherbergen mittlerweile edle **Galerien**, in einem weiteren ist die Schokoladenhandlung **Lawrence Mint** ansässig.

Gabriel's Gully Historic Reserve

3,5 km auf der Gabriel's Gully Rd Richtung Norden ▪ 24 Std. ▪ Eintritt frei

Von Lawrence führt die Gabriel's Gully Road 3,5 km Richtung Norden zur **Gabriel's Gully Historic Reserve**. Hier erläutern an einem 2,4 km langen **Rundweg** Hinweistafeln die Funktion der Goldschürfanlagen, für deren Erkundung ungefähr eine Stunde zu veranschlagen ist. Zu entdecken sind in der Schlucht die Überreste von zahlreichen Schussrinnen und einer Hütte, ein Brechwerk, ein Bergwerkstunnel sowie ein Pulvermagazin.

INFORMATIONEN UND INTERNET

Tuapeka Goldfields Museum and Visitor Centre, 17 Ross Place, www.atoz-nz.com. Die Kombination aus Informationszentrum und Museum mit Gratis-WLAN erweckt auf anschauliche Art die frühen Tage des Goldrauschs wieder zum Leben. Empfohlene Spende $3. Mai–Sep tgl. 9.30–15.30, Okt–April 9.30–16.30 Uhr.

TRANSPORT

InterCity und **Atomic** halten im Ortszentrum von Lawrence.

Busse nach:
ALEXANDRA 4x tgl., 1 1/4 Std.;
CROMWELL 6x tgl., 2 Std.;
DUNEDIN 6x tgl., 1 1/4 Std.

Grahame Sydney

Viele Neuseeländer kennen das Maniototo nur durch die Arbeiten des in Dunedin geborenen realistischen Malers **Grahame Sydney**, www.grahamesydney.com, der einen großen Teil seines Lebens in dieser Region verbrachte. Seine Darstellungen von Landschaften mit Lagerschuppen inmitten verdörrter Felder und Briefkästen an einsamen Kreuzungen finden sich überall wieder, und jeder, der die Region besucht und Sydneys Bilder kennt, fühlt sich auf Schritt und Tritt daran erinnert. Überall im Maniototo (und darüber hinaus) gibt es Drucke und Postkarten seiner Gemälde zu kaufen, während die meisten bedeutenden Galerien des Landes über das eine oder andere Original verfügen.

Omakau und Ophir

Wer Alexandra in nordöstlicher Richtung verlässt, gelangt allmählich auf die Hochebene. Nach 26 km führt die Ophir Bridge Road über eine hübsche alte **Hängebrücke** über den Manuherikia River und erreicht nach einem weiteren Kilometer **Ophir**, die ursprüngliche Goldgräbersiedlung der Gegend. Ophir verfügt auch heute noch über das beeindruckende **Post & Telegraph Office** von 1886 (🕒 Mo–Fr 9–12 Uhr). Das 2 km nördlich gelegene **Omakau** bietet einfache Serviceeinrichtungen.

ÜBERNACHTUNG UND ESSEN

Chatto Creek Tavern, 1544 SH85, 10 km südwestlich von Omakau, 💻 www.chattocreektavern.co.nz. Der klassische Rail-Trail-Stopp bietet 2 gemütliche modernisierte Zimmer und einen 6er-*bunkroom* in einem Schiefer-Pub aus dem Jahr 1886. Viele Erinnerungsstücke und gute Kneipenkost wie Stewart-Island-Sandbarsch mit Pommes und Salat oder Hühnchen-Burger mit Brie und Aprikosen-Relish. Frühstück ist im Übernachtungspreis inkl. ❷

Pitches Store, 45 Swindon St, Ophir, 💻 www.pitches-store.co.nz. Die innovative saisonale Speisekarte des Cafés und Restaurants vorn im Haus liegt ein paar Punkte über dem, was in der Gegend sonst so üblich ist. So gibt es zum Beispiel Enten-Confit und Dörrpflaumen-Rillettes mit Holundergelee und eingelegtem jungem Gemüse sowie eine Kaninchen-Thymian-Pastete mit Blutwurst, Kartoffeln und Pinot-Noir-Glasur. $$$$

Oturehura

Der SH85 führt am Ida Valley vorbei, doch es lohnt sich ein Abstecher von Omakau, um in **Oturehura** einige der interessantesten historischen Stätten des Maniototo zu erkunden.

Hayes Engineering Works

Hayes Rd, Oturehua ▪ 🕒 Sep–Mai tgl. 10–17 Uhr ▪ Eintritt, Führungen an „Betriebstagen" (s. Website) ▪ 💻 www.ayesengineering.co.nz

Auf der ganzen Welt werden Drahtzäune immer noch mit den Vorrichtungen gespannt, die Ernest Hayes 1906 in den **Hayes Engineering Works** erfand. Heute scheint in der Anlage die Zeit stehen geblieben zu sein. Alles sieht noch so aus wie 1952, als die Firma nach Christchurch umzog.

Neben der Werkstatt stehen das 1895 aus Lehmziegeln erbaute **Cottage**, in dem die Familie lebte (heute ein kleines Museum und Café), sowie das etwas eigenwillige Haus, das die Familie entwarf und erbaute und immer noch so ausgestattet ist wie in den 1920er-Jahren.

Gilchrist's General Store

3355 Ida Valley Rd, Oturehua ▪ 🕒 Mo–Fr 7.30–17.30, Sa und So 10–14 Uhr ▪ Eintritt frei ▪ 💻 www.gilchriststore.co.nz

Der Lebensmittelladen von 1929 mit Poststelle, Original-Holzregalen und alten (und neuen) Lebensmitteln ist ein lebendes Museum. Einst bildete der Laden den Mittelpunkt des Tals und hatte zwölf Angestellte, danach ging es bergab, bis das Geschäft kurz vor der Schließung stand. Doch es wurde wiederbelebt, und heute kann man hier Pasteten kaufen, im Buchangebot stöbern oder nur auf ein Schwätzchen hereinkommen.

ÜBERNACHTUNG UND ESSEN

Oturehua Railway Hotel, 3352 Ida Valley Rd, 📞 03 444 5856. Das historische Gasthaus am OCRT serviert tgl. ab 10.30 Uhr in einem sonnigen Biergarten Kneipenkost (Tipp: der „big bike burger"), Hummingbird-Kaffee und Craft-Bier. Hinter dem Haupthaus befindet sich eine Unit mit 4 Einzelbetten und Bad. ❶

St Bathans

St Bathan's Gallery, 💻 www.stbathansgallery.co.nz

Der SH85 erreicht nach etwa 60 km in Becks die Abzweigung zur malerischen Goldgräberstadt **St Bathans**, 17 km über die St Bathans Loop Road vom SH85 entfernt. Der Ort erlebte 1863 seine goldene Zeit, doch als in den 1930er-Jahren das Gold immer knapper wurde, waren die Boomjahre schnell zu Ende. In dem ehemaligen Postamt befindet sich die **St Bathan's Gallery**, in der Fotos und Kupferstiche ausgestellt sind.

Blue Lake

Die wenigen noch erhaltenen Gebäude schauen auf den wunderschönen **Blue Lake** hinab, wo sich mineralienreiches Wasser in einem Krater sammelt, der durch die Ausbeutung des einst 120 m hohen Kildare Hill entstand. Ein kurzer Pfad führt vom Hotel zu einer Aussichtsstelle mit Blick über den azurblauen See, heute ein beliebtes Ziel zum Schwimmen und Bootfahren.

ÜBERNACHTUNG UND ESSEN

Old Orchard Cottage, Loop Rd, 🖳 www.oldorchardcottage.co.nz. Hübsches und gemütliches Ferienhaus mit Lehmwänden und Schieferkaminen. Zur Ausstattung gehören eine Küche und ein Essbereich im Landhausstil sowie 2 Schlafzimmer mit schmiedeeisernen Vintage-Betten. Der Garten ist mit hübschen Obstbäumen begrünt. ❸

St Bathans Domain Campsite, Loop Rd, 1,3 km nordwestlich von St Bathans. Einfacher DOC-Platz mit Wasser und Toiletten. $

Vulcan Hotel, Loop Rd, 🖳 www.vulcanhotel.kiwi. Am alten Holztresen des 1882 erbauten Hotels kommen die Farmer aus der Umgebung und auswärtige Besucher auf ein Bier zusammen. Zu essen gibt's z. B. Scones mit Marmelade und Sahne, oder man bucht vorab Abendessen mit Hausmannskost. Auch übernachten kann man, allerdings soll es im schönsten Zimmer (Nr. 1) spuken. Die Qualität des Service schwankt ziemlich. ❷

OTAGO

Naseby

25 km östlich von St Bathans und 9 km abseits des SH85 schmiegt sich die kleine Siedlung **Naseby** in rund 600 m Höhe an den Rand des Maniototo. Mit 4000 Einwohnern im Jahr 1865 war Naseby einst die größte Goldgräberstadt der Gegend, zählt heute aber nur noch rund 100 Seelen, die in einer Ansammlung kleiner Häuser (viele davon ursprünglich von Minenarbeitern aus sonnengetrockneten Lehmziegeln erbaut) leben und einen Laden, eine Tankstelle, zwei Pubs, ein Café und einen ausgezeichneten Campingplatz betreiben.

Early Settlers Museum und Jubilee Museum

🕒 Dez–April Mi–So 13.30–15.30 Uhr, Eintritt per Spende

Die Geschichte des Ortes und der Region wird im kleinen **Maniototo Early Settlers Museum** an der Kreuzung Earne Street und Leven Street erzählt. Hier sind massenhaft Schwarz-Weiß-Fotos ehemaliger Bewohner und eine kleine Sammlung von Gegenständen zu sehen, die von chinesischen Bergwerksleuten zurückgelassen wurden.

Gegenüber steht das **Jubilee Museum**, das die Überreste einer alten Uhrmacherwerkstatt und Ausstellungsstücke zum hiesigen Gold Rush der 1860er- und 1870er-Jahre zeigt.

ÜBERNACHTUNG UND ESSEN

Ancient Briton Hotel, 16 Leven St, 🖳 www.booking.com. Klassischer Kiwi-Pub mit geselliger Bar, einem sonnigen Garten und ausgezeichneter Kneipenkost wie z. B. einer preisgekrönten Lammschulter mit Schalotten, Hummus, Halloumi, geröstetem Gemüse und einer süßen Sherryjus. Hier ist auch die Naseby Brewery ansässig, die Porter, Cider und Fruchtbiere produziert. In einem Anbau gibt es einladende Gästezimmer. ❷

Naseby Holiday Park, 8 Swimming Dam Rd, 🖳 www.nasebyhp.nz. Hübscher und ruhiger Platz im Wald 5 Fußminuten vom Ort, gegenüber vom beliebten Badesee mit Sprungbrett. Hat auch 2 Selbstversorger-Häuser. Münzduschen, kein WLAN. ❶

Naseby Lodge, Derwent St, Ecke Oughter St, 🖳 www.nasebylodge.co.nz. Reizende moderne Lodge mit Selbstversorger-Units mit 1 oder 2 Schlafzimmern, gruppiert um das aus Strohballen errichtete Restaurant, wo erstklassige Steak- und Fischgerichte zu haben sind. ❷

Old Doctors Residence, 58 Derwent St, 🖳 www.olddoctorsresidence.co.nz. Schön eingerichtetes B&B im aus Lehmziegeln erbauten ehemaligen Milchgeschäft oder in der Suite im alten Behandlungsraum und Wartezimmer der Arztpraxis. Gemütliche Gästelounge, fantastisches warmes Frühstück und ein netter, im Preis inbegriffener Nachmittagstee. ❹

Black Forest Café, 7 Derwent St, www.facebook.com/blackforestcafe.co.nz. Gemütliches Café mit gutem Kaffee und Muffins, tollen Käse-Scones und kleinen Gerichten wie Frittata. Abendessen wird nach Vereinbarung angeboten. $

AKTIVITÄTEN

Curling

Naseby Curling International, 1057 Channel Rd, www.curling.co.nz. Naseby ist die neuseeländische Curling-Hauptstadt. Curling wird an kalten Wintertagen manchmal im Freien gespielt, meistens aber in dieser ganzjährig geöffneten Halle. Auf dem Hügel befindet sich die erste Rodelbahn der südlichen Erdhalbkugel (Mitte Juni–Ende Aug tgl.).

Mountainbiking

Wer ein eigenes Rad hat, braucht sich nur eine Karte beim Information Centre zu holen, und ab geht's in den Wald, den zahlreiche fantastische Singletrails durchziehen, die überwiegend leicht hügelig, aber ohne extreme Steigungen sind.

Wandern

One Tree Hill Track (1,6 km, 1 Std. hin und zurück) ist der schönste der drei lokalen Spazierwege. Er beginnt an der Brooms Street im Zentrum und windet sich an honigfarbenen, vom Wasser abgeschliffenen Felsen vorbei die Ostflanke des Hogburn Gully hinauf. Das Information Centre hat Karten, auf denen alle drei eingezeichnet sind.

INFORMATIONEN

Naseby Information Centre, 16 Derwent St, www.nasebyinfo.org.nz. Im ehemaligen Postgebäude gibt es den Ortsplan *A Walk Through History* sowie Wanderkarten für den Naseby Forest. Weihnachten–Mitte Jan tgl. 10–18, sonst Mo, Fr und Sa 11–14, So 11–14 Uhr.

Dansey's Pass

Die schotterige Kyeburn Diggings Road führt von Naseby in östlicher Richtung und erreicht nach 16 km das Dansey's Pass Coach Inn. Auf den restlichen 50 km Richtung Norden nach Duntroon ist der SH83 schmal, kurvenreich und für mittlere und größere Wohnmobile nicht geeignet. Die Strecke an sich ist jedoch sehr reizvoll und führt über einen der letzten unberührten, von offenem Tussock-Grasland gesäumten Hochlandpässe im Land. Zwischen Juni und September ist die Straße nach Schneefällen manchmal gesperrt. Autofahrer sollten sich unbedingt vorher in Naseby nach dem aktuellen Zustand erkundigen. Von der Straße aus sind die Überreste alter Goldminen zu sehen.

ÜBERNACHTUNG UND ESSEN

Dansey's Pass Coach Inn, 781 Kyeburn Diggings, 16 km östlich von Naseby, www.danseyspass.co.nz. Das reizende Gasthaus von 1862 mit Wildwestflair ist das einzige Relikt einer einst blühenden Goldgräberstadt mit 2000 Einwohnern; heute gibt es hier gutes Bier sowie im Wintergarten-Restaurant Mittagessen und Abendessen wie Lammrücken mit marokkanischem Chutney. Wenn nichts los ist, schließt das Lokal früh, daher vorsichtshalber anrufen, um die Fahrt nicht umsonst zu machen. Die 19 Zimmer (mit Bad kostet extra) sind im viktorianischen Stil gehalten. ❷

Ranfurly

Centennial Milk Bar Di–So 10–15 Uhr
▪ Spende empfohlen

Ranfurly ist die größte Siedlung des Maniototo – auch wenn das nicht viel heißen mag. Seit Eröffnung des Rail Trail genießt der überschaubare Ort einen verstärkten Zulauf und vermarktet sich selbst als Neuseelands Zentrum für **Rural Art Deco**. Beachtung verdient jedoch lediglich

OTAGO

das ansprechende, beigefarbene und grün gestrichene Gebäude der Centennial Milk Bar von 1948 in der Charlemont Street East, in dem jetzt ein Laden mit Art-déco-Gegenständen untergebracht ist. Aber der Ort macht das Beste aus dem Vorhandenen, besonders während des **Rural Art Deco Weekend** Ende Februar.

ÜBERNACHTUNG UND ESSEN

Hawkdun Lodge, 1 Bute St, 🖳 www.hawkdunlodge.co.nz. Das schicke, moderne Hotel im Zentrum bietet Studio- und 1-Schlafzimmer-Suiten (darunter eine Familien-Unit) sowie eine Küche, eine gemütliche Fernseh-Lounge und einen Indoor-Whirlpool, der kostenlos benutzt werden kann. Kleines Frühstück inbegriffen. ❷

Maniototo Lodge, 3 Ranfurly–Patearoa Rd, 1 km südlich von Ranfurly, 🖳 www.maniototolodge.co.nz. Reizendes, einladendes B&B in einem soliden Backsteingebäude und ehemaligen Pfarrhaus mit 3 Gästezimmern, die sich ein Bad teilen; Bademäntel werden gestellt. Es gibt warmes Frühstück und ein 2-gängiges Abendessen oder auf Anfrage auch eine Grillplatte zum Selberbrutzeln. Außerdem erhalten Besucher hier auch jede Menge Infos zur Region. ❸

Old Post Office Backpackers, 11 Pery St, 🖳 www.oldpobackpackers.co.nz. Gut gemanagtes, sauberes und ordentliches und Hostel mit 20 Betten in verschiedenen DZ, 2-Bettzimmern und 5-Bett-Dorms. Kleines Frühstück. Dorms stehen Ende Okt–April zur Verfügung, DZ Juni–Sep nur für Gruppen mit Vorausbuchung. ❶

Ranfurly Holiday Park, Reade St, Ecke Pery St, 🖳 www.ranfurlyholidaypark.co.nz. Lockerer, geräumiger und zentral gelegener Campingplatz, mit Zelt-/Caravanstellplätzen und Stromanschlüssen sowie Cabins und Units für bis zu 8 Pers. ❶

Komako, 634 Waipiata–Naseby Rd, 3 km südlich des Orts, 🖳 www.komako.net.nz. Ein Pfingstrosengarten (blüht von Okt–Dez) mit 3 wunderschöne Cabins direkt am Rail Trail mit tollem Ausblick. Pauschalangebote mit Übernachtung und Dinner, z. B. mit Gegrilltem oder einem Braten. $

Maniototo Cafe, 1 Pery St, 🖳 www.maniototocafe.co.nz. Café im Zentrum mit köstlichen Smoothies, Salaten, Wraps und Backwaren, und es können Lunch-Pakete und gute BBQ-Pakete fürs Abendessen bestellt werden. Im Winter schließt das Café unter der Woche etwa 1 Std. früher. $

Ranfurly Lion Hotel, 10 Charlemont St East, 🖳 www.ranfurlyhotel.co.nz. Gutes Hotelrestaurant mit Art-déco-Ambiente, das Gerichte wie Burger, aber auch Braten kredenzt. $$

INFORMATIONEN UND AKTIVITÄTEN

i-SITE, 3 Charlemont St East, im ehemaligen Bahnhof, 🖳 www.centralotagonz.com. Kostenlose audiovisuelle Show über die Region, Ausstellung zur Geschichte der Stadt und der Otago Central Railway. 🕒 Ende Dez–Mitte April 9–17.30, Mitte April–Ende Dez 9–17 Uhr.

Real Dog Adventures, 5 Bypass Rd, 🖳 www.realdog.co.nz. Hundeschlittenfahrten auf trockenem Boden oder Schnee mit gepflegten Malamuts (man sollte etwa 3 Std. einplanen), alternativ schaut man sich nur die Hundezwinger an (45 Min.).

Middlemarch

🖳 www.middlemarch.co.nz

Bei Kyeburn, 15 km östlich von Ranfurly, führt der SH85 (vor Ort „The Pigroot" genannt) Richtung Küste hinüber nach Palmerston, der SH87 dagegen nach Süden, wo er sich langsam durch das östliche Maniototo schlängelt, zwischen dem Taieri River auf der einen und der hoch aufragenden Rock and Pillar Range auf der anderen Seite.

50 unwirtliche, aber landschaftlich reizvolle Kilometer weiter südlich liegt die winzige Ortschaft **Middlemarch**, am Ende des Rail Trail und freitags und sonntags die Endhaltestelle der **Taieri Gorge Railway** (S. 704). Viel hat der Ort

OTAGO

nicht zu bieten, jedoch bieten einige Farmen der Gegend B&B-Unterkünfte, vorwiegend für Rail-Trail-Radler.

ÜBERNACHTUNG UND ESSEN

Annandale, 1 Snow St, ✆ 027 454 3624. Bezauberndes und zentral gelegenes B&B in einem charaktervollen Herrenhaus mit gut ausgestatteten Zimmern, modernen Bädern (eins davon mit Badewanne) und gepflegten Grünanlagen. Zum *continental breakfast* gibt's eingemachtes Obst. ❷

The Lodge, 24 Conway St, 💻 www.middlemarchlodge.co.nz. Behagliche B&B-Zimmer in zentral gelegener alter Villa, inkl. kleinem Frühstück. Zimmer mit Bad kosten mehr. ❷

Middlemarch Holiday Park, 26 Mold St, 💻 www.middlemarchholidaypark.co.nz. In dem einfachen Holidaypark mit Motel Units mit 2 Schlafzimmern am Rand von Middlemarch sind Radfahrer stets willkommen. ❶

Kissing Gate Café, 2 Swansea St (SH87), 💻 www.facebook.com/kissingg8cafe. Hübsches Café in einem alten Holzcottage mit Garten. $

OTAGO

GABEN CAPTAIN COOK GRUND ZU ZWEIFELN: DIE STEILEN FJORDWÄNDE DES DOUBTFUL SOUND

Fiordland und Southland

Grandiose Landschaften auf kleinem Raum: Über nahezu den gesamten Südwesten erstreckt sich der 12 500 km² große Fiordland National Park mit zwei der tiefsten Seen des Landes und 15 engen Fjorden. Vom Hauptort Fiordlands, dem kleinen Te Anau, erreicht man eines der landschaftlichen Top-Highlights Neuseelands: den Milford Sound. Gleichermaßen atemberaubend sind der Milford Track sowie abgeschiedenere Fjorde wie der Doubtful Sound.

Stefan Loose Traveltipps

Kepler Track Einer der „Great Walks" führt durch unberührte Buchenwälder zu Bergpanoramen und stillen Seen. S. 781

19 **Milford Sound** Ob auf einem Ausflugsdampfer oder im Kajak – zwischen den Klippen des weltberühmten Fjords fühlt man sich winzig klein. S. 787

Milford Track Trotz Regen und Sandfliegen gilt diese Wanderung als eine der schönsten der Welt. S. 791

Doubtful Sound Die Schönheit des einsamen Fjords lässt sich am besten auf einem Ausflugsboot erkunden. S. 796

Invercargill Nichts ist so stressabbauend wie am Steuer eines Bulldozers etwas kurz und klein zu hauen – in Invercargill kann man das jetzt machen! S. 803

20 **Stewart Island** Die Insel ist ein einziges großes Naturschutzgebiet: Hier kann man Kiwis sichten und wunderschön Kajak fahren. S. 809

21 **Catlins Coast** Ein versteinerter Wald, Pinguine und Delphine sind Highlights an dieser wilden Küste. S. 817

KIWI

BOOTSTOUR IM MILFORD SOUND

Inhalt

Fiordland und Southland
Stefan Loose Traveltipps S. 773
Haast (20 km)
TASMANSEE
Jackson Bay
Makarora
Lake Ohau
Big Bay
Martins Bay
MOUNT ASPIRING NATIONAL PARK
Lake McKerrow
Lake Wanaka
Lake Hawea
Milford Sound
Mount Tutoko (2746 m)
Lake Alabaster
Omarama
Milford Sound
Mitre Peak (1692 m)
Sutherland Sound
Bligh Sound
Routeburn Track
Wanaka
Lindis Pass
George Sound
Milford Track
Glenorchy
Tarras
FIORDLAND NATIONAL PARK
Casewell Sound
Charles Sound
Queenstown
Gibbston
Lake Dunstan
Becks
Cromwell
Nancy Sound
Thompson Sound
Lake Wakatipu
Omakau
Ophir
Clyde
Secretary Island
Doubtful Sound
Lake Te Anau
Te Anau Downs
North Mavora Lake
Alexandra
Dagg Sound
Kepler Track
Te Anau
Kingston
Lake Roxburgh
Breaksea Sound
Lake Manapouri
Manapouri
Roxburgh
Resolution Island
Cooper Island
Super Cove
TAKITIMU FOREST
Mossburn
Clutha River
Dusky Sound
Long Island
Lumsden
Raes Junction
Lake Monowai
Ohai
Lawrence
Lake Hauroko
Tapanui
Chalky Inlet
Clifden
Clifden Caves
Mandeville
Preservation Inlet
Coal Island
Lake Poteriteri
Tuatapere
Winton
Gore
Milton
Puysegur Point
Te Waewae Bay
Balclutha
Colac Bay
Riverton
Invercargill
Nugget Point
Owaka
CATLINS FOREST PARK
Foveaux Strait
Tokanui
Papatonai
Bluff
Dog Island
Waikawa
Catlins Coast
Ruapuke Island
Codfish Island
Mount Anglem
Oban
Muttonbird Islands
Mason Bay
SÜD-PAZIFIK
Stewart Island
Big South Cape Island
Port Pegasus
N
0 50
Kilometer

Der Südosten von Neuseeland nimmt sich vergleichsweise zahm aus, doch eine Fahrt über die Southern Scenic Route wird mit weiten Ausblicken auf Weiden und zerklüftete Küstenlandschaften belohnt; in den kleinen Orten scheint sich seit dem 19. Jh. kaum etwas verändert zu haben. Neuseelands südlichste Stadt **Invercargill** dient als Sprungbrett nach **Bluff**, dem ältesten europäischen Ort des Landes, sowie zur **Stewart Island**, einem der schönsten Wildnisziele Neuseelands – hier sind in der freien Natur sogar Kiwis zu erspähen. Zu dieser drittgrößten Insel Neuseelands zieht es bisher noch relativ wenige Besucher, doch wer den Weg auf sich nimmt, wird mit einer reichen Vogelwelt belohnt, insbesondere in der **Mason Bay** und auf **Ulva Island**. Invercargill ist außerdem ein guter Ausgangspunkt für eine Fahrt entlang der **Catlins Coast** Richtung Dunedin, mit den schönen **Purakaunui Falls**, der schrägen **Lost Gypsy Gallery** und den unheimlichen **Cathedral Caves**.

Fiordland

Viele Besucher beschließen ihren Neuseeland-Urlaub in **Fiordland**, dem abgeschiedensten und spektakulärsten Landstrich des Landes. Über den größten Teil der Region erstreckt sich der Fiordland National Park. Besonders der **Milford Sound** hat sich zu einem Reiseziel entwickelt, wo jeder einmal gewesen sein möchte. Aber trotz der wachsenden Zahl an Besuchern ist der Meeresarm nach wie vor ein umwerfender Ort. Viele Tagesbesucher, die von Queenstown mit dem Flugzeug hierherkommen, werden kaum mehr von Fiordland zu sehen bekommen als den Milford Sound. Einen besseren Eindruck von der Abgeschiedenheit der Gegend erhält man jedoch auf der spektakulären **Milford Road** zwischen dem Sound und **Te Anau**. Noch lohnender ist eine Wanderung auf dem **Milford Track**, oft als schönste Wanderroute der Welt angepriesen, wenngleich andere Routen – vor allem **Hollyford Track** und **Kepler Track** – durchaus mit ihm konkurrieren können.

Der ähnlich wie Te Anau an einem See gelegene Ort **Manapouri** ist das Sprungbrett für Ausflüge zum Wasserkraftwerk West Arm und zum **Doubtful Sound** sowie zu den isolierten Fjorden im Süden.

Ein charakteristisches Merkmal von Fiordland ist der häufige **Regen**. Das gilt insbesondere für den Milford Sound, der jährlich bis zu 7000 mm davon abbekommt und damit zu den regenreichsten Gebieten der Welt zählt. Die Siedlungen der Region liegen glücklicherweise im günstigen Regenschatten und erhalten weniger als die Hälfte der Niederschläge von der Küste. Besonders schön präsentiert sich der **Milford Sound** übrigens bei Regen, wenn sich schleierartige Wasserfälle in die Fjorde ergießen, wo Kolonien schwarzer und roter Korallen wachsen und sich Delphine, Pelzrobben und Dickschnabelpinguine tummeln.

Transport

Fast alle **Busse** in Fiordland befahren die Strecke Queenstown–Te Anau–Milford Sound. Die meisten sind Tourbusse, die ihre Kundschaft an den üblichen Aussichtspunkten vorbeischleusen; die übrigen sind Linienbusse, die Wanderer zum Start der Tracks fahren. Nur wer absolut keine Zeit übrig hat, sollte Milford von Queenstown aus besuchen, da man nach der langen Anfahrt nicht allzu viel vom Fjord hat. Weitaus schöner ist es, eine Nacht in Milford zu verbringen oder von Te Anau aus einen Tagesausflug zu unternehmen.

Te Anau

Te Anau, das Tor zu Fiordland, liegt am Ostufer des gleichnamigen Sees, der zu Neuseelands tiefsten und schönsten Gewässern gehört. Im Westen gräbt der See seine Finger tief in die bewaldeten Berge, die so einsam sind, dass ihre berühmteste Bewohnerin, die **Takahe**, ein halbes Jahrhundert als ausgestorben galt.

Ganz oben auf der To-do-Liste der meisten Besucher steht der **Milford Track** vom nördlichen Ende des Sees. Näher am Ort beginnt der **Kepler Track** (S. 781).

Fiordland Cinema

7 The Lane ▪ ⌚ tgl. 9–20 Uhr, tgl. 4–10 Filmvorführungen ▪ Eintritt ▪ 💻 www.fiordland cinema.co.nz

Das **Fiordland Cinema** zeigt den fantastischen 32-minütigen Film *Ata Whenua: Shadowlands*, der Fiordland in allen Jahreszeiten aus der Vogelperspektive präsentiert. Dazwischen laufen Mainstream-Filme; Zuschauer können Kaffee, Bier und Wein mit in den gemütlichen Kinosaal nehmen – die Black Dog Bar (S. 779) ist Teil des Komplexes.

Te Anau Bird Sanctuary

SH95 ▪ ⌚ frei zugänglich von Sonnenauf- bis Sonnenuntergang; Fütterung: Okt–März 9.30, April–Sep 10.30 Uhr ▪ Eintritt frei ▪ 💻 www.doc.govt.nz/teanaubirdsanctuary

Im **Te Anau Bird Sanctuary** (Punanga Manu o Te Anau) am Ufer des Lake Te Anau spazieren Besucher durch einen Park mit Neuseelands seltensten Vögeln (die größtenteils verletzt waren oder in Gefangenschaft gezüchtet wurden), z. B. Kakas (Waldpapageien), Kererus (Maori-Fruchttauben) und Tuis (Tuisittiche), sowie exotischen Vögeln wie Mallard-Enten und Kanadagänsen. Der größte Bereich wird von den recht großen Takahes bewohnt – einst nahm man an, dass sie ausgestorben seien, und heute stehen sie unter dem strengen Schutz des Department of Conservation (DOC). Allerdings ist es schwierig, sie zwischen den hohen Grasbüscheln ausfindig zu machen. Am ehesten sieht man sie bei der morgendlichen Fütterung.

Te Anau Glowworm Caves

⌚ tgl. Führung Nov–März 10.15, 14, 15.15, 16.30, 17.45, 19, 20.15 und 21.30 Uhr, April–Sep 14 und 19 Uhr, 2 1/4 Std. ▪ Eintritt ▪ 💻 www.realnz.com (Tickets online und im Real Journeys Visitor Centre, 85 Lakefront Drive)

Wer nicht vorhat, die noch eindrucksvolleren Höhlen in Waitomo auf der Nordinsel zu besuchen, sollte sich die **Te Anau Glowworm Caves** ansehen. Der Name der Stadt lautet auf Maori korrekt *Te Ana-au* und bedeutet so viel wie „Höhle mit strudelndem Wasser". Auf der Suche nach dem Namensgeber der Stadt stieß man 1948 auf die Höhlen.

Die Führung wirkt ein wenig übertrieben, umfasst aber eine recht hübsche Bootsfahrt vom Steg neben dem Besucherzentrum zum Westufer des Lake Te Anau. Nachdem man sich im Cavern House die Informationstafeln angeschaut hat, geht es in kleinen Gruppen unter die Erde: Dort geht es 30 Minuten lang durch einen 200 m langen Abschnitt des Aurora-Höhlensystems, gefolgt von einer kurzen, unterirdischen Bootsfahrt mit Glühwürmchen und mehreren Wasserfällen.

ÜBERNACHTUNG

Karte S. 777

Am Lakefront Drive und Quintin Drive (ein Häuserblock weiter) gibt es jede Menge Motels. Die Unterkunftspreise fallen nur zwischen Juni und August merklich. Wildes Campen ist bis 10 km außerhalb von Te Anau verboten; Verbotsschilder stehen z. T. auch weit außerhalb dieser Zone. Dafür gibt es ein paar günstige DOC-Campingplätze.

Arran Motel, 64 Quintin Drive, 💻 www.arranmotel.co.nz. Schöne Studios und 2-Zimmer-Units, zum Teil mit Kochgelegenheit. Ein kleines Frühstück wird auf Anfrage serviert. ❷

Bob and Maxine's Backpackers, 20 Paton Place, abseits der Oraka St, 💻 www.bobandmaxines.co.nz. Scheunenartiges, aber funktionales Hostel am Stadtrand mit schlichten, geräumigen und gut geschnittenen 6-Bett-Dorms und einem 2-Bettzimmer mit Bad. Zum Service zählen stapelweise DVDs, frisches Obst, kostenlose Ortsgespräche und Waschmaschinenbenutzung (Trockner), Fahrräder und sehr günstige Transfers zu Wanderwegen werden ebenfalls angeboten. ❷

Radfords on the Lake, 56 Lakefront Drive, 💻 www.radfordsonthelake.co.nz. Modernes, peinlichst sauberes, gut geführtes Motel mit allerhöchstem Standard. Sehr schöne Zimmer (einige mit tollem Ausblick). Zur Ausstattung gehören kostenloser Espresso und zahllose TV-Sender, außerdem kann man Parkas ausleihen. Ausreichend Parkplätze sind vorhanden. ❹

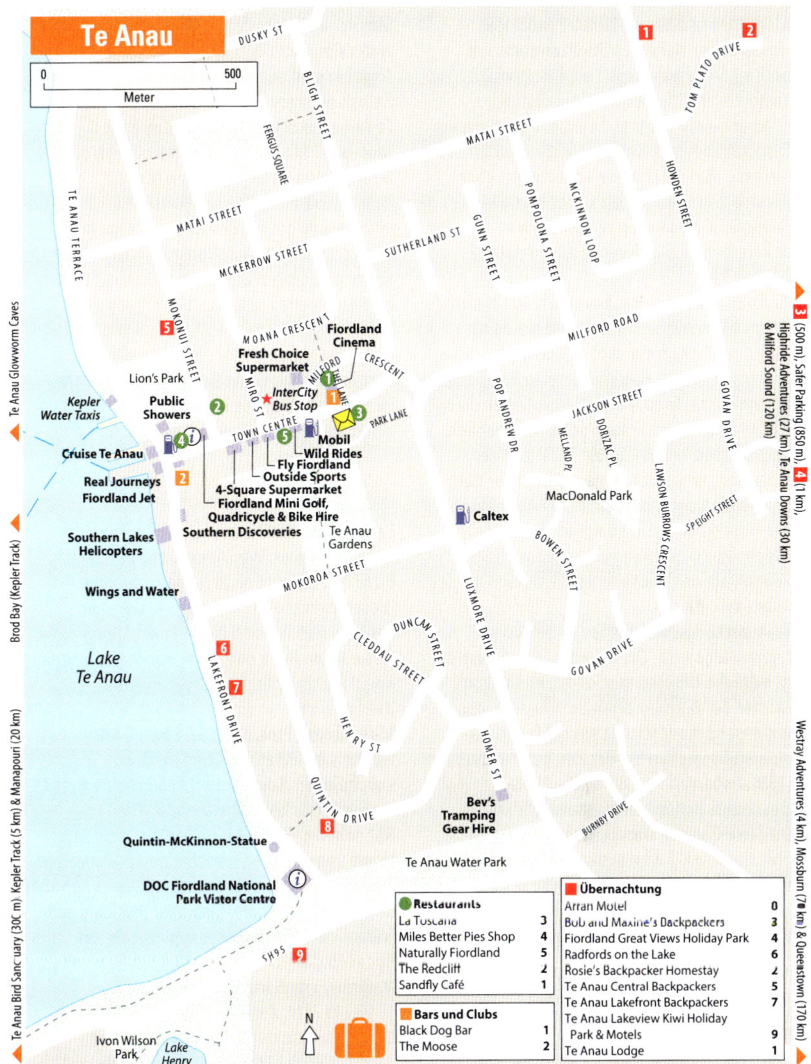

Rosie's Backpacker Homestay, 23 Tom Plato Drive, www.rosiesbackpackers.co.nz. Das entspannte, kleine Hostel im Privathaus mit See- und Bergblick hat nur 12 Betten. Bereits seit über 20 Jahren teilen Rosie und ihre Familie ihr Heim mit Travellern, und noch immer sind sie enthusiastische Gastgeber. Waschmaschinen und Trockner sind vorhanden. Man sollte jedoch früh buchen – das Haus ist schnell voll. ❶

Te Anau Central Backpackers, 29 Mokonui St, www.teanaucentralbackpackers.co.nz.

Modernes und komfortables 2-stöckiges Hostel in der Nähe des Stadtzentrums mit großen Schlafsälen mit 3 bis 8 Betten, DZ, kostenlosem Stauraum für Ausrüstung, hilfsbereitem Personal, Lounge mit separatem Fernsehraum und einer geselligen Außenterrasse. Auf die Gäste wartet zusätzlicher Service wie unbegrenztes WLAN und eine gemütliche Kaminlounge sowie eine wunderbar für alle Zwecke ausgestattete Küche. ❷

Te Anau Lakefront Backpackers, 48 Lakefront Drive, 💻 www.teanaubackpackers.co.nz. Alterndes, aber freundliches und gut organisiertes 110-Betten-Hostel in 3 Gebäuden um ein ehemaliges Motel. Dorms haben meist Bad und Küche, z. T. auch schönen Seeblick. Je 2 Doppelzimmer und ein 2-Bettzimmer teilen sich eine Küche und ein Bad; der gute Grillbereich verringert auch den Andrang in der Hauptküche. Gut geeignet für Wanderer (Gepäckaufbewahrung im Angebot). Camper können auf der Wiese hinter dem Haus ein Zelt aufstellen. ❶

Te Anau Lodge, 52 Howden St, 💻 www.teanaulodge.com. Diese Lodge ist eine extrem gemütliche Unterkunft in einem ehemaligen Kloster der Barmherzigen Schwestern, das umfassend modernisiert wurde. Die individuellen Zimmer im Stil der Zeit des Klosterbaus (1936) haben oft herrlichen Bergblick. Besonders schön sind die komfortablen De-Luxe-Zimmer. Das ausgezeichnete Frühstück (inkl.) wird in der schönen holzgetäfelten Kapelle (original mit Orgel!) serviert, Nachmittagstee und leckerer Kuchen werden in der bequemen Lounge oben eingenommen. ❸

Campingplätze

Fiordland Great Views Holiday Park, 129 Te Anau Milford Hwy (SH94), 2 km östlich der Stadt, 💻 www.stayfiordland.co.nz. Fjordland Great Views ist der er günstigste unter Te Anaus großen Ferienparks und er liegt ein gutes Stück vom See entfernt, verfügt aber über recht gute Einrichtungen, und der Inhaber bietet preiswerte Transfers zum Kepler Track sowie einen Tagestrip nach Milford, inkl. Bootsfahrt, Besuch im Underwater Observatory und Mittagessen. Im Angebot sind auch Cabins und Units für Selbstversorger. ❶

Te Anau Lakeview Kiwi Holiday Park & Motels, 77 Manapouri Rd, 1 km südlich der Straße Town Centre, 💻 www.teanauholidaypark.co.nz. Dieser Holiday Park ist eine riesige, gut ausgestattete Anlage mit geräumigen Zelt- und Wohnmobilbereichen sowie dem Hostel Steamers Beach mit vielen Einzelzimmern, moderner Einrichtung mit Sauna und einer großeb Auswahl an Cabins und Units, darunter die wunderschönen Marakura-Zimmer mit Seeblick. Das WLAN ist hier und da etwas schwach, in den Gemeinschaftsbereichen ist es am besten. ❶

ESSEN

La Toscana, 108 Stadtzentrum, 💻 www.latoscana.co.nz. Wer Appetit auf eine gute Pizza hat, braucht nicht lange zu suchen: Dieses beliebte und freundliche Lokal im Zentrum von Te Anau bietet eine umfangreiche Auswahl an Pizza und Pasta sowie herzhaftes Knoblauchbrot, Suppen und leckere Beilagen. $$

Miles Better Pies, Shop 13, Town Centre, 💻 www.milesbetterpies.co.nz. Das unscheinbare Lokal kreiert köstliche Pasteten, die mit Wild, Steak, Pfeffer oder Thai-Hühnchen gefüllt sind. Außerdem werden einige vegetarische Gerichte und Süßspeisen serviert. Wer möchte, kann das Essen auch zum Mitnehmen bestellen. Eine tolle Stärkung zum Frühstück ist die fantastische Pastete mit Bacon und Ei. $

Naturally Fiordland, 62 Town Centre, 📞 03 249 7111. Zwar ist dies nicht die authentischste der 4 Pizzerien in Te Anau, doch die Pizza (23 und 30 cm Durchmesser) hat einen schön knusprigen Boden mit leicht neuseeländisch angehauchten Belägen, wie z. B. bei The Godfather (Spinat, getrocknete Tomaten, Oliven, Salami und Feta) oder Little Sicily (eine Margherita mit frischen Tomaten und Kräutern). Außerdem Pasta, Kaffee und Kuchen. $$

The Redcliff, 12 Mokonui St, www.theredcliff.co.nz. In dem gemütlichen Holz-Cottage verbirgt sich ein halbformelles Restaurant mit dem zuverlässig besten Essen in Fiordland sowie einer einladenden Bar. Es gibt auch einige Tische im Garten und einen hübschen Erker. Auf der Abendkarte stehen Köstlichkeiten wie beispielsweise Hasenrückenfilet mit glasierten Babymöhren oder Ribeye-Steak mit *potato skins* an Trüffelsalz und Pilzmousse. $$

Sandfly Café, 9 The Lane, 03 249 9529. Das beste unter Te Anaus eher spärlich gesäten Cafés bietet eine entspannte Atmosphäre und hat jede Menge sonnenbeschienene Tische an der Straße und Sofas drinnen. Es serviert guten Kaffee, Frühstück, herzhafte Mittagesgerichte wie z. B. Steak-Sandwiches, zur Mittagszeit, außerdem gute Pasteten mit Wild und Thai-Rindfleisch sowie jede Menge tolle Kuchen und Gebäck wie Beeren-Brownies. $

UNTERHALTUNG

Black Dog Bar, 7 The Lane, www.blackdogbar.co.nz. Schicke urbane Cocktailbar im kleinen Te Anau – im Komplex des Fiordland Cinema, mit einer interessanten Auswahl an neuseeländischen Weinen (z. B. sehr guten Fiordland-Pinot-Noir und -Sauvignon-Blanc) sowie Whiskey, Fiordland-Lager und Cocktails. Kleine Gerichte und Snacks sind tgl. 16–21 Uhr erhältlich; die beliebte Happy Hour ist tgl. 17.30–18.30 Uhr.

The Moose, 84 Lakefront Drive, www.facebook.com/ArmadillosMoose. The Moose ist das Stammlokal der Einheimischen mit einem hohen Lärmpegel und günstigen Drinks; im Sommer gibt's Livemusik an Samstagen. Das Essen (Pub-Standards) wird in fast schon ungesund großen Portionen aufgetischt. besondere Publikumslieblinge sind die üppigen Burger.

SONSTIGES

Apotheke

Fiordland Community Pharmacy, 70 Town Centre, 03 249 9268. Mo–Fr 8.30–18, Sa und So 9–18 Uhr.

Duschen

Die öffentliche Toilette (tgl. 8.30–13.30 und 14.30–19 Uhr) an der Te Anau Terrace bietet auch Duschen und stellt gegen eine

Touren in Te Anau

Cruise Te Anau, Lakefront Drive (am Ende der Straße Town Centre), www.cruiseteanau.co.nz. Seerundfahrten an Bord eines Motorbootes aus Kauri-Holz (tgl. 13 Uhr, Dez–März auch 17 Uhr, 3 Std., $105; tgl. 11 Uhr, 1 Std., $49) sowie lohnende Fahrten mit Übernachtung (14.30–9.30 Uhr, inkl. Mahlzeiten).

Fiordland Jet, 84 Lakefront Drive, www.fjet.nz. Spannende 2-stündige Jetbootfahrten vorbei an 3 *Herr der Ringe*-Locations am Waiau River (in den Filmen der Fluss Anduin) zum Lake Manapouri. Mehrmals tgl.

Fly Fiordland, 4/52 Town Centre, www.flyfiordland.com. Rundflüge in einer kleinen Cessna, von kurzen (25–35 Min.) Hopsern über Milford oder Doubtful Sound bis zu 1 1/2-stündigen Flügen über beide. Ab Manapouri Airport (Abholung möglich).

Southern Lakes Helicopters, 79 Lakefront Drive, www.southernlakeshelicopters.co.nz. Helikopterflüge vom Landeplatz am See beginnen bei 25 Min. und gehen bis zu mehrstündigen Rundflügen über den Milford, Doubtful und Dusky Sound (3 Std.).

Wings & Water, 65 Lakefront Drive, www.wingsandwater.co.nz. Wasserflugzeuge eignen sich ideal für einen Panoramaflug über das südliche Fiordland. Zu den Top-Optionen dieses Anbieters zählen Rundflüge über den Milford Sound (1 Std.), über den Kepler Track (20 Min.) und über den Doubtful Sound (40 Min.).

Gebühr Shampoo und Handtücher zur Verfügung; tgl. 8.30–13 und 14.30–18.30 Uhr.

Fahrräder

Zuverlässige Verleiher sind:
Te Anau Mini Golf, Quadricycle & Bike Hire, 7 Mokonui St, www.facebook.com/TeAnauMiniGolfandBikeHire, tgl. 10–18 Uhr.
Outside Sports (s. rechts).
Wild Rides, 68 Town Centre, www.bikefiordland.co.nz; bietet auch Transport zu den Startpunkten der Wanderwege. Mo–Sa 10–17 Uhr.

Gepäckaufbewahrung

Meist kann man sein Gepäck in der Unterkunft deponieren. Ansonsten hat der **Lakeview Kiwi Holiday Park** (S. 778) Schließfächer mit unbegrenzter Aufbewahrungsdauer gegen eine Gebühr.

Informationen und Touren

i-SITE, 19 Town Centre zw. Lakefront Drive und Mokonui St, www.fiordland.org.nz. tgl. 8.30–18 Uhr.
Real Journeys Visitor Centre, 85 Lakefront Drive, www.realjourneys.co.nz. tgl. 8–19 Uhr.
Southern Discoveries Visitor Centre (für Aktivitäten am Milford Sound), 80 Lakefront Drive, www.southerndiscoveries.co.nz.
DOC Fiordland National Park Visitor Centre, Lakefront Drive, 500 m südlich der Stadt, fiordlandvc@doc.govt.nz. Stapelweise Wander- und Hütteninfos sowie eine Buchungsstelle für die Great Walks, www.doc.govt.nz. tgl. Nov–April 8–17, Mai–Okt 8.30–16.30 Uhr.

Internet

Te Anau Library, kostenloses WLAN für 30 Min. (pro Sitzung). Mo 13–18, Di–Fr 9–17, Sa 10–13 Uhr.

Medizinische Hilfe

Fiordland Medical Centre, 25 Luxmore Drive, 03 249 7007. Für dringende Fälle stehen i.d. R. rund um die Uhr Ärzte zur Verfügung. Mo–Fr 8–18, Sa 9–12 Uhr. Bei Notfällen: 111.

Outdoor-Ausrüstung

Eine gute Anlaufstelle für die Anmietung von Outdoor-Bedarf ist z. B. **Bev's Tramping Gear Hire**, 16 Homer St, www.bevs-hire.co.nz. Mo–Fr 9–12 und 18–19 Uhr. Bezahlung pro Ausrüstungsgegenstand und Tag. Günstiger kommt man mit den verschiedenen Pauschalangeboten für eine komplette Tour weg (Schlafsäcke ebenfalls erhältlich). Das Great Walks Package enthält außer Wanderschuhen und Essen alles Nötige für einen 3- bis 4-Tagestrip.
Outside Sports, 38 Town Centre, www.outsidesports.co.nz, die stärkste Konkurrenz von Bev's, bietet alles an Ausrüstung zum Kauf und zur Miete, inkl. Zelt, Rucksack und Schlafsack.

Polizei

196 Milford Rd, 03 249 7600.

Post

100 Town Centre. Mo–Fr 8.30–18, Sa 9.30–17 Uhr.

NAHVERKEHR

Safer Parking, 48 Caswell Rd, www.saferparking.co.nz, bietet bewachtes Parken. Tracknet und Real Journeys organisieren von hier Transfers.

TRANSPORT

InterCity befährt tgl. die Strecken Queenstown – Te Anau–Milford und Te Anau – Gore – Balclutha – Dunedin.
Im Sommer (Ende Okt–April) betreibt **Tracknet**, www.tracknet.net, tgl. Busse zwischen Queenstown, Te Anau, Milford Sound und Invercargill sowie Shuttles zum Kepler Track und nach Manapouri, die vorgebucht werden müssen (im Winter verkehren die Busse zwischen Queenstown, Te Anau und Invercargill nur Mo–Fr). InterCity-Busse halten vor Kiwi Country, 2 Miro St („Miro Street Bus Stop");

Busse von Tracknet halten auch an der Miro St, außerdem am DOC-Besucherzentrum am Lakefront Drive und an mehreren Unterkünften wie dem YHA.

Busse nach:
THE DIVIDE (zum Routeburn Track) 3–4x tgl., 1 1/4 Std.;
DUNEDIN 1x tgl., 4 3/4 Std.;
INVERCARGILL 1x tgl., 2 3/4 Std., mit Umsteigen in Mossburn;
KEPLER TRACK 3x tgl., 10 Min.;
MANAPOURI 2x tgl., 30 Min.;
MILFORD SOUND mind. 6x tgl., 3 Std.;
QUEENSTOWN mind. 8x tgl., 2 1/2 Std.

Kepler Track

Der **Kepler Track** (45–70 km, 3–4 Tage) bietet atemberaubende Bergpanoramen, Ausblicke auf den See und stille Buchenwälder. Er wurde 1988 eröffnet und bald zu einem der „Great Walks" erklärt. Er sollte ursprünglich den Milford und Routeburn Track entlasten, doch heute ist der Kepler Track genauso beliebt. Die weit geschwungene, von Te Anau zu Fuß zu erreichende Rundstrecke führt durch die Kepler Mountains am westlichen Ufer des **Lake Te Anau**. Üblicherweise wird der Weg **entgegen dem Uhrzeigersinn** gelaufen, um einen Großteil der Anstiege gleich am Anfang hinter sich zu bringen. Je nach Gusto kann man zwischen 45 km (mit Boot und Bus als Transfer) und 70 km (bei Start und Ende direkt in Te Anau) zurücklegen.

Die Route ist durchgehend gut begehbar, gewartet und ausgeschildert, lediglich ihre Länge und vor allem der lange Aufstieg zur Luxmore Hut zehren an den Kräften. Der Streckenabschnitt zwischen der Luxmore Hut und Iris Burn wird nach Schneefällen mitunter gesperrt. Das **National Park Visitor Centre** in Te Anau hat die aktuellsten Wettervorhersagen und Infos zum aktuellen Zustand des Tracks. Wer den Kepler Track im Winter wandern möchte, sollte sich auf der speziellen Winterseite des DOC, 💻 www.doc.govt.nz/keplertrack, über die Bedingungen informieren. Die kostenlose DOC-Broschüre *Kepler Track* reicht als Orientierungshilfe aus, detaillierte Auskunft bietet die Karte *Kepler Track* von New Topo im Maßstab 1:55 000 oder die Karte *Kepler Track* von Craig Potton Publishing im Maßstab 1:40 000, die beide im National Park Visitor Centre erworben werden können.

Das DOC kümmert sich nicht um die Routen der einzelnen Wanderer, deshalb sollte man auf 💻 www.adventuresmart.org.nz sein Wandervorhaben registrieren. Leuchtpistolen können für $30/3 Tage bei Bev's Tramping Gear (S. 780) oder der Mobil-Tankstelle in Te Anau gemietet werden.

Top-Athleten können sich bei der **Kepler Challenge** (60 km, 1. Sa im Dez) austoben. Dabei muss der Track in unter 5 Std. zurückgelegt werden. Der aktuelle Rekord von 2013 liegt bei 4 Std. 33 Min. und 37 Sek. und wurde von Martin Dent aufgestellt.

Te Anau–Control Gates

■ 5 km, 45 Min.–1 Std., flach

Die meisten Wanderer fahren mit dem Bus zu den **Control Gates** (Parkplatz Kepler Track). Es geht aber auch zu Fuß: nach Süden über den Lakefront Drive, dann rechts am Seeufer entlang bis zur Abzweigung nach rechts, die zu den Control Gates führt, die den Wasserzufluss zwischen den Seen Te Anau und Manapouri regeln. Der Abschnitt ist nicht besonders spannend, aber durchaus schön.

Control Gates–Brod Bay

■ 5,6 km, 1–1 1/2 Std., flach

Die Strecke folgt dem Seeufer um die Dock Bay, überquert den Coral Creek und führt durch lauschige Wälder. Die Brod Bay empfiehlt sich mit einem Sandstrand als hübscher Ort für ein Bad im See und kann als idyllischer Zeltplatz genutzt werden.

Brod Bay–Luxmore Hut

■ 8,2 km, 3–4 1/2 Std., 880 Höhenmeter

Wer kein Zelt dabeihat, muss von der Brod Bay weitergehen und den vom Strand ausgeschilderten Weg in Angriff nehmen. Der steile Aufstieg wird durch den guten Weg etwas gemildert. Nach ca. zwei Stunden erreicht man Kalksteinfelsen, danach ist es noch fast 1 Std.

bis zur Baumgrenze und dem herrlichen Ausblick. Die Luxmore Hut liegt nochmals knapp eine Stunde Marsch entfernt – über der Baumgrenze. Ein Spaziergang (20 Min. hin und zurück) führt von der Hütte zur unspektakulären Luxmore Cave mit ihren dünnen Stalaktiten.

Luxmore Hut–Iris Burn Hut

■ 14,6 km, 5–6 Std., 300 m Aufstieg, 900 m Abstieg

Die Strecke führt durch offenes, alpines Gelände, in dem jegliches Anzeichen einer Wetterverschlechterung ernst genommen werden muss. Die Route steigt bis zum Luxmore Saddle (1400 m), dem höchsten Punkt des Weges unterhalb des Mt Luxmore an (ein Abstecher zum 1472 m hohen Gipfel ist möglich, 30 Min. hin und zurück), dahinter führt sie bergab zur Schutzhütte Forest Burn Shelter. Anschließend folgt sie einem Bergkamm zu einer zweiten Schutzhütte, Hanging Valley Shelter, und biegt schließlich scharf nach Süden ab, an einem weiteren Bergkamm in Richtung Iris Burn entlang. Im Zickzack geht es hinunter in das bewaldete Hanging Valley und weiter bis zum Iris Burn, dem die Strecke bis zur Hütte und dem Zeltplatz auf einer großen, von Tussock-Gras bewachsenen Lichtung folgt. Lohnend ist der einfache Spaziergang zum Iris Burn Waterfall (40 Min. hin und zurück).

Iris Burn Hut–Moturau Hut

■ 16,2 km, 5–6 Std., 300 m Abstieg

Die Etappe von der Iris Burn Hut führt über einen niedrigen Sattel, bevor sie stetig hinab an einem Erdrutsch vorbei durch Südbuchenwald und Rodungen entlang dem Flussufer führt. Ungefähr auf halber Strecke erreicht man Rocky Point, wo es Toiletten gibt, dahinter schließt sich eine kurze Schlucht an, bevor der Weg über mehrere herrliche Kilometer wieder den Flusslauf begleitet. Kurz bevor der Iris Burn in den Lake Manapouri mündet, schwenkt die Route nach Osten ab und folgt dem Bogen der Shallow Bay zur hübschen Moturau Hut am Seeufer. Wer den Track in drei Tagen bewältigen will, marschiert 6 km zur Bushaltestelle bei Rainbow Reach weiter.

Moturau Hut–Rainbow Reach

■ 6 km, 1 1/2–2 Std., flach

Der übliche Endpunkt der Wanderung ist am Rainbow Beach, nach einem leichten Spaziergang durch Buchenwald. Ambitionierte Wanderer können durch Buchenauen am Waiau River weiter zu den Control Gates (weitere 9,5 km, 2–3 Std., minimaler Anstieg) gehen. Unterwegs kann man angeln und schwimmen, aber Vorsicht: Die Strömung ist stark.

ÜBERNACHTUNG

Buchung

Während der Great-Walk-Saison (Ende Okt–Ende April) ist die Vorausbuchung von Hütten verpflichtend. Wanderungen in beide Richtungen, Umkehr und bis zu zwei Übernachtungen pro Hütte sind erlaubt (im Winter 3 Nächte). Interessierte sollten bis zu drei Monate vorausbuchen, vor allem bei einem festen Datumswunsch oder größeren Gruppen. Ab dem 1. Juli kann unter 💻 www.doc.govt.nz online gebucht werden, es ist aber auch per Post und persönlich in einem DOC-Besucherzentrum möglich. Führen Wetter oder Track-Bedingungen zu einer kurzfristigen Sperrung, wird der volle Preis erstattet; eine Umbuchung ist jedoch nur möglich, wenn noch etwas frei ist. Vor dem Start können vorhandene Buchungen geändert werden.

Hütten

Die drei größten Hütten – Luxmore (54 Betten), Iris Burn (50 Betten) und Moturau (40 Betten) – haben einen Hüttenwart, Gasherd, kaltes Wasser und WC, aber keine Duschen; Töpfe und Teller muss jeder selbst mitbringen. Die Benutzung der einfachen, sehr kleinen Shallow Bay Hut gleich neben dem Track am Lake Manapouri wird nicht empfohlen. In der Hauptsaison ist der Backcountry-Hüttenpass leider nicht gültig. Während der Nebensaison gibt es bis zum Frühjahr weder Hüttenwart noch Gasherd oder fließend Wasser und nur Plumpsklos, dafür gilt in dieser Zeit der Hüttenpass. ❶

Camping

Camper müssen den Kepler Track in einer sehr kurzen und zwei sehr langen Etappen in Angriff nehmen und dabei die einfachen Campingplätze Brod Bay und Iris Burn benutzen. Beide haben jeweils 15 Stellplätze, Plumpsklos und Wasser. ❶

TRANSPORT

Der beliebte Kepler Track beginnt an den Control Gates, 5 km südwestlich von Te Anau. Die meisten Wanderer nehmen den praktischen Shuttlebus von **Tracknet**, 💻 www.tracknet.net, der Wanderer Ende Oktober–April tgl. um 8.30, 9.30, 11.10 und 14.30 Uhr von den Unterkünften im Ort abholt und direkt an den Control Gates absetzt (10 Min.). Die Wanderstrecke wird von den meisten bevorzugt 9,5 km südlich der Control Gates an der Hängebrücke über den Waiau River beendet, von wo Tracknet um 10, 15, 16 und 17 Uhr zurück nach Te Anau verkehrt (20 Min.); ein Kombiticket zu den Control Gates und zurück vom Rainbow Reach kostet $18.

Die 5 km Wegstrecke am See lassen sich einsparen (oder man nutzt sie zum entspannten Einwandern am ersten Tag), wenn man ein Boot vom Pier in Te Anau zur Brod Bay nimmt. Diesen Service bietet **Kepler Water Taxi**, 💻 www.keplerwatertaxi.co.nz, Ende Okt–April 8.30, 9.30 und 16 Uhr sowie nach Vereinbarung; Rückfahrt 8.45, 9.45 und 16.30 Uhr.

Milford Road

Die 120 km lange Straße von Te Anau zum Milford Sound (SH94) darf als eine der schönsten der Welt gelten. Nimmt man jedes sich bietende Fotomotiv zum Anlass für einen Zwischenstopp, lässt sich die zweistündige Fahrt mühelos auf einen ganzen Tag ausdehnen – und noch länger, wenn man einige der wunderschönen Wanderwege entlang der Strecke erkundet (beschrieben in der im National Park Visitor Centre in Te Anau kostenlos erhältlichen Broschüre *Fiordland Day Walks*).

Wer bereits das erste Teilstück den Lake Te Anau entlang unübertrefflich schön findet, wird bei der Fahrt durch das Eglinton Valley kaum noch Worte finden. Hier dringt die Straße in steiles, bewaldetes Bergland vor und windet sich durch eine subalpine Wunderwelt, um dann an die scheinbar unbezwingbaren kahlen Felsen am Talende des Hollyford Valley zu stoßen. Dort bahnt sie sich durch den Homer Tunnel ihren Weg ins steilwandige Cleddau Valley und fällt dann zum Milford Sound ab.

Unterwegs gibt es kaum Häuser, keinen Handyempfang, keine Läden und Tankstellen – in Te Anau tanken! –, aber jede Menge reizende Campingplätze.

Eglinton Valley

Kaum lohnenswerte Zwischenstopps bieten sich auf den ersten 30 km von Te Anau Richtung Norden nach **Te Anau Downs**, wo die Boote zum Ausgangspunkt des Milford Track ablegen. Dahinter biegt die Straße nach Osten ab zum **Eglinton Valley** und führt durch Südbuchenwälder, die von offenen Tussock-Grasebenen durchbrochen werden. Im November und Dezember präsentiert sich die Ebene als ein Meer aus weißen, rosa- und lilafarbenen Lupinen.

Mirror Lakes

Sehr schöne Berge flankieren das Eglinton Valley und spiegeln sich bei gutem Wetter in den **Mirror Lakes**, die 56 km nördlich von Te Anau neben der Straße liegen. Auch ohne die Spiegelbilder ist der Ort traumhaft, mit Holzstegen zum flachsgesäumten Wasser (einst das Bett des Eglinton River).

Knob's Flat

◷ tgl. Mai–Sep 8.30–15, Okt–April 8–17 Uhr
▪ Eintritt frei

Die meisten Tourbusse legen bei **Knob's Flat**, rund 6 km hinter den Mirror Lakes, einen Zwischenstopp ein: Hier gibt es die letzten WCs vor Milford. Außerdem informieren hier Schautafeln über invasive Tierarten wie Wiesel und Possums und die von Juni bis November von Lawinen ausgehenden Gefahren. In den hiesigen Buchenwäldern ist das einzige endemische Landsäugetier Neuseelands zu Hause, der **Langschwanzflughund**. Hier darf übrigens gezeltet werden.

The Divide

Nahe dem Ende des Eglinton Valley wird die Strecke steiler und erreicht 83 km nördlich von Te Anau **The Divide**, den mit 531 m niedrigsten Ost-West-Pass über die Neuseeländischen Alpen. Hier beginnen und enden die Tracks **Greenstone** und **Caples** (S. 737) und **Routeburn** (S. 733), wobei Letzterer für eine kurze Wanderung bis zum **Key Summit** begangen werden kann (5 km hin und zurück, 2–3 Std., 400 m Anstieg). Der Parkplatz an The Divide verfügt über eine Hütte für Wanderer mit einem Busfahrplan (3x tgl. zum Milford Sound, 1 1/4 Std., 3–4x tgl. nach Te Anau, 1 Std.). Sicherer ist es allerdings, vorab eine Abholung zu arrangieren, denn hier oben gibt es keinen Handyempfang.

Weiter Richtung Milford fällt die Straße nach nur wenigen Kilometern in das Tal des Hollyford River ab. Der spektakuläre Aussichtspunkt **Pops View** unmittelbar abseits der Straße – Busse sind hier nicht erlaubt – bietet den besten Ausblick. Wahrscheinlich trifft man hier auch auf **Keas**, die frechen Bergpapageien.

Hollyford Valley

Von The Divide fällt die Milford Road ins **Hollyford Valley** ab, das der Hollyford River ausgehend von seiner Quelle in den Darren Mountains auf einer Länge von 80 km durchfließt, bevor er an der Martins Bay in die Tasmansee mündet. Kurz hinter Pops View zweigt die Lower Hollyford Road ab: Die Schotterstraße bietet Zugang zum Hollyford Track (S. 785). Nach 1 km zweigt von der Lower Hollyford Road der recht anstrengende Lake Marian Track (2,4 km hin und zurück vom Parkplatz, 3 Std.) ab. Nach 8 km entlang der Talstraße erreicht man die winzige Siedlung **Gunn's Camp** (Hollyford Camp). Das ehemalige Straßenbaucamp, entstanden im Rahmen der Arbeitsbeschaffungsmaßnahmen 1938, bietet heute einfache Unterkünfte, ein Museum zu Ehren jener Persönlichkeiten, die das Tal ihr Zuhause nannten, und einen **Laden** mit Wanderbedarf, Postkarten, Büchern und Jade-Souvenirs. Die Straße endet 8 km hinter dem Ort am Beginn des Hollyford Tracks. Hier befindet sich auch der Ausgangspunkt einer kürzeren, steilen Wanderung zu den 200 m hohen **Humboldt Falls** (hin und zurück 30 Min.). In den 1930er-Jahren war geplant, dass die Straße bis nach Haast in Westland führen sollte, worauf Schilder in Gunn's Camp hinweisen – ein Ausbau ist derzeit aber nicht geplant.

Gunn's Camp Museum

Gunn's Camp (Hollyford Camp), Lower Hollyford Rd ▪ ⏲ tgl. Okt–März 8–20, April–Sep 9–19 Uhr ▪ Eintritt, für Gäste kostenlos

Einen halbstündigen Besuch lohnt das winzige, aber faszinierende **Gunn's Camp Museum** mit einer kleinen Sammlung von Artefakten aus der Pionierzeit, mit Erinnerungsstücken aus der ehemaligen Siedlung in Martins Bay und Informationen zu den periodischen Flutkatastrophen sowie zum Bau von Milford Road und Homer Tunnel. Ein Foto aus dem Jahr 1989 zeigt den ehemaligen Inhaber Murry Gunn in seiner Küche. Außerdem gibt's spannende Informationen zu seinem Vater Davey Gunn, der das Camp 1951 in ein Ziel für Touristen verwandelte – leider ertrank er 1955 im Hollyford River.

Homer Tunnel

Nach der Abzweigung der Lower Hollyford Road verläuft die Milford Road weiter nach Westen bergauf zur Hollyford-Quelle, gesäumt von Krüppelbuchen, bis zum riesigen Gletschertal des Gertrude Valley. Durch diese Landschaft voller Wasserfälle stolzieren viele neugierige **Keas**. Aber bitte nicht füttern! Menschliche Nahrung kann sie umbringen.

Anschließend geht es durch den 1,2 km langen **Homer Tunnel** durch die Steilwand des Gertrude Valley Richtung Meer – der Tunnel ist nach dem Entdeckungsreisenden W. H. Homer benannt, der 1889 den Sattelpass zum Milford Sound entdeckte. Die Tunnelbauarbeiten begannen 1935, doch die Planung stand von Anfang an unter keinem guten Stern. Im vorgesehenen 10 %-igen Gefälle stießen die Bauarbeiter schon bald auf Wasser, das sie unentwegt abpumpen mussten. 1948 wurde der Bau eines Führungstunnels abgeschlossen, der das Abfließen des Wassers nach Westen ermöglichte. Nachdem man erneut alle verfügbaren Energien mobilisierte, konnte die erste Straßenverbindung zum Milford Sound 1953 schließlich fertiggestellt werden. Jedes Jahr im April liefern sich nun Einheimische nur mit Turnschuhen bekleidet ein Wettrennen durch den Homer Tunnel.

Trotz einiger Verbesserungen in jüngerer Zeit ist der schmale und stockfinstere Tunnel bis heute eine ziemlich raue Angelegenheit. Zu den Stoßzeiten im Sommer regelt eine **Ampel** das höhere Verkehrsaufkommen. Der Verkehr

Hollyford Track

Der lange, aber meist flache **Hollyford Track** (56 km, einfache Strecke 3–4 Tage, 💻 www.doc.govt.nz/hollyfordtrack) verläuft vom Ende der Hollyford Valley Road (8 km hinter Gunn's Camp) bis zur **Martins Bay** entlang dem längsten Tal im Fiordland. Mehr als die zu bezwingenden Gebirgskämme sind es die atemberaubende Berglandschaft und die **Wälder** aus Kahikatea, Rimu und Matai sowie der Unterwuchs aus Weinbeere, Fuchsien und Farnen, die den Reiz des Hollyford Track ausmachen. Long Reef an der Martins Bay ist Heimat einer **Pelzrobben**-Kolonie, von Sep–Dez kann man auch die seltenen **Dickschnabelpinguine** (Tawaki) sehen.

Die Wanderung ist keine Rundroute. Daher muss man für den Rückweg weitere drei bis vier Tage einplanen (es gibt 6 recht gute Hütten an der Strecke, bei denen man auch zelten kann) – es sei denn, man hat genügend Geld für einen Flug von Martins Bay oder die Ausdauer für die anschließende lange und schwierige **Pyke–Big Bay Route** (insgesamt 9–10 Tage, Details in der DOC-Broschüre *Pyke–Big Bay Route*). Informationen zu geführten Wanderungen enthält die ausgezeichnete Website 💻 www.hollyfordtrack.com.

Sicherheit auf der Milford Road

Die wunderbare Landschaft entlang der Milford Road kann schnell vom Autofahren ablenken. Unabhängig von der Jahreszeit müssen Autofahrer außerdem mit starkem Busverkehr rechnen; Richtung Milford ist das Aufkommen zwischen 10 und 12 Uhr am größten, Richtung Te Anau zwischen 15 und 17 Uhr. Abgesehen von dem Laden im Hollyford Valley, rund 8 km abseits der eigentlichen Route, gibt es bis Milford keine Gelegenheit für den Kauf von **Proviant**. Den Wagen unbedingt in Te Anau auftanken: In Milford gibt es zwar je eine **Zapfsäule** für Benzin und Diesel, aber oft keinen Sprit.

Im Winter (Mai–Okt) ist der durch subalpines Gelände führende Abschnitt der Milford Road eine der **lawinenanfälligsten** Strecken der Welt und wird durch ein hochmodernes Lawinenkontrollsystem überwacht. Wenn notwendig, wird nach Sperrung der Straße aus Helikoptern Sprengstoff abgeworfen, um gefährliche Schneeakkumulationen zu lösen. Während dieser Zeit sind Schneeketten vorgeschrieben (an Tankstellen in Te Anau zu bekommen). Ist Schnee gemeldet, werden Fahrzeuge an einem kleinen Häuschen etwas außerhalb von Te Anau angehalten, wo kontrolliert wird, ob man Schneeketten dabeihat und sie auch aufziehen kann – andernfalls geht's zurück nach Te Anau. Nicht selten kommt es vor, dass die Straße gesperrt wird und Autofahrer in Milford festsitzen. Vor der Abfahrt sollte man sich immer im DOC-Büro in Te Anau nach den Wettervorhersagen erkundigen. Regelmäßig aktualisierte Informationen zum Straßenzustand gibt es auch auf www.nzta.govt.nz/projects/sh94-milford-road.

verläuft dann nur einspurig (Wartezeiten bis zu 15 Min. sind möglich, oft warten hier Keas auf Snacks), sonst muss man auf entgegenkommende Fahrzeuge achten.

The Chasm

Nach dem Homer Tunnel führt die Straße in Serpentinen bergab zum Cleddau River. Etwa 10 km hinter dem Tunnel halten sämtliche Busse bei **The Chasm** und geben ihren Fahrgästen Gelegenheit zu einem kurzen Spaziergang zu den Stromschnellen des Cleddau (hin und zurück 15 Min.), der hier eine tiefe, eindrucksvolle Schlucht in den Fels gefräst hat. Von hier sind es über die **Tutoko Suspension Bridge** von 1940 noch 10 km bis zum Milford Sound.

ÜBERNACHTUNG

Camper können auf einem der 12 einfachen DOC-Campingplätze entlang der Milford Road entweder auf Gras oder unter Bäumen nächtigen. Alle haben Plumpsklo, Giardia-freies Flusswasser und meist eine Feuerstelle; alle sind ganzjährig geöffnet und können nicht reserviert werden (Mai–Okt nur Barzahlung!). Die vollständige Liste steht im DOC-Gratisheft *Conservation Campsites*; die besten Plätze sind hier mit Entfernungsangaben von Te Anau aufgeführt.

Cascade Creek Campsite, SH94, 71 km nördlich von Te Anau. Der nächste DOC-Campingplatz am Milford Sound (40 km). Trinkwasser vorhanden, Fliegenfischen möglich im Bach und im Eglinton River. ❶

Deer Flat Campsite, SH94, 59 km nördlich von Te Anau. DOC-Campingplatz am Eglinton River mit Wiesenstellplätzen und ein paar schattigen Plätzen unter Buchen. Toiletten und Picknicktische vorhanden. ❶

Gunn's Camp, 8 km entlang der Lower Hollyford Rd, www.gunnsnbushcamp.co.nz. Die einzigen Unterkünfte in dieser Gegend sind in diesen Cabins untergebracht, die in den 1930er-Jahren als Familienquartiere für Straßenbauarbeiter dienten. Sie werden ständig modernisiert; neuerdings gibt es Lounge und Küche. Trotzdem ist der schlichte Charakter erhalten geblieben. Die Cabins haben meist Einzelbetten oder Zimmer mit 6 Stockbetten. Laken können geliehen werden, aber man muss einen eigenen Schlafsack dabeihaben. Von 7–9 und 18–22 Uhr läuft ein Generator, es gibt mit Holz befeuerte Duschen, aber weder Kühlschränke, Mobilfunk, Telefone oder Internet. Einfache Grundnahrungsmittel können im kleinen Laden vor Ort gekauft werden. Es gibt auch einige Wohnmobilstellplätze. ❶

Henry Creek Campsite, SH94, 23 km nördlich von Te Anau. Der erste DOC-Campingplatz an der Milford Road verteilt seine 50 ansprechenden Stellplätze auf Schotter fast direkt am Seeufer und im Schutz von Buchen. Gäste müssen sich allerdings mit Plumpsklos und Seewasser zufriedengeben. ❶

Knobs Flat, SH94, 62 km nördlich von Te Anau, 💻 www.knobsflat.co.nz. 6 sehr komfortable Motel Units in abgeschiedener Lage mit tollem Talblick von der Veranda. Kein TV oder Mobilfunknetz. Außerdem im Angebot: geführte Wanderungen durch das Eglinton Valley und Camping (keine Elektroanschlüsse) mit Dusche und wunderbar ausgestatteter Küche ❷

Walker Creek Campsite, SH94, 47 km nördlich von Te Anau. Kleiner DOC-Campingplatz mit Talblick 2 km innerhalb des Nationalparks am Ufer des Eglinton River. Zur Verfügung stehen Bachwasser, Picknicktische, Toiletten und zahlreiche geschützte Stellplätze für Wohnmobile. ❶

19 HIGHLIGHT

Milford Sound

Milford Sound: Der nördlichste und bekannteste der 15 Fjorde in Fiordland erhebt sich mit senkrechten Wänden und vielen Wasserfällen 1200 m übers Meer. Mit 15 km Länge und meist weniger als 1 km Breite gehört er auch zu den schmalsten seiner Art. Sein Name ist irreführend: Ein „Sound" definiert sich als versunkenes Flusstal. Das hier ist aber definitiv ein durch Gletscher geformter Fjord. Die schieren Ausmaße dieses wunderbaren Ortes sind eigentlich nur zu erfassen, wenn gerade ein Schiff durchfährt – selbst die größten Pötte sehen darin aus wie Spielzeuge.

Tatsächlich präsentiert sich der Milford bei Regenwetter am schönsten. Da kann man nur von Glück reden, dass es an über 180 Tagen im Jahr regnet (insgesamt bis zu **7000 mm Niederschlag**). Innerhalb von Minuten nach einem Wolkenbruch schießen Wasserfälle aus sämtlichen Felswänden, und leichter Nebel verleiht dem Ganzen eine überirdische Schönheit. Doch alle Wetterlagen des Milford Sound sind einen Besuch wert: Sonne (doch, die gibt es auch), Regen oder auch Schnee.

Kein anderer Fjord bietet diese spektakuläre **Schönheit**; das wirklich Besondere ist aber der leichte **Zugang**. Der winzige Flughafen kommt selten zur Ruhe, und Busladungen von Besuchern besteigen die Ausflugsdampfer (im Sommer den ganzen Tag, im Frühjahr und Herbst zur Mittagszeit). Aber nicht irritieren lassen: Selbst die Menschenmassen können die Pracht nicht schmälern. Natürlich kann man auch mit dem Auto hierherfahren, aber erst vom Schiff oder Kajak aus entfaltet sich das Panorama in seiner ganzen Pracht.

Geschichte

Die Maori nennen den Fjord **Piopiotahi** („eine einsame Drossel") und schreiben seine Entstehung dem Gott Tu-te-raki-whanoa zu, der an einen anderen Ort gerufen wurde, bevor er einen Weg ins Landesinnere in das Gestein meißeln konnte und hohe Felswände zurücklassen musste. Diese steilen Routen sind heute als Homer Pass und Mackinnon Pass bekannt, wurden aber vermutlich schon früher von den Maori genutzt.

Als erster Europäer soll der Robbenfänger John Grono 1823 in den Piopiotahi gesegelt sein und den Fjord nach seinem Heimathafen in Südwales, Milford Haven, benannt haben. Der Hauptzufluss in den walisischen Milford war der Cleddau, weshalb man den Fluss am Ende des Fjords mit dem gleichen Namen bedachte.

Der erste Siedler war der schottische Abenteurer **Donald Sutherland**, der sich mit seinem Hund John O'Groat 1877 hier niederließ und unverzüglich eine Reihe strohgedeckter Hütten in der Nachbarschaft des Süßwasserbeckens seiner „City of Milford" plante. Zur Finanzierung seiner Erkundungstouren verdingte er sich als Führer einer noch geringen Schar an Besuchern, die von Geschichten über die landschaftliche Pracht angelockt wurden. Sutherland starb hier im Jahr 1919.

Bis 1953 kamen alle Besucher per Boot oder zu Fuß über den Milford Track. Dann machte der Homer Tunnel endlich den Weg frei für den endlosen Strom an Reisebussen zu den Ausflugsschiffen.

Der Ort Milford Sound

Am Milford Sound liegt eine winzige Siedlung gleichen Namens. Außer einem Flugplatz, einem Fischerhafen und ein paar Lodges hat der Ort jedoch nicht viel zu bieten. Der Parkplatz befindet sich am **Discover Milford Sound Information Centre & Café**, ✆ 03 249 7931, ⌚ tgl. Sommer 8–16, Winter 9–16 Uhr. Von hier sind es ungefähr 10–15 Minuten zu Fuß zum schicken **Milford Sound Visitor Terminal**, wo sämtliche Schiffsrundfahrten beginnen. Im Terminal sind Tickets erhältlich, aber sonst so gut wie nichts – es gibt Toiletten sowie Getränke- und Snackautomaten.

Wer es bis hierhergeschafft hat, ist vor allem von viel Wasser umgeben und sollte es genießen und so viel Zeit wie möglich darauf verbringen. Wenn man sich für die Pionierzeit interessiert, kann man aber auch **Donald Sutherlands Grab** besuchen, das sich hinter dem Besucherzentrum versteckt.

Bootstouren und Kajakfahren in Milford Sound

Eine Reise zum Milford Sound ohne einen Abstecher aufs Wasser ist nicht komplett. Glücklicherweise mangelt es nicht an entsprechenden lohnenswerten Angeboten.

Tagestouren

Obgleich imposant, ist der Ausblick vom Ufer auf den Milford Sound nichts im Vergleich zu den Eindrücken, die sich vom Wasser aus bieten. Die meisten Schiffe fahren den Fjord in seiner ganzen Länge ab, vorbei an Wasserfällen, einer Pelzrobbenkolonie („Seal Rock") und an Fiordlandpinguinen. Bei den **Stirling Falls** halten die Boote dicht am Fuß des Wasserfalls und geben wagemutigen Passagieren die Gelegenheit, mit dem Wasser auf Tuchfühlung zu gehen.

Die einfachste Variante ist eine der **Tagestouren** (1 1/2–3 Std., im Sommer 20x tgl., im Winter 10x tgl.; im Jan, Feb und März am besten ein paar Tage im Voraus buchen). Zur Auswahl stehen ein großer und komfortabler Katamaran und kleinere Boote mit persönlicherem Charakter. Die sechs Anbieter haben variable **Preise** je nach Tageszeit: Zwischen 11 und 14 Uhr liegen sie 20–30 % über den Preisen um 9 oder 15 Uhr. Ansonsten richten sich die Preise nach Größe des Boots und der Ausflugslänge. Die Kulisse ist natürlich überall gleich schön.

Cruise Milford, 💻 www.cruisemilfordnz.com. Setzt die kleinsten Boote (max. 40 Passagiere) auf dem Sound ein. Der Familienbetrieb ist eine vielversprechende Alternative, wenn man den allgegenwärtigen Tourgruppen entgehen möchte.

Grayline, 💻 www.grayline.com. Das international renommierte Sightseeing-Unternehmen Grayline bietet ebenfalls Kreuzfahrten auf dem Milford Sound an. Los geht es mit einer Fahrt zum Wasser in einem Bus mit Glasdach. Danach gehen die Teilnehmer an Bord und brechen zu einer Kreuzfahrt (1 3/4 Std.) durch den Sound auf.

Jucy Cruise, 💻 www.jucycruize.co.nz. Spaßbetonte Fahrt (90 Min.–1 3/4 Std., $45–79) auf einem Katamaran, der bis zu 200 Passagiere fasst. Glücklicherweise ist das Schiff selten voll. Für Verpflegung sorgt eine Filiale von Pita Pit an Bord.

Mitre Peak Cruises, 💻 www.mitrepeak.com. Relativ kleine Boote und der persönlichste Service machen diese 2-stündigen Bootstrips zu Recht besonders attraktiv.

RealNZ, 💻 www.realjourneys.co.nz. Dies ist der größte Anbieter mit breiter Auswahl an Booten und professionellem Service. Er organisiert einfache Fahrten (1 3/4 Std.) und entspanntere Naturtrips

Auch der fünfminütige **Spaziergang** zum Aussichtspunkt hinter der Mitre Peak Lodge und der **Piopiotahi Foreshore Walk** vom Hauptparkplatz entlang der sandigen Küste und zurück durch Südbuchenwald zur Siedlung (Rundweg 30 Min., eben) lohnen sich.

Mitre Peak

Der Blick auf den Milford Sound wird beherrscht vom unverkennbaren dreieckigen Gipfel des **Mitre Peak** (1692 m).

Die Ähnlichkeit der Bergspitze zum namensgebenden Bischofshut ist eigentlich gar nicht so groß, aber die viktorianischen Pioniere suchten offensichtlich händeringend nach einer Alternative zum Maori-Namen Rahotu, was übersetzt soviel heißt wie „aufrechtes Glied" – die Ähnlichkeit zu einem solchen ist allerdings auch nicht gerade frappierend.

Lady Bowen Falls und Stirling Falls

Nach einem Regenguss könnte man zwar meinen, Milford Sound bestehe komplett aus Wasserfällen. Aber nur zwei davon sind permanent zu sehen. Man betrachtet sie am besten vom Wasser aus. Gleich neben der Ortschaft Milford Sound donnern die 161 m hohen **Lady Bowen Falls** ins Wasser – besonders beeindruckend nach einem Regenguss. Der Wasserfall ist nach

(2 Std.). Auch Mittagessen (Picknick oder Buffet) ist erhältlich, aber indisches Essen und Bentoboxen müssen vorbestellt werden.

Southern Discoveries, 🖳 www.southerndiscoveries.co.nz. Mainstream-Fahrten von der einfachen Rundfahrt (1 3/4 Std.) bis zum Discover-More-Trip (3 Std.) mit Mittagessen und Besuch im Milford Discovery Centre.

Mehrtagestouren

Alle Fahrten mit Übernachtung werden von **RealNZ**, 🖳 www.realjourneys.co.nz, in zwei leicht unterschiedlichen Varianten angeboten. Im Sommer absolvieren die beiden Schiffe tgl. von ca. 16.30–9.15 Uhr eine entspannte Fahrt um den Milford Sound und ankern meist an der Fjordmündung im Schutz der **Anita Bay** (oder *Te-Wahi-Takiwai*, dem „Ort von Takiwai"), einem ehemaligen Jadesammelplatz. Neben gutem Essen und einer Übernachtung in der geschützten Harrison Cove bietet sich den Teilnehmern auch die Gelegenheit zum Kajakfahren. Bustransfers oder Bus-Flug-Kombis gibt es von Queenstown und Te Anau.

Milford Wanderer Das Backpacker-Boot hat 36 Kojen, meist enge 2-Bett-Kabinen mit Gemeinschaftsbad (es gibt aber auch ein paar 4-Bett-Kabinen). Bettzeug, Handtücher und das wunderbar herzhafte 3-Gänge-Menü (exkl. Getränke) gleichen die beengten und spartanischen Verhältnisse wieder aus. Nur Nov–März.

Milford Mariner Recht luxuriöses 60-Kojen-Boot mit halbwegs komfortablen 2-Bett- oder Doppelbettkabinen mit Bad und 3-Gänge-Buffet.

Kajakfahren

Rosco's Milford Sound Sea Kayaks, 72 Town Centre, Te Anau, 🖳 www.roscomilfordkayaks.com. Angeboten wird eine große Auswahl an Kajaktrips im Milford Sound mit freundlichen Führern, darunter der wunderbare Trip **Morning Glory** (18 km, 3 1/2–4 Std. Paddeln): Start bei Morgengrauen, Rückfahrt per Wassertaxi. Der Ausflug **Twilight Wind & Waves** (12 km, 3 1/2–4 Std. Paddeln) am Nachmittag ist ähnlich, wobei die Fahrt meist unruhiger ist und die Gruppe kleiner. Die meisten Trips sind Mitte Okt–Mitte April im Angebot, der empfehlenswerte **Sunriser** (12 km, 3–3 1/2 Std. Paddeln) findet ganzjährig statt.

der Gattin eines der ersten Gouverneure Neuseelands benannt.

Die 155 m hohen **Stirling Falls** sind auf halber Höhe des Fjords fast genauso imposant wie in voller Größe und werden von fast allen Ausflugsschiffen und manchen Kajakausflügen angefahren.

Milford Sound Underwater Observatory

Harrison Cove, fakultativer Stopp auf Southern-Discoveries- und Mitre-Peak-Kreuzfahrten, 30–45 Min. Aufenthalt ▪ Eintritt ▪ 💻 www.southerndiscoveries.co.nz

Nach etwa einem Drittel des Weges über den Fjord erblickt man das **Milford Sound Underwater Observatory**. Es handelt sich um eine schwimmende Plattform, verankert in einem Felsen in der Harrison Cove, die zum Piopiotahi Marine Reserve gehört. Eine Wendeltreppe führt 8 m in die Tiefe, wo durch Sichtfenster ein „Unterwassergarten" mit Korallen und Meerespflanzen zu sehen ist, teilweise bevölkert von Haien und Robben. Aber die Hauptattraktion sind die seltenen **Korallen** und Pflanzen. Was sich vielleicht nicht sonderlich aufregend anhört, bietet die wahrscheinlich einzige Möglichkeit, diese Korallen zu Gesicht zu bekommen – es sei denn, man ist ein erfahrener Taucher. Über Wasser sind interessante Infotafeln zur Milford Road, zum Bau des Homer Tunnels und zum Bau der Observatory Mitte der 1990er-Jahre angebracht.

ÜBERNACHTUNG UND ESSEN

Zu essen gibt's am Milford Sound nur etwas im sehr einfachen Café im Discover Milford Sound Information Centre, 🕒 tgl. 9–16 Uhr, doch auch die hier aufgeführte Unterkunft bietet einige Mahlzeiten.

Milford Sound Lodge, 1,5 km vor dem Bootsanleger am SH94, 💻 www.milfordlodge.com. Eine gut geführte Lodge mit Wohnmobilstellplätzen (keine Zeltstellplätze) und geräumigen Dorms. Wer mit Geld um sich werfen möchte, kann in eines der wunderschönen Chalets am Fluss mit großen Fenstern, angenehmer Fußbodenheizung und großen Betten ziehen. Das exzellente Pio Pio Café, 🕒 tgl. 7.30–20 Uhr, und die komfortable Lounge entschädigen für die enge Küche und den teuren Laden. ❶

TRANSPORT

Der Milford Sound ist ein Wunschziel der meisten Neuseeland-Besucher; während der Saison (Okt–April) haben landesweit jede Menge Veranstalter die Anreise im Angebot. Wer will, kann auch selbst über die Milford Road (S. 783) hinfahren, mit dem Bus anreisen oder direkt von Queenstown fliegen. Manche Unternehmen bieten eine Kombi aus Bus, Boot und Flug an.

Busse

Zahlreiche Luxusbusse legen die 5–6 Std. von Queenstown über Te Anau zum Milford Sound zurück (häufige Fotostopps und Endloskommentare inkl.), halten kurz für die Schiffsrundfahrt, bevor sie dann wieder nach Queenstown zurückkehren: ein vollgepackter 12- bis 13-Stunden-Tag, der meist zwischen 5 und 7 Uhr beginnt. Schöner ist es natürlich, sich in Te Anau einzumieten und dort in den Bus zu steigen. Die Reise dauert dann nur noch entspannte 8 Std. zum Milford Sound und zurück, und man erlebt den spannendsten Abschnitt der Milford Road sowie die Kreuzfahrt. Die billigsten Busfahrten enthalten keine Schifffahrt, aber man kann sie nach Ankunft selber organisieren. InterCity hat tgl. Busse auf der Strecke Queenstown–Te Anau–Milford, im Sommer (Ende Okt–April) befährt Tracknet dieselbe Route 2x tgl.

BBQ Bus, 💻 www.bbqbus.co.nz. Eine sehr gute Verbindung von Queenstown inklusive Halt für kurze Waldspaziergänge, Grillen im Hollyford Valley und Fjordrundfahrt (auch mit Flug). Nov–April tgl. (13 1/2 Std. hin und zurück ab Queenstown), Mai, Aug, Sep und Okt tgl. (12 Std. hin und zurück ab Queenstown). Auch ab Te Anau (8 1/4 Std.).

Fiordland Tours, 💻 www.fiordlandtours.co.nz. Kleinbusfahrten von Te Anau nach Milford Sound, mit Abholung an der Unterkunft, guten Kommentaren, Bootsfahrt und hausgemachten

Backwaren (für Mittagessen wird ein Aufschlag berechnet).
Jucy, www.jucycruise.co.nz. Günstiger Trip von Queenstown für Spätaufsteher. Abfahrt 8.25 Uhr, Anschluss zur Jucy Cruise um 15.15 Uhr und kurzer Halt zum Abendessen in Te Anau. Rückkehr um 21 Uhr (Mai–Sep).
Milford Sound Select, www.milfordsound select.co.nz. Die mittelgroßen Glasdachbusse sind ein schönes Detail dieser sehr recht preisgünstigen Bus/Boot/Bus-Kombi-Tour von Queenstown.
RealNZ, www.realjourneys.co.nz. Gehobene Bus/Boot/Bus-Kombination von Queenstown mit keilförmigen Glasdachbussen, leicht angewinkelten Sitzen mit Panoramasicht und WLAN. Gute, mehrsprachige Kommentare. Fährt ganzjährig (12–13 Std.), Abholung auch in Te Anau (7–8 Std.).
Tracknet, www.tracknet.net. Günstiger Transfer von Te Anau nach Milford Sound, allerdings mit einigen Umwegen zu den Startpunkten einiger Wanderungen. (Okt–April 3x tgl.).
Trips & Tramps, www.tripsandtramps.co.nz. Interaktive, naturorientierte Kleinbusfahrten ab Te Anau. Zu dem Angebot gehören Kombinationen aus Bus- und Schifffahrt sowie Wanderungen, wobei man entweder selber in 2 Std. auf den Key Summit (S. 784) wandert oder sich kurzen geführten Wanderungen anschließt (10 Std., mit Picknick-Lunch).

Busse nach:
THE DIVIDE 3x tgl., 45 Min.;
QUEENSTOWN mind. 5x tgl., 5 3/4 Std.;
TE ANAU mind. 5x tgl., 2 1/4–3 Std.

Flüge

Besucher, die schlichtweg zu wenig Zeit (eingeplant) haben, können von Queenstown oder Wanaka aus einen einfachen Überflug des Milford Sound buchen (S. 775), doch eigentlich sollte man auf jeden Fall landen und an einer Schiffsrundfahrt teilnehmen. Da die jeweiligen Flugbedingungen jedoch sehr wetterabhängig sind, fliegen die meisten Anbieter nur nach Milford, wenn sie sicher sein können, dass auch der Rückflug klappt.
Milford Sound Scenic Flights, 39 Lucas Place, Frankton, Queenstown, www.milfordflights.co.nz. Flug- und Boot-Kombinationen ab Queenstown mit einstündigem Rundflug sowie Flug/Boot/Flug-Kombinationen.
RealNZ, www.realjourneys.co.nz. Großer Anbieter mit eigenen Ausflugsbooten. Bietet nur den Flug oder eine Kombination aus Flug/Kreuzfahrt/Flug.
Wanaka Flightseeing, www.flightseeing.co.nz. Flug/Boot/Flug-Kombi-Touren von Wanaka mit besonders schönem Blick auf Mount Aspiring und Olivine Ice Plateau (4 Std.).

Flüge nach:
QUEENSTOWN mind. 10x tgl., 35 Min.;
WANAKA 2–3x tgl., 40 Min.

Milford Track

Wie kein anderer Great Walk ist der 54 km lange **Milford Track** zu einem Symbol für Neuseeland geworden. Der ihm anhaftende Ruf ist teils zufällig, teils historisch bedingt. Aber ohne Zweifel zeigt sich Fiordland auf dem Milford Track von seiner schönsten Seite. Ausgehend von der Nordspitze des Lake Te Anau folgt die Route dem Clinton River in die Berge, überquert den Mackinnon Pass und führt dann den Arthur River entlang zum Milford Sound.

Es gibt Wanderer, die den Track als überreglementiert, teuer und nicht sonderlich abwechslungsreich bewerten; andere bemängeln die ungünstigen Abstände zwischen den Hütten und deren von Sandfliegen heimgesuchte Lage. Zwar ist die Kritik nicht ganz unbegründet – allein die Unterkünfte und der Transport kosten schließlich um $500. Doch dafür ist die Route bestens gewartet, und die Hütten sind sauber. Dank der Regelung, dass die Strecke nur in eine Richtung begangen werden darf, kann man außerdem den ganzen Tag lang wandern, ohne einer Menschenseele zu begegnen. Außerdem ist die Strecke anspruchsvoller, als viele glauben: Der einzige schwierige Aufstieg und der lange Marsch zum Boot ab Milford Sound müssen an den letzten beiden Tagen absolviert werden.

Außerhalb der Saison empfiehlt sich die Wanderung allerdings auch nur bedingt: Es gibt dann nur wenige Transportmöglichkeiten, einige Brücken werden entfernt, und Hütten werden nicht beheizt. Andererseits muss man in dieser Zeit nicht im Voraus buchen, und der Backcountry-Hüttenpass ist gültig. Die kostenlose DOC-Broschüre *Milford Track* reicht als erste Orientierung aus, detaillierte Auskunft bieten die Karte *Geographx Milford Track Map & Track Guide* ($24,99) im Maßstab 1:40 000 und die NZ-Topo-Karte *Homer Saddle* ($9) im Maßstab 1:50 000, beide erhältlich im Fiordland National Park Visitor Centre. Siehe auch 💻 www.doc.govt.nz/milfordtrack.

Der **DOC in Te Anau** hat die neusten Wettervorhersagen und Infos zu Track-Bedingungen. Wanderer werden nicht vom DOC überwacht. Deshalb sollten sie sich auf 💻 www.adventuresmart.org.nz registrieren und dort ihr Wandervorhaben mitteilen. Entlang dem Track gibt es verschiedene Lawinengebiete – außerhalb der Saison sollte man deshalb auch unbedingt Lawinenwarnungen beim DOC checken! Leuchtpistolen können bei Bev's Tramping Gear (S. 780) oder der Mobil-Tankstelle in Te Anau gemietet werden.

Tag 1: Glade Wharf–Clinton Hut

■ 5 km, 1–1 1/2 Std., 50 Höhenmeter

Der erste Tag ist ein Kinderspiel. Man geht von der **Glade Wharf** zunächst 2 km entlang einer Versorgungsroute für das **Glade House** (Unterkunft nur für geführte Wanderungen) am oberen Ende des Lake Te Anau. Dahinter führt die Strecke über eine Hängebrücke zum Westufer des gemächlich dahinfließenden Clinton River. Von hier geht es weiter durch dichten Südbuchenwald, der gelegentlich Ausblicke auf die jenseits der **Clinton Hut** (erste Übernachtung für Wanderer, die in Eigenregie gehen) aufragenden Berge freigibt. Gleich in der Nähe gibt es einige gute Möglichkeiten zum Baden.

Tag 2: Clinton Hut–Mintaro Hut

■ 16,5 km, 5–7 Std., 350 Höhenmeter

Von der Clinton Hut folgt die Strecke dem westlichen Ufer des Clinton River bis zu dessen Quelle, dem **Lake Mintaro**, und der Mintaro Hut. Auch dieser Abschnitt ist leicht zu meistern. Im Verlauf des Marschs kann ein kurzer Abstecher zum **Hidden Lake** unternommen werden. Von der Abzweigung des Pfads ist bereits der Mackinnon Pass zu sehen. Bis zur Schutzhütte Bus Stop Shelter steigt der Weg ein wenig an, um dann wieder durch flacheres Gelände die **Pompolona Hut** (nur geführte Touren) zu erreichen. Von dort ist es noch 1 Std. Wegstrecke bis zur **Mintaro Hut**. Sofern sich ein schöner Sonnenuntergang ankündigt, lohnt es sich, das Gepäck dort abzustellen und auf den Mackinnon Pass zu steigen.

Tag 3: Mintaro Hut–Dumpling Hut

■ 14 km, 5–7 Std., 550 m Aufstieg, 1030 m Abstieg

Die bislang zurückgelegte Strecke hat die Beine kaum auf den anstrengenden dritten Tag vorbereitet. Obwohl der breite Weg auf festem Untergrund durch das Gelände führt und gut gesichert ist, werden Anfänger beim Aufstieg auf den **Mackinnon Pass** (1 1/2–2 Std.) oftmals ganz schön außer Puste geraten. Hat man den Wald erst einmal hinter sich gelassen, wird der Aufstieg auf den Passkamm (1154 m) leichter. Oben angekommen, lässt sich in atemberaubender Umgebung das Mittagessen genießen. Man muss sich allerdings auf die Gesellschaft von Keas und unablässig über das Gebiet brummende Touristenflugzeuge einstellen. Vom Denkmal zu Ehren von Quintin McKinnon und Ernest Mitchell – den ersten Europäern, die den Pass 1888 entdeckten – am niedrigsten Punkt des Kamms führt der Weg nach Osten und steigt zu einer Schutzhütte (mit Toiletten sowie Gaskocher im Sommer; Übernachtung nicht gestattet) an, die direkt unterhalb des bizarr geformten **Mount Balloon** (1847 m) liegt. Von dort geht es nur noch (zum Teil steil) bergab, zuerst entlang der Flanke des Mount Balloon, dann parallel zum malerischen Roaring Burn River hinunter zum Arthur River. Am Zusammenfluss der beiden befindet sich die **Quintin Hut** (nur geführte Touren). Zwar ist die Hütte in Privatbesitz, die Nutzung der Toiletten und Schutz bei schlechtem Wetter werden jedoch allen Wanderern gewährt – die meisten stellen hier allerdings nur ihr Gepäck ab, um zum Fuß des

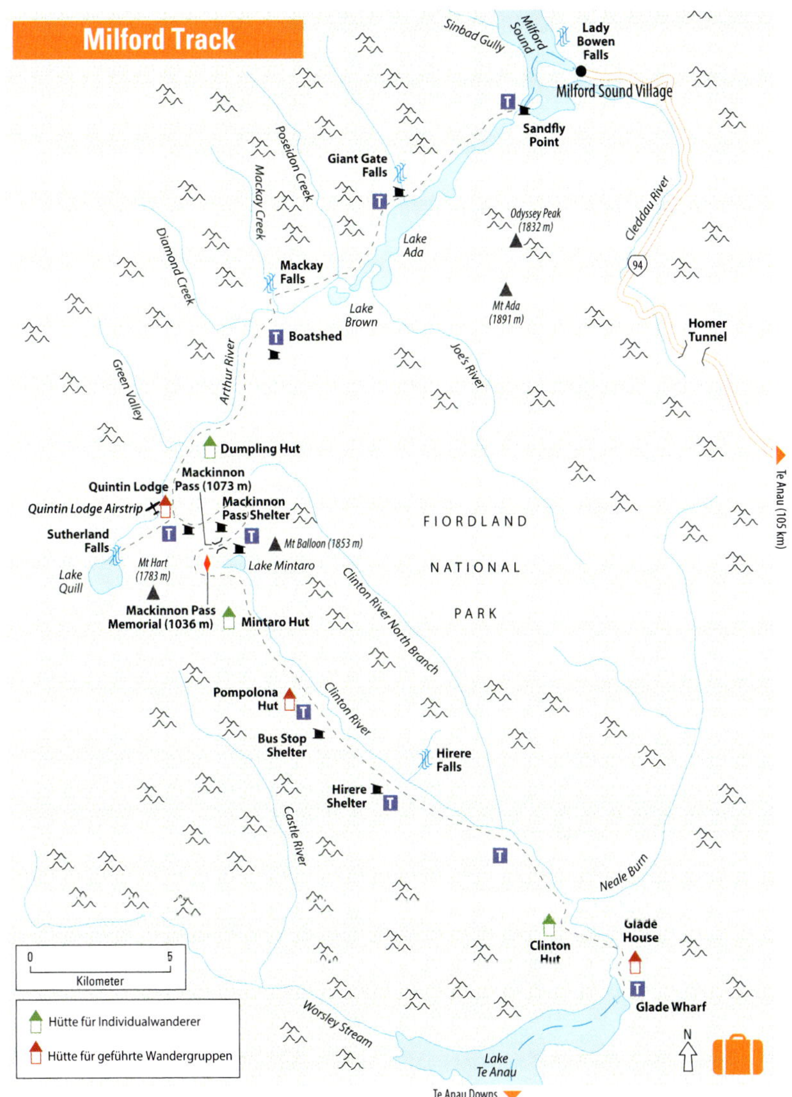

höchsten Wasserfalls Neuseelands, der 580 m hohen **Sutherland Falls**, zu laufen (hin und zurück 4 km, 1–1 1/2 Std., 50 Höhenmeter). Von der Quintin Hut ist es noch 1 Std. Wegstrecke zur **Dumpling Hut**.

Tag 4: Dumpling Hut–Sandfly Point

■ 18 km, 5–6 Std., 125 m Abstieg

Für diese Etappe sind ein früher Aufbruch und steter Marsch erforderlich, um eines der Boote (letzte Abfahrt um 16 Uhr) zu erreichen. Nach

Regenfällen, wenn zahlreiche Wasserfälle über die Felswände in die Tiefe stürzen und der Arthur River zu einem imposanten Strom angeschwollen ist, kann die Strecke besonders reizvoll sein. Nachdem der Weg zunächst dem Flusslauf bis zum Boatshed folgt, wo es Toiletten gibt, überquert er auf einer Hängebrücke den Arthur River und führt zu den grandiosen Mackay Falls. Schön ist auch der Bell Rock, ein ausgehöhlter Stein, in den man hineinklettern kann. Weiter folgt der Weg dem Ufer des Lake Ada, der nach einem Erdrutsch vor 900 Jahren entstand und von Sutherland nach dessen schottischer Freundin benannt wurde. Ungefähr auf halber Uferstrecke gibt es einen kleinen Rastplatz und die Giant Gate Falls, die sich am besten von der Hängebrücke in Augenschein nehmen lassen, die am Fuß des Wasserfalls über den Fluss führt. Bis zur Schutzhütte am Sandfly Point sind es von hier noch rund 1 1/2 Std. auf einem guten, breiten Weg.

ÜBERNACHTUNG

Buchung

In der Hauptsaison (Ende Okt–April) gilt ein strenges Vorausbuchungssystem. Die Route darf nur von Süden nach Norden gewandert werden, sodass man die erste Nacht in der Clinton Hut, die zweite in der Mintaro Hut und die dritte in der Dumpling Hut verbringen wird. Rückmärsche oder eine zweite Nacht in der gleichen Hütte sind nicht gestattet. Ab dem 1. Juli kann unter 💻 www.doc.govt.nz kostenlos online gebucht werden, es ist jedoch auch in allen DOC-Besucherzentren möglich. Die Übernachtungscoupons können in Te Anau bis zu 2 Tage vor Abmarsch abgeholt werden. Wer das Boot um 10.30 Uhr nimmt, muss sie spätestens am Tag der Wanderung vor 9 Uhr, wer das Boot am Nachmittag nimmt, vor 11 Uhr abholen. Da die Zahl der Wanderer auf 40 pro Tag begrenzt ist, muss im Voraus gebucht werden. Wer zeitlich flexibel ist, kann 2 Monate vorher buchen; bei festem Datumswunsch oder größeren Gruppen sollten es 6 Monate sein. Sollte die Route aufgrund widriger Wetter- oder Streckenbedingungen gesperrt sein, werden die bezahlten Beträge in voller Höhe erstattet.

Hütten und Camping

Während der Saison sind die 3 Hütten mit 40 Betten bewirtschaftet und haben WC, Wasser (das aber aufbereitet werden muss), Heizung und Gaskocher, aber keine Töpfe und Teller. In der Nebensaison gibt es weder Hüttenwart noch Gaskocher und nur spartanische Plumpsklos – dafür kostet die Übernachtung dann aber auch weitaus weniger. Camping ist am Milford Track nicht möglich.

TOUREN

Milford Track Guided Walk, 💻 www.ultimatehikes.co.nz. Lange Zeit konnte der Milford Track nur im Rahmen einer geführten Wanderung erwandert werden, und für viele Besucher ist das immer noch die beste Option: Teilnehmer müssen weniger Gepäck tragen und kommen in den Genuss bequemer Betten in sauberen, einfachen Hütten sowie vorbereiteter Mahlzeiten und Lunchpakete. Geschlafen wird in Dorms mit Stockbetten oder im DZ mit Bad. Die 5-Tagestour umfasst eine Einführung in Queenstown, Transport zum Ausgangspunkt und vom Endpunkt der Route, Unterkunft und Verpflegung auf dem Track, eine Nacht in der Mitre Peak Lodge und eine Bootstour auf dem Sound (Nov–April tgl. Abfahrten). Das gleiche Unternehmen bietet außerdem eine geführte Wanderung über den Routeburn Track. Ein EZ-Zuschlag wird erhoben. Rabatte gibt es am Beginn und am Ende der Saison (ca. Nov und April). ❹

TRANSPORT

Das einzige **Transportmittel zum Anfangs- und Endpunkt** des Milford Track sind Boote, die entweder vor oder bei Ausstellung der Übernachtungscoupons gebucht und bezahlt werden müssen. Wer die Route auf eigene Faust wandert, muss mit dem Bus von Tracknet von Te Anau ins 30 km nördlich gelegene

Te Anau Downs fahren (Ende Okt–April 3x tgl., 30 Min.) und dann die Fähre über den Lake Te Anau zur Glade Wharf nehmen (Ende Okt–April 10.30, 13 und 14 Uhr, 1 1/2 Std.). Eine frühe Abfahrt ist möglich; da der erste Wandertag jedoch sehr kurz ist, kann man auch den späteren Bus um 12.15 Uhr und die Fähre um 13 Uhr nehmen. Am Ende der Wanderstrecke im treffend benannten Sandfly Point nehmen die meisten Wanderer eines der Boote, die nach Milford Sound fahren (Ende Okt–April tgl. 14, 15 und 16 Uhr, 20 Min.). Die Abfahrt der Busse von Tracknet zurück nach Te Anau ist um 9.25, 14.30 und 17 Uhr (2 1/4 Std.).

Lake Manapouri

Sogar unter den vielen Anwärtern auf den Titel „schönster See Neuseelands" sticht der 178 m über dem Meeresspiegel gelegene **Lake Manapouri** mit seinem bewaldeten Ufer und seinen drei ausgeprägten Armen deutlich hervor. Der See besitzt ein riesiges Einzugsgebiet, das alles Wasser, das über den Upper Waiau River vom Lake Te Anau abfließt, sammelt und ein gewaltiges Reservoir an erschließbarer Wasserenergie schafft – ein Umstand, der dem See schon fast zum Verhängnis wurde. Die 1971 fertiggestellte **Manapouri Underground Power Station** ist noch immer eines der ambitioniertesten Projekte der neuseeländischen Geschichte. Rund 80 % des erzeugten Stroms fließen an die Aluminiumhütte Tiwai Point bei Bluff, 160 km südöstlich. Das Projekt war von Anfang an umstritten, und der Protest dagegen war die Geburtsstunde der neuseeländischen Umweltbewegung.

Manapouri

Die kleine Ortschaft **Manapouri** 20 km südlich von Te Anau breitet sich hübsch um das Seeufer am Beginn des Waiau River aus – seit dem Bau des Wasserkraftwerks ein schmaler Seearm mit dem Namen Pearl Harbour. Manapouri ist nicht nur das Tor zum Doubtful Sound (S. 796), sondern wartet auch mit einigen Wanderwegen mit traumhaften Ausblicken auf den See auf. Unterkünfte und Restaurants sind jedoch nur sehr spärlich vorhanden.

Manapouri Underground Power Station

Tour tgl. Okt–April 12.30–13.30 Uhr, 3–4 Std., ▪ Eintritt

Real Journeys (S. 788) ist der einzige Anbieter mit Zugang zu diesem umstrittenen **Wasserkraftwerk**. Nach einer Bootsfahrt erhalten Besucher anhand eines Maßstabsmodells im Besucherzentrum einen ersten Eindruck von den Dimensionen der Anlage, dann geht's per Bus durch 2 km lange Tunnel zur Aussichtsplattform in der Maschinenhalle. Vor der Rückfahrt sieht man kurz die freiliegenden Abschnitte der sieben Turbinen sowie einige Infotafeln. Bitte beachten: Das Kraftwerk ist derzeit zwecks Wartung geschlossen – Näheres auf 💻 www.realjourneys.co.nz.

ÜBERNACHTUNG

Acheron Cottages, 98 Hillside Rd (SH99), 💻 www.manapouriaccommodation.co.nz. Diese zu Recht äußerst beliebte Lodge (reservieren!) bietet von den beiden gemütlichen Cottages mit jeweils 2 Schlafzimmern, komplett ausgestatteter Küche (Milch, Tee, Kaffee und Kakaopulver werden gestellt), Waschmaschine, Heizung und Klimaanlage, wunderbare See- und Bergblicke. ❸

Freestone Backpackers, 270 Hillside Rd (SH99), 3 km östlich von Manapouri, 💻 www.freestone.co.nz. Die Unterkunft am Hügel mit tollem See- und Bergblick sowie komfortablen Holzchalets (eins mit Bad) fühlt sich nicht wirklich an wie ein Hostel. Die Chalets haben einen Gasherd, einen Kamin, eine Veranda und eine einfache Kochzeile (jedoch keine Steckdosen); das kostenlose WLAN steht nur im Haupthaus zur Verfügung. Außerdem Münzwaschmaschinen (hier gibt's dann auch Steckdosen). Juni und Juli geschl.; nur Barzahlung. ❶

Manapouri Motels & Holiday Park, 86 Cathedral Drive (SH95), 💻 www.manapouri

FIORDLAND UND SOUTHLAND

Wanderungen in Manapouri

Zu diesen Wanderungen muss man am Pearl Harbour den Waiau River überqueren.
Circle Track (7 km, 3–4 Std. Rundwanderung, 330 Höhenmeter). Manapouris beliebteste Wanderung umrundet den See und klettert dann Richtung Südosten auf einen Grat mit atemberaubendem Blick über den See. Anschließend geht's nach Norden und zum Start zurück.
Pearl Harbour–Hope Arm (15 km, 6–7 Std. Rundwanderung, 200 Höhenmeter). Ruhiger Wanderweg durch Podocarp- und Buchenwald westlich von Manapouri mit großartigem Seeblick und optionalem (oft matschigen) Abstecher zum Lake Rakatu (weitere 2 Std.). Am besten mit Übernachtung in der Hope Arm Hut (12 Betten, $5) oder der Back Valley Hut (4 Betten, kostenlos). Beide Hütten können nicht reserviert werden.
Pearl Harbour–Fraser's Beach (einfach 30 Min.). Anspruchsloser Uferweg durch Buchenwald begleitet von Fächerschwänzen und Brillenvögeln. Folgt z. T. dem Old Coach Road Walk. An klaren Abenden bieten sich umwerfende Ausblicke.

motels.co.nz. Bei den „Motels" handelt es sich eigentlich um 9 eigenständige Cottages, einige davon im Alpen-Stil mit schönem Holzbalken-Interieur und herrlichem Seeblick. Alle Einheiten verfügen über Lounges, Küchen und Schlafzimmer. Es stehen auch einfache Hütten, Wohnmobil- und Zeltplätze zur Verfügung. Camping ❶, Hütten ❸
Possum Lodge 13 Murrell Ave, 💻 www.possumlodge.co.nz. Ansprechend ruhiger, altmodischer, gut geführter Campingplatz mit einem Hostel am Übergang von Waiau River und See. Einige Wohnmobilstellplätze plus Motel Units im 1940er-Jahre-Look. Kostenloses WLAN in der Gemeinschaftslounge. ❶

ESSEN

The Church, 23 Waiau St, 💻 www.facebook.com/manapouri.co.nz. Das Restaurant in einer umgebauten ehemaligen Kirche am See ist derzeit die beste Verpflegungsmöglichkeit in Manapouri. Serviert werden ausgezeichnete Burger, Pizza, Meeresfrüchtekörbe und preiswertes Bier. Außenbewirtschaftung, im Winter aber sitzt man am gemütlichen Holzfeuer. Kostenloses WLAN und kostenlose Transfers von/zur Unterkunft. $$

INFORMATIONEN

The Real Journeys Visitor Centre, 64 Waiau St, 💻 www.realjourneys.co.nz. Die beste Adresse für Informationen; hier beginnen auch die Touren zum Doubtful Sound (s. unten). 🕒 Nov–Feb tgl. 7.30–18, März–Okt 8.30–17.30 Uhr.

NAHVERKEHR

Im Ort kommt man gut zu Fuß zurecht.
Wer die schönsten Routen wandern will, muss über den knapp 100 m breiten Waiau River übersetzen.
Adventure Manapouri, 💻 www.adventuremanapouri.co.nz. Der Anbieter organisiert Wassertaxifahrten über den Waiau (Okt–April tgl. 11 und 15 Uhr) und auf Anfrage einen Shuttleservice (ganzjährig, hin und zurück $30). Auch Verleih von Ruderbooten, die man am anderen Ufer vertäuen kann, während man wandert.

TRANSPORT

Die Busse von **Tracknet**, 💻 www.tracknet.net, verkehren zwischen Te Anau und Manapouri. Diese Verbindung wird 2x tgl. angeboten (um 11.10 und um 16.15 Uhr), jedoch muss man vorausbuchen; die Busse halten beim Real Journeys Visitor Centre.
Busse nach TE ANAU fahren 1–2x tgl. (20 Min.).

Doubtful Sound

Mit dem Bau des Manapouri-Wasserkraftwerks in den 1960er-Jahren wurde auch der abgeschiedene und unberührte **Doubtful Sound** für Besucher zugänglich. Kapitän Cook entdeckte

Rundfahrten und Kajaktrips am Doubtful Sound

Ein Tag (oder noch besser: mehrere) am Doubtful Sound ist ein Höhepunkt jeder Neuseeland-Reise; herrliche Kajaktrips und Bootsfahrten sorgen für unvergessliche Erlebnisse.

Doubtful Sound Kayak, Te Anau Lakeview Holiday Park, 77 Manapouri–Te Anau Hwy, 💻 www.doubtfulsoundkayak.com. Bietet geführte Tagestouren (10 Std., inkl. Transport von Te Anau) mit 4–5 Std. Paddeln auf dem Doubtful Sound in den spektakulären Hall Arm. Sep–Anfang Mai.

Fiordland Expeditions, 💻 www.fiordlandexpeditions.co.nz. Der Ableger von Real Journeys bietet preisgünstige Tagestouren. Die 3-stündige Bootsfahrt inkl. Kommentare und Mittagessen ist die billigste Möglichkeit, um den Doubtful Sound zu erleben. Das Boot fasst max. 45 Passagiere. Arrangements ab Te Anau (gleicher Preis) und Queenstown möglich.

RealNZ Overnight Cruise, 💻 www.realjourneys.co.nz. Bei diesem Ausflug verbringen Passagiere eine Nacht vor Anker im Doubtful Sound an Bord der *Fiordland Navigator*, einem modernen Schiff, das aussieht wie ein traditionelles dreimastiges Flachboot. Man hat volle 24 Std. Zeit, die wunderbare Landschaft im Kajak oder auch beim Schwimmen zu genießen. Essen und Unterkunft sind hervorragend. Mitte Sep–Mitte Mai. 10 % Nachlass für YHA-Mitglieder.

RealNZ Wilderness Cruise, 💻 www.realjourneys.co.nz. Der Tagestrip auf dem Doubtful Sound umfasst eine Bootsfahrt über den Lake Manapouri, einen Besuch im Wasserkraftwerk (falls geöffnet) und eine Busfahrt zur interessanten Deep Cove. Anschließend folgt eine 3-stündige Bootsfahrt zur Fjordmündung (wo sich die Pelzrobben sonnen) und in die *arms*, stille Seitenarme, in denen man besonders gute Chancen hat, Wildtiere zu sehen. Danach geht's per Bus und Boot zurück zum Ausgangspunkt. 🕒 ganzjährig.

Southern Secret, 💻 www.doubtfulsound.com. Ein Übernachtungserlebnis der besonderen Art auf einem kleinen Boot bietet sich auf den wunderbaren Ausflügen an Bord der *Southern Secret*. Mit seinen fünf Kabinen ist es dennoch ein modernes Kreuzfahrtschiff mit einer engagierten Crew. Die Passagiere können nicht nur den Fjord erkunden und die Tierwelt beobachten, sondern auch Kajak fahren und angeln. Alle Mahlzeiten sind im Preis inbegriffen, und die Unterbringung erfolgt in gut ausgestatteten Doppel-/2-Bettkabinen mit eigenem Bad.

Tracknet Kayaking, 💻 www.tracknet.net. Das Transportunternehmen Tracknet bietet auch Kajaktouren auf dem Doubtful Sound an und verspricht von allen Tagesausflugsoptionen die längste Zeit auf dem Wasser: 4 Stunden und bis zu 15 km lange Touren. Pinguine, Seevögel und Robben gehören zu den Wildtieren, die die Teilnehmer von ihrem Kajak aus beobachten können, und auch Delphine lassen sich bisweilen blicken.

den Doubtful Sound 1770, fuhr jedoch nicht hinein, weil es ihm zweifelhaft *(doubtful)* erschien, ob er in Anbetracht der um die steil aufragenden Fjordwände tosenden Winde wieder würde hinaussegeln können. Was früher die alleinige Domäne sporadischer Jachten sowie einiger weniger Jäger und Wanderer war, ist nun auch all denjenigen zugänglich, die gewillt sind, ein Boot über den Lake Manapouri zu nehmen und über den Wilmot Pass zu fahren. Neben der unberührten Schönheit gehört die Tierwelt zu den größten Attraktionen, darunter rund 60 **Große Tümmler**, die sich häufig in Nähe von Schiffen und Kajaks tummeln. **Pelzrobben** bevölkern die weiter draußen gelegenen Inseln, **Dickschnabelpinguine** suchen im Oktober und November das Gebiet zum Brüten auf, und der Wald, der bis an die Ufer reicht, beherbergt zahlreiche Kakas, Kiwis und andere seltene Vogelarten.

Wie in Milford fällt auch im Doubtful Sound endlos viel **Regen**. Aber gerade nach einem Wolkenbruch ist es auch hier am schönsten, denn dann donnert von jedem Felsen ein Wasserfall herab. Die Felsformationen sind nicht ganz so dramatisch wie im Milford Sound, dafür ist der Doubtful Sound sehr viel abgeschiedener. Die

Fahrt von Manapouri nach Doubtful Sound dauert zwei Stunden. Um die Schönheit und Einsamkeit des Orts in vollen Zügen genießen zu können, sollte man hier nach Möglichkeit übernachten. Die Kosten sind hoch, und Besucher sind bei Unternehmungen eher auf sich allein gestellt, aber es lohnt sich allein schon wegen der weltabgeschiedenen Lage. Aus genau diesem Grunde wird die Region aber auch langsam immer populärer.

Dusky Sound

Auf ihrer zweiten Reise 1773 erholten sich Kapitän Cook und seine Crew im **Dusky Sound**, 40 km südlich des Doubtful Sound, sechs Wochen lang von ihrer strapaziösen Überquerung des Südpolarmeers. Die meiste Zeit lagen sie im Pickersgill Harbour; am Astronomer's Point sieht man heute noch, wo Cooks Astronom Bäume fällen ließ, um die Sterne besser anpeilen zu können. Nicht weit entfernt davon bauten Schiffbrüchige in den 1790er-Jahren das erste Haus und Boot im europäischen Stil. Auf Pigeon Island steht die Ruine eines von **Richard Henry** erbauten Hauses, einem Pionier des neuseeländischen Naturschutzes, der 1894–1908 gegen die Verdrängung gefährdeter Vogelarten durch eingeschleppte Wiesel und Ratten kämpfte.

Der Dusky Sound ist nur im Rahmen von organisierten Touren zu erkunden, aber nur sehr wenige Touren kommen hierher – umso schöner für alle, die die Mühe und die hohen Kosten auf sich nehmen. RealNZ, 💻 www.realjourneys.co.nz, bietet verschiedene Reisen in der Gegend an. Die kürzeste und preiswerteste ist die **Dusky Sound Discovery Expedition** (weit im Voraus buchen, 5 Tage), bei der man den Breaksea und Dusky Sound besucht, bevor es mit dem Hubschrauber zurück nach Manapouri geht.

Southern Scenic Route

Mehr Aufmerksamkeit, als ihm gemeinhin zuteil wird, verdient das Gebiet, wo die saftigen Schafweiden Southlands an den Fiordland National Park stoßen. Die kleinen Orte der sehr ländlichen Region sind durch die unterbewertete **Southern Scenic Route**, 💻 www.southernscenicroute.co.nz, verbunden. Sie folgt ausgehend von Te Anau via Manapouri dem Tal des Waiau River bis in die höhlenreiche Umgebung von **Clifden**. Von Clifden verläuft eine Nebenstraße zum Lake Hauroko, von wo der Dusky Track in Angriff genommen werden kann, während die Southern Scenic Route ihren Weg nach Süden durch die kleinen Orte **Tuatapere** (Ausgangspunkt für die Wanderung auf dem Hump Ridge und South Coast Track) und **Riverton** weiter Richtung Invercargill fortsetzt.

Clifden

90 km südlich von Te Anau befindet sich **Clifden**. Der Ort ist eigentlich kaum der Rede wert, wäre da nicht die historische **Clifden Suspension Bridge**. Mit 111,5 m Länge ist sie die längste Holzbrücke der Südinsel und seit ihrer Fertigstellung im Jahr 1899 immer noch für Fußgänger passierbar (sie ist an der Hauptstraße ausgeschildert, bei der neuen Brücke, die sie 1978 ersetzte). Von hier werden auch **Jetbootfahrten** angeboten (S. 799).

Amateurhöhlenforscher sollten sich Zeit nehmen, die nahe gelegenen **Clifden Caves** (frei zugänglich, Eintritt frei) zu erkunden. Das lange Höhlensystem ist rund 1 km nördlich der Brücke an der Straße von Ohai nach Clifden (SH96) ausgeschildert. Auf eigene Faust ist eine Erkundung der an Stalaktiten und Glühwürmchen reichen Kalksteinhöhlen schon ein kleines Abenteuer. Besucher sollten nicht ihre beste Kleidung tragen, da man in einigen Gängen nur kriechend vorankommt und beim Höhlenbecken am Ende sehr wahrscheinlich nasse Füße bekommt; Leuchtstreifen markieren den Weg zu mehreren kurzen Leitern an den steilsten Stellen.

Man sollte sich keinesfalls allein in die Höhlen begeben – und auf keinen Fall nach schweren Regenfällen, da die Höhle sehr schnell überfluten kann. Am besten vorher jemanden von dem Vorhaben in Kenntnis setzen und mindestens zwei Taschenlampen mitnehmen. Für den Besuch sind gut anderthalb bis zwei Stunden einzuplanen (zum Parkplatz kann man an der Clifden Gorge Road zurückgehen).

Southern Scenic Jet, 💻 www.wjet.co.nz, bietet Jetbootfahrten (30–40 Min., tgl. Nov–März 10–16 Uhr jeweils zur vollen Stunde) auf dem Waiau River ab der Clifden Suspension Bridge – unterwegs gibt's jede Menge Vögel zu sehen, z. B. die Nistplätze der weltweit am stärksten vom Aussterben bedrohten Seemöwe, der Maorimöwe.

Lake Hauroko

Am Ende einer 20 km langen Schotterpiste (Lilburn Valley Rd) harrt 32 km westlich von Clifden der **Lake Hauroko**, mit 462 m der tiefste See Neuseelands, seiner Entdeckung. Niedrige bewaldete Hügel säumen ihn und geben den Weg für die „klingenden Winde" frei, nach denen er benannt ist. Der See liegt am südlichen Ende des **Dusty Track** (84 km). Er ist einer der längsten (8–10 Tage) und abgelegensten Wanderwege Neuseelands und außerdem erheblich anspruchsvoller als die Great Walks. Erfahrene Wanderer können sich in den DOC-Büros in der Region Informationen zum Track besorgen. An der First Bay endet die Straße. Hier gibt es nur einen Parkplatz und Toiletten; **campen** kann man etwa 7 km vom Seeufer auf dem kostenlosen DOC-Campingplatz Thicket Burn (eine Wiese mit Toiletten und Wasserhähnen).

TOUREN

Lake Hauroko Tours, 1260 Clifden–Orawia Rd, Clifden, 💻 www.wjet.co.nz. Bietet Nov–April Mo und Do einen fahrplanmäßigen Bootsservice zum am Lake Hauroko gelegenen Ende des Dusky Track (1 Std.); der Shuttle ab Clifden ist inbegriffen.

Wairaurahiri Jet, 1260 Clifden–Orawia Rd, Clifden, 💻 www.wjet.co.nz. Der Anbieter veranstaltet Tagestrips (mit Mittags-BBQ) mit Fahrt über den See und dann den Wairaurahiri River entlang zur Küste, mit Stopps für Wanderungen. Er bietet außerdem für Wanderer Transfers zum Hump Ridge Track und South Coast Track.

Wairaurahiri Wilderness Jet, 7 Main St, Otautau, 💻 www.river-jet.co.nz. Touren dieses Anbieters beinhalten Jetbootfahrten auf dem Lake Hauroko und dem Wairaurahiri River mit einigen der spannendsten WW-III-Stromschnellen Neuseelands (5–6 Std.).

Tuatapere

Tuatapere, der mit weniger als 600 Einwohnern größte Ort im südwestlichen Southland, breitet sich 14 km südlich von Clifden am Ufer des Waiau River aus. Früher waren hier jede Menge Sägewerke in Betrieb – der Ort trug einst den Beinamen „The Hole in the Bush" (das Loch im Wald) –, heute sind nur noch ein einziges davon und ein kleiner Rest Buchen-/Podocarpwald übrig. Nach dem Niedergang der Holzwirtschaft wurde von der Gemeinde der hervorragende **Hump Ridge Track** (62 km, 3-Tages-Schleife) geschaffen, um mehr Besucher anzuziehen. Er kann ebenso wie der **South Coast Track** (einfache Strecke 61 km, 4 Tage) mit spannenden Jetbootfahrten auf dem nahen Wairaurahiri River bei Clifden kombiniert werden.

Bushman's Museum

31 Orawia Rd ▪ 🕒 Nov–März 9–17 Uhr ▪ Eintritt frei (Spende erwünscht) ▪ 📞 03 226 6739

Das überschaubare **Bushman's Museum** neben dem Informationszentrum zum Hump Ridge Track erinnert mit alten Fotos und Gerätschaften an das forstwirtschaftliche Erbe von Tuatapere und zeigt eine eher rosarote Version der Pioniergeschichte.

ÜBERNACHTUNG UND ESSEN

Tuatapere war einst berühmt für seine Würstchen (Schilder im Ort preisen ihn noch immer als „Sausage Capital" an), doch der letzte Produzent traditioneller Tuatapere Sausages schloss 2015 die Pforten. Saftige Würstchen aus dem Ort gibt es vielleicht noch in der **Highway 99 Café/Bar**, 2 McFeely St, 🕒 tgl. 10–20 Uhr, oder im überraschend gut sortierten Supermarkt **Four Square**, 73 Main Rd, mit einfachem Café.

Tuatapere Motels & Shooters Backpackers, 73 Main St, www.tuatapereaccommodation.co.nz. Eine etwas seelenlose, aber gut ausgestattete Kombination aus 4 geräumigen, modernen Motel-Units, einem Hostel mit Whirlpool und Zelt- sowie Wohnmobilstellplätzen. ❶

Last Light Lodge & Café, 2 Clifden Hwy, www.lastlightlodge.com. Das ehemalige Holzfällercamp ist mit großer Sorgfalt in eine wunderschöne Ferienanlage mit einfachen kleinen Zimmern (darunter ein paar 3-Bettzimmer) und einigen Zelt- und Wohnmobilstellplätzen umgewandelt worden. Das Café ist hervorragend und bietet reichlich Sitzplätze im Außenbereich, kostenloses WLAN und ganztägig eine gute Auswahl an leckeren Gerichten wie einem Tandoori-Curry oder Sandbarsch. $

Tui Base Camp, 2 McFeely St, www.tuibasecamp.co.nz. Die eher kantinenartige Atmosphäre dieses beliebten Café-Restaurants (auch Backpacker-Lodge und Budget-Hotel) passt zum abenteuerlichen Namen des Lokals. Dies ist der Ort, an dem geplagte Wanderer vor oder nach Expeditionen in die Wildnis von Southland vorbeikommen und sich stärken können: mit einem herzhaften Frühstück – mit Bacon Butties, Eggs Benedict und (selbstredend!) Tuatapere-Würstchen sowie mit sättigenden Gerichten zum Mittag- und Abendessen wie Currys, Sandwiches und Chowders. $$

INFORMATIONEN

Buchungsstelle und Infozentrum für den Hump Ridge Track, 31 Orawia Rd, www.humpridgetrack.co.nz. In erster Linie ist es eine Informationsstelle für Wanderer auf dem Hump Ridge Track. Es gibt auch eine kleine Auswahl an Outdoor-Ausrüstungen und jede Menge Informationen über den Track. Während der Wanderung kann man im Zentrum sein Gepäck aufbewahren lassen, und die Mitarbeiter helfen beim Arrangieren von Unterkünften und Transport vor Ort (hin und zurück zum *trailhead* am Rarakau-Parkplatz). Mitte Nov–April tgl. 7.30–18 Uhr.

TRANSPORT

Der **Humpridge Shuttle**, www.humpridgetrack.co.nz, ist die einzige regionale Buslinie (nur Nov–April) zwischen Tuatapere, Te Anau und Invercargill – Verbindungen von und nach Queenstown können über Humpridge Shuttle gebucht werden, werden aber von Tracknet betrieben. Vorausbuchung sehr zu empfehlen!

Busse nach:
TE ANAU 1x tgl. um 16.30 Uhr, 1 1/4 Std.;
INVERCARGILL 1x tgl. um 12.30 Uhr, 1 1/2 Std.;
QUEENSTOWN 1x tgl. um 10.45 Uhr, 7 Std.;
RARAKAU CAR PARK (zum Hump Ridge Track) 1x tgl. um 8 Uhr, 30 Min.

Te Waewae Bay

Südlich von Tuatapere folgt der SH99 den windgepeitschten Klippen um die breite, launische **Te Waewae Bay**, wo der Südwind die oft fotografierten Monterey-Zypressen zu extravaganten Erscheinungen modelliert hat. Rund 10 km südlich von Tuatapere hat man am McCrackens Rest Lookout einen spektakulären Blick auf die Küste. Kurz vor Orepuki passiert der Highway den Gemstone Beach, der bei Strandgutsammlern beliebt ist.

Orepuki und Monkey Island

Das winzige Dörfchen **Orepuki** 20 km südlich von Tuatapere ist v. a. für sein Orepuki Beach Café bekannt. Etwa 3 km hinter Orepuki weisen Schilder den Weg nach **Monkey Island**. Hier warten ein schöner Strand, herrliche Sonnenuntergänge und ein einfacher, kostenloser Campingplatz mit Plumpsklo. Die winzige gleichnamige Insel gleich vor der Küste – bei Ebbe ist sie zu Fuß zu erreichen – hat mit Affen nichts zu tun; wahrscheinlich verdankt sich der Name der *monkey winch* (Seilwinde), mit der einst Boote an den Strand gezogen wurden. In den Lagunen in der Nähe sind vielleicht Hector-Delphine zu sehen.

Das **Orepuki Beach Café**, Main Hwy, www.facebook.com/orepukibeachcafe, ist

vor allem für seine hervorragende Fischsuppe bekannt, aber es gibt auch Gerichte mit Rindfleisch, Lamm und Gemüse, köstlichen Kuchen und Kaffee. $

Cosy Nook

Von Monkey Island 4 km weiter Richtung Süden auf dem SH99 weist ein Schild nach Westen zum 5 km entfernt gelegenen **Cosy Nook**, einer malerischen Bucht zwischen Granitfelsen, die eher aussieht, als würde sie nach Schottland gehören (am Ende besteht die Straße nur noch aus einer einspurigen, aber noch befahrbaren Schotterstraße). Angeblich benannte sie der Schotte George Thomson nach seinem Heimatort in den Highlands. In den 1820er-Jahren war dieser Fleckchen Erde Standort der größten Maori-Siedlung an diesem Küstenabschnitt. Auf Matariki, einer Insel am Zugang zur Bucht, stand ein *pa* (Fort). Heute gibt es hier nur noch eine Handvoll rustikaler Ferienhäuschen und alter Fischerschuppen.

Colac Bay

Rund 17 km südöstlich von Orepuki kehrt der Highway wieder zur Küste zurück: Hier liegt die ruhige Ortschaft **Colac Bay**, deren Namen Walfänger im 18. Jh. vom Namen des Maori-Häuptlings Korako ableiteten. Hier gibt es einen landesweit bekannten Beach Break („Trees" genannt, gewürdigt mit einer riesigen Surferstatue vor der Colac Bay Tavern). Außerdem hat der Ort gute Bedingungen für Schwimmer und Speiselokale zu bieten. **Wohnmobile** dürfen über Nacht an der Colac Foreshore Road zwischen Schiffsrampe und Schutzhütte stehen (max. 2 Nächte, kostenlos).

Riverton

Riverton (Aparima) liegt 12 östlich der Colac Bay und ist eine der ältesten Siedlungen des Landes. Sie wurde bereits in den 1790er-Jahren von Walfängern genutzt und formell durch den Walfänger John Howell 1836 gegründet. Howell wird auch die Ehre zuteil, den Grundstein für die heute so erfolgreiche Schafzucht Neuseelands gelegt zu haben. Der kleine Ort breitet sich entlang einer Landzunge zwischen dem Meer und dem Jacob's River Estuary (bestehend aus der Mündung des Aparima und des Pourakino River) aus, wo noch immer Fischerboote ankern. Die 1902 fertiggestellte **St Mary's Anglican Church**, 173 Palmerston St, gegenüber vom Museum, ist eine der hübschesten Kirchen der Region, mit seltenem Kupferturm und schöner Decke aus Rimu-Holz.

Te Hikoi: Southern Journey

172 Palmerston St ▪ tgl. Okt–März 10–17, April–Sep 10–16 Uhr ▪ Eintritt ▪ www.tehikoi.co.nz

Wer sich für die Kulturgeschichte der Südküste interessiert, sollte sich eine gute Stunde Zeit nehmen für dieses gut präsentierte, moderne **Museum**. Schon der Beginn der Ausstellung lohnt sich, mit einem 15-minütigen Film über die unruhigen Zeiten der ersten Europäer. Die Informationstafel über ein Maori-Nesträuber-Camp ist nicht so gelungen, dafür veranschaulichen die Exponate zum Nestraub auf den Titi-Inseln und ein saisonaler Nahrungskalender, wie schwierig das Überleben hier im Süden war. Die Europäer, die sich vom Robben- und Walfang sowie von der Forstwirtschaft ernährten, hatten es auch nicht leichter – doch wenn man daran denkt, dass in den 1830er-Jahren Pelzrobben und die hiesige Glattwalpopulation schon so gut wie ausgerottet waren, hat man vielleicht weniger Mitleid. Es wird auch auf die Mischehen von europäischen Siedlern der Frühzeit und Maori-Frauen eingegangen, und es sind Exponate zur chinesischen Goldgräberstadt in Round Hill der 1880er-Jahre zu sehen – die Überreste der Siedlung liegen 5 km entfernt am SH99. Das Museum dient gleichzeitig als i-SITE-Touristeninformation.

ÜBERNACHTUNG UND ESSEN

La Riviera, 136 Palmerston St, www.larivierabnb.co.nz. In einem wunderschönen und liebevoll restaurierten Gebäude aus dem

Jahr 1860 bietet dieses Gästehaus lediglich 2 Apartments. Eines verfügt über eine voll ausgestattete Küche und einen privaten Innenhof, während das andere eine Küchenzeile und ebenfalls Zugang zu einem Innenhof bietet. Beide sind stilvoll eingerichtet und sehr gemütlich. ❸

The Crib Café, 135 Palmerston St, www.cribcaferiverton.co.nz. Die besten Pizzas und Burger, die in Riverton zu haben sind. Dazu gibt's tollen Kaffee, herzhafte Frühstücksgerichte (die Cowboybohnen auf Toast sind fantastisch) und einige köstliche Sandwiches – probieren sollte man unbedingt das Schweinefleisch-Banh-Mi. $$

Invercargill

Invercargill, eine der südlichsten Städte der Welt, ist ein überraschend vitales Wirtschaftszentrum und das Tor nach **Stewart Island**, doch die 60 000 Einwohner zählende Stadt wartet auch selbst mit einem wachsenden Tourismussektor auf. Hier kann man nicht nur mit schwerem Gerät nach Herzenslust Sachen zerstören – Invercargill ist auch für alle Motorradfans ein lohnendes Ziel.

Das Mitte der 1850er-Jahre gegründete Invercargill profitierte vom Boom bei der Ausfuhr von Milchprodukten zu Beginn des 20. Jhs., während ein zweiter Boom im frühen 21. Jh. das Wachstum der letzten Jahre nach sich zog. Im Jahr 2000 bot die wichtigste Bildungseinrichtung der Stadt, das **Southern Institute of Technology** (SIT), Neuseeländern und Australiern kostenlosen und (anderen) Ausländern weitaus günstigeren Unterricht als gewöhnlich, wodurch die Kultur- und Kneipenszene der Stadt eine starke Belebung erfuhr.

Stadtzentrum

Im geschäftigen **Zentrum** von Invercargill stehen fast nur gesichtslose, funktionelle Gebäude, aber in den Straßen drum herum sind einige echte Architekturjuwele zu finden wie z. B. die blassgelbe ehemalige **Town Hall** (Rathaus; heute das **Civic Theatre**) von 1906 in der 88 Tay St (an der Hauptstraße der Stadt), das majestätische **Victoria Railway Hotel** (1896) und mehrere alte Kirchen. Die wunderschöne, in einem neoromanisch-byzantinischen Mischstil erbaute **First Presbyterian Church** (1915) in der 151 Tay Street beeindruckt mit einem 32 m hohen Glockenturm, während die 1905 geweihte katholische **St Mary's Basilica** in der 65 Tyne St nach wie vor das auffallendste Wahrzeichen der Stadt ist, mit kupferverkleideter Kuppel und spektakulärer Fensterrose.

Southland Museum and Art Gallery

108 Gala St, beim Queens Park ▪ Mo–Fr 9–17, Sa und So 10–17 Uhr ▪ Eintritt frei ▪ www.southlandmuseum.co.nz

Die Hauptsehenswürdigkeit ist das **Southland Museum and Art Gallery**. Das von einem weißen Pyramidendach gekrönte Gebäude beherbergt eine gute Sammlung auf drei Ebenen. Oben konzentriert sich die Abteilung „Beyond the Roaring Forties" auf die subantarktischen Inseln Neuseelands wie die Auckland Islands und Campbell Island. Die Ausstellung befasst sich u. a. mit Schiffbrüchigen und Robbenfängern. Auch die Geschichte von Southland wird dargestellt, u. a. anhand verschiedener viktorianischer Zimmereinrichtungen und einer Ausstellung über den Ersten Weltkrieg. Eine Treppe tiefer sind Maori-Artefakte wie Jadeschmuck, 2011 und 2013 entdeckte Rennkanus und fein verzierte Kanubuge aus dem 17. Jh. zu sehen.

Unbedingt bei den **Tuataras** vorbeischauen, kleinen Reptilien aus der Dinosaurierzeit, die nirgendwo sonst auf der Welt zu finden sind – z. B. *Henry*, der wahrscheinlich weit über 100 Jahre alt ist. Man kann die Tiere durch das verglaste Tuatarium auf der Rückseite des Erdgeschosses vom Museum sehen.

Invercargill Water Tower

107 Doon St, Höhe Leet St ▪ nicht öffentlich zugänglich

Die östliche Skyline von Invercargill dominiert der 40 m hohe **Wasserturm** aus Backstein. Das neoromanische, mehrfarbige Bauwerk wurde 1889 eingeweiht und ist eindeutig pompöser ausgefallen als notwendig. Aufgrund von Bedenken hinsichtlich der Erdbebensicherheit des Turms ist er seit 2012 gesperrt.

Invercargill Public Art Gallery

42 Kelvin St ▪ Di–Fr 10–17, Sa 12–15.30 Uhr ▪ Eintritt frei ▪ www.invercargillpublicartgallery.nz

Die Invercargill Public Art Gallery (früher Anderson Park Art Gallery) betreut die überraschend umfangreiche Kunstsammlung der Stadt, derzeit in diesem vorübergehenden Zuhause, während das eigentliche Museum im Anderson Park renoviert wird – das neogeorgianische Gebäude von 1925 ist schon seit 2014 geschlossen. Die ständige Sammlung umfasst über 1000 Werke von Künstlern wie Charles Goldie, Rita Angus, Colin McCahon und Ralph Hotere sowie zeitgenössischen Künstlern wie Gregor Kregar.

Classic Motorcycle Mecca

25 Tay St ▪ tgl. 10–17 Uhr (letzter Einlass 16 Uhr) ▪ Eintritt (Kombiticket mit Bill Richard's Transport World erhältlich) ▪ www.motorcyclemecca.nz

Motorradfans zieht es sich ins **Classic Motorcycle Mecca** mit der größten Sammlung an Motorrädern im ganzen Land – rund 300. Darunter befinden sich sowohl seltene Peugeot-Modelle von 1902 als auch hypermoderne Maschinen. (Die gesamte Sammlung befand sich zuvor in Nelson und wurde 2016 an die Transport World verkauft.)

Splash Palace

58 Elles Rd ▪ Mo–Fr 5.30–21, Sa 6–20, So 8–20 Uhr ▪ Eintritt ▪ www.facebook.com/splashpalace

Splash Palace hat weitaus mehr zu bieten als ein normales öffentliches Provinzschwimmbad und ist ein fantastischer Ort, vor allem für Familien mit Kindern. Zu den Attraktionen zählen ein Hauptbecken mit Wellenfunktion und Sprühvorrichtungen sowie ein kleineres Kleinkinderbecken, eine Wasserrutsche, ein Spa-Pool und eine Sauna. Das Splash ist jedoch mehr als nur ein Spaßbad, es ist auch ein Sportzentrum, denn es ist die Heimat des Basketballteams Southland Sharks, das in der National B League antritt. Bei den Spielen herrscht eine tolle Atmosphäre, und der Besuch eines Spiels ist ein ganz besonderes Erlebnis während eines Aufenthalts in Invercargill.

Bill Richardson Transport World

491 Tay St ▪ tgl. 10–17 Uhr (letzter Einlass 16 Uhr) ▪ Eintritt (Kombitickets mit Motorcycle Mecca sind möglich) ▪ www.transportworld.co.nz

Mit seinen Hunderten von alten Kraftfahrzeugen und Zapfsäulen ist die **Bill Richardson Transport World** ein Paradies für alle Autofreaks. Zu den Highlights zählen alte Volkswagen-Kombis, Model Ts von Ford und seltene Ford-Achtzylinder aus den 1930er-Jahren. Der aus dem Southland stammende Geschäftsmann Bill Richardson begann in den 1960er-Jahren, diese Sammlung anzulegen, verstarb jedoch 2005; 2015 öffnete seine Familie seine Sammlung für Besucher.

Dig This Invercargill

84 Otepuni Ave (1 km von der Transport World) ▪ tgl. 9–18 Uhr, *digs* (Grabungen) tgl. 9, 11, 13 und 15 Uhr (Okt–April außerdem 17 Uhr) ▪ Eintritt variiert für kleinere (10–30 Min.) bis große *digs* (45 Min.–1 Std.) ▪ www.transportworld.co.nz/dig-this

Invercargills neueste Attraktion ist ein Traum für alle Kind gebliebenen Erwachsenen: Hier bietet sich ihnen die einzigartige Möglichkeit, in einer großen Kiesgrube mit Planierraupen, Baggern und anderem schwerem Gerät zu hantieren. Es ist keinerlei vorherige Erfahrung notwendig, und das Ganze macht sehr viel Spaß – Dampf ablassen kann man besonders gut beim „Dig & Destroy". Reservieren!

Demolition World

290 Bain St (5 km südlich des Stadtzentrums) ▪ Mo–Fr 10–17, Sa 9.30–13 Uhr ▪ Eintritt frei, „Gold coin"-Spende erwünscht ▪ www.demoworld.co.nz

Die **Demolition World** zählt zu den schrägeren Attraktionen Invercargills: Sie besteht aus einem „Dorf", das komplett aus den Teilen abgerissener Gebäude und recycelter Materialien besteht, zum Leben erweckt durch leicht unheimliche Puppen und historische Andenken sowie freilaufende Hühner und den einen oder anderen Hund. Zu den Glanzpunkten zählen ein Theater, in dem es „spukt", sowie eine alte Schule, Kirche und Süßwarenhandlung.

ÜBERNACHTUNG

Karte S. 804

Invercargill bietet eine große Auswahl an Unterkünften, vor allem viele Motels, die sich gleich außerhalb des Zentrums entlang des SH1 aufreihen. **Wildcampen** ist sowohl in der Stadt als auch in der Umgebung verboten – der nächste DOC-Campingplatz befindet sich in der Colac Bay (S. 802). Alle aufgeführten Unterkünfte bieten, wenn nicht anders angegeben, kostenloses WLAN und kostenlose Parkmöglichkeiten.

295 on Tay, 295 Tay St, www.295ontay.co.nz. Das moderne, komfortable Motel hat langweilige, aber angenehme Zimmer mit komplett eingerichteten Küchen, beheizten Handtuchtrocknern, Heizdecken, Fön und Minibar. Die Units unten haben Jacuzzis. ❷

Invercargill Holiday Park, 77 McIvor Rd, 6 km nördlich des Zentrums, www.invercargillholidaypark.com. Der luxuriöse Campingplatz weist den typischen guten Top-10-Standard auf. Grillmöglichkeit und Pizzaofen vorhanden. Cabins und omfortable Motel Units sind ebenfalls vorhanden. ❶

Southern Comfort Backpackers, 30 Thomson St, www.southerncomfortbackpackers.com. Vorort-BBH-Hostel in einer wunderschön erhaltenen viktorianischen Villa. Auf dem Rasen des sehr gepflegten Anwesens steht auch ein Kinderspielhaus, das als kleines DZ dient. Zum Service zählen außerdem eine modern ausgestattete Küche und kostenlose Gepäckaufbewahrung für Gäste, die einen Ausflug nach Stewart Island unternehmen wollen. ❶

Tuatara Lodge/Backpackers, 30 Dee St, www.tuataralodge.co.nz. Freundliches Hostel mit hohen Decken in einem umgebauten Bankgebäude im Herzen der Stadt. Das Haus wirkt zwar etwas heruntergekommen, bietet aber ordentliche Zimmer (einige allerdings sind fensterlos). Die Gäste erhalten in dem hervorragenden Café im Erdgeschoss einen Rabatt. Es gibt einige Parkplätze auf dem Gelände. ❶

Victoria Railway Hotel, 3 Leven St, www.hotelinvercargill.co.nz. Das stattliche Hotel von 1896 im Zentrum verströmt jede Menge historisches Flair und wird jetzt von den freundlichen Gastgebern Tom und Rose Shields geleitet – mit nur 11 Zimmern wirkt es eher wie ein B&B. Die Zimmer sind kompakt, aber modern und gemütlich. Die angeschlossene Bar und das Gerrard's Restaurant sind nur für Gäste geöffnet – hier kann man wunderbar den Tag ausklingen lassen. ❷

Villa Rouge, 40 Russel St, www.villarouge.co.nz. Trotz der sonnigen gelben Fassade macht dieses historische Holzhaus seinem Namen alle Ehre, denn seine Schlafzimmer sind in weinroter Farbe gehalten – es gibt nur 2 davon, beide luxuriös und traditionell eingerichtet, mit eigenem Bad. Die Eigentümer Diana und Noel sind sehr gastfreundlich, und beide sind waschechte Southlander in der vierten Generation, sodass sie jede Menge Ideen haben, wenn es darum geht, was man in der Gegend unternehmen kann. ❸

ESSEN

Karte S. 804

Typische lokale Spezialitäten in Invercargill sind saftige Bluff-Austern (am frischsten von März–Aug) und der leckere Sandbarsch *(blue cod)*. Außerdem kommen häufig Stewart-Island-Lachs und *muttonbird* (Dunkelsturmtaucher) auf den Tisch.

Auction House Café & Bar, 20 Don St, www.theauctionhouse.co.nz. Beliebtes Café für ein frühes Frühstück mit belebendem Kaffee und einem köstlichen spanischen Wurstgericht, dazu ausgezeichneter Kuchen usw. Außerdem wird köstliches Mittagessen serviert, Abendessen ab 17.30 Uhr und Craft-Bier vom Fass. $$

The Batch, 173 Spey St, www.facebook.com/batchcafe. Invercargills bestes Café ist ein heller, luftiger Raum mit Sofas und bequemen Stühlen. Serviert werden erstklassiger Kaffee und kreative Brunchgerichte wie pochierte Eier mit Dukkah (arabische Gewürzmischung) und Feta sowie ein sensationeller *chowder* mit Sandbarsch und Muscheln. Und wir haben es ausprobiert: Die Zimtschnecken und Bacon-Käse-Scones machen tatsächlich süchtig! $$

King's Fish Market, 59 Ythan St, www.kingsfish.co.nz. Wer möchte, kann sich das im Geschäft gekaufte frische Seafood (Preis nach Gewicht) gleich zubereiten lassen. Außerdem gibt es unglaublich preisgünstigen köstlichen Sandbarsch mit Pommes, frische Austern (März–Aug) und Muscheln, *whitebait*-Bratlinge (saisonal), getrockneten Dunkelsturmtaucher und Stewart-Island-Lachs. Es gibt ein paar kleine Tische drinnen und draußen, falls man gleich hier essen möchte. $

The Rocks, Courtville Place, 101 Dee St, www.shop5rocks.com. Ein Dauerbrenner mit nackten Ziegelsteinwänden und einer bunt gemischten Speisekarte, von sizilianischem Meeresfrüchteeintopf bis Ribeye-Steak mit einer Soße aus Kikorangi-Blauschimmelkäse. Die Mittagskarte ist zwar nicht besonders ausgefallen, listet aber viele preiswertere Gerichte. $$

The Seriously Good Chocolate Company, 147 Spey St, www.seriouslygoodchocolate.com. Das kleine Café ist eine gute Adresse für einen Imbiss, z. B. einen Hotdog oder Muffin mit besten Kaffee, aber die eigentliche Zielgruppe sind Schokoladen-Naschkatzen. Die können sich bei einer Tasse köstlicher heißer Schokolade das Riesenangebot an hausgemachten und innovativen Kreationen zu Gemüte führen. $

UNTERHALTUNG

Karte S. 804

Einige Bars in der Stadt verwandeln sich im Laufe des Abends in Tanzlokale. Normalerweise setzt das Nachtleben aber erst ab Donnerstag ein und ist während des Semesters am lebendigsten.

Tillermans Music Lounge, 16 Don St, 03 218 9240. Beliebte, hinter einem unscheinbaren Eingang verborgene Bar mit Billardtischen, wo teils recht unkonventionelle Livemusik zu hören ist.

Waxy O'Shea's, 90 Dee St, www.waxys.co.nz. Gesellige und ziemlich authentisch wirkende irische Bar mit guter Musik und gelegentlich Livebands. Zu essen gibt's ordentliche *bangers and mash* oder eine *steak and Guinness pie*.

SONSTIGES

Apotheke

In dem Supermarkt **Countdown**, 172 Tay St, ist auch eine Apotheke untergebracht. Mo–Fr 9–20, Sa und So 9–18 Uhr. Eine weitere befindet sich im Mini-Markt, Esk St, Ecke Dee St, 24 Std.

Bücherei

Library, 50 Dee St, www.ilibrary.co.nz, Mo–Fr 9–19, Sa und So 10–16 Uhr.

Fahrräder

Gute Mountainbikes verleiht **Cycle Surgery**, 21 Tay St, www.cyclesurgeryinvercargill.co.nz. Hier bekommt man auch Fahrradkarten. Mo–Fr 8.30–17.30, Sa 10–14 Uhr.

Gepäckaufbewahrung

Im **i-SITE**, aber nur tagsüber (kostenlos).

Informationen

i-SITE, 108 Gala St, www.southlandnz.com. Das ausgezeichnete Visitor Centre befindet sich im Foyer des Southland Museum. Hier gibt es die Broschüre *Invercargill Heritage Trail* mit Beschreibungen wichtiger Bauwerke der Innenstadt. Mo–Fr 8.30–17, Sa und So 8.30–16 Uhr.

DOC, Level 7, 33 Don St, 03 214 2400. Informationen über Wanderwege und die Tierwelt in den Catlins, auf Stewart Island und in Fiordland. Mo–Fr 8–16.30 Uhr.

Internet

Kostenloses WLAN bieten das **Museum/i-SITE** und die **Stadtbibliothek**. Kostenlose WLAN-Hotspots gibt's entlang der Einkaufsstraße Esk St.

Medizinische Hilfe

Ärztliche Hilfe: Das **Southland Hospital**, Kew Rd, 03 218 1949, unterhält eine 24 Std. geöffnete Unfallstation und Notaufnahme. Im Krankheitsfall und bei kleineren Unfällen außerhalb der Praxiszeiten hilft **After Hours Doctors** (allerdings ist hier eine Terminvereinbarung notwendig), 40 Clyde St, 03 218 8821, Mo–Fr 18–6, Sa und So 9–16 Uhr.

Polizei

117 Don St, 03 211 0400.

Post

51 Don St, nahe der Kreuzung mit der Kelvin St, Mo–Fr 9–17, Sa 9–13 Uhr.

NAHVERKEHR

Die vier Linien der **Stadtbusse** (nur Mo–Sa, www.bussmart.co.nz) verkehren zu den Stoßzeiten Mo–Fr 9–14.55 und Sa 10.30–15.40 Uhr. Die Haupthaltestelle heißt Bus Smart Central. Sie befindet sich an der Dee St, unmittelbar nördlich des Kreisverkehrs an der Kreuzung mit der Tay St.

TRANSPORT

Busse

Die Busse von **InterCity** halten vor dem i-SITE-Büro, 108 Gala St. **Catch-A-Bus South**, www.catchabussouth.co.nz, holt Fahrgäste auf der tgl. Fahrt nach DUNEDIN, QUEENSTOWN und BLUFF von der Unterkunft oder vom Flughafen ab. Die Busse von Stewart Island Experience haben ebenfalls Anschluss an die Fähren ab Bluff (S. 809).

Busse nach:
BLUFF (nach Stewart Island) 5–6x tgl., 30 Min.;
DUNEDIN 1–2x tgl., 3 3/4 Std.;
GORE 3–4x tgl., 1 Std.;
QUEENSTOWN 2x tgl., 3 3/4 Std.

Flüge

Der **Invercargill Airport**, www.invercargillairport.co.nz, liegt 3,5 km südwestlich des Stadtzentrums. Es gibt direkte Verbindungen mit Stewart Island Flights (S. 817) nach Stewart Island sowie mit Air New Zeland nach Christchurch und Wellington. Taxis von **Blue Star**, www.bluestartaxis.co.nz, verkehren vom Flughafen in die Stadt (10 Min.). Es verkehren keine öffentlichen Busse, aber man kann sich bei entsprechender Buchung von den Fernbusunternehmen abholen lassen. Es stehen Dauerparkplätze am Flughafen zur Verfügung. Der Tagespreis sinkt, je länger man das Auto stehenlässt.

Flüge nach:
CHRISTCHURCH 5–7x tgl., 1 1/4 Std.;
STEWART ISLAND 3x tgl., 20 Min.;
WELLINGTON 1–2x tgl., 2 Std.

Bluff

Das kleine, aber quirlige Fischer- und Hafenstädtchen **Bluff**, 27 km südlich von Invercargill entfernt, breitet sich auf einer schlanken Halbinsel aus. Auf einer Seite befindet sich der künstlich angelegte Hafen, auf der anderen die wilde Foveauxstraße.

Bluff ist seit 1824 besiedelt und damit der älteste europäische Ort in Neuseeland. Das Alter hat deutliche Spuren hinterlassen. Die meisten Touristen wollen nur möglichst schnell die Fähre nach Stewart Island besteigen und sind sich gar nicht bewusst, dass die wunderschön gelegene Stadt eine ereignisreiche Geschichte und herrliche Kurzwanderungen zu bieten hat.

Die Austern von Bluff stehen im Mittelpunkt des **Bluff Oyster & Food Festival**, www.bluffoysterfest.co.nz, das jedes Jahr am dritten Wochenende im Mai stattfindet.

Bluff Maritime Museum

241 Foreshore Rd, 1 km nördlich des Fährhafens ▪ Mo–Fr 10–16.30, Sa und So im Sommer 13–17 Uhr ▪ Eintritt ▪ www.bluffmuseum.co.nz

Bluffs kleines **Bluff Maritime Museum** zeigt historische Ausstellungsstücke zum Walfang, dem Bau des Hafens und dem Austernfang sowie Schiffswracks. Zu den Highlights gehören eine Dampflokomotive und das 1909 vom Stapel gelaufene Austernboot *Monica II* im Hafen vor dem Museumsgebäude.

Stirling Point

SH1, 2 km südlich des Fährhafens

Der State Highway 1 endet am **Stirling Point**. Er ist zwar nicht der südlichste Ort der Südinsel (das ist Slope Point in den Catlins), aber durchaus ein hübsches Fleckchen. Am Point steht ein **Wegweiser** – das Gegenstück zu jenem am anderen Ende des Landes am Cape Reinga. Am Stirling Point beginnen zwei kurze Spazierpfade.

In der Nähe des Point sieht man die Skulptur einer Ankerkette im Meer verschwinden. Sie ist die symbolische Verbindung zwischen Stirling Point und Lee Bay auf Stewart Island, wo sich eine fast identische Skulptur von Russell Becks befindet: Gemäß der Maori-Überlieferung ist die Südinsel das Kanu des Halbgottes Maui und Stewart Island *Te Punga o Te Waka a Maui*, „Der Ankerstein von Mauis Kanu".

Vom Parkplatz am Stirling Point lassen sich zwei leichte, aber lohnende Wanderungen unternehmen: Der **Foveaux Walkway** (6,6 km, 2 Std. einfach, überwiegend flach) folgt der Küste zurück in den Ort und bietet großartige Küstenblicke. Der **Topuni Track** (2 km einfache Strecke, 45 Min., 265 m Aufstieg) ist ziemlich steil und erklimmt den **Bluff Hill Lookout**, von dem sich ein Rundblick bis hin zur 35 km entfernten Stewart Island eröffnet. Der Aussichtspunkt ist auch per Straße von Bluff zu erreichen, wenn man der Lee Street, gegenüber dem Fähranleger, 3 km folgt.

ÜBERNACHTUNG UND ESSEN

Bluff Lodge, 120 Gore St, 💻 www.blufflodge.co.nz. Das supergünstig nahe der Fähre nach Stewart Island gelegene ehemalige Postamt, Baujahr 1899, beherbergt heute 5- und 7-Bett-Dorms und 3 DZ. Alle teilen sich ein Gemeinschaftsbad und eine Gemeinschaftsküche. Die Zimmer sind nichts Besonderes, aber bei diesen Preisen kann man auch nicht klagen. Bettwäscheverleih kostet $5 p. P. WLAN, eine Waschmaschinenladung und Parken während des Aufenthaltes auf Stewart Island werden für eine Extra-Gebühr angeboten. Nur Barzahlung. ❶

Lands End, Stirling Point, 10 Ward Parade, 💻 www.landsendhotel.co.nz. Das empfehlenswerte Hotel befindet sich oberhalb des berühmten Wegweisers von Stirling Point. Die meisten Zimmer (alle mit Bad) bieten an klaren Tagen einen fantastischen Ausblick. Falls das Wetter einmal nicht mitspielt, gibt es auch eine Heizung. Das Frühstück im Café unten ist inkl. ❸

Galley Takeaways, 42 Gore St, 💻 www.facebook.com/thegalleytakeaways. Dieses beliebte lokale Imbissrestaurant serviert die üblichen Fish 'n' Chips (der Zitronen-Dill-Teig ist göttlich) sowie frische Austern und andere Meeresfrüchte. Es gibt auch einen kleinen Feinkostladen, der lokal hergestellte Konfitüren, Käsebrötchen und Ähnliches verkauft. $

INFORMATIONEN

Das **Bluff Maritime Museum** dient gleichzeitig als Visitor Centre. Besucher sollten sich auf 💻 www.bluff.co.nz schlau machen und im i-SITE von Invercargill das Blättchen *Bluff Heritage Trail* einstecken.

TRANSPORT

Catch-A-Bus South (S. 808) und **Stewart Island Experience**, 💻 www.stewartisland experience.co.nz, unterhalten regelmäßige Busverbindungen vom i-SITE von Invercargill und vom Tuatara Backpackers, Victoria Railway Hotel und Flughafen zur **Fähre** nach STEWART ISLAND (Abfahrt der Busse in Invercargill 1 Std. vor Abfahrt der Fähren). Näheres zu den Fähren nach Stewart Island auf S. 817.

Stewart Island

Neuseelands dritte Hauptinsel ist die relativ unbekannte **Stewart Island**, vom Festland durch die Foveauxstraße getrennt. Es handelt sich um ein ganz besonderes Fleckchen Erde mit seltenen Vogelarten, fischreichen Gewässern in der Umgebung und freundlichen Bewohnern.

Der Großteil von Stewart Island ist unbewohnt und von kleinen Buchten, windumtosten Stränden und einem hügeligen Inneren mit Rimu-Wäldern und Granitfelsen geprägt. Der Maori-Name der Insel lautet *Rakiura* („Das Land des glühenden Himmels"). Es wird noch darüber debattiert, ob sich dieser Name auf das **Südlicht** *(Aurora australis)* bezieht, das mitunter in diesen Breiten bewundert werden kann, oder auf die fantastischen Sonnenuntergänge. Später wurde das Eiland nach William Stewart, dem 1. Offizier eines Segelschiffs, das 1809 hierherkam, benannt. Heute sind fast alle Inselbewohner im Naturschutz, der **Fischerei** (Langusten, Sandbarsche und Paua), der **Fischzucht** (Lachse und Muscheln) und im **Tourismus** beschäftigt. Mit der Schaffung des **Rakiura National Park** im Jahr 2002 stehen nun ganze 85 % der Insel offiziell unter Naturschutz.

Fast alle der 400 Insulaner wohnen in der einzigen Stadt, **Oban** (auch bekannt als Halfmoon Bay). Hier legen Schiffe an, landen Flugzeuge, und zahlreiche Kaka sorgen mit ihrem Gekreische für die Geräuschkulisse. Viel anstellen lässt sich in Oban nicht, aber die entspannte Inselatmosphäre ist für Neuankömmlinge unwiderstehlich. So mancher Besucher möchte länger bleiben als geplant, vor allem die, die **Wanderwege** durch unberührte Wildnis, eine artenreiche **Tierwelt** und **Seekajaktouren** zu schätzen wissen.

Das ganze Jahr über muss man auf Stewart Island mit **Wetterextremen** (oft mehrere Wetterumschwünge an einem Tag) rechnen. Das gilt erst recht für Wanderer, die mit den stürmischen Winden zu kämpfen haben, die auf direktem Weg über das Meer von der Antarktis auf die Insel treffen. Um Sonne und Regen zu trotzen, empfiehlt es sich, mehrere Lagen Kleidung übereinander zu tragen. Außerdem sollte man Insektenschutzmittel gegen Sandfliegen dabeihaben.

Seit dem Jahr 2013 müssen Besucher der Insel eine Gebühr zahlen, die zuletzt im Oktober 2023 auf $10 erhöht wurde und im Jahr 2025 auf $15 angehoben werden soll. Der Betrag ist normalerweise im Flug- oder Fährpreis enthalten und wird für die Erhaltung und die Verbesserung der touristischen Infrastruktur der Insel verwendet.

Oban (Halfmoon Bay)

Verstreut um die reizvolle Halfmoon Bay liegt **Oban** (allgemein auch als Halfmoon Bay bekannt), ein Ort mit kaum mehr als ein paar Dutzend Häusern, einem Visitor Centre, einem winzigen Museum, einer Handvoll Läden und Cafés und einem Hotel mit Kneipe. Auf den Hängen ringsum stehen weitere Häuser, umgeben von Wald. Ohne viel Mühe bekommt man hier Tui, Maori-Fruchttauben und kleine Gruppen krächzender **Kaka** zu sehen – große, rostbraune endemische Papageien, die fast nirgendwo sonst im Land vorkommen.

Rakiura Museum

9 Ayr St ▪ 🕒 Okt–April Mo–Sa 10–13.30, So 12–14, Mai–Sep Mo–Fr 10–12, Sa 10–13.30, So 12–14 Uhr ▪ Eintritt ▪ 💻 www.rakiuramuseum.co.nz

Einen kurzen Besuch lohnt das **Rakiura Museum**. Es erzählt die Geschichte der Region und zeigt u. a. einen Globus von 1816, auf dem Stewart Island noch als Teil der Südinsel dargestellt wird, genauso wie von Cook verzeichnet. Die kleine Maori-Sammlung weist eine seltene Halskette aus Delphinzähnen auf, während die Ausstellung zum Walfang zwei riesige Zähne eines Pottwals einschließt.

Observation Rock

Excelsior Rd, 20 Min. Fußweg vom Zentrum von Oban

Auf einem kurzen Waldpfad geht es zum **Observation Rock**, einer Lichtung mit wundervollem Panoramablick über den Paterson Inlet und den jenseits davon aufragenden höchsten Gipfel der Insel, den Mount Anglem (980 m). Bei Sonnenuntergang findet sich nicht selten auch ein Dutzend kreischender Kakas ein.

Ulva Island

Paterson Inlet, 2 km vor der Küste ▪ 🕒 bei Tageslicht ▪ Eintritt frei

Obans Vogelwelt ist für sich schon etwas Besonderes, aber kein Vergleich zu **Ulva Island**, einem 2 km vor der Küste gelegenen Naturschutzgebiet, das dank enormer Anstrengungen der Einheimischen von eingeschleppten Raubtieren befreit wurde. Besucher haben auf einigen leichten Wanderwegen zu abgeschiedenen Stränden die Gelegenheit, mehr einheimische Vögel als in fast jeder anderen Ecke Neuseelands zu beobachten, darunter den bedrohten Sattelstar und seltene Ziegensittiche. Die dichte Vegetation gemäßigten Regenwaldes beherbergt Wekarallen, Makomako, Kaka, Springsittiche, Ziegensittiche, Tui, Graufächerschwänze, Tauben und Rotkehlchen, die sich Besuchern ohne Scheu und voll Neugier nähern.

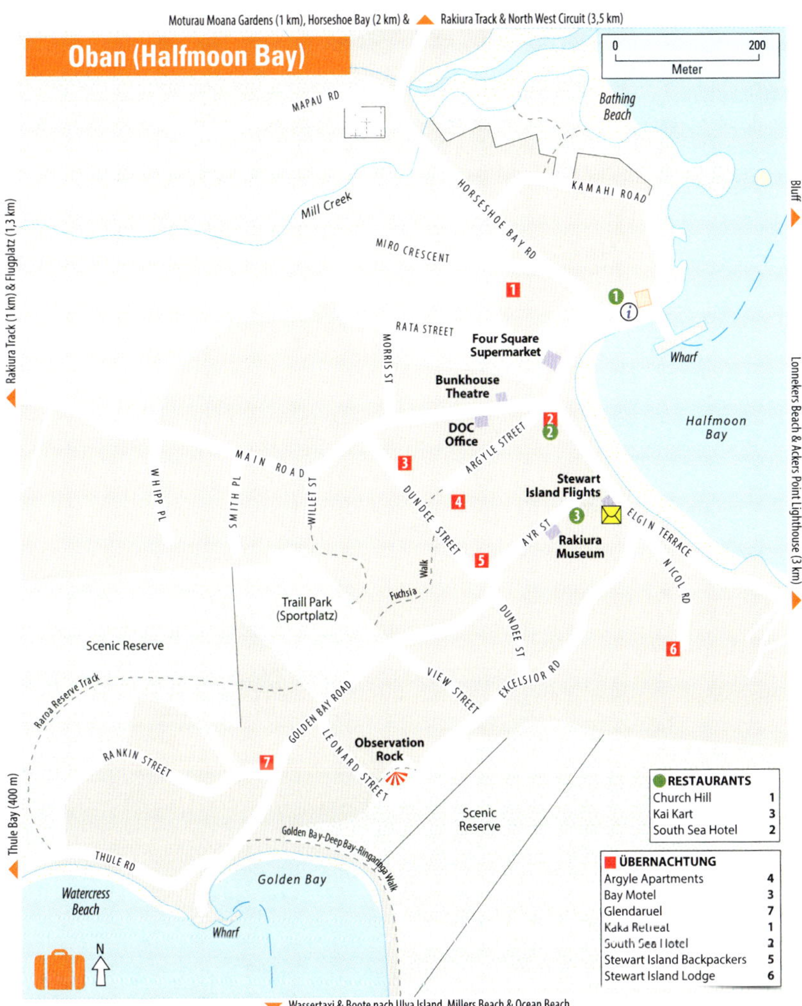

Alle Besucher kommen in der **Post Office Bay** an. Das dortige ausgediente Postamt stammt von 1872 und ist ein Überbleibsel aus jener Zeit, als Ulva Island den Mittelpunkt der Holzfällergemeinde des Paterson Inlet bildete. Ausgerüstet mit der DOC-Broschüre *Ulva Island Te Wharawhara* (im Internet kostenlos) kann man die Insel selbstständig durchstreifen. Am besten lernt man die Insel jedoch auf einer **geführten Tour** kennen. Neben dem Sandstrand von **Sydney Cove** gibt es einen schönen überdachten Picknickbereich.

Whalers Base

An der Küste des Paterson Inlet, 7 km westl. von Oban ▪ Wer nicht im Rahmen einer organisierten Tour kommt, nimmt ein Wassertaxi; die Betreiber nennen einen Zeitpunkt für die Abholung am Millers Beach

Whalers Base ist ein weiteres Tierparadies, das im Rahmen organisierter Boots- und Paddeltouren besucht werden kann. Das ehemalige Winterquartier norwegischer Walfänger lässt sich über Millars Beach erreichen. Vom überdachten Picknickbereich am Millars Beach führt eine einfache, lohnende 20-minütige Wanderung an der Küste entlang nach Norden durch herrlichen einheimischen Wald. Gespenstische Überreste aus der Zeit von 1924–32, als hier ei-

ne Antarktisflotte von Walfangschiffen repariert wurde, sind noch erhalten.

Mason Bay

Anreise von Oban mit dem Flugzeug oder mit dem Wassertaxi zur Freshwater Hut (40 Min.), dann weiter zu Fuß (15 km, 3–4 Std., flach, aber oft überflutet – Bedingungen vorher abklären)

Stewart Island ist zu einem Synonym für die Beobachtung von **Kiwis** in freier Natur geworden, was auf dem neuseeländischen Festland praktisch nirgendwo mehr möglich ist. In Oban werden zwar Kiwi-Touren angeboten, aber sehr viel abenteuerlicher ist ein selbst organisierter Ausflug zur Mason Bay an der Westküste, wo man in der DOC-Hütte übernachten und sich nach Einbruch der Dunkelheit auf die Suche nach diesen scheuen Tieren machen kann. Hören wird man sie mit einiger Sicherheit, und wer sich nicht gerade trampelnd den Weg durch den Wald bahnt, hat auch eine gute Chance, tatsächlich einen Kiwi zu sehen. Am besten wählt man (ausgerüstet mit einer Taschenlampe, deren Lichtstrahl man allerdings auf den Boden richten muss, um die Vögel nicht zu stören) einen Beobachtungsplatz und wartet, bis sie von allein kommen.

Rakiura Track

39 km Rundstrecke, 2–3 Tage

Die beliebteste mehrtägige Wanderroute auf Stewart Island ist der relativ leichte **Rakiura Track**, einer der Great Walks Neuseelands. Start und Ende der Wanderung ist Oban, bei Transport zum Ausgangs- und vom Endpunkt (jeweils am Ende einer Straße) verkürzt sich die Wegstrecke um 7 km. Praktische Hilfestellung für unterwegs bietet die DOC-Broschüre *Rakiura Track*.

Wanderern steht es frei, in welcher Richtung sie die ganzjährig geöffnete Route laufen und wie viele Übernachtungen sie in Anspruch nehmen, doch fast alle begehen den Track entgegen dem Uhrzeigersinn. Der Weg führt zunächst durch Wald die Küste entlang, wobei die Abschnitte um die Maori Bay und Port William (1. Hütte) am eindrucksvollsten sind. Anschließend schlängelt sich der Track um eine bewaldete Schlucht zum Paterson Inlet und zur North Arm-Hütte, bevor das letzte Wegstück zurück nach Oban beginnt.

North West Circuit

125 km, 8–12 Tage

Anders als beim Rakiura Track sollten sich nur die härtesten (masochistischsten) Wanderer an den um den nördlichen Inselarm führenden North West Circuit wagen. Angesichts des morastigen Terrains wird der Weg selbst bei günstigen Wetterbedingungen zu einer Kraftprobe – knietiefer Schlamm ist keine Seltenheit. Wer vorab kein Boot oder Charterflugzeug für den Transport von Lebensmitteln in eine der Küstenhütten organisiert, muss zudem sämtlichen Proviant mitschleppen.

Der Weg verläuft abwechselnd an offener Küste vorbei und durch bewaldetes Hügelland. Ein Seitenpfad führt zum 980 m hohen Gipfel des Mount Anglem (11 km hin und zurück, 6 Std.). Die DOC-Broschüre *North West and Southern Circuit Tracks* bietet einen guten Überblick und weist den Weg zu den **10 Hütten**, die meisten davon an der Küste. Zeltmöglichkeiten gibt es keine. Der Weg wird nach einem Sturm allerdings oft umgeleitet. Bevor man losmarschiert, sollte man daher im DOC-Büro vorbeischauen und sich nach der aktuellen Lage erkundigen.

ÜBERNACHTUNG

Karte S. 811

Überfüllt ist es auf der Insel zwar nie – sie zählt nur etwa 35 000 Übernachtungsgäste pro Jahr –, doch wer zwischen Mitte Dezember und Mitte Februar anreist, sollte das meiste vorab buchen. Zwischen November und März können sich die Wanderhütten schnell füllen, sodass es ratsam ist, ein Zelt mitzunehmen.

Oban (Halfmoon Bay)

Argyle Apartments, 15 Argyle St, www.argyleapartments.co.nz. Stilvolle Apartments mit modernen Küchen, einem elegantschlichten Interieur und Blick auf die Halfmoon Bay, dekoriert mit lokalen Kunstwerken. Ein offener Küchen-/Ess-/Wohnbereich öffnet sich durch Schiebetüren auf eine hölzerne Balkonterrasse. ❸

Bay Motel, 9 Dundee St, 💻 www.baymotel.co.nz. Jede der 12 Selbstversorger-Units in diesem Top-Motel hat eine geräumige Veranda mit Blick über die Stadt und die Bucht. Hochwertige Ausstattung, kostenlose Transfers und super Service. ❷

Glendaruel, 38 Golden Bay Rd, 💻 www.glendaruel.co.nz. Komfortables, freundliches B&B in bewaldeter Umgebung, 10 Min. Fußmarsch vom Ort entfernt. Alle 3 Zimmer sind mit einem Bad ausgestattet, darunter ein EZ. Eigene Gästelounge mit Teleskop, sehr aufmerksame Gastgeberin. ❹

Kaka Retreat, 7 Miro Crescent, 💻 www.kakaretreat.co.nz. Dieses entspannte Hotel wurde nach dem liebenswerten Kaka-Papagei benannt, der auf Stewart Island beheimatet ist. Es bietet eine Reihe von holzverkleideten Einzeleinheiten, die von Suiten mit offenem Schnitt bis hin zu Apartments mit 2 Schlafzimmern reichen. Es wird ein kontinentales Frühstück angeboten, und es gibt auch Grillmöglichkeiten, falls Gäste Lust auf eine BBQ-Party haben. ❸

South Sea Hotel, 25 Elgin Terrace, 💻 www.stewart-island.co.nz. Das 100 Jahre alte Gasthaus am Wasser besitzt altmodische Gästezimmer mit Gemeinschaftsbad und TV; 3 Zimmer haben Meerblick, aber sie liegen direkt über der lärmigen Bar. Wer einen leichten Schlaf hat und seine Ruhe haben möchte, entscheidet sich besser für eines der 4 DZ mit Gemeinschaftsbad in einem Cottage oder eine der 9 moderneren Units mit Bad und Küche. Beide Optionen befinden sich jeweils hinter dem Pub. ❷

Stewart Island Backpackers, 18 Ayr St, 💻 www.stewartislandbackpackers.co.nz. Das größte Hostel der Insel ist nicht besonders schön und kann laut sein, aber es hat große Gemeinschaftsbereiche, eine Reihe ganz annehmbare Doppelzimmer und 2-Bettzimmer sowie 4er-Dorms ohne Stockbetten, alle mit Gemeinschaftsbädern, rings um einen Hof. Camper können ihr Zelt im Garten hinter dem Haus aufstellen (auch Mietzelte sind verfügbar) und die Hostel-Einrichtungen nutzen. Waschmaschinen und Trockner stehen für Gäste zur Verfügung, kostenloses, aber lückenhaftes WLAN. ❶

Stewart Island Lodge, 14 Nichol Rd, 💻 www.stewartislandlodge.co.nz. In dieser hervorragend ausgestatteten Lodge mit 5 Zimmern an einer Veranda mit grandioser Aussicht auf die Halfmoon Bay ist der Gast wirklich König. In der Gäste-Lounge wird das Frühstück gereicht. 🕒 Juni und Juli geschl. In der Nebensaison, im Aug–Nov, April und Mai, sind die Preise niedriger. ❹

DOC-Hütten

Freshwater Die am North West Circuit und günstig am Weg zur Mason Bay gelegene 16-Etagenbetten-Hütte ist mit dem Wassertaxi von Oban zu erreichen. Eine Reservierung ist nicht möglich; Hüttentickets im DOC in Oban. ❶

Mason Bay Besonders Kiwi-Spotter bevorzugen diese hinter den Dünen versteckte, beheizte 20 Stockbetten-Hütte mit freiem Campingplatz. Keine Reservierung möglich; Hüttentickets gibt es im DOC in Oban zu kaufen. ❶

North West Circuit Am North West Circuit gibt es 10 Hütten zum Übernachten, darunter zwei am Rakiura Track (S. 813). Eine Übernachtung in den übrigen 8 Hütten (inkl. Freshwater, s. o.) kostet $5 (DOC-Backcountry-Hüttenpass gültig). Man kann aber auch einen North West Circuit Pass erstehen, der zu 10 Hüttenübernachtungen in allen Hütten außer denen entlang dem Rakiura Track berechtigt. ❶

Rakiura Track Wanderer müssen Plätze in den beiden Hütten (Port William und North Arm) und auf den 3 Campingplätzen (Maori Beach, Port William und North Arm) buchen und im Voraus bezahlen. Man kann online reservieren (dafür steht ein kostenloser Computer im DOC-Büro von Oban bereit) oder einen DOC-Mitarbeiter dazu überreden, das zu erledigen (gegen eine kleine Reservierungsgebühr). Die Hütten sind lediglich mit Matratzen,

Stewart Island: Abenteuertrips und Touren

Dank der ganz unterschiedlichen Sehenswürdigkeiten von Stewart Island bietet sich die Teilnahme an geführten Ausflügen und Touren an. Sowohl Ulva Island als auch die Whalers Base sind Ziele verschiedener Bootstouren in den Paterson Inlet und darüber hinaus. Auch wer Kiwis in freier Wildbahn erleben möchte, muss dafür nicht unbedingt die ganze Insel bis zur Mason Bay durchqueren. Die Gewässer um Stewart Island sind jedoch äußerst tückisch; am ruhigsten ist das Wasser von Mai bis August. Nur sehr erfahrene Kajakfahrer sollten sich bei diesen Bedingungen ohne Begleitung hinauswagen.

Phil's Sea Kayaks, 7 Leonard St, Halfmoon Bay (Oban), 💻 www.seakayakstewartisland.nz. Hervorragende Paddeltouren um das Paterson Inlet oder entlang der Küste nördlich der Halfmoon Bay. Man erkundet schmale Meeresarme unter dichter Vegetation und sieht jede Menge Vögel. Die Touren werden an die Fähigkeiten und Erfahrungen der Paddler angepasst. Das Angebot reicht von einem 2-stündigen Trip bei Sonnenuntergang bis zu einer geführten Halbtagestour mit warmen Getränken und Brötchen.

Ruggedy Range Wilderness Experience, 14 Main Rd, Halfmoon Bay (Oban), 💻 www.ruggedyrange.com. Furhana Ahmad führt unterhaltsame Naturspaziergänge und -wanderungen, Seekajaktouren (mit Umrundung von Ulva Island), Kiwibeobachtungstouren und Bootsrundfahrten (Ulva und Stewart Island).

Stewart Island Experience, The Red Shed, 12 Elgin Terrace, Oban, 💻 www.stewartislandexperience.co.nz. Der größte Tourveranstalter der Insel führt verschiedene Ausflüge durch und gewährt Teilnehmern, die mehrere Touren buchen, einen kleinen Rabatt. Die Tour Wild Kiwi Encounter (4 Std.) umfasst eine Bootsfahrt über das Paterson Inlet zur Little Glory Cove und zu The Neck, wo auf einem 45-minütigen geführten Spaziergang bei Taschenlampenlicht oft Streifenkiwis zu sehen sind. Die Village and Bays Tour (2–3x tgl., 1 1/2 Std.) erkundet per Minibus die Gegend rund um Oban, während die Tour Ulva Island Explorer (Okt–April, 2 1/2 Std.) eine tolle Einführung zu dieser idyllischen Insel darstellt.

Ulva's Guided Walks, im Stewart Island Gift Shop, 20 Main Rd, Oban, 💻 www.ulva.co.nz. Ulva Goodwillie heißt selbst so wie die Insel, die sie regelmäßig im Rahmen hervorragender 3- bis 4-stündiger geführter Wanderungen vorstellt und dabei viel Wissenswertes über die Flora und Maori-Geschichte vermittelt. In Zusammenarbeit mit anderen Veranstaltern bietet Ulva auch die Tour Birding Bonanza an, eine Kombination aus einer abendlichen Kiwispotting-Expedition, einem Morgen auf Ulva Island und einer Fahrt auf dem Katamaran am Nachmittag (normalerweise von Montagabend bis Dienstagnachmittag).

Holzöfen (ausschließlich zum Heizen), Wasser und mit Toiletten ausgestattet, ein eigener Campingkocher muss mitgebracht werden. Hütten Okt–April. ❶

ESSEN

Karte S. 811

Der kleine **Four Square Supermarket**, 20 Elgin Terrace, wartet mit einer erstaunlich großen Auswahl an allem auf, was Selbstversorger brauchen. 🕒 tgl. 7.30–19 Uhr.

Church Hill, 36 Kamahi Rd, 💻 www.churchhill.co.nz. Das anspruchsvollste Restaurant der Insel versteckt sich in einer schönen Villa auf einem Hügel gleich oberhalb des Fähranlegers. Der Schwerpunkt liegt auf lokalem Seafood, und so finden sich auf der Speisekarte Vorspeisen wie leckere Muschelbratlinge mit Koriander und Zitronengras und *muttonbird*-Wasserkresse-Klöße und als Hauptgericht gebackener Sandbarsch mit brauner Butter und Kumara-Rösti. Auch vegetarische Speisen und eine exzellente

Weinkarte hat das Church Hill zu bieten. Reservierung empfohlen. $$

Kai Kart, Ayr St, www.facebook.com/kaikartSI. Der legendäre Pastetenimbiss hat nicht nur Kultstatus, sondern auch vorzüglichen Sandbarsch mit Fritten sowie Fisch- und Fleischburger zum Verzehr drinnen, an Picknicktischen draußen oder zum Mitnehmen an den Strand gleich daneben. $

South Sea Hotel, 25 Elgin Terrace, www.stewart-island.co.nz. Dieses Inselpub darf als gesellschaftliches Zentrum Obans gelten. Muffins und Kaffee kann man den ganzen Tag über ordern, während mittags und abends nur herzhafte Kneipenkost auf dem Programm steht. Besonders lecker ist der Sandbarsch in Bierteig mit Pommes. In der sehr gut besuchten Bar wird sonntags ein Pubquiz veranstaltet. $$

SONSTIGES

Geld

Der einzige Geldautomat der Insel befindet sich im 4-Square und akzeptiert aktuell keine ausländischen Karten.Glücklicherweise kann man aber fast überall mit Kreditkarte bezahlen. Die einzige erwähnenswerte Ausnahme bilden die Wassertaxis.

Gepäckaufbewahrung

Im DOC: Fächer ohne Zeitbegrenzung. Nur während der Öffnungszeiten des Büros zugänglich. Bei Stewart Island Flights kann man überflüssiges Gepäck kostenlos in Invercargill unterstellen.

Informationen

DOC/Rakiura National Park Visitor Centre, Main Rd, Oban, www.doc.govt.nz. Außer den üblichen DOC-Infos gibt es hier eine ausgezeichnete Ausstellung über die Wanderwege, die Natur- und Besiedlungsgeschichte der Insel und die Schädlingsbekämpfung auf Ulva Island. Dez–März tgl. 8–17, April, Mai, Okt und Nov Mo–Fr 8.30–16.30, Sa und So 9–16, Juni–Sep Mo–Fr 8.30–16.30, Sa und So 10–14 Uhr.

Oban Visitor Centre, The Red Shed, 12 Elgin Terrace, 03 219 0056. Allgemeine Inselinformationen mit Schwerpunkt auf Touren von Stewart Island Experience und Fährfahrten. Nov–April tgl. 7.30–18.30, Mai–Okt 8–17 Uhr.

Kino

The Bunkhouse Theatre, 10 Main Rd, www.bunkhousetheatre.co.nz. Zeigt zwischen Labour Day und Ostern 3x tgl. (11, 14 und 16 Uhr) *A Local's Tail* (40 Min.) – einen skurrilen Film, der einen guten Einblick in die interessante Geschichte und Kultur der Insel gewährt, „erzählt" von einem Staffordshire Bull Terrier.

Post

40 Elgin Terrace, Mo–Fr 7.30–18, Sa und So 9.30–17 Uhr.

Telefon

Das Mobilfunknetz in Oban ist gut, ausreichend in der Umgebung der Buchten nordöstlich von Oban bis zur Nordspitze der Insel, und überall sonst auf der Insel nicht besonders zuverlässig.

NAHVERKEHR

Oban selbst lässt sich gut zu Fuß erkunden, und wer nicht in einer der abgelegeneren Unterkünfte wohnt, benötigt an Land eigentlich kein Transportmittel. Außer in der direkten Umgebung von Oban gibt es keine Straßen. Wer weiter ins Inselinnere vordringen möchte, ist auf das **Flugzeug**, ein **Wassertaxi** oder gutes Schuhwerk angewiesen.

Stewart Island Flights, www.stewartislandflights.com, bietet eine „Coast to Coast"-Rundtour an. Man fliegt von Oban zum Strand in Mason Bay (sofern Wetter und Gezeiten das zulassen). Dies ist der schnellste Weg, um den abgelegenen Flecken Erde zu erreichen. Mindestteilnehmerzahl 2 Pers. Am besten vorher anrufen, denn häufig werden mehrere Interessenten zusammengefasst, um den Flug durchführen zu können. Charterflüge werden zur Mason Bay, zum West Ruggedy Beach, zum

Little Hellfire Beach und zur Doughboy Bay angeboten, allesamt an der einsamen Westküste von Stewart Island.
Stewart Island Experience, www.stewartislandexperience.co.nz, vermietet Kleinwagen, Motorroller und einfache Mountainbikes.
Wassertaxis (meistens sind dies PS-starke Schnellboote, die 6–10 Passagiere transportieren können) bieten die größte Flexibilität. Zur Auswahl stehen diverse Unternehmen mit fast identischem Service, darunter Kaian Water Taxi and Ranui Ulva Island Ferry, 03 219 1013, mit regelmäßiger Verbindung nach Ulva Island (Okt–Anfang Juni tgl., Abfahrt an der Golden Bay Wharf um 9, 12 und 16 Uhr, Abfahrt auf Ulva um 12, 16 und 18 Uhr, nur Barzahlung).
Alle anderen Gesellschaften fahren bei Bedarf nach Ulva Island (10 Min.) und so gut wie zu allen gewünschten Zielen (Mason Bay, Port William, Whaler's Base); z. B. **Rakiura Water Taxi**, 10 Main Rd, www.rakiuracharters.co.nz, oder Ruggedy Range (S. 815).

TRANSPORT

Flüge

Viele Besucher ziehen den Flug von Invercargill nach Stewart Island der rauen Überfahrt im Schiff vor, aber auch in der Luft kann es ganz schön wacklig zugehen. **Stewart Island Flights**, www.stewartislandflights.co.nz, bedient die Strecke. Rabatte für Inhaber eines BBH-, YHA- oder internationalen Studentenausweises. Die Flugzeuge landen 3 km westlich von Oban; der Transport zwischen dem Flugplatz und dem Ortskern ist im Ticketpreis inbegriffen. Gepäckobergrenze 15 kg p. P., Mitnahme von Campinggas und Benzin verboten. Flüge nach INVERCARGILL 3x tgl., 20 Min.

Schiffe

Die Foveauxstraße steht im Ruf, selbst den robustesten Seeleuten die Mägen umzudrehen. Aber wer viel Gepäck hat, Campingsachen mitbringen oder schlicht Geld sparen möchte, nimmt die Fähre.
Die schnellen Katamarane von **Stewart Island Experience**, www.stewartislandexperience.co.nz, verkehren zwischen Bluff und dem Anleger in Oban, ganzjährig mind. 1x tgl., im Sommer bis zu 5x tgl.
Ein Shuttlebus bringt die Fahrgäste von INVERCARGILL und vom Flughafen zur Fähre (Verbindungen ab Queenstown und Te Anau Nov–April). Am Terminal in Bluff gibt es bewachte Parkplätze.

Catlins Coast

Die zerklüftete Küstenroute zwischen Dunedin und Invercargill ist einer der weniger befahrenen Highways der Südinsel und führt entlang der **Catlins Coast** durch einige der ursprünglichsten Landschaften Neuseelands. Stürmische Südostwinde und das unerbittliche Meer haben die Küste hier zu steilen Klippen, windumtosten Landspitzen, weißen Sandstränden, Felsbuchten und offenen Höhlen geformt, von denen die meisten zugänglich sind. Die Küstenstraße bildet einen Teil der **Southern Scenic Route**, www.southernscenicroute.co.nz, die von Invercargill weiter bis nach Te Anau in Fiordland (S. 798) führt.

Am besten erkundet man die Catlins Coast, indem man sich mindestens ein paar Tage Zeit lässt. Vom Waipapa Point in Southland (60 km südöstlich von Invercargill) bis zum Nugget Point in South Otago (gleich südöstlich von Balclutha) wird die wilde Landschaft von nichts unterbrochen: Dichter Regenwald weicht offenem Buschwerk, während man durch tiefe Täler fährt und an Felsbuchten, Meeresarmen und Flussmündungen vorbeikommt. Die Küste beheimatet **Pinguine** (sowohl Zwerg- als auch Gelbaugenpinguine), **Delphine**, mehrere Seevogelarten und zu bestimmten Jahreszeiten auch **Wale** auf der Wanderung. Elefantenrobben, Pelzrobben und immer öfter auch der sel-

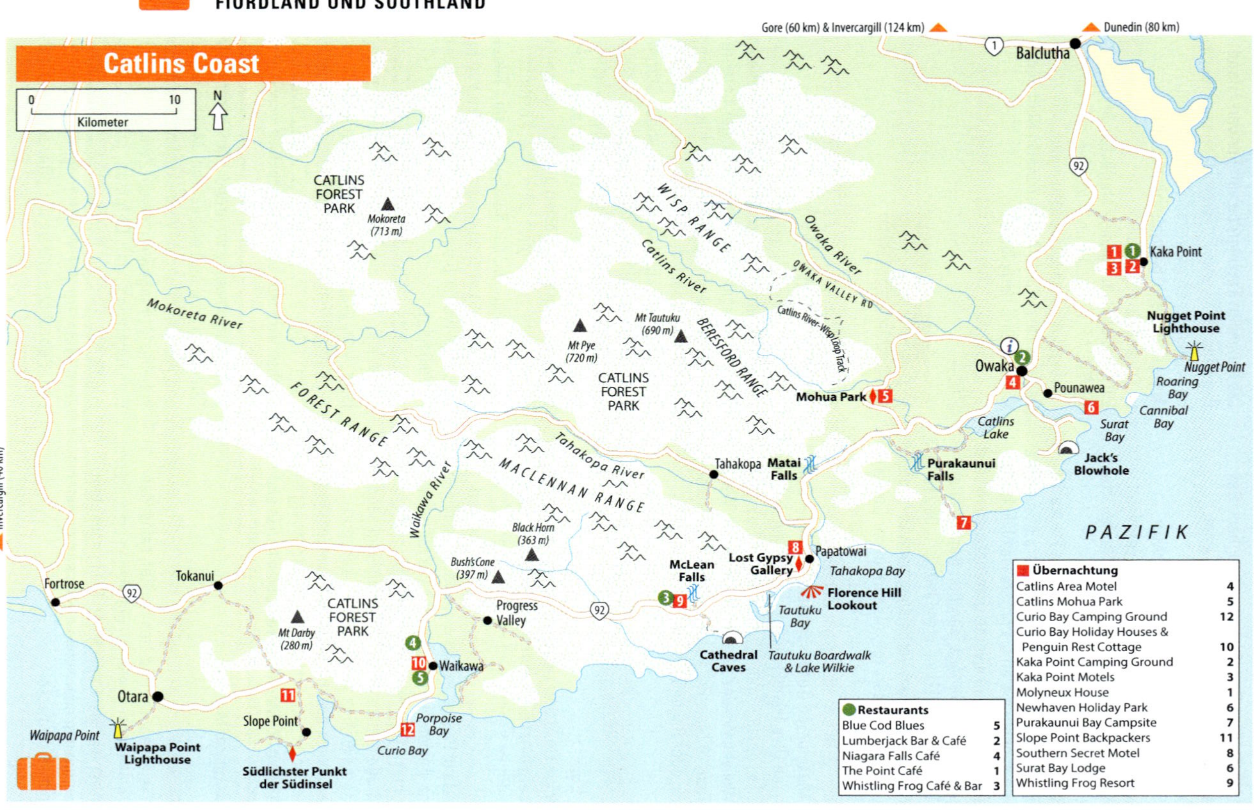
Catlins Coast
0 10
Kilometer
N
Gore (60 km) & Invercargill (124 km)
Dunedin (80 km)
Invercargill (40 km)
Balclutha
Kaka Point
Nugget Point Lighthouse
Nugget Point
Roaring Bay
Cannibal Bay
Surat Bay
Jack's Blowhole
Pounawea
Owaka
Catlins Lake
Purakaunui Falls
PAZIFIK
Owaka River
OWAKA VALLEY RD
Catlins River-Wisp Loop Track
Mohua Park
Matai Falls
Tahakopa
Papatowai
Tahakopa Bay
Florence Hill Lookout
Tautuku Bay
Tautuku Boardwalk & Lake Wilkie
Lost Gypsy Gallery
Cathedral Caves
McLean Falls
WISP RANGE
BERESFORD RANGE
Catlins River
Mt Tautuku (690 m)
Mt Pye (720 m)
CATLINS FOREST PARK
Tahakopa River
MACLENNAN RANGE
Black Horn (363 m)
Bush's Cone (397 m)
Progress Valley
Waikawa
Waikawa River
Porpoise Bay
Curio Bay
FOREST RANGE
CATLINS FOREST PARK
Mokoreta (713 m)
Mokoreta River
CATLINS FOREST PARK
Mt Darby (280 m)
Slope Point
Südlichster Punkt der Südinsel
Tokanui
Otara
Waipapa Point Lighthouse
Waipapa Point
Fortrose
Übernachtung
Catlins Area Motel 4
Catlins Mohua Park 5
Curio Bay Camping Ground 12
Curio Bay Holiday Houses & Penguin Rest Cottage 10
Kaka Point Camping Ground 2
Kaka Point Motels 3
Molyneux House 1
Newhaven Holiday Park 6
Purakaunui Bay Campsite 7
Slope Point Backpackers 11
Southern Secret Motel 8
Surat Bay Lodge 6
Whistling Frog Resort 9
Restaurants
Blue Cod Blues 5
Lumberjack Bar & Café 2
Niagara Falls Café 4
The Point Café 1
Whistling Frog Café & Bar 3

tene **Neuseeländische Seelöwe** sind in den Sanddünen anzutreffen, und in den Tiefen des Waldes leben zahlreiche **Vögel**: Tui, Makomako, Riroriro und andere.

Wer mit dem **Wohnmobil** reist, konnte sich früher auf zahlreiche romantische Übernachtungsplätze am Wegrand freuen. Doch Überfüllung und Missbrauch dieser Stellen haben dazu geführt, dass wildes Campen in der Region mittlerweile verboten ist. Verstöße werden unverzüglich mit einem Busgeld belegt, von daher sollte man das wilde Camping gar nicht erst in Erwägung ziehen.

Brauchbare **Restaurants** und Cafés sind hier Mangelware. Am besten bringt man genügend Lebensmittel mit und versorgt sich selbst. Erhältlich sind sie in Owaka, in Papatowai gibt's zudem einen kleinen Gemischtwarenladen. Tankstellen sind in den Catlins ebenfalls dünn gesät, und die vorhandenen schließen um etwa 17 Uhr, daher empfiehlt es sich, vor dem Start den Tank zu füllen, danach bekommt man nur in Owaka (mit Kreditkarte, 24 Std. geöffnet), Papatowai oder Tokanui **Benzin**. Weitere rund um die Uhr zugängliche Zapfsäulen (nur Kreditkarten) gibt's in Fortrose. Das Mobilfunknetz ist außerhalb der Hauptorte lückenhaft. Auch **Banken** oder Geldautomaten gibt es nicht; viele Einrichtungen akzeptieren Kreditkarten, aber man sollte trotzdem Bargeld mitbringen.

Da es in den Catlins kein i-SITE gibt (dafür wenigstens ein recht gutes Infozentrum in Owaka), sollten sich Besucher beim **i-SITE in Balclutha**, 80 km südwestlich von Dunedin, 4 Clyde St, in der War Memorial Hall, 💻 www.cluthanz.com, ordentlich mit Material eindecken. Es bietet die üblichen Broschüren, einen Reservierungsservice sowie Internetzugang. 🕒 Nov–März Mo–Fr 8.30–17, Sa und So 9.30–15, April–Okt Mo–Fr 8.30–17, Sa und So 10–14 Uhr. Aus Richtung Westen kommend ist das i-SITE in Invercargill (S. 807) die beste Quelle für Informationen. Siehe auch die Website 💻 www.catlins.org.nz.

Durch die Region verläuft die lückenlos geteerte Southern Scenic Route (ehemals SH92). So gut wie alle Sehenswürdigkeiten an der Catlins Coast sind jedoch nur über Schotterstraßen erreichbar. Ohne eigenes Fahrzeug lässt sich die Region im Rahmen einer organisierten Tour besuchen – öffentliche Verkehrsmittel verkehren hier nicht.

Fortrose

Das winzige Örtchen **Fortrose** liegt 45 km östlich von Invercargill an der Mündung des Mataura River. Das Fortune Café, 5 Moray Terrace, verfügt über rund um die Uhr zugängliche Zapfsäulen (nur Kartenzahlung) und bei der Bootsrampe gibt's öffentliche Toiletten. Unmittelbar südlich sind bei Ebbe die Überreste der *Ino* zu sehen, eines Dampfschiffes, das hier 1886 auf Grund lief. Von Fortrose führt die Southern Scenic Route landeinwärts nach **Tokanui**, doch schöner ist die Nebenstraße an der Küste entlang zum Waipapa Point.

Waipapa Point

Der windgepeitschte **Waipapa Point** rund 17 km südöstlich von Fortrose (4 km abseits der Hauptstraße zwischen Fortrose und Curio Bay, zu er-

Touren in die Catlins

Bottom Bus, 💻 www.bottombus.co.nz. Hop-on-Hop-off-Service (im Sommer 3x wöchentl.) als Ergänzung zur Kiwi Experience, ist aber weniger auf unbekümmerte Sauftouren ausgerichtet. Der Bus beschreibt einen Bogen von Queenstown über Invercargill und die Catlins nach Dunedin (3–7 Tage). Passagiere können an allen Haltestellen zusteigen. Es bestehen Weiterfahrmöglichkeiten nach Milford Sound und Stewart Island. Tickets sind auch für die Teiletappen Dunedin–Catlins–Invercargill erhältlich.

Catlins Scenic & Wildlife Tours, Mohua Park, 744 Catlins Valley Rd, Tawanui, 💻 www.booking.com. Fundiertes Wissen über die Ökologie, Geschichte und Geologie der Region vermitteln diese unterhaltsamen und inspirierenden Touren (8 Std.). Vorausbuchung notwendig.

reichen über eine passable Schotterstraße) war im Jahr 1881 Schauplatz des schlimmsten zivilen Schiffbruchs Neuseelands, bei dem 131 Menschen an Bord der SS *Tararua* ihr Leben verloren. Kurze Zeit später, 1884, wurde der hölzerne, 14,4 m hohe Leuchtturm errichtet – er ist immer noch in Betrieb, aber seit 1976 automatisiert –, zu dessen Füßen sich heute **Seelöwen** und Pelzrobben sonnen.

Slope Point

Frei zugänglich, Straße meist geschl. während der Ablammsaison im Sep/Okt

Slope Point, der südlichste Punkt der Südinsel, befindet sich rund 16 km östlich des Waipapa Point – er ist an der Hauptstraße ausgeschildert, von wo es noch 6 km auf einem Feldweg Richtung Süden geht. Ein kurzer Fußmarsch über Schafweiden (40 Min. hin und zurück) führt zu einem schroffen, windumtosten Felsvorsprung. Ein Schild verrät, dass es noch beachtliche 4803 km bis zum Südpol sind. Östlich des Slope Point werden die letzten 13 km der Hauptstraße (Haldane–Curio Bay Rd) nach und nach asphaltiert.

ÜBERNACHTUNG

Karte S. 818

Slope Point Backpackers, 164 Slope Point Rd, 💻 www.slopepoint.co.nz. Freundliches, superpreiswertes Hostel auf einer Schaffarm, wo Kinder (jeglichen Alters) die Tiere streicheln dürfen. Unterschiedliche DZ, eine Selbstversorger-Unit und das Haus Getaway mit 3 Schlafzimmern. Nutzung von Waschmaschine und Trockner möglich. ❸

Curio Bay und Porpoise Bay

5 km südwestlich von Waikawa (über die Waikawa–Curio Bay Rd) ▪ frei zugänglich ▪ Catlins Surf, Curio Bay Campground Store, 601 Waikawa–Curio Bay Rd, 💻 www.catlins-surf.co.nz, vermietet Boards und Wetsuits, veranstaltet Surfkurse und bietet die Möglichkeit zum Stand-up-Paddleboarding

An der windumtosten Landspitze, die zwei der romantischsten Buchten dieser an zauberhaften Landschaften reichen Region trennt, treffen unterschiedliche Küstenlandschaften aufeinander. Im Nordosten bietet die sandige, sichelförmige **Porpoise Bay**, in deren Wellen oft Hector-Delphine spielen, ruhigeres Wasser – hier kann man auch problemlos baden, falls einem die Kälte nichts ausmacht. Die von der Brandung glatt geschliffene **Curio Bay** im Süden ist mit den Resten eines **versteinerten Waldes** aus der Jurazeit übersät – bei Ebbe klar zu erkennen.

Die Straße von Waikawa endet an einem Parkplatz mit einem neuen **Museum** mit Ausstellungen zur Ökologie der Gegend und einem Café. Von hier führt ein Pfad 400 m zur Curio Bay und zu einem versteinerten Wald; über Stufen gelangt man hinab zu den Felsen. Wer kurz vor Sonnenauf- oder Sonnenuntergang herkommt, kann beobachten, wie bis zu ein Dutzend **Gelbaugenpinguine** an Land kommen und zu ihren Nestern watscheln. Die Porpoise Bay ist durch den benachbarten Curio Bay Holiday Park zu erreichen, wo man direkt oberhalb des Strandes parken kann.

ÜBERNACHTUNG

Karte S. 818

Curio Bay Camping Ground, 601 Waikawa–Curio Bay Rd, 💻 www.curioscape.co.nz. Dichte Flachshecken schützen die Zelt- und Wohnwagenstellplätze (mit Strom) auf diesem traumhaft schön gelegenen Campingplatz mit Blick auf die Porpoise Bay und Curio Bay vor den manchmal stürmischen Winden. Ein Minimarkt versorgt mit dem Notwendigsten; 🕒 tgl. 8–20 Uhr; die Duschen sind nur für Gäste zugänglich; Stellplätze mit Strom sind ebenfalls verfügbar. ❶

Curio Bay Holiday Houses & Penguin Rest Cottage, 601 Waikawa–Curio Bay Rd, 💻 www.catlins-surf.co.nz. Der agile Besitzer von Catlins Surf betreibt 4 Ferienhäuser für Selbstversorger in der Porpoise Bay (mit kostenlosem WLAN) sowie das Penguin Paradise im nahe gelegenen Waikawa, das auch auf Backpacker ausgerichtet ist (612 Niagara Waikawa Rd; Internetzugang im Museum nebenan). Die netten Ferienhäuser sind mit Bettwäsche und Handtüchern ausgestattet. ❷

Waikawa

Das Fischerdorf **Waikawa**, 5 km nordöstlich der Curio Bay am Waikawa Harbour, besteht nur aus ein paar Häusern und der malerischen Waikawa **St Marys Anglican Church**, ⌚ Sommer tgl. 10–17, Winter 10–16 Uhr, Eintritt frei, geweiht 1932 und jetzt vom örtlichen Museum unterhalten – als Kirche diente sie bis 1994. 1858 wurde in dieser Gegend das erste Sägewerk eröffnet, und in den 1920er-Jahren florierte der kommerzielle Fischfang. Heute gibt's hier keine Sägewerke mehr, und die wichtigsten Erwerbszweige in den South Catlins sind Landwirtschaft und Tourismus.

Waikawa Museum

604 Niagara Waikawa Rd ▪ ⌚ Sommer tgl. 10–17, Winter tgl. 10–16 Uhr ▪ Eintritt per Spende ▪ ✆ 03 246 8464

Das kleine **Waikawa Museum** enthält eine interessante Ausstellung zur hiesigen Seefahrer- und Holzfällertradition mit zahlreichen Schwarz-Weiß-Fotos und Gegenständen von Schiffswracks. In der bewegenden Abteilung zum Ersten Weltkrieg ist unter anderem eine Bibel mit einem Einschussloch zu sehen. Das Gebäude beherbergte von 1912 bis 1972 die Schule des Örtchens und fungiert heute gleichzeitig als Visitor Centre.

ESSEN

Karte S. 818

Blue Cod Blues, 610 Niagara Waikawa Rd, Waikawa. Der empfehlenswerte Imbisswagen am Straßenrand mit einem oder zwei Tischen davor verkauft exzellente Burger und leckeres Fish 'n' Chips. ⌚ Hauptsächlich im Sommer geöffnet. $

Niagara Falls Café, 256 Niagara Waikawa Rd, 4 km nördlich von Waikawa, 💻 www.niagarafallscafe.co.nz. Dieses umwerfende Café mit Schanklizenz befindet sich in dem ehemaligen Schulhaus von Niagara (von 1895) zwischen Rasenflächen und schönen Blumenrabatten. Alles wird aus Bio-Zutaten frisch und möglichst schonend zubereitet. Es gibt vorzüglichen Atomic-Kaffee und Karottenkuchen sowie z. B. in der entsprechenden Saison ein Hauptgericht mit *whitebait*, ansonsten Sandbarsch mit Salat und selbst gebackenem Brot oder Lammkarree. Auch gluten- und laktosefreie Optionen und erlesene neuseeländische Weine pro Glas sind erhältlich. $

McLean Falls

Rewcastle Rd, 26 km nordöstlich von Waikawa, dann 3 km abseits der Southern Scenic Route über eine Schotterpiste ▪ hin und zurück 30–40 Min. Fußweg

Nördlich von Waikawa gelangt man zurück auf die Southern Scenic Route. Die malerischen, 22 m hohen **McLean Falls** am Tautuku River sind der beeindruckendste und schönste Wasserfall der Gegend. Vom Parkplatz geht es auf einem kurzen Regenwaldpfad vorbei an Steineiben, Rimu-Bäumen und Fuchsien; hinter dem unteren Teil des mehrstufigen Wasserfalls, The Chute, wird der Weg steiler. Der Wasserfall sollte bevorzugt am Spätnachmittag besucht werden, wenn die größte Stufe von der Sonne beleuchtet wird. Benannt ist er nach dem Siedler Doug McLean, der zum Baden hierherkam.

ÜBERNACHTUNG UND ESSEN

Karte S. 818

Whistling Frog Resort, 29 Rewcastle Rd, Southern Scenic Route (an der Abzweigung zu den McLean Falls), 💻 www.whistlingfrogresort.com. Professionell gemanagte, erstklassige Campinganlage mit geschützten Stellplätzen, viele mit Strom, die sich Grillplatz, eine kleine Küche und eine TV-Lounge teilen. Es gibt Dorms, aber auch schnucklige 2-Bett-Cabins (Schlafsack erforderlich), jede mit Tisch und Stühlen auf der dazugehörigen winzigen Veranda. Außerdem gibt es eine Auswahl noblerer Unterkünfte, angefangen bei den

„Kiwiana"-Cabins bis hin zu geräumigen Chalets mit 1 Schlafzimmer. Camping pro Stellplatz für 2 Pers. ❷

Whistling Frog Café & Bar, 27 Rewcastle Rd, Southern Scenic Route (an der Abzweigung zu den McLean Falls), www.whistlingfrogcafe.com. In dem behaglichen Kneipencafé wird besser gekocht als in den meisten anderen Lokalen in den Catlins. Außer den üblichen Kiwi-Frühstücksangeboten dürfen sich die Gäste beispielsweise auf Ribeye-Steak, Lammkarree und ein köstliches vegetarisches Pilzrisotto freuen. Dazu gibt es eine gute Auswahl an Bieren, Weinen, die per Glas serviert werden, und Fassbier aus der eigenen Brauerei. $$

Cathedral Caves

1069 Chaslands Hwy (Southern Scenic Route), 29 km nordöstlich von Waikawa, 3 km abseits der Hauptstraße ▪ Ende Okt–Mai 7.30–20.30 Uhr 2 Std. vor und nach Ebbe zugänglich ▪ Eintritt ▪ www.cathedralcaves.co.nz

Die beliebten **Cathedral Caves**, die einem Maori-Landtrust unterstehen, nur 3 km hinter der Abzweigung zu den McLean Falls, sind die prächtigsten von etwa 15 Höhlen, die entlang diesem Küstenabschnitt liegen. Sie wurden mit ihren Wänden von dem tosenden Meer geschaffen; die beiden vom Meer ausgewaschenen Passagen sind zusammen rund 200 m lang und bis zu 30 m hoch.

Der etwa 1 km lange Pfad, der sich vom Parkplatz durch einen Mischwald zum wunderschönen **Waipati Beach** hinunterwindet, ist nur für zwei Stunden vor und nach der Ebbe zugänglich. Die Höhlen befinden sich am nordöstlichen Ende des Strandes; für den Spaziergang sollte man hin und zurück ungefähr eine Stunde einplanen. Die saisonal bedingten Schwankungen der Gezeiten machen es notwendig, die Höhlen im Winter zu schließen, da die Wellen dann zu viel Sand aus den Höhlen spülen. Meist irgendwann im Oktober werden sie wieder geöffnet. Genaueres ist auf der Website zu erfahren oder dem Schild an der Abzweigung an der Hauptstraße zu entnehmen.

Tautuku Estuary Boardwalk und Lake Wilkie

Southern Scenic Route (Chaslands Hwy), 5 km südwestlich von Papatowai

Für Vogelfreunde empfiehlt sich ein Bummel entlang dem **Tautuku Estuary Boardwalk** (2 km hin und zurück, 20–30 Min.), der über das ans Meer grenzende Sumpfland in ein von Farnsteigern bewohntes Gelände führt. Die Schotterstraße zum Boardwalk biegt 5 km östlich der Abzweigung zu den Cathedral Caves von der Southern Scenic Route ab.

Nach weiteren 1,5 km auf der Southern Scenic Route hat man von einem kleinen Parkplatz Zugang zum **Lake Wilkie Walk** (30 Min. hin und zurück) durch einen alten Forst mit Informationstafeln. Bei dem See handelt es sich um ein Relikt aus der Eiszeit – je mehr der Wald wuchs, desto weiter schrumpfte der See.

Papatowai

Auf der Fahrt auf der Southern Scenic Route Richtung Nordosten durch die Catlins erreicht man 28 km östlich von Waikawa und 13 km nordöstlich der Cathedral Caves die kleine Siedlung **Papatowai** am Tahakopa River. Sie bietet einen Gemischtwarenladen, eine schräge Galerie und mehrere gute Möglichkeiten zu Spaziergängen. Rund 2,5 km vor dem Dorf bietet sich vom **Florence Hill Lookout** ein spektakuläres Panorama der prächtigen Tautuku Bay mit ihrem goldenen Sand vor weiten Waldgebieten und der Tautuku Peninsula. In der Entfernung erheben sich die wellenumtosten Felstürme der **Frances Pillars**.

Lost Gypsy Gallery

Southern Scenic Route (Papatowai Hwy) ▪ Ende Okt–Ende April Do–Di 10–17 Uhr ▪ Eintritt frei, das „Theater" ist kostenpflichtig ▪ www.thelostgypsy.com

Von der wilden Natur einmal abgesehen, ist die **Lost Gypsy Gallery**, ein wunderbarer alter Bus an der Hauptstraße, eines der wahren Highlights in den Catlins. Das Ganze ist eine Art Wunderland mit Animatroniks-Maschinen und Spielzeug aus recycelten Materialien und alten elektronischen Komponenten – von Blair Somerville. Fast alles kann man auch kaufen, aber seine besten Arbeiten präsentiert Somerville in seinem amüsanten **Winding Thoughts Theatre … of Sorts** gleich hinter dem Bus. Es gibt einen kleinen **Kaffeestand**.

ÜBERNACHTUNG UND ESSEN

Southern Secret Motel, 2510 Papatowai Hwy, 💻 www.southernsecretmotel.co.nz. Das Motel sieht von außen wie ein normales Wohnhaus aus, bietet aber 4 fabelhafte, in den Farben des Pazifiks gestaltete Zimmer mit schmiedeeisernen Betten mit praktischen Moskitonetzen. Die Eigentümer vermieten außerdem die ausgefallen eingerichteten Selbstversorger-Cottages „Erehwon" und „Lancewood". ❷

Matai Falls

Southern Scenic Route, 8,5 km nördlich von Papatowai ▪ hin und zurück 20–30 Min. Fußweg

Der gemütliche Spaziergang zu den **Matai Falls** ist fast genauso lohnend wie der Anblick des nicht gerade himmelhohen, aber ganz ansehnlichen Wasserfalls selbst. Er rauscht durch das Table Hill Scenic Reserve zwischen 10 m hohen, endemischen Fuchsien (leicht erkennbar an ihrer sich abschälenden, rosagetönten Rinde) hindurch. Im Frühsommer wachsen hier kleine rote und blaue Trompetenblumen. Oberhalb der ersten Kaskade führt der Weg weiter hoch zu den **Horseshoe Falls**, einem ähnlichen Wasserfall, der sich nach starken Regenfällen viel weiter ausbreitet. Die Waldwanderung lässt sich auf dem **Historic Rail Trail** (1 Std. hin und zurück) weiter ausdehnen, der auf halber Strecke vom Weg zum Wasserfall abzweigt.

Purakaunui Falls

Purakaunui Falls Rd, 11 km nordöstl. von Papatowai ▪ hin und zurück 20 Min. Fußweg

Wenn es gerade ordentlich geregnet hat (für die Catlins nicht ungewöhnlich), sollte man unbedingt einen Abstecher zu dem spektakulären, 20 m hohen, dreistufigen **Wasserfall** in einem bezaubernden Landschaftsschutzgebiet mit Tawai (Silver Beech) und Steineiben unternehmen. Er ist von der Southern Scenic Route (9 km auf geteerten Straßen aus Richtung Owaka, 9 km auf Schotterstraßen aus Richtung Papatowai) gut ausgeschildert und über einen reizvollen Naturpfad zu erreichen, der an einer Picknickstelle endet.

Owaka und Umgebung

Der einzige Ort nennenswerter Größe in den Catlins ist das Agrarstädtchen Owaka, 26 km nordöstlich von Papatowai an der Southern Scenic Route. Es besteht aber im Grunde nur aus zwei Häuserzeilen, ein paar Unterkünften, drei Restaurant/Cafés und einer Tankstelle.

Owaka Museum

10 Campbell St ▪ 🕒 Mo–Fr 9.30–16.30, Sa und So 10–16 Uhr ▪ Eintritt ▪ 💻 www.owakamuseum.co.nz

Die Ausstellung in dem gut konzipierten Heimatmuseum vermittelt anschaulich die Bedeutung der Region für die Maori. Außerdem beschäftigt sie sich mit den vor der Küste liegenden Schiffswracks und dem Robben- und Walfänger Captain Cattlin.

Zur Anlage gehört auch die Bücherei von Owaka, und die Mitarbeiter versorgen Besucher auf Nachfrage mit Wander- und anderen Infobroschüren für die Gegend.

Jack's Blowhole

Von Owaka erreicht man nach 8 km auf einer Schotterstraße, die auch über den Catlins River führt, Jack's Bay. Hier beginnt ein interessanter Pfad über Farmland das Tal hinauf und entlang der Klippen zu **Jack's Blowhole** (20–30 Min., einfach), einem erstaunlich großen und 55 m tiefen Loch im Boden. Es ist über einen 200 m langen Tunnel mit dem Meer verbunden und verdankt seine Entstehung dem Einsturz einer unterirdischen Höhle. Bei Flut steigen Wasserfontänen auf.

ÜBERNACHTUNG

Karte S. 818

Catlins Area Motel, 32 Ryley St, 💻 www.booking.com. Es hat kaum Vorteile, direkt in Owaka zu übernachten. Aber wenn es notwendig ist, dann sollte man versuchen, in einem dieser niedrigen Chalets unterzukommen, die um einen von Bäumen beschatteten grünen Rasen gruppiert sind. Die meisten Einheiten verfügen über separate Schlafzimmer und Wohnbereiche (mit der Möglichkeit eines Zustellbetts). Auch eigene Bäder, Küchen und Holzdecks mit Sitzgelegenheiten gehören zur komfortablen Ausstattung. ❷

Catlins Mohua Park, 744 Catlins Valley Rd, 10 km nach Südwesten, dann 7,5 km landeinwärts, 💻 www.booking.com 4 wunderbar ruhige Öko-Cottages in abgeschiedener Lage mit Blick auf Farmland. Kein Fernsehen und Telefon, aber an der Rezeption gibt's kostenloses WLAN. Die Ferienhütten sind für Selbstversorger gedacht, deshalb Proviant mitbringen, auf Wunsch werden aber auch Mahlzeiten zubereitet. ❸

Newhaven Holiday Park, 324 Newhaven Rd, Surat Bay, 5 km östlich von Owaka, 💻 www.catlinsnewhavenholidaypark.com. Auf dem kleinen, super in Schuss gehaltenen Campingplatz nur 2 Min. vom Strand stehen rings um eine Wiese einfache Cabins und Touristenapartments für Selbstversorger sowie ein Retro-Caravan, der an die 1970er-Jahre erinnert. Kostenloses, aber ein etwas launisches WLAN. ❶

Purakaunui Bay Campsite, Purakaunui Bay Rd, 17 km südlich von Owaka. Der DOC-Platz direkt am Meer hat Toiletten und fließendes Wasser, Feuerstellen sowie ausreichend Feuerholz. Es bestehen gute Möglichkeiten zum Surfen, und direkt vor der Küste befindet sich das Naturschutzgebiet Cosgrove Island. Keine Reservierung möglich; nur Barzahlung. ❶

Surat Bay Lodge, Surat Bay Rd, 5 km östlich von Owaka, 💻 www.suratbay.co.nz. Backpacker-Unterkunft in ruhiger Lage in Strandnähe am Catlins Estuary. Tee, Kaffee, heiße Schokolade und Ortsgespräche sind kostenlos, ebenso wie das WLAN. Dorms und private DZ sind im Angebot. ❷

ESSEN

Karte S. 818

Lumberjack Bar & Café, 3 Saunders St, 💻 www.lumberjackbarandcafe.co.nz. Das Lokal ist wahrscheinlich das Beste von der Handvoll Lokale in Owaka. Die Speisekarte kommt ziemlich altmodisch daher, aber ein Sandbarsch mit Pommes oder ein Steak mit 3 Soßen zur Auswahl und Gemüsebeilage geht eigentlich immer. $$

INFORMATIONEN

Catlins Information Centre, im Owaka Museum, 10 Campbell, 💻 www.cluthanz.com. Aktuelle Infos zu Unterkünften und Lokalen sowie DOC-Informationen. 🕒 Mo–Fr 9.30–16.30, Sa und So 10–16 Uhr.

Cannibal Bay

Der lange, sichelförmige Sandstreifen der **Cannibal Bay** ist nicht nur einsam und wunderschön – die Felsen auf der Nordseite sind außerdem ein Rückzugsgebiet für Neuseeländische Seelöwen. Ihren Namen erhielt die Bucht von einem frühen Entdeckungsreisenden, der Menschenknochen vorfand und daraus auf Kannibalismus schloss. Tatsächlich handelte es sich aber um eine Begräbnisstätte der Maori. Die Bucht liegt am Ende einer schmalen, kurvenreichen Schotterstraße rund 11 km südöstlich von Owaka. Es ist ratsam, mindestens 10 m Abstand zu jedem Seelöwen zu halten und den Rückzug anzutreten, sobald einer sich aufrichtet und brüllt.

Kaka Point

Der letzte wichtige Ort in den Catlins ist **Kaka Point**, 23 km nordöstlich von Owaka (bzw. 22 km südlich von Balclutha), eine kleine Feriensiedlung. Der goldene Sandstrand wird im Sommer von Rettungsschwimmern bewacht und eignet sich daher hervorragend zum Schwimmen und Surfen.

ÜBERNACHTUNG UND ESSEN

Karte S. 818

Kaka Point Camping Ground, 34 Tarata St, www.kakapointcamping.co.nz. Ein grasbedeckter Zeltplatz auf einem Hügel mit vielen Stellplätzen unter Bäumen. Die Einrichtungen sind einfach, aber alles Notwendige ist vorhanden. Außerdem preiswerte Cabins. ❶

Kaka Point Motels, 11 Rata St, www.catlins.co.nz. Gut ausgestattete Unterkunft mit geräumigen Units für Selbstversorger, fast alle bieten eine Veranda und himmlischen Meerblick. ❷

Molyneux House, 2 Rimu St, www.molyneuxhouse.co.nz. Sehr einladendes B&B in modernem Haus mit nur einer Deluxe-Suite. Sie verfügt über eine Küche und tollen Meerblick von der Veranda. Zutaten für ein Continental-Frühstück werden gestellt. ❷

The Point Café, 58 Esplanade, www.thepointcafe.co.nz. Dieses annehmbare Café/Pub ist die einzige Anlaufstelle für Kaffee oder Fish 'n' Chips, am besten aber für ein Bier auf der Terrasse mit Aussicht auf die Brandung. $

Nugget Point

Die eigentlichen Catlins beginnen am spektakulären **Nugget Point**, einem steilen, windumtosten Felsvorsprung 133 m über dem Meer, 9 km südlich von Kaka Point, zu erreichen über eine schmale, zur Hälfte geteerte Straße. Unmittelbar vor der Küste liegen **The Nuggets**, zerklüftete Felsen, deren Schichten sich im Laufe der Jahrhunderte in die Vertikale geneigt haben. Ihr imposanter Anblick lässt sich auf einem ohne große Anstrengung begehbaren, 900 m langen Weg (hin und zurück 30 Min.) genießen. Er endet an einem noch immer aktiven **Nugget Point Lighthouse** (nicht öffentlich zugänglich) aus dem Jahre 1870, von wo man eine lautstarke Kolonie Neuseeländischer Pelzrobben beobachten kann. Ein weiterer kurzer Pfad führt vom Parkplatz zu einem Aussichtspunkt auf den Klippen mit Blick auf einen Löffelreiher-Brutplatz.

In der **Roaring Bay** (rund 500 m vor dem Leuchtturmparkplatz) lassen sich **Gelbaugenpinguine** dabei beobachten (Insektenschutz mitbringen), wie sie im Morgengrauen ihre Nester verlassen und die steilen, grasbedeckten Klippen zum Meer hinunterwatscheln. Rund eine halbe Stunde vor Einbruch der Dunkelheit kehren sie dann zurück. Von einem Parkplatz geht ein 300 m langer Pfad zu einem modernen Beobachtungsversteck ab.

Gore

70 km westlich von Balclutha und 65 km nordöstlich von Invercargill liegt das beschauliche **Gore**, eine angenehme Zwischenstation an der Kreuzung der Routen von Dunedin nach Te Anau und Invercargill. Der von den Hokonui Hills beherrschte Ort erstreckt sich zu beiden Seiten des Mataura River („rötliche Strudel bildendes Wasser") und nennt sich selbst **Bachforellenhauptstadt**, worauf eine riesige Fischskulptur im Ortszentrum verweist.

Gore bezeichnet sich stolz als Heimat der neuseeländischen **Country Music** (nicht dass ein anderer Ort ihr diesen Titel streitig machen wollte). Einen guten Eindruck davon kann man sich am Wochenende während der **Gold Guitar Week**, www.goldguitars.co.nz, machen (Anfang Juni).

Hokonui Moonshine Museum

Hokonui Heritage Centre, 16 Hokonui Drive ▪ Mo–Fr 8.30–17, Sa 9.30–15.30, So 13–15.30 Uhr ▪ Eintritt

Das unterhaltsame **Hokonui Moonshine Museum** widmet sich der Geschichte der illegalen Schnapsbrennerei. Sie begann schon 1836 und erreichte während einer regional begrenzten, 50 Jahre währenden Prohibition ab 1903 ihren Höhepunkt. Bis heute wird Alkoholverkauf in diesen Breiten von einer Lizenzvergabekommission kontrolliert. Netterweise gibt es aber am Ende der Besichtigung einen Fingerhut voll Schnaps. In ungeraden Jahren findet in Gore das **Hokonui Moonshine Festival**, 🖳 www.moonshinefest.co.nz, statt, bei dem örtliche Musikgruppen auftreten. Das Heritage Centre unterhält auch das **Gore Historical Museum**, wo kostbare viktorianische Trachten, traditionelle Haushaltswaren und Angelzubehör zu sehen sind; ⌚ wie oben, Eintritt frei.

Eastern Southland Art Gallery

14 Hokonui Drive, Höhe Nordfolk St ▪ ⌚ Mo–Fr 10–16.30, Sa und So 13–16 Uhr ▪ Eintritt frei ▪ 🖳 www.esgallery.co.nz

Eine gute Adresse für Kunstfreunde ist die **Eastern Southland Art Gallery**. Sie beherbergt eine neuseelandweit bedeutsame Kunstsammlung. Die Dauerausstellung zeigt eine faszinierende Schenkung des neuseeländischen Sexualwissenschaftlers Dr. John Money, die unter anderem kongolesische Zeremonienhelme und lebensgroße Ahnenskulpturen der Bambara umfasst. An Kunstwerken mit neuseeländischen Inhalten sind u. a. die farbenfrohen Ölgemälde von Rita Angus vertreten, Werke des holländischen Emigranten Theo Schoon und Stücke aus verschiedenen Schaffensphasen von Ralph Hotere, dem vielleicht größten lebenden neuseeländischen Maler.

Croydon Aviation Heritage Centre

1558 Waimea Hwy (SH94), 17 km westlich von Gore ▪ ⌚ Museum Mo–Fr 9.30–16.30, Sa und So 10–16 Uhr ▪ Eintritt, auch 15–30-Min.-Rundflüge ▪ 🖳 www.croydonaviation.co.nz

Für Fans alter Flugzeuge lohnt ein Besuch des **Croydon Aviation Heritage Centre auf dem** Old Mandeville Airfield außerhalb von Gore, wo man bei der Restaurierung von alten Flugzeugen zumeist aus den 1920er- und 1930er-Jahren zuschauen und zu **Rundflügen** abheben kann. Ein **Museum** versammelt viele schöne Flugzeuge.

ÜBERNACHTUNG UND ESSEN

Hokonui B&B, 258d Reaby Rd, 3 km nordöstlich der Stadt, 🖳 www.hokonuibandb.co.nz. „Echte Southland-Gastfreundschaft" lautet das Versprechen von Brian und Shona, die ein einladendes und komfortables, B&B am Rande von Gore führen. In der stilvollen Bleibe mit moderner Atmosphäre gibt es nur 3 komfortablen Gästezimmern, alle mit eigenem Bad (2 davon „en suite"). Den Gästen stehen außerdem ein Billardtisch, ein Weinkeller und ein Grillplatz zur Verfügung. ❷

Howl at the Moon, 2 Main St, 🖳 www.mltgore.co.nz. In diesem großen, freundlichen Lokal sind den ganzen Tag über Kaffee und Snacks zu haben. Mittags und abends werden auch warme Mahlzeiten angeboten. Wer es ein wenig exotischer mag, kann Schweinefleisch-Schnittlauch-Klöße und Buttermilch-Hühnchen im Südstaatenstil bestellen. $$

Riverlea Motel, 46 Hokonui Drive, 🖳 www.riverleamotel.co.nz. Behagliches und freundliches Motel im Stadtzentrum mit recht einfachen, sauberen und modernen Zimmern, von Studios bis zu Units mit 2 Schlafzimmern. ❷

The Green Room, 59 Irk St, 🖳 www.facebook.com/TheGreenRoomCafeGore. Das unprätentiöse Café neben dem St James Theatre in Gore ist eine prima Anlaufstelle für Suppen, Frittatas, Frühstück oder einfach bloß Kaffee und Kuchen. $

The Thomas Green, 30 Medway St, 🖳 www.thethomasgreen.co.nz. Großstadtflair im östlichen Southland verbreitet dieses hinter der Fassade eines denkmalgeschützten Gebäudes versteckte Restaurant mit indirekter Beleuchtung usw. Es bietet hochkarätige Kneipenkost wie beispielsweise Pilz-Feta-Tarte oder scharf angebratenes Wild auf Rote-Bete-Püree. $$

SONSTIGES

Informationen

16 Hokonui Drive, im Hokonui Heritage Centre, 🖳 www.gorenz.com oder 🖳 www.goredc.govt.

nz, 🕒 Mo–Fr 8.30–17, Sa 9.30–16, So im Sommer 10–16, im Winter 13–16 Uhr. Draußen liegen kostenlose Karten und Broschüren aus.

Forellenangeln

Wer zur **Angelsaison** (Okt–April) in der Gegend ist und es am Mataura River mit einer Bachforelle aufnehmen möchte, wendet sich zwecks Ausrüstungsverleih an **B&B Sports**, 65 Main St, 💻 www.bbsports.co.nz, wo auch Angellizenzen für ganz Neuseeland (für 1 Tag oder für die Angelsaison, i. d. R. ein ganzes Jahr gültig von Okt–Sep) verkauft werden.

TRANSPORT

Busse

Gore liegt am SH1 und an der Hauptstrecke der Busse zwischen Dunedin, Invercargill und Te Anau. Die Busse halten außerhalb des Heritage Centre am Hokonui Drive.

Busse nach:
CHRISTCHURCH 1x tgl., 9 Std.;
DUNEDIN 1–2x tgl., 2 3/4 Std.;
INVERCARGILL 2–3x tgl., 50 Min.;
TE ANAU 1x tgl., 1 3/4 Std.

Anhang

Sprachführer

Neuseelands Amtssprachen sind Englisch und die Maori-Sprache **Te Reo Māori**. Dritte offizielle Sprache ist die Gebärdensprache. Mit Englisch – oder der Kiwi-Variante davon – kommt man im Alltag überall zurecht. Alle Maori sprechen Englisch und lassen dabei Maori-Begriffe einfließen, die auch in den allgemeinen Sprachgebrauch Eingang gefunden haben. Sobald es um maoribezogene Themen geht, ist die Berichterstattung im TV oder Radio durchzogen von diesen Begriffen, und selbst Ausländer, die gut Englisch sprechen, verstehen nur noch Bahnhof. Wer als Reisender ein bisschen mitreden will, kann mithilfe unseres Glossars (S. 831) dem eigenen Englisch ganz locker ein bisschen Maori-Färbung geben.

Ein paar Grundkenntnisse in der Aussprache sind nicht schlecht, ebenso etwas Wissen über die Ursprünge von Ortsnamen. Um die wunderbaren mündlichen Maori-Überlieferungen und Geschichten, die in den *waiata* (Liedern) erzählt werden, zu verstehen, muss man allerdings schon Experte ein. Beim Besuch von kulturellen Maori-Events sorgen bereits ein paar zentrale Begriffe für Aha-Effekte.

Selbst für Briten und Nordamerikaner ist das **Kiwi-Englisch** kaum von der Variante des großen Nachbarn, dem „Strine", zu unterscheiden. Viele Slang-Begriffe sind dieselben, wenn auch der Akzent etwas schwächer ausgeprägt ist. Australier können sofort erkennen, woher jemand kommt, und verraten sich durch feine Unterschiede wie die Vokalverschiebung: „bat" sprechen sie eher wie „bet" aus, „yes" wird zu „yis" und „fish" klingt nach „fush". Innerhalb Neuseelands gibt es kaum Dialektvarianten, nur die Bewohner von Otago und Southland (im Süden der Südinsel) rollen deutlich hörbar das „r", was ihre schottischen Vorfahren verrät. In allen Regionen geht die Satzmelodie am Ende nach oben, sodass auch eine Aussage wie eine Frage klingt. Eine Frage wiederum wird gern mit „eh?" abgeschlossen, besonders auf der Nordinsel, und da wiederum vor allem von Maori.

Maori

Für die 30 000–60 000 Muttersprachler und weitere 111 000, die Maori als Zweitsprache sprechen, ist Maori eine überaus lebende Sprache. Sie gewinnt immer mehr an Bedeutung, da sowohl Maori als auch Pakeha zunehmend den **kulturellen Stellenwert** von Te Reo anerkennen, der Sprache, die ein zentrales Element des Maoritanga, also der Maori-Kultur, darstellt. Einem großen Schatz von Liedern, Gesängen und Legenden verleiht der hypnotische und musikalische Rhythmus der Sprache eine besondere Poesie.

Maori zählt zur Gruppe der **ost-polynesischen Sprachen** und ähnelt in Vokabular und Grammatik den meisten im südlichen Pazifik vorkommenden Sprachen. Die Gemeinsamkeiten gehen so weit, dass der Tahitianer Tupaia, der Captain James Cook auf dessen erster Pazifikreise 1769 begleitete, sich mit den Aotearoa-Maori, auf die sie trafen, problemlos verständigen konnte. Der Vertrag von Waitangi wurde auf Englisch und auf Maori verfasst, doch Te Reo trat immer weiter in den Hintergrund und die Verwendung wurde am Ende des 19. Jhs. an Schulen sogar untersagt. Maori-Eltern, die Wert darauf legten, dass ihre Kinder in der Welt der Pakeha ihren Platz fanden, förderten ebenfalls den Gebrauch der englischen Sprache, und die Landflucht zur Mitte des 20. Jhs. tat ein übriges. Der Tiefpunkt war 1970 erreicht, als gerade mal 10 % der Maori ihre Sprache fließend beherrschten. Zur Jahrtausendwende begann sich das Blatt zu wenden: Die *kōhanga reo* wurden eingeführt (wörtlich „Sprachnester"), **Vorschulen**, in denen **Maoritanga** vermittelt und Maori gesprochen wird. Landesweit besuchen etwa 9500 Kinder diese Vorschulen. Ursprünglich entstanden aus einer Maori-Initiative, haben sich die Einrichtungen geöffnet, und auch einige interessierte Pakeha-Eltern sehen hier eine Möglichkeit, ihren Kinder in jungen Jahren eine zweite Kultur nahezubringen. Mit etwas Glück bekommen Kinder anschließend einen Platz an einer der wenigen staatlichen Maori-sprachigen Grundschulen, den *kura kaupapa*. An weiterführenden Schulen besteht schon seit Jahrzehnten die Möglichkeit, einen Teil der Fächer auf Maori zu belegen, und inzwischen gibt es auch staatlich finanzierte, von Maori geleitete Einrichtungen, die Maori-Studien und -Abschlüsse anbieten.

Der Erfolg dieser Initiativen hat eine junge Generation hervorgebracht, die Maori besser beherrscht als ihre Eltern. Diese wiederum besinnen sich zunehmend auf ihre Wurzeln und lernen die Sprache in Abendkursen. Durch die offizielle Gleichstellung mit dem Englischen findet Maori als Amtssprache auch Eingang in Be-

Maori: Ortsnamen besser verstehen

Diese Wörter sind häufig Bestandteil neuseeländischer Ortsnamen.

Ao	Wolke	**Pae**	Bergrücken
Ara	Straße, Weg	**Papa**	Fläche, Erde, Boden
Awa	Fluss, Tal	**Pātere**	Gesänge
Hau	Wind	**Puke**	Hügel
Ika	Fisch	**Puna**	Quelle
Iti	Klein	**Raki**	Norden
Kai	Essen (Verb und Substantiv)	**Rangi**	Himmel
Kāinga	Zuhause, Dorf	**Roa**	Lang, hoch
Kare	Wasserfläche	**Roto**	See
Mā	Weiß, hell	**Rua**	Loch, Grube, Abgrund, zwei
Manga	Wasserlauf	**Runga**	Oben
Manu	Vogel	**Tahu**	Licht
Mata	Landspitze	**Tai**	Meer
Maunga	Berg	**Tāne**	Mann
Mihi	Willkommensgruß	**Tapu**	Heilig, verboten
Moana	Meer, See	**Tara**	Gipfel
Motu	Insel, etwas Isoliertes	**Te**	Der, die, das
Muri	Ende	**Tomo**	Höhle
Nui	Big	**Wai**	Wasser
O	von	**Waka**	Kanu
One	Sand, Strand	**Whanga**	Bucht, Gewässer
Pā	Befestigte Siedlung	**Whenua**	Land

hörden und Ämter, die nun zweisprachige Bezeichnungen tragen und Schriftstücke in beiden Sprachen verfassen. Maorisprachige lokale **Radiosender** sind vor allem in der Nordhälfte der Nordinsel verbreitet, wo die meisten Maori leben (Frequenzen und Links: www.irirangi.net). Die größte Verbreitung aber hat **Māori Television**, das 2004 an den Start ging. Öffentlich finanziert und weniger quotenabhängig als die Konkurrenz, hat der TV-Sender ein treues Stammpublikum und lohnt das Einschalten für einen erfrischend anderen Blickwinkel. Teils Englisch, teils Maori und manchmal ein Mix aus beidem, gelingt ein wunderbar bereicherndes Konzept, das mehr als die Summe seiner Teile ist. Geboten wird alles von Spielfilmen und Sitcoms bis zu Debatten über Maori-Themen und Lifestyle-Sendungen wie *Pete and Pio's Kai Safari* und *Kai Time on the Road* (wo es um Maori-Küche geht). Sogar *SpongeBob* spricht in der Synchronisation Maori und die US-Kinderserie *Dora the Explorer* (im Original englisch und spanisch) wird als *Dora Matatoa* in einer Mischung aus Maori und Spanisch ausgestrahlt.

Als Tourist wird man kaum in die Verlegenheit kommen, **Maori sprechen** zu müssen. Den Gruß *kia ora* („hallo") verwenden aber alle Neuseeländer gleichermaßen gern, ob Maori oder nicht. Gelegentlich hört man auch *haere mai* („willkommen"). Bei zeremoniellen Anlässen, etwa beim Besuch eines *marae*, wird der förmlichere Gruß *tēnā koe* (zu einer Person) oder *tena koutou katoa* (zu einer Gruppe) verwendet.

Maori-Begriffe, die häufig Teile von Ortsnamen sind, sind im Kasten „Ortsnamen besser verstehen" gelistet. Wörter, die im allgemeinen Sprachgebrauch verwendet werden, listet unser Glossar (S. 831). Wer Lust hat, ein bisschen mehr zu lernen, kann sich *The Collins Māori Phrase Book* von Patricia Turoa besorgen oder *Maori für Neuseeland – Wort für Wort* aus der Kauderwelsch-Reihe. Beide haben Aussprachehilfen, nützliche Phrasen und Wörterlisten. Siehe auch www.tewikiotereomaori.co.nz und https://maoridictionary.co.nz/

Aussprache

Die meisten Pakeha sprechen Maori-Begriffe etwas anglisiert aus. Bis in die 1970er-Jahre hat sich niemand daran gestört. Das aufkeimende Maori-Selbstbewusstsein der 1980er-Jahre plus die zunehmende Sensibilisierung für politische Korrektheit haben zur Folge, dass Neuseeländer insgesamt mehr auf die richtige Aussprache achten. Als Besucher – zumal als nicht-englischsprachiger – kommt man praktisch mit allem durch, aber wer ein paar einfache Grundregeln kennt und die Ohren offen hält, dem werden auch komplizierte Ortsnamen bald ohne Anstrengung über die Lippen kommen.

Maori war eine ausschließlich gesprochene Sprache, bis die britischen und französischen Missionare des 19. Jhs. eine Transkription einführten, die nur 15 Buchstaben des lateinischen Alphabets verwendete. Die acht **Konsonanten h**, **k**, **m**, **n**, **p**, **r**, **t** und **w** und der Doppellaut **ng** werden im Prinzip ausgesprochen wie im Deutschen. Die fünf **Vokale** gibt es als lange und kurze Form, die lange wird manchmal durch ein Makron verdeutlicht – einen flachen Strich über dem Buchstaben. Zwei aufeinanderfolgende Vokale werden getrennt gesprochen. Beispiel: „Māori" wird im Englischen zunehmend mit Makron geschrieben und mit langem „a" gesprochen: „Maa-o-ri" (statt wie gern von englischen Sprechern verkürzt „Mauri").

Hier ein paar grundlegende **Ausspracheregeln** für den Anfang:

- Zusammengesetzte Wörter lassen sich in Silben unterteilen, die jeweils mit einem Vokal enden. Waikaremoana setzt sich zusammen aus Wai-kare-moana. Ein Blick auf unsere Liste zu Ortsnamen hilft dabei.
- Alle Silben werden gleich stark betont, also nicht **Wai**-ka **re**-moana oder Wai-**ka**-re-mo-**a**-na, sondern einfach Wai-kare-moana.
- Substantive haben keine Pluralendung, Wörter wie Maori, Pakeha, *tui*, *kauri* bekommen also kein -s in der Mehrzahl. Einzige Ausnahme: Kiwis (auf Menschen bezogen), ein Maori-Wort, das in den englischen Sprachgebrauch übernommen wurde.
- **Ng** wird wie in „singen" ausgesprochen
- **Wh** klingt entweder wie ein „f" oder wie das englische „wh" wie in „why" – je nachdem, wer spricht, was gesagt wird und in welchem Landesteil.

Glossar

ANZAC Australian and New Zealand Army Corps; australisch-neuseeländisches Armeekorps; jede neuseeländische Stadt besitzt ein Denkmal für die ANZAC-Opfer beider Weltkriege
Aotearoa Maori für Neuseeland: „Das Land der langen weißen Wolke"
ariki Oberhaupt eines *iwi*
aroha Liebe

bach (ausgesprochen wie engl. „batch") Ferienhaus; ursprünglich eine Junggesellenunterkunft in Arbeitscamps, inzwischen eine Art nationale Institution in jeder nur denkbaren Form, von einer einfachen Hütte bis zu einer palastähnlichen Residenz
back-blocks abgelegene Gegenden
bludger Schmarotzer, Nichtstuer
bro Abkürzung für *brother;* von Maori oft als Ausdruck der Zuneigung benutzt
BYO Abkürzung für *bring your own* (Alkohol)

Captain Cooker Wildschwein; wahrscheinlich Nachkommen jener Schweine, die bei Cooks erster Reise im Gebiet der Marlborough Sounds freigelassen wurden
chilly bin Kühltasche
choice fantastisch
chook Hühnchen
coaster (Ex-)Bewohner der Westküste auf der Südinsel
cocky Milch- oder Schafbauer
crib auf der Südinsel gebräuchliche Bezeichnung für *bach*
crook krank, unwohl
cuz oder cuzzy Abkürzung für *cousin*, siehe *bro*

dag witzige oder unterhaltsame Person
dairy „Tante-Emma-Laden", der alles Mögliche verkauft und sieben Tage die Woche, manchmal auch 24 Stunden, geöffnet hat
dob in denunzieren von Freunden und Nachbarn bei der Polizei; derzeit gibt es eine „dobber's charter", die Autofahrer dazu ermutigt, verkehrsgefährdende Fahrweisen anderer zur Anzeige zu bringen
DOC Department of Conservation, verwaltet u. a. die Nationalparks und Wanderrouten und ist maßgeblich an der Gestaltung der Umweltpolitik beteiligt
docket Quittung
domain öffentliche Grünanlage

EFTPOS auf Bankkarten basierendes Zahlungssystem in Geschäften, Bars und Restaurants

feijoa fleischige Frucht in Tomatengröße, die in ihrer Konsistenz an eine Melone erinnert und einen scharfen Geschmack hat
footie Rugby, niemals Fußball
freezing works Schlachthaus

Godzone Neuseeland, Abkürzung für „God's own country"
good as (gold) sehr gut, ausgezeichnet
greasies Takeaway, insbesondere Fish'n'Chips
greenstone neuseeländische Jade, Nephrit; auf Maori *pounamu*

Haere mai Willkommen
haka zeremonieller Maori-Tanz, zur Unterhaltung, Begrüßung oder auch als Drohgebärde
handle ein großer Krug Bier
hangi Maori-Festmahl, wird im Erdofen zubereitet (S. 44)
hapu kleinere Stammeseinheit der Maori; mehrere *hapu* bilden ein *iwi*
harakeke Flachs
hard case siehe *dag*
hikoi Protestmarsch, oft mehrtägig und über weite Distanzen
hogget das Fleisch eines einjährigen Schafs; älter und geschmackvoller als Lamm, aber nicht so zäh wie Hammel
Hollywood vorgetäuschte oder dramatisierte Sportverletzung, „Schwalbe"
hongi Maori-Gruß durch Aneinanderpressen der Nasen
hoon Rowdy oder Bösewicht
hori Schimpfwort für einen Maori
hot dog Wurst auf einem Spieß, die in Tomatenketchup getunkt wird; was im Rest der Welt als Hot Dog bekannt ist, heißt in Neuseeland „American Hot Dog"
hui Maori-Treffen oder -Versammlung

iwi größte Stammeseinheit der Maori

Jafa Just Another Fucking Aucklander. Abfälliger Ausdruck für die Einwohner von Auckland, etwa in: „He's a bloody Jafa".
jandals unabdingliches Kiwi-Accessoire: Gummisandalen
jug 1 Liter Bier

kai Ausdruck der Maori für Essen; allgemein verbreitet
ka kite bis dann
ka pai gut, gut gemacht
kaimoana Seafood
kainga Dorf
karanga an Besucher gerichtete Aufforderung, ein *marae* zu betreten
kaumatua Stammesälteste der Maori, ältere Menschen
kawa-marae Etikette oder Protokoll bei einem *marae*-Besuch
kete traditioneller Flechtkorb aus Flachs
kia ora hallo; danke
kiore Polynesische Ratte
Kiwi Spitzname für Neuseeländer, daneben auch der Nationalvogel und das Maskottchen Neuseelands
kiwi fruit Kiwi. Merke: Mit der Kurzform „Kiwis" bezeichnet man in Neuseeland nur die Einheimischen, nie die Früchte!
koha Spende, Geschenk
kohanga reo Vorschule, die ihren Schwerpunkt auf die Erlernung der maorischen Sprache legt (wörtlich „Sprachnest")
kuia weibliche Stammesälteste der Maori
kumara Süßkartoffel
kuri Polynesischer Hund, ausgestorben

lay-by Anzahlung auf Waren, die man sich bis zur vollen Bezahlung zurücklegen lässt

mana maorischer Ausdruck für Status oder Autorität; allgemein gebräuchlich
manaia stilisierter Vogel oder Eidechse, beliebtes Muster in maorischen Schnitzereien
Manchester Bettwäsche oder Bettwäscheabteilung eines Kaufhauses
manuhiri Gast oder Besucher, insbesondere eines *marae*
maoritanga Maori-Kultur und -Brauchtum; maorische Lebensphilosophie, S. 126
marae wörtlich „Hof", der Ort vor einem Versammlungshaus, wo Zeremonien durchgeführt werden; auch für einen Komplex um ein Versammlungshaus gebräuchlich
mauri Lebenskraft oder Lebensprinzip
mere Kriegskeule, meist aus Jade
metalled Schotterstraße, wie es sie überall in den ländlichen Gebieten Neuseelands gibt
MMP Mixed Member Proportional, das Wahlsystem Neuseelands, vergleichbar dem deutschen Verhältniswahlrecht
moko traditionelle Körper- und Gesichtstätowierungen, die bei den Maori neuerdings wieder in Mode sind
muttonbird möwengroßer Sturmtaucher, der ein wichtiger Bestandteil der präeuropäischen Nahrung der Maori war und wie öliger, leicht fischiger Hammel schmeckt – daher auch der Name
munted etwas, das kaputtgegangen ist oder kaputtgemacht wurde.

ngati Präfix, bezeichnet Stammeszugehörigkeit oder Abstammung; auch *ngai* und *ati*

OE Overseas Experience; in der Regel ein Jahr, das Kiwis mit Anfang 20 im Ausland verbringen

pa befestigtes Dorf früherer Zeiten, heute meist verlassene Siedlung auf einem Hügel
paddock Feld
pakeha kein Maori, bezeichnet meist Weiße und wird im Allgemeinen nicht abwertend gebraucht. Wörtlich „fremd", kann aber auch als „Floh" oder „Plage" übersetzt werden; möglicherweise eine Abwandlung von *pakepakeha,* womit menschenähnliche Fabelwesen mit heller Haut gemeint sind
pashing Küssen oder Knutschen
patu kurze Kampfkeule
paua der muskulöse „Fuß" der Abalone-Muschel, oft klein gehackt und frittiert serviert; die Schale wird zu Schmuck verarbeitet
Pavlova Baiser-Torte mit Früchten und Sahne
pike out „kneifen", aufgeben
piss Bier
pissed betrunken

Podocarpaceen in Neuseeland beheimatete Familie der Nadelhölzer, zu der u. a. Rimu, Kahikatea, Matai, Miro und Totara gehören
pohutukawa knorriger einheimischer Baum, der besonders an der Küste der nördlichen Nordinsel zu finden ist. Blüht Mitte Dezember leuchtend rot und wird manchmal als „neuseeländischer Weihnachtsbaum" bezeichnet
poms Briten; nicht unbedingt beleidigend
pounamu Neuseeländische Jade
powhiri traditionelles Willkommensritual in einem *marae*
Prang Crash, Absturz
puha Maori-Wort für Gänsedistel, eine vielblättrige Pflanze, die von den Maori gesammelt und wie Spinat gegessen wird
puku Maori für Magen, Bauch; häufig als Kosename für eine mollige Person gebraucht

rangatira allgemeine Bezeichnung für einen Maori-Häuptling
rapt sehr zufrieden, begeistert
rattle your dags Beeilung!
root Vulgärausdruck für Sex
rooted sehr abgenutzt, nicht zu reparieren
rough as guts schlampig verarbeitet, schlecht funktionierend

sealed road asphaltierte Straße
section Stück Land, meist das ein Haus umgebende Grundstück
she'll be right Das wird schon wieder! Keine Sorge!
shout eine Runde ausgeben, etwas spendieren
skull Bier in sich reinkippen, schnell trinken
smoko kurze Arbeitspause
snarler, snag Wurst
squiz Blick, z. B. in „Give us a squiz"
stoked sehr zufrieden
sweet cool

taiaha langer Schlagstock
tall poppy jemand, der durch besondere Leistungen hervorsticht. „Cutting down tall poppies" bedeutet, jemanden auf das normale Mittelmaß zurückzustutzen
tamarillo leicht bittere, tiefrote Frucht, auch als Baumtomate bekannt
tane Mann
tangata whenua die Menschen des Landes, die Einheimischen
tangi Trauer oder Begräbnis
taniwha Furcht erregender Wassergeist der maorischen Legendenwelt
taonga Schatz, Besitz von großem Wert
tapu verboten oder tabu; häufig in Zusammenhang mit geweihtem Land gebraucht
te reo die maorische Sprache, Maori
tikanga Sitten, Werte und Verhaltensregeln der Maori
tiki Schmuckanhänger in Form einer stilisierten Menschenfigur
tiki tour Führung
togs Badekleidung
tohunga Maori-Priester, Experte in Sachen Maoritanga
true left linker Hand stromabwärts
true right rechter Hand stromabwärts
tukutuku geflochtene Holzgitter, die das Innere eines Versammlungshauses schmücken
tupuna Vorfahren; von großer spiritueller Bedeutung für die Maori

ute Abkürzung für „utility", kleiner Lieferwagen

varsity Universität
Vegemite oder Marmite dunkler Brotaufstrich aus Hefeextrakt, für die einen ein Graus, von anderen heiß geliebt. Dauerthema ist die Diskussion darüber, was besser schmeckt: Marmite oder das australische Vegemite

wahine Frau
waiata Maori-Lied
wairua Geist, Seele
waka Maori-Kanu
waratah Stock, Latte; bezeichnet Schneemarkierungen entlang der Wanderpfade
wero Herausforderungsritual vor dem Betreten eines *marae*
whakapapa Familienstammbaum oder verwandtschaftliche Beziehung
whanau Großfamilie
whare Haus
whare runanga Versammlungshaus
whare whakairo mit Schnitzereien verziertes Haus
wop-wops abgelegene Gegenden

Film und Musik

Neuseeland profitiert in zweifacher Hinsicht von der Filmindustrie. Die neuseeländische Landschaft diente als Kulisse international finanzierter Blockbuster, allen voran für Peter Jacksons *Herr-der-Ringe*-Trilogie Anfang der 2000er-Jahre und seine drei *Hobbit*-Filme eine Dekade später. Und die Spezialeffekte-Firma Weta Workshop und die Postproduktionsgesellschaft Park Road Post Production haben sich durch ihre Mitarbeit an Produktionen wie *Die Chroniken von Narnia* und den *Avatar*-Filmen von James Cameron einen Namen gemacht; Cameron verbringt einen Teil des Jahres auf seiner Farm in Wairarapa. Steuererleichterungen und eine Lockerung des Arbeitsrechts haben dafür gesorgt, dass Neuseeland dauerhaft als Drehort für große internationale Produktionen interessant bleibt.

Obwohl Neuseeland, wie den meisten kleinen Ländern, die Ressourcen und die Infrastruktur fehlen, um auf Dauer eine größere Filmbranche zu unterhalten, schafft das Land es immer wieder, tolle Filme hervorzubringen. Allein zwischen 1988 und 1994 bekamen *Der Navigator*, *Ein Engel an meiner Tafel*, *Das Piano*, *Die letzte Kriegerin* und *Heavenly Creatures* zu Recht internationalen Beifall. Seither gab es nur wenige Filmhits, aber es besteht immer Hoffnung auf ein neues „goldenes Zeitalter des Kiwi-Kinos". Manche betrachteten das Jahr 2014 als vielversprechenden Anfang dafür, denn *Das Talent des Genesis Potini*, *5 Zimmer Küche Sarg*, *The Dead Lands*, *Housebound* und *The Pa Boys* wurden von der Kritik gelobt *und* ließen die Kinokassen klingeln. Neuere Streifen wie *Wo die wilden Menschen jagen* und *Pecking Order* haben die Vielseitigkeit neuseeländischer Regisseure bewiesen und in der Heimat alle Verkaufsrekorde gebrochen.

An Angel at My Table (dt. Ein Engel an meiner Tafel), Jane Campion, 1990. Gewann den Spezialpreis der Jury bei den Filmfestspielen von Venedig. Einer der inspirierendsten neuseeländischen Filme überhaupt, basierend auf den brillanten Autobiografien von Janet Frame (S. 841).

Bad Blood (dt. Böses Blut), Mike Newell, 1981. Die neuseeländisch-britische Koproduktion erzählt die wahre Geschichte von Stan Graham. Während des Zweiten Weltkriegs werden in Neuseeland private Schusswaffen eingezogen. Graham, Farmer in Hokitika, weigert sich sein Gewehr abzugeben, der Konflikt endet blutig und löst eine Diskussion über die Kiwi-Mentalität aus.

Bad Taste, Peter Jackson, 1988. Aliens wollen auf der Erde Frischfleisch für eine Fastfoodkette im All besorgen und richten ein Blutbad intergalaktischen Ausmaßes an. Die Splatterkomödie wurde auf dem Pariser Filmfestival mit dem Spezialpreis der Jury ausgezeichnet.

Black Sheep, Jonathan King, 2006. Der mehrfach prämierte Streifen erzählt die Geschichte von Harry, der eine Schaf-Phobie hat. Als er nach Jahren auf die Schaffarm seiner Familie zurückkehrt, findet er heraus, dass sein Bruder gentechnische Experimente mit Schafen macht und versehentlich ein menschenfressendes „Werschaf" geschaffen hat.

Boy, Taika Waititi, 2010. Neuseelands erfolgreichster Film überhaupt ist ein Coming-of-Age-Drama, das am East Cape des Jahres 1984 spielt. Zum Abspann läuft *Poi E*, ein Maori-Song, der im selben Jahr auf Platz eins der Charts landete – und dazu liefert der gesamte Cast einen *haka* im Stil von Michael Jacksons *Thriller*!

Came a Hot Friday, Ian Mune, 1984. Die beste aller neuseeländischen Komödien basiert auf einem Roman von Ronald High Morrieson (S. 842) und dreht sich um zwei dilettantische Trickbetrüger, die in einer verschlafenen Kleinstadt das Glück verlässt.

Crush, Alison Maclean, 1992. Unkonventionelles, düsteres Psychodrama vor der Kulisse Rotoruas. Brodelnde Schlammtümpel und aufschießende Geysire illustrieren die Spannungen und sexuelle Verwirrung, die eine heiße Amerikanerin in das Leben einer neuseeländischen Familie bringt.

The Dark Horse (dt. Das Talent des Genesis Potini), James Robertson, 2014. Cliff Curtis gibt eine meisterhafte Vorstellung als Maori-Schachgenie Genesis Potini, der nicht nur mit einer bipolaren Störung, sondern auch

Pop und Rock made in Neuseeland

Nenne eine neuseeländische Band, eine Sängerin oder einen Sänger? Lange Zeit hätte kaum jemand eine Antwort auf Lager gehabt – bis zum kometenhaften Aufstieg von **Lorde**. Quasi aus dem Nichts (oder vielmehr aus Devonport) erschien 2013 die ungemein reife 16-jährige Sängerin auf der Bildfläche und landete mit *Royals* einen weltweiten Chart-Topper. Ihr Album *Pure Heroine erschien, der Song Yellow Flicker Beat* wurde im Soundtrack von *Die Tribute von Panem – Mockingjay Teil 1* verwendet – damit war der Erfolg gefestigt. Was sogar Bruce Springsteen dazu brachte, eines seiner Konzert in Auckland 2014 mit einer Coverversion von *Royals* zu eröffnen.

Aber auch wenn sie über die Landesgrenzen hinaus wenig bekannt sind, Neuseeland hat einige echte Rockstars. Allen voran Singer-Songwriter **Dave Dobbyn**, dessen Songs so was wie der Soundtrack der Nation sind – ob mit seinen Bands Th' Dudes und DD Smash oder seiner langjährigen Solo-Karriere. Für viele ist das eingängige *Slice of Heaven* (aufgenommen mit der Mulitkulti-Reggaeband Herbs) so etwas wie die inoffizielle Nationalhymne, und *Loyal* ertönt zuverlässig beim Einsatz egal welcher neuseeländischen Nationalmannschaft. Mehrere seiner Stücke haben Eingang gefunden in *The Great New Zealand Songbook* (Sony; 2009), eine Doppel-CD („Last Century" und „This Century"), die einen Querschnitt neuseeländischer Künstler versammelt. Weitere Größen auf der All-time-Kiwi-Playlist sind **Tim Finn**, der die wegweisende 1970er-Jahre-Band Split Enz gründete, und sein Bruder **Neil Finn**, der lange ebenfalls Bandmitglied war, bevor er **Crowded House** mit ins Leben rief. Beide sind inzwischen erfolgreich solo unterwegs und holen sich auf der Bühne hin und wieder Verstärkung durch Neils Sohn **Liam Finn**, der – wen wundert's – ebenfalls ein genialer Singer-Songwriter ist und mehrere Instrumente spielt.

Indie-Rock war immer groß in Neuseeland, mit ihrem gitarrenlastigen Sound erreichten **The Chills** in den 80ern auch international kleine Fangemeinden. Später haben Bands wie The Datsuns und die Mint Chicks die Fackel weitergetragen.

Das neue Millennium brachte eine regelrechte Welle an neuen Klängen in den Sparten Roots, Reggae, Dub und Electronica, mit Einflüssen aus der Südseeregion – für Minderheiten seit jeher eine wichtige Ausdrucksform. Am bekanntesten sind Katchafire, Trinity Roots, **Salmonella Dub**, die Black Seeds und **Fat Freddy's Drop**. Mit seiner Solokarriere hat **Tiki Taane** von Salmonella Dubs den Erfolg noch getoppt: *Always on My Mind* ist eine der erfolgreichsten neuseeländischen Singles aller Zeiten. In seiner Musik verwendet er Elemente traditioneller Maori-Gesänge und Maori-Instrumente, ein gutes Beispiel ist *Tangaroa* auf seinem zweiten Album, *Past, Present, Future*.

Country und Folk waren immer eher eine Nische. Wobei, **The Topp Twins**, Neuseelands jodelnde lesbische Zwillingsschwestern, haben es in den letzten drei Jahrzehnten mit jeder Menge Humor und liberalem Aktivismus immerhin geschafft, das angestaubte Image der Volksmusik aufzumöbeln. Und seit es in Christchurch und Lyttelton eine Folkszene gibt, rund um **The Eastern**, Delaney Davidson und Lindon Puffin, hat das Genre noch mehr Anhänger gefunden.

Zur Einstimmung auf die Neuseelandreise sind die Playlists und Downloads bei **www.amplifier.co.nz** perfekt, und wer ein Konzert erleben will – die allerbeste Art in die Musikszene des Landes einzutauchen – findet hier auch Termine.

mit seiner dysfunktionalen Familie klarkommen muss. Zutiefst berührend und großartig erzählt.

The Dead Lands, Toa Fraser, 2014. Brutale Action Maori-Style. In der Zeit vor Ankunft der Pakeha angesiedelt, hätte die Geschichte von Ehre und Vergeltung *(utu)* das Zeug zum Coming-of-Age-Klassiker – würde der Regisseur nicht jede Gelegenheit nutzen, die traditionelle Kampfkunst *mau rakau* blutrünstig in den Fokus zu rücken.

Desperate Remedies, Peter Wells und Stewart Main, 1993. Farbenfrohe Melodramatik, Intrigen und viktorianische Techtelmechtel am äußersten Rand des britischen Empire.

Eagle vs Shark (dt. Liebe auf Neuseeländisch), Taika Waititi, 2007. Gelungene Lowbudget-Liebeskomödie mit trockenem Humor. Fans der US-Serie *Flight of the Conchord* werden den Hauptdarsteller Jemaine Clement wiedererkennen.

Fifty Ways of Saying Fabulous, Stewart Main, 2005. Clevere Adaption des gleichnamigen Romans (S. 840, dt. *Der Junge mit den goldenen Haaren*), der es mit Witz und Intensität gelingt, den Vibe der Vorlage zu transportieren.

Forgotten Silver, Peter Jackson, 2000. Jacksons ironische Seite: Mockumentary über einen fiktiven neuseeländischen Filmpionier, der im Wald an der Westküste der Südinsel Film, Ton, Farbe und das Genre des Bibelepos erfindet.

Goodbye Pork Pie (dt. Mach's gut, Pork Pie), Geoff Murphy, 1980. In Neuseeland Kult! Witziges Roadmovie über zwei Typen, die mit ihrem gelben Mini Polizisten zum Narren halten und unterwegs einer bunten Mischung an Charakteren begegnen.

Heavenly Creatures, Peter Jackson, 1994. Gewinner des Silbernen Löwen in Venedig und nominiert für den Oscar. Die Verfilmung der Geschichte eines Mordfalls aus den 1950er-Jahren folgt dem Leben der beiden heranwachsenden Mädchen, die schließlich zu Mörderinnen werden. Ein aufrührender und explosiver Film, in dem Jackson seinen subversiven Humor auf die gutbürgerliche Normalwelt und die Fantasiewelt der beiden Mädchen anwendet. Das Filmdebüt von Kate Winslet.

The Hobbit (dt. Der Hobbit), Peter Jackson, 2012–14. Aufwendige, schlachtenreiche Trilogie, die Bilbos epische Reise in acht Stunden Film überträgt. Komplett in Neuseeland gedreht, Spezialeffekte und Postproduktion waren in Wellington angesiedelt.

Housebound, Gerard Johnstones, 2014. Mit typischem Kiwi-Pragmatismus und trockenem Humor unterläuft die Horrorkomödie jegliche Genre-Konvention – und feiert am Ende Diversity. Nichts ist wie es scheint. Ein großer Spaß.

Hunt for the Wilderpeople (dt. Wo die wilden Menschen jagen), Taika Waititi, 2016. Die Komödie beruht auf dem Roman *Wild Pork and Watercress* von Barry Crump. Sam Neill und Julian Dennison spielen „Onkel" Hector und Ricky Baker, Vaterfigur und Sohn, die auf der Flucht vor den Behörden in die neuseeländische Wildnis abtauchen.

In My Father's Den (dt. Als das Meer verschwand), Brad McGann, 2004. Zeigt die emotionale Achterbahnfahrt eines erschöpften Kriegskorrespondenten (gespielt von Matthew Macfadyen), der nach Hause zurückkehrt und in eine unerwartete, fesselnde Entdeckungsreise verstrickt wird, die sich zu einem Krimi entwickelt. Basiert auf einem Roman von Maurice Gee (S. 841).

Insatiable Moon, Rosemary Riddell, 2010. Der sehr bewegende, mitreißende Gewinner des Moondance International Film Festival wurde überwiegend in der Gegend um Ponsonby gedreht. Der Lowbudget-Film thematisiert Fragen zur gesellschaftlichen Entwicklung aus der Sicht von Arthur, einem Obdachlosen und selbst ernannten Sohn Gottes. Die Gemeinde versucht, die Einrichtung, in der Arthur wohnt, zu schließen. Daraufhin wird Arthur zum Auslöser wundersamer Ereignisse.

Kaikohe Demolition, Florian Habicht, 2004. Hier dreht sich alles um „Demolition Derbies", bei denen Autos mit Karacho zu Schrott gefahren werden. Auch wer das nicht gerade oben auf der Bucket List stehen hat, wird an der sympathischen Lowbudget-Doku über den Kleinstadtalltag in Northland seinen Spaß haben. Der neuseeländische Regisseur Florian Habicht wurde in Berlin geboren.

Lord of the Rings (dt. Der Herr der Ringe), Peter Jackson, 2001–03. New Zealand goes Hollywood: In Jacksons epischer, insgesamt zehnstündiger Tolkien-Trilogie ist die neuseeländische Landschaft hinter all den Special Effects der größte Star von allen.

Mister Organ, David Farrier, 2022. Der von der Kritik gefeierte Dokumentarfilm des Journalisten David Farrier beginnt mit der Untersuchung eines simplen Parkplatzbetrugs in Ponsonby und endet in einer beunruhigenden Geschichte über den alltäglichen Wahnsinn.

The Navigator (dt. Der Navigator), Vincent Ward, 1988. Lief im Wettbewerb in Cannes. Atmosphärisch dichte und stilistisch sehr erfindungsreich erzählte Geschichte mit den beliebtesten Themen und Figuren von Ward, darunter dem unschuldigen Visionär, in diesem Fall ein Junge, der fünf Männer, die ihre Heimat retten wollen, von einem Dorf im Cumbria des 14. Jhs. durch die Zeit ins Neuseeland des 20. Jhs. führt.

Once Were Warriors (dt. Die letzte Kriegerin), Lee Tamahori, 1994. Eine Betrachtung des prekären Alltags der Maori im südlichen Auckland. Die mehr soziologisch als ethnisch ausgerichtete Studie zeigt Überlebenskampf und Verzweiflung vor dem Hintergrund des Zerfalls der Städte in ihrer ganzen drastischen Realität, aber neben all den menschlichen Schwächen auch die Kraft des Willens. Basiert auf einem Roman von Alan Duff (S. 841).

Operation 8, Errol Wright und Abi King-Jones, 2011. Im Oktober 2007 wurden mehrere Maori-Aktivisten festgenommen – auf Grundlage des 2002 erlassenen Antiterrorgesetzes. Die Doku setzt die Geschehnisse in einen größeren gesellschaftlichen Zusammenhang.

The Orator, Tusi Tamaese, 2011. Von der neuseeländischen Filmkommission geförderter Film in samoanischer Sprache, der beim Sundance Film Festival lief und in Venedig in der Horizonte-Sektion eine lobende Erwähnung erhielt. Er zeigt das Leben eines Bauern, der sich über Traditionen hinwegsetzt, und seine Anstrengungen, sein Stück Land und seine Familie zu schützen.

Out of the Blue (dt. 22 Stunden Angst), Robert Sarkies, 2006. Düsteres Drama vor dem Hintergrund des Massakers von Aramoana, bei dem ein Waffensammler 1990 bei einem Amoklauf 13 Menschen tötet. Im Fokus stehen die Bewohner und die heldenhafte, aber ohnmächtige Polizei des kleinen Küstendorfs.

The Pa Boys, Hinemoa Grace, 2014. Praktisch die gesamte Einwohnerschaft von Tolaga Bay war für den Filmdreh auf den Beinen: Erzählt wird vom Roadtrip einer Maori-Reggaeband, auf dem klar wird, wie stark der Einfluss der Vorfahren auf das Land und die Familien heute ist.

Patu, Merata Mita, 1983. Starke Doku über die Protestwelle gegen die Neuseeland-Tour der „Springboks", der südafrikanischen Rugby-Nationalmannschaft im Jahr 1981. Es gelingt dem Film, die Wucht der Emotionen zu zeigen, die die Ereignisse auslösen.

Pecking Order, Slavko Martinov, 2017. Die federleichte, unterhaltsame Wohlfühl-Doku folgt einem Grüppchen von Hühnerzüchtern, die bei der National Poultry Show um die Auszeichnung für das schönste Federvieh konkurrieren. Die Hindernisse und Rivalitäten, die ihr 148 Jahre alter Verein dabei zu überwinden hat, sorgen für ein „Chick Flick" der anderen Art.

The Piano (dt. Das Piano) Jane Campion, 1993. Mit Holly Hunter, Harvey Keitel, Sam Neill und Anna Paquin. Mit dem melancholischen Gewinner der Goldenen Palme in Cannes und von drei Oscars machte sich Regisseurin Jane Campion in Hollywood einen Namen. Mit seinen großartigen Schauplätzen und den persönlichen Schicksalen der Charaktere verschmilzt der Film bewusst Elemente der Romanze, des erotischen Dramas und des viktorianischen Melodrams.

River Queen, Vincent Ward, 2005. Differenzen am Set führten dazu, dass Regisseur Ward den Drehort am Whanganui River noch vor Drehschluss verließ. Heraus kam eine etwas eindimensionale und nicht ganz runde Geschichte – die fantastischen Bilder der Flusslandschaft machen den Film dennoch sehenswert.

Scarfies, Robert Sarkies, 2000. Eine schwarzhumorige Geschichte über Studenten in Dunedin, die ein verlassenes Haus besetzen und im Keller ein riesiges Rauschgiftlager entdecken. Als der Besitzer der Drogen auftaucht, wird es zunehmend unangenehm.

Sione's Wedding, Chris Graham, 2006. Vier Kindsköpfe in den 1930ern mit samoanischen Wurzeln sind in dieser netten Wohlfühl-Komödie auf der Jagd nach weiblicher Begleitung für die Hochzeit ihres Kumpels.

Sleeping Dogs, Roger Donaldson, 1977. Vielleicht die Geburt einer echten neuseeländischen Filmindustrie: In dem auf dem Buch *Smith's Dream* von C. K. Stead basierenden Film spielt Sam Neill einen paranoiden Antihelden, der von repressiven Staatsmächten gejagt wird. Ein stilvoller Thriller, der auf ein blutiges Ende zurauscht.

Two Little Boys, Robert Sarkies, 2012. Typische, tiefschwarze Sarkies-Komödie, die auf der Berlinale lief. Zwei ehemalige Freunde, eine Fleischpastete und eine Katze führen den vorzeitigen Tod eines norwegischen Fußballstars herbei.

The Ugly, Scott Reynold, 1996. Der bissige Kommentar zur Inhaftierung psychisch kranker Straftäter zwischen Missständen, Reformen und Misstrauen begeisterte auch die US-amerikanische Filmkritik. Ein Serienmörder, der hinter Gittern sitzt, will die Außenwelt davon überzeugen, dass er geheilt ist.

Utu, Geoff Murphy, 1983. Ein Klassiker: Porträt eines Maori-Kriegers, der am Ende des 19. Jhs. seinen ganz persönlichen Rachefeldzug startet. Dabei wird ein Pakeha-Farmer zum Stellvertreter für die weißen Eroberer Neuseelands. Zeitgenössische und historische Themen werden dicht verwoben, überzeugende Darsteller.

Vigil, Vincent Ward, 1984. Düstere, verregnete Story über das sexuelle Erwachen eines jungen Mädchens und ihre Ablehnung gegenüber dem Mann, der sich ihrer Mutter annähert.

Whakataratara Paneke, Don C. Selwyn, 2001. Maori-Version des Kaufmanns von Venedig, mit englischen Untertiteln. Ambitionierter, durch und durch neuseeländischer Film, der viel Schauspieltalent auf die Leinwand bringt, in einem engagierten, wenn auch zu lang geratenem Werk.

Whale Rider, Niki Caro, 2002. Wunderbares Märchen um die 12-jährige Pai (Keisha Castle-Hughes), die ihren traditionsverhafteten Maori-Großvater davon überzeugen will, dass sie auch als Mädchen Anspruch auf die Rechte des Erstgeborenen hat. Drehort war das Dorf Whangara am East Cape.

What We Do in the Shadows (dt. 5 Zimmer Küche Sarg), Jermaine Clement und Taika Waititi, 2014. Einmal Mäuschen spielen bei Dracula und Co. – pseudo-dokumentarische Komödie über eine Vampir-WG, ihren überraschend banalen Alltag, und die Fehde, die sie sich mit der örtlichen Werwolf-Gang liefern. Witzig und so scharf wie ein Vampirzahn.

The World's Fastest Indian (dt. Mit Herz und Hand), Roger Donaldson, 2005. Herzwärmer, der Kinorekorde brach. Den kauzigen Burt Munro gab es tatsächlich, und er bewies auch im echten Leben, dass man nicht jung sein muss, um seine Träume wahrzumachen – aber es hilft, ein bisschen irre zu sein. Anthony Hopkins ist grandios und bekommt sogar einen ganz passablen Invercargill-Akzent hin.

Bücher

Neuseeländisch Verlage sind äußerst produktiv. Besonders stark vertreten: Hochglanz-Bildbände, Naturführer und alles mit „Mittelerde" im Titel. Zeitgenössische Autoren besinnen sich zunehmend auf die starken Traditionen der Region und liefern ein ums andere Mal hervorragende Romane, Lyrik und Sachbücher ab.

Geschichte, Gesellschaft und Politik

Carol Archie und Hineani Melbourne (Hrsg.), *Maori Sovereignty: The Maori Perspective* und das Gegenstück, **Maori Sovereignty: The Pakeha Perspective**. Von Aktivisten bis zu Staatsmännern äußern sich alle möglichen Gruppen in diesen beiden Bänden, von denen der eine die vielfältigen Vorstellungen der Maori zum Thema Souveränität beleuchtet, der andere die ebenso breit gefächerten Sichtweisen der Pakeha darauf untersucht. Obgleich Vorwissen zu maorischen Strukturen und neuseeländischer Geschichte vorausgesetzt wird, sind die beiden Bände sehr aufschlussreich.

Mark Beehre, *Men Alone – Men Together*. Fotograf und Historiker Mark Beehre dokumentiert das Leben von 45 schwulen Männern und Ereignisse in ihrem Leben sowie die neuseeländische Sozialgeschichte vor, während und nach der Reform der Gesetzgebung zur Homosexualität.

James Belich, *The New Zealand Wars*. Gut recherchierte, eingehende Entzauberung der gängigen Version der Kolonialkriege. Ein Buch für wissbegierige Geschichtsfans. In *Paradise Reforged* spannt Belich den geschichtlichen Bogen von 1880 bis 2000 und beleuchtet insbesondere die Beziehung der Neuseeländer zur Außenwelt.

Brigitte Bönisch-Brednich, *Auswandern. Destination Neuseeland. Eine ethnographische Migrationsstudie*. Über Flucht und Auswanderung von Deutschland nach Neuseeland ab 1936 und Schicksal und Alltag der Einwanderer in Neuseeland.

Alistair Campbell, *Māori Legends*. Knapper Abriss ausgewählter Geschichten, leicht zu lesen und durch Illustrationen angereichert.

Garth Cartwright, *Sweet As: Journeys in a New Zealand Summer*. Der nach London ausgewanderte Journalist besucht (nicht nur) die Orte seiner Kindheit und lästert und schwärmt abwechselnd – oftmals über ein und denselben Ort. Seine Themen sind Kunst, Musik, Politik und Fish'n'Chips.

Ron Crosby, *The Musket Wars*. Schilderung der im 19. Jh. zunehmenden und durch die Einfuhr von Musketen verschärften Konflikte zwischen den verschiedenen *iwi,* in deren Verlauf 23 % der Maori-Bevölkerung ihr Leben ließen.

Joan Druett, *Tupaia*. Spannender Bericht des Polynesiers Tupaia, der James Cook auf seiner ersten Reise nach Neuseeland begleitete und dem Entdeckungsreisenden bei der Kontaktaufnahme mit den Maori half.

Adam Dudding, *My Father's Island*. In der preisgekrönten, 2016 erschienenen Autobiografie zeichnet Dudding auf tiefschürfende und bewegende Weise nach, wie sich sein Blick auf den Vater verändert. Er schildert ihn als Menschen mit all seinen Makeln im banalen Familienalltag bis hin zu dem Punkt, an dem ihm bewusst wird, dass sein Vater als Herausgeber eine der zentralen Figuren der neuseeländischen Literaturszene ist.

Alan Duff, *Out of the Mist and Steam*. Duff, der Autor von *Warriors* (S. 841) erzählt aus seinem Leben. Er beschränkt sich auf Kindheit und Jugend – aber der Leser ahnt, woraus er das Material für seine Romane bezog.

A.K. Grant, *Corridors of Paua*. Ein Blick auf die turbulente politische Geschichte des Landes seit 1984 bis zur Einführung des dem deutschen Verhältniswahlrecht vergleichbaren Mixed Member Proportional (MMP) Systems 1996.

Mark Inglis, *Legs on Everest*. 1982 saß Inglis, Mitglied der Bergrettung am Mount Cook, zwei Wochen lang in einer Eishöhle fest und verlor aufgrund von Erfrierungen beide Beine bis zu den Knien. 2006 bezwang er als erster Mensch mit zwei Beinprothesen den Mount Everest. Ein inspirierendes Buch.

Dörthe und Volker Heyse, *Das Neuseeland-Lesebuch. Alles, was Sie über Neuseeland wis-*

ANHANG

sen müssen. Politik, Gesellschaft, Geschichte, Umwelt etc.

Hamish Keith *The Big Picture: A History of New Zealand Art from 1642.* Ein faszinierendes und schönes Buch für alle, die sich für die Entwicklung der Kunst in Neuseeland von 1642 bis heute interessieren.

Michael King, *The Penguin History of New Zealand.* 2003 erschienene, sehr gut lesbare allgemeine Geschichte Neuseelands, von der mündlich überlieferten Geschichte der Maori bis hin zum belasteten Verhältnis zwischen Maori und Pakeha und der Maori-Renaissance der letzten Jahrzehnte. In *Death of the Rainbow Warrior* liefert King einen packenden Abriss der grotesken und am Ende tragischen Bemühungen des französischen Geheimdienstes, die Greenpeace-Kampagne gegen die Atomtests Frankreichs zu sabotieren.

Freya Klier, *Gelobtes Land: Fluchten bis ans Ende der Welt.* Über die Flucht jüdischer Deutscher und Österreicher nach Neuseeland.

Gareth Morgan und Susan Guthrie, *Are We There Yet*? Morgan, erfolgreicher Geschäftsmann und Aktivist, beschreibt seine Zukunftsvision für Neuseeland: verpflichtender Maori-Unterricht an Grundschulen, Wahl der Hälfte der Mitglieder des Oberhauses durch Maori, Änderung des Landesnamens in Aotearoa New Zealand. Fundierte Ansätze – die ganz schön für Aufruhr gesorgt haben.

Claudia Orange, *The Story of the Treaty.* Umfassende und illustrierte Darstellung der Geschichte und der Mythen hinter dem Vertrag von Waitangi, der von vielen als das wichtigste Dokument in der neuseeländischen Geschichte erachtet wird.

Margaret Orbell, *A Concise Encyclopaedia of Māori Myth and Legend.* Ausführliche Zusammenstellung vieler Maori-Mythen und deren Hintergründe. Interessant, aber etwas trocken.

Jock Phillips, *A Man's Country? The Image of the Pakeha Male.* Ausgehend von den frühen Pioniertagen über Rugby, Kriegskameradschaften bis hin zum Ideal des Familienmannes wird ein umfassendes Psychogramm der männlichen Befindlichkeiten in Neuseeland entworfen.

Joshua Remus, *Gebrauchsanweisung für Neuseeland.* Alles über schräge Vögel und verliebte Vulkane. Kenntnisreiche und sehr persönliche Annäherung an Land und Leute, unterhaltsam verpackt – wie immer in dieser bewährten Reihe.

Anne Salmond, *Amiria: The Life Story of Māori Women.* Neu aufgelegter Klassiker, der vor dem Hintergrund von Stammesgeschichte und modernen ethnischen Beziehungen die traditionellen Werte beschreibt, die der Autorin vermittelt wurden.

D.C. Starzecka (Hrsg.), *Māori Art and Culture.* Eine Art Leitfaden in Sachen maorischer Kultur mit ausführlicher Darstellung maorischer Geschichte, Kultur, Sozialstruktur, Schnitz- und Webkunst.

K. Taylor and P. Moloney (Hrsg.), *On the Left: Essays on Socialism in New Zealand.* Umfassende Sammlung politischer Essays über einen Zeitraum von einem Jahrhundert, die deutlich macht, warum Egalitarismus ein zentraler Wert der modernen neuseeländischen Gesellschaft ist.

Chris Trotter, *No Left Turn.* Wunderbar anekdotische Geschichte Neuseelands, in der überzeugend die Meinung vertreten wird, dass das Land stets vor allem durch „Gier, Bigotterie und rechte Politik" geprägt wurde.

Dorothy Urlich Cloher, *Hongi Hika.* Fesselnde Biografie über den zu Zeiten des ersten Kontakts zwischen Maori und Europäern mächtigsten Maori-Häuptling und seine Rolle in den Musketenkriegen.

Belletristik

Graeme Aitken, *Der Junge mit den goldenen Haaren.* Höchst unterhaltsames Buch über einen Bauernjungen, der seine Homosexualität entdeckt, aber in einer Welt lebt, in der er Ställe ausmisten und Rugby spielen soll.

Eric Beardsley, *Blackball 08.* Gut lesbarer und relativ authentischer historischer Roman, der in der Bergbaustadt Blackball während des längsten Arbeiterstreiks Neuseelands spielt.

Graham Billing, *Forbrush and the Penguins.* Gilt als der erste ernst zu nehmende Roman aus der Antarktis; die faszinierende Geschichte eines Mannes, der einsam und allein über eine Kolonie von Pinguinen wacht.

Samuel Butler, *Erewhon oder Jenseits der Berge.* Schilderung einer Reise in ein utopisches Land, wobei das Hochland Canterburys (wo Butler eine Schafzuchtfarm leitete) als Kulisse dient, der Autor jedoch im Lauf der Handlung zunehmend zu einer bissigen Satire über das viktorianische Großbritannien übergeht.

Eleanor Catton, *Die Gestirne.* Raffiniert gestrickter Roman mit Krimiplot, der im Hokitika des Jahres 1866 spielt, auf dem Höhepunkt des Goldrauschs. Mit mehr als 800 Seiten (in der deutschen Ausgabe über 1000) ist es der bislang umfangreichste Gewinner des Man Booker Prize. Die strenge Form, mit der die Autorin die Geschichte nach Tierkreiszeichen und Planetenkonstellationen strukturiert und dabei die Perspektive auf das Geschehen wechselt, macht den besonderen Reiz aus.

Paul Cleave, *Der siebte Tod.* Debüt des in Christchurch lebenden Krimiautoren und Bestsellerautors. Seine Heimatstadt wird in seinen Thrillern zum düsteren Schauplatz komplexer Geschichten, erzählt aus verschiedenen Blickwinkeln. Wer mehr von Paul Cleave lesen will, dem seien *Opferzeit* oder die Serie um den ehemaligen Polizisten Carl Schroder empfohlen.

Nigel Cox, *Jungle Rock Blues.* Der Titel der Erstauflage, *Tarzan Presley,* musste aus rechtlichen Gründen geändert werden. Amüsante Verquickung des Tarzan-Mythos mit dem Leben des King of Rock'n'Roll: Die Hauptfigur wächst in der neuseeländischen Wildnis auf und wird zu Elvis. Überaus ambitioniert.

Ian Cross, *The God Boy.* Dieser Roman gilt weithin als Neuseelands *Fänger im Roggen.* Die Handlung dreht sich um einen Jungen, der zwischen seinen verfeindeten Eltern steht, und die tragischen Konsequenzen aus dieser Situation.

Barry Crump, *A Good Keen Man; Hang on a Minute Mate; Bastards I Have Met; Forty Yarns, The Adventures of Sam Cash and a Song.* Humorvoll, einfühlsam und eingängig geschriebene Titel aus einer ganzen Reihe von Büchern über „Naturburschen" und die von Männern dominierte Welt des Jagens, Angelns, Trinkens und Erzählens von Heldentaten. Guter Einblick in eine neuseeländische Lebensweise, die heute weitgehend verschwunden ist.

Alan Duff, Warriors (Unionsverlag). Aufrüttelnde und schonungslose Sozialstudie, die im Arbeitermilieu Süd-Aucklands der 1970er-Jahre spielt und in den 1990er-Jahren unter dem Titel *Die letzte Kriegerin* von Lee Tamahori verfilmt wurde.

Laurence Fearnley, *The Hut Builder.* Roman über das Leben eines neuseeländischen Dichters, dessen Werk nie veröffentlicht wird und der zufällig mit Edmund Hillary den Mt Cook erklimmt.

Janet Frame, *Ein Engel an meiner Tafel.* Frame gehört zu den renommiertesten Romanschriftstellerinnen Neuseelands, diese dreiteilige Autobiografie ist das vielleicht bekannteste ihrer Werke. Das unter demselben Titel von Jane Campion verfilmte Buch gewährt einen unverfälschten Einblick sowohl in das Leben als auch das Umfeld der Autorin, die in ihren Romanen und Kurzgeschichten immer wieder zu überraschen versteht. Als Einstieg empfehlen sich *Gesichter im Wasser, Wenn Eulen schrein, Scented Gardens for the Blind* und *Dem neuen Sommer entgegen.*

Maurice Gee, *Lebende Fracht* (Black Ink); *Crime Story; Going West; Prowlers, The Plumb Trilogy.* Etwas banal klingende Titel eines unterbewerteten, aber hoch talentierten Schriftstellers, der sich seinen realistischen Themen wie Motivation und Beziehungsgeflechte zielstrebig und kraftvoll nähert.

Patricia Grace *Potiki* (Unionsverlag). Genau beobachtete und brillant erzählte Geschichte einer Maori-Gemeinde, die sich neu definiert, während ihr Land durch Erschließungsprojekte an der Küste bedroht ist. Weitere Romane aus ihrer Feder sind: *Anapuke, Berg der Ahnen*, ein magisches Geflecht von Ereignissen in der Geschichte einer Familie, sowie der 2001 für den Booker Prize vorgeschlagene Roman *Dogside Story,* eine eindringliche Schilderung der Kraft von Land und *whanau* am Ende des 20. Jhs. Auf Deutsch erschienen außerdem der Erzählband *Unter dem Manukabaum* und *Drei Cousinen.* 2004 erschien auf Englisch ihr jüngstes Werk *Tu,* ein ungewöhnlicher Roman über das Maori Battalion, das im Zweiten Weltkrieg in Italien kämpfte; die Hintergründe hierfür entnahm die Autorin den erzählten Erfahrungen ihres Vaters und anderer Verwandten.

Peter Hawes, *Leapfrog with Unicorns* und *Tasman's Lay*. Zwei Werke des unbesungenen Helden, Kultautors und wahrscheinlich einzigen Mitglieds der Absurdistenbewegung Neuseelands, der mit großer Leidenschaft, Witz und überraschender Disziplin die Themen angeht, die ihn interessieren. Unter dem Pseudonym W. P. Hearst hat Hawes außerdem den lesenswerten Erzählband *Inca Girls Aren't Easy* veröffentlicht. Die jüngste Ergänzung seines exzentrischen Kanons ist *Royce, Royce the People's Choice,* eine Art umgedichteter *Alter Mann und das Meer* gemischt mit *Moby Dick*.

Keri Hulme, *Unter dem Tagmond*. Gewinner des Booker Prize 1985 und wundervoller Erstlingsroman, der an den ursprünglichen Stränden der Westküste von South Island angesiedelt ist. Mystizismus, Mythen und Wirklichkeit verschmelzen hier zu einer packenden Geschichte mit eindringlich gezeichneten Charakteren. Außerdem *Der Windesser Te Kaihau*.

Witi Ihimaera, *Bulibasha – King of the Gypsies*. Guter Einstieg in das Werk eines der besten maorischen Autoren. Fesselnde und lebendige Schilderung eines rebellischen Teenager-Daseins im ländlichen Neuseeland der 1950er-Jahre. Einfühlsam beleuchtet Ihimaera das Heranwachsen, Kultur, Familienbande und Machtmissbrauch und führt seine Geschichte zu einem meisterhaft entwickelten Höhepunkt. 2016 unter dem Titel *Mahana* verfilmt (dt. *Mahana – Eine Maori-Saga*). Auf Deutsch ist inzwischen der grandiose Roman *Whalerider* erschienen, der unter demselben Titel auch verfilmt wurde. Ebenfalls lesenswert sind *The Matriarch, The Uncle Story* und *Star Dancer*. In deutscher Übersetzung liegen außerdem der Erzählband *Aroha. Maori-Geschichten aus dem Jadeland* vor.

Lloyd Jones, *Mister Pip* (Rowohlt 2008). Fesselnder Roman, der vom Krieg auf einer abgelegenen Insel im Südpazifik handelt. Eine scharfe Beobachtungsgabe beweist Jones in seinem 2009 erschienenen Band mit Kurzgeschichten über das zeitgenössische Neuseeland, *The Man In The Shed*.

Shonagh Koea, *The Grandiflora Tree*. Geistreiche und bewegende Geschichte einer Witwe und einer Liebe. Erstlingsroman einer Journalistin, die für ihren bissigen Humor bekannt ist.

Katherine Mansfield, *The Collected Stories of Katherine Mansfield*. Alle 73 Kurzgeschichten sowie 15 Fragmente in einem 780-Seiten-Wälzer. Knappe und für ihre Zeit (Anfang des 20. Jhs.) erstaunlich moderne Betrachtungen menschlicher Verhaltensweisen in scheinbar trivialen Situationen, in denen oft eine bedrückend pessimistische Sicht der Welt deutlich wird. In deutscher Übersetzung sind *Sämtliche Erzählungen* erschienen.

Craig Marriner, *Stonedogs*. Eine wilde Geschichte über den Drogenhandel einer Gang zwischen Rotorua, Auckland und Northland, in der ein Neuseeland gezeigt wird, von dem sich die „Touristen und Manager wünschen sollten, dass sie nie mit ihm in Berührung kommen".

Ngaio Marsh, *Donnerstag Premiere; Mord im Atelier; Champager-Mord*. Nur eine kleine Auswahl der Meisterin neuseeländischer Kriminliteratur, die ab 1934 Whodunnit-Storys in bester angelsächsischer Tradition verfasste. Unzählige Individuen ließ sie in ihren Büchern im Namen der Unterhaltung um die Ecke bringen – bevor Inspektor Allen den Fall schließlich löste. Perfekt zum anstrengungslosen Abtauchen unterwegs, ob im Flugzeug, Zug oder Bus.

Owen Marshall, *Drybread*. In knapper Prosa geschriebener Roman, der in Christchurch und Central Otago spielt und anhand der beiden Protagonisten von Liebe und Verlust erzählt: Eine Mutter, die aus den USA nach Neuseeland zurückkehrt, um sich einer gerichtlichen Anordnung in einem Sorgerechtsstreit zu entziehen, und ein emotional lädierter Journalist, der hinter ihrer Story her ist.

Ronald Hugh Morrieson *Came a Hot Friday*. Tiefschwarze Krimikomödie über Sex & Crime auf dem Lande. Ebenfalls empfehlenswert sind *The Scarecrow, Predicament* und *Pallet on the Floor*, die alle beweisen, dass Morrieson ein Meister dieser sehr neuseeländischen Variante des Krimi-Genres war.

Paula Morris, *Rangitira* (Walde + Graf). Die wahre Geschichte des Ngatiwai-Häuptlings Paratene Te Manu, Vorfahre der Autorin, der 1863 nach England reiste. In der Rahmenhandlung sitzt Paratene dem aus Böhmen stammenden Maler Gottfried Lindauer Modell für ein Porträt.

Das Gespräch mit dem Künstler erinnert ihn an jene schicksalhafte Reise mit anderen hochgestellten Maori, die nicht nur eine Begegnung mit der Queen brachte, sondern auch mit der Armut im London des 19. Jhs., und zunehmend in Misstrauen und Entwürdigung abglitt.

Frank Sargeson, *The Stories of Frank Sargeson.* Sargeson ist einer der großen neuseeländischen Schriftsteller. Ein scharfer Blick kennzeichnete sein von den 1930er- bis in die 1980er-Jahre reichendes Schaffen, dessen besondere Stärke in den Dialogen lag. In diesem Band sind einige seiner besten Kurzgeschichten versammelt. In der dreibändigen Autobiografie *Once is Enough, More than Enough* und *Never Enough!* lässt er sein schillerndes Leben Revue passieren, das mitunter aufregender als das seiner Protagonisten war. Eine lesenswerte Biografie ist von **Michael King** unter dem Titel *Frank Sargeson: A Life* erschienen. In deutscher Übersetzung liegt *Damals im Sommer* vor.

Maurice Shadbolt, *Strangers and Journeys.* Der Roman wurde bei seiner Veröffentlichung 1972 sofort zu einem wegweisenden Werk der neuseeländischen Literatur. Erzählt wird die Geschichte zweier von Shadbolt brillant charakterisierter Familien und deren Verflechtungen über drei Generationen hinweg. Sehr neuseeländisch, sehr menschlich und nicht allzu schwülstig. Spätere Werke, mit denen Shadbolt seinen Ruhm festigte, sind *Mondays Warriors, Season of the Jew* und *The House of Strife.* In deutscher Übersetzung erschienen *Und er nahm mich bei der Hand, Mr. Dove über den Wassern, Der Sommer des Delphins.*

C. K. Stead, *The Singing Whakapapa.* Mischung aus kraftvollem historischem Roman über einen frühen Missionar und der Geschichte eines unzufriedenen Nachkömmlings unserer Tage, der den Sinn in seinem Leben zu ergründen sucht. Stead ist Autor zahlreicher Bücher und kritischer Essays, außerhalb Neuseelands aber kaum bekannt. Ebenfalls lesenswert sind die Romane *All Visitors Ashore* über den Hafenarbeiterstreik von 1951 sowie *Mansfield,* ein Porträt von Neuseelands berühmtester Kurzgeschichtenautorin. Auf Deutsch sind die Romane *Makutu* sowie *Sister Hollywood* und *Der Tod des Körpers* erhältlich.

Damien Wilkins, *The Miserables.* Einer der besten Romane aus Neuseeland. Befreit vom kolonialen Ballast so vieler anderer Werke und für einen Erstlingsroman überraschend reif, beleuchtet Wilkins das Leben der Mittelschicht im Neuseeland der 1960er- bis 1980er-Jahre anhand ausgezeichnet herausgearbeiteter Charaktere.

Anthologien

Bill Manhire (Hrsg.), *100 New Zealand Poems.* Die übersichtliche Sammlung bietet einen guten Einstieg in die neuseeländische Lyrik und porträtiert die Dichter, die diese Zeilen verfassten.

Owen Marshall (Hrsg.), *Essential New Zealand Short Stories.* Eine repräsentative Auswahl von Kurzgeschichten, verfasst von einigen der bekanntesten und besten neuseeländischen Autoren wie Janet Frame, Witi Ihimaera, Jane Mansfield, Maurice Shadbolt, C.K. Stead und Maurice Gee.

Dieter Riemenschneider (Hrsg.), *Neuseeland fürs Handgepäck.* Geschichten und Erinnerungen von Neuseeländern und Neuseelandreisenden, von James Cook bis Keri Hulme.

Ian Wedde und Harvey McQueen (Hrsg.), *The Penguin Book of New Zealand Verse.* Ein umfangreicher Gedichtband und eine hervorragende Einführung in neuseeländische Dichtkunst, von den ersten europäischen Siedlern bis hin zu zeitgenössischen Lyrikern. Highlights von James K. Baxter, Janet Frame, C.K. Stead, Sam Hunt, Keri Hulme, Hirini Melbourne und Apirana Taylor.

Natur und Umwelt

Andrew Crowe, *Which Native Tree?* Tolles kleines Buch, um Neuseelands einheimische Bäume zu bestimmen (Baumfarne ausgenommen). Mit Darstellungen der Baumformen, Fotos von Blättern und Früchten und Angaben zur Verbreitung.

John Dawson und Rob Lucas, *New Zealand's Native Trees.* Ein ziemlicher Wälzer mit tollen Fotos und allen Infos von Verbreitungsgebieten bis hin zu detaillierten Bestimmungsmerkmalen. Da ist der *Field Guide to New Zealand's Native Trees* schon wesentlich rucksackfreundlicher.

Gerald Durrell, *Two in the Bush* (dt. *Rendezvous mit Tieren*). Fast die Hälfte des schmalen Bändchens widmet Durrell seiner Neuseelandreise 1962. Der britische Naturforscher und Autor kam ins Land, um eine Naturdoku für die BBC zu drehen. Etwas angestaubt, bietet aber einen fesselnden Einblick sowohl in die Zeit als auch in Umweltthemen und die neuseeländische Tierwelt – vor allem mit Kaka, Tuatara, Takahe und Pinguinen beschäftigt sich Durrell.

Julian Fitter, *Guide to Wild New Zealand.* Großartige und dabei handliche Übersicht über alles an Tieren und Pflanzen, was einem unterwegs begegnen kann. Der perfekte Naturführer für Neugierige und Experten.

Susanne und John Hill, *Richard Henry of Resolution Island.* Gut zu lesende Biografie des Mannes, der als Neuseelands erster Naturschützer gilt. Der Band liefert zugleich eine kleine Geschichte der dünn besiedelten Fiordland-Region, die einst viele Entdeckungsreisende anzog – von denen so mancher blieb.

Leonie Johnson und Tony Ward, *Organic Explorer.* Die besten Adressen rund um bio, öko und veggie, von Bioläden und Ökoweinhandel bis zu Ecolodges.

Rod Morris und Hal Smith, *Wild South: Saving New Zealand's Endangered Birds.* Begleitband zu einer TV-Serie der 1980er-Jahre über ein entschlossenes Grüppchen von Naturschützern, die sich ganz der Erhaltung von Neuseelands exotischen Vogelarten verschrieben haben, darunter Kiwi, Kakapo, Takahe und Kea.

Neville Peat, *Manapouri Saved.* Inspirierender Bericht über eine der ersten Naturschutzkampagnen am Ende der 1960er-Jahre. Für den Bau des Wasserkraftwerks am Lake Manapouri war geplant, den Wasserspiegel des Sees um 30 m anzuheben. Durch eine Petition, die jeder zehnte Neuseeländer unterschrieb, gelang es dies zu verhindern.

Tim Rainger, *The Good New Zealand Beach Guide: North Island.* Wessen Herz für goldgelbe Strände, Point Breaks und Brandungsfischen schlägt, der sollte sich diesen Beach Guide zulegen. Schöne Fotos, nützliche Karten und ein paar nette Geschichten. Ein Südinsel-Band ist noch nicht in Sicht.

Paul Scofield und Brent Stephenson, *Birds of New Zealand: A Photographic Guide.* Eher was fürs Bücherregal zu Hause als für unterwegs: Der Bildband zeigt 365 Vogelarten in mehr als tausend herausragenden Fotos.

Wandern, Radfahren und Abenteuer

Peter Albert und Alexandra Albert, *Neuseeland zu Fuß und per Rad entdecken.* Touren und Tipps für Outdoorfreunde, mit Special zum Thema Kanu und Kajak.

Shaun Barnett, *Tramping in New Zealand. 40 Great Tramping Trips.* Prägnanter Wanderführer mit inspirierenden Fotos und 40 der besten mehrtägigen Routen des Landes, darunter die meisten der Great Walks. Die Karten stellen das Gelände wunderbar plastisch dar. *Day Walks in New Zealand. 100 Great Tracks* vom selben Autor ist genauso empfehlenswert.

Graham Charles *New Zealand Whitewater: 180 Great Kayaking Runs.* Der umfassende und unterhaltsame Kajakführer beschreibt auf mehr als 300 Seiten Neuseelands Wildwasserflüsse. Mit Karten und Zugangsinfos, Übersichten zu Schwierigkeitsgrad, Dauer und hilfreichen Tipps.

Dieter Giesen und Andrea Lossen, *Mit dem Wohnmobil durch Neuseeland, Teil 1: Nordinsel; Teil 2: Südinsel.* Nach Touren aufgebaute Wohnmobil-Guides aus der Womo-Reihe mit jeder Menge praktischen Infos und Wanderungen.

Iwan Hediger und Yves Seeholzer, *Great Adventure Cooking.* 48 vegane und vegetarische Rezepte, die sich auf dem Gaskocher oder offenen Feuer zaubern lassen, mitgebracht aus Neuseeland und hübsch verpackt in Reisestorys.

Paul, Simon und Jonathan Kennett, *Classic New Zealand Mountain Bike Rides.* Alles, was man für Geländetouren mit dem Fahrrad in Neuseeland wissen muss; mehr als 300 Routenvorschläge. Die drei Brüder haben auch *Classic New Zealand Road Rides* und *The New Zealand Cycle Trails* verfasst. Paul Kennett betreibt die Seite www.mountainbike.co.nz.

Moir's Guide. Der wahrscheinlich ausführlichste Wanderführer für die Südinsel abseits der Great Walks ist in zwei Bände unterteilt: *North*, in dem Wanderungen zwischen dem Lake Ohau und dem Lake Wakatipu beschrieben werden, und South, dessen Augenmerk Wanderungen in der Umgebung der Seen und Fjorde im Süden gilt – inkl. Kepler Track und die weniger bekannten Dusky und George Sound Tracks.

Sylvia Seligmann und Matthias Dollmann, *Neuseeland. Die schönsten Wanderungen und Trekkingtouren*. 65 Wegbeschreibungen mit kleinen Karten, Höhenprofilen und Fotos.

Nigel Rushton, *Pedallers' Paradise*. Empfehlenswerte Strecken, verteilt auf zwei leichtgewichtige Bände für Nord- und Südinsel. Mit Entfernungen, Höhenprofilen und Adressen für einen Snackstop unterwegs.

Wavetrack New Zealand Surfing Guide *New Zealand Surfing Guide*. Praktisches Handbuch zu den besten Surfspots an Neuseelands Küsten mitsamt Infos über Zugang, Anreise, Wind, Gezeiten und Swells.

Klaus Werner, *Neuseeland – Reisen und Jobben*. Alles, was man für den großen Trip wissen muss: von Autokauf bis Wwoofing.

ANHANG

Index

ANHANG

ANHANG

D

E

F

ANHANG

ANHANG

ANHANG

M

N

O

P

Q

R

ANHANG

U

V

W

ANHANG

ANHANG

ANHANG

Notizen

Notizen

Bildnachweis

Umschlag

Titelfoto Shutterstock.com, Amsterdam (NL)/Shaun Jeffers; Hokitika Gorge, Westküste, Südinsel
Umschlagklappe hinten Lookphotos, München/Michael Boyny; Maori beim Haka, Rotorua, Nordinsel

Highlights

S. 12 Shutterstock.com, Amsterdam (NL)/Klanarong Chitmung
S. 13 DuMont Bildarchiv, Ostfildern/Markus Kirchgessner (oben); Shutterstock.com, Amsterdam (NL)/Sthapana Sriyingyong (unten)
S. 14 Shutterstock.com, Amsterdam (NL)/Andrea Izzotti (oben)
S. 14/15 DuMont Bildarchiv, Ostfildern/Markus Kirchgessner (unten)
S. 15 Mauritius Images, Mittenwald/Ben Lewis/Alamy/Alamy Stock Photos (oben)
S. 16 Shutterstock.com, Amsterdam (NL)/ian woolcock
S. 17 Shutterstock.com, Amsterdam (NL)/josh.tagi (oben) Rough Guides/Shutterstock.com/Gabor Kovacs Photography (unten)
S. 18 DuMont Bildarchiv, Ostfildern/Mike Schröder, Hartmut Schwarzenbach (oben); DuMont Bildarchiv, Ostfildern/Clemens Emmler (unten)
S. 19 Shutterstock.com, Amsterdam (NL)/Guaxinim (oben); Rough Guides/Shutterstock.com/Konrad Mostert (unten)
S. 20 DuMont Bildarchiv, Ostfildern/Clemens Emmle (oben); Rough Guides/Alamy Stock Foto/Greg Balfour Evans (unten)
S. 21 Shutterstock.com, Amsterdam (NL)/Avant Visual
S. 22 Mauritius images, Mittenwald/Flirt (oben); Shutterstock.com, Amsterdam (NL)/Delpixel (unten)
S. 23 DuMont Bildarchiv, Ostfildern/Markus Kirchgessner
S. 24 Shutterstock.com, Amsterdam (NL)/Maridav (oben)
S. 24/25 Shutterstock.com, Amsterdam (NL)/Nicram Sabod (unten)
S. 25 Shutterstock.com, Amsterdam (NL)/Peter Kolejak (oben)
S. 26 DuMont Bildarchiv, Ostfildern/Markus Kirchgessner

Regionalteil

DuMont Bildarchiv, Ostfildern Mike Schröder, Hartmut Schwarzenbach S. 606; Clemens Emmler S. 32, 37, 94, 135 (o), 209 (u), 265 (o), 561 (u), 607 (o); Markus Kirchgessner S. 40, 353 (u), 491 (o)
iStock.com, Calgary (CA) onsuda S. 79 (o); rtranca S. 101 (u); toblasjo S. 773 (u)
Getty Images, München Patrick Riviere S. 119
Mauritius images, Mittenwald Jason Friond / age fotostock S. 801
Rough Guides Paul Whitfield S. 36, 208, 234, 448, 490, 678, 679 (o); **Alamy Stock Foto**: Chris McLennan S. 773 (o); David Wall S. 772; Vincent Lowe S. 209 (o); Andrew Bain S. 264; **iStock.com**: 823abb99 S. 2; Marcel Strelow S. 265 (u); 7Michael S. 315 (o); tristanbnz S. 408; Natalia Ramirez Roman S. 449 (u); Radek94 S. 561 (o)
Shutterstock.com, Amsterdam (NL) cb_travel S. 28; Fotos593 S. 31; EQRoy S. 34; Ruben M Ramos S. 61 (o), N.Minton S. 61 (u); 491 (u); Robert CHG S. 79 (u); nuchstockphoto S. 100; Martin Pelanek S. 101 (o); krug_100 S. 134, 679 (u); Andrew_Korson S. 135 (u); trabantos S. 171, 409 (u); Andrew Bain S. 293; Dmitry Pichugin S. 314; Brian S S. 315 (u); Skyimages S. 329; Viktor Hejna S. 352; Martin Vlnas S. 353 (o); travellight S. 379; Karin Wassmer S. 409 (o); Jiri Foltyn S. 427; Johan Larson S. 449 (o); Jam Voyage S. 467; Igor Verhovski S. 527; rob_travel S. 560; wonderlustpics travel S. 589; travellight S. 607 (u); Klanarong Chitmung S. 637; ChameleonsEye S. 731.

Impressum

Neuseeland
Stefan Loose Travel Handbücher
8., vollständig überarbeitete Auflage **2024**

Übersetzt von „The Rough Guide to New Zealand", 11th Edition,
publiziert von Apa Publications Ltd
Originaltitel: The Rough Guide to New Zealand

Die in diesem Buch enthaltenen Angaben wurden von den Autoren nach bestem Wissen erstellt und vom Lektorat im Verlag mit großer Sorgfalt auf ihre Richtigkeit überprüft. Trotzdem sind, wie der Verlag nach dem Produkthaftungsrecht betonen muss, inhaltliche und sachliche Fehler nicht vollständig auszuschließen.
Deshalb erfolgen alle Angaben ohne Garantie des Verlags oder der Autoren. Der Verlag und die Autoren übernehmen keinerlei Verantwortung und Haftung für inhaltliche und sachliche Fehler. Alle Landkarten und Stadtpläne in diesem Buch sind von den Autoren erstellt worden und werden ständig überarbeitet.

Gesamtredaktion und -herstellung
Bintang Buchservice GmbH
Tempelhofer Ufer 1A, 10961 Berlin
www.bintang-berlin.de
Redaktion: Jan Düker
Übersetzung: Oliver Kiesow
An früheren Auflagen haben mitgewirkt: Jürgen Dünnebier, Günter Feigel, Oliver Fülling, Meike Höpfner, Silvia Mayer, Gunter Mühl, Anke Munderloh, Thomas Rach, Kathrin Schnellbächer, Inga-Brita Thiele, Jessika Zollickhofer
Lektorat: Gudrun Raether-Klünker
Satz: Anja Linda Dicke, Oliver Kiesow
Karten: Anja Krapat
Reiseatlas: © 2024 KOMPASS-Karten GmbH, A-6020 Innsbruck unter Verwendung von Kartendaten: © DuMont Reiseverlag, D-73751 Ostfildern

Printed in Poland

Kartenverzeichnis

Fortsetzung auf S. 864

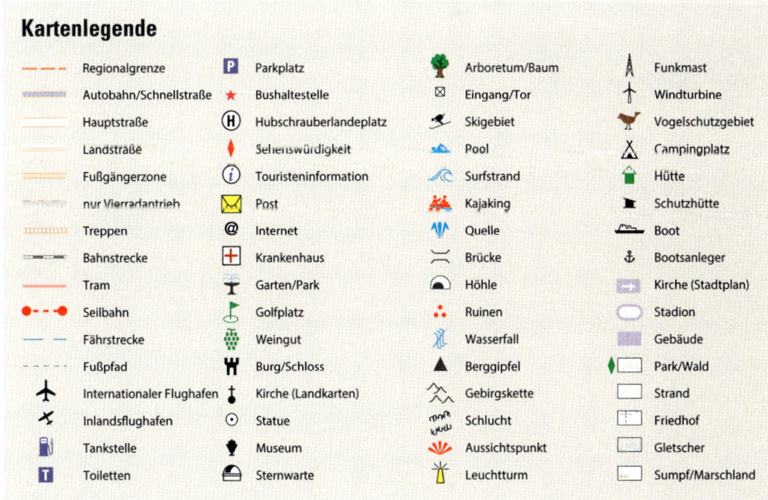

Fortsetzung von S. 863

North Cape
Cape Reinga
Doubtless Bay
Awanui
Pacific Ocean
Moerewa
Russell
Kaikohe
Whangarei
Dargaville
Great Barrier I.
Wellsford
Warkworth
866 / 867
Auckland
Coromandel Peninsula
868 / 869
Papatoetoe
Thames
Bay of Plenty
Pukekohe
Te Aroha
Huntly
Tauranga
Hamilton
Kawerau
Whakatane
Opotiki
Tokoroa
Rotorua
Mangakino
Te Karaka
Taupo
Lake Taupo
Gisborne
New Plymouth
Stratford
Napier
Hawke Bay
Hastings
Hawera
Wanganui
872 / 873
Palmerston North
Dannevirke
Farewell Spit
D'Urville I.
Eketahuna
870 / 871
Pakawau
Tasman Bay
Pukerua Bay
Masterton
Karamea
Nelson
Picton
Lower Hutt
Wellington
Tasman Mts.
Cook Strait
Pinnacle
Blenheim
874 / 875
Westport
2131 m
Clarence
Reefton
Inland Kaikoura Range
Rakautara
Greymouth
Kaikoura
Hokitika
876 / 877
Harihari
Alps
Rangiora
Franz Josef
Christchurch
Aoraki 3754 m
Burnham
Methven
Southern
Banks Peninsula
Mt. Aspiring 3030 m
Fairlie
Ashburton
Geraldine
Twizel
Timaru
Milford Sound
Otematata
Waimate
Queenstown
Cromwell
Ranfurly
Oamaru
Alexandra
Te Anau
Athol
Raes Junction
Manapouri
Otago Peninsula
Lumsden
Dunedin
Winton
Gore
Milton
Mautara
Balclutha
South Pacific Ocean
Invercargill
Slope Point
Mt. Anglem 980 m
Stewart Island
878 / 879

Cape Boulders
Cape Reinga
Motuopao I.
Cape Maria van Diemen
Spirits Bay
Tom Bowling Bay
North Cape
Kapowairua
Te Paki
Te Hapua
Ohao Pt.
Te Paki Stream (Giant Sand Dunes)
Waitiki Landing
Paua
Parengarenga Harbour
Karatia
Great Exhibition Bay
Tangoake
Te Kao
The Bluff
Aupouri Peninsula
Rarawa Beach
Ninety Mile Beach
Ngataki
Grenville Pt.
Moturoa Is.
Waihopo
Rangaunu Bay
Cape Karikari
Houhora
Karikari Peninsula
Matai Bay
Merita
Pukenui
Whatuwhiwhi
Motutangi
Rangiputa
Tokerau Beach
Doubtless Bay
Berghan Pt.
Whangaroa Bay
Cavalli Is.
Kaimaunu
Taemaro
Stephenson I
Waiharara
Gumdiggers Park
Cable Bay
Taupo Bay
L Waiparera
Tauranga Bay
Motukawanui
Paparore
Unahi
Lake Ohia
Taipa
Mangonui
Wainui
Waipapakauri Beach
Kaingaroa
Kahoe
Whangaroa
Matauri Bay
Waipapakauri
Awanui
Kareponia
Oruru
Waitaruke
Takou Bay
Ahipara Bay
Kaitaia
Awanui
Peria
Kaeo
Totoroa
Purerua Peninsula
Pamapuria
Te Tii
Ahipara
Pukepoto
Victoria Valley
Omaunu
Waiare
Kapiro
Purerua
Tauroa Pt.
Tauroa Peninsula
Takahue
Mangamuka Bridge
Manginangina Scenic Reserve
Waipapa
Kerikeri
Manukau
Broadwood
Mohuiti
Waihou Valley
Waitangi
Herekino
Awaroa
Te Karae
Umawera
Waimate North
Puketona
Paihia
Herekino Harbour
Runaruna
Rangiahua
Okaihau
Opua
Whangape
Wairere Boulders Nature Park
Horeke
L. Omapere
Ohaeawai
Kawakawa
Pawarenga
Kohukohu
Ngawha
Whangape Harbour
Panguru
Motukiore
Kaikohe
Moerewa
Waiomio
Rawene
Twin Coast Trail
Ruapekapeka
Mitimiti
Omanaia
Taheke
Tautoro
Rangi Point
Kuotu
Opahi
Opononi
Waima
Otaua
Kirioke
Omapere
Matawaia
Hukerenui
Hokianga Harbour
Waimamaku
Mataraua
Awarua
Waiotemarama
Wekaweka
Mangakahia
Kaikou
Giant Kauri Trees
Twin Bridges
Waipoua Forest
Tutamoe
Moengawahine
Katui
Nukutawhiti
Trounson Kauri Park
Donnellys Crossing
Parakao
Aranga
Kiwi Watching
Waipoua Coast Walkway
Whatoro
Houto
Titoki
Kai-Iwi-Lakes
Kaihu
Maropiu
Avoca
Tangiteroria
Mamaranui
Waihue
Omamari
Awakino Point
Omana
Dargaville
Manganui
Baylys Beach
Mt. Wesley
Turiwiri
Te Kopuru
Wairoa
Arapohue
Tatarariki
Naumai
Redhill
Ruawai
Tasman Sea
Tikinui
Te Kowhai
Taingaehe
Te Kauri Museum
Kellys Bay
Rototuna
L. Mokeno
North Head
Kaipara Entrance

South Pacific Ocean
Bay of Islands
Maritime & Historic Park
Hole in the Rock
Cape Brett
Ngaiotonga
Home Pt.
Whangaruru North
Tuparehuia
Oakura
Whangaruru Harbour
Rimariki I.
Helena Bay
Poor Knights Islands
Whananaki
Sandy Bay
Whakapara
Marua
Matapouri
Hikurangi
Tutukaka
Kiripaka
Ngunguru
Glenbervie
Ngunguru Bay
WHANGAREI
Onerahi
Taiharuru
Parua Bay
Bream Head
Whangarei Heads
One Tree Point
Taurikura
Ocean Beach
Marsden Point
Channel
Parry
Hen and Chicken Is.
Mokohinau Is.
Bream Bay
Taranga I.
Fanal I.
Waipu
Waipu Cove
Langs Beach
Jellicoe
Cradock
Aiguilles I.
Brynderwyn
Mangawhai Heads
Mangawhai Harbour
Katherine Bay
Motairehe
Maungaturoto
Mangawhai
Little Barrier I.
Kawa
Okiwi
Rakitu I.
Te Arai Point
Port Fitzroy
Great Barrier I.
Te Arai
Kaiaraara Hut
Whangaparapara
Claris
Okupu
Tryphena
Te Hana
Tomarata
Goat Island
Cape Rodney
Port Albert
Wellsford
Leigh
Omaha Bay
Omaha
Hauraki Gulf Maritime Park
Tryphena Harbour
Cape Barrier
Hoteo North
Matakana
Takatu Pt.
Sandspit
Kaipara Flats
Warkworth
Kawau I.
Channel I.
Colville
Channel
Cuvier I.
Algies Bay
Cape Colville
Stony Bay
Coromandel Walkway
Woodcocks
Mahurangi
Fletcher Bay
Port Jackson
Moehau
892 m
Port Charles
Mercury Islands
Kakanui
Ahuroa
Puhoi
Waiwera
Hauraki Gulf
Makarau
Orewa
Kaukapakapa
Waitoki
Silverdale
Tiritiri Matangi I.
Waikawau Bay
Waiaro
Whangaahei
Great Mercury I.
Colville Bay
Little Bay
Dairy Flat
Gulf Harbour
Whangaparaoa
Colville
Red Mercury I.
Papaaroha
Kennedy Bay
Otama Beach
Paremoremo
Albany
Rakino I.
Amadeo Bay
Whangapoua
Kuaotunu
Riverhead
North Shore
Rangitoto Is.
Waiheke I.
Coromandel
Matarangi
Coromandel
Kumeu
Oneroa
S. 868
Coromandel Harbour
Te Rerenga
Mercury Bay
Takapuna
Ostend
Onetangi
Whitianga
Cathedral Cove
Hobsonville
Devonport
Tamaki Strait
Ponui I.
Manaia
Cooks
Hahei
Woodhill
Waimauku
Parakai
Beach

S. 867

Hauraki Gulf
Cape Colville
Stony Bay
Coromandel Walkway
Channel
Cuvier I.
Fletcher Bay
Port Jackson
Moehau 892 m
Port Charles
Mercury Islands
Tiritiri Matangi I.
Waikawau Bay
Great Mercury I.
Waiaro
Whangaahei
Colville Bay
Little Bay
Colville
Kennedy Bay
Red Mercury I.
Papaaroha
Amadeo Bay
Whanga-poua
Otama Beach
Kuaotunu
Rakino I.
Waiheke I.
Coromandel
Matarangi
Coromandel
Rangitoto Is.
Oneroa
Te Rerenga
Mercury Bay
Coromandel Harbour
Whitianga
Cathedral Cove
Ostend
Onetangi
Manaia
Kaimarama
Cooks Beach
Hahei
Tamaki Strait
Ponui I.
Coroglen
Hot Water Beach
Pakihi I.
Kereta
Te Mata
Whenuakite
Firth of
Maumaupaki 819 m
Peninsula
Matingarahi
Tapu
Rapaura Watergardens
Tairua
Wharekawa
Waiomu
Tairua Harbour
Pauanui
Thames
Thornton Bay
Slipper I.
Opoutere Beach
Kauaeranga
Hikuai
Whare-kawa
Opoutere
Thames
Onemana
Kopu
Pipiroa
Orongo
Whangamata
Puriri
Hauraki Rail Trail
Parakiwai
Mayor I.
Wharepoa
Whiritoa
Hauraki Plains
Matarora Bay
Golden Valley
Paeroa
Waihi
Waihi Beach
Athenree
Pios Beach
Waikino
Waimata
Bowentown
Katikati Entrance
Tahawai
Te Aroha 953 m
Te Aroha
Katikati
Matakana I.
Aongatete
Mount Maunganui
Tauranga Harbour
Omanu
Apata
Te Puna
Bethlehem
TAURANGA
Te Puke
Lower Kaimai
Ohauiti
Kiwi 360
Pyes Pa
Oropi
Summit 507 m
Douglas Corner
Ngawaro
Kaharoa
Te Pu
Okere Falls
Mourea
Ngongotaha
Lake Rotorua
Ohinemutu
Rotorua
Waipa Village
Horohoro
Waireka
Waimangu Thermal Valley
Wai-O-Tapu Thermal Wonderland
Paeroa 979 m
Kaimai Range
Tasman Sea

South Head
Woodcocks
Algies Bay
Glorit
Ahuroa
Mahurangi
Kakanui
Puhoi
Waiwera
Waioneke
Makarau
Orewa
Shelly Beach
Kauka-pakapa
Wainui
Silverdale
Waitoki
Gulf Harbour
Parkhurst
Parakai
Dairy Flat
Whangaparaoa
Helensville
Albany
Paremoremo
North Shore
Woodhill
Riverhead
Waimauku
Gannet Colony
Kumeu
Takapuna
Muriwai Beach
Hobsonville
Bethells Beach
Devonport
AUCKLAND
Howick
Maraetai
Henderson
MANUKAU
Piha
Titirangi
Papatoetoe
Orere
Karekare
Waitakere Ranges
Clevedon
Ranges Regional Park
Manukau Harbour
Ardmore
Kohukohunui 686 m
Whatipu
Manurewa
Grahams Beach
Papakura
Awhitu
Clarks Beach
Kingseat
Paparimu
Kaiaua
Awhitu Central
Pollok
Paerata
Miranda
Te Toro
Pukekohe
Bombay
Waiuku
Puni
Waitakaruru
Pokeno
Ngatea
Karioitahi
Tuakau
Kopuku
Mangatarata
Kerepehi
Te Kohanga
Meremere
Waikato River
Pukekawa
Te Kauwhata
Kaihere
Port Waikato
Matahuru
Glen Murray
Rangiriri
Limestone Downs
Whangape
Waiterimu
Ohinewai
Springdale
Elstow
Waikaretu
Rotongaro
Mangawara
Waikorea
L. Waahi
Te Puninga
Glen Afton
Huntly
Mangateparu
Matira
Tauhei
Taupiri
Tatuanui
Waitoa
Gibson Beach
Dunmore
Gordonton
Morrinsville
Manawaru
Te Akau
Ngaruawahia
Kereone
Kauri Flat
Te Kowhai
Horotiu
Eureka
Kiwitahi
Turangao-moana
Raglan Harbour
Waingaro
Te Rapa
Waharoa
Manu Bay
Whatawhata
Rings Scenic Tours (Hobbiton)
Matamata
Whale Bay
Raglan
HAMILTON
Rangipu
Te Uku
Ruapuke Beach
Te Mata
Waitetuna
Ohaupo
Cambridge
Hinuera
Ruapuke
Bridal Veil Falls
Te Papatapu
Kaipaki
Piarere
Pirongia 959 m
Te Rore
Rotorangi
Lake Karapiro
Horahora
Tirau
Aotea Harbour
Makomako
Pirongia
Te Awamutu
Kihikihi
Kairangi
Maungatautari Ecological Island
Kawhia
Ocean Beach
Oparau
Ngutunui
Parawera
Putaruru
Kawhia Harbour
Puketotara
Pukeatua
Mamaku
Albatross Pt.
Kinohaku
Hauturu
Tihiroa
Waikeria
Taharoa
L. Taharoa
Otorohanga
Kiokio
Rotongata
Lichfield
Mangapohue Natural Bridge
Wharepapa South
Te Anga
Waitomo Village
Otewa
Wiltsdown
Tokoroa
Awamarino
Mangatutu
Arohena
Marokopa
Marokopa Falls
Waitomo Glowworm Caves
Whawharua
Kiritehere
Te Kumi
Bawarewa
Waipapa
Kinleith
Ngapaenga
Te Kuiti
Rangitoto
Maraetai
Upper Atiamuri
Moeatoa
Arapae
Eight Mile Junction
Mangakino
Puketutu
L. Maraetai
Atiamuri
Piopio
Waipa Valley
Whakamaru
Waikawau
Paemako
Kopaki
Barryville
L. Whakamaru
Orakei Korako Hidden Valley
Waikawau Stock Tunnel
Te Mapara
Tiroa
Mokai
Mihi
Aria
Pureora
Ohakuri
Waimahana
Benneydale
Broadlands
Mapiu
Piropiro
The Timber Trail
Awakino
Mahoenui
Mokauiti
Tihoi
Wairakei
Aratiatia Rapids
Tahorakuri
Awakino
Waimiha
Hauhungaroa Range
Craters of the Moon
Rotokawa
Mokau
Kinloch
Huka Falls
Taupo
Otangiwai
Acacia Bay
Tauhara 1088 m
Ongarue
Matiere
Tuhua
Wharewaka
Mangakahu Valley
Tongaporutu
Waitaanga
Nihoniho
Lake Taupo
Ahititi
Ohura
Okahukura
Oruaiwi
Hauhungaroa 1078 m
Waitahanui
Iwitahi
White Cliffs
Pukearuhe
Tonga porutu
Kotare
Taringamotu
Ngakonui
Whareroa
Okau
Taumarunui
Pungapunga
Kuratau Junction
Hatepe
Ahimanawa Range
Mt. Messenger 306 m
Tatu
Kuratau
Waitetoko
Uruti
Aukopae
Manunui
Te Rangiita
Mt. Damper Falls
Kakaramea 1301 m
Tokaanu
Motuoapa
Waitoetoe
Kirikau
Piriaka
Whanganui Journey

S. 870

South Pacific Ocean

S. 871

S. 868

S. 872

S. 873

Rotorua
Taupo
Murupara
Te Urewera
Lake Waikaremoana Great Walk
Wairoa
Hawke's Bay
Mahia Peninsula
NAPIER
HASTINGS
Havelock North
Cape Kidnappers
Gannet Colony
Waipukurau
Dannevirke
South Pacific Ocean
Cape Turnagain
S. 869

Tasman Sea

Cape Farewell
Hilltop Walk
Wharariki Beach
Puponga
Port Puponga
Farewell Spit
Gannet Colony
Whanganui Inlet
Seaford
Pakawau
Opou
Mangarakau
Paturau River
Golden Bay
Ruataniwha Inlet
Collingwood
Cape Stephens
Port Hardy
Rockville
Parapara
Wakamarama Range
Kahurangi Pt.
Bainham
Separation Pt.
D'Urville I.
Puramahoi
Takapou
Totaranui
Mt. Stevens 1213 m
Takaka
Awaroa Bay
Greville Harbour
Attempt Hill
Heaphy Track
Te Waikoropupu Springs
Motupipi
Pohara
Ragged Pt.
Owhata
729 m
Abel Tasman National Park
Atau Paparua
Wekakura Pt.
Heaphy
Tasman Mts.
Aorere
Abel Tasman Coast Track (Great Walk)
Torrent Bay
French Pass
Admiralty Bay
Hamama
Adele I.
Mt. Shewell 775 m
Kahurangi
Devil River Pk. 1775 m
Uruwhenua
Upper Takaka
Marahau
Tasman Bay
Croisilles Harbour
Scotts Beach
Nikau Palm Walk
Kohaihai
Mt. Domett 1623 m
Takaka Hill Saddle 791 m
Riwaka
Kaiteriteri
Cape Soucis
Croisilles-French Pass Rd.
Elaine Bay
Cobb Reservoir
Cobb River
Motueka
Delaware Bay
Tennyson Inlet
Karamea
Caldervale
Oparara Basin
Pangatotara
Mariri
Kina Beach
Pepin I.
Okiwi Bay
Whangamoa
Pelorus Sound
Oparara
Leslie-Karamea Track
Ngatimoti
Tasman
Wakapuaka
Hira
Rai
Nydia Track
Kenepuru
Karamea
Market Cross
National Park
Pokororo
Harakeke
Ruby Bay
Mapua
Carluke
Saddle Hill 1214 m
Rai Valley
Anakiwa
Kongahu
Arapito
Thorpe
Redwoods Valley
Waimea Inlet
Havelock
Queen Charlotte Drive
Dovedale
NELSON
Pelorus Bridge
Canvastown
Bight
Mt. Kendall 1811 m
Karamea
Stanley Brook
Richmond
Stoke
Koromiko
Little Wanganui
Tasman's Great Taste Trail
Tapawera
Mara-rewa
Brightwater
Hope
Pelorus
Wakamarina
Queen Charlotte Trail
Te Namu
Foxhill
Wakefield
Tuamarina
Wangapeka Track
Wangapeka
Rakau
Richmond Range
Okaramio
Kaituna
Rapaura
Tadmor
Motupiko
Belgrove
Corbyvale
Kohatu
Wairoa
Lee
Mt. Richmond 1760 m
Renwick
Gentle Annie Point
Waimarie
Mokihinui
Hiwipango
Te Rou
Woodbourne
Mokihinui
Seddonville
Mt. Owen 1875 m
Korere
Golden Downs
Wairau Valley
Charming Creek Walkway
Hector
Tui
Atapo
Wairau River
Hillersden
Craiglochart
Ngakawau
Hope Saddle 637 m
Red Hill 1790 m
Old Ghost Trail
Omaka
Granity
Stockton
Millerton
Kikiwa
Rossmore
Birchfield
Owen River
Owen
Kawatiri
Glenhope
Howard Junction
Denniston Incline
Denniston
Matiri
Buller
The Branch
Netherwood
Waimangaroa
Newton Flat
Buller Gorge Swingbridge
Gowanbridge
Tophouse
Altimarlock
Banbury Coal Mine
Long-ford
Fairdown
Burnetts Face
Rotoroa
Saint Arnaud
Pinnacle 2131 m
Barometer 1780 m
Westport
Orikaka
Buller
Lyell
Deepdale
Mangles
Jordan
Inangahua
Murchison
Tutaki
Rotoiti
Branch
Leatham
Waihopai
Buller Gorge
Tiroroa
Berlins
Inangahua
Six Mile
Glengarry
Rotoroa
Gladstone
Maruia Falls
Rainbow Ski Area
St. Arnaud Range
Wairau
Awatere
Paenga
Rotokohu
Mt. Travers 2338 m
Kaikoura Range
Tapuae-o-Uenuku 2885 m
Mt. Uriah 1532 m
Larrys Creek
Mt. Victoria 1637 m
Nelson Lakes National Park
Victoria Range
Maruia
Burnbrae
Molesworth
Waitahu
Reefton
Warwick Junction
Spenser Mountains
Inland Kaikoura Range
Seaward Kaikoura Range
Maimai
Taipoiti
Crushington
Island Saddle 1350 m
Alma
Clarence
Mawheraiti
Maruia
Tennyson
Inangahua
Acheron Rd.
Dillon Cone 2174 m
Manakau 2610 m
Coastal
Waiuta
Hukarere
Mt. Una 2301 m
Acheron
Rakautara
Mangamaunu
Ghost Town
Springs Junction
Mangamaunu
Rahu Saddle
Lewis Pass
Waiau
Mount Fyffe
Hapuku
Mt. Lyford Alpine Village
Kaikoura
Grey

S. 874
S. 875

South Taranaki Bight
WHANGANUI
Kai Iwi Beach
Castlecliff Beach
Marton
Bulls
Feilding
PALMERSTON NORTH
Dannevirke
Woodville
Pahiatua
Foxton
Shannon
Levin
Eketahuna
Otaki
Waikanae
Paraparaumu
Southward Car Museum
Raumati
Tararua Range
Masterton
Carterton
Greytown
Featherston
Martinborough
Upper Hutt
Porirua
LOWER HUTT
Wainuiomata
WELLINGTON
Cook Strait
Marlborough Sounds Maritime Park
DOC Wildlife Centre Pukaha Mt. Bruce
Tararua Forest Park
Ruahine Forest Park
Mt. Hector 1529 m
Palliser Bay
Putangirua Pinnacles "Paths of the Dead"
Cape Palliser
Clifford Bay
Cape Campbell
S. 870
S. 871
South Pacific Ocean

Tasman Sea
Cape Foulwind
Seal Colony
Tauranga Bay
Carters Beach
Charleston
Nile River Caves
Woodpecker Bay
Tiromoana
Pahautane
Punakaiki
Paparoa National Park
Pancake Rocks
Pakiroa Beach
Barrytown
Greigs
Paparoa Track
Blackball
Rapahoe
Runanga
Ngahere
Greymouth
Stillwater
Kokiri
Paroa
Gladstone
Shantytown
Kumara Junction
West Coast Wilderness Trail
Awatuna
Marsden
L. Brunner
Stafford
Kumara
Seaview
Arahura
Hokitika
Blue Spur
Kaniere
Mananui
L. Mahinapua
Woodstock
Ruatapu
Rimu
Kokatahi
Westcoast Treetop Walk
Ross
Donoghues
Kowhitirangi
Historic Goldfields
Hokitika Gorge
Fergusons
Pukekura
Waitaha
Wanganui
Abut Head
Herepo
White Heron Colony
Rotokino
Harihari
Okarito Lagoon
Te Taho
Okarito
Whataroa
Kiwi Watching
The Forks
Mt. Adams
2223 m
Mapourika
Tatare
Franz Josef
Franz Josef Glacier
Gillespies Beach
Gillespies Pt.
Lake Matheson
Fox
Fox Glacier
Cook
Mount Cook National Park
Karangarua
Mt. Tasman
3498 m
Aoraki (Mt. Cook)
3724 m
Jacobs River
Heretaniwha Pt.
Bruce Bay
Westland Tai Poutini
Mt. Sefton
3157 m
Tasman Glacier
Liebig Range
Mahitahi
Lake Paringa
Bannock Brae Range
Strachan Range
Moeraki
Aoraki Mt. Cook Village
Landsborough
Mt. Ward
2644 m
Glentanner
L. Tekapo
L. Alexandrina
Shattered Peak
2089 m
Dun Fiunary
2499 m
Mt. John Observatory
Mt. Huxley
2499 m
Hopkins
Dobson
L. Pukaki
Flightseeing "Grand Traverse"
S. 877
S. 876
Lake Tekapo
Burke Pass
Kimbell
Two Thumb Range
Mt. Musgrave
2246 m
The Thumbs
2545 m
Mt. Sunday ("Edoras")
Mesopotamia Station
Erewhon Station
Mt. Potts, Heliparc
Havelock
Rangitata
Clayton
Sherwood Downs
Trentham
Opuha
Opihi
Allandale
Cattle Valley
Geraldine
Southern Alps
Rolleston Range
Whitcombe
Mt. Whitcombe
2644 m
Mt. Arrowsmith
2795 m
Potts
South Branch
L. Clearwater
Hakatere
Ashburton Gorge
L. Heron
Mt. Taylor
2330 m
Mt. Hutt
2188 m
L. Coleridge
Lake Coleridge
Mathias
Mt. Murchison
2400 m
Wilberforce
Birdwood Range
Mt. Rolleston
2271 m
Arthur's Pass
924 m
Taramakau
Tuniwhate
Wainihinihi
Inchbonnie
Aickens
Moana
Te Kinga
Aratika
Kamara
Nelson Creek
Ahaura
Atarau
Craigieburn
Pike29 Memorial Track
Pike River
Inland Pack Track
Mt. Peel
1717 m
Mount Peel
Orari
Peel Forest
Ruapuna
Mayfield
Arundel
Woodbury
Orari Bridge
Rangitata
Carew
Ealing
Inland Scenic Route 72
Anama
Montalto
Cavendish
Mount Somers
Buccleuch
Staveley
Alford Forest
Bushside
Ashburton Forks
Rakaia Gorge
North Branch
Mt. Enys
2195 m
Castle Hill
Black Range
Bealey
Kaniere
Arahura
Hokitika
Kokatahi
Whataroa
Waiho
Nile River
Paparoa Range
Buller Gorge
Westport

Old Ghost Trail
Stockton
Millerton
Owen River
Kawatiri
Hope Saddle 637 m
Glenhope
Howard Junction
Atapo
Kikiwa
Red Hill 1790 m
Wairau River
S. 872
Hillersden
Craiglochart
Dashwood
Seddon
Matiri
Newton Flat
Buller Gorge Swingbridge
Longford
Gowanbridge
Tophouse
Saint Arnaud
The Branch
Netherwood
Altimarlock
Rossmore
Lake Grassmere
Richmond Brook
Murchison
Lyell
Inangahua
Rotoroa
Tutaki
Six Mile
Glengarry
Maruia Falls
Paenga
Rainbow Ski Area
Pinnacle 2131 m
Barometer 1780 m
Jordan
Gladstone
Ward
Mirza
Waima
Wharanui
Kekerengu
Nelson Lakes National Park
Mt. Travers 2338 m
St. Arnaud Range
Mt. Victoria 1637 m
Victoria Range
Burnbrae
Warwick Junction
Maruia
Reefton
Crushington
Spenser Mountains
Island Saddle 1350 m
Molesworth
Inland Kaikoura Range
Tapuae-o-Uenuku 2885 m
Parikawa
Clarence
Seaward Kaikoura Range
Papatea
Coastal Pacific
S. 873
Manakau 2610 m
Mangamaunu
Rakautara
Mangamaunu Beach
Hapuku
Dillon Cone 2174 m
Acheron Rd.
Mt. Una 2301 m
Hanmer Rainbow Rd.
Ghost Town
Rahu Saddle
Springs Junction
Maruia Springs
Lewis Pass 864 m
Lewis Pass National Reserve
L. Christabel
Mt. Rameses 1478 m
Hanmer Range
Mt. Tinline 1747 m
Mt. Lyford Alpine Village
Mount Fyffe
Maori Leap
Kaikoura
Seal Colony
Kaikoura Peninsula
Puketa
Charwell
Goose Bay
Whale, Dolphin & Pelagic Bird Watching
Miromiro 1875 m
Jacks Pass
Jollies Pass
Hanmer Springs
Whales Back Saddle
Oaro
Spy Glass Point
Claverly
Conway Flat
Amuri Pass
Boyle Village
Engineers Camp
Waiau Ferry Bridge
Hanmer Springs Attractions
Hundalee
Mt. Ajax 1832 m
Glynn Wye Station
Waiau
Hawkswood
Mt. Longfellow 1898 m
Mouse Point
Rotherham
Parnassus
L. Sumner
Culverden
Red Post Junction
Leamington
Spotswood
Cheviot
Mt. Crossley 1987 m
Balmoral
Pahau
Mina
Domett
Gore Bay
Medbury
Beckenham Hills
Port Robinson
Hurunui Mouth
Dampier Range
Horsley Down
Hawarden
Hurunui
Tormore
Masons Flat
Waikari
Scargill
Blythe Valley
Pyramid Valley
Motunau
Spye
Mt. Binser 1859 m
Puketeraki Range
Weka Pass
Omihi
Waipara
Motunau Beach
Glasnevin
Whiterock
Amberley
TranzAlpine
Balcairn
Amberley Beach
Leithfield
Loburn North
Glentui
Loburn
Ashley
Sefton
Coopers Creek
Oxford
Springbank
Rangiora
Pegasus Bay
View Hill
Waikuku Beach
Springfield
Inland Scenic Route 72
Cust
Fernside
Woodend
Bexley
Ohoka
Kaiapoi
South Pacific Ocean
Annat
Waddington
Swannanoa
Sheffield
Eyreton
Belfast
Waimairi Beach
Homebush
Darfield
New Brighton
Kirwee
West Melton
CHRISTCHURCH
Hororata
Charing Cross
Aylesbury
Hornby
Sumner
Greendale
Rolleston
Oaklands
Lyttelton Harbour
Halswell
Lyttelton
Pigeon Bay
Okains Bay
Te Pirita
Burnham
Allandale
Charlton
Dunsandel
Norwood
Lincoln
Taitapu
Pigeon Bay
Okains Bay
Le Bons Bay
Irwell
Bankside
Brookside
Motukarara
Little River
Duvauchelle
Rakaia
Leeston
Ataahua
Le Bons Bay
Hickory Bay
L. Ellesmere
Wainui
Akaroa
Chertsey
Overdale
Southbridge
Onuku
Dromore
Milltown
Birdlings Flat
Akaroa Harbour
Fairton
Pendarves
Done
Kaitorete Spit
Banks Peninsula Track
Ashburton
Rakaia Huts
Banks Peninsula
Seafield
Kyle
Wakanui
Riverside
Hakatere

Tasman Sea

Lake Moeraki
Knights Point
6
Moeraki
Haast Beach
Haast
Okuru
Hannah's Clearing
Haast
Jackson Head
Jackson Bay
Jackson Bay
Seal Rocks
Waiatoto
Cascade Pt.
Neils Beach
Arawata
Halfway Bluff
Cascade River
Haast Pa
563
Mount Aspiring
Cascade River Valley
Haast Range
Mt. Alba
Siberia Experience
Dagon 1693 m
Pollux
2355 m
Mak
Wilkin River
Awarua Pt.
2542 m
Big Bay
Pyke Big Bay Track
Long Reef
Mt. Aspiring 3030 m
Martins Bay
Mt. Aspiring 3030 m
Mt. Edward 2586 m
Mount Aspiring
Mt. Alta 2347 m
Hollyford Track
National
L. McKerrow
L. Wanaka
Yates Pt.
Darran Mts.
Park
Rees/Dart Track
Harris Mts.
Alabaster
Matukituki
6
Milford Sound
Humboldt Mts.
Mt. Earnslaw 2819 m
Centaur Peaks 2518 m
Diamond Lake Track
Maungawera
Mt. Tutoko 2746 m
Albert Town
Mitre Peak 1692 m
Dart R.
Glendhu Bay
Seabreeze Pt.
Poison Bay
Routeburn Track (Great Walk)
"Isengard" "Lothlorien" "Amon Hen"
Shotover River
Wanaka
Milford Sound
Paradise
Mount Barker
Sutherland Sound
Mt. Christina 2502 m
Jetboating
Lugg
Hollyford
Skippers Canyon
Mt. Cardrona 1934 m
89
Sutherland Falls
Homer Tunnel
Bligh Sound
Mt. Bonpland 2348 m
Pisa Range
The Divide 532 m
Kinloch
Glenorchy
Macetown
Cardrona
Ailsa Mts.
George Sound
Milford Track (Great Walk)
L. Gunn
Caples Track
Coronet Peak 1646 m
Mount Pis
Franklin Mts.
Cascade Creek
Elfin Bay
Arrowtown
Mount Creighton
Wharehuanui
Two Thumb Bay
Knobs Flat
Greenstone Track
Tooth Pk.
Arrow Junction
Lowburn
Arthurs Pt.
Frankton
6
Mt. McDougall 2036 m
Mirror Lakes
2050 m
Queenstown
Kawarau Gorge
Gold
Caswell Sound
Fiordland
Fernhill
Closeburn
Kelvin Heights
L. Wakatipu
Double Cone 2324 m
Charles Sound
Stuart Mts.
Livingstone Mts.
Thomson Mts.
Bannockburn
Walter Peak Station
Nancy Sound
94
Nevis Crossing
Mt. Irene 1879 m
Murchison Mts.
The Remarkables Mts.
Lower Nevis
Earn
L. Te Anau
Te Anau Downs
Mountains
Nevis
Mts.
Te Anau Caves
Mavora Lakes
Obel 1695
Mt. Lyall 1905 m
Jane Peak 2035 m
Kingston
Old Man
National
"Fangorn Forest"
Kepler Track (Great Walk)

S. 878

S. 874
S. 875
S. 879
Southern Alps
Canterbury Plains
Canterbury Bight
Goldfields
Fergusons
Pukekura
Waitaha
Wanganui
Abut Head
Herepo
Harihari
White Heron Colony
Okarito Lagoon
Rotokino
Whataroa
Te Taho
Okarito
Kiwi Watching
The Forks
Mt. Adams
2223 m
Waiho
Mapourika
Tatare
Gillespies Beach
Gillespies Pt.
Lake Matheson
Franz Josef
Franz Josef Glacier
Fox
Fox Glacier
Cook
Mount Cook National Park
Karangarua
Mt. Tasman
3498 m
Aoraki
(Mt. Cook)
3724 m
Tasman Glacier
Westland Tai Poutini
Mt. Sefton
3157 m
Bannock Brae Range
Liebig Range
Aoraki Mt. Cook Village
Landsborough
Mt. Ward
2644 m
Glentanner
L. Alexandrina
L. Tekapo
Mt. John Observatory
Lake Tekapo
Dun Fiunary
2499 m
Hopkins
Dobson
Ben Ohau Range
L. Pukaki
Mt. Huxley
2499 m
Flightseeing "Grand Traverse"
Barrier Range
Mount Cook Lookout
L. Ohau
Lake Pukaki
Ohau Alpine Village
"Plains of Rohan"
"Pelennor Fields"
Twizel
Mt. St. Mary
2332 m
Alps 2 Ocean Cycle Trail
Clearburn
L. Benmore
Mt. Melina
905 m
Omarama
Lindis Pass
971 m
Benmore Dam
Otematata
L. Aviemore
L. Waitaki
Aviemore
Lake Waitaki
Lindis Pk.
1223 m
Lindis Valley
St. Bathans Range
Hawkdun Range
Kurow
Kohurau
2008 m
St. Bathans
Mt. Ida
1691 m
Cambrians
Hills Creek
Drybread
Oturehua
Idaburn
Becks
Lauder
Auripo
Ida Valley
Omakau
Ophir
Otago Central Rail Trail
Ranfurly
Wedderburn
Naseby
Kyeburn Diggings
Poolburn
Gimmerburn
Waipiata
Kyeburn
Kokonga
Springvale
Moa Creek
Galloway
"Plains of Rohan"
"Rohirrim Village"
Patearoa
Central
Poolburn Reservoir
Manorburn Reservoir
Paerau
Rock and Pillar Range
Rock and Pillar
Hyde
Macraes Flat
Macraes Gold Mine
Moonlight
Greenland
Rolleston Range
Whitcombe
Wilberforce
Birdwood Range
Mt. Murchison
2400 m
Black Range
Bealey
Cass
Mt. Bins
1859 m
Pearson
Castle Hill Village
Craigieburn Range
Broken
Porters Pass
945 m
Mt. Enys
2195 m
L. Coleridge
Mathias
Mt. Whitcombe
2644 m
Mt. Arrowsmith
2795 m
Lake Coleridge
Mt. Benmore
1657 m
Mt. Hutt
2188 m
L. Heron
Mt. Taylor
2330 m
North Branch
Whitecliffs
Glentunnel
Windwhistle
Rakaia Gorge
Mount Hutt
Havelock
Potts
Erewhon Station
Mt. Potts, Helipark
South Branch
The Thumbs
2545 m
Mt. Sunday ("Edoras")
L. Clearwater
Ashburton Gorge
Hakatere
Alford Forest
Staveley
Buccleuch
Bushside
Methven
Cairnbrae
Mesopotamia Station
Rangitata
Mount Somers
Lauriston
Cavendish
Ashburton Forks
Mitcham
Montalto
Anama
Greenstreet
Chertsey
Two Thumb Range
Mt. Musgrave
2246 m
Mt. Peel
1717 m
Mount Peel
Mayfield
Inland Scenic Route 72
Westerfield
Ruapuna
Lagmhor
Lismore
Ashburton
Fairton
Orari
Clayton
Peel Forest
Tinwald
Sherwood Downs
Trentham
Arundel
Carew
Eiffelton
Wakanui
Woodbury
Ealing
Hinds
Ashton
Riversdale
Hakatere
Opuha
Opihi
Burke Pass
Kimbell
Cattle Valley
Allandale
Geraldine
Orari Bridge
Rangitata
Longbeach
Burke Pass
671 m
Fairlie
Hilton
Geraldine Flat
Orari
Orton
Lowcliffe
Coldstream
Winscombe
Cricklewood
Winchester
Albury
Pleasant Point
Epworth
Milford
Mawaro
Temuka
Mount Nessing
Cave
Levels
Seadown
Grays Hills
Taiko
Washdyke
Grampian Mts.
Dalgety Range
Cannington
TIMARU
Haldon
Motukaika
Gleniti
Fairview
Gordons Valley
Southburn
Black Forest
The Hunter Hills
Pareora
Kirkliston Range
Cattle Creek
St. Andrews
Otaio
Struan
Hunter
Otaio Beach
Makikihi
Hakataramea
Pentland Hills
Waihaorunga
Hook
Wharua
Hakataramea
Studholme
Kelchers
Waimate
Takiroa Maori Rock Art
Waihao Downs
Arno
Morven
Otekaieke
Tawai
Ikawai
Glenavy
Duntroon
Waitaki
Georgetown
Danseys Pass
618 m
Peebles
Waitaki
Tokarahi
Ngapara
Livingstone
Tapui
Papakaio
Richmond
Kakanui Mts.
Five Forks
Windsor
Pukeuri
Enfield
Ardgowan
Mt. Pisgah
1643 m
Weston
Blue Penguin Colony
Totara Estate
Oamaru
Totara
Reidston
Cape Wanbrow
Red Cutting Summit 640 m
Maheno
Kakanui
All Day Bay
Taranui
Waianakarua
Herbert
Waianakarua
Shag
Morrisons
Waihemo
Hampden
Moeraki Boulders
Moeraki
Waynes
Dunback
Katiki Point
Katiki
Katiki Beach
Meadowbank
Shag Pt.

S. 876

South Pacific Ocean

Legende

1 : 1.600.000

1 cm = 16 km

0 10 20 30 40 50 km

Symbol	Bedeutung	Symbol	Bedeutung
	Motorway		Hafen, Ankerplatz
	State Highway		Internationaler Flughafen
	Hauptstraße		Nationaler Flughafen
	Nebenstraße		Sehenswürdigkeit
	Straße nicht befestigt		Wasserfall
	Wanderweg		Leuchtturm
	Straße in Bau; Straße in Planung		Bergwerk
	Straße für Kfz gesperrt		Berggipfel; Pass
	Tunnel		Wanderweg
	Eisenbahn		Skigebiet
	Fähre, Schiffsverbindung		Badestrand
	Nationalpark; Naturpark		Surfen
	Vogelschutzgebiet		Tauchen
	Meeresschutzgebiet		Paragleiten